信用货币经济论

鲍银胜　著

中国财经出版传媒集团
中国财政经济出版社

图书在版编目（CIP）数据

信用货币经济论 / 鲍银胜著. -- 北京：中国财政经济出版社，2021.12
ISBN 978 -7 -5223 -0893 -7

Ⅰ.①信… Ⅱ.①鲍… Ⅲ.①信用货币－经济理论 Ⅳ.①F820.4

中国版本图书馆 CIP 数据核字（2021）第 221438 号

责任编辑：李昊民　　责任校对：胡永立
封面设计：陈宇琰　　责任印制：张　健

中国财政经济出版社 出版
URL：http：//www.cfeph.cn
E - mail：cfeph @ cfemg.cn

社址：北京市海淀区阜成路甲 28 号　邮政编码：100142
营销中心电话：010 - 88191522
天猫网店：中国财政经济出版社旗舰店
网址：https：//zgczjjcbs.tmall.com
三河市宏图印务有限公司印刷　各地新华书店经销
成品尺寸：185mm × 260mm　16 开　46.5 印张　1 161 000 字
2021 年 12 月第 1 版　2022 年 1 月河北第 1 次印刷
定价：186.00 元
ISBN 978 - 7 - 5223 - 0893 - 7
（图书出现印装问题，本社负责调换，电话：010 - 88190548）
本社图书质量投诉电话：010 - 88190744
打击盗版举报热线：010 - 88191661　QQ：2242791300

PREFACE 前言

《信用货币经济论》一书，是作者在八年前由人民出版社出版的《信用货币经济理论研究与运用》一书基础上写作完成的。与八年前相比，本书除增加了一篇八万字左右的“生产资料所有制”理论内容之外，还在语言结构和文字表述上对原书的内容进行了修改和精炼。这次在中国财政经济出版社出版的书名之所以叫《信用货币经济论》，主要是因为作者经过八年多的思考，觉得作为一种理论体系，其名称还是简单一些好。另外，用《信用货币经济论》这个中文书名，也便于与2020年6月在芬兰出版的该书英文版书名《A CREDIT MONETARY ECONOMIC THEORY》保持一致。

八年前，作者在人民出版社出版《信用货币经济理论研究与运用》一书时，社会各界对于“信用货币”这个经济术语以及信用货币经济条件下的经济运行逻辑、经济运行目标还比较陌生。很多人认为，现代西方经济学理论已经很好地解决了经济运行中的实际问题，全球其他国家和中国只要按照西方经济学的理论指导，就可以实现既定的宏观经济增长目标。八年来，这个世界发生了太多的事情，这些重大事件引起了人们的深度思考：全球以空气、水源和土壤为表现形式的环境污染日益严重，使人们意识到微观经济增长目标与宏观经济增长目标之间并不是完全一致的；各国为了追求宏观经济总量增长而投放了大量信用货币，导致全球通胀问题日益突出，使温和通胀刺激经济增长理论受到质疑；金融市场波动频率和幅度加大，局部国家或地区金融动荡时有发生，金融与实体经济脱节程度进一步加深，使人们不得不重新认识现代金融的本质；在利己思想指导下，一些国家对外搞贸易战，搞武力威胁，使自由市场竞争理论、传统贸易理论和人类和平面临着较大的挑战；一些国际信用货币发行国通过大量发行信用货币的方式，向别国收取铸币税，转嫁通货膨胀的压力，使传统国际金融理论面临较大的挑战；始于2019年年底、现在仍在肆掠的新冠肺炎疫情，使传统经济学理论中“理性人”的人性假设、市场逐利机制和哈耶克倡导的新自由主义思想面临着人类社会实践的严重挑战。

八年来，全球经济和社会发展出现的上述变化，充分说明了在信用货币经济条件下，现代西方经济学理论在指导全球经济实践方面存在着明显的不足，全球亟待在信用货币经济条件下进行有效的经济理论创新，以实现人类社会的共同可持续发展。

《信用货币经济论》是在考虑信用货币这个特殊货币流通中介的前提下，以服务本国乃至全球人民日益增长的物质和文化生活需求这个宏观经济发展目标为主线，从理论方面对现代市场经济的运行原理、运行条件、运行目标、宏观调控以及生产资料所有制等问题进行了经济专题研究。从本书写作的立足点来看，与传统西方经济学“理性人”的经济学假说不同，本书作者认为，在生产力相对发达的条件下，在自身基本生存得到满足的基础上，人并不都是自私的或者理性的，而是利他的。在现代市场经济条件下，人的这种“利他性”主要通过精神生产和消费体现出来。作者通过这个理论假设，使该书的经济理论研究符合了满足人民日益增长的物质和文化生活需要这个各国宏观经济发展最终目标的要求，从而使宏观经济发展的最终目的与宏观经济发展目标保持了相对一致。其一方面有利于宏观经济发展目标的顺利实现；另一方面，也有利于实现宏观经济的可持续发展，乃至人类社会的可持续发展。本书作者还以充分的经济实践为依据，对传统经济理论提出了诸多质疑，并且在此基础上进行了有效的理论创新，这主要体现在自由竞争理论、公共产品理论、生产要素定价理论、生产力理论、经济货币化理论、对外贸易理论、宏观经济增长理论以及宏观调控理论、生产资料所有制理论等方面。与此同时，本书作者还以丰富的金融实践为基础，对信用货币经济条件下的经济货币化现象以及虚拟经济运行规则等，进行了独到的理论诠释和分析。

令人欣慰的是，自 2013 年 12 月《信用货币经济理论研究与运用》一书由人民出版社出版以来，该书中一些经济思想在实践中得到不断验证。基于这份理论自信，2020 年 6 月，作者在芬兰出版了该书英文版《A CREDIT MONETARY ECONOMIC THEORY》，向全球宣传信用货币经济理论；时隔八年，于 2021 年 11 月在中国财政经济出版社出版进一步完善的《信用货币经济论》，以便在国内更好地宣传信用货币经济理论。当然，任何理论都不是完美无缺的，对于本书写作中存在的一些不足之处，敬请读者朋友们多提宝贵意见，以便作者不断完善这个经济理论。

鲍银胜

2021 年 12 月于北京

CONTENTS 目录

导　论　1

一、撰写背景　1

二、写作方法　3

三、主要创新点　4

第一篇

市场自由竞争的基础及其运行机制

第一章　自由竞争机制的作用机理　9

一、市场自由竞争的基本原则及其作用机理　9

二、市场自由竞争机制发挥作用所需要的相关条件　11

三、市场自由竞争中政府所履行的基本职责　12

本章小结　13

第二章　市场经济条件下自由竞争的切入点　14

一、自由竞争机制下的主要竞争手段　14

二、自由竞争机制发挥作用的主要表现形式　17

三、自由竞争机制发挥作用的主要切入点　18

本章小结　20

第三章　公共产品的基本内涵及其对于中国经济发展的启示　22

一、市场经济条件下私人物品和公共物品的界定　23

二、中国公共产品供给所涵盖的范围及其理论依据 24
本章小结 26

第四章 "公平、公正、公开"是维持市场经济正常运行的基础条件 28

一、"三公"原则的基本内涵 28
二、"三公"原则发挥作用的基本原理 28
三、中国市场经济运行中由于"三公"原则缺失而导致的诸多问题 31
四、切实贯彻"三公"原则应该采取的相关措施 35
本章小结 36

第五章 市场经济发展中的道德约束 38

一、道德的基本内涵 38
二、道德的主要功能 38
三、道德与市场经济发展之间的关系 39
四、市场经济条件下良好道德的主要表现形式 46
五、提高公民道德修养应该采取的相关措施 46
本章小结 54

第六章 教育在市场经济发展中发挥作用的表现形式及其对于中国的借鉴 56

一、教育在增量价值创造中发挥作用的表现形式 56
二、中国各阶段教育的价值体现 57
三、现阶段中国教育存在的诸多问题及其解决路径 58
本章小结 60

第七章 市场"逐利"机制在中国经济发展中的运用研究 62

一、市场"逐利"机制发挥作用的基本原理及其所需要的假设条件 62
二、市场"逐利"机制在中国经济发展中的运用 64
本章小结 67

第八章 效率的真正内涵及其对于中国经济发展的借鉴 69

一、对于效率的一般理解 69
二、现代市场经济条件下效率的真正内涵 70
三、效率的真正内涵对于中国经济发展的借鉴 78

本章小结 80

第二篇
市场价格运行机制

第九章　价格机制发挥作用所需要的约束条件及其对于中国的借鉴 83

一、价格对供求关系产生作用所需要的约束条件 83

二、对于中国经济发展的借鉴 85

本章小结 87

第十章　边际成本定价规则发挥作用所需要的前提条件及其对于中国的借鉴 88

一、边际成本定价规则下实现企业产出最大化所需要的相关假设条件 88

二、上述假定条件对于中国经济发展的借鉴 90

本章小结 92

第十一章　供求关系对于价格产生作用所需要的前提条件 93

一、供求关系对于价格产生的影响及其所需要的相关条件 93

二、中国建立供求价格调节机制应该采取的相关措施 95

本章小结 103

第十二章　生产力发展与商品价值之间的变化关系 104

一、市场经济运行中商品价格的主要决定因素 105

二、生产力发展与商品价格之间变化关系在经济发展中的具体体现 106

三、生产力发展与商品价格变化关系对于经济发展的借鉴 109

本章小结 110

第十三章　信用货币经济条件下商品价格决定理论及其运用 112

一、商品价格的组成内容 112

二、不同经济学流派在商品价格决定因素上产生的理论分歧 115

三、对相关商品价格决定理论的评价 116

四、商品价值决定商品价格理论在现代市场经济发展中的运用 122

本章小结 131

第十四章　劳动力工资的决定因素 135

一、劳动力价值的主要内涵 135
二、劳动力工资与劳动力价值 138
三、不同生产方式下劳动力工资的实物补偿 142
四、劳动力工资与劳动力扩大再生产 144
本章小结 146

第十五章　劳动强度对于工资收入的影响及其理论借鉴 148

一、劳动强度的内涵及其对于工资收入的影响 148
二、中国劳动力工资收入准确体现劳动强度差异所需要的相关条件 150
本章小结 151

第十六章　生产要素参与增量价值分配的基本原则及其定价底线 153

一、增量价值的真正来源 153
二、影响各生产要素在增量价值分配中所占比重的相关因素 153
三、现代市场经济条件下生产要素的定价底线 155
本章小结 156

第三篇

信用货币及经济货币化

第十七章　信用货币经济条件下货币的价值体现 161

一、黄金等金属商品货币本位制下货币的价值体现 161
二、以纸币作为代表的信用货币体系下货币的价值体现 165
三、信用货币的价值与商品使用价值保持相对一致所需要的相关条件 169
本章小结 171

第十八章　中国居民储蓄的形成原因及其改善对策 173

一、中国居民储蓄的形成原因 173
二、实现中国居民储蓄正常增长应该采取的相关措施 180
本章小结 182

第十九章 居民财富结构分布形态及最优财富结构配置 184

一、信用货币经济条件下居民财富的不同分布形态 184

二、居民财富在不同资产形态之间的切换 185

三、居民财富在不同资产形态之间进行转换所产生的经济影响 192

四、优化居民财富配置结构所需要的前提条件 195

本章小结 197

第二十章 信用货币发行与实体经济发展 198

一、不同货币形态下的货币职能 198

二、信用货币条件下货币价值的实现形式 201

三、信用货币发行与实体经济发展之间的关系 204

四、实现信用货币发行与实体经济协调发展应该采取的相关措施 206

本章小结 210

第二十一章 货币资本与实体经济的结合路径 212

一、货币资本的成因及其来源 212

二、货币资本的运用 214

三、中国货币资本的运用情况 219

四、提高中国货币资本使用效率的相关对策 222

本章小结 224

第二十二章 商品流通与资本流通的路径分析及其经济影响 226

一、商品流通与资本流通的主要路径 226

二、商品流通与资本流通的联系和区别 230

三、在经济运行中正确处理商品流通与资本流通之间的关系 232

本章小结 235

第二十三章 中国货币资本与居民所拥有的金融资产之间的关系研究 236

一、关于资本的本质属性 236

二、决定货币资本增值空间的相关因素 237

三、货币资本与生产资本、商品资本的区别及联系 239

四、货币资本与货币资金的区别与联系 242

五、中国居民储蓄存款与货币资本 243

六、中国居民股票资产与货币资本 246
七、中国居民债券资产与货币资本 247
八、中国居民金融性实物资产与货币资本 248
本章小结 250

第二十四章 经济货币化的影响及相关对策 252

一、经济货币化产生的背景 252
二、经济货币化对于经济运行的主要影响 255
三、经济货币化的实质及其在经济实践中的运用 261
本章小结 263

第二十五章 自然资源货币化对于经济的影响及其治理 266

一、信用货币经济条件下自然资源的价值属性及其经济影响 267
二、信用货币经济条件下自然资源新增价值的消化路径及其最终归宿 268
本章小结 269

第二十六章 防范自然资源价格投机的相关对策 271

一、关于原料投机的可行性分析 271
二、自然资源等原材料价格投机风险的规避对策 274
本章小结 275

第二十七章 金融资产投资收益的最终来源及其经济影响 277

一、金融资产的含义及其主要表现形式 277
二、金融资产的运用 278
三、金融资产投资收益与实体经济发展之间的关系 282
四、实现金融资产投资收益与实体经济发展良性互动所需要的相关条件 285
本章小结 287

第二十八章 外商投资对于被投资国的经济影响 289

一、外部资本流入的主要途径及其投资着力点 289
二、外国资本介入对于被投资国经济运行产生的影响 294
本章小结 298

第二十九章 外国资本的基本属性及其对于中国招商引资的借鉴 300

一、引进外部资本的切入点 300

二、当前在外部资金引进上存在的诸多理论误区 307
三、中国引进外部资本的主要实践 310
四、提高中国引进外资质量所必须采取的相关措施 311
本章小结 313

第三十章 购买力平价理论在国际经济发展中的运用缺陷及其改进对策 316

一、汇率决定理论的历史演变 316
二、汇率理论在国际贸易中的运用 318
三、科学核定一国汇率水平必须考虑的因素 321
四、平均劳动生产率的汇率决定原则有利于促进全球贸易的发展 325
本章小结 326

第三十一章 信用货币成为国际货币的基本条件及其对人民币国际化的借鉴 328

一、信用货币成为国际货币的前提条件 328
二、国际信用货币发行权对于全球经济的影响 330
三、国际信用货币发行条件对于人民币国际化的借鉴 330
四、实现人民币国际化需要采取的相关措施 332
本章小结 334

第四篇
经济发展与宏观经济调控

第三十二章 信用货币经济条件下商品价值与使用价值之间的关系 339

一、商品使用价值与价值的基本含义 339
二、信用货币经济条件下市场“逐利”机制发挥作用的本质 346
本章小结 359

第三十三章 现代市场经济条件下劳动生产力的决定因素及其提高路径 362

一、劳动生产力与劳动生产率的基本内涵 362
二、决定劳动生产率水平的主要因素 363
三、劳动生产力与商品的使用价值及价值之间的关系 365
四、提高劳动生产力发展水平应该采取的相关措施 368

本章小结 372

第三十四章 生产力三要素之间的关系及其对中国经济发展的启示 373

一、生产工具和劳动二要素在社会生产中发挥作用的演化路径 373
二、生产对象在人类社会生产发展中产生作用的演化路径 375
三、生产力三要素在社会生产中发挥作用的一般演化规律 376
四、实现中国生产力可持续发展应该采取的相关措施 376
本章小结 377

第三十五章 生产要素构成及其价值创造理论的比较研究 379

一、生产要素理论与生产力三要素理论在要素构成上的异同点 379
二、生产要素理论与生产力三要素理论在商品价值创造上的理论分歧 381
三、厘清商品价值真正来源对于当前经济发展的借鉴意义 382
本章小结 385

第三十六章 生产要素自由流动与市场经济的运行效率 387

一、市场经济条件下生产要素的构成 387
二、市场经济条件下生产要素的自由流动原理 392
三、生产要素充分流动是提高市场经济运行效率的必然选择 406
四、实现生产要素自由流动所需要的相关条件 409
本章小结 415

第三十七章 信用货币经济条件下商品生产的最终目的 417

一、信用货币经济条件下商品生产的必要条件和可能条件 417
二、不同货币经济条件下商品生产的最终目的及其影响 420
三、实现信用货币经济条件下社会生产最终目的应该采取的相关措施 426
本章小结 427

第三十八章 西方对外贸易理论的评述及新贸易理论的构建 430

一、西方经济学关于对外贸易的基本理论 430
二、对外贸易理论的相关评述 433
三、全球经济一体化背景下对外贸易理论的运用 439
四、全球经济一体化条件下公平贸易理论的构建 444
五、新型贸易理论对于全球经济发展产生的促进作用 449

本章小结 450

第三十九章　比较优势贸易理论在中国对外贸易中的运用缺陷及其解决对策 453

一、比较优势贸易理论的内涵及其假设条件 453
二、比较优势贸易理论所需假设条件在中国对外贸易实践中的运用 454
三、实现中国对外贸易优化升级应该采取的相关对策 459
本章小结 465

第四十章　交通运输行业对于经济发展的促进作用及其主要发展路径 466

一、交通运输行业的发展趋势 466
二、交通运输行业发展对于经济发展的促进作用 466
三、发展交通运输行业的主要路径 469
本章小结 471

第四十一章　市场经济条件下流通产业的价值创造及其发展路径 472

一、推动流通产业发展的理论基点 472
二、当前发展中国流通产业应该采取的相关措施 473
本章小结 475

第四十二章　城市化的最终目的 478

一、城市化所增加的 GDP 总量是不可持续的 478
二、城市化所提高的经济效益需要诸多前提条件 479
三、中国前期城市化进程中存在的问题 480
四、实现中国城市化持续发展应该采取的相关措施 480
本章小结 481

第四十三章　中国特色城市化路径的选择 484

一、中国城市化所面临的环境与西方发达国家之间存在的差异 484
二、走有中国特色的城市化之路 487
本章小结 489

第四十四章　经济增长的不同表现形式及其实现路径研究 490

一、经济增长的主要表现形式 490

二、经济增长的主要推动力 495
三、实现经济持续增长的主要路径 503
本章小结 507

第四十五章 投资、消费和出口在经济发展中的作用研究 510

一、投资、消费和出口三者之间的关系 510
二、经济增长与投资、消费和出口之间的关系 513
本章小结 523

第四十六章 中国前期经济增长中存在的诸多问题及其改善路径 525

一、中国前期经济发展中存在的诸多问题 525
二、实现中国经济良性增长的主要路径 529
本章小结 533

第四十七章 国内生产总值在数量和质量上实现共同发展的主要路径 536

一、国内生产总值的内涵 536
二、国内生产总值的数量与质量 536
三、实现中国国内生产总值质量和数量共同发展的主要措施 541
本章小结 542

第四十八章 内生性经济增长的主要特征及其在中国经济发展中的运用研究 544

一、菲尔普斯的理论缺陷 544
二、内生性经济增长的主要特征 545
三、实现中国经济内生性增长所必须采取的相关措施 546
本章小结 548

第四十九章 信用货币经济条件下放松中国金融管制的相关措施 550

一、LM 曲线向上倾斜规律所需要的假设条件 550
二、当前中国放松金融管制应该采取的相关措施 551
本章小结 553

第五十章 经济货币化条件下货币政策效应分析及其运用 555

一、黄金货币交易模式下非价值形态产品的价值定价原理 555

二、信用货币条件下的货币经济效应 556
三、货币经济效应在宏观经济调控中的作用机理 558
四、经济货币化条件下货币经济效应在宏观调控中的运用 560
本章小结 560

第五十一章 生产可能性边缘最大化与最优国民收入分配结构之间的关系 563

一、生产可能性边缘最大化的基本含义 563
二、生产可能性边缘最大化与国民收入分配之间的关系 564
三、实现生产可能性边缘最大化与最优国民收入分配结构共同发展的主要路径 568
本章小结 571

第五十二章 工业化发展与劳动就业之间的关系 573

一、工业化发展的内涵 573
二、工业化发展与劳动就业之间的关系 573
三、关于工业化发展与就业率下降关系的理论思考 575
四、遏制机器大工业发展导致就业率下降需要采取的相关对策 578
本章小结 580

第五十三章 减税政策经济效应的理论分析 581

一、间接税减税政策对于经济的影响 581
二、直接税减税政策对于经济的影响 584
本章小结 591

第五十四章 结构性减税政策与财政支出政策效应的比较研究 593

一、凯恩斯主义传统宏观调控理论综述 593
二、对于减税政策乘数效应与财政支出政策乘数效应的理论再分析 593
三、减税政策与财政支出政策经济效应的比较分析 594
四、结构性减税政策在当前中国宏观经济调控中的运用 601
本章小结 607

第五十五章 启动消费需求的前提条件及其对于中国经济发展的理论借鉴 610

一、关于国民经济总量平衡公式的理论说明 610

二、提高一国消费需求所需要的前提条件 612
三、启动中国消费需求的必要性和复杂性 613
四、刺激中国消费需求应该采取的相关对策 614
本章小结 616

第五十六章 供给与需求在充分就业状态下实现更高层次有效均衡的主要路径 617

一、国民经济充分就业的内涵、实现路径及现实意义 617
二、充分就业并不能实现社会供求的自动均衡 618
三、国民经济在充分就业基础上实现供求基本均衡的主要路径 624
本章小结 627

第五十七章 现代市场经济条件下通货膨胀的成因及其治理 629

一、现代西方经济学的通货膨胀理论 629
二、通货膨胀与货币供给之间的关系 636
三、通货膨胀与经济增长 641
四、现代市场经济条件下通货膨胀的治理 647
本章小结 651

第五十八章 中央银行宏观调控目标的实现路径 653

一、中央银行的宏观调控目标 653
二、中央银行上述宏观调控目标之间的关系 655
三、中央银行宏观调控目标在实践中的具体运用 667
本章小结 675

第五篇
生产资料所有制形式与经济发展

第五十九章 生产资料所有制形式与经济发展 681

一、生产资料所有制的演绎历程 681
二、关于生产资料所有制形式的相关经济理论 693
三、关于生产资料所有制形式与经济社会发展之间的关系 699
四、中国的国有企业改革 705
五、当前世界各国所有制发展形式的相关启示 711

六、关于社会性质与所有制形式之间关系的理论思考 714
本章小结 719

参考文献 721

后记 722

导 论

一、撰写背景

改革开放以后，随着社会主义市场经济体制改革目标的确立，西方经济学在中国经济理论中占据了主导地位。从当前中国对于西方经济学的运用来看，在微观经济领域，中国运用较多的是亚当·斯密的自由市场分工理论；在宏观经济领域，中国运用较多的是凯恩斯的宏观经济调控理论以及刘易斯的经济增长理论。毫无疑问，这些理论在不同的历史时期，曾经对于一些国家的经济发展产生了较好的理论指导作用。但是，经济学作为一门社会科学，其理论主要来自社会实践，经济学理论的运用也受制于多方面条件的制约。同样一种理论，在不同的历史时期或不同的国家（地区），其对于经济实践的指导效果会产生较大的差异，甚至会出现完全相反的理论指导效果。例如，就完全竞争的自由市场经济而言，在一国范围内的自由市场竞争，可以提高该国的经济发展效率，而在全球范围内的市场自由竞争，则会导致国民财富在不同国家之间的再分配。对于一国国内的某项经济活动，如果其自身不适合运用自由市场机制进行调节或者自由市场调节机制发挥作用所需要的条件不具备，而盲目地运用自由市场机制对该项活动进行调节，则必然会产生适得其反的效果。就宏观经济调控理论而言，如果忽视一国国情的差异和经济发展阶段的差异，而盲目地运用宏观经济调控理论来调节经济，其并不能达到理想的调控效果。与黄金商品货币条件下经济增长主要表现为以商品作为表现形式的使用价值总量和以黄金作为表现形式的价值总量共同增长不同，在信用货币经济条件下，尤其在国际信用货币条件下，经济增长可以通过信用货币发行的方式，而单纯地表现为以信用货币作为表现形式的价值总量增长，从而使以商品作为表现形式的使用价值总量增长与以信用货币作为表现形式的价值总量增长之间不能保持绝对一致。从经济增长角度分析，脱离具有一定使用价值形态商品做支撑，而单纯地以信用货币作为表现形式的价值总量的增长，显然不是真正意义上的经济增长。就此而言，在信用货币条件下，西方经济学所描述的以信用货币作为表现形式的经济增长理论，是存在较大局限性的。同样，在国际信用货币经济条件下，以贸易顺差作为表现形式的出口并不能帮助一国实现真正意义上的经济增长。

由此可见，对于西方经济学理论借鉴，一定要结合自身的国情，进行有鉴别地使用。从西方经济学的发展历程来看，其先后经历了古典主义经济学、凯恩斯主义经济学、新古典主义经济学以及理性预期学派等不同的发展阶段，在不同的经济学历史发展阶段，其经济学观点也各不相同。甚至，对于同一经济活动的认识，西方经济学也存在着不同的经济学流派，其观点存在着较大的差异，有些甚至是截然相反的。例如，亚当·斯密的自由市场竞争理论与凯恩斯的国家干预经济理论的观点就存在着较大的矛盾；就宏观经济理论而言，供给学派与凯恩斯的需求拉动经济增长理论之间就存在完全相反的观点差异，而货币学派创造人弗里德曼则认为，保持一定的货币供给量，就能实现经济的持续增长。对于蒙代尔的“不可能三角”理论，虽然很多国家经济理论界将它视为经济学定律，但经济学诺贝尔奖获得者麦金农就认为该理论并不科学。从西方经济理论指导全球各国经济实践的实际效果来看，全球很多国家都实行了市场经济，但是在实行市场经济的国家中，仅出现了为数不多的发达国家。从凯恩斯主义宏观调控理论的运用来看，目前仅有 20 世纪二三十年代的美国，通过罗斯福新政，成功地帮助美国走出了经济危机。因此，任何经济学理论都不是包治百病的“灵丹妙药”，考虑不同国家之间的国情差异以及历史发展阶段的差异，建立一个国家自己的经济学理论，对于指导一国的经济实践非常迫切和必要。

从中国经济理论发展情况来看，新中国成立后，在计划经济时代，中国在经济发展中主要借鉴了马克思主义经济学理论，而在改革开放以后，主要借鉴了西方经济学理论，目前中国还没有建立起适合自己国情的经济理论。从西方经济学理论对于中国经济实践的实际指导效果来看，由于我们对于西方经济学理论认知的偏差，认为市场是万能的，于是在市场“逐利”机制作用下，一些假冒伪劣产品盛行，官商勾结、权钱交易现象时有发生，教育、医疗产业市场化在很大程度上冲击了人类的道德和伦理底线，这些都在很大程度上给中国经济运行带来了负面影响。实际上，市场的“逐利”机制发挥作用是存在一定假设条件和范围约束的，虽然自由市场经济主要代表人物亚当·斯密在创作《国民财富的性质与原理》一书之前，曾写了一部《道德情操论》，但是如果没有强制的法律规范来对人们的道德进行约束，在“逐利”机制作用下，人类的道德底线必然会被市场“逐利”机制冲垮。就此而言，亚当·斯密在《国民财富的性质与原理》一书中关于人类是自私的理论假设与其所著的《道德情操论》是相互矛盾的。理论上而言，如果市场的“逐利”机制发挥作用没有一定假设条件和范围的约束，那么，社会经济发展一定会出现“易粪相食”的现象，其在很大程度上会阻碍社会生产力的发展，甚至危及人类自身的生存。

从中国具体国情来看，一方面，中国社会主义的国家性质，决定了经济发展的最终目的，是满足本国居民日益提高的物质和文化生活需求，虽然市场“逐利”机制作用的发挥是实现这一经济发展目的的必要手段，但是要使市场“逐利”机制与社会主义经济发展目标保持相对一致，就必须通过一定的法律规范以及宏观调控手段，来对经济活动进行严格的约束和科学调节。实际上，西方经济学理论本身也存在着一定的历史局限性。例如，从“人是自私的”这一理论假设分析，在生产力不发达、人类生产不能维持自身生存的阶段，人类可能是自私的。随着生产力的不断发展，在人类生产足以满足自身生存的条件下，人类由物质消费向精神消费的过渡升级，使人类在精神层面将超越一般动物自私本性的约束，而更多地体现为追求服务于社会和全人类这个崇高的精神境界。就此而言，建立在人类“自私”本性理论假设基础上的西方经济学理论，对于当前人类经济活动的理论指导在很大程度上存在着较大的局限性。考虑人类社会生产发展所呈现出的新特征以及中国国情的特殊性，笔者认为，在认真学习和领会马克思主义经济理论以及西方经济学理论的基础上，建立适合中国国情的经济学理论，非常必要。本书的写作，就是着力于在建立中国特色的经济学理论方面进行有效的探索，以达到“抛砖引玉”的效果。

二、写作方法

笔者认为，经济学理论作为一门社会科学，其理论的创立仍然受制于世界观和方法论的约束，就世界观而言，虽然西方经济学理论提出了“人是自私的”理论假说（又被称为“理性人”假说），并据此建立了西方经济学的理论研究框架。但从经济实践来看，社会生产力的发展已经在很大程度上使“人”超越了“自私”本性，其主要表现为人在物质需求得到基本满足的基础上，而追求超越于物质之上的更高精神境界。这就要求经济学理论研究要适应人类社会在物质得到基本满足的条件下，对于精神追求的必然要求，在经济学理论研究上突破人类“自私”心理的理论假说，将满足于人类不断提高的物质和文化生活需要，作为经济学理论研究的基点。实际上，从西方经济学理论发展来看，继亚当·斯密为代表的古典经济学理论之后，现代西方经济学理论研究已经在很大程度上突破了关于“人是自私的”理论假说，他们更多地强调通过国民收入再分配的方式，保障一国全体国民的基本生存权和基本接受教育的权利，从而促进一国公民的共同发展；他们更多地强调通过严格的环境保护法和反不正当竞争法，维护市场经济秩序，使一国经济实现持续发展。

现代西方经济学研究出现的上述变化，在很大程度上说明，随着社会生产力的不断发展，经济学理论研究正在由追求“人是自私的”理论假说向不断满足一国居民日渐提高的物质和文化生活需求的理论基点转变。当然，受生产力发展水平的约束，这种满足居民不断提高的物质和文化生活需求，仅局限于一国范围之内，而不能扩展至全球。就此而言，经济学发展理论还存在着国界的限制。

从中国经济发展的实际情况来看，虽然中国目前生产力发展水平较低，但我们不能逆世界潮流而动，在世界观上因为生产力发展水平较低，就将居民由精神层次较高的阶段而退化为“自私”心极重的资本主义发展初期的原始阶段，这不符合中国社会主义的具体国情，也不符合世界经济发展的总体趋势。有鉴于此，本书研究的基本观点，都是建立在促进中国居民物质和文化生活水平不断提高这个基础之上。

从方法论上看，本着理论与实践相结合的原则，本书在系统地分析研究西方经济学与马克思主义经济学基本理论的基础上，本着“取其精化、去其糟粕”的原则，将这些理论与中国具体国情有机地结合起来，建立了自己的经济理论。特别需要说明的是，由于本书主要致力于理论经济学的研究，因此，对于现代西方经济学研究中运用较多的计量分析，本书运用较少。笔者认为，虽然计量分析对于解决微观经济学很有必要，但就宏观经济学研究而言，如果不考虑宏观经济运行的整体效果和宏观经济发展的最终目标，而运用微观经济学的研究方法来研究宏观经济学，将在很大程度上使宏观经济学成为一门伪科学。例如，在信用货币经济条件下，作为微观经济活动的主体在“逐利”机制作用下，主要是为了追求更多地以信用货币作为表现形式的利润，就宏观经济学而言，如果将以信用货币为表现形式的利润作为自己的追求目标，那么，将在很大程度上偏离一国经济发展的根本目标，使经济发展仅体现在经济货币化层面，而不能实现以信用货币作为表现形式的价值总量和以商品、服务作为表现形式的使用价值总量的共同增长。因此，本书的研究主要是在将宏观经济发展目标定位于不断满足一国居民日渐提高的物质和文化生活需求的观点指导下，借鉴已有的理论研究成果，结合中国的具体国情以及笔者多年的经济实践，从理论层面对现代市场经济的运行原理、运行条件、运行目标以及调控手段、生产资料所有制理论等做出了相应的研究。

三、主要创新点

全书以市场自由竞争必须遵循的基本规则作为理论研究的基点，以宏观经济发展目标服务于本国居民不断提高的物质和文化生活需求为全书理论研究的主线，分别在市场自由竞争的基本原理及其所需要的外部条件、市场价格运行机制、信用货币及经济货币化、经济发展与宏观调控、生产资料所有制理论等方面进行了创新性的理论研究。总体来看，本书有以下理论创新点：

1. 本书从市场经济长期实践中，总结出市场自由竞争所必须遵循的基本规则，市场自由竞争只有遵循上述规则，才能发挥市场在资源配置中的基础性作用，否则，市场自由竞争就达不到预期的效果。本书认为，市场自由竞争的核心是技术竞争，而不是放任自流的市场买卖行为。

2. 本书对于维持市场自由竞争所需要的条件进行了研究，进一步拓宽了公共产品的范围并对之进行了理论论证。对于“三公”原则的内涵及运作原理、市场经济运行所需要的道德约束、教育在市场经济条件下的价值体现、市场“逐利”机制运行原理以及效率的真正内涵等，本书进行了独到的理论研究和阐述。

3. 关于市场价格的研究，本书认为，生产要素定价的最终底线就在于生产成本补偿原则，市场机制对于价格调节的底线在于商品的生产成本最终能够得到补偿。以此为依据，本书对于价格机制发挥作用所面临的约束条件、边际成本定价规则、供求关系对于价格的作用、生产力发展与商品价值之间的关系、信用货币经济条件下商品价格的决定因素、劳动工资与劳动强度以及生产要素参与增量价值分配的原则进行了创新性的理论研究。

4. 本书对于信用货币经济条件下的经济货币化、虚拟经济与实体经济之间的关系以及外商投资的作用机理等方面进行了创新性的理论分析。

5. 关于经济增长理论的研究，本书提出了信用货币经济条件下经济增长的真正内涵，认为信用货币经济条件下的经济增长，不是以信用货币作为表现形态的单纯价值总量的增长，而是以商品、服务等作为表现形式的使用价值总量的增长。

6. 本书对于市场经济条件下生产要素自由流动的作用机理及其所需要的约束条件进行了创新性的理论研究。

7. 本书在对以往对外贸易理论进行评述的基础上，构建了新的对外贸易理论。

8. 本书对于城市化理论进行了创新性研究。

9. 本书研究了消费、投资和出口对于经济发展产生的拉动作用，认为出口不能拉动经济增长，只有在进出口平衡的基础上，由出口所取得的利润才能拉动经济增长。

10. 本书对于经济增长的推动力进行了创新性的研究，分别从需求和供给两个方面，研究了经济增长的驱动力。

11. 本书对于内生性经济增长做了创新性的理论研究，认为“温和通胀”不是经济增长的必要条件，只有内生性经济增长才是实现经济持续增长的永恒动力。

12. 本书对于政府购买性支出的乘数效应以及减税政策的乘数效应进行了比较研究，认为减税政策的乘数效应在某种条件下要大于政府购买性支出的乘数效应。

13. 本书对于工业化发展与就业率下降之间的关系，进行了创新性的理论解释和思考。

14. 本书对于充分就业状态下实现更高层次供求均衡的路径进行了理论研究，认为充分就业并不能实现市场供求的自动均衡，一定时期市场供求自动均衡比充分就业更为重要，而经济发展的过程主要表现为市场供求在更高层次上实现自动均衡的过程。

15. 本书对于中央银行的四大宏观调控目标之间的关系进行了创新性的理论研究，认为蒙代尔“不可能三角”理论，并不是左右金融市场运行的客观规律。

16. 本书对于生产资料所有制与实现社会生产目的之间的关系进行了创新性研究。

17. 结合笔者多年的金融从业经历，本书对于基本的经济学概念，如投资和投机、资本、生产要素、经济货币化、商品价值和使用价值、消费和出口等经济学术语进行了全新的理论诠释和定义。

第一篇

市场自由竞争的基础及其运行机制

1

第一章
自由竞争机制的作用机理

一、市场自由竞争的基本原则及其作用机理

人类经济实践证明，在市场经济条件下，自由竞争机制要充分地发挥作用，其必须遵循以下几个方面原则：

一是低价竞争原则。在市场经济活动过程中，同等质量的商品，只有价格低的生产者才能够取得竞争的优势。

二是质量竞争原则。在市场经济活动过程中，同等价格的商品，只有质量高的生产者才能够取得竞争的优势。

三是成本竞争原则。在市场经济活动过程中，同等质量和同等价格的商品，只有生产成本最低的生产者才能够取得竞争的优势。

四是满足市场需求原则。在市场经济活动过程中，企业生产的产品只有满足社会需求，才能实现由使用价值形态向价值形态的转换，从而顺利实现企业利润。换而言之，满足社会需求是企业进行充分竞争、实现利润最大化的必要条件。

五是市场供需缺口影响价格原则。在市场经济活动过程中，市场供给的稀缺程度成为决定商品价格的一个重要因素，一般而言，越是供不应求的商品，其价格定价就越高。

六是“逐利”性原则。在市场经济活动过程中，“逐利”是市场经济条件下市场主体经营的主要原则，在经济实践中，这种“逐利”性主要表现为参与市场经营活动的市场主体在市场经济活动中对于利润最大化的不懈追求。

理论上而言，在市场经济条件下，自由竞争机制之所以能够提高市场运行效率，其在很大程度与市场经济条件下自由竞争原则的作用机理密切相关。具体言之，其主

要表现在以下几个方面：

第一，就同等质量、不同价格的商品市场竞争而言，市场主体在市场经济条件下为了取得竞争的优势，必然会采取最大限度地降低产品价格的方式，来达到目的。在这种竞争机制作用下，市场主体很难通过价格垄断的方式，来获取高额垄断利润，从而在一定程度上促进了市场利润率的平均化进程，而商品价格的下降使消费者能够获取较多的消费者剩余收益，从而提高了消费者的消费效用，其在很大程度上与经济发展的基本目的即满足于居民的物质和精神生活需要相一致。

第二，就同等价格、不同质量的商品市场竞争而言，市场主体在节约生产成本、降低商品价格的同时，还必须保证商品的质量。受这一竞争规则影响，在经济实践中，企业为了取得竞争的优势，不会通过采取偷工减料、降低商品质量的方式，来降低成本，而是会通过技术进步的方式来降低商品生产成本。从整个社会来看，企业通过技术进步的方式来降低商品生产成本，一方面使消费者在消费效用不变的条件下获取了较大的消费者剩余收益；另一方面，企业对技术的改进在很大程度上也推动了整个社会的技术进步，从而促进了生产力的不断发展。

第三，就同等质量和同等价格条件下商品生产成本的市场竞争而言，市场主体在经营活动中，在保证商品质量的前提下，必须通过大幅度降低商品生产成本的方式来获取竞争的优势。由于市场主体降低商品生产成本没有影响其生产的商品质量，因此，从整个社会来看，通过市场竞争的作用，实现了最低商品生产成本条件下的最大产出，从而有利于提高经济运行效率。

第四，就企业生产产品的社会需求而言，市场经济条件下社会生产的最终目的是满足社会需求，在经济实践中，其主要表现为：企业生产经营必须以市场需求为导向，通过扩大产品生产规模的方式，满足市场现实的需求；通过不断开发新产品的方式，发掘市场潜在的需求。这一竞争机制作用的发挥，在很大程度上确保了微观市场主体的生产目的与宏观经济发展目标即不断提高居民物质和精神生活需求的相对一致，从而使经济实现真正意义上的增长。

第五，就市场需求对于商品价格的影响而言，在市场供给的稀缺程度成为决定商品价格一个重要因素的竞争规则作用下，一般来说，由于价格与市场供给稀缺程度之间存在的正相关关系，对于供给缺口较大的商品，市场会通过价格机制的作用，扩大供给短缺产品的供给规模，最终使商品供给满足市场需求，使市场供求之间保持相对平衡。而对于供给过剩的产品，在价格机制作用下，会使产品生产者通过缩减生产规模或进行产业转移的方式，减少产品供给，从而最大限度地避免重复建设和盲目建设，减少社会资源的浪费，使社会总供给与总需求之间保持相对均衡。

第六，就逐利机制对于商品生产的影响而言，在“逐利”的市场竞争规则作用下，市场主体对于“逐利”的追求，会使其通过最大限度地压低商品生产成本、最大限度地提高商品质量和技术水平的方式，来获取最大化的利润。这一方面提高了消费者的消费效用；另一方面，也通过企业的技术进步，促进了社会生产力的发展。

二、市场自由竞争机制发挥作用所需要的相关条件

如前所述，理论上而言，在市场经济条件下，通过市场竞争机制作用的发挥，可以使市场在资源配置中发挥基础性作用，从而最大限度地提高市场经济的运行效率。从实践中来看，市场经济条件下市场竞争机制作用的发挥是需要一定前提条件的，具体言之，其主要包括以下几个方面内容：

第一，市场经济条件下通过竞争机制发挥作用的市场主体，都是具有自身利益约束、实行完全市场化经营的市场主体。这些市场主体从事经济活动的主要目的，就是“逐利”，而市场主体实现这一“逐利”目的的手段，主要是通过参与市场的有效竞争，而不是通过外部政策性优惠或市场主体之间资产转移的方式，以此实现利润的最大化。这就要求市场经济条件下的市场经营主体必须是真正从事市场化经营的市场主体。

第二，为了保证公平竞争的市场环境，市场经济条件下的市场主体之间只存在资本、技术、管理、产品及服务水平的差异，而不存在非市场因素的行政级别的差异，各市场主体之间完全是一种平等竞争的关系。理论上而言，只有各市场主体之间是一种平等的市场竞争关系，才能使市场竞争机制充分发挥作用。

第三，为了确保价格机制在市场竞争中有效地发挥作用，就必须建立充分、及时而透明的商品价格及供求信息披露体系，使商品价格的变动能够准确反映市场的供求状况。为此，建立公开、及时、透明的价格信息披露体系，是价格机制发挥调节供求作用的必要条件。在经济实践中，为了充分发挥价格对于供求的调节作用，就必须依靠政府的力量，建立及时、透明、准确的商品价格披露体系以及商品或生产要素的供求信息披露机制。

第四，市场主体在竞争机制作用下所进行的技术改进、产业转移行为不存在任何约束，一方面要求市场经济运行中不存在任何行政干预和行业壁垒；另一方面，也要求社会上存在充分的生产要素供给，使市场主体所进行的技术改进和产业转移能够得以顺利实现，这就要求可再生的生产要素供给如技术、资源、管理以及劳动等相对充裕。同时，也要求政府通过严格的法律约束以及经济调节措施，最大限度地保证不可再生自然资源供给的可持续性，防止浪费自然资源现象的发生。此外，政府还必须制定最低工资标准，有效地防止企业通过压低工资的方式，来进行不正当竞争，以此确保劳动力再生产的可持续性，使市场竞争机制作用的发挥与社会发展的最终目标保持相对一致。

第五，为了确保市场竞争机制下的产品质量，最大限度地保护消费者利益，必须建立严格的产品质量检测、监督和披露体系，使产品的质量不会由于竞争状态的加剧而出现下降，从而最大限度地发挥竞争机制对于社会经济发展的推动作用。

第六，理论上而言，在“逐利”机制作用下，市场主体参与市场经济活动，其追求的是市场主体的整体利益，而不是市场主体内部的个人利益。就此而言，为了有效地发挥“逐利”机制对于市场经济运行的调节作用，就要求市场主体在参与市场竞争过程中要遵循内部利益服从于整体利益的“逐利”规则，其主要表现为：市场主体内部不存在为了个人或小团体的利益而损害市场主体整体利益的现象。只有这样，才能最大限度地发挥市场竞争机制的作用。

第七，在现代市场经济条件下，为了使商品价格充分反映市场的供求关系，就要求生产要素市场体系和消费品市场体系非常完善，生产要素和消费要素在空间上可以自由移动，生产要素空间移动成本相对较低；生产要素在时间上也可以最大限度地得到延长。为了实现这一目标，就要求整个社会流通市场十分发达，物流成本相对较低。

三、市场自由竞争中政府所履行的基本职责

根据上述关于市场经济条件下市场竞争机制发挥作用所需要的外部条件分析，在现代市场经济条件下，政府的主要职责就是为市场竞争机制发挥作用创造良好的外部条件，具体言之，其主要包括以下几个方面内容：

1. 提供市场机制不能发挥作用的市场必需产品职责，其主要表现在以下三个方面：一是提供竞争机制发挥作用所必需的基础设施如电力、交通设施等公共产品；二是提供竞争机制发挥作用所必需的教育、科研投入等公共产品；三是满足“逐利”机制无法解决的确保劳动力再生产所必需的医疗、养老、失业等社会保障支出的需要。

2. 产品质量监管职责。理论上而言，确保竞争机制发挥作用的产品质量监督和保证职责必须由政府来承担。这就要求政府通过加强产品质量检测、监督和披露体系建设的方式，来确保产品的质量，杜绝假冒伪劣产品的生产，维护市场竞争秩序，最大限度地保护消费者的合法权益。

3. 信息披露体系建设职责。鉴于市场竞争机制以充分的市场信息共享作为前提条件，这就要求政府要通过市场价格和供求信息披露体系的建设，为微观市场主体提供公开、及时、透明的信息支持，确保供求机制和价格机制对于经济调节作用的发挥。

4. 法制建设职责。由于市场经济条件下竞争机制发挥作用必须遵守基本的竞争

原则，在经济实践中，为了确保这些竞争原则在市场竞争中得到切实遵守，就要求政府通过完善的法制建设，对于违反市场竞争规则的行为，给予严厉的处罚，以最大限度地保证市场竞争机制作用的发挥。

5. 防范外部效应职责。在“逐利”机制作用下，市场主体之间的自由竞争还会产生一定的“负外部效应”，如市场主体在竞争过程中为了获取更多利益而对环境产生破坏等，这些“负外部效应”是依靠市场机制无法调节的。因此，就需要政府的积极介入，约束市场主体在竞争中的负面行为，加强自然环境保护，最大限度地减少经济发展中“负外部效应”的发生。同时，对于已经出现的环境污染等，给予适当的修复，使居民生活环境随着经济的发展而得到不断改善，进而使经济发展的基本目标与提高居民物质和精神生活需求的目标保持相对一致。

总体而言，在市场经济条件下，竞争机制发挥作用是需要诸多前提条件的，而在市场经济条件下，政府的一个主要职能，就在于为市场竞争机制作用的发挥，提供必要的前提条件。

本章小结

本章主要论述了市场经济条件下自由竞争机制产生作用的基本原理，以及自由竞争机制发挥作用所需要的前提条件。在此基础上，本章对于市场自由竞争机制作用下政府所履行的职责进行了相关分析。通过本章的研究，笔者认为，在现代市场经济条件下，市场自由竞争不是杂乱无序的，只有符合自由竞争基本原理的市场竞争，才能提高市场经济运行效率，实现经济效率的最大化。同样，在市场经济活动过程中，只有满足市场自由竞争机制发挥作用所需要的前提条件，市场自由竞争机制才能发挥积极作用。因此，就市场经济条件下的政府职责而言，其主要表现在以下几个方面：(1) 提供市场竞争机制不能发挥作用的市场必需产品；(2) 确保竞争机制发挥作用的产品质量监督和保证职责必须由政府来承担；(3) 政府要通过市场价格和供求信息披露体系的建设，为微观市场主体提供公开、及时、透明的信息支持，确保供求机制和价格机制对于经济调节作用的发挥；(4) 政府要通过完善的法制建设，对于违反市场竞争规则的行为，给予严厉的处罚，以最大限度地保证市场竞争机制作用的发挥；(5) 通过政府的积极介入，约束市场主体在竞争中的行为，最大限度地减少经济发展中“负外部效应”的发生。同时，对于已经出现的“负外部效应”，给予适当的修复，使居民生活环境随着经济的发展而得到不断改善，进而使经济发展的基本目标与提高居民物质和精神生活需求的目标保持相对一致。

第二章
市场经济条件下自由竞争的切入点

一、自由竞争机制下的主要竞争手段

在现代市场经济条件下，企业自由竞争的主要手段包括同质商品间和异质商品间的自由竞争手段两个方面内容。

（一）同质商品之间的自由竞争手段

所谓同质商品，是指产品在质量、用途及功能等方面完全一致。在现代市场经济条件下，生产同质商品的不同企业，其在进行自由竞争时，主要采取以下竞争手段：

第一，价格竞争。所谓同质商品的价格竞争，是指同质商品的不同生产企业，为了获取较多的市场份额，采取比其他同质商品生产企业更低销售价格的方式，进行市场竞争的策略。根据前面所述的自由竞争机制原理，在现代市场经济条件下，对于同质商品而言，销售价格较低的企业可以获取较大的市场份额，相对于销售价格较高的其他企业而言，那些采取低价竞争的生产企业在同质商品的自由竞争中占有竞争优势。就此而言，在现代市场经济条件下，同质商品的价格竞争是企业经常采取的一种竞争手段。

第二，成本竞争。在现代市场经济条件下，虽然价格竞争是同质商品生产企业进行市场竞争所采取的一个重要手段，但是价格竞争在很大程度上受制于商品生产成本的制约。如果在同质商品竞争中，商品生产者不考虑其生产成本，而通过亏损降价的方式来与其他生产企业进行竞争，虽然消费者可以通过商品较低的销售价格获取较大的消费效用，但是盲目地低于商品生产成本的价格竞争，会导致商品生产企业的亏损，从而使商品生产无法持续进行。因此，在低于商品生产成本的盲目价格竞争作用下，一方面，商品生产企业在竞争中没有任何赢家可言；另一方面，在由于销售价格过低而导致商品无法实现持续供给的条件下，消费者从商品盲目价格竞争中所获得的较高消费效用也无法持续。理论上而言，虽然企业从事生产经营的最低价格底线在于商品的销售价格等于其边际成本，但在商品销售价格持续降低的背景下，如果企业销售收入不能有效地抵补其商品生产成本，其最终将导致企业的破产。在经济实践中，曾有一些企业通过恶性价格竞争的方式，将其他企业挤垮，然后再通过其在行业中所拥有的垄断地位，提高商品的销售价格，以此来获取较高的垄断利润。从这种竞争模式来看，一方面，企业依靠垄断地位所获取的高额利润，属于垄断竞争行为，不属于自由竞争机制发挥作用的范畴；另一方面，从企业低价竞争的结果分析，虽然消费者在低价的自由竞争阶段，可以获取较大的消费效用，但是随着自由竞争向垄断竞争的转变，商品销售价格的提高，又在很大程度上减少了消费者的消费效用。因此，低于商品生产成本的价格竞争，一方面会导致社会资源的大量浪费，其主要表现为企业在非正常价格竞争机制作用下而出现大量破产，由此导致了机器设备和原料的大量浪费；另一方面，也会造成社会经济秩序的严重混乱，其主要表现为非正常价格竞争所导致的企业破产对于上下游生产环节所形成的需求和供给冲击。与此同时，企业破产所导致的大量失业人口，也将在很大程度上危及社会的稳定。就此而言，在自由竞争机制作用下，价格竞争的最低底线在于商品的销售价格不能低于商品的生产成本，因为，一方面是参与竞争企业维持正常再生产所需要的；另一方面也是维持正常的社会经济秩序所需要的。

在市场价格竞争机制成本底线约束条件下，决定同质商品在价格竞争中能否取得优势的关键就在于商品的生产成本。从商品生产成本决定因素来看，根据马克思的可变资本与不变资本理论，在既定的技术条件下，作为商品成本组成部分的不变资本是不能随意降低的，而从经济运行的实践来看，具有不变资本属性的商品成本主要有原材料以及固定资产折旧等，如果商品生产企业通过减少原材料消耗的方式，降低商品的生产成本，则其将在一定程度上改变商品的使用价值属性，从而使商品生产者之间的竞争超出同质商品属性的范畴，最终将使商品生产者由于商品质量或功能较差而在市场经济运行中面临竞争失败的命运。就此而言，在既定的技术水平条件下，为了保证商品的使用价值效用在商品生产成本降低的情况下不发生改变，根据马克思的资本有机构成理论，商品生产者会通过压低人员工资的方式来降低商品生产成本。而从降低人员工资所取得的竞争效果来看，一方面在现代市场经济条件下，人员工资水平有其自身的最低底线，这个最低底线主要表现为满足劳动力再生产所必需的支出需要；另一方面，人员工资的降低在一定程度上影响了劳动力自身素质的提高以及后续劳动力的培养，从而最终对社会再生产产生不利影响。就此而言，在既定的技术发展条件下，企业通过降低生产成本的方式很难在自由竞争中占据优势。

根据马克思的劳动价值理论，决定商品价值高低的因素主要在于社会必要劳动时间，因此，在现代市场经济条件下，企业要在成本竞争中占据优势，就必须通过技术进步的方式，使企业商品生产的相对成本得到降低。理论上而言，企业商品生产相对成本的降低，主要取决于以下几个因素，其主要表现为：劳动者生产的熟练程度，生产设备的先进程度，企业管理水平的高低，以及企业生产所面临的先天自然条件优势等。一般而言，企业要想真正地降低其商品生产成本，就必须从上述生产成本的决定因素入手，通过提高工人劳动熟练程度，提高产品生产技术水平和管理水平，采用先进生产设备以及选择有利于企业商品生产的优越自然条件等方式，来降低企业的生产成本。当然，从决定企业产品生产成本上述因素之间的关系分析，技术无疑在商品生产成本决定因素中居于主导地位，其主要表现在两个方面：一方面技术水平的高低对于劳动者生产的熟练程度、生产设备的先进程度以及企业管理水平会产生较大影响；另一方面，技术水平的高低会在一定程度上改变商品生产所面临的自然条件，例如海水淡化技术的发展，会在很大程度上改变水资源的地区分布等。由此可见，在现代市场经济条件下，同质商品以生产成本为“标的”的市场竞争，在很大程度上实际上是一种技术竞争，具体言之，一些生产技术先进的企业会在同质商品生产中付出较少的生产成本，从而使其在与其他企业竞争中最终取得优势。在成本竞争的条件下，一些生产成本较低的企业可以按照最接近企业生产成本的价格销售其生产的产品，从而在很大程度上为其开展价格竞争提供了有利条件。理论上而言，在一个正常的市场竞争环境下，以技术竞争为着力点的商品生产相对成本优势，是决定同质商品生产企业能否获取较大市场份额的关键因素。

第三，营销竞争。在同质商品生产企业的竞争过程中，一些企业还会采取各种营销手段，来寻求在同质商品竞争中获取竞争优势。从营销竞争的主要表现形式来看，其主要通过产品销售的事前及事后营销，来获取较大的市场份额。具体言之，就售前营销而言，其主要表现为在商品销售之前，商品生产企业通过电视等媒体或现场宣传等手段，对于商品的质量、性能以及价格进行大量宣传，使消费者在对商品有所了解的同时，产生购买欲望，以此扩大企业商品的销售额，使企业产品在市场竞争中获取优势；从售后营销来看，其主要表现为在商品销售之后，商品生产企业通过周到的销售服务等方式，为消费者提供多种便捷服务，使消费者能够以最小的成本获取商品的使用价值。当然，这种最小的成本不是指商品的购买成本，而是指商品的运输成本、安装成本、维修成本等方面。在经济实践中，其主要表现为商品生产企业免费送货、免费安装、免费维修或相对延长商品维修期限等售后营销方式，也包括与商品销售捆绑在一起的亲情服务以及有奖销售等售后营销方式。

（二）异质商品之间的自由竞争手段

从异质商品竞争形式来看，其主要包括异质可替代商品之间的竞争和异质不可替代商品之间的竞争这两种方式。

第一，异质可替代商品之间的竞争。所谓异质可替代商品之间的竞争，是指在现代市场经济条件下，虽然两种不同品质的商品都能够满足消费者的某一方面需求，但是由于两种商品性能及质量方面的差异，导致两种商品在市场竞争中的结局明显不同。具体言之，那些性能优异、产品质量较高的商品，比那些质量较差、性能较低的商品，更加具有竞争优势。当然，在异质可替代商品的竞争过程中，虽然价格高低对于商品之间的竞争仍具有一定的影响，但是这种影响更多的是与居民的收入水平联系起来的。一般而言，异质可替代商品竞争中那些性能和质量较高的商品能否获取竞争的绝对优势，既取决于居民的收入水平，也取决于两种异质商品之间功能和价格的比率。当居民收入水平较高时，那些性能较好、质量较高而且价格较高的可替代商品，就会在竞争中占据优势，从而逐渐实现对于那些性能较低、质量较差及价格较低商品的替代。而在居民收入水平较低的条件下，那些性能较高、质量较高而且价格较高的可替代商品能否在竞争中占据优势，主要取决于其产品性能与价格之间的比率。一般而言，随着这些商品价格的逐渐下降，其在市场中的竞争优势将会逐渐体现出来。

第二，异质不可替代商品之间的竞争。就异质不可替代商品之间的竞争而言，商品生产企业能否在市场竞争中占据优势，其在很大程度上取决于企业生产的商品市场需求空间。一般而言，如果企业生产的商品市场需求空间相对较大，那么，相对于那些市场需求空间较小的商品而言，这些市场需求空间较大的商品会在市场竞争中占据优势。在经济实践中，要发挥异质不可替代商品竞争机制作用，就要求企业根据市场需求组织商品生产，从而使社会产品总供给与总需求保持相对一致。

二、自由竞争机制发挥作用的主要表现形式

从实践中来看，自由竞争机制发挥作用的形式主要表现在以下几个方面：

1. 价格竞争机制作用的发挥，为市场提供了诸多价廉物美的商品。在正常的价格竞争机制作用下，商品生产者之间的价格竞争，可以使商品按照最接近成本的价格进行销售，从而增加了价廉物美商品的市场供给数量，有利于提高消费者的消费效用。

2. 成本竞争机制作用的发挥，推动了技术水平的不断进步。如前所述，在自由竞争机制作用下，企业一般会通过降低生产成本的方式，使其在商品价格竞争中占据优势。而从商品成本的决定因素来看，虽然在现代市场经济条件下，商品成本的决定因素很多，但是技术是决定商品生产成本高低的关键因素。因此，在成本竞争的条件下，商品生产者为了降低生产成本，就必然会通过提高商品生产技术和工艺水平的方式，来取得成本竞争的优势。其一方面使生产技术和工艺水平相对先进的企业在成本

竞争中占有竞争优势；另一方面，也在很大程度上推动了社会的技术进步和工艺水平的不断提高。

3. 营销竞争机制作用的发挥，在很大程度上提高了消费者对于商品的消费效用。理论上而言，营销竞争机制对于消费者的影响，在不同的营销环节会出现出不同的影响效果。具体言之，就单纯侧重广告等售前营销的竞争行为而言，虽然商品广告有利于消费者认识商品的性能，减少消费者选购商品的成本（在实践中，这种成本主要表现为时间成本），但是一些对商品性能过度夸张的广告，则会误导消费者。此外，广告营销需要增加企业大量的营销费用，这些费用最终需要进入商品销售成本，由商品消费者来负担。从侧重售后服务的营销机制发挥作用的方式来看，运输、安装、维修等售后营销服务，一方面节约了消费者的消费成本（在实践中，这些消费成本主要表现为商品的运输、安装成本）等；另一方面，也延长了商品使用价值的使用时限（在经济实践中，其主要表现为商品生产企业对商品的维修保养服务，延长了商品的使用时间），这些都在很大程度上提高了消费者对于商品的消费效用。

4. 异质可替代商品之间竞争机制作用的发挥，在一定程度上有利于提高消费者的消费效用。从异质可替代商品竞争机制发挥作用的形式来看，其主要表现在两个方面：一是通过异质可替代商品之间的竞争，进一步促进了产品结构、性能的不断改善，从而有力地推动了社会技术进步；另一方面，由于异质可替代商品要在竞争中取得优势，其必须获得消费者的认可，与消费者的消费能力相适应，这些都在一定程度上有利于提高消费者的消费效用。

5. 异质不可替代商品之间竞争机制作用的发挥，在很大程度上确保了企业生产与社会生产目的的相对一致。就异质不可替代商品竞争而言，如前所述，在异质不可替代商品竞争机制作用下，商品生产必须以市场需求为导向，最大限度地满足市场主体的需求，从而在很大程度上确保了企业生产与社会生产目的的相对一致。

三、自由竞争机制发挥作用的主要切入点

（一）商品之间真正的自由竞争主要表现为技术竞争

理论上而言，技术竞争之所以是商品之间其他竞争手段的前提和基础，其主要表现在以下几个方面：

1. 技术竞争是价格竞争的前提和基础。一般而言，当商品生产技术较先进时，其生产成本相对较低，从而有利于企业通过价格竞争的方式，在市场自由竞争中占据优势。就此而言，技术竞争是价格竞争的前提和基础，价格竞争是技术竞争的主要表现形式。

2. 技术竞争是商品营销竞争的前提和基础。就商品营销竞争而言，只有商品具有自身特殊的使用功能以及价格优惠条件，侧重于销售前的企业商品营销才能取得较好的效果。而决定商品是否具有自身特殊的使用功能以及价格优惠条件的关键因素，还在于商品生产企业的技术先进程度。只有企业拥有较高的生产技术，才能提高商品的性能，并且在技术壁垒的作用下，使商品的性能在较长时期内呈现自身的特殊性，从而增加商品在售前营销中的市场吸引力，提高商品的市场份额。只有商品生产企业掌握先进的技术，才能有效地降低商品生产成本，从而增强商品营销的价格优势。就售后营销而言，如果由于商品生产技术水平不高，导致商品在消费过程中经常损坏，则一方面将会增加商品的售后维修成本；另一方面，也会对于商品的售后营销服务造成负面影响，就此而言，在商品售后营销过程中，技术竞争同样是商品售后营销竞争的前提和基础。

3. 技术竞争自身具有独特的竞争优势。从技术竞争自身所具有的优势来看，在自由竞争的市场环境下，企业可以通过技术进步的方式，增加其产品的性能和质量。理论上而言，在技术专利保护条件较好的市场环境下，技术先进的企业在较长时期内保持竞争优势的同时，还可以获得超额的技术垄断利润。从实践中来看，技术竞争条件下超额利润的获取，主要表现在两个方面：一是在产品市场需求没有饱和的条件下，生产技术先进的企业凭借其较低的成本优势，可以获得超额利润；二是对于一些市场需求潜力大、商品生产技术要求较高的商品生产而言，企业可以凭借其较高的生产技术，在供求规律作用下，获取超额利润。

总体来看，在现代市场经济条件下，虽然商品生产企业之间的竞争形式多种多样，但从市场自由竞争的决定因素来看，技术因素在自由竞争市场中对于企业的生存和发展，起着决定性作用。

（二）将技术竞争作为市场自由竞争切入点应该采取的相关措施

鉴于技术因素在市场自由竞争中所处的重要地位，当前要通过技术竞争的方式，充分发挥市场自由竞争机制的作用，提高市场经济运行效率，可以采取以下措施：

第一，加强基础教育投入力度，提高高等学校的办学质量。理论上而言，基础教育对于一国国民素质的培养起到了基础性作用。因此，在现代市场经济条件下，要通过基础教育的发展，为技术进步创造基础性条件。为了使基础教育得到很好的发展，一方面国家要加大财政对于基础教育的投入力度，提高从事基础教育教师的工资待遇，保障从事基础教育教师的基本生活，使他们安心教学；另一方面，应通过免费义务教育的方式，扩大本国公民接受基础教育的广度，最大限度地提高本国公民素质。对于大学教育而言，由于大学教育更多地表现为专业知识的传授，因此，要使大学培养的学生在未来工作中成为技术创新骨干，就必须着力提高高等学校的办学质量，相对于基础教育发展的着力点在于数量而言，大学教育发展的着力点在于办学质量。为了提高高等学校的办学质量，在高等学校适度控制招生规模的条件下，一方面要提高高等学校老师的工资待遇，使他们安心教学；另一方面，要通过财政补助的方式，让那些成绩优异的学子能够顺利完成学业，从而使高等教育通过一大批优秀而敬业的教师队伍对于优秀而勤奋的学生群体的培养，为技术创新做好必要的人才准备。

第二，加强职业教育，培育大量的技术工人。从技术进步的特殊性来看，技术进步一方面需要高深的理论支持，另一方面，还需要先进的工艺技术来将这些高深的理论成果转换为现实生产力。因此，在现代市场经济条件下，要发挥技术在自由竞争中的作用，就必须加强职业教育，培育大量的技术工人，从而为先进技术的运用创造有利条件。

第三，加强基础科学研究投入力度，为新技术、新发明的出现创造有利条件。理论上而言，一项重大的技术突破在很大程度上依赖于基础科学理论的创新，因此，虽然基础科学理论研究在实践中与企业技术进步没有直接关系，但是从技术进步的源头分析，没有基础科学理论的重大突破，就没有技术的重要变革和突破。在现代市场经济条件下，基础科学研究不直接创造财富，要发挥技术竞争在自由竞争市场条件下的主导作用，就必须加大财政对于基础科学研究的投入力度，通过基础科学研究实力的增强，为新技术和新发明的不断涌现创造基础性条件。

第四，通过普及科学知识和加强人文文化修养的方式，创建良好的科学氛围以及人文文化的发展环境。一定时期社会的技术进步，既与专业的知识教育以及科学研究水平有关，也与社会的科学研究氛围有关。在现代市场经济条件下，生产力的不断发展使技术进步不单纯地表现为理工科的物理和化学属性的技术进步，而是表现为理工科与文科交融的包含物理、化学和创意等多种形式的技术进步。为了更好地推动现有生产力发展条件下的技术进步，就必须通过普及科学知识以及加强人文文化修养的方式创建良好的科学氛围以及人文文化的发展环境，通过官办、民办或官民合办的科普机构以及人文教育机构的发展，增加公民的科普知识和人文知识，提高公民的素质，陶冶公民的情操，为技术创新型人才的培养提供必要条件。

本章小结

本章对于市场经济条件下自由竞争机制发挥作用的表现形式及主要竞争手段进行了分析，认为市场经济条件下自由竞争主要有同质商品之间的竞争与异质商品之间的竞争两种方式。就同质商品之间的自由竞争而言，其主要竞争手段有价格竞争、成本竞争及营销竞争三种手段；就异质商品之间的自由竞争而言，其主要竞争方式有异质可替代商品之间的竞争和异质不可替代商品之间的竞争。一般而言，在同等价格水平下，异质可替代商品竞争中那些性能和质量较高的商品能否获取竞争的绝对优势，既取决于居民的收入水平，也取决于两种异质商品之间功能和价格的比率。就异质不可替代商品之间的竞争而言，商品生产企业能否在市场竞争中占据优势，其在很大程度上取决于企业生产的商品市场需求空间的大小。一般而言，如果企业生产的商品市场需求空间相对较大，那么相对于那些市场需求空间较小的商品而言，这些市场需求空间较大的商品会在市场竞争中占据优势。

在对市场自由竞争机制发挥作用的主要表现形式及竞争手段进行分析的基础上，本章认为，技术竞争是商品之间其他竞争手段的前提和基础，技术竞争是市场自由竞争的切入点。为了有效地提高一国技术竞争的实力，可以采取以下措施：（1）加强基础教育投入力度，提高高等学校的办学质量；（2）加强职业教育，培育大量的技术工人；（3）加强基础科学研究投入力度，为新技术、新发明的出现创造有利条件；（4）通过普及科学知识以及加强人文文化修养的方式，创建良好的科学氛围以及人文文化的发展环境。

第三章
公共产品的基本内涵及其对于中国经济发展的启示

萨缪尔森在《经济学》中将公共物品的特征描述为："与来自纯粹的私有物品的效益不同，来自公共物品的效益牵涉到对一个人以上的不可分割的外部消费效果。相比之下，如果一种物品能够加以分割因而每一部分能够分别按竞争价格卖给不同的个人，而且对其他人没有产生外部效果的话，那么这种物品就是私有物品。公共物品常常要求集体行动，而私有物品则可以通过市场被有效率地提供出来。"①

就公共产品与私人产品之间的区别而言，笔者认为，在市场经济条件下，公共产品与私人产品的区分不能仅限于萨缪尔森分析的那么简单。如果按照萨缪尔森所论述的那样定位市场经济条件下的公共产品属性，则其必将在很大程度上压缩公共产品的范围，使公共产品的供给不能满足市场经济的基本需求。一般而言，市场经济条件下之所以存在公共产品，其主要原因在于以下几个方面：（1）公共产品是市场经济运行所必需的；（2）公共产品通过市场化的方式不能生产出来。现代西方经济理论将市场经济条件下公共产品的属性概括为三个方面：一是公共产品具有效用的不可分割性特征；二是公共产品具有效用的非排他性特征；三是公共产品具有效用的外溢性特征。笔者认为，公共产品作为维持市场经济运行必不可缺少的一个重要条件，其内涵和外延随着经济的发展而不断地进行演化。理论上而言，公共产品的支出最终来自私人产品的产出效率；同时，私人产品产出效率的提高程度，又在很大程度上依赖于公共产品的满足程度和使用效率。就此而言，公共产品与私人产品之间是一种相互依存的关系。鉴于市场经济条件下公共产品与私人产品之间存在的这种关系，在当前中国市场经济发展过程中，如何正确地处理公共产品和私人产品的供给问题，将是确保市场经济持续发展的关键。

---

① 萨缪尔森：《经济学》第 12 版，中国发展出版社 1992 年版，第 1194 页。

一、市场经济条件下私人物品和公共物品的界定

如前所述，根据西方经济学的描述，一般将通过市场能够提供的物品称之为私人物品，而通过市场不能提供的物品，称之为公共物品。而从市场提供物品的内在动因来看，“逐利”是市场经济条件下市场主体向市场提供相应产品的唯一动力，其主要表现在两个方面：一是市场主体生产的产品能够通过以金钱为表现形式的价格来加以衡量；二是市场主体生产的产品能够给他带来盈利。根据私人物品的这一内在属性，在市场经济条件下，私人物品的生产主要表现在以下几个方面：第一，适用于市场主体单独使用的投资品，这种投资品主要包括生产设备、原材料、动力能源等方面；第二，适于市场主体单独消费的消费品。从物质属性来看，其主要包括衣、食、住、行等产品；从消费层次来看，其主要包括物质消费和精神消费两个方面。这些产品的生产，一方面是市场经济发展中市场主体从事投资和消费活动所必需的；另一方面，市场主体从事上述活动也能够获得一定的盈利。

从私人物品的交易对象来看，理论上而言，参与私人物品交换的市场主体，既包括通过国民收入初次分配而获得收入的市场主体，也包括通过国民收入再分配而获得收入的市场主体。前者是通过直接参与社会投资和消费活动而取得收入的市场主体，主要包括资本所有者、管理人员、技术人员以及产业工人。从生产与消费之间的关系角度考虑，上述人员通过国民收入初次分配所取得的收入与其用于投资、消费支出之间，应该是一种一一匹配的关系，即各市场主体通过参与市场经济活动所取得的收入，基本上能够满足其自身及家庭的生产和生活需求。其中，一些投资者在通过国民收入初次分配获取相关收入满足其自身及家庭支出需要的同时，还会将一部分投资收益用于扩大再生产。而就一般生产参与者而言，也可以通过节俭的方式，积累一部分资本，将之作为生产要素，直接参与到社会再生产过程中，以此实现更多的收益。后者是通过国民收入再分配的方式参与产品消费的群体，其主要包括国家公务人员以及丧失劳动能力的人员。就国家公务人员而言，由于这些人员主要参与国民收入的再分配，其收入来源主要来自生产领域，这在一定程度上决定了这些人员通过国民收入再分配的方式所取得的收入，主要是为了满足其自身及家庭成员的消费需要。当然，如果其通过节俭的方式积累一部分资金来进行投资，也是有可能的。就丧失劳动能力的那部分人通过国民收入再分配所获取的收入而言，其主要是通过参与消费的方式，来维持自身及家庭的生存需要。

从投资层面考虑，由于市场经济运行需要一定的公共产品来对其提供支持，因此，除前面所论述的由国民收入再分配予以满足的政府公务人员以及丧失劳动能力的人员所产生的消费需求之外，从市场经济发展所需要的公共投资角度考虑，一些带有

明显公共产品特征的区域道路（含海陆空交通）、电力设施、环境治理、供水设施、医疗设施等项目的建设，都需要政府通过再分配的方式为市场经济运行提供公共产品。此外，市场经济发展所需要的公共软件产品，如基础研究、基础教育等服务仍需要政府通过财政再分配的方式来提供。

二、中国公共产品供给所涵盖的范围及其理论依据

从中国公共产品实际提供情况来看，目前中国政府对于公共产品的提供，更多的是依据西方经济学中关于公共产品的论述来进行的，政府在公共产品提供范围上相对较小，在某种程度上还存在着通过公共产品转由私人产品负担的方式，来减轻政府负担，并且变相地增大 GDP 规模的现象。从上述市场经济条件下公共产品所包含的范围来看，除政府公务支出（含国防、行政性支出）之外，一些公共产品还没有列入目前中国公共产品的供给范围，归其原因，其一方面与中国当前经济发展水平不高有关系；另一方面，也与我们目前对于市场经济条件下公共产品的认识偏差密切相关。鉴于公共产品是维持市场经济正常运行所必需的，因此，在市场经济条件下，政府对于公共产品的提供，只存在提供公共产品水平高低的问题，而不存在公共产品提供范围的大小问题。就此而言，中国对于公共产品认识上的偏差，应该是造成中国公共产品涵盖范围过小的一个重要原因。

目前中国政府对于公共产品的提供，争议较大的是医疗、教育和养老三个方面。就医疗而言，虽然其服务的对象不具有效用不可分割性、外溢性等公共产品的特征，但医疗作为人类维持生存的一个重要手段，是人类社会生产发展所必需的。如果根据私人产品的特征，将医疗产品转由私人提供，那么，受医疗刚性需求影响，在“逐利”机制作用下，医疗行业就会成为一个“暴利”行业。虽然通过市场竞争机制的作用，医疗行业的利润率会回到一般水平，但是受医疗行业地域以及技术供给的垄断限制，单纯依靠市场竞争机制平滑医疗“暴利”的效果并不明显。理论上而言，医疗作为人类基本的生存条件，只是维持人类再生产的一种手段，因此，作为满足人类基本生存需求的医疗行业，其满足路径主要在于两个方面：一是将医疗费用计入在职职工工资，通过职工工资支出，实现医疗费用支出与工资收入之间的均衡。与此同时，对于没有收入的居民，则可以依靠政府提供公共医疗产品的方式，而得到有效的医疗服务；二是在职职工工资不包含医疗费用，全部由政府通过国民收入再分配的方式向社会提供公共医疗产品。医疗作为公共产品，向全社会提供免费服务。其实，这两种医疗产品提供方式之间是存在一定联系的，因为后一种医疗产品的提供，其收入来源主要为税收，与医疗费用列入工资收入一样，税收同样是对于国民收入初次分配的扣减。就此而言，不能说上述两种医疗服务的提供方案谁好谁坏，关键在于明确医

疗服务作为满足人类生存的一项基本服务，不能以营利为目的。这就要求政府应向社会提供必要的基础医疗条件，包括医院建设、医护人员培育以及基本的医疗药物保障等。理论上而言，由于社会在职职工只占社会总人口的一部分，考虑医疗是人类维持生存的一项最基本手段，因此，通过第二个方案，由政府提供基本公共医疗服务的方式，较为妥当。这种服务方式在理论上的支撑点，就在于人类生存是维持社会再生产的必要条件，医疗是维持人类生存的一个重要手段。当然，考虑医疗水平、手段和医疗条件的差异，在公共医疗之外，可以允许私人提供相应的医疗服务，以满足不同收入水平群体的医疗需求。就公共医疗产品的提供而言，保障其效用发挥的前提条件在于两个方面：一是基本药物定价的相对合理性；二是医疗网点、技术人员地区布局的相对合理性。

就教育而言，教育作为现代经济社会发展必不可缺的一个重要条件，虽然其服务对象是可分的，并且教育的受益对象也是可分的，但是考虑到教育的特殊性，在知识外溢性作用下，教育在受益于人类个体的同时，也会使全社会受益。鉴于个人在教育层次上所体现出的先天差异，一般而言，基础教育对于一国国民素质的提高会产生重要影响，相对于高等教育而言，其外溢性特征十分明显。因此，对于基础教育，理应通过政府提供公共产品的方式，而使全体国民都从中受益。从实践中来看，基础教育既包括幼儿、小学和中学教育，又包括职业技术教育。对于高等教育而言，虽然其具有受益对象的具体化特征，但是考虑到高等教育与人的智商之间所呈现出的正比例关系，高等教育在使被教育者获得利益的同时，还存在很强的知识外溢性特征，因此，将高等教育私有化，在很大程度上并不能有效地解决经济支付能力与智商高低的匹配问题。虽然目前的高考制度在很大程度上保证了高校被教育者的智商水平，但高校的大规模扩招，一方面不能保证教学质量，包括老师的教学态度以及学生的受教育程度等；另一方面，高校的收费制度使一些经济负担能力较低的学生无法安心学习。这些都在很大程度上影响了高等教育的质量。有鉴于此，当前在高等教育上也可以采取两种做法：一是考虑学生之间的学习成绩差距，对于学习成绩较好的学生在高等教育上仍然实行精英教育，通过公共财政支出的方式将高等教育作为一项公共产品，向国内居民提供，以确保高等教育的质量。通过高层次人才的培养，服务于本国经济、社会发展。二是考虑高等教育受益对象的个体性特征，对于经济条件较好、有继续深造潜力的学生，可以采取私人办学的方式，一方面满足居民对于高等教育的需求；另一方面，通过高等教育的外溢性属性，使整个社会也从中受益。从私人办学的方式来看，其主要有两种：一是通过“保本办学”的方式，达到一定的社会公益效果；二是在“逐利”机制作用下，通过办学来获取较大的收益。当然，理论上而言，这两种私人办学模式立足点各不相同，前者侧重于精神层面，后者侧重于物质层面。就整个社会而言，以上两种私人办学模式都可以使社会从中受益。

从基础科学研究来看，由于基础科学研究也带有明显的公共产品特征，在现代市场经济条件下，基础科学研究对于一国经济的发展会起到至关重要的作用，因此基础科学研究无疑应该作为公共产品的形式，由政府来提供，其主要包括以下几个方面内容：一是提供基础科学研究的场所、仪器设备等硬件支持；二是给予从事基础研究工作者丰厚的待遇，使他们安心研究，以此为社会提供更多的科研成果，保证社会经济的持续发展。

从养老服务来看，一般而言，一定时期社会对于养老需求的满足可以通过以下两种方式来进行：一是将个人的养老开支作为工资项目计入个人工资总量，通过个人工资中养老金的累积，来满足个人养老需求。这种养老方式带有明显的私人养老特征，其优点在于实现了个人养老收支的相对匹配，而缺点在于个人养老金的积蓄时间相对较长，未来将面临贬值以及养老金价值与使用价值不匹配的风险。二是将个人的养老开支作为公共产品，由政府提供，以保证每一个居民“老有所养”。理论上而言，养老作为居民人生经历的一个重要组成部分，在维持社会再生产过程中处于重要的地位，由于每个人先天能力的差距，第一种养老方式很难使全体居民“老有所养”。考虑老年人没有相应收入等因素，当前对于中国的养老服务，可以实行基本养老服务与私人养老服务并行的方式。具体言之，对于一般居民的养老，由政府作为公共产品来提供，以此满足本国居民的基本养老需求；而对于收入水平较高的居民，可以采取私人养老的方式，在养老服务水平、服务层次上满足不同消费群体的需求。

总体来看，在市场经济条件下，公共产品所包含的内容以及提供方式，随着社会、经济的发展而各不相同。若从市场主体“逐利”性角度对于市场经济活动做一般概括，笔者认为，一定时期的社会经济活动，主要存在三种方式：一是“逐利”机制下从事的经济活动，这种方式下的经济活动主要为满足于人类发展性消费而从事的投资品和消费品的生产，其主要表现为衣、住、行等物质生产形态和娱乐、旅游等精神消费形态。二是“保本”或微利机制下从事的经济活动，其主要表现为食物、药物以及相关产业链产品等人类维持生存所需要的物质产品形态，以及文化等人类维持生存所需要的精神产品形态。此外，还包括维持人类经济、社会发展所需要的外部条件如交通、电力、水务以及环境治理等方面内容。三是“免费”机制下从事的经济活动，其主要表现在基础教育、基础医疗、基本养老、部分高等教育以及基础科学研究等方面。

本章小结

本章在对于市场经济条件下私人产品和公共产品进行有效界定的基础上，认为目前中国政府对于公共产品的提供，更多的是依据西方经济学中关于公共产品的论述来进行的，政府在公共产品提供范围上相对较小，在某种程度上还存在着通过公共产品转由私人产品负担的方式，减轻政府负担，从而变相地增大 GDP 规模的现象。从市场经济条件下公共产品所包含的范围来看，除政府公务支出（含国防、行政性支出）之外，一些公共产品还没有列入目前中国公共产品的供给范围，归其原因，其一方面与中国当前经济发展水平不高有关系；另一方面，也与我们目前对市场经济条件下公共产品的认识偏差密切相关。鉴于公共产品是维持市场经济正常运行所必需的，因此，在市场经济条件下，政府对于公共产品的提供，只存在提供公共产品水平高低的问题，而不存在公共产品提供范围的大小问题。

总体来看，在市场经济条件下，公共产品所包含的内容以及提供方式，随着社会、经济的发展而各不相同。若从市场主体“逐利”性角度对于市场经济活动作一般概括，本文认为，一定时期的社会经济活动，主要存在三种方式：一是“逐利”机制下从事的经济活动，这种方式下的经济活动主要为满足于人类发展性消费而从事的投资品和消费品的生产，主要表现为衣、住、行等物质生产形态和娱乐、旅游等精神消费形态。二是“保本”或微利机制下从事的经济活动，其主要表现为食物、药物以及相关产业链产品等人类维持生存所需要的物质产品形态，以及文化等人类维持生存所需要的精神产品形态。此外，还包括维持人类经济、社会发展所需要的外部条件如交通、电力、水务以及环境治理等方面内容。三是“免费”机制下从事的经济活动，其主要表现在基础教育、基础医疗、基本养老、部分高等教育以及基础科学研究等方面。

第四章
“公平、公正、公开”是维持市场经济正常运行的基础条件

一、“三公”原则的基本内涵

理论上而言，在市场经济条件下，市场在资源配置中发挥基础性作用是需要诸多前提条件的，其中“公平、公正、公开”的“三公”原则，是市场经济条件下自由竞争机制发挥作用的前提条件，也是市场在资源配置中发挥作用的基础性条件。所谓公平是指市场经济条件下市场主体在从事市场经济活动中权利和义务关系的平等，双方作为平等的民事主体分别承担义务并享有权利。所谓公正是指在市场经济活动中市场运行规则对于所有市场主体产生的约束力都一视同仁，所有市场主体都必须根据市场规则从事市场经济活动，对于违背市场规则的行为，必将受到法律的严惩。这些市场规则主要包括诚信、守法以及自由竞争等方面内容。所谓公开原则是指在市场经济活动中，一切反映市场主体经济活动的市场信息必须公开、透明和及时。理论上而言，在市场经济条件下，只有做到市场信息的公开、透明和及时，市场主体才能根据市场的供求信息以及产品价格走势，有目的地从事采购、生产等市场经济活动。

二、“三公”原则发挥作用的基本原理

关于“三公”原则在市场经济发展中的运用，马克思在《资本论》中较早地做了这样描述：“要使商品互相交换的价格接近于符合它们的价值，只需要：（1）不同商品的交换，不再是纯粹偶然的或仅仅一时的现象；（2）就直接的商品交换来说，

这些商品是双方按照大体符合彼此需要的数量来生产的，这一点是由交换双方在销售时取得的经验来确定的，是从连续不断的交换本身中产生的结果；（3）就出售来说，没有任何自然的或人为的垄断能使立约双方的一方高于价值出售，或迫使一方低于价值抛售。”①，与此同时，萨缪尔森在《经济学》中也对“三公”原则在市场经济中的作用做了相关描述，他说：“效率市场是所有新信息都被市场参加者迅速领悟并立刻反映到市场价格中的市场。”②

理论上而言，在市场经济条件下，以公平、公正与公开作为表现形式的“三公”原则之所以是自由竞争机制发挥作用以及市场在资源配置中发挥基础性作用的前提条件，在很大程度上与公平、公正和公开这“三公”原则对于市场经济运行的作用机理密切相关。具体言之，其主要包括以下几个方面内容：

1. 市场经济是自由竞争经济，正是通过市场主体之间有效的自由竞争，才使市场在资源配置中发挥基础性作用，而公平是市场主体在经济活动中进行自由竞争的必要外部条件，就“公平”机制在市场经济条件下发挥作用的机理而言，其主要包括以下几个方面：

一是市场机会的相对公平。在市场经济条件下，市场主体具有独立的生产经营决策权，其可以根据自己对于产品未来市场潜力的判断，自由地决定某种产品的生产和停产，而要实现生产者完全根据自己的意愿自由地进入或退出某一行业或产品生产，其在很大程度上要求各行业和产品的投资机会，对于所有市场主体都是公平的，不存在行政性垄断和行业垄断等限制市场主体进行自由投资的行为。

二是交易价格的相对公平。在市场经济活动中，市场主体之间的交易相对公平，即不存在依靠行政和行业垄断的手段，采取强买、强卖或低买、高卖的方式，获取高额利润。正如马克思所言，市场交易标的价格的确定，在很大程度上是通过市场连续不断的交易，经过交易双方协商而确定的交易价格、通过“交易标的”的交易，一方面，商品销售者实现了商品的价值和利润；另一方面，商品购买者获取了商品的使用价值。就“交易标的”的交易价格而言，由于交易价格是双方自愿协商和市场连续交易定价的结果，因此“交易标的”的交易价格对于买卖双方而言，都相对公平。

三是交易效用的相对公平。就市场经济条件下交易双方所获取的效用而言，在公平的交易原则作用下，交易双方通过市场交易所获取的交易效用相对公平，其主要表现为商品卖出方通过商品交易，获取了商品的价值形态，这个价值形态既包括商品生产成本，也包括生产商品所实现的利润。如果商品生产者通过交易所实现的价值无法

① 马克思：《资本论》第三卷，人民出版社2004年版，第198页。

② 萨缪尔森：《经济学》第12版，中国发展出版社1992年版，第472页。

抵补其生产成本，其在一定程度上预示着商品生产者发生了亏损，这对商品生产者显然是不公平的，也违背了市场经济条件下的公平规则。从供求作用机制分析，这种情况的出现，在很大程度上是由于商品生产出现“供过于求”造成的。一般而言，在公平机制作用下，商品生产者可以通过减少或退出该行业或产品生产的方式，使商品供给与需求之间实现均衡，从而使商品生产者能够通过商品生产获取公平的利润。就商品购买者而言，其购买商品的目的主要在于获取相应的使用价值，如果商品购买者获取的商品是假冒伪劣产品，那么，商品购买者通过市场交易显然没有达到预期的目的，这对于商品购买者而言，显然是不公平的。为了维护商品购买者的合法权益，就要通过加强市场诚信建设、质量监管以及市场监督等诸多措施，以保证市场交易的相对公平，切实保障消费者的权益。就消费者权益的保障方式而言，这显然是通过市场自身的力量无法解决的，而必须借助于市场管理者的力量，即通过法律的手段，对于销售假冒伪劣产品的行为给予严厉的法律制裁，以此保障消费者的合法权益，维护市场交易的相对公平。

2. 就市场经济条件下公正机制的作用机理而言，其主要表现在以下几个方面：

一是通过对违背市场诚信原则的行为进行一视同仁的处罚，以保证市场经济运行所必需的诚信规则发挥应有的作用。理论上而言，诚信是市场经济条件下自由竞争机制发挥作用的基础，如果市场主体在从事经济活动过程中不能有效地遵守诚信原则，那么市场就无法通过自由竞争机制发挥其在资源配置中的基础性作用。在市场经济运行中，公正原则对于诚信建设所发挥的作用，主要表现为通过对违背诚信规则的市场主体进行一视同仁的法律处罚，使所有违背诚信规则的市场主体都不能逍遥法外，以此确保市场经济条件下诚信规则能够得到很好的遵守和实施。

二是对违背市场自由竞争规则的行为进行一视同仁的法律处罚，以确保自由竞争机制作用的发挥，使市场主体在市场机会选择上相对公平。如前所述，在市场经济条件下，垄断的存在无疑不利于自由竞争机制作用的发挥，因此，要有效地打破市场经济运行中存在的垄断现象，就必须对经济运行中出现的垄断行为给予严厉的处罚，以此保证市场经济条件下自由竞争机制作用的发挥。从经济实践来看，现实经济运行中存在的垄断现象主要表现为行业垄断、价格垄断以及市场垄断等形式。在市场经济运行过程中，通过公正原则的有效实施，对于垄断行为进行一视同仁的处罚，可以为市场自由竞争机制作用的发挥创造有利的外部条件，使市场主体在市场经济条件下从事市场经济活动的机会相对公平。

三是通过对于假冒伪劣产品生产进行一视同仁的严厉处罚，确保消费者在消费效用上的相对公平。如前所述，市场经济运行中存在的假冒伪劣产品现象，在很大程度上损害了消费者在消费效用上的相对公平，为了有效地减少市场经济运行中存在的假冒伪劣产品现象，就必须对假冒伪劣的生产、销售行为给予严厉打击，而在打击假冒伪劣产品生产、销售过程中，贯彻公正原则，对于假冒伪劣产品生产、销售者，不管其背景如何，只要出现上述违法现象，就给予严厉打击，以有效地遏制假冒伪劣产品生产、销售泛滥现象，进而保障消费者在消费效用上的相对公平。

3. 从“公开”原则对于市场经济运行的作用机理来看，在市场经济运行过程中贯彻“公开”原则，是落实“公平”和“公正”原则的必要前提条件，其主要包括以下几个方面内容：

一是在市场经济运行过程中，只有所有的市场经济活动信息公开、透明和及时，市场主体才能根据公开、及时、透明的市场信息，对自己的投资决策做出自主的选择，从而在一定程度上保障市场主体在市场经济活动中选择机会的相对公平。反之，如果市场信息不公开、透明和及时，市场主体就不能根据市场公开的信息，对自己的投资决策做出有效选择，而一些内幕信息获得者就有可能根据其获悉的内幕信息，在投资决策上占有先机，从而造成了市场主体在投资机会上的不公平，在获取市场经济信息权利上的不公正，最终必然会影响市场经济条件下自由竞争机制有效发挥作用。

二是在市场主体之间的交易过程中，只有商品的成本、价格以及供给、需求量等信息公开、透明和及时，市场交易双方才有可能根据公开的信息，通过连续不断的交易以及相互之间的协商，确立公平的商品交易价格，一般而言，建立在公开、透明和及时信息披露基础之上的商品交易价格，对于商品交易双方而言，无疑也是相对公正的。

三是公开、透明和及时的市场交易信息是实现消费者消费效用相对公平的必然选择。如前所述，在市场经济发展过程中，一些假冒伪劣产品的存在，在很大程度上侵犯了消费者的权益，使消费者在消费效用上出现严重的不公平。为了有效地减少市场经济运行过程中存在的假冒伪劣产品现象，一方面可以采取严厉的法律处罚措施，最大限度地减少假冒伪劣产品的生产和销售；另一方面，也可以通过公开、透明和及时的市场信息体系建设，对于假冒伪劣产品生产和销售，给予充分的市场披露，增强消费者对于商品的鉴别力，最大限度地减少假冒伪劣商品的销售市场，以确保市场经济条件下消费者在商品消费上的相对公平。同样，通过公开、透明和及时的信息披露，充分揭示市场经济运行中存在的假冒伪劣产品生产和销售现象，也是在严厉打击假冒伪劣产品生产和销售过程中做到相对公正的必要条件。

三、中国市场经济运行中由于“三公”原则缺失而导致的诸多问题

自 20 世纪 90 年代初中国确立社会主义市场经济体制改革目标以后，由于“三公”原则的缺失，导致中国市场经济运行中面临着诸多的问题和矛盾。

1. 市场经济运行的“公平”性原则在中国前期经济发展中没有得到很好地体现。

其主要体现在以下几个方面：

（1）就市场投资机会的公平性而言，由于在中国市场经济运行中还存在着一定的行政干预现象，一些项目的投资还需要行政审批，在一定程度上使市场经济条件下投资机会在市场主体之间表现出较大的不公平性。目前中国在石油、煤炭、铁路、金融等行业垄断特征较为明显，一些行业还带有较高的市场准入门槛和行政性审批限制，这些都在很大程度上使市场主体在投资机会选择上面临着较大的不公平。理论上而言，在市场经济条件下，如果市场主体不能通过资金自由流动的方式，实现投资机会的相对自由，市场就无法通过自由竞争机制的作用，发挥其在资源配置中的基础性作用，这必将使市场运行效率受到较大影响。从经济实践中来看，一些垄断性行业存在经营效率不高、经营机制不灵活等现象；一些垄断行业或企业依靠其自身的垄断地位，通过资源或价格垄断的方式，获取了高额垄断利润，并且在某种程度上将这些高额垄断利润转化为行业或企业的内部福利。这些都在很大程度上影响了市场经济运行效率，在使市场投资者面临投资机会不公平的同时，也使市场交易价格的确定不能实现真正的公平，从而使居民在国民收入分配中出现相对不公平的现象。

（2）就市场交易价格的公平性而言，由于“三公”原则的相对缺失，目前在中国市场经济运行过程中，还在很大程度上存在着市场交易价格相对不公平的现象。主要表现在以下几个方面：一是在市场经济运行中还存在着垄断价格现象，导致这种现象出现的主要原因在于中国经济运行中存在的行业垄断现象，一些行业或企业凭借其垄断地位，依靠制定垄断价格的方式，获取高额利润，而不是通过市场的连续交易和公平交易，来形成市场的公平交易价格。例如，目前在中国经济运行中存在的高油价现象、银行存贷利率差较大等现象，无不是不公平交易价格在市场经济运行中的具体体现。二是就生产要素价格的确定而言，在中国前期市场经济运行过程中，受劳资双方地位不对等以及劳动者权益保护措施相对较弱的影响，体现劳动力价格的工资明显偏低，一些劳动力工资不能准确地反映劳动力自身的价格。特别值得一提的是，在中国以廉价劳动力作为相对优势的经济发展战略中，劳动力工资还存在人为压低的现象，一些私人企业和外资企业通过片面压低劳动力工资的方式，获取了超额利润，这在一定程度上使劳动者在劳动力价格制定上存在着明显的不公平待遇，一方面使劳动力再生产面临着诸多不利因素的制约；另一方面，也在很大程度上导致中国消费市场的相对疲软，使消费不能更好地发挥其对于经济发展的拉动作用。三是从中国市场经济运行的实际情况来看，追逐价格的差异正成为市场主体实现盈利的一个重要方式，这种与市场经济条件下“三公”原则明显相悖的行为，在很大程度上导致当前中国经济运行中投机盛行，一方面使中国经济发展面临产业空心化的压力；另一方面也使中国经济发展面临着一定程度的通货膨胀压力。此外，就不同市场主体之间的公平性而言，在中国城乡分割的经济发展条件下，农民工进入城市从事工业生产或服务，其在待遇上却不能享受城市市民同等的福利待遇，这在很大程度上导致了农民工市场交易价格的不公平。同样，在中国城市化进程中，由于部分地区还存在着对于农民土地价格补偿款过低的现象，在很大程度上导致城市化进程中在农民土地交易价格确定上的相对不公平，这些都对中国城市化进程产生了较多的负面影响。

（3）就消费者消费效用的公平性而言，由于市场监管乏力以及一些地方政府对于GDP盲目追求的影响，在中国市场交易过程中还存在诸多假冒伪劣产品生产和销售现象。这些产品的存在，一方面使市场诚信受到较大的负面影响；另一方面，也使消费者利益受到极大的损害。消费者通过市场交易的方式购买商品，不但没有获取商品的消费效用，反而获取的是商品负的消费效用，由于消费者在购买商品时付出相应价值却没有得到商品的消费效用，这对于消费者而言是很不公平的。市场经济条件下消费者在消费效用上存在的不公平现象，严重地损害了市场诚信，极大地打击了消费者的消费信心，这显然是与发挥市场在资源配置中的基础性作用相违背的。

2. “公正”性原则在中国市场经济运行中没有得到很好地体现。从中国前期市场经济发展的实际情况来看，“公正”性原则在中国前期市场经济运行过程中并没有得到很好地体现，其主要表现为对于市场经济运行中存在的违法行为进行处罚上，还存在着许多有失公正的现象。理论上而言，市场经济是法治经济，任何市场主体只要发生了违法行为，都会受到法律的严厉惩处，只有这样，才能确保市场经济运行的正常秩序。而从中国前期市场经济运行实际情况来看，在对一些违法犯罪者的处罚上还存在着诸多不公正现象，主要表现在以下几个方面：一是对于某些刑事案件的处理还存在“权大于法”的现象，其在很大程度上影响了刑事案件判决的公正性，助长了市场经济运行过程中违法违纪行为的发生。二是对于不同市场主体的违法行为，在法律处理上有失公正。目前在中国市场经济运行过程中，从事经济活动的市场主体主要有国有经济成分的市场主体以及民营经济成分的市场主体，受国有企业法人治理结构不合理等因素影响，目前中国国有企业与政府之间还存在千丝万缕的联系，其在很大程度上导致法律对于不同性质市场主体违法行为的处罚标准各不相同。具体言之，对于同样性质的违法行为，法律对于国有经济主体的处罚力度要明显地轻于其对民营经济的处罚力度。由于法律在不同违法主体的判决上存在着较大差别，在很大程度上削弱了法律的权威性，使市场经济很难在法律约束的框架下维持正常运行，从而使市场经济运行效率受到较大负面影响。三是受人情关系以及部分地方政府保护主义影响，法律对于部分市场主体违法行为的处罚并不能完全做到真正的公正。在目前中国市场经济运行过程中，受人情关系或地方政府保护因素影响，法律对于一些市场主体违法行为的处罚往往相对较轻。如对当前存在的一些假冒伪劣产品的生产和销售以及一些污染事件的处理上，受人情关系或部分地方政府刻意保护等因素影响，在对这些违法行为进行处罚时，明显地存在法律判决过轻或免于处罚的现象，这些都在很大程度上影响了法律判决的公正性，导致中国市场经济运行中出现假冒伪劣产品生产和销售屡禁不绝、环境污染行为时有发生等不正常现象，这些都在很大程度上对市场经济运行形成了负面影响。

3. “公开”原则在中国市场经济运行中还没有得到很好地体现。如前所述，“公开”原则是保证市场经济运行公平、公正的必要条件，从中国市场经济运行的实际情况来看，当前，“公开”原则在中国市场经济运行中并没有得到很好地体现，其主要表现在以下几个方面：

（1）当前中国缺少统一的公开、透明和及时的市场交易信息披露体系。作为在市场经济运行过程中起经营导向作用的价格信息，还存在着行业、地区分隔以及时滞现象，价格信息不能得到公开、及时和透明的披露，使市场主体在经济活动过程中，不能根据价格的运行趋势来对其经济决策做出正确的判断。同样，由于缺少公开、透明和及时的市场供求信息，市场主体在从事经济活动时缺乏相应的供求信息支持，不能通过产品生产数量和结构的调整，及时满足市场需求，从而在很大程度上导致市场经济运行的盲目性和滞后性，这些无疑影响了市场运行效率。

（2）在市场经济运行过程中，对于一些假冒伪劣商品的信息披露不能公开、及时和透明，在很大程度上侵害了消费者的利益，既损害了市场经济运行的公平性，也损害了市场经济运行的公正性。理论上而言，如果假冒伪劣产品生产和销售信息在市场经济运行过程中得到充分、及时、公开的披露，根据商品价值与使用价值相统一的规则，这些假冒伪劣商品本身是不能够顺利实现销售的。而从经济运行实际情况来看，在假冒伪劣商品生产和销售的信息披露中不能做到公开、透明和及时，使经济运行过程中还存在大量的假冒伪劣商品生产和销售现象，这在很大程度上对市场经济运行造成了负面影响，一方面导致中国 GDP 的虚增；另一方面也加剧了市场经济运行中诚信的缺失。

（3）在中国市场经济运行过程中，对于一些违法行为的信息披露还不能做到公开、透明和及时，一方面为市场经济运行过程中违法行为的发生提供了有利条件；另一方面，也使市场经济运行秩序受到极大的破坏。理论上而言，市场经济是法治经济，只有所有市场主体在从事经济活动过程中都遵守法律，市场机制才能有效地发挥作用。反之，如果在市场经济运行过程中出现大量的违法行为，那么其一方面会导致市场交易信息的失真，使市场主体的经济决策缺乏合理的依据；另一方面，也极大地扰乱了市场经济的运行秩序，使市场经济运行中违法和投机行为大行其道，在加剧市场经济运行泡沫化的同时，也对市场经济运行效率产生了较大的负面影响。要使这些违法行为得到有效遏制，关键在于对违法行为进行公开、及时和充分的信息披露，使这些违法行为能够得到法律公正的惩处，以此确保市场经济条件下各市场主体在从事经济活动中的相对公平。

四、切实贯彻“三公”原则应该采取的相关措施

如前所述，“三公”原则是维持市场经济运行的必要外部条件，当前要消除中国市场经济运行过程中存在的诸多问题，确保中国经济持续、健康和稳定发展，就必须通过各方面法律、制度的建设，确保“三公”原则在中国市场经济运行过程中得到严格、有效地执行，具体言之，主要包括以下几个方面内容：

1. 通过进一步的国有企业法人治理结构改革，将国有企业打造成真正意义上的市场经营主体。如前所述，当前妨碍“三公”原则在市场经济运行中发挥作用的一个重要因素，在于中国国有企业还不是真正意义上从事经营的市场主体，国有企业与政府之间还存在着千丝万缕的密切联系，在很大程度上妨碍了市场经济条件下“三公”原则的实施，而导致这一现象产生的原因，主要在于中国国有企业还没有建立起一套反映其自身特殊股权结构和股权性质的国有企业法人治理结构。因此，在中国市场经济运行过程中要真正地贯彻“三公”原则，就必须在微观领域通过创新的思维方式，对中国国有企业法人治理结构进行进一步改革，将国有企业打造成真正意义上的市场经营主体。

2. 通过公开、及时和透明的市场信息建设，为市场主体进行投资决策提供便利条件，真正地发挥市场在资源配置中的基础性作用。当前，为了提高市场经济运行效率，使价格信息的变动充分反映市场供求关系，让商品价格通过充分的市场信息披露形成公允的市场价格，就必须着力加强市场信息建设，其主要包括以下几个方面内容：一是建立政府出资、全民免费使用的商品供求、价格信息披露平台，最大限度地做到商品供求和价格信息披露的及时、充分、准确和透明，使市场主体都能够根据公开披露的信息，做出独立的经济决策；二是通过证券市场、商品期货市场和金融期货市场的发展，通过资产和“投资标的”的价格变动，及时地反映商品的供求关系和价格变动趋势，为市场主体的经济决策提供参考依据。

3. 通过对于违法、违规行为的信息披露，维护市场经济运行秩序，杜绝假冒伪劣产品生产、销售以及其他违法犯罪行为的发生，保障市场主体的切身利益。

4. 通过打破行业、地区垄断的方式，确保市场投资机会、就业机会的相对公平。

5. 通过严格的执法，维护市场经济运行秩序，确保市场主体在从事市场经济活动过程中权益保障的相对公平，进而为提高市场运行效率创造有利条件。

6. 通过最低工资法、土地价格补偿法以及社会保障法的制定，确保市场主体在交易价格确定上的相对公平，实现中国市场经济的持续、稳定和健康发展，使中国市场经济发展符合社会主义的生产目的。

本章小结

本章通过对市场经济条件下“三公”原则的分析，认为在市场经济条件下，以公平、公正和公开作为表现形式的“三公”原则对于市场自由竞争机制所发挥的作用，主要包括以下几个方面内容：

1. 就“公平”机制在市场经济条件下发挥作用的机理而言，其主要包括以下几个方面：一是市场机会的相对公平；二是交易价格的相对公平；三是交易效用的相对公平。

2. 就市场经济条件下“公正”机制的作用机理而言，主要表现在以下几个方面：一是通过对违背市场诚信原则的行为进行一视同仁的处罚，以保证市场经济运行所必需的诚信规则发挥应有的作用；二是对违背市场自由竞争规则的行为进行一视同仁的法律处罚，以确保自由竞争机制作用的发挥，使市场主体在市场机会选择上相对公平；三是通过对假冒伪劣产品生产进行一视同仁的严厉处罚，确保消费者在消费效用上的相对公平。

3. 从“公开”原则对于市场经济运行的作用机理来看，主要包括以下几个方面：一是在市场经济运行过程中，只有所有的市场经济活动信息公开、透明和及时，市场主体才能根据公开、及时、透明的市场信息，对于自己的投资决策做出自主的选择，从而在一定程度上保障市场主体在市场经济活动中选择机会的相对公平；二是在市场主体之间的交易过程中，只有商品的成本、价格以及供给、需求数量等信息公开、透明和及时，市场交易双方才有可能根据公开的信息，通过连续不断的交易以及相互之间的协商，确立公平的商品交易价格，而建立在公开、透明和及时信息披露基础之上的商品交易价格，对于商品交易双方而言，无疑也是相对公正的；三是公开、透明和及时的市场交易信息也是实现消费者消费效用相对公平的必然选择。

在对“三公”原则进行理论分析的基础上，结合中国市场经济运行中“三公”原则的落实情况，本文提出了在中国市场经济发展过程中，科学贯彻“三公”原则应该采取的措施，主要包括：（1）通过进一步的国有企业法人治理结构改革，将国有企业打造成真正意义上的市场经营主体；（2）通过公开、及时和透明的市场信息建设，为市场主体投资决策提供便利条件，真正地发挥市场在资源配置中的基础性作用；（3）通过对违法、违规行为的信息披露，维护市场经济运行秩序，杜绝假冒伪劣产品生产、销售以及其他违法犯罪行为的发生，保障市场主体的切身利益；（4）通过打破行业、地区垄断的方式，确保市场投资机会、就业机会的相对公平；（5）通过严格的执法，维护市场经济运行秩序，确保市场主体在从事市场经济活动过程中权益保障的相对公平，进而为提高市场效率创造有利条件；（6）通过最低工资法、土地价格补偿法以及社会保障法的制定，确保市场主体在交易价格确定上的相对公平，实现中国市场经济的持续、稳定和健康发展，使中国市场经济发展符合社会主义的生产目的。

第五章
市场经济发展中的道德约束

一、道德的基本内涵

理论上而言，道德是一种社会意识形态，是人们共同生活及行为的准则与规范。道德往往代表着社会的正面价值取向，起判断行为正当与否的作用。道德一词，在汉语中可追溯至先秦思想家老子所著《道德经》一书。在西方古代文化中，“道德”（Morality）一词起源于拉丁语的“Mores”，意为风俗和习惯。道德由一定社会的经济基础所决定，并为一定的社会经济基础服务。人类的道德观念是受到后天一定的生产关系和社会舆论的影响而逐渐形成的。不同的时代，不同的阶级往往具有不同的道德观念。不同的文化中，所重视的道德元素及其优先性、所持的道德标准也常常有所差异。

从人类的思想道德内涵来看，其无外乎两个方面：一是自我存在和行为的价值意义，即所谓存在和行为的道德方式，这一方面关乎人之心性善恶和行为善恶；二是人之社会存在和社会行为的道德方式，这一方面关乎人际伦理和社会伦理。人类道德的这两个方面并不是相互独立的，相反，它们之间有着非常密切的联系，也就是说，无论是自我存在和行为的善恶，也无论是其社会存在和行为的伦理，都承诺着一种价值意义，因而也都要求做出特定的价值规范与价值评价——存在的、行为的和关系的。价值承诺构成人类道德问题的基本内涵，对人类道德问题的任何解释，都必须依据某种道德价值标准或道德构架。因此，确立一种合理有效的道德价值标准或道德构架成为人类道德问题的理念前提。

二、道德的主要功能

总体来看，道德的主要功能包括以下几个方面内容：

1. 认识功能。道德是引导人们追求至善的良师。它教导人们认识自己，承担起对家庭、对他人、对社会、对国家应负的责任和应尽的义务，教导人们正确地认识社会道德生活的规律和原则，从而正确地选择自己的生活道路和规范自己行为。

2. 调节功能。道德是社会矛盾的调节器。人生活在社会中总要和自己的同类发生这样那样的关系，也就不可避免地要发生各种矛盾，需要通过社会舆论、风俗习惯、内心信念等特有形式，以自己的善恶标准去调节社会上人们的行为，指导和纠正人们的行为，使人与人之间、个人与社会之间的关系臻于完善与和谐。

3. 教育功能。道德是催人奋进的引路人。它培养人们良好的道德意识、道德品质和道德行为，树立正确的义务、荣誉、正义和幸福等观念，使受教育者成为道德纯洁、理想高尚的人。

4. 评价功能。道德是公正的法官。道德评价是一种巨大的社会力量和人们内在的意志力量。道德是人以评价来把握现实的一种方式，它是通过把周围社会现象判断为“善”与“恶”而实现。

5. 平衡功能。道德不仅调节人与人之间的关系，而且平衡人与自然之间的关系。它要求人们端正对自然的态度，调节自身的行为。环境道德是当代社会公德之一，它教育人们应当以造福于而不贻祸于子孙后代的高度责任感，从社会的全局利益和长远利益出发，开发自然资源，发展社会生产，维持生态平衡，积极治理和防止对自然环境的人为性破坏，平衡人与自然之间的正常关系。

三、道德与市场经济发展之间的关系

（一）亚当·斯密关于市场经济条件下的道德情操论思想

亚当·斯密在其著作《道德情操论》中用同情的基本原理来阐释正义、仁慈、克己等一切道德情操产生的根源，说明道德评价的性质、原则以及各种美德的特征，并对各种道德哲学学说进行了介绍和评价，进而揭示出人的行为应遵循的一般道德准则。在吸取前人理性认识的基础上，他构建了自己的道德情操“体系”，并由此引生出左右道德情操的公平正义的价值观，从源头上把住了道德的精神内核。亚当·斯密用了相当的篇幅，循循善诱、深入浅出地探讨了人的本性，指出人类都有“同情心”，经济行为接受道德考量，合宜的道德情感形成“利他”精神。他认为，人有“自利”与“同情”两种基本情感，“同情”占据更为重要的位置，它存在着双重的“规定性”：一是主观个体美德，即“将心比心”“己所不欲，勿施于人”——这应成为市场经济中个人所具有的基本人文气质与道德精神；二是客观社会伦理关系及其主观情感体验，即彼此均是具有平等自由权利及主观情感体验的存在者，这也是构建市场经济正义性的方法原则——契约自由、平等互惠、自利利人。良心自省及欲望管束是达成公平正义的关键路径，也是《道德情操论》的一个鲜明主题。在书中，亚当·斯密谈到："在所有场合，良心的影响与权威仍然是很大的，而且也唯有向住在心里面的这位判官请教，我们才可能在我们自己的利益与别人的利益之间做出适当的比较判断。"他引用大量事例，非常详尽地阐述了个人由"自爱"进至"同情"的心理原理及过程，从而使个人与社会在情感行为中，基于理性自发达成一致。"公正的观察员"是亚当·斯密论述中另一个极为重要的成分。人类被赋予"天生的满足别人的愿望，也有天生的对冒犯别人的反感"。亚当·斯密对人性还有一个说法，就是人类希望自己"不仅被人所爱，而且自己确实可爱……不仅受到表扬，而且值得表扬"。同样，他们害怕被人所恨，被人亵渎。因此，我们愿意做出值得受表扬的行为，尽管事实上，没有人表扬我们。所以，我们不依赖实际的表扬或责备，但要努力做到使"公正的观察员"同意我们的行为。这个"公正的观察员"代表社会规范的内在化，亚当·斯密将其称之为"良心、内心的居民、内在的人"。

对亚当·斯密来说，公正是最基本的，他将之称为"负面的美德"，因为它需要忍耐性，不去伤害别人。亚当·斯密认为："对于社会存在，美德没有公正重要。"他在《国富论》中说，在一个商业社会里"每个人都是商人"，我们主要和陌生人生活在一起，"互爱互恋"的关系或友情相对来说很少。由于我们大部分的来往都是非个人性质的，那么我们必须以公正的规则作为行为的基础。在复杂的社会里，一个店主不大可能是你的朋友；对你来说，他给你提供你所需要的东西，对他来说，你是他的顾客。这些并不意味着亚当·斯密否认仁慈美德的存在。他在《道德情操论》中谨慎地谈到商人社会比有美德行为的地方"更少见幸福及和谐"。由于公正的"行动"仅是"不行动"，一个"仅仅"公正的人"不会得到人们很多感激"，也"很少有什么优点"，由此不会为人们爱戴。然而，这两种美德重点不同。公正是主要的，但却是负面的，做任何事情都要依据规则。任何正面的行为，如慷慨、仁慈、互爱行动只留给我们自己认识的人。我们实施这些美德一般都是带有偏爱的，不可能每个人都是我们的邻居，不可能每个人都是我们仁慈的合适受惠者，也不可能每个人都是我们的朋友。我们公平对待每个人，我们依据公正规则来对待他们。

亚当·斯密还认为，财富包括物质和道德两个方面。他指出，我们都是社会人，我们学会按照道德标准行事。每个人通过"公正的观察员"可以评判自己。这个观察员的作用是正直的内在标准，只有"讨教这个评判员"，我们才能使自己的行动得到恰当客观的评估。每个人能够从观察自己和他人的性格及行为中逐步形成什么是"确切合适和完美的行为"，我们也能够对社会实践具有批判的眼光。

（二）道德与市场经济发展之间的关系

从亚当·斯密在《道德情操论》中有关的论述来看，其关于道德的思想基本可以概括为公平、正义以及爱心三个方面，这种思想与中国儒家所宣传的道德思想“仁、义、礼、智、信”在内涵上基本是一致的。虽然，亚当·斯密在另一本经济学著作《国富论》中认为，人在自利思想作用下对于经济利益的追求，是推动市场经济不断向前发展的根本动力。在市场经济条件下，亚当·斯密在《道德情操论》中所论述的公平、正义和爱心的道德原则，是确保市场经济在“逐利”机制作用下顺利运行的必要手段，其主要表现在以下几个方面：

1. 道德与市场经济秩序之间的关系。在市场经济条件下，虽然“逐利”成为市场主体进行经济活动的主要动力，但是这种“逐利”行为是在一定市场秩序约束条件下发生的，如果“逐利”行为没有市场秩序的约束，市场主体为了“逐利”而不择手段，那么市场经济运行必将陷入混乱状态，从而使所有的市场主体都不能通过正常的经济活动获取利益。从市场秩序的维持情况来看，在现代市场经济条件下，除国家通过法律手段制定相关法律规范市场秩序以及加强市场经济运行秩序监管之外，市场主体良好的道德风尚，则是维持市场经济运行秩序的一个重要手段。其主要表现在以下几个方面：

第一，良好的道德有利于减少市场监管成本。如前所述，在现代市场经济条件下，政府为了维持正常的市场秩序，必然会通过加强市场监管的方式，来保证国家关于市场经济运行秩序的相关法律、法规能够得以顺利地实施，为此，政府需要耗费大量的人力、物力，来对商品质量、商品价格以及商品生产等市场活动进行监督管理，以维持正常的市场经济运行秩序。其一方面会大量增加政府对于市场经济运行的监管成本；另一方面，由于市场经济条件下市场主体千差万别，市场经营活动纷繁复杂，单纯依靠政府组织的监管行为，很难达到维持正常的市场经济运行秩序的目的。在“逐利”机制作用下，一些道德水平较低的市场主体总是想方设法地通过破坏市场经济运行秩序的方式，来获取超额利润。其主要表现为通过生产假冒伪劣商品、价格投机、价格欺诈、价格垄断、偷税漏税以及贩卖毒品、涉黄贩黄等方式，来获取超额利润。为了有效地杜绝上述破坏市场经济运行秩序的行为，除加强政府监管之外，还必须提高市场主体的道德修养，使他们在生产经营过程中，自觉维护和遵守市场经济运行秩序，并充分依靠道德的力量，使一些在市场经济活动过程中的违法、违规行为，在受到社会道德谴责的同时，通过市场主体之间的相互监督，一方面维持正常的市场经济运行秩序；另一方面也为提高政府对于市场经济运行秩序的监管效率，创造良好的外部条件。

第二，良好的道德有利于实现社会生产的最终目的。在现代市场经济条件下，虽然“逐利”是市场主体从事经济活动的主要目的，但是市场主体在规范的市场秩序条件下的“逐利”行为，可以使市场经济活动中各个市场参与主体，在获取以信用货币作为表现形式的价值的同时，还可以获取与价值形式相对应的使用价值，从而满足各市场主体自身及其家庭的物质和精神生活的需要。在正常的市场经济运行秩序下，商品生产者为了获取更多的价值增值，必然会通过技术进步和加强管理的方式，以最小的成本消耗生产最大使用效用的产品。与此同时，市场经济条件下价格竞争机制作用的发挥，使商品生产者总是以最接近其生产成本的方式销售商品，从而使消费者以最小的付出获取最大的消费效用。从社会生产目的的角度分析，无论是何种社会性质的社会，生产的最终目的主要表现为满足居民不断增长的物质和精神生活需求。当然，在不同社会性质下，这种社会生产目的一般通过直接或间接的方式表现出来，如在资本主义条件下，虽然生产者是为了获取更多地以信用货币作为表现形式的价值，但是这种增量价值的获取最终必须以满足居民不断增长的物质和精神生活需求为依托，否则就会造成生产与消费之间的巨大矛盾，使资本主义社会生产无法正常进行，资产阶级也就无法继续获取以信用货币作为表现形态的增量价值。就此而言，在正常市场秩序条件下的市场“逐利”行为，可以充分满足各市场主体自身及其家庭的物质和精神生活的需要。

第三，良好的道德有利于提高经济运行效率。在现代市场经济条件下，虽然通过自由竞争机制的促进，可以充分发挥市场在资源配置中的基础性作用，从而在很大程度上提高市场的运行效率，但是如果在“逐利”机制作用下，市场主体没有良好的道德约束，那么市场诚信行为的缺失，一方面会使市场经济运行产生较高的交易成本，市场主体在从事商品交易时，需要花费大量的时间和精力去对商品的质量优劣以及商品交易价格的高低进行评估和分析，在很大程度上影响了市场经济的运行效率；另一方面，一些假冒伪劣商品的销售，给社会生产及居民生活造成了较大的负面影响，通过囤积居奇的方式获取暴利的行为，也在很大程度上影响了商品顺利的循环周转。而在一个居民道德水平相对较高的市场环境下，“逐利”机制和自由竞争机制作用的发挥，必将使市场经济运行遵循以“最小耗费获取最大价值”的原则来从事社会生产，不会主要依靠价格投机的方式，来获取超额利润。在一个讲究诚信的市场氛围下，商品价值与其使用价值之间是一种同向变动的关系，因此，市场主体在“逐利”机制作用下所追求的“最小耗费获取最大价值”的经营原则，也必将使整个社会生产达到以最小投入获取最大产出的效果，从而在很大程度上有利于提高社会生产效率。此外，在居民道德修养相对较高的诚信社会，市场主体在社会生产、生活过程中，不需要花费大量的时间和精力去对商品的质量和价格进行比较和验证，更不会受到假冒伪劣产品的侵害，这些都在很大程度上提高了经济的运行效率。

2. 市场经济条件下道德与“逐利”之间的关系。就现代市场经济条件下道德与“逐利”之间的关系而言，其主要体现在以下几个方面：

（1）市场经济条件下“逐利”机制发挥作用需要良好的道德加以约束，抛弃道德底线的“逐利”行为不但不会实现共赢，而且最终还会降低整个社会的经济运行效率。在市场经济条件下，虽然“逐利”是市场主体从事经济活动的主要动力，但是如果“逐利”机制发挥作用没有道德的约束，市场自由竞争机制就不能很好地发挥作用，市场经济条件下市场在自然资源配置中的基础性作用也就无从发挥。在没有良好的道德约束条件下，市场主体在“逐利”机制作用下，一方面会通过投机的方式来获取暴利，其主要表现为通过生产假冒伪劣产品以及进行价格投机、价格欺诈或生产有毒产品及制黄贩黄的方式，来取得投机性高额收益。这些产品不具有真正意义上的使用价值，有些甚至具有负面的使用价值，因此通过这种方式所实现的价值增值，并没有现实的使用价值做支撑。而且，一些假冒伪劣产品的使用，在很大程度上会对其他产品的正常使用价值产生侵蚀。在现代信用货币经济条件下，受上述投机行为影响，会导致以信用货币作为表现形式的价值增长与以商品、服务作为表现形式的使用价值增长之间出现背离走势，从而使经济运行面临通货膨胀的威胁。如果所有的市场主体都依靠这种投机行为来从事生产，虽然在一定时期实现了以信用货币作为表现形式的价值增值，但是各个市场主体并没有在社会分工条件下通过各自的生产获取彼此所需要的使用价值；相反，一些假冒伪劣产品的使用，还会危及消费者自身的生存。就此而言，这种“逐利”机制导致的以信用货币作为表现形式的价值增值，对于整个社会而言是没有实际意义的。

具体言之，对于投资品生产而言，如果市场由于诚信缺失而使投资品的质量得不到应有的保证，那么企业生产就无法持续进行；就消费品而言，如果消费品的质量得不到有效的保证，就会在很大程度上影响消费者的消费效用，并最终对生产产生诸多负面影响。理论上而言，这种负面影响既表现为消费信心不足所导致的商品的市场需求减弱，又表现为劳动力由于其赖以维持生存的消费效用偏低或者是负面的消费效用，而使其再生产受到影响，进而使未来社会生产因缺少劳动力的支持而无法持续进行。此外，就社会生产而言，在“逐利”机制作用下，一些道德水平不高的生产者，一般会通过片面压低工人工资的方式，来获取更多的利益。

在现代市场经济条件下，虽然“逐利”机制是市场主体从事社会生产的主要动力，但社会生产持续运行的前提条件在于生产要素消耗成本在生产过程中要得到完全的补偿，如果在社会生产过程中连生产要素的消耗成本都不能通过市场价格机制得到有效补偿，那么这种社会生产就不是在“逐利”机制作用下的正常生产活动，而只能体现为公共产品的生产行为或者是一种无效生产行为。就公共产品生产而言，这种不能通过市场价格机制实现成本补偿的生产行为能否持续，在很大程度上取决于财政资金投入的可持续性。就无效生产而言，这种不能通过市场价格机制实现成本补偿的生产行为能否持续，在很大程度上取决于生产要素的无偿供给程度。因此，虽然在“逐利”机制作用下，一些商品生产者短期内可以通过压缩工人工资的方式，来获取巨额收益，但是就长期而言，工人工资的减少，一方面会使劳动力再生产面临较大的威胁；另一方面，工人由于工资减少而导致的消费能力的削弱，在很大程度上也不利于社会再生产的持续进行。就此而言，在现代市场经济条件下，社会再生产不能离开良好道德的约束，没有任何道德约束的市场“逐利”行为，一方面不能实现社会生产的根本目的；另一方面，这种逐利方式也是不可持续的。

（2）道德与市场“逐利”行为之间并不矛盾。理论上而言，现代市场经济条件下的良好道德规范与市场主体“逐利”行为之间并不矛盾，良好的道德氛围为“逐利”机制作用的发挥创造了有利环境，是市场经济条件下公平竞争机制发挥作用的前提条件，其主要有以下作用路径：

一是良好的道德规范有利于公平竞争的市场机制发挥作用。在现代市场经济条件下，公平的市场竞争，是提高市场经济运行效率和发挥市场在资源配置中基础性作用的一个重要条件。实现市场经济条件下的公平竞争，除了政府通过制定严格的法律规范来引导市场公平竞争，并通过加强法律监督的方式来保证公平竞争机制发挥作用之外，市场主体所具有的良好道德水准，也是公平竞争机制有效发挥作用的前提条件。如前所述，在现代市场经济条件下，良好道德水准主要表现为公平、正义和爱心三个方面，而良好道德水准所包含的这三方面内容，都在很大程度上有利于公平竞争机制作用的发挥。首先，就公平而言，作为一个有着公平观念的市场主体，其在从事市场经济活动过程中，不会采取生产假冒伪劣产品、价格欺诈以及制毒贩毒、制黄贩黄的方式，来获取超额利润，而是会通过自己的技术进步和加强管理的方式，生产适合市场需求的产品，以此来获取较多的利润。理论上而言，这种方式下的社会生产在很大程度上有利于市场主体在“逐利”机制作用下从事的社会生产与社会生产目的之间保持相对一致，从而使市场经济发展过程中价值总量与使用价值总量之间保持同步增长。其次，在市场主体具有公正道德水准的经济氛围下，市场经济运行过程中一些假冒伪劣产品、毒品及黄色产品的生产、销售，一些价格欺诈以及价格投机行为，必将在很大程度上受到具有公正道德水准的居民的揭露和制约，从而最大程度地减少了上述非正当获利行为的产生。再次，就同情心而言，如果一定时期市场主体具有较高的同情心，其在生产过程中就不会通过过分压低工人工资的方式，来获取超额利润，而会付给工人能够维持其自身及家庭生活所需要的工资，一方面使劳动力的再生产得以延续，使企业生产与社会生产的根本目的保持相对一致；另一方面，也确保了商品生产在劳动力成本相对一致基础上的公平竞争，从而有利于保持经济的可持续发展。如果一个市场主体具有较好的同情心，那么在这种同情心作用下，其在生产过程中就不会通过生产假冒伪劣产品、毒品以及黄色产品的方式，来侵害消费者权益，而是会在确保消费者利益与其自身利益相对一致的基础上，从事社会生产。在商品价格确定上，富有同情心的市场主体，也会本着适度获利的原则，以自身商品生产成本为基础，给予商品恰当的销售价格，而不会通过价格垄断和价格欺诈的方式，来获取超额利润，从而确保公平市场竞争机制作用的发挥，使市场经济条件下的生产者和消费者都可以在经济发展中获取现实利益，实现双赢。

二是公平竞争机制是市场“逐利”机制发挥作用的前提和基础。理论上而言，在现代市场经济条件下，公平竞争机制是市场“逐利”机制发挥作用的前提和基础，对于商品生产者而言，只有在商品质量和功能方面体现出与其他商品的相对优势，才能在公平竞争的市场环境下获取超额利润。对于同质商品而言，只有商品生产者通过生产技术的进步和管理的加强①，才能在公平竞争的市场环境下，取得价格竞争优势；才能在产品市场需求相对饱和的条件下，通过提供价廉物美的商品，占有较大的市场份额；才能在产品市场需求相对较大的条件下，通过其较低的商品生产成本，获取较高的利润收益。

此外，从消费者角度分析，在公平竞争条件下，市场主体在“逐利”机制作用下所进行的经济活动，可以在很大程度上确保消费者消费效用的最大化，从而使市场主体在“逐利”机制作用下所从事的社会生产，符合满足居民日益增长的物质和精神生活需求的根本目的。

3. 市场经济发展与道德之间的关系。从市场经济发展与道德之间的关系来看，其主要表现在以下几个方面：

第一，良好的道德氛围有利于促进市场经济的发展。在良好的道德氛围下，从生产要素角度分析，市场主体不会通过操纵商品价格以及生产、销售假冒伪劣产品和毒品、制黄贩黄的方式，来获取超额利益。如前所述，在良好的道德水准约束下，为了获取较高的利润，市场主体一般会侧重于通过技术进步以及加强管理的方式，来提高商品的质量和效用，降低商品的生产成本，这些都将在很大程度上促进社会生产的发展。此外，在良好道德修养约束下，市场主体一般都会本着诚信的原则，通过发展实体经济或者通过实体经济与虚拟经济有机结合的方式，来获取正当的利润，在一定程度上减少投机领域的资金供给，从而确保实体经济领域不会由于投机性资金流出而出现资金短缺的局面。虚拟经济领域投机氛围的减少，将有利于实体经济依靠其自身积累以及虚拟经济的融资杠杆功能，集中一切生产要素，发展实体经济，从而推动社会生产的发展。当然，在现代市场经济条件下，虚拟经济的发展在某种程度上可以对实体经济发展起到有效的促进作用，如果一定时期市场主体道德水准相对较高，那么虚拟经济的发展就不会由于投机资金的不断介入而出现较为严重的投机现象，使一定时期虚拟经济的发展建立在实体经济发展的基础之上，而是使虚拟经济与实体经济之间保持协调发展。

---

①　这种管理的加强，既表现为对生产商品所需要的生产要素进行科学合理的配置，也表现为在生产过程中通过加强管理，实现商品材料成本耗用的最小化。

第二，良好道德氛围的形成本身就是经济发展的必然结果。从人类生存和发展的演绎轨迹来看，物质资料的生产是人类生存和发展的前提和基础，随着社会生产力发展水平的不断提高，人类社会经济活动逐渐由物质生产和消费向精神生产与消费转变。如果说在物质生产为主导的社会生产条件下，公平、公正和爱心等高尚的社会道德为确保社会生产的可持续发展，提供了精神约束和支撑，那么在人类物质生产水平大幅提高的条件下，人类社会生产由物质生产与消费向精神生产与消费的升级过渡，将在很大程度上使高尚的道德不但成为规范社会生产的一个工具，而且高尚的道德情操本身也成为一定时期精神生产和消费的一个重要内容，主要表现为在生产力不断发展的推动下，一定时期道德修养的发展在通过自我约束机制保持社会生产持续发展的同时，还通过“利他”原则的作用，实现人类物质和精神生活水平的共同提高，而以“爱心”作为表现形式的高尚道德情操，将成为精神消费的重要内容。

四、市场经济条件下良好道德的主要表现形式

如前所述，亚当·斯密将市场经济条件下的道德情操概括为公平、正义且富有爱心，这些良好的道德情操在社会生活、生产和教育等领域分别表现在以下几个方面：

一是在社会生活方面，市场主体为人处世客观公正，不以大欺小，诚实守信；市场主体富有爱心，乐于帮助比自己弱小的个人或家庭，从而使人类社会和谐发展。这种良好的道德规范，使人类生存逻辑有别于弱肉强食的一般动物世界的生存法则，从而使人类社会在社会生产中能够实现物质和精神两个方面的共同发展。

二是从生产上来说，在公平、正义和富有爱心的道德准则作用下，市场主体的个人生产目的与社会生产目的会保持相对一致。在公平竞争的市场环境和市场“逐利”机制共同作用下，社会生产领域总是以不断满足市场需要为导向，向市场提供价廉物美的商品，从而使消费者的消费效用达到最大化。

三是就教育而言，由于现代市场经济条件下高尚社会道德的形成，在很大程度上依赖于教育，因此，一定时期的教育领域能否保持一枝独秀的道德高地，对于社会高尚道德的形成具有重要意义。教育领域是高尚道德的创造者和传播者，其领域的一切活动都具有道德教育的示范作用。为了发挥教育对于高尚道德的引领功能，一方面要求在教育领域创造一批有利于提高公民道德修养的道德规范；另一方面，要通过教育领域教师的言谈举止以及一切教育活动，给学生和社会树立公正、公平、诚实、爱心等标准道德的榜样。

五、提高公民道德修养应该采取的相关措施

鉴于现代市场经济条件下公民道德水准的高低对于经济发展会起到重要作用，因

此，当前应通过提高公民道德修养的方式，确保公平、公正的市场自由竞争机制有效地发挥作用，使在“逐利”机制作用下的市场主体生产活动与社会生产目的保持相对一致。为了实现这个目的，可以采取以下几个方面措施：

（一）在思想理念上突破市场经济发展的理论误区

理论上，市场经济发展不是一切向钱看，而应该是“君子爱财，逐利有道”。改革开放以后，中国在由计划经济向市场经济转变过程中，对于市场经济的认识还存在着诸多误区，其主要表现在以下几个方面：一是在经济理论上借鉴西方经济学理论，并接受了西方经济学理论的假设条件，即市场经济条件下人是自私自利的这个理论假说，从而在一定程度上否定了道德在市场经济发展过程中所起的重要作用；二是片面地认为发展市场经济，就是一切向钱看。如果说在计划经济时代社会生产更多地偏重产品的使用价值生产而忽视产品的价值生产，那么，在市场经济条件下，社会生产又偏向于另外一个极端，其主要表现为过度地偏重商品的价值生产，忽视商品的使用价值生产，由此导致市场主体一切向钱看，通过各种投机甚至是违法的手段，去获取价值增值，而现代市场经济条件下所实行的信用货币流通制度，又为这种价值增值行为提供了有利条件。与黄金等商品货币制度不同，在信用货币制度下，以信用货币作为表现形式的价值总量可以脱离商品的使用价值总量而独立地运行。就此而言，在信用货币经济条件下，如果将市场经济活动片面地理解为实现更多的价值，即赚更多的钱，那么一些市场主体就有可能通过投机或违法的方式，来获取更多的价值，在政府信用货币不断发行的影响下，整个社会呈现以信用货币作为表现形式的价值总量不断增加的发展格局。而从使用价值形态来看，由于市场经济条件下一些投机和违法行为并没有实现使用价值总量的进一步增加，甚至还产生了对于存量使用价值的进一步侵蚀，由此导致以信用货币作为表现形式的价值总量与以商品、服务作为表现形式的使用价值总量之间的背离，从而使经济运行面临较大的通货膨胀压力。如果在一个具有良好道德修养的市场氛围下，如前所述，市场“逐利”机制作用的发挥，是通过向市场提供具有真正意义使用价值的方式表现出来的。理论上而言，这种使用价值产品的表现形式，既可以表现为实体经济领域中具有一定实物形态的有形产品，也可以表现为实物经济领域中没有实物形态的无形产品如服务等，还可以表现为能够间接为实体经济发展提供服务的无形产品，如虚拟经济领域中的虚拟金融产品等。通过有效使用价值形态产品的提供，在一定程度上可以实现一定时期市场增量价值与增量使用价值的相对统一，由此不会对市场经济运行造成较大程度上的通货膨胀压力，从而使一定时期以信用货币作为表现形态的经济总量增长与以使用价值作为表现形态的经济总量增长，保持相对一致。就此而言，在市场经济发展过程中，当前切实转变前期经济发展过程中存在的诸多误区，一方面有利于提高公民的道德修养；另一方面，也有利于经济发展方式实现根本转型，使经济保持又好又快地发展。

（二）加强对道德违规市场主体的处罚力度

虽然从法律角度分析，一定时期违反道德的行为不一定是违法行为，但是，在经济活动中存在的诸多违反道德的行为，一方面会增加经济运行成本，如市场经济运行中存在的坑蒙拐骗现象，需要消费者花费大量时间去鉴别，增加了市场交易费用，影响了市场经济的运行效率；另一方面，也扰乱了经济运行秩序，侵犯了消费者的权益。鉴于这些在经济运行中违反道德的行为会产生诸多危害，因此，虽然一些违反道德的行为没有触犯法律，但是，其也必须通过严格的市场监管和加大处罚力度的方式，最大限度地减少经济活动过程中违反道德行为的产生，以此提高市场经济的运行效率，确保经济发展与不断满足居民日益增长的物质、精神生活需求的生产目的保持相对一致。

当前，在经济领域加强市场监管，主要表现为通过严格商品质量监管的方式，确保商品的质量，以此保证消费者的合法权益；通过对于超出正常商品价格的价格欺诈行为进行监管的方式，维护市场经济运行秩序；通过对于囤积居奇方式操纵商品价格的行为进行有效的市场监管，确保商品的正常周转，使社会总供给与总需求保持相对一致。目前对于市场经济发展过程中存在的假冒伪劣产品，只有当其产生较大危害时，才会受到法律的严惩。很多人认为，在市场经济条件下，要监管那么多市场主体生产的商品质量，工作量太大，甚至有些人认为，商品质量应通过消费者来监督。实际上，从市场经济发展的本质属性来看，如果经济发展过程中出现假冒伪劣产品充斥市场的现象，这本身就是经济运行不正常的标志，而政府在市场经济条件下履行的主要职能就是维护市场经济运行秩序。因此，在“逐利”机制作用下，如果政府对于市场经济运行过程中出现的假冒伪劣产品现象不加强监管，这种现象必将愈演愈烈，最终会对整个经济运行产生巨大的破坏性影响。就此而言，市场经济运行过程中商品质量监督工作的复杂性，并不能成为放弃商品质量监管、任由市场主体违反社会道德的理由。相反，在市场经济条件下，越是出现大量违反道德生产假冒伪劣商品的现象，越是需要下大力气加强监管和加强对违规行为的处罚力度。只有市场主体在严格的商品质量监管和严酷的违规行为处罚震慑下，才能按照社会公认的道德准则从事生产经营，向社会提供合格的商品，使经济运行符合正常的市场经济运行要求，从而有利于提高经济运行效率。一旦一定时期大多数市场主体在市场经济运行过程中都能够很好地遵守社会公认的道德，遵循“君子爱财，逐利有道”的原则从事市场经营活动，那么，经济发展中存在的良好道德氛围，本身就可以对于那些违规行为产生监督、震慑和感化的作用，而政府在此条件下对于商品质量的监管任务必将得到大大的减轻。因此，就市场经济条件下政府监管与市场主体道德修养之间的关系而言，一方面加强政府对于经济领域违反良好道德准则行为的监管，有利于提高居民的道德修养，使市场主体的经济活动符合社会生产的根本目的；另一方面，居民在严格的市场监管作用下自身道德修养的提高，在有利于规范市场经济运行秩序的同时，也将在很大程度上降低市场的监管成本。

（三）通过加强教育的方式提高居民的道德修养

理论上，居民的道德修养主要是属于精神范畴的个人思想，因此要使市场经济条件下居民自觉养成良好的道德修养，就必须通过加强教育的方式，在居民年龄很小的时候，向其灌输高尚的道德情操，使其从小就养成良好的道德习惯。为了实现这个目标，当前可以采取以下措施：

1. 通过教育工作者自身以及教育领域一切活动的率先垂范，给受教育者以及社会树立良好的道德标杆。从教育工作的属性来看，主要在于育人。从育人的内涵来看，其既包括对于被教育者高尚思想道德的培养，又包括对于被教育者专业知识的传授。教育所具有的上述特殊属性，要求教育工作者以及教育活动要为人师表。在现代市场经济条件下，要使教育工作者以及教育活动真正做到为人师表，可以采取以下措施：

一是通过加大财政投入的方式，提高教育工作者的收入水平。在现代市场经济条件下，教育作为承担培育个人高尚道德情操和传授专业知识的行业，其必须作为公共产品，由财政支出来满足教育发展所需要的经费需求。如果一定时期教育经费不能很好地满足教育的发展需求，那么，在“逐利”机制作用下，教育行业会利用居民对于其刚性消费需求的特征，通过收费的方式，来满足教育工作者的生活需求。而一旦教育行业沦为市场经济条件下“逐利”工具时，教育的行业属性也就发生了重大变化，一方面表现为教育行业不再是向被教育者传授高尚道德情操的行业，而是成为向被教育者灌输负面道德情操的行业。在实践中，这种负面道德情操的灌输，既表现为教育工作者不择手段地挣钱，也表现为教育领域存在的学术腐败和文凭腐败等现象。另一方面，也在很大程度上降低了教育行业对于知识传授的效率。这种知识传授效率的降低，既表现为教育工作者在“逐利”机制作用下，为了获取更多的收益，而通过降低授课效率、增加课外辅导时间的方式，来获取较多收益；也表现为为了获取更多的文凭买卖收益，教育行业通过宽进宽出、批发文凭的方式，获取较多收益。由此，在很大程度上降低了文凭的知识含量。理论上而言，虽然教育行业通过其所处的特殊地位可以获取较大的收益，但是其产生的只是财富的再分配，这种财富再分配相对于财政通过再分配的方式保证教育行业发展所需要的经费而言，其对于经济发展的负面影响无疑是巨大的，因为，一方面其缺少财政参与国民收入再分配的规范性和合理性；另一方面，教育收费对于公民道德修养和专业知识传授等方面会形成较大的负面影响。就此而言，在现代市场经济条件下，要使教育工作者和教育活动发挥社会良好道德标杆的作用，提高教育行业对于专业知识的传授效率，就必须通过加大财政对于教育行业投入力度的方式，确保教育工作者的生活水平随着经济增长而不断提高，确保教育活动所需要的正常经费支出需求。

二是要严格学术门槛，打击学术腐败以及假学历现象。当前在市场“逐利”机制作用下，一些教育机构及有关部门为了获取较多的收益（在实践中这些部门既包括教育部门，也包括与教育有关的部门如杂志社、评审中心等），通过学术腐败以及买卖文凭等方式来获取了大量收入，就这种收入来源而言，其实际上属于国民收入的再分配，没有创造一分钱的社会财富。特别值得一提的是，在教育“倒三角”以及教育成果考核机械化因素影响下，一些本来应该通过正常渠道进行再分配的财政支出，却变相地通过在职教育、有偿发刊等方式，变成了教育部门参与国民收入再分配的一个重要收入渠道，其一方面导致居民在教育机会方面的不平等；另一方面，也降低了教育效率，并对于社会道德规范产生了诸多不良影响。因此，当前要发挥教育对于社会道德的引领作用，在增加和规范财政对教育投入的基础之上，还必须通过严格学术门槛，打击学术腐败以及假学历现象的方式，发挥教育在社会发展中的率先垂范作用，提高教育效率。

2. 增加财政投入，延长义务教育时限，扩大大学教育经费供给规模，提高居民素质。理论上而言，在现代市场经济条件下，财政再分配的主要投入对象应该是那些不通过直接或间接交换方式，满足自身需求的群体。例如，教师和学生之间所发生的教学关系，学生不能通过生产相关产品的方式，与教师所提供的教育产品进行等价交换，而鉴于教育活动又是市场经济条件下经济、社会发展所必需的，因此，其只能通过财政再分配的方式来加以解决。公费教育条件下所发生的财政再分配属性，与实体经济和虚拟经济条件下两个对等市场主体之间所发生的利益再分配属性相比较，二者还存在着很大的差别。就此而言，从在职教育的经济属性来看，其显然是两个平等市场主体之间的交换活动，因此在职教育不应该属于财政再分配范畴。教育在加强个人道德修养、提高个人素质等方面发挥了不可或缺的作用。因此，在当前财政收入能力许可的条件下，可以增加财政投入，合理延长义务教育时限，扩大大学教育财政支出费用供给规模，以此提高居民科学文化及道德素质，从而充分发挥教育对于高尚道德的培养功能。通过居民道德素养的提高，使市场经济又好又快地发展。

（四）切实转变政府职能和加强廉政建设

在现代市场经济条件下，要提高居民的道德修养，弘扬高尚的社会道德风尚，还需要切实转变政府职能，加强廉政建设，提高政府工作人员的道德修养，以高效、廉洁的政务效率，为市场经济健康、持续运行创造良好的外部条件，以政府部门工作人员廉洁自律的工作作风，树立良好的社会道德风范。

1. 切实转变政府职能，是提高市场经济运行效率、防止贪污腐败的必然选择。在现代市场经济条件下，如果政府职能不能实现有效转变，那么在市场“逐利”机制作用下，利益和权力的结合，一方面会导致行政权力部门的权力腐败；另一方面，行政权力对于经济干预程度的不断增强，将在很大程度上降低市场经济的运行效率。鉴于政府工作人员的道德水准对于社会道德的发展起着风向标的作用，政府职能在市场经济条件下出现的不合理配置而导致的权力寻租等腐败行为，将在一定程度上加速社会道德的滑坡，由此给市场经济运行带来进一步的负面影响。理论上而言，在现代市场经济条件下，政府的主要职能侧重于监督和服务，而不在于决定市场主体能否从事某种经济活动的行政审批权力。

就政府监督职能而言，其主要表现为政府部门对于一切市场经济活动进行有效的监督，防止破坏市场经济运行秩序以及其他违法、违规行为的发生，使公平竞争机制有效地发挥作用，从而提高市场经济的运行效率，实现一定时期以信用货币作为表现形式的价值总量与以商品、服务作为表现形式的使用价值总量的共同发展，以此确保市场经济运行符合社会生产发展的根本目的。从实践中来看，在现代市场经济条件下，政府监督职能主要表现为：对于商品质量的监督，对于价格欺诈、价格垄断行为的监督，对于通过囤积居奇方式进行价格投机行为的监督等方面。

从现代市场经济条件下政府所履行的服务职能来看，其主要表现为通过政府所提供的有效服务，为市场经济发展提供有利的外部条件，在实践中，政府所履行的服务职能主要表现在以下几个方面：

（1）通过强大的国防建设，保证本国市场经济发展不受到外国的侵犯。在现代市场经济条件下，国防建设对于本国市场主体利益的保护，既表现为保护本国市场主体财产不受到外国的侵害，也表现为通过本国强大的国防力量，保护本国市场主体在国际经济活动中应该享有的权益不受到损害。

（2）通过公检法力量的建设，确保居民的经济活动、人身安全及财产安全，不受到非法活动的侵害，从而为市场经济运行创造良好的外部条件，确保市场经济持续、有序地发展。

（3）通过财政收支行为，提供市场经济发展所必需的公共产品。在现代市场经济条件下，政府所提供的公共产品主要表现在以下几个方面：

一是提供经济发展所需要的硬件形态公共产品，如道路、桥梁、电力等基础性公共产品。理论上而言，由于这些公共产品建设具有投资金额较大、建设周期较长的特征，在经济运行实践中，这些公共产品投资往往是由政府来出资的。一般而言，由于上述公共产品是市场经济发展所必需的，其建设资金来源主要为国民收入的再分配，因此，在现实的经济运行过程中，要根据实际需求来组织基础设施等公共产品建设，提高这些公共产品对于经济发展的促进作用，而不应该将这些公共产品的建设作为拉动经济，实现价值总量增长的一种手段。因为，在经济运行过程中，根据凯恩斯主义的投资拉动经济增长理论，如果政府掌握的投资权力过大，必然会通过税收、国债等财政手段来筹集资金，由此会在一定程度上影响市场经济运行的正常秩序；政府掌握的投资权力过大等因素也会导致在基础设施等公共产品建设过程中产生腐败。此外，为了拉动经济增长所进行的重复建设、盲目建设工程也会在一定程度上使国民经济在价值总量上出现虚增，从而不利于实现经济价值总量和使用价值总量的共同增长。由于政府用于基础设施等公共产品支出的资金，主要来自税收等财政收入，作为服务型政府，其对于基础设施等公共产品的投资可行性、投资进度以及投资效率，必须接受公众的监督，以防止投资工程腐败以及投资效率低下等现象的发生。就此而言，在服务型政府的职能条件下，政府对于基础设施等公共产品的投资，不是政府所掌握的权力，而是政府根据社会公众的委托以及经济主体交纳的税收，所承担的为适应市场经济发展而必须向市场提供基础设施等公共产品的一项义务。换而言之，政府有义务使公共产品供给符合市场经济的发展需求，并保证这些公共产品的投资效率。

二是提供经济发展所需要的软件产品，如教育、基础科学研究等。理论上而言，鉴于教育和基础科学研究等活动的本质属性，其参与双方无法通过对等的市场经济交换原则来实现产品的互通有无，因此教育和基础科学研究在现代市场经济条件下属于财政再分配的范畴。从生产力发展的趋势分析，随着经济的不断发展，教育和基础科学研究成为推动经济发展和促进生产力不断提高的一个关键因素。在现代市场经济发展条件下，为促进生产力发展水平的不断提高，实现经济持续发展，需要通过财政再分配的方式，加大对于教育和基础科学研究的投入力度，为经济发展提供智力支持。就此而言，提供教育和基础科学研究等软件形态的公共产品服务，是现代市场经济条件下政府应尽的一项基本义务。

（4）提供保障市场经济健康运行、维持市场经济正常运行秩序的社会保障服务。在现代市场经济条件下，为了维持正常的市场经济运行秩序，确保市场经济的持续运行，使全体居民都受益于经济发展，政府还必须承担加强社会保障建设的义务。在现代市场经济条件下，政府所提供的社会保障服务，主要表现在以下几个方面：

一是提供保证居民健康的公共医疗服务。居民健康权是人类基本的生存权，保证居民这项权益，既是人类生存发展的必然选择，也是在经济发展过程中确保劳动力持续供给的必然选择。

二是提供失业救济、抚恤服务。这项服务一方面是保证经济持续发展所必需的；另一方面，也是维持正常的市场经济运行秩序、确保社会稳定所必需的。

三是提供养老服务。这项服务一方面是维持正常的市场经济运行秩序、确保社会稳定所必需的；另一方面，也是市场经济发展过程中维持人类基本生存权所必需的。

从人类社会发展所演绎的生存权和发展权这两种基本权力分析，人类基本生存权要高于发展权。因此，在现代市场经济条件下，使人类在生存权得到有效保障的基础上实现进一步发展，是人类自身伦理道德的必然要求，也是实现市场经济更好发展的必然要求。在经济实践中，其主要体现为良好社会保障制度的确立，在很大程度上减少了人们对于未来支出的不确定预期，通过即期支出的增加，充分发挥消费对于经济发展的拉动作用。

当然，现代市场经济条件下政府所承担的上述义务，必须通过税收等财政收入形式来予以满足，而从政府公务人员以及维持政府运行所发生的费用来源来看，其主要是为了提供确保市场经济持续发展所必须的市场监督和公共服务职能而产生的费用，因此这些费用也应该属于财政再分配的范畴，通过税收等财政收入形式加以满足。由此可见，在现代市场经济发展条件下，如果政府职能实现了根本转变，由权力型政府转向服务型政府，充分履行其在市场经济条件下所承担的加强市场监管和提供公共服务的职能，那么，政府职能的转型将在很大程度上减少权力型政府所出现的贪污腐败等道德沦丧现象。

2. 加强对于政府公职人员以及政府活动的监督，确保政府自身及其工作人员的廉洁自律。如前所述，在政府职能实现上述转变以后，虽然在制度层面减少了政府部门及其工作人员腐败的可能性，但是现代市场经济条件下政府所履行的市场监管职能，会使政府在市场监管中产生权力腐败，从而使政府对市场的监管效果受到较大负面影响；另一方面，政府所承担的服务型职能，在很大程度上与履行这些职能所需要的资金密切相关，也会使政府工作人员在履行这些职能过程中，存在一定的贪污受贿等腐败行为的机会。为了使政府更好地履行其在现代市场经济条件下所承担的职能，就必须通过加强外部监督的方式，来减少贪污腐败现象的发生，使政府通过认真履行其所承担的职能，确保市场经济持续、健康发展。在现代市场经济条件下，对于政府部门及其人员廉洁自律的监督主要体现在以下几个方面：

一是通过设置独立于政府的机构，加强对于政府部门及其人员廉洁自律的监督。

二是这些独立机构同时接受政府机构以及民众的监督。

三是在政府履行上述职能过程中，通过政务公开、官员财产公开的方式，自觉接受民众的监督。

总体来看，在现代市场经济条件下，只要通过政府职能的转变和加强政府外部监督的方式，就可以在很大程度上克服政府部门及其工作人员在履行职责过程中存在的腐败现象，从而通过政府部门及其人员的廉洁自律活动，弘扬高尚的道德情操，更好地推动市场经济的持续、健康发展。

（五）大力发展体现高尚道德风尚的精神产业

从人类生产和消费层次分析，随着社会生产力发展水平的不断提高，人类社会生产和消费正由物质生产和消费向精神生产和消费升级，在精神生产和消费过程中，一些道德沦丧、低级趣味的精神产品，会对人类自身发展产生较大的伤害，并最终影响物质生产的发展，例如制黄贩黄、吸毒、暴力等产品的生产和消费①，就会对社会发展和经济运行产生诸多不良影响；而一些好的精神产品则在促进人类道德修养不断提高以及实现人类更好发展的同时，也将在很大程度上促进物质生产的发展，如体现公平、正义、博爱等思想道德的文化产品等，会对社会发展和经济运行产生积极正面的影响。鉴于精神生产和消费的两面性，当前为了提高公民的道德修养，还可以通过精神产业的发展，在公平、正义和博爱等包含人类道德文明的文化产品影响下，使高尚的社会道德文化得到大力弘扬，从而促进居民道德文化修养的不断提高，让社会生产的发展服从于人类在物质和精神上实现共同进步和提高的最终目的。

本章小结

本章在对道德的基本内涵及功能做出初步分析的基础上，研究了道德与市场经济发展之间的关系，认为道德是确保市场经济在“逐利”机制作用下顺利运行的必要手段，其主要表现在以下几个方面：

1. 道德是维持市场经济秩序的一个重要手段。其主要表现为：第一，良好的道德有利于减少市场监管成本；第二，良好的道德有利于实现社会生产的最终目的；第三，良好的道德有利于提高经济运行效率。

2. 市场经济条件下道德与“逐利”之间的关系。其主要表现在以下几个方面：

(1) 市场经济条件下“逐利”机制发挥作用需要良好的道德加以约束，抛弃道德底线的“逐利”行为不但不会实现共赢，而且最终还会降低整个社会的经济运行效率；(2) 理论上而言，现代市场经济条件下的良好道德规范与市场主体“逐利”行为之间并不矛盾，良好的道德氛围为“逐利”机制作用的发挥创造了有利的环境，是市场经济条件下公平竞争机制发挥作用的前提条件。

3. 市场经济发展与道德之间的关系。从市场经济发展与道德之间关系来看，其主要表现在以下几个方面：第一，良好的道德氛围有利于促进市场经济的发展；第二，良好道德氛围的形成本身就是经济发展的必然结果。

在对道德与市场经济发展之间关系进行分析的基础上，本章着重研究了市场经济条件下提高公民道德修养应该采取的相关措施，其主要包括以下几方面内容：(1) 在思想理念上突破市场经济发展的理论误区，理论上而言，市场经济发展不是“一切向钱看”，而应该是“君子爱财，逐利有道”。(2) 加强对道德违规市场主体的处罚力度。

① 其实毒品的效用，更多地表现为对于人的精神影响，因此这里笔者也把其列为精神产品。

当前，在经济领域加强市场监管，主要表现为通过严格商品质量监管的方式，确保商品的质量，以此保证消费者的合法权益；通过对超出正常商品价格的价格欺诈行为进行监管，维护市场经济运行秩序；通过对囤积居奇方式操纵商品价格的行为进行有效的市场监管，确保商品的正常周转，使社会总供给与总需求保持相对一致。(3) 通过教育的方式提高居民的道德修养。其主要包括以下几个方面内容：一是通过教育工作者自身以及教育领域一切活动的率先垂范，给受教育者以及社会树立良好的道德标杆；二是要增加财政投入，延长义务教育时限，扩大大学教育经费供给规模，提高居民素质。(4) 转变政府职能和加强廉政建设，其主要包括以下几个方面内容：一是切实转变政府职能，是提高市场经济运行效率、防止贪污腐败的必然选择；二是通过加强对政府公职人员以及政府活动监督的方式，确保政府自身及其工作人员的廉洁自律。(5) 大力发展体现高尚道德风尚的精神产业。

第六章
教育在市场经济发展中发挥作用的表现形式及其对于中国的借鉴

在市场经济条件下，以劳动、技术和管理为代表的活劳动在社会增量价值创造中，发挥了重要作用。因此，为了在社会经济发展中创造更多的增量价值，使经济发展建立在内涵型扩大再生产的基础之上，全社会应该通过提高劳动者素质、提高产品技术含量以及企业经营管理水平的方式，获取更多的增量价值。为了达到这个目的，就必须加强教育投入，大力发展教育。

一、教育在增量价值创造中发挥作用的表现形式

马克思在《资本论》中曾对接受教育的群体有以下论述：“简单平均劳动本身虽然在不同的国家和不同的发展时代具有不同的性质，但在一定的社会是一定的。比较复杂的劳动只是自乘的或不如说多倍的简单劳动。因此，少量的复杂劳动等于多量的简单劳动。一个商品可能是最复杂的劳动的产品，但是它的价值使它与简单劳动的产品相等。因而本身只表示一定量的简单劳动。”① 马克思关于简单劳动与复杂劳动之间联系与区别的论述，明确地指出了教育在一国增量价值创造中所处的重要地位。从经济实践来看，由于简单劳动和复杂劳动之间存在着很大的区别，复杂劳动创造的价值是简单劳动的倍加。因此，就要求一国在经济活动中要更多地利用复杂劳动，争取通过活劳动创造更多的价值。其主要表现在以下两个方面：

一是通过技术型出口贸易的发展，创造更多的增量价值。一般而言，在国际贸易分工中，有简单的加工贸易和复杂的技术贸易两种方式。所谓简单的加工贸易，系指

① 马克思：《资本论》第一卷，人民出版社2004年版，第58页。

以本国自然资源为依托，通过劳动对之进行简单加工后再进行出口的贸易；而复杂的技术贸易系指通过技术进步的方式，对商品或服务进行技术深加工而出口的贸易。就简单加工贸易和复杂技术贸易的优劣而言，简单加工贸易主要表现为简单劳动，并且可以复制，因而不具有竞争优势和效益。而复杂的技术贸易，一方面体现了复杂劳动；另一方面也不可复制和替代，因而在国际贸易竞争中，复杂的技术贸易明显地优于简单加工贸易。理论上而言，通过发展复杂技术贸易的方式，既可以获取更多的价值，也会由于贸易产品具有不可替代性而不容易受到反倾销制裁。简单的加工贸易，不但只能获取一小部分价值，而且由于产品具有可复制性，其在国际上也面临着较大的竞争压力和严厉的国际反倾销制裁。

二是通过高科技技术对于国内经济发展的推动，创造更多的增量价值。就国内经济发展而言，简单劳动主要表现为以资源和资金为主要推动力的粗放型经济增长，复杂劳动主要表现为以高科技作为推动力的集约型经济增长。从经济发展实践来看，前者的增长是依靠投资拉动的，即通过资源、劳动、劳动设备及其他生产条件量的扩张而实现，这种生产方式不能创造更多的价值，还造成了社会资源的严重浪费。后者主要通过技术进步的方式来实现经济的集约化增长，其主要表现为技术在经济发展中起主要推动作用。由于经济发展主要依靠技术进步来推动，因此，这种发展方式不会造成社会资源的过度损耗；且因技术属于复杂劳动范畴，故而以技术为推动力的集约型经济增长可以获得更多的增量价值。从复杂劳动的形成以及技术发展所依托的基础来看，教育都在其中发挥了重要作用。就此而言，教育在增量价值创造中所起到的作用主要通过复杂劳动的培育以及技术的传播等方式体现出来。

二、中国各阶段教育的价值体现

从中国各阶段教育开展情况来看，当前中国对于居民的教育主要包括以下几个阶段：

1. 九年义务教育，即国家对于国内居民的小学至初中九年期间的教育实行免费，这个阶段的教育，其主要价值体现于解决受教育人群德育、智育、体育、美育、劳动教育、科学教育等的原始启蒙，促使和帮助受教育人群具备接受和接纳社会生活的基本技能。

2. 中专、大学等中高等教育。目前中专、大学等中高等教育在中国实行的是自费教育模式，这个阶段的教育，其价值在于解决受教育人群基本的科研、实践、实验、试验、仿制、创新启蒙。促使和帮助受教育人群具备和接纳科学发明、创造的专业化、工业化、标准化、信息化等生产实践的基本技能。

3. 职业化教育和培训。目前中国职业化教育和培训采取个人自费、国家和单位资助三者相结合的教育模式。这个阶段的教育，其价值在于为社会工业化、产业化、经济发展提供源源不断的技能型人才保障，促使和帮助受教育人群懂得岗位作业工艺，获得岗位作业基本技能。

三、现阶段中国教育存在的诸多问题及其解决路径

教育作为提高一国劳动者素质和科技水平的一个重要手段，在一国增量价值创造中发挥了重要作用。鉴于教育所创造的价值，更多地体现在一定时期劳动者素质提高和社会科学文化不断发展等方面，从教育所产生的效用外延性分析，其明显带有外溢性较强的发展特征。考虑教育的对象主要是“人”，并且教育时间较长的特点，在市场经济条件下，教育应该作为一个公共产品，由国家来承担。鉴于“人”与“人”之间在智力上存在的差异，且中国人口规模庞大，当前中国发展教育的立足点，不是受教育机会的公平问题，而是通过大力发展教育的方式，为中国经济的发展培育出一大批顶尖的技术人才。为实现这一目的，当前在九年义务教育基础之上，应该将义务教育延长至高中阶段，由国家实行免费教育。同时，对于职业教育采取国家与单位共同负担的原则，也实行免费教育。而对于高等教育，其发展的立足点不是通过自费的方式扩大高校招生规模，而是应该在适度控制高校招生总量的基础上，通过免费的教育方式，提高高等教育的质量，对于公立高校的学生实行精英教育。为了满足居民对于高等教育的需求，可以通过开办私立学校或者公立学校根据考生的分数有选择地实行自费招生的方式，扩大高等教育的受益面。

从目前教育发展的实际情况来看，虽然中国对于小学至初中实行免费教育，但受到教育经费较少以及“一切向钱看”的错误观念影响，中国接受九年义务制教育的学生家长负担仍然很重，其主要表现在以下几个方面：第一，当前中国农村以减轻财政负担为主要目的的教育网点集中式改革，一方面增加了学生家长的伙食费用及交通费用负担；另一方面，也加重了学生的长途奔波负担，在很大程度上违背了教育作为公共产品所体现出的均等化特征。第二，受“一切向钱看”因素影响，虽然在小学至初中阶段，国家实行免费教育，但部分教育机构及个人为了自己的利益，利用居民对于教育的刚性需求，与民办机构相配合，通过开设校外辅导班的方式，赚取了大量的金钱，在加重学生家长资金成本和时间成本的同时，也加重了学生的学习负担。应该说，目前中国某些地区存在的针对九年义务教育的校外培训产业的繁荣发展，并不是教育产业繁荣的标志，而是在很大程度上背离了九年义务制教育的发展初衷。就高中教育而言，受经济条件限制，目前中国一批家庭条件较差的学生在九年义务制教育结束以后，就开始辍学、出门打工挣钱，这些学生中有一大批智力较高、成绩较好的学生，他们的辍学使中国失去了一批宝贵的人才资源，造成了人才的极大浪费。就大

学教育而言，在昂贵的学费面前，虽然有优惠的贷款资助，但是仍然有一大批学业优良、智力超群的学子被拒之门外，在很大程度上导致中国人才资源的又一次浪费。非但如此，虽然高等学校的自费教育在大大减轻了高校的教育费用支出负担，但是受“一切向钱看”错误观点的影响，一些高校教师也无心教学，而是通过走穴等方式，去赚取金钱。还有一些高校为了获取较大收益，也把很大精力放在举办培训班以及在职教育上面。理论上，教育外延的扩张，会在很大程度上提高一国居民的素质。从实践中看，由于中国国情的特殊性，目前接受在职教育的群体，多数为官员和商人，他们接受在职教育的真正目的不在于获取知识，而在于获取文凭，以抬高自己的身价，或者通过培训和在职教育的方式，结交权贵。从资金来源来看，这些人接受培训和在职教育的资金，多数来自公款，其在很大程度上导致目前中国高等教育存在明显的“教育倒三角”现象。

鉴于中国教育发展存在着诸多问题，当前可以通过以下渠道来加以解决，具体言之，主要表现在以下几个方面：

第一，进一步规范收入分配关系，对于从事九年义务制教育、高中教育和大学教育的教育工作者的工资收入，应该作为财政公共支出项目进行列支，在理顺国民收入分配关系的前提下，使教育工作者的收入水平处于全社会中等偏上的位置，以此使教育工作者安心教学，切实提高教育质量。

第二，根据公共服务均等化的要求，当前对于农村中小学教育，应该通过就近、便利、适宜的原则，来合理安排中小学网点布局，改变当前中小学教育存在的大规模集中现象，切实减轻学生家长负担，减轻学生负担。就城区中小学教育资源配置而言，通过教育资源的合理配置，实现教育资源在各区之间的相对均衡，减少那些为了争夺优秀学校而加重学生课外学习负担的现象，使课外培训机构没有生存土壤。

第三，改变目前存在的在职教育费用负担结构，将在职教育费用由公费负担改为私人负担，以此确保在职教育的质量。与此同时，将单位的教育费附加，通过上缴财政的方式，弥补中国公费教育经费的不足。

第四，将九年义务教育延伸至高中阶段，通过对高中阶段实行义务教育的方式，确保那些优秀的人才能够上得起大学。改革开放以前，中国对于高中阶段的教育实行了较低的收费制度。改革开放以后，中国 GDP 规模实现快速扩张，相对于改革开放前而言，中国已经具备对于高中教育实行免费教育的实力。可以预计，随着中国义务教育阶段的相对延长，中国居民的素质必将得到大幅提高，在很大程度上为中国经济发展提供强大的人力资源支持。

第五，对于大学教育可实行精英教育与自费教育相结合的模式，最大限度地发掘中国每一位居民的智力潜力。理论上而言，人与人之间是存在智力差别的，虽然在实践中存在“高分低能”的现象，但是我们并不能由此否定在目前阶段通过考试选拔人才的相对公正和公平性，也不能完全否定高分与高智商之间存在的正相关关系。鉴于中国人口众多的客观事实，为了最大限度地发挥超常智力人群的潜力，对于大学教育宜采取精英教育的方式，确保一大批智力超常的青年能够接受大学教育，以此为中国经济发展提供必要的人才准备。与此同时，在精英教育之外，可以采取由公立学校按考分高低招收自费生以及发展私立高等学校的方式，满足有财力支持的居民对于高等教育的需求。

第六，对于中等职业教育采取国家与单位共担的原则，大力发展中等职业教育，提高中国工人的技术熟练程度。一般而言，在现代工业社会，工人技术熟练程度的高低，直接决定了工业产品的质量。有鉴于此，当前为了切实提高中国工业产品的质量，有必要通过大力发展中等职业教育的方式，提高工人的技术熟练程度。

本章小结

本章在分析教育在增量价值创造中发挥作用的表现形式基础上，论述了中国各阶段教育的价值体现，着重研究了现阶段中国教育存在的诸多问题及其解决路径。

本文认为，就九年义务制教育而言，虽然中国对于小学至初中实行免费教育，但是受教育经费较少以及“一切向钱看”的错误观念的影响，中国接受九年义务制教育的学生家长负担仍然很重。就大学教育而言，在昂贵的学费面前，虽然有优惠的贷款资助，但仍然有一大批学业优良、智力超群的学子被拒之门外，在很大程度上导致中国人才资源的又一次流失和浪费。非但如此，虽然高等学校的自费教育在很大程度上减轻了高校的教育费用支出负担，但是，受“一切向钱看”错误观点的影响，一些高校教师无心教学，而是通过“走穴”等方式，去赚取利润。也有一些高校为了多赚钱，把很大精力放在举办培训班以及在职教育上面。理论上而言，教育外延的扩张，会在很大程度上提高一国居民的素质，但从实践中看，由于中国国情的特殊性，目前接受在职教育的群体，多数为官员和商人，部分人接受在职教育的真正目的不在于获取知识，而在于通过这个渠道，获取文凭，以抬高自己的身价，或者通过培训和在职教育的方式，结交权贵。从资金来源来看，这些人接受培训和在职教育的资金，多数来自公款，在很大程度上导致中国目前高等教育存在明显的“教育倒三角”现象。针对中国当前教育存在的诸多问题，文章提出了以下解决路径：

1. 进一步规范收入分配关系，对于从事九年义务制教育、高中教育和大学教育的教育工作者的工资收入，应该作为财政公共支出项目进行列支，在理顺国民收入分配关系的前提下，使教育工作者的收入水平处于全社会中等偏上的位置，以此使教育工作者安心教学，切实提高教育质量。

2. 根据公共服务均等化的要求，当前对于农村中小学教育，应该通过就近、便利、适宜的原则，来合理安排中小学网点布局，改变当前中小学教育存在的大规模集中现象，切实减轻学生家长负担，减轻学生负担。就城区中小学教育资源配置而言，通过教育资源的合理配置，实现教育资源在各区之间的相对均衡，减少那些为了争夺优秀学校而加重学生课外学习负担的现象，使课外培训机构没有生存土壤。

3. 改变目前存在的在职教育费用负担结构，将在职教育费用由公费负担改为私人负担，以此确保在职教育的质量。与此同时，将单位的教育费附加，通过上缴财政的方式，弥补中国公费教育的不足。

4. 将九年义务教育延伸至高中阶段，通过对高中阶段实行义务教育的方式，确保那些优秀的人才能够上得起大学。

5. 对于大学教育可实行精英教育与自费教育相结合的模式，最大限度地发掘中国每一位居民的智力潜力。

6. 对于中等职业教育采取国家与单位共同负担的原则，大力发展中等职业教育，提高中国工人的技术熟练程度。

第七章
市场“逐利”机制在中国经济发展中的运用研究

一、市场“逐利”机制发挥作用的基本原理及其所需要的假设条件

（一）市场“逐利”机制发挥作用的基本原理

“逐利”是市场经济条件下市场主体从事经济活动的主要目的，亚当·斯密在《国富论》中明确指出，在市场“逐利”机制作用下，市场主体根据各自的社会分工生产、销售产品，一方面可以满足各方面市场主体的生产和消费需求；另一方面也可以推动社会生产力的发展。就此而言，“逐利”机制在市场经济条件下发挥作用主要体现在以下两个方面：

1. 市场经济条件下市场主体必须通过生产满足市场需求产品的方式，来实现由使用价值形态的商品向以信用货币作为表现形式的价值转换，然后，再通过由信用货币作为表现形式的价值向以商品作为表现形式的使用价值转换的方式，使其生产成本得到有效补偿，企业再生产能够得到持续，同时使市场主体自身及其家庭的生活得到切实的保障。理论上而言，市场主体通过社会生产，实现生产成本的有效补偿以及满足自身及其家庭生活需要，是市场经济条件下“逐利”机制发挥作用的前提和基础。如果没有社会再生产的持续进行以及市场主体及其家庭必要的生活保障，市场经济条件下的市场“逐利”行为就成了无源之水和无本之木，不可能得到持续发展。如果市场主体生产的产品不能满足市场需求，那么，其一方面不能通过市场交换的方式，将产品的使用价值转换为价值，导致其生产成本不能得到有效的补偿，市场主体自身及家庭的生活也无法得到有效的保障。在市场经济条件下，没有以市场主体产品生产

和其自身及家庭再生产为依托，“逐利”行为和“逐利”机制就不可能发生。因为，产品生产是“逐利”的主要手段，而满足市场主体自身及其家庭再生产的需求，是“逐利”的主要动力；另一方面，在市场经济条件下，如果市场主体在“逐利”机制作用下，不是通过向市场提供满足市场需求的商品的方式，来实现商品的价值，在既有的社会分工条件下，市场主体就不可能通过由信用货币作为表现形式的价值向以商品作为表现形式的使用价值转换的方式，来使社会再生产和其自身及家庭再生产得到维持，从而使这种“逐利”行为失去任何意义。由此可见，在市场“逐利”机制作用下，市场主体生产的产品必须满足于市场需求，才能使社会再生产及其自身和家庭再生产得到持续。就此而言，现代市场经济条件下市场“逐利”机制作用的发挥，在很大程度上保证了既有社会分工条件下商品生产的质量和数量，在保证商品使用价值效用的前提下，使社会总生产与总消费之间保持相对均衡。

2. 市场经济条件下“逐利”机制作用的发挥，在很大程度上促进了社会生产规模的进一步扩张以及科技发展水平的不断提高，从而推动了社会生产力的不断发展。如前所述，在市场经济条件下，市场主体在既有社会分工下通过向市场提供满足市场需求的有效产品的方式，为“逐利”行为准备基础性条件之后，在“逐利”机制和市场自由竞争机制作用下，市场主体为了获取更多的利润，其必然会通过改进产品生产技术、扩大生产规模以及生产满足市场新兴需求产品的方式，来获取更多的利润。理论上而言，企业对于产品生产技术的改进，在很大程度上促进了生产力的发展，其在增加产品生产者收益的同时，也提高了消费者的消费效用。[①] 在“逐利”机制作用下，产品生产规模的扩大，也在很大程度使社会再生产规模得到不断扩张，从而有效地满足了不断增加的市场需求。此外，在“逐利”机制作用下，市场主体通过新兴产品供给的方式来获取更多利润的同时，也在很大程度上满足了新兴的市场需求，从而使市场可供给的产品品种不断得到丰富和完善，有效地促进了社会总供给与总需求的动态均衡。

（二）市场“逐利”机制发挥作用所需要的假设条件

从“逐利”机制发挥作用的主要机理分析，在市场经济条件下，“逐利”机制发挥作用是需要一定假设条件的，其主要包括以下几个方面内容：

1. 市场监管机制的相对完善，在很大程度上保证了商品的质量。在市场经济条件下，如果没有完善的商品质量监管机制，在“逐利”机制作用下，商品生产者就有可能通过生产假冒伪劣产品，来获取巨额收益，其一方面严重地破坏了市场经济运

① 这种消费效用的提高，主要表现在由于产品生产技术的进步，导致产品生产成本进一步降低，从而使产品销售价格下降等方面。

行秩序，损害了消费者的权益；另一方面，如果所有的商品生产者都通过这种方式来获取巨额收益，最终不但使所有商品生产者不能获取任何收益，而且还会使人类社会再生产以及人类自身生存和发展，不可能继续进行。因此，在市场经济条件下，为了更好地为市场"逐利"机制发挥作用创造良好的外部条件，就必须建立严格的商品质量监管机制，确保商品生产的质量。

2. 通过构建自由竞争的市场运行机制，充分发挥市场"逐利"机制对于生产力发展的推动作用。在市场经济条件下，只有在市场自由竞争机制作用下，市场主体对于利益的追求，才能使其通过改进产品生产技术的方式，来获取更多的利润。如果没有自由竞争机制的作用，市场主体凭借其在产品生产中的垄断地位，也可以获取更多的利润，那么，在一定程度上就使产品生产者丧失了改进产品生产技术的动力，从而不利于通过"逐利"机制的作用，促进企业技术改造，并最终推动生产力的发展。就此而言，在现代市场经济条件下，为了更好地发挥市场"逐利"机制对于生产力发展的推动作用，就必须构建自由竞争的市场运行机制，通过企业之间的自由竞争，推动生产技术进步，并最终促进社会生产力的发展。

3. 通过市场主体的自我约束和激励机制的促进，为市场经济条件下"逐利"机制作用的发挥，创造良好的外部条件。在市场经济条件下，如果没有自我约束和激励机制的作用，市场主体就没有通过生产满足市场需求的商品和改进技术的方式，来保持企业再生产持续进行以及实现利润最大化的动力和压力，由此使市场"逐利"机制不能很好地发挥对于社会生产的积极促进作用。就此而言，要更好地发挥市场经济条件下"逐利"机制对于社会生产的积极作用，就必须培育具有自我约束能力的市场主体，建立相关激励机制，使市场主体在市场经济条件下按照"逐利"的原则进行生产，以此通过生产力的发展，确保社会生产满足居民不断提高的物质和精神生活需求。

二、市场"逐利"机制在中国经济发展中的运用

理论上而言，市场"逐利"机制的作用要达到亚当·斯密所提出的相关状态，就必须正确地明确和规范"逐利"路径。如果在市场经济运行中，单纯地为了"逐利"而不择手段，不但会侵害消费者的利益；也会使市场"逐利"机制难以发挥作用，最终使整个市场主体都受到伤害。

（一）"逐利"机制在中国市场经济运行中的运用误区及其原因

中国市场经济起源于20世纪90年代初，虽然在市场机制作用下，中国生产力发展水平得到了很大提高，但是受监管机制不健全以及部分市场主体"一切向钱看"

和“盲目逐利”思想影响，中国市场经济运行中仍存在着诸多问题，一些市场主体通过销售假冒伪劣产品的方式获取暴利，还有一些市场主体根据市场经济条件下所谓自由定价规则，热衷于通过“高卖低买”的方式，获取超额利润。从价值创造这个角度考虑，虽然部分市场主体通过上述活动，在短期内获取了超额利润，但是这种超额利润的获得并不能视为真正地创造了增量价值。一方面，假冒伪劣产品并不具有使用价值，其自身并没有什么价值可言，假冒伪劣产品的生产者和销售者所获取的超额利润只是对于消费者财富的一种再分配。就其使用价值而言，消费者在消费这些产品的过程中，不但得不到相应的消费效用，而且还会使消费者自身受到伤害，其实质上是一种负面的使用价值。就此而言，假冒伪劣产品的生产和销售，不但没有创造一分钱价值，反而会造成严重的资源浪费，使消费者权益受到极大的伤害。另一方面，市场经济条件下“高卖低买”的市场活动，本身也没有创造任何价值，至少在数量规模上没有创造任何的社会价值。理论上而言，从事“高卖低买”的市场主体所获取的巨额利润也只是社会财富的一种再分配，其主要来自低价卖出者和高价买入者所付出的相应财富。虽然在市场经济活动中，通过“高卖低买”的活动可以有效地促进流通市场的发展，进而加快商品的周转速度，其在某种程度上是有利于社会生产和消费的，从这个角度来说，适度高卖低买的行为也间接创造了部分社会价值。但如果“高卖低买”所获取的超额利润超过了一定限度，不但会造成市场价格的扭曲，使市场价格机制无法发挥作用，而且还会助长市场的投机氛围，使市场主体热衷于通过“高卖低买”的方式，获取巨额投机收益。长期来看，如果全社会都从事“高卖低买”活动，其本身就是一种零和游戏，最终不会使市场主体增加一个价值原子。当前在“逐利”机制作用下，中国市场经济活动中存在大量依靠假冒伪劣产品的生产和销售以及资产“高卖低买”方式获取超额利润的不正常现象，这种现象的存在，一方面助长了市场主体一夜暴富的不正常心态；另一方面也极大地扰乱了市场经济的运行秩序，危害了消费者利益。鉴于这种“高卖低买”的行为自身没有创造一分钱社会财富，如果整个社会都热衷于通过“高卖低买”的方式进行价格投机，社会物质生产就不可能得到持续发展，人类精神文明必将步入严重的倒退。

就产生上述现象的原因而言，其一方面与中国市场经济发展初期市场主体经济活动缺乏必要的道德和法律约束有关；另一方面也与中国现行的政绩考核体系不合理有关。目前，上述两种获取暴利的方式对中国经济运行的负面影响，已十分明显，不仅使消费者对于商品的质量产生怀疑，进而加剧了市场诚信的缺失；假冒伪劣产品的生产也严重地危害了社会生产和人民健康，而热衷于“高卖低买”的投机行为使大量社会资源进入投机领域，其在使实体经济发展得不到有效资金支持的同时，也使经济发展面临“空心化”的危险，也会导致分配秩序的混乱，最终使实体经济难以得到持续发展。

（二）充分发挥市场“逐利”机制的作用必需采取的相关措施

由于前期市场主体在“逐利”机制的认识上存在着较大的偏差，由此导致“逐利”机制在中国经济运行中被大量的滥用，在很大程度上对于中国经济运行产生了较大负面影响。当前在中国市场经济运行过程中，厘清市场经济条件下“逐利”的正常获取路径，是维护市场经济运行秩序，确保中国经济持续、健康运行的必然选择，也是中国利用后发优势，通过生产力发展，实现经济跨越式发展和赶超的必然选择。为了实现这一目的，当前可以采取以下措施：

1. 在思想观念上进行正本清源，坚决抛弃市场经济等同于“一切向钱看”的错误观点。理论上而言，在市场经济条件下，真正的价值来自生产领域的价值创造，只有通过劳动与非劳动要素的有机结合，才能创造真正意义上的价值。当然，这种价值背后的支撑点是具有一定消费效用的商品，而不是这种价值本身。通过在思想观念上的正本清源，最终使每个市场主体恪守现代社会应有的道德规范和职业操守，进而使市场经济在“我为人人，人人为我”的氛围中得到健康、持续发展。

2. 在切实转变政府职能的条件下，加强商品质量监管，保证消费者的合法权益。理论上而言，在市场经济条件下，政府的一个重要职能就是维持市场经济运行秩序，当前中国经济运行中存在的诸多假冒伪劣产品现象，在很大程度上与政府质量监管部门监管力度不够有关。为了加大对于假冒伪劣产品的打击力度，使市场主体的经济活动面临严厉的法律约束，当前在转变政府职能过程中，要加大质量监管队伍建设，最终通过严格的法律约束，使市场主体的经济活动回归文明社会所应有的道德约束范围。

3. 转变经济发展方式，建立绿色 GDP 考核体系。毫无疑问，当前中国社会中存在的假冒伪劣产品以及投机盛行的现象，与现行的绩效考核机制密切相关。在现行 GDP 考核机制下，一些地方政府基于对 GDP 以及当地税收的不懈追求，对假冒伪劣产品的生产在某种程度上采取纵容态度；一些地方政府为了做大 GDP 总量，也以纵容的方式，允许投机资金炒作当地资产，以此抬高以土地、房产为表现形式的资产价格。为了有效地克服一些地方政府在虚拟价值创造中的不作为行为，就必须转变经济发展方式，建立绿色 GDP 考核体系，使经济发展真正地走向人才、科教兴国的轨道上来。

4. 鼓励市场主体进行真正意义上的价值创造，实现经济的可持续发展。理论上而言，在现代市场经济条件下，市场主体要获取超额利润，应通过以下路径：（1）从事同质商品生产和流通的企业，要实现超额利润，其正确的途径应该是采用更为先进的生产设备、工艺，以及提高劳动力素质和技能，来创造更多价值，而不是通过提高劳动者劳动强度、实行廉价工资或者通过操纵商品价格的方式，来实现更多的超额利润。(2) 就不同行业的生产企业而言，获得超额利润的可选择途径，主要在于通过生产以高科技产品为代表的体现更多复杂劳动含量的产品。换而言之，高科技含量的产品创新是推动企业获取超额利润的必由之路。(3) 从整个国家来看，要创造更多的价值以及在对外贸易中实现更多的超额利润，关键在于以下几点：一是实现本国生产设备、工艺的自主研发和创新，使本国生产设备和工艺达到世界先进水平；二是要通过加大教育投入力度的方式提高劳动者素质和技能，使劳动者在单位时间内能够创造更多的价值；三是通过增加高科技投入和鼓励高科技创新的方式，调整和改善国民经济产业结构，推动体现复杂劳动的高科技产品生产，以此创造更多的价值，在国际贸易中获取更多的超额利润。

本章小结

本章首先研究了市场经济条件下“逐利”机制发挥作用的基本原理及其所需要的假设条件，认为“逐利”机制在市场经济条件下发挥作用主要体现在以下两个方面：(1) 市场经济条件下市场主体必须通过生产满足市场需求产品的方式，来实现由使用价值形态的商品向以信用货币作为表现形式的价值转换，然后，再通过由信用货币作为表现形式的价值向以商品作为表现形式的使用价值转换的方式，使其生产成本得到有效补偿，企业再生产能够得到持续，同时使市场主体自身及其家庭的生活得到切实的保障；(2) 市场经济条件下“逐利”机制作用的发挥，在很大程度上促进了社会生产规模的进一步扩张以及科技发展水平的不断提高，从而推动了社会生产力的不断发展。文章根据市场经济条件下“逐利”机制发挥作用的主要机理分析，认为在市场经济条件下，“逐利”机制发挥作用是需要一定假设条件的，其主要包括以下几个方面内容：(1) 市场对于商品质量监管机制的完善，在很大程度上保证了商品的质量；(2) 通过构建自由竞争的市场运行机制，充分发挥市场“逐利”机制对于生产力发展的推动作用；(3) 通过市场主体的自我约束和激励机制的促进，为市场经济条件下“逐利”机制作用的发挥，创造良好的外部条件。

随后文章重点研究了市场“逐利”机制在中国经济运行中的运用问题，认为市场“逐利”机制的作用要达到亚当·斯密在《国富论》中所描述的相关状态，必须正确地明确和规范“逐利”路径。如果在市场经济运行中，单纯地为了“逐利”而不择手段，不但会侵害消费者的利益；也会使市场“逐利”机制难以发挥作用，最终使整个市场主体都受到伤害。从经济实践来看，由于前期市场主体在“逐利”机制的认识上存在着较大的偏差，由此导致“逐利”机制在中国经济运行中被大量滥用，在很大程度上对于中国经济运行产生了较大负面影响。当前在中国市场经济运行过程中，厘清市场经济条件下“逐利”的正常获取路径，是维护市场经济运行秩序，确保中国经济持续、健康运行的必然选择，也是中国利用后发优势，通过生产力发展，实现经济跨越式发展和赶超的必然选择。为了实现这一目标，当前可以采取以下措施：(1) 在思想观念上进行正本清源，坚决抛弃市场经济等同于“一切向钱看”的错误观点；(2) 在切实转变政府职能的条件下，加强商品质量监管，保证消费者的合法权益；(3) 转变经济发展方式，建立绿色GDP考核体系；(4) 鼓励市场主体进行真正意义上的价值创造，实现经济的可持续发展。

第八章
效率的真正内涵及其对于中国经济发展的借鉴

一、对于效率的一般理解

广义上而言，所谓效率系指所得与付出之间的比例。在日常生活中，效率的基本内涵一般体现在以下几个方面：

一是指单位工作效率。单位工作效率是指市场主体在单位时间里实际完成工作量的大小。当市场主体在单位时间里实际完成的工作量较多时，一般认为，工作效率较高；反之，则被认为工作效率较低。

二是从管理学角度来讲，效率是指在特定时间内，组织的各种投入与产出之间的比率关系。一般而言，效率与投入成反比，与产出成正比。就公共部门的效率而言，其主要包括两个方面内容：（1）生产效率，指生产或者提供服务的平均成本；（2）配置效率，是指组织所提供的产品或服务是否能够满足利害关系人的不同偏好。

三是从资源配置层面理解效率，所谓效率，系指最有效地使用社会资源以满足人类愿望和需要的可能程度。

四是从分配层面理解，效率系指一定时期社会可分配资源在不同市场主体之间进行分配所能达到分配效用的状态。帕累托就分配层面的效率问题，提出了“帕累托最优效率”这个概念。帕累托最优效率是指资源分配的一种理想状态，即假定固有的一群人和可分配的资源，从一种分配状态到另一种状态的变化中，在没有使任何人境况变坏的前提下，也不可能再使某些人的处境变好。换而言之，就是不可能在改善某些人境况的条件下，而不使任何其他人受损。

五是关于经济运行效率。萨缪尔森在《经济学》中曾将经济运行处于最佳效率状态描述为："当经济在不减少一种物品的生产的情况下，就不能增加另一种物品的生产时，它的运行便是有效率的。有效率的经济位于其生产可能性边缘之上。"①

二、现代市场经济条件下效率的真正内涵

如前所述，效率作为一个广义的概念，其包含的内容十分复杂，既有工作层面的效率，也有管理层面的效率，还有资源配置层面的效率以及经济运行效率。综括上述五个方面的效率内容，效率实质上就是衡量一定时间市场主体所得收益与所付成本之间的关系。根据效率所蕴含的这一本质特征，一般而言，在日常生活中人们总是追求较高的效率，换而言之，似乎效率越高，越是相关工作达到较高成效的标志。从实际情况来看，虽然效率高代表了较好的工作成效，但是效率并不能成为衡量工作成效的唯一标准，在日常生活中，并不是效率越高就越好。就此而言，当我们对上述五个方面的效率进行评判时，并不是越高越好，在考虑上述五个方面较高效率的同时，还需要综合考虑其他因素，才能对上述五个方面的工作效果状况，进行合理评判。总体来看，在日常生活中运用"效率"工具衡量工作成效时，既要突破传统效率理论的诸多误区；又要对效率的内涵进行准确地把握。

（一）传统效率理论存在的诸多误区

总体来看，传统效率理论主要存在以下误区：

1. 为追求单位产出效率，而采取减员增效的措施。在日常生活中，出于对单位产出效率的片面理解，认为单位产出效率就是在职员工在既有条件下单位时间内所实现的产出最大化。为了实现这一目的，一些单位不顾"人"的劳动工作强度极限以及社会工人数量较多的客观事实，在企业管理中，通过实行"下岗分流"的措施，裁减一部分员工，或通过增加员工工作强度的方式，来实现提高企业单位产出效率的目的。就其实施效果而言，虽然通过"下岗分流"的举措，在员工总数减少的条件下，单位劳动力的产出水平确实得到了很大提高，从而使企业单位产出效率也得到了提高。但是从企业总体效率来看，在员工"下岗分流"以后，企业产品总的产量没有得到提高，其在一定程度上预示，企业单位效率的提高，并不能起到提高企业总产出量的效果，由此可见，效率更多的是用来表述单位工作效果的相对水平，其并不能作为单位工作总体数量高低的衡量工具；大量员工被分流以后，其自身的社会保障需求也会加大财政的支出压力。如果社会保障制度不健全，这些下岗员工在面临较大生

① 萨缪尔森：《经济学》第12版，中国发展出版社1992年版，第45页。

存压力的条件下，会影响整个社会的稳定。实际上，就下岗员工所获取的社会保障收入来源而言，由于这些社会保障收入本身属于再分配范畴，这部分社会保障收入仍然来自在岗员工创造的增量价值。如果下岗员工没有社会保障收入而面临生存危机，那么为了追求单位产出效率而导致下岗职工面临生存危机的行为，显然是与人类社会生产的最终目的不一致的。

与此同时，减员后的在岗职工为了在单位时间内完成以前的工作总量，就必须提高劳动强度。如果在岗职工之前劳动强度不高，“下岗分流”后在岗员工劳动强度的提高，就是一个由相对较低的劳动强度向较高劳动强度恢复的过程。在社会经济活动中，员工在由相对较低的劳动强度向较高劳动强度转化的过程，主要表现为休闲时间的逐渐缩小过程，从社会生产的最终目的来看，其与现代社会生产发展的最终目的又是相违背的。因为，在现代生产力发展水平下，人们从事生产的最终目的在于获取物质和精神上的双重满足。就此而言，在前期劳动强度较小的工作中，虽然员工的工作效率较低，但是其获得的是一种休闲（又可称之为较低劳动强度）的精神满足。由此可见，即使通过在岗员工由较低劳动强度向较高劳动强度转变的方式，来提高企业的单位产出效率，也是以牺牲在岗员工以“休闲”为代表的精神满足作为代价的。如果在企业实施“下岗分流”前在岗员工的劳动就处于较高劳动强度状态，那么在企业实施“下岗分流”以后，在岗职工为了提高单位产出效率而进一步增加劳动强度。短期来看，这种劳动强度的增加，不会对员工构成伤害，但从企业员工整个工作生命周期来看，在岗职工劳动强度的提高，实际上是以缩短在岗职工工作生命周期为代价的。

假设在现代生产条件下，每个人在正常劳动强度下都存在既定的工作生命周期，而超过正常劳动强度的劳动量，必将在很大程度上缩短个人的工作生命周期。一般而言，劳动强度超过正常劳动强度越大，个人工作生命周期就缩短得越快。如果企业生产的产品在时间上与职工的工作生命周期相对一致，那么通过提高职工劳动强度的方式虽然可以提高产出效率，以弥补部分职工“下岗分流”所带来劳动力的短缺，但是从个人工作生命周期来看，劳动强度的提高，将使在岗职工工作生命周期在时间点上不能满足企业生产对于劳动力的需求，从而使企业产品生产周期也出现相应的缩短。

从外部劳动力替代情况来看，在岗职工由于超强度劳动而使其工作生命周期缩短的条件下，外部劳动力替代主要包括两个方面内容：一是前期被分流的劳动力替代；二是下一代劳动力替代。从实践中来看，这两个方面的劳动力替代都是很难进行的。就前期被分流的劳动力替代而言，由于劳动力自身也存在机能损耗周期，因此分流劳动力的生理周期属性，使他们不可能实现对于超强度工作的在岗劳动力的延期工作替代；就下一代劳动力替代而言，由于劳动力的代际替换存在一定的时间周期，这种周期是与劳动力正常工作强度下所确定的工作生命周期相对一致的。因此，当劳动力由于超过正常劳动强度而出现工作生命周期缩短的情况下，下一代劳动力很难实现对于他们的正常替代。更有甚者，如果由于计划生育政策作用而使下一代人口数量减少，或者下岗职工在生育上采取相应的抑制行为，下一代劳动力对于上一代劳动力的正常替代，都将面临较大的困难。有鉴于此，在现代市场经济条件下，企业单位产出效率的提高，一方面要综合考虑员工的物质与精神消费满足程度，正确地核定员工的劳动强度。理论上而言，随着生产力发展水平的不断提高，员工以"休闲"为代表的精神满足程度会得到进一步的提高。只有在提高企业单位产出效率时，综合考虑在岗员工物质和精神消费的满足程度，才能使企业单位效率的提高与实现社会主义生产的最终目的保持一致，满足居民不断提高的物质和精神生活需要。另一方面，企业提高单位产出效率，还要考虑时间上的可持续性以及为此而付出的外部成本。理论上而言，最优单位产出效率的提高，应是外部成本最小、可持续的单位产出效率的提高。

2. 为追求最大化的效率，而不惜破坏资源环境以及突破伦理道德的约束。当前一些人认为，在市场经济条件下，效率就是生命，时间就是金钱，为了达到提高效率的目的，而不惜破坏资源环境，甚至突破道德伦理的约束。在中国经济前期发展过程中，部分企业单位为了提高效率，对一些自然资源环境进行了严重的污染和破坏，其主要表现在以下几个方面：一是为了提高地区经济运行效率，而不顾自然环境的约束，通过乱砍滥伐的方式，导致水土的巨量流失；二是为了提高经济运行效率，一些污染较重的企业建立在江河干流附近，在没有严格的环境保护措施下，企业的发展严重地污染了自然资源环境；三是在中国经济前期发展中，为了取得更高的效率，而不择手段地提高劳动强度，一些国有企业对年龄较大职工实行强制的"下岗分流"，这些都在很大程度上违背了人类基本的道德伦理。在当前理论界，一些人片面地将效率视为追求最大化的单位产能规模，而没有很好地接受资源环境以及伦理道德的约束，受此影响，在中国市场经济前期发展过程中，出现了一大批为了追求效率而破坏环境和历史古迹的行为；出现了为追求效率，而推行较高劳动强度和实行强制下岗分流措施的行为，这些行为虽然在短期内取得了较高效率，但是就长期而言，一个缺乏资源环境支撑和道德伦理约束支撑的国家，是很难继续取得更高效率的。

3. 在资源配置效率上，将最优的资源配置效率片面地理解为通过资源配置，来实现经济效益的最大化。虽然在市场经济条件下，市场在资源配置中发挥了基础性作用，但是从资源配置效果的衡量标准来看，一些人片面地将市场资源配置效率的最大化，等同于经济效益的最大化。受此影响，在日常经济活动中，将生产要素都配置到经济效益较高的项目上去。理论上而言，经济效益较高的项目，代表了未来产业的发展方向，是具有较大市场需求潜力的产业，但在市场经济运行过程中，受市场经济运行盲目性、滞后性等因素影响，在"逐利"机制作用下，一些资源虽然通过市场配置的方式能够带来较大的经济效益，但其并没有体现较高的效率，这主要表现在以下几个方面：

（1）就教育产业而言，教育产业效率的最大化，在于以较小的成本在传播社会伦理道德的基础上，培养更多的能够适用于未来社会经济发展需要的优秀人才，但在教育产业化思想指导下，以追求效益为切入点的教育发展模式，在很大程度上影响了教育的效率：

第一，对于基础教育而言，鉴于学生对较好教育资源的刚性需求，一些以创收为目的的课外辅导班应运而生，这些课外辅导班产业的发展，虽然能够取得较好的经济效益，但其负面影响也是巨大的。具体言之，其主要表现在以下几个方面：一是课外辅导产业的发展，加重了学生的学习负担，影响了学生的学习效率。就基础教育而言，课堂教育足以满足学生的学习需求，如果学生在学习之余，再进行课外学习，则是一种重复的学习活动，不但会加重学生的学习负担，使学生产生厌学情绪，也不利于学生的身心发育，从而在很大程度上影响学生未来的学习效率。二是就学生家长而言，课外辅导收费加重了学生家长的经济负担。就课外辅导产业收费而言，其实质上是一种国民收入的再分配，课外辅导产业本身没有创造一个增量价值的原子。家长在休息日接送孩子的过程中，也浪费了大量的精力，在某种程度上会影响学生家长在工作日的工作效率，进而对社会经济效益也会产生不利影响。三是就部分基础教育工作者而言，如果课外辅导产业的“逐利”行为渗透到从事基础教育的校园，一些与课外辅导产业相配合的基础教育工作者，为了获取较多的收入，就会通过降低课堂教育工作效率的方式，来促使学生进行课外学习，由此使基础教育的工作效率受到很大影响。因此，就基础教育课外辅导的产业化发展情况来看，其本身没有通过自身服务的方式，使学生增长了在基础教育之外的科技、生活等技能，反而在一定程度上降低了基础教育的效率。从基础教育课外辅导产业对于学生教育的最终影响结果来看，虽然一些学生通过课外学习，在升学过程中取得了较好的成绩，但是这种依靠提高学习强度方式所取得的成绩，并不利于学生今后的发展。此外，在课外辅导产业的影响下，部分课堂教育的放松，使一些天分很高但家庭经济基础相对薄弱的学生，不能通过交费的方式进行课外辅导，对他们的升学也造成了较大的负面影响。就此而言，课外辅导产业的发展取得了一些经济效益，但就效率而言，其不但没有提高，反而还降低了基础教育的教学效率。就此而言，效率在某种程度上不等于效益。

第二，就高等教育而言，近年来一些高等学校将办学效率片面地理解为招生规模的不断扩张、学校教育硬件环境的不断改善以及学校经济收入不断增长等方面。实际上，高等教育效率提高的主要标志在于，通过教育培养在社会科学发展中能够引领社会道德以及人类精神文化发展的高端人才，培养在自然科学方面能够以创新的方式进行重大科学技术发明和科学理论突破的优秀人才，为此高层次的大学教育在更多层面体现出精英教育的发展特征。只有通过必要的高等教育，培育出更多的分布于社会科学和自然科学的精英，才能真正地体现高等教育的效率。从实践中来看，一些高等教育机构的扩招行为，并不能保证高等教育的质量。特别是高等学校的收费行为，使一些经济贫困的优秀学子不能受到很好的教育，而一些背负较大经济负担的学子（其主要表现为贷款助学的这一部分学生）也不能安心学习，在很大程度上都影响了高等教育的效率。在以追求经济效益为主要目的的高等教育模式下，一些高校教师并不能真正地做到全心全意地教学，而是通过举办培训班、在外走穴的方式，获取更多的经济利益，这些都不利于提高高等教育的效率。就此而言，高等教育通过扩大招生规模以及举办培训班的方式来提高经济效益，在很大程度上影响了高等学校的办学效率。

（2）就医院而言，医院的运行效率应该表现为以更小的成本、更短的时间，使病人身体恢复健康，而从实践中来看，受追求经济效益影响，一些医院在对病人的医治上却采取了截然相反的做法，他们通过乱开高药价和延长病人治病时间的方式，获取了较高的效益。与此同时，一些药物的大量重复使用以及一些毛利率较高的医药产品的生产，在很大程度上带动了医药产业的发展，从而使整个社会实现更多的经济效益。从这种经济效益提高的实际效果分析，虽然药物的大量使用提高了经济效益，但是如果药物的使用不能达到以最低的成本、最短的时间治愈病人的目的，那么药物生产所产生的超过正常医疗标准的经济效益就是无效的，使一部分医疗产业的收入表现出一种国民收入再分配的发展特征，还严重地浪费了社会资源。就此而言，虽然医药行业通过增加病人医疗成本和延长病人医疗时间的方式，获取了较好的经济效益，却在很大程度上降低了医疗效率。

4. 在分配效率上，片面地迷信帕累托最优分配效率理论。从分配效率来看，根据帕累托最优分配理论，其认为最有效的分配效率，就是在使一部分人变好的条件下，不能使另一部分人变得更坏。根据帕累托的最优分配理论，在国民收入分配中，根据生产要素的供求关系，使以资金为代表的生产要素在国民收入分配中处于主导地位，造成国民收入分配中出现了严重的贫富两极分化现象。贫富两极分化的产生，在很大程度给经济运行造成了诸多不利影响。实际上，在信用货币经济条件下，如果不能实现真正意义上的生产要素如资源、技术和管理等要素的高效结合，并不能产生较高的经济效率。

在经济实践中，实现上述生产要素相结合的方式是多种多样的，其既有直接融资方式，又有间接融资方式。在国民收入分配中，如果仅仅依据现有的生产要素组合方式，在信用货币经济时代，必然是处于社会价值形式的资金，在国民收入分配中处于主导地位。因为，一切生产要素只有依靠资金，才能进行组合，从而进入生产过程。理论上而言，资金本身并不直接参与生产过程，而只是作为组合生产要素的一个必要条件。在间接融资模式下，资金凭借其在生产要素组合中的不可或缺地位，决定了其在国民收入分配中处于主导地位，这对于增量价值真正创造者而言，明显是不公平的。这种分配方式，表面上看虽然遵循了市场经济条件下生产要素的自由配置原则，在某种程度上似乎也符合帕累托最优化分配效率理论，但从实际效果来看，由于资金本身并没有直接参与生产过程，这种看似按照市场法则所进行的最优分配方式，其实并不利于生产效率的提高。

具体言之，其主要表现在以下几个方面：一是通过资金方式实现劳动、技术、资源及管理等生产要素的有机结合，本身需要一个时间过程，这种时滞效应延缓了劳动、技术、资源及管理等生产要素的结合时间。从时间角度考虑，其浪费了上述生产要素进行有效结合从事生产的时间，在很大程度上降低了生产效率。二是在资金供给渠道仍不规范的背景下，资金与其他生产要素的组合，并不能完全按照“择优配置”的原则进行配置。理论上而言，“逐利”是市场经济条件下发挥市场在资源配置中基础性作用的最主要推动力，但“逐利”机制作用的发挥是需要诸多前提条件的，如果在市场经济条件下，资金是受管制的，其一方面导致资金不能根据市场的“逐利”原则，通过自由流动的方式，实现资源的优化配置；另一方面，进一步增加了市场资金的稀缺性。在信用货币经济条件下，这种资金的稀缺性，使一些与中央银行关系密切的部门，在资金获取上拥有较大的优势。这些部门的市场化经营程度普遍不高，使资金很难根据市场投资项目的高低进行优化配置，由此使一些投资回报率较高的项目很难得到增量资金的支持，不利于符合未来产业发展方向的一些产业的发展；另一方面，因资金不能自由流动所导致的资金供给的稀缺性，使资金在生产要素配置中起了主导作用，从而在一定程度上使资金在社会产品分配中处于主导地位。在信用货币经济条件下，资金只是商品价值的货币表现形式，并不能直接参与社会生产，因此，资金由于其稀缺性而导致的在国民收入分配中所处的主导地位，是一种非常不合理的现象，会导致国民收入分配差距的进一步扩大；也在很大程度上影响了真正参与生产过程的各生产要素的生产积极性，从而对于社会生产产生了诸多不利影响。就此而言，如果在市场经济条件下，对于由于人为因素而导致的稀缺性生产要素，如果根据帕累托最优分配原则进行分配，显然是有失公正的。三是根据帕累托最优原则进行国民收入分配，就一定时期而言，由于人力等生产要素的供给过剩，导致其在国民收入分配中处于被动地位，一些劳动者的工资甚至难以维持自身的生存。这种对劳动力根据其供求状况而实行的较低工资分配原则，虽然符合帕累托的最优分配原则，但是其明显地不符合人类社会生产的最终目的，即满足居民不断提高的物质和文化生活需要。从长期来看，劳动者自身再生产如果不能得到持续发展，其最终会对整个社会再生产产生不利影响。如果社会再生产不能持续进行，那么那些根据稀缺性原则在国民收入分配中居于主导地位的生产要素如资金等，最终也不可能获得持续的收入来源。

5. 就一些社会产品生产而言，根据萨缪尔森描述的经济运行最佳效率原则，当一定的社会资源在不同领域之间进行优化配置时，如果仅以经济效益或产出最大化的标准来实现效率的最大化，在很大程度上会导致国民经济产业结构的扭曲，一方面使维持居民正常生存所必需的产业如农业等由于经济效率较低，而得不到很好的发展，最终令国民生存面临危机；另一方面，在资源配置上向经济效益较好的项目偏移，在国民收入分配相对不公的条件下，会使社会资源仅满足少数人的需要，甚至满足外国人的需要，从而使社会生产很难达到预期的生产目的。理论上而言，在市场经济条件下，所谓资源的稀缺性，不仅体现为资源在实现更多经济效益上所呈现出的稀缺性，而且表现在资源能够满足人类基本生存以及与改善人类物质和精神生活需要密切相关的产业的发展方面所体现出的稀缺性。就此而言，市场对于稀缺性资源的配置，应优先满足上述两个方面的需要，而不能根据所谓的效益优先原则，将效益等同于效率，将资源优先配置到经济效益较好而与本国居民生活、生产无关的项目上去。就此而言，萨缪尔森关于效率的论述与当前经济发展实际情况并不符合。因为其所说的效率理论，不能很好地解决当前经济发展过程中存在的物质财富满足与精神财富满足之间的矛盾，经济增长率与不可再生资源消耗率、环境污染率之间的矛盾等问题。笔者认为，现代经济发展条件下的效率不应该单指产出的最大化效率，而是指经济在最大限度地减少不可再生资源消耗以及环境污染的前提下，能够最大限度地满足人类物质和精神需要所处的运行状态。要达到这种状态，显然单纯地依靠市场竞争是无法实现的，而必须由政府通过制定科学合理的产业政策以及其他宏观调控政策才能实现。

（二）现代市场经济条件下效率的真正内涵

根据前面关于效率认识上存在诸多误区的分析，笔者认为，在现代市场经济条件下，追求效率不单纯地是为了以最小的付出获取最大的产出。理论上而言，追求最大化的效率，一方面要考虑取得最大化效率所付出的成本；另一方面，也要考虑最大化效率下的产出水平是否可以持续，是否符合经济社会的发展方向。总体来看，要准确理解现代市场经济条件下效率的基本内涵，就必须把握以下几个关键点：

1. 最大化的效率并不代表金钱的最大化。在现代市场经济条件下，虽然“逐利”是各市场主体进行经济活动的主要推动力，但是在信用货币化条件下，追求效率的最大化，并不代表实现金钱的最大化。其主要原因表现在以下几个方面：

一是在信用货币经济条件下，代表金钱的信用货币，必须取得“物”的支撑，才能最终实现其使用价值。这种使用价值既包括以生产要素为表现形式的生产资料，也包括以满足居民生活需要为目的的消费资料。在信用货币经济条件下，决定以金钱作为表现形式的信用货币购买力大小的关键因素，在于国民经济产出水平的高低。

二是在信用货币经济条件下，由于以信用货币作为表现形态的价值与以商品（含用于交换的服务）作为表现形态的商品使用价值之间出现了有效分离，如果追求效率主要表现为追求以金钱为表现形式的经济效益，那么社会对于效率的追求就会由于以金钱作为表现形式的价值总量在居民之间分布不均，而导致一定时期社会价值与使用价值在结构上出现不匹配，最终使一部分以金钱为表现形态的价值缺少使用价值做支撑。在经济实践中，其一方面表现为货币化形态的存款规模不断上升；另一方面，又表现为社会产品出现较大程度过剩。这些都在一定程度上表明，如果将效率的提高等同于效益的提高，社会产出效率的持续提高是很难做到的。

三是在现代市场经济条件下，并不是所有的产出都可以通过以金钱作为表现形态的效益来进行衡量的。如果将一切提高效率的方式都以金钱作为表现形态的效益来衡量，或者通过金钱刺激的方式，提高一切社会活动的产出效率，最终并不能实现真正提高效率的目的，反而受“一切向钱看”观点的影响，不利于提高整个社会的运行效率。实际上，在市场经济条件下，一些不能用经济效益来衡量的社会产品，其效率的提高是不能以金钱为表现形态的产品来表示的。在市场经济条件下，公共产品的提供如医疗、教育、养老以及基础设施、基础性科学研究、国防、行政管理性事务等，其效率的提高是不能通过效益来衡量的，如果将这些部门的产出效率通过效益来衡量，在刚性需求以及权力垄断的影响下，这些部门会取得较之于市场经济条件下其他市场主体更大的经济效益，但其最终会破坏市场经济秩序，并使整个社会面临较大的经济损失，随着时间推移，这些公共产品提供部门所取得的所谓“经济效益”也难以持续。

2. 效率的提高并不是单纯地表现为取得单位产出的最大化，而是体现为取得代表最前沿产业的产出最大化，其主要表现在以下几个方面：

一是效率的最大化并不是表现为传统和落后产业的效率最大化。根据西方经济学的相对贸易优势理论，许多发展中国家通过大力发展体现自身优势的产业，来提高自身经济发展的效率。其实，这种理论自身存在诸多误区，因为它是建立在既有全球分工的基础之上的，从全球产业分工来看，发达国家产业无疑处于全球产业链布局的上游，其主要表现为先进产业和朝阳产业；发展中国家产业无疑处于全球产业链布局的下游，其主要表现为传统产业和落后产业。根据这一贸易理论，发展中国家通过利用自身优势发展的产业都是落后产业，其创造的大部分利润都被发达国家所摄取，因此，发展中国家根据相对优势贸易理论，着力提高传统和落后产业效率的做法，并不能提高整个国民经济的产出效率，只会导致经济发展永远相对落后，无法实现经济发展的跨越式赶超。

二是效率的取得不能离开道德、伦理的约束。在现代市场经济条件下，企业对于效率的追求必须受到道德伦理的约束，而不能通过增加劳动强度的方式提高效率。在经济实践中，如果不顾道德伦理的约束而采取提高劳动强度的方式去提高产出效率，最终必然会影响劳动力的可持续再生产和劳动力素质的提高，从而对社会再生产形成不利影响。从社会发展的最终趋势来看，在人类基本生存得到满足之后，人类的消费应该包括两个方面内容——物质消费和精神消费。那些在物质领域依靠破坏道德和伦理约束，通过提高劳动强度等方式取得的较高效率，其实质上是精神付出增加所导致的精神消费的减少。就此而言，这种牺牲精神消费所取得的物质满足，其最终并没有实现效率的最大化。

三是真正意义上的效率提高应该体现在代表最前沿产业的产品生产效率提高方面。如前所述，在现代市场经济条件下，并不是所有行业提高效率都是有利于社会再生产的，只有在那些符合生产力发展方向、代表最前沿技术的产业提高效率，才能最大化地满足市场需求，从而推动社会生产的不断发展。从当前生产发展的实际情况来看，只有在信息、新能源、医药、环保、新材料、新农业以及文化等行业提高效率，才能达到最大限度地使人类获取更多的物质和精神的满足，从而起到推动社会生产力不断发展的目的。

3. 寻求提高效率的合理路径。理论上而言，在现代市场经济条件下，只有在准确理解效率的真正内涵之后，才能找到提高效率的正确路径。根据前面关于市场经济条件下效率真正内涵的相关论述，笔者认为，当前提高效率的主要路径在于以下几个方面：一是通过科学技术的发展，最大限度地减少产品生产的原材料损耗，以此提高产品的产出效率；二是通过科学技术的发展，为满足人类不断需要的物质和精神产品的生产，提供技术支持；三是通过科学技术的发展，使人类生产工具得到不断改进，以此提高社会产出效率；四是通过科学技术的发展，使人类劳动对象得到不断拓宽，以此提高社会产出效率；五是通过发展教育的方式，提高劳动者素质，使劳动者在单位时间内能够生产更多的产品，提高产出效率。与此同时，通过劳动者素质的提高，为实现满足人类更高需求领域的产品生产的最大化，提供必要的劳动力支持。

三、效率的真正内涵对于中国经济发展的借鉴

（一）对于效率的片面理解所产生的诸多弊端

在改革开放初期，曾有人提出“时间就是金钱，效率就是生命”的观点，受此影响，在社会经济前期发展中，我们片面地将效率等同于金钱，而一些所谓提高效率的措施，对于社会经济发展形成了较大的负面影响，其主要表现在以下几个方面：一是通过实行“下岗分流”的措施，减少在职职工，提高国有企业工作效率。从其实施结果来看，一些改革后的国有企业经济效益并没有提高，有些反而走向了破产，而社会上出现了一大批失业者，其影响了劳动力的再生产，也影响了社会的稳定。二是通过土地工业化的方式，提高土地使用效率。从实施结果来看，大量农民失去土地保障，盲目工业化不但带来了自然环境的污染，而且工业产品的生产最终也没有很好地

满足国内居民的生活需求，而是通过出口的方式为工业化国家提供了初级原材料。在大量出口初级工业原材料的同时，却没有通过有效进口的方式，实现进出口的相对均衡。三是通过高校扩招，提高高校办学效率。从高校扩招的最终结果来看，在高校招生规模迅速扩张的同时，高校毕业生正面临着较大的就业压力，高校盲目扩招也在一定程度上降低了高校的教学质量。四是工业经济效率提高来自工人劳动强度的提高。如前所述，若从物质与精神消费两个角度考虑，工人劳动强度的提高既是对于工人工作生命周期的提前透支，又是对工人精神消费的一种损害，这种效率的提高建立在较大成本付出的基础之上。五是在将效率等同于效益的错误思潮影响下，中国在医疗领域所进行的以效益为导向的改革，导致医疗费用大幅增加，“医患”矛盾突出，这些都在很大程度上影响了医疗的效率。

（二）当前提高中国经济效率的主要路径

如前所述，在现代市场经济条件下，效率与效益是两个概念，效率并不是绝对地表现为产出的最大化，真正意义上的效率提高，既要考虑效率提高所支付的成本，也要考虑效率提高所体现的产业领域。由于中国在前期经济发展中对于效率的理解出现了一定程度的偏差，由此给中国经济发展带来了诸多问题。因此，在明确市场经济条件下效率的基本内涵之后，当前中国应该通过以下方式来提高效率：

1. 通过发展基础教育的方式，提高国民文化素质。短期来看，虽然基础教育不能创造任何社会财富，但长期而言，基础教育一方面为高等教育提供了雄厚的人力资源支持，是高等教育发展的基础；另一方面，基础教育发展所带来的居民基本素质的提高，在很大程度上可以为一国生产力的发展提供良好的人力资源支持。就此而言，基础教育虽然是一种国民财富的净投入，但其未来创造的产出却是巨大的。基础教育更多地体现为教育的公平性，为了更好地发展中国的基础教育事业，当前应该在基础教育资源地域配置上以及基础教育机会分布上，更好地体现公平原则，使每个居民在接受基础教育的机会和条件上实现相对公平。

2. 通过科学技术的发展，为效率的提高创造有利条件。鉴于科学技术在提高效率过程中所发挥的不可或缺作用，为了更有效地提高生产效率，就必须通过科学技术的发展，为生产效率的提高创造有利条件。具体言之，其主要表现在以下几个方面：一是通过基础科学研究投入的增加，为中国科学技术的发展提供雄厚的发展基础；二是通过应用科学技术的发展，将科学研究成果及时地转化为劳动生产力，从而提高生产效率，实现社会产出规模的最大化。

3. 通过新兴产业的发展，实现经济效率的真正提高。鉴于真正意义上的效率的提高，主要体现于人类在物质和精神领域存在较大需求的生产领域，换而言之，只有在上述不能满足人类物质和精神需求的领域提高产出效率，才能使资源在相对稀缺的背景下实现产出的最大化。通过资源的有效配置，满足人类不断提高的物质和精神生活需求，使生产效率的提高与社会主义生产的最终目的保持一致。

本章小结

本章首先分析了现代市场经济条件下效率的真正内涵，认为传统效率理论主要存在以下误区：(1) 为追求单位产出效率，而采取减员增效的措施。(2) 为追求最大化的效率，而不惜破坏资源环境以及突破伦理道德的约束。(3) 在资源配置效率上，将最优的资源配置效率片面地理解为通过资源配置，来实现经济效益的最大化。(4) 在分配效率上，片面地迷信帕累托最优分配效率理论。从分配效率来看，根据帕累托最优分配理论，其认为最有效的分配效率，就是在使一部分人变好的条件下，不能使另一部分人变得更坏。根据帕累托的最优分配理论，在国民收入分配中，依据生产要素的供求关系，使以资本为代表的生产要素在国民收入分配中处于主导地位，造成国民收入分配中出现了严重的贫富两极分化现象。(5) 就一些社会产品生产而言，根据萨缪尔森描述的经济运行最佳效率原则，当一定的社会资源在不同领域之间进行优化配置时，如果仅以经济效益或产出最大化的标准来实现效率的最大化，在很大程度上会导致国民经济产业结构的扭曲，一方面使维持居民正常生存所必需的产业如农业等由于经济效率较低，而得不到很好的发展，最终令国民生存面临危机；另一方面，在资源配置上向经济效益较好的项目偏移，在国民收入分配相对不公的条件下，会使社会资源仅满足少数人的需要，甚至满足外国人的需要，从而使社会生产很难达到预期的生产目的。

随后文章分析了现代市场经济条件下效率的基本内涵，追求最大化的效率，一方面要考虑最大化效率取得所付出的成本；另一方面，也要考虑最大化效率下的产出水平是否可以持续，是否符合经济社会的发展方向。总体来看，要准确理解现代市场经济条件下效率的基本内涵，就必须把握以下几个关键点：(1) 最大化的效率并不代表金钱的最大化；(2) 效率的提高并不是单纯地表现为取得单位产出的最大化，而是体现为取得代表最前沿产业的产出最大化，其主要表现在以下几个方面：一是效率的最大化并不是表现为传统和落后产业的效率最大化；二是效率的取得不能离开道德、伦理的约束；三是真正意义上的效率提高应该体现在代表最前沿产业的产品生产效率提高方面。

最后，文章就效率的真正内涵对于中国经济发展的借鉴进行了研究，认为在明确市场经济条件下效率的基本内涵之后，当前中国应该通过以下方式来提高效率：(1) 通过发展基础教育的方式，提高国民文化素质；(2) 通过科学技术的发展，为效率的提高创造有利条件；(3) 通过新兴产业的发展，实现经济效率的真正提高。

第二篇

市场价格运行机制

2

第九章
价格机制发挥作用所需要的约束条件及其对于中国的借鉴

一、价格对供求关系产生作用所需要的约束条件

萨缪尔森在《经济学》中曾将需求与价格的关系描述为："当一物品的价格上升时，它的需求量减少。换句话说，如果生产者决定今天向市场投入比昨天更多的物品数量，那么，其他条件相等，这更多的数量只能以比昨天更低的价格被出售掉。"① 萨缪尔森这一描述，构成西方经济学重要理论基础的需求向下倾斜规律。从这一规律在实践中的运用来看，由于其理论成立所需要的诸多约束条件在实践中面临着较多的不确定性，从而使需求向下倾斜规律在现实的经济实践中，并不是放之四海皆准的普遍规律。

（一）价格对供求的影响取决于产品需求的饱和程度

在现代市场经济条件下，根据萨缪尔森所描述的需求向下倾斜规律，当商品的价格出现下跌时，商品的需求会相应地增加；反之，当商品的价格上涨时，商品的需求会相应地减少。从实践中来看，商品价格对于市场需求所产生的作用在很大程度上受制于市场需求饱和度的制约。具体言之，当市场需求总量没有饱和的时候，价格的上涨就不一定会导致需求的下降；而当需求呈刚性特征并且已经饱和的条件下，产品价格的下跌也不一定会引导新的需求。虽然理论上商品的需求与价格之间呈现反比例的变动关系，但从实践中来看，这种变动关系在很大程度上受制于该种商品市场需求饱

① 萨缪尔森：《经济学》第12版，中国发展出版社1992年版，第103页。

和度的影响。不考虑市场需求饱和度对于商品需求的影响因素，单纯地认为商品价格下跌就一定导致商品需求增加，是一种不切实际的理论推断。因为，在现实的经济运行过程中，市场主体对于任何商品的需求都存在一个数量界限。从市场对于有形的物质产品需求和无形的精神产品需求来看，在人类基本生存得到满足的条件下，人类对于无形的精神产品的需求空间要远远大于对有形的物质产品的需求空间。就此而言，需求向下倾斜规律在经济运行过程中的运用将面临较多的条件约束。

（二）价格对于供求的影响受制于市场主体收入水平的制约

一般来说，在市场主体收入水平一定并且商品消费可替代性较强的条件下，一种商品价格的下跌，会使市场主体减少价格相对较高的商品消费，而增加对于价格下跌的商品的消费，使商品需求呈现理论上所描述的向下倾斜的运动轨迹。从经济实践中来看，这种商品需求向下倾斜规律，不但受制于市场主体对于商品需求的饱和程度影响，而且还在很大程度上受制于市场主体收入水平的影响。从实践中来看，市场主体的收入水平一般都是随着经济的发展而不断提高的，在市场主体收入水平不断提高的影响下，商品价格的上涨，并不会导致市场主体对于商品需求的下降。由此可见，在市场主体收入水平不断提高的影响下，需求向下倾斜规律并不一定成立。

（三）需求向下倾斜规律在实践中的运用受制于市场需求种类的约束

如前所述，对于商品的消费需求而言，需求向下倾斜规律发生作用既受到需求饱和程度的影响，也受到市场主体收入水平的影响。而从生产和投机性需求来看，需求向下倾斜规律对于生产和投机性需求的影响，则呈现出完全相反的作用。首先，就生产性需求而言，在原材料价格上涨的影响下，商品的生产成本会相应增加，此时决定商品生产者在原材料价格上涨的条件下是否继续加大原材料购买数量的关键因素，不在于原材料价格的上涨幅度，而在于其能否通过提高商品价格的方式，将原材料价格上涨压力转嫁出去。一般而言，在商品需求存在较大刚性约束和商品供给存在较大技术壁垒的条件下，原材料价格的上涨并不会导致商品生产者减少对于原材料的购买。其次，从虚拟经济领域投机性需求来看，在虚拟市场没有建立稳定的“分红派现”投资回报机制条件下，受预期心理影响，一些市场投机者往往根据“强者恒强、弱者恒弱”的投资法则，运用“击鼓传花”的手法去投机虚拟产品。在此背景下，需求向下倾斜规律正好出现了与其理论相反的运行轨迹，主要表现为：虚拟产品投资者，多数愿意买入价格上涨的虚拟产品，而卖出价格下跌的虚拟产品。当然，这种投机行为主要表现为虚拟产品投资者在某一时点对于虚拟产品的投资选择，其并不包含在稳定的“分工派现”机制作用下虚拟产品投资者在虚拟产品价格下跌到价值中枢之下，所做出的逢低吸纳行为。因此，在市场经济实践中，需求向下倾斜规律能否产生作用，在很大程度上受制于市场需求最终目的的约束。换而言之，在投机性需求作用下，需求向下倾斜规律呈现出相反的变化。在生产性需求作用下，需求向下倾斜规律能否发生作用在很大程度上取决于投资者的盈利预期，这种盈利预期主要取决于商品生产的价格转嫁能力。

二、对于中国经济发展的借鉴

在现代市场经济条件下，理论上而言，虽然市场主体可以根据需求向下倾斜规律，在价格机制作用下，以市场为导向，积极发掘新的投资机会，从而实现市场在资源配置中的基础性作用。但是，从实践中来看，鉴于需求向下倾斜规律作为市场经济条件下基本规律之一，其发挥作用受制于诸多前提条件制约，在市场经济运行中要充分发挥这一规律的作用，就必须创造适宜这一规律发挥作用的前提条件。换而言之，只有在需求向下倾斜规律约束条件具备时，其才能真正地发挥作用，市场才能在此规律作用下发挥对于资源配置的基础性作用。反之，如果在需求向下倾斜规律约束条件不具备的前提下，盲目地套用这一规律，则必然会给市场经济运行带来混乱，并最终导致产品的供过于求或供不应求，在很大程度上给经济运行带来诸多伤害。

从中国前期经济运行的实践情况来看，中国目前经济运行中存在的诸多问题，在一定程度上与前期不顾条件地盲目套用需求向下倾斜规律密切相关。例如从房地产价格前期市场走势来看，2006 年以后，在投机资金影响下，中国房价出现大幅上涨，受刚性需求和投机性需求双重影响，房价的大幅上涨并没有使需求减少。于是，一些市场人士根据需求向下倾斜规律，认为房价上涨是合理的，房价未来上涨空间依然很大。根据需求向下倾斜规律，市场对房子的需求并没有由于房价的上涨而出现下降，即房价与市场需求之间并没有出现需求性价格下跌拐点。就此而言，根据需求向下倾斜规律，一些人认为，可以通过房价上涨的方式，抑制居民的购房需求，从而最终实现住房供给与需求的均衡。从需求向下倾斜规律对于中国住房价格的作用情况来看，其并没有起到应有的效果，因为中国房价并没有在需求向下倾斜规律作用下，出现供求平衡的价格拐点。归其原因，笔者认为在很大程度上既与中国部分居民对于住房的真实需求有关，也与居民收入水平差异扩大以及居民消费替代品相对短缺有关。因为，从中国住房价格前期运行轨迹分析，中国前期住房价格的上涨实际上已经脱离了实体经济条件下需求向下倾斜规律的约束，而在很大程度上具有明显的虚拟经济运行特征。

如前所述，需求向下倾斜规律在虚拟经济领域作用的方式与实体经济正好相反，如果考虑虚拟经济领域中的需求向下倾斜规律特殊的作用方式，则可以有效地解释中国住房价格上涨与需求增加同步出现的不正常现象。从中国实际情况来看，鉴于中国人口众多以及城市化率相对不高的特殊国情，住房作为居民的基本生活用品，如果将住房不是作为消费品而是虚拟产品来看待，那么在刚性需求和投机性需求共同作用下，房价上涨的空间是非常广阔的。理论上而言，虽然中国前期住房价格上涨遵循了虚拟经济领域中虚拟产品的价格运行法则，但住房无疑是属于实体经济范畴，只不过受住房建设周期较长以及价格较高双重影响，住房价格在投机性需求影响下遵循了虚拟经济领域虚拟产品价格的运行轨迹而已。一旦住房价格出现向下运行拐点，其下跌的速率最终也会遵循虚拟产品的价格运行规律，从而使住房价格最终下跌至由市场刚性需求和住房供给成本所决定的均衡价格水平。

当然，受住房使用期限相对较长以及建设周期较长等因素影响，与实体经济领域其他商品由于投机性需求所带动的价格上涨不同，如果没有有力的宏观调控手段来抑制投机性需求，住房价格在大幅上涨之后，在真实的消费需求作用下使住房价格回落至正常的水平，需要的时间相对较长。就一般商品价格的投机性上涨而言，虽然受投机性资金影响，一些商品价格在短期之内也会出现大幅上涨，但受这些商品供给周期较短和使用周期较短等因素的影响，这些商品价格在大幅上涨之后，会随着供给的增加和保存期限的缩短，而出现回落，最终回到供求平衡的均衡价格。从住房价格上涨对于经济的影响来看，由于房地产产业链较长，理论上而言，在住房价格上涨过程中，受房地产产业景气周期带动，宏观经济会出现一片繁荣。如果住房价格上涨不是由真实的消费性需求增加所推动的，而是投机性需求作用的结果，那么，其必将使住房价格上涨呈现出虚拟产品价格的运行趋势，受此影响，当住房价格运行出现下跌拐点时，随着住房价格的下跌，其对宏观经济的负面影响也是巨大的。当前借鉴实体经济条件下的需求向下倾斜规律，将住房价定位于真实需求的基本消费品，既可以满足居民的刚性需求，也可以在很大程度上防范金融风险。

鉴于满足一定约束条件下的需求向下倾斜规律，是现代市场经济条件下经济运行的重要规律之一，在中国宏观调控过程中，要充分运用这一规律，发挥市场对于资源的基础性配置作用，提高经济运行效率，使经济运行服务于社会主义的基本生产目的。具体言之，其主要包括以下几个方面内容：

第一，对于实体经济领域的居民生活必需品，应通过必要的宏观调控手段，抑制投机，使其价格运行遵循需求向下倾斜规律。以中国居民基本消费品——住房为例，当前为了尽快使住房价格回到合理区域，使房地产体现实体经济的本质属性，一方面要杜绝住房的投机性需求，对之，可以通过开征房产税的方式，来抑制住房的投机性需求。另一方面，又可以通过加大社会保障房供给的方式，扩大住房供给。在抑制住房投机性需求和加大住房有效供给的共同作用下，住房价格必然会回到与实体经济运行相匹配的合理水平。当然，在抑制住房价格投机的同时，要采取必要的措施，刺激住房的刚性需求，使房地产市场在遵循实体经济本质属性的前提下得到稳定发展。

第二，在调控房地产市场的同时，为了确保经济的平稳发展，可以根据需求向下倾斜规律，大力发展市场需求饱和度较低的高科技产业或新兴产业。鉴于文化等精神产业所体现出的需求无限扩张的发展特征，发展文化等精神产业，是突破当前资源瓶颈约束，实现中国社会再生产良性循环的必然选择。

第三，就虚拟经济而言，由于投机性交易所导致的虚拟资产价格与需求之间变动特征不同于实体经济，而且虚拟经济的发展最终离不开实体经济支持。为了有效地控制金融风险，使虚拟经济的发展服务于实体经济，当前，应通过“分红派现”的手段，确立虚拟资产价格的价值中枢，使虚拟经济的发展建立在实体经济发展的基础之上，进而使金融市场保持基本稳定和良性发展。

本章小结

本章分析了价格对供求关系产生作用所需要的约束条件，认为需求向下倾斜规律并不是放之四海皆准的普遍规律，在实践中面临着较多的不确定性，其主要表现在以下几个方面：一是价格对于供求的影响取决产品需求的饱和程度；二是价格对于供求的影响受制于市场主体收入水平的制约；三是需求向下倾斜规律在实践中的运用受制于市场需求种类的约束。根据价格对供求关系产生作用所需要的上述约束条件，本章认为，从中国前期经济运行的实践情况来看，中国目前经济运行中存在的诸多问题，在一定程度上与前期不顾条件地盲目套用需求向下倾斜规律密切相关。当前在考虑价格对供求关系产生作用所需要相关约束条件的基础上，在中国宏观调控过程中，要科学地运用这一规律，发挥市场对于资源的基础性配置作用，提高经济运行效率，使经济运行服务于社会主义的基本生产目的。具体言之，其主要包括以下几个方面内容：

1. 对于实体经济领域的居民生活必需品，应通过必要的宏观调控手段，抑制投机，使其价格运行遵循需求向下倾斜规律。

2. 在调控房地产市场的同时，为了确保经济的平稳发展，可以根据需求向下倾斜规律，大力发展市场需求饱和度较低的高科技产业或新兴产业。鉴于文化等精神产业所体现出的需求无限扩张的发展特征，发展文化等精神产业，是突破当前资源瓶颈约束，实现中国社会再生产良性循环的必然选择。

3. 就虚拟经济而言，由于投机性交易所导致的虚拟资产价格与需求之间变动特征不同于实体经济，且虚拟经济的发展最终离不开实体经济支持。因此，为了有效地控制金融风险，使虚拟经济的发展服务于实体经济，应通过“分红派现”的手段，确立虚拟资产价格的价值中枢，使虚拟经济的发展建立在实体经济发展的基础之上，进而使金融市场保持基本稳定和良性发展。

第十章
边际成本定价规则发挥作用所需要的前提条件及其对于中国的借鉴

根据萨缪尔森《经济学》的相关描述："只有当物品的价格等于其边际成本时，社会才能从它的稀缺的资源和有限的技术知识中得到最大的产量。只有当某一行业的产量的每个来源都有具有上升的MC，而且这种MC等于每种其他来源的MC时，正像每一个MC都等于共同的P的情况，该行业才能以最低的总成本来生产它的总产量Q。只有在上述条件下，社会才处于它的生产可能性边缘之上，而不是缺乏效率地处于这些边缘之内。"[①] 上述关于产品成本的定价规则，又被称为边际成本定价规则。根据这一描述，企业只有在边际成本等于价格时，才会实现产出的最大化，从而最大限度地满足社会的消费需求。笔者认为，由边际成本等于价格所决定的企业最佳产量规则，只是一种单纯的理论假设。在现实经济运行中，主要面临诸多条件的约束，而有效地创造边际成本定价规则所需要的假设条件，是充分利用边际成本定价规则，实现资源配置效率最大化的必然选择。

一、边际成本定价规则下实现企业产出最大化所需要的相关假设条件

从边际成本定价规则的定价原理来看，在一定价格水平下，产量的最大化是企业实现其经营效益最大化的必要选择，而企业实现产量最大化的约束条件，就是企业生产的每一个单位产品都不发生亏损。根据这一经营原则，企业生产每一个单位产品不发生亏损的最大产量，就是最后一个单位产品的新增成本等于产品价格，在此之后，

---

① 萨缪尔森：《经济学》第12版，中国发展出版社1992年版，第807页。

如果企业产量继续增加，那么企业新增的每一单位产品成本将高于产品价格，由此会使企业由于产品产量增加而发生经营亏损。鉴于“逐利”机制是市场经济条件下企业经营的最主要动力，如果企业由于增加产品产量而发生经营亏损，就不会再继续增加产品产量了。从边际成本定价原则在现实经济活动中的运用情况来看，在经济实践中，要使边际成本定价原则充分地发挥作用，就需要满足一定的假设条件。具体言之，这些假设条件主要包括以下几个方面内容：

第一，企业生产的产品适应市场需求，并且都能够按照产品边际成本所决定的价格，顺利地进行销售。从边际成本定价规则所需要的假设条件来看，必须满足市场主体生产的产品都能够顺利地实现销售这个假设条件，如果这些产品不能够顺利地实现销售，由边际收益等于边际成本规则作用下的产品生产总量，就会出现生产过剩，由此导致企业生产的产品无法顺利地实现销售，市场就会出现有价无市的状况，从而导致企业生产发生亏损。就此而言，边际成本定价规则作用下的企业产出最大化，最重要的前提条件，就是企业生产的产品都能够顺利地实现销售，企业通过产出最大化条件下的产品销售，弥补其相应的生产成本，进而实现企业利润的最大化。

第二，产品市场需求弹性的无限性。从宏观层面分析，边际成本定价规则产生作用的前期条件在于，市场对产品需求弹性是无限扩大的。由于产品需求弹性可以无限扩大，随着产品价格的不断下降，其可以激发出更多的社会需求，进而使厂商在产品销售价格下降的情况下，通过产品生产产量的提高，保持适度的盈利水平。理论上，在产品需求弹性无限扩大的背景下，决定产品生产产量的根本因素就在于企业产品的生产成本，其主要表现为由企业产品生产产量扩张所导致的销售价格下降，销售价格下降的最低限就在于厂商生产的边际成本等于产品的市场销售价格。如果该产品市场需求弹性较小，那么企业由于产品生产数量扩张而导致的产品价格下降，就不会激发出更多的社会需求，在市场需求总量保持不变的条件下，由此使企业在产量扩张条件下所实现的盈利水平，相对地低于产量扩张之前所实现的盈利水平。从实践中看，当产品需求刚性较强且市场需求潜力较大时，厂商不会通过降低销售价格和增加产量的方式，来获取更多的增量利润，而是会通过既定价格条件下产量的不断扩张，获取更多的利润。在既定价格水平下产量扩张的限度，主要取决于产品市场需求的饱和程度。换而言之，当市场需求饱和度较低时，厂商在既定价格水平下进行产品产量扩张的空间相对较大；反之，则相对较少。而对于市场需求刚性较强且市场需求潜力较小的产品生产而言，厂商更多地会在维持既有价格的条件下，保持产量的相对稳定，以此获取稳定的利润收入。由此可见，决定厂商对某一产品生产产量的重要因素，在于产品市场需求弹性以及产品的市场潜力。在产品需求刚性较强且市场需求潜力较大的背景下，厂商通过扩大产品生产产量的方式，可以获取更多的利润，此时导致决定其产量大小的因素，不在于边际成本等于产品销售价格条件下的企业产出，而在于市场需求潜力的大小。在现代市场经济条件下，企业要在保持较高产品销售价格的条件下通过产出的扩张，实现更多的盈利，就要求企业产品在生产技术上呈现较强的不可替代性或者企业通过联盟的方式在行业中取得垄断地位，确保企业产品销售价格维持在较高的水平。

一般而言，企业之所以可以通过提高产品技术含量或发展行业垄断的方式，获得更多盈利，其主要作用机理表现在以下几个方面：一是由于企业产品技术含量较高，使企业产品生产面临较小的竞争压力，在此条件下，企业可以对其产品维持较高的价格，不会由于竞争对手的介入导致产品销售价格下降，从而缩小企业的盈利空间。二是对于技术含量不高的产品生产而言，如果企业在某一行业形成垄断地位，也可以通过制定垄断价格的方式，对于某些刚性需求的产品实行较高的市场定价，从而获取较多的盈利。当然，就市场竞争的具体效果而言，企业依靠其先进产品技术而实现的盈利最大化，对于推动社会技术进步，具有较大的积极作用；而通过垄断方式控制产品价格所实现的盈利最大化，在不利于推动社会技术进步的同时，也在很大程度上损害了消费者的利益。

第三，充分的市场自由竞争。从边际成本定价规则产生作用所需要的假设条件来看，其要求市场充分竞争，不存在严格的行业禁入壁垒。理论上而言，在单一厂商的条件下，出于对自身利益的追求，企业一般会通过较高价格条件下的产量最大化方式，来实现更多的盈利，而不会通过价格等于边际成本的定价原则，来减少其盈利空间。因此，从市场经济运行的客观实践来看，在一定的市场需求水平下，导致厂商让利的一个根本原因就在于市场自由竞争，通过市场的自由竞争，降低产品销售价格，也是新进入产品生产的厂商扩大产品销售市场的必然选择。在产品需求弹性较大的背景下，产品价格下降会激发厂商通过生产更多产品的方式，来维持既有的盈利水平。当然，在充分的自由竞争市场条件下，厂商由于产品产出增加所导致的价格下跌，其价格下跌幅度应该是有底线的，这个底线就在于产品销售价格不能低于产品边际成本，这一定价底线在很大程度上体现了边际产品定价原则。

二、上述假定条件对于中国经济发展的借鉴

在现代市场经济条件下，边际成本定价规则发挥作用，是需要一定前提条件的。因此，在中国经济发展中，既要充分利用边际成本的定价规则，实现经济运行效率的最大化，又要考虑边际成本定价规则所需要的假设条件，防止盲目运用这一规则而导致社会资源配置的失衡和浪费。具体言之，其主要表现在以下几个方面：

第一，边际成本定价规则作用领域不能超越供求平衡的生产底线。理论上而言，在现代市场经济条件下，虽然自由竞争是市场经济运行的基本法则，但是如果自由竞

争不考虑市场需求容量的大小，这种自由竞争就是没有效率的。根据边际成本定价规则产生作用所需要的假设条件，在现代市场经济条件下，企业生产的产品以满足社会需求为最终目的，只有在实现供求平衡基础上的企业产出最大化，才能真正提高经济运行效率；反之，如果企业产出的最大化超过了市场需求，则必然会造成资源的严重浪费。就此而言，最大化的产量并不是最重要的，最重要的是以最小的耗费生产社会需要的有利于实现供求平衡的商品。这就要求在经济运行过程中，对于市场需求潜力较大的产品生产，可以通过实行自由竞争的方式，提高市场运行效率，使产品生产在较低生产成本的基础上实现产出的最大化，以此更好地满足消费者的需求；对于市场需求潜力较小的产品生产，则可以通过产业政策的引导，防止恶性竞争导致企业经营产生亏损。

第二，通过促进企业技术进步和打破行业垄断的方式，确保边际成本定价规则充分发挥作用。鉴于边际成本定价规则在技术领先和行业垄断背景下，其作用的发挥相对有限。因此，当前在中国经济运行中，应通过促进企业技术进步的方式，满足居民的新兴需求，并激发企业追求技术进步的活力，从而推动社会生产力的不断发展。为了实现这一目的，就要求国家既要加大对于教育和科研的投入力度，为企业技术进步创造必要的人才和科研条件，通过专利技术保护的方式，保护那些拥有先进技术企业的经济利益。而对于垄断所产生的高额收益，由于其极大地损害了消费者的利益，也不利于提高市场运行效率，应该坚决地予以清除。这就要求在中国经济管理中，要打破行业垄断地位，实行充分的市场竞争。从中国经济发展实践来看，当前有必要拆除资源、银行等行业垄断经营的市场篱笆，对这些行业实行充分的市场竞争，以此提高市场经济的运行效率。根据边际成本定价规则，笔者认为，现代意义上的帕累托效率应该表现为：在生产与消费相互协调的基础上，通过技术的进步，以最小的资源消耗、劳动消耗、管理消耗以及其他劳动条件的消耗，生产适用社会需要、实现供需平衡的商品。

第三，通过加强产品质量监管的方式，为边际成本定价规则发挥作用创造有利条件。在边际成本定价规则作用下，虽然市场的自由竞争可以起到降低产品价格的作用，但是这种价格的下降，是以不影响商品性能和质量作为前提条件的。鉴于市场经济运行中信息的不对称性，受边际成本定价规则影响，一些商品生产者通过降低商品性能和质量的方式，满足其低价竞争的策略需要，在很大程度上侵害了消费者的利益，也与边际成本定价规则的作用机理不相符合。因此，在中国市场经济运行过程中，质量监管部门和市场监管部门，要认真履行其自身职责，确保商品质量不会由于产量增加而出现下降，在最大程度地保护消费者权益的同时，也为边际成本定价规则有效发挥作用创造有利条件，最大限度地提高中国经济运行效率，使中国经济发展符合社会主义生产目的的根本要求。

本章小结

本章分析了边际成本定价规则下实现企业产出最大化所需要的相关假设条件，笔者认为在经济实践中，要使边际成本定价原则充分发挥作用，就需要满足一定的假设条件。这些假设条件主要包括以下几方面内容：

第一，企业生产的产品适应市场需求，并且都能够按照产品边际成本所决定的价格，顺利地进行销售。

第二，产品市场需求弹性的无限性。

第三，充分的市场自由竞争。

通过对上述假设条件的分析，本章认为，在中国经济发展中，既要充分利用边际成本的定价规则，实现经济运行效率的最大化；同时，又要考虑边际成本定价规则所需要的假设条件，防止盲目运用这一规则而导致社会资源配置的失衡和浪费。具体言之，其主要表现在以下几个方面：

第一，边际成本定价规则作用领域不能超越供求平衡的生产底线。

第二，通过促进企业技术进步和打破行业经营垄断的方式，确保边际成本定价规则充分发挥作用。

第三，通过加强产品质量监管的方式，为边际成本定价规则发挥作用创造有利条件。

第十一章
供求关系对于价格产生作用所需要的前提条件

一、供求关系对于价格产生的影响及其所需要的相关条件

马克思在《资本论》中对供求关系对于价格产生的影响做了如下描述：

“在一定的价格下，一种商品能在市场上占有一定的地盘，在价格发生变化时，这个地盘只有在价格的提高同商品量的减少相一致的情况下，才能保持不变。另一方面，如果需求非常强烈，以致当价格由最坏条件下生产的商品的价值来调节时也不降低，那么，这种最坏条件下生产的商品就决定市场价值。这种情况，只有在需求超过通常的需求，或者供给低于通常的供给时才可能发生。最后，如果所生产的商品的量大于这种商品按中等的市场价值可以找到销路的量，那么，那种在最好条件下生产的商品就调节市场价值。不管价格怎样调节，我们都会得到如下结论：（1）价值规律支配着价格的运动，生产上所需要的劳动时间的减少或增加，会使生产价格降低或提高。（2）决定生产价格的平均利润，必定总是同一定资本作为社会总资本的一个相应部分所分到的剩余价值接近相等。”①

“因此，如果供求调节市场价格，或者确切地说，调节市场价格同市场价值的偏离，那么另一方面，市场价值调节供求关系。”②

“在第二种情况下，在两端生产的两个个别价值量并不拉平，而是在较坏条件下生产的商品起决定作用。只要需求稍占优势，市场价格就会由在不利条件下生产的商

① 马克思：《资本论》第三卷，人民出版社2004年版，第199页。

② 马克思：《资本论》第三卷，人民出版社2004年版，第202页。

品的个别价值来调节。最后，假定和第三种情况一样，在有利的一端生产的商品量，不仅同另一端相比，而且同中等条件下生产的商品量相比，都占据较大的地盘，那么，市场价值就会降低到中等价值以下。如果需求小于供给，那么在有利条件下生产的那部分不管多大，都会把它的价格缩减到它的个别价值的水平，以便强行占据地盘。但市场价值决不会同在最好的条件下生产的商品的这种个别价值相一致，除非供给极大超过了需求。"①

"与此相反，如果这个量小于或大于对它的需求，市场价格就会偏离市场价值。第一种偏离就是：如果这个量过小，市场价值就总是由最坏条件下生产的商品来调节，如果这个量过大，市场价值就总是由最好条件下生产的商品来调节。如果需求和生产量之间的差额更大，市场价格也就会偏离市场价值更远，或者更低于市场价值。"②

"第二点是：如果商品都能够按照它们的市场价值出售，供求就是一致的。供求实际上从来不会一致，如果它们达到一致，那也只是偶然现象。"③

根据上述描述，马克思认为，供求关系对于商品的价格会产生重要影响，其主要表现在以下几个方面：

1. 供求关系会导致商品价格的波动，当商品供不应求时，商品价格就会出现上涨；当商品供过于求时，商品价格就会出现下跌。

2. 由供求关系所导致的商品价格变动是存在一定价格波动空间的，不管供求关系如何变动，价格总是围绕商品价值中枢进行上下波动。在市场经济运行中，正是通过供求关系对于价格的影响，使市场主体通过价格变动信号，生产适销对路的产品，实现社会产品总供给与总需求的均衡，通过市场的力量实现资源的最优配置。

从实践中来看，要真正发挥上述供求关系对价格的调节机制，还必须具备一定的前提条件，这些条件主要包括以下几个方面内容：

一是市场价格变动是市场主体根据产品供求关系自主做出的价格反应，在产品价格制定机制上，不存在计划价格，也不存在垄断价格。要使市场经济运行过程中不存在计划价格，就必须使从事市场经济活动的市场主体在经营机制上实现完全市场化，这些市场主体根据自己的独立决策，自主从事市场经济活动，而不会受制于某一行政组织的约束。与此同时，在市场经济运行过程中，自由竞争机制发挥了主导作用，在自由竞争机制作用下，任何市场主体都不能在某一行业和产品经营中处于垄断地位，通过制定垄断价格的方式，实现超额利润。完全竞争市场条件下商品价格的高低，主要由市场供求状况来决定，而不是由垄断价格来决定。

---

① 马克思：《资本论》第三卷，人民出版社 2004 年版，第 205 页。
② 马克思：《资本论》第三卷，人民出版社 2004 年版，第 206 页。
③ 马克思：《资本论》第三卷，人民出版社 2004 年版，第 211 页。

二是在市场经济运行过程中，不存在行业壁垒及市场准入障碍，生产要素可以在不同行业以及产品之间进行快速移动，以确保商品价格在供求关系作用下围绕其价值进行波动，从而最大限度地发挥市场在资源配置中的基础性作用，进一步提高市场经济的运行效率。理论上而言，在生产要素可以在行业和产品之间进行自由流动以及不存在市场准入障碍的条件下，当商品由于供不应求而导致其价格高于价值时，商品生产者可以获取较高的超额利润。在“逐利”机制作用下，一些生产要素会进入那些供不应求的行业或商品生产中来，通过供给规模的扩大，最终使商品价格回到其价值附近。相反，当商品由于供过于求而导致其价格下跌至价值以下时，商品生产者所获的收益就会低于社会平均水平，在“逐利”机制作用下，一些商品生产者会退出某一行业或产品的生产经营，转向其他投资回报率较高的行业和产品，从而在一定程度上减少那些供过于求商品的供给，在需求总量不变的条件下，商品供给的减少，会使商品价格最终回升至价值水平。由此可见，在既定需求水平下，生产要素的自由流动是商品价格在供求规律作用下围绕其价值变动的必要条件。

二、中国建立供求价格调节机制应该采取的相关措施

根据以上分析，由于在市场经济条件下供求关系发挥作用是需要诸多前提条件的，因此，在中国市场经济发展过程中，供求关系的作用领域是相对有限的。根据前述的供求关系发挥作用所需要的限制条件，当前在中国市场经济发展过程中，只有那些适用于“逐利”机制发挥作用、市场经营主体能够通过生产要素的自由移动、产品价格可以实行自由竞争的市场化定价的商品，其价格的变动才能适用于供求关系的作用。

理论上，供求关系作用下的价格形成机制，最大的受益者应该是消费者。在市场经济条件下，通过供求关系的作用，最终使市场平均收益率水平得以形成，消费者可以根据供求均衡点所决定的价格，实现消费效用的最大化。因此，在中国市场经济发展过程中，对于能够由供求关系决定价格的行业，应采取市场化的经营方式，最终通过市场机制的作用，实现资源配置效用的最大化，使消费者的消费效用达到最大化。为有效发挥市场经济条件下供求关系对于价格决定机制的作用，最大限度地发挥市场在资源配置中的基础性作用，根据前述的供求关系发挥作用所需要的前提条件，当前，在中国市场经济运行中，应着力通过以下基础性制度建设，为尽快形成由供求关系所决定的市场化价格形成机制创造有利条件。具体言之，主要包括以下几个方面内容：

1. 通过国有企业法人治理结构的再造，将国有企业打造为从事市场化经营的真正意义上的市场主体。如前所述，“逐利”是市场经济条件下市场主体从事市场经营的主要动力，在“逐利”机制作用下，市场经营主体在供求关系决定的价格机制影

响下，根据市场的价格变化，独立地决定商品生产的增减以及行业的进入或退出。从中国国有企业经营的实际情况来看，虽然中国国有企业参照西方的经验，在国有企业法人治理结构上实现了与西方私营企业的完全接轨，但是由于国有企业在股权性质上与西方私人企业之间存在很大差异，目前的国有企业法人治理结构很难使国有企业实现真正意义上的市场化经营，“逐利”机制在国有企业市场化经营中表现得并不明显。受此影响，在国有企业经营过程中，国有企业还不是完全根据市场价格信号的变动而在“逐利”机制作用下，灵活地进行市场化经营，以获取最大化的经营利润。在目前中国国有企业经营过程中，由于国有企业法人治理结构的设置仍不科学，企业经营在很大程度还带有行政性决策的特征，使国有企业在经营过程中不能对市场供求关系做出明确的反应，国有企业不能及时根据市场供求关系的变动来决定商品生产的规模和行业的进出或退出。目前中国国有企业在经济总量中仍占有较高的比重，由于国有企业法人治理结构不合理而导致的国有企业市场化经营程度不高的现状，已经对市场经济条件下供求关系决定的价格形成机制作用的发挥，产生了诸多不利影响。更有甚者，受中国国有企业法人治理结构设计不合理等因素影响，一些国有企业管理者为满足自己的私欲，在国有企业生产经营中完全不按照市场规律经营国有企业，公然违背市场经济条件下由供求关系所决定的价格形成机制，而通过“低卖高买”的方式，为个人摄取巨额的利益，在很大程度上影响了供求关系在市场经济运行中作用的发挥。因此，在中国市场经济运行过程中，为有效发挥供求关系在市场价格形成中的作用，就必须对中国国有企业法人治理结构进行再次改革，将之打造为真正意义上的市场化经营主体，为发挥市场在资源配置中的基础性作用，创造有利条件。

2. 通过价格体制的改革，对适用于“逐利”法则的商品价格实行市场化定价，充分发挥供求规律对价格形成机制的作用。在中国市场经济运行过程中，除一部分商品价格实行了市场化定价之外，还有一部分适用于市场化经营的商品没有实行市场化定价，例如资源、能源等商品还执行计划价格，一方面使这些商品的价格不能准确反映市场供求状况，由此使这些行业的生产不能在市场机制作用下实现经营效率的最大化。另一方面，实行计划定价的资源和能源行业，是处于国民经济产业链的上游行业，在价格传导机制作用下，分布于上游行业的资源、能源计划定价机制必然会对中、下游行业的市场化定价产生不利影响，从而使市场经济条件下由供求关系所作用的定价机制不能有效地发挥作用，在很大程度上影响了市场在资源配置中基础性作用的发挥。从目前中国资源、能源实行计划价格的实际效果来看，由于在前期经济发展中，中国对于资源和能源实行了较低的计划价格，导致中国国有资源的乱采、乱伐，造成了资源的严重浪费，也造成中国前期粗放型经济发展方式的长盛不衰。在重化工业时代，资源和能源是构成工业产品的一个重要组成部分，将资源、能源价格由计划价格改为市场化定价，将有利于发挥市场在资源配置中的基础性作用，使中国在市场经济运行过程中通过供求关系所作用的价格形成机制的有效调节，实现资源的优化配置，最终实现经济发展方式的转型升级。

3. 在对国有企业法人治理结构进行再造的基础之上，打破行业经营的垄断，取消部分行业市场准入限制，实行市场经营的完全市场化。如前所述，在市场经济条件下，生产要素的自由流动是供求规律作用下价格机制发挥调节作用的必要条件。在中国前期经济发展过程中，由于还存在部分行业垄断以及行政许可行为，生产要素无法在不同行业之间实现完全自由流动，由此使供求关系所作用的价格形成机制，无法在一些行政性垄断行业以及市场准入门槛较高的行业中发挥应有的作用，这些行业在经营中摄取了较多垄断利润的同时，也在很大程度上降低了这些行业的经营效率。如果考虑目前中国部分垄断行业以及市场准入门槛较高行业所处的行业地位，这些非市场化定价行业的存在，对其他行业在供求关系作用下市场价格形成机制作用的发挥，产生了一定负面影响。从中国经济运行实际情况来看，当前中国银行、证券等金融部门仍然实行垄断经营，电力、石油化工、铁路等行业也处于垄断经营状态，受此影响，这些行业的产品定价并没有体现供求关系作用下的产品定价规则，一些行业依靠高额垄断价格获取了高额垄断利润。更有甚者，由于金融等行业的垄断经营，在很大程度上为生产要素向其他行业的自由流动形成了巨大障碍。在现代市场经济条件下，生产要素的货币化形态主要表现为货币资本，由于金融部门成为货币资本借贷的主要供给者，在金融垄断的局面下，货币资本不可能根据市场的供求规则流向那些产品供不应求的部门，从而通过货币资本的自由流动实现资源的最优配置。在实践中，其主要表现为处于垄断地位的国有银行风险识别能力依然较差，银行服务于实体经济的效率依然不高，一些资金充足的传统行业能够较容易地获取资金支持，而一些新兴行业却缺乏相应的资金支持。在市场经济条件下，金融行业经营的垄断在很大程度上影响了供求关系作用下价格市场化形成机制对于资源配置的有效影响，不利于发挥市场在资源配置中的基础性作用。理论上，在打破银行业经营垄断之后，资本市场在供求关系作用下的市场化价格形成机制必然可以发挥有效作用，在价格自动调节机制作用下，资金会流向那些投资回报率较高的行业，从而在很大程度上解除投资收益率较高的高新技术产业发展所面临的资金短缺约束。通过资本市场资金在资金价格—市场利率机制作用下的自由流动，实现市场资源的优化配置，使那些符合国民经济产业发展方向、投资回报率较高的行业得到长足发展，而就那些投资回报率较低、技术落后的传统产业而言，在金融市场“逐利”机制作用下，其在发展中会由于增量资金供给的短缺而得不到有效发展。就此而言，在金融领域打破行业经营垄断局面，是通过市场手段实现国民经济产业结构优化升级、促进经济健康、持续发展的必然选择。

4. 通过生产要素的培育，实现有效供给的可持续发展。如前所述，在市场经济条件下，供求关系对于价格产生作用的一个重要条件，就在于市场主体在生产要素供给上要有较大的机动性，可以根据市场供求情况，通过灵活地决定生产要素供给数量和规模的方式，来获取最大化利益。要做到这一点，就必须在生产要素供给上保持可持续性，如果一个行业或产品的市场需求持续增长，而该行业或产品扩张所需要的生产要素供给却相对不足，那么生产者就不能通过增加有效供给的方式，扩大该行业或产品的生产规模，使市场需求不能得到有效地满足，在需求作用下，该行业或产品的价格会依然维持在高位或呈现不断上涨的趋势。就经济和社会效益而言，一定时期短缺产品供给不足而导致价格的持续上涨，无疑有利于短缺产品的生产者。但就需求者而言，其对于产品的需求不能得到有效满足，在较高价格影响下，还将承受较高消费成本的压力。从社会生产的最终目的是满足消费这个角度考虑，由于生产要素供给不足所导致的产品短缺现象，使消费者的消费需求不能得到很好的满足并实现消费者自身消费效用的最大化。就此而言，由生产要素供给不足所形成的产品短缺市场，并不是一个具有较高经济和社会效率的市场。在生产要素可以实现持续供给的背景下，如果一定时期社会产品在需求作用下出现短缺，在"逐利"机制作用下，市场主体会通过增量生产要素的组合，来扩大这部分短缺产品的生产。理论上而言，在尚未形成有效的增量短缺产品供给之前，短缺产品的价格在需求缺口作用下会保持上涨（短缺产品价格的这种上涨，其实也是吸引市场主体增加产品产量的一个重要原因），但是随着短缺产品供给的增加，短缺产品的价格会回到正常区域，消费者对于短缺产品的需求也会得到充分的满足。就此而言，在可持续的生产要素供给条件下，供求规律作用下的价格形成机制，可以在很大程度上使消费者的消费效用达到最大化，使市场经济处于有效率的运行状态。

从生产要素形态来看，根据西方经济学相关理论描述，初始形态生产要素主要包括资金、资源、劳动、技术和管理五个部分，根据马克思经济学的划分，其将生产力发展的标准划分为生产工具、生产对象和劳动者，西方经济学与马克思经济学关于生产要素的划分，虽然在形式上存在较大差别，但就其内容而言，二者之间存在密切联系。

（1）西方经济学关于生产要素的划分。就资金而言，资金之所以作为生产要素的一个重要组成部分，是因为在信用货币经济条件下，商品的价值与使用价值形态是割裂的，西方经济学将资金作为一个生产要素，主要有两重含义：一是在资本主义社会，表面上看"金钱"主导一切，有了钱就可以购买一切物品。因此，在资本主义经济条件下，商品生产者要进行生产，就必须拥有资金，通过资金购买其他生产要素，来进行生产。就此而言，资金作为生产要素的一个重要组成部分，在资本主义社会生产中必不可少。二是资金在某种程度上是实物形态的设备等货币化表现形式，与资金相对应的是实物形态的生产设备等次级形态生产要素。就资金上述两重含义来看，笔者认为，在信用货币经济条件下，如果将作为价值形式代表的资金作为生产要素，与资金相对应的使用价值形态的商品必须有充分的保障，如果没有与资金相对应的使用价值形态商品作保障，作为信用货币形态的资金，在现代市场经济中就不能发挥任何作用。就此而言，在信用货币经济条件下，货币不是万能的，支撑货币价值功能的背后是具有一定使用价值形态的商品。由此可见，在信用货币经济条件下，资金数量的高低并不能成为衡量社会生产能力高低的唯一标准。就资本家而言，如果其所拥有的以资金作为表现形式的资本，是前期通过生产经营活动所取得的具有一定使用价值形态商品（服务）做支撑的价值表现形式，那么将以资金形态表现出来的资本作为生产要素投入生产经营的行为，实质上就是通过交换的方式，实现价值形态向使用价值形态的转换。有鉴于此，西方经济学论述的以资金作为表现形式的真正意义上的资本，其参与生产的过程，实际上主要表现为资本以既有生产设备的价值形式进入生产过程，在生产过程中通过资金购买生产设备，然后与资源、技术、管理和劳动等要素进行组合。

就资源而言，由于其天然形成的自然属性，在信用货币经济条件下，这部分资源的货币化在很大程度是通过政府增量货币发行来实现的。

就劳动、技术和管理等生产要素而言，鉴于这些生产要素的特殊性，其作为生产要素参与社会生产，不但能够创造满足于自身消费的价值，而且还能够创造新的增量价值。

（2）马克思主义经济学关于生产要素的划分。就马克思主义经济学所论述的生产力三要素而言，生产工具实际上主要对应于西方经济学生产要素中与生产设备价值形式相对应的资金，而生产对象主要对应于自然资源或者与原材料等价值形式相对应的资金，生产者主要对应于西方经济学中所提到的技术、管理和劳动等要素。

鉴于上述分析，西方经济学与马克思经济学在生产要素划分上是存在密切联系的，前者是关于商品价值与使用价值相分离条件下的生产要素划分，主要考虑了信用货币条件下独立参与经济运行的商品价值形态；后者是关于商品价值与使用价值一体化条件下的生产要素划分，没有考虑信用货币条件下独立参与经济运行的商品价值形态。

（3）实现生产要素可持续供给所需要的相关条件。根据上述论述，笔者认为，要实现生产要素的可持续供给，充分发挥供求机制对于价格的作用，应着力从以下几个方面来培育生产要素，实现生产要素供给的可持续发展，确保供求机制作用的发挥。

第一，通过加强教育的方式，提高劳动者基本素质和技能，增强劳动者体质，提高“劳动”这个生产要素供给的质量。

第二，通过科学的生育政策，维持人口的基本稳定，确保劳动力的可持续供给。

第三，通过加强科学研究投入力度的方式，提高经济发展的技术水平和管理水平，使技术水平和管理水平能够满足一定时期社会产品生产的需求，通过持续的技术和管理等生产要素供给，为市场经济条件下供求机制发挥作用创造有利条件。

第四，通过对自然资源的不断开发以及提高自然资源使用效率、发展循环经济等方式，最大程度地提高自然资源的可供给数量。当然，从长远来看，要实现不可再生自然资源的持续供给，还必须通过科学技术的进步，生产对于不可再生自然资源的替代品，以此实现自然资源的可持续供给。鉴于一定时期参与经济活动的生产要素主要表现为使用价值形态，因此，在信用货币经济条件下，对于那些没有使用价值形态的“物”做支撑的资金而言，其数量规模的大小并不能作为衡量一个国家生产实力或财富大小的根本依据。

5. 加强市场环境建设，使供求机制对于价格的作用建立在真实的社会需求基础之上。理论上而言，在市场经济条件下通过供求机制作用的价格变化，是指有真实供给和需求做支撑的价格变化。就供给而言，排除期货市场的远期交易影响，在现实经济活动中，交易双方在进行市场交易时，只有供给方拥有商品的使用价值形态，才能通过商品交换的形式，获取商品的价值。在市场经济条件下，商品的供给应该是真实的；而对于商品的需求而言，不仅表现为通过货币形式的价值付出来取得商品，而且还表现为商品需求者在取得商品之后，主要是为了获得商品功能上的满足，即通过消费该种商品，占有这种商品的使用价值。如果商品需求者在通过交易获取该种商品之后，不是为了消费该商品本身，而是追求这种商品的价格差异，那么这种行为就不是供求机制发挥作用的范畴了，其应该是属于一种投机行为。笔者认为，投资和投机行为发生的结果，都表现为交易“标的物”价值发生了增值，就投资而言，其实现交易“标的物”的价值增值是通过改变交易“标的物”的使用价值属性而实现的；就投机而言，其实现交易“标的物”的价值增值，主要是通过交易“标的物”在时间和地区上所呈现的差异来进行的。在信用货币经济条件下，如果由于投机行为而导致商品需求增加，供求机制是无法使价格回到一个相对均衡点的，特别是在信用货币供给不断增加的影响下，由于商品的需求与价格之间呈现一种正相关关系，受此影响，市场需求不是导致价格变化的原因，价格变动趋势才是导致需求变化的原因。因此，在投机的商品需求作用条件下，从需求与价格之间的上述变化关系来看，其明显地不属于供求机制对于价格产生作用的范畴。鉴于社会主义市场经济发展的最终目的，是为了不断满足和提高人民的物质和精神生活需要，而市场经济条件下供求机制对于价格的作用，可以确保消费者在供求关系作用下所形成的均衡价格点，获取最大的消费效用。因此，在社会主义市场经济条件下，对于衣、食、住、行等基本消费品，必须将之作为一般消费品来对待，而不能作为投机品来对待，即市场主体对于这些消费品的需求，主要表现为真实的消费需求，而不是投机需求。当然，在完全的市场经济条件下，对于一般消费品的投机需求，也可以采取加大供给的方式来平抑。这种做法一方面导致资源的严重浪费；另一方面，通过扩大供给的方式来平抑这种需求，其最终调控效果主要取决于投机品生产的时间长短或投机地域的空间跨度。一般来说，生产周期短以及投机地域空间跨度小的投机品，其投机的可能性就很小，通过供给的方式抑制投机行为的效果就比较明显。对于生产周期较长以及投机空间跨度较大的投机品，其投机的可能性就很大，通过供给的方式抑制投机的效果就不明显。

在经济实践中，从中国经济发展实际情况来看，房地产作为居民生活必需品，目前正受到投机资金的大肆追捧，归其原因，与按揭贷款方式所导致的对于房地产需求的金融杠杆效应有关，也与目前中国对于房地产的属性认识偏差有关。在增量资金作用下，目前中国房地产价格明显偏高，由于前期房地产价格的上涨主要是投机性资金推动的，并不能反映真实的社会需求，因此，目前中国房地产在较高的市场价格下出现了大量空置的房屋，一方面给中国经济运行造成了较大的金融风险；另一方面，也使中国居民在经济发展中没有实现消费效用的最大化。理论上而言，即使在源源不断的增量信贷支持下，对于一般商品投机所形成的价格泡沫化上涨，最终还是会回到体现真实需求的交易价格水平，主要原因在于两点：一是信贷是有偿的，需要支付贷款利息成本；二是对于投机品时间和地域上的价格投机，随着时间推移和经济活动地域空间不断拓展，其投机机会也是日益趋窄的，最终会使商品的价格回到真实的市场需求价格水平。此外，在增量投机性资金作用下，一些资金还热衷于通过对消费刚性较强的农产品投机的方式来获取投机收益。增量资金对于农产品价格的投机，造成农产品价格的大幅波动，也对那些对于市场供求信息不能够充分掌握的农户生产产生了较大的负面影响，在经济实践中经常出现的农业产品量增价跌现象，使一些农户损失惨重。

由此可见，在中国市场经济运行中厘清真实的市场需求关系，对于基本消费品的供给，充分发挥市场供求机制对于价格的调节作用，是确保中国经济持续发展、实现居民消费效用最大化的必然选择。为达此目的，当前在中国经济运行中，对于基本消费品，要从法律的高度通过立法的形式，杜绝投机，确保这些消费品的使用价值能够得到充分发挥，使经济增长能够满足居民不断提高的物质和精神生活需求。具体言之，当前遏制中国经济运行中对于基本消费品的投机行为，可采取以下措施：

（1）通过平滑国民收入分配的方式，防止国民财富分配的两极分化，实现居民消费能力与消费需求的相对均衡。当前中国经济运行中出现的房地产投机现象，与中国前期国民收入分配不公有很大关系。由于国民收入分配不公，一些市场主体的收入在满足其基本消费之后，还存在很大剩余，在“逐利”机制作用下，这些资金便会通过投机房地产的方式，来获取投机收益。与此同时，由于国民收入分配不公，一些收入较低的居民对于受投机性资金推动价格出现大幅上涨的刚性消费品，根本没有能力进行消费或者只能通过信贷的方式来进行消费，导致目前中国投机品领域存在“有价无市”的不正常现象，低收入群体通过贷款方式购买刚性消费品，在很大程度上也形成了较大的金融风险。

（2）通过控制信贷的方式，适当减少对投机资金的货币供给。在经济实践中，就从事投机性交易的市场主体投机资金的来源而言，除投机者自有资金之外，还有很大一部分资金来自信贷支持。通过信贷资金进行投机活动，一方面放大了金融风险；另一方面，进一步造成了国民收入分配的不公。因此，为了有效遏制对基本消费品的投机行为，应该从信贷投放上严格把关，防止较多的信贷资金用于基本消费品的投机。

（3）通过必要的税收调节，抑制投机资金的获利空间，充分发挥供求机制对于市场的调节作用。如前所述，对于基本消费品的投机行为，不但会干扰经济运行的正常秩序，也会形成较大的经济风险并导致国民收入分配的进一步不公。因此，当前对于中国经济运行中存在的基本消费品的投机行为，可以通过征收暴利税或者被投机品使用税的方式，来抑制这种投机行为。例如，当前对于中国房地产市场存在的投机行为，可以通过房产税和房产交易暴利税的方式，来对之进行有效的调节。

6. 通过公开、透明和及时的信息体系建设，最大限度地降低供求机制对于价格产生作用的成本。如前所述，在市场经济条件下，通过供求机制的作用，可以形成均衡价格，使消费者消费效用达到最大化，市场在资源配置中的基础性作用得到充分发挥。而从市场经济条件下供求机制发挥作用的实际情况来看，虽然市场通过价格的变动，最终会使供求在均衡价格点实现基本平衡，但是受市场信息传播速度以及商品生产周期等因素影响，供给和需求要实现一定价格水平下的相对均衡，还需要一个过程。市场供求关系瞬息万变，市场主体在根据商品供求关系变化所做出的市场决策调整中，会面临较多的不确定风险。为了有效地规避这些风险，就要求市场经济运行中必须存在一个高效、及时、透明和公开的市场信息体系，市场主体通过免费的方式可以最快地获取这些信息，从而及时地为其市场决策提供依据，以最大限度地减少由于供求信息的不确定性而带来的决策风险。就中国市场信息的建设而言，当前应将市场信息作为保证市场经济正常运行一项必不可少的公共产品，加快市场信息化建设的进程。理论上，由于其是公共产品，因此，市场主体使用市场信息应该是免费的。目前中国市场信息建设的具体措施，一方面要加强商品供求和价格信息发布的及时性、透明性、全面性和公开性；另一方面，要通过商品期货市场的发展，增强市场主体对于市场供求和价格信息的预判性，最大限度地帮助居民规避市场信息变动的不确定风险。

本章小结

本章首先研究了供求关系对价格产生作用所需要的前提条件，认为在实践中要真正地发挥供求关系对价格的调节作用，必须具备一定的前提条件。这些条件主要包括以下几个方面内容：一是市场价格变动是市场主体根据产品供求关系自主做出的价格反应，在产品价格制定机制上，不存在计划价格，也不存在垄断价格。二是在市场经济运行过程中，不存在行业壁垒以及市场准入障碍，生产要素可以在不同行业及产品之间进行快速移动，以确保商品价格在供求关系作用下围绕其价值进行波动，最大限度地发挥市场在资源配置中的基础性作用，进一步提高市场经济的运行效率。

本章在研究供求关系对价格产生作用所需要前提条件的基础之上，认为在中国市场经济发展过程中，供求关系的作用领域是相对有限的。根据前述的供求关系发挥作用所需要的限制条件，当前在中国市场经济发展过程中，只有那些适用于“逐利”机制发挥作用、市场经营主体能够通过生产要素自由移动、产品价格可以实行自由竞争的市场化定价的商品，其价格的变动才能适用于供求关系的作用。为了有效地发挥市场经济条件下供求关系对于价格决定机制的作用，最大限度地发挥市场在资源配置中的基础性作用，根据前述的供求关系发挥作用所需要的前提条件，在中国市场经济运行中，应着力通过以下基础性制度建设，为尽快形成由供求关系所决定的市场化价格形成机制创造有利条件。具体言之，主要包括以下几个方面内容：

1. 通过国有企业法人治理结构的再造，将国有企业打造为从事市场化经营的真正意义上的市场主体。

2. 通过价格体制的改革，对于适用于“逐利”法则的商品价格实行市场化定价，充分发挥供求规律对价格形成机制的作用。

3. 在对国有企业法人治理结构进行再造的基础之上，打破行业经营的垄断，取消部分行业市场准入限制，实行经营的完全市场化。

4. 通过生产要素的培育，实现有效供给的可持续发展。

5. 加强市场环境建设，使供求机制对价格的作用建立在真实的社会需求基础之上。

6. 通过公开、透明和及时的信息体系建设，最大限度地降低供求机制对价格产生作用的成本。

第十二章 生产力发展与商品价值之间的变化关系

马克思在《资本论》中对生产力与商品价格之间的关系，曾经做了这样的描述："这里完全撇开了下述情况：随着资本主义生产以及与之相适应的社会劳动生产力的发展，随着生产部门以及产品的多样化，同一个价值量所代表的使用价值量和享受品的量不断增加。"① 马克思上述论断是建立在其提出的劳动价值理论基础之上的。马克思认为，劳动创造商品的价值，而决定商品价值大小的因素在于社会必要劳动时间。所谓社会必要劳动时间，指在社会一般生产条件和正常劳动强度下生产某一商品所需的劳动时间。对于不同商品的生产劳动，由于其技术含量的不同，马克思将从事技术含量较低的商品生产称之为简单劳动，而将从事技术含量较高的商品生产称之为复杂劳动。就简单劳动与复杂劳动之间的关系而言，马克思认为，复杂劳动所付出的劳动量是简单劳动的倍加。根据马克思的劳动价值理论，商品的价值主要是由劳动创造的，当一种商品生产所需要的社会必要劳动时间越长时，其所包含的价值量就越高。而生产力的发展，主要表现为在一定生产条件和正常劳动强度下，劳动者在单位时间可以生产出更多产品的能力。生产力的发展增加了单位时间内的产品生产产量，而劳动者在单位时间内实现的价值量不变，在生产力发展水平不断提高的条件下，分摊至每一单位产品的价值得到降低。从经济实践来看，在信用货币不断发行的条件下，虽然生产力发展水平出现了大幅提高，但是单位产品的价格却呈现出越来越高的运行趋势。笔者认为，生产力发展与单位产品价格在现实经济活动中所呈现的这种变化，并不能否定马克思关于生产力与单位产品价格成反比变化规律的论述，而是因为马克思所作上述论述的前提条件发生了重要变化，其实质上并没有改变生产力发展水平与单位产品价值成反比的客观规律。

---

① 马克思：《资本论》第三卷，人民出版社 2004 年版，第 244 页。

一、市场经济运行中商品价格的主要决定因素

虽然根据马克思的劳动价值理论，商品的价值是由劳动创造的，但从现实经济发展的实际情况来看，一个经过多个生产环节的产品价值，其在价值量上并不完全等同于该产品最后一个生产环节中由劳动创造的可以进行准确核算的价值，而是包含了其前期生产环节所含有的累积劳动所创造的价值。马克思在《资本论》中曾经明确地将商品价格的三个组成部分划分为C、V、M，即商品价格P=C+V+M。其中，“C”表示为商品生产中机器设备的损耗价值、原材料的损耗价值等，“V”和“M”主要表示为商品本环节生产过程中活劳动创造的价值。由于C所代表的机器设备的损耗价值、原材料的损耗价值，其本身就是人类以前劳动的产物，是以前人类劳动所创造的累积价值，因此，马克思关于商品价格三个组成部分的论述，在根本上没有违背马克思自己所创立的劳动价值论思想。

从马克思关于商品价格三要素的发展趋势分析，在人类不同的生产阶段以及同一生产阶段不同的生产方式下，上述三要素在商品价格形成中所起的作用也各不相同。在农业社会，土地与农业劳动相结合，是农业生产的最主要表现形式。在这种生产模式下，土地作为自然产品归农民自己所有，农民以其自身劳动生产出相应的产品，在满足于自身消费之后，还拿出去销售，而决定农产品价格高低的主要因素在于农业生产的原料成本以及农民劳动付出。在土地并不稀缺的情况下，由于土地属于自然产品，其自身并不在农业产品生产过程中实现价值转移。当然，在由于土地稀缺所形成的佃农经济生产条件下，具有自然资源属性的土地之所以能够作为地主阶级掌握的生产资料，用来雇佣佃农，来自天然土地的围垦、整理所付出的必要，更多地来源于土地的稀缺而产生的稀缺性价值，由此导致在佃农经济条件下农业产品的价格不但包括农作物种植的原材料成本、农业劳动消耗，而且还包括这种土地稀缺性产生的稀缺性价值的转移部分。理论上，由于农业社会的生产环节相对较短，劳动价值理论在农业产品生产中表现得十分明显。在工业经济社会，工业产品的价值构成依然没有脱离马克思关于商品价值三要素的理论，只不过在工业产品价值构成中，随着重化工业的不断发展，商品价值三要素在其价格总额中所占的比重出现了明显的变化。一方面表现为以不变价值C作为表现形态的固定资产损耗、原材料损耗在商品价格中所占的比重较大；另一方面，以活劳动创造的价值（V+M）部分在商品价格总额中所占比重相对较低。其中，属于劳动者所获得的工资V部分，与M之间是一种此消彼长的关系，在资本“逐利”机制作用下，V在（V+M）中所占的比重呈现逐渐下降的趋势。在人类进入信息化时代以后，体现人类活动的“技术”因素在社会生产中起到

了重要的作用，而相对重化工业发展需要繁多、复杂的生产工具[①]等而言，信息工业发展所需要的生产工具相对简单，一定程度上决定了在电子信息化工业发展条件下，在商品的价格总额中，作为固定资产和原材料损耗的C在商品价格总额中所占比重相对较低，而体现活劳动创造的价值（V+M）部分在商品价格总额中所占比重相对较高。随着服务业等第三产业的进一步发展，以固定资产和原材料损耗为表现形式的C在商品价格总额中所占比重进一步降低，而活劳动在商品生产中所创造的价值(V+M)部分在商品价格总额中所占的比重进一步提高。

从不同生产方式来看，在粗放型经济发展方式下，作为固定资产和原材料损耗的C在商品价格总额中所占比重相对较高，而体现活劳动创造的价值（V+M）部分在商品价格总额中所占比重相对较低。在集约型经济发展方式下，作为固定资产和原材料损耗的C在商品价格总额中所占比重相对较低，而体现活劳动创造的价值（V+M）部分在商品价格总额中所占比重相对较高。

总体来看，从不同经济发展阶段和不同生产方式下商品价值三要素在商品价格总额中所占比重的变化情况来看，随着经济社会的进一步发展，"活劳动"在商品最后的生产环节所创造的增量价值在商品价格总额中所占的比重，呈现出越来越大的发展趋势，主要表现为在商品价格总额中，（V+M）所占的比重越来越大。固定资产和原材料损耗所转移的价值在商品价格总额中所占的比重呈现越来越低的发展趋势，主要表现为在商品价格总额中，C所占的比重越来越低。

二、生产力发展与商品价格之间变化关系在经济发展中的具体体现

从经济运行的现实情况分析，目前商品价格的运行并没有出现马克思所说的商品价格随着生产力发展而不断下降的现象，归其原因，主要与以下因素密切相关：

1. 从商品价格的构成来看，商品价格高低是由商品价值三要素的整体生产力发展水平决定的，而不是由商品生产最后一个环节生产力提高所决定的。从商品生产情况来看，如果商品生产的最后一个环节生产力发展水平得到了很大的提高，从而使单位商品所包含的（V+M）变小，在一定程度上可以对商品的价格起到降低的作用。但是在C、V和M价值总量中，如果C部分在商品价格中所占比重较高，即使由于生产力发展水平提高而导致单位商品中所包含的（V+M）部分出现下降，商品价格总额也不会出现明显下降。只有生产力的提高使单位商品价值中C的价值出现大幅下降，商品价格才会出现明显地下降。由于C的生产经历了前期多个生产环节，主要表现为前期多环节的劳动累积，因此，只有在商品前期生产的各环节生产力发展水平

① 其主要表现为生产设备、生产场地。

都得到很大提高时，单位商品价值才会由于 C 的下降而出现明显的下降。当然，在不同经济发展阶段和不同生产方式下，商品生产最后一个环节生产力的提高，对于商品价格的影响程度也各不相同。具体言之，在电子信息化经济发展阶段以及现代服务业经济发展阶段，商品生产最后一个环节生产力发展水平的提高，在很大程度上可以对商品价格起到明显的下降作用。就重化工业而言，商品生产最后一个环节生产力发展水平的提高，却很难对商品价格起到明显的下降作用。从生产环节考察，一般而言，对于生产环节较长的商品，在商品生产最后一个环节生产力发展水平的提高，对商品价格下降所起到的作用相对较小。反之，对于生产环节较短的商品，其在商品生产最后一个环节生产力发展水平的提高，对商品价格下降所起的作用就相对较大。由于决定单位商品价格水平高低的因素主要在于商品整个生产过程中的生产力发展水平，而不是取决于商品生产最后一个环节的生产力发展水平，因此，在经济运行中，并不能因为单位商品价格没有随着商品最后一个生产环节生产力发展水平提高而出现下降，就否定马克思关于单位商品价格与生产力发展水平成反比关系的论断。

2. 重化工业发展阶段所出现的价值形式新变化，在一定程度上隐藏了生产力发展对于单位商品价格的作用规律。马克思的劳动价值理论认为，商品价值是人类活劳动的产物，根据这一观点，在自然资源没有价值的条件下，社会再生产的不停周转（含生产和消费的周转）不会影响商品的价值总量。随着生产力的发展，使用价值总量的增加，必然会使每一单位价值所包含的使用价值增加，从而使单位商品价格出现下降。当然，自然资源作为人类从事社会生产的一个重要组成部分，其进入生产过程需要经过人类的劳动加工才能实现，由此决定了自然资源进入生产过程中的价值，主要体现为人类在对自然资源进行加工时所付出的相关劳动，这部分包含在自然资源中的劳动随着自然资源一起进入下一期生产过程，并且随着商品在不同生产环节的周转而周转。在自然资源价值主要受制于自然资源生产力发展水平制约的条件下，自然资源开采生产力的提高，在很大程度上也可以降低单位自然资源的价格，从而使马克思关于单位商品价值与生产力成反比关系的论述得以成立。问题的关键在于随着人类经济社会的不断发展，特别是以自然资源消耗为主体的工业化的发展，使不可再生的自然资源呈现出较大的稀缺性，就像农业经济条件下土地的稀缺性而导致佃农经济出现一样。在工业化阶段，随着人类对于自然资源需求的进一步增加，自然资源的不可再生性在很大程度上导致自然资源出现稀缺性价值，这种稀缺性价值并不是劳动的产物，其依附在经过劳动加工过的自然资源之上，并且随着自然资源在不同生产环节的周转而周转。特别是随着人类下游生产力发展水平的不断提高，在不改变自然资源在生产发展中作为原材料消耗主体的条件下，自然资源由于稀缺性而出现的价值增值必将随着生产力的发展而不断地增加。

在现代经济条件下，受自然资源稀缺性而导致的价值增值影响，在自然资源稀缺性价值在商品价格总额中占比较大的背景下，下游商品生产环节生产力的提高对于单位商品价格所起到的下降作用，在很大程度上无法弥补不可再生自然资源由于加速消耗所导致的稀缺性价值的不断增加而产生的价格上涨压力，由此使马克思所论述的生产力发展与单位商品价格之间成反比的变化规律无法发挥作用。但是我们并不能由此认为马克思所论述的这种规律失去了作用，因为自然资源生产环节生产力的提高，在一定程度上可以降低自然资源的价值，如采掘技术的提高、运输条件的改善等，都可以起到降低单位自然资源价值的作用。特别是在自然资源使用领域，如果通过生产力的发展，出现了自然资源的替代品，不但会降低自然资源的稀缺性价值，也会使商品的价值更多地体现为活劳动作用的必然结果。就此而言，马克思关于生产力发展水平与单位商品价值成反比关系的论述，也可以很好地解释目前因自然资源稀缺而出现的价值增值现象，在某种程度上并没有否定马克思的劳动价值理论。从生产力发展的主要表现形式来看，生产力发展不但表现为单位时间内生产产品数量的增加，而且还表现为生产产品所包含的科学技术含量不断提高的过程。从人类经济社会发展情况来看，随着社会生产力发展水平的不断提高，人类社会生产正由自然资源消耗较大的重化工业发展阶段向技术含量较高、包含较多人类劳动的信息产业、服务业转化。由于技术、劳动等生产要素主要表现为人类的“活劳动”，因此可以预计，随着信息产业和服务产业的不断发展，体现人类“活劳动”的价值（V + M）在商品价值总额中所占比重必然得到大幅提高，从而使信息产业和服务产业领域生产力的提高，可以起到降低单位商品价值的作用。

3. 在信用货币经济条件下，信用货币的不断发行，在很大程度上导致单位商品价格不能随着生产力发展水平的不断提高而下降。理论上，信用货币与黄金商品货币对于商品价格的影响路径是不一样的。在黄金商品货币体系下，黄金自动的流出、流入机制会起到调节货币供给的作用，从而使商品价格的高低主要取决于商品生产的劳动生产率水平与黄金生产的劳动生产率水平之间出现的相对变化。在信用货币经济条件下，信用货币主要是根据政府的政策意图来发行的，最大限度地利用自己所拥有的征收铸币税的权力，不断发行新的信用货币，是政府的必然选择。随着增量信用货币的不断发行，必然会抬高每一单位商品的价格，从而在很大程度上抵消由于生产力发展水平提高而降低的每一单位商品价格。由于信用货币只是充当商品流通的中介，其自身并没有什么价值可言，因此，信用货币不可能像黄金商品货币那样通过退出流通市场的方式实现其本币的保值增值。不断寻求有实物形态的商品作支撑，是信用货币实现自身价值以及保值、增值的必然选择。就此而言，在信用货币发行规模不断扩大的影响下，即使生产力发展水平有了很大提高，单位商品的价格也会出现不断上涨的趋势。特别值得一提的是，在现代支付技术已经得到很大发展的条件下，货币周转速度的加快进一步增加了货币供应量，导致以信用货币作为表现形式的价值总量的大幅增加，从而增加每一单位使用价值所包含的价值，使物价出现上涨。

综合上述分析，在信用货币经济条件下，虽然马克思关于生产力发展与单位商品价格不断下降的论述在现实经济生活中没有得到验证，归其原因，主要与信用货币发行以及自然资源货币化这两个因素密切相关。如果除去这两个因素的影响，马克思关于生产力发展与单位商品价格成反比关系的论述，仍是现代市场经济条件下经济运行的一条客观规律，只不过信用货币发行以及自然资源货币化在很大程度上隐藏了这一客观规律。

三、生产力发展与商品价格变化关系对于经济发展的借鉴

在日常经济生活中，正确地运用这一规律，对于促进社会生产力的发展、转变经济发展方式等，都有积极而深远的意义。当前应借鉴马克思关于生产力与单位商品价格成反比的相关论述，在社会经济发展中可以采取以下措施，确保社会物价水平的基本稳定，促进国民收入分配的相对公平，充分发挥科技和劳动在社会生产发展中的重要作用：

1. 通过调高资源税税率的方式，将自然资源由于稀缺性而出现的价值增值收归国有，再通过财政再分配的手段将这部分自然资源因稀缺性而导致的价值增值部分，用于弥补国民收入初次分配的不足，防止国有自然资源由于稀缺性而出现的价值增值，在居民之间的分配不均而导致国民收入分配差距不断扩大现象的发生。理论上，自然资源属于国家所有，则在重化工业经济发展阶段，由自然资源稀缺性而导致的价值增值理应归国家所有。如果在经济发展过程中，这部分增值收入归自然资源开采者所有，会造成国民收入初次分配的不公，也会在“逐利”机制作用下，推动自然资源稀缺性价值出现大幅上涨，从而在一定程度上增加了经济发展成本。因此，通过提高自然资源税率的方式，可以有效克服上述弊端，起到均衡国民收入分配、促进经济健康发展的作用。从西方各国的经济实践来看，虽然自然资源属于私人所有，但是西方国家通过所得税和遗产税的征收，仍然将一部分自然资源稀缺性价值收归国家所有。

2. 通过经济发展方式的转型，更好地发挥活劳动在社会增量价值创造中的作用。根据马克思的劳动价值论思想，在社会商品价值总量中，C 部分是转移的价值，(V + M)是由活劳动新创造的价值。从整个社会生产过程来看，为了充分发挥活劳动在生产发展中的作用，使经济总量的提高更多地依赖于活劳动创造的价值，应将经济发展建立在以科技和劳动作为主要推动力的基础之上，通过技术含量高的高科技产业和劳动含量高的服务型产业的发展，充分发挥活劳动在增量价值创造中的重要作用，实现国民经济的可持续发展。

3. 通过加强教育和科技投入力度的方式，提高以活劳动作为表现形式的生产力发展水平，通过生产力的发展，促进社会经济发展水平的不断提高，最终使全体人民受益于经济发展。如前所述，在现实的经济发展过程中，由活劳动创造的（V＋M）才是真正意义的社会增量价值，也是生产力发展水平的主要表现形式。为了更好地促进生产力的不断发展，使活劳动在社会生产中创造更多的增量价值，有必要通过加强教育和科技投入的方式，提高科学技术水平和劳动者的综合素质，从而提高以科技和活劳动作为表现形式的生产力发展水平，充分发挥活劳动在社会经济发展过程中的价值创造作用，实现经济持续、稳定和健康发展。

4. 通过适度控制信用货币发行规模的方式，使居民直接受益于经济发展。如前所述，在信用货币经济条件下，信用货币的不断发行在很大程度削弱了生产力发展对于单位商品价格所产生的下降作用。特别是在增量信用货币不断发行的影响下，由于居民在信用货币获取的机会和能力上存在着较大的差异①，使居民因可支配的信用货币数量上的差异，而导致国民收入分配差距的进一步扩大。就此而言，通过适度控制信用货币发行规模的方式，使信用货币发行规模与经济发展的总量规模相适应，使生产力的发展真正地能够起到降低单位商品价值的作用，使居民能够从生产力发展中获取切实的消费利益。通过经济发展的价值总量与使用价值总量之间的适度匹配，在很大程度上减少国民收入价值总量出现虚增的现象。

本章小结

本章着重研究了生产力发展与商品价值之间的变化关系。文章首先分析了现实经济运行中决定商品价格的主要因素，认为从不同经济发展阶段和不同生产方式下商品价值三要素在商品价格总额中所占比重的变化情况来看，随着经济社会的进一步发展，活劳动在商品最后的生产环节所创造的增量价值在商品价格总额中所占的比重，呈现出越来越大的发展趋势，主要表现为在商品价格总额中，（V＋M）所占的比重越来越大。而固定资产和原材料损耗所转移的价值在商品价格总额中所占的比重呈现越来越低的发展趋势，主要表现为在商品价格总额中，C所占的比重越来越低。

本文认为，从经济运行的现实情况分析，目前商品价格的运行并没有出现马克思所说的商品价格随着生产力发展而不断下降的现象，归其原因，主要与以下因素密切相关：一是从商品价格的构成来看，商品价格高低是由商品价值三要素的整体生产力发展水平决定的，而不是由商品生产最后一个环节生产力提高所决定的；二是重化工

① 这种信用货币获取的机会和能力，主要是指以有偿的方式获取信用货币的能力以及通过投机、投资、劳动等方式占有信用货币的能力。

业发展阶段所出现的价值形式新变化，在一定程度上隐藏了生产力发展对于单位商品价格的作用规律；三是在信用货币经济条件下，信用货币的不断发行，在很大程度上导致单位商品价格不能随着生产力发展水平的不断提高而下降。

在分析生产力发展与商品价值之间变化关系的基础上，本文认为，当前借鉴马克思关于生产力与单位商品价格成反比的相关论述，在社会经济发展中可以采取以下措施，以确保社会物价水平的基本稳定，促进国民收入分配的相对公平，充分发挥科技和劳动在社会生产发展中的重要作用。

1. 通过调高资源税税率的方式，将自然资源因稀缺性而出现的价值增值收归国有，再通过财政再分配的手段将这部分价值增值，用于弥补国民收入初次分配的不足，防止国有自然资源由于稀缺性而出现的价值增值，在居民之间的分配不均而导致国民收入分配差距不断扩大现象的发生。

2. 通过经济发展方式的转型，更好地发挥活劳动在社会增量价值创造中的作用。

3. 通过加强教育和科技投入力度的方式，提高以活劳动作为表现形式的生产力发展水平，通过生产力的发展，促进社会经济发展水平的不断提高，最终使全体人民受益于经济发展。

4. 通过适度控制信用货币发行规模的方式，使居民直接受益于经济发展。

第十三章
信用货币经济条件下商品价格决定理论及其运用

一、商品价格的组成内容

理论上而言，在市场经济条件下，商品价格主要由以下几部分组成：一是商品的生产成本及价外费用；二是商品生产所产生的必要利润。

根据现代成本会计制度的规定，目前中国商品的成本及价外费用主要包括以下几个方面：

一是商品生产所需要的原材料成本。主要表现为商品在生产过程中所消耗的所有材料的价值，包括原料及主要材料、辅助材料、外购半成品、修理用备件、包装材料、燃料等成本。

二是商品生产所需要的人工成本。人工成本是指企业在一定时期内，在生产、经营和提供劳务活动中因使用劳动力而支付的所有直接费用和间接费用的总和，主要包括职工工资总额、社会保险费用、职工福利费用、职工教育经费、劳动保护费用、职工住房费用和其他人工成本支出。其中，职工工资总额是人工成本的主要组成部分。职工工资总额是指各单位在一定时期内，以货币形式直接支付给本单位全体职工的劳动报酬总额，包括计时工资、计件工资、奖金、津贴和补贴、加班加点工资、特殊情况下支付的工资。社会保险费用指国家通过立法所确立的，企业需承担的各项社会保险费用，包括养老保险、医疗保险、失业保险、工伤保险、生育保险和企业建立的补充养老保险、补充医疗保险等费用。此项人工成本费用只计算用人单位缴纳的部分，不计个人缴纳的部分。因为个人缴费已计算在工资总额以内。职工福利费用是在工资以外按照国家规定开支的职工福利费用，主要用于职工的医疗卫生费、职工因工负伤赴外地就医路费、职工生活困难补助、文体宣传费、集体福利事业补贴（包括集体、生活福利设施，如职工食堂、托儿所、幼儿园、浴室、理发室、妇女卫生室等，以及文化福利设施，如文化宫、俱乐部、青少年宫、图书室、体育场、游泳池、职工之家、老年人活动中心等）、物业管理费、上下班交通补贴。职工教育费指企业为职工学习先进技术和提高文化水平而支付的费用，包括就业前培训、在职提高培训、转岗培训、外派培训、职业道德等方面的培训费用，企业自办大中专、职业技术院校等培训场所所发生的费用，以及职业技能鉴定费用。劳动保护费用指企业购买职工实际使用的劳动保护用品的费用，如工作服、保健用品、清凉用品等。职工住房费用指企业为改善职工居住条件而支付的费用，包括职工宿舍的折旧费（或为职工租用房屋的租金）、企业交纳的住房公积金、实际支付给职工的住房补贴和住房困难补助以及企业住房的维修费和管理费等。其他人工成本费用包括工会经费，企业因招聘职工而实际花费的职工招聘费、咨询费、外聘人员劳务费，对职工的特殊奖励（如创造发明奖、科技进步奖等），支付实行租赁、承租经营企业的承租人、承包人的风险补偿费，解除劳动合同或终止劳动合同的补偿费用等。

三是商品生产所需要的制造费用成本。制造费用包括产品生产成本中除直接材料和直接工资以外的其他一切生产成本，主要包括企业各个生产单位（车间、分厂）为组织和管理生产所发生的一切费用，如各个生产单位管理人员的工资、职工福利费、房屋建筑费、劳动保护费、季节性生产和修理期间的停工损失等内容。

四是商品生产所需要的管理费用成本。管理费用是指企业行政管理部门为组织和管理生产经营活动而发生的各项费用，主要包括工会经费、职工教育经费、业务招待费、税金、技术转让费、无形资产摊销、咨询费、诉讼费、开办费摊销、公司经费、上缴上级管理费、劳动保险费、待业保险费、董事会会费以及其他管理费用。其中，公司经费是指总部管理人员工资、职工福利费、差旅费、办公费、董事会会费、折旧费、修理费、物料消耗、低值易耗品返销及其他公司经费。劳动保险费是指离退休职工的退休金、价格补贴、医药费（包括离退休人员参加医疗保险基金）、易地安家费、职工退职金、职工死亡丧葬补助费、抚恤费，是按规定支付给离休干部的各项经费以及实行社会统筹的基金。待业保险费指企业按照国家规定缴纳的待业保险基金。董事会会费是指企业最高权力机构及其成员为执行职能而发生的各项费用，包括差旅费、会议费等。其他费用是指根据现行税法规定可以在税前列支的业务招待费用，是企业发生的与生产经营活动有关的业务招待支出，根据现行税法规定，其主要按照发生额的60%扣除，但最高不得超过当年销售（营业）收入的5‰。

五是企业销售产品所发生的销售费用。销售费用是指企业在销售产品、自制半成品和提供劳务等过程中发生的费用，包括由企业负担的包装费、运输费、广告费、装卸费、保险费、委托代销手续费、展览费、租赁费（不含融资租赁费）和销售服务费、销售部门人员工资、职工福利费、差旅费、办公费、折旧费、修理费、物料消耗、低值易耗品摊销以及其他经费等。其中差旅费、低值易耗品摊销已经包括在管理费用里面。

六是企业从事商品生产所发生的财务费用。财务费用指企业在生产经营过程中为筹集资金而发生的各项费用，包括企业生产经营期间发生的利息支出（减利息收入）、汇兑净损失（有的企业如商品流通企业、保险企业进行单独核算，不包括在财务费用里面）、金融机构手续费，以及筹资发生的其他财务费用如债券印刷费、国外借款担保费等。利息支出，指企业短期借款利息、长期借款利息、应付票据利息、票据贴现利息、应付债券利息、长期应付引进国外设备款利息等利息支出（除资本化的利息外）减去银行存款等的利息收入后的净额。汇兑损失，指企业因向银行结售或购入外汇而产生的银行买入、卖出价与记账所采用的汇率之间的差额，以及月度（季度、年度）终了，各种外币账户的外币期末余额按照期末规定汇率折合的记账人民币金额与原账面人民币金额之间的差额等。相关的手续费，指发行债券所需支付的手续费（需资本化的手续费除外）、开出汇票的银行手续费、调剂外汇手续费等，但不包括发行股票所支付的手续费等。其他财务费用，如融资租入固定资产发生的融资租赁费用等。

七是商品生产所缴纳的税金成本，主要是指企业产品生产过程中发生的主营业务税金及附加。主营业务税金及附加是指应由销售产品、提供工业性劳务等负担的销售税金和教育费附加，包括营业税、消费税、城市维护建设税、资源税和教育费附加等。

八是以增值税为表现形式的价外税。增值税是以商品（含应税劳务）在流转过程中产生的增值额作为计税依据而征收的一种流转税。从计税原理上说，增值税是对商品生产、流通、劳务服务中多个环节的新增价值或商品的附加值征收的一种流转税，因此属于价外税范畴。

从商品生产成本来看，由于其是商品生产过程中所必需的内部和外部耗费，在一定的生产条件和经济政策条件下，这些耗费呈现出明显的刚性特征，在很大程度上决定了商品的生产成本对商品销售价格会产生决定性影响。

就商品生产利润而言，是指商品在顺利地实现销售以后，其销售价格除了可以有效地弥补商品生产成本之外，还可以为商品经营者以及商品生产企业的出资者提供一部分利润。在市场经济条件下，“逐利”是商品生产者的主要目的，因此，如果将商品生产成本看成是商品生产者为了“逐利”而必须付出的有效代价，那么商品生产利润则是市场经济条件下商品生产者进行生产的最终目的。在企业所有权与经营权没有实行有效分离的条件下，商品经营者所获取的收入主要以工资及管理费用的方式体现在商品生产成本过程中，商品生产所实现的税后利润最终属于生产商品的企业所有者所有。在企业所有权与经营权有效分离的条件下，商品生产所实现的利润，一方面以股息分红的方式归企业投资人所有；另一方面则以经营激励的方式，将一部分利润划归企业经营者所有。就生产性企业股东所获取的股息收入而言，在信用货币经济条件下，如果金融市场是一个自由开放的市场，那么企业股东在企业一个完整的经营周期内，所获得的平均股息率水平不会低于银行同一时期平均贷款利率水平。因为如果低于这个水平，企业的股东就可能通过股份变现的方式，将其股权变现的资金用于信用贷款，以此获取相对较高的信用贷款利率。在金融管制相对较严的背景下，由于资金不能自由流动，金融行业的设立门槛较高，企业股东很难将其股权变现所获得的资金通过开办金融机构的方式，来从事贷款业务。在金融管制相对较严的背景下，企业股东在企业一个经营周期内所获得的平均股息率水平只能是不低于同一周期的银行存款平均利率水平。若低于这一水平，企业股东就可以通过股权变现的方式，将股权变现收入存入银行，以获取稳定的银行存款利率收入。从企业经营者的收入来看，在企业所有权与经营权相对分离的条件下，企业经营者对企业所获取的税后利润，除了以股息方式分派给股东之外，企业经营者还可以获得一定数量的经营激励收入。

二、不同经济学流派在商品价格决定因素上产生的理论分歧

理论上而言，商品价格决定理论各不相同。总体来看，在商品价格决定理论上，存在着下述两种理论：

1. 价值决定论。马克思主义经济学认为，决定商品价格高低的主要因素在于商品的自身价值。理论上，商品的价值主要包括两个方面内容：一是商品在生产过程中转移的价值，主要包括原材料、生产设备、生产条件等流动资产消耗以及固定资产磨损所转移的价值，这些价值主要是由前面生产环节所创造的；二是商品在本次生产过程中所创造的增量价值。马克思主义经济学认为，决定单位商品增量价值大小的关键因素，在于生产商品所需要的社会必要劳动时间。当单位商品生产所需要的社会必要劳动时间相对较短时，单位商品增量价值就相对较小；而当单位商品生产所需要的社会必要劳动时间相对较长时，单位商品增量价值就相对较大。在商品价值总额中，不但包括商品生产最后一个环节所产生的增量价值，而且还包括商品以前生产环节所包含的增量价值。就此而言，根据商品价值决定论的思想，商品价值不但由商品生产最后一个环节所需要的社会必要劳动时间所决定，而且还由商品生产最后一个环节之前的所有生产环节所需要的社会必要劳动时间所决定。由于商品生产所需要的社会必要劳动时间长短在很大程度上取决于劳动生产率水平，而劳动生产率发展水平是动态的，商品生产所需要的社会必要劳动时间也是一个动态的发展变化过程，其在一定程

度上是由社会必要劳动时间所决定的商品价值，也是一个随着劳动生产率发展而呈现的动态变化过程。在信用货币经济条件下，商品的价格以信用货币形式表现出来，根据马克思主义经济学所描述的商品价格决定于商品价值的理论，商品价格在市场供求规律作用下，以商品价值为轴心，围绕商品价值上下波动。虽然商品价格在供求规律影响下偏离于商品价值，但是其变动的轴心仍然是商品价值。

2. 供求决定论。供求价格决定理论认为，商品的价格主要是由市场的供求关系所决定的，当商品供不应求时，其价格必然会出现上涨的趋势，而当商品供过于求时，商品的价格则会出现下跌的趋势。在一个静态时间点，商品价格主要表现为商品供给与需求相对均衡时所决定的价格水平。

三、对相关商品价格决定理论的评价

（一）对信用货币经济条件下商品价值决定理论的评价

在信用货币经济条件下，商品的价格主要通过信用货币的形式表现出来。马克思在《资本论》中论述商品价格时曾经考虑了货币流通规模及其流通速度对于商品价格的影响。在信用货币经济条件下，以信用货币表现的社会商品总价值公式为：$QP = MV$。其中，“Q”为一定时期社会商品生产的数量，“P”为一定时期社会商品的平均价格，“M”为一定时期信用货币的流通数量，“V”表现为一定时期信用货币资本的平均流通速度。这里对上述公式做如下变形，商品的价格 $P = MV/Q$。根据这一变形，决定商品价格高低的主要因素有：一是货币的流通规模；二是一定时期货币的平均流通速度；三是一定时期商品的生产数量。根据这一平衡公式，表面来看，商品的价格并不是由商品的价值决定的，而是由货币供应水平、流通速度以及商品的供应数量决定的。就此而言，在信用货币经济条件下，商品价值表面上并没有通过商品的价格表现出来，但是其并没有改变商品价格是由商品价值决定的本质特征。对之。可做以下分析：

1. 在信用货币经济条件下，信用货币本身就是商品价值的表现形式。由于信用货币是由国家发行并强制流通的一种货币，信用货币之所以能够取代黄金商品货币，充当商品流通手段的职能，主要原因还在于信用货币被政府强制力所赋予的观念上的价值尺度职能，而信用货币所赋予的观念上的价值尺度职能，主要是用来衡量商品的价值。一般而言，商品的价值量越高，其以信用货币表现出来的观念上的价值就越大，流通中购买商品所需要的信用货币就越多。在信用货币经济条件下，商品的价值与信用货币量之间是一种正相关的关系，信用货币量的变动在很大程度取决于商品价值量的变动。

2. 在信用货币经济条件下，虽然信用货币凭借政府的强制力取得了观念上的价值尺度职能以及在商品流通中承担流通中介的职能，但是信用货币所具有的这些职能并不能说明信用货币自身就具有价值，信用货币所表现出的价值是以商品自身存在的价值作为基础的，离开了具有价值形态商品的支撑，信用货币没有“一分钱”价值可言。就此而言，商品自身存在的价值，是信用货币经济条件下信用货币能够承担价值尺度和商品流通手段职能的前提和基础。

3. 虽然货币发行量的多少会影响商品的价格，但从商品与商品之间内在比价关系来看，在信用货币发行量不断增加的条件下，商品的价格虽然会背离其价值出现快速上涨，但从商品与商品之间的比价关系来看，在商品价格受信用货币发行量影响而出现大幅波动的条件下，只要商品生产的相对劳动生产率保持不变，商品之间存在的内在价值比价关系就会保持相对稳定，不会随着商品价格的变化而变化。在信用货币经济条件下，这种商品之间存在着的内在价值比价关系，往往会通过商品之间的价格比率表现出来。具体言之，在商品之间相对劳动生产率保持不变的条件下，商品间的价格比率与商品间的价值比率基本相等；在商品之间相对劳动生产率发生变化的情况下，商品间的价值比率会随着商品间相对劳动生产率的变化而发生相应变化，由此导致以信用货币作为表现形式的商品价格之间的比率也发生相应的变化。虽然在信用货币经济条件下，信用货币的发行会使商品的价格对于其价值出现较大程度上的偏离，但这种商品价格由于信用货币发行过多而出现的快速上涨，并不能否定商品价值决定商品价格这一理论。只不过是在信用货币经济条件下，商品价值决定商品价格的理论，并不是通过商品价格变化形式体现出来，而是通过商品之间的比价关系体现出来。

4. 在信用货币经济条件下，虽然信用货币是由政府发行并强制流通的，但是信用货币发行的数量并不是政府可以随心所欲决定的。当信用货币发行过多造成商品价格脱离价值出现大幅上涨时，信用货币的“信用度”就会受到很大的影响。如果政府不能有效地控制信用货币的发行规模，那么信用货币所承担的观念上的价值尺度职能以及商品流通职能，都会受到较大影响，最终使政府发行的信用货币失去货币的功能。因此，在信用货币经济条件下，政府并不能无节制地发行信用货币，其对于信用货币的发行，必然要考虑商品流通所需要的商品价值总量。由此可见，在信用货币经济条件下，商品价值总量对于信用货币的发行数量会产生制约作用，以此使商品价格在某种程度上接近于商品的价值。

5. 在信用货币经济条件下，虽然根据马克思主义经济学理论，商品的价值是由生产商品所需要的社会必要劳动时间所决定的，但与黄金商品货币条件下商品价值在货币数量表现形态上主要取决于商品生产劳动生产率水平及作为价值尺度的黄金生产劳动率水平的相对变化等决定因素不同，在信用货币经济条件下，由于信用货币自身没有价值，其执行的主要是一种观念上的价值尺度职能和法定的流通手段职能。因此，当运用信用货币观念上的价值尺度去表现商品价值时，商品以信用货币作为表现形式的价值量，在很大程度上随着信用货币发行量的增加而增加，在一定程度上使以信用货币作为表现形式的商品价值与其价值的货币表现形态－商品价格之间，是一种同向的变动关系。这种同向的变动关系，在某种程度上确保了商品的价格不会对商品的价值产生较大程度的偏离。

6. 就商品生产而言，在市场经济条件下，虽然商品的价格受多种因素影响而偏离于商品的价值，但在"逐利"机制作用下，如果商品的价格长期地低于商品生产成本，那么商品生产者将会由于盈利减少或经营亏损退出或减少对于这些商品的生产，在供求规律作用下，商品供给的减少会使商品的价格回到商品生产成本价值之上。由于商品生产成本在商品价值构成中所占比重较大，商品生产成本对于商品价格所产生的刚性约束机制，在很大程度上会减轻商品价格对于商品价值的偏离程度。具体言之，当商品的价格大幅高于商品价值时，生产商品所实现的巨额利润会使商品生产者扩大商品的生产规模①，在供求规律作用下，商品供给规模的扩大会使商品的价格向商品价值靠拢。总体来看，在市场经济条件下，只要"逐利"机制充分发挥作用，商品生产成本对于商品的价格向下偏离于商品的价值，就会形成较强的刚性约束；而市场自由竞争的"逐利"机制对于商品价格向上偏离于商品的价值也会形成较强的刚性约束。这些都在一定程度上说明了商品价值对于商品价格的变动，最终会起到决定性作用。

7. 从马克思主义经济学所倡导的价值决定理论所包括的范围来看，在日常的社会经济实践中，一些没有包含人类劳动的自然资源等产品却以较高的价格形式进入商品流通领域，并且随着人类社会重化工业的不断深入发展，这种没有体现人类劳动的自然资源在商品流通中的价格呈现出越来越大的上涨趋势。理论上，没有凝结人类劳动的自然资源价格在重化工业社会中所表现出的不断上涨的趋势，其对马克思主义经济学的商品价值决定理论形成了一定的挑战，似乎也在某种程度上肯定了供求决定价格的理论。笔者认为，就没有人类劳动凝结的自然资源货币化而言，一方面自然资源要成为真正意义上的商品，必须通过人类劳动才能实现，这些人类劳动主要体现在自然资源勘探、开采及运输环节，如果没有这些人类劳动的参与，自然资源是不会成为有价值形式商品的。例如，在现实生活中，还有一大批沉睡于地下的未勘探的自然资源，不会自动地跳出来成为有价值和交易价格的商品。在日常经济实践中，一些矿产勘探机构通常以预先向政府支付勘探费的方式，取得自然资源的探矿权，但其并不能作为没有经过人类劳动的自然资源可以预先取得价值增值的依据。矿产勘探机构在探

① 理论上，商品生产规模既可以由原商品生产者来扩大，也可以通过外部生产者加入该种商品生产的方式来扩大。

明矿产资源之前向政府支付的勘探费，实际上只是一种单方面的价值支付。只有矿产勘探机构在探明矿产以后，这部分单方面的价值支付才能作为费用计入矿产资源的成本。而一些已勘探的自然资源，如果不进行有效地开采，其在经济活动中所体现的较高交易价格也无法体现，而只能作为储量资源形态以较低的价格参与市场交易。在自然资源开采发掘之后，由于其蕴含了较高的人类开采挖掘的劳动，自然资源价值得到了快速增值。随着自然资源由开采地向使用地的转移，自然资源在运输过程中也加入了一定程度的人类劳动价值，使自然资源进一步增值。由此可见，虽然在重化工业时代自然资源交易价格出现了快速上涨的趋势，但不管自然资源价格如何上涨，附加在自然资源之上的人类劳动是构成自然资源价值的基础，也是以货币形态表现出来的自然资源较高价格的必要条件。另一方面，在重化工业时代，鉴于自然资源的不可再生性，重化工业发展对于自然资源的巨额需求，使不可再生的自然资源存量供给与日益扩大的市场需求之间矛盾突出。在供求规律作用下，自然资源价格出现脱离其体现人类劳动价值约束的快速上涨，使自然资源拥有者获取了丰厚的利润。

必须指出的是，在重化工业时代，自然资源价格出现快速上涨，除了受重化工业发展所导致的对于不可再生自然资源巨额需求因素的影响之外，也与信用货币经济条件下信用货币不断的超额发行密切相关。在信用货币经济条件下，如果政府发行过多的信用货币，根据信用货币经济条件下商品价格与货币发行量、流通速度的价格公式，这部分信用货币首先会通过提高流通商品价格的方式，来将超发的货币分摊至具有使用价值和价值形态做支撑的商品中去，由于一定时期体现人类劳动的商品总量相对有限以及人类对于商品消费自身存在的刚性约束，在商品价格受信用货币发行影响上涨较多时，一些超发的信用货币，很难通过价格上涨的方式，将其超发价值完全分摊至具有使用价值和价值形态做支撑的商品中去，寻求具有一定使用价值形态的实物做支撑，是超额发行的信用货币实现其价值的必然选择。在重化工业时代，没有经过先天人类劳动的自然资源是没有价值的，但却具有使用价值，因此，一些没有实现价值形式向使用价值形式转化的信用货币，通过购买自然资源的方式，实现由信用货币的价值形式向以自然资源为依托的使用价值形式转化。当然，在自然资源使用价值向价值转化过程中，虽然在自然资源的货币化形态中也包含有人类劳动的价值，但是在超发货币资金追逐下，自然资源以货币化形态表现出来的价格远远高于其所包含的人类劳动的价值。

理论上，由于自然资源属于政府所有，在超发信用货币通过自然资源货币化的方式实现其价值时，作为自然资源拥有者的政府，如果将其出卖自然资源而回收的货币销毁，则相当于以自然资源天然的使用价值形态吸收了由政府超额发行的信用货币。由于政府通过其所拥有的自然资源，对于超发的信用货币进行了有效的对冲，在这种条件下，经济运行中一般不会发生通货膨胀。如果政府将自然资源使用价值货币化的收入再用于增加政府支出，那么这种超发的信用货币仍将重新投入货币流通领域，通过与其他使用价值形态商品相交换的方式，实现由价值形态的信用货币向使用价值形态的商品转换，并且由于政府对自然资源货币化收入的支出方向不同，政府信用货币超发对于经济影响的层面也各不相同。例如，如果政府支出用于补贴一般消费者，那么信用货币的超发就可以突破粮油等日用消费品刚性消费约束而对其价格上涨产生制约作用。一般消费者信用货币收入的提高，在很大程度上会推动粮油等日用消费品价格的进一步上涨。如果政府支出用于增加投资，那么在很大程度上会推动投资品价格的进一步上涨。由于自然资源构成投资品的主体，投资品价格的快速上涨在很大程度上会推动自然资源价格的进一步上涨。

从市场需求与价格之间属性关系来看，投资品之间存在着不断内循环的关系，投资品的价格上涨受投资品需求刚性约束较小，并且在投资规模不断扩大的影响下，自然资源价格在有限的存量约束条件下会出现大幅度上涨，以此推动其他环节投资品价格的进一步上涨。理论上，只要自然资源的存量不被完全消耗完，自然资源价格与其他环节投资品价格之间所呈现的这种不断上涨的趋势，就可以无限延续下去。由于在投资品的生产过程中还有一部分劳动力参与，在投资规模不断扩张的过程中，劳动者就业率的提高，在一定程度上提高了一般劳动者的收入水平。劳动者收入水平的提高在很大程度上可以突破一般消费品需求对于价格上涨的刚性约束，从而使需求刚性约束较大的一般消费品价格出现明显上涨，而一般消费品价格的快速上涨使劳动者就业所必需的工资水平处于刚性增长状态，由此相对提高了投资领域的劳动者工资成本，而投资领域劳动者工资的上涨，又进一步使投资品的价格不断上涨。总体来看，在这种以侧重投资支出的政府支出模式下，政府变卖自然资源所获得的收入进入投资领域，可以使政府通过自然资源价格的不断上涨以及投资领域内循环式的发展模式，获取较多的自然资源货币化收入，以此实现财政收入的较快增长，使超发的信用货币通过这种方式顺利地进入商品流通领域，从而在很大程度上增加了以信用货币作为表现形式的 GDP 发展规模。

总体而言，虽然自然资源在供求规律作用下价格出现了快速上涨，但就自然资源价格出现上涨的原因而言，其在很大程度上是受体现人类劳动的其他投资品或商品的需求推动。而从自然资源在信用货币化经济条件下实现使用价值向价值转变的最终用途来看，在信用货币经济条件下，自然资源货币化收入只能通过与其他凝结人类劳动的产品相交换的方式，才能顺利实现自然资源由价值形式向其他使用价值形式的转变，从而使这部分以信用货币作为表现形式的价值顺利地参与商品流通。如果这部分以信用货币作为表现形式的价值不通过与其他商品相交换的方式，将其价值形式转换为以商品作为表现形式的使用价值形态，那么只能停留在单纯地以信用货币作为表现形式的价值形态。即：一方面表现为银行存款形态信用货币资金；另一方面表现为以价值作为交易对象的资本市场领域的信用货币资金的存量。如果自然资源的价格主要取决于自然资源的价值，那么以价值方式参与流通的自然资源进入生产领域后，不会通过价格的传导机制对经济运行产生较大的通货膨胀压力，而自然资源以价值形式进入流通领域，使政府在信用货币发行上缺少了使用价值形态的实物做支撑，在很大程度上会对信用货币经济条件下政府不断发行增量信用货币的行为产生抑制作用，从而使社会物价总体水平保持在较低的状态。

根据以上论述，在信用货币经济条件下，自然资源价格超出其价值所出现的大幅度上涨，本身并没有否定商品价格由生产商品的价值所决定的规律，理论上而言，自然资源价格在信用货币经济条件下之所以会出现快速上涨，这与重化工业发展对于不可再生自然资源的需求增加有关，也与政府在信用货币发行规模上的不断扩张密切相关。

（二）对信用货币经济条件下供求价格决定理论的评价

供求价格决定理论认为，商品的价格主要由市场的供给与需求决定，表面看来，供求价格决定理论在某种程度上较好地反映了市场经济条件下商品价格的动态变化情况。在一定的劳动生产率和社会生产条件下，商品价格会随着市场对于商品的供求变化而发生变化。但是，在市场经济条件下，商品价格随着市场对于商品供求变化而变化的现象，并不意味着商品价格就是由供求决定的。根据供求决定价格的理论，在现实生活中很难找出供求均衡的价格点。根据西方经济学的经典理论，某一种商品的供给曲线与需求曲线相交的点就是供求均衡的价格点。问题的关键在于，从商品供给曲线和需求曲线的形成情况来看，供给曲线和需求曲线是根据某一价格点的商品供给量和需求量来绘制的，从供求与价格之间的关系来看，是价格在先，供求在后。是价格决定需求，而不是需求决定价格。供求决定价格理论显然犯了一个本末倒置的错误，其错误地将一定价格水平下的供求关系，理解为供求关系决定于某一商品的绝对价格。就此而言，供求决定价格理论并没有科学地解释商品价格的最终决定因素，仅仅就一种现象来解释另一种现象。实际上，就商品的价格而言，如前所述，决定商品价格的刚性因素在于商品的生产成本。在市场经济条件下，如果商品的价格低于商品的生产成本，商品生产的规模就会相对减少，以此减少商品的供给量，通过商品供给量的减少，使商品的价格高于其生产成本，使商品价格在供给与需求相对均衡的条件下实现价格的均衡。由此可见，是商品的生产成本约束机制导致商品生产者对于商品的价格做出生产规模扩张或缩减的反应，而不是单纯的市场需求。不难想象，在市场需求为零的情况下，商品生产者会以零元的价格来出售商品。

有鉴于此，在市场经济条件下，正常的生产成本是决定商品价格的主要因素，而市场需求只是影响商品价格的一种次要因素。当商品价格由于市场需求较多而导致价格高于商品生产成本快速上涨时，在市场“逐利”机制作用下，商品生产者就会通过扩大生产规模的方式增加商品生产的供给数量，以此使商品价格出现回落。表面看来，商品供给的增加使商品价格出现了回落。实际上，从商品价格由于供给增加而出现回落的真实原因来看，在市场需求影响下，商品价格出现快速上涨之所以能够促进商品生产者扩大生产规模，根本原因还在于商品价格超过了商品生产成本，出现了较大程度的盈利，在“逐利”机制作用下，商品生产者才会扩大商品生产的规模，最终随着商品供给的扩大，使商品价格出现回落。如果商品生产成本随着商品价格上涨出现同等幅度的上升，生产商品的实际利润并没有随着商品价格的上涨而出现增加，那么虽然在需求规律作用下，商品价格出现上涨，但是受商品生产成本快速增加影响，在市场“逐利”机制作用下，商品的供给并不会出现快速增加。在市场需求不变的条件下，如果商品生产成本不断提高，商品的价格也会出现不断上涨。市场经济条件下这一微观经济现象反映在宏观经济领域，主要表现为经济运行中出现的“滞胀”现象。

由此可见，商品生产供给规模的扩大并不会随着市场需求扩大以及商品价格上涨应运而生，而是在商品生产成本保持相对不变或变动幅度较小的条件下，商品生产存在着利润持续扩大的预期，商品生产者才会在“逐利”机制作用下，扩大商品的生产规模，最终通过生产规模的扩张，使商品价格出现回落，从而使商品生产者经营利润回到正常的经营水平。在商品价格受需求扩大而出现大幅上涨的情况下，商品生产成本的高低仍然是决定市场经济条件下市场主体在“逐利”机制作用下能否扩大供给规模以及商品价格未来走势的关键因素，而商品生产成本的高低在很大程度上取决于商品的价值。

四、商品价值决定商品价格理论在现代市场经济发展中的运用

（一）信用货币发行对于商品价格与价值的影响

在信用货币经济条件下，与黄金商品货币不同，信用货币是一种由政府强制发行、没有任何价值却强制地成为衡量商品价值的价值尺度以及充当商品流通中介职能的一种以政府信用为支撑的货币。在黄金商品货币条件下，黄金本身就是具有一定使用价值形态的商品，市场主体可以根据其他商品劳动生产率与黄金商品劳动生产率之间的变化关系，在黄金商品与其他商品之间进行自由切换。商品之间劳动生产率的变化相对较慢，决定了在一定经济条件下，市场主体在黄金商品货币与其他商品之间的占有比重方面相对稳定。黄金商品作为市场主体的财富代表，既体现出其所承担的货币价值职能，也可以很好地体现出黄金的商品属性职能。而从信用货币与其他商品的

替代关系来看，与黄金商品货币相比，信用货币并不能作为货币所有者真实的财富代表，信用货币只有通过商品交换的方式，实现信用货币的价值形式向具有一定使用价值形态为支撑的商品的转换，信用货币才能真正实现其价值，发挥其流通货币的职能。因此，在信用货币发行的条件下，增量信用货币必然会源源不断地加入商品交换，从而使以信用货币作为表现形态的商品价值和价格出现较大变化。总体来看，信用货币的发行对于商品价值的影响主要体现在以下几个方面：

1. 直接影响商品的成本。在信用货币不断发行的影响下，根据前面所述的商品产量、价格与信用货币发行量、流通速度之间的关系，在商品产量、货币流通速度保持不变的条件下，商品的价格会出现上涨。就商品的生产成本而言，在组成商品生产成本的相关生产要素价格上涨的影响下，商品生产成本也会出现相应的增加。理论上，商品生产成本增加的幅度，在很大程度上取决于作为商品生产成本组成要素的商品价格上涨幅度。商品生产成本构成商品价值的主体，在信用货币发行导致商品生产成本大幅上升的条件下，以信用货币作为表现形态的商品价值也出现了大幅上升，导致商品的价格同样会出现大幅上涨。当然，在生产力不断向前发展的影响下，劳动生产率发展水平的不断提高在某种程度上会对信用货币发行所导致的商品价格上涨产生减缓作用，这种减缓作用发挥程度的大小在很大程度上取决于劳动生产率的提高率与信用货币增长率之间的关系。理论上，假设社会整体劳动生产率的提高是在产业结构实现升级、社会生产与消费或供给与需求保持总体平衡的基础上实现的①；假设在信用货币资金供给上，信用货币资金供给与各行业在不同劳动生产率发展水平下所产生的信用货币资金需求是一一匹配的关系，那么当社会整体劳动生产率的提高率等于信用货币增长率的时候，社会商品以信用货币作为表现形态的总价值就会保持相对不变而作为商品价值代表的商品价格也会保持相对不变。当社会整体劳动生产率的增长率高于信用货币增长率时，社会商品以信用货币作为表现形态的总价值量就会出现减少，而作为商品价值代表的商品价格也会相应地下降；当社会整体劳动生产率的增长率低于信用货币增长率时，社会商品以信用货币作为表现形态的总价值量就会增加，而作为商品价值代表的商品价格也会出现上涨。

2. 直接影响商品的平均利润水平。在信用货币经济条件下，由于信用货币的发行会对商品的价值总量产生影响，在增量信用货币不断发行的影响下，以信用货币作为表现形式的商品价格就会出现较大幅度上涨，受此影响，经济运行将面临较大的通货膨胀压力。就某一商品生产者而言，虽然其商品价格的上涨在短期之内会增加其商品以信用货币作为表现形式的商品销售金额，但是受成本上涨因素影响，商品价格上

① 之所以要做上述假设，是因为那些供过于求的行业劳动生产率的提高，其产品是不能通过有效的商品流通方式来将其以使用价值形态表现的商品转换为以信用货币作为表现形态的价值的。

涨并不能给商品生产者带来更多的利润。就此而言，在信用货币不断发行的作用下，以信用货币作为表现形式的社会平均利润水平会受到较大影响。具体言之，在信用货币不断发行的影响下，如果以信用货币作为表现形式的社会平均利润水平仍然像前期那样，保持不变，那么考虑通货膨胀因素的影响，这种社会平均利润实际上是相对缩减的。信用货币的不断发行在很大程度上对社会平均利润水平会产生较大影响。理论上，鉴于市场经济条件下商品生产成本对于商品价格的刚性影响，在信用货币经济条件下，商品的最低盈利水平应该超过社会平均通胀水平，只有这样商品生产才能通过有效的成本补偿路径持续进行。当然，在信用货币不断发行的条件下，商品生产者也可以通过技术进步、提高劳动生产率的方式，来增加本企业的利润水平，抵御通货膨胀压力。而劳动生产率提高对于企业利润水平的提高最终能够产生多大的影响，既取决于企业劳动生产率提高对于企业利润的贡献率，也取决于经济运行的通货膨胀水平。当然，要使企业劳动生产率的提高真正地提高企业利润水平，还必须假设商品生产企业由于技术进步而导致的劳动生产率的提高，不会对商品供求关系产生影响。即：企业劳动生产率的提高是在供求均衡的基础之上实现的，在一定程度上确保了企业由于劳动生产率提高所增加的产量能够顺利地销售，从而实现由商品的使用价值形态向以信用货币作为表现形式的价值形态的转变。

3. 信用货币在不同市场主体之间的分布状态直接影响不同类别商品之间的供求关系。在信用货币经济条件下，商品的使用价值形态与价值形态主要表现为以商品实物与信用货币之间的外在对立，而信用货币自身所具有的属性，在很大程度上决定了实现以信用货币作为表现形式的价值形态向以商品作为表现形式的使用价值转变，是信用货币持有者的最终目的。就此而言，信用货币所有者对于不同类别商品需求的偏好，在很大程度直接影响了不同类别商品之间的供求关系。由于信用货币在市场主体之间并不是平均分布的，受信用货币不同所有者在商品需求偏好上存在较大差异的影响，信用货币在不同市场主体之间的分布状态，就会直接影响不同类别商品之间的供求关系，从而对不同类别商品的价格会产生间接影响。具体言之，当信用货币在不同市场主体之间分布相对均衡时，不同类别商品之间的价格就会相对合理，商品以实物形态作为表现形式的使用价值向以信用货币作为表现形态的价值转换，就相对顺畅；反之，当信用货币在不同市场主体之间分布不均衡时，不同类别商品之间的价格就相对不合理，商品价值对于价格的决定机制就会受到较大的影响而无法有效地发挥作用。一些商品的价格会出现畸形的上涨，而一些商品则会出现供过于求，不能有效实现以商品作为表现形式的使用价值形式向以信用货币作为表现形态的价值形式的转换。就整个社会生产而言，受商品价格分布不合理以及商品价值规律无法发挥重要作用的影响，整个社会再生产将无法正常进行，最终必须通过改变信用货币在不同市场主体之间分布结构的方式，才能保证社会再生产的正常运行。就此而言，在信用货币经济条件下，虽然信用货币的不断发行会提高商品的价格，但是如果信用货币的获取不是通过正常的商品交换渠道来实现的，那么极有可能最终导致信用货币在不同市场主体之间的分布不均，从而对社会再生产产生诸多不利影响。理论上而言，这种信用货币在不同市场主体之间的分布不均，在财政政策上主要表现为国民收入分配的不公。因此，为了有效地避免信用货币在不同市场主体之间所出现的分布不均现象，一方面，要求在信用货币取得机会上要相对公平，在经济实践中，主要表现为通过有偿的方式取得信用货币；另一方面，在信用货币流动方面要相对自由，主要表现为通过信用货币的自由流动，为实现以信用货币作为表现形态的价值形式向以商品作为表现形态的使用价值形式转换创造有利的条件，通过信用货币的自由流动，有效地解决信用货币在不同市场主体之间分布不均的问题，最大限度地提高信用货币的使用效率。

（二）商品价值决定价格规律对于当前商品定价的启示

如前所述，在信用货币经济条件下，决定商品价格的主要因素在于价值，而不是商品的市场供求关系。从商品价格在市场经济运行中的实际定价情况来看，由于存在着对市场经济认识的诸多误区，一些人认为，所谓搞市场经济，就是一切由市场说了算，市场供求规律是作用于一切领域的规律，其对于商品价格的确定具有决定性影响。在这种思想指导下，一些商品生产者为了获取较高的价格，实现较高的利润，通过压缩生产、囤积居奇的方式，减少供给，以此使商品卖出更高的价格。由于市场供给受到人为的压缩，一些市场急需的商品得不到充分的供给，市场需求者需要支付较高的价格来满足其对于这部分商品的需求，这在很大程度上降低了消费者的消费效用，由此影响了社会生产效率，使社会生产不能服务于提高人类不断发展的物质和精神生活需要这个最终目的。还有一些商品生产者在供给过多、利润相对较少的情况下，通过片面地压缩生产成本，生产假冒伪劣产品的方式，来获取利润。在商品供给过多的情况下，由于商品定价不受成本约束，一些商品生产者片面压缩生产成本的行为，使商品的质量受到较大影响，影响了商品的使用价值，使消费者的消费效用受到较大损害。而一些商品生产者根据市场对商品价格的供求决定机制，以极低的成本生产假冒伪劣商品，利用市场对于其模仿的正常商品的需求，将这些假冒伪劣商品投放市场，按照正常商品的价格出售，以此获取超额利润。就假冒伪劣商品的消费者而言，其按照正规商品的价格购买了这些假冒伪劣商品，却不能获得正常商品所应有的消费效用，而且部分假冒伪劣商品对于消费者还存在负面的消费效用，这些都对消费者的身心健康及财产等带来了巨大损害。在不考虑成本刚性约束的定价机制下，利用市场供求的价格决定机制，通过片面降低生产成本甚至生产假冒伪劣商品的方式来获取利润，会使消费者受到较大的损失，也违背了社会生产服务于居民不断提高的物质和精神生活需要的最终目的。

一些商品流通环节的投机者利用其所拥有的资金和销售渠道优势，通过在短时期内制造巨大市场需求空间抬高商品价格的方式获取巨额利润。在投机资金作用下，市场在短期内对于商品的需求是虚假的，这部分投机资金以较高的价格购买商品的目的不在于消费这些商品，而在于以更高的价格将这些商品再卖出去，其所获得的利润只是一种货币财富在不同市场主体之间的再分配。在这种利用市场供求价格决定机制对商品价格进行投机的经济活动中，一方面，商品消费者只能以较高的价格购买商品，其在很大程度上减少了消费者的消费效用；另一方面，从供给角度来看，如果在供求价格决定机制作用下，商品生产者在商品价格上涨的引导下扩大商品的生产规模，在投机性需求与商品供给增加因素共同影响下，商品价格必然会出现大幅回落，造成商品价格的大幅度波动，也使商品生产者由于商品生产规模的扩大而遭受较大的经济损失。

由此可见，在信用货币经济条件下，如果单纯地以商品的供求关系来对商品价格进行定价，不仅使商品价格不能正确地反映商品的价值，还会在很大程度上干扰正常的经济运行秩序，使社会生产偏离于满足人类社会不断增长的物质和精神生活需求的这个最终的生产目的。因此，在信用货币经济条件下，抛弃供求价格决定理论，将商品价值作为确定商品价格的主要依据，可以有效避免商品价格在市场供求关系决定下出现的大幅波动以及由此形成的诸多弊端，使社会生产的最终目的服从于满足居民不断增长的物质和精神生活需要。根据商品价值决定商品价格的理论，在信用货币经济条件下，商品价格的确定应体现以下原则。一是商品价格能够有效地抵补其生产成本；二是商品生产者可以获得一定的经营利润。从经济实践来看，商品定价的这两个原则，对于商品生产成本以及营业利润的影响，主要表现在以下几个方面：

第一，从原材料生产成本来看，企业必须使其产品生产所消耗的原材料在质量及数量方面得到有效保证，不能为了节约商品原材料成本而采用质量较差的原材料或者通过偷工减料的方式，来降低商品的质量。理论上，根据商品价值决定价格规则，商品生产者只有在保证商品生产质量的前提下，通过科学技术的进步，采取更新的原材料替代品或者节约单位产品原材料消耗的方式，才能使企业产品生产成本的节约建立在生产者与消费者利益共享的基础之上。从行业经济发展角度判断，大力发展新型材料以及节能产业，可以起到有效降低商品生产原材料成本的目的。

第二，从商品生产的人工成本来看，为了保证企业产品生产的连续性以及实现社会生产的最终目的，商品生产所包含的人工成本在职工工资明细栏已经做了详细的规定，这些都是实现劳动力再生产所必需的，也是生产力不断发展的需要。理论上，在商品生产过程中，根据马克思的劳动价值论思想，从事商品生产的生产者不但能够创造出满足劳动力生存和发展需要的自身价值，而且还能够创造出超过这个价值之上的增量价值。因此，在商品生产过程中，对于从事商品生产活动的劳动力工资收入，必须给予充分的保障。只有这样，才能保证劳动力再生产的连续性，使社会再生产有可靠的后续劳动力支持；才能有效地提高劳动者素质，为生产力的发展提供必要的人力支持。如果商品生产者为了节约成本，而根据所谓的市场供求决定价格的规则，对于劳动力实行较低的工资待遇，那么短期来看，商品生产者虽然可以获取较多的利润收入。就长期而言，如果劳动力工资水平过低，劳动力再生产以及后续劳动力的供给就存在着较大障碍，一旦劳动力在数量和质量上供给相对不足，社会再生产就无法持续进行，不能向社会提供有效的商品供给，也使商品生产者的利润得不到有效的保障。因此，通过降低人工成本的方式来降低商品的价格，是行不通的。只有在商品生产成本中正确地体现劳动力的价值，才能保证社会再生产的连续运行，使商品生产者可以获得持续的生产性利润收入。当前，为了使劳动力再生产以及后续劳动力的供给得到充分保障，应该突破劳动力价格由市场供求决定的误区，严格地按照劳动力工资所应该包含的内容发放工资，确保劳动力再生产和后续劳动力供给的持续性。当然，根据马克思的有关论述，通过提高生产力发展水平的方式，可以有效地节约劳动力的再生产成本。笔者认为，社会生产的最终目的主要在于满足居民不断提高的物质和精神生活需要。因此，虽然生产力发展水平的提高在某种程度上可以降低劳动力再生产所需要的物质资料价值，但从社会生产的最终目的来看，在生产力发展水平不断提高的条件下，生产性劳动力工资中所包含的教育以及精神消费等支出成本应该是增加的，其主要表现为从事生产的劳动力文化素质得到不断提高，休闲时间不断延长，以文化、旅游为代表的精神消费支出水平不断提高等方面。就此而言，在信用货币经济条件下，从事生产活动的劳动力收入的高低，并不是体现在其所取得的实际工资数额方面，而是劳动力的工资水平能否使劳动力基本的生存消费得到满足，使劳动力发展性消费随着生产力的发展得到不断提高。

第三，从商品生产成本中所包含的制造费用来看，如前所述，制造费用包括产品生产成本中除直接材料和直接工资以外的其余一切生产成本，主要包括企业各个生产单位（车间、分厂）为组织和管理生产所发生的一切费用。从制造费用的具体内容来看，生产性企业可以通过优化管理流程、精简管理机构的方式，压缩生产管理人员的数量，并适当缩小生产管理人员与一线生产人员之间的工资差距。同时，通过优化生产流程的方式，最大限度地减少季节性生产和修理期间的停工损失；通过节俭的方式，最大限度地降低业务招待费用支出，降低商品生产成本。

第四，从构成企业销售成本的销售费用来看，当前为了使企业生产的商品更好地满足消费者的需要，使消费者可以获得更多的消费效用，根据前面关于企业销售费用内容的论述，在企业销售费用中，对于一般日用消费品，企业应通过精简、有效的包装方式，使消费者获取较大的消费效用，而不应该为了获取更多的利润，通过过度包装的方式，来提高商品的销售价格。如果企业对于一般日用消费品采取过度包装的方式来获取更多的利润，一方面对于商品的过度包装会浪费大量的原材料；另一方面，商品过度包装所导致销售价格的提高，在很大程度上减少了消费者的消费效用。在完全市场化的经营机制下，市场自由竞争机制会通过价格机制的作用，使商品生产者做到以最简单、最便利的包装，来满足消费者的实际需要。当然，这种假设的前提条件还在于消费者是真正意义上的市场主体，其购买商品的主要目的在于消费，而不在于投资或用于其他支出。换而言之，实现消费效用的最大化，是消费者购买商品的最终目的。此外，从广告费用来看，由于企业销售商品所发生的广告费用计入商品的生产成本，最终要由消费者来承担，而从广告费用对于消费者的影响来看，企业销售所发生的广告费用基本上不会增加消费者的消费效用，因此，过高的商品销售广告费用在很大程度上会减少消费者的消费效用。有鉴于此，最大限度地降低商品销售的广告费用，可以节约商品销售成本，提高消费者的消费效用，使社会生产的最终目的服务于满足居民不断提高的物质与精神生活需要。

第五，从企业商品生产所发生的财务费用来看，由于财务费用主要是企业的融资成本，这部分支出数量的大小，在很大程度上取决于企业的资本构成，决定企业资本构成状况的关键因素，主要在于由企业生产技术水平所决定的资本投资回报率水平。理论上，在市场经济条件下，企业资本投资回报率的高低主要表现在两个方面：一是由企业生产的商品所包含的技术含量所决定的商品利润率的高低；二是由劳动生产率所决定的企业生产商品能力的高低。当资本投资回报率较高时，企业一般会采取间接融资的方式，一方面将间接融资所发生的财务费用从企业生产商品所取得的较高利润中扣除；另一方面，企业股东在企业商品利润率较高时也可以获得较高的股权投资回报。反之，当资本投资回报率较低时，企业会尽量减少间接融资的数量，以此最大限度地节约商品生产所发生的财务费用，他们会通过直接融资的方式，有效地解决企业生产所面临的资金不足问题。总体来看，为了有效节约财务费用，使企业商品的生产成本得到降低，从而实现消费者消费效用最大化的目的，企业一方面要优化间接融资的期限结构，通过合理的间接融资期限结构安排，最大限度地降低间接融资成本，使企业发生的财务费用得到有效降低；另一方面，还应该合理地规划企业直接融资与间接融资结构，提高资金的使用效率，最大限度地降低企业生产所发生的财务费用，使企业商品生产成本得到有效降低，从而为实现消费者消费效用的最大化创造有利条件。

第六，从企业商品生产所缴纳的税金来看，由于企业在商品生产环节所缴纳的税金，都通过加入成本的方式，转而由消费商品的消费者承担，提高了商品的销售价格，也使消费者的消费效用受到了较大的负面影响。理论上而言，在商品生产环节所缴纳的税金虽然在商品销售价格中得到了反映，但由这部分销售税金加入商品生产成本所导致的物价上涨，其既没有有效地反映商品价值的增加，也不是商品价格对于市场供求关系的准确反映。就此而言，在信用货币经济条件下，商品生产环节税金实际上如信用货币发行一样，是国家凭借政治强制力加入商品价格并参与社会价值分配的必然产物。商品生产性税金是强加于商品价格之上的，商品生产性税金的增加会提高商品的价格，对于消费者的消费效用造成较大损害，也会对经济运行产生较大的通货膨胀压力。虽然国家通过征收商品生产性税金的方式，可以积聚一定数量的财政收入，并将之用于国民收入的再分配，但国家依靠这种方式所获得的税金收入，其来源并不是真正意义上的增量国民收入，而是通过政治强制力在居民之间所进行的一种再分配。扰乱了市场经济条件下商品定价的基本规则，对经济运行产生了较多不利影响，也没有很好地体现出税收的相对公平性原则。为了使商品的价格真正地反映其价值，最大限度地提高消费者的消费效用，可以通过税收改革的方式，将以流转税作为表现形式的间接税改为以所得税作为表现形式的直接税。一方面，使税收收入真正地来源于增量国民收入，使税收收入与国民收入增长保持同步；另一方面，使市场经济条件下的商品价格真正地反映其价值，充分发挥商品价值对于价格的决定性作用，促使商品生产性企业通过提高技术的方式，增强其企业产品的市场竞争力，以进一步促进社会生产力的发展，最大限度地提高消费者的消费效用。

第七，从企业经营性利润来看，在“逐利”机制作用下，获取利润是企业投资者经营企业的最终目的。理论上，企业获取利润的方式与企业产品定价模式密切相关。在供求价格决定机制下，如果一些供过于求的商品市场价格下跌，企业经营者会采取降低生产成本的方式来确保其所获取的利润数额，从企业降低经营成本的主要路径来看，其主要通过降低原材料成本、人工成本以及管理费用成本等方式，来达到降低生产成本的目的。一般，原材料成本的降低，使商品的质量得不到保证，更有甚者，为了降低生产成本，采取假冒伪劣产品生产方式，将对社会生产、生活产生较大的负面影响。而人工成本的下降，将在很大程度上影响劳动力的再生产，使社会生产不能很好地实现满足居民不断提高的物质和精神生活需要的最终目的。就此而言，在供求决定价格机制下，企业对于利润的追求，会导致社会财富分配的两极分化，资本所有者在社会生产中获取越来越多的财富份额，而劳动力在供求规律作用下，其自身的再生产却难以维持。随着时间推移，当社会贫富分化到一定程度时，社会再生产无法顺利进行，也使商品质量不能得到有效的保证，国民经济产业结构不能实现有效的优化升级。在市场经济条件下，由于商品生产者对于那些“供过于求”的商品，可以通过采取压低原材料成本和人工工资的方式，来获取利润，而不是在成本决定价格机制作用下，通过产业转移的方式，一方面减少商品的供给，使商品供求保持相对均衡；另一方面，通过企业生产成本的刚性约束，使社会生产建立在各生产要素消耗成本都能够得到有效补偿的基础之上，从而确保国民经济的发展质量以及社会再生产的持续进行。就此而言，企业经营利润应该建立在生产成本得到有效补偿的基础之上。在成本决定价格机制作用下，企业投资者获取利润的最佳方式，就是通过技术的进步以及减少非生产性支出消耗如降低非生产性人工成本、管理成本、销售成本、财务费用等方式，获取较大的利润收益。理论上，企业通过这种方式来获取利润，可以使企业的技术进步对于生产力发展起到有效地推动作用。如果各生产要素消耗成本在企业经营中能够得到有效补偿，在保证社会再生产所产生的消耗成本能够得到持续补偿的同时，也确保了社会生产的最终目的服从于人类社会不断提高的物质和精神生活需要。在现代市场经济条件下，如果企业产品价格定价以生产成本为基础，企业的经营利润水平则主要取决于以下几个方面：

一是企业产品的市场需求程度。当企业生产的产品市场需求较高时，在企业产品价格相对其价值适度偏离的作用下，企业可以获取较多的利润。

二是企业产品生产的技术先进程度。从产品生产成本角度分析，企业产品的生产技术越先进，其同类商品的单位生产成本相对于社会平均成本就较低，在按同等价格出售的条件下，技术先进的企业可以获得较高的利润收入。从供求关系角度进行分析，企业拥有先进的生产技术，在一定程度上使企业产品在性能及质量上相对于其他企业产品而言，更具有优势，会使企业产品供不应求，在供求价格机制作用下，企业产品可以以较高的价格进行出售，以此获取较多的利润。

三是企业所拥有的相对成本优势。当企业生产的产品距离原料场地、销售场地、能源供应场地较近，企业生产所拥有的人力资源成本相对较低，企业生产所面临的税收政策相对优惠时，企业产品的生产成本相对较低，在按同等价格出售的条件下，企业可以获得较多的利润。

除此之外，在以资金作为表现形态的资本可以自由流动的条件下，根据马克思在《资本论》中关于平均利润的论述，资本只能获取市场平均的利润水平，这种平均利润的来源，主要取决于在各生产要素生产成本消耗得到有效补偿的条件下，各种以前累积的体现活劳动价值总量以及现行的活劳动价值共同在生产中创造的、除抵补各生产要素消耗成本之后的余额，理论上，只要上述生产要素的消耗成本得到有效补偿，尤其是劳动力成本得到了有效补偿，以人类劳动价值作为表现形态的货币资本就可以通过进入生产领域进行投资的方式，获取平均利润。当然，在货币资本向生产资本转换过程中，还存在着利用经济杠杆借入一部分货币资本的方式，对于这部分货币资本，货币资本所有者应向其支付一定的利息收入，理论上而言，这部分利息收入不应高于产业资本的平均利润水平，因为在产业资本投资过程中，还面临着较大的市场经营风险。而借出资本相对于产业资本而言，在借贷方面相对有抵押保证，在借款企业破产清偿时，借贷资本也拥有优先受偿权。就此而言，借贷资本所获取的平均利润在理论上应低于产业资本的平均利润水平。特别值得一提的是，在信用货币经济条件下，由于信用货币的发行主要取决于政府的意志，在信用货币超发的背景下，一些超发的信用货币最终会通过商品价格上涨的方式，将其超发所出现的多余价值，分摊至历史的或现有的含有一定使用价值的商品中去。就此而言，受单位信用货币所包含的历史累积的人类劳动价值和现实劳动价值之和减少的影响，以货币资本为表现形式的产业资本的平均利润率，应该会出现逐渐下降的趋势，而阻碍产业资本平均利润率出现下降趋势的关键因素，还在于社会劳动生产率所实现的进步程度。

总体来看，在现代经济条件下，根据商品价值决定理论，商品以接近其价值的方式出售，最有利于经济运行。为了使商品价格进一步接近于其价值，一方面要加强市场监管，规范市场交易秩序，防止虚报、操纵市场价格现象的发生；另一方面，要鼓励市场自由竞争，取缔行业投资壁垒，通过市场充分自由竞争的方式，使商品的价格真实地反映其价值，使社会生产效率达到最大化，消费者消费效用达到最大化。

本章小结

本章研究了信用货币经济条件下商品价格决定理论及其对经济发展的借鉴。文章首先分析了在实际财务核算中商品价格的组成内容，然后从理论上论述了商品价格相关决定理论。不同经济学流派关于商品价格决定的理论也各不相同，总体来看，在商品价格决定理论上，存在着下述两种理论：一是价值决定论。马克思主义经济学认为，决定商品价格高低的主要因素在于商品的自身价值。二是供求决定论。供求价格决定理论认为，商品的价格主要是市场的供求关系所决定的，当商品供不应求时，其价格必然会出现上涨的趋势，而当商品供过于求时，商品的价格则会出现下跌的趋势。在一个静态时间点，商品价格主要表现为商品供给与需求相对均衡时所决定的价格水平。在此基础上，本文着重对不同的商品价格决定理论，进行了详细的评价。

1. 对信用货币条件下商品价值决定理论的评价。

根据信用货币经济条件下货币供给、流通速度以及商品生产数量、商品价格之间的平衡公式，表面来看，商品的价格并不是由商品的价值决定的，而是由货币供应数量、流通速度以及商品的供应数量决定的。在信用货币经济条件下，商品价值表面上并没有通过商品的价格表现出来，但这不改变商品价格是由商品价值决定的本质特征。对之，本章做了以下分析：

（1）在信用货币经济条件下，信用货币本身就是商品价值的表现形式。

（2）在信用货币经济条件下，虽然信用货币凭借政府的强制力取得了观念上的价值尺度职能以及在商品流通中承担流通中介的职能，但信用货币所具有的这些职能并不能说明信用货币自身就具有价值，信用货币所表现出的价值是以商品自身存在的价值作为基础的，离开了具有价值形态商品的支撑，信用货币没有“一分钱”价值可言。

（3）虽然货币发行量的多少会影响商品的价格，但从商品与商品之间内在比价关系来看，在信用货币发行量不断增加的条件下，尽管商品的价格会背离其价值出现快速上涨，但在商品价格受信用货币发行量影响而出现大幅波动的条件下，只要商品生产的相对劳动生产率保持不变，商品之间存在的内在价值比价关系就会保持相对稳定，而不会随着商品价格的变化而变化。

(4) 在信用货币经济条件下，虽然信用货币是由政府发行并强制流通的，但信用货币发行的数量并不是政府可以随心所欲决定的。

(5) 在信用货币经济条件下，虽然根据马克思主义经济学的理论，商品的价值是由生产商品所需要的社会必要劳动时间决定的，但与黄金商品货币条件下商品价值在货币数量表现形态上主要取决于商品生产劳动生产率水平与作为价值尺度的黄金生产劳动率水平的相对变化等决定因素不同，在信用货币经济条件下，信用货币自身没有价值，其执行的主要是一种观念上的价值尺度职能和法定的流通手段职能，当运用信用货币观念上的价值尺度去表现商品价值时，商品以信用货币作为表现形式的价值量，在很大程度上随着信用货币发行量的增加而增加，在一定程度上使以信用货币作为表现形式的商品价值与其价值的货币表现形态——商品价格之间，是一种同向的变动关系。这种同向的变动关系，在某种程度上确保了商品的价格不会对于商品的价值发生较大程度的偏离。

(6) 就商品生产而言，在市场经济条件下，虽然商品的价格受多种因素影响而偏离于商品的价值，但在“逐利”机制作用下，如果商品的价格长期地低于商品生产成本，那么商品生产者将会由于营利减少或经营亏损退出或减少对于这些商品的生产，在供求规律作用下，商品供给的减少会使商品的价格回到商品生产成本价值之上。由于商品生产成本在商品价值构成中所占比重较大，因此，商品生产成本对于商品价格所产生的刚性约束机制，在很大程度避免了商品价格对于商品价值的偏离程度。

(7) 从马克思主义经济学所倡导的价值决定理论所包括的范围来看，在日常的社会经济实践中，一些没有包含人类劳动的自然资源等产品却以较高的价格形式进入商品流通领域，并且随着人类社会重化工业的不断深入发展，其价格也呈现出越来越大的上涨趋势。理论上，没有凝结人类劳动的自然资源价格在重化工业社会中所表现出的不断上涨的趋势，对马克思主义经济学的商品价值决定理论形成了一定的挑战，似乎在某种程度上也肯定了供求决定价格的理论。文章认为，就没有人类劳动凝结的自然资源货币化而言，自然资源要成为真正意义上的商品，必须通过人类劳动才能实现，这些人类劳动主要体现在自然资源勘探、开采及运输环节，如果没有这些人类劳动的参与，自然资源是不会成为有价值形式的商品。

2. 对信用货币经济条件下供求价格决定理论的评价。

供求价格决定理论认为，商品的价格主要由市场的供给与需求决定的，表面看来，供求价格决定理论在某种程度上较好地反映了市场经济条件下商品价格的动态变化情况。一般而言，在一定的劳动生产率和社会生产条件下，商品价格会随着市场对于商品的供求变化而发生变化，但在市场经济条件下，商品价格随着市场对于商品供求变化而变化的现象，并不意味着商品价格就是由供求决定的。根据供求决定价格的理论，在现实生活中很难找出供求均衡的价格点。从供求与价格之间的关系来看，是价格在先，供求在后。是价格决定需求，而不是需求决定价格。供求决定价格理论显然犯了一个本末倒置的错误，错误地将一定价格水平下的供求关系，理解为供求关系决定某一商品的绝对价格。就此而言，供求决定价格理论并没有科学地解释商品价格的最终决定因素，而仅仅就一种现象来解释另一种现象。

总体来看，商品生产供给规模的扩大并不会随着市场需求扩大以及商品价格上涨应运而生，而是在商品生产成本保持相对不变或变动幅度较小的条件下，商品生产存在着利润持续扩大的预期，商品生产者才会在"逐利"机制作用下，扩大商品的生产规模，最终通过生产规模的扩张，使商品价格出现回落，从而使商品生产者的经营利润回到正常水平。就此而言，在商品价格受需求扩大而出现大幅上涨的情况下，商品生产成本的高低仍然是决定市场经济条件下市场主体在"逐利"机制作用下能否扩大供给规模以及商品价格未来走势的关键因素，而商品生产成本的高低在很大程度上取决于商品的价值。

在对两种商品价格决定理论进行评价的基础上，文章认为，商品价值决定商品价格理论对于现代市场经济发展具有重要的指导作用。根据商品价值决定商品价格的理论，在信用货币经济条件下，决定商品价格的主要因素在于价值，而不是商品的市场供求关系。从商品价格在市场经济运行中的实际定价情况来看，存在着对于市场经济认识的诸多误区，一些人认为，所谓搞市场经济，就是一切由市场说了算，市场供求规律是作用于一切领域的规律，其对于商品价格的确定具有决定性影响。在这种思想指导下，一些商品生产者为了获取较高的价格，实现较高的利润，通过压缩生产、囤积居奇的方式，减少供给，以此使商品获取更高的价格。由于市场供给受到人为的压缩，一些市场急需的商品得不到充分的供给，购买者还需要支付较高的价格，来满足其对于这部分商品的需求，这在很大程度上降低了消费者的消费效用，并由此对社会生产效率产生了诸多不利影响，使社会生产不能服务于提高人类不断发展的物质和精神生活需要这个最终目的。一些商品生产者在供给过多、利润相对较少的情况下，通过片面地压缩生产成本，生产假冒伪劣产品的方式，来获取利润。就其影响而言，在商品供给过多的情况下，由于商品定价不受成本约束，一些商品生产者片面压缩生产成本的行为，使商品的质量受到较大影响，从而在很大程度上影响了商品的使用价值，使消费者的消费效用受到损害；一些商品生产者根据市场对于商品价格的供求决定机制，以非常低的成本生产假冒伪劣商品，利用市场对于其模仿的正常商品的需求，将这些假冒伪劣商品投放市场，按照正常商品的价格出售，获取超额利润。就假冒伪劣商品的消费者而言，其按照正规商品的价格购买了这些产假冒伪劣商品，却不能获得正常商品所应有的消费效用，而且部分假冒伪劣商品对于消费者，还存在负面的消费效用，这些都对消费者的身心健康及财产等构成了巨大损害。在不考虑成本刚性约束的定价机制下，利用市场供求的价格决定机制，通过片面降低生产成本甚至生产假冒伪劣商品的方式来获取利润，会使消费者受到较大的损失，也违背了社会生产服务于居民不断提高的物质和精神生活需要的最终目的。而一些商品流通环节的投机者利用其所拥有的资金和销售渠道优势，通过在短时期内制造巨大市场需求空间拉升商品价格的方式获取巨额利润。在投机资金作用下，市场在短期内对于商品的需求是虚假的，这部分投机资金以较高的价格购买商品的目的不在于消费这些商品，而在于以更高的价格将这些商品再卖出去，其所获得的利润只是一种货币财富在不同市场主体之间的再分配。在这种利用市场供求价格决定机制对商品价格进行投机的经济活动中，一方面，商品消费者只能以较高的价格购买商品，其在很大程度上减少了消费者的消费效用；另一方面，从供给角度来看，如果在供求价格决定机制作用下，商品生产者在商品价格上涨引导下扩大商品的生产规模，在投机性需求以及商品供给增加因素共同影响下，商品价格必然会出现大幅回落，造成商品价格的大幅度波动，也使商品生产者由于商品生产规模的扩大而遭受较大的经济损失。由此可见，在信用货币经济条件下，如果单纯地以商品的供求关系来对商品价格进行定价，不仅不能正确地反映商品的价值，还会在很大程度上干扰正常的经济运行秩序，使社会生产偏离于满足人类社会不断增长的物质和精神生活需求这个最终的生产目的。

在信用货币经济条件下，有效地抛弃供求价格决定理论，将商品价值作为确定商品价格的主要依据，可以有效避免商品价格在市场供求关系决定下出现的大幅波动以及由此形成的诸多弊端，使社会生产的最终目的服从于满足居民不断增长的物质和精神生活需要。根据商品价值决定商品价格的理论，在信用货币经济条件下，商品价格的确定应体现以下原则：一是商品价格能够有效地抵补其生产成本；二是商品生产者可以获得一定的经营利润。

第十四章
劳动力工资的决定因素

一、劳动力价值的主要内涵

（一）劳动力价值的表现形式

劳动力之所以具有价值，根据马克思在《资本论》中的相关论述，是因为劳动力在生产过程中会创造超过自身价值之上的增量价值。在日常经济活动中，劳动力价值主要表现为，具有一定使用价值形态和价值形态商品的生产，必须有劳动力的参与，才能成为真正意义上的商品，实现其价值。虽然在现代经济条件下，生产自动化程度的提高，在一定程度上减少了商品生产对于“人”的依赖，但自动化程序的设计依然不能离开劳动力的支持，自动化生产的操作也不能离开劳动力的支持。总体来看，在现代经济条件下，劳动力的价值主要表现为通过劳动[①]与初级形态生产要素的自然资源或次级形态的生产要素[②]相互结合，生产具有使用价值形态的商品[③]，创造增量价值的过程。根据马克思的论述，在商品生产过程中，其他生产要素只能转移其自身的价值，而劳动要素在生产过程中不但创造自身的价值，而且还创造出超过劳动力价值之上的价值。因此，劳动力的价值主要体现在商品生产的增量价值创造过程之中。当然，在现代市场经济条件下，由于商品的增量价值创造需要诸多外部条件，在一定程度上决定了劳动力对于其创造的增量价值并不能完全占有，其他生产要素作为

---

① 根据西方经济学理论，技术、管理和劳动的载体都是“人”，因此这里将技术、管理和劳动等生产要素统称为劳动。

② 次级形态生产要素主要表现为生产设备、原材料以及其他生产条件如厂房、基础设施等生产要素。

③ 在现代市场经济条件下参与社会分工的服务业，也作为商品的范畴来看待。

增量价值创造的外部条件，必须参与增量价值的分配。在信用货币经济条件下，这种以生产设备、原材料、厂房及基础设施为表现形式的次级形态生产要素，一般通过资本的形态体现出来。理论上，在劳动力所创造的增量价值分割中，劳动对于增量价值的占有比重，主要取决于生产要素组合方式、劳动供求、社会经济发展方式以及生产力发展水平等因素。具体言之，在股份制的生产要素组合方式下，劳动在增量价值创造中所获得的份额较多；而在雇佣劳动作为表现形式的生产要素组合方式下，由于资本在生产要素组合中处于主导地位，劳动在增量价值中所占比重相对较低。就劳动供求而言，在劳动供不应求的条件下，劳动在增量价值创造中所占的比重相对较高；反之，则相对较低。从社会经济发展方式来看，在以劳动为主导的经济发展方式下[①]，劳动要素在增量价值分配中所占比重相对较高，而在以自然资源消耗为主导的粗放型经济发展方式下，劳动要素在增量价值分配中所占的比重就相对较低。从生产力发展水平差异所导致的增量价值分配差异来看，理论上，当生产力发展水平较高时，劳动参与商品生产所实现的增量价值规模就会扩大，由此导致劳动参与增量价值分配的绝对数额会出现相应的增加；而当生产力发展水平相对较低时，劳动参与商品生产所实现的增量价值规模相对较小，由此导致劳动参与增量价值分配的绝对数额就会相应减少。实际上，不同阶段的生产力发展水平，在很大程度上决定了不同的生产发展方式。由生产力发展水平差异所导致的劳动在增量价值分配中所出现的相对比重或绝对数额的差异，在很大程度上与不同经济发展方式下劳动参与增量价值分配所体现出的差异是基本一致的。

（二）实现劳动力价值所需要的前提条件

如前所述，当劳动力不与其他生产要素相结合时，其自身不能创造一分钱的价值。在现代经济条件下，劳动力要实现自身的价值，需要以下几个方面的前提条件：

1. 宏观经济条件。从宏观经济角度分析，当社会总供给与总需要相对均衡时，由于劳动力参与生产的社会商品可以顺利实现由商品的使用价值形态向价值形态的转换，从而使劳动力的价值得以顺利实现。在信用货币经济条件下，劳动力的价值不是单纯地以信用货币形式体现出来，还必须通过由信用货币为表现的价值形式向以投资品和消费品为表现的使用价值形态的转换，以此补偿劳动力和其他生产要素的消耗，并且为扩大劳动力和其他生产要素的再生产，提供必要的使用价值形态支撑。而社会总供给与总需求的平衡，为劳动力价值由信用货币作为表现形式的价值形态向以消费品和投资品作为表现形式的使用价值形态的转变，提供了必要的外部条件。从宏观经

① 理论上，这种经济发展方式主要表现为以技术为推动的集约型经济增长。

济运行状况来看，当一国经济发展规模相对较大、宏观经济处于景气周期时①，劳动与其他生产要素组合的数量相对较大，由此决定了较多数量的劳动在生产过程中可以创造更多的增量价值。当然，由于不同经济发展方式下劳动所创造的增量价值各不相同，在宏观经济总量规模较大的背景下，劳动与其他生产要素组合的增长，既表现在劳动供给绝对数量上的增长，也表现在劳动供给相对质量的提高上。在经济实践中，一般通过就业率的高低来衡量劳动参与社会生产的程度，而就业率的高低在很大程度上与宏观经济总量和景气度密切相关。宏观经济总量以及宏观经济景气度在很大程度上决定了劳动增量价值的实现规模。

2. 微观经济条件。从微观经济条件来看，如前所述，劳动对于价值的创造更多地表现为劳动与其他初级或次级形态生产要素相结合的过程（以下统称劳动与其他生产要素的组合），这种结合更多地通过微观企业生产的商品来实现，为了使劳动在与其他生产要素组合中创造真正意义上的增量价值，就要求劳动与其他生产要素组合生产的商品是适应市场需求的商品，通过商品的销售，实现劳动在生产过程中创造的增量价值。当然，由于商品销售价值既包含劳动在生产中创造的增量价值，也包含其他生产要素消耗价值的再补偿部分，因此，通过合理的商品定价，确保其他生产要素消耗的价值得到正常补偿，是保证劳动在生产过程中创造增量价值以及顺利实现劳动创造的增量价值的前提条件。具体言之，当商品定价较低、其他生产要素价格不能得到有效补偿时，必然会有一部分劳动在生产过程中创造的增量价值用于补偿其他生产要素没有得到有效补偿的部分②，从而减少了可供分配的劳动在生产过程中创造的增量价值。而在商品销售过程中，劳动创造的增量价值不能对其他生产要素没有实现补偿的价值进行有效补偿时，或者劳动在生产过程中创造的增量价值在补偿其他生产要素没有实现补偿的价值之后，不能对劳动的消耗进行有效补偿时，企业就不能进行正常的商品生产，从而使劳动不能通过与其他生产要素组合的方式，来创造真正意义上的增量价值。从不同行业发展情况来看，由于劳动与其他生产要素组合所处的行业不同，由此也会导致劳动在生产过程中创造的增量价值各不相同。具体言之，当劳动分布于产品供不应求的朝阳行业时，其与其他生产要素组合所创造的增量价值就相对较多；反之，其与其他生产要素组合所创造的增量价值就相对较少。

3. 劳动力的自身条件。由于个人之间存在着较大的个体差异，因此不同体力、技术和管理水平条件下的劳动力，在生产中创造的增量价值也各不相同。理论上而

① 决定一国经济发展规模高低的因素主要表现为劳动、技术、管理和资源等初级形态生产要素以及上述初级生产要素组合生产的次级形态生产要素如生产设备、原材料、厂房及基础设施等的供给规模。当然，在不同经济发展模式下，上述初级形态生产要素与次级形态生产要素不同的结构分布，对于宏观经济总量的影响也各不相同。

② 其他生产要素消耗的价值在商品销售过程中不能得到有效补偿，一方面与商品销售价格较低有关，另一方面，也与企业管理和技术水平较差，导致企业商品生产成本较高等因素有关。

言，根据马克思在《资本论》中关于简单劳动和复杂劳动的论述，以技术和管理为表现形式的复杂劳动，在生产过程中创造的增量价值要大于以体力劳动作为表现形式的简单劳动在生产过程中创造的增量价值。就体力劳动而言，由于不同个体劳动者之间存在着较大的体力差距，导致个人之间在生产过程中创造的增量价值各不相同；由于不同个体劳动力在技术和管理等复杂劳动上存在的较大差距，导致个人之间在生产过程创造的增量价值也各不相同。此外，由于每个人的主观能动性的差异，在劳动能力相等的条件下，一些主观能动性较弱的个体在生产中创造的增量价值相对较少，而一些主观能动性较强、劳动积极性较高的个体，在生产中创造的增量价值则相对较多。

二、劳动力工资与劳动力价值

如前所述，劳动力在生产过程中通过与其他生产要素的组合，创造增量价值。为了实现劳动力的再生产，劳动力对于由其创造的增量价值，必须拿出一部分用于抵补劳动力在生产过程中产生的使用价值消耗，以实现劳动力的再生产。如果劳动力与其他生产要素所有者对于劳动力在生产过程中创造的增量价值进行分配时受诸多因素制约，那么劳动力对于增量价值分配的最低底线，就是用于劳动力再生产所需要的价值补偿部分。理论上，用于劳动力再生产所需要的价值补偿数量，在很大程度受到生产力发展水平的制约。从实践中来看，劳动力主要以工资形式参与增量价值分配，用于补偿其使用价值的消耗，在实际经济运行过程中，劳动力的使用价值消耗补偿周期与商品生产周期存在着较大的差异，劳动力使用价值补偿的时间间隔较短，在时间上存在连续性，而产品生产周期相对较长，由此决定了用于补偿劳动力使用价值消耗的工资，通常以预付的方式来支付给劳动者，使劳动力使用价值在生产过程中保持连续性。

（一）决定劳动力工资的相关要素

总体来看，决定劳动力工资水平高低的因素主要包括以下几个方面内容：

1. 维持劳动力自身生存的需要。由于劳动力在生产过程消耗了体力和脑力资源，因此，要保持劳动力的延续性，就必须对劳动力在生产过程中消耗的体力和脑力资源进行有效的补偿。在信用货币经济条件下，对劳动力体力和脑力消耗的补偿，首先是通过以工资为表现形式的价值进行补偿的。与价值补偿相对应的，是补偿劳动力体力和脑力消耗所需要的具有一定使用价值形态的商品。因此，以价值形式表现出来的工资高低，并不能作为有效补偿劳动力体力和脑力消耗的主要标志。劳动力所得到工资的实际购买力水平，才是衡量劳动力取得体力和脑力补偿的重要标志。劳动力自身生存是维持劳动力再生产的必要条件，以工资为表现形式的劳动力价值补偿形式，其最低数额就在于必须满足维持劳动力自身生存的需要。从劳动力维持自身生存所包含的范围来看，主要表现在满足劳动力衣、食、住、行生理需要等方面。当然，在不同生产力发展水平下，劳动力工资最低底线的数量和范围也明显不同。例如，在生产力发展的低级阶段，劳动力工资仅仅表现为维持劳动力衣、食、住、行等基本生理需要，随着生产力发展水平的不断提高，满足劳动力生理需要的质量将得到进一步提高，劳动力工资所包含的内容，不但包含劳动力维持自身生存的生理需要，而且还包含有利于劳动力发展的心理需要，如满足劳动力对于旅游、娱乐等精神需求等。

2. 后续劳动力的培养，主要表现为劳动力生命的延续以及劳动力技能的延续。如前所述，劳动力工资中所包含的用于满足劳动力自身生存需要的内容，仅仅是维持劳动力在其青、壮年时期劳动能力的必要条件。人类自身存在着衰老的变化周期，这种衰老的变化周期是通过物质和精神上的补偿无法抵消的。从人类生命周期来看，为了保持社会再生产的连续性，有效应对人类生命周期对于劳动力供给产生的不利影响，在劳动力工资中还必须包含劳动力繁衍和抚养下一代子女所需要的费用。只有通过对下一代子女的繁衍和抚养，才能确保劳动力供给超越人类生命周期的约束，确保社会再生产的连续性。当然，从劳动力抚养子女的数量来看，在既有的生产规模下，如果社会生产对于劳动力的需求处于供求均衡状态，假设社会生产规模不变，其他生产要素供给是可再生的，可以为社会生产维持既有规模提供支持，那么劳动力抚养子女的数量应与现有劳动力的数量保持基本相等；如果在劳动力与其他生产要素组合比例不变的条件下，社会生产规模进一步扩大，且其他生产要素是可再生的，可以为社会生产规模的扩大提供支持，那么劳动力抚养下一代的数量，就应该高于既有的劳动力数量，以满足未来社会生产发展对于劳动力的需要。此外，从劳动力生命周期内生产的可延续性来看，除了通过发放最低工资的方式来满足劳动力维持生存所依赖的生理需求以外，随着生产力的不断发展，劳动力在确保自身生存的同时，还必须通过不断学习，确保自己所掌握的技术能够适应社会生产发展的需要。就此而言，劳动力工资中还应该包含劳动力从事生产所必需的教育培训费用。

3. 不同养老方式下劳动力的代际补偿。从劳动力工资所包含的内容来看，除了满足维持劳动力生存以及下一代劳动力培养的费用开支以外，劳动力工资中还应包含劳动力父母在劳动力培养期间所支付的费用，其主要通过劳动力赡养长辈的费用体现出来。在不同的工资支付方式下，劳动力对于养老费用的支付方式也各不相同：

第一，代际养老的理论支撑点。从代际养老的实施情况来看，上一代丧失劳动能力的人由其子女来进行赡养，社会不承担赡养老年人的责任。在这种代际养老模式下，其理论支撑点在于下一代劳动力对于上一代劳动力养育的一种价值补偿。理论上，在劳动力工资水平相对一致的情况下，劳动力抚养的子女越多，其为子女支付的教育、训练费用支出就越多，当上一代劳动力在年老之时，由其下一代劳动力支付的养老费用就越多。在这种养老模式下，上一代劳动力工资中并不包含本代劳动力必要的养老支出。这种代际养老模式，一般适用于社会经济发展的积累时期，一方面通过人的培育，积累必要的人力资本；另一方面，在劳动力工资中不包含劳动力自身的养老费用，有利于在劳动力从事生产期间，积累更多的社会财富，用于扩大社会再生产的需要。当然，不同劳动力在生育能力之间存在着较大的差异，对于那些没有后代的劳动力，必须通过社会统筹的方式，来解决其养老问题。在这种养老方式下，满足老年人需要的医药和医疗产业取得较大的发展。与此同时，与养老需求相对应的护理行业，也可以通过代际养老的方式自动解决。

第二，个人自筹与社会统筹相结合的养老体制理论支撑点。在个人自筹与社会统筹相结合的养老模式下，在劳动力工资中包含有一部分必要的养老费用，而且通过社会的公共积累，从劳动力当期所创造的增量价值中拿出一部分，用于支付劳动力的必要养老费用。这种养老模式，相对于“代际养老”体制而言，劳动力养老的社会属性得到了进一步体现。虽然用于养老的社会统筹部分也来自劳动力在生产过程中创造的增量价值，但是对于这部分来自增量价值的养老基金的统一使用，在很大程度上克服了劳动力由于个人劳动能力差异而导致的养老水平的差异。个人自筹养老基金的加入，使不同劳动能力的个人在养老水平上依然存在着一定差距，但是相对于“代际养老”而言，劳动力在养老水平上的差距已经明显缩小。必须指出的是，在信用货币经济条件下，这种以信用货币作为表现形式的个人自筹和社会统筹基金，本身并不能解决任何养老问题，要稳妥地解决劳动力的养老问题，还必须有与这些以信用货币作为表现形式的基金相对应的使用价值形态的商品或服务来做支撑，这就要求在当初按照劳动力增量价值提取社会统筹劳动基金以及劳动者自筹养老基金时，必须要有与劳动力基金相对应的使用价值形态商品加入社会再生产，通过与养老基金相对应的使用价值形态商品（服务）生产规模的不断扩张和结构上的进一步改善，从使用价值形态上满足劳动力的养老需求。在经济实践中，从满足劳动力养老需求所需要的产业支持来看，随着劳动力进入年老阶段，医药产业、医疗产业以及护理产业必须得到较大发展。就此而言，在劳动力基金运作规模不断扩张的同时，也要求与劳动力基金相对应的以使用价值形态表现出来的商品（服务）在规模上进行相应的扩张，在结构上不断改善，以满足劳动力的养老需要。

第三，统一社会养老的理论支撑点。在统一的社会养老模式下，劳动力的养老问题由社会全面负责，不需要劳动力在年老时支付任何费用。在这种养老方式下，社会统一养老资金来源，既可以来自劳动力增量价值的创造，也可以来自当期劳动力创造的价值。就来自劳动力在前期劳动过程中的增量价值扣除而言，在劳动力前期生产过程中，生产力相对发达，社会对于劳动力创造的增量价值通过专门的税收等方式进行统一扣除，成立专门的基金，并在未来的经济发展过程中，通过基金的不断运作，实现基金规模的进一步增值。必须指出的是，在信用货币经济条件下，这种以信用货币作为表现形式的基金本身同样不能解决任何养老问题，要稳妥解决劳动力的养老问题，还必须有与这些以信用货币作为表现形式的基金相对应的使用价值形态的商品或服务做支撑。这就要求在按照劳动力增量价值提取养老基金时，必须有那些与养老基金相对应的使用价值形态商品加入社会再生产，通过与养老基金相对应的使用价值形态商品（服务）生产规模上的不断扩张和结构上的进一步改善，从使用价值形态上来满足劳动力的养老需求。就满足劳动力养老需求所需要的产业支持来看，随着劳动力进入老年阶段，医药产业、医疗产业以及护理产业必须得到发展。养老基金运作的扩张也要求与养老基金相对应的以使用价值形态表现出来的实物在规模上不断扩张，在结构上不断改善，以满足劳动力的养老需要。从当期生产发展中支付的统筹养老金来看，其要求当期生产力高度发达，劳动力在当期生产过程中创造的增量价值，除了满足于劳动力自身生存、发展以及抚养子女需要之外，还可以出现较多的剩余，用以满足当期劳动力的养老需求。当然在信用货币经济条件下，当期劳动力创造的增量价值对于劳动力养老需求的满足，不但体现在价值总量方面，还体现在满足劳动力养老需求所需要的以商品（服务）作为表现形式的使用价值形态支撑方面。

（二）劳动力工资与劳动力价值之间的关系

从劳动力工资与劳动力价值之间关系来看，其主要体现在以下两个方面：

1. 劳动力工资是劳动力价值的货币表现形式之一。如前所述，劳动力在生产过程中可以创造增量的价值，这种增量价值的一部分以工资形式支付给劳动者，另一部分作为利润形式被其他生产要素所有者所占有。在信用货币经济条件下，劳动力工资虽然是一种货币形式，但劳动力在运用这部分工资维持自身生存以及抚养子女时，需要有与这些价值形式相对应的相关使用价值形态商品做支撑。从这些使用价值形态商品的来源来看，其主要来自劳动力与其他生产要素组合所生产的相关产品。就此而言，虽然劳动力工资主要通过以信用货币作为表现的价值形式体现出来，但从使用价值角度分析，劳动力工资实际上是劳动力通过获取其与其他生产要素相结合生产产品的一部分，为实现自身再生产以及以抚养子女为表现形式的下一代劳动力再生产，提供的必要物质保证。由此可见，劳动力取得的工资只是劳动力价值的一种货币表现形式，劳动力在生产过程中要真正地取得其所创造的一部分增量价值，还在于劳动力可以将工资作为表现形式的货币转换为维持自身生存以及下一代抚养所需要的使用价值形态商品。就要求在国民经济产业结构中，要通过必要的消费产业、医疗产业、医药产业、教育产业的发展，保证劳动力维持自身生存以及抚养下一代劳动力的需要。

2. 在数量上的变动关系。从工资与劳动力价值之间变动关系来看，如前所述，工资只是劳动力价值的货币表现形式之一，其主要来自劳动力在生产过程中创造的增量价值。理论上，劳动力价值与其在生产过程中创造的增量价值在数量上是相等的，当然，劳动力并不是天生就具有价值，还必须与其他生产要素相结合，在生产过程中体现其价值，创造与其价值相对应的增量价值。由于劳动力在生产过程中创造的增量价值是经常变化的，因此，劳动力的价值量是一个动态变化的变量，其在数量上的变化主要取决于劳动力与其他生产要素结合所产生的劳动生产率的高低以及产品的供求关系等因素的影响。由于劳动力工资只是劳动力价值的一部分货币表现形式，因此，劳动力工资一般要小于劳动力的价值，劳动力工资在劳动力价值中占有比重的多少，在很大程度上取决于劳动力维持自身生存以及后续劳动力培养所需要的支出以及劳动力供求关系、劳动力与其他生产要素组合方式、社会生产力发展水平等因素。总体来看，劳动力工资的最低水平就在于必须满足劳动力维持自身生存以及后续劳动力培养所需要的支出。

三、不同生产方式下劳动力工资的实物补偿

在信用货币经济条件下，以信用货币作为表现形式的工资所对应的使用价值形态商品，是仅限于在国内流通的商品。如前所述，劳动力运用工资所购买的商品主要是由劳动力自己生产的商品[①]，因此，只要这些商品在国内流通，劳动力就可以运用其所获得的以信用货币作为表现形式的工资，购买维持其自身生存以及后续劳动力培养所需要的商品。从经济实际运行情况来看，随着国际分工的进一步发展，各国根据国际分工，进行有进有出的贸易，在一定程度上决定了劳动力工资的实物补偿方式，在不同的生产方式条件下，其补偿路径也各不相同。具体言之，主要表现在以下几个方面：

（一）以出口为导向的劳动力工资的实物补偿

在以出口为导向的对外贸易方式下，一国在对外贸易发展中将会出现较大的贸易顺差。在这种对外贸易方式下，劳动力工资的实物补偿方式主要取决于各国对外出口的相对优势。具体言之，当一国以投资品为主要出口产品时，该国劳动力工资的实物补偿主要来自该国农业领域所生产的满足劳动力生存需要以及劳动力抚养下一代所需要的消费资料的支出。而劳动力生存和发展所需要的非农业产品，主要通过本国非农产业的生产来提供。在这种出口贸易方式下，出口国具有较高的农业生产禀赋，农业生产效率较高，工业产品体系比较齐全，工业产量较高，可以通过本国工业、农业的生产，满足农业产业以及非农产业的出口需求。与此同时，若该国非农业产业产量较

① 这里主要是指由劳动力生产的广义商品，而非是指劳动力自产自用的商品。

大，除满足本国居民的非农产品需求之外，还可以通过出口的方式，供国外使用。当一国以消费品为主要出口产品时，理论上，只有在出口国消费品生产产量能够满足本国居民需要的条件下，才能进行消费品的出口。根据这一理论假设，在这种出口贸易模式下，劳动力工资的实物补偿也主要来自本国消费品的供给。

（二）以进口为导向的劳动力工资的实物补偿

理论上，一国在对外贸易中之所以能够大量进口相关产品，主要取决于以下几个方面条件：

一是进口国所发行的信用货币是国际信用货币，其可以通过发行国际信用货币的方式，从国外进口产品，以满足国内投资和消费的需求。

二是进口国通过前期所获得的贸易盈余，从国外进口相应的产品，以满足本国投资和消费的需求。

三是进口国目前生产能力相对有限，需要通过从国外进口相应产品的方式，来满足本国投资和消费的需要。

在不同的进口条件下，劳动力工资实物补偿的方式也各不相同，具体言之，主要表现在以下几个方面：

一是在通过本国信用货币作为国际信用货币进口商品的条件下，如果一国进口的商品是投资品，那么本国劳动力工资所需要的实物补偿主要来自国内；如果一国进口的商品是消费品，那进口国劳动力工资的实物补偿有一部分就来自国外。

二是在通过前期贸易盈余进口相关产品的条件下，本国劳动力工资的实物补偿方式在很大程度也取决于进口产品的类别，这里不再重述。

三是在进口国生产能力有限，主要通过从国外进口产品的方式来满足本国投资和消费需要的条件下，进口国可以通过对未来负债的方式，从国外进口相应的产品。具体言之，在这种进口模式下，如果进口国当期进口消费品，与劳动力工资相对应的实物补偿，将有一部分来自进口产品。当然，这种消费品的进口，在很大程度上不能起到扩大进口国未来生产能力的作用。从长远来看，如果未来进口国通过出口消费品的方式偿还债务，必将在很大程度上减少本国劳动力工资所要求的实物补偿数量。当进口国本期进口投资品时，本国劳动力工资所对应的实物补偿主要来自进口国国内生产的消费品。从长远来看，如果进口国未来通过出口消费品的方式来偿还债务，进口国劳动力工资所对应的实物补偿就会减少。如果进口国通过本国自然资源出口的方式来进口相应的产品，一般而言，在这种进口模式下，进口国通过资源出口所进口的产品，多数为满足国内居民需求的消费品，由此会增加本国劳动力工资所对应的实物补偿数量。当然，进口国劳动力工资实物补偿水平的增加程度和可持续时间，在很大程度上取决于进口国自然资源的出口数量和可持续时间。

（三）在进出口相对均衡条件下劳动力工资的实物补偿

在进出口相对均衡的条件下，劳动力工资的实物补偿在很大程度上取决于劳动力所在国的进出口贸易结构。具体言之，当一国出口的投资品大于消费品时，就会通过进口相应消费品的方式，来实现进出口的基本平衡①，劳动力工资所需要的实物补偿，将有一部分来自国外进口的消费品；当一国出口的消费品大于投资品时②，与劳动力工资所对应的实物补偿数量会相应减少，其补偿数额也主要来自劳动力所在国家生产的消费品。

四、劳动力工资与劳动力扩大再生产

如前所述，劳动力工资除维持劳动力自身生存之外，还用于劳动力自身发展以及抚养下一代的需求，而劳动力自身发展以及抚养下一代的行为本身，就是劳动力扩大再生产的一种方式。就此而言，劳动力工资与劳动力扩大再生产之间存在着较多的联系。

（一）劳动力扩大再生产的方式

总体来看，劳动力扩大再生产的方式，主要表现在以下几个方面：

1. 人口数量的增加。在劳动力人口数量扩张的条件下，劳动力抚养的下一代人口数量将超过既有的劳动力数量。从劳动力人口生育规则来看，要实现人口数量的扩张，一对夫妇就必须生育两个以上的子女，才能实现下一代人口对本代人口的超出。为了实现人口数量的进一步扩张，就需要劳动力工资收入有进一步的提高，以此满足劳动力抚养下一代子女增加支出的需求。从劳动力增量工资收入来源来看，一方面来源于劳动生产率提高所带来的劳动力在生产过程中创造的增量价值；另一方面，来源于消费品劳动生产率的提高所导致的单位消费品价格的下降，从而使劳动力工资水平相对提高。从实物形态产品供给来看，人口数量的增加，要求消费品供给数量绝对增加，才能在人均消费水平不变的条件下，保证劳动力增加的消费需求。从国民经济产业结构分析，为了满足人口扩张的需要，要大力发展农业，为劳动力生存提供必要的消费品，同时通过其他非农消费品产业的发展，为人口数量扩张提供非农消费品支持。

---

① 理论上，一国不会同时对一种投资品既进口，又出口，而是会根据国际分工，出口本国具有相对优势的产品。因此，这里所说的投资品，是指出口国投资品出口的净结余，其主要表示为一国出口的投资品大于进口投资品的余额部分。

② 理论上，一国不会同时对一种消费品既进口，又出口，而是会根据国际分工，出口本国具有相对优势的产品。这里所说的消费品是一国出口消费品的净结余，其主要表示为一国出口的消费品大于进口消费品的余额部分。

2. 劳动力素质的提高。在经济实践中，劳动者素质的提高，主要表现为通过教育和技能培训的方式，提高劳动者的技术水平和文化素养，使劳动力在与其他生产要素组合过程中可以创造更多的增量价值。劳动力素质的提高，一方面要求劳动力在生产过程中所获得的工资除维持自身生存以及抚养子女之外，还存在一定的剩余，使劳动力有能力通过教育和技能培训的方式，来提高自身素质；另一方面，在社会上要有专门从事教育和技能培训的机构，使劳动力有条件接受教育和进行必要的技能培训。如果劳动力工资中已经包含劳动力自身必要的教育、技能培训支出部分，劳动力就可以通过有偿的方式来接受教育和培训；如果劳动力工资中不包含劳动力自身必要的教育、技能培训支出，政府在财力许可的方式下，可以通过开办公立教育、培训机构的方式，免费向劳动力提供必要的教育和技能培训，以提高劳动力的素质。

（二）劳动力扩大再生产所需要的前提条件

理论上，劳动力扩大再生产是需要许多前提条件的，劳动力扩大再生产的方式不同，其所需要的前提条件也各不相同。主要包括以下几个方面内容：

1. 以劳动力数量扩张为主的劳动力扩大再生产所需要的前提条件。在这种劳动力扩大再生产的模式下，要求一国农业相对发展，有足够的农业资源满足新增劳动力的生理需要；另一方面，要求该国具有充分的非农消费品的生产能力，以满足新增劳动力对于非农消费品的需要。此外，由于劳动力培育阶段需要较多的医疗保障，这就要求一国必须为新增人口的健康成长提供必要的医疗、保健支持。由于在现代社会发展中，劳动力只有接受必要的教育和技能培养，才能与其他生产要素进行有效的组合，来参与社会生产，因此，一国还必须通过扩大教育规模的方式，来满足新增人口对于教育的需求。从长期来看，这些新增人口在成为劳动力以后，要真正地创造价值，还必须通过与其他生产要素进行组合生产相应产品的方式，才能实现。因此，为了使新增人口未来能够在与其他生产要素组合中创造新增的价值，实现新增人口的充分就业，就要求一国在资源等生产要素上具有充足的供给，以此确保新增劳动人口所转化的劳动力，能够与资源等生产要素进行必要的组合，在生产过程中创造增量价值。一般而言，在生产要素组合中，劳动、技术和管理等生产要素都是以“人”为载体的，因此，在新增人口的培养过程中，可以通过教育等方式，使新增人口在成长过程中掌握必要的技能和管理知识，这样技术、管理和劳动的供给，在新增人口的成长过程中就可以自动实现。

从市场需求角度分析，由于新增劳动力在未来生产过程中会出现大量的市场需求，因此，只要以资源为代表的生产要素供应充足，劳动力与其他生产要素组合所进行的再生产就可以在满足本国居民生存和发展需要的基础之上，实现社会产品总供给与总需求的均衡。当然，在现有的国际分工条件下，一国也可以利用国际分工，实现本国社会产品总供给与总需求在更高层次上的均衡。

2. 以劳动者素质提高为主的劳动力扩大再生产所需要的前提条件。要实现以劳动力自身素质提高为表现形式的扩大再生产，就需要社会劳动生产率水平发展到一定的高度，使劳动力在与其生产要素组合所生产的产品中，创造更多的增量价值，从而使劳动力所获得的工资总量得到相应的增加，使劳动力在将工资用于维持自身生存以及抚养子女支出之后（在个人养老的模式下，劳动力的工资支出还包含赡养老人的支出），还有一部分用于提高自身素质。理论上，劳动者自身素质的提高，在很大程度又可以起到提高全社会劳动生产率的作用，而劳动生产率的提高，又可以为实现劳动者素质的进一步提高，提供财力支持，由此使二者之间呈现良性互动的关系。此外，对于劳动力进行教育和技能培训所需要的产品供给，应通过政府投入的方式，提高基础科学研究和技术发展水平，为劳动力素质的提高创造必要条件。

（三）劳动力工资的另外一种表现形式

由于劳动力自身使用价值和价值的特殊属性，虽然一些参与生产的劳动力在生产过程中可以创造增量的价值和其他形态的使用价值，但那些没有参与生产的劳动力，在不能创造价值的同时，还需要取得劳动力自身生理消耗的补偿，而一些没有劳动能力或暂时失业的劳动力子女、父母也需要进行必要的生理消耗补偿，这些都是保持社会基本稳定、维持正常的经济运行以及确保劳动力再生产顺利进行所必需的。这就要求要通过非生产性人员工资和政府补助等社会保障支出的方式，来满足这些群体的生存和发展需求。就此而言，非生产性工资和政府对丧失劳动能力的社会群体的补助，是劳动力工资的另外一种表现形式，其最终来源于劳动力在生产过程中创造的增量价值。这种增量价值，主要体现在这些群体维持生存所需要的使用价值形态商品上面，通过从事生产活动的劳动力生产出来。

本章小结

本章首先分析了劳动力价值的主要内涵，认为劳动力之所以具有价值，是因为劳动力在生产过程中会创造超过自身价值之上的增量价值。在日常经济活动中，劳动力价值主要表现为：具有一定使用价值形态和价值形态商品的生产，必须有劳动力的参与，才能成为真正意义上的商品，才能实现其价值。当然，实现劳动力价值是需要诸多前提条件的，主要包括以下几个方面内容：

1. 宏观经济条件。从宏观经济角度分析，当社会总供给与总需求相对均衡时，由于劳动力参与生产的社会商品可以顺利实现由商品的使用价值形态向价值形态的转换，从而使劳动力的价值得以顺利实现。

2. 微观经济条件。从微观经济条件来看，劳动对于价值的创造更多地表现为劳动与其他初级或次级形态生产要素相结合的过程，这种结合更多地通过微观企业生产的商品来实现，为了使劳动在与其他生产要素组合中创造真正意义上的增量价值，就要求劳动与其他生产要素组合生产的商品是适应市场需求的商品，通过商品的销售，实现劳动在生产过程中创造的增量价值。

3. 劳动力的自身条件。由于个人之间存在着较大的个体差异，因此不同体力、技术和管理水平条件下的劳动力，其在生产中创造的增量价值也各不相同。

在分析劳动力价值内涵的基础上，本章对劳动力工资和劳动力价值之间的关系做了相应的分析。随后，本章对于不同生产方式下劳动力工资的实物补偿做了相关研究，认为随着国际分工的进一步发展，各国根据国际分工，进行“有进有出”的贸易，在一定程度上决定了劳动力工资的实物补偿方式，在不同的生产方式下，其补偿路径也各不相同。具体言之，主要表现在以下几个方面：

1. 以出口为导向的劳动力工资的实物补偿。在以出口为导向的对外贸易方式下，一国在对外贸易发展中将会出现较大的贸易顺差。在这种对外贸易方式下，劳动力工资的实物补偿方式主要取决于各国对外出口的相对优势。

2. 以进口为导向的劳动力工资的实物补偿。在不同的进口条件下，劳动力工资实物补偿的方式也各不相同。

3. 进出口相对均衡条件下劳动力工资的实物补偿。在进出口相对均衡的条件下，劳动力工资的实物补偿在很大程度上取决于劳动力所在国的进出口贸易结构。

最后，本文还对劳动力工资与劳动力扩大再生产之间的关系做了相应的研究。

第十五章
劳动强度对于工资收入的影响及其理论借鉴

一、劳动强度的内涵及其对于工资收入的影响

（一）劳动强度的内涵

所谓劳动强度，主要是指劳动的紧张程度，表现为在一定时间内劳动者在创造物质产品和劳务中所消耗的劳动的量。马克思曾指出，提高劳动强度就是“在同样的时间内增加劳动消耗，提高劳动力的紧张程度，更紧密地填满劳动时间的空隙，也就是说，使劳动凝缩到只有缩短了的工作日中才能达到的程度”①。

（二）劳动强度对于工资收入的影响

1. 劳动强度、劳动生产率与工资收入之间的关系。就劳动强度对于劳动者工资的影响，马克思曾经做了这样描述：“每一个国家都有一个中等的劳动强度，在这个强度以下的劳动，在生产一个商品时所耗费的时间要多于社会必要劳动时间，所以不能算作正常质量的劳动。”② 根据马克思这一描述，在日常经济活动中，劳动者的工资水平主要取决于一定劳动生产率水平和中等劳动强度下的劳动付出。理论上，在一定劳动生产率水平下，劳动强度高于中等劳动强度的劳动，就可以获取超额的工资收入，而低于中等劳动强度的劳动，其所获取的工资收入就必须打上相应的折扣。

---

① 马克思，恩格斯：《马克思恩格斯全集》第 23 卷，人民出版社，第 449 页。

② 马克思：《资本论》第一卷，人民出版社 2004 年版，第 645 页。

根据马克思的论述，一个国家正常的工资水平是由正常劳动强度下社会必要劳动时间所决定的。根据这一观点，在确定以工资作为表现形式的国民收入中，对于国民劳动强度的确定就非常关键。理论上，在市场经济条件下，所谓中等劳动强度系指在一定劳动生产率发展水平下，由社会劳动中所占比重最大的那部分劳动在劳动中所表现出来的强度。

2. 劳动强度影响工资收入水平所需要的前提条件。根据马克思关于劳动强度与工资水平之间关系的论述，在中国经济发展中，按劳动者的劳动强度高低核定劳动者工资水平，应该是在国民收入分配中体现“按劳分配”原则的一个重要途径。而要在国民收入分配中根据劳动者的劳动强度高低正确地核定劳动者工资收入水平，还必须具备以下条件：一是社会生产市场化经营程度较高，以劳动为表现形式的生产要素可以在不同市场主体之间进行自由流动。一般而言，只有在市场化经营程度较高的条件下，商品的定价才有可能根据正常劳动强度下的社会必要劳动时间来确定，如果商品生产的市场化程度不高或者在商品生产中存在垄断现象，商品价值的确定就不是由正常劳动强度下社会必要劳动时间所决定的，而是由计划价格或垄断价格所决定。劳动力在不同市场主体之间的自由流动，则在很大程度上可以确保劳动力根据一定劳动生产率水平下的劳动强度，来取得相应的工资收入。如果劳动力不能实现充分流动，那么劳动力工资在很大程度上是由雇主所决定的，鉴于市场经济条件下市场主体的“逐利”性，雇主往往会通过最大限度压低劳动力工资的方式，来获取最大利益。二是正常劳动强度所核定的劳动力工资收入水平是以相同的劳动生产率水平作为前提条件的。换而言之，只有在劳动生产率水平相同时，超过正常劳动强度的劳动力才能获取超额工资。如果劳动生产率水平不相同，那么不同劳动生产率水平下的劳动强度是不存在可比性的，由此导致不同劳动生产率水平下劳动力工资收入水平差异并不一定体现为劳动力之间的劳动强度差异。三是同一行业、同一产品在一定劳动生产率水平下所体现的劳动强度差异，是劳动者根据其劳动强度高低取得工资收入的主要依据，而不同行业或同一行业不同产品之间的劳动强度差异，并不能作为劳动者据此获取工资收入的主要依据。根据劳动强度对于劳动者工资水平产生影响的上述条件，笔者认为，当前积极地创造这些条件，是发挥劳动强度对于工资收入水平的影响作用，确保国民收入分配中“按劳分配”原则顺利实施的必然选择，也是确保中国居民收入水平随着生产力发展而不断提高的必然选择。

3. 劳动强度对于中国劳动者工资收入水平的影响情况。从劳动强度对于劳动者工资收入水平的实际影响情况来看，目前中国劳动者的工资收入在很大程度并没有体现出劳动强度与工资收入成正比的规则。例如，一些垄断的国有单位职工劳动强度不高，却取得了非常高的工资收入；而一些民营企业职工劳动强度很高，工资性收入却很低。虽然国有垄断企业职工与民营企业职工在不同劳动强度下所取得的工资收入差异，有一部分原因是由劳动生产率发展水平差异所导致的，造成这种差异更多的原因在于国有企业的垄断，导致劳动力不能在国有与非国有企业之间进行充分自由流动。再如，就非国有企业而言，在一定劳动生产率水平下，中国东部地区劳动力与西部地区劳动力在相同劳动强度下，所取得的工资收入水平也呈现出较大的差异，东部地区劳动力工资收入远远高于西部地区劳动力工资收入，很大程度上也与劳动力不能在地区之间实现充分自由流动有关。从进出口贸易来看，当前在中国低端出口贸易中，还存在劳动力在高劳动强度下取得较低工资收入的现象，这种现象的存在，使中国在取得国际贸易相对廉价劳动力优势的同时，也导致中国对外贸易顺差的居高不下，使中国贸易出口面临较多的国际反倾销制裁压力，也使中国劳动力在低工资条件下的再生产面临诸多困难，在很大程度上与中国劳动力不能在不同行业、不同地区以及不同国家进行充分自由流动有关。

二、中国劳动力工资收入准确体现劳动强度差异所需要的相关条件

当前中国经济运行中存在的劳动力工资收入与劳动强度相关度不高的现象，造成了国民收入分配的不公，并在很大程度导致国民收入分配的贫富两极分化现象；同时，也在一定程度上影响了劳动力的再生产，使中国经济发展在可持续劳动力支撑上面临着较大的挑战。

鉴于劳动强度对于劳动者工资会产生较大影响，在中国经济管理过程中，正确地核定劳动强度，正确地核定一定劳动生产率发展水平下的中等劳动强度，将成为核定商品价值和工资水平的前提条件。为了更好地使劳动者的工资收入与其承担的劳动强度相匹配，为劳动力的再生产提供必要保证，促进中国经济发展方式的转型，当前应着力于采取以下措施：

第一，通过强化改革的方式，将国有企业转变为真正意义上的市场经营主体，打破行业垄断，促进劳动者在不同所有制企业和地区间的充分自由流动，最大限度地保证一定劳动生产率水平下劳动强度高低对劳动力工资水平的影响效果，使“按劳分配”规则在国民收入初次分配中得到切实执行。当前，解决中国国民收入分配不公问题的关键，在于打破国有企业垄断地位，实行国有企业经营的完全市场化。与此同时，国家通过实行最低工资制度以及制定劳动者权益保障法的方式，确保企业员工取得与其劳动贡献相匹配的工资收入水平。

第二，通过大力发展社会生产力的方式，提高劳动生产率水平，为提高劳动者工资水平提供必要保证。如前所述，在一定劳动生产率水平下，劳动者的工资收入主要取决于其劳动强度，而从劳动力供给全过程来看，过高的劳动强度本身就是对于劳动力的一种提前透支，在一定程度上并不利于实现劳动力的持续再生产。鉴于劳动生产

率与劳动者工资收入水平密切相关，从长远来看，应通过提高劳动生产率的方式，使劳动者的工资收入水平得到提高。为此，加大教育和科研投入，是提高劳动生产率并最终提高劳动者工资水平的必然选择。

第三，突破相对优势贸易理论的误区，使对外贸易行业劳动力工资收入水平与其劳动强度保持相对一致。由于目前劳动力在不同国家之间还不能实现完全自由流动，就不同国家居民收入水平的差异而言，劳动力工资的确定是以一国中等劳动强度作为确定标准的。理论上，劳动强度在不同国家所体现出的差异不会影响到其他国家。从国际贸易角度分析，虽然各国之间劳动强度差异不会影响其他国家居民工资性收入的分配标准，但这种劳动强度在国家之间所表现的差异，会通过国际贸易的方式体现出来。一般而言，在不考虑劳动生产率差异的前提下，劳动强度大的国家生产的同类商品价格，相对低于劳动强度小的国家生产的同类商品价格，由此会使劳动强度大的国家对于劳动强度小的国家会出现贸易顺差。就这种贸易顺差的最终来源而言，主要来自贸易顺差国劳动力的超额劳动付出。从中国前期贸易发展的实际情况来看，中国前期在加工贸易中存在的大量贸易顺差，在很大程度上是由于中国在劳动强度上与其他国家之间存在较大差异，其实质上是中国从事对外贸易生产的劳动力超额劳动的付出。为了有效解决中国存在的大量贸易顺差问题，并在国民收入分配中更好地体现“按劳分配”原则，当前应通过提高劳动者收入水平、使劳动者收入水平与其劳动强度相匹配的方式，一方面减轻中国对外贸易出口所面临的国际反倾销制裁压力；另一方面，通过提高居民收入水平的方式，实现经济发展方式的转型，充分发挥消费对于经济发展的拉动作用。

本章小结

本章研究了劳动强度对于工资收入的影响及其对中国经济发展的借鉴问题。文章首先分析了劳动强度的内涵及其对工资收入的影响，认为在国民收入分配中根据劳动者的劳动强度正确地核定劳动者工资收入水平，还必须具备以下条件：一是社会生产市场化经营程度较高，以劳动为表现形式的生产要素可以在不同市场主体之间进行自由流动；二是正常劳动强度所核定的劳动力工资收入水平是以相同的劳动生产率水平作为前提条件的；三是同一行业、同一产品在一定劳动生产率水平下所体现的劳动强度差异，是劳动者根据其劳动强度高低取得工资收入的主要依据，而不同行业或同一行业不同产品之间的劳动强度差异，并不能作为劳动者据此获取工资收入的主要依据。

在对劳动强度与工资收入之间的关系进行理论分析之后，本文对中国劳动强度与工资收入之间的关系进行了分析，并提出了使中国工资收入体现劳动强度差异的相关建议。本文认为，从劳动强度对于劳动者工资收入水平的实际影响情况来看，目前中国劳动者的工资收入在很大程度并没有体现出劳动强度与工资收入成正比的规则。为了更好地使劳动者的工资收入与其承担的劳动强度相匹配，为劳动力的再生产提供必要保证，促进中国经济发展方式的转型，当前应着力于采取以下措施：

第一，通过强化改革的方式，将国有企业转变为真正意义上的市场经营主体，打破行业经营垄断，促进劳动者在不同所有制企业和地区间的充分自由流动，最大限度地保证一定劳动生产率水平下劳动强度高低对劳动力工资水平的影响效果，使“按劳分配”规则在国民收入初次分配中得到切实执行。

第二，通过大力发展社会生产力的方式，提高劳动生产率水平，为提高劳动者工资水平提供必要保证。

第三，突破相对优势贸易理论的误区，使对外贸易行业劳动力工资收入水平与其劳动强度保持相对一致。

第十六章
生产要素参与增量价值分配的基本原则及其定价底线

一、增量价值的真正来源

根据西方经济学的理论描述，资金、资源、劳动、技术和管理构成初始形态生产要素。在信用货币经济条件下，资金实际上是一种信用货币，只是作为企业从事生产经营的必要条件和外部条件而存在，其本身不会作为物质属性在生产过程中通过与资源、劳动、技术和管理等生产要素相结合的方式，直接参与社会生产，而必须通过交换的方式，实现由价值形态向使用价值形态的转变。具体表现为通过资金购买原材料、生产设备以及生产场地的方式，实现其与资源、劳动、技术和管理的结合，并通过生产环节生产出另外一种形态的使用价值。根据马克思的劳动价值理论，资源以及资金使用价值的表现形态如原材料、生产设备以及生产场地等非劳动要素，在生产过程中并不能创造增量价值，只是作为价值创造的必要条件，转移其自身价值。劳动、技术以及管理等生产要素形态，在生产过程中不但能够创造自身再生产的价值，而且还能够创造超过其自身价值之上的新增价值。

二、影响各生产要素在增量价值分配中所占比重的相关因素

（一）不同生产方式的影响

在现代市场经济条件下，虽然非劳动要素在生产过程中并不创造新的价值，但其作为社会再生产以及增量价值产生的必要条件，可以参与增量价值的分配。至于不同

生产要素在增量价值中分配的比例如何确定，在很大程度上取决于各生产要素供求的稀缺程度。生产要素供求的稀缺程度又与一定时期社会生产方式密切相关。在以资源消耗为主导的生产方式下，资金、资源在社会增量价值分配中处于主导地位，劳动、技术和管理在增量价值分配中处于从属地位；而在劳动密集型的生产方式下，劳动要素在增量价值分配中处于主导地位，其他要素在增量价值分配中处于从属地位；在以技术为主导的生产方式下，技术和管理在增量价值分配中处于主导地位，其他要素在增量价值分配中处于从属地位。当然，上述生产要素参与增量价值分配的前提条件，在于各生产要素只有在完成自身价值补偿之后，才能进行增量价值的分配。换而言之，一定时期社会再生产过程中增量价值的分配，是以存量生产要素的价值消耗得到有效补偿作为前提条件的。

（二）不同融资方式的影响

在信用货币经济条件下，作为初始形态生产要素如劳动、技术、管理以及资源的价值表现形式——资金在社会再生产过程中发挥了桥梁和纽带作用。资金的稀缺程度取决于货币当局的货币供给规模，也取决于资金的运行渠道以及生产要素的组合模式。当央行扩大货币资金供给规模时，整个社会资金供给充足，以利率作为表现形式的资金价格相对较低，在一定程度上说明资金在社会增量价值创造中所占的份额相对较小。在货币资金总量一定的条件下，资金在社会增量价值分配中所占份额在很大程度取决于资金的运行渠道以及生产要素的组合模式。理论上，在不存在严格的资金运行管制的市场模式下，资金与技术、资源、管理以及劳动等生产要素的组合相对容易，导致资金的稀缺性相对较低，从而在很大程度上减少了资金在增量价值分配中所占的比重。在现实经济运行中，如果以经营资金为主要业务的银行业高度垄断，并且管理机构在资金运用上还存在诸多限制性条件，那么就在某种程度上加大了资金的稀缺性，使资金不能很好地实现与资源、技术、管理以及劳动的对接，不利于实体经济的发展。相反，如果资金供给机构较多，资金可以自由流动，资金的稀缺程度将大大降低。而且通过资金供给机构之间的自由竞争，在很大程度上可以使资金定价接近真正意义上的市场价格。

就生产要素组合模式而言，在间接融资为主导的融资模式下，资金与劳动、技术、管理以及资源之间的结合必须依靠金融机构的贷款才能实现，使金融机构掌握了较大的资金供给决定权，从而为高额资金垄断价格的形成提供了有利条件。在直接融资的生产要素组合模式下，资金与资源、技术、管理以及劳动等生产要素通过证券市场、债券市场实现有效结合，充分反映了资金以及其他生产要素的供求关系，从而确保了这些生产要素根据其稀缺程度参与增量价值分配的科学性和合理性。在金融市场高度发达的条件下，资源、技术、劳动及管理要素自身也可以作为金融化产品在金融市场进行交易，加快了资金与资源、技术、劳动和管理等生产要素相结合的速度，也使资金、资源、技术以及管理等生产要素供求状况，通过金融市场充分地反映出来，进一步确保上述各生产要素参与增量价值分配的合理性。由此可见，在现代市场经济条件下，生产要素能否科学、合理地参与增量价值分配，与金融市场的发达程度密切相关。就一个十分发达的金融市场而言，资源、技术、管理以及劳动都可以根据其使用的预期回报率折换成一定的金融产品，这些产品在现实经济活动中主要表现为以生产要素参与生产的数量和质量为依据折算成一定数量的股权，通过这种股权折算，将资源、劳动、技术和管理等生产要素转换为与资金同质的价值形态，由生产要素市场的交易，形成合理的交易价格，然后再通过不同比例投资入股的方式，使不同生产要素根据其在总资本所占的比重，按比例对价值增值部分进行分配。

理论上，这种分配方式应该是相对合理的。如果金融市场不发达，作为初始生产要素形态的资金、资源、技术、劳动和管理，很难通过有效的金融市场实现快速的结合，影响了市场经济的运行效率。同时，在一个不发达的金融市场中，生产要素在生产中的贡献程度很难通过市场价格或者价值增值的分配规则体现出来。例如，一个对于宏观经济和行业经济分析非常透彻的人，他要寻求与资本的结合，从事某种行业或产品的生产，由于实体经济延续时间较长，并且某一行业或产品的发展在时间上也存在诸多的不确定性，一无所有的他，可能就无法获取资本的支持，即使获取了资本的支持，其在企业经营收益中所获取的份额一定非常少。如果在一个十分发达的金融市场中，企业的市场价值都通过股票形式反映出来，一无所有的他，就可以通过借入资本、合作投资、融资融券交易等方式，将自己对于行业或产品发展方向的判断，通过证券投资的方式体现出来，在证券投资中，投资人的判断是证券投资获利的主要原因，较之于发展实体经济的资本贡献，通过投资标准化的金融产品，此人就可以获取较大的收入份额，从而真正地体现其依据专业知识所做的贡献。当然，由于金融市场自身不直接产生财富，从实体经济角度分析，此人主要通过对自己看好的上市公司进行资本投资的方式，使上市公司获取了可用于实体经济经营的资本①，通过上市公司的生产经营，使上市公司获取了较大的利润，然后再通过股票这个价格杠杆体现出来。可见，通过金融市场对于上市公司进行资本投资的前提条件，仍然在于上市公司能够取得较好的实体经济投资收益。

三、现代市场经济条件下生产要素的定价底线

就生产要素的定价底线而言，根据马克思关于不变资本和可变资本的论述，理论

① 一般而言，这种方式直接表现在一级市场投资方面，二级市场投资其实也是一种对于上市公司间接的资本投资，其主要表现为通过上市公司股东之间的互换，实现资本投资所有权的转移。

上，在一个正常的社会再生产中，各生产要素都可以取得其价值形态的补偿，这应该是生产要素定价的底线。在资金、资源、劳动、技术和管理等生产要素组成的社会再生产中，与资金相对应的原材料、生产设备等物化形态资本在社会再生产过程中必须取得价值形态的补偿，这种补偿数额主要通过产品销售价格中必须含有上述物化形态资本的价值量作为保证。就资源而言，其价值补偿主要通过产品销售价格中必须含有资源取得的成本作保证；就技术、劳动和管理等活劳动要素而言，其价值补偿也主要通过产品销售价格中含有上述活劳动形态生产要素再生产的价值作为保证。从实践中来看，由于活劳动再生产的价值表现形态具有较大的可塑性，在生产经营过程中，一些企业主通过片面压低活劳动价值的方式，来获取较高的利润。短期来看，这种方法能够帮助企业获取较多的利润；从长期来看，这种做法显然违背了生产要素定价的最低法则。一旦活劳动的再生产得不到有效的价值补偿，随着时间推移，活劳动供给的不足，必然会影响企业的再生产。现代市场经济条件下，增量价值主要来源于活劳动的创造，没有活劳动的再生产，就没有企业的再生产。因此，这种通过压低活劳动价值方式来取得超额利润的做法，是不能长久的，其实质上是一种“杀鸡取卵”的企业经营行为。从活劳动再生产的价值形态分析，用于活劳动再生产价值补偿的定价，应该包括以下几个方面内容：一是劳动者维持自身生存的费用（含物质消费和文化等精神消费因素）；二是劳动者培育成本。鉴于劳动者的培育是一个漫长的过程，在市场经济条件下，劳动力这部分成本的补偿也不是一次性的，而是通过在工资中包含劳动力子女的生存、教育费用以及劳动力养老等内容体现出来。考虑不同企业在经济效益水平上存在的差距，教育、医疗等费用虽然不是维持劳动力生理生存所必需的费用，但从整个社会发展情况来看，劳动力子女的教育和医疗、劳动力自身的医疗需求，必须得到切实保障。在现代市场经济条件下，这方面的保障可以通过财政公共支出的方式来加以解决。可以认为，正常社会生产条件下活劳动定价的最低底线，就是维持劳动力自身生存及其子女生存和赡养老人所必须包含的价值补偿。只有包含这些内容的社会再生产，才是真正意义上的社会再生产，是可以得到持续发展的社会再生产。

本章小结

本章首先分析了增量价值的真正来源，认为根据马克思的劳动价值理论，资源以及资金使用价值的表现形态如原材料、生产设备以及生产场地等非劳动要素，在生产过程中并不能创造增量价值，只是作为价值创造的必要条件，转移其自身价值。劳动、技术以及管理等生产要素形态，在生产过程中不但能够创造自身再生产的价值，而且还能够创造超过其自身价值之上的新增价值。随后，文章分析了各生产要素在增量价值分配中所占比重的影响因素，认为以下因素影响各生产要素在增量价值分配中所占比重：

1. 不同生产方式的影响。在以资源消耗为主导的生产方式下，资金、资源在社会增量价值分配中处于主导地位，劳动、技术和管理在增量价值分配中处于从属地位；而在劳动密集型的生产方式下，劳动要素在增量价值分配中处于主导地位，其他要素在增量价值分配中处于从属地位；在以技术为主导的生产方式下，技术和管理在增量价值分配中处于主导地位，其他要素在增量价值分配中处于从属地位。当然，上述生产要素参与增量价值分配的前提条件，就在于各生产要素只有在完成自身价值补偿之后，才能进行增量价值的分配。换言之，一定时期社会再生产过程中增量价值的分配，是以存量生产要素的价值消耗得到有效补偿作为前提条件的。

2. 不同融资方式的影响。就生产要素组合模式而言，在间接融资为主导的融资模式下，资金与劳动、技术、管理以及资源之间的结合必须依靠金融机构的贷款才能实现，在很大程度上使金融机构掌握了较大的资金供给决定权，从而为高额资金垄断价格的形成提供了有利条件。在直接融资的生产要素组合模式下，资金与资源、技术、管理以及劳动等生产要素通过证券市场、债券市场实现有效结合，充分反映了资金以及其他生产要素的供求关系，从而确保了这些生产要素根据其稀缺程度参与增量价值分配的科学性和合理性。在金融市场高度发达的条件下，资源、技术、劳动及管理要素自身也可以作为金融化产品在金融市场进行交易，加快了资金与资源、技术、劳动和管理等生产要素相结合的速度，也使资金、资源、技术以及管理等生产要素供求状况，通过金融市场充分地反映出来，进一步确保上述各生产要素参与增量价值分配的合理性。

最后，文章研究了现代市场经济条件下生产要素的定价底线，认为在一个正常的社会再生产中，各生产要素都可以取得其价值形态的补偿，这应该是生产要素定价的底线。在资金、资源、劳动、技术和管理等生产要素组成的社会再生产中，与资金相对应的原材料、生产设备等物化形态资本在社会再生产过程中必须取得价值形态的补偿，这种补偿数额主要通过产品销售价格中必须含有上述物化形态资本的价值量作为保证。就资源而言，其价值补偿主要通过产品销售价格中必须含有资源取得的成本作保证；就技术、劳动和管理等活劳动要素而言，其价值补偿也主要通过产品销售价格中含有上述活劳动形态生产要素再生产的价值作为保证。从活劳动再生产的价值形态分析，用于“活劳动”再生产价值补偿的定价，应该包括以下几个方面内容：一是劳动者维持自身生存的费用（含物质消费和文化等精神消费因素）；二是劳动者培育成本。鉴于劳动者的培育是一个漫长的过程，在市场经济条件下，劳动力这部分成本的补偿也不是一次性的，而是通过在工资中包含劳动力子女的生存、教育费用以及劳动力养老等内容体现出来。考虑不同企业在经济效益水平上存在的差距，教育、医疗等费用，虽然不是维持劳动力生理生存所必需的费用，但从整个社会发展情况来看，劳动力子女的教育和医疗、劳动力自身的医疗需求，必须得到切实保障。在现代市场经济条件下，这方面的保障可以通过财政公共支出的方式来加以解决。可以认为，正常社会生产条件下活劳动定价的最低底线，就是维持劳动力自身生存及其子女生存和赡养老人所必须包含的价值补偿。只有包含这些内容的社会再生产，才是真正意义上的社会再生产，也才是可以得到持续发展的社会再生产。

第三篇

信用货币及经济货币化

3

第十七章
信用货币经济条件下货币的价值体现

一、黄金等金属商品货币本位制下货币的价值体现

在以黄金为代表的金属商品货币条件下，黄金本身就是商品，既具有使用价值，又具有价值。就黄金等金属货币体现的使用价值而言，黄金可以作为生产发展的一个重要原材料，加入社会生产过程的循环；同时，黄金作为劳动产品，也是满足居民消费的一个重要消费资料，主要表现在黄金首饰品等诸多方面。对于黄金商品货币的价值，由于黄金的开采需要人类付出相应的劳动，受黄金资源分布较少以及黄金矿产开采难度较大等因素影响，黄金所体现的人类劳动量相对较大，因此，相对于其他商品而言，其价值含量也较大。在以黄金为代表的金属货币条件下，黄金作为货币，其价值主要通过黄金自身的使用价值体现出来。在黄金作为流通货币的条件下，黄金的价值与使用价值是一体的，一定程度上决定了以黄金为媒介的商品流通，其交易的本质属性既表现为商品的使用价值与价值之间的交换关系，也表现为商品的使用价值与使用价值之间的交换关系。当黄金作为生产资料和消费品时，以黄金为媒介的商品流通就是商品的使用价值与使用价值之间的交换；当黄金作为交易媒介时，以黄金作为交易媒介的商品流通，就是商品的使用价值与价值之间的交换。

黄金货币自身的使用价值成为黄金作为交易货币的价值体现形式，一定程度上决定了黄金作为交易货币，其货币价值相对稳定的特征。黄金币值的价值变化与黄金供给数量的多少没有关系，而是取决于其他商品劳动生产率与黄金商品劳动生产率之间的相对变化。如果假设其他商品的劳动生产率与黄金商品的劳动生产率在一定期间不

发生任何变化，在既有的以黄金货币作为交易中介的价格模式下，只要未来商品总量①与作为交易货币的黄金总量之间保持相对一致，以黄金货币作为表现形式的商品价格就会保持不变。在此情况下，以黄金作为交易中介的货币流通方式，可以很好地促进社会经济的发展，使商品供给与需求之间保持相对一致，使生产与消费之间保持相对一致。当黄金作为交易货币的供给小于社会经济发展对于黄金交易货币的需求时，一定时期社会新增的商品总量就会由于黄金供给的短缺，而使商品价格出现下跌，对于生产和消费产生不利影响，主要表现为现代经济条件下流通货币的紧缩。虽然就流通货币紧缩的全过程而言，生产者和消费者在商品价格下跌影响下，本期对于新增商品在使用价值数量上不会出现大的变化，只是在价值形式上出现了变化，但这种价值形式的变化会从时间上对生产者和消费者产生诸多影响。如：假设前一期商品生产者在价格为"P_0"的条件下生产的产品数量为"Q"，流通中的黄金供给为"M_0"，黄金流通速度为"V_0"，那么前期商品生产者实现的以黄金作为表现形式的价值为 $P_0 \cdot Q$，其中 $P_0 = M_0 \cdot V_0/Q$，本期由于商品的生产量与作为交易货币的黄金流通量不一致，在一定程度上会导致作为社会商品单位价值表现形式的价格与前期相比，存在着较大差异，并对社会生产与消费产生一定影响。下面分以下几种情况进行论述：

一是在社会商品生产总量不变的条件下，作为社会商品价值表现形式的流通中黄金价值（主要为一定时点流通中黄金数量与黄金流通速度之间的乘积）与新增的社会商品总量不匹配而导致的单位商品价值的变化。假设在社会商品生产总量不变的条件下，作为交易货币的黄金只能满足一半的新增商品总量来实现其价值②，一定时期社会新增商品的总量依然为"Q"，而承担流通中介的黄金规模为"M_1"，其中 $M_1 = M_0/2$，在货币流通速度保持不变的条件下，一定时期社会新增商品总量全部实现其价值的单位商品价格为 $P_1 = M_1V_0/Q$。根据上述表达式中各个变量之间的假设关系，由于 $M_1 = M_0/2$，此时必有 $P_1 = 0.5P_0$，即单位商品的价格下降了一半，从社会商品的价值总量来看，其等于 $P_1 \cdot Q$，由于 $P_1 = 0.5P_0$，所以，$P_1 \cdot Q = P_0 \cdot Q \times 0.5 = 0.5M_0V_0$。从价值总量角度考察，在社会商品生产总量不变的条件下，黄金流通量的减少导致社会新增商品以价值形式表现出来的价值总量发生了变化。在黄金商品流通

---

① 这里有必要对于商品总量的内涵做一个明确的解释。这里所说的商品总量，是指一定时期用于交换，并最终实现其他使用价值形态需求为目的的增量商品生产量，也包含作为生产资料和消费资料使用的黄金商品的数量。就上一期或前期耐用消费品而言，虽然其使用价值形态依然存在，但是这里假设其不会再次通过使用价值与价值相交换的方式，来实现由未消费完的使用价值向以黄金作为表现形态的价值之间的转换。就作为交易货币的黄金而言，其黄金总量 = 专门用于交易的黄金存量 + 本期新增的黄金产量 - 本期新增黄金产量中作为生产资料和消费资料黄金商品所需要的黄金量。

② 理论上，在当期社会商品产量不变的条件下，导致这种现象产生的主要原因在于当期黄金产量为零或很少，而原有的承担交易手段的黄金通过贮藏的方式，退出流通领域，使流通领域黄金数量减少。从长期来看，由于黄金作为商品体现了自身的价值属性，当黄金流通量减少使黄金相对价值相应增加时，以前退出流通领域的黄金会重新回到流通领域，使流通中的黄金供给恢复到前期水平。

货币条件下，如果黄金流通速度不变，其价值总量主要取决于流通中的黄金数量。对于生产者而言，如果其前期拥有较多的黄金作为表现形式的价值总量，在下一期再生产中，就可购买较多的生产资料，进一步扩大社会再生产规模；如果其本期必须通过“使用价值—价值—使用价值”流通的方式，来进行下一期再生产，在黄金流通货币减少的情况下，生产者的“一卖一买”行为对其下一期再生产不会产生任何影响。对于消费者而言，如果其前期拥有较多的以黄金作为表现形式的价值总量，在本期消费中，就可以购买较多的消费资料，从而实现比前一期更多的消费效用；如果其本期必须通过“使用价值—价值—使用价值”商品流通方式来进行消费，在黄金流通货币减少的条件下，生产者的“一卖一买”行为，对其消费水平没有产生任何影响。鉴于在通货收缩的背景下，持币观望可以获取较多的利益，因此，如果流通中黄金的供给不能恢复到以前的水平，单位商品价格的下跌最终会导致社会总产量的收缩，直到社会新的商品总量在价值总量上与黄金所代表的社会价值总量相一致为止。

二是在社会商品生产总量大幅扩张的条件下，作为社会增量商品价值表现形式的流通中黄金价值与社会增量商品不匹配而导致的单位商品价值的变化。假设本期社会商品总量为“Q_1”，上一期社会商品总量为“Q”，且 $Q_1>Q$，如果本期流通中黄金的供给数量保持不变，即一定时点流通中的黄金数量为“M_0”，黄金流通速度依然为“V_0”，以黄金作为表现形式的社会产品总价值为 M_0V_0，那么，作为本期单位商品价值的表现形式——价格可以用公式表示为：$P_1=M_0V_0/Q_1$，由于 $Q_1>Q$，所以，$P_1<P_0$。其在一定程度上说明，在一定时期社会商品总量扩大而作为价值形式的黄金价值总量没有出现与之相应扩大的情况下①，单位商品的价值变小，一定时期社会使用价值总量会由于社会商品量的扩大而得到相应增加。从社会价值总量来看，由于黄金作为价值表现形式的价值总量保持不变，在社会商品总量扩大的情况下，其价值总量依然保持不变。就这种模式下社会商品单位价值变动对于生产者和消费者的影响而言，与前面通货收缩模式下的影响基本一致。具体言之，对于生产者而言，如果其前期拥有较多的以黄金作为表现形式的价值总量，在下一期再生产过程中，就可购买较多的生产资料，进一步扩大社会再生产规模；如果其本期必须通过“使用价值—价值—使用价值”商品流通的方式来进行下一期再生产，那么生产者的“一卖一买”行为在黄金流通货币不变的情况下，对其生产经营没有产生任何影响。对于消费者而言，如果其前期拥有较多的以黄金作为表现形式的价值总量，在本期消费中，就可以购买较多的消费资料，从而实现比前一期更多的消费效用；如果其本期必须通过“使用价值—价值—使用价值”的方式来进行消费，生产者的“一卖一买”行为在黄金流

① 理论上，以黄金作为表现形式的商品价值总量的扩大方式主要有两种：一是扩大作为流通手段的黄金数量；二是提高黄金作为商品交换媒介的流通速度。

通货币总量不变的情况下，对其消费水平不会产生任何影响。鉴于在社会商品供给数量持续扩大而黄金作为代表形式的价值总量保持不变的条件下，持币观望可以获取较多的利益，因此，在社会商品供给总量扩大的条件下，若以黄金作为表现形式的社会商品价值总量不进行相应地增加，那么单位商品价格的下跌最终会导致社会总产量的收缩，直到社会增量商品总量与黄金所代表的社会价值总量相对匹配为止。

三是在社会商品供给总量缩小的背景下，由于作为社会增量商品价值表现形式的流通中黄金价值与社会商品供给总量不匹配而导致的单位商品价值的变化。假设本期社会商品生产总量为“Q_1”，上一期社会商品生产总量为“Q”，且 $Q_1 < Q$，如果本期流通中黄金的供给数量保持不变，即一定时点流通中的黄金数量依然为“M_0”，黄金流通速度依然为“V_0”，社会商品总价值为 M_0V_0，那么本期单位商品价值的表现形式价格 $P_1 = M_0V_0/Q_1$，由于 $Q_1 < Q$，所以 $P_1 > P_0$。其在一定程度上说明，当一定时期社会商品供给总量出现收缩时，作为价值形式的黄金价值总量在没有出现相应收缩的条件下①，单位商品的价值表现形式——价格在数量上将会变大。从使用价值总量上来看，一定时期社会使用价值总量会由于社会商品生产量的减少而出现相应缩减；从社会价值总量来看，由于黄金为代表的社会价值总量保持不变，在社会商品供给总量缩小的情况下，其价值总量依然保持不变。就这种模式下社会商品单位价值变动对于生产者和消费者的影响而言，与前面通货收缩模式下的影响呈现出较大的差异。具体言之，对于生产者而言，如果其前期拥有较多的以黄金作为表现形式的价值总量，在下一期再生产过程中，只能购买相对较少的生产资料，这在一定程度上缩减了下一期社会再生产的规模；如果其必须通过“使用价值—价值—使用价值”商品流通的方式，来进行下一期再生产，那么生产者的“一卖一买”商品流通行为在黄金流通货币不变的情况下，对其下一期社会再生产没有产生任何影响。对于消费者而言，如果其前期拥有较多的以黄金作为表现形式的价值总量，在本期消费中，只能购买较少的消费资料，从而在一定程度上减少了其所获得的消费效用；如果其本期必须通过“使用价值—价值—使用价值”商品流通的方式来进行消费，那么生产者“一卖一买”的商品流通行为，在黄金流通货币保持不变的条件下，对于其消费能力没有产生任何影响。鉴于在社会商品供给数量出现收缩而以黄金作为表现形式的价值总量保持不变的条件下，持币观望者的利益会受到损害。因此，在社会商品供给总量收缩的条件下，若以黄金作为表现形式的社会产品价值总量不出现相应的收缩，单位商品价格的上涨，最终会使持币者尽早地将货币形态的价值向生产资料或消费资料等实物形态的使用价值进行转换。理论上，随着生产资料和消费资料再生产规模的不断扩大，社会商

---

① 理论上，以黄金作为表现形式的价值总量收缩方式主要有两种，一是减少作为流通手段的黄金数量；二是降低黄金作为商品交换媒介的流通速度。

品供给总量在收缩之后，会出现相应的扩张，从而使单位商品价值的表现形式——价格回到正常水平，使社会商品供给总量在价值总量上与黄金所代表的社会价值总量保持相对一致。实际上，鉴于黄金作为流通货币所体现出的自身商品属性，在社会商品供给收缩而导致单位商品价格出现上涨时，作为流通手段的黄金自身价值与其代表的单位商品流通价值之间出现了较大差异，黄金的商品属性会使一部分黄金退出流通领域，通过黄金贮藏的手段，实现社会商品供给价值总量与黄金为代表的价值总量之间的相对一致，从而使商品价格保持相对稳定。

根据上述关于不同社会商品供给总量形态下，以流通中的黄金作为表现形态的价值总量与单位商品价值表现形态——价格之间的变化关系，可以得出以下结论：

一是黄金作为商品货币形态，其价值形式通过黄金自身作为商品的使用价值形式体现出来。

二是黄金单位价值的变化在很大程度上取决于黄金生产的劳动生产率水平，单位黄金价值与其他商品价值形式的相对变化，主要取决于生产黄金的劳动生产率水平与其他商品劳动生产率水平之间的相对变化。

三是黄金作为流通货币所体现的黄金商品属性，通过黄金在流通中的退出和流入机制，使单位商品价值表现形式——价格保持相对稳定，从而在一定程度上确保了经济发展过程中社会商品价值形态和使用价值形态的相对稳定。

二、以纸币作为代表的信用货币体系下货币的价值体现

如前所述，在黄金作为流通货币的交易模式下，黄金的价值体现主要表现在黄金作为商品的自身属性。在以纸币作为流通货币的交易模式下，纸币之所以具有价值，主要是多方面的原因造成的。由于纸币的价值并不能通过纸币的商品属性体现出来，在一定程度上导致纸币作为流通货币，其对于经济运行的影响会远远大于黄金。

（一）信用货币成为流通货币的主要原因

与黄金商品货币不同，没有自身价值属性的纸币之所以能够作为商品价值属性的代表，充当商品流通媒介的职能，在很大程度上与以下因素密切相关：

1. 政府的法定强制性。由于纸币自身没有价值，纸币要作为价值形式的代表，就必须通过政府强制的法律措施，赋予纸币承担商品价值表现形式的权限，使纸币成商品价值的表现形式，其价值存在的基础在于国家政治权力。换而言之，纸币以国家政治权力的存在为前提条件。如果国家政治权力缺乏权威性，必将导致纸币作为价值形式的代表权限受到较大影响。而国家政治权力的更迭，则会导致纸币的更迭。

2. 货币充当流通手段所具有的交易中介功能。在信用货币条件下，没有价值的

纸币之所以能够作为货币，充当商品流通中介的职能，是以政治强制力作为保障的，但是没有任何价值的纸币之所以能够成为货币，在很大程度上也与纸币在商品流通中所承担的功能密切相关。在以纸币为代表的信用货币条件下，纸币在商品流通中作为货币，仅仅充当商品流通中介的职能，即商品交易双方通过以纸币为表现形式的相互交换，最终是为了获取相互之间的使用价值，而不在于获取这种没有任何价值的货币本身。从商品流通的全过程来看，以纸币为表现形式的货币只是充当了流通手段，而这种流通手段的充当，不需要具备任何价值，只需要货币形态的价值符号就可以了。就此而言，没有任何价值的纸币之所以能够成为货币，在很大程度上与纸币所执行的流通手段职能密切相关。在纸币承担的流通手段职能中，市场主体获取纸币，不在于消费纸币自身的使用价值，而在于通过纸币交换，来获取另外一种形态的使用价值。

3. 经济发展总量不断扩大的要求。如前所述，在黄金作为货币的商品货币条件下，如果以黄金为表现形式的价值总量与当前社会商品生产总量之间不能相对匹配，则会对社会生产产生较大的负面影响。特别是在社会生产规模迅速扩大的背景下，如果以黄金作为表现形式的价值总量不能实现迅速扩张，社会经济发展就会受到通货收缩的影响。为了有效地克服黄金在供给数量上的限制对社会经济运行所产生的不利影响，通过采取不受供给数量限制的信用货币流通方式，可以很好地实现以信用货币作为表现形式的价值总量与以商品作为表现形式的使用价值总量的相对匹配。

4. 以纸币作为交易货币所体现出来的交易便利性特征。在黄金流通货币模式下，黄金作为商品货币所体现出来的商品属性，使黄金在商品交易中存在携带不便、不易保管等诸多不利因素，由此加大了黄金货币的流通成本，也影响了黄金货币的流通速度。而纸币流通却呈现了易携带、易分割、易保管的特点，在一定程度上可以节约货币流通成本，加快货币流通速度，进一步提高商品流通效率。特别是现代电子货币的出现，使货币流通成本进一步降低，货币流通速度进一步加快，在很大程度上提高了商品流通效率，有利于社会经济保持快速发展。

（二）以纸币作为表现形式的信用货币流通会导致国民收入再分配

在信用货币经济条件下，纸币作为流通货币，会对国民收入再分配产生一定影响。具体言之，主要表现在以下几个方面：

1. 政府取得铸币税收入。在纸币流通的货币体系下，由于纸币是由政府依靠政治强制力发行的货币，就纸币[①]的发行成本与其票面额度所代表的价值而言，纸币的发行成本几乎可以忽略不计，而政府通过政治强制力发行的货币，是要作为价值形式

---

① 目前纸币作为信用货币的表现形式，已经由有形的纸制货币向电子货币转化，由于只是货币的表现形式发生了变化，相对于黄金货币而言，其仍然是信用货币。因此，本文将纸币与电子货币一起统称为纸币。

参与商品流通的。因此，相对于黄金商品货币而言，政府在信用货币条件下对于信用货币的发行，实际上是以无偿占有的方式，参与了国民收入的再分配。换而言之，政府依靠信用货币的发行，可以无偿地取得一部分收入。相对于税收收入而言，政府这种依靠信用货币发行而取得的收入，又被称之为铸币税。

2. 由信用货币使用权上的不平等所导致的国民收入再分配。理论上，虽然新发行的信用货币已经通过政府征收“铸币税”的方式，参与了国民收入的再分配，而从信用货币的使用流程来看，政府在发行货币之后，这些货币流入各商业银行，在金融市场化程度不高的条件下，进入商业银行的信用货币并不是马上实现与实体经济的结合，而是由商业银行作为贷款方，通过较高贷款利率的方式，贷给实体经济需求方。由于商业银行向货币发行的中央银行的再贷款利率相对较低，商业银行对于新发行的货币，利用其独特的金融垄断地位，通过“存贷差”的形式，参与了国民收入的再分配，获取了一部分国民收入。更有甚者，在金融市场不发达以及金融管制较严的背景下，新增货币由商业银行向实体经济的流动，需要经过诸多的中间环节，这些中间环节也是以获取“存贷差”的方式，参与了国民收入的再分配。上述现象形成的原因主要在于以下两个方面：一是金融市场不发达，市场主体融资渠道相对较窄；二是银行在金融市场经营中处于垄断地位，市场经济运行的“三公”原则缺失，导致一些与商业银行有特殊关系的市场主体通过中介人的方式，再次参与了国民收入的再分配。

从纸币发行所导致的国民收入再分配的两种形式来看，由于政府、银行以及各中介机构，在货币发行中通过参与国民收入再分配的方式，取得了一部分国民收入，这部分国民收入并不是真正意义上的增量国民收入，必须通过与其他使用价值相对应的商品相交换的方式，来实现其价值，而由增量信用货币发行所导致的价值虚增部分，会通过加入商品流通的方式，提高每一单位商品的价格。理论上，要减缓每一单位商品价格由于增量货币发行而出现上涨的趋势，就必须通过提高劳动生产率的方式，降低商品的价格。否则，在增量货币不断发行的影响下，商品价格将呈现不断上涨的趋势，金融市场不发达以及金融管制等因素的存在，将在很大程度上加剧这种商品价格上涨的压力。

（三）纸币作为信用货币流通对于国民经济运行产生的影响

在信用货币经济条件下，纸币作为流通手段，对于国民经济运行产生了较多影响，主要表现在以下几个方面：

1. 使国民收入价值总量与使用价值总量之间出现分离，在很大程度上导致商品价格的不稳定。如前所述，在黄金商品货币条件下，货币的价值与使用价值统一地存在于黄金货币之中，一定程度上决定了在黄金商品货币条件下，由黄金所表示的国民收入价值总量与使用价值总量之间是一一对应的关系，在国民收入价值总量与使用价值总量相对匹配的条件下，商品价格会保持相对稳定。由于纸币的发行是政府通过政治强制力的方式，强制发行的货币，其自身没有任何价值，必须通过实体经济的发展，取得具有使用价值形态做支撑的商品，来实现价值。在纸币流通条件下，增量货币的发行实际上是一种虚增的价值，这种虚增的价值量用公式表示为：M·h。其中，“M”为假设一定期间央行新发行货币的数额，“h”为货币乘数。在现代国民经济核算体系下，这部分虚拟价值计入了国民收入价值总量。就一定时期社会使用价值生产量而言，其主要取决于当期的劳动生产率发展水平在信用货币条件下，新增货币的发行虽然在某种程度上会推动劳动生产率的提高，但是由于劳动生产率提高所创造的增量使用价值与新增货币发行所增加的虚拟价值之间并不是一一对等的关系，这就决定了在信用货币经济条件下，以纸币作为表现形式的信用货币发行，使国民收入价值总量与使用价值总量之间出现了分离，在增量货币不断发行的影响下，如果一定时期社会上以商品作为表现形式的使用价值总量不能出现同步上涨，商品价格必然会呈现不断上涨的趋势。

2. 为政府调控国民经济价值总量提供了可能条件。在信用货币经济条件下，由于政府通过信用货币的发行，可以增加以货币作为表现形态的价值总量。因此，在宏观调控过程中，政府就可以利用自己所掌握的货币发行权，通过货币发行规模的增减变动，来对国民经济价值总量产生重要影响，以此调控经济发展总量以及市场的整体物价水平。

3. 以货币为交易标的的金融市场发展，使金融成为国民收入再分配的一个重要手段。在以纸币为表现形式的信用货币条件下，信用货币自身所具有的虚拟价值性、可无限分割性、便于携带性等特征，使得货币交易成为可能，而这种货币交易的基础在于货币发行的不确定性而导致商品价格出现较大的波动性。理论上，商品价格所出现的波动性在很大程度与信用货币发行条件下劳动生产率的变化密切相关，在一定程度上会导致取得货币的成本——利息出现不确定变化。因此，货币交易之所以能够产生，与上述因素所导致的货币价格——利率的不确定变化密切相关。换言之，利率的不确定变化为信用货币条件下金融市场的形成，提供了充分条件。就必要性而言，如前所述，由于增量信用货币的发行，最终会通过与使用价值相结合的方式，实现其价值。随着增量信用货币的不断发行，在经济发展方式所导致的自然资源供求关系发生变化以及消费刚性因素的影响下，一些增量信用货币并不都是通过与实体经济相结合的方式实现其价值。由此出现的一些多余的以价值形态作为表现形式的信用货币，在市场经济“逐利”机制作用下，最终必须获取一定的收益，这就要求通过金融市场的发展，为多余信用货币所有者之间进行货币交易提供必要的场地。就此而言，闲置信用货币的出现，既是金融市场发展的充分条件，也是金融市场发展的必要条件。

4. 货币发行数量的高低对于国民经济结构会产生较大影响。在信用货币经济条件下，货币发行数量的高低对于国民经济结构会产生较大影响，主要表现为货币发行量过大会导致以资源消耗作为典型代表的粗放型经济增长，货币发行过多会推升存量资产的价格。如前所述，与黄金商品货币所体现的价值与使用价值形态相对统一不同，在信用货币经济条件下，增量货币的发行会虚增社会总价值，由此对国民经济产业结构以及经济发展质量水平产生重要影响。具体言之，在一定时期增量货币发行量较大的情况下，鉴于自然资源在使用价值与价值上与增量货币所体现出的相反属性，增量信用货币必然会通过与自然资源相结合、使自然资源货币化的方式，来实现其由价值形态向使用价值形态的转换，导致以自然资源消耗为主导的粗放型经济发展方式，在社会经济发展中占据主导地位。随着自然资源货币化进程的不断加快，在自然资源存量越来越少的情况下，一些增量货币会通过追逐商品[①]的方式提高商品价格；或者通过对存量资产再次货币化以及进入金融市场的方式，实现其由信用货币的价值形态向使用价值形态的转换。如果增量货币购买的存量资产是直接使用，那么就直接实现了增量信用货币由价值形态向使用价值形态的转换；如果增量货币购买的存量资产是为了进行价格投机，那么就与参与金融市场投资一样，是以“逐利”的方式间接实现由价值形式向使用价值形式的转换。

三、信用货币的价值与商品使用价值保持相对一致所需要的相关条件

（一）信用货币价值与商品使用价值保持相对一致对于经济运行的影响

如前所述，在黄金商品货币条件下，社会商品价值总量与使用价值总量基本上可以保持相对一致，在一定程度上使商品价格保持基本稳定。信用货币的出现虽然可以在某种程度上突破黄金存量和增量的约束，为社会再生产规模的进一步扩张创造有利条件，但是在“铸币税”利益驱动下，政府一般更倾向于通过信用货币超额发行的方式，实现更多的“铸币税”收入，而国际信用货币发行国为了取得更多的国际“铸币税”收入，也会通过进一步扩大国际信用货币发行规模的方式，向全球其他各国征收更多的“国际铸币税”。受此影响，全球商品的价格就会出现大幅上涨的趋势，在很大程度上会给经济运行带来诸多不利影响。因此，在信用货币经济条件下，保持信用货币价值与商品使用价值的相对一致，对于保持价格稳定，实现全球经济持

① 鉴于商品消费的刚性特征以及供求周期短、不易保管及政府的政策干预等因素影响，增量信用货币对于商品价格的追逐是相对有限的。

续增长，具有重要的意义，主要表现在以下几个方面：

1. 保持商品价格的相对稳定，最大限度地减少价格波动预期对于经济运行产生的不良影响。商品价格的波动，会影响消费者的消费效用，也会造成经济运行的巨大波动。在价格大幅上涨的情况下，消费者的消费效用在很大程度上受到削减，而价格上涨所形成的预期效应，会导致经济运行过热，加剧经济发展中的通货膨胀压力。而在价格下跌的情况下，其对于经济运行的影响与价格上涨正好相反。两者都不利于经济保持正常、健康运行。由此可见，适度地控制信用货币发行规模，保持信用货币币值的相对稳定，对于保持国民经济持续、健康发展，具有重要的意义。

2. 使商品的价值与使用价值保持相对一致，减少经济泡沫的产生，减轻经济运行中的通胀压力。在现代经济条件下，商品的价值与使用价值是相对分离的，商品的价值形态主要体现为拥有货币的需求方，而商品的使用价值形态主要体现为拥有商品的供给方，因此，要实现商品的价值与使用价值的相对一致，在某种程度上就要实现供给与需求总量和结构的相对一致。只有供给与需求总量和结构之间保持相对一致，经济才能保持健康、协调运行。如果供给超过了需求，即使用价值形态的商品供给超过了价值形态的商品需求，经济就会进入通货紧缩状态，商品供给的过剩就会对下一期经济运行总量和结构产生重要影响。反之，如果需求超过了供给，即使用价值形态的商品供给小于价值形态的商品需求，那么经济就会由于商品供给的不足而产生通货膨胀压力，使以信用货币作为表现形式的社会商品价值总量与使用价值总量出现较大偏离，经济运行处于泡沫化运行状态。要实现供给与需求在总量和结构上的相对均衡，既要求信用货币供给总量与经济发展保持相对一致，又要求通过合理的国民收入分配结构的构建，实现供给与需求在结构上的相对均衡。

3. 使经济发展的最终目标与社会生产的最终目的保持一致，在实体经济领域实现供求平衡。如前所述，在现代信用货币经济条件下，信用货币供给规模的过度扩张，会使商品价格出现快速上涨，导致专门从事货币交易的金融市场的出现。理论上，在一国经济发展过程中，只有实体经济的发展，才能直接地满足于居民不断增加的物质形态的产品和非物质形态精神产品的需要。为了实现这个目的，就要求确立科学的经济发展目标，使经济发展的目标不是为了单纯地追求社会产品的价值总量，而是为了实现更多的社会产品使用价值总量。在信用货币经济条件下，增大社会产品价值总量的方式多种多样，可以通过增加信用货币发行规模并提高货币乘数的方式来达到增加社会价值总量的目的，也可以通过发展泡沫经济、虚拟经济，甚至是生产假冒伪劣等无效产品的方式，来达到增加社会价值总量的目的。这些显然是与社会生产目的不一致的。因此，只有在经济发展目标上与社会生产的最终目的保持一致，才可以使增量信用货币的发行、流通更好地服务于实体经济，使社会商品价值总量与使用价值总量保持相对一致。

（二）实现信用货币价值与商品使用价值相对一致应该采取的相关措施

要实现货币价值与商品使用价值相对一致，可采取下述措施：

1. 适当控制货币发行规模，确保增量货币的适度发行。通过适度控制增量货币发行的方式，使货币价值与商品使用价值保持相对一致。在信用货币经济条件下，经济运行的最优状态是在经济总量不断扩张条件下保持商品价格的相对稳定，要实现这一目的，就必须适度控制增量货币发行规模。理论上，增量信用货币发行规模量的确定主要以“没有价值的自然资源和其他非货币形态生产要素货币化所需要的货币与劳动生产率提高条件下保持商品价格相对稳定所需要的增量货币之和”为基本依据。

2. 加强金融监管，使信用货币更多地服务于实体经济。为了使增量信用货币更多地流向实体经济，通过实体经济的发展，为增量信用货币提供更多的使用价值形态支撑，就必须加强金融监管，防止新发行的增量信用货币进入投机领域，使增量信用货币的发行真正地满足实体经济的发展需要。通过实体经济的发展，实现社会商品价值形态和使用价值形态的相对统一，使国民经济保持健康、协调运行。

3. 保持本国货币政策的相对稳定，确保信用货币流通的权威性。如前所述，信用货币的发行是由政府的政治强制力作保证的，而信用货币的流通是以稳定的信用货币币值作保证的。在信用货币经济条件下，要确保信用货币能够持续承担货币的功能，就必须保持本国货币政策的相对稳定，确保信用货币流通的权威性。

4. 通过体现更高价值含量的科技产业的发展，实现信用货币价值与商品使用价值形态的相对一致。由于增量信用货币的发行属于国民收入再分配的范畴，需要通过与使用价值形态商品相交换的方式，实现由价值形态的货币向具有一定使用价值形态商品的转化。为了使增量信用货币不断发行条件下的商品价格保持相对稳定，就必须通过体现更高价值含量的科技产业的发展，实现信用货币价值与商品使用价值的相对一致。

本章小结

本章首先研究了黄金等金属商品货币本位制下的货币价值体现，认为黄金货币自身的使用价值成为黄金作为交易货币的价值体现形式，具有以下特征：

一是黄金作为商品货币形态，其价值形式通过黄金自身作为商品的使用价值形式体现出来。

二是黄金单位价值的变化在很大程度上取决于黄金生产的劳动生产率水平，单位黄金价值与其他商品价值形式的相对变化，主要取决于生产黄金的劳动生产率水平与其他商品劳动生产率水平之间的相对变化。

三是鉴于黄金作为流通货币所体现的黄金商品属性，通过黄金在流通中的退出和流入机制，使单位商品价值表现形式——价格保持相对稳定，在一定程度上确保了经济发展过程中社会商品价值形态和使用价值形态的相对稳定。

本章在对以纸币为代表的信用货币体系下货币的价值体现进行研究的过程中，认为信用货币成为流通货币的主要原因在于以下几点：(1) 政府的法定强制性；(2) 货币充当流通手段所具有的交易中介功能；(3) 经济发展总量不断扩大的要求；(4) 以纸币作为交易货币所体现出来的交易便利性特征。

就以纸币作为表现形式的信用货币流通对于经济的影响而言，主要表现在以下几个方面：

1. 会导致国民收入再分配。一是政府取得铸币税收入；二是由信用货币使用权上的不平等所导致的国民收入再分配。

2. 纸币作为信用货币流通对于国民经济运行产生影响。一是使国民收入价值总量与使用价值总量之间出现分离，导致商品价格的不稳定；二是为政府调控国民经济价值总量提供了可能条件；三是以货币为交易标的的金融市场发展，使金融成为国民收入再分配的一个重要手段；四是货币发行数量的高低对于国民经济结构会产生较大影响。

本章在对信用货币发行条件下货币价值与商品使用价值保持相对一致所需要的相关条件研究过程中，认为要实现货币价值与商品使用价值相对一致，可以采取下述措施：

1. 适当控制货币发行规模，确保增量货币的适度发行。

2. 加强金融监管，使信用货币更多地服务于实体经济。

3. 保持本国货币政策的相对稳定，确保信用货币流通的权威性。

4. 通过体现更高价值含量的科技产业的发展，实现信用货币价值与商品使用价值形态的相对一致。

第十八章 中国居民储蓄的形成原因及其改善对策

一、中国居民储蓄的形成原因

在现代经济发展过程中，出现了居民储蓄随着经济增长不断增加的现象。理论上，在信用货币经济条件下，居民货币化收入应该与其他实物形态的资产和商品相对应。随着社会经济的发展，那些与居民储蓄相对应的资产和商品也是不断增加的。西方经济学将居民货币形态储蓄的增长看成为一种常态，例如萨缪尔森在《经济学》中就曾指出："在达到很高收入水平以前，用于衣着、娱乐和汽车开支的增长比例大于税后收入的增长。当然，根据定义，用于奢侈品项目的开支增长得比收入快。随着收入上升，储蓄增长得非常快。储蓄是所有项目中最大的奢侈品。"[①] 根据萨缪尔森的描述，可以这样认为，储蓄是居民收入满足其支出之后的剩余部分，主要表现为居民收入与支出之间的差额。而从实践中来看，虽然居民储蓄来自其收入与支出的差额，但是这种差额的形成并不能视为居民支出需求得到满足之后而产生的收支差额。在日常生活中，我们会经常看到这种现象，一些收入很低的居民在其生存或发展需求没有得到很好满足的条件下，在银行也有一定的储蓄。这种现象在一定程度上说明，储蓄并非居民在需求满足后所产生的收支差额，更不是萨缪尔森在《经济学》中所描述的将储蓄视为所有项目中最大的奢侈品。因此，从宏观经济管理层面考虑，分清储蓄的来源渠道及形成原因，是制定有效宏观调控政策、实现国民经济持续发展的关键。从中国经济运行的实际情况分析，总体来看，中国居民储蓄的来源主要由以下几个部分组成：

---

① 萨缪尔森：《经济学》第12版，中国发展出版社1992年版，第205页。

1. 由于生产力的发展降低了单位消费品的价值，使居民既定的收入水平相对过多，由此产生了储蓄。根据马克思关于价值规律的论述，商品的价格高低主要是由其价值决定的，而商品价值的高低主要由一定生产力发展水平下的社会必要劳动时间所决定。当生产力高度发达时，其在单位时间内生产的商品数量将明显增多，由于既定生产力水平下社会必要劳动时间所创造的价值保持不变，根据公式：单位产品价值＝单位社会必要劳动时间内创造的价值/单位社会必要劳动时间内生产的商品数量，笔者可以得出这样一个结论，即单位商品的价值随着生产力的不断发展而不断降低。理论上，在信用货币经济条件下，如果居民工资收入水平保持不变，在既有的消费水平下，居民工资性收入和用于购买单位价值下降之后的商品支出之间，必然会产生一个差额，这个差额就形成了储蓄。当然，这种储蓄的形成是建立在诸多假设前提条件之上的。具体言之，主要包括以下几个方面内容：一是居民消费水平保持不变，即居民不会将多余的货币形态收入用于新的消费，由此决定了这种状态下的储蓄是以居民生活水平维持不变作为前提条件的。二是信用货币供给保持相对稳定。鉴于一定时期内充当商品流通中介的货币属性不同，使商品价格与货币供给之间的关系也不相同。具体言之，在黄金作为商品货币的经济运行状态下，由于黄金作为商品，可以发挥自身的贮藏功能，由此会使一定时期内商品价格保持相对稳定。就静态而言，在既定生产力发展水平下，单位商品的价格不会由于黄金供给的增多而出现大幅变化，因为，单位商品价格变动主要取决于黄金的劳动生产率高低；从动态来看，单位商品价格变动主要取决于该种商品劳动生产率与黄金商品劳动生产率之间的相对变化。鉴于商品劳动生产率的提高是一个渐进的过程，因此就动态而言，在黄金作为流通货币的条件下，商品的价格基本上可以保持相对稳定。在信用货币经济条件下，由于商品的价值与使用价值形态出现了完全分离，一段期间内经济发展的价值总量主要取决于管理当局的货币供给，用公式表示为：$S_m = M \cdot H$，其中“M”为货币发行量，“H”为货币乘数，“S_m”为增量信用货币发行所形成的货币供给数量。理论上，如果当期货币发行是以商品上一期价格作为依据，那么根据 $MV = QP$ 的平衡公式，在货币流通速度不变的条件下，则有 $M_1 \cdot V_0 = (Q_0 + \Delta Q) \cdot P_0$，其中“$M_1$”主要表示本期信用货币流通量，“$V_0$”表示上一期货币流通速度，“$Q_0$”表示上一期商品总量，“$\Delta Q$”表现本期商品增量，“$P_0$”表示上一期商品的平均价格，考虑 ΔQ 因素，相对于基期 $M_0V_0 = Q_0P_0$ 而言，M_1 一定会大于 M_0。假设增量货币的发行主要是为了满足商品①在劳动生产率提高条件下实现以信用货币作为表现形式的价值的需要，那么在劳动者收入水平保持不变的条件下，劳动力在基本需求不变条件下购买商品，其付出的价值总额与上一期基本相同，由此导致居民本期并没有出现货币剩余，即居民本期在银行不

① 这里系指用于居民消费的商品。

会有新增的储蓄；而从商品供给来看，由于在劳动生产率提高背景下产出规模进一步扩大，在增量货币作用下，虽然保持了本期价格与基期价格相等的水平，但是在居民收入水平保持不变的条件下，必然会出现商品使用价值形态的剩余，在经济实践中，主要表现为劳动生产力提高行业的商品库存量出现增加。在此条件下，为了实现库存商品由使用价值形态向价值形态的转换，主要有两种途径：

（1）管理当局的货币供给干预。在商品出现多余的条件下，管理当局可以通过增加居民收入水平的方式，使居民购买库存的多余商品，最终结果会导致在增量货币作用下，由商品价格不变为前提的商品价值形态的总量扩张。理论上，这种商品价值形态扩张程度主要取决于居民对于商品的消费弹性。当居民对商品的消费弹性较大时，通过增量货币供给提高居民收入水平的方式，可以实现商品在劳动生产率提高条件下的价值总量扩张；反之，如果居民对商品的消费弹性较小，通过增量货币供给的方式，不一定会实现商品的供求均衡，反而会在一定程度上导致居民储蓄与商品过剩的同时并存。如果这种过剩的商品是资本品①，并且这种资本品在下一期生产中具有广阔的用途，那么在下一期生产过程中，可以通过居民以储蓄作为表现形式的价值形态与过剩商品使用价值形态相互转换的方式，实现过剩商品由使用价值形态向价值形态的转换。如果这种过剩商品作为资本品在下一期生产中运用空间并不广阔，那么其使用价值形态就不能与居民本期由于货币投放所形成的过多储蓄相互对应，居民由于货币投放过多所形成的储蓄仅仅表现为一种单纯的价值形态，需要在下一期或未来的生产期间实现其由价值形态向使用价值形态的转换。如果没有与这部分储蓄相对应的使用价值，则必须要求下一期或未来期间的货币供给产生相应收缩，才能充分消化本期居民由于货币投放过多而形成的尚未实现的价值。

（2）市场价格机制的自动调节。理论上而言，若不考虑货币管理当局对宏观经济的干预，在居民收入水平保持不变的条件下，由于劳动生产率提高而增加的商品供给数量，完全可以根据市场的供求法则，通过降价的方式，实现其由使用价值形态向价值形态的转换。在这种市场价格调节机制作用下，由于没有增量货币供给，以信用货币作为表现形式的国民收入总量不会出现任何变化，生产者也不会从劳动生产率提高的商品生产中获取超额价值，而居民在收入水平保持不变的条件下，却从劳动生产率提高的商品生产中获取了较多利益，主要表现为居民在收入水平不变条件下，由于单位商品价格下降而导致购买力的大幅提高。当然，这种由于劳动生产率提高而导致的居民对于商品消费量的增加程度，主要取决于居民对这种商品的需求弹性。具体言之，如果居民对这种商品需求弹性较大，在商品消费量增加的影响下，居民在既定工资收入水平下就不会产生储蓄或者产生较少的储蓄；如果居民对该种商品的需求弹性

① 主要表现为由初级形态生产要素组合生产的物化形态生产资料，文章后面“资本品”的含义与此相同。

较小，居民在既定工资收入水平条件下对于劳动生产率提高商品的消费需求得到满足之后，还会出现收入剩余，由此就会产生相应的储蓄。与此同时，劳动生产率提高部门所生产的商品也会出现大量剩余，进而形成了一定期间过剩商品的使用价值形态与居民储蓄价值形态之间的外部对立。

如何解决过剩商品的使用价值形态与居民储蓄价值形态之间的这种外在对立问题，使市场价格机制作用下的居民能够从社会劳动生产率提高中获取切身利益，其必须满足以下几个假设条件：一是居民对于劳动生产率提高的商品消费得到充分满足，其所进行的储蓄更多是为了实现消费升级而做准备。二是与居民储蓄增加相对应的是社会存在一批为实现居民消费升级而做准备的物化形态资本，其主要表现为满足居民实现消费升级所需要的生产资料。如果在下一期或未来生产过程中，这一部分生产资料被用于与消费资料无任何直接或间接关系的生产资料再生产，那么居民本期所增加的储蓄将在很长时期内不能转化为相应的使用价值，由此会对国民经济产业结构产生负面影响，使居民消费水平不能随着社会生产力的发展而得到相应提高。三是居民储蓄增加主要是由劳动生产率提高带动的，在居民储蓄增加的同时，物价会保持相对稳定。只有这样，居民才能从生产力发展中获取切身利益，这就要求货币当局不能通过随意发行货币的方式，从社会生产力发展中获取铸币税收入。

2. 由于自然资源货币化而增加的居民储蓄形态。在信用货币体系下，商品的价值与使用价值是完全分割的，就不可再生自然资源而言，由于其自身不可再生的天然属性及其在现代工业发展中所处的重要地位，从而使自然资源价格随着经济发展而不断提高。鉴于初始自然资源所有者与需求者之间并不是等额的价值付出和补偿关系，主要表现在初始资源开采的成本付出与资源出售价格之间不是一种等量关系，二者会产生一定的差额。从整个社会来看，这个差额并不能通过等价的交换形态予以补偿，这就需要政府额外地发行一部分货币来使自然资源顺利地实现货币化。

在现实生活中，自然资源的货币化主要表现为土地一级市场拍卖所取得的巨额收入、自然资源开采成本与价格之间出现的巨大差额导致的巨额利润等方面。由于自然资源的货币化主要是增量货币发行导致的结果，从自然资源使用价值形态属性分析，在实践中，自然资源主要用于生产资料的生产，很多自然资源使用价值固化为固定资产形态，由此决定了与自然资源货币化所对应的使用价值，并不能从自然资源的使用过程中得到完全补偿，而必须通过其他增量使用价值形态商品的生产，才能得到完全补偿。鉴于现代工业社会自然资源货币化价值数量庞大，由此导致与自然资源货币化价值所对应的使用价值补偿是一个漫长的过程。就自然资源货币化与居民储蓄之间的关系而言，自然资源货币化之后，其货币化价值会参与经济周转，因此居民在以劳动、技术和管理等生产要素为依托的社会再生产过程中，会取得一部分自然资源货币化的价值，考虑自然资源使用价值补偿规则的特殊性，这部分没有使用价值做支撑的价值，在很大程度上成为居民储蓄的一个重要组成部分。

特别值得一提的是，在以自然资源消耗为主要特征的经济增长方式下，社会产品生产更多地局限于投资领域的不断扩张，生产资料再生产规模远远高于消费资料再生产的规模，由此导致居民所获得的这部分自然资源货币化之后的价值很难通过消费的方式，去实现其使用价值的补偿。在现实生活中，这部分自然资源货币化价值正通过居民存款低利率与投资收益率之间存在的巨大差额方式，从居民手中向借贷者和投资者方面转移。从长期来看，由于自然资源货币化而形成的居民储蓄存款，最终会通过负利率的方式，慢慢地被消耗殆尽。鉴于以上分析，笔者认为，在资源货币化所导致的居民储蓄增加的情况下，要实现居民以储蓄作为表现形态的收入切实满足居民的消费需求，必须采取两方面措施：一方面要尽量减少自然资源货币化程度，在严格控制资源开采暴利行为的同时，通过财政再分配的手段，将资源暴利收入收归全体国民所有，使全体国民在资源货币化过程中都可以得到相应的资源货币化收入；另一方面，要通过经济发展方式的转变，使经济发展摆脱投资扩张的冲动，通过满足居民需求的消费品生产，实现资源货币化收入与以资源为依托的消费品之间的协调发展。实际上，从自然资源使用所形成的物化形态来看，除了自然资源物化为道路、广场、建筑等固化资产以外，自然资源还是工业化进程中生产资料的重要来源之一，随着居民消费的不断升级，以电子、电器产品为表现形式的消费品也需要大量的自然资源。

从中国自然资源货币化与居民消费之间的匹配关系分析，当前中国自然资源货币化与居民消费需求最不匹配的领域，就是以自然资源消耗为主的房地产领域。房产属于消费品，在通过必要的手段对自然资源的货币化进行有效分配之后，其与居民所拥有的自然资源货币化收入之间，应该是一一对应关系。而从经济运行的实际情况来看，目前中国房产却作为投资品的形态表现出来，归其原因，主要在于财政在自然资源货币化过程中的分配职能相对薄弱，使自然资源货币化收入在居民之间分配不公，导致与自然资源使用价值相对应的房产，不能作为商品被居民普遍拥有。一些在资源货币化过程中获取较高收入的居民，往往拥有几套住房；而一些在资源货币化过程中获取较低收入或者没有获取收入的居民，则无力购房更有甚者，一些在自然资源货币化过程中获取高额收入的群体，对于房产的投资、投机需求，进一步拉高了房价，使得普通居民只能“望房兴叹”。相关数据显示，目前中国房价与居民收入比远远高于发达国家，这在很大程度上与中国自然资源货币化所形成的价值分配不合理有关。

3. 在居民收入不变的情况下，由于社会产品结构不合理，导致居民收入的一部分不能实现对消费品的购买，由此形成一部分储蓄。在现实经济发展过程中，居民收入形态与其消费形态之间是一种相对匹配的对应关系，这种相对匹配的对应关系在经济发展实践中能否得以顺利实现，关键在于一定时期社会生产资料再生产与消费资料再生产之间的比例关系是否协调。在简单再生产条件下，当消费资料供给与居民货币收入之间相互匹配时，居民收入全部用于消费，一般不会产生储蓄增量；而当消费资料供给与居民货币收入之间不匹配时，就会使一部分居民货币收入不能转化为消费品而出现剩余，导致居民储蓄的增加。必须指出的是，居民这种储蓄的增加是以其消费需求未被满足为条件的，因此，这种储蓄的增加必须通过下一期居民消费量的扩大来进行补偿。为了满足本期储蓄增加的居民在下一期或以后经济运行中的消费需求，在未来社会经济发展过程中应通过适度增加消费品生产或调整经济结构的方式，实现居民消费的跨期平衡。要实现这一目的，就必须改变本期生产中多余的生产资料属性，通过生产资料属性的改变，使其在下一期或未来生产中能够作为资本生产出更多的消费资料。就此而言，决定本期居民消费不足而增加的储蓄在未来经济活动中能否真正地实现由价值形态向使用价值形态的转变，在很大程度上取决于当期生产资料的可塑性①。

4. 出于对未来不确定的支出预期，居民在既定收入水平下通过削减既有消费水平所形成的储蓄。从这种形式储蓄增加的原因来看，主要与居民在既有收入水平下，由于社会变革导致居民对于未来支出的不确定预期有关。这种不确定支出预期，是指维持居民基本生存需要的支出预期，主要是指既可以由居民自己负担也可以由社会负担的、与居民基本生存需要密切相关的支出，这些支出包括医疗、养老、子女教育以及失业保障等方面内容。在上述支出作为公共支出由社会负担的条件下，居民就可以将既定所得全部用于消费，以此满足其基本消费和发展消费的需求；如果受社会变革的影响，政府将以前由社会提供的医疗、养老、子女教育以及失业保障等公共开支转由居民个人负担，为了满足这些支出的需要，居民必须在既定的收入中扣除一部分，以“储蓄”形式来为上述不确定支出做准备。在经济运行实践中，鉴于改革是一个渐进的过程，虽然上述支出由社会公共负担转为个人负担仍需要一个过程，但在预期心理作用下，一些居民也会从既定的收入总量中留出一部分，用于应对未来不确定的支出预期。

理论上，不管医疗、养老、子女教育以及失业保障等支出项目是否由居民个人负担，其最终支出来源仍来自增量的 GDP，唯一不同的是 GDP 在不同市场主体中的分配比例发生了变化。因此，如果上述公共支出在由社会负担划归居民个人负担的同时，居民工资水平出现了与上述负担同等幅度的增长，那么居民的总体负担水平就不会发生变化，居民用于上述支出所进行的储蓄，就不会影响居民原有的消费水平。从政府与居民在 GDP 分配中所占比重的变化情况来看，由于这部分公共支出作为收入计入了居民工资，因此居民在 GDP 分配中所占的比重应是提高的，而政府在 GDP 分配中所占的比重则是相对减少的。更有甚者，医疗、养老、子女以及失业保障项目中

① 所谓生产资料的可塑性，系指生产资料通过改变自身属性或生产属性以增加消费品供给的难易程度。

一些不确定开支的减少，如医疗、失业保险等开支项目的减少，反而会相对增加居民的收入水平。根据居民与政府在GDP分配中所占比重变化的理论分析，笔者认为，由于公共支出负担主体出现变化所导致的政府职能转变，可以在GDP分配结构中得到验证。换而言之，公共支出负担改革会对政府支出产生财政硬约束。相反，如果在医疗、养老、子女教育以及失业保障支出由政府转向居民负担过程中，居民工资收入并没有出现相应的增加，在预期心理作用下，居民会通过削减即期消费的方式，将收入的一部分储蓄起来，以满足医疗、养老、子女教育以及失业保障等未来不确定支出的需要。在此情况下，居民的既有消费水平是下降的。由于消费对生产具有反作用，从长期来看，居民消费水平的下降会对经济运行带来一系列消极影响。此外，在公共负担改革过程中，由于政府上述公共支出的减少，使政府收入相对增加。如果政府将公共支出减少而相对增加的收入，用于效率较高的支出项目，则在一定程度上会减少居民由于缩减即期消费对于经济运行所产生的负面影响。这种效率较高的政府支出，主要是指由于政府支出的增加直接或间接创造的增量价值远远高于政府当期的增量支出，体现在政府通过增加科学研究投入或者基础教育投入的方式，所导致的生产力快速发展等方面；如果政府将这部分相对增加的收入挥霍浪费或者用于盲目投资、重复建设，那么必将导致社会财富的巨大浪费，并由此产生一系列负面的连锁反应。例如，政府增加行政性支出所产生的浪费行为，一方面会助长社会上的奢华风气；另一方面，也会使满足于政府公款消费的那些产业长盛不衰，在很大程度上扭曲国民经济产业结构，并导致腐败。政府为干预经济所产生的盲目投资和重复投资行为，会造成严重的社会资源浪费，也会使国民经济产业结构出现严重扭曲，使社会经济发展严重依赖于投资，使消费对于经济发展的拉动作用十分有限。

5. 由于政府货币投放过多，导致货币在投资和消费领域分布不均衡所形成的居民储蓄。在现代信用货币经济条件下，政府投放增量货币无疑可以在一定程度上拉动经济增长。考虑货币投放在投资和消费领域分布的不均衡，当新增货币过多地用于投资领域时，在投资领域内循环规则作用下，社会投资就会出现不断扩张的局面，由此导致消费品供给的相对不足①，使那些通过增量货币发行而取得收入的居民无法在消费领域找到合适的消费品，他们只能将这部分新增的货币收入用于储蓄。这为投资的不断扩张提供了相应的资金支持，也引发了投资与消费关系的进一步失衡。鉴于投资与消费之间是一种相互依赖的关系，在消费需求日渐乏力的影响下，投资增长最终也会难以为继。就此而言，新增货币的投放虽然能够在一定程度上拉动国民经济增长，但这种由新增货币所拉动的经济增长，既要求社会存在充分的初级形态生产要素或次

① 这种消费品的供给，既包括居民基本消费品的供给，也包括代表居民物质、精神生活水平不断提高的那些消费品的供给如旅游、精神产品供给等。

级形态生产要素的供给，也要求新增货币在投资品和消费品两大领域的分布相对均衡。

6. 在开放经济条件下，外资鉴于对本币升值预期进入本币升值国所形成的储蓄[①]。在开放经济条件下，如果一国本币出现了升值趋势，那么资本的“逐利”性就会使外部资金大量涌入本币升值国，而外部资金的不断涌入又在一定程度上推动了本币的升值幅度，并进一步强化了本币的升值预期。受之影响，外部资金会源源不断地流入本币升值国，直到这个国家本币升值趋势发生逆转。外部资金在对一个国家的汇率进行投机时，其只有将外币转换为被投机国的本币，才能通过被投机国本币升值的方式，来获取巨额外汇投机收益。鉴于进入本币升值国的外币持有者多数是国外居民，因此，这些资金进入本币升值国所兑换的本币，也多数以国外居民的本币存款形式表现出来。理论上，这部分储蓄的最终所有者是国外居民，虽然短期之内这部分储蓄能够为本币升值国所利用，但其使用方式应该是通过与这部分储蓄相对应的外币在国际市场购买初级生产要素或资本品的方式，来获取相应收益，并且这种收益率在一定期间内要大于本国货币的升值率。只有这样，本币升值国才能在本币升值的条件下，实现对外部投机性流入资金使用的正收益。如果本币升值国将这些新增储蓄用于国内投资，则其效果与本国央行发行增量货币刺激本国投资的效果基本相同，而本币升值国损失的将是投机资金的套汇收益和期间存款收益之和。

7. 在统一的外币结算方式下，因贸易经常性收支顺差所形成的不能实现正常购买力的储蓄。在统一外币结算方式下，一切进入本国的外币都必须按照一定汇率折换成本币。鉴于贸易收支的相互性，由贸易出口所导致的生产要素消耗必须通过进口相应生产要素、投资品或消费品的方式来加以弥补，因此，一国最终取得的外汇存量，主要表现为通过贸易活动所获得的以外币作为表现形式的利润结余。如果一国在对外贸易活动中出现了大量的单边贸易顺差，则说明该国通过出口所获取的购买力，无法通过从国外进口相应物品的方式，来满足本国的生产和消费需要。在统一外汇结算方式下，这部分与贸易收支顺差相对应的外汇，其中有一部表现为本国的居民储蓄存款。

二、实现中国居民储蓄正常增长应该采取的相关措施

理论上，就储蓄对于经济的影响来说，并不是储蓄越多越好。综括上述七种储蓄方式，笔者认为，从中国社会主义生产的最终目的分析，就短期而言，只有在劳动生产率得到大幅度提高、居民在既定期限间所获取的收入大于其即期支出需要时所形成

---

① 这里包含外资投资收益留存部分。

的储蓄，才是合理的储蓄；从长期来看，鉴于社会主义生产的最终目的是满足居民不断提高的物质和精神生活需要，与居民储蓄所对应的投资，其投资方向应该侧重于满足居民的物质、精神生活需要，并最终使居民能够将这部分储蓄用于购买满足其自身生活水平不断提高所需要的相关产品，从而实现由储蓄的价值形态向使用价值形态的转换。只有建立在这个基础上的储蓄增长，才是正常的储蓄增长，也才能使储蓄与投资之间保持相互协调。

通过对中国居民储蓄形成原因的相关分析可以看出，虽然储蓄在某种程度上是居民财富的代表，但对于一个国家而言，并不是储蓄越多越好。理论上，在信用货币经济条件下，只有那些建立在生产力高度发展、能够为居民实现消费升级提供资金准备的储蓄，才是真正意义上的储蓄，才能作为居民在某一静态时间点所拥有财富的真正代表。从中国居民储蓄实际情况来看，虽然中国居民储蓄数量庞大，但是很多居民的储蓄不是由于生产力发展而形成的，而是体制性变革、经济发展方式以及外部投机资金入境等诸多因素共同作用的结果。理论上，由非生产力因素形成的居民储蓄，并不能作为居民财富的真正代表。当前为了合理改善居民储蓄结构，有效防范金融风险和刺激消费，使中国居民生活水平随着生产力的发展而得到不断提高，可以采取以下措施：

1. 在货币政策制定上，严格控制货币发行量，使价格保持相对稳定。如前所述，在信用货币经济条件下，随着生产力的不断发展，居民收入水平有不断超过支出需求的发展趋势，在新的消费升级产品没有到来之前，居民由于生产力发展而导致的储蓄规模将不断增加。为了保证居民储蓄水平不受通货膨胀影响而出现贬值，就要求中央银行严格控制货币发行量，使货币发行服从于经济增长的需要，而不是将货币发行作为一个政策工具，通过增加货币发行规模的方式，刺激经济增长，并由此提高物价总体水平，使居民储蓄发生贬值。

2. 考虑居民消费水平随着生产发展而不断提高的实际需要，在产业政策安排上，要以服务于居民物质、精神生活水平不断提高的产业发展为主，使之与居民储蓄的价值形态相对应。通过在下一期或未来生产期间直接或间接满足居民消费升级需求项目的生产安排，使居民消费升级需求得以顺利实现，进而实现居民由价值形态的储蓄向使用价值形态的消费升级产品的顺利转换。

3. 在现代工业经济条件下，鉴于资源货币化是一种普遍现象，为了有效地应对由于资源货币化所产生的通货膨胀压力，就必须在财政政策上采取必要的措施，通过财政再分配的手段，实现资源货币化价值在全体国民之间的均等分配。当前，可以考虑通过调高资源税税率的方式，将资源开采所获的超额收益收归国有，然后再通过财政再分配的方式，将这部分财政收入在全体国民之间进行相对平均的分配。与此同时，应该着力通过转变经济增长方式的手段，实现可再生生产要素生产与消费的相对均衡。

4. 通过建立完善的社会保障制度的方式，最大限度地降低居民对于未来支出的不确定预期，提高居民消费的积极性。如前所述，中国居民目前出现的高储蓄现象，在很大程度上与前期社会保障制度改革所形成的居民支出不确定预期有关。为了最大限度地消除这种预期，使居民生活水平随着社会生产力发展而得到不断提高，在厘清政府职能的基础上，通过财政收支结构的转变，为建立完善的社会保障制度提供充分的资金支持。具体言之，主要包括以下几个方面内容：一是切实转变政府职能，减少政府行政性支出开支，增加市场经济条件下体现政府公共支出职能的社会保障支出数额；二是通过征收社会保障税、遗产税、房产税以及赠予税的方式，为政府社会保障支出提供资金支持。

5. 突破对于外部资本盲目崇拜的误区，使外部资金的流入建立在相应外部生产要素、投资品和消费品做支撑的基础之上。理论上，在信用货币经济条件下，如果外部资本没有与之相对应的生产要素、投资品和消费品做支撑，对于外部资本进入国而言，大量外部资本的进入其实是没有任何意义的。当前，一些外部投机资金在进入中国资本市场之后，已经获得了汇兑收益和资本收益双重利益，其实质上是对中国GDP的一种再分配。就此而言，针对外部投机性资金大量进入中国资本市场的实际情况，一方面要加强投机性资金入境监管；另一方面，要充分利用这些外部资金，最终实现对于外部资金使用的正收益。

6. 通过提高和改善出口贸易结构的方式，实现经常性贸易收支的平衡，最大限度地减少由于贸易顺差而形成的人民币存款增加的数额。国际贸易应该是“有卖有买”的互换行为，在发展国际贸易中，如果出现大量贸易顺差或逆差现象，都是不正常的。目前中国居民存款中有一部分来源于贸易顺差，就这部分存款实现由价值形态向使用价值形态转换的路径而言，其对应的使用价值形态的商品，应通过从国外进口相应商品的方式来予以满足。如果这部分存款转向国内购买商品，那么必然会对国内经济运行造成通货膨胀压力。目前中国经济运行中出现的通货膨胀现象，在很大程度上与前期存在的巨额贸易顺差密切相关。为有效缓解中国经济运行中所面临的通货膨胀压力，使全体国民最终受益于经济增长，就必须通过提高和改善出口贸易结构的方式，实现经常性贸易收支平衡，最大限度地减少由于贸易顺差过大所造成的通货膨胀压力，保持国内物价的基本稳定，使生产与消费之间协调发展。

本章小结

本章首先研究了中国居民储蓄形成的原因，认为从中国经济运行的实际情况分析，总体来看，中国居民储蓄的来源主要由以下几个部分组成：（1）由于生产力的发展降低了单位消费品的价值，使居民既定的收入水平相对过多，由此产生了储蓄；（2）由于自然资源货币化而增加的居民储蓄形态；（3）在居民收入不变的情况下，由于社会产品结构不合理，导致居民收入的一部分不能实现对于消费品的购买，由此形成一部分储蓄；（4）出于对未来不确定的支出预期，居民在既定收入水平下通过削减既有消费水平所形成的储蓄；（5）由于政府货币投放过多，导致货币在投资和消费领域分布不均衡所形成的居民储蓄；（6）在开放经济条件下，外资鉴于对本币升值预期进入本币升值国所形成的储蓄；（7）在统一的外币结算方式下，由于贸易经常性收支顺差所形成的不能实现正常购买力的储蓄。

在此基础上，本章重点研究了实现中国居民储蓄正常增长应该采取的相关措施，认为当前为了合理改善居民储蓄结构，有效防范金融风险和刺激消费，使中国居民生活水平随着生产力的发展而得到不断提高，可以采取以下措施：

1. 在货币政策制定上，严格控制货币发行量，使价格保持相对稳定。

2. 考虑居民消费水平随着生产发展而不断提高的实际需要，在产业政策安排上，要以服务于居民物质、精神生活水平不断提高的产业发展为主，使之与居民储蓄的价值形态相对应，通过在下一期或未来生产期间直接或间接满足居民消费升级需求项目的生产安排，使居民消费升级需求得以顺利实现，进而实现居民由价值形态的储蓄向使用价值形态的消费升级产品的顺利转换。

3. 在现代工业经济条件下，鉴于资源货币化是一种普遍现象，为了有效地应对由于资源货币化所产生的通货膨胀压力，就必须在财政政策上采取必要的措施，通过财政再分配的手段，实现资源货币化价值在全体国民之间的均等分配。

4. 通过建立完善的社会保障制度的方式，最大限度地降低居民对于未来支出的不确定预期，提高居民消费的积极性。

5. 突破对于外部资本盲目崇拜的误区，使外部资金的流入建立在相应外部生产要素、投资品和消费品做支撑的基础之上。

6. 通过提高和改善出口贸易结构的方式，实现经常性贸易收支的平衡，最大限度地减少由于贸易顺差而形成的人民币存款增加的数额。

第十九章
居民财富结构分布形态及最优财富结构配置

一、信用货币经济条件下居民财富的不同分布形态

一般而言，在信用货币经济条件下，在一个静态时间点，居民的财富分布主要表现在以下几个方面：

一是居民所拥有的现金数量，主要表现为居民所拥有的以现金作为表现形式的财富。

二是居民所拥有的银行存款数量，主要表现为居民所拥有的以银行存款作为表现形式的财富。

三是居民所拥有的消费性资产，主要是指居民所拥有的用于满足其自身和家庭消费的资产，分布于衣、食、住、行等消费环节。从居民拥有的消费性资产的价值量和使用价值量分布情况来看，住房资产所包含的价值量较高，其使用价值的损耗时间相对较长；虽然汽车或其他交通工具的价值量在居民之间呈现出较大差异，但这些交通工具使用价值的损耗时间普遍较长；就衣物而言，其价值总量在居民之间也呈现出较大差异，但其使用价值形态仍具有消耗时间较长的特征。由于上述三个方面的居民消费性资产都具有使用价值消耗时间较长的特点，在很大程度上使这些资产带有明显的固定资产的使用价值属性。就食品而言，其价值形式和使用价值形式的分布在城乡之间存在着较大的差异。如在自给自足的农村经济发展条件下，农民对于粮食等食品的较多储备，使食品的价值总量相对较大，且其使用价值消耗时间也相对较长。在城市或商品经济相对发达的乡镇，粮食通常与其他日用品一样，主要表现为一种日常消费

品形态，而不是作为一种资产形态体现出来。作为居民的消费必需品，在经济商品化程度较高的条件下，粮食虽然没有以居民所拥有的实物形态的资产形式表现出来，其最终必然会通过随着可以兑换成粮食的货币资产表现出来。

四是居民所拥有的投资性资产，这些资产主要包括居民所拥有的从事生产经营的资产和居民所拥有的被投资企业的股份价值。理论上，居民从事生产经营的资产与居民所拥有的被投资企业股份资产之间，存在较大差异。具体言之，居民从事生产经营所拥有的资产是指居民对其直接经营的企业所拥有的净资产，而居民所拥有的被投资企业的股份，则是指居民以股东身份参与被投资企业投资所拥有的被投资企业股份的价值。

考虑到居民消费性资产是居民维持自身及其家庭生活所必需的物品，是商品使用价值的运用，因此，就一个静态时间点而言，这些正在使用的使用价值形态并不能折换成价值，计入居民所拥有的财富总量。非但如此，对于那些没有粮食等基本生存物品储备的居民而言，还必须从其所拥有的流动性较好的货币资产中扣除一部分用于购买粮食储备，以维持居民自身及其家庭生存所需要的货币支出。

二、居民财富在不同资产形态之间的切换

由于居民财富属于居民自身所有，在市场经济条件下，居民可以根据自身的需求，对其所拥有的财富在不同资产形态之间进行有效的转换，以最大程度实现保值增值的财富管理目标。总体来看，居民财富在不同资产形态之间的切换形式，主要包括以下几个方面内容：

（一）居民财富在银行存款与现金（含活期存款）之间的切换

从实践中来看，这种资产切换形式又表现为两个不同方向的资产切换：

1. 居民将现金转化为银行存款的资产切换形态。一般而言，居民进行这种形态的资产切换，在一定程度上表明居民暂时不需要大量的货币现金支出。理论上，居民之所以需要拥有一定数量的现金，凯恩斯将之归结为满足交易需要、防范不确定风险以及进行货币投机的需要。笔者认为，相对于定期银行存款而言，居民拥有现金或活期存款，主要是为了满足居民的日常消费需求，这种需求更多地表现为居民日常支出的一种流量，其在空间和时间上带有支出的不确定性特点，如居民日用品支出、菜篮子支出、医药支出、宴请支出、娱乐支出、旅游支出等。虽然这些支出主要以实物形态的资产或服务形式表现出来，是居民维持自身生存所必须的支出，但相对于衣、食、住、行等使用价值消耗时间较长的资产而言，这些支出所依附的资产具有不易储藏、使用价值期限较短的特点。因此，其使用价值形态只能以流动性较好的现金形式

来与之相对应，便于居民能够根据实际需要，随时实现以现金作为表现的价值形式向上述以日用消费品形态表现出来的使用价值形式的过渡。在这种资产切换模式下，居民对于资产的流动性水平要求较低，归其原因，一方面在于居民可能拥有较多数量的现金；另一方面，也可能在于物价水平保持相对稳定，社会对于通货膨胀预期较弱，由此使居民不急于将现金转化为现实的货币购买力，以实现货币的保值增值。由于银行存款是要付一定利息的，在现金向银行存款资产切换模式下，居民通过向银行存入现金的方式，以期获得一定数量的银行存款利息，而从银行存款的最终使用方向来看，银行存款一般是与银行贷款和委托投资相匹配的。就此而言，银行存款资金的使用具有明显的投资性特征，相对于居民手持现金主要用于消费而言，居民通过现金向银行存款资产形态转换的方式，在一定程度上也可以视为将用于消费性的资产转化为投资性资产，只不过这种投资性资产的实现，是居民通过间接方式委托银行来进行的。

2. 居民将银行存款转化为现金的资产转换模式。在这种资产切换模式下，居民之所以将银行存款转化为现金，主要目的在于以下几个方面：一是居民所拥有的现金相对较少，其需要进行必要的流动性较好的现金储备；二是居民近期用于消费性支出的需求较大，必须通过将银行存款转化为现金的方式，满足其应对流动性支出的需要；三是在经济运行中出现了较大的通胀压力，一方面使居民银行存款的实际收益下降，甚至为负数；另一方面，通货膨胀加剧所导致的潜在金融危机，也促使居民将风险相对较高的银行存款转化为流动程度较高的现金，并且通过更多的现金消费的方式，确保信用货币的现实购买力不会随着通货膨胀的加剧而出现急剧贬值。需要指出的是，在日常生活中出现的居民用银行存款进行刷卡消费的现象，其实际上也是这种银行存款向现金资产转化的另一种表现形式。总体来看，银行存款向现金资产的转换模式，实质上是投资性资产向消费性资产的转化。

（二）居民财富在货币与实物形态资产之间的切换

如前所述，就居民财富的形态而言，主要有货币形态的财富和实物形态的财富。一般，居民拥有的货币形态财富具有较好的流动性，其主要表现为现金和银行存款两种形态；居民拥有的非货币形态财富，其流动性的高低在不同的实物形态上表现出较大的差异。在日常生活中，居民所拥有的财富往往会在货币形态的财富与实物形态财富之间进行有效切换。居民通过这种转化，一方面达到了实现货币形态财富由价值形式向使用价值形式转化的目的；另一方面，也满足了居民对于其所拥有的财富在价值上进行保值增值的需求。在居民财富由货币形态向实物资产形态转换过程中，不同资产转化方式所达到的资产保值增值效果以及资产的最终转换形式也各不相同，可以分以下几种情况来进行论述：

1. 居民将货币性资产转换为其直接经营的资产。在这种财富转换模式下，居民之所以要进行上述资产转化，在很大程度上与以下因素有关：一是居民用于生存消费的流动性货币准备较为充足，不需要较多的以货币作为表现形式的流动性较强的财富准备；二是居民不满足银行存款利率较低的投资收益，而想通过直接开办企业的方式去获取比银行存款利率更高的投资收益；三是居民具备较高的企业经营管理水平，其有能力通过直接开办企业的方式，获取比银行存款利率更高的投资收益；四是宏观经济运行环境相对较好，可以为居民通过经营企业的方式获取高于银行存款利率的收益，提供较好的外部条件；五是宏观经济运行中出现通货膨胀的发展趋势，使居民有必要通过资产切换的方式，来获取较大的财富增值空间，以此规避通货膨胀风险。当然，就这种资产转换形式对于居民财富的影响而言，由于居民直接经营企业在收益上存在着较大的不确定性，从某一时点来看，与作为货币资产形式的财富相比，居民以直接经营企业作为表现形式的财富，具有较大的不稳定性特点。具体言之，当企业经营状况良好时，居民通过这种形式的资产转换，可以实现有效的财富增值；而当企业经营状况不好时，居民通过这种形式的资产转换，则可能导致较多的财富亏损。从居民对其财富进行上述切换的最终目的来看，主要在于最大限度地实现居民财富在价值形态上的保值增值。从居民所拥有的经营性资产财富的流动性来看，相对于股权投资和信用货币而言，居民所拥有的上述资产财富流动性较差。

2. 居民将货币性资产转换为以股权形式为表现形态的资产。在这种财富资产转化形式下，居民之所以对其所掌握的财富资产做这种转化，在很大程度与以下因素密切相关：一是居民用于生存消费的流动性货币准备较为充足，不需要较多的以货币作为表现形式的流动性较强的财富准备；二是居民不满足于银行存款利率较低的投资收益，想通过股权投资的方式，获取比银行存款利率更高的投资收益；三是居民具有较高的投资水平和风险识别能力，能够根据自己的专业判断，选择较好的投资标的，从而获取较高的投资收益；四是金融市场运行状况较好，使居民可以通过股权投资的方式，获取比银行存款利率更高的投资收益；五是宏观经济运行中出现通货膨胀的发展趋势，使居民通过资产切换的方式，来获取较大的财富增值空间，以此规避通货膨胀风险。一般而言，居民的股权投资主要分为一级市场投资和二级市场投资两种方式，从投资的时效性来看，一级市场股权投资的时间相对较长，而二级市场股权投资的时间相对较短。理论上，一级市场和二级市场的投资收益率存在着较大的关联性，二者投资收益率的高低在很大程度上取决于金融市场的运行状况。从居民进行上述资产切换获取投资收益的可能性分析，在上述资产切换模式下，居民以股权作为表现形式的资产收益存在着较大的波动性。一方面，金融市场的大幅波动，使居民以股权作为表现形式的财富数量出现较大的波动；另一方面，在金融市场上涨过程中，居民以股权作为表现形式的财富也可以获取较多的投资收益，从而使其财富出现较大程度的增值。从居民进行这种资产转换的最终目的来看，居民将信用货币形态的资产转换成为股权形态的资产，最终目的仍在于实现其拥有的财富在价值上的保值增值。就股权资产的流动性而言，由于股权资产都是标准化的金融合约产品，股权资产所有人可以随时在金融市场卖出这些股权，由此决定了这部分股权资产具有较好的流动性。

3. 居民通过将货币形态资产向以投资为目的的实物形态资产转换的方式，实现资产形态的转换。在这种资产转换模式下，居民运用货币形态的资产来购买实物资产，其购买实物资产的最终目的并不是为了用于消费，而是通过拥有这些实物资产，实现实物资产在时间上所产生的增值收益。在这种资产转换模式下，居民运用货币资金购买的实物资产主要表现为土地、房产等，居民之所以对其所拥有的财富进行这种资产切换，在很大程度上与下述因素密切相关：一是居民用于生存消费的流动性货币准备较为充足，不需要较多的以货币作为表现形态的流动性较强的财富准备；二是居民不满足于银行存款利率较低的投资收益，而是想通过购买实物形态资产的方式，通过资产的价值增值，来获取高于银行存款利率的投资收益；三是居民具有较高的专业投资知识，其对于实物资产能否增值以及增值空间大小具有较强的判断能力；四是宏观经济的发展使一些实物形态资产出现了增值的趋势，主要表现为土地以及其他自然资源价格出现上涨，古董以及其他实物资产价格出现上涨等方面；五是宏观经济运行中出现通货膨胀的发展趋势，使居民有必要通过资产切换的方式，来获取较大的财富增值空间，以此规避通货膨胀风险。

理论上，实物资产在没有任何活劳动作用的条件下，其价格之所以能够出现快速上涨，在很大程度上与以下因素密切相关：（1）人类重化工业的发展对自然资源存在的巨大需求，使自然资源出现了较大的稀缺性价值增值空间，而信用货币条件下信用货币的不断发行，为稀缺性自然资源价值增值转化为实际的以货币作为表现形态的价值提供了可能。由于自然资源的价值增值是以自身所具有的使用价值作为支撑的，因此，自然资源价格由于实体经济需求增加而出现的价值增值，与实体经济发展密切相关。就此而言，居民将货币形态财富转换为自然资源形态资产的资产转换行为，与居民将货币资产向开办实业以及通过股权投资进行转换的行为比较相似。（2）信用货币经济条件下信用货币的不断发行，超出了实体经济发展的需要。随着信用货币的不断发行，一些信用货币在通过通货膨胀的方式实现由价值形式向使用价值形式的转换之后，还出现了大量的超过经济运行需求的多余信用货币，这些信用货币也需要实现由价值形式向使用价值形式的转换。在实体经济已经不能容纳多余信用货币的条件下，这些多余的信用货币必然会进入虚拟经济领域，通过对资产价格进行投机的方式，来实现由价值形式向使用价值形式的转换。这种资产价格的投机行为不同于虚拟经济领域的证券投资，因为证券投资是间接地投资于实体经济，而资产价格的投机只是一种单纯的价格投机，其最终遵循的是一种“击鼓传花”的市场游戏规则。（3）资产价格出现了上涨的趋势，由此加大了居民通过投资实物资产获取更多收益的预期。在这种资产转换模式下，居民能否通过资产形态的有效切换，实现财富的保值增值，在很大程度取决于两方面因素：一是资产价格上涨的趋势没有发生改变；二是信用货币不断发行，为资产价格的上涨提供资金支持。

从居民财富由货币资金形态向实物资产形态转换的最终目的来看，主要还是为了追求自身财富的价值增值。就居民投资实物资产的流动性而言，一方面，由于这些资产交易金额较大，在很大程度上导致其流动性相对不足；另一方面，由于资产价格在投机资金作用下会出现大幅变化，由此决定了居民所拥有的这部分资产价值具有较大的不稳定性。当然，如果居民所拥有的资产价格变化是市场主体对于资产实际使用需求带动的，那么这种资产价值的变化将具有相对稳定的特点，其既取决于存量资产供给的短缺情况，也取决于资产的未来供给数量。在生产要素可以自由流动的背景下，这种资产的供求缺口将很快地被弥补，决定了这种以市场实际使用需求为切入点的资产转换，其价格的变化将非常平稳，在一定程度上决定了这种模式下的资产转换收益空间相对有限。当然，就居民通过资产转换所取得的自然资源而言，由于自然资源的稀缺性而导致的价值增值，在短期内很难通过生产力发展的方式来实现其对自然资源的有效替代，从而将自然资源稀缺性价值控制在适度水平。因此，在以自然资源消耗为主导的生产方式不发生改变的条件下，随着生产发展对于自然资源需求量的日益增加，自然资源稀缺性价值将随着自然资源消耗量的不断增加而出现不断增值的趋势。就此而言，居民通过财富转换的方式对于自然资源进行投资所获取的投资收益，在很大程度上与其通过财富转换的方式对其他资产投资所取得的投资收益之间存在着较大差别，这种差别主要表现为作为被投资标的的自然资源具有较强的不可再生性特点。

4. 居民将其所拥有的货币资产向其必需使用的资产进行转换。在经济实践中，主要表现为居民将其所拥有的货币资产用于购买衣、食、住、行等商品。从这种资产转换模式来看，居民之所以进行上述资产转换，与以下因素密切相关：一是居民用于维持自身生存的衣、食、住、行等资产使用价值消耗完毕，迫切需要进行上述资产使用价值形态的更新；二是居民用于维持自身生存的衣、食、住、行资产使用价值仍没有消耗完，随着居民自身生活水平的不断提高，其需要更加优质的衣、食、住、行资产来替代以前尚未使用完的衣、食、住、行资产，在这种资产转换方式下，居民一般将前期尚未使用完的资产变卖出去，然后再购买新的用于衣、食、住、行消费的使用价值形态的商品。对于一些使用价值期限较长的资产，如住房、车辆等，居民通过“以旧换新”的方式，来获得上述资产新的使用价值形态的可行性较高；三是在通货膨胀较严重的条件下，居民出于上述资产价格上涨的预期，为了有效应对通货膨胀的压力，而提前将银行存款等货币资金向满足其基本生存的衣、食、住、行形态资产的转化。一般而言，那些价值数量较大、使用价值消耗时间较长的商品，如住房、汽车等，是居民在通货膨胀背景下考虑将银行存款等货币形态资产向上述资产形态转换的首选。

从上述资产形态转换的相关特征分析，在上述资产转换过程中，居民实际上是将其所拥有的以价值作为表现形态的资产转换为以使用价值作为表现形态的资产。由于居民正在使用的这些使用价值形态的资产，是居民维持其自身生存所必需的资产，在这种资产转换模式下，从价值方面来进行考察，如果将居民的财富看成为是其可以自由支配的价值形式，在经济实践中，这种价值形式既包括流动性较好的现金、银行存款以及流动性相对较好的经营企业净资产、拥有的被投资企业股权以及居民所进行的资产投资等，那么居民所拥有的财富经过上述资产转换之后，其在价值量上是缩减的；而从使用价值角度来看，居民通过价值向使用价值的转换，在很大程度获得了较多的使用价值。就此而言，居民将其所拥有的资产向其必需使用的资产进行转换过程中，其与其他资产转换所追求的价值增值目的明显不同，这种资产转换的最终目的是为了获得满足其生存所需要的使用价值。

（三）居民拥有的财富由资产形态向货币资金形态的转换

理论上，居民将其所拥有的财富由资产形态向货币资金形态的转换，主要表现在以下几个方面：

1. 居民将其自己经营的企业资产转换为货币资金形态。居民之所以要做这种资产转换，主要原因在于以下几个方面：

一是居民从事企业经营能力相对较差，导致其经营的企业效益不好，居民通过经营企业所获取的投资收益小于银行存款利率。因此，居民通过上述资产转换，以确保获取稳定的收益。换言之，居民通过这种资产转换方式，实际上是由其直接经营企业向通过银行贷款方式间接经营企业的转变。在这种资产转换方式下，如果银行贷款发生坏账的可能性较小，并由此使银行的信用能够得到有效保证，居民通过这种资产转化方式，就可以获得稳定的银行存款利率收入。二是由于宏观经济整体环境相对较差，虽然居民经营企业的能力较强，但其也无法通过经营企业的方式，获取稳定的经营收益，甚至还有可能发生经营亏损。在这种条件下，居民通过其经营的企业净资产向货币资金的转换，一方面可以规避宏观经济运行风险；另一方面，也可以实现财富的保全。受宏观经济不景气影响，银行贷款也存在着较大的呆坏账风险，在市场经济条件下，银行也面临着较大的经营风险。有鉴于此，在这种资产转换模式下，居民一般将其经营企业的净资产转换为流动性较好的现金，以达到其财富保值的目的。三是居民由于需要价值量较大的固定资产支出或其他流动性支出，而必须将其经营的企业净资产价值转换为流动性较好的货币资金形态。

2. 居民将其所拥有的被投资企业股权转换为货币资金形态。居民之所以要做这种资产转换，主要原因在于以下几个方面：

第一，在宏观经济较景气的环境下，居民通过股权投资的方式，获取了较多的投资收益，并通过变卖股权的方式，锁定这些投资收益，以实现其所拥有的财富在价值形态上的增值。在这种条件下，居民一般将这部分价值变换为银行存款，从而获取稳定的银行存款利息收入。由于银行贷款来源于银行存款，因此，居民这种资产转换方式，实质上是由直接投资向间接投资的转换。

第二，在宏观经济较景气的情况下，居民所进行的股权投资，由于被投资企业经营管理不善而导致其获取的投资收益相对较少或发生亏损，使居民通过这种资产转换方式，将股权投资资金转换为银行存款，以此获取稳定的银行存款利息收益。

第三，宏观经济不景气而导致被投资企业经营不善，使居民通过股权投资的方式只能获取较少的投资收益或发生亏损，由此导致居民通过资产转换的方式，将股权投资转换为货币资金。在宏观经济不景气条件下银行贷款风险较大，因此，为了有效规避银行信用风险，在这种资产转换模式下，居民更多的是将这部分股权投资转换为现金形态，以此最大限度地规避宏观经济运行的不确定风险。

第四，金融二级市场运行出现方向性的改变，使金融资产价格出现大幅下跌，居民通过在金融二级市场将金融资产变现为货币资金，以此实现财富的保全。

第五，居民由于购买新的使用价值形态的资产或用于日常消费等流动性支出的需要，而将股权投资价值转换为流动性较高的货币资金。居民之所以需要进行这种资产形态的转换，一方面是由于居民以前拥有的使用价值到了更新换代的时间，必须进行替换，或者是居民由于日常不确定支出增加而需要进行货币资金准备；另一方面，也与居民获取的以工资作为表现形式的流量收入相对不足密切相关。

3. 居民将其投资的实物形态资产转换为货币资金形态资产。居民之所以要进行这种资产转换，主要原因在于以下几个方面：

一是居民通过前期实物资产投资，获取了较高的投资收益，需要通过实物资产变现的方式，锁定投资收益。

二是居民所投资的实物资产价格，出现了下跌拐点，由此导致居民通过变卖这些实物资产的方式，规避资产价格下跌风险，将价格变动较大的实物资产转换为流动性较好的货币资金形态。

三是居民由于购买新的使用价值形态的资产或用于日常消费等流动性支出的需要，而将实物形态资产转换为流动性较高的货币资金。

居民之所以需要进行这种资产形态的转换，一方面是由于居民以前拥有的使用价值形态资产到了更新换代的时间，必须进行替换，或是由于居民日常不确定支出增加而需要进行货币资金准备；另一方面，也与居民获取的以工资作为表现形式的流量收入相对不足密切相关。

4. 居民将其正在使用的具有一定使用价值的资产转换为价值形态的货币资金。在这种资产转换模式下进行的资产转换，主要有以下两个方面的原因：

一是居民经过前期财富积累，可以购买更好的使用价值形态资产，从而将其现在正在使用的资产变现，以更换更好的使用价值形态的资产。从消费层次分析，居民这种资产变现行为实际上是一种消费升级的经济行为。

二是居民用于不确定的流动性支出突然增加，使其不得不通过变卖正在使用的实物形态资产的方式，以满足不确定的流动性支出的需要，或者由于居民以工资作为表现形式的流动性收入减少，而使居民以其他流动性较好的资产如银行定期存款、股权投资、企业经营资产等变现之后仍不能满足其不确定的流动性支出的需要，而必须通过将正在使用的实物资产变现的方式，以满足其流动性支出的需要。在这种转换形态下，居民的消费水平是下降的。

三、居民财富在不同资产形态之间进行转换所产生的经济影响

就居民财富在不同资产形态之间转换对于经济的影响而言，主要表现在以下几个方面：

1. 居民财富在不同资产形态之间的转换并不会改变其所拥有的以货币计价的财富总量。如前所述，虽然居民对于其拥有的财富在货币形态与实物资产、有价证券形态之间进行切换，在很大程度上改变了居民财富构成中以货币形态表现的价值在居民财富总量中所占的比重，但就整个社会而言，在货币经济条件下，居民对其所拥有的财富在货币资产形态与实物资产形态相互切换过程中，其实际上是一种价值与使用价值在不同市场主体之间的交换行为。当然，这种使用价值并不单纯地表现为由其所购买的资产所具有的物理、化学属性而给购买者带来的有用性，其既包括实物形态资产鉴于自身所具有的物理和化学属性所形成的使用价值，也包括这些实物资产由于时间推移所实现的价值增值。从使用价值角度分析，实物资产所实现的价值增值，实际上体现出来的是另外一种依附于实物资产而以价值形式表现出来的使用价值。理论上，居民对于其所拥有的财富在价值与使用价值之间的相互转换行为，不会改变以货币计量的财富总量。其在一定程度上提示我们：在信用货币超额发行的背景下，如果不能顺利地实现信用货币的有效回收，单纯地依靠居民财富在不同资产形态之间的互换，并不能起到减少货币供应总量的作用，也不可能改变货币超额发行的既有事实。

2. 对国民经济各部门的资金供给会产生总量和结构性的影响。在居民对于其拥有的财富进行结构调整过程中，随着居民在货币资金与实物资产之间的转换比例以及转换方向的不同，居民对于其所拥有的财富在不同资产形态之间的调整，会对国民经济发展各部门的资金供给产生总量和结构性影响。理论上，在产业传导机制作用下，资金进入生产过程之后随着经济活动的不断深入，其对于国民经济各个生产部门都会

产生直接或间接的影响。为了便于考察居民财富在不同资产形态之间转换对于国民经济各部门所产生的资金供给影响，这里仅指居民财富在不同资产形态之间转换对于国民经济各部门资金供给所产生的直接影响，而对于受产业传导机制影响所导致的居民财富在不同资产形态之间转换对于国民经济各部门资金供给所产生的间接影响，本书不做相应探讨。具体言之，主要表现在以下几个方面：

一是当居民将现金形态的资产转换为活期或定期银行存款、股权投资、实业投资、购买投资性资产和实际使用的资产形态时，会增加生产部门的资金供给。因为，当居民拥有现金时，其实际上是一种货币资金的沉淀，在信用货币发行规模不变的条件下，生产性资金受居民拥有较多现金影响而出现减少，一旦居民将现金转换为其他资产形态，那么其在一定程度上就预示了沉淀的现金直接或间地转化为生产领域的资金，有效地增加了生产领域的资金供给。当然，在不同的资产转换模式下，这种增量资金供给在国民经济各部门的分布结构也各不相同。具体言之，当现金转换为银行存款形态时，其在很大程度上是以间接的方式增加了使用银行贷款的那些部门的资金供给，这种资金供给是以有偿的方式来进行的。当居民将现金用于开办企业时，其直接增加了居民开办企业所属行业的资金供给，这种资金供给是无偿的。当居民用现金进行股权投资时，在被投资企业将募集的资金用于其所属行业的生产时，则直接增加了被投资企业所属行业的资金供给。而在被投资企业将募集的资金用于其他用途时，则不会增加被投资企业所属行业的资金供给。当居民用现金在证券二级市场进行投资时，其改变的是现金在不同投资者之间的分布，而对于生产领域的资金供给不会产生直接影响。当居民将其所拥有的现金用于实物资产投资时，其购买的第一手实物资产①会对实物资产所属的行业产生增量资金供给作用，这种供给是有偿的，即是通过商品使用价值与价值相交换的方式来进行，居民对于其购买的第二手实物资产②，除改变现金在不同实物资产所有者之间的分布之外，并不会增加实物资产所属行业的资金供给。当居民将其所拥有的现金在一级市场③用于购买其直接消费使用的资产时，其直接增加这些资产所属行业的资金供给，这种供给是有偿的，即通过商品使用价值与价值相交换的方式来取得。如果居民在二级市场④运用现金购买这些资产，则会对现金在不同居民之间的分布产生影响。而对于这些资产所属行业的资金供给不会产生直接影响。如果居民运用现金购买日用消费品，则会对用于消费的日用消费品所属行业产生增量资金供给影响，这种供给是有偿的，即通过商品使用价值与价值相交换的

① 第一手实物资产，是指直接向生产领域购买的生产产品，从流通环节来看，这种产品第一次进入流通领域。

② 第二手实物资产，是指经过两个流通环节或多个流通环节的实物资产。

③ 一级市场是指从生产领域第一次进入流通领域的市场。

④ 二级市场是指产品经过第一次流通之后再次进行流通的市场。

方式来进行的。反之，如果居民将其所拥有的财富向现金方向转换，则会对于行业资金供给产生相反的供给效果，对之，本文不做具体讨论。

二是在居民运用银行存款形态的资产与其他形态资产相互转换所导致的国民经济各行业资金供给结构的变动。当居民将银行存款形态的资产转换为现金形态资产时，其对于社会生产资金供给会产生总量收缩作用。当居民将银行存款形态的资产转换为其直接经办的企业投资时，将减少与这部分银行存款相对应的银行贷款所属行业的资金供给，而相应地增加居民所投资的企业所属行业的资金供给。当居民将银行存款形态的资产转换为股权投资时，将减少与这部分银行存款相对应的银行贷款所属行业的资金供给，而相应地增加了股权投资所属行业的资金供给。当居民将银行存款形态的资产在金融二级市场购买金融产品时，将减少与这部分银行存款相对应的银行贷款所属行业的资金供给，会导致资金在不同市场主体之间的不同分布，而不会直接增加被投资标的所属行业的资金供给。当居民运用银行存款形态资产在一级市场购买投资性资产或消费性资产时，会增加其所购资产所属行业的资金供给，这种供给是有偿的，即通过商品使用价值与价值相交换的方式来进行。当居民运用银行存款形态的资产购买一般消费品时，会增加这些消费品所属行业的资金供给，这种供给是有偿的，即通过商品使用价值与价值相交换的方式来进行。总体来看，在居民将以银行存款作为表现形态的资产进行上述转换后，其在改变不同行业资金供给结构的同时，还改变了不同行业的资金供给性质，使部分行业产生了资金供给由"有偿形式"到"无偿形式"的转变，在经济实践中其主要表现为由银行贷款到直接投资的转变；又使部分行业获取资金的途径发生了改变，主要表现为由以支付贷款利率为代价的有偿使用，向以支付商品使用价值为代价的有偿使用方向转变。

三是居民由企业直接经营的资产、股权投资、金融二级市场投资、投资的实物资产形态、消费的实物资产形态向银行存款形态转变，所产生的资金供给总量和结构效应。当居民将其所拥有的企业净资产、股权投资进行变现，转换为银行存款形态的资产时①，直接减少了企业经营和股权投资所属行业的资金供给，从而以有偿的方式增加了那些使用银行贷款的所属行业的资金供给。当居民通过金融二级市场减持股份以及变卖投资性资产和消费性资产，并将之转换为银行存款形态资产时，不会直接改变这些股权、投资性资产所属行业的资金供给，而会以有偿的方式增加那些使用银行贷款的所属行业的资金供给。

3. 由于居民财富在不同资产形态上的配置结构不同，而导致居民财富存量和流量收入形态的差异。居民财富在不同资产形态上的配置结构，会对居民存量和流量收入产生不同的影响。具体而言，当居民拥有较多数量的现金资产时，其财富流量收入

---

① 这种变现主要表现为通过拍卖企业资产以及股权回购的方式来进行。

为零，以现金为表现形式的存量财富保持不变；当居民拥有较多银行存款时，其财富流量收入为银行存款利息，以银行存款为表现形式的存量财富保持不变。当然，在市场经济条件下，居民所拥有的银行存款本金和利息在很大程度受制于银行的经营状况，由此导致以银行存款为表现形式的财富存量和流量具有较大的不确定性。在居民全资直接经营企业的资产分布模式下，居民的财富流量主要表现为企业经营的净利润，而财富存量主要表现为其所经营企业的本金。在市场经济条件下，由于企业经营具有较大的不确定性，由此导致居民以开办企业作为表现形式的财富，在财富存量和流量收入上都具有较大的不确定性。在以股权投资作为表现形式的资产结构下，居民财富的流量收入主要表现为被投资企业的股本分红，存量财富主要表现为在被投资企业所拥有的本金投入。在市场经济条件下，由于被投资企业经营存在着较大的风险，由此决定了这种形式的财富流量收入和存量收入都具有较大的不确定性。在金融二级市场购买证券的资产结构下，居民财富的流量收入主要表现为其所拥有股票的“分红派现”收入，而存量财富主要表现为其投资证券的市值。在市场经济条件下，由于被投资企业经营状况以及股利政策的不确定性，导致居民财富的流量收入具有较大的不确定性。同样，由于金融二级市场证券价格波动幅度较大，也导致这种资产结构下居民的财富存量面临着较大的不确定性。在居民以投资实物资产为表现形式的资产结构下，居民财富的流量收入主要为实物资产有偿使用所获得的收入，其在经济实践中主要表现为房租收入等，居民财富的存量收入主要表现为实物资产的价值。在市场经济条件下，鉴于实物资产投资会给实物资产价格带来大幅波动，由此导致居民以实物资产作为表现形态的存量财富价值具有较大的不确性。当居民拥有满足其自身或家庭需求的实物形态资产时，由于这些资产的使用是居民维持生存所必需的，其并不能从价值量上作为衡量居民财富高低的主要标准，而只能从使用价值量上作为衡量居民生活水平高低的一个重要标准，就此而言，居民拥有的满足其自身或家庭需求的实物形态资产的规模大小以及质量的高低，是衡量居民生活水平高低的一个重要标准。

四、优化居民财富配置结构所需要的前提条件

（一）优化居民财富配置结构的必要性

在市场经济条件下，之所以要对居民所拥有的财富结构进行优化配置，主要原因在于以下几个方面：

第一，进行居民财富的优化配置，是经济货币化条件下实现居民财富保值增值的需要。在货币经济条件下，居民所拥有的财富主要通过价值形式表现出来，而不同资

产结构的财富给居民带来的财富流量收入和存量财富的保全程度也各不相同，为了最大限度地增加居民财富的流量收入，保持居民财富存量的相对稳定，就必须对居民的财富结构进行优化配置。

第二，提高经济货币化条件下经济运行整体效率的需要。在市场经济条件下，“逐利”机制可以使市场在资源配置中发挥基础性作用，而居民以“逐利”为目的对其所拥有的财富结构进行优化配置，以获取最大化流量收入和确保其存量财富相对安全的行为，本身就是市场经济条件下发挥市场在资源配置中基础性作用的一种表现形式。就此而言，居民财富结构在不同资产形态下的优化配置过程，也就是生产要素的优化配置过程，最终将有利于提高社会经济运行的整体效率。

（二）优化居民财富配置所需要的前提条件

在市场经济条件下，居民实现财富结构的优化配置是需要诸多前提条件的，这些条件主要表现在以下几个方面：

第一，资金利率的市场化。在信用货币经济条件下，随着经济货币化进程的进一步发展，资金利率的高低对于市场“交易标的”的定价会产生重要影响。就此而言，资金利率能否实现市场化定价，一方面决定了商品价格的市场化定价程度；另一方面，也决定了金融产品的市场化定价程度。因此，只有资金利率实现市场化定价，居民才能在“逐利”机制作用下，根据投资收益率的高低，对其财富资产结构进行优化配置，以获取最大化的流量收入，同时确保财富存量的相对安全。

第二，居民财富转换的无障碍性。在市场经济条件下，居民要对其各种形式的财富资产进行最优配置，就要求这些不同形式的资产可以自由转换，不存在人为设置的转让障碍，从而使居民真正地根据收益和风险相对匹配的原则，对其财富结构进行优化配置。

第三，稳定的信用货币发行数量。如前所述，在信用货币经济条件下，无论居民对其所拥有的财富结构如何配置，最终都不会对货币供给总量产生影响。换言之，只有保持稳定的信用货币供给量，才能使居民存量财富保持相对稳定。特别是在稳定的货币供应量条件下，通过居民财富的优化配置，可以在一定程度上优化货币资金在不同行业、不同经济环节的配置结构，从而使货币资金供需结构相对合理，提高货币资金的使用效率。

第四，发达而专业的代理投资机构。在市场经济条件下，并不是每一个居民都是专业的投资者。要实现财富结构的优化配置，既需要深厚的投资专业知识，又需要丰富的投资经验。为了实现居民财富结构的最优配置，提高经济运行的整体效率，就必须培育一大批专业的投资代理机构，由他们帮助居民实现财富结构的最优配置，在收益与风险相对匹配的条件下，实现居民财富流量收入的最大化，存量财富的相对安全，使宏观经济在居民财富结构最优配置作用下健康、高效地运行。

本章小结

本章主要研究了居民财富结构分布形态及实现最优财富配置结构所需要的前提条件等问题，首先分析了信用货币经济条件下居民财富的不同分布形态，认为在信用货币经济条件下，在一个静态时间点，居民的财富分布主要表现在以下几个方面：一是居民所拥有的现金数量，主要表现为居民所拥有的以现金作为表现形式的财富；二是居民所拥有的银行存款数量，主要表现为居民所拥有的以银行存款作为表现形式的财富；三是居民所拥有的消费性资产，主要是指居民所拥有的用于满足自身和家庭消费的资产，其主要分布于衣、食、住、行等消费环节的资产；四是居民所拥有的投资性资产，主要包括居民所拥有的从事生产经营的资产和居民所拥有的被投资企业的股权价值。在此基础上，本章对居民财富在不同资产形态之间的切换进行了研究，认为居民财富属于居民自身所有，在市场经济条件下，居民可以根据自身的需求，对其所拥有的财富在不同资产形态之间进行有效转换，以实现最大程度保值增值的财富管理目标。

在对居民财富分布形态以及不同形态财富之间的切换进行研究的基础上，本章对居民财富在不同资产形态之间进行转换所产生的经济影响进行了研究，其主要表现在以下几个方面：

1. 居民财富在不同资产形态之间的转换并不会改变其所拥有的以货币计价的财富总量。

2. 对国民经济各部门的资金供给会产生总量和结构性的影响。

3. 由于居民财富在不同资产形态上的配置结构不同，而导致居民财富存量和流量收入形态的差异。

最后，本章还对优化居民财富配置结构所需要的前提条件进行了研究，认为在市场经济条件下，居民实现财富结构的优化配置需要诸多前提条件。这些条件主要表现在以下几个方面：第一，资金利率的市场化；第二，居民财富转换的无障碍性；第三，稳定的信用货币发行数量；第四，发达而专业的代理投资机构。

第二十章
信用货币发行与实体经济发展

一、不同货币形态下的货币职能

从人类历史上货币发展形态来看，其基本上经历了两种货币形态：一是以黄金为代表的商品货币时代；二是以纸币或电子货币为代表的信用货币时代。在不同的货币时代，货币所行使的职能也各不相同。

（一）商品货币经济条件下的货币职能

就商品货币经济条件下的货币职能而言，根据马克思的论述，其主要体现在以下几个方面：

一是货币价值尺度职能。从货币承担价值尺度职能的依据来看，无论是在黄金商品货币或其他商品货币条件下，货币之所以能够承担价值尺度的职能，主要原因在于商品货币自身具有使用价值和价值，商品货币与其他商品之间是一种对等的商品关系，同时具有不同的使用价值和价值。由于商品货币与其他商品共同拥有商品属性，在一定程度上为运用商品货币作为价值尺度来衡量其他商品的价值提供了可能。当商品货币固定为黄金时，所有商品都可以以黄金为价值尺度，对之进行标价，一方面使不同商品自身价值通过黄金商品的形式体现出来；另一方面，使他们之间的相对价值表现得非常明显，在一定程度上使不同商品的价格有了贵贱之分。实际上，在黄金商品作为价值尺度的条件下，黄金自身的价值在很大程度是通过其他商品的价值体现出来的。

二是货币的流通手段职能。在这种货币职能下，商品货币主要发挥着商品流通中介的职能。理论上，商品货币之所以具有商品流通手段的职能，在很大程度上与其所具有的价值尺度职能密切相关。正是因为商品货币具有价值尺度的职能，商品之间的相对价值都可以通过商品货币量的形式表现出来，在一定程度上为商品货币承担流通手段职能提供了前提和基础。

三是商品货币的支付手段职能。在商品经济条件下，商品货币之所以具有支付手段的职能，与商品货币所具有的价值尺度职能和流通手段职能密切相关。正是因为商品货币具有价值尺度职能，商品经济活动中的赊销、赊购行为所发生的商品价值偿付，才能通过商品货币形式表现出来；正是因为商品货币可以承担商品流通的中介职能，由商品赊销、赊购所发生的支付差额，才可以通过商品货币支付的方式，来实现商品价值总量与使用价值总量的相对均衡。实际上，在现代商品经济社会中，商品流通除商品与商品直接进行交换之外，其更多地表现为以货币为中介的商品交易模式，即："商品—货币—商品"的交易模式。由此可以推断，在所有商品都已交换完毕的条件下，仍然发挥货币职能的那部分商品货币，在很大程度上表现为执行支付职能的商品货币，这种商品货币的数量与社会等待支付的价值数量基本一致。

四是商品货币的贮藏职能。如前所述，在商品货币条件下，由于商品货币与其他商品一样都具有使用价值和价值，由此决定了商品货币与其他商品的相对价值可以通过商品货币的形式来表现，而从商品货币的价值表现形式来看，在现实经济运行中，其主要表现为货币的实际购买能力。由于商品货币也是一种商品，根据马克思所论述的社会必要劳动时间理论，决定商品货币价值大小的关键因素，主要在于商品货币生产与其他商品生产所需要的社会必要劳动时间的长短。商品生产所需要的社会必要劳动时间的长短，在很大程度上取决于社会劳动生产率水平的高低，因此，当商品货币在执行价值尺度职能和流通手段职能所体现出的价值低于其实际价值时，商品货币就会退出流通领域，以发挥其调节货币供给的功能。通过商品货币在流通市场的进入或退出，使商品货币所执行的价值尺度职能与其实际价值之间保持相对一致，使商品货币在执行流通手段职能和支付手段职能时，商品货币所体现出的流通价值、支付价值与商品货币的实际价值保持基本一致。理论上，商品货币之所以具有贮藏手段的职能，在很大程度上取决于商品货币自身所拥有的特殊使用价值属性和价值属性。就商品货币的使用价值属性而言，商品货币的使用价值主要表现为商品货币作为人类生产资料和消费资料的重要来源之一，在人类生产和生活中发挥着重要作用。与此同时，以黄金为表现形式的商品货币还具有易贮藏以及其所具有的使用价值不随时间推移而容易改变的特征。从商品货币的价值属性分析，根据商品价值决定理论，商品价值主要取决于商品生产的劳动生产率发展水平，由于以黄金为代表的商品货币，具有贮藏量不高、开采难度较大以及黄金开采劳动生产率提高程度相对缓慢的特征，决定了以黄金作为代表的商品货币实际价值变化较慢，在一定程度上使黄金商品货币经过长时间贮藏之后，其价值并不会受到很大影响。相对于其他商品货币或其他商品而言，以黄金为代表的商品货币具有天然的发挥储备货币的职能，为其更好地发挥稳定的价值尺度职能提供有利的外部条件。

五是在全球商品流通的条件下，黄金货币还可以很好发挥世界货币的职能，黄金这种世界职能货币的发挥，在很大程度是黄金作为本国商品货币，其相关货币职能在地域上的进一步延伸。

（二）信用货币经济条件下的货币职能

在信用货币经济条件下，信用货币主要承担了以下职能：

一是承担价值尺度的职能。理论上，信用货币自身并没有价值，其之所以像黄金商品货币那样能够承担价值尺度的职能，与政府的行政强制力密切相关。由于信用货币是由政府发行并强制流通的货币，在信用货币发行条件下，信用货币自身并没有价值，但政府可以赋予信用货币一定的价值标准，这种价值标准虽然只是观念上的，但是政府强制力却赋予了一定标准的信用货币可以购买具有真正意义的使用价值商品的能力，在一定程度上决定了以一定标准的信用货币观念上的价值为基准，其他商品的价值通过信用货币观念上的基准价值来进行衡量，由此确立各种商品之间的相对价值关系。就此而言，在信用货币条件下，信用货币凭借政府行政强制力，可以作为观念上的基准价值，对于其他商品行使价值尺度的职能。

二是商品流通手段的职能。信用货币是政府强制发行并流通的货币，其之所以具有执行流通手段的职能，一方面是因为信用货币在国家强制力作用下，具有价值尺度的职能，为信用货币执行流通手段的职能提供了前提条件；另一方面，货币在商品流通中所承担的中介职能，为信用货币作为商品流通手段的职能提供了可能条件。在商品经济条件下，货币仅仅只是商品流通的中介，而不是商品流通的最终目的。就此而言，承担商品流通的中介并不要求其与商品一样具有真实的价值，而只要具有观念上的价值就可以了。信用货币是国家强制发行并赋予观念价值的货币，其无疑可以很好地执行商品流通手段的职能。

三是支付手段职能。在信用货币经济条件下，信用货币所具有的价值尺度职能和流通手段职能，为信用货币行使支付手段职能提供了可能。因为在信用货币条件下，信用货币所承担的支付职能不是建立在被支付者获取信用货币的基础之上，而是更多地表现为被支付者在获取信用货币之后，可以利用信用货币所具有的价值尺度和流通手段职能，将信用货币转化为另外一种使用价值形态的商品。

（三）商品货币与信用货币职能的差异

从商品货币与信用货币在商品经济条件下所行使的职能差异分析，其主要表现在以下几个方面：

第一，价值尺度职能。虽然二者都是执行一种观念上的价值尺度职能，但在黄金商品货币条件下，黄金商品以其自身的真实价值作为其承担价值尺度职能的基础，其所执行的价值尺度标准随着黄金商品劳动生产率与其他商品劳动生产率的相对变化而变化。而信用货币所执行的价值尺度职能是以政府强制力作为保障的，是政府通过政治强制力制定相应的价值标准之后，强行地将之作为衡量商品价值的尺度，其主要表现在信用货币所设定的计价单位及信用货币的相应面值等方面。信用货币在承担价值尺度职能时所执行的价值标准的变化，在很大程度上取决于信用货币发行数量的多少。

第二，商品流通手段职能。在黄金商品货币条件下，黄金所承担的商品流通中介职能，在价值量上与所交易的商品之间是一种等价交换的关系。而在信用货币条件下，由于信用货币自身没有任何价值可言，因此，信用货币所承担的商品流通中介职能，在价值量上与所交易的商品之间并不是一种等价交换的关系，而是以政府强制力作为保障的具有承担商品流通职能的观念上的价值。

第三，货币支付职能。在黄金商品货币条件下，黄金是有一定价值和使用价值形态的商品，因此，黄金所执行的支付手段职能，既可以作为价值形态的补偿，又可以作为使用价值形态的补偿。而在信用货币经济条件下，由于信用货币自身并没有价值和使用价值，其承担的只是一种观念上的价值职能，因此，以信用货币作为支付手段的货币支付，对于被支付者而言，只是一种观念上的价值补偿，这种价值补偿是以信用货币依靠政府强制力所执行的价值尺度职能和流通手段职能作为保障的。因此，信用货币在执行支付职能之后，最终必然会通过货币观念上的价值向使用价值转换的方式，实现货币的最终价值。

第四，黄金商品货币所承担的贮藏职能。黄金货币之所以具有这个职能，在很大程度上得益于黄金商品自身具有真实的价值，并且其价值具有较强的相对稳定性。就信用货币而言，由于其只是政府凭借政治权力强制发行并流通的货币符号，其自身并没有任何真正的价值。因此，信用货币作为一种价值符号，其所代表的价值量在很大程度上受制于政权的稳定性以及货币发行数量的影响，这些都在很大程度上决定了信用货币是不能作为真正的价值被贮藏的。

第五，世界货币职能。由于黄金商品货币具有价值和使用价值双重属性，决定了其可以在全球范围内进行流通，由此发挥其世界货币的职能。就信用货币而言，由于信用货币是由政府强制发行并流通的一种货币符号，决定了信用货币的使用具有明显的国家边界，即信用货币的使用范围不能超越一国的国界，在一定程度上决定了信用货币不具有世界货币的职能。

二、信用货币条件下货币价值的实现形式

如前所述，由于信用货币只是政府强制发行并流通的一种货币符号，实现信用货

币由价值形式向使用价值形式的转变，是信用货币持有者的最终目的。在现实经济运行中，信用货币价值的实现形式主要表现在以下几个方面：

（一）通过购买消费品的方式实现信用货币的价值

消费品主要体现为满足人类生存和发展所需要的各种物质和精神产品。在信用货币经济条件下，当信用货币实现对于消费品的购买之后，社会总产品的使用价值形态开始减少，而作为价值形态的货币则不会退出流通领域（国家通过回购等方式减少信用货币供给，则另当别论），由此决定了社会总产品的价值总量会保持不变。受此影响，如果不出现新的使用价值形态的商品供给，那么每一单位的货币价值所代表的使用价值数量将开始减少。由于信用货币价值形式最终需要转化为具有使用价值形态的商品才能表现出来，在通过购买相关消费品实现货币价值的条件下，如果货币总量不减少，那么不断增加使用价值总量的供给将是保持单位信用货币价值基本稳定的必然选择。从“人”的角度考虑，人使用消费品之后，其创造使用价值的能力得到维持（主要表现为生存性消费），也在很大程度上提高了人类创造更多使用价值的能力（主要表现为发展性消费，如教育、科技的投入等）。如果未来人类通过消费消费资料，而使其生产使用价值的能力得到维持和进一步发展，那么在信用货币供给总量保持不变的条件下，在下一期生产过程中，通过人类参与生产活动，可以弥补其前期消耗的消费资料，甚至可以创造出更多的消费资料，使社会使用价值总量恢复到甚至超过前期水平。就此而言，在信用货币向消费资料转化的条件下，要维持社会使用价值总量不变或者相应增加社会使用价值总量，就必须通过保持或提高人类既有劳动量的方式，确保使用价值总量供给的相对稳定和不断增长。从国民经济产业结构分析，要有效弥补消费资料使用价值形态的损耗，就必须在优化国民经济产业结构的基础上使消费资料的生产规模保持不变或相应地增加。

（二）通过购买投资品的方式实现信用货币的价值

就投资品与消费品的联系和区别而言，在市场经济条件下，二者都是商品，都具有使用价值，不同的是投资品和消费品在使用价值的具体内容方面存在着较大差异。如前所述，消费品主要是指为了满足人类自身生存和发展所需要的物质和精神产品，其在使用价值形态上具有随着时间推移，慢慢消耗完毕的特点。从实物形态上来看，以消费品作为表现形式的使用价值在被使用结束之后，不会产生新的物化形态的使用价值，其物化的使用价值形态必须通过人类活劳动再次被生产出来。而投资品的使用则能够生产更多的使用价值，这种增量的使用价值主要体现在两个方面：一方面表现为在投资品使用价值形态不发生改变的条件下产生更多的投资品供给。如作为农业生产资料的投资品供给，农、林、牧、渔的生产等；另一方面，表现为在改变投资品使用价值物理、化学属性的基础上，产生更多其他使用价值形态产品的供给，这种供给在很大程度上满足了人类不断提高的生产和生活需要。就投资品生产的价值形态而言，在社会信用货币供给总量保持不变以及国民经济产业结构相对合理的条件下，鉴于投资品的使用价值属性，投资品的价值总量并没有发生改变。由于使用价值总量是增加的，由此使每一单位使用价值所包含的价值是降低的，在很大程度上提高了消费者的消费效用。在保持单位信用货币购买力的条件下，如果信用货币供给随着使用价值总量的增加而增加，那么，社会价值总量也会随着使用价值总量的增加而相应增加。当然，从社会产品结构分析，由于投资品的使用，其生产的使用价值既可以表现为投资品，也可以表现为消费品，投资品与消费品在社会生产中如何实现均衡，取决于经济发展的自身规律，也取决于政府的产业政策和分配政策。

（三）作为单纯的虚拟货币从事虚拟产品交易

在信用货币经济条件下，信用货币在购买消费品和投资品作为表现形态的使用价值，实现由价值形式向使用价值形式转化之外，还可以进入虚拟经济领域，其主要表现为进入金融市场，以追逐被投资的金融标的的价格变动为目的的金融活动。在日常经济活动中，虽然信用货币在虚拟经济领域的活动也被称为投资活动，但理论上，信用货币上述活动与实体经济领域的投资活动既存在着一定的联系，也存在着较大的差异。

就二者之间的联系而言，信用货币在虚拟经济领域的投资行为对于实体经济领域的使用价值总量和结构都会产生间接影响。就其影响程度而言，在很大程度上取决于虚拟经济领域金融产品投资标的距离实体经济远近。具体言之，如果虚拟经济领域金融产品投资标的距离实体经济越远，则对实体经济领域的使用价值总量和结构产生的影响就越小；反之，如果虚拟经济领域金融产品投资标的距离实体经济越近，则对实体经济领域的使用价值总量和结构产生的影响就越大。而实体经济领域的投资行为，直接表现为对于社会可供给的使用价值总量和结构都会产生直接影响。

从二者之间的区别来看，实体经济领域的投资行为是在实现使用价值总量和结构发生扩张或改善的基础上，随着信用货币供给总量的适度增加而实现价值总量的不断扩大的行为。理论上，只要信用货币不超额发行，就不会改变每一单位使用价值所包含的价值数量。而在虚拟经济领域的金融投资行为，更多地直接关注其投资标的的价值变动，虽然投资标的的价值变动在很大程度上取决于实体经济领域使用价值总量和结构的变动，但是虚拟经济领域的投资者更为关注的是金融产品的价格变动，并且随着虚拟经济领域金融产品与实体经济相关程度的不断缩小，金融产品价格波动受实体经济领域使用价值总量和结构变动的影响也越来越小。在虚拟经济领域的投资行为，其利润主要来源于两个方面：一是间接来源于实体经济发展所创造的新价值。在信用货币条件下，这种新价值更多地表现为通过适度的信用货币供给，在保持单位使用价值不变的前提下，使社会产品的价值总量随着社会使用价值总量的增加而增加。虚拟经济领域的投资行为所获得的利润，一般不会改变社会的价值总量。二是来源于金融产品单纯的价格变动。理论上而言，在信用货币供给不变的条件下，虚拟经济领域金融产品的价格变动，更多地表现为不同投资者之间的投资博弈，其自身不会导致社会价值总量的扩张，其投资收益的获得更多地表现为虚拟经济领域不同投资者之间的价值再分配。在信用货币供给增加的条件下，虚拟经济领域金融产品的价格变动，更多地表现为增量信用货币供给的推动。由于信用货币的价值形式最终需要向具有使用价值形态的商品转化，在增量信用货币不断扩张所导致的金融产品价格上涨的条件下，虽然以货币作为表现形式的社会总价值量增加了，相应地也增加了每一单位使用价值所包含的单位价值，但这并不是一个好的现象，因为它在很大程度上减少了消费者的消费效用，减少了每一单位价值所包含的使用价值的数量。

鉴于上述分析，在信用货币进入虚拟经济领域进行投资的背景下，能否实现真正意义上的价值增值，在很大程度上取决于实体经济的发展情况，而离开实体经济发展所实现的价值增值，在很大程度上只是一种价值再分配。这种价值再分配主要表现在两个方面：一是社会价值在不同投资者之间的再分配；二是政府超额发行货币导致的社会价值在实体经济领域和虚拟经济领域的再分配。

三、信用货币发行与实体经济发展之间的关系

在信用货币经济条件下，信用货币与实体经济发展密切相关，其主要表现在以下几个方面：

（一）实体经济发展需要信用货币来实现商品的价值

在商品经济条件下，商品既具有使用价值形式，也具有价值形式，商品的价值形式是不同商品所有者通过交换取得商品使用价值的必要条件。商品价值形式更多地通过商品的使用价值表现出来，商品的价值数量也随着商品使用价值形态的改变而改变。当商品的使用价值完全消耗时，其价值也不会存在；当商品使用价值在数量或质量上得到了扩张或改善，与商品相对应的价值量也会增加。在物、物交换的流通模式下，商品使用价值与价值形态之间的上述关系，更多地表现为一种更高级的使用价值形态的商品可以交换更多的低级的使用价值形态商品。使用价值数量或质量的扩张或改善，需要更多的劳动时间，因此，笔者所说的商品使用价值形态与商品价值形态之间的关系，并不违背马克思在《资本论》中关于商品价值决定因素的论述。鉴于商品使用价值与其价值之间存在的上述关系，在经济实践中，信用货币对于实体经济的

发展主要起到了以下作用：

1. 正常的商品流通需要货币承担流通手段。在物、物交换时代，商品的价值与使用价值是一体的，而在以信用货币为流通中介的商品经济时代，虽然商品的价值更多地借助于信用货币的价值形式体现出来，但并不能改变商品价值随着商品使用价值消亡而消亡的客观规律。其在一定程度上决定了在信用货币作为流通中介的商品经济条件下，商品的价值总量与货币所表现的价值总量并不是一一对应的关系。具体言之，以信用货币表现出来的价值总量，一般只表现为需要通过商品交换、尚没有使用的使用价值所包含的价值总量，而商品的价值总量，主要表现为一定时期社会生产的商品所具有的价值总量。由于信用货币只是承担商品流通中介的职能，因此使用价值获得者通过交换获得信用货币之后，还必须借助于信用货币的流通职能，实现其需要的使用价值。在商品经济条件下，决定信用货币发行规模的关键因素，主要在于一定时期社会商品使用价值总量的规模大小。如果考虑信用货币在商品经济条件下仅承担商品交易中介的职能，其还可以通过循环周转的方式被反复使用。一定时期基础货币供应量可以用以下公式来加以表示：假设一定时期社会使用价值总量为"Q"，每一单位使用价值对应的价值为1，基础货币供应量为"M"，货币在一定期间的周转次数为"k"，则一定时期基础货币供应量为：$M = Q \cdot 1/k$。

2. 生产力发展所导致的经济总量的扩张需要新发行的信用货币来为其提供价值形态支撑。理论上，在生产力不断发展的条件下，如果货币供应总量以及货币流通速度保持不变，生产力发展将导致单位时间内能够生产出更多的使用价值。换言之，单位使用价值所需要的生产时间相对缩短，根据马克思单位产品价值由劳动时间决定的理论，在生产力发展的条件下，单位使用价值所对应的价值实际上是下降的，在一定程度决定了单位价值的货币可以购买更多的使用价值形态的商品。由于生产力发展是一个动态的过程，在生产力发展过程中如果出现了这种现象，必将导致商品价格随着生产力的发展而出现大幅波动，由此会对商品经济条件下商品的比价关系形成较大冲击。为了保持商品价格的相对稳定，就需要通过适度扩大信用货币发行的方式，来达到这个目的。此外，在重化工业时代，自然资源的稀缺性导致其价值出现大幅升值，由于自然资源是天然的，其自身并不会自动实现使用价值向价值形态的转化，为此，就需要通过增加信用货币发行量的方式，为实现自然资源的货币化创造有利条件。

（二）信用货币的价值最终需要依靠实体经济的发展来实现

由于信用货币只是政府依靠政治权力强制发行并流通的货币，因此，信用货币的价值体现不在于自身，而在于通过对实体经济发展过程中相关使用价值形态商品的购买表现出来。具体言之，其主要表现在以下几个方面：

1. 信用货币持有者的最终目的是实现由信用货币的价值形态向使用价值形态商品的转换。在信用货币经济条件下，由于信用货币自身并没有价值，因此信用货币的价值更多地体现为，通过信用货币为中介的商品交易，运用信用货币可以购买相应的商品。就信用货币持有者而言，其持有信用货币的主要目的并不在于获取信用货币自身的使用价值，而在于通过信用货币为中介的商品交换，实现信用货币价值形式向具有某种使用价值形态的商品转换。就此而言，决定信用货币所代表的价值能否最终实现的关键在于，实体经济的发展状况。一方面要求通过实体经济的发展，从使用价值总量上为信用货币所代表的价值提供价值总量的支撑；另一方面，也要求通过实体经济的发展，从使用价值结构上为信用货币所代表的价值提供结构性价值的支撑。

2. 停留在虚拟经济领域的信用货币最终能否实现价值，也需要实体经济的发展来为其提供使用价值形态商品的支撑。理论上而言，停留在虚拟经济领域中的信用货币，其价值仅仅表现为由信用货币发行所标明的观念上的价值，其价值的最终实现路径，仍在于通过实体经济的发展，为虚拟经济领域的信用货币价值提供具有一定使用价值形态的商品支撑。具体言之，主要表现在以下几个方面：

第一，虚拟经济领域单纯以追求资本利得作为表现形式的不同投资者之间的货币交易，只是一种价值再分配的“零和”游戏。从虚拟经济领域资本利得收入来看，其表面上来源于投资者对虚拟交易产品价格“追逐”所产生的收益，在信用货币供给数量保持不变的条件下，虚拟经济领域不同投资者对于虚拟交易产品价格的“追逐”，实际上是一种不同投资者之间的价值再分配，其自身没有创造任何价值。就此而言，虽然在虚拟经济领域通过对金融产品价格的“追逐”，投资者的价值可以实现自行增值，但这种金融产品价值自行增值的现象，并不能归结为以信用货币作为表现形式的价值已经通过价值增值的方式实现了其价值，实际上只是在虚拟经济领域中进行的一种价值再分配而已。

第二，虚拟资产价格上涨的最终推动力主要取决于实体经济领域的“分红派现”能力。从虚拟经济领域金融产品价格上涨情况来看，除了以增量资金博弈为推动力的金融资产价格上涨之外，根据金融资产的价格公式：金融资产价格 = 股息/利息，金融资产价格上涨的最终推动力，还在于通过实体经济的发展而增强的“分红派现”能力。理论上，实体经济发展状况越好，其“分红派现”能力就越强。根据上述的金融资产价格计算公式，在实体经济发展导致其“分红派现”能力增强的同时，那些以实体经济为依托的金融资产的价格就会出现快速上涨。由此可见，虚拟资产价格真正上涨的推动力，在于实体经济的发展情况及其所达到的“分红派现”能力。

四、实现信用货币发行与实体经济协调发展应该采取的相关措施

在信用货币经济条件下，正确地处理信用货币发行与实体经济发展之间的关系，

对于确保国民经济的持续、稳定和健康发展，十分重要。对之，可以采取以下措施：

（一）坚持适度的信用货币发行

为了实现信用货币发行与实体经济的协调发展，在信用货币发行上要坚持以下的原则：

1. 满足实体经济的发展需要。如前所述，在信用货币经济条件下，商品流通需要借助信用货币为中介才能实现。为了使商品流通能够顺利进行，实现国民经济的持续、稳定和健康发展，就必须使信用货币的供给与实体经济的发展需求保持相对一致，使每一个商品都可以通过以信用货币为中介的交换方式，顺利地实现周转，最大程度地满足社会生产和生活的需要，促进国民经济持续、健康发展。

2. 保持物价的基本稳定。在信用货币经济条件下，商品价值主要通过信用货币作为表现形式的价格体现出来。理论上，商品价格的高低，取决于商品价值总量、货币流通速度和货币供应数量，商品的价值总量主要取决于社会生产力发展水平，货币流通速度取决于资金交易结算模式及效率，货币供应数量取决于一个国家货币管理当局的货币政策意图。就上述三个变量之间的关系而言，由于生产力发展是一个缓慢上升的过程，一定时期资金结算模式及效率也相对稳定，只有货币发行数量由于主要取决于货币管理当局的货币政策意图，由此导致货币发行数量是最容易变动的。信用货币的供给数量也会取决于一个国家货币管理当局的政策意图，为了保持商品经济生产条件下价格的相对稳定，货币政策管理当局必须根据实体经济的发展需要，适度地发行信用货币，将保持商品价格的相对稳定作为信用货币发行所必须遵守的一个重要原则。

（二）大力发展实体经济

在信用货币经济条件下，信用货币的价值最终需要通过实体经济的发展体现出来。与黄金商品货币不同，信用货币只是体现商品价值的一种观念上的货币，这就要求在信用货币经济条件下，要将实体经济的发展作为社会生产发展的重点，通过实体经济的发展为居民的物质、精神生活水平的提高创造有利条件，通过实体经济的发展，使以信用货币表现出来的观念上的价值具有真实的使用价值形态的商品做支撑，确保信用货币币值的相对稳定。总体来看，在实体经济发展过程中，要坚持以下原则：

1. 以满足居民不断提高的物质、精神生活水平为经济发展的最终目的。在信用货币经济条件下，虽然经济发展的最终成果可以通过信用货币作为表现形式的价值总量体现出来，但考虑到信用货币的本质属性，在经济发展过程中，追求信用货币作为表现形式的价值总量，并不能成为经济发展的主要目的，归其原因，主要表现在以下几个方面：

一是在信用货币经济条件下，以信用货币作为表现形式的商品价值总量可以通过货币管理当局扩大货币发行的方式来实现，而信用货币发行规模的增加，并不能起到提高劳动生产率和扩大商品供给规模的效果。

二是以追求信用货币作为表现形式的价值总量为目的的社会生产，其生产的产品在总量和结构上并不能满足一定时期社会的生产和生活需求，最终使以信用货币作为表现形式的价值无法通过交换的方式，转换为具有一定使用价值形态做支撑的商品。从经济实践来看，如果社会生产单纯地是为了追求价值总量，社会生产必然会向那些价值数量较大的生产领域倾斜，其主要表现为在自然资源货币化条件下，社会生产将在很大程度上偏重于以资源消耗为主导的粗放型社会再生产，偏重于单位商品价值较大的投资领域的再生产，偏重于奢侈消费、畸形消费所依托的奢侈消费品的再生产。这些虽然在一定程度上可以增加以信用货币作为表现形式的社会商品价值总量，但却与社会生产的最终目的相违背。一方面，不可再生资源的大量消耗会影响社会经济发展的可持续性，投资领域的不断扩张也使居民很难从经济发展中获取消费上的满足，而偏重于奢侈、畸形消费品的生产，使多数居民生活水平不能随着生产的发展而得到相应的提高；另一方面，社会生产的产品最终只有被用于消费，社会再生产才能得到持续发展，而在社会生产以追求价值总量为主要目的的生产模式下，投资品及奢侈品、畸形消费品生产规模的不断扩大，会使生产与消费严重脱节，既不利于生产的产品通过消费的方式，最终实现使用价值向价值形式的转化；也不利于劳动力的持续再生产。理论上，在现代市场经济条件下，作为重要生产要素之一的劳动力再生产如果不能得到充分的消费资料供给，劳动力供给的短缺[①]会使这种以片面追求价值总量为主要目的的生产模式不可能得到持续发展。为了使社会生产得到可持续发展，使社会生产的目的与人民群众不断提高的物质和精神生活需求保持一致，在实体经济发展过程中，就必须克服单纯地为了追求以信用货币为表现形式的价值总量的生产方式，而将社会生产的真正目的转向为不断满足和提高本国居民日益增长的物质和精神生活需求。只有如此，社会生产发展才能真正地实现生产与消费总量的基本平衡，社会经济结构才能随着生产的发展而不断地实现优化升级。

2. 实现实体经济的可持续发展。理论上，实体经济的可持续发展，主要包括生产要素供给的可持续性以及市场需求的可持续性。在信用货币经济条件下，实体经济的发展不但表现为一定时点商品使用价值总量与价值总量的高低，且更多地表现为商品使用价值总量和价值总量在动态时间点所实现的持续增长。

从供给角度来看，要实现实体经济的可持续发展，就需要保持生产要素供给的可持续性，主要表现在以下几个方面：一是就资金而言，在信用货币经济条件下，必须

① 劳动力供给的短缺，既包括数量上的短缺，也包括劳动者素质不能适应社会生产发展需要所出现的质量型短缺。

保持与经济发展总量相适应的资金供给，以保证商品正常的周转；二是就劳动而言，必须保证劳动力再生产的不断延续，且劳动者素质随着生产力的发展不断得到提高；三是就技术而言，必须保证维持经济运行的既有技术得到传承，并且随着教育、科学研究投入的不断增加，使生产技术水平不断提高，以此为经济发展提供技术支持；四是就管理而言，在货币经济条件下，必须适应现代社会生产的发展需要，确保社会再生产的顺利进行；五是就自然资源而言，一方面要通过提高自然资源使用效率的方式，尽量延长自然资源的使用年限；另一方面，要通过科学技术的发展，早日实现对不可再生自然资源的可再生产品的替代，使社会生产实现可持续发展。

从需求角度来看，要实现实体经济的可持续发展，就需要具有可持续的市场需求，在经济实践中，其主要表现为保持生产与消费的相对一致[①]。为了实现生产与消费的相对一致，就必须采取以下措施：一是在产业结构纵向布局上，使国民经济各产业的上、中、下游产品结构相对合理；二是在产业结构横向布局上，使生产资料生产与消费资料生产的总量和结构相对合理；三是就消费资料的最终需求而言，要实现社会消费需求与产品供给的相对匹配，使居民生活水平可以随着经济的不断发展而得到持续提高，使消费资料生产与消费需求保持基本一致，就必须通过合理的国民收入分配结构的构建，使居民有能力消费，进而实现可持续产品需求与可持续产品供给的相对均衡。

3. 正确处理积累与消费的关系。在一定经济发展总量的条件下，积累与消费在数量上是一种此消彼长的关系，积累更多地表现为投资规模的不断扩张，一定时期社会所创造的国民收入增量中有一部分用于生产资料的生产；而消费则主要表现为消费资料生产规模的不断扩张，一定时期社会所创造的国民收入增量中有一部分用于消费资料的生产。在社会生产过程中，正确地处理好积累与消费之间的关系，主要包括以下几方面内容：

一是要明确积累主要是为了更好地消费，而不是单纯地为积累而积累。理论上，在经济发展过程中，积累的最终目的在于为居民提供更多的消费品，而不在于一味地扩大积累规模。这就要求在经济发展实践中，要防止出现依靠投资内循环的方式实现经济总量扩张的误区。因为，在投资内循环的发展方式下，社会生产更多地局限在投资领域内部不断地进行循环，以实现经济总量的不断扩张，其主要表现为积累规模的不断增长。实际上，从经济发展的最终目的来看，这种侧重于投资内循环的经济增长，在很大程度上并不能真正地实现经济增长的最终目的。其一方面导致大量重复建设和盲目建设现象；另一方面也使经济发展由于最终缺乏消费的支撑而不可能持续。为了使积累的最终目的定位于满足消费，就要求在经济发展过程中，投资品的生产一

① 这里的消费既是指生产资料的消费，也指生活资料的消费。

定要考虑消费需求的能力和结构，使生产与消费之间保持相对均衡，而不能为了追求经济发展规模，使投资陷入内循环式的不断扩张。

二是要明确消费过程也是积累的过程，消费为积累提供了进一步扩张的动力和压力。从生产要素的再生产角度考虑，消费的过程其实也是积累的过程，其主要表现为消费可以保证劳动力再生产的可持续性，为更大规模的积累提供人力资源支持。与此同时，消费导致的市场需求不断扩张以及新型消费需求的不断出现，也为积累提供了进一步扩张的动力和压力，推动积累规模和质量的不断扩张和提高。

本章小结

本章研究了信用货币发行与实体经济相结合的问题。首先研究了不同货币经济形态条件下货币的相关职能，认为在不同的货币经济形态下，货币所行使的职能也各不相同，本章分析了商品货币经济条件下的货币职能和信用货币经济条件下的货币职能，并对商品货币与信用货币经济条件下货币职能的差异进行了研究。随后，本章对信用货币条件下货币价值的实现形式进行了研究，认为在现实经济运行中，信用货币价值的实现形式主要表现在以下几个方面：（1）通过信用货币购买消费品的方式，来实现货币的价值；（2）通过购买投资品的方式，来实现货币的价值；（3）信用货币进入虚拟经济领域，作为单纯的虚拟货币从事虚拟产品交易。

在此基础上，本章着重研究了信用货币发行与实体经济发展之间的关系，认为在信用货币经济条件下，信用货币与实体经济发展密切相关，其主要表现在以下几个方面：

1. 实体经济发展需要信用货币来实现商品的价值。

（1）正常的商品流通需要货币承担流通手段。

（2）生产力发展所导致的经济总量的扩张需要新发行的信用货币来为其提供价值形态支撑。

2. 信用货币的价值最终需要依靠实体经济的发展来实现。

（1）信用货币持有者的最终目的是实现由货币作为表现形式的价值形态向使用价值形态商品的转换。

（2）停留在虚拟经济领域中的信用货币最终能否实现价值，也需要实体经济的发展来为其提供使用价值形态商品的支撑。

最后，本章对实现信用货币发行与实体经济的协调发展进行了研究，认为在商品经济条件下，正确地处理信用货币发行与实体经济发展之间的关系，对于确保国民经济的持续、稳定和健康发展，十分重要。对之，可以采取以下措施：

1. 坚持适度的信用货币发行。

为了实现信用货币发行与实体经济的协调发展，在信用货币发行上要坚持以下的原则：

（1）满足实体经济的发展需要。

（2）保持物价的基本稳定。

2. 大力发展实体经济。

总体来看，在实体经济发展过程中，要坚持以下原则：

（1）以满足居民物质、精神生活水平不断提高为经济发展的最终目的。

（2）实现实体经济的可持续发展。

（3）正确处理积累与消费的关系。

第二十一章
货币资本与实体经济的结合路径

一、货币资本的成因及其来源

在现代市场经济条件下，之所以会产生货币资本，除了一部分从生产资本中游离出来专门承担货币资本职能的这部分资本之外，还有一部分货币资本来源于居民储蓄。就专门承担货币资本职能的资本来源而言，其一方面来自企业闲置的货币资金；另一方面，来源于根据市场分工而出现的专门货币资本投入。

构成货币资本来源的居民储蓄存款，其来源主要由以下几个部分组成：

一是生产力发展而导致的居民储蓄存款的增加。理论上，生产力的发展会相应降低单位消费品的价值，在居民消费水平相对不变的条件下，居民既定的收入用于消费会出现相对剩余，由此产生了一定的储蓄。

二是自然资源货币化而增加的居民储蓄形态。在信用货币经济条件下，商品的价值与使用价值是完全分割的。就自然资源而言，由于其自身的天然属性以及在现代工业发展中所处的重要地位，自然资源的价格一般随着经济发展而不断提高。鉴于初始自然资源所有者与需求者之间并不是一种等价的价值付出和补偿关系，其主要表现为初始资源开采的成本付出与资源出售价格之间所呈现出的一种非等量关系，由此导致初始资源开采的成本付出与资源出售价格之间会产生一定的差额。从整个社会来看，这个差额并不能通过等价的交换形态予以补偿，这就需要政府额外地发行一部分货币，使自然资源顺利地实现货币化。在现实生活中，自然资源的货币化主要表现在土地一级市场拍卖所取得的巨额收入、自然资源开采成本与销售价格之间出现的巨大差额而导致的巨额利润等方面。

三是在居民收入不变的情况下，因社会产品结构不合理导致居民收入的一部分不能实现对于消费品的购买，由此形成一部分储蓄。在现实经济发展过程中，居民收入形态与其消费品形态之间是一种一一对应关系，这种一一对应关系在经济发展实践中能否得以顺利实现，关键在于一定时期社会生产资料再生产与消费资料再生产之间的比例关系是否协调。在简单再生产条件下，当消费资料供给与居民货币收入之间相互匹配时，居民收入全部用于消费，一般不会产生储蓄增量。当消费资料供给与居民货币收入之间不匹配时，就会使一部分居民货币化收入不能转化为消费品而出现剩余，由此导致居民储蓄的增加。

四是出于对未来不确定的支出预期，居民在既定收入水平下通过削减既有消费水平所形成的储蓄。这种不确定支出预期，是指维持居民基本生存需要的支出预期，主要是指既可以由居民自己负担也可以由社会负担的，与居民基本生存需要密切相关的支出，包括医疗、养老、子女教育以及失业保障等几个方面内容。理论上，在上述支出作为公共支出由社会负担的条件下，居民完全没有必要考虑这些支出负担，居民可以将既定所得全部用于消费，以满足其基本消费和发展消费的需要。如果随着社会变革的发生，政府将以前由社会提供的医疗、养老、子女教育以及失业保障等公共开支转由居民个人负担，为了满足这种支出的需要，居民必须在既定的收入中扣除一部分，以储蓄形式来为上述不确定支出做准备。

五是由于政府货币投放过多，导致货币在投资和消费领域分布不均衡形成的居民储蓄。在现代信用货币经济条件下，政府投放增量货币无疑可以在一定程度上拉动经济增长。考虑货币投放在投资和消费领域分布的不均衡，当新增货币过多地用于投资领域时，在投资领域内循环规则作用下，社会投资会出现不断扩张的格局，由此导致消费品供给的相对不足。这种消费品的供给，既包括居民基本消费品的供给，也包括代表居民物质、精神生活水平不断提高的那些消费品的供给如旅游、文化产品供给等，使那些通过增量货币发行而取得收入的居民无法在消费领域找到合适的消费品，他们只能将这部分新增的货币收入用于储蓄，为投资的不断扩张提供了相应资金支持，也引发了投资与消费关系的进一步失衡。

六是在开放经济条件下，外资鉴于对本币升值预期进入本币升值国形成的储蓄（这里包含外资投资收益留存部分）。在开放经济条件下，如果一国本币出现了升值趋势，资本的“逐利”性会使外部资金大量涌入本币升值国，而外部资金的不断涌入又在一定程度上推动了一国本币的升值幅度，并进一步强化其本币的升值预期。受之影响，外部资金会源源不断地流入本币升值国，直到这个国家本币升值趋势发生逆转为止。由于外部资金在对一个国家的汇率进行投机时，只有将外币换为本币，才能通过被投机国本币升值的方式，来获取巨额外汇投机收益。鉴于进入本币升值国的外币持有者有一部为国外居民，这些资金进入本币升值国所兑换的本币，也多数以居民的本币存款形式表现出来。这部分居民储蓄的最终所有者是国外居民，虽然短期之内这部分储蓄能够由资本进入国来使用，但其使用方式应该是通过与这部分储蓄相对应的外币在国际市场购买初级形态生产要素或次级形态生产要素的方式，来获取相应收益，这种收益率在一定期间内要大于资本进入国本币的升值率，只有这样，该国才能在本币升值条件下实现对外部流入资金使用的正收益。

七是在统一的外币结算方式下，因贸易经常性收支顺差所形成的不能实现正常购买力的储蓄。在统一外币结算方式下，一切进入本国的外币都必须按照一定汇率折换成本币。鉴于贸易收支的相互性，由贸易出口所导致的生产要素消耗必须通过进口相应的初级形态生产要素及次级形态生产要素的方式进行弥补，因此，一国最终取得的外汇存量，主要表现为通过贸易活动所获得的以外币形态作为表现形式的对外贸易利润结余。如果一国在对外贸易活动中出现大量的单边贸易性顺差，则说明该国通过出口所获取的购买力无法通过从国外进口相应物品的方式，来满足本国的生产和消费需要。在统一外汇结算方式下，这部分与贸易收支顺差相对应的外汇，有一部以本国居民储蓄存款的形式表现出来。

二、货币资本的运用

在现代市场经济条件下，货币资本的运用主要表现为两种形式：以银行为媒介的间接融资和以资本市场为媒介的直接融资。货币资本这两种运用方式都各有自身的特点，其对经济发展所产生的作用也各不相同。

（一）以银行为媒介的间接融资

1. 间接融资模式的特征及其优缺点。在这种投资模式下，货币资本与实体经济的结合必须通过以银行为中介的方式来进行，其主要表现为货币资本所有人以储蓄形式将资金存入银行形成储蓄存款，银行再通过信贷的方式将这部分资金贷给借贷人，使之实现与实体经济的有效结合。理论上，间接融资模式一般具有以下特点：一是货币资本与实体经济的结合，必须通过银行这个中介，其明显地带有间接性的特征；二是货币资本主要是通过借贷资本的方式，实现与实体经济的有效结合，其明显地带有有偿性的特征；三是相对于银行而言，货币资本所有人在货币资本与实体经济结合中处于次要地位，银行在货币资本与实体经济结合中处于主导地位；四是就货币资本的投资收益分配而言，货币资本最终所有人与货币资本借出人对于收益的分配存在着明显的不合理之处，主要表现为货币资本借出人在收益分配中处于主导地位，而货币资本最终所有人在收益分配中处于从属地位。在日常生活中，其主要表现为银行通过数额较大的存贷差，获取了较高的超额垄断利润，而一般居民储蓄存款的利率相对较低。

相对于直接融资方式，以银行为媒介的间接融资方式，主要呈现以下优点：一是可以充分发挥资金的规模优势，将分散的居民储蓄资金集中起来，满足数额较大的实体经济需求；二是在某种程度上可以规避决策分散风险，充分发挥银行在风险识别能力上的特长，最大限度地规避投资决策风险，使资金的使用与国民经济未来产业发展方向保持一致；三是可以有效地分散风险。相对于直接融资而言，在间接融资模式下，众多存款人共同承担了间接融资模式下的投资风险，在一定程度上分散了货币资本所有人的风险。

相对于直接融资方式，以银行为媒介的间接融资方式，主要呈现以下缺点：一是间接融资模式下资金与实体经济相结合所需要的时间相对较长。在间接融资模式下，银行对于信贷资金的评估时间相对较长，评估程序相对复杂，在一定程度上决定了在间接融资模式下，资金由银行向实体经济的流动需要一个较长的时间过程。二是间接融资模式下实体经济的投资成本相对较高。在间接融资模式下，实体经济要获得资金就必须向银行付出一定的利息，相对于直接融资而言，间接融资模式下实体经济的融资成本较大。三是间接融资模式下银行在经营中面临较小的风险约束，不利于保持金融市场的稳定，也不利发挥间接融资资金对于优化国民经济产业结构的作用。在间接融资模式下，由于银行仅仅是以其自有资本来承担风险，在银行风险约束机制相对较弱或者银行经营市场化机制相对缺乏的背景下，银行可能为了追求更多的利润，而将资金投向风险较高的项目，特别是在银行贷款项目实行个人负责制的条件下，银行在向实体经济贷款过程中还有可能出现个人道德风险。归其原因，在很大程度上与货币资本的所有人与使用人不一致密切相关。

2. 提高间接融资收益率所需要的相关条件。如前所述，在间接融资模式下，货币资本所有者在投资回报分配中处于从属地位，要想提高货币资本所有者在间接融资模式下的投资回报率，就必须采取以下措施：第一，通过打破银行业经营垄断的方式，放开银行业市场准入限制，促进银行业自由竞争。货币资本所有者在间接融资模式下之所以只能取得较少的投资回报率，与银行业经营的垄断密切相关。正是由于银行业经营的垄断，使银行可以凭借其垄断地位，对属于存款人所有的资金做出较低的定价，以此获取高额的存贷差收益。因此，为了打破银行凭借其垄断优势而对存款人资金实行较低定价的局面，就必须通过放开银行业经营市场准入限制的方式，鼓励银行业之间进行公平竞争，通过银行业之间的公平竞争，使货币资本所有人获取较高的投资回报。通过银行业之间的公平自由竞争，促使银行业改变单纯地依靠存贷差来获取高额垄断利润的经营方式，促进银行业经营方式的转变，使银行业经营由单纯的存、贷款业务向一般中间业务转变，从而彻底改变间接融资方式下货币资本所有者所获取的投资回报较低的局面。第二，通过慎重选择间接融资模式下货币资金的投资方向，降低银行业的呆坏账损失，以此提高货币资本所有人的投资回报。在间接融资模式下，银行业之所以在贷款收益分配中所占比重较高，一个重要原因就在于银行在间接融资模式下对实体经济发放的贷款可能面临着不可回收的风险。因此，在其贷款收益中，必须有一部分用来冲减贷款可能发生的呆坏账损失，这在一定程度上减少了银行通过间接融资所获得的收益。为了提高货币资本所有者的投资回报，银行作为间接融资模式下的贷款者，可以通过慎重选择贷款项目、降低贷款资金呆坏账风险的方式，来降低贷款坏账准备率，间接地提高货币资本所有者的投资回报率。第三，通过货币资本所有者之间直接成立合作银行的方式，提高投资回报率。如前所述，当货币资本所者作为债权人将资金存放于银行时，其所获得的投资回报率相对较低。如果货币资本所有者通过合作的方式，直接成立贷款性金融机构，则其就可以避免作为银行的债权人在间接融资收益中获取较小份额的缺陷，而以股东的身份，直接参与间接融资项目收益的再分配。

（二）以资本市场为媒介的直接融资

1. 直接融资模式的主要特征及其优缺点。相对于间接融资而言，在直接融资方式下，货币资本所有人以债权人或股东的身份，与实体经济发生着直接联系。呈现以下几方面特点：一是货币资本不需要通过像银行这样的中介机构，来实现与实体经济的结合。在直接融资方式下，货币资本所有人通过购买企业债券或者购买企业股票的方式，作为债权人或股东，直接与实体经济相结合。就货币资本与实体经济的结合方式而言，其明显地带有直接性的特征。二是直接融资模式下的货币资本主要通过购买企业债券或通过证券一级市场、二级市场购买企业股票的方式，实现与实体经济的有机结合，这种结合既具有有偿性的特征（如以债券为表现形式的货币资本），又具有无偿性的特征（如以股票为表现形式的货币资本等）。三是与间接融资方式不同，在直接融资模式下，货币资本所有人取得的投资回报依据其与实体经济相结合的方式不同而有所不同。对于货币资本通过直接融资方式取得的投资收益，除国家以税收形式参与再分配之外，不会像间接融资方式那样，由银行在投资收益分配中占有较大的比重。一般而言，如果货币资本投资于债券，其所获得的收益率就固定为债券票面利率；如果货币资本投资于股票，其所获得的收益就表现为被投资企业“分红派现”收益以及证券二级市场的资本利得。就此而言，在直接融资方式下，货币资本所有者对于货币资本的投资收益具有明显的独占性特征。四是从直接融资模式下货币资本所有者所取得收益的确定程度来看，在间接融资模式下，除非存款人存入的银行倒闭，否则货币资本所有者所获取的存款收益就相对稳定。而在直接融资模式下，受被投资企业经营风险不确定影响，货币资金所有者对于企业债券的投资将面临被投资企业倒闭而导致债券本金和收益不能按期收回的风险；货币资本所有者对于企业股票的投资也将面临企业破产而导致本金不能有效收回，以及企业股票二级市场股价出现大幅波动而导致货币资本所有者出现投资损失等风险。就此而言，直接融资模式下货币资本所有者所面临的市场风险相对较大。

就直接融资模式的优点而言，主要体现在以下几个方面：一是直接融资方式下资金与实体经济的结合时效明显地高于间接融资模式。相对于银行贷款所需要的时间较长、程序较复杂的评审而言，直接融资是货币资本与实体经济的直接结合，其所需要的时间相对较短，且投资程序相对简单。在债券融资模式下，货币资本所有者只需要根据企业发行的标准化债券产品，结合自己的风险偏好以及对于发债企业、债券投资项目的基本判断，通过购买企业债券的方式，就可以实现其与实体经济的直接结合。在股票投资方式下，货币资本所有者只需要在证券一级市场和二级市场直接购买股票，就可以实现其与实体经济的有机结合。二是在直接融资模式下，实体经济发展所获得的资金成本相对较低。与间接融资模式下实体经济获取银行贷款必须付出较多贷款利息不同，在债券融资方式下，债券发行者可以根据投资项目的收益情况，自主地决定债券票面利率的高低，而不受银行在贷款利率定价方面的约束。在股票融资方式下，股票发行企业以出让企业部分股权的方式获取股票发行收入，除部分股票发行成本之外，企业无需付出过多的融资成本。而企业对于股票持有人的股票利息支付，在很大程度上来自企业新增投资项目的投资收益，其本身就是企业通过股票融资而获得发展的最终结果。就此而言，企业的股票分红属于企业对于股东的“分红派现”行为，其本身不属于融资成本的范畴。三是在直接融资模式下，货币资金与实体经济的有效结合，可以起到改善国民经济产业结构的作用。如前所述，在规范的金融市场发展环境下，根据强势有效市场的假设理论，企业发展前景以及投资项目收益率高低，都可以通过市场定价表现出来。具体言之，债券市场中债券利率的确定在很大程度上反映了债券资金投资项目的收益率高低程度，在充分自由竞争的金融市场中，如果企业债券发行利率相对较低，则其就可能发行不出去。换而言之，在企业债券利率的约束下，债券发行企业只有投资于收益率较高的项目，才能获得增量资金支持，这在一定程度上确保了实体经济投资的质量和效益。从股票投资来看，一般而言，当企业经营产品市场前景好、企业经营管理水平较高时，其股票价格相对较高，由此使该企业的未来发展能够获得较多的增量资金支持，使企业得到进一步发展。反之，如果企业经营管理水平较差，企业经营产品市场前景较差，其股票的价格就相对较低，企业未来的发展就不会得到增量资金的支持，从而通过资金层面的约束，一方面使企业改善经营管理水平，促进企业产品的转型和升级；另一方面，那些经营管理水平较低、产品市场前景不好的企业，由于缺乏增量资金的支持，而被市场所淘汰，实现国民经济产业结合的优化升级。

就直接融资的缺点而言，主要表现在以下几个方面：一是货币资本所有人对债券或股票的投资，将承担较大的自我决策风险。就间接融资而言，货币资本所有人将资金借给银行，可以获取稳定的存款收益，只要银行不破产，货币资本所有人作为存款人，是不承担直接责任的。在间接融资模式下，即使银行在某些贷款项目上出现呆坏账，由于银行贷款的资金主要来自很多的货币资本所有者，因此银行贷款所发生的呆坏账损失，首先将通过银行自有资本金进行抵补，不足部分再由全体存款人来承担。就此而言，在间接融资模式下，存款者作为货币资本所有人，通过银行贷款的方式实现与实体经济的有效结合，在很大程度上起到了分散风险的目的。相对而言，在直接融资模式下，货币资本所有人对于投资项目的决策如果出现失误，则由其直接承担风险。二是相对于间接融资模式而言，直接融资模式下货币资本所有者的投资收益具有较大的不确定性。在间接融资模式下，作为存款人的货币资本所有者根据约定的条件，可以取得固定的银行存款利息收益。在直接融资模式下，货币资本所有人通过债券投资的方式，实现其与实体经济的直接结合。理论上，货币资本所有人可以根据债券约定的票面利率，获取稳定的投资收益。但在市场经济条件下，由于企业经营受制于多种不确定因素的制约，在一定程度上决定了货币资本所有者通过投资企业债券的方式所获取的投资收益，也存在着较大的不确定性。如果发债企业由于经营不善而出现破产，企业债券投资者将面临较大的本金损失。就货币资本所有者的股票投资而言，由于股票投资事先没有约定的投资回报率，货币资本所有者对于股票投资所获取的投资收益，取决于被投资企业的经营状况和证券二级市场的运行趋势。当被投资企业经营较好时，投资者将获得较高的“分红派现”收益和资本利得收益；当被投资企业经营较差时，投资者将很难获得较高的“分工派现”收益，甚至在证券二级市场还将产生资本利得损失。鉴于货币资本所有者在进行股票投资时，无法对被投资企业未来的经营前景做出准确预测，由此决定了在直接融资模式下，货币资本所有者对股票的投资，不能获得稳定的投资收益。

2. 提高直接融资收益率所需要的相关条件。理论上，要真正提高货币资本持有人在直接融资模式下的投资收益，就必须建立有利于保护资本市场投资者切身利益的基础性制度。具体言之，主要包括以下几方面内容：一是建立公开、公平、公正的资本市场交易制度。在资本市场中，交易标的的价格是依靠市场的定价机制来进行定价的，在公开、公平和公正的市场交易制度下，通过市场投资者的连续竞价交易，可以使交易标的产生相对合理的市场价格，从而有利于货币资本所有者根据其投资偏好，选择适当的投资标的，实现货币资本与实体经济的有机结合，增强货币资本对实体经济发展的支持力度。反之，如果资本市场的发展缺乏一套公平、公开和公正的市场交易制度，那么资本市场投资标的的交易价格就不能真实地反映其自身的价值，由此会对货币资本所有者的投资决策产生不利影响，进而影响货币资本所有者在资本市场的投资收益率水平。二是必须建立公开、及时、透明的信息披露制度。在直接融资模式下，只有建立起公开、及时、透明的信息披露制度，货币资本所有者才能根据企业披露的基本信息，在对风险和收益做充分评估以后，来对自己的投资行为进行自主决策。如果企业信息披露不真实、不及时和不公开，货币资本所有者在资本市场投资时，就有可能根据错误的企业信息，对其投资标的做出错误的选择，从而使其在运用货币资本与实体经济结合过程中，产生较大的亏损或取得较低的投资收益率。此外，在企业信息披露不及时、不公开以及不透明的情况下，资本市场也很难根据公开的交易信息，对企业的股票价格或债券发行利率做出准确的定价，在很大程度上影响资本市场的运行效率。三是考虑货币资本所有者在从事资本市场投资时所呈现出的决策分散性、投资专业水平相对较差的客观事实，在直接融资模式下，通过专业化投资评估机构的发展以及专业的投资理财机构的发展，为货币资本所有者在资本市场的投资提供专业化的决策依据，提高货币资本所有者的投资回报率水平。

三、中国货币资本的运用情况

从中国货币资本的运用情况来看，主要呈现以下几方面特点：

（一）中国货币资本的运用主要以间接融资为主

从中国以银行为主导的间接融资的发展情况来看，当前中国居民存款依然成为居民投资理财的主要形式。相关统计资料显示，截至 2009 年 12 月，中国居民银行存款规模为 260772 亿元人民币，企业银行存款规模为 217110 亿元人民币；截至 2009 年 12 月，中国银行贷款规模为 399685 亿人民币，股票融资额为 4967 亿元人民币，银行同期贷款规模是股票融资规模的 80.47 倍。上述数据显示，中国居民存款成为银行信贷资金的一个重要来源，银行贷款在社会融资总额中占有较高的比重。在一定程度上预示，中国货币资本的运行，主要表现为以银行为中介的间接融资为主。从中国具体承办存贷款的机构来看，目前中国银行存款和贷款的承办机构，绝大多数属于四大国有银行。中国国有商业银行之所以在间接融资的金融市场中占据主导地位，主要原因在于以下几个方面：一是国有商业银行凭借国家的信用，对于存款人构成了一定的吸引力。相对于企业信用而言，国家信用无疑是最可靠的，从规避信用风险角度考虑，货币资本所有者在间接融资市场中将资金存入有国家信用做保障的国有商业银行，本在情理之中。从长期来看，在市场经济条件下，金融机构只是独立从事市场经营的企业法人，企业根据经营情况独立地享有收益，并承担相应的风险。目前作为货币资本所有者的存款人将国家信用误认为是国家商业银行所享有的信用，显然是不妥当的。这既与目前国有商业银行还没有实现向完全市场化的经营机制转变有关，也与作为货币资本所有者的存款人对于国有商业银行信用的误判密切相关。因此，从长期来看，要改变国有商业银行所拥有的国家信用光环，就必须对国有商业银行的法人治理结构进行重新再造，使国有商业银行成为真正意义上的市场经营主体。二是目前中国银行业市场准入制度相对较严，银行业经营还存在严格的行政审批制度。虽然从保障存款人利益以及保持金融市场稳定角度考虑，中国对于银行业经营建立了较为严格的市场准入制度，银行业经营必须经过严格的行政审批，但从其实施的实际效果来看，这种严格的银行经营市场准入制度以及行政审批制度，使一般市场主体很难进入银行行业从事存贷款业务。这使中国银行业经营呈现国有商业银行高度垄断的局面，也违背了市场经济条件下在“逐利”作用下由市场进行的资源最优配置原则，使资金难以通过自由流动的方式，来提高市场运行效率。三是在中国由计划经济向市场经济转轨过程中，国有商业银行基于其存续时间较长、拥有较多营业网点以及存贷款客户群体的优势，在间接融资的金融市场中占据较大的优势。正是由于国有商业银行在银行业经营中所占据的垄断经营优势，在间接融资的金融市场中，银行依据其所处的垄断优势，对于货币资本所有者的存款，给予较低的投资回报，主要表现为存款人的存款利率相对较低，而银行向贷款者收取的贷款利率则相对较高。相关数据显示，2012 年，中国一年期存款利率为 3.5%，一年期贷款利率为 6.56%，存款与贷款利率之间出现的较大差额，使作为货币资本所有者的存款人利益受到较大损害，而作为存贷中间人的国有商业银行却获取了高额的存贷利率差额收益。从目前国有商业银行实际经营情况来看，存贷款差额成为其利润的主要来源。

（二）以直接融资作为表现形式的资本市场不发达

从直接融资的发展情况来看，当前中国以直接融资为表现形式的资本市场还不十分发达，主要表现在以下几个方面：

1. 资本市场规模十分有限，资本市场结构不合理，资本市场层次相对简单。从中国资本市场发展的实际情况来看，目前中国资本市场主要分为债券市场和证券市场。其中，债券市场主要有银行间债券市场和交易所债券市场这两个市场，中国目前还没有形成统一的债券交易市场。受债券交易市场不发达影响，目前通过中国债券交易市场融资所发生的融资费用相对较高，主要表现为：债券发行成本较高，如债券发行手续费支出较高；债券票面利率的确定不能反映市场真实的供求关系以及投资项目的真实投资回报率，如债券发行一、二级市场利差较大等。就证券市场而言，目前中国有上市交易的主板、中小板以及创业板市场，还有用于场外交易的三板以及产权交易市场等。受证券市场基础性制度还不完善以及投资者仍不成熟等因素影响，目前中国证券市场的股票价格还不能准确地反映上市公司的真实价格，甚至一些企业还存在欺诈上市行为。上市公司以“分红派现”方式对二级市场股东的回报相对较少，上市公司与证券市场投资者之间还没有建立起以“分红派现”为基点的利益统一的平台体系，以股票价格差异为表现形式的资本利得成为证券市场投资者获取投资收益的主要来源，导致证券二级市场股票价格的大幅波动，也使证券投资呈现一种零和游戏的博弈特征。虽然中国证券市场和债券市场经过十几年的发展，目前已经达到了相当大的规模，但中国资本市场发展结构依然存在着诸多不合理的地方，仍有待优化和改进。

2. 目前中国资本市场运行仍不十分规范。具体言之，主要表现在以下几个方面：

一是证券市场的发展偏重于融资，上市公司与投资者之间缺乏以“分红派现”为主要表现形式的共同利益交集。由于中国证券市场发展于国有企业改制这个特殊时期，为企业解困成为发展证券市场的主要目的。受此影响，证券市场成为企业单方面融资的主要场所，在一定程度上决定了货币资本所有者在证券市场的投资行为，其主要目的不在于通过被投资企业的“分红派现”来获取投资回报，而在于博取证券二级市场的价格差额。在这种证券市场发展格局下，上市公司等证券市场融资者成为最大的赢家，而拥有货币资本的证券市场投资者却不能通过证券市场的直接投资，分享被投资企业不断成长而带来的相关收益。更有甚者，在这种不规范的证券市场投融资条件下，一些上市公司甚至采取欺诈的手段来套取投资者的资金，在一定程度上预示了在直接融资模式下，如果证券市场的发展不能建立在“分红派现”的基础之上，那么货币资本所有者在证券市场的直接投资行为，对于那些采取欺诈手段募集资金的上市公司而言，并不能实现货币资本与实体经济相结合的目的，在很大程度上影响了证券市场的运行效率。从债券市场发展情况来看，目前中国债券市场发展规模明显偏小，不能很好地满足以债权为约束条件的债券市场的发展需要，也使货币资本所有者很难在债券市场与证券市场之间做出相应的投资选择，从而使债券市场与证券市场之间相对均衡的投资收益率难以真正地形成。此外，在债券发行过程中，由于对债券投资者设置的门槛限制，既使债券发行利率不能通过充分的市场竞争形成真实的利率水平，也会导致基于债券投资资格的不公平而产生相应的腐败现象。

二是从证券二级市场运行情况来看，受证券市场监管乏力以及价值投资理念相对匮乏等因素影响，证券二级市场投机氛围浓厚，上市公司的股价不能准确地反映其自身实体经济的发展水平，一些上市公司的股价被严重透支，使货币资本所有者在证券市场投资时面临着较大的投资风险，也使证券二级市场失去了准确反映上市公司价值的功效。毫无疑问，证券二级市场对于上市公司定价功能的缺失，在很大程度上影响了证券市场的运行效率，一方面使证券市场不能通过优胜劣汰的方式，实现资源的优化配置；另一方面，也使证券市场投机氛围盛行，进一步加剧了证券二级市场运行的金融风险。就债券二级市场运行情况而言，由于专门从事债券二级市场交易的机构相对缺失，债券市场的收益主要体现在由债券一级市场参与门槛限制而导致的债券一、二级市场利差收益，而债券二级市场交易并不活跃，主要体现在债券二级市场每日交易稀少等方面。债券二级市场偏少的交易量，使债券二级市场价格走势不能充分反映发债公司的真实运营情况，在一定程度上使债券二级市场的定价功能得不到有效发挥，影响了债券市场的运行效率。

总体来看，由于中国资本市场运行还存在着诸多问题，导致中国直接融资模式下的资本市场发展所产生的综合效率依然不高，主要表现在以下几个方面：一是资本市场难以发挥其对于市场资源的优化配置作用。从中国资本市场发展情况来看，由于资本市场发展初期存在的定位偏差，使中国资本市场的发展很难发挥其对于资源的优化配置作用。理论上，在一个资源优化配置效率高的资本市场，符合未来产业发展方向的公司应该在资本市场支持下得到长足发展，而那些传统的产业在资本市场中由于得不到有效的资金支持，其发展将会受到较大的影响。通过直接融资模式下资金投资方向的选择，资本市场可以很好地发挥其对于社会资源的优化配置作用。从中国资本市场发展的实际情况来看，如前所述，为企业解困成为资本市场肩负的一个重要功能，这在很大程度上限制了资本市场在资源优化配置方面发挥有效作用，使一些经营效益不高的传统产业依靠资本市场的资金支持而得以生存，也使得那些市场需求潜力大、产业发展前景好的企业，由于缺少资本市场资金关照，而得不到快速发展。就此而言，资本市场不但没有发挥其对于资源的优化配置作用，反而在一定程度上阻碍了市场经济条件下市场对于资源优化配置作用的发挥。二是由于证券市场价值投资理念的相对缺失以及缺乏资金使用的有效监管，使直接融资模式下的货币资本与实体经济之间的联系还不十分密切。在直接融资模式下，价值投资理念的相对缺失以及市场缺乏“分红派现”的硬约束，导致上市公司侵占、挪用、截留募集资金的现象较多。由于缺乏有效的上市公司资金使用监管，一些募集资金很难通过与实体经济相结合的方式，发挥其对经济发展的推动作用，在一定程度上限制了直接融资方式下货币资本直接服务于实体经济的能力。三是中国资本市场所呈现的短、平、快发展特征，在一定程度上限制了直接融资模式下货币资本与实体经济相结合的深度和广度。从中国资本市场发展情况来看，无论是证券一级市场还是二级市场，作为货币资金所有者的投资人，投资心态普遍浮躁，他们对于实体经济的投资，不是寄希望于从实体经济发展中获得相应的投资回报，而是利用资本市场的杠杆效应，采取短、平、快的方式，通过上市公司股票价格的波动，获取较高收益。在这种投机心理作用下，货币资本很难对实体经济进行长期投资，在一定程度上决定了货币资本与实体经济相结合的广度和深度都相对有限。四是受市场经济运行秩序仍不规范等因素影响，企业通过资本市场融资所付出的成本相对较大，主要表现在企业债券发行成本相对较高、上市公司股票发行成本较高等方面。

四、提高中国货币资本使用效率的相关对策

如前所述，在间接融资和直接融资模式下，目前中国货币资本使用效率依然不

高，货币资本与实体经济的结合程度依然较低，这些都在很大程度上限制了货币资本在实体经济发展中重要作用的发挥。为了充分发挥货币资本对于实体经济发展的推动作用，当前可以提高货币资本的使用效率，建立货币资本与实体经济之间的紧密联系，通过实体经济的发展，为货币资本取得较高的投资回报率创造有利的外部条件。具体言之，主要包括以下几方面内容：

1. 严格控制增量货币发行，确保货币币值的基本稳定。在信用货币经济条件下，货币币值的高低既取决于实体经济的发展情况，又取决于货币管理当局货币发行规模的高低。理论上，在一定的经济发展水平下，货币发行规模越大，货币贬值程度就越大。为了充分保护货币资本所有者的利益，当前应通过适度控制货币发行规模的方式，降低货币贬值的程度，使货币资本所有者减少币值损失，也使货币资本供给与实体经济需求之间在总量和结构上保持相对均衡。

2. 放松国内金融管制，通过资金的自由流动，发挥市场在资源配置中的基础性作用。如前所述，无论是在间接融资模式下，还是在直接融资模式下，资金的自由流动，是市场"逐利"机制发挥作用的前提条件，只有允许市场资金自由流动，才能发挥市场在资源配置中的基础性作用。具体言之，主要表现在以下几个方面：一是通过资金的自由流动，使一些投资回报率较高的项目能够得到增量资金的支持，从而使符合国民经济产业发展方向、投资回报率较高的产业得到快速发展，充分发挥资金在"逐利"机制作用下优化国民经济产业结构的作用；二是通过资金的自由流动，形成间接融资市场、直接融资市场合理的投资回报率水平，有效地改善实体经济的融资结构和期限。

3. 通过放松国内金融管制的方式，形成真正意义上的市场均衡利率，为金融产品定价提供基础性前提条件。目前中国金融市场之所以还没有实现利率的市场化定价，在很大程度上与中国前期实行的严厉金融管制措施密切相关。在严厉的金融管制条件下，资金不能实现自由流动，银行业经营的市场准入门槛较高，在很大程度上使利率不能通过资金自由流动以及金融机构充分市场自由竞争的方式，形成真正意义上的市场利率水平。而在现代市场经济条件下，真实的市场利率是间接融资模式和直接融资模式下金融产品定价的基础。为了充分发挥金融市场运行效率，更好地发挥金融市场在资源配置中的基础性作用，当前有必要放松国内金融管制，允许资金自由流动，降低银行业市场准入门槛，通过资金自由流动以及金融机构的公平自由竞争，尽早地形成真正意义上的市场均衡利率水平，为提高金融市场的运行效率创造有利条件。

4. 通过实体经济的发展，为金融市场的发展提供坚实的基础。马克思曾经在《资本论》中对潜在的货币资本有着以下论述，"为了以后的使用而积累的潜在的货币资本有以下几项：（1）银行存款；（2）公债券；（3）股票。最后，贮藏货币只是货币资本的暂时处在潜在的形式上，目的是要执行生产资本的职能。”① 根据马克思以上论述，货币资本只有进入生产领域，才能真正地实现与实体经济的有机结合，发挥推动经济发展的作用。如果货币资本仅仅停留在金融市场，追逐的是金融产品利差，那其本身并不能直接促进实体经济的发展，其实现的收益只是一种财富的再分配。从长远来看，货币资本要实现持续的投资收益，就必须与实体经济进行密切的有机结合，通过实体经济的发展，为货币资本取得投资收益创造可能条件，为金融市场的发展提供坚实的基础。理论上，在现代市场经济条件下，潜在的货币资本最后能否进入生产领域，关键取决于以下两个要素：资本市场的收益率水平和实体经济的景气度。因此，要实现货币资本与实体经济的有效结合，充分发挥货币资本的生产性职能，当前可以采取以下两方面措施：一是进一步完善和规范资本市场，使资本市场投资收益建立在实体经济发展的基础之上，而不是通过“击鼓传花”的游戏规则来鼓励投机；二是在政策上要加大对实体经济的支持力度，通过提高居民收入水平的方式来扩大消费，在传统产业保持生产与消费相对均衡的同时，通过培育新兴产业的方式，来营造新的消费热点和投资机会，为闲置资本进入生产领域创造有利条件，充分发挥资本的使用效用。

本章小结

本章对货币资本与实体经济的结合路径进行了研究。首先分析了货币资本的成因及其来源，认为就构成货币资本来源的居民储蓄存款而言，其来源主要由以下几个部分组成：一是由于生产力发展而导致的居民储蓄存款的增加；二是由于自然资源货币化而增加的居民储蓄形态；三是在居民收入不变的情况下，由于社会产品结构不合理，导致居民收入的一部分不能实现对于消费品的购买，由此形成一部分储蓄；四是出于对未来不确定的支出预期，居民在既定收入水平下通过削减既有消费水平所形成的储蓄；五是由于政府信贷投放过多，导致货币在投资和消费领域分布不均衡形成的居民储蓄；六是在开放经济条件下，外资鉴于对本币升值预期进入本币升值国形成的储蓄（这里包含外资投资收益留存部分）；七是在统一的外币结算方式下，因贸易经常性收支顺差所形成的不能实现正常购买力的储蓄。随后，本章研究了货币资本的运用问题，认为在现代市场经济条件下，货币资本的运用主要表现为两种形式：一是以银行为媒介的间接融资；二是以资本市场为媒介的直接融资。货币资本这两种运用方式都各有自身的特点，由此导致其对于经济发展所产生的作用也各不相同。最后，本文还研究了中国货币资本的具体运用情况以及提高货币资本运用效率的相关对策，认

① 马克思：《资本论》第二卷，人民出版社 2004 年版，第 385 页。

为中国货币资本的运用主要呈现以下几方面特点：一是中国货币资本的运用主要以间接融资为主；二是以直接融资作为表现形式的资本市场不发达。为了充分发挥货币资本对于实体经济发展的推动作用，当前可以提高货币资本的使用效率，建立货币资本与实体经济之间的紧密联系，通过实体经济的发展，为货币资本取得较高的投资回报率创造有利的外部条件。具体言之，主要包括以下几方面内容：（1）严格控制增量货币发行，确保货币币值的基本稳定；（2）放松国内金融管制，通过资金的自由流动，发挥市场在资源配置中的基础性作用；（3）通过放松国内金融管制的方式，形成真正意义上的市场均衡利率，为金融产品定价提供基础性前提条件；（4）通过实体经济的发展，为金融市场的发展提供坚实的基础。

第二十二章
商品流通与资本流通的路径分析及其经济影响

一、商品流通与资本流通的主要路径

（一）商品流通

1. 商品流通的主要内涵。所谓商品流通，系指一定时期以一定使用价值为表现形式的商品通过以信用货币作为表现形式的流通中介，从一种使用价值形态转换为另一种使用价值形态的过程。在商品流通过程中，商品以信用货币作为表现形式的价值量不会发生改变，而其使用价值形态却会发生改变，即通过以信用货币为中介的商品流通，商品所有者获取了另外一种形态的使用价值。因此，就不同商品所有者之间的交换关系而言，其实际上是一种等价交换关系。

2. 商品流通的主要路径：根据马克思在《资本论》中的有关论述，商品的流通路径主要表现为："W—G—W"。从商品上述流通路径分析，在商品流通过程中，商品所有者以信用货币为中介，通过商品交换，最终获取另外一种使用价值形态。商品所有者可以直接消费这种使用价值形态，由此导致商品使用价值形态的消失；也可以将其所获取的使用价值形态商品作为生产要素进入新一期社会再生产，由此产生另外一种形态的使用价值。当然，在这种商品流通条件下，商品所有者参与商品流通的根本目的不在于获取另外一种形态的使用价值，而在于实现价值增值。就此而言，商品在这种流通模式下就变成了以商品作为表现形态的资本。一般而言，作为商品所有者要获得另外一种使用价值形态的商品，直接通过以信用货币作为中介的商品交换方式就可以实现，而不必将商品通过再次投入生产加工的方式。当然，在现实的经济实践中，如果确实存在这一现象，由于其生产的产品主要用于自身消费，商品生产者的上述行为并没有改变其通过商品交换的方式，获取另外一种使用价值形态的交易本质。理论上，商品生产者对于其通过交易所获取的另外一种形态的使用价值，经过生产再加工的作用，也会产生增量价值，但其加工后的商品主要用于自身使用，而不是为了获取价值增值。因此，这种通过商品再加工的方式所改变的商品使用价值形态的行为，并没有改变商品交换的本质属性。从商品流通路径分析，商品流通主要表现为两个阶段：即商品生产者首先将其所拥有的使用价值形态商品，转化为以信用货币作为表现形式的价值，由此实现具体劳动向一般抽象劳动的转换。如果商品经过这一交换环节之后，不再实现以信用货币作为表现形式的价值向另外一种使用价值形态的转换，那么商品流通就变成了商品的信用货币化过程。其一方面导致以信用货币作为表现形式的价值超出了其自身所固有的价值形态，成为同时具有使用价值形态和价值形态的商品；另一方面由于商品交换停留在“W—G”阶段，另外一种使用价值形态的商品所有者就无法通过商品交换的方式，实现其由使用价值形态向价值形态的转换，并最终转换为另外一种使用价值形态，使另外一种使用价值形态的商品不能最终成为商品。理论上，如果出现上述这种情况，既与商品生产者自身消费倾向较低有关，也与一定时期商品供需结构失衡有关。在现实的经济实践中，为了有效地解决由于商品流通环节中断所导致的信用货币资金紧缺问题，国家会通过信用货币发行的方式，解决信用货币供给不足的问题。在增量信用货币发行的条件下，政府实际上是以购买者的身份，帮助那些由于信用货币短缺而不能实现由商品使用价值形态向价值形态转换的商品生产者，顺利地实现由商品使用价值形态向价值形态的转换。此外，在现实的经济运行过程中，政府在不发行增量信用货币的条件下，还可以通过发行国债的方式，通过以信用货币作为表现形式的价值使用权的暂时转换，帮助那些不能实现由商品使用价值形态向价值形态转换的商品所有者，实现由商品的使用价值形态向价值形态的转换。就此而言，如果一定时期社会商品流通仅仅停留在“W—G”的阶段，要顺利地实现商品流通，只有政府作为购买者的方式，使商品流通公式由“W—G—W”转化为“W—G”和“G′—W”。其中，“W—G”的流通路径，主要表示为私人商品通过交换的方式转换为货币，而“G′—W”主要表示为由政府通过增发信用货币或发行国债的方式，购买不能通过商品流通的方式将其商品转化为信用货币的那些商品所有者的商品。从商品流通公式“W—G—W”与商品流通中断条件下政府介入所导致的商品流通新公式“W—G”、“G′—W”之间的比较来看，前者主要表现为在现有的社会分工条件下，商品生产者通过以信用货币为中介的商品流通，满足彼此对于不同使用价值的需求；而在商品流通中断的条件下，商品流通所呈现的“W—G”、“G′—W”特征，实际上在很大程度上预示着这种流通模式下的商品流通目的已经发生了很大的变化。与“W—G—W”商品流通模式不同，在“W—G”、“G′—W”流通模式下，商品流通的最终目的是为了获取信用货币。在这种商品流通模式下，如果没有政府的介入（主要表现为增发信用货币或购买国债），这种流通模式是不可能得到持续的。但是，在政府通过增量信用货币供给或发行国债方式作为购买人介入商品流通的条件下，这种以信用货币作为主要流通目的的商品流通模式就可以得到持续。在这种流通模式下，政府通过信用货币不断发行的方式①，可以使以信用货币作为表现形式的经济总量达到很大的规模，但这种以信用货币作为表现形式的经济总量的扩张，是以政府作为一部分商品的最终购买者来实现的。在市场经济条件下政府不是从事商品交易的主体，其在一定程度上导致商品流通主体的错位，导致新增信用货币的不断发行，也影响了市场运行效率。由于政府没有市场经营激励和约束机制的束缚，虽然其通过发行信用货币的方式所购买的商品，可以通过再分配的方式，满足一部分市场群体的需要，但其一方面不能保证这种再分配的公正性；另一方面，由于通过增量信用货币发行方式所进行的再分配，并不是建立在生产发展的基础之上，因此这种再分配也是不可持续的。此外，在这种商品流通模式下，政府通过发行信用货币的方式就可以轻易地获得商品，由此导致政府支出的盲目扩张，导致大量的浪费和腐败现象的出现。因此，这种商品流通模式是不符合经济发展根本目的的。从现实经济运行的实际情况来看，经济货币化以及政府通过增加购买性支出对于宏观经济运行的不间断干预，在很大程度上就是这种商品流通模式的反映。

（二）资本流通

1. 资本流通的内涵。就资本流通而言，其主要表现为通过以物化的或信用货币形式的资本流通，来获取以信用货币作为表现形式的资本增值。就资本而言，根据马克思在《资本论》中关于资本分布形态的相关论述，在市场经济条件下从事经济运行的资本，既表现为以信用货币作为表现形式的货币资本形态，也表现为以设备、原材料、工具、人力、技术和管理作为表现形式的生产资本形态，同时还表现为以商品作为表现形式的商品资本形态。就资本的上述三种形态而言，生产资本与商品资本无疑都是以使用价值作为载体的，只有货币资本形态主要表现为一种价值形态。在信用货币经济条件下，只有以一定使用价值形态的商品作支撑的信用货币，才能称之为真正意义上的资本。因此，就货币资本而言，其之所以可以通过资本流通的方式，获取价值增值，不在于信用货币自身，而在于一定时期与信用货币相对应的具有一定使用

① 在这种商品流通方式下，政府通过发行国债的方式所募集的货币资金，很难通过增量税收收入的方式来偿还，最终还需要通过信用货币增发的方式来进行偿还。

价值形态的商品为信用货币的价值提供使用价值形态的支撑。换言之，信用货币只有通过购买生产要素的方式，才能转化为可以进行增值的资本。在资本流通的条件下，虽然资本最初以信用货币的形式表现出来，但是能够实现资本增值的不是这种以信用货币作为表现形式的货币资本本身，而是与这些货币资本相对应的具有一定实物或非实物形态的使用价值来为其提供支撑。就此而言，一定时期以信用货币作为表现形式的货币资本，能否通过生产过程的循环来实现增值，在很大程度上取决于社会上是否存在与这些货币资本相对应的使用价值形态的商品。从经济运行的实践来看，在增量信用货币发行不断增加、以使用价值形态表现出来的商品供给规模相对减少的条件下，货币资本往往会通过自然资源货币化的方式，来实现由信用货币作为表现形态的货币资本向以自然资源作为表现形态的商品资本的转换。

因此，所谓资本流通，是指通过以信用货币作为表现形式的货币资本向以使用价值作为支撑的生产要素进行转换①，并通过生产过程中不同生产要素的组合，生产出另外一种使用价值形态商品的流通过程。这种使用价值形态的商品较之于商品生产过程中各生产要素使用价值形态而言，具有更适合市场需求、更多使用效用的使用价值，由此决定了其相对于以信用货币作为表现形式的生产要素价值而言，具有更大的价值，确保资本通过购买、生产和销售三个环节的流通，可以获取预定的价值增值。

2. 资本流通的主要路径。就资本的流通路径而言，主要可以表示为“G—W…P…W′—G′”。根据该资本流通的主要路径，以信用货币作为表现形式的货币资本，在资本流通过程中，先后经历了三个阶段，即购买阶段、生产阶段、销售阶段。具体言之，在购买阶段，其主要表现为通过以信用货币作为表现形式的货币资本，购买进行生产所需要的生产要素；在生产阶段，主要表现为通过对这些生产要素的组合，生产出新的具有不同使用价值形态的商品；在销售阶段，主要表现为通过对这些生产要素组合所生产的商品进行销售，实现商品由使用价值形态向价值形态的转化，从而将商品资本再次转换为以信用货币作为表现形式的货币资本。特别需要指出的是，在现代金融市场十分发达的条件下，一些货币资本并不是直接地参与企业生产，而是通过参与企业投资的方式，获取价值增值，其在资本增值过程中的流通路径直接表现为：“G—G′”，其中“G′ > G”，从金融资本增值途径分析，这一路径实际上忽略了生产过程。在现代市场经济条件下，要实现真正意义上的价值增值，必须通过将生产要素直接或间接加入生产过程的方式，通过增量使用价值的创造②，实现增量的价值。从实践中来看，这些金融产业资本进入被投资企业之后，被投资企业通过将募集的资金

① 这些生产要素既可以表现为通过多次流通的商品形态，也可以表现为既有的没有经过流通的商品形态。

② 由于不同商品的使用价值在数量上无法衡量，这里所说的增量使用价值，系指相对于商品生产要素而言，在商品生产过程中通过生产要素的组合，生产出的商品使用效用比原有生产要素使用效用更高、更适合市场需求。

用于扩大生产规模以及增加新产品投资的方式，来获取更多的利润，由此使这些产业资本可以通过分红派现或股权增值的方式，来获得资本增值。① 当然，在金融市场中金融资本通过金融杠杆所获得的资本增值，在很大程度上要高于被投资企业的实际盈利水平，但其并不能否认资本增值必须通过生产过程才能实现这个最基本的事实。理论上而言，在信用货币经济条件下，任何增量价值都不可能脱离使用价值形态的支撑而凭空出现。因此，金融资本在金融市场所获取的超过被投资企业获利部分的增量价值，其实际上是一种金融财富在不同市场主体之间的再分配。换而言之，金融资本投资者只有将企业股票卖出，才能实现这种由金融杠杆作用下的增量价值，相对于股票购买者而言，金融资本投资者通过卖出股票的方式所获取的增量价值，无疑只是一种财富的再分配。就金融市场二级市场而言，金融市场二级市场投资主体之间的博弈所获取的增量价值，其实际上也只是一种价值的再分配。就此而言，资本价值增值的最终来源主要来自生产领域。

二、商品流通与资本流通的联系和区别

（一）商品流通与资本流通的联系

就商品流通与资本流通之间的联系而言，主要表现在以下两个方面：

1. 商品流通是顺利实现资本流通的前提条件。如前所述，在资本流通过程中，资本实现增值必须经过购买、生产和销售三个阶段，从资本增值所经历的三个阶段分析，购买和销售环节不能离开商品流通的支持。就购买阶段而言，货币资本所有者对初始形态生产要素和次级形态生产要素的购买，其实质上也是这些生产要素作为商品参与商品流通的过程。在这个阶段的商品流通过程中，以信用货币作为表现形式的货币资本，要顺利地实现由价值形态向以生产要素作为表现形式的使用价值形态转换，必须满足以下两方面条件：一方面要有满足货币资本需求的生产要素供给；另一方面，这些生产要素有将自身使用价值转化为价值形态的需求。只有这样，货币资本才能顺利地购买这些生产要素，并将之用于生产。就销售环节而言，作为商品资本表现形式的商品，只有通过商品流通渠道顺利地进行销售，商品资本才能最终转化为货币资本形态，从而实现资本的保值增值。由此可见，顺畅的商品流通，既是货币资本由以信用货币作为表现形式的价值形态向以生产要素作为表现形式的使用价值形态转变

---

① 理论上，在企业盈利水平提高的条件下，其自身股权的价值也会相应地增加，在资本市场中，由于金融的杠杆效应，以股票形式所表现出来的企业股权价值往往会出现成倍增加。其股权价值增加的理论机理主要表现为：股票价格 = 股息/利息。在没有股息的条件下，企业由于盈利提高所导致的净资产增加，也可以在市净率规则作用下，使企业股价出现杠杆式上涨。

的必要条件，也是货币资本由以商品作为表现形式的使用价值形态向以增量信用货币作为表现形式的价值形态转变的必要条件。

2. 资本流通在很大程度上推动了商品流通。就资本流通对于商品流通的影响而言，其主要表现在以下几个方面：

一是资本以生产环节为中介的流通方式，在一定程度上为商品流通提供了流通载体。如前所述，在现代市场经济条件下，资本要实现增值，就必须通过生产环节生产出新的使用价值形态商品的方式[①]才能实现。就此而言，货币资本以生产环节为中介所进行的不断流通的过程，也表现为新的商品生产不断进行的过程，其说明了以生产环节为中介的流通方式，为商品流通提供了有效的商品流通载体。

二是市场经济条件下资本的“逐利”特征，要求其必须根据市场需求的方式来组织生产，从而确保其生产的商品能够顺利地实现销售。在既有的社会分工条件下，如果所有的生产主体都能够按照市场需求生产相应的商品，那么一定时期生产的商品一定是满足彼此需要的商品，由此确保了商品的顺畅流通，其主要表现为商品通过以信用货币为中介的流通，满足了不同市场主体的需要。

三是市场经济条件下资本“逐利”机制所导致的货币资本的不断循环，有利于通过增加商品供给规模的方式，有力地推动商品流通规模不断扩大以及商品流通品种不断增加。在以自然分工作为基础的商品流通模式下，受人类自身消费的刚性影响以及商品生产者生产能力的限制，一定时期商品流通规模及其品种都十分有限。在市场经济条件下，资本“逐利”机制的作用会使商品生产者在保持货币资本流通连续性的条件下，扩大货币资本流通规模[②]，通过商品生产规模扩张的方式，来获取更多的价值增值。而货币资本为了获取更多价值增值所进行的商品生产规模不断扩张和商品生产种类不断增加的过程，也是商品流通规模不断扩张和流通品种不断增多的过程。

（二）商品流通与资本流通的区别

就商品流通与资本流通的区别而言，主要表现在以下两个方面：

1. 流通目的不同。具体言之，商品流通主要是为了获取商品的使用价值。

从商品使用价值形态来看，一定时期商品的使用价值形态，主要表现为生产资料形态和消费资料形态。从上述两种形态的商品流通来看，无论是生产资料形态的商品流通，还是消费资料形态的商品流通，其流通目的都是为了获取商品的使用价值。具体言之，以生产资料形态表现出来的商品流通，其使用价值主要表现在两个方面：一方面是为了获取生产资料在生产中能够创造新的使用价值形态商品的功能；另一方

---

① 根据前面关于金融资本的分析，金融资本获取价值增值的最终来源，也来自生产环节新的商品生产。

② 在市场经济条件下，货币资本所有者既可以通过自身积累的方式，扩大货币资本的流通规模，也可以通过直接融资或间接融资的方式，扩大货币资本的流通规模。

面，这些生产资料在生产过程中创造新的使用价值形态商品的同时，还具有通过新的使用价值形态实现价值增值的功能。就此而言，以生产资料作为表现形态的商品流通，其流通的目的也在于获取生产资料的上述两种使用价值形态；而以消费资料形态表现出来的商品流通，其使用价值直接表现为消费资料所具有的满足市场主体生存、发展、享乐需求的功能。从生产资料和消费资料使用价值在使用之后的表现形态来看，生产资料的使用价值在使用之后还可以通过依附于其他商品的方式表现出来；而消费资料的使用价值在使用以后就不复存在了。就此而言，生产资料的使用价值在时间上呈现一定的连续性，而消费资料的使用价值则在时间上具有明显的一次性消费特征。

2. 流通方式不同。商品流通主要表现为以商品作为表现形式的实物或非实物形态的不停循环周转。从商品流通路径来看，虽然不同商品之间的流通，需要信用货币作为流通中介，但就商品流通载体而言，其主要表现为商品。从资本流通来看，虽然资本在流通过程中必须经历生产阶段，才能顺利地实现价值增值，但就资本流通的最终目的而言，其主要是为了实现价值增值，而商品生产环节只是作为资本流通的中间环节而存在。就此而言，资本流通主要表现为以商品生产作为中间环节的信用货币流通。

三、在经济运行中正确处理商品流通与资本流通之间的关系

根据前面关于资本流通与商品流通的论述，在经济实践中正确处理商品流通与资本流通的关系，对于促进经济持续、健康发展具有重要意义，其主要表现在以下几个方面：

（一）将使用价值形态的产品生产作为资本流通的基础

根据前面关于资本流通的论述，在现代市场经济条件下，资本并不会凭空出现价值增值。理论上，只有货币资本直接转化为一定的生产要素，并通过生产要素的组合，生产出具有新的使用价值形态的商品，并对之进行顺利销售后，才能实现资本的价值增值，由此完成资本流通的一个循环。就此而言，以价值增值作为目的的资本流通，只有通过生产环节，才能最终实现资本流通的目的。就不经过生产环节所进行的资本流通而言，其所实现的增量价值，只是一种财富的再分配，其自身并没有创造一个增量价值的原子。在现实的经济实践中，将使用价值形态的产品生产作为资本流通的基础，可以采取以下措施：

1. 通过生产要素与货币资本相结合的方式，促进社会生产的不断发展。根据资本流通的路径分析，为了有效实现资本的价值增值，以信用货币作为表现形式的货币资本必须通过与生产要素相交换的方式，为商品生产做必要的准备。因此，增量的生

产要素供给是资本实现增值的前提条件。为了有效促进生产要素与货币资本的有机结合，在经济实践中，一方面要培育充沛的生产要素；另一方面，还要通过生产要素市场的建立，为生产要素与货币资本的有效结合，创造有利条件。

2. 通过适应于市场需求的有效的商品生产，使货币资本增值与经济发展目标保持相对一致。在货币资本转换为生产要素之后，还必须通过科学的产品定位，使这些生产要素在生产过程中通过组合所生产的产品，以适合市场需求，从而为实现商品资本向货币资本的转变提供前提条件。此外，在产品生产过程中，还必须通过严格的生产管理的方式，降低产品生产成本，为实现货币资本的价值增值提供前提条件。资本所有者按照需求组织生产以及在生产过程中严格控制成本，可以达到资本增值的目的，也使商品生产满足了市场需求，从而确保了资本增值行为与经济发展目的的相对一致。

3. 通过有效的营销方式，加速商品周转，为实现更多的资本增值创造有利条件。在资本流通模式下，由于资本所有者对其生产的产品，必须通过商品资本向货币资本顺利转化的方式，才能最终实现资本增值。因此，为了顺利地实现商品资本向货币资本的转化，资本所有者除了按市场需要组织生产之外，对于其生产出来的商品，还必须通过有效的营销方式，尽快地实现商品资本向货币资本的转换。作为卖方市场的商品营销行为，无疑在很大程度上有利于提高消费者的消费效用。此外，从资本流通的外部保障机制来看，为了加速商品资本向货币资本的转化速度，完善的商品市场体系建设非常必要。

（二）保持适度的信用货币供应量

如前所述，在商品流通的条件下，如果通过信用货币增量供给的方式，确保商品流通的顺畅，一方面会导致以商品作为表现形式的使用价值总量与以信用货币作为表现形式的价值总量的脱节；另一方面，也会使商品生产偏离于经济发展的最终目的，使经济发展呈现商品货币化的发展趋势。在过多的信用货币供给影响下，实体经济领域中的商品价格投机行为以及虚拟经济领域中的虚拟产品价格投机行为，都会大行其道，最终不利于保持经济运行的持续、健康发展。因此，要使使用价值形态的产品生产作为资本流通的基础，就必须保持适度的货币供应量，使商品的使用价值总量与价值总量保持相对一致。

（三）通过有效的商品流通为资本流通创造有利条件

理论上，一定时期商品流通要保持顺畅，就必须具备以下前提条件：

1. 商品适合市场需求。在市场经济条件下，商品的使用价值只有适合市场的需求，才能顺利地实现由商品的使用价值形式向以信用货币作为表现形式的价值形式转换。

2. 市场主体有一定的购买能力。在市场经济条件下，决定市场主体购买能力的因素，主要表现为商品的价格水平以及市场主体的收入水平两个方面。商品的价格水平主要取决于商品的生产成本以及市场需求，而市场主体的收入水平主要取决于一定时期国民收入初始分配政策以及再分配政策。就前者而言，要实现降低商品生产成本、提高商品市场需求的目的，就必须通过科学地组织生产、按照市场需求生产产品的方式，向市场提供价廉物美的商品；就后者而言，要提高市场主体的购买能力，就必须通过科学的国民收入初次分配政策和再分配政策来实现。具体言之，其主要表现在以下几个方面：

（1）通过制定最低工资保障法的方式，在确保劳动力持续再生产的同时，提高社会购买力水平。

（2）通过财政再分配的方式，健全社会保障制度，提高居民的消费能力。理论上，在货币资本将通过生产领域的生产活动作为其获取价值增值的主要方式时，将在一定程度上有利于保持经济增长过程中投资与消费的均衡发展。如前所述，在通过产品生产环节进行的资本流通方式下，其生产的产品只有顺利地实现销售，资本所有者才能最终实现价值增值。而就其生产的产品类别而言，其中有一部分为消费资料，为了保证消费资料实现顺畅地销售，就必须正确地处理投资与消费的关系，使一定时期社会投资增长的同时，以消费资料作为表现形式的使用价值形态与以居民货币收入作为表现形式的价值形态保持相对匹配，从而使消费资料顺利地实现销售，最终为资本增值创造有利条件。理论上，市场经济条件下“逐利”机制的作用，会使从事生产资料生产的资本获利机会较少，而从事消费资料生产的资本获利机会较大。归其原因，主要与从事生产资料生产的市场主体以生产为媒介追求资本价值增值的生产目的有关[①]，导致生产资料买卖双方在交易价格上的博弈程度相对激烈。当然，对于技术垄断型的生产资料生产而言，其仍然可以获得较高的资本收益，由于这不属于本文的研究范围，这里不再详述。而消费资料的生产和销售，其主要表现为消费资料生产者追求资本增值与消费者追求消费资料使用价值形态的买卖过程。就此而言，相对于从事生产资料生产的资本而言，消费资料的生产可以获得较高的资本收益，在一定程度上使一定时期消费资料的生产成为资本所有者获取增量价值的必然途径。由于一定时期消费资料的需求主要通过居民工资性收入体现出来，在商品生产过程中，为了使消费品能够顺利销售，实现消费品与投资品的供给总量和需求总量的基本均衡，在利用市场机制自动调节投资与消费关系的同时，还必须通过财政再分配的方式，健全社会保障制度，通过对一些没有生产能力的居民进行收入补助的方式，提高居民的消费能

① 就生产资料买方而言，其主要侧重于生产资料的使用价值，但是其最终目的还在于通过购买的生产资料在生产过程中的使用，来获取资本增值。

力，充分发挥消费对于经济发展的拉动作用。

本章小结

本章研究了信用货币经济条件下的商品流通问题。文章在分析商品流通与资本流通主要路径的基础上，重点研究了在经济运行中正确处理商品流通与资本流通之间的关系，认为在经济实践中正确处理商品流通与资本流通的关系，对于促进经济持续、健康发展，具有重要的意义，主要表现在以下几个方面：

1. 将使用价值形态的产品生产作为资本流通的基础。在现实的经济实践中，要将使用价值形态的产品生产作为资本流通的基础，可以采取以下措施：（1）通过生产要素与货币资本相结合的方式，促进社会生产的不断发展。根据资本流通的路径分析，为了有效实现资本的价值增值，以信用货币作为表现形式的货币资本必须通过与生产要素交换的方式，为商品生产做必要的准备。（2）通过适应于市场需求的有效的商品生产，使货币资本增值与经济发展目标保持相对一致。（3）在货币资本转换为生产要素之后，还必须通过科学的产品定位，使这些生产要素在生产过程中通过组合所生产的产品，以适合市场需求，为实现商品资本向货币资本的转变提供前提条件。

2. 保持适度的信用货币供应量。

3. 通过有效的商品流通为资本流通创造有利条件。一定时期商品流通要保持顺畅，就必须具备以下前提条件：（1）商品适合市场需求；（2）市场主体有一定的购买能力。在市场经济条件下，决定市场主体购买能力的因素，主要表现为商品的价格水平以及市场主体的收入水平两个方面。商品的价格水平主要取决于商品的生产成本以及市场需求，而市场主体的收入水平主要取决于一定时期国民收入初次分配政策以及再分配政策。就前者而言，要实现降低商品生产成本、提高商品市场需求的目的，就必须通过科学地组织生产、按照市场需求生产产品的方式，向市场提供价廉物美的商品；就后者而言，要提高市场主体的购买能力，就必须通过科学的国民收入初次分配政策和再分配政策来实现。具体言之，其主要表现在以下几个方面：一是通过制定最低工资保障法的方式，在确保劳动力持续再生产的同时，提高社会购买力水平。二是通过财政再分配的方式，健全社会保障制度，提高居民的消费能力。

第二十三章
中国货币资本与居民所拥有的金融资产之间的关系研究

一、关于资本的本质属性

对于什么是资本，不同经济学观点以及不同经济领域都会给出不同的答案。具体言之，主要包括以下几个方面的论点：

1. 在西方经济学理论中，西方经济学将生产投入归结为三个组成部分即劳务、土地和资本，其中资本是指生产出来的生产要素，是耐用品。

2. 马克思主义政治经济学认为，资本是一种可以带来剩余价值的价值，它在资本主义生产关系中是一个特定的政治经济范畴，体现了资本家对工人的剥削关系。就此而言，资本并不完全是一个物化的或货币化的存量概念，而是体现了一定社会的生产关系。

3. 在宏观经济存量核算时，资本泛指一切投入再生产过程的有形资本、无形资本、金融资本和人力资本。

4. 从企业会计学角度分析，资本是指所有者投入生产经营，能产生效益的资金。其可以用公式做以下表述：资产 = 资本 + 其他积累 + 负债。

5. 商业银行的资本通常指会计资本，也就是账面资本，它等于金融机构合并资产负债表中资产减去负债后的所有者权益。资本在商业银行中的作用主要表现在以下几个方面：一是为商业银行提供融资；二是吸收和消化损失；三是限制商业银行过度业务扩张和风险承担；四是维持市场信心；五是为商业银行风险管理提供依据。

总体来看，根据上述对于资本属性的不同论述，无论是西方经济学还是马克思主义政治经济学，无论是宏观经济核算还是微观会计核算以及金融行业核算，资本主要是指归属于投资人所有的、那些能够作为生产要素进入生产活动（主要是指产业资本）或其他活动（主要是指金融资本），并且在经济活动中发挥主导作用，以营利为目的，并且能够产生增量收益的那些生产要素的组合要素。根据笔者对于资本本质属性的描述，在现代市场经济条件下，资本的本质属性主要呈现出以下几方面的特征：

一是资本主要表现为生产要素或者最终需要转化为生产要素的物化形态。在经济货币化条件下，虽然资本更多地以货币形式表现出来，但资本所有人只有将资本转化为物化的生产要素形态，才能开展相应的经济活动，并通过经济活动的开展取得一定的收益。

二是资本所有人所掌握的资本在经济活动中处于主导地位，主要表现为资本所有人主要是经济活动的发起者，其所掌握的资本在经济活动中处于主导地位，这种主导地位既表现为资本所有者拥有较多的货币资本形态资金①，也表现为资本所有人所掌握的货币资本转化为其他物化形态生产要素在经济活动中处于主导地位。在经济活动中主要表现为进行经济活动所必需的条件主要由资本所有者提供，这些生产条件主要表现为厂房、生产设备、生产工具以及必要的购买材料及劳动力的流动资金准备等。

三是资本参与经济活动的目的主要是为了营利，“逐利”是资本所有者参与经济活动的主要目的。理论上，在现代市场经济条件下，每一个个体都拥有一定的物化或非物化形态的财富，其实劳动力自身也是一种物化的财富。当这些财富拥有者将其所拥有的财富用于满足自身再生产或非营利性经济活动时，这些财富并不能称之为资本。例如，劳动者为生存而出卖劳动力、居民以其资产以旧换新、富人所进行的公益性投资等，都不能称为资本。此外，一些财富拥有者参与经济活动虽然也是以“逐利”为目的，但是其在经济活动中并不处于主导地位，因此这些财富也不能称为资本。例如，居民的银行存款，虽然居民将资金存入银行主要是为了获取利息，但居民却不能主导其存款利息的来源——贷款活动，即银行存款人不能在银行贷款中发挥主导作用。

四是资本所有人为了获取资本的增值，其所参与的经济活动既包括生产性活动，也包括其他经济活动。从社会资本增值的最终来源分析，这种不同经济活动所产生的资本增值，既表现为来自生产活动的直接价值创造，也表现为来自生产活动的间接价值创造。还有的资本增值，并没有产生任何新增的价值，而是来自社会不同居民所拥有的财富再分配，这种资本增值行为其实质上是一种投机活动，只会产生较强的国民收入再分配效应。

二、决定货币资本增值空间的相关因素

在信用货币经济条件下，货币资本通过参与生产过程所获取的资本增值空间，是

① 在经济货币化条件下，这种货币资金更多地表现为各生产要素的货币化表现形式。

受诸多条件约束的，主要表现在以下几个方面：

（一）社会上可以货币化的生产要素的丰富程度

如前所述，货币资本作为一种资本形态，只有物化为资源、技术、劳动和管理等生产要素形态，才能通过这些生产要素在生产过程中的组合，生产出新的具有增量价值形态的商品，并最终实现价值增值的目的。就此而言，在信用货币条件下，货币资本能否获得资本增值，在很大程度上取决于资源、技术、劳动和管理等生产要素供应的充沛程度。如果上述生产要素出现短缺，那么货币资本就无法通过对上述生产要素货币化的方式，将之物化为生产资本，并通过这些生产要素的组合在生产过程中生产出增量价值。当然，在价格机制作用下，这些短缺的生产要素会通过价格上涨的方式来实现其供给与需求在总量和结构上的平衡，这在一定程度上会使单位货币资本可以物化的生产要素相对减少。如果由这些生产要素组合所生产的商品价格不能出现相应的上涨，那么其在一定程度上会减少货币资本的价值增值空间。

（二）货币资本与不同生产要素的结合方式

货币资本与不同生产要素的结合方式，对货币资本的增值空间会产生较大影响。具体言之，当货币资本物化的生产要素主要表现为技术、管理等能够在生产过程中带来较大增量价值的生产要素时，其所实现的价值增值空间就相对较大；反之，在生产要素价格相对合理的条件下，如果货币资本所物化的生产要素主要表现为价值增值程度较小的自然资源以及简单劳动，那么其所实现的价值增值空间就相对较小。

（三）一定时期社会生产力发展水平和经济发展水平

当一定时期社会生产力发展水平较高并且经济发展水平较高时，货币资本物化的生产要素在生产过程中就会产生较高的生产效率，由此使货币资本可以获得较大的价值增值空间。而在一个经济发展水平较高的社会，市场体系的相对完善以及经济运行效率的提高，都可以在很大程度提高货币资本的周转速度和质量，从而有利于货币资本实现更多的价值增值。

（四）货币资本所有者经营策略与经营水平的高低

从微观层次分析，在相同的生产力发展水平以及宏观经济环境下，不同企业之间的经营业绩呈现出很大差异，其在很大程度上与企业所处的行业差异以及企业之间经营管理水平的差异密切相关。一般而言，那些处于朝阳行业的企业以及经营管理水平较高的企业，其经营业绩相对较好。因此，对于货币资本所有者而言，其在生产要素物化过程中如何选择不同生产要素的配置比例，如何将物化的生产要素投入到营利水平较高的行业生产，如何通过有效的管理，使这些生产要素在生产过程中发挥最大的生产效率，这些都在很大程度上取决于货币资本所有者的经营策略与经营水平。经营策略与经营水平较高的货币资本所有者，可以获取较大的资本增值空间；反之，则只能获取较小的资本增值空间。在现代市场经济条件下，随着资本所有权与使用权的有效分离，货币资本的所有者并不直接经营货币资本，而是将之委托给经营者进行管理。在此背景下，货币资本能否取得较大的价值增值空间，主要取决于货币资本经营管理者的经营策略与经营水平。

三、货币资本与生产资本、商品资本的区别及联系

马克思在《资本论》中按照产业资本在经济活动中所处的环节，将产业资本划分为三种形态，主要表现为货币资本形态、生产资本形态以及商品资本形态。上述三种资本形态之间既有区别，也有联系。

（一）货币资本与生产资本的区别及联系

1. 货币资本与生产资本之间的区别。

第一，形态上存在区别。货币资本主要表现为货币形态，这种货币形态又分为现金和银行存款形态。而生产资本主要表现为进入生产领域的物化资本形态，主要表现为厂房、生产设备、生产工具、原材料及半成品，以及已经通过货币资本购买的劳动、技术及管理等活劳动形态的生产要素。

第二，资本增值环节上存在区别。从生产环节来看，货币资本主要分布于生产的起始环节，其主要是为购买资源[①]、劳动、技术和管理等生产要素做准备，就此而言，货币资本实际上是为进入生产领域做准备，但尚未进入生产领域的那部分资本形态。而生产资本主要是指已经进入生产领域，正在通过各生产要素的相互组合生产相应产品的那部分物化形态的资本，其主要分布于生产领域，是正在执行生产职能的资本。

第三，流动性存在着区别。所谓资本的流动性，是指资本能够迅速转化为现金或银行存款的能力。[②] 就货币资本而言，其本身就处于一种现金和银行存款的状态，因此货币资本是一种具有百分之百流动性的资本。从生产资本来看，如前所述，其主要表现为厂房、生产设备、生产工具、原材料及半成品，以及已经通过货币资本购买的劳动、技术及管理等活劳动形态的生产要素，在这些生产资本中，有些是可以变现的，主要表现为具有完整使用价值形态的物化产品；有些却是不能变现的，主要表现为通过

① 这种资源既包括没有经过加工的自然资源，也包括经过加工与劳动、技术及管理等生产要素相结合的生产设备、生产工具、原材料以及厂房等。

② 这里所说的银行存款是指信用较好的银行存款，不存在由于银行破产而导致银行存款不能支取的可能。

生产要素组合所产生的物理或化学变化而出现的没有使用价值的物化产品。对于可变现的物化产品，其实现由物化产品形态向货币价值形态的转变，需要一个过程，这在一定程度上决定了这部分生产资本的流动性存在着较强的时滞效应；而对于工序尚未完成、没有使用价值的其他物化形态产品而言，其不可能实现由物化形态向货币价值形态的转变，这在一定程度上说明这部分物化形态的生产资本根本就没有任何流动性可言。因此，就流动性而言，货币资本的流动性远远高于生产资本的流动性。

2. 货币资本与生产资本之间的联系。

第一，货币资本获取价值增值，需要通过向生产资本转化的方式，才能实现。在经济实践中，其主要表现为直接投资和间接投资两种方式。

在以直接投资为表现形式的转化方式下，货币资本只有通过购买相应的资源、技术、管理及劳动等生产要素，由此实现货币资本向生产资本的转化，通过这些生产要素在生产过程中的组合，生产出具有更多价值量的商品，并对这些商品顺利进行销售以后，才能获取货币资本的价值增值。如果货币资本不实现向生产资本的转化，其获得的价值增值仅仅表现为国民收入的再分配，从社会总价值角度考虑，社会总价值并没有出现一分钱的价值增值。

就间接融资方式下货币资本向生产资本的转换路径而言，由于其不是通过直接购买资源、劳动、技术和管理等生产要素的方式，实现由货币资本向生产资本转换的，而是通过借贷的方式，间接地实现由货币资本形态向生产资本形态的转换。理论上，如果借贷资本不通过间接的方式向生产资本转换，其所获取的利息收入就是一种国民收入的再分配，不会增加一分钱的社会价值总量。就此而言，借贷资本所获取的借款利息收入，也来自生产资本领域各生产要素组合所产生的价值增值。

第二，生产资本所获取的价值增值最终需要通过货币资本表现出来。生产资本作为价值增值的一个重要环节，其通过各生产要素组合生产出增量价值的商品，只有这些商品在顺利实现销售并再次转化为货币资本之后，通过生产资本所产生的价值增值最终才能得以实现。当然，这种货币形态的资本如果不用于“追求”价值增值的生产领域，而是用于消费，并不能称之为资本，而只是一种货币形态的资金，在货币形态上与货币资本基本相似。因此，不管未来货币资本使用方向发生什么变化，其仍然是生产资本所产生的价值增值的最终表现形式。

（二）货币资本与商品资本的区别及联系

1. 货币资本与商品资本的区别。

第一，形态上存在着区别。货币资本在形态上主要表现为现金或银行存款等货币形态；而商品资本主要表现为通过各生产要素在生产过程中的组合生产出具有增量价值的商品形态。相对于停留在生产领域的半成品而言，这些商品具有完全的使用价值，可以通过销售的方式，实现增量价值。

第二，资本增值环节上存在着区别。从生产环节来看，货币资本主要分布于生产的起始环节，为购买资源①、劳动、技术和管理等生产要素做货币准备。而商品资本主要是指经过生产要素在生产过程中组合所生产的具有增量价值的商品，其所处的环节是资本增值的最后一个环节。商品资本只要通过销售环节，将商品资本再次转换为货币资本形态，就可以顺利地实现资本形态的转变以及资本增值。

第三，流动性存在着区别。就货币资本而言，根据前面关于流动性的相关表述，如果不考虑银行存款所面临的银行信用风险，那么以现金和银行存款作为表现形式的货币资本，具有百分之百的流动性。从商品资本来看，虽然其是实现资本增值的最后一个环节，但商品资本要实现由使用价值形态的商品向价值形态的货币转换，还必须经过销售环节，即商品资本形态的商品只有经过顺利销售，才能转换为具有完全流动性的货币。由于商品资本由使用价值形态的商品向价值形态的货币转换需要一个过程，并且其转换价格仍然存在着较大的变数。因此，相对于货币资本所拥有的百分之百流动性而言，商品资本的流动性相对较差。

2. 货币资本与商品资本之间的联系。

第一，商品资本是货币资本获取价值增值的重要环节之一。理论上，无论是直接形态的货币资本还是间接形态的货币资本，要实现真正意义上的价值增值，就必须通过进入生产过程、生产相应具有使用价值形态产品的方式，才能实现真正意义上的价值增值。而商品资本是货币资本进入生产过程之后，通过生产要素在生产过程中的组合生产出增量价值的资本表现形式，其既是货币资本进入生产过程、通过诸多生产要素相互作用的必然结果，也是货币资本最终实现价值增值的必要环节。在货币资本向生产资本转换之后，如果不能通过生产过程中各生产要素的组合，生产出具有不同使用价值形态的商品，货币资本就不能通过增量价值形态商品的出售，来实现资本的价值增值。就此而言，商品资本是货币资本实现价值增值所必需的重要环节。

第二，停留在商品资本形态所包含的价值增值最终需要通过货币资本表现出来。如前所述，商品资本主要处于资本价值增值的最后一个环节，在形态上主要表现为生产过程中通过各种生产要素的组合所生产出来的具有新的使用价值和增量价值的商品形态，这种商品形态只有通过销售环节以后，才能实现由使用价值形态的商品向价值形态的货币转换，从而达到资本增值的最终目的。由此可见，停留在商品资本形态所包含的价值增值，只有通过商品资本形态向货币资本形态的转化，才能最终实现价值增值。

① 这种资源既包括没有经过加工的自然资源，也包括经过加工与劳动、技术及管理等生产要素相结合生产的生产设备、生产工具、原材料以及厂房等。

四、货币资本与货币资金的区别与联系

1. 货币资本与货币资金之间的区别。

如前所述，货币资本虽然主要表现为现金和银行存款等货币资金形态，但其最终是为了购买自然资源、劳动、技术和管理等生产要素，通过不同生产要素在生产过程中的组合，生产出不同使用价值形态的商品，并实现价值增值。而货币资金则是一种没有规定明确用途的资金，当其为了实现价值增值，参与生产过程并且在生产中发挥主导作用时，其就变成货币资本；当其用于消费时，就变成了一般的消费资金；当其以现金或银行存款的形态存在时，其主要表现为一般形态的货币资金。理论上，银行存款通过银行贷款的方式，也可以成为间接的资本形态，但就货币资金形态的银行存款而言，其只是货币资金的一种存在方式，对于存款人而言，它并不能成为货币资本。

2. 货币资本与货币资金之间的联系。

货币资本与货币资金之间可以相互转化。货币资金作为货币资本的表现形态，其与货币资本的区别主要在于使用方向上的不同。如果改变货币资金及货币资本的使用方向，那么货币资金与货币资本之间是可以相互转换的。具体言之，当货币资金用于生产并且在生产中发挥主导作用时，其就成为货币资本；当货币资本不以“追逐”价值增值为目的，不通过购买自然资源、劳动、技术及管理等生产要素，参与生产过程并发挥主导作用时，货币资本就变成货币资金。理论上，货币资本与货币资金之间这种相互转换关系，是受到诸多外部条件约束的。具体言之，主要表现在以下几个方面：

第一，货币资本向货币资金转换所需要的条件及其经济影响。总体来看，货币资本向货币资金的转换，需要以下条件：一是与货币资本相对应的生产要素具有较强的可塑性①，不会由于货币资本向货币资金的转换，而导致生产要素使用价值形态的丧失或者造成社会价值和使用价值在总量及结构上的进一步失调。从生产环节来看，越接近生产环节上游的生产要素，其生产的可塑性就越强，如自然资源等。而越接近中下游生产环节的生产要素，其生产的可塑性就越弱，如生产设备、生产工具、原材料等。二是需要充分的满足货币资本所有人消费的产品供给。在货币资本向货币资金转换过程中，其转换路径主要表现在以下两个方面：一是通过停留在货币资金形态的方式实现货币资本向货币资金的转换。在这种转换模式下，如果货币资金更多地以银行存款的形态表现出来，其实际上并没有形成真正意义上的货币资本转换，因为与货币

① 所谓生产要素的可塑性，是指其使用价值形态可以经过长时期的保存而不会发生较大的变化如自然资源形态的生产要素等；或者是指生产要素的使用价值在使用上具有较大的可选择余地，如劳动、技术、管理形态的生产要素等。

资金相对应的银行存款往往以银行贷款的方式，间接地作为货币资本，参与到社会生产中去。如果货币资金以现金形式存在，其仅仅表现为一种价值形态。在货币资金没有使用之前，其对于市场消费品的需求不会产生影响。二是通过运用货币资金购买消费品的方式，实现货币资本向货币资金的转变。为了使由货币资本转换而来的货币资金能够购买充足的消费品，就需要在经济运行中存在着足够的能够满足由货币资本转换而来的货币资金所有者所需要的消费品。

就货币资本向货币资金转换的经济影响而言，其实际上是一种由前期的“重积累、轻消费”向“轻积累、重消费”的转变。为了满足货币资本向货币资金转换所形成的巨大消费需求，就需要扩大消费品的供给，扩大生产消费品的部门的生产能力，扩大为消费品生产提供生产资料支持的相关部门的生产能力。

第二，货币资金向货币资本转化所需要的条件及其经济影响。理论上，货币资金向货币资本的转化，要求经济运行中存在较多的可以通过货币资本物化的生产要素供给；同时，为了避免国民经济产业结构不会由于货币资金使用方向的改变而导致严重的失调，就要求以前与货币资金相对应的消费品供给，在总量和结构上具有较大的可塑性，这种可塑性主要表现在以下两个方面：

一是消费品的使用价值具有较长的可持续性，不会由于货币资金使用方向的转变而使其使用价值不能长期保存。在经济实践中，这种消费品主要表现为耐用消费品。

二是消费品自身的使用价值具有较强的可塑性，其既可以作为消费品，也可以作为生产要素。在货币资金向货币资本转换的条件下，这些可塑性较强的消费品可以通过用途的改变，来满足货币资本对于生产要素的新增需求，从而使社会总需求与总供给在总量和结构上保持相对均衡。就货币资金向货币资本转换的经济影响而言，货币资金向货币资本转换的过程，实际上也是社会经济运行由“重消费、轻积累”向“轻消费、重积累”演变的过程，一方面要求扩大生产资料部门的生产能力，满足积累增加所扩大的生产资料需求；另一方面，要求缩小消费资料部门的生产规模，使消费资料的供给与需求保持相对均衡。

五、中国居民储蓄存款与货币资本

（一）中国居民储蓄不能直接向货币资本转换的主要原因

改革开放以后，中国居民储蓄规模呈现日益增加的发展趋势，目前中国居民储蓄已达到40万亿元人民币[①]。根据前述的货币资本与货币资金的关系，虽然中国居民

① 中国人民银行网站公开的2012年10月份数据。

储蓄存款规模巨大，但这部分规模巨大的居民储蓄却很难直接转化为货币资本。归其原因，主要与以下因素密切相关：

1. 存款利率低，存贷差较大。理论上，虽然居民储蓄也是以追求资本增值为主要目的，但从居民储蓄利息收入水平及其来源分析，居民存款利率较低，而且居民作为存款人并不能对于其存款资金的贷款对象及用途做出具体规定，决定了居民不能通过将其存款直接投入生产领域转化为货币资本的方式，获取较高的投资收益。从实践中来看，居民储蓄向货币资本的转化主要通过银行贷款的方式来间接实现，主要表现为银行作为中间人，将居民储蓄的资金贷给借款人，以此实现储蓄存款向货币资本的转化。在此转化过程中，银行获取较高的贷款利息收入，其主要来源于由居民储蓄转化的货币资本在生产中实现的价值增值。对于借款人而言，贷款利息既是其通过借款方式获取货币资本所付出的必要成本，也是借款人通过借款方式将居民储蓄转化为货币资本预期实现投资收益的最低底线。就居民存款利息而言，虽然借款人通过银行贷款方式所获取的货币资本主要来自居民储蓄存款，但居民在其储蓄存款通过银行贷款向货币资本转化过程中，只能获取较少的存款利息。就此而言，中国目前存在的居民存款利率较低以及存贷差较大的现象，使居民储蓄存款很难体现货币资本的属性。

2. 银行业经营垄断。在目前中国金融市场中，银行业经营处于垄断地位，由此决定了银行业对于居民储蓄存款一般只给予较低的存款利率，居民对于其储蓄存款由于可选择的存款银行相对较少，而不能实现存款利率的最大化。从经济实践来看，由于缺乏有效的市场竞争，银行凭借其垄断地位，在居民储蓄存款向货币资本转化所形成的收益中占据较多的份额。虽然货币资本真正来源于居民的储蓄存款①，但由于银行业的垄断经营，使拥有储蓄存款的居民不能在其储蓄存款向货币资本转换过程中处于主导地位，导致居民储蓄存款利率较低，也使居民无法将其储蓄存款通过委托其他投资水平较高的金融机构直接投资的方式，来获取较高的投资收益。

3. 金融市场没有形成利率的真正市场化。理论上，如果金融市场的资金利率不能实行市场化定价，居民储蓄存款与贷款的真实利率水平就无法在市场基准利率的基础上，通过存款、贷款双方的供求关系来确定，这在很大程度上会导致居民储蓄存款、贷款利率不能反映真实的资金收益率水平，影响了居民存款的收益率，也在很大程度上使实体经济与虚拟经济之间难以形成相对均衡的投资收益率。

4. 金融管制措施相对较严，货币资金不能实现自由流动。目前由于中国金融管制措施较严，银行业经营存在着严格的市场准入门槛，使一部分社会资金很难通过自由从事银行业经营的方式，打破银行业经营的垄断局面，也很难通过市场的自由竞争，形成真正市场化的银行存款利率和贷款利率；同时，由于存在金融行业特许经营

① 这里暂不考虑机构存款作为银行贷款来源这个因素。

的限制，货币资金不能通过自由流动的方式，实现向收益率较高部门的自由流动。在经济实践中，其主要表现为中国金融管制措施依然较严，民间自由集资的行为还被冠以“非法”的称谓，这些都在很大程度限制了资金的自由流动，使金融市场的资金收益率无法通过资金的自由流动，实现真正意义上的市场化。

（二）中国居民储蓄不能直接向货币资本转化的经济影响

由于中国居民储蓄还不能直接向货币资本转化，对中国经济运行形成了诸多负面影响，这主要表现在以下几个方面：

1. 居民财产性收入水平相对较低，居民收入不能随着经济的增长而增长。由于居民储蓄存款在向货币资本转换过程中不是处于主导地位，从而使居民以储蓄存款利息收入作为表现形式的财产性收入，相对较低。这部分储蓄存款利息收入，并不能很好地反映居民储蓄存款向货币资本转换之后所形成的实际投资收益率水平，导致居民以储蓄存款利息作为表现形式的财产性收入相对偏低，也使居民财产性收入不能很好地随着经济的增长而增长，在一定程度上影响了居民的消费水平，使消费不能很好地发挥对于经济增长的拉动作用。

2. 货币资金向货币资本的转化效应较低。目前中国银行业在将居民储蓄存款资金向货币资本转化过程中，还存在诸多问题，由此导致货币资金向货币资本的转化效应较低。具体言之，主要表现在以下几个方面：

（1）国有银行市场化经营程度不高影响了货币资本的运行效率。如前所述，目前中国国有银行市场化经营程度依然不高，对货币资本的运行效率形成了较多不利影响，主要表现在以下两个方面：一是贷款程序较复杂，影响了货币资金向货币资本的转化时效。目前在中国国有银行业经营过程中，还存在着贷款程序比较繁杂的现象，一般贷款项目的申请需要经过较长时间的项目论证，增加了借款人的成本，也影响了银行储蓄存款资金向货币资本转化的时效，使实体经济的发展缺乏有效的货币资本支持。二是贷款投向不能完全满足新兴产业的资金发展需求。在目前中国银行业贷款项目审核中，对于投资收益率较高、风险较高的项目，银行一般不愿意给予贷款资金支持。这些投资收益率较高、风险较高的项目，多数分布于新兴产业，而银行业在贷款方面对于新兴产业的限制，在很大程度上制约了新兴产业的发展。

（2）金融管制较严，在很大程度上抑制了货币资金向经营效率较高的货币资本的流动。由于中国金融管制较为严格，货币资金不能根据市场经济条件下的“逐利”法则，实现由投资收益率较低的项目向投资收益率较高的项目自由流动，导致一些经济效益较高的项目还不能通过公开募集资金的方式，快速取得货币资本的支持，从而在市场“逐利”机制作用下，充分发挥市场在资源配置中的基础性作用。目前中国对于公开募集资金所进行的严格法律限制，在很大程度上为货币资金的自由流动设置了障碍，使货币资金不能通过自由流动的方式，快速实现由货币资金形态向经济效率较高的货币资本形态的转变，在很大程度上限制了经营效率较高的朝阳产业的发展，不利于实现国民经济产业结构的优化升级。

（3）利率市场化机制没有形成，使货币资金很难通过市场机制的作用形成经营效率较高的货币资本。理论上，在利率市场化机制引导下，根据收益与风险相对匹配的原则，一些收益较高的新兴行业可以获得较多的资金支持，从而使这些行业得到快速发展，进而充分发挥市场在资源配置中的基础性作用。中国金融市场利率仍然没有实现市场化，居民储蓄存款和银行贷款利率在很大程度上还是执行计划利率，一方面不能准确地反映金融市场资金的供求关系；另一方面，也不能准确地反映实体经济真实的资金收益率水平。在金融市场利率不能有效地实现市场化的条件下，居民储蓄存款就不能根据风险和收益相对匹配的原则，在控制风险的前提下使居民储蓄存款获取较高的存款利息收入。而银行贷款也不能根据风险和收益相对匹配的原则，对于一些高风险的贷款项目，根据市场化的利率形成机制，确定较高的贷款利率，一方面为这些高风险项目的发展提供资金支持；另一方面，通过实行较高贷款利率的方式，使这些高风险项目的发展建立在高投资回报率的基础之上。通过贷款利率对于投资项目风险和收益所做出的准确市场反应，充分发挥市场在资源配置中的基础性作用，实现资源的优化配置和国民经济产业结构的优化升级。

六、中国居民股票资产与货币资本

1. 居民股票资产与货币资本的区别。

第一，分布形态不同。从分布形态上看，中国居民股票资产主要表现为股票、权证形态，而货币资本主要表现为现金、银行存款形态，二者在形态上存在着较大的差别。

第二，获利方式不同。从居民股票资产和货币资本的获利方式来看，居民所拥有的股票资产，除通过被投资公司“分红派现”的方式取得一部分收益之外，其主要通过股票价格的波动来获取收益。就居民股票资产所取得的投资收益来源而言，居民股票资产所获取的“分红派现”收入，实际上来源于实体经济领域，而依靠股票价格波动所实现的“资本利得”收入，实际上来自国民收入的再分配，其自身没有产生任何价值。从货币资本的获利方式来看，其主要通过进入生产领域，经过货币资本向生产资本、商品资本转化的方式，来获取收益。就此而言，居民股票资产与货币资本在获利的方式上存在着较大区别。虽然股票资产的“分红派现”收入也来自实体经济，但相对于货币资本直接参与实体经济运行而言，其实际上是间接地参与了实体经济的运行。

第三，包含的内容各不相同。从股票资产的票面价值来看，在上市公司发行股票时，每一份股票面值实质上包含了被投资公司的货币资本、生产资本和商品资本在内的所有资本的账面净值之和，货币资本仅表现为实业资本中处于货币资本状态下的货币资金的数额。

第四，在数量上也不相等。股票票面面值资产虽然只包含实业资本中货币资本、生产资本、商品资本三种资本形态的账面净值，但受金融市场杠杆的影响（其主要表现为“市净率”杠杆）以及资本市场价值波动的影响，股票资产实际价值往往会表现为上述三种资本形态账面净值的倍数。而从货币资本的数量来看，其没有金融杠杆的作用，一般而言，货币资本的数量主要表现为现金及银行存款等货币形态的数额。

2. 中国居民股票资产与货币资本的联系。

第一，货币资本的一部分来源于居民购买股票的货币资金，就此而言，居民的股票资产实质上是一种间接形态的货币资本。这种间接形态的货币资本主要表现为，居民对上市公司发行股票的认购，其中有一部分股票募集资金处于货币资本形态。由于居民认购股票的资金，并不直接表现为上市公司的货币资本状态，而是通过上市公司对于股票募集资金的运用，使一部分股票募集资金处于货币资本形态。因此，可以这样认为，居民的股票资产实际上是一种间接形态的货币资本。

第二，股票资产的价值增值，取决于包含货币资本在内的企业实业资本的价值增值，以及金融市场的利率水平。从影响股票资产价格变动的因素分析，股票资产价格的变动主要与上市公司的“分红派现”收益以及市场利率密切相关，而上市公司“分红派现”能力的高低在很大程度上与上市公司经营业绩密切相关，其主要决定于包括货币资本在内的企业实业资本的价值增值能力。从金融市场利率的决定因素来看，由于金融市场资金利率主要来自实体经济的投资收益，因此实体经济的投资收益率高低，对金融市场资金利率具有决定性的作用。一般而言，排除金融市场个别金融资产利率较高的因素，就金融市场整体资金平均利率而言，其一般处于“0至实体经济平均投资收益率”之间，实体经济投资收益率的高低主要取决于包含货币资本、生产资本和商品资本在内的资本投资收益率。因此，不论从决定股票价格的分红派现率角度考虑，还是从金融市场利率角度考虑，货币资本的投资效率都会对股票资产的价格产生重要影响。

七、中国居民债券资产与货币资本

1. 中国居民债券资产与货币资本的区别。

第一，分布形态不同。中国居民债券资产主要表现为债券、权证形态，而货币资本主要表现为现金、银行存款形态，二者在形态上存在着较大区别。

第二，获利方式不同。债券资产主要通过固定的债券利率收益以及债券价格波动来获取收益，而货币资本主要通过进入生产过程，经过生产资本、商品资本的形式，最终取得收益。

第三，包含的内容各不相同。债券资产实质上包含了发债企业将发行债券收入在不同生产环节配置所形成的各种资产形态总额，这些资产形态可能分布于发债企业货币资本、生产资本和商品资本形态之中。而货币资本仅仅表现为企业资本分布的一个环节，其既可以来自发行债券所募集的资金，也可以来自发债企业的其他资金。

第四，在数量上也不相等。债券资产的账面数额依据债券发行方式不同而存在较大的差别。一般而言，企业债券的发行方式主要有面值发行、贴现及溢价发行等不同的方式，在溢价发行方式下，债券资产除债券面值之外，还包含到期的债券收益部分，债券发行价格的确定在很大程度上借助于金融杠杆的作用。就货币资本而言，其数量的变动则没有金融杠杆的作用，一般只等额地表现为现金及银行存款的具体数额。

2. 中国居民债券资产与货币资本的联系。

第一，货币资本的一部分来源于居民购买债券的货币资金，当然，这种货币资金的取得是通过有偿的方式来进行的，其在使用期限上还存在着一定的时间限制。就此而言，居民所持有的债券资产，其实质上是一种间接形态的货币资本。

第二，债券资产的债券收益率以及二级市场的价格收益，既取决于包含货币资本在内的企业实业资本的价值增值幅度，也取决于金融市场的利率水平。从居民所持有的债券资产收益情况来看，其依据约定条件所获得的债券利息收入，主要来源于发债企业在实体经济领域的投资收益，而发债企业在实体经济领域投资收益的高低，在很大程度上取决于包含货币资本在内的三种资本形态的价值增值能力。就金融市场利率而言，如前所述，在一定期间内金融市场利率的高低，在很大程度上也取决于包含货币资本在内的三种资本形态的价值增值能力。就此而言，债券资产的债券收益率以及二级市场的价格收益，与货币资本的投资收益率密切相关。

八、中国居民金融性实物资产与货币资本

1. 中国居民金融性实物资产与货币资本的区别。为了有效地将居民所拥有的金融性实物资产与现金、银行存款等货币性金融资产进行有效的划分，有必要对居民所拥有的金融性实物资产进行明确的定义。所谓居民所拥有的金融性实物资产，主要是指居民在维持其衣、食、住、行等生存性需要之外，所拥有的可以变现为货币的实物性资产。一般而言，金融性实物资产与货币资本之间的区别，主要体现在以下几个方面：

第一，资产分布形态不同。居民金融性实物资产主要表现为实物形态，如商业地产、字画、古玩等收藏品；而货币资本则仅仅表现为单纯的现金及银行存款等货币形态。

第二，流动性不同。居民金融性实物资产的变现程度，主要取决于居民所拥有的金融性实物资产的物理、化学属性以及市场的需求状况。一般而言，那些便于携带及保管且市场需求较大的金融性实物资产，其变现能力相对较强；而那些不便于携带及保管且市场需求较小的金融性实物资产，其变现能力则相对较弱。由于货币资本本身主要表现为现金和银行存款形态，因此，货币资本本身具有百分之百的流动性。

第三，获利方式不同。从居民所拥有的金融性实物资产获利方式来看，其主要依靠实物资产的价格变动来实现收益。在供求规律作用下，金融性实物资产依靠价格变动所实现的收益与金融性实物资产供给量之间是一种反比关系。而货币资本的价值增值主要来自货币资本进入生产领域之后，经过生产资本和商品资本形式的转换所获取的价值增值，换而言之，其主要来自实体经济的投资收益。

第四，所代表的资本数量各不相同。居民金融性实物资产所代表的资本数量，主要表现为居民金融性实物资产的数量与现实市场金融性实物资产价格之间的乘积。由于居民所拥有的金融性实物资产只有在变现之后，才能反映出其自身的真实价值，在没有变现之前，金融性实物资产只是一种观念上的货币资本形态。如果考虑金融性实物资产本身的损耗及其价格变动因素，居民金融性实物资产在变现之后所形成的真实货币资本表现形态与其观念上的货币资本形态，在数量上将存在着较大的差异。就货币资本而言，由于其主要表现为现金和银行存款形态，因此，在不考虑通货膨胀以及存款银行的信用风险条件下，货币资本的数量基本不会出现大的变化。

2. 中国居民金融性实物资产与货币资本的联系。

第一，金融性实物资产实际上是货币资本在产业资本领域中的一种表现形态，主要表现为经过所有权换手之后的商品资本形态。理论上，产业资本必须经过货币资本、生产资本以及商品资本形态，才能完成一个完整的价值增值及资本循环的过程。在此过程中，货币资本向生产资本的转化，主要表现为“买”的过程，而商品资本向货币资本的转化主要表现为“卖”的过程。理论上分析，从整个社会资本分布形态来看，在商品资本向货币资本转化过程中，只要商品资本所依附的商品的使用价值没有被真正地使用，商品资本就没有真正地实现由使用价值形式向价值形式的过渡。当然，在此过程中可能由于商品在不同交易者之间的交易，而使商品资本所有人发生变更，从而使商品生产者实现由商品资本向货币资本的转变。但就整个社会而言，只要商品资本所依附的商品使用价值还没有被有效地使用，那么其仍然处于一种没有最终实现价值增值的商品资本状态。由于居民所拥有的金融性实物资产本身属于没有被使用的商品形态，其在一定程度上也可以视为货币资本在产业资本领域中的另一种表现形态，即商品资本形态。

第二，金融性实物资产的价格变动在一定程度上取决于货币资本的使用领域。根据前面关于金融性实物资产价格与供求关系的论述，金融性实物资产的价格与金融性实物资产供给的数量成反比。一定时期货币资本的使用方向对于金融性实物资产的供给总量会产生重要影响。具体言之，当货币资本用于增加金融性实物资产的供给时，金融性实物资产的价格将出现下跌；反之，当货币资本用于减少金融性实物资产的供给时，金融性实物资产的价格就会出现相应的上涨。由此可见，货币资本的使用领域对于金融性实物资产的价格会产生重要影响。

第三，金融性实物资产的数量高低对于货币资本也会产生重要影响。如前所述，由于金融性实物资产本身就是商品资本的另外一种表现形态，在社会资本总量一定的条件下，如果分布于金融性实物资产的数量较多，则必然会减少货币资本的供给数量；反之，则会相应增加货币资本的供给数量。

本章小结

本章研究了货币资本与中国居民所拥有的金融资产之间的关系问题。文章首先对资本的本质进行了定义，认为资本主要是指归属于投资人所有的，那些能够作为生产要素进入生产活动（主要是指产业资本）或其他活动（主要是指金融资本），并且在经济活动中发挥主导作用，以营利为目的，能够产生增量收益的那些生产要素的组合。根据文章对于资本本质属性的描述，在现代市场经济条件下，资本的本质属性主要呈现出以下几方面的本质特征：一是资本主要表现为生产要素或者最终需要转化为生产要素的物化形态；二是资本所有人所掌握的资本在经济活动中处于主导地位，主要表现为资本所有人主要是经济活动的发起者，其所掌握的资本在经济活动中处于主导地位，这种主导地位既表现为资本所有者拥有较多的货币资本形态资金①，也表现为资本所有人所掌握的货币资本转化为其他物化形态生产要素在经济活动中处于主导地位；三是资本参与经济活动的目的主要是为了营利，“逐利”是资本所有者参与经济活动的主要目的。随后，文章研究了决定货币资本增值空间的相关因素，认为在信用货币经济条件下，货币资本通过参与生产过程所获取的资本增值空间，是受诸多条件约束的，其主要表现在以下几个方面：（1）社会上可以货币化的生产要素的丰富程度，如资源、技术、劳动和管理等；（2）货币资本与不同生产要素的结合方式；（3）一定时期社会生产力发展水平和经济发展水平；（4）货币资本所有者经营策略

① 在经济货币化条件下，这种货币资金更多地表现为各生产要素的货币化表现形式。

与经营水平的高低。

文章还通过独特的视角研究了货币资本与生产资本、商品资本的区别及联系，研究了货币资本与货币资金的区别与联系。在此基础上，文章对于中国居民储蓄存款与货币资本、中国居民股票资产与货币资本、中国居民债券资产与货币资本、中国居民金融性实物资产与货币资本之间的关系进行了重点研究。

第二十四章
经济货币化的影响及相关对策

所谓经济货币化，是指经济活动中以货币为媒介的交易份额逐步增大的过程，它可以用广义货币 M2 占 GNP（或 GDP）的比值（M2/GNP 或 M2/GDP）来表示。随着经济货币化程度的加深，信用的发展以及各种金融工具的出现，整个经济的金融性日益突出，使经济发展呈现明显的货币化特征。

一、经济货币化产生的背景

（一）黄金等商品货币条件下的商品交易

在黄金等商品货币交易条件下，商品与黄金都等同于商品，在一定程度上确保了以黄金作为衡量标准的商品价值的相对稳定性。在商品货币交易模式下，黄金之所以最终发展成为固定承担流通中介的货币，与黄金自身所固有的价值稳定、易分割、易保管、易流通的特殊属性密切相关。在黄金商品货币条件下，商品交易之所以需要以黄金为中介，主要是因为通过以黄金为中介的货币交易，可以很好地克服商品之间因计量、地域以及时间上的差异而不能直接进行交易的弊端。通过以黄金为中介的商品交易，加速商品的周转速度，尽快地发挥商品的使用价值效用，以便更好地促进生产和消费。在以黄金为中介的货币流通条件下，商品交易总量主要受制于黄金总量和黄金流通速度的制约。在黄金总量相对较低的情况下，鉴于非货币商品与黄金商品的共同商品属性，如果非货币商品与黄金商品相对劳动生产率水平保持不变，那么受黄金总量的限制，一些商品就可能由于没有黄金中介的支持，而无法实现自身的使用价值或价值，造成这些商品的相对剩余。在黄金总量一定而黄金流通速度相对偏低的条件下，受黄金总体交易量的限制，一些商品也有可能由于黄金流通速度较慢而不能通过以黄金为中介的流通，实现其相应的使用价值或价值。就此而言，在黄金作为中介的货币流通模式下，商品的价值或使用价值的实现，在很大程度上取决于黄金的供给总量及流通速度。受黄金作为商品货币所具有的天生贮藏功能的影响，在货币流通领域不会出现黄金流通的剩余，保证了黄金作为交易媒介条件下商品价值的相对稳定，也使当期社会经济发展过程中很难出现以黄金为交易标的的货币市场（其主要表现为黄金与黄金之间的交换）。

（二）信用货币条件下的商品交易

随着社会经济的不断发展，纸币取代黄金货币充当商品流通中介的职能。在以纸币为媒介的商品流通模式下，纸币币值能否保持稳定，主要取决于纸币发行量的多少以及纸币流通速度的高低。鉴于作为信用货币的纸币与作为商品货币的黄金之间存在着较大区别，在纸币发行数量过低或流通速度相对较慢的条件下，其会通过降低商品价格的方式，来实现商品流通总量与以纸币为表现形式的货币价值总量之间的均衡。就商品价格下降的限度而言，在成本补偿规则作用下，商品价格由于货币发行量过少而导致价格下降的最大限度为：商品价格不能低于商品的生产成本。由此可见，在信用货币流通模式下，虽然商品价格会由于货币发行的减少而导致价格下降，但这种价格下降存在着以成本作为支撑的最低底限。在纸币发行数量较大或纸币流通速度较快的条件下，每一单位纸币所能购买的商品相对较少，由此会使纸币的购买力出现一定程度的贬值。在纸币发生贬值时，流通中的纸币不会像黄金那样通过自动的退出机制，发挥稳定价格的功能。就此而言，在纸币发行数量过多以及流通速度较快的条件下，商品价格将通过普遍上涨的方式，来消化纸币发行过多的压力。在信用货币发行体系下，通过行政强制力不断地发行信用货币，是政府存在的一种潜在的必然冲动。虽然一定时期政府这种潜在的发行信用货币的冲动，可能受制于多种因素，但作为政府手中掌握的一种权力，政府总是不自觉地通过信用货币发行的方式，来解决自身的支出需要。特别是在市场经济条件下政府由于职能变化而导致支出压力较大的情况下，通过其手中所掌握的信用货币发行权力发行信用货币，是政府摆脱自身债务危机的主要方式。就此而言，在信用货币经济条件下，信用货币的发行规模将呈现越来越大的发展趋势。理论上，在信用货币发行规模不断增加的情况下，作为商品流通媒介的信用货币可以通过提高商品价格的方式，实现商品使用价值总量和价值总量的相对一致。当然，通过商品价格上涨的方式转嫁信用货币发行过多的压力，是存在一定前提条件的，其要求一定时期社会供给总量与需求总量之间保持相对均衡，并且市场主体对于当期商品的需求具有较强的需求刚性。受居民对社会产品刚性需求逐渐递减以及社会再生产结构不合理等因素的影响，随着信用货币的不断发行，在增量货币的影响下，以货币作为媒介的商品交易，在时间和空间上都得到很大的拓展。以货币为媒介的商品交易，之所以在时间和空间上取得了很大的拓展，与以下两个因素密切相关：

一是生产力的发展，一方面导致人类生产的产品在满足自身需求的基础上出现了大量剩余，需要通过以货币为媒介的相互交换的方式，来实现更高层次的使用价值，以满足自身需求；另一方面，生产力的发展使人类生产分工呈现更为精细化的发展特征，导致人类在生产和消费过程中需要更多地利用以货币作为媒介的商品交换，来满足其生产和生活需要。

二是信用货币的不断发行为日益增加的货币交易性需求提供了可能条件。在信用货币条件下，信用货币仅仅是商品实现由一种使用价值形态向另一种使用价值形态转换的流通中介，与黄金作为流通中介的商品货币不同，信用货币很少在中间环节停留很长时间。在信用货币流通条件下，信用货币只是作为商品流通的中介发挥作用，而不能像黄金那样具有贮藏的职能。如果信用货币在中间环节停留时间较长，一方面不能很好地履行其承担的商品流通中介的职能；另一方面，在信用货币不断发行的影响下，其还将承受信用货币不断贬值的风险。就此而言，在信用货币不断超发的条件下，寻求以信用货币作为表现形式的价值形态向以商品作为表现形式的使用价值形态的转换，就成为信用货币实现保值、增值职能的必然选择。随着信用货币发行步伐的不断加快，经济货币化将呈现不断加速发展的趋势。从时间上来看，货币作为商品流通媒介，由价值形态向使用价值形态商品的转换，主要表现为以前经过货币作为流通媒介的使用价值形态的商品，又重新作为使用价值形态的商品，参与商品流通。在经济实践中，其主要表现为市场主体将已经通过货币作为媒介的商品交换而获得商品使用价值形态之后，再次将已经实现的使用价值形态的商品加入商品流通，实现由商品的使用价值形式向价值形式的转化，在经济实践中，其主要表现为二手商品的交易，如二手房、二手车以及一些报废品的交易等。

理论上，越是使用价值期限较长的商品，其剩余使用价值再次进入商品流通的可能性就越大，如房产等耐用品。此外，在信用货币经济条件下，一些将来某一种时点才能获得的使用价值，提前通过信用货币流通的方式实现其由使用价值形式向价值形式的转换。在信用货币发行量相对稳定的条件下，商品的价值与使用价值在数量上是一种相对匹配的关系，而作为未来使用价值形态的商品之所以能够提前实现价值，在很大程度上与信用货币的超额发行密切相关。就空间上而言，在信用货币不断发行的影响下，一些新发行的信用货币除承担当期生产的不同商品使用价值之间的交换之外，还进入那些不需要进行交换的使用价值形态产品的领域，以进一步加快这些产品的经济货币化进程。在信用货币不断发行的条件下，一些没有体现商品属性的产品如农村的土地、房产以及其他没有开发的自然资源等，先后通过以信用货币作为中介的商品流通，实现产品的货币化。此外，在信用货币不断发行的影响下，还有一些信用货币通过追求货币价值保值、增值的方式进入金融市场，一方面通过货币资本投资的方式，参与实体经济的循环，通过实体经济的发展，获取一部分价值增值；另一方面，通过参与金融二级市场交易的方式，获取资本利得收入，以实现信用货币价值的保值增值。

由此可见，在信用货币不断发行的条件下，信用货币自身所具有的虚拟价值属性，决定了追求具有使用价值做支撑的商品或具有某种使用价值属性的"物"的支撑，成为信用货币实现其商品流通中介职能或其自身价值保值、增值的必然要求。

二、经济货币化对于经济运行的主要影响

如前所述，在经济货币化条件下，信用货币除充当商品流通中介职能以外，为了确保信用货币自身保值、增值的需要，信用货币还通过向其他使用价值形态的商品、"物品"转换的方式，或者通过进入金融市场的方式，来实现保值增值，由此推动了经济货币化进程的不断发展。总体来看，在信用货币不断发行的影响下，由信用货币所推动的经济货币化，对于市场经济会产生以下影响：

（一）对于已经交易的商品进行再次货币化所产生的经济影响

如前所述，受信用货币发行较多的影响，一些多余的信用货币通过与前期已经交易过的使用价值相交换的方式，实现其由价值形式向使用价值形式的转换。在这种经济货币化模式下，信用货币对于已经交易的使用价值形态商品①进行再交易，其对经济运行的影响，可以按照以下的假设条件分别进行论述：

1. 如果信用货币所有者通过商品交易取得商品的使用价值是为了消费，而商品出售者也是为了取得更好的使用价值而出售目前的使用价值形态的商品，在这种模式下的经济货币化，既满足了交易双方的需要，也在很大程度弥补了社会生产产品的结构性差异，从而有利于一定时期社会生产的价值总量与使用价值总量通过时间递延的方式，实现相对均衡。具体言之，通过这种商品交易，一方面使一些收入水平相对较低的市场主体通过购买二手使用价值形态商品的方式，实现层次相对较低的消费需求；另一方面，使那些二手使用价值形态商品所有者，通过出售其所拥有的二手使用价值形态商品的方式，为其实现商品使用价值形态的升级换代，提供了价值支持。就交易双方而言，这种形态的经济货币化，实质上是一种对交易双方都互利互惠的经济货币化。从宏观经济角度判断，其并没有改变信用货币发行过多的局面，因为侧重于使用价值改善性需求的那部分货币拥有者，最终需要通过信用货币作为表现形式的价

① 本文简称二手使用价值形态的商品。

值与未来生产中能够创造出来的新的使用价值相交换的方式，将其通过二手使用价值形态的商品交换所获得的价值形态转换为其所需求的使用价值形态。如果在未来经济发展过程中，货币的供给总量保持不变，这部分多余的信用货币在经过由价值形式向使用价值形式转换之后，信用货币自身并没有减少，只是信用货币持有者发生了改变。就此而言，在货币供给过剩的条件下，如果未来信用货币供给不发生变化，那么二手使用价值形态的商品交换，并不能有效地改变信用货币供给过剩的局面。如果未来货币供给出现紧缩，那么当期多余的信用货币与未来使用价值形态商品的交换，就可以使商品价值总量与使用价值总量之间保持相对均衡，从而在很大程度上消化当期信用货币供给过剩的压力。从经济增长角度考虑，在这种模式下的货币化过程，经济发展所面临的消费升级需求对于经济发展的拉动空间相对较大，其一方面表现为收入较低的居民由一般消费品向耐用消费品的过渡升级；另一方面，也表现为收入较高的消费者在耐用消费品上存在实现升级换代的潜在要求。由于当期新增的信用货币进入二手使用价值形态商品流通领域之后，在短期内可以缓解当期的通货膨胀压力，但一旦二手使用价值形态商品出售者将其所获取的信用货币重新购买新的使用价值形态商品时，在未来信用货币发行不缩减的情况下，其在很大程度上会加剧下一期经济运行的通货膨胀压力。从信用货币角度分析，在信用货币发行规模不能缩减的条件下，要吸收多余的信用货币，就必须通过提高劳动生产率的方式，在价格不变的条件下，向社会提供更多的使用价值形态的商品总量，以此使商品价值总量与使用价值总量通过时间的递延，达到相对均衡。

2. 如果信用货币所有者购买二手使用价值形态的商品是为了从事生产经营活动，二手使用价值形态商品的卖出者是为了实现更高层次的消费，在这种经济货币化条件下，如果下一期的信用货币保持适度供给，以前作为消费品的二手使用价值形态商品通过买、卖转手之后，作为生产要素重新加入生产过程，一方面通过二手使用价值形态商品的使用，可以为社会提供更多使用价值形态的有效供给，减轻前期由于信用货币发行过多所造成的通货膨胀压力。与此同时，二手使用价值形态商品拥有者在通过交换取得信用货币之后，其由于消费升级而产生的需求拉动，将为经济发展提供较大的需求动力。

3. 如果信用货币所有者购买二手使用价值形态的商品是为了单纯地追求价值形式的增值，二手使用价值形态商品的卖出者是为了实现更高层次的消费，在这种经济货币化模式下，信用货币所有者对二手使用价值形态商品的投资收益，主要来自增量信用货币的不断超发。在增量信用货币不断超发的影响下，所有投资二手使用价值形态商品的投资者都可以获取相应的投资收益。同样，二手使用价值形态商品前期拥有者在取得信用货币之后，由于消费升级而产生的需求拉动，也将为经济发展提供较大的需求动力。而一旦这部分追求价值增值的信用货币，在投资收益预期发生逆转需要实现由信用货币作为表现形式的价值向以商品作为表现形式的使用价值转换时，其必然会加剧经济运行的通货膨胀压力。

4. 如果信用货币所有者购买二手使用价值形态的商品是为了单纯地追求价值形式的增值，二手使用价值形态商品的卖出者也是为了追求价值形式的增值，单纯地就双方交易标的——二手使用价值形态商品而言，其实质上是买卖双方的一种“零和”博弈。由于二手使用价值形态商品通过交易所实现的以信用货币作为表现形式的价值，仍然停留在投机领域，因此二手使用价值形态商品本期货币化行为，不会对下一期社会再生产产生较大的需求拉动。

（二）利用金融杠杆效应进行经济货币化所产生的经济影响

在这种经济货币条件下，其实质上是以某一种使用价值为纽带，通过“按揭贷款”的方式，提前实现对信用货币所有者自身存在的未来使用价值的经济货币化过程。这里以一个从事劳动的工薪阶层为例，如果其通过“按揭贷款”的方式获取未来20年的贷款，用于购买房屋，实质上就相当于将其未来20年中以劳动力作为表现形式的部分使用价值通过“按揭贷款”的方式，提前进行了货币化，从而实现以劳动力作为表现形式的部分使用价值向以信用货币作为表现形式的价值的转换。在社会商品使用价值总量与价值总量一一匹配规则影响下，理论上不应该存在使用价值提前向价值形式转化的现象。而之所以形成这种现象，在很大程度上是信用货币超发引起的。换而言之，在信用货币经济条件下，将未来使用价值提前转化为价值，是现实经济运行中解决信用货币超发的一个重要手段。从使用价值向价值转化的全过程来看，在未来使用价值的一部分转化为现实价值的情况下，其剩余使用价值转化为未来价值的数量就相对减少。这是因为在信用货币经济条件下，使用价值向价值转化的总体数量，不会由于使用价值向价值转换形式的不同而出现增减。有鉴于此，从未来使用价值向价值转换的数量来看，受本期部分使用价值向价值形式转化的影响，未来使用价值向价值的转换数量相对于正常状态下的使用价值向价值的转换数量，要相对减少①，只有这样才能有效地解决现实信用货币的超发问题。如果未来信用货币供给不出现缩减，现实超发的信用货币就不可能通过未来使用价值货币化的方式，来实现价值与使用价值总量的相对均衡，这部分信用货币仍将在未来生产期限内表现为剩余的信用货币。因此，在信用货币超发的条件下，通过未来使用价值货币化的方式，并不能有效地解决现实信用货币发行过多的问题。相反，由于劳动等未来使用价值实现具有不确定性，会加剧信用货币供给过剩的问题。在现实生活中，劳动等未来使用价值

① 所谓正常状态下的劳动力使用价值向价值形式的转换，其主要表现为劳动力在正常劳动强度下通过正常工作所实现的，以劳动力作为表现形式的使用价值向以工资作为表现形式的价值转换的过程。

实现的不确定性主要表现在以下两个方面：一方面表现为劳动者受生、老、病、死规律影响，其使用价值出现提前终止，从而使劳动力未来使用价值的供给存在不确定性；另一方面，劳动力使用价值的运用是需要通过有效就业的渠道来实现的，由于未来经济运行状况的不确定性，使经济发展对于劳动力使用价值的需求存在着较大的不确定性，在很大程度上导致劳动力使用价值向价值转换的不确定性。受此影响，劳动力会由于其无法实现使用价值形式向价值形式的转变，导致劳动力无法偿还前期的贷款，造成金融领域的信用风险；同时，受部分劳动力使用价值无法向价值转换的影响，未来经济发展中以价值作为表现形式的具有一定使用价值形态商品做支撑的经济发展总量就会出现收缩，其在经济增长上主要表现为经济增长率出现下滑。如果未来信用货币供给不出现收缩，在经济运行中必然会出现信用货币供给过剩的现象，增加经济发展的泡沫成分。

（三）依靠使用价值空间上拓展所形成的经济货币化产生的经济影响

如前所述，在信用货币不断发行的影响下，信用货币所表现的价值形式不但通过使用价值时间拓展的方式，取得相应的使用价值支撑，并且还通过使用价值空间拓展的方式，取得相应的使用价值支撑。总体来看，信用货币通过空间拓展方式所取得的使用价值支撑，对经济运行的影响主要表现在以下几个方面：

1. 信用货币通过与土地、资源等相结合的方式，实现信用货币由价值形式向使用价值形式转换的空间上的拓展。就信用货币通过购买尚未货币化的自然形态产品如土地、自然资源等对于经济的影响而言，其主要表现在两个方面：

第一，在信用货币是由政府发行以及土地、自然资源等属于国有的条件下，多余信用货币转化为国有土地等自然资源，在一定程度上相当于多余的信用货币向政府的回流。换而言之，政府通过出售国有土地、自然资源的方式，回收了其发行的多余信用货币。在经济实践中，如果政府将这部分出售土地、自然资源等取得的货币收入加以注销，在一定程度上会减少社会信用货币的供给规模，从而使经济运行中的价值总量与使用价值总量之间实现相对平衡；如果政府将出售的土地、自然资源所取得的信用货币化收入，再通过财政支出的方式来使用，那么又会增加社会信用货币供给总量，从而使经济运行出现使用价值总量与价值总量不匹配的现象。当然，政府在取得土地、自然资源货币化收入之后，由于财政支出方向的变动，这种土地、自然资源的货币化对于当期收入结构以及经济结构会产生一定程度的影响。具体言之，在政府增加支出过程中，一些政府直接购买性支出增加的行业和政府通过社会保障等增加转移性支付支出的居民成为最终受益者。

第二，如果信用货币所有者在购买未货币化的土地、自然资源等后，将之作为生产要素投入生产，假设在市场经济条件下，作为私人投资者在市场经济“逐利”机制作用下，其对于生产的投资都是可以取得较好经济效益的，并且这种经济效益的取得是以劳动生产率提高作为前提条件的，那么信用货币所有者将货币化之后的土地、自然资源作为生产要素投入生产的行为，在一定程度上会起到提高劳动生产率的作用。从长期来看，劳动生产率的提高在某种程度上可以减轻信用货币超发的压力。根据这一分析，在信用货币通过在空间上拓展将其所取得的自然资源、土地等作为生产要素投入生产的情况下，即使政府将取得的货币不全部注销，在劳动生产率提高的影响下，也可以起到对冲信用货币超额发行的作用。如果政府将这部分货币完全注销，那么随着经济的不断发展，在货币供给总量不变的条件下，会使经济发展产生货币供给不足等通货收缩现象。

第三，如果信用货币所有者在购买土地、自然资源以后，依靠其价值增值的方式来获取相应的收益，在信用货币供给总量不变的条件下，信用货币所有者所取得的土地等自然资源增值收入相对于其他购买者而言，就是相应的损失，整个社会围绕土地等自然资源的货币化增值所进行的不断买卖过程，实质上是一种“零和”博弈。在货币供给不断增加的情况下，随着土地等自然资源价值的不断上涨，所有追逐土地等自然资源价值增值的追逐者都可以获利，这部分获利收入主要来自货币超额发行所形成的超额信用货币供给。

第四，如果信用货币所有者所购买的土地、自然资源等属于私人所有，这种购买行为对于经济的影响与正常的货币流通行为基本相同，其本身没有改变信用货币超额供给的事实，只不过是超额发行的信用货币所有者发生了变化而已。

2. 信用货币进入虚拟经济领域，通过间接投资于实体经济和直接从事二级金融市场投资的方式所形成的经济货币化，对于经济运行的影响主要表现在以下几个方面：

（1）信用货币通过银行贷款的方式，间接加入实体经济活动所取得的使用价值形态支撑。理论上，银行贷款的资金，一部分来自剩余的信用货币资金，另一部分可能来自从事商品流通的货币间歇资金，这种间歇的货币资金主要来自从事商品流通的货币在时间上间歇以及在空间上间歇这两个方面。从实践中来看，信用资金在空间上的间歇主要表现为区域经济迅速发展之后所形成的多余信用货币，还没有通过区域产业转移的方式参与实体经济发展所形成的暂时性多余货币。如果在当期银行贷款中，来自间歇的资金所占比重越大，说明实体经济发展状况相对较差，其主要表现为承担商品流通中介的货币不能充分发挥商品的流通中介职能。在银行贷款的方式下，信用货币是以有偿的方式进入实体经济运行的，其一方面要求实体经济发展所创造的收益率要高于银行贷款利率；另一方面，信用货币所有者必须通过严格的法律约束以及社会诚信约束的方式，来保证其贷款本金以及利息能够顺利地实现回收。就银行贷款对于经济的影响而言，主要表现在以下几个方面：

一是相对固定的贷款利率有利于提高实体经济的投资效率，主要表现为一些投资收益较低的项目无法通过银行贷款的方式获取资金支持，而一些投资效益较高的项目可以通过银行贷款的方式，获取充分的资金供给，以促进其顺利发展。从国民经济产业结构分析，在规范的市场经济运行秩序以及相对合理的市场价格体系条件下，经济效益较高的产业往往代表着生产力发展的主要方向。就此而言，通过间接融资条件下银行贷款的硬约束，可以起到优化国民经济产业结构的目的。

二是就银行贷款对于实体经济的负面影响而言，其主要表现在以下两个方面：一是相对固定的银行贷款利率，在很大程度上加大了经济发展的资金成本，不利于扶持仍处于发展初期的相关企业的发展；二是银行贷款的期限限制，也使一些项目投资周期较长的企业无法获取长期的资金支持，这些都在很大程度上限制了实体经济的发展。

（2）就信用货币资金通过金融一级市场对企业进行直接投资的经济货币化影响而言，信用货币资金作为股本的方式进入被投资企业，从短期来看，企业不需要支付银行利息，有利于那些处于起步阶段的企业的发展。从长期来看，随着被投资企业的快速发展，那些通过投资入股形式实现使用价值形态支撑的信用货币资金会以“投资分红”的方式，取得相应的投资回报。理论上，这种“投资分红”的收益应高于银行的贷款收益，否则这部分资金就会通过银行贷款的方式，间接地取得使用价值形态的支撑。信用货币资金所要求的“投资分红”行为在某种程度上会影响被投资企业进行生产扩张的能力，但由于“投资分红”资金主要来自企业利润，而利润的流出，对于企业正常的生产经营不会产生任何影响。当然，从长期来看，这部分“投资分红”资金最终流向也会对经济运行产生重要影响。具体言之，当其用于消费时，则在一定程度上会降低经济发展速度；而当其用于生产时，则会进一步促进经济发展。从长期来看，受信用货币资金自由流动的影响，直接融资模式和以银行贷款为表现形式的间接融资模式，其投资收益率的高低更多地体现在时间和风险上的差异。直接投资时间较长以及投资风险较大的特点，决定了其投资回报率相对地要高于银行贷款利率。

（3）信用货币资金通过在金融二级市场博弈、追求资本利得收入的方式，取得使用价值形态支撑所形成的经济货币化，其对于经济运行产生的影响，可以分以下几种情况进行论述：

一是在从事商品流通职能的货币不进入金融二级市场、金融二级市场的投资者都是拥有剩余信用货币的投资人的假设条件下，由于以资本利得收入作为表现形式的金融二级市场的投资博弈行为，在没有任何交易费用的情况下，其实际上是一种“零和”游戏。就此而言，信用货币在金融二级市场以追逐资本利得收入为主要目的的获取使用价值形态支撑的投资活动，其最终结果实际上是信用货币所有人之间进行的“有赚有赔”的金融交易活动，不会改变进入金融二级市场的信用货币资金总量。

二是如果受金融二级市场证券价格大幅上涨影响，实体经济的资金开始流向金融二级市场，由此形成的金融博弈，实际上是通过实体经济货币供给相对紧缩的方式，为剩余信用货币提供使用价值形态支撑，其主要表现为实体经济因信用货币流出而导致商品价格的相应下降，使停留在金融市场中的信用货币呈现出观念上的购买力增强的特征。具体言之，停留在金融市场中的信用货币的使用价值，更多地体现在由于实体经济领域商品价格的下降，使其能够在观念上购买更多的商品上面。从经济实践来看，停留在金融领域中的信用货币所获取的使用价值形态支撑力度的增强，只是一种观念上的。在金融市场“零和”游戏规则作用下，如果金融二级市场资金进入实体经济领域购买商品，其最终会抬高商品的价格，而这种商品价格的上涨程度，更多地取决于金融二级市场资金进入到实体经济领域购买商品的数量多少。

三是在实体经济领域中从事商品流通中介的信用货币不进入金融二级市场的假设条件下，金融二级市场通过资金杠杆作用对金融投资标的的价格抬升，会使一定时期金融二级市场观念上的信用资金供给规模出现大幅扩张。但金融二级市场信用货币这种规模上的扩张只是观念上的，在没有外部资金注入的条件下，一旦金融二级市场投资标的的价格出现了下跌，金融投资者卖出金融产品，在资金杠杆作用下，金融二级市场的资产价格则会出现相反的变化，从而使金融市场的信用货币资金回归到实际水平。

四是在金融交易市场存在外部收费（税）的条件下，随着金融市场收费规模的不断提高，其实际上改变了这部分信用货币资金的持有人结构及其支出方向。例如，在券商佣金作用下，一部分信用货币资金可能转化为券商的工资及利润收入，从券商收入的主要使用方向来看，其实际上是一种购买性支出。通过这种信用货币资金主体的转换，实现了信用货币由在金融二级市场承担金融投资功能向实体经济中承担购买商品功能的转变。就政府税收而言，政府对金融二级市场的税收征收行为，实质上也导致了信用货币由金融二级市场承担金融投资功能向实体经济中承担购买商品功能的转变。总体来看，在金融交易市场存在外部收费（税）的条件下，在产生货币财富再分配作用的同时，随着金融领域信用货币向商品流通领域的流动，会加大实体经济领域的通货膨胀压力。

三、经济货币化的实质及其在经济实践中的运用

（一）经济货币化的实质

鉴于上述分析，所谓经济货币化过程，是指在信用货币不断发行的影响下，信用货币在时间和空间上不断寻求使用价值形态的商品或“物品”做支撑的过程。如果

这些经过经济货币化的使用价值作为生产要素进入生产过程，随着有效的增量使用价值的不断增加，经济总量实现不断扩张；而且，在信用货币发行相对稳定的条件下，增量使用价值供给的增加，也可以对前期超发的信用货币提供更多的使用价值形态商品的支持，减轻经济运行中的通货膨胀压力。反之，如果经济货币化后使用价值形态的商品或“物品”不进入生产领域，而是在货币供给数量不断增加的条件下，仅仅依靠资产价格上涨的方式来获取价值增值，其最终会使游离于实体经济领域之外的信用货币规模越来越大，在加大实体经济发展成本的同时①，也使经济发展面临实业空心化的危险。在资产价格上涨示范效应影响下，实体经济中的资金也可能加入资产价格投机，从而使实体经济发展缺少相应的流通货币支持。

总体来看，在信用货币供给总量相对稳定的条件下，通过经济货币化的作用，使新的使用价值形态商品作为生产要素加入生产过程，对于经济发展会起到积极的推动作用；反之，随着超额发行的信用货币的不断积累，当一国可货币化的资产越来越少时，如果没有一个完善的金融市场贮水池对这部分多余的信用货币进行有效的集中，信用货币最终会通过流入实体经济的方式，加剧经济运行的通货膨胀压力。

（二）发挥经济货币化正面作用应该采取的相关对策

如前所述，在现代市场经济条件下，经济货币化对经济运行产生的影响，既有正面的也有负面的。在经济货币化进程日益加深的背景下，正确地引导经济货币化进程，对保持经济的持续、健康发展非常重要。当前要发挥经济货币化的正面作用，可以采取以下对策：

1. 通过适度控制信用货币供应量的方式，使信用货币供给与经济发展的实际要求相一致。如前所述，在信用货币经济条件下，如果信用货币发行过多，追求信用货币的使用价值形态支撑将成为信用货币所有者实现保值增值的主要手段。由于超额发行的信用货币总量保持不变，无论超发的信用货币采取何种形式获取其使用价值形态支撑，都会对经济运行产生不利影响。在市场经济条件下，信用货币的发行应根据经济发展的实际需要而适当地增加。理论上，信用货币的发行数量，取决于实体经济的总量规模和信用货币的流通速度。

2. 通过积极的政策引导，使经济货币化新增的使用价值形态的商品作为生产要素进入生产过程，一方面通过生产的发展，为信用货币提供更多使用价值总量的支撑；另一方面，通过劳动生产率的提高，逐步降低超额信用货币发行所形成的通货膨胀压力。因此，在经济实践中，要通过积极的产业政策引导，充分利用经济货币化后新增的使用价值形态的商品在生产过程所发挥的重要作用，而不能通过资产价格投机

---

① 主要表现为受货币超发影响，实体经济发展所付出的资产、原料成本上升。

的方式，来寻求信用货币另外一种使用价值形态的支撑。

3. 在超额信用货币发行数量较大的情况下，应通过金融二级市场的发展，发挥信用货币资金贮水池的作用，将这部分超额发行的信用货币控制在金融二级市场，延长其进入实体经济领域并实际形成货币购买力的时间，最大限度地降低经济运行中的通货膨胀压力。

本章小结

本章首先研究了经济货币化产生的背景，认为随着生产力的不断发展，受居民对社会产品刚性需求逐渐递减以及社会再生产结构不合理等因素的影响，随着信用货币的不断发行，在增量货币的影响下，以货币作为媒介的商品交易，在时间和空间上都得到了很大的拓展。以货币为媒介的商品交易，之所以在时间和空间上取得了很大的拓展，与以下两个因素密切相关：一是生产力的发展。一方面导致人类生产的产品在满足自身需求的基础上出现了大量的剩余，需要通过以货币为媒介的相互交换的方式，来实现更高层次的使用价值以满足需求；另一方面，生产力的发展使人类生产分工呈现更为精细化的发展特征，导致人类在生产和消费过程中需要更多地利用以货币作为媒介的商品交换，满足其生产和生活需要。二是信用货币的不断发行，为日益增加的货币交易性需求提供了可能条件。

在此基础上，本章研究了经济货币化对经济运行的主要影响。在信用货币不断发行的影响下，由信用货币所推动的经济货币化，对于市场经济会产生以下影响：

1. 对于已经交易的使用价值形态商品进行再次货币化所形成的经济影响，其主要表现在以下几个方面：

（1）如果信用货币所有者通过商品交易取得商品的使用价值是为了消费，而商品出售者也是为了取得更好的使用价值而出售目前的使用价值形态的商品，在这种模式下的经济货币化，满足了交易双方的需要也在很大程度上弥补了社会生产产品的结构性差异，有利于一定时期社会生产的价值总量与使用价值总量通过时间递延的方式，实现相对均衡。

（2）如果信用货币所有者购买二手使用价值形态的商品是为了从事生产经营活动，二手使用价值形态商品的卖出者是为了实现更高层次的消费，在这种经济货币化条件下，如果下一期的信用货币保持适度供给，以前作为消费品的二手使用价值形态商品通过买、卖转手之后，作为生产要素重新加入生产过程，一方面通过二手使用价值形态商品的使用，可以为社会提供更多使用价值形态商品的有效供给，减轻前期由于信用货币发行过多所造成的通货膨胀压力。与此同时，二手使用价值形态商品拥有者在通过交换获得信用货币之后，其由于消费升级而产生的需求拉动，将为经济发展提供较大的需求动力。

(3) 如果信用货币所有者购买二手使用价值形态的商品是为了单纯地追求价值形式的增值，二手使用价值形态商品的卖出者是为了实现更高层次的消费，在这种经济货币化模式下，信用货币所有者对二手使用价值形态商品的投资收益，主要来自增量信用货币的不断超发。

(4) 如果信用货币所有者购买二手使用价值形态的商品是为了单纯地追求价值形式的增值，二手使用价值形态商品的卖出者也是为了追求价值形式的增值，单纯地就双方交易标的——二手使用价值形态商品而言，其实质上是买卖双方的一种“零和”博弈。由于二手使用价值形态商品通过交易所实现的以信用货币作为表现形式的价值，仍然停留在投机领域，因此二手使用价值形态商品本期货币化行为，不会对下一期社会再生产产生较大的需求拉动。

2. 信用货币所有者利用金融杠杆效应获取使用价值形态商品的经济货币化影响。在这种经济货币化条件下，其实质上是以某一种使用价值为纽带，通过“按揭贷款”的方式，提前实现对信用货币所有者自身存在的未来使用价值的货币化过程。

3. 多余信用货币依靠产品使用价值空间上拓展所形成的经济货币化影响，其主要表现在以下几个方面：

(1) 信用货币通过与土地、资源等相结合的方式，实现信用货币由价值形式向使用价值形式转换的空间上的拓展。

(2) 信用货币进入虚拟经济领域，通过间接投资于实体经济和直接从事二级金融市场投资的方式所形成的经济货币化，对于经济运行的影响。主要表现在以下几个方面：一是信用货币通过银行贷款的方式，间接加入实体经济活动所取得的使用价值形态支撑；二是就信用货币资金通过金融一级市场对企业进行直接投资的经济货币化影响而言，信用货币资金作为股本的方式进入被投资企业，从短期来看，企业不需要支付银行利息，有利于那些处于起步阶段的企业的发展；三是信用货币资金通过在金融二级市场博弈、追求资本利得收入的方式，获取使用价值形态支撑所形成的经济货币化。

本章在经过上述分析之后，对于经济货币化的实质及其在经济实践中的运用进行了研究，认为所谓经济货币化过程，是指在信用货币不断发行的影响下，信用货币在时间和空间上不断寻求使用价值形态的商品或“物品”做支撑的过程。在经济实践中，为了更好地发挥经济货币化的正面作用，可以采取以下对策：

1. 通过适度控制信用货币供应量的方式，使信用货币供给与经济发展的实际要求相一致。

2. 通过积极的政策引导，使经济货币化新增的使用价值形态的商品作为生产要素进入生产过程，一方面通过生产的发展，为信用货币提供更多的使用价值总量的支撑；另一方面，通过劳动生产率的提高，逐步降低超额信用货币发行所形成的通货膨胀压力。

3. 在超额信用货币发行数量较大的情况下，应通过金融二级市场的发展，发挥信用货币资金贮水池的作用，将这部分超额发行的信用货币控制在金融二级市场，延长其进入实体经济领域并实际形成货币购买力的时间，最大限度地降低经济运行中的通货膨胀压力。

第二十五章
自然资源货币化对于经济的影响及其治理

马克思在《资本论》中将自然资源的价值属性描述为："生产资料转给产品的价值决定会大于它在劳动过程中因本身的使用价值的消灭而丧失的价值。如果生产资料没有价值可以丧失，就是说，如果它本身不是人类劳动的产品，那么，它就不会把任何价值转给产品。它只是充当使用价值的形成要素，而不是充当交换价值的形成要素。一切未经人的协助就天然存在的生产资料，如土地、风等都是这样。"[①]

根据马克思这个论述，自然资源是没有价值的。而从经济运行的实际情况来看，一些拥有矿山的老板以及拥有土地资源的房地产开发商无疑在国民财富构成中占有较大的比重，这些人之所以在短期内取得了大量国民财富，与他们的投资方向切合了重化工业的发展趋势有关，也与自然资源（含土地）在现代市场经济条件下的定价模式密切相关。在重化工业发展阶段，一些从事自然资源开采或开发的单位或个人迅速暴富，使中国经济发展方式转型面临既得利益者众多等诸多不利因素，也进一步加剧了中国国民收入分配的不平等局面，拉大了居民之间的收入差距。笔者认为，当前中国经济运行中出现的通货膨胀、粗放型经济增长方式屡禁不绝以及居民收入差距不断扩大等现象，在很大程度上与自然资源货币化条件下自然资源的定价及价值分配去向有关。有鉴于此，在自然资源不断货币化条件下，要解决经济运行中存在的诸多问题，关键在于科学地确定自然资源的价值源泉及其最终归宿。

① 马克思：《资本论》第一卷，人民出版社2004年版，第237页。

一、信用货币经济条件下自然资源的价值属性及其经济影响

众所周知，在马克思撰写《资本论》的那个时代，具有天然物品属性的自然资源是不短缺的。由于可以任意开采，那时社会对于这部分自然资源的供给主要取决于这部分资源的可开采能力，即取决于开采这些自然资源的物化或新增的劳动。就此而言，由这些自然资源转化而成的商品，其所包含的价值最终是由开采这些资源所付出的劳动量决定的。人类进入重化工业时代之后，自然资源在生产发展以及人类消费中所占比重越来越大。由于一些自然资源如矿产资源等具有不可再生性，在不可再生资源存量日益减少以及其用途不断扩大的双重因素影响下，自然资源因其稀缺性所表现出的增量价值日益体现出来。虽然这些不可再生资源价值的提升在很大程度上包含了人类勘探、开采等劳动付出增加的因子，但毫无疑问，这些不可再生资源价值的提升，在很大程度上也包含了因其稀缺性的增加而导致的价值增值。按照西方经济学理论来对之进行解释，自然资源稀缺性所产生的价值增值主要是由于自然资源边际效用递增所引致的。毫无疑问，当前不可再生稀缺性资源在价值量上所表现出的与其劳动价值不对等的现象，是马克思所处的那个时代没有想到的，其客观上要求对马克思的劳动价值论做进一步发展。笔者认为，由不可再生资源的稀缺性所体现出的超出这些资源劳动价值之上的价值，应该归功于自然界的杰作，从某种意义上说是自然界演化的结果。理论上，这些不可再生资源由于其稀缺性所增加的由自然创造的价值，在现代经济条件下不应该属于自然资源开采单位，而应该属于共同拥有大自然的一国全体公民。

厘清不可再生自然资源稀缺性价值的来源以及归宿，对当前经济发展具有重要的借鉴意义，主要体现在以下几个方面：

第一，自然资源价值量的大小成为判断一国一定时期内 GDP 总量大小和质量优劣的重要依据。在重化工业阶段，由于自然资源稀缺性所增加的价值大幅提升，导致整个社会商品价值量也相应地出现大幅增加。在经济货币化条件下，社会商品价值总量的增加主要表现为货币供应量的增加，上升到一国经济发展宏观指标上，其主要表现为一国 GDP 总量的增加。就此而言，自然资源稀缺性所增加的价值量在 GDP 总量中所占比重以及在居民收入构成中所占比重的大小，是衡量一国 GDP 发展可持续性以及居民收入增长可持续性的一个重要指标。当自然资源稀缺性所增加的价值量在 GDP 总量中所占比重较大时，说明该国 GDP 及居民收入增长的可持续性较差；反之，当这一比重较小时，说明该国 GDP 及居民收入增长的可持续性较强。

第二，自然资源稀缺性价值的最终归宿及分配路径对社会再生产会产生重要影响。由于这些自然资源稀缺性所增加的价值不属于劳动价值，因此，社会对于这部分

由自然杰作所新增的价值增值部分的最终归宿及其价值分配路径如何确定，对维持社会再生产的正常运行非常重要。理论上，这部分由自然杰作而引起的价值增值不是由人类创造的，因此，这部分价值增值在其价值实现后，只有新增的体现劳动价值的产品与之相对应，最终才能转化为另一种商品形态。如果没有新增的体现劳动价值的产品与之相对应，在经济货币化条件下，这些由自然资源稀缺性所增加的价值部分就会通过货币供应量增加的形式，分摊到每一个由劳动创造的价值中去，其在理论上主要表现为社会产品价格的大幅上涨和通货膨胀，在实践中主要表现为在粗放型经济增长方式下由自然资源货币化而导致的物价大幅上涨等方面。就这部分自然资源稀缺性所形成的价值增值最终归宿而言，社会对这些自然资源稀缺性所形成的价值增值如何分配，对社会再生产也会产生重大影响。在现代经济条件下，如果抹杀自然资源因稀缺性所形成的价值增值是来自自然界的杰作，而将之归为资本或劳动等生产要素的创造，那么这些价值增值部分就顺理成章地属于那些自然资源开采者所有，新增价值货币化以后就会变为自然资源开采者的货币收入。

由于这部分新增的货币收入主要来自自然，那些自然资源开采者实现货币收入之后，在不通过增加货币供应量的方式提高全体商品以货币作为表现形态的价值总量的前提下，由自然资源开采者所拥有的新增价值就很难再通过商品交换的形式转化为使用价值。在现实经济运行中，其主要表现为自然资源开发者在银行出现大量的没有转换为满足其自身需求的使用价值形态的货币存款。在现代市场经济条件下，出于资本逐利性的要求，由自然资源稀缺性所导致的价值增值部分不会用于消费，也不会存放在银行，而是通过与未开采的自然资源相交换的方式实现其使用价值，在宏观经济发展中主要表现为自然资源的不断开采、利用，循环往复，在经济实践中主要表现为粗放型经济增长方式的不断重复。由于稀缺的自然资源最终有消耗完的时候，这种粗放型的生产方式最终也有走到尽头的时候。在现代经济发展条件下，不可再生自然资源所包含的范围已经有了很大的拓展，其一方面表现为不可再生的矿产资源；另一方面，作为可再生的农业用途的土地，一旦作为工业、住宅等非农业用地时，也具有不可再生的稀缺的自然属性。对于土地非农业开发所导致的价值增值以及再循环所体现出的经济属性，其无疑与不可再生的自然资源如出一辙，即主要表现为房地产开发商进行的循环往复式的房地产开发。

二、信用货币经济条件下自然资源新增价值的消化路径及其最终归宿

在重化工业阶段，如果这些不可再生的自然资源由于自然杰作而产生的价值增值得不到科学的分配和消化，必将导致粗放型再生产的不断循环。笔者认为，在现实生

活中要很好地解决这个问题，可以采取以下措施：

第一，大幅提高劳动生产率。通过劳动生产率的大幅提高，消化这部分由自然杰作而产生的不可再生自然资源的新增价值，进而提高整个社会商品供给的质量或数量，使那些与自然资源新增价值相对应的货币供给增量得到有效消化，最终使物价保持平稳。

第二，将由自然杰作而导致的价值增值部分进行科学的分配。在现代经济条件下，自然资源属于全体公民，因此由自然杰作而产生的价值增值部分理应属于一国全体公民所有。一旦不可再生的稀缺性自然资源所产生的价值增值被一国公民所有，在劳动生产率不提高的条件下，由这部分自然资源价值增值而导致的物价上涨也会平摊到全体公民头上，公民所得与付出形成相对均衡。在此背景下，虽然社会物价上涨了，但其并不妨碍社会再生产的正常进行。当然，在自然资源出口型的贸易条件下，还应该考虑由自然资源出口而实现的外币储备与这些外汇储备在国外对应购买力的平衡问题。

第三，从中国经济政策上考虑，当前要抑制粗放型经济增长方式的发展、扩大内部需求、实现消费对于经济发展的拉动作用，借鉴现代市场经济条件下自然资源价值属性的上述分析，可以采取以下措施：一是要通过调整资源税或所得税的方式，将矿产、土地等不可再生资源超出劳动、资本等生产要素贡献率之上，由于自然杰作而创造的价值归为国有，归于一国全体人民所有。二是在自然资源出口或土地等不可再生资源招商引资上，要正确地处理不可再生资源价值增值所体现的外汇储备与这些外汇储备所对应的国外购买力的平衡问题。

本章小结

本章主要研究了自然资源货币化对经济的影响及治理问题，认为由不可再生资源的稀缺性所体现出来的超出这些资源劳动价值之上的价值，应该归功于自然界的杰作，从某种意义上说是自然界演化的结果。理论上，这些不可再生资源由于其稀缺性所增加的由自然创造的价值，在现代经济条件下不应该属于自然资源开采单位，而应该属于共同拥有大自然的一国全体公民。在实践中，厘清不可再生自然资源稀缺性价值的来源及归宿，对于当前经济发展具有重要的借鉴意义，其主要体现在以下几个方面：第一，自然资源价值量的大小成为判断一国一定时期内 GDP 总量大小和质量优劣的重要依据；第二，自然资源稀缺性价值的最终归宿及分配路径对社会再生产会产生重要影响。

对于信用货币经济条件下自然资源新增价值的消化路径及其最终归宿的研究，本章认为，在重化工业阶段，如果这些不可再生的自然资源由于自然杰作而产生的价值增值得不到科学的分配和消化，必将导致粗放型再生产的不断循环。本章认为，在现实生活中要很好地解决这个问题，可以采取以下措施：（1）大幅提高劳动生产率，通过劳动生产率的大幅提高，消化这部分由自然杰作而产生的不可再生自然资源的新增价值，进而提高整个社会商品供给的质量或数量，使那些与自然资源新增价值相对应的货币供给增量得到有效消化，最终使物价保持平稳。（2）将由自然杰作而导致的价值增值部分进行科学的分配。在现代经济条件下，自然资源属于全体公民，因此由自然杰作而产生的价值增值部分理应属于一国全体公民所有。（3）从中国经济政策上考虑，当前要抑制粗放型经济增长方式的发展、扩大内部需求、实现消费对于经济发展的拉动作用，借鉴现代市场经济条件下自然资源价值属性的上述分析，可以采取以下措施：一是要通过调整资源税或所得税的方式，将矿产、土地等不可再生资源超出劳动、资本等生产要素贡献率之上，由于自然杰作而创造的价值归为国有，归于一国全体人民所有；二是在自然资源出口或土地等不可再生资源招商引资上，要正确地处理不可再生资源价值增值所体现的外汇储备与这些外汇储备所对应的国外购买力的平衡问题。

第二十六章
防范自然资源价格投机的相关对策

一、关于原料投机的可行性分析

马克思在《资本论》中对于市场投机的规律，做了以下描述："投机规律是：在发生这类价值变动的情况下，要在加工最少的原料上进行投机。"①

马克思关于投机规律的论述，目前已经在国际原料价格暴涨、暴跌中得到充分验证。一般而言，在市场经济条件下，加工环节最少的原料之所以最适宜资金投机，主要原因在于以下几个方面：

1. 在工业化时代，加工环节最少的原料之所以能够成为投机资金追逐的对象，在很大程度上取决于资源的稀缺性。随着人类工业化进程的不断加速，自然资源作为工业发展所需要的原料和能源，在社会经济发展中的地位日益突出，以有色金属和黑色金属为代表的自然资源已经成为工业化发展过程中工业产品的一个重要组成部分。就工业产品构成而言，每一项工业产品无不是自然资源原料与人类劳动相结合，经过化学反应或物理加工之后的产物，自然资源既在工业产品成本构成中占据较大份额，又是工业产品生产不可或缺的重要原材料。同时，工业的发展在很大程度上需要能源动力进行推动，其主要表现在两个方面：一是人类工业的发展需要消耗大量煤、油以及天然气等能源。工业产品的生产需要通过能源消耗的方式，实现自然资源物理形态或化学形态的改变，如铸造工业、化学工业的发展都需要消耗大量的能源，通过冶炼、提炼和锻造技术的发展，改变自然资源的物理形态或化学形态，从而生产出相应的工业产品。二是就工业品的消费而言，同样需要消耗大量的能源，如作为机器设备

① 马克思：《资本论》第一卷，人民出版社2004年版，第243页。

的生产资料在使用过程中需要消耗大量的能源以提供动力支持，而汽车、家电等工业消费品的使用同样需要消耗大量的能源，为其提供动力支持。由此可见，自然资源在工业化时代发展中处于不可或缺的重要地位。从自然资源的生产形态来看，以金属产品、非金属产品作为表现形态的自然资源，其形成时间较长，需要自然界经历几亿、几千万年的自然演化在很大程度上决定了这些自然资源具有不可再生的典型特征。随着工业化进程的不断发展，自然资源的稀缺性在工业化发展过程中越发明显，其主要表现在以下几个方面：一是工业化进程不断发展所导致的不可再生自然资源的存量不断减少，使自然资源的稀缺性越来越强。如前所述，工业化的发展需要消耗大量的自然资源，随着人类工业化进程的不断加速，人类对于自然资源的使用也是一个不断加速的过程。随着大量自然资源被开采利用，如果不能通过技术的发展，实现自然资源的可替代，自然资源的存量规模必将越来越少，增加了自然资源的稀缺性价值。二是从自然资源的生产属性来看，由于自然资源都深埋于地下，自然资源的勘探、采掘需要一个较长的时间过程。受自然资源生产需要较长时间周期影响，工业化发展进程的加速导致的自然资源需求量的大量增加，在很大程度上加剧了自然资源的稀缺性。三是从自然资源的运输情况来看，在现代工业发展格局下，自然资源产地与工业产品生产地之间距离较远，自然资源自身的物理和化学属性，决定了自然资源由生产地到使用地，需要经历一个较长的运输距离。当工业化发展需要大量的自然资源时，自然资源产地与使用地所面临的较大空间距离，在一定程度上加剧了自然资源的稀缺性。四是从自然资源的营利属性分析，鉴于自然资源深埋于地下，其物理及化学属性都具有相对稳定的特点，对于自然资源开采者而言，通过适当地控制自然资源开采量，进而提高自然资源价格的方式，是其获取较高自然资源开采收益的一个重要手段。而自然资源物理和化学属性相对稳定，为自然资源开采者通过控制自然资源开采量，进而提高自然资源价格，提供了可能。自然资源开采者对于自然资源开采量的限制，也加剧了自然资源的稀缺性。

2. 自然资源在工业化发展中的不可替代性，使自然资源成为深受投机资金青睐的一个重要品种。如前所述，在现代工业发展中，自然资源在工业发展中处于重要的不可替代的地位，它是工业化时代生产资料和消费资料产品的一个重要组成部分，人类目前科学技术的发展，还无法在工业化生产中实现对自然资源的完全替代。自然资源在现代工业社会发展中所体现出的较高需求刚性的特征，决定了投机资金在某种程度上可以利用这种需求刚性，对自然资源价格进行大肆投机。

3. 自然资源产量对于其价格反应的相对滞后性，为投机资金对自然资源的投机提供了可能。如前所述，受自然资源勘探、开采以及运输的时间限制，自然资源的产量增长是一个漫长的过程，在一定程度上决定了自然资源产量对于其价格变化灵敏度不高。换而言之，在自然资源价格上涨的背景下，自然资源生产者在短时期内无法通过加大自然资源生产量的方式，来增加自然资源供给，以实现自然资源的供求平衡。更有甚者，鉴于自然资源物理和化学特性与工业品之间所呈现出的较大差异，在较高的自然资源价格条件下，自然资源开采者多是通过限制自然资源开采量的方式，来获取较高的自然资源垄断价格。就此而言，与一般工业品和农产品的投机相比，自然资源更受投机资金的青睐。理论上，农产品的生产周期较短，其生产要素供给是可再生的，并且农产品的消费具有较强的刚性限制，农业产品的保存也具有较强的时间限制，这些都在很大程度上限制了资金对于农业产品的投机。而就工业产品而言，在资源等原料并不短缺的条件下，工业产品的生产周期相对较短，工业产品的消费也存在一定的消费刚性限制，工业产品的储存同样也存在着时间限制，导致投机资金无法对工业产品进行大量投机。

4. 自然资源交易价格较高的定价属性，为投机资金对自然资源的投机提供了便利条件。在现代工业社会，自然资源是工业产品构成中的一个重要组成部分，虽然自然资源本身不是劳动产品，但工业经济发展对于自然资源的刚性需求，使自然资源出现了较大程度的稀缺性价值，并随着工业化进程的不断推进而不断增加。考虑到自然资源自身特殊的物理和化学属性，在自然资源稀缺性价值不断增加的影响下，自然资源单位交易价格数值较大，相对于一般商品而言，自然资源这种较大的单位交易价格，为投机性资金对自然资源进行投机提供了便利条件。其一方面满足了投机资金对于数额较大的交易标的的投机性需求；另一方面，自然资源单位标的交易额较大的交易属性，也为投机资金对自然资源进行投机性运作，提供了较好的流动性支持。

5. 现代金融工具的发展为自然资源投机提供了较多的可操作工具。随着股份制的进一步推进，股权投资成为投资的一个重要形式，在很大程度上为投机性资金通过股权投资的方式入股自然资源生产性企业提供了可能，从而为这些资金从事自然资源性投机创造了良好的切入点。特别是商品期货的出现以及电子交易市场的发展，更为资金投机于自然资源提供了便利条件。一方面，以自然资源为标的的标准化金融交易合约的出现，为自然资源投机资金的投机提供了良好的投机标的；另一方面，金融产品电子交易的发展，加快了自然资源投机性资金交易的速度和频率，放大了自然资源投机性资金的数额，这些都在很大程度为从事自然资源的投机创造了良好的外部条件。

6. 就资金对加工环节较多的产品进行投机的条件而言，一方面从供给角度考虑，资金对加工环节较多的产品进行投机时，受价格传导机制影响，这些投机性产品价格的上涨，会导致其上游原材料价格的上涨，从而在某种程度上抵消了投机性产品价格上涨所获取的收益；另一方面，从需求角度考虑，越是接近消费终端的产品，其价格的决定因素更多地取决于市场消费的刚性需求，这在某种程度上增加了这些产品价格向后传导的阻力。换而言之，加工环节越多的产品，其价格向后传导的可能性就越小，这在一定程度上决定了投机资金对于加工环节较多的产品进行投机时，很难通过价格传导的方式，将价格上涨的部分向下游行业进行传导，使投机行为受价格传导机制作用下价格上涨传导阻力的约束。而就加工环节较少的自然资源而言，一方面从供给角度考虑，自然资源的投机本身不存在上游价格上涨的传导压力；另一方面，从需求角度分析，由于以自然资源为表现形式的原材料之后的产业链较长，这在很大程度上使资金对原材料进行投机时，可以通过价格传导的方式，将原材料价格上涨的压力向后传导出去，由此为资金对自然资源等原材料的投机创造了有利条件。

二、自然资源等原材料价格投机风险的规避对策

在目前中国经济运行中，实体经济运行时常面临着自然资源等原材料价格巨幅波动的袭扰，石油等大宗商品价格的不断上涨，使经济运行面临较大的通货膨胀压力；而大宗商品价格的剧烈波动，又加剧了企业的经营风险。为了有效地化解投机资金对于加工环节较少的原材料投机给宏观经济和企业经营带来的潜在压力，当前可以采取以下应对措施：

第一，通过征收自然资源暴利税的方式，减少投机性资金对于自然资源的投机。如前所述，在现代工业经济发展条件下，自然资源的价值更多地体现为因稀缺性而增加的价值，为有效抑制投资于自然资源而一夜暴富的行为，可以通过开征自然资源暴利税的方式，将自然资源由于稀缺性而出现的价值增值收归国家所有，以此调节国民收入分配差距，使劳动在国民收入分配中处于主导地位。从中国目前自然资源税的税收负担水平来看，其明显偏低，由此导致投资于自然资源的资金获取了巨额暴利，加剧了资金流向自然资源领域的局面，导致自然资源的乱采乱挖，造成了自然资源的严重浪费。

第二，通过调整国民经济产业结构的方式，减少经济发展对于自然资源的严重依赖，为减少资金对自然资源的投机创造有利条件。如前所述，在工业化发展阶段，自然资源价格之所以会出现快速上涨，与工业发展所导致的自然资源需求增加密切相关。鉴于部分自然资源的不可再生性以及工业化发展所导致的自然资源严重消耗，为了有效抑制自然资源价格的快速上涨，缓解经济发展所面临的通货膨胀压力，实现中国经济的可持续发展，当前有必要转变经济发展方式，通过国民经济产业结构的优化升级，减少经济发展对于自然资源的严重依赖。具体言之，其主要表现在以下几个方面：一是实现经济增长由资源消耗型的粗放型经济增长转向以技术和劳动作为推动力的集约型经济增长，减少经济发展对于自然资源的依赖。二是通过国民经济产业结构的调整，减少经济发展对于自然资源的依赖。如前所述，在工业化发展阶段，自然资源消耗成为推动经济发展的一个主要因素，而在服务业发展阶段，经济发展在很大程

度上依赖人类劳动和知识技术水平。虽然经济发展仍然离不开自然资源消耗，但是自然资源消耗在经济发展中所占的比重已经得到明显的降低。如软件服务业以及医疗、卫生、家政服务业的发展，在很大程度上依赖于劳动；而旅游、文化等精神产业的发展，也在很大程度上减少了对于自然资源的依赖。三是通过大力发展循环经济的方式，最大限度地减少经济发展过程中自然资源的消耗，实现经济的可持续发展。

第三，通过科学技术的进步，最大限度地生产自然资源的可替代品，以减少经济发展对于自然资源的依赖，减少自然资源价格的投机现象，实现经济的平稳、可持续发展。如前所述，具有较少人类劳动的自然资源之所以能够出现较大的稀缺性价值，归根结底在于自然资源的不可再生性。为了使现代经济发展突破不可再生自然资源的存量约束，抑制自然资源价格的投机，应通过加大科学技术投入的方式，借助科学技术的发展，发明不可再生自然资源的替代品，以此实现经济的可持续发展。

第四，就企业而言，为了最大限度地规避自然资源价格波动所带来的经营风险，当前可以采取以下措施：一是由于原料是最具投机的市场，在中国企业投资中，应该改变前期重视横向扩张的扩大再生产模式。在企业扩张上，通过产业链纵向扩张的方式，使企业产品向上下游延伸，以此规避原料价格波动风险，实现利润最大化。具体言之，企业一方面通过购买自然资源产品的方式，有效地规避自然资源价格上涨的压力；另一方面，要通过进一步加强自然资源深加工的方式，提高自然资源的利用效率，有效地消化自然资源价格上涨压力。二是在企业生产经营过程中，原材料价格波动频繁，为了规避原材料价格波动风险，企业也可以利用现代金融避险工具，通过在原材料商品期货市场采取套期保值的方式，锁定价格，防止原材料价格大幅波动对企业产生不利影响。

本章小结

本章对于防范自然资源价格投机的相关对策进行了研究，认为在市场经济条件下，加工环节最少的原料之所以最适宜资金投机，主要原因在于以下几个方面：(1) 在工业化时代，加工环节最少的原料之所以能够成为投机资金追逐的对象，在很大程度上取决于资源的稀缺性；(2) 自然资源在工业化发展中的不可替代性，使自然资源成为受投机资金青睐的一个重要品种；(3) 自然资源产量对于其价格反应的相对滞后性，为投机资金对自然资源的投机提供了可能；(4) 自然资源交易价格较高的定价属性，为投机资金对自然资源的投机提供了便利条件；(5) 现代金融工具的发展为自然资源投机提供了较多的可操作工具；(6) 就加工环节较少的自然资源而言，一方面从供给角度考虑，自然资源的投机本身不存在上游价格上涨的传导压力；另一方面，从需求角度分析，由于以自然资源为表现形式的原材料之后的产业链较长，这在很大程度上使资金对原材料进行投机时，可以通过价格传导的方式，将原材料价格上涨的压力向后传导出去，由此为资金对自然资源等原材料的投机创造有利条件。

本章认为，为了有效地化解投机资金对于加工环节较少的原材料投机给宏观经济和企业经营带来的潜在压力，当前可以采取以下应对措施：第一，通过征收自然资源暴利税的方式，减少投机性资金对于自然资源的投机；第二，通过调整国民经济产业结构的方式，减少经济发展对于自然资源的严重依赖，为减少资金对自然资源的投机创造有利条件；第三，通过科学技术的进步，最大限度地生产自然资源的可替代品，以减少经济发展对于自然资源的依赖，减少自然资源价格的投机现象，实现经济的平稳、可持续发展；第四，就企业而言，为了最大限度地规避自然资源价格波动所带来的经营风险，在企业扩张上，应该通过产业链纵向扩张的方式，使企业产品向上下游延伸，以此规避原料价格波动风险，实现利润最大化。也可以利用现代金融避险工具，通过在原材料商品期货市场采取套期保值的方式，锁定价格，防止原材料价格大幅波动对企业产生不利影响。

第二十七章
金融资产投资收益的最终来源及其经济影响

一、金融资产的含义及其主要表现形式

（一）金融资产的定义及其主要特征

1. 金融资产是经营资产的对称，是指单位或个人所拥有的以价值形态存在的资产。理论上，金融资产是一种索取实物资产的无形的权利，是一切可以在有组织的金融市场上进行交易、具有现实价格和未来估价的金融工具的总称。金融资产的最大特征是能够在市场交易中为其所有者提供即期或远期的货币收入流量。尽管金融市场的存在并不是金融资产创造与交易的必要条件，但大多数国家经济中金融资产还是在相应的金融市场上进行交易的。金融资产与实物资产都是持有者的财富，随着经济的发展和人们收入的增加，经济主体金融资产持有的比重会逐步提高。同时，为了既获得较高收益又能尽量避免风险，人们对金融资产的选择和对各种金融资产间的组合也会越来越重视。

2. 总体而言，金融性资产主要具有以下几个方面特征：

（1）货币性，是指金融资产可以用来作为货币或比较容易转换为货币，行使交易媒介或支付功能。就此而言，金融资产在很大程度上与承担流通媒介和支付功能的货币较为相似。

（2）流动性，是指金融资产可以迅速地变为现金，相对于金融资产的市场价格

而言，金融资产在变为现金过程中，其价值基本不受损失或者受到的损失相对较小。①

（3）偿还期限性，是指对于出让使用权的金融资产而言，其获得收益及本金的收回，需要一定的期限。

（4）风险性，是指用来购买金融资产的投资本金，在金融产品价格变动以及由于金融产品使用人对金融资金的使用效率不高所导致的，金融产品投资本金受到损失。

（5）收益性，是指金融产品投资人运用本金进行金融产品投资时，不但可以在满足约定的金融投资条件时收回投资本金，还可以取得一定的投资收益。

（二）金融资产的表现形式

从经济实践来看，金融资产可分为现金与现金等价物和其他金融资产两类。前者主要是指个人拥有的以现金形式或高流动性资产形式存在的资产，主要为各类银行存款、货币市场基金和人寿保险现金收入。其他金融资产是指个人由于投资行为而形成的资产，如各类股票和债券等。具体言之，金融资产主要表现为以下几种形式：

1. 现金形式，其主要表现为以信用货币作为表现的资金形式。

2. 银行存款形式，其主要表现为存放在银行的各类存款。按照存款期限分类，主要分为定期存款和活期存款两个类别。

3. 股权形式，其主要表现为通过一级市场或二级市场持有的，以有纸化票据或无纸化票据形式标明的，在被投资公司总股本中占有一定比例的权利凭证。

4. 债权形式，其主要表现为通过让渡一定时期资金所有权的形式，所取得的到期回收借款本金以及按照约定的条件取得借款利息的权利凭证。

二、金融资产的运用

从金融资产的运用情况来看，主要表现在两个方面：一是通过直接购买商品的方式来使用金融资产，表现为以价值形式表现的金融资产与以实物作为表现形式的使用价值相交换的过程；二是通过金融资产投资的方式，实现金融资产的保值增值。具体言之，包括以下几方面内容：

（一）直接购买商品

在金融资产直接购买商品的使用方式下，金融资产持有人直接购买商品的行为，

① 主要表现为股票等金融资产在出售过程中，由股票价格变动所导致的价值损失，这种价值损失是相对于在决定卖出股票时股票的价格与股票的实际卖出价格差异所导致的价值损失，主要是指股票的一种交易损失，而不是指股票购入成本与卖出成本之差所形成的投资损失。

表现在以下几个方面：

一是金融资产持有人一般根据自己的需要，运用现金购买相应的对现金持有人具有一定用途的使用价值形态的商品。现金的使用，表现为现金持有人实现由以现金作为表现形式的价值形式向以实物等作为表现形式的使用价值形式转换的过程。现金使用人在这个交易过程中，失去了以现金作为表现形式的价值，得到了以实物等商品作为表现形式的使用价值。

二是通过银行转账的方式使用银行存款，实现由银行存款作为表现形式的价值形式向以商品作为表现形式的使用价值形式的有效转换。银行存款使用人在这个交易过程中，失去了以银行存款作为表现形式的价值，得到了以实物等商品作为表现形式的使用价值。

三是通过其他金融资产直接变现为现金来购买商品，或者运用其他金融资产直接购买商品的方式来使用金融资产。金融资产使用人在这个交易过程中，失去了以其他金融资产作为表现形式的价值，得到了以实物等商品作为表现形式的使用价值。从其他金融资产直接购买商品的使用方式来看，金融资产所有人运用不同形式金融资产购买商品的过程，其实质上是由以金融资产作为表现形式的价值形态向以商品作为表现形式的使用价值形态转换的过程。

（二）进行金融资产投资

从金融资产投资方式来看，主要有以下几种形式：

1. 委托银行贷款的金融资产投资方式。在这种金融资产投资方式下，金融资产所有人主要通过将资金存放于银行，由银行进行贷款的方式，来进行金融资产投资。在金融投资实践中，这种金融资产投资方式，主要通过银行存款的形式体现出来。从其运作机理来看，金融资产所有人将资金以银行存款的形式存放于银行，然后银行将存款人存入的相对稳定的资金[①]，通过贷款的方式提供给贷款人使用，同时向贷款人收取一定的利息。就此而言，金融资产所有人通过银行存款的方式所获取的存款利息，实际上是通过委托银行贷款的方式所取得的贷款利息的一个部分。从银行贷款资金的使用方向来看，如果贷款人将这部分贷款资金不用于实体投资，而是将之通过由一种价值形态向另一种价值形态转换的方式，实现价值增值，其实质上完成的只是一种财富的再分配。从长远来看，这种以金融资产为依托所实现的价值增值，必然来自金融资产向实体经济转换之后，通过实体经济发展所实现的价值增值。其主要表现为，通过以各种形态金融资产作为表现形式的价值向以生产要素作为表现形式的使用

---

① 理论上，这种相对稳定的存款资金，既表现为个人银行存款客户一段时间内存放于银行的平均存款余额，也表现为一定时期银行所有存款户“有存有取”所形成的相对稳定的余额。

价值的转换，通过这些生产要素在生产中的组合，生产出具有增量价值的另外一种使用价值形态的商品，再通过这些使用价值形态商品向信用货币形态价值进行转换的方式，实现价值增值。因此，不管银行存款资金最后怎样使用，其存款利息最终必然来自由金融资产作为表现形式的价值形式向以实物（既包括生产要素也包括商品）作为表现形态的使用价值转换所实现的价值增值。如果银行存款形态的资金经过由一种金融资产形态向另一种金融资产形态转换的环节越多，这种单纯地通过价值形态转换所实现的价值增值，在不能最终通过金融资产向实体经济转换实现价值增值的条件下，银行存款人所拥有的本金，将面临较大损失，并且这种不同形态金融资产周转环节越长，存款人本金所面临的损失也就越大。在现代市场经济条件下金融资产的投资收益，最终来自金融资产向实体经济转化所产生的投资收益，因此在银行存款向银行贷款转化过程中，如果其需要经历较多的金融形态转换环节，才能实现由金融资产作为表现形式的价值形态向以实物作为表现形式的使用价值形态转换，那么银行存款人在其中只能获取较小的投资收益。

2. 通过股权投资的方式使用金融资产。通过股权投资方式使用金融资产，其一般以股票的形式表现出来。在经济实践中，从金融资产进行股权投资的方式来看，主要有两种方式：一是通过在一级市场对企业进行股权投资的方式，来使用金融资产；二是通过在证券二级市场对企业进行股权投资的方式，来使用金融资产。就一级市场股权投资而言，其主要表现为金融资产所有人根据被投资企业股权面值或溢价，以获取投资收益为目的，对被投资企业所进行的投资。就二级市场股权投资而言，其主要表现为金融资产所有人在证券二级市场以市场价格直接购买被投资企业所发行股份的方式，来对被投资企业进行股权投资，其投资的主要目的，也在于获取投资收益。就股权投资的主要特征而言，相对于金融资产通过购买性支出的方式来实现由价值形式向使用价值形态的转换，股权投资实际上仍然是一种价值形态之间的转换形式，其投资目的在于获取以价值增值作为表现形式的投资收益。虽然股权投资收益最终的来源，在于通过金融资产向实物形态资产转换的方式来获得价值增值，但就股权投资目的而言，不在于获取被投资企业所拥有的资产或其生产的产品，而在于通过被投资企业的实体经济活动，获取一定的投资收益。与银行存款的间接投资形态相比，股权资产直接通过股权投资的方式，实现金融资产向实物资产形态的转换。[①] 从股权投资与银行存款所获取的投资收益形式分析，股权投资收益既表现为被投资企业发放的股息收入，也表现为被投资企业股权价格上涨所产生的资本利得收入。从银行存款收益来看，其主要表现为银行存款的利息所得。从金融资产所有权归属来看，在银行存款的

---

① 这里假设被投资企业将投资资金直接通过由价值形式向生产要素等使用价值形式转换的方式，来实现投资收益，而不是通过进行另外一种金融形态转换的方式，来获得投资收益。

金融资产使用方式下，银行存款人是金融资产的最终所有者，其所有者身份的变动在很大程度上取决于存款银行的信用稳定性。就股权性金融资产而言，股权性金融资产主要通过以金融资产作为表现形式的价值形态，向以被投资企业增量生产要素作为表现形式的使用价值形态转换的方式，来获取投资收益，因此，相对于银行存款以及其他债权类金融资产而言，股权资产的所有权归属，表面上以权利凭证的方式存在，实质上却是以被投资公司可变现的净资产的方式来存在。当然，在金融市场相对发达的市场条件下，股权性金融资产也可以通过证券二级市场和一级市场交易双方价格互换的方式来变现。但理论上，企业股权价值的高低在很大程度上仍取决于企业的经营收益情况和净资产的高低。

3. 进行债权投资的金融资产使用方式。在债权投资方式下，金融资产所有人将其拥有的金融资产通过直接购买发债公司发行的公司债券的方式，对被投资公司进行债权投资，并在约定的债券到期日收回债券投资本金及其收益的一种投资方式。在债权投资方式下，债权投资人在不改变其对于金融资产所有权的前提下，出让金融资产的使用权。与通过银行进行委托贷款的金融投资不同，在债权投资方式下，债权持有人直接地与被投资企业进行接触，而不需要银行等第三方来充当中介人。就银行存款与债权投资的风险和收益比较而言，在债权投资方式下，债权投资人对发债企业投资风险的鉴别，在很大程度上依靠自己的判断，而对被投资企业由于经营不善所导致的破产，其只能以债权人的身份参与被投资企业的破产清算。因此，相对于银行对贷款项目专业的风险评判能力及其风险分担能力而言①，债券投资人的投资风险相对较高。当然，在高风险的投资条件下，债券投资人获取的投资收益，相对于银行存款而言也相对较高。就债权投资和股权投资比较而言，债权投资收益相对稳定，只要被投资公司不发生破产，债权投资人就可以根据约定的债券利率，到期收回本金及其实现的投资收益。就股权投资而言，在被投资企业持续盈利的条件下，股权投资可以通过证券二级市场的金融杠杆放大效应，实现投资收益的最大化；与此同时，其还可以从被投资企业获取稳定的股息收入。但如果被投资企业经营业绩持续下滑，那么证券二级市场的金融杠杆放大效应，会导致被投资公司股价的大幅下跌，由此给股权投资人带来较大的投资损失。就此而言，相对于债权投资而言，股权投资的风险较大，投资收益相对不稳定。

4. 转化为投资性实物资产的金融资产使用方式。从以增值为主要目的的金融资产投资方式来看，在现代市场经济条件下，金融资产所有者除了将其所拥有的金融资产以不同金融资产形式存在，以此获取相对稳定的投资收益之外，一些金融资产所有

① 这里所说的风险分担能力，是指银行可以凭借其众多的贷款项目以及不同期限、不同种类的存款和其自身的资本实力，能够在很大程度上保证存款人的资产安全。

人还将其所拥有的金融资产，通过直接由信用货币的价值形态向以商品作为表现形式的使用价值形态转换的方式，来实现金融资产向实物资产的切换，以此实现其资产的保值增值。从金融资产向实物资产转换形态来看，其主要有两种获利方式：

一是通过对实物资产使用的方式，来获取价值增值。其一方面表现为实物资产使用人经营其所拥有的实物资产，通过改变实物资产属性来获取实物资产投资收益。理论上，这种实物资产投资收益的获取，在很大程度上来源于实物资产的生产经营收益。另一方面，实物资产所有人在不改变实物资产使用价值形态的条件下，通过其他所有者对于实物资产的使用，来获取固定的收益，主要表现为租金收入。就租金收入的来源而言，其一方面来自由实物资产折旧所导致的实物资产使用价值形态向价值形态的转换；另一方面来自实物资产使用人在参与社会生产活动中所创造的增量价值。

二是通过投机的方式，实现实物资产的价值增值。在实物资产投机性增值的影响下，实物资产的使用价值形态不会发生任何变化，并且其使用价值也不会得到任何运用，而是通过资金不断“追逐”实物形态资产价值的方式，实现实物形态资产价值的进一步增值，以此获取投机收益。

就实物资产投资收益的来源而言，通过实物资产使用价值的运用所获取的价值增值，在很大程度上会导致以信用货币作为表现形式的价值总量与以商品作为表现形式的使用价值总量的共同提高，因此，其主要是一种良性的实物资产增值路径。而依靠价值投机所实现的实物资产价值增值，只是一种单纯的价值投机行为，其所实现的价值增值，只会导致以信用货币作为表现形式的价值总量的单方面增加，而不会使以信用货币作为表现形式的价值总量与以商品作为表现形式的使用价值总量，在经济发展过程中实现共同增长。就此而言，这种价值增值完成的只是一种存量财富的再分配，因而不具有可持续性。

三、金融资产投资收益与实体经济发展之间的关系

（一）实体经济发展需要金融资产提供支持

1. 金融资产对于实体经济发展提供支持的主要表现形式。从金融资产对实体经济发展的支持情况来看，其主要表现在以下几个方面：

一是通过银行存款的方式，为实体经济的发展提供资金支持。从银行存款与实物经济之间的关系来看，银行存款为银行贷款提供了资金来源，通过银行贷款的方式，向实体经济发展提供资金支持。从银行贷款的资金来源来看，其主要来自银行存款，就此而言，银行贷款实际上是银款存款人通过银行存款方式委托银行运行其拥有的金融资产的一种表现形式。

二是通过购买企业债券的方式，直接向发债企业提供资金支持，以促进发债企业的生产发展。

三是通过在证券一级市场和二级市场进行股权投资的方式，向被投资企业提供资金支持，以促进被投资企业的发展。

四是通过购买金融性租赁资产的方式，为经济发展提供支持。理论上，这种支持主要表现为通过资产使用价值形态的供给，为实体经济发展直接或间接地提供生产要素支持。

五是从消费形态分析，金融资产由信用货币作为表现形式的价值形态向以商品作为表现形式的使用价值形态的转换，在一定程度上为实体经济的发展提供了巨大的消费市场，使实体经济生产的产品能够顺利地实现销售，从而有利于社会生产的持续发展。

2. 实体经济发展需要金融资产提供支持的原因。在现代市场经济条件下，实体经济发展之所以需要金融资产来提供支持，主要原因在于以下两个方面：

一是经济货币化发展条件下商品使用价值与价值形态的外部分离，导致了要实现以使用价值作为表现形态的生产要素的组合，就必须通过以信用货币作为表现形式的价值形式向以实物形态生产要素作为表现形式的使用价值形式转化的方式，才能进行。就此而言，在实体经济发展过程中，如何获得可以对不同使用价值形态的生产要素进行组合所需要的以信用货币作为表现形式的价值，是决定能否通过不同形态生产要素组合发展实体经济的关键。而金融资产的存在和发展，则为实体经济的发展提供了资金支持。

二是从消费角度判断，在信用货币经济条件下，实体经济领域生产的产品，只有完成由商品的使用价值形态向以信用货币作为表现形式的价值形态的转换，才能顺利地实现商品的循环周转，从而确保实体经济的可持续发展。而作为价值形式存在的金融资产，在很大程度上为实体经济顺利地实现由商品的使用价值形式向以信用货币作为表现形态的价值形式转换，提供了有利条件。

（二）金融资产投资收益与实体经济投资收益之间的关系

就金融资产投资收益的最终来源而言，金融资产的投资收益最终来自实体经济的投资收益。具体言之，其主要表现在以下几个方面：

1. 银行存款的投资收益来源。就银行存款而言，如前所述，银行存款主要通过银行贷款的方式，来实现与实体经济的有效结合。因此，就银行存款利息来源而言，虽然其是由银行支付给存款人的，但银行存款利息的最终来源，主要来自银行贷款所服务的实体经济的发展。其收益来源路径主要表现为：首先，接受银行贷款企业参与实体经济投资所取得的收益，要按照约定的贷款利率，向贷款银行支付贷款利息；其次，贷款银行根据其所获得的贷款利息，在扣除经营成本以及必要的利润收入之后，向银行存款人支付存款利息。从上述收益来源路径来看，银行存款的利息其主要来自实体经济发展所产生的收益。

2. 股权投资的投资收益来源。从股权投资收益的最终来源来看，在现代市场经济条件下，股权投资收益主要有两种表现形式：股息收益和资本利得。就股息收益而言，其主要来自被投资企业的经营利润。理论上，被投资企业经营利润越高，在既定的企业“分红派现”比例条件下，股权投资所获取的股息收入就相对较高；反之，则相对较低。因此，股息收入在很大程度上与实体经济的发展状况密切相关。就资本利得而言，虽然资本利主要通过二级市场股权价格波动的方式来实现，但从其收益的最终来源来看，如果股权价格的上涨不是建立在公司盈利能力提高的基础之上，那么资本利得只是来自社会财富的再分配。从股权价格的决定因素来看，马克思提出了股票定价公式：股价 = 股息/利息。从这一公式所包含的影响因子分析，一方面，股息的高低直接与被投资企业的经营状况密切相关，被投资企业的经营状况会影响股息的高低，从而对被投资企业的股价产生重要影响；另一方面，由于利息主要来源于实体经济的经营利润，因此实体经济经营状况在很大程度上通过影响利率的方式，来影响被投资企业的股价。

3. 债权投资的投资收益来源。就债权投资收益的来源而言，企业债权投资收益主要来自被投资企业经营的收益，与被投资企业的经营状况密切相关。具体言之，当被投资企业经营状况较好时，其可以较好地履行还债和支付债券利息的义务，而当被投资企业经营状况较差时，其所发行的企业债券就有可能无法支付债券利息，乃至最终不能偿付债券本金。就国债投资而言，表面上看国债是以国家信用作为保障的，实际上国家自身并不能创造任何财富，虽然在信用货币经济条件下，国家可以凭借其信用货币发行权的优势，依靠信用货币发行来取得一部分铸币税收入，但在信用货币经济条件下，政府所取得的铸币税收入，必须以具有一定使用价值形态商品做支撑或保障，而具有一定使用价值形态的商品生产，只能来自实体经济领域。因此，就国债利息支付以及本金偿还的最终来源而言，其主要来自国家的税收收入，由于国家的税收收入主要来自实体经济，是实体经济发展过程中创造的增量价值的一个组成部分，就此而言，国债利息的最终来源，仍然来自实体经济的发展。因此，就不同形态的债券投资收益而言，其主要来源于实体经济发展所产生的收益。

4. 将金融资产转化为投资性实物资产的收益来源。就融资租赁资产的收益来源而言，直接从事生产经营的经营性租赁资产，其投资收益主要来源于资产在经营过程中产生的收益。这种收益既包括经营性资产在经营过程中以折旧形式表现出来的成本补偿，也包括该资产在经营过程中所创造的增量价值即利润的一部分。同时，用于居住的房屋租赁，虽然其在使用过程中不直接产生价值，但是由于租赁者是以直接或间接的方式参与社会生产①，用于非生产性的金融租赁资产，其租金收入也主要来自实体经济发展领域。

四、实现金融资产投资收益与实体经济发展良性互动所需要的相关条件

如前所述，在现代市场经济条件下，虽然金融资产的表现形态各不相同，但不同形态金融资产的投资收益，都来自实体经济领域。就此而言，一定时期金融资产所取得的投资收益，主要是实体经济发展过程中所实现投资收益的一种再分配。总体来看，在现代市场经济条件下，要实现金融资产投资收益与实体经济投资收益之间的良性发展，就必须为实体经济的发展创造良好的发展条件。

（一）实行金融市场利率的市场化

在现代市场经济条件下，资金利率市场化是实现金融产品市场化定价的前提和基础。从目前资金利率市场化所需要的前提条件来看，其主要包括以下几方面内容：

第一，金融机构市场准入完全放开，金融机构实行完全市场化的自由竞争。在现代市场经济条件下，与实体经济领域商品价格市场化形成机制一样，资金利率的市场化在很大程度上需要从事资金经营的各金融机构之间通过市场自由竞争的方式才能实现。在市场经济条件下，资金所有人与资金经营者之间只有形成一种平等的市场主体关系，才有可能形成相对公平的交易价格，这种交易价格主要表现为资金的市场利率。为了有效地形成资金所有人与资金经营者在现代市场经济条件下的平等市场主体关系，就必须建立金融机构自由竞争的市场机制，放开金融市场准入限制，允许所有的市场主体都可以自由地从事金融行业，通过金融机构之间公平、有效的市场竞争，为资金利率的市场化创造良好的外部条件。只有将金融机构打造成真正意义上的市场化经营主体，才能通过金融机构之间的自由竞争，形成真正市场化的资金利率。如果金融机构不能做到真正的市场化经营，而是依靠垄断地位来摄取高额垄断利润，那么资金利率就不可能通过金融机构之间的自由竞争，实现真正意义上的市场化定价。

第二，资金可以自由流动。在现代市场经济条件下，受实体经济领域中不同行业以及同一行业不同企业经营效益的高低不同等因素影响，金融资产所取得的投资收益也各不相同。只有允许资金自由流动，才能通过资金在“逐利”机制作用下向投资收益较高的金融资产形态或金融品种的流动，形成真正意义上的市场投资收益，使资

① 在现代市场经济条件下，市场主体所取得的收入，都是直接或间接地来源于实体经济领域，其主要表现为从事实体经济生产的人员，以工资形式参与国民收入初次分配取得一定收入；而对于从事非实体经济生产的人员，其所取得的收入主要来自国民收入的再分配，也是间接地来自实体经济发展所创造的增量价值。

金利率形成市场化的均衡价格。最终使市场在“逐利”机制作用下，通过资金的自由流动，发挥市场对于资源的基础性配置作用。相反，如果不允许资金进行自由流动，一些投资效益高的实体经济就不能得到资金的支持，从而失去发展契机；一些投资效益较低的实体经济在充分的资金供应下，也不能快速地提高投资效益。其一方面使实体经济不能通过资金的自由流动，实现产业结构的优化升级；另一方面，也不能很好地提高资金所有者的投资收益率水平，在很大程度上不利于实体经济的发展。

（二）加强金融市场投机性资金的监管

如前所述，在现代市场经济条件下真正意义上的金融资产投资收益，主要来自实体经济运行所产生的增量价值，而不是来自金融资产所有者之间的财富再分配。为了实现金融资产投资收益与实体经济增量价值创造之间的良性发展，就必须使金融资产的投资收益建立在实体经济发展的基础之上，确保金融资产投资收益的可持续性，使金融资产投资收益与实体经济增量价值创造之间实现良性发展。从经济实践来看，一些资金所有者为了获取更多收益，往往会通过金融投机行为。对于金融投机所产生的投机收益，其完成的只是一种财富的再分配，这种财富再分配，既表现为同一时期社会财富在不同市场主体之间的再分配，又表现为同一市场主体在不同期间的财富再分配。从金融投机行为所导致的结果来看，其一方面没有创造一分钱的增量财富；另一方面，由于金融资产所有者侧重于通过投机方式来获取巨额收益，在很大程度上使实体经济得不到增量资金的有效支持，给实体经济发展带来了较大的负面影响。这种负面影响既表现为实体经济的发展缺少资金支持，也表现为由于金融投机所导致的收入分配的两极分化，使实体经济发展缺少消费市场的支持。有鉴于此，在现代市场经济条件下，为了有效地促进金融资产与实体经济的有机结合，就必须通过严格的金融监管方式，抑制金融市场存在的过度投机行为，使金融投资收益的取得建立在实体经济增量价值创造的基础之上，以此实现金融资产投资收益与实体经济增量价值创造的良性发展。

（三）通过有效的分配政策和产业政策促进实体经济与虚拟经济的共同发展

由于金融资产投资收益主要来自实体经济领域，因此金融资产投资收益实际上是一种对实体经济创造的增量价值所进行的再分配。就此而言，为了建立金融资产投资收益与实体经济增量价值创造之间的良性发展关系，就必须通过有效的国民收入分配政策，促进实体经济与虚拟经济的共同发展。具体言之，其主要包括以下几方面内容：

1. 通过产品生产技术的不断进步，提高企业经营的经济效益，提高金融资产的积累程度。从实体经济增量价值的获取方式来看，在现代市场经济条件下，实体经济的增量价值主要来自企业的技术进步。在一定社会生产力发展水平下，技术先进的企业或行业，其获利能力相对较强。由于金融资产投资收益主要来自实体经济创造的增量价值，通过促进产品生产技术进步的方式，在提高实体经济增量价值的同时，也为金融资产投资收益率的提高，创造了有利条件。

2. 通过科学的股利政策，提高居民股权投资收入。在实体经济获取较多增量价值的条件下，为了提高金融资产的投资收益，可以通过增加股利发放比例的方式，提高居民股权收入，从而实现实体经济增量价值创造与金融资产投资收益的共同提高[①]，为实体经济发展提供资金支持，有利于实体经济实现持续发展。另外，由于股利分配比重的提高，在很大程度上增加了金融资产所有者的收入水平，从而提高了他们的消费能力，也有利于发挥消费对于实体经济发展的拉动作用，实现实体经济与虚拟经济的共同发展。

3. 通过精神产业的发展，使居民消费水平突破刚性物质消费的约束，进一步拓展居民的消费空间，实现实体经济与虚拟经济的共同发展。如前所述，在现代市场经济条件下，实体经济的发展是金融资产投资收益增加的主要源泉。从实体经济发展空间分析，人类在物质消费上的相对刚性约束，会限制实体经济的发展。在实践中，这种刚性约束既表现为人类基本生活消费水平并不是无限扩张的，例如人类对食品的需求，就受制于自身的消化能力约束等；也表现为人类物质消费在很大程度上受制于不可再生自然资源的约束。因此，要突破人类在物质消费上所面临的刚性约束，就必须通过精神产业的发展，进一步拓展居民的消费空间，以推动实体经济不断发展，为金融资产投资收益率的提高创造良好的外部条件。

本章小结

本章主要研究了金融资产投资收益的最终来源及其经济影响问题。文章首先分析了金融资产的特征、表现形式以及金融资产的运用，随后重点研究了金融资产投资收益与实体经济发展之间的关系，认为金融资产的投资收益与实体经济发展之间的关系其主要表现在以下几个方面：一是实体经济发展需要金融资产提供支持；二是金融资产的投资收益最终来自实体经济的投资收益。

最后，文章研究了实现金融资产投资收益与实体经济增量价值创造良性发展所需要的相关条件，认为在现代市场经济条件下，要实现金融资产投资收益与实体经济投资收益之间的良性发展，就必须为实体经济的发展创造良好的发展条件。具体言之，

① 在企业股利分配比例提高的条件下，金融资产可以通过金融市场进行相互切换的方式，享受实体经济发展过程中由于股利分配比重提高所带来的金融资产投资收益。

主要包括以下几个方面内容：

1. 实行金融市场利率的市场化。从目前资金利率市场化所需要的前提条件来看，需具备两大条件：第一，金融机构市场准入完全放开，金融机构实行完全市场化的自由竞争；第二，资金可以自由流动。

2. 加强金融市场投机性资金的监管。

3. 通过有效的国民收入分配政策和产业政策，促进实体经济与虚拟经济的共同发展。为了建立金融资产投资收益与实体经济增量价值创造之间的良性发展关系，就必须通过有效的国民收入分配政策，促进实体经济与虚拟经济的共同发展。具体言之，主要包括以下几点：（1）通过产品生产技术的不断进步，提高企业经营的经济效益，提高金融资产的积累程度；（2）通过科学的股利政策，提高居民股权投资收入；（3）通过精神产业的发展，使居民消费水平突破刚性物质消费的约束，进一步拓展居民的消费空间，实现实体经济与虚拟经济的共同发展。

第二十八章
外商投资对于被投资国的经济影响

一、外部资本流入的主要途径及其投资着力点

（一）通过实业资本投资的方式进入被投资国

外国资本之所以会通过实业投资的方式，进入被投资国，主要与以下因素有关：

1. 被投资国存在丰富的生产要素，如资源、劳动力、技术和管理等生产要素较为充沛，使国外资本可以通过对外投资的方式，实现外部资金向被投资国的具体生产要素转化，通过上述生产要素的有效结合，生产出新的产品，实现价值增值。

2. 被投资国由于经济不发达，其所拥有的生产要素价格相对较低，外部资本对于被投资国的投资，通过资本与上述生产要素相结合的方式，生产出相对于国外成本更低的产品。如果这些产品在被投资国国内进行销售，那么由于被投资国经济发展水平较低等因素的制约，这部分产品的销售价格也相对较低。就此而言，被投资国在产品生产成本上所体现出的成本相对优势并不能完全体现出来，在一定程度上使外部资本不能通过对被投资国投资的方式，来获取较高的收益。根据市场经济运行中存在的“逐利”法则，在没有利益驱动的条件下，外部资金是不会对被投资国进行盲目投资的。鉴于上述分析，由相对成本优势所导致的外部资本对被投资国的投资，其生产的产品一定是可以进行国际流通的贸易品。一方面，这部分相对成本较低的产品出口到生产要素价格较高的其他国家，可以获取较多的投资收益；另一方面，通过进口替代的方式，这部分相对成本较低的产品能够在被投资国国内进行销售。在相对成本比较优势影响下，被投资国对于这些产品的进口价格相对较高，因此那些用于实现进口替代的产品在被投资国进行销售时，依然可以获取较多的投资收益。

3. 依靠技术优势，通过对被投资国的投资，实现外资所拥有的技术与被投资国的资源、劳动等生产要素的结合，生产出被投资国不能生产的产品，并在被投资国进行销售，以此获取超额利润。这种超额利润能否实现的关键在于，被投资国的经济发展是否使其具有消费这些高科技产品的能力。从实践中看，这些产品的生产更多地体现为进口替代产品。

4. 被投资国存在广阔的销售市场。当被投资国在人口、消费习惯以及经济发展水平方面与投资国之间呈现较大差异时，一些产品在投资国的销售市场已经出现饱和。为了寻找新的商机，投资国的一些资本会流向那些产品销售市场空间较大的国家，通过资本与这些国家其他生产要素的结合，生产一些在被投资国市场销售空间相对较大的产品，以此获取较多的投资收益。由于这些产品主要局限在被投资国进行销售，外部投资资金在被投资国所取得的投资收益如何转化为投资国的本币，实现外部资本的最终撤离，还必须做进一步的探讨。理论上，外国投资者投入的以外币作为表现形式的本金，只要被投资国不进行挪用，其在撤离被投资国时，可以通过货币兑换的方式，实现由被投资国的本币向投资国的本币转换。就外国资本在被投资国所获取的利润而言，其必须通过被投资国出口一定商品的方式来换取一定数量的外币，以实现外部资本投资利润由被投资国的本币向投资国本币的转换。

5. 被投资国为了吸引外部投资，采取降低税率、降低资源价格等优惠措施，吸引外部资本来对本国进行投资。通过优惠措施吸引外资，其主要目的在于以下几个方面：

一是通过国外资金流入带来先进的技术，将体现国外相对优势的先进技术与本国所拥有的资源、劳动等生产要素相结合，生产本国不能生产的产品。在这种引资模式下，虽然外部资金的进入会增加本国短缺产品的供应，但外资通过投资所获取的利润要实现由被投资国的本币向投资国的本币转换，还必须通过被投资国向投资国或其他国家出口一定商品并获取外币的方式，才能实现。

二是被投资国出于解决国内就业问题的需要，采取优惠措施所吸引的外部资金。从实践中来看，在信用货币经济条件下，如果一国市场需求空间巨大，政府就可以通过信用货币发行的方式，将自然资源、劳动、技术和管理等生产要素组合起来，从事生产。如果一国市场需求空间较小，仅仅依靠外部资金的流入（假设在这种引资模式下，外部资本是不带来技术的），其所起到的增加本国就业、促进本国消费的效果，与本国央行发行货币增加本国就业和促进本国消费的效果基本相同。在外部资本的介入是通过与本国资源、劳动等生产要素相结合，生产出口商品的方式，实现本国劳动就业的条件下，如果没有相应的进口与出口对应，被投资国所获取的只是以外币作为表现形态的货币，而被投资国在生产要素货币化和商品出口双重因素影响下，国内商品供给减少；而且国内生产要素货币化所导致的货币供给过多，必然会给被投资国带来通货膨胀压力。当然，如果外部资本在带来资金的同时，还带来了技术，或者通过外资购买国外先进技术的方式，来生产供被投资国消费的商品①，其与技术引资的目的基本相同。在以解决就业为目的的引资模式下，如果劳动者在生产过程中劳动能力得到了有效提高，本国企业生产技术在外部投资的带动下实现了根本性的提高，在进出口均衡的条件下，外部资金对于被投资国的投资，在很大程度上可以使被投资国的经济发展在总量扩张的基础上实现更高层次的均衡。反之，如果引进外资以生产出口性商品的方式来拉动就业，在进出口不能达到有效均衡的条件下，这种盲目引资行为对于一国经济发展是没有任何帮助的。

三是引进外部资金是为了创造更多的外汇。在这种招商引资模式下，被投资国取得外汇的方式主要为外部资金对于被投资国的直接投资，在外币统一结算模式下，这部分外资直接转换为政府可以使用的外币。从长远来看，虽然这部分外币是政府用本币购买的，但由于政府本币不是可自由兑换的外币，随着时间推移，当外资撤出时，被投资国政府必须归还这部分外币。被投资国政府通过外币统一结算而取得的外币，实际上是被投资国政府对于外部投资者的一种负债，其对于这部分外币并没有最终所有权。在这种引资模式下，政府可以取得的外汇主要表现为在外国投资资金作用下本国资源、劳动等生产要素组合生产的商品出口所取得的外汇扣除外资投资收益部分。由于这部分外汇不等于商品出口所形成的利润，因外国投资资金推动的本国商品出口所形成的外汇，在某种程度上只是本国资源、劳动等生产要素的货币化表现形式。其中，自然资源和劳动等生产要素的货币化成本，如果不能从国外进口的商品中来进行弥补，就只能在被投资国的增量国民收入中进行扣除。在以赚取外汇为目的的引资模式下，经济发展必将随着政府掌握的外汇储备逐步增多而导致国内通货膨胀。从长期来看，如果对于外汇储备不能做到有效的使用，不但会导致公款出国式的腐败；更有甚者，如果被投资国对于外国投资者投入的外币本金及其投资收益进行挪用，在外资流出时，必将通过国内劳动和自然资源等生产要素进一步外币化的方式，来进行偿还。理论上，当外部资本流出被投资国时，被投资国企业仍然可以通过国内劳动、自然资源等生产要素外币化的方式，来偿还被透支的以外币作为表现形式的外国投资者投入的本金及其所取得的投资收益。如果被投资国国内企业不能偿还被透支的外商投资本金和投资收益，那么被投资国必然会由于外汇支付短缺而出现金融危机。由此可见，在赚取外汇的引资模式下，政府对于外币资金的使用也不可能是无限度的。如果将这部分外币资金用于非生产性支出或无效的生产性支出，将对于本国经济发展会产生巨大危害。

---

① 虽然这些商品中有一部分可能会出口，但是出口的目的主要在于进口。如果这部分产品出口换得的外币在支付投资者以技术作为表现形式的外币投资之后还出现了较大剩余，那么这种形式下的外国投资只是完成了被投资国物化形态的资源、劳动等生产要素的货币化过程。

（二）通过金融资本投资的方式进入被投资国

理论上，外国资本对于被投资国金融市场进行投资，其投资的主要切入点体现在以下几个方面：

1. 被投资国金融市场发展程度相对较低，经济发展货币化程度不高，由此导致被投资国以实体经济为依托的金融产品定价相对较低，从而为外国金融资本投资提供了较好的契机。一般来说，外国资金对被投资国进行金融投资时，被投资国的金融市场发展呈现出两方面发展特征：一方面，被投资国金融市场刚刚起步，金融产品定价水平较低，随着经济货币进程的不断加快，被投资国金融产品的价格水平将存在着较大的涨升空间，金融品种也将日益丰富。例如，一些发展中国家在经济发展初期土地的价格相对较低，随着这些国家经济货币化进程的不断加快，土地的价格也会出现大幅度升值。另一方面，被投资国金融市场有进一步开放的趋势，从而为外国金融资本在对被投资国金融市场进行投资，获取较多投资收益之后，实现快速撤离创造了有利条件。

2. 被投资国金融服务水平相对较差，外国资本介入被投资国金融市场以后，可以通过其优质的服务，在与被投资国金融机构自由竞争过程中，获取较大的市场份额。

3. 被投资国金融机构、从事金融投资的个人金融意识以及金融投资水平相对较低，由此对外国金融资本构成了强大的吸引力。外国金融资本进入被投资国后，通过与被投资国金融机构和金融投资个人之间的金融博弈，可以获取较多的投资收益。特别需要指出的是，就金融产品的价格博弈而言，其实质上是一种“零和”游戏。由于国内外金融资本在对金融产品价格的博弈过程中，其自身没有产生一分钱增量财富，因此外国资本在被投资国所实现的金融投资所得，实际上是对被投资国国内金融机构和金融投资者的一种财富掠夺。在经济实践中，外国金融资本在被投资国进行金融投资的路径主要表现在两个方面：一方面，外国金融资本在进入被投资国之前，通过各种手段压低被投资国金融产品的价格，以此为其介入被投资国金融市场创造有利的条件；另一方面，外国金融资本进入被投资国金融市场以后，通过对被投资国金融产品价格的不断推高，并使用各种手段诱使被投资国金融机构或金融投资者接盘，以顺利地进行套现，实现投资收益。

（三）通过地下钱庄的方式投机性进入被投机国

就外部投机性资金通过地下钱庄或其他非正常渠道进入其他国家的投资目的而言，其主要侧重于短期投机，这种短期投机的着力点主要体现在两个方面：

1. 被投机国在资本管制较严的背景下，本币出现了渐进性的升值预期，外国投机资金通过非正常渠道进入被投资国，从而获取汇兑收益。在被投机国资本管制较严的背景下，投机资金获取汇兑收益的大小主要取决于被投机国实体经济发展推升其本国汇率升值的程度，以及后续外部投机性资金不断介入对被投机国汇率的推升程度。鉴于外部投机性资金都侧重于短期投机，因此外国投机性资金对于一国汇率的投机，更多地偏重于该国汇率的变动趋势。一旦被投机国汇率的运行方向发生改变，这部分国外投机资金就会马上撤离，从而使被投机国汇率在前期投机性资金进入出现大幅升值之后，再出现快速贬值。由于一国经济发展对于其汇率的影响是渐进的，外部投机性资金介入程度以及撤离速度，是资本市场不完全对外开放条件下决定一国汇率变动的重要因素。就此而言，在现代市场经济条件下，一国汇率的变动幅度与其国内资本市场的管制程度密切相关。如果一国资本管制较严，那么必将在很大程度上减少外国投机资金进入本国的规模，由此确保本国汇率的基本稳定。而在投机性资金通过各种渠道进入被投机国资本市场之后，如果该国加强资本市场监管，那么这部分投机资金长期留在被投机国，在某种程度上可以保证该国汇率的稳定。如果投机性资金大量进入被投机国，导致被投机国汇率出现较大幅度升值，在被投机国资本管制依然较严的情况下，外国投机性资金在获利之后通过非正常渠道的退出，将是一个渐进的过程，由此导致被投机国汇率在外国投机性资金介入出现大幅度升值之后，其贬值也是一个渐进性的过程。如果被投机国在本国汇率由于外国投机性资金介入而出现大幅升值后，被投机国开放本国资本市场，那么外部投机资金在获取巨额投机收益之后，必将大规模撤离，使被投机国的汇率在短期内出现大幅贬值。

2. 外部投机性资金偏好被投机国低廉的资产价格，通过非正常渠道进入被投机国，在对被投机国低廉的资产价格进行大幅抬拉之后，然后再通过非正常渠道进行快速撤离，以此获取较高的投机收益。在这种投机模式下，外部投机资金之所以能够获取较高的投机收益，主要原因在于两点：一是通过外部增量资金的介入，拉高被投机国国内较低的资产价格；二是被投机国国内金融机构和金融投资者的金融投资水平相对较低，并且对外国投资理念非常崇拜，因此在外部投机性资金带动下，被投机国的投资者也会积极地参与对于本国资产的投资，进一步拉高被投机国的资产价格。鉴于金融市场对资产价格的二级市场炒作，在很大程度上遵循“击鼓传花”的游戏规则，外国投机资金对被投机国资产价格的投机，在很大程度上是利用了被投机国国民对于外资盲目崇拜的心理，在对被投机国资产价格进行大幅度抬高之后，通过诱使被投机国投资者承接价格大幅上涨的资产的方式，成功地获取投机利润。理论上，外国投机性资金对于被投机国资本市场的介入，决定其获利程度的主要因素在于两点：一是外国投机性资金对被投机国资产价格的介入时点。如果外国投机性资金在被投机国资产价格较低时进入，那么将在很大程度上提高外国投机资金对被投机国资产价格的拉升幅度；反之，如果外国投机资金在被投机国资产价格较高时进入，那么将在很大程度上使其对被投机国资产价格的拉升幅度受到限制。二是被投机国投资者对外国投机资金的崇拜程度，如果被投机国投资者对于外国投机资金非常崇拜，那么外国投机性资金就可以利用被投机国投资者对其盲目崇拜的心理，轻易将被投机国资产价格进行大幅度拉升之后，再让被投机国的投资者接盘，以此获取巨额投机收益。如果被投机国居民对外资的崇拜程度相对较小，那么外国资金在对被投机资产价格进行拉高以后，很难诱使被投机国的投资者进行接盘，使外国投机性资金在被投机国的投机获利空间相对较小。

二、外国资本介入对于被投资国经济运行产生的影响

总体来看，不同投资目的的外国资金进入被投资国的国内市场，其对被投资国的经济影响程度也各不相同。对之，可以分以下几种情况来加以论述：

（一）外国实业资本投资对于被投资国的经济影响

从事实业投资的外国资金进入被投资国以后，其对被投资国的经济影响，在很大程度上与外国资本的投资方向以及外部生产要素的流入程度密切相关，主要表现在以下几个方面：

1. 在被投资国资源、劳动、技术和管理等生产要素较为充沛的条件下，外国资本通过对被投资国进行投资的方式，可以实现由外币形态的资金向被投资国的资源、劳动、技术和管理等物化形态生产要素的转化，通过上述转化，将物化形态生产要素组合在一起，生产出新的产品，从而实现价值增值。在这种实业投资模式下，外国投资资本进入被投资国进行实业投资，实际上是一种将以外币作为表现形式的价值形态向被投资国以生产要素作为表现形式的使用价值形态进行转换的过程。假设被投资国在外资投资之前，其经济发展遵循了商品价值总量与使用价值总量相互平衡的规则，那么在外国资金与本国物化形态的生产要素相结合的背景下，必然会增加一国以信用货币作为表现形式的价值总量。无论这些生产要素通过组合在生产过程中生产的增量使用价值，能否分摊这部分由于外资进入而出现多余的价值，从静态和动态来看，单纯地侧重与被投资国存量生产要素相结合的外部资本介入，在很大程度上会加大被投资国的通货膨胀压力。从外部资本所转化的生产要素组合在生产中所生产的产品使用方向来看，如果这部分产品供国外使用，并且被投资国不能通过从国外进口相应产品的方式，实现进出口的收支平衡，那么将进一步加剧被投资国的通货膨胀压力。

2. 在被投资国由于经济不发达，其所拥有的生产要素价格相对较低，外国资本与上述生产要素相结合，通过生产出比国外同类产品成本更低的外资引进模式，使外国资金实现其由外币标价的价值形态向以被投资国物化形态生产要素作支撑的使用价值形态的转换。如前所述，这在一定程度上会加大被投资国的通货膨胀水平；同时，

这种以相对成本优势为切入点的外国投资，其与各生产要素组合生产的产品出口之后，如果被投资国不能通过进口的方式，实现收支平衡，它将进一步加大被投资国的通货膨胀压力。

3. 在外国投资资本依靠技术优势，通过对被投资国的投资，将其所拥有的技术与被投资国生产要素相结合，生产出被投资国不能生产并在被投资国国内销售的产品，以此获取超额利润的外资投资模式下，外国投资者以技术作为表现形式的投资行为，在很大程度上弥补了被投资国在产品生产技术上的不足。通过外资投入的技术与被投资国生产要素的组合，生产出被投资国不能生产的产品，满足了被投资国的生产需求和投资国的投资需求。从通货膨胀角度分析，虽然外部技术与被投资国没有使用的生产要素的组合，加大了被投资国的货币供给①，但由于外国技术加入所形成的更多产品的有效供给，将在很大程度为这些新增货币提供有效的使用价值形态支撑。当然，这种有效供给的实现，必须满足以下假设条件，即外国技术的加入，在很大程度上提高了被投资国的劳动生产率。与此同时，外国技术与被投资国生产要素组合生产的产品，是能够满足被投资国或其他国家生产和消费需要的有效产品，而不是重复生产的无效产品。如果通过技术与被投资国其他生产要素相结合的方式，生产的产品出口到国外，其对被投资国也是有利的。因为，外国技术的进入，充分发挥了被投资国前期闲置的生产要素的作用，提高了被投资国的生产效率。而这些生产要素组合所生产的产品出口，增加了被投资国的产品进口能力，从而为被投资国通过进口的方式，进一步满足本国的生产和消费需求，提供了有利条件。当然，如果被投资国通过技术与其他生产要素组合所生产的出口产品，在出口之后就不能通过进口的方式，来实现被投资国贸易收支的平衡，外部技术在被投资国的货币化以及资源、劳动和管理等被投资国本国生产要素的货币化，将在很大程度加大被投资国的通货膨胀压力。如果被投资国在引进外国技术的同时，能够对之加以消化吸收，并将这部分外国技术转化为被投资国自身的技术，甚至在此基础上实现本国技术上的超越，那么这种外资投入模式下的外国技术引进，可以从生产品和消费品两个方面满足被投资国的需求，也在很大程度上为被投资国经济的持续发展提供了有利的外部条件。

4. 在针对被投资国国内广阔销售市场而进行投资的外国资本投资模式下，外国资本对于被投资国的介入，一方面实现其由外币标价的价值形态向被投资国以资源、劳动等物化形态生产要素作支撑的使用价值形态的转化；另一方面，通过与被投资国资源等其他生产要素的组合，生产出供被投资国生产和消费的相关产品。在外国资金进入被投资国之后，被投资国价值总量的增加，在很大程度会加大被投资国的通货膨胀压力。在通过外国资金进入所实现的被投资国生产要素组合所进行的生产过程中，

---

① 主要表现为由于技术等生产要素的货币化而导致的货币供给增加。

如果外部资本在生产中获取的利润较少，那么其对被投资国通货膨胀的影响就相对较小。反之，如果外资在生产要素组合生产中获取的利润较高，那么其对被投资国通货膨胀的影响就较大。当然，外部资金作用下不同生产要素的组合形式，对于被投资国通货膨胀的影响也各不相同。具体言之，在以自然资源消耗为主导的粗放型经济发展模式下，被投资国经济发展所面临的通货膨胀压力较大；反之，在以劳动、技术消耗为主导的经济发展模式下，被投资国经济发展所面临的通货膨胀压力较小。在这种外国资本投资模式下，被投资国也可以通过发行信用货币的方式来实现对自然资源、劳动等生产要素的组合，生产相应的产品来供应国内市场。从经济实践来看，被投资国之所以没有依靠自己所拥有的生产要素生产相应的产品满足国内的市场需求，在很大程度上与被投资国市场发育程度低、从事经济活动的微观市场主体经营市场化程度不高等因素密切相关。

5. 在被投资国为了吸引外国投资，采取降低税率、降低资源价格等优惠措施，吸引外国资本来对本国进行投资的外资投资模式下，外国资金的进入形式以及与被投资国生产要素的组合方式、生产产品供应范围等因素的变化，对于被投资国经济的影响，与前面四种外资投资模式基本相同。不同的是，在采取优惠措施吸引外资的情况下，会造成外资企业与国内其他企业在市场待遇上的不公平，从而对被投资国公平竞争机制作用的发挥产生负面影响；并且，在这种引资模式下，对于被投资国最有利的外国投资主要在于技术而不在于以外币作为表现形式的资金。因为，在被投资国外汇相对短缺的背景下，通过外国资金的引进，可以进口相应的外国产品，实现本国经济的优化升级。而一旦引入的外资不能满足被投资国进口相应产品的需要，那么外国资金进入被投资国进行投资所达到的投资效果，与被投资国通过发行信用货币的方式，实现本国生产要素之间有效组合的投资行为所达到的投资效果，基本相同。至于外资带来的先进管理经验、市场理念等，被投资国可以通过聘请外部管理者，或通过外部管理者以管理经验入股的方式，来引进到被投资国家。由此可见，在外国资金对被投资国相对剩余的条件下，通过优惠方式引入外国资金，对于被投资国而言是没有实质意义的。而被投资国通过采取优惠的措施吸引外国的技术、管理等生产要素，一方面可以实现有效的进口替代；另一方面，被投资国通过对于从外国引进的先进技术、管理的消化、吸收和创新，可以使本国经济实现更好的发展，以此真正地提高外资的使用效率。

（二）外国金融资本投资对于被投资国的经济影响

外国金融资本对被投资国的经济影响，在很大程度上与外国金融资本的投资切入点密切相关。下面分以下几种情况来对之进行论述：

1. 外国资本鉴于被投资国金融市场发展程度较低，经济发展货币化程度不高，由此导致被投资国以实体经济为依托的金融产品定价相对较低，而对被投资国进行金融投资的模式，对于被投资国的经济影响。在这种投资模式下，外国资金对于被投资国的投资，使被投资国资产价格出现快速上涨，由此导致被投资国以资产价格上涨作为表现形式的通货膨胀。被投资国资产价格的上涨，一方面会不断地吸引外国增量资金的投资，增加被投资国国内资产价格的上涨压力；另一方面，被投资国国内资产价格的上涨将导致一部分从事实体经济的资金从事资产投资，使实体经济发展面临较大的资金供给不足的压力，对被投资国经济发展产生不利影响。与此同时，从被投资国对外贸易发展角度考虑，外国资金的大量介入，在一定程度上抬高了被投资国的汇率水平，从而降低了被投资国的产品出口竞争力。目前理论界有一种观点，认为外国资金进入被投资国之后，通过抬拉被投资国的资产价格，可以增加被投资国资产所有者的收入水平，从而刺激被投资国的消费。其实，这种由外国资金介入所抬高的资产价格，通过加大被投资国货币供给的方式，也一样能够达到抬高本国资产价格的目的。鉴于这部分外国资本进入被投资国主要从事金融投资，在被投资国经济发展水平、资产价格与国外仍存在着较大差距的情况下，其可能一直留在被投资国，从而分享被投资国的经济发展成果。而一旦被投资国的经济发展水平、资产价格与国外基本接轨，这些国外资本就会离开被投资国。当然，如果被投资国资产价格在短期内出现了快速上涨，使这些外国资金获取了巨额投资收益，也不排除这些外国金融投资资金像投机资金那样，在短期内迅速撤离被投资国，从而锁定其所实现的投资收益。

2. 鉴于被投资国金融服务水平相对较差，外国金融投资资本介入被投资国的金融市场，可以通过其优质的服务，在与被投资国金融机构进行自由竞争过程中，获取较大市场份额的金融投资模式，对于被投资国的经济影响。在这种金融投资模式下，外国资金的介入可以增加被投资国金融机构的经营压力，从而促进其改进管理水平，提高服务质量，其有利于提高被投资国国内金融机构的市场化经营能力，提高被投资国的金融效率；有利于被投资国居民充分地享受由于金融服务自由竞争所带来的优质服务。在这种金融投资模式下，被投资国应对外国金融机构竞争的关键在于，提高本国金融机构的市场化经营水平和服务水平。

3. 被投资国金融机构、金融投资者的金融意识以及金融投资水平相对较低，由此对外国金融资本形成了强大的吸引力，外国金融资本进入被投资国之后，通过与被投资国金融机构和金融投资者的金融博弈，获取较大投资收益的金融投资模式，对于被投资国的经济影响。在这种金融投资模式下，外国金融机构在被投资国的金融市场，通过与被投资国金融机构和金融投资者的博弈，获取了巨额金融财富。这部分金融财富实际上是被投资国国民财富的净流出，需要通过被投资国增量的国民收入来弥补。就此而言，这种金融投资模式下的外国金融投资所获取的投资收益，对于被投资国而言，应该是一种经济损失。在经济实践中，被投资国为了有效地避免这种损失，应通过采取适度开放本国金融市场、限制外资金融机构经营范围以及提高本国金融机构和金融投资者投资意识和投资水平的方式，来最大限度地规避外国金融投资资金介入本国金融市场，对于本国所产生的经济损失。

4. 国外投机性资金对被投机国的经济影响。在这种投机模式下，外国投机资金介入被投机国资本市场，一方面会导致被投机国资产（含实物或虚拟资产，如房地产、股票等）价格的大幅波动，极大地扰乱被投机国的经济运行秩序；另一方面，国外投机资金通过在被投机国投机所获取的投机收益，对应的就是被投机国的国民财富净流出，其需要通过被投机国增量的国民收入来进行补偿。因此，在投机性外国资金在被投机国从事金融投机的条件下，被投机国不能取得任何利益。为了有效应对外国投机性资金对于被投机国金融市场的冲击，最大限度地保护本国利益，被投机国应通过规范本国金融市场运行秩序的方式，最大限度地减少本国金融市场的波动幅度，缩小外国投机资金的盈利空间；应通过加强外国投机资金入境监管的方式，构筑强大的外国投机性资金入境防火墙，减少外国投机性资金对于本国金融市场的冲击。对于已经入境的外国投机性资金，通过税收以及严格出境的方式，最大限度地减少他们的投机收益，最大限度地保护本国的国民财富。

本章小结

本章主要研究了外商投资对被投资国的经济影响问题。首先分析了外部资本流入的主要途径及其投资着力点，认为外部资本流入一国市场，主要通过以下途径：一是通过实业资本投资的方式进入被投资国；二是通过金融资本投资的方式进入被投资国；三是通过地下钱庄的方式投机性进入被投机国。在此基础上，文章研究了外国资本介入对于一国的经济影响，认为不同投资目的的外国资金进入被投资国的国内市场，其对于被投资国的经济影响程度也各不相同。对之，可以分以下几种情况来加以论述：

1. 外国实业资本投资对于被投资国的经济影响。从事实业投资的外国资金进入被投资国以后，其对于被投资国的经济影响，在很大程度上与外国资本的投资方向以及外部生产要素的流入程度密切相关。

（1）在被投资国资源、劳动、技术和管理等生产要素较为充沛的条件下，外国资本通过对被投资国进行投资的方式，可以实现由外币形态的资金向被投资国的资源、劳动、技术和管理等物化形态生产要素的转化，通过上述转化，将物化形态生产要素组合在一起，生产出新的产品，从而实现价值增值。

（2）在被投资国由于经济不发达，其所拥有的生产要素价格相对较低，外国资本与上述生产要素相结合，通过生产出比国外同类产品成本更低的外资引进模式，使外国资金实现了其由外币标价的价值形态向以被投资国物化形态生产要素作支撑的使用价值形态的转换，在一定程度上会加大被投资国的通货膨胀压力；同时，这种以相对成本优势为切入点的外国投资，其与各生产要素组合生产的产品出口之后，如果被投资国不能通过进口的方式，实现收支平衡，其将进一步加大被投资国的通货膨胀压力。

（3）在外国投资资本依靠技术优势，通过对被投资国的投资，将其所拥有的技术与被投资国的生产要素相结合，生产出被投资国不能生产并在被投资国国内销售的产品，以此获取超额利润的外资投资模式下，外国投资者以技术作为表现形式的投资行为，在很大程度上弥补了被投资国在产品生产技术上的不足。通过外资投入的技术与被投资国生产要素的组合，生产出被投资国不能生产的产品，满足了被投资国的生产需求和投资国的投资需求。

（4）在针对被投资国国内广阔销售市场而进行投资的外国资本投资模式下，外国资本对于被投资国的介入，一方面实现其由外币标价的价值形态向被投资国以资源、劳动等物化形态生产要素作支撑的使用价值形态的转化；另一方面，通过与被投资国资源等其他生产要素的组合，生产出供被投资国生产和消费的相关产品。

（5）在被投资国为了吸引外国投资，采取降低税率、降低资源价格等优惠措施，吸引外国资本来对本国进行投资的外资投资模式下，外国资金的进入形式以及与被投资国生产要素的组合方式、生产产品供应范围等因素的变化，对于被投资国经济的影响，与前面四种外资投资模式基本相同。不同的是，在采取优惠措施吸引外资的情况下，会造成外资企业与国内其他企业在市场待遇上的不公平，从而对被投资国公平竞争机制作用的发挥产生负面影响；并且，在这种引资模式下，对于被投资国最有利的外国投资主要在于技术而不在于以外币作为表现为形式的资金。

2. 外国金融资本投资对于被投资国的经济影响。外国金融资本对被投资国的经济影响，在很大程度上与外国金融资本的投资切入点密切相关，本章列举了外国金融资本四个方面的投资（投机）切入点，这里不再细述。

第二十九章
外国资本的基本属性及其对于中国招商引资的借鉴

一、引进外部资本的切入点[①]

（一）外部资本的基本属性

在信用货币经济条件下，虽然资本总是“逐利”的，但以信用货币作为表现形式的财富并不是资本“逐利”的最终目的。理论上，只有信用货币取得具有使用价值形态的商品做支撑（这种使用价值形态的商品既可以表现为消费品，也可以表现为进入生产领域的投资品）[②]，资本的“逐利”目的才能最终得以实现。就一个国家而言，在信用货币经济条件下，政府依靠其掌握的政治权力发行货币，实际上是向市场凭空注入了一批没有使用价值形态商品做支撑的增量价值。这部分信用货币进入流通市场之后，通过与含有使用价值形态的商品相互交换的方式，使政府新发行的信用货币成为具有使用价值形态商品做支撑的价值形态。因此，在信用货币经济条件下，政府发行的增量信用货币所取得的使用价值形态支撑，是通过对社会已经存在的使用价值总量进行分摊的方式取得的。理论上，这种社会已经存在的使用价值总量，既包括那些通过人类活动已经具有价值和使用价值的商品；也包括还没有人类活动参与，但具有一定使用价值的天然物品，如土地等自然资源。就外国资本而言，在信用货币

① 本文所说的外部资本，与外资含义基本相同，其所包括的内容泛指从国外进入的包括国外信用货币资金、技术、管理、资源、劳动以及设备等在内的所有形态生产要素。

② 这里所说的商品，通指能够通过市场交易的有形的实物产品和无形的服务，本文以后所说的商品含义，都与之相同。

经济条件下，由于信用货币本身并不是商品，因此从地域上看，外部资本进入一个国家，其所带来的增量价值与本国政府发行的增量信用货币，在某种程度上几乎没有什么区别。

1. 什么是真正意义上的外部资本。鉴于信用货币的本质特征，在信用货币经济条件下，不能简单地将引进外部资本等同于引进外部信用资金。如果单纯地引进外部信用资金，其在本质上与本国政府发行信用货币，没有根本区别。有鉴于此，对于引进的外部资本，其并不是简单地表现为单纯的外部信用货币资金形态，而是包括与外部信用货币价值形式相对应的外部使用价值形态的生产要素流入。只有通过与引入的外部信用资金相对应的使用价值形态生产要素的流入，引进外资的国家才能真正地利用外部引进的生产要素，与本国生产要素形成互补，生产本国所需要的产品或提高本国的生产能力。由于外部资金进入被投资国最终还是要流出的，因此对于外部资金流出所支付的外部信用货币，只能通过出口商品换取外部信用货币的方式来支付。与外部投资的信用货币资金相对应的外部使用价值形态生产要素进入引资国以后，其与引资国其他生产要素相结合从事生产所创造的财富，主要体现在以下几个方面：

一是生产相应的产品，用于满足引资国的生产和生活需要。在此条件下，由于引资国通过引进与外部信用货币资金相对应的外部生产要素的方式，生产出本国生产、生活所需要的产品。为了满足引进的外部资金最终将其本金及利润汇出国外的需求，引资国必须根据国际间生产要素互补性的分布特征以及国际分工，通过向国外出口商品的方式，获取外部信用资金，以偿付外部投资资金流出引资国所必须兑付的本金及利润；通过使用价值输出的方式，对当初引进与外部信用货币资金相对应的外部使用价值形态的生产要素进行有效补偿。从数量来看，考虑外部资金在流出时还含有外资在引资国所获取的利润因素，引资国出口商品在价值量上就应该高于当初引进外资的本金数额。

二是外部资金进入引资国之后，通过与引资国生产要素的结合，生产商品用于出口，满足外部市场的需要。在此条件下，要使外部引入的信用货币资金在流出时能够得到真正补偿，就要求与外部投资资金相对应的外部生产要素进入引资国所生产的出口商品，其所获得的出口价值不但包括引进的外部信用货币资金本金，而且还包括其所实现的一部分利润。如果有引资国本国生产要素参与了出口商品的生产，其还应该包括本国生产要素所付出的本金价值补偿以及实现利润的价值补偿。由于这部分价值补偿主要以外币形式表现出来，为了对引资国出口商品生产所消耗的本国生产要素进行使用价值形态补偿，还应该从国外进口相应产品的方式，对引资国生产要素的付出进行相应的使用价值形态补偿。如果出口商品的价值小于上述价值补偿要求，那么引资国将需要通过本国生产要素价值和使用价值付出的方式，来对未来撤出的外部信用资金进行价值和使用价值双重形态的补偿。在此条件下，外部信用货币资金引进国对于外资的引进，不但没有获取任何利益，反而需要通过无偿牺牲本国生产要素的方式，来偿还引进外资的部分本金及其实现利润。由此可见，在这种引进外资模式下，对于出口商品的定价非常重要。为了最大程度地维护引进外资国的利益，对于出口商品应该遵从“成本 + 合理利润”的原则，来进行合理的定价。

2. 外部资本进入被投资国的主要目的。总体来看，在信用货币经济条件下，外部资本进入被投资国，其主要投资目的表现在以下几个方面：

第一，被投资国存在广阔的销售市场。由于外部资金流出国本国市场发展空间相对较小，而外部资金流入国存在着巨大的销售市场，外部资金通过在被投资国的投资，生产的产品在满足被投资国国内生产和生活需要的同时，还可以在被投资国国内销售市场广阔、产品供不应求等因素影响下，来获取较多的利润收入。在这种外资投资模式下，如果被投资国对引进的外部信用货币形态资本，不通过进口相应使用价值形态生产要素的方式，将之转换为具有一定形态使用价值的生产要素，而是将这些外部信用货币资金兑换为本国货币，通过增发本国信用货币的方式，来组织本国生产要素进行生产。那么，外资进入被投资国所从事的生产与被投资国通过发行本国信用货币的方式所进行的生产，其效果基本上是一致的。唯一不同的是，外资参与被投资国的经济活动，必须赚取一定的利润。在这种引资模式下，虽然被投资国通过“统一结汇”的方式保留了进入本国投资的外部信用货币资金的本金，在这部分外部投资本金没有被挪用的条件下，对于外资在被投资国投资所获取的利润部分，被投资国还必须通过本国生产要素的组合生产相应产品并进行出口的方式，来获取一定的外币收入，以此来对外资在被投资国投资所获取的利润，进行价值补偿和使用价值补偿。在外部信用货币资金不断进入被投资国的影响下，被投资国所实行的“统一结汇”模式还会导致其本币出现进一步升值，由此使外部投资资金在获取投资利润的同时，还可以获取一部分汇兑收益。当然，与这部分汇兑收益相对应的外汇资金，其仍然来源于被投资国出口商品所获取的外汇收入。

第二，与被投资国国内生产要素形成较强的互补性。外部资金进入被投资国主要是为了与被投资国的生产要素实现优势互补。必须指出的是，在这种引进外资模式下，被引进的外部资金并不是表现为以信用货币作为表现形式的价值形态，而是表现为与被投资国生产要素形成互补的其他具有一定使用价值形态的生产要素。这就要求被投资国通过将外资投入的外部信用货币资金从国外进口相应生产要素的方式，与本国生产要素进行有效结合，生产出相应的产品。就这些产品的销路而言，如果这些产品主要用于满足被投资国自身的生产和生活需求，那么被投资国需要通过出口其他商品的方式，从价值和使用价值两个方面对外部投资资金的本金及其所获取的利润，进行有效补偿。考虑外部投资资金在被投资国获取利润的因素，理论上，被投资国出口商品的价值总量要大于以外币作为表现形式的外资的投资金额。如果这些产品主要是通过出口的方式供外国使用，从外商投资信用货币资金价值补偿角度分析，这些产品出口的定价规则，既要体现外商投资资金的成本及其所获得的利润，也要体现被投资国本国生产要素参与生产所获取的货币化价值及其取得的相应利润。如果这些出口产品在价格上不能体现上述规则，或者这些出口产品的价格低于根据上述定价规则所确定的价格水平，那么被投资国只能通过本国生产要素的部分无偿付出，来抵补外资撤离被投资国所需要支付的本金及其所获取的利润。当这些出口产品的价格高于根据上述定价规则所确定的价格水平时，对于本国生产要素所获取的以外币作为表现形式的货币化价值及其利润，必须通过从国外进口相应商品的方式，来进行有效补偿，否则本国生产要素与外资相结合所产生的生产成本及其利润，就不能取得使用价值形态的补偿。而仅仅停留在以外币作为表现形式的价值状态。在信用货币经济条件下，这显然不是社会生产的最终目的。

第三，被投资国存在低廉的生产要素成本。在这种外资投资模式下，如果外部资金进入被投资国以后，仅仅停留在以外币作为表现形式的信用货币资金状态，是无法实现与被投资国的生产要素相结合的。为了实现与被投资国生产要素相结合的目的，就必须将外部资金兑换成被投资国的本国货币，由此导致被投资国本国货币的增量发行，其与被投资国通过本国信用货币增量发行的方式来实现经济发展，在效果上基本一致。由于外资对于被投资国的投资不但要实现投资本金的保全，而且还要获取相应的利润，因此，从国民财富地域性角度考虑，外资在这种投资模式下所获得的利润，实际上是对被投资国的一种掠夺。当然，在外资所获取的利润总量中，还有一部分是外商管理所应该获得的收入，这部分收入属于外商创造的增量价值，而不是一种对被投资国的掠夺行为。此外，在外部资金不断进入被投资国的条件下，外部资金还可以获得汇兑收益。如果外资通过被投资国生产要素的货币化所生产的商品出口到其他国家，在除去外资投资本金及其获取的相应利润之后，被投资国本国生产要素的货币化，在很大程度上以外国信用货币的形式表现出来。如果这部分外国信用货币资金不能通过从国外进口相应使用价值形态商品的方式，来对被投资国消耗的生产要素进行使用价值形态的补偿，那么就需要通过国内生产相应产品的方式，来对之进行使用价值形态补偿。受此影响，被投资国必然会呈现以信用货币作为表现形式的价值数量越来越多，而以生产要素作为表现形式的使用价值总量越来越少的发展格局。就增量价值的来源而言，其主要体现在两个方面：一是被投资国对于外商投资所支付的外币进行“汇兑结算”，所增发的本国信用货币。二是对于外资投资资金与本国生产要素相结合生产的出口商品所获取的外汇，通过“汇兑结算”所增发的本国信用货币。理论上，如果被投资国不能运用其所积累的外币资金，从国外进口相应的生产要素来对本国消耗的生产要素进行有效的补充或者实现生产要素的升级换代，那么随着时间推移，被投资国经济运行必然会面临较大的通货膨胀压力，被投资国经济发展也将受制于本国生产要素供给的约束而不可持续。

第四，针对被投资国本币升值预期而进行的投资。在这种外资投资模式下，外部资金进入被投资国以后，通过将外部信用货币与被投资国本国信用货币相兑换的方式，将资金存入被投资国的银行或者购买被投资国的不动产[①]，以此获取汇兑收益和资本利得双重收益。就这种投资模式对于被投资国的经济影响而言，如果外资将汇兑的被投资国信用货币资金存入银行，则间接地增加了被投资国的信用货币资金供给；如果外资将汇兑的被投资国信用货币资金用于购买被投资国的不动产，则直接增加了被投资国的货币供给。这些都在很大程度上增加了被投资国的通货膨胀压力。

第五，被投资国在投资领域的限制相对宽松。在这种外资投资模式下，外部资金对于被投资国的投资，往往与被投资国自然环境保护观念淡薄有很大关系。就这种外资引进模式对于被投资国的经济影响而言，其主要表现在两个方面：

一是在外资与被投资国生产要素相结合所生产的商品，主要用于出口的外资投资模式。在这种引资模式下，如果外资在进入被投资国的同时，带来了具有使用价值形态的生产要素，那么外资与被投资国生产要素相结合所生产的出口商品，其出口定价不但要能抵补外资投资的本金及其所获得的利润，而且还能够抵补被投资国生产要素的投入成本及其获得的相应利润。特别是对被投资国本国生产要素的补偿，不但要获取价值形式的补偿，而且还需要获取使用价值形式的补偿。这种使用价值形态的补偿，主要表现为对于商品出口所获取的与被投资国生产要素成本补偿及利润所得相对应的那部分外币收入，应该通过从国外进口相应产品的方式，来对这些生产要素进行使用价值补偿或实现生产要素的升级换代。理论上，对于本国生产要素通过出口方式所获取的利润部分，其既可以作为本国所拥有的外汇储备，也可以通过从国外进口商品的方式，实现本国生产或消费的升级换代。如果不能通过从国外进口相应商品的方式，来抵补被投资国生产要素的成本，其必将通过被投资国本国生产商品的方式，来对之进行有效补偿，这在一定程度上会加大被投资国本国的通货膨胀压力。如果外资资金进入被投资国没有带来与其信用货币资金相对应的使用价值形态的生产要素，那么其对于被投资国生产要素的货币化，必然会加大被投资国的通货膨胀压力，主要表现为被投资国国内通货膨胀与对外部资金进行“统一结汇”所形成的巨额外汇储备同时并存。当然，在这种外资投资模式下，被投资国还将面临环境污染的压力。

二是外部资金进入被投资国与被投资国生产要素相结合，生产的商品供被投资国使用的外资投资模式。在这种外资投资模式下，如果没有与外部资金相对应的外部使用价值形态生产要素的流入，在外资投资本金不变的条件下，被投资国还需要通过本国生产要素的组合，生产相应商品并用于出口，换取一部分外币，以支付外资投资所

① 在本币升值预期作用下，被投资国的不动产往往也会出现升值的趋势。

取得的利润。就其对于被投资国的经济影响而言，其与被投资国通过信用货币增发的方式发展经济基本相同。如果外部资金在进入被投资国的同时，带来了相应的具有使用价值形式的生产要素，那么被投资国必须通过本国生产要素组合、生产一部分出口商品的方式，取得一些外币资金，用于支付外资撤离时所需要的外资本金投入及其所取得的相应利润。在这种外资投资模式下，被投资国有效地利用了外部资金，扩大了本国生产规模，在很大程度上满足了被投资国本国的生产和生活需要。当然，被投资国在经济发展过程中也面临着较大的环境污染压力。

第六，单纯地是为了实现信用货币的价值形式向使用价值形式转换所进行的外资投资。在这种引资模式下，外资进入被投资国，主要目的在于将外部资金兑换成被投资国的本币，用于购买被投资国的消费品，以实现以外币作为表现形式的价值向以被投资国相关消费品作为表现形式的使用价值形式的转换。在这种引资模式下，外资之所以会进入被投资国，主要是因为被投资国的商品或价格相对便宜，或者被投资国本国商品供给相对充足，也有可能是被投资国的部分商品相对于外资投资者所在国而言，具有较强的不可替代性。一般来说，在这种引资模式下，如果被投资国不通过“统一结汇”将所获取的外币资金从国外进口相应商品的方式，来增加本国使用价值形态的商品供给，那么被投资国将面临较大的通货膨胀压力。

（二）引进外资对于一国经济发展产生的积极作用

理论上，真正意义上的外资引入，对于一国经济发展会起到积极的正面影响。具体言之，主要体现在以下几个方面：

1. 促进被投资国的技术进步。如前所述，在信用货币经济条件下，外部资金的引进不单纯地是一种信用货币资金的引进，而表现为与外部信用货币资金相对应的具有使用价值形态的生产要素的引进。从各生产要素对于一国经济发展的推动作用来看，在现代经济条件下，技术的进步无疑成为推动一国经济发展的主要动力。因此，在一国生产技术相对落后的条件下，通过引进外资的方式带来先进的生产技术，对于一国经济发展和生产技术的提高，都会起到积极的作用。在以技术为主导的引进外资方式下，外资以技术入股的方式，与被投资国其他生产要素相结合，共同组织生产。这种生产要素结合模式，对被投资国经济发展所起的作用主要表现在以下几个方面：一是克服了被投资国生产发展所存在的技术阻碍，有利于被投资国利用引进的技术，生产被投资国不能生产而又是本国生产、生活所需要的相关产品；二是被投资国在引进外部技术的条件下，对之进行有效消化、吸收，使这些技术变成了自己的技术，并在此基础上进行有效创新，最后利用本国的后发优势，实现对于其他国家的技术赶超。当然，作为从外部引进技术的代价，被投资国必须让以技术形式投资的外资获取一定利润。与此同时，为了使外资投入的以“技术”作为表现形式的本金及其所获得的相应利润能够在外商投资期满时顺利实现退出[①]，被投资国还必须以本国的生产要素生产出口商品的方式，来换取一部分以外币作为表现形式的资金，用于满足外资投资的本金及其获得利润在退出被投资国时所产生的外币需求。

2. 外资与被投资国相对丰富的生产要素相结合，生产更多的供被投资国生产和消费的商品，以满足被投资国的生产和生活需要。根据西方经济学的生产要素构成理论，在现代经济发展中，初始形态生产要素主要表现为自然资源、技术、劳动、管理及资金五种形态。在信用货币经济条件下，资金作为信用货币是不直接参与社会生产的，其必须转化为自然资源、技术、劳动和管理等初始的物化生产要素形态或转化为生产设备、厂房、原材料等次级物化形态生产要素，才能参与生产。就初始形态生产要素而言，各国在初始形态生产要素禀赋上存在着较大差异；就次级形态生产要素而言，由于各国在初始形态生产要素上存在的较大差异，导致各国在次级形态生产要素上也存在着较大差异，这些都使各国经济发展水平呈现出较大的差异。为了有效克服被投资国在初始形态生产要素和次级形态生产要素上存在的不足，被投资国通过引进外资的方式，引进本国所短缺的初始形态生产要素或次级形态生产要素[②]，然后与本国较为丰富的生产要素相结合，生产出满足本国生产和消费需求的相关产品，从而扩大本国的生产能力，使本国经济发展更好地满足本国居民不断提高的物质和精神生活需要。由于外部资金投资是"逐利"的，作为从外部引进本国稀缺的生产要素投资的回报，这些引进的生产要素在参与被投资国生产过程中，还必须获取一定的利润。为了满足外部投资者在投资退出时所需要的包括本金及相应利润在内的外币资金需求，被投资国还必须通过本国生产要素组合生产出口商品的方式，换取一定的外币资金，以偿付外资撤离被投资国时所需要的外币资金。

3. 带来先进的管理经验。理论上，"管理"作为一个重要的初始形态生产要素，在一国经济发展中发挥了重要的作用。由于国外市场经济发展时间相对较早，其管理经验比较丰富和科学。在以引进国外先进管理经验为主导的外资引进模式下，先进的管理经验作为一个重要生产要素进入被投资国，无疑会对被投资国的经济发展以及企业管理水平的提高，起到极大的促进作用。从"管理"要素进入被投资国的方式来看，主要有以下几个路径：一是直接以管理者身份入股的方式进入被投资国，参与被投资国的企业经营；二是与其他外部生产要素如技术、设备等一起进入被投资国，参

---

① 这种以"技术"作为表现形式的投资本金，主要表现为以下两种方式：一是外商直接以技术入股的方式进入被投资国；二是外资先将外币作为表现形式的资金进入被投资国，以外币资金投资入股，然后再将这部分外币资金从国外购买相应的技术，从而实现技术的间接投入。

② 理论上，这种初始形态短缺生产要素或次级形态短缺生产要素的引进，既可以表现为外资直接以上述短缺生产要素入股的方式进行投资，也可以表现为外资先以外国信用货币资金的方式投资入股，然后再通过投资入股的外国信用货币资金，向国外购买被投资国短缺的生产要素的方式，以弥补被投资国在上述生产要素上存在的不足。

与被投资国企业的经营管理。作为对引进国外先进管理经验的回报，"管理"要素进入被投资国，可以获得在被投资国企业经营过程中正常的薪酬回报，还可以作为股东的身份，参与被投资企业的利润分成①。因此，为了满足以"管理要素"方式投资的外资在撤离时对其所获得的薪酬及利润兑换为外币的需求②，被投资国必须通过本国生产要素生产出口商品的方式，来取得一部分外币资金，以满足"管理要素"撤出被投资国时所需要支付的外币需求。

4. 促进本国其他产业的发展。从产业链角度分析，不管外资以生产要素的何种形态进入被投资国③，其与被投资国其他生产要素结合所进行的生产活动，会带动被投资国其他产业的发展。具体言之，当外资在被投资国进行投资的产业处于产业链上游时，必将在很大程度上给被投资国中、下游产业的发展提供原材料支持和生产设备等生产条件的支持。当外资在被投资国进行投资的产业处于产业链的中游时，可以给被投资国上游产业的发展带来较大的产品需求，也可以向被投资国的下游产业提供较多的原料支持。当外资在被投资国进行投资的产业处于产业链下游时，可以增加被投资国中、上游产业的产品需求，也能更好地满足被投资国居民的生活需求。当然，由于外资在被投资国进行投资需要获取一定的利润，因此在外资撤离时，被投资国对于外资投资本金及投资利润的支付方式，与前面所说的基本相同。

二、当前在外部资金引进上存在的诸多理论误区

在信用货币经济条件下，一些理论工作者对于引进外部资金的理论，还存在着许多误区，具体言之，主要表现在以下几个方面：

1. 引进外资主要是为了解决被投资国国内生产资金不足的问题。如前所述，在信用货币经济条件下，如果单纯地吸引以外币作为表现形式的外国信用货币资金，其与本国发行信用货币并没有多少区别。从外资进入被投资国的路径分析，在信用货币经济条件下，外资进入被投资国以后，首先要通过外汇结算的方式，转化为被投资国的本币资金，然后以被投资国本币资金的形式，参与被投资国的生产活动。从外资进入被投资国所经历的上述路径来看，外资进入被投资国所增加的信用货币，实际上是被投资国中央银行自己发行的信用货币，外资投资本身并没有带来真正意义上的增量资金。当然，被投资国通过外汇结算的方式获取了外商投资的外币，这种增量的外币

① 主要是指"管理"作为生产要素，以股权投资的方式加入被投资企业。

② 由于外国管理者一般在被投资国生活，因此，其在投资期结束需要汇回其本国的薪酬，主要表现为扣除在被投资国生活成本之后的净薪酬。

③ 如前所述，外资进入被投资国的生产要素形态不能单纯地表现为外币资金形态，其必须通过直接的技术、管理、劳动、自然资源等初始形态生产要素或上述初始生产要素组合所形成的设备等次级形态生产要素形态进入被投资国，或者间接地以外币投资资金购买上述物化形态生产要素的方式，进入被投资国。

主要以被投资国国际储备增加的方式体现出来。从动态来看，这部分外币的所有权并不是属于被投资国所有，因为外商投资在投资期满结束时不但需要换回其投资本金所对应的外币，而且还要从被投资国取得一定的以外币作为表现形式的利润收入。就此而言，在信用货币经济条件下，单纯地依靠引进外资来解决国内生产资金不足的做法，在很大程度上可以通过被投资国中央银行发行增量信用货币的方式来解决。

2. 引进外资主要是为了解决被投资国的就业问题。在与外部信用货币资金相对应的物化形态生产要素流入被投资国的情况下，外资投资会对一国经济发展起到积极的促进作用。就被投资国引进外资对于其本国就业问题的解决效果来看，并不是所有的外资进入被投资国，都可以很好地解决被投资国的就业问题。在单纯引进外部资金的外资引进模式下，外资对被投资国就业的影响，与被投资国通过本国中央银行发行信用货币所起到的效果基本相同。如果外资在进入被投资国以后，与其信用货币资金相对应的物化形态生产要素也进入了被投资国，通过与被投资国“劳动”等生产要素的结合，生产出相应的产品。从这些产品销售对象来看，如果外资企业生产的产品以出口为主，并且这种产品出口所换回的以外币作为表现形态的信用货币，不能通过从外国购买相应生活资料的方式补偿“劳动”等生产要素的消耗，或者不能从国外进口一些有利于被投资国生产和生活实现升级换代的生产要素，那么由于外部资金进入所引起的被投资国就业率的增加，就没有什么现实意义，其实现的只是被投资国生产要素以外币作为表现形式的货币化过程，被投资国本国生产要素使用价值形态的消耗，还必须通过本国其他生产要素生产的使用价值形态的商品①来予以满足。被投资国在外资带动下所实现的增量就业，其实质是等同于被投资国中央银行通过增发本国信用货币的方式，向这些就业者所发放的一部分增量工资。由此可见，并不是所有形态的外资进入被投资国，都可以有效地解决被投资国的就业问题。理论上，外资进入被投资国能够真正地解决被投资国的就业问题，其必须满足以下几个条件：

一是与外部信用货币资金相对应，外部资金进入被投资国必须有相应的初级物化形态生产要素或次级物化形态生产要素进入被投资国；

二是被投资国劳动力处于非充分就业状态；

三是外资进入被投资国开办企业所生产的产品主要用于满足被投资国国内的生产和生活需要，或者在外资企业产品出口之后，被投资国可以将出口所换回的外币，通过进口的方式，用于抵补本国生产要素的消耗或者满足本国生产要素升级换代所需要的进口需求。

只有满足以上三个条件的外资投资行为，才能有效地解决被投资国的就业问题。

3. 引进外资主要是为了增加被投资国的 GDP 规模。从经济发展的实际情况来看，

① 被投资国其他生产要素，是指被投资国以满足本国生产、生活需求为目的的生产要素。

目前 GDP 主要表现为一定时期一国生产的商品的价值总量。在信用货币经济条件下，一国 GDP 规模可以在短期内通过初始生产要素货币化的方式，而得到快速扩张。一般而言，如果被投资国存在大量的未被货币化的初级形态生产要素，在信用货币经济条件下，被投资国可以通过大量发行信用货币的方式，在短期内增加本国的 GDP 规模。从引进外资对于一国 GDP 增长的贡献来看，如前所述，在单纯地外部信用货币资金进入被投资国的条件下，其对于被投资国经济规模所产生的扩张作用，与被投资国中央银行发行增量信用货币所产生的扩张作用基本相同。在被投资国的经济发展过程中，如果一味地依靠引进外资方式来增加本国的 GDP 规模，在实现 GDP 规模迅速扩张的同时，并不能达到真正地增强本国经济实力的目的。因为根据传统的西方经济学理论，投资、消费和出口是拉动一国 GDP 增长的三驾马车。

就外资对被投资国的 GDP 拉动作用而言，其一方面可以通过与被投资国物化形态生产要素相结合的方式，通过投资的增长，增加被投资国 GDP 规模；另一方面，也可以通过增加出口规模的方式，实现被投资国 GDP 总量的大幅扩张。

就 GDP 增长对被投资国的经济影响而言，被投资国在投资扩张中完成的只是初始物化形态生产要素的货币化过程，这些物化形态生产要素在货币化过程中，能否通过自身的组合生产出具有促进被投资国生产和生活水平提高的相关产品，并不能通过 GDP 规模的扩张体现出来，因为通过投资所实现的 GDP 增长在很大程度上表现为一种货币上的价值形态，它并不能很好地反映一国生产和生活所需要的使用价值形态商品的数量、结构和质量。

就出口而言，根据现行的 GDP 核算公式，净出口的增长无疑可以推动一国 GDP 规模出现快速增加，但从使用价值形态分析，如果这种净出口价值总量的增加，不是表现为出口商品所实现的净利润结余，而是表现为出口商品的价值总量，那么随着被投资国出口商品价值总量的不断增加，被投资国可支配的使用价值总量是不断减少的。理论上，虽然出口国可以将出口商品换取的外汇从国外进口相应商品，以此来满足本国的生产和生活需要，但在现行的 GDP 核算模式下，进口的增加是作为 GDP 总量的减项来核算的。为了迅速增加本国 GDP 发展规模，出口国总是会通过增加出口、减少进口的方式，来达到增加本国 GDP 发展规模的目的。

从经济实践来看，在推动一国 GDP 发展总量的外资引进模式下，外部资金进入被投资国生产的产品，基本上是以外向型为主。而外部资金进入被投资国生产的产品，之所以以外向型为主，在很大程度上与外部资金多属于国外产业转移资金有关，因为从产业转移资金的属性来看，其生产产地是变动的，而销售市场则相对稳定。由此可见，在追求 GDP 总量规模的引进外资模式下，外资进入被投资国所实现的 GDP 总量的增长，并不能作为被投资国经济增长的真正标志。

4. 引进外资主要是为了赚取外汇储备。在外资进入被投资国以后，被投资国赚取外汇的途径主要表现在以下两个方面：一是在外部资金进入被投资国时，被投资国可以通过“外汇结算”的方式，将这些外资兑换成本国所掌握的外汇；二是通过外资与本国生产要素相结合，扩大商品出口，将商品出口而换来的外汇，通过“外汇结算”的方式，变为被投资国所掌握的外汇。若从被投资国真正能够掌握的外汇储备来看，外资投资进入被投资国的外币本金，随着未来外资从被投资国的撤离，最终是需要支付给外资投资人的。因此，被投资国政府对于进入的外资采取“外汇结算”方式所形成的外汇储备，其最终所有权并不属于被投资国政府。而且，对于外资在被投资国进行投资所获得的利润收入，被投资国在外资撤离时还必须向其支付相应的外币，这就需要被投资国通过本国生产要素组合生产出口商品的方式，来支付外资撤离被投资国时所应该支付的外币。另外，被投资国对于外资与本国生产要素相结合生产出口商品方式所获取的外汇储备，理论上，与这些外汇储备价值形式相对应的是被投资国生产要素在生产过程所产生的使用价值形态损耗。要使这些生产要素继续在生产中发挥作用，就必须将这些外汇储备从国外进口相应使用价值形态商品或进口有利于被投资国生产要素实现升级换代产品的方式，来保证被投资国生产要素再生产的连续性以及实现被投资国生产和生活的跨越式发展和提高。如果被投资国不采取上述方式对本国生产要素的消耗进行有效补充，其将在很大程度上使被投资国以价值作为表现形式的财富总量不断扩张，而以使用价值作为表现为形式的使用价值总量不断减少①，一方面会使被投资国经济发展面临较大的通货膨胀威胁；另一方面，在初始物化形态生产要素和次级物化形态生产要素供给不可持续的情况下，被投资国自身的经济也无法保持持续增长，其通过出口商品赚取外汇的方式，也不可能持续下去。实际上，真正意义上由政府可以支配的外汇储备，应该主要表现为属于被投资国所有的，通过出口方式所获得的，以外币形式作为表现形式的利润结余。对于这部分以外币作为表现形式的利润结余，被投资国可以通过向国外购买本国生产和生活所需要商品的方式，实现被投资国生产和生活的跨越式发展和优化升级。

三、中国引进外部资本的主要实践

（一）中国引进外资的背景

改革开放以后，由于受计划经济时代中国经济发展货币化程度不高以及产品生产技术水平较差等因素影响，“吸引外资”成为中国执行改革开放政策的主要表现形式之一。为了更好地吸引外资，一些地方政府采取积极的优惠政策，通过降低税率、免

① 这种使用价值形态总量，既包括初始物化形态的生产要素，也包括次级物化形态的生产要素，还包括产成品形态。

税以及降低土地、资源等生产要素价格的方式，来加大对外部资本的吸引力度。随着时间推移，外资成为中国经济发展中一支不可或缺的主要力量。

（二）外资在中国前期经济发展中所作的贡献以及存在的不足

从外资在中国前期经济发展中所起的作用来看，改革开放以后，中国通过外部资金的引进，提高了中国生产发展的技术水平；而且外资通过与中国生产要素结合生产出许多中国前期不能生产的产品，这些产品供给的增加，在很大程度上满足了中国居民的生产和生活需求。此外，在外部资金作用下，中国产品出口规模的迅速增加，也在很大程度上使中国 GDP 规模出现快速扩张。外资在中国投资的增加，在很大程度上也拉动了中国其他产业的发展，进一步增加了中国 GDP 的总量规模。

就改革开放以后中国利用外资存在的不足而言，其主要体现在以下几个方面：

一是外资进入中国投资所带来的真正核心技术相对较少，中国通过外商投资的方式所获得的技术转让成果也相对较少。中国从外国投资中获得的技术，没有完全消化吸收，进行有效创新。

二是中国通过外商投资企业商品出口所换得的巨额外汇储备，还无法通过从国外自由购买先进技术的方式，来推动中国的技术进步。

三是中国在前期引资过程中，注重利用外资来推动出口，获取了巨额外汇储备，也增加了 GDP 发展总量，在导致中国以价值作为表现形式的财富总量以及 GDP 流量规模进一步增加的同时，也使中国初始物化形态的生产要素总量不断减少，由此使中国经济发展面临较大的通货膨胀压力和初始形态生产要素供给不足的压力。

四是在前期引进外资过程中，由于重化工业产业进入中国市场，导致中国自然环境的严重污染，使中国自然环境修复成本巨大。

五是在中国经济发展中还存在着对外资盲目崇拜的现象，在引进外资过程中，其注重的是单纯地引进外部资金，而不看中与这些外部信用货币资金相对应的初始物化形态生产要素以及次级物化形态生产要素是否同时被引进中国；在引进外资的最终目的上，还存在着引进外资是为了解决就业问题、增量外汇储备以及增加本国 GDP 发展规模的认识误区。由于对外资的认识上存在着诸多误区，中国在引进外资过程中出现了对外资的盲目崇拜，一些地方甚至不惜一切代价引进外资，认为外资是万能的。从实践中来看，中国当前存在的居高不下的外汇储备，就是对外资崇拜的最终结果。

四、提高中国引进外资质量所必须采取的相关措施

马克思在《资本论》中曾对商品经济条件下商品的价值补偿和使用价值补偿做了如下描述：“为了开始商品的再生产，在商品生产上消费的原材料和辅助材料，必

须用实物来补偿；在商品上消耗的劳动力，同样也必须用新的劳动力来补偿。因此，通过出售商品得到的货币，必须不断再转化为生产资本的这些要素，不断由货币形式转化为商品形式。”①

马克思关于货币形式必须转化为商品形式的描述，在一定程度上提示我们，社会再生产所依托的使用价值的不断延续，是价值延续的前提条件。如果以货币形式表现的价值不能转换为与之相对应的使用价值，则这种价值对于生产而言就没有任何意义。笔者认为，这一观点对于当前中国引进外资所需要的配套生产要素，具有重要的借鉴意义。根据马克思的上述论述，在信用货币经济条件下，对于以信用货币作为表现形式的外资而言，如果没有与之相对应的外部非货币形态生产要素的流入，这种单纯地以信用货币作为表现形式的外资流入，并不能称之为真正意义上的外国资本流入。因此，在中国招商引资过程中必须注重以下几点：

第一，在引进外部资本过程中，不但要引进外部信用货币资金，而且还需要引进与这些外部信用货币资金相对应的初始物化形态生产要素或次级物化形态生产要素，从而使外国物化形态的生产要素真正地被中国所利用，以提高中国经济发展水平，使中国经济发展过程中以信用货币作为表现形态的价值总量，与以生产要素或产品作为表现形态的使用价值总量之间，实现相对匹配，减轻中国经济运行所面临的通货膨胀压力。

第二，在引进外资过程中，要考虑中国生产要素与国外之间存在的差异，适当增加对外国技术和管理、资源等生产要素的引进力度，在引进外部技术的同时，力争将这些技术逐渐为我所有，并在此基础上发展创新，为中国利用后发优势、实现技术的跨越式赶超创造有利条件。

第三，从引进外资所生产的产品用途来看，中国经济发展的最终目的在于满足本国人民不断提高的物质和精神生活需求，当前要改变通过引进外资生产出口产品、赚取外汇的错误想法，将外资与国内生产要素相结合生产的产品，主要用于满足本国的生产和生活需求。与此同时，利用本国相对充沛的生产要素组合，生产部分产品用以出口，对外资投资本金及其所获得的利润，进行价值形式和使用价值形式的双重补偿。

第四，在引进外资所生产的出口商品中，要正确地核定出口商品的价格，使本国生产要素在出口商品生产中所产生的成本消耗，在价值形态和使用价值形态上能够得到完全补偿，并且可以实现一定的利润。从经济发展实践来看，就生产要素在出口商品中所需要实现的使用价值补偿而言，其主要表现为将通过商品出口所获取的外汇储备，从国外进口相应生产要素或其他有利于中国实现生产要素升级换代产品的方式，

① 马克思：《资本论》第二卷，人民出版社2004年版，第502页。

来确保中国生产要素供给的可持续性。就此而言，在出口商品所获得的外汇储备中，真正能够被政府所使用的外汇储备，主要表现为属于中国本土企业所有的，由出口商品所产生的利润结余。

第五，在引进外资过程中，要防止造成本国自然环境污染。理论上，在绿色 GDP 核算模式下，自然环境污染部分应从 GDP 总量中扣除，因此在当前引进外资过程中，一方面要通过实行绿色 GDP 的核算模式，抑制外资投资项目所造成的自然环境污染；另一方面，要对外资投资项目严格把关，防止国外污染项目进入中国。

第六，正确认识出口在一国 GDP 总量中所发挥的作用。考虑中国社会生产的最终目的是为了满足本国居民不断增加的物质和精神生活需要，当前在利用外资过程中，应该通过提高出口商品利润含量的方式，增加 GDP 总量以及可支配的外汇储备总量，而不是通过利用外资实行本国生产要素货币化的方式，来增加 GDP 总量。在中国对外贸易发展过程中，应该尽量坚持进出口基本平衡的原则，使对外贸易顺差主要表现为中国本土企业开展对外贸易所实现的利润，从而使中国生产发展最大限度地满足本国居民的生产和生活需要，使全体国民都受益于中国经济发展。

第七，在国内金融市场上严格投机性外资的入境监管，在国内、外金融市场与外资的博弈过程中，通过本国高水平金融投资人才的培养，使本国金融机构在国内外金融市场投资中，战胜外国金融机构，实现国民财富的净流入。

本章小结

本章对于外国资本的基本属性及其对中国招商引资的借鉴问题进行了研究。首先研究了引进外部资本的重要意义，认为在信用货币经济条件下，对于外部资本的引进，不能简单地将引进外部资本等同于引进外部信用资金。如果单纯地引进外部信用资金，其在本质上与本国政府发行信用货币，没有根本区别。真正意义上的外资引入，对于一国经济发展会起到积极的正面影响，具体言之，其主要体现在以下几个方面：(1) 促进被投资国的技术进步；(2) 外资与被投资国相对丰富的生产要素相结合，生产更多的供被投资国生产和消费的商品，以满足被投资国的生产和生活需要；(3) 带来先进的管理经验；(4) 促进本国其他产业的发展。

随后，本章分析了当前在外部资金引进上存在的诸多误区，具体言之，表现在以下几个方面：(1) 引进外资主要是为了解决被投资国国内生产资金不足的问题。文章认为，在信用货币经济条件下，单纯地依靠引进外资来解决国内生产资金不足的做法，在很大程度上可以通过被投资国中央银行发行增量信用货币的方式来解决。(2) 引进外资主要是为了解决被投资国的就业问题，文章认为，就被投资国引进外资对于其本国就业问题的解决效果来看，并不是所有的外资进入被投资国，都可以很好地解决被投资国的就业问题。在单纯引进外部资金的模式下，外资对于被投资国就业的影响，与被投资国通过本国中央银行发行信用货币所起到的效果基本相同。如果外资在进入被投资国以后，与其信用货币资金相对应的物化形态生产要素也进入了被投资国，通过与被投资国“劳动”等生产要素的结合，生产出相应的产品，从这些产品销售对象来看，如果外资企业生产的产品以出口为主，并且这种产品出口所换回的以外币作为表现形态的信用货币，不能通过从外国购买相应生活资料的方式补偿“劳动”等生产要素的消耗，或者不能从国外进口一些有利于被投资国生产和生活实现升级换代的生产要素，那么由于外部资金进入所引起的被投资国就业率的增加，就没有什么现实意义，其实现的只是被投资国生产要素以外币作为表现形式的货币化过程。被投资国本国生产要素使用价值形态的消耗，还必须通过本国其他生产要素生产的使用价值形态的商品[①]，来予以满足。（3）引进外资主要是为了增加被投资国的GDP规模。一般而言，如果被投资国存在大量的未被货币化的初级形态生产要素，在信用货币经济条件下，被投资国可以通过大量发行信用货币的方式，在短期内增加本国的GDP规模。从引进外资对于一国GDP增长的贡献来看，在单纯地外部信用货币资金进入被投资国的条件下，其对于被投资国经济规模所产生的扩张作用，与被投资国中央银行发行增量信用货币所产生的扩张作用基本相同；另一方面，也可以通过增加出口规模的方式，实现被投资国GDP总量的大幅扩张。（4）引进外资主要是为了赚取外汇储备。文章认为，若从被投资国真正能够掌握的外汇储备来看，外资投资进入被投资国的外币本金，随着未来外资从被投资国的撤离，最终是需要支付给外资投资人的。因此，被投资国政府对于进入的外资采取“外汇结算”方式所形成的外汇储备，其最终所有权并不属于被投资国政府。而且，对于外资在被投资国进行投资所获得的利润收入，被投资国在外资撤离时还必须向其支付相应的外币，这就需要被投资国通过本国生产要素组合生产出口商品的方式，来支付外资撤离被投资国所应该支付的外币。

在对于外资进行理论分析之后，文章研究了中国引进外部资本的主要实践。分析了中国引进外资的背景以及外资在中国前期经济发展中所作的贡献以及存在的不足。在此基础上，研究了提高中国引进外资质量所必须采取的相关措施。认为当前在中国招商引资过程中必须注重以下几点：第一，在引进外部资本过程中，不但要引进外部信用货币资金，而且还需要引进与这些外部信用货币资金相对应的初始物化形态生产要素或次级物化形态生产要素，从而使外国物化形态的生产要素真正地被中国利用，以提高中国经济发展水平，使中国经济在发展过程中以信用货币作为表现形态的价值总量，与以生产要素或产品作为表现形态的使用价值总量之间，实现相对匹配，减轻

① 被投资国其他生产要素，是指被投资国以满足本国生产、生活需求为目的的生产要素。

中国经济运行所面临的通货膨胀压力。第二，在引进外资过程中，要考虑中国生产要素与国外之间存在的差异，适当增加对外国技术和管理、资源等生产要素的引进力度，在引进外部技术的同时，力争将这些技术逐渐为我所有，并在此基础上发展创新，为中国利用后发优势、实现跨越式赶超创造有利条件。第三，从引进外资所生产的产品用途来看，中国经济发展的最终目的在于满足本国人民不断提高的物质和精神生活需求，当前要改变通过引进外资生产出口产品赚取外汇的错误想法，将外资与国内生产要素相结合生产的产品，主要用于满足本国的生产和生活需求。与此同时，利用本国相对充沛的生产要素组合，生产部分产品用以出口，对外资投资本金及其所获得的利润，进行价值形式和使用价值形式的双重补偿。第四，在引进外资所生产的出口商品中，要正确地核定出口商品的价格，使本国生产要素在出口商品生产中所产生的成本消耗，在价值形态和使用价值形态上能够得到完全补偿，并且可以实现一定的利润。第五，在引进外资过程中，要防止造成本国自然环境污染。第六，正确认识出口在一国 GDP 总量中所发挥的作用。第七，在国内金融市场上严格投机性外资的入境监管，在国内、外金融市场与外资的博弈过程中，通过本国高水平金融投资人才的培养，使本国金融机构在国内外金融市场投资中，战胜外国金融机构，实现国民财富的净流入。

第三十章
购买力平价理论在国际经济发展中的运用缺陷及其改进对策

一、汇率决定理论的历史演变

汇率决定理论一直是国际金融领域研究的一个热点和核心问题，随着国际经济社会不断发展，汇率决定理论也在不断发展变化。总体来看，西方汇率理论分别经历了传统汇率决定理论、现代汇率决定理论以及均衡汇率决定理论这三个不同的阶段。

（一）传统汇率决定理论

传统汇率决定理论又分为铸币平价理论、购买力平价理论以及利率平价理论三个理论派别。英国人大卫·休谟于17世纪中叶提出了铸币平价理论，认为在金币本位制下，两国货币之间的兑换率主要取决于铸币的含金量，并且两国货币之间的兑换比例不能超出黄金输入点、输出点。从铸币平价理论的主要内涵来看，其实际上已经包含了均衡汇率的思想，即该理论认为，两国间货币兑换比例均衡于两国货币的含金量。当然，在纸币流通方式下，一国货币供应已经不再与黄金存在直接的对应关系，该理论所包含的均衡汇率假设前提也就不存在了。古斯塔夫·卡塞尔于1922年正式提出了购买力平价理论。从购买力平价理论发展情况来看，其先后经历了“绝对购买力平价理论”和“相对购买力平价理论”两个不同的阶段。经济学家凯恩斯于1923年在其所著的《货币改革论》中提出了利率平价理论。该理论认为，两国间远期汇率变动与两国利差密切相关。在经济实践中，由于两国利率不同诱使了套利行为的产生，只有当两国远期汇率变动幅度等于两国利差时，套利行为才能停止。就此而言，利率平价理论更多地是基于一国货币远期与即期价格在时间上的无套利均衡来确定远期均衡汇率的。在实践中，由于各国对资本流动的管制、对非居民利息收入征税以及各种交易成本、机会成本的存在，各国经济发展不平衡且各国经济内外部均衡情况存在较大差异，使利率平价理论很难准确地预测两国远期汇率的变动趋势。

（二）现代汇率决定理论

现代汇率决定理论是二十世纪六、七十年代出现的汇率决定理论，其特点是用一般均衡的分析方法探讨均衡的名义汇率，而且侧重于资产市场分析。总体来看，现代汇率决定理论的模型分析先后经历了价格不变货币模型、弹性价格货币模型、黏性价格货币模型、资产组合平衡模型、REDUX 模型五个阶段。第二次世界大战结束以后，蒙代尔和弗莱明把国际贸易和资本流动引入经典的 IS - LM 模型，提出了静态蒙代尔—弗莱明模型（Mundell - Flemming Model），即不变价格货币模型。该模型认为，在商品价格不变的假定条件下，两国汇率水平等于两国货币市场的均衡价格。20 世纪 70 年代，兰克、穆萨和贝尔森在假定商品市场价格调整是及时、完全以及资本市场是高度发达和充分流动的前提下，运用货币主义的分析方法，建立了商品价格完全弹性条件下的两国间汇率决定模型，该模型突出了货币因素在汇率决定和变动中的作用。从实践中来看，该模型成立所要求的商品价格完全弹性的假定条件，在现实生活中很难得到满足。1976 年，多恩布施提出了黏性价格货币模型。他认为，如果资本市场完全流动并且资产可完全替代，那么短期内商品价格调整就不具备完全的弹性，购买力平价只有在长期内才能成立。20 世纪 70 年代中后期，布朗逊和库里等学者提出了“资产组合平衡模型”。该模型基于价格粘性假说，综合分析了货币供求、其他资产供求和实际经济变量对汇率的影响。1995 年，奥伯斯法尔德和罗格夫共同提出了 REDUX 模型，这是一个跨期均衡分析模型。该模型认为，均衡的名义汇率决定于两国各自均衡的货币供给之差以及两国各自均衡的消费需求之差。从实践中来看，该模型还不能完全解释汇率的变化情况。

（三）均衡汇率理论

20 世纪 80 年代以后，均衡汇率理论通过存量分析与流量分析的相互结合，建立了新的汇率决定理论。均衡汇率理论又分为基本要素均衡汇率理论、均衡实际汇率理论、自然均衡实际汇率理论、行为均衡汇率理论四个理论发展阶段。基本要素均衡汇率理论是由威廉姆森于 1983 年提出的，后来经过其与雷恩 - 刘易斯、德肯等的研究，得到进一步发展。该理论认为，均衡汇率并不是取决于那些决定短期均衡的变量，而是取决于那些决定中长期均衡的变量。爱德华兹根据发展中国家的宏观经济特征提出了均衡实际汇率理论，即 ERER。此后该理论又经过巴达维等的研究，得到不断扩展和完善。该理论将实际汇率定义为使内外部均衡同时实现的贸易品与非贸易品的相对价格。1994年，杰罗姆·斯坦系统地提出了自然均衡实际汇率理论，自然均衡实际汇率是指在不考虑周期因素、投机资本流动和国际储备变动的情况下，由实际基本经济因素决定的、使国际收支实现均衡的中长期均衡汇率。1998年，克拉克和麦克唐纳提出了行为均衡汇率理论。后来，该理论经过不断发展而得到了进一步的完善。行为均衡汇率理论将均衡汇率定义为对实际有效汇率与其相关的基本经济变量，通过计量经济学方法建立起行为关系而最终得到的汇率估计值。

二、汇率理论在国际贸易中的运用

虽然西方汇率决定理论纷繁复杂，但由于部分汇率决定理论所需要的假设条件比较苛刻，从而使一些汇率决定理论仅仅局限于理论假设和理论分析状态，在国际经济实践中并没有得到很好地运用。从汇率理论的运用来看，目前汇率理论更多地用于解释两国之间的贸易收支关系，在全球经济一体化背景下，由于发展中国家与发达国家在资本市场的发育程度和开放程度上存在着较大的差异，传统汇率决定理论中的购买力平价理论成为解释两国贸易收支不平衡的重要理论。从目前全球国际贸易争端来看，贸易逆差国往往认为贸易顺差国汇率低估，而频频对其举起反倾销制裁的大棒。贸易逆差国在很大程度上就是根据购买力平价理论，来做出贸易顺差国汇率低估这个判断的。从实际情况来看，现代国际经济活动纷繁复杂，各国具体国情也存在着较大的差异，运用购买力平价理论并不能很好地解决国际收支不平衡问题。以中国市场人民币升值为例，2002年以后受中国加入世界贸易组织（WTO）等积极因素的影响，中国对外贸易顺差不断增长。2005年7月以后，人民币采取了渐进式升值的步骤，目前人民币兑美元已经升值了近35%，但中国对外贸易顺差依然没有消除，贸易收支仍然不能实现平衡。如果运用购买力平价理论去衡量一国汇率水平的高低，那么其本身与现代贸易的发展就是相互矛盾的。理论上，购买力平价理论以各国货币实际购买力水平作为衡量各国汇率高低的唯一标准，虽然该理论在某种程度上体现了确定各国汇率的一个重要原因，即通过货币互换的方式，实现商品互换的目的，但从实践中来看，购买力平价理论以两国同种类商品的价格比率来确定两国的汇率水平，明显地违背了现行的国际贸易规则。在现行国际贸易条件下，两国之间之所以需要发展贸易，主要是基于两国不同的国际分工以及两国在不同商品生产效率上存在的相对差异，发展国际贸易的根本目的，在于实现两国商品的互补以及两国生产效率的最大化。就此而言，两国发生贸易的商品一般呈现出较强的互补性，决定了这些商品并不是同质的，而是各不相同的。在此条件下，如果两国之间在进行不同品种商品贸易时，却以两国同一种商品或同一组别商品的价格之比作为两国贸易的汇率水平，显然是不合理的。换而言之，对于两国都能生产的商品，若不考虑两国在生产同种商品时所发生的生产效率差异以及两国对于同种商品的供求差异，两国是不可能对于同种商品进行贸易的。因为在进行同种商品的国际贸易中，还必须考虑运费、商品损耗等不利因素的影响。退而言之，即使两国之间对不同生产效率而生产出的同一商品进行了贸易行为，根据购买力平价理论对两国汇率的计算规则，两国之间在同一种商品生产上所表现出的生产效率差异，已经通过两国汇率的真实水平体现出来了。受此影响，两国通过货币互换的方式在对生产效率不同的商品进行贸易时，根据购买力平价所折算的汇率，已经在很大程度上提高了生产效率较低的国家向生产效率较高的国家进口同一种商品的价格。在现代市场经济条件下，受"逐利"机制影响，对同质商品进行国际贸易时，如果没有价格差异，在一定程度上是违反国际贸易规则的，在实践中也是很难发生的。就此而言，在现代贸易条件下，购买力平价理论与现代国际贸易之间存在着一种明显的悖论关系，运用购买力平价理论并不能很好地促进两国贸易的发展，更不能形成所谓的两国均衡汇率水平。这在一定程度上提示我们，决定两国之间汇率的因素非常复杂，两国之间汇率水平的高低，在经济实践中是随着内外部条件的变化而时刻发生变化的。对于两国的经济总量而言，通过汇率折算的方式进行衡量，也是不科学的。总体来看，在当前国际经济形势下，运用购买力平价理论去衡量一国汇率水平的高低，主要存在以下几方面缺陷：

1. 当前国际贸易发展的新趋势，决定了购买力平价理论适用范围相对有限。随着全球经济一体化进程的不断加快，目前世界各国正基于国际分工条件下的相对贸易优势而开展广泛的合作。各国贸易的发展在很大程度上呈现较强的商品互补性发展特征，其主要表现为各国之间通过互通有无的方式，实现不同商品的互换。相对于建立在同一商品价格基础之上的购买力平价理论而言，由购买力平价理论所确立的汇率水平，并不能作为两国不同商品之间进行贸易的依据。理论上，在不同种类商品互换的条件下，决定两国之间汇率水平的因素在于两国对于对方商品的需求程度，如果一国对于另一国商品需求程度较大，则该国货币相对于另一国货币，就会出现贬值的趋势。就此而言，在互补贸易为主导的现行贸易条件下，决定一国汇率水平高低或坚挺程度的一个重要因素，是出口商品的不可替代性以及对国外商品的刚性需求程度。

2. 国际资本频繁流动成为影响各国汇率水平的一个重要因素，在很大程度上超出了购买力平价理论对于汇率的解释范围。在现代市场经济条件下，国与国之间的货币互换已不再是满足于两国之间的商品贸易，而是通过不同国别之间的货币互换，实现产业投资的转移。与此同时，通过不同国别之间的货币互换，进行货币投机等货币互换现象，也在目前各国货币互换中占有一定的地位。

就通过货币互换实现产业投资转移而言，在全球经济一体化的实践中，其对于被投资国进行产业投资的基点主要表现在以下几个方面：

一是被投资国生产要素成本较低，主要表现为自然资源、劳动、技术和管理等生产要素的定价相对较低，使外部投资者可以以较低的投资成本获取较多的收益。特别值得一提的是，这种较低的成本价格是根据既定的两国之间汇率折算的结果，而这种汇率一定不是依据购买力平价理论而换算出来的。如果根据购买力平价理论对两国的生产要素进行换算，那么，两国之间商品价格在通过汇率折算之后，是不存在较大差异的，由此使基于被投资国生产要素价格较低的跨国投资行为不可能发生。

二是被投资国在生产要素供给上相对于投资国而言，呈现出一定的稀缺性，投资者对外投资的主要目的在于通过国外稀缺生产要素的组合，生产出能够为其带来收益的产品。由于两国之间在以生产要素为表现形式的供给上存在较大差异，在这种投资目的的跨国投资方式下，购买力平价理论无法通过两国之间同质商品互换的方式，来确定两国之间的真实汇率。就此而言，购买力平价理论在对基于生产要素的稀缺性而导致的跨国投资汇率折算方面，不能发挥有效的作用。

三是国外投资者鉴于被投资国庞大的市场而进行的跨国投资。在这种投资模式下，国外投资者对于被投资国的投资，在进行汇率折算时，要考虑既有的汇率水平，也需考虑未来两国之间的汇率变动情况。既然跨国投资者对于被投资国的投资，主要是看中被投资国巨大的商品市场，在一定程度上就预示着某一商品需求在跨国投资资本的流出国市场相对饱和，而在被投资国市场空间巨大。如果对之以供求关系来描述，可以表述为：跨国投资者在被投资国从事投资的商品，在投资资本流出国出现供过于求或者处于供求平衡状态，而在被投资国则处于供不应求的状态。鉴于市场经济条件下供求与价格之间的内在关系，该种商品在被投资国的价格就会由于产品供不应求而变得相对较高，该种商品在投资资本流出国的价格，就会由于产品供过于求或者供求平衡而变得相对较低。在此情况下，如果根据购买力平价理论，投资资本流出国的币值会相对高于被投资国的币值。在跨国投资者对被投资国进行投资之后，被投资国以前相对供不应求的商品供给会逐渐增多，根据市场经济条件下供给、需求和价格之间的决定关系，随着时间推移，在被投资国以前供不应求的商品在供给规模扩大之后，其价格就会出现回落，直到回落至供给与需求相对均衡的价格水平。根据购买力平价理论，这种由于被投资国商品价格回落所导致的两国之间的汇率变动，主要表现为投资资本流出国汇率相对于被投资国的汇率而言出现下降，一直回落至双方商品在供求均衡点的价格所决定的汇率水平。假设投资资本流出国与被投资国对于该种产品的生产成本完全相同，那么该种商品在被投资国价格下跌而导致两国汇率出现相反变化时，跨国投资者在被投资国从事商品投资所获得的利润，如果汇回到投资资本流出国时，正好被两国之间根据购买力平价汇率理论所计算的汇兑差额所抵消。由于市场经济条件下的跨国投资者是存在国界的，跨国投资者对外投资所实现的利润最终会通过汇兑的方式，再次回到投资资本流出国。如果按照购买力平价理论，跨国投资者在跨国投资过程中，在依据购买力平价理论计算的汇率变动机制作用下，将一无所获。既违背了市场经济条件下市场主体从事经济活动所奉行的“逐利”原则，也不能很好地解释目前存在的发达国家对于发展中国家投资大量增加的客观事实。就此而言，购买力平价理论对于第三种对外投资现象，仍然无法解释。

总体来看，在目前经济全球化所引致的国与国之间产业转移相对频繁的背景下，购买力平价理论还无法对当前存在的各种形式的国外投资行为，做出合理的解释。一定程度上说明，在当前日益复杂的国际贸易以及国际经济活动过程中，购买力平价理论作为国与国之间汇率计算的依据，存在着较大的局限性。

就跨国资本在国与国之间进行投机所形成的汇率变化来看，由于在信用货币体系下，国际资本对于一国货币的投机，其目的在于博取两国之间的汇率差异。这种以两国之间汇率差异为投机标的的货币投机行为，更是购买力平价理论所无法解释的。当然，根据相对购买力平价理论，两国之间的汇率变化不但取决于两国之间货币对于商品的购买力水平，而且还取决于两国之间的通货膨胀水平。如果国际货币投机是基于对投机资本流出国境内通货膨胀的预期，来对被投机国的货币进行投机的，根据相对购买力平价理论，投机资本流出国由于通货膨胀变化而导致的两国之间汇率的差异，成为投机资金对被投机国进行货币投机的主要目的。在此条件下，投机资金对于被投机国的投机收益在理论上应该等于被投机国由于通货相对紧缩而产生的汇兑收益。理论上，被投机国通货相对紧缩是相对于投机资本流出国出现的通货膨胀预期而言，被投机国境内价格保持相对稳定。但是从实践中来看，由于进入被投机国的资金主要在于投机，其获取汇兑收益的方式，在于首先将投机资本流出国的本币兑换为被投机国的本币，然后再将被投机国的本币兑换为投机资本流出国的本币，以此获取汇兑收益。投机资金上述获利规则在一定程度上预示，当投机资金在将外币兑换为被投机国的本币时，会导致被投机国货币供给的增加，从而导致被投机国产生通货膨胀，由此使被投机国的汇率产生不利于投机者的相反变化。在实践中，在被投机国由于生产要素供给增加而导致通胀紧缩因素影响下，被投机国的现实通胀水平会相对低于投机资金进入该国所导致的通胀水平，使跨国投机资金获取一定的投机收益，而从跨国投机资金从被投机国获取的实际投机收益来看，其明显地要大于被投机国实际发生的相对通货收缩水平，这一点是相对货币购买力平价理论所无法解释的。

三、科学核定一国汇率水平必须考虑的因素

在信用经济货币条件下，决定两国之间汇率的因素非常复杂，购买力平价理论虽然从商品价格方面剔除了各国由于信用货币发行而导致的价格差异因素对于汇率的影

响，但是影响一国商品价格的因素是多方面的，总体来看，其主要包括以下几个方面内容：一是一国货币发行量，当一国货币发行量较多时，该国商品的价格水平就相对较高。二是一国产品的生产成本，当一国生产力发展水平不高时，该国的生产成本相对较大，从而使其商品的价格相对较高。三是一国经济货币化程度。理论上，在一定货币发行量的条件下，一国经济货币化程度相对较高时，则该国的商品物价水平也相对较高，而一国经济货币化程度相对较低时，其商品物价水平也相对较低。四是一国对本国居民所实行的工资定价机制。在现代市场经济条件下，资源等物化生产要素的定价具有较强的刚性特征，而劳动者的工资定价则具有较强的弹性特征①。如果一国对劳动者实行较低的工资制度，那么该国商品的价格就相对较低；如果一国对劳动者实行高工资制度，那么该国商品的价格就相对较高。单纯地以某一种或某一组合样本商品价格的对比关系来确立两国之间的汇率水平，显然是缺乏依据的。鉴于购买力平价理论是建立在同种商品之间的价格对比基础之上，虽然其在一定程度上可以反映不同国家的货币发行规模，但由于物价的决定因素是由多方面造成的，因此一国汇率的高低并不能作为衡量该国经济发展水平的主要标志。如果片面地通过某一种商品或样本组合所确定的汇率水平，将本国 GDP 折算为外国 GDP，以此来进行国家之间经济发展实力的比较，必然不会得出正确的结论。

根据上述关于一国物价水平决定因素的分析，由于国与国之间在物价水平影响因素上存在着较大的差异，从一国政治范畴考虑，这些影响因素在国与国之间是无法通过国际贸易的渠道来消除的。因此，将反映物价水平的购买力平价作为衡量国与国之间的汇率标准，显然是不合理的。从国际贸易发展的本质属性来看，在现代市场经济条件下，国与国之间开展贸易主要是为了利用既有的国际分工，实现国与国之间商品的互通有无。因此，决定两国之间汇率水平的因素在于平均劳动生产率水平的高低以及两国互补贸易的供求变化。

1. 所谓平均劳动生产率，是指社会在单位时间内生产产品的平均数值。运用平均劳动生产率的指标来取代购买力平价理论，将其作为衡量两国汇率水平的标准，其依据在于在两国之间进行劳动生产率水平比较时，可以有效地克服两国之间因国内因素而在货币发行、劳动者工资、生产成本等方面存在的差异对两国物价水平所产生的不确定影响。同时，也可以避免两国之间运用同类商品价格比率来作为异类商品贸易计价依据所产生的误差。根据马克思经济学理论的有关论述，商品价值的决定因素在于社会必要劳动时间。一般而言，劳动生产率越高，单位商品生产所需要的必要劳动时间就越少。在不考虑一国货币发行因素影响的条件下，一国单位商品的价值就越低，反映在物价水平上就表现为该国商品的价格就越低。因此，运用平均劳动生产率

① 从生产要素角度考虑，劳动者的工资泛指劳动、技术和管理等生产要素的收入水平。

指标作为两国汇率比较的一项基础指标，基本可以反映两国货币的真实汇率水平。假设 A 国的劳动生产率为“Pa”，单位时间为“Ta”，单位时间内生产的各类商品平均产品数量为“Qa”，则 A 国的劳动生产率可以表示为：Pa = Qa/Ta。假设 B 国的劳动生产率为“Pb”，单位时间为“Tb”，单位时间内生产的各类商品平均产品数量为“Qb”，则 B 国的劳动生产率可以表示为：Pb = Qb/Tb。在间接汇率标价法下，A 国相对于 B 国的汇率“Fa”，可以用公式表示为：Fa = Pa/Pb。运用平均劳动生产率指标衡量两国之间的汇率水平，可以真实地反映两国以货币为表现形态的劳动生产率变化情况，从而使两国贸易的开展建立在体现两国货币真实购买力的基础之上。就此而言，平均劳动生产率高低对于两国汇率水平具有决定性影响。

2. 两国由于互补贸易的不均衡而导致的货币供求关系，对于两国汇率水平会产生较大的影响，其主要表现在以下两个方面：

第一，单纯互补贸易条件下各国互补贸易变动对于汇率的影响。如前所述，在以平均劳动生产率水平作为衡量两国汇率的基础条件下，汇率的确定最终是为了便于开展贸易，两国因互补贸易的开展而导致的两国货币需求变化，对于两国汇率水平也会产生重要影响。理论上，在信用货币条件下，各国之间的贸易应该是均衡的，即一国进出口的相对均衡。在多边贸易条件下，一国对于他国贸易出现的顺差或逆差，会通过与其他国家开展贸易所发生的逆差或顺差的方式，最终实现本国的贸易收支平衡。从一个完整的贸易周期来看，各国之间的互补贸易都是均衡的，因此其对于一国汇率的影响是中性的。当然，两国之间由于短期互补贸易的不均衡而引起的两国货币供求关系的变化，会对两国汇率产生影响。具体言之，贸易逆差国对于贸易顺差国的货币需求增加，由此导致贸易顺差国的本国货币相对于贸易逆差国出现了相应的升值。随着时间推移，两国之间的汇率变动在全球总体贸易相对均衡的作用下，会回到由于各国平均劳动生产率发展差异所决定的汇率水平。由此可见，在单纯互补贸易条件下，两国汇率围绕平均劳动生产率所决定的均衡汇率水平进行上下波动，影响这种波动的主要因素，在于各国互补贸易因短期不平衡而导致货币供求关系所出现的相应变动。

第二，由于资本流动而导致货币供求关系变动对于一国汇率的影响。从现行国际贸易的现实情况来看，当前全球贸易并不是均衡的，其主要原因与目前通行的信用货币密切相关。以两国之间的贸易为例，当一国相对于另一国出现较大贸易顺差时，其本身不会通过现行金融理论所论述的本币升值方式，来实现两国贸易的收支平衡，而是会通过投资于贸易逆差国资本市场的方式，来实现贸易收支和资本市场收支的基本平衡。因此，这种贸易平衡方式下的两国汇率变化，会通过贸易收支和资本收支两个方面，来实现两国本币供求的基本平衡，从而使两国汇率稳定地处于由两国平均劳动生产率所决定的汇率水平。从长期来看，由两国之间贸易顺差而积累的外国货币，最终需要通过进口贸易的方式，来实现贸易收支的基本平衡。如果这种外汇储备持久地不能转化为真实的贸易商品，两国之间的贸易基础就不会存在，使其实际汇率水平失去意义。除非贸易逆差国的货币是承担国际货币职能的信用化货币，如当前美元在国际贸易中就承担了国际货币的职能。

从国际货币流动的角度分析，短期来看，国际资本的跨国流动会使两国之间的货币需求出现变化。资本流入国的货币会出现升值，资本流出国的货币会出现贬值。就长期而言，资本的流动主要是为了“逐利”，究其逐利方式来看，主要有投机性资本逐利和投资性资本逐利两种方式。从投机性跨境资本“逐利”来看，外部资本对于被投机国的币值投机，其投机的基础不仅仅在于通过外部资本对于被投机国资本市场大进大出的方式，套取外汇投机收益，而在于因贸易收支不平衡所导致的被投机国外汇供求关系变动所引致的汇率波动。虽然目前在国际汇率投机方面，一些做多、做空机制以及近、远期套汇机制，都可以使投机者获取利益，但是就这些投机机制产生作用的本质而言，其实际上是一种“零和”游戏。从资本流入、流出全过程来看，如果不考虑各国劳动生产率变动因素，国际投机资金对于被投机国的流入，虽然会造成被投机国本币的升值，但国际投机资金从被投机国撤离时也会相应地使被投机国本币出现贬值。被投机国本币受投机资金一进一出影响而出现的币值增减变化，在一定程度上预示着国际资本流动所导致的货币需求状况，并不能决定一国汇率的真实水平。当然，在实践中如果被投机国政府没有适当储存这部分外部投机资金，而是将之用于贸易支出，那么这种由投机性资金流入所导致的外部投机资金储存形态的变化，会使被投机国的本币由于对外贸易发生逆差而出现较大程度的贬值，即当这部分投机性资金撤出被投机国时，被投机国的本币汇率不再是回到外部资金流入时的水平，而是会由于外币资金偿付的欠缺，导致本币出现较大幅度的贬值。由此可见，由资本跨境流动而导致的一国本币汇率出现真正变化的基础，仍是贸易收支不平衡所导致的外币供求关系引起的。从长远来看，要使货币贬值国汇率再次回到贬值之前的水平，关键还在于发展货币贬值国的劳动生产率。

若从国际资本投资角度分析，虽然国际投资资本的跨境流动，在短期之内可以导致两国货币由供求关系变动而产生汇率变化，但从长期来看，国际资本跨国投资的基点，着眼于被投资国劳动生产率的提高，而国际资本对于被投资国的投资，在资本与其他生产要素配比相对科学的前提下，其本身也可以起到推动被投资国劳动生产率提高的作用。就此而言，根据平均劳动生产率在两国汇率确定中起决定性作用的理论规则，被投资国劳动生产率的提高，在很大程度上可以使被投资国汇率出现较大幅度的升值。理论上，一国平均劳动生产率的提高，可以降低一国单位商品的价格水平，从而使一国出口贸易呈现出较大的相对优势。因此，国际投资资本通过跨境投资的方式，不但可以获得项目投资收益，而且还可以获得被投资国由劳动生产率提高而产生的汇兑升值收益。

总体而言，由国际投机或投资资本跨境流动所导致的一国货币供求关系变动引起的汇率变化，其最终仍取决于由两国互补贸易所产生的货币供求关系变化情况。

四、平均劳动生产率的汇率决定原则有利于促进全球贸易的发展

运用平均劳动生产率的汇率决定原则确定各国的汇率水平，具有以下意义：

第一，建立在平均劳动生产率发展水平下的汇率形成机制，可以使全球贸易在既有国际分工以及劳动生产率发展水平下，实现各国贸易收支的均衡。在平均劳动生产率汇率决定机制下，各国之间进行贸易的基础在于根据贸易的互补性原则以及相对优势原则进行贸易，由劳动生产率水平相对稳定所决定的各国汇率的相对稳定，可以确保全球各国在稳定汇率水平下实现贸易收支的基本均衡。

第二，建立在平均劳动生产率发展水平下的汇率形成机制，可以避免各国由于货币发行政策、成本核定原则以及工资核定原则不同，而导致各国货币真实币值的差异，正确地体现各国货币的真实币值水平。鉴于劳动生产率水平在各国之间有较强的可比性，而一国的产品生产最终是由劳动生产率发展水平决定的，因此建立在劳动生产率发展水平基础之上的各国汇率，基本体现了其本币真实的币值水平，使各国在本币币值上具有较强的可比性。

第三，建立在平均劳动生产率发展水平下的汇率形成机制，有利于遏制外汇投机，使全球金融市场保持相对稳定，避免全球金融危机的出现。如前所述，建立在平均劳动生产率发展水平下的汇率形成机制，可以使各国汇率保持相对稳定，并且在投机资金流出、流入机制影响下，有效地应对外部投机性资金的冲击，使一国汇率的变化建立在其劳动生产率变化的基础之上。受劳动生产率发展可持续性影响，建立在劳动生产率发展基础之上的一国汇率变化，也将保持长期稳定的发展趋势，从而有效避免一国汇率大幅度波动给该国经济发展带来的不利影响。

第四，建立在平均劳动生产率发展水平下的汇率形成机制，可以成为衡量各国经济发展水平的一个重要工具，准确地反映各国经济的真实实力。如前所述，建立在购买力平价基础上的汇率形成机制，并不能准确反映各国真实的汇率水平；而建立在平均劳动生产率发展水平下的汇率形成机制，却可以成为准确比较各国经济发展水平的重要工具。因为劳动生产率本身就是一国经济发展水平的主要标志，建立在劳动生产率发展水平下的各国汇率水平，在很大程度上反映了各国经济发展的实际水平。相对于购买力平价理论而言，其基本可以消除各国由于货币发行、工资核定以及成本核定原则差异而导致的汇率差异，使通过平均劳动生产率发展水平所核定的各国汇率成为衡量各国经济实力的一个重要工具。

本章小结

本章在研究汇率理论演变过程的基础上，指出了购买力平价理论的理论缺陷及其对目前国际经济的影响。文章认为，购买力平价理论以各国货币实际购买力水平，作为衡量各国汇率高低的唯一标准，虽然该理论在某种程度上体现了确定各国汇率的一个重要原因，即通过货币互换的方式实现商品互换的目的，但从实践中来看，购买力平价理论以两国同种类商品的价格比率来确定两国的汇率水平，明显地违背了现行的国际贸易规则。在现行国际贸易条件下，两国之间之所以需要发展贸易，主要是基于两国不同的国际分工以及两国在不同商品生产效率上存在的相对差异，发展国际贸易的根本目的在于，实现两国商品的互补以及两国生产效率的最大化。就此而言，两国发生贸易的商品一般呈现出较强的互补性，决定了这些商品并不是同质的，而是各不相同的。在此条件下，如果两国之间在进行不同品种商品贸易时，却以两国同一种商品或同一组别商品的价格之比，来作为两国贸易的汇率水平，显然是不合理的。总体来看，在当前国际经济形势下，运用购买力平价理论去衡量一国汇率水平的高低，主要存在以下几方面缺陷：

1. 当前国际贸易发展的新趋势，决定了购买力平价理论适用范围相对有限。随着全球经济一体化进程的不断加快，目前世界各国正基于国际分工条件下的相对贸易优势而开展广泛的合作。各国贸易的发展在很大程度上呈现较强的商品互补性发展特征，其主要表现为各国之间通过互通有无的方式，实现不同商品的互换。相对于建立在同一商品价格基础之上的购买力平价理论而言，由购买力平价理论所确立的汇率水平，并不能作为两国不同商品之间进行贸易的依据。理论上，在不同种类商品互换的条件下，决定两国之间汇率水平的因素在于两国对于对方商品的需求程度，如果一国对于另一国商品需求程度较大，则该国货币相对于另一国货币，就会出现贬值的趋势。就此而言，在互补贸易为主导的现行贸易条件下，决定一国汇率水平高低或坚挺程度的一个重要因素，是出口商品的不可替代性以及对国外商品的刚性需求程度。

2. 国际资本频繁流动成为影响各国汇率水平的一个重要因素，在很大程度上超出了购买力平价理论对于汇率的解释范围。在现代市场经济条件下，国与国之间的货币互换已不再是满足于两国之间的商品贸易，而是通过不同国别之间的货币互换，实现产业投资的转移。与此同时，通过不同国别之间的货币互换，进行货币投机等货币互换现象，也在目前各国货币互换中占有一定的地位。

最后，根据对购买力平价理论理论缺陷以及运用实践的分析，文章重点研究了科学核定一国汇率水平所必须考虑的因素，认为在信用经济货币条件下，决定两国之间汇率的因素非常复杂。总体来看，其主要包括以下几个方面内容：一是一国货币发行量，当一国货币发行量较多时，该国商品的价格水平就相对较高。二是一国产品的生产成本，当一国生产力发展水平不高时，该国的生产成本相对较大，从而使其商品的价格相对较高。三是一国经济货币化程度。理论上，在一定货币发行量的条件下，一国经济货币化程度相对较高，则该国的商品物价水平也相对较高，而一国经济货币化程度相对较低时，其商品物价水平也相对较低。四是一国对本国居民所实行的工资定价机制。总体而言，影响一国产品生产成本高低的平均劳动生产率水平在一国汇率中起决定性作用。

文章认为，平均劳动生产率的汇率决定原则对于目前全球贸易发展的具有重要意义。

第一，建立在平均劳动生产率发展水平下的汇率形成机制，可以使全球贸易在既有国际分工以及劳动生产率发展水平下，实现各国贸易收支的均衡。

第二，建立在平均劳动生产率发展水平下的汇率形成机制，可以避免各国由于货币发行政策、成本核定原则以及工资核定原则不同，而导致各国货币真实币值的差异，正确地体现各国货币的真实币值水平。

第三，建立在平均劳动生产率发展水平下的汇率形成机制，有利于遏制外汇投机，使全球金融市场保持相对稳定，避免全球金融危机的出现。

第四，建立在平均劳动生产率发展水平下的汇率形成机制，可以成为衡量各国经济发展水平的一个重要工具，准确地反映各国经济的真实实力。

第三十一章
信用货币成为国际货币的基本条件及其对人民币国际化的借鉴

一、信用货币成为国际货币的前提条件

理论上，在以纸币作为表现形式的信用货币经济条件下，纸币之所以具有价值，在一定程度上是基于国家政治权力所强制赋予的结果。从目前全球经济发展的实际情况来看，美元货币虽然是信用货币，但却可以充当世界货币的职能，这在一定程度上预示，以纸币作为表现形式的国际信用货币，其政治权力的强制性已经越出了国界。从经济层面考虑，这无疑对目前的“国家”概念产生了较大影响。笔者认为，在国与国之间政治权力相对独立的条件下，一个国家的信用货币之所以能够成为国际货币，与以下因素密切相关：

1. 信用货币发行国在全球政治、经济和军事上拥有绝对的优势。理论上，国际信用货币发行国要想使其信用货币成为国际货币，就必须在全球拥有较强的政治影响力，使其他国家政府承认国际信用货币在本国流通的法定性。与此同时，国际信用货币发行国还应具有强大的经济实力，其生产的使用价值形态商品在全球经济总量中占有较大份额，从而使其本国信用货币的发行具有较多的使用价值形态的商品做支撑，在一定程度上决定了国际信用货币发行国货币发行量的增减变化，都会对全球经济运行产生重要影响。由于国际信用货币的流通在很大程度上仍然依靠强制性手段，国际信用货币发行国拥有雄厚的军事实力，也是保障本国信用货币在全球流通的必要手段。

2. 全球其他各国对于国际信用货币发行国商品或金融产品存在着较大的刚性需

求。从以货币为媒介的商品交换形式分析，无论是黄金商品货币形态，还是以纸币作为表现形式的信用货币形态，实现由货币作为表现形式的价值形式向以商品作为表现形式的使用价值形式的转化，是货币拥有者的最终目的。因此，对于国际信用货币发行国而言，虽然其凭借本国的政治、经济和军事优势，拥有国际信用货币的发行权，但要想世界各国真正地承认并使用该国发行的国际信用货币，就必须使国际信用货币发行国发行的国际信用货币进入其他国家流通市场之后，其他国家可以运用国际信用货币，向国际信用货币发行国购买相应的商品。如果全球其他国家向国际信用货币发行国所购买的商品，该国自身可以生产或者国际信用货币发行国之外的其他国家也可以生产，那么该国就可以通过自行发行货币或者与其他国家相互交换货币的方式，来购买相应的商品，而不需要通过获取国际信用货币的方式，到国际信用发行国购买相应的商品。国际信用货币要想成为真正意义上的国际货币，就必须要求国际货币发行国生产的部分商品或提供的金融交易产品，对于全球其他国家具有较强的不可替代性需求。具体言之，国际信用货币发行国之外的其他国家，对于国际信用货币发行国生产的商品或提供的金融产品，具有不可替代的刚性需求。在这种刚性需求作用下，其他国家必须通过事先获取国际信用发行国发行的信用货币，才能实现这些需求。全球其他国家对于国际货币发行国生产的商品或提供的金融产品存在的这种刚性需求，导致国际货币发行国发行的信用货币，在全球存在着较大的需求市场，在一定程度上为国际信用货币发行国发行的信用货币成为国际货币，提供了可能。

3. 国际信用货币发行国发行的信用货币成为大宗商品或金融产品的主要结算货币。从全球实体经济和虚拟经济发展的现状来看，在信用货币经济条件下，由于各国发行的货币品种存在着很大差异，受全球经济一体化进程不断加快影响，各国在实体经济领域开展的贸易活动越来越多，各国金融资本相互投资的现象也更加频繁。在此背景下，如果按照国与国之间的汇率关系，来进行贸易商品的交易和金融产品的投资，显然存在着较大的困难。为了便于提高全球贸易活动的运行效率，提高金融产品的投资效率，对全球各国所需要的商品以及金融投资产品进行统一的标价，已经成为必然。就国际信用货币发行国而言，取得本国信用货币在全球大宗贸易商品以及全球金融投资产品的标价权，是其将本国信用货币发展成为国际信用货币的一个重要步骤。国际信用货币发行国一旦取得了对国际贸易大宗商品和金融投资产品的标价权，那么全球其他各国对于国际信用货币发行国发行的货币就具有较大的需求刚性，在一定程度上决定了国际货币发行国在通过本国生产的商品或金融产品，为其发行的信用货币提供使用价值形态支撑的基础上，还可以通过以国际信用货币标价的其他国家生产的大宗贸易商品以及相关金融产品的方式，为其国际信用货币的发行提供必要的使用价值形态支撑。

二、国际信用货币发行权对于全球经济的影响

与纸币发行对一国经济的影响一样，国际信用货币的发行会对全球经济产生重要影响，其主要表现在以下几个方面：

1. 国际信用货币发行国通过国际信用货币发行的方式，向全球收取铸币税。如同本国信用货币发行是本国政府向居民征收铸币税一样，国际信用货币的发行，也是国际信用货币发行国向全球其他国家收取的铸币税。在现代信用货币体系下，国际信用货币的发行成本远低于国际信用货币所代表的价值，就此而言，国际信用货币发行国通过国际信用货币的发行，可以实现相对全球其他国家财富的净流入。理论上，国际货币发行国向全球其他国家取得的铸币税收入等于国际信用货币发行额中流出国外的数额。①

2. 全球经济运行在很大程度受制于国际信用货币发行国的经济政策。由于国际信用货币在发行之后，需要通过与全球商品或金融产品相交换的方式，来实现其由价值形态向使用价值形态的转换。因此，与本国信用货币发行会对本国经济产生重要影响一样，国际信用货币的发行，同样会对全球经济运行产生重要影响。特别是在国际铸币税所引发的财富净流入效应影响下，国际信用货币发行国在不影响其本国货币作为全球国际信用货币的条件下，必然会通过大规模发行信用货币的方式，向全球征收更多的铸币税收入。随着国际信用货币流通规模的大量增加，国际信用货币发行国可以通过信用货币发行量的增减，调控全球经济。其对于全球经济的作用路径，与本国信用货币对于本国经济的作用路径基本相同。

3. 国际信用货币发行国利用发行国际信用货币的优势，向全球其他国家施加政治、经济和军事影响。由于国际信用货币发行国发行的信用货币在全球经济运行中承担了国际货币的职能，在全球经济一体化进程进一步加快的条件下，国际信用货币发行国可以利用其所处的地位，通过本国发行的国际信用货币对其他国家进行援助的方式，控制被援助国的政治、经济和军事。与此同时，国际信用货币发行国也可以通过控制其发行的信用货币流向的方式，对全球其他国家的经济运行产生重要影响。

三、国际信用货币发行条件对于人民币国际化的借鉴

从全球信用货币发展的实践来看，实现本国信用货币的国际化是全球各国信用货币

① 在信用货币条件下，国际信用货币的发行不但对其他国家征收了铸造币税，而且还对本国居民征收了铸币税。因此，国际信用货币发行国向本国居民征收的铸币税部分，应该从铸币税总额中扣除。

追求的最高目标。就全球政治、经济发展格局而言，20 世纪 70 年代以后，美国在某种程度上正是凭借其所处的以美元作为表现形式的国际信用货币，击垮了没有国际信用货币发行权做支撑的苏联。在后金融危机时代，适当地借鉴国际信用货币发展经验，对于推动人民币国际化进程，确保中国金融安全以及实现经济可持续发展，具有重要借鉴意义。理论上而言，从国际信用货币发行条件来看，中国人民币国际化还欠缺以下条件：

1. 目前中国还缺乏领跑全球的具有核心竞争力的高科技产品。从中国前期经济发展情况来看，改革开放以后，中国在航天技术产业以及高铁技术上取得了重大突破，但从整体来看，中国生产的以技术作为支撑的商品，在全球还缺乏不可替代性的刚性需求。在缺乏领跑全球核心高科技产品支持的条件下，人民币国际化还缺乏全球对于人民币计价产品的刚性需求支撑。

2. 人民币目前在全球大宗商品结算货币中还不是主要结算和标价货币，由此导致人民币国际化缺乏全球其他国家的商品或资源做支撑。虽然中国自 2010 年以后实现了对外贸易的人民币直接结算，但是这种人民币对外贸易的直接结算方式只限于中国国内企业对外贸易结算，没有扩展至全球其他国家。在外部资金前期大量进入中国资本市场以及人民币出现大幅升值的条件下，如果缺乏有效的监管措施，人民币贸易结算就可能成为投机性外资出逃的一个重要途径。因此，虽然中国在国内试行的人民币贸易结算是实现人民币国际化的重要一步，但必须清醒地认识到，在缺乏领跑全球核心技术产品的条件下，人民币距离取得全球大宗商品的主要结算和标价货币地位，还十分遥远。

3. 中国距离国际金融中心地位的发展目标仍十分遥远。从金融产品标价和结算来看，虽然在经济货币化条件下，拥有全球金融产品的标价和结算权，是一国信用货币发展成为国际信用货币的必要手段，为此，国际金融中心地位是各国一直追求的目标。但必须清醒地认识到，一国国际金融中心地位的确立，并非一朝一夕之功，不但需要丰富的金融交易品种、大量的全球金融交易参与者、先进的金融产品交易技术，更需要来自本国的先进金融投资理念以及在本国存在一大批金融投资水平高超的投资者。因为，从国际金融中心发展的实际结果来看，其不但可以实现本国货币在金融产品的结算和标价地位，利用国际资本为本国经济发展提供资金支持，而且还可以充分利用金融市场对于国民财富的再分配功能，通过国际金融中心地位的确立，充分利用本国投资者先进的投资理念和高超的投资技术，实现全球净财富由其他国家向本国的净流入。从全球金融中心发展的实际情况来看，虽然国际金融危机仍没有结束，但是美国的国际金融中心地位仍然不可动摇，一方面美国是全球金融投资理论的教父，目前全球金融投资理论主要源自美国；另一方面，从美国之外的金融交易市场来看，虽然英国和中国香港也是全球金融中心的重要一极，但二者都与美元有特定的渊源。从英国金融市场来看，其主要表现为英国与美国特殊的政治关系以及英镑超脱于欧元的独立地位。从中国香港金融市场来看，港元至今仍保持与美元的联系汇率制度。鉴于美国在全球国际金融中心所处的核心地位，如果说此轮全球金融危机的受害国是美国，确实有些言过其实。虽然在前期国际金融危机中，贝尔斯登和雷曼倒下了，但这些金融公司的投资人主要来自全球，而不限于美国本土的机构投资者。相反，以巴菲特为代表的美国本土金融投资者，在美国以及全球其他国家的资本市场，利用其高超的投资技术，实现了大量的国民财富由其他国家向美国的净流入。相对于金融产品货币结算和标价权而言，通过国际金融中心地位的设立，在本土金融机构的投资运作下，实现国民财富由全球其他各国向本国的净流入，才是国际金融中心设立国的真正利益所在。如果没有达到这个目的，而是出现相反的情况，那么这种国际金融中心地位的设立，不但不能达到理想的效果，而且还将是适得其反。有鉴于此，当前中国内地要将上海发展成为国际金融中心，其主要手段不在于通过国际板的发展以及引进大量 QFII 资金，实现中国金融市场由国内投资人向全球投资人的转变，更在于通过国际金融中心地位的设立，实现国民财富由全球其他国家向中国的净流入。从目前中国本土金融投资理论发展以及本国金融机构的投资水平来看，中国距离国际金融中心地位设立的路程，还十分遥远。

4. 中国目前存在的巨额外汇储备并不能对人民币国际化构成主要支撑。目前虽然中国拥有 3 万亿美元的外汇储蓄，但必须清醒地看到，中国的外汇储备构成与日本的外汇储备构成之间存在着很大差异，其主要表现在以下几个方面：一是中国巨额外汇储备是在人民币不可自由兑换方式下，通过前期统一外汇结算方式形成的，由此决定了这部分外汇储备不是在资本市场双向开放的基础上形成的稳定存量。在现行的国际信用货币体系下，3 万亿美元的外汇储备并不能成为人民币在稳定汇率基础上实现对外开放的基础。二是从中国巨额外汇储备构成来看，其并不是本国企业对外贸易净利润的结余，而是包括外商投资的本金和投资收益结余、外部投机资金的人民币兑换以及与出口有关的劳动力货币化、自然资源货币化的结余，还一部分为本国企业对外贸易的净结余。因此，与由本国出口企业对外贸易净利润所形成的外汇储备相比，中国外汇储备总量规模虽然庞大，但是在人民币对外开放的条件下，并不能保持其存量的相对稳定。三是中国目前存在的巨额外汇储备，有一部分是在人民币不可自由兑换条件下由人民币渐进升值预期所形成的外部资本净流入。由于这部分外部资本净流入不是在均衡汇率基础上实现的，在人民币对外开放之后，这部分外部流入资金最终流向，对于人民币汇率和外汇储备会产生重要影响。

四、实现人民币国际化需要采取的相关措施

鉴于上述分析，当前要实现人民币国际化，应该着力从国际信用货币国际化所需

要的条件出发，通过国内经济的发展以及金融投资水平的提高，为人民币国际化创造有利条件，而不是为了实现人民币国际化而国际化。具体言之，其主要包括以下几方面措施：

1. 着力发展高科技技术，提高中国经济发展的技术含量，使中国出口商品对于全球其他国家具有不可替代的刚性需求，以此为人民币国际化提供技术支持。为了尽快提高中国科学技术水平，当前可以运用一部分外汇储备从国外引进顶尖的理工科技术人才，为中国科学技术的发展提供智力支持。

2. 通过实体经济的发展，为人民币国际化提供经济基础。理论上，虽然 GDP 是衡量一国经济发展总量的主要标志，但在一定规模的 GDP 总量基础上，GDP 发展的质量和可持续性更为重要。当前中国经济的发展应克服为 GDP 而 GDP 的发展思路，通过经济发展方式的转型，提高中国 GDP 发展质量，实现中国经济的持续发展。从经济学角度分析，发展房地产无疑可以在短期内拉动一国经济发展总量，但是在房地产不是作为消费性商品而是作为投资品甚至投机品的发展模式下，这种通过房地产拉动的 GDP 增长是没有任何意义的。因此，为了提高 GDP 的发展质量，当前应通过分配政策和产业政策的调整，使经济发展最终目标与社会生产的最终目的相一致。

3. 通过加强金融基础性制度建设的方式，为人民币国际化创造良好的基础性条件。其主要包括以下几个方面内容：一是加强金融市场运行秩序监管，打击各种金融投机和金融违法行为，维护金融市场正常的运行秩序，通过公平、公开、公正的金融市场运行机制建设，为金融市场的发展提供良好的外部环境。二是通过金融人才的培养，培养一批既有金融理论更有金融实践经验的高水平金融投资人才，使他们在未来中国设立的国际金融中心中，通过高超的金融投资，实现国外财富向中国的净流入。

4. 通过进一步改革国有企业法人治理结构以及实现利率市场化的方式，为中国经济发展方式转型以及实现人民币国际化，创造有利条件。目前中国经济发展存在的诸多问题，从微观上而言与国有企业法人治理结构不合理有密切的关系。由于国有企业法人治理结构与国有企业的国有性质不符合，国有企业在前期股份制运行中已经形成了诸多问题，一方面使中国资本市场发展“重融资、轻回报”；另一方面，股份制国有企业在目前的法人治理结构下并不能实现真正意义上的市场化经营，在影响国有企业发展的同时，也为中国经济发展方式转型和政府职能的转变，形成了诸多障碍。因此，要克服这些弊端，就必须以创新的思维方式，对国有企业法人治理结构进行再造。就宏观而言，由于利率没有实现市场化，使中国经济发展不能很好地发挥市场在资源配置中的基础性作用。理论上，只有实现利率的市场化，才能使经济发展做到物尽其用、货畅其流，实现资源的优化配置，并为中国金融市场的发展以及人民币国际化创造良好的外部条件。

5. 将防范金融风险作为应对后金融危机时代不确定风险的重中之重，确保中国的金融安全。如前所述，考虑中国巨额外汇储备的构成差异，当前中国巨额外汇储备并不能成为我们随心所欲使用的资本，要慎重地使用外汇储备，确保外汇储备的适当流动性和币值的相对稳定性。在中国经济发展方式没有实现根本转型以及金融基础性制度尚未完全建立之前，慎重开放资本市场，加强投机性资金出境监管，严防投机性资金出逃，是确保中国金融安全的必然选择。

本章小结

本章主要研究了信用货币成为国际货币的基本条件及其对人民币国际化的借鉴问题。文章首先研究了信用货币成为国际货币的前提条件，认为在国与国之间政治权力相对独立的条件下，一个国家的信用货币之所以能够成为国际货币，与以下因素密切相关：(1) 信用货币发行国在全球政治、经济和军事上拥有绝对的优势；(2) 全球其他各国对于国际信用货币发行国商品或金融产品存在着较大的刚性需求；(3) 国际信用货币发行国发行的信用货币成为大宗商品或金融产品的主要结算货币。

随后，文章研究了国际信用货币发行权对于全球经济的影响，认为与纸币发行对于一国经济影响一样，国际信用货币的发行会对全球经济产生重要影响，其主要表现在以下几个方面：(1) 国际信用货币发行国通过国际信用货币发行的方式，向全球收取铸币税；(2) 全球经济运行在很大程度受制于国际信用货币发行国的经济政策；(3) 国际信用货币发行国利用发行国际信用货币的优势，向全球其他国家施加政治、经济和军事影响。

最后文章重点研究了国际信用货币发行条件对于人民币国际化的借鉴，认为目前在后金融危机时代，适当地借鉴国际信用货币发展经验，对于推动人民币国际化进程，确保中国金融安全以及实现经济可持续发展，具有重要借鉴意义。理论上，从国际信用货币发行条件来看，中国人民币国际化还欠缺以下条件：(1) 目前中国还缺乏领跑全球的具有核心竞争力的高科技产品；(2) 人民币目前在全球大宗商品结算货币中还不是主要结算和标价货币，由此导致人民币国际化缺乏全球其他国家的商品或资源做支撑；(3) 中国距离国际金融中心地位的发展目标仍十分遥远；(4) 中国目前存在的巨额外汇储备并不能对人民币国际化构成主要支撑。

在此基础上，文章提出了实现人民币国际化需要采取的相关措施，主要包括以下几方面内容：(1) 着力发展高科技技术，提高中国经济发展的技术含量，使中国出口商品对于全球其他国家具有不可替代的刚性需求，以此为人民币国际化提供技术支持。(2) 通过实体经济的发展，为人民币国际化提供经济基础。(3) 通过加强金融基础性制度建设的方式，为人民币国际化创造良好的基础性条件。(4) 通过进一步改革国有企业法人治理结构以及实现利率市场化的方式，为中国经济发展方式转型以及实现人民币国际化，创造有利条件。(5) 将防范金融风险作为应对后金融危机不确定风险的重中之重，确保中国的金融安全。

第四篇

经济发展与宏观经济调控

4

第三十二章
信用货币经济条件下商品价值与使用价值之间的关系

一、商品使用价值与价值的基本含义

（一）关于商品的使用价值

1. 使用价值的基本含义。根据马克思在《资本论》中关于商品使用价值的论述，商品使用价值是指具有某种物理或化学等有形的形态或通过某种物理及化学形态表现出来的、能够满足人类需要的有形产品或无形产品。从使用价值所依托的产品表现形式来看，其主要有有形产品和无形产品这两个类别。就有形产品而言，其主要分为两个方面：一是直接消耗产品所具有的物理和化学形态，以达到使用该产品的目的。理论上，以这种使用价值形态为载体的产品，在其使用价值消耗完毕之后，其使用价值所依托的载体也同时消耗完毕。在实践中，主要表现为有形的具有一定使用价值的物化产品。二是在消耗自身物理和化学属性以不断提供使用价值过程中，作为提供使用价值载体的标的物，并不随着自身物理和化学属性的不断消耗而同时被消耗完毕，在经过必要的能量补充之后，这种标的物具有不断、重复提供使用价值的特点，虽然这个标的物自身也有寿命周期，但相对于其他物品的使用价值与使用价值载体在时间消耗周期上相对同步的特点而言，这种标的物在其生命周期内，可以反复地提供使用价值。从经济实践来看，这一标的物在其生命周期内可以不断提供“劳务”的人类“活劳动”，这种“活劳动”所提供的使用价值，既可以表现为与其他使用价值形态的产品组合生产另外一种形态使用价值产品；也可以表现为通过自身的作用，向社会提供无形产品。在实践中，通过这一种使用价值的加入，改变以物为载体的使用价值形态，是人类以劳动作为表现形式的使用价值所表现出来的主要特征，主要表现在两个方面：一是通过劳动与其他具有使用价值物品的组合，改变原有使用价值的物理和化学属性，使之成为物理与化学属性发生改变的新型的使用价值形态。从产业结构分析，其主要表现为制造产业的发展。二是通过劳动与其他具有使用价值物品的组合，在不改变该使用价值载体的基础上，改变其物理和化学属性，使之满足于人类的需要。这种使用价值载体所依托的物理和化学属性的改变，既可以是物理和化学属性的进一步改进，主要表现为技术和教育服务业；也可以是物理和化学属性的修复，主要表现为修理、家政、医疗等服务业；还可以是该使用价值载体在空间上的变化，主要表现为运输行业等。就无形产品而言，其主要为艺术、文化、旅游等。相对于有形产品的使用价值，无形产品的使用价值主要呈现以下两个方面特征：一是这些无形产品使用价值不是与物质形态载体一起被使用，而是通过人类的感观系统对这些无形产品的使用价值进行消化、吸收；二是无形产品所具有的使用价值更多的是为了满足人类心理的需要，而有形产品的使用价值则更多的是为了满足人类的生理需要。

2. 使用价值是物品成为商品的必要条件。在商品经济条件下，人类生产的产品之所以成为商品，能够通过交换的方式来互通有无，关键在于作为商品的产品具有一定的使用价值，只有这种产品对别人有用，其才能称之为商品。换而言之，具有一定使用价值形态是产品成为商品的必要条件。

3. 使用价值所包括的范围。在人类文明社会，我们通常所说的物品使用价值，更多的是从满足人类各方面需求这个角度来说的。因此，就满足人类需求的物品而言（这种物品既包括有形的物品，也包括无形的物品），其主要包含以下几种形态：

第一，实物形态产品所包含的使用价值。从实物形态产品所包含的使用价值来看，它主要满足于人类的生理需要，在经济实践中，其一方面表现为满足人类衣、食、住、行需要的产品，如衣服、粮食、住房以及汽车等交通工具，也包括在质量和功能上不断满足人类上述四项需求的相关产品；另一方面，又表现为满足人类视、听、嗅、触、味觉需要的产品。

第二，非实物形态的使用价值。非实物形态产品的使用价值，主要是指服务行业以及满足人类精神需求的文化、艺术等非物质产品。就服务行业而言，虽然服务行业提供的载体是“人”，但以“服务”表现出来的使用价值并不是消耗人体本身，而是通过人类的劳动来提供相应的“服务”，这种服务不会单独形成具有某种实物形态的使用价值，而是通过与其他实物形态的使用价值相结合，在不改变这种使用价值载体的条件下，提高该使用价值的质量并完善其功能。就文化、艺术等非物质形态的产品而言，虽然其使用价值的存在需要包含一定的物质载体，但人类对于其使用价值的运用，如同服务业一样，并不是消耗这个使用价值所依托的载体，而是消耗使用价值本身。虽然非实物形态的使用价值需要以物质形态的物品作为载体，但是其与实物形态的使用价值不同，非物质形态的使用价值的使用与其物质形态的载体是可以分离的。

第三，以追求投资收益为主要目的的投资行为所包含的使用价值，在很大程度上表现为价值形式与使用价值形式的相对统一。从实物形态使用价值和非实物形态使用价值的运用结果来看，这两种形态的使用价值最终都是为了满足人类的生理和心理需要，就其价值与使用价值而言，随着这些使用价值的消耗完毕，其价值也逐渐消耗完毕。就此而言，这两种使用价值形态在经济实践中主要表现为消费品形态。从投资品的使用价值来看，主要包括两个方面的投资形态：一是以实物和非实物使用价值形态作为“标的”的投资行为；二是以信用货币的价值形态作为“标的”的投资行为。在上述两种不同的投资行为模式下，投资“标的”的使用价值与价值的变换形态也各不相同。

以实物和非实物使用价值形态为“标的”的投资行为，虽然在投资过程中，投资标的使用价值形态发生了改变，但是与消费品使用价值在使用过程中逐步消失不同，投资标的在投资过程中原有使用价值形态不存在了，但是通过人类劳动以及与其他价值形态的产品相结合，其使用价值形态转变为另外一种质量和功能更高的使用价值形态。在实物投资“标的”的投资模式下，投资“标的”的使用价值形态只会发生转移，其通过转移的方式，转变为另外一种在质量和功能上更加高级的使用价值形态。在经济实践中，实物投资“标的”的转移主要表现为两种方式：一是一次性进行使用价值形态的转移，表现为原材料等；二是通过较长时间的逐步转移，其主要有机器设备等。在实物形态的投资活动中，随着投资“标的”使用价值形态在功能及质量上的进一步提高，其所包含的价值也随之得到不断提高，较好地体现了产品使用价值与价值相对一致的特征。特别需要指出的是，在现代市场经济条件下，资本市场的发展使投资的方式发生了变化，一些以实物和非实物使用价值形态为“标的”的投资行为，有一部分通过资本市场一级市场投资的方式体现出来。就一级市场投资而言，其在投资原理上与前面所述的实物投资原理基本相同，主要通过以信用货币作为表现形态的价值向被投资公司使用价值形态产品转换的方式，通过被投资公司产品的生产，使实物投资“标的”的使用价值在质量和功能上得到进一步升级，从而使投资者获得增量价值，即投资收益。

从以信用货币作为投资“标的”的投资行为来看，其主要表现为以追求资本市场资本利得作为主要目的的投资模式。在这种投资模式下，与实物形态产品投资不同，整个投资过程没有使用价值的参与，而仅仅表现为以信用货币作为表现形式的价值的单方面运动。在信用货币总量保持相对不变的条件下，这种以资本利得为主要投资目的的价值投资行为，没有产生任何具有物理或化学形态的使用价值，其完成的只是一种财富的再分配。当然，从价值角度分析，这种以价值作为投资“标的”的投资行为，其价值的使用价值形态主要表现为“逐利”，在信用货币供给总量不变的条件下，从整个社会来看，这种以“逐利”为主要目的的使用价值是不可能实现的。因为，在资本利得的投资模式下，整个社会完成的只是一种价值再分配，而没有产生任何增量价值。

（二）关于商品的价值

1. 价值的基本含义。所谓商品的价值，系指具有一定使用价值形态的商品，根据其所包含的使用价值效用大小，而体现出来的以信用货币来进行衡量的货币数量。马克思在《资本论》中曾经将商品的价值描述为商品生产过程中所包含的人类必要劳动，这一观点主要通过马克思著名的“劳动价值论”体现出来。笔者认为，将商品的价值描述为商品使用价值效用的货币表现形式，其在本质上并没有违背马克思的劳动价值理论。

第一，从商品价值产生的来源来看，商品之所以被赋予价值，主要是为了通过商品使用价值向价值的转换，来获取另外一种形态的使用价值。就此而言，价值产生的前提主要在于使用价值的需求。

第二，在商品使用价值向价值转换过程中，购买者之所以愿意支付价值，主要是由于其所购买的商品对他来说具有使用价值。就此而言，商品使用价值的质量和功能，在一定程度上对于商品购买者愿意出多少价值购买商品，具有决定性影响。

第三，就商品使用价值的质量和性能的来源而言，虽然实物形态的商品使用价值的质量和性能，主要以体现自然属性的物质载体表现出来，但在自然属性的物质载体向真正具有一定质量和功能的使用价值转换过程中，人类劳动的作用必不可少。就此而言，人类劳动在商品使用价值形成过程中起到了决定性的作用（这种劳动既包含纯粹的体力劳动，也包含技术、管理等复杂劳动），此点与马克思劳动价值论观点是基本一致的。当然，马克思时代自然资源并不是稀缺的，因此，虽然自然资源具有使用价值，但受自然资源供给无限性特征的影响，人类没有必要通过价值形式来购买自然资源所具有的天然使用价值，在一定程度上导致自然资源不能作为商品来进行有效定价。随着人类经济社会的不断发展，自然资源由于稀缺而导致其在供给上呈现出较强的有限供给特征，在自然资源供给数量相对有限的条件下，自然资源需求者不能像前期那样无偿地使用自然资源了，而必须像购买其他商品那样，通过价值支付的方式，实现以货币作为载体的价值形式向以自然资源作为载体的使用价值形式的过渡，这样自然资源就被赋予了价值。由此可见，没有体现人类任何劳动的自然资源之所以被赋予了价值，在很大程度上是对自然资源稀缺性的一种反映，这本身并没有违背马克思的劳动价值理论。一方面，自然资源只有经过人类开采、运输及加工以后，才能转变为真正的使用价值，由此决定了劳动在自然资源使用价值形成过程中，依然起着决定性的作用；二是就购买自然资源的价值来源而言，其主要是人类劳动的价值体现，在经济实践中表现为通过包含人类劳动的使用价值交换为价值之后，再购买自然资源，而不会表现为自然资源所有者的“自买自卖”行为或者同质自然资源的使用价值相互交换的行为。在自然资源由于供不应求而导致其产生稀缺性价值的条件下，自然资源价值实现的最终途径，依然表现为通过与体现人类劳动价值相交换的方式，来实现其价值。

第四，从商品价值的变化情况来看，一般而言，一种商品经过的生产环节越多，其所具有的使用价值质量和功能就越高，由此决定了其价值量就越大。而从商品生产环节的使用价值变化情况来看，作为商品初始生产环节的原材料只会发生使用价值的不断转移，而导致原材料使用价值在质量和功能上不断提高的关键因素，除了其与其他物化形态使用价值相结合以外（其主要表现为其他原材料的增加以及机器、能源损耗等），更多地表现为人类劳动在商品多个环节的生产过程中发挥了重要作用。理论上，商品生产环节越长，其在生产过程中所包含的人类劳动就越多，从而使商品的使用价值质量与功能得到不断提高，商品所包含价值就会越大。就此而言，其在一定程度上与马克思的劳动价值论是一致的。

第五，从商品整个生产过程来看，虽然不包含人类劳动的自然资源在稀缺性因素影响下，具有天然的价值，但从商品生产全过程来看，原材料、生产设备等使用价值形态无不是通过人类劳动来创造的。因此，原材料、生产设备在商品生产过程中使用价值向下一个生产环节不断转移的过程，同时也是包含人类劳动的价值在不同生产环节的不断转移过程。从商品生产整个环节来看，商品最终按照使用价值功能和质量来进行定价，在某种程度上是商品生产过程中包含全部劳动的价值体现，此点与马克思提出的劳动价值理论基本一致。

2. 商品价值是以货币作为表现形式而存在的。在信用货币经济条件下，商品价值存在的方式更多是通过货币体现出来，具体言之，主要表现在以下几个方面：

第一，商品价值数量的确定体现为货币形态所具有的价值尺度职能。在信用货币经济条件下，根据马克思劳动价值理论的思想，商品价值数量的确定，在很大程度上与商品所包含的人类劳动量的大小以及劳动的复杂程度密切相关。当然，在现代市场经济条件下，没有任何人类劳动的自然资源由于供求关系所导致的稀缺性，也在一定程度上使自然资源出现了稀缺性价值增值，但从商品价值的衡量以及表现形态来看，其无不与货币密切相关。从商品价值与货币之间的关系来看，商品价值的大小更多地通过货币数量体现出来，而货币之所以能够具有体现商品价值数量大小的职能，在很大程度上与货币所具有的价值尺度职能有关。在信用货币经济条件下，货币所承担的这种价值尺度职能更多地体现为一种观念上的货币。从使用价值角度分析，不同使用价值商品之所以可以用货币来对其价值进行衡量，除了马克思前面所说的商品生产中体现人类共同“质”的劳动以外，其在很大程度上也得益于作为具有一定使用价值的商品所具有的使用效用。在每一种商品供给可以无限扩张的条件下，包含人类劳动时间较长以及劳动复杂程度较高的商品，其使用效用明显较高，就此而言，商品使用效用对于商品价值的影响，在某种程度上与马克思关于商品价值的劳动价值理论是一致的。

第二，商品价值的实现方式主要通过货币的流通手段职能来体现。如前所述，虽然商品的价值可以通过货币所具有的价值尺度职能来对之进行衡量，但是商品的价值最终能否实现，还需要借助于货币的流通手段职能。在现代市场经济条件下，商品要真正地实现其价值，就必须通过卖出商品的方式，将商品转换为以货币作为表现形式的价值。理论上，商品实现以“观念”形态的价值向以货币作为表现形态的现实价值的转变，在很大程度上与货币所充当的流通手段职能密切相关。从货币流通手段职能发挥作用的具体效果来看，在社会分工相对合理的条件下，货币在很大程度上承担了商品的流通中介职能。在货币承担商品流通中介职能的条件下，流通中所需要的货币量与商品的价值总量并不需要完全相等，因为货币作为商品流通中介，可以不断地进行周转。一般而言，商品买卖时间越短，货币周转的速度就越快，在商品价值总量一定的条件下，其所需要的流通中的货币就相对较少；反之，其所需要的流通中的货币量就较多。当货币没有完全履行流通手段职能，而只是通过货币流通手段帮助商品获取货币化的价值时，其主要表现为货币在商品所有者手中的不断积累。这种以实现商品价值为主要目的的货币流通手段的出现，在很大程度上预示了社会商品生产并不是完全建立在科学的社会分工基础之上，受此影响，一些商品的供给可能会供过于求，而一些商品的需求又可能会供不应求。从导致社会分工失效的原因来看，其一方面与市场自动调节机制没有很好地发挥作用有关；另一方面，也与国民收入分配不合理密切相关。由于现代市场经济的发展主要建立在不同市场主体密切的社会分工基础之上，在一个社会分工相对合理、商品流通相对顺畅的市场环境下，货币在更大程度上应该只执行其所具有的流通手段职能。在市场经济运行过程中，不应该出现借助货币所具有的流通手段职能，单纯地以实现商品价值为目的的商品流通现象。

第三，一定时期社会总价值的高低在很大程度上取决于货币作为价值尺度职能的稳定程度。如前所述，在货币经济条件下，商品的价值总量主要通过货币表现出来，而货币执行价值尺度职能在很大程度上是一种观念货币，在一定的生产力发展水平下，如果货币供给适度，货币所执行的价值尺度职能就相对稳定，由此可以使社会价值总量保持稳定；反之，如果货币供给大幅波动，其必将影响货币价值尺度职能发挥，从而使以货币表现出来的社会总价值出现大的波动。具体言之，当货币供给过多时，社会商品以货币作为表现形式的社会总价值就会大幅度增加；当货币供给较少时，社会商品以货币作为表现形式的社会总价值就会大幅度减少。由货币供给规模所决定的货币执行价值尺度职能的稳定程度，在很大程度上会对社会产品的总价值产生重要影响。

3. 商品由使用价值形态向价值形态转换的最终目的。从现实商品交易活动来看，商品之所以需要由使用价值形态向价值形态转换，其最终目的表现在以下几个方面：

第一，社会分工的存在，使商品生产者必须将其生产的商品实现由使用价值形态向价值形态的转换。在商品经济条件下，商品之所以不同于一般产品，主要在于商品生产者会根据社会分工生产商品，然后通过出售其所生产商品的方式，再购买相应的自身所需要的商品。由于不同商品生产者生产的商品千差万别，受市场信息不灵敏以及交通、天气、时间等因素影响，不同商品生产者不能通过相互直接交换商品的方式，来满足彼此的需求。为了使商品生产者在有效的社会分工条件下各取所需，克服各种因素对商品交易的不利影响，就需要在不同商品之间找出其共有的“质”，这个“质”按照马克思的说法，就是人类共同的抽象劳动。从使用价值角度分析，这个“质”也在于不同商品所具有的使用效用。这个不同商品所共同具有的“质”又被称为商品的价值。在信用货币经济条件下，信用货币成为商品价值的主要表现形式。在信用货币作为商品价值的表现形式以后，商品生产者参与社会分工的方式主要表现在两个方面：一是根据市场需求生产相关商品；二是通过商品使用价值向价值转换的方式，为商品生产者利用社会分工获取满足其自身及家庭所需要的商品，提供有利条件。

第二，商品由使用价值形态向价值形态转换的最终目的，在于取得另一种满足价值所有者生产和消费所需要的商品。从商品由使用价值形态向价值形态转换的最终目的来看，商品生产者通过商品流通将其生产的不同于其他商品生产者生产的使用价值转换为“同质”的价值，在社会分工条件下，商品生产者实现这种转换的最终目的在于取得另外一种满足于其生产和消费所需要的商品，而商品生产者取得另外一种满足于其生产和消费所需要商品的过程，也是其他商品生产者实现将其生产的商品由使用价值形态向价值形态转换的过程。如果商品生产者将其生产的商品由使用价值形态向价值形态转换之后，不将这个价值形态转换为其所需要的另外一种使用价值形态，那么商品生产者就没有达到利用社会分工满足其自身及家庭需求的目的，其他商品生产者生产的商品也就无法实现由使用价值形式向价值形式的转换，不但使社会分工无法有效地发挥作用，也会导致国民经济产业结构的混乱。商品由使用价值形态向价值形态的转换，同时包含了“买”和“卖”两个过程，从整个社会商品价值总量来看，只要整个社会生产的商品都顺利地实现了由商品使用价值形态向价值形态的转换，在社会分工作用下的商品生产在供给和需求上就能实现有效的均衡，而只有实现商品生产的供求均衡，才能使商品生产者在现有社会分工条件下，通过商品生产，最终满足其自身及家庭的生产和生活需求，充分发挥社会分工对于生产力发展以及实现人类生产最终目的的促进作用。

4. 黄金商品货币经济条件下商品的价值，既表现为一种价值形态，也表现为一种使用价值形态。在黄金商品货币经济条件下，黄金作为货币成为衡量一般商品价值的主要手段，但黄金作为一种商品，其又是具有一定使用价值形态的商品。当以黄金作为价值尺度衡量商品价值时，黄金不但具有马克思在《资本论》中所描述的关于不同商品所包含的人类抽象劳动这个共同的“质”，而且黄金作为使用价值，还与其他商品一样具有商品“使用效用”这个所有商品共同的质。就此而言，与信用货币经济条件下商品交换不同，在黄金商品货币经济条件下，商品与黄金的交换，既表现为商品由使用价值向以黄金作为商品货币的转换过程，也表现为商品由一种使用价值向另外一种使用价值的转换过程。黄金商品所具有的价值属性和使用价值属性，使黄金可以很好地发挥其作为衡量商品价值的价值尺度职能，在一定社会商品总量条件下，以黄金作为表现形式的社会价值总量保持相对稳定。

二、信用货币经济条件下市场“逐利”机制发挥作用的本质

（一）市场“逐利”机制作用下商品生产的表象

在现代市场经济条件下，“逐利”成为市场主体从事经济活动的主要动力，虽然追求商品由使用价值形态向价值形态的变换，是商品生产者实现最终生产目的的重要前提条件，但在“逐利”机制作用下，市场主体对于以货币作为表现形式的价值追求，在很大程度上掩盖了现代市场经济条件下市场主体通过社会分工，生产其在各自领域具有自身特长的相关产品，以此实现各个市场主体对于商品消费效用最大化的最终生产目的。总体来看，在“逐利”机制作用下，现代市场经济条件下的商品生产存在着以下几方面的表象：

1. 追求以价值作为表现形式的货币成为市场主体从事经济活动的主要目标。在现代市场经济条件下，随着社会分工的不断发展以及经济货币化程度的进一步提高，以货币作为表现形式的价值在社会生产、生活中所处的地位得到进一步提高，使整个社会生产呈现出明显的对于以货币作为表现形式的价值追求的表象，其主要表现在以下几个方面：

（1）社会分工导致市场主体只有将商品的使用价值形式转换为价值形式，才可以参与其他商品的交换。在现代市场经济条件下，社会分工的进一步发展，使商品生产者获取对于其他商品消费效用的前提条件，在于其必须拥有一定数量的以货币作为表现形式的价值。为了获取这个价值，商品生产者就必须根据社会分工生产出社会所需要的商品，并将这部分商品通过销售的方式，转换为以货币作为表现形态的价值。

（2）市场主体经营所取得的利润主要以价值形式表现出来。在市场经济条件下，“逐利”成为市场主体从事经济活动的主要目的，从“逐利”机制发挥作用的路径来看。一方面，商品生产者通过将自身劳动以及其所掌握的生产资料，通过商品销售的方式进行货币化，以此维持社会再生产继续进行以及实现商品生产者对于其他商品消费所需要的价值。在商品生产者自身直接从事商品生产的条件下，其用于其他商品消费所需要的价值，主要表现为商品生产者自身劳动所转换的价值；在商品生产者不直接从事商品生产的条件下，其用于其他商品消费所需要的价值，主要表现为商品生产者通过对生产企业资本进行投资所获取的利润分红所得。另一方面，商品生产者通过商品生产，获取超过其自身劳动力消耗以及商品生产原料消耗之上的价值，一般称之为利润。就利润来源而言，马克思将利润的来源视为剩余劳动的一部分。从西方经济学生产要素理论分析，自然资源货币化所表现出来的利润收入更多地起源于自然资源稀缺性所导致的价值增值；而技术、管理以及劳动等生产要素在生产组合中所创造的利润，实际上是这些要素在生产中实现的超过其成本之上的价值，由于这些要素主要表现为人类劳动形态，其所实现的利润实际上与马克思在《资本论》中所论述的剩余劳动价值是一致的。特别需要指出的是，在市场经济条件下，利润的来源不是单纯地表现为商品销售价值超过其生产成本的那部分价值，而是表现为商品生产要素在生产中创造的价值超过抵补这部分生产要素消耗成本的溢出部分。从商品生产者角度考虑①，在信用货币经济条件下，商品生产者对于利润“追逐”的最终目的并不是体现在其所获得的以信用货币作为表现形式的价值本身，而是体现为通过对技术、管理以及劳动等生产要素创造的一部分价值的占有权，获取更多的使用价值效用。就此而言，虽然市场经济条件下“逐利”机制成为商品生产者从事商品生产的主要动力，但决定这种“逐利”机制能否最终实现的关键，还在于商品生产者能否将其所获得的以信用货币作为表现形式的价值转换为其所需要的使用价值形式。从经济实践来看，要实现这个目的，既要求经济产业结构相对合理，一定时期社会对于商品生产者所需要的商品供给相对充足；也要求国民经济分配结构相对合理，各生产要素的消耗能够得到完全的补偿，以此使社会再生产能够持续进行。

（3）商品生产所有权属性的差异，导致商品生产者在“逐利”机制上的差异，主要表现在以下几个方面：

第一，通过社会分工，以获取满足于自身及家庭生活需要为目的的商品生产。在这种商品生产目的下，商品生产者通过其所拥有的生产要素组合生产满足社会所需要的商品，并将这些商品使用价值形态转换为价值形态的主要目的，是为了通过交换，

---

① 这里的商品生产者不是指具体从事商品生产的简单和复杂劳动，而是表现为商品生产企业的资本投资者，一方面可以对于劳动、技术和管理等生产要素进行定价；另一方面，对于企业生产经营所实现的利润拥有占有权。

将商品的使用价值形态转换为一般商品的共性形态即价值形态，以期通过再次由价值形式向另一种使用价值形式转换的方式，满足商品生产者自身的需要。在此条件下，商品生产者所属行业的技术含量高低，在很大程度上决定了商品生产者所实现的价值量的高低，并进一步决定了其未来可以消费的使用价值数量的高低。在这种生产方式下，商品生产者在经营过程中也有可能会发生亏损，由于其主要生产目的在于通过商品交换获取另外一种形态的使用价值，因此，在商品生产者生产亏损的状态下，商品生产者还会继续进行生产，而决定亏损状态下商品生产者能否继续维持再生产的关键因素，在于商品生产者所拥有的生产要素能否在生产亏损的条件下保持持续供给。

第二，以追求“价值”增值为目的的社会再生产。在这种社会生产条件下，商品生产者通过其可以经营的生产要素的组合，追求增量价值，这就要求商品销售价格能够补偿其价值，而且还要取得超过价值之上的增量价值。为了实现这个目的，一方面商品生产者要按照市场的需求生产商品，使商品能够顺利地实现销售，完成由商品的使用价值形态向价值形态的转换；另一方面，在商品生产过程中，商品生产者要严格生产成本约束，以获得最大化的利润。理论上，商品生产者节约生产成本的最低底线是参与商品生产的各生产要素消耗能够得到有效补偿。因为就短期而言，虽然商品生产者通过压缩生产成本的方式，可以获得超额利润，但就长期而言，如果生产要素的消耗不能得到有效补偿，未来社会再生产就会面临生产要素供给的短缺，从而使商品生产者为了追求增量价值所必须进行的社会生产无法顺利进行。在这种生产模式下，根据马克思的社会必要劳动时间理论和劳动价值理论，商品生产所获得的增量价值，只能表现为在同行业产品生产中，由于技术水平进步所获得的那部分超过社会必要劳动时间之上的超额价值。① 此外，在正常的商品生产过程中，同行业产品由于产品的性能、包装、设计等差异而取得的较高市场价格定位，在很大程度上也是技术差异的一个表现形式。对于这部分因技术差异所获取的超额价值如何分配，与技术的所有者密切相关。如果这部分技术属于商品生产者所有，那么商品生产经营者通过先进技术生产所获取的超额利润就归其个人所有；如果这部分技术属于别人所有，那么商品生产者通过先进技术所获取的超额利润，必须以合理的方式，分配一部分给技术拥有者，构成了商品生产者对于技术所有者拥有价值的再分配。在经济实践中，主要通过专利技术保护的方式，确保技术所有人的合法权益，通过支付技术转让费，使技术所有者可以参与由先进技术运用所产生的超额利润分配。对于活劳动创造的增量价值的分配而言，在经济实践中，虽然企业经营者可以占有一部分活劳动的价值，但企业经营者对活劳动价值的占有，是有一定底线的，马克思将其定义为社会必要劳动与社

---

① 理论上，不同行业生产所体现出的技术水平的差异，既包括商品生产环节的技术差异，也包括商品生产设备、原材料以及生产环境在前期生产过程中所体现出来的技术水平差异。

会剩余劳动。根据马克思的观点，所谓社会必要劳动是指维持劳动力再生产所必需的劳动，而社会剩余劳动主要是指社会劳动总量中超过社会必要劳动之上的那部分劳动。因此，企业经营者对于活劳动的占有，其底线就是不能侵蚀劳动力维持正常生存的社会必要劳动所创造的价值。这一原则在经济实践中，主要表现为正确地核定劳动者的工资收入水平，使劳动者的工资能够很好地满足劳动者自身及其家庭维持生存及发展的基本需要。从动态来看，劳动者素质的提高是生产力发展的必然要求，因此，在劳动力的工资构成中，还必须包含劳动者及其后代接受教育所必需的支出需要。总体来看，虽然在现代市场经济条件下，商品生产者追求价值增值的方式多种多样，但从商品生产者追求价值增值为主要目的的社会再生产的最终结果来看，追求价值增值本身并不是商品生产者的最终目的，其最终目的还在于通过对不断扩大的增量价值的占有，实现更多的使用价值。

2. 将具有价值形式的货币与满足人类生存和发展需要的商品使用价值混为一谈。在现代市场经济条件下，随着经济货币化进程的不断深入，以信用货币为表现的价值形式，成为市场主体参与社会分工、获取生产生活必需品的一个重要途径。由于以信用货币作为表现形式的价值在市场主体生产和生活中处于重要地位，其在某种程度上就造成了这样一种假象：作为价值代表形式的货币是万能的，货币可以购买到一切商品。在此影响下，一般人将具有价值形式的货币与满足人类生存和发展需要的商品使用价值混为一谈。他们认为，作为商品价值表现形式的信用货币与商品使用价值是相同的。货币万能论错误地将信用货币与黄金商品货币等同起来。从黄金商品货币来看，黄金不仅可以作为其他商品的价值表现形式，其自身还具有使用价值。就此而言，黄金商品货币不但是在使用价值上成为与其他商品并列的一种商品形态，而且作为一种货币，其在价值上体现了其他商品共有的价值属性。就信用货币而言，其在价值形态上所体现出来的与其他商品共有的价值属性，主要是通过政府强制力作为保证的，在经济实践中，信用货币的价值属性需要通过具有一定使用价值的商品体现出来。在信用货币经济条件下，信用货币自身并不是万能的，只是不同商品生产者在现有社会分工条件下，通过商品生产，以获取不同使用价值形态商品的一个手段。如果没有不同使用价值形态商品作保证，作为价值表现形式的信用货币将一钱不值。由此可见，在信用货币经济条件下，通过现有的社会分工，不断生产满足不同市场主体所需要的具有一定使用价值形态的商品，才是社会生产的最终目的，以信用货币为代表的价值形式，只是满足市场主体获取不同使用价值形态商品的一个重要手段，而不是商品生产的最终目的。

（二）信用货币经济条件下“逐利”机制发挥作用的本质

根据上述对于市场经济条件下以信用货币作为表现形式的价值分析，在市场经济条件下，市场主体在经济活动中所体现的“逐利”追求，本质上并不是对以货币作为表现形式的价值追求，而是以信用货币为中介，最终追求满足于市场主体需要的使用价值。就此而言，在市场经济条件下，市场“逐利”机制发挥作用的本质，表现在以下几个方面：

1. 对于作为价值表现形式的货币追求，其最终是为了实现对于满足其自身需要的使用价值的追求。在信用货币经济和现有的社会分工条件下，市场主体对于信用货币的最终追求，主要是为了获取满足市场主体需求的使用价值形态的商品，而对于作为价值表现形式的货币的追求，只是市场主体获取满足其需求的使用价值形态商品的一种手段。

2. 对货币的追求不能离开使用价值的支撑。在信用货币经济条件下，虽然信用货币是政府强制发行并赋予流通权限的货币，但对于市场主体而言，其要获取作为价值表现形式的货币，必须通过商品生产方式，生产社会所需要的商品，然后再通过销售商品，实现以商品作为表现形态的使用价值向以信用货币作为表现形态的价值的转变。从市场主体所获得的价值补偿来看，在现代市场经济条件下，商品生产者所获得的价值量的多少，在很大程度与其通过使用价值形态生产要素的组合所生产的商品使用价值效用高低密切相关，这种商品使用价值效用的高低，一方面取决于商品生产所需要的生产要素组合方式以及技术水平；另一方面，也取决于市场对于商品的需求程度。由此可见，在市场“逐利”机制作用下，市场主体对于作为价值表现形式的货币的追求，必须以生产具有一定使用价值形态的商品作为前提条件和必要手段。当然，在现代市场经济条件下，市场主体还可以通过投机的方式，来获取以货币作为表现形式的价值增值，但在信用货币发行总量不变的条件下，这种投机行为并没有创造一分钱的价值，其实现的只是一种以价值作为表现形式的社会财富再分配，最终改变的是不同市场主体对于不同使用价值形态商品的分配份额及分配结构。如果政府通过增量信用货币发行的方式，增加社会价值总量，那么这种社会增量价值的实现途径，还在于社会使用价值总量的相应增加。否则，没有相应使用价值总量做支撑的增量信用货币的发行，最终将减少每一单位信用货币形态价值所对应的使用价值数量，即产生通货膨胀。

3. 在信用货币经济条件下，市场主体“逐利”的最终结果表现为，其可以运用价值购买的使用价值形态的商品量的多少①，而不在于以信用货币作为表现形态的价值总量的高低。在信用货币经济条件下，市场“逐利”机制发挥作用的最终目的在于获取较多的具有使用价值形态的商品，虽然以信用货币作为表现形态的价值总量是市场“逐利”机制直接追求的目标，但是从市场“逐利”机制发挥作用的最终目的

① 既是指以生产要素形态表现出来的投资品，又是指以消费品形态表现出来的消费品。

来看，只有以信用货币作为表现形态的价值总量顺利地实现由价值形态向使用价值形态的转换，市场主体才能在市场“逐利”机制作用下，实现其经济活动的最终目的。如果以信用货币作为表现形态的价值总量不能顺利实现由价值形态向使用价值形态的转换，或者以信用货币作为表现形态的价值总量实际转换的使用价值总量出现减少，都会影响市场主体在“逐利”机制作用下的经营效果。就此而言，在信用货币经济条件下，虽然市场主体在“逐利”机制作用下，其经营效果主要体现在以信用货币作为主要表现形式的价值总量方面，但从社会生产的最终目的来看，市场主体在“逐利”机制作用下所取得的经营效果，其最终表现在市场主体通过经营所获得的以信用货币作为表现形式的价值总量所能够转换的使用价值数量和质量方面。因此，要使商品生产者在市场“逐利”机制作用下，取得经营效率的最大化，一方面需要合理的社会分工，使社会产品供给与需求在总量和结构上保持相对一致；另一方面，需要满足社会生产不断发展的适度货币供给，使信用货币的币值保持相对稳定。

（三）信用货币经济条件下社会再生产目的差异所导致的经济发展方向差异

在现代市场经济条件下，不同的社会再生产目的，对于经济社会发展所产生的影响效果也各不相同，具体言之，主要表现在以下几个方面：

1. 以价值作为发展导向的社会再生产。在以价值作为社会再生产主要目的的生产模式下，一方面，在信用货币经济条件下，管理当局可以通过不断扩大信用货币发行规模的方式，增加以信用货币作为表现形态的价值总量；另一方面，在“逐利”机制作用下，商品生产者会通过不断压缩生产成本的方式，获取增量价值的最大化；商品流通者会通过囤积居奇的方式，获取价值的最大化；市场主体之间会通过欺诈等方式，获取价值的最大化。从这些价值最大化所产生的最终结果来看，在信用货币不断发行的条件下，虽然以信用货币作为表现形式的价值总量不断增加，但由于信用货币自身没有任何使用价值，在社会使用价值总量没有出现相应增加的条件下，这种增量的信用货币发行必然会导致经济运行出现通货膨胀，在一定程度上预示了以增量信用货币发行为主要手段的社会价值总量的增加，并没有使市场主体对于使用价值的消费效用得到相应的增加。当然，由于不同市场主体对于增量信用货币获取的机会不同，增量信用货币的发行在某种程度上会导致社会使用价值总量在不同市场主体之间分布结构的改变。从压缩成本方式获取增量价值最大化的影响效果来看，在市场经济条件下，这种获取增量价值的方式，一方面不能有效保证商品使用价值的质量，从而在某种程度上减少了社会商品使用价值的总效用；另一方面，片面压低劳动力工资，将使生产要素成本不能顺利地实现有效补偿，从而对于下一期使用价值的生产以及增量价值的获取，都会产生不利影响。若从商品价值与使用价值相对匹配的角度进行分析，这种通过压低商品生产成本方式获取的增量价值，实质上是一种价值量在不同市场主体之间的再分配，其自身并没有产生真正意义上的增量价值。从商品流通环节通过囤积居奇方式获取的增量价值来看，其完成的也只是商品价格投机者与商品购买者之间的一种价值再分配，而没有产生一分钱的增量价值；从欺诈行为所导致的价值增值来看，如果在生产领域通过生产假冒伪劣产品的方式，来获取增量价值，不但是一种价值量在不同市场主体之间的再分配，而且由于生产出来的产品不具有相应的使用价值，甚至还是负面的使用价值，从使用价值角度考虑，其实质上是一种社会使用价值总量的减少。在社会价值总量不变的条件下，由此会减少每一单位价值所对应的使用价值效用，其对于单位价值消费效用的影响与前面所说的信用货币的超发所产生的影响基本一致。由此可见，单纯地以追求价值作为生产目的的社会再生产，如果这种价值总量的增加并不是建立在使用价值总量相应增加的基础之上，那么这种价值总量的增加本身就没有任何意义。不仅如此，在市场“逐利”机制主要表现为追求价值总量的条件下，市场主体对于价值总量的“追逐”会使生产要素的消耗不能得到有效补偿，从而在一定程度上影响社会再生产的顺利进行；为获取增量价值而导致的欺诈以及投机行为，也会扰乱市场经济运行秩序，同时造成可供使用的社会使用价值总量的减少。

2. 以使用价值作为发展导向的社会再生产。在以使用价值作为主要追求目标的社会再生产方式下，市场“逐利”机制作用的发挥，主要体现在市场主体获得越来越多的使用价值总量。就整个社会而言，如果每一个市场主体在市场“逐利”机制作用下，都可以获得更多的使用价值效用，那么每个市场主体就必须根据社会分工，通过生产适于其他市场主体需求的具有一定使用价值形态商品的方式，才能实现这一目的。从这一目的的实现效果来看，如果每一个商品生产者在生产过程中都做到了这一点，一定时期社会生产的商品必然都是满足市场需求的具有一定使用价值形态的商品。由于商品生产是根据社会分工来进行的，在一定生产力发展水平下，整个社会商品的供给总量与需求总量是可以保持基本平衡的，保证了商品生产的质量，使商品生产不会产生假冒伪劣等负面的使用价值；也不会导致商品供过于求的浪费。从整个社会来看，在每一个市场主体都追求使用价值效用最大化的生产方式下，社会生产效率必然会得到大幅度提高，而社会生产的上述目的也必将在很大程度上使人类的物质和精神生活水平得到不断提高，在很大程度上保证了社会生产的最终目的与人类发展目标的基本一致。

3. 以价值作为生产导向与以使用价值作为生产导向之间的区别与联系。在信用货币经济条件下，虽然将社会再生产的最终目的定位于追求使用价值总量的增加，但并不意味着在社会再生产过程中不需要关注商品的价值形态。在信用货币经济条件下，以价值作为生产导向与以使用价值作为生产导向之间既存在着区别，也存在着联系，其主要表现在以下几个方面：

一是社会再生产追求实现使用价值总量最大化的生产目的，必须借助以信用货币作为表现形式的价值才能实现。如前所述，在现代市场经济条件下，社会分工使每一个商品生产者生产的产品都千差万别，不可能通过不同商品生产者之间物、物交换的方式，使不同商品生产者都能够获得使用价值的满足。为了保证既有社会分工条件下商品生产者都可以通过社会分工获取其所需要的使用价值，就必须通过信用货币来表现每个商品所具有的共同的“质”即价值。通过信用货币的作用，使商品的使用价值先转换为以信用货币作为表现形态的价值，然后再将价值转换为适合不同市场主体需要的使用价值形态。从以信用货币作为表现形式的价值总量来看，为了保持既有生产力发展水平下信用货币币值的相对稳定以及既有社会分工条件下商品交换的顺利进行，就要求以信用货币作为表现形式的价值总量与以使用价值作为表现形式的商品总量保持相对一致。在信用货币经济条件下，商品生产者在追求使用价值总量最大化的同时，以信用货币作为表现形式的社会价值总量也随之实现最大化。

二是就以信用货币作为表现形式的价值总量而言，其必须有真实的使用价值形态的商品做支撑，才能称之为价值。鉴于信用货币与黄金商品货币之间存在着较大差异，在信用货币经济条件下，信用货币自身并没有任何使用价值可言，信用货币的价值体现主要表现为其能够购买具有一定使用价值形态的商品。一定时期作为社会价值代表的信用货币，其价值实现形式并不是表现在这些信用货币所代表的价值总量本身，而是通过这些信用货币可以购买与其价值总量相对应的具有真正意义上的使用价值形态商品的方式体现出来。如果没有与信用货币所代表的价值相对应的使用价值形态的商品做支撑，这些以信用货币作为表现形式的价值总量，并不能作为社会财富总量的真正代表。总体来看，在信用货币经济条件下，与以信用货币作为表现形式的社会价值总量相对应的使用价值形态的商品，主要表现为分布于生产和流通环节，还没有实现由商品的使用价值形态向价值形态转换的投资品和消费品。由于信用货币经济条件下信用货币所代表的价值总量需要有与之相对应的具有使用价值形态的商品做支撑，在市场“逐利”机制作用下，市场主体在对以信用货币作为表现形式的价值总量的追求过程中，也为社会提供了相应的具有真正意义上的使用价值形态的增量商品。就此而言，在现代市场经济条件下，市场“逐利”机制发生作用，使一定时期市场主体对于以信用货币作为表现形式的价值追求与对于以使用价值作为表现形态的商品总量的追求，共同统一于市场主体的日常经济活动过程之中。

三是从使用价值形态商品和作为价值表现形式的信用货币二者存在的方式来看，受商品内在的价值与使用价值在货币经济作用下出现有效分离因素的影响，以使用价值形态存在的商品与以信用货币形态存在的价值，二者是一种相互排斥的关系，市场主体不可能既拥有商品的使用价值，又同时拥有与商品使用价值相对应的商品价值，二者只能选择其一。这在一定程度上决定了在市场经济条件下，市场主体在自身及家庭消费所需要的使用价值形态商品得到有效的满足之后，必须更多地掌握以信用货币作为表现形态的价值，这种价值存在形态既可以表现为单纯的信用货币形态，也可以表现为能够带来价值增值的投资权证形态，通过掌握以信用货币或其他方式存在的价值形式，来为将来更好地消费使用价值形态的商品，提供必要条件。当然，考虑商品使用价值与价值的一一对应关系，在信用货币发行总量与商品使用价值总量相对一致的条件下，市场主体所拥有的价值总量的增加，同时也意味着以使用价值作为表现形态的商品总量的增加，这种商品总量的增加，既可以分布于生产环节，也可以分布于流通环节。

（四）信用货币经济条件下社会再生产的最终目的

根据前面对于信用货币经济条件下商品价值与使用价值属性以及他们相互之间关系的论述，在现代市场经济条件下，虽然“逐利”是市场主体从事经济活动的主要动力，但由于市场经济条件下以信用货币作为表现形态的价值需要商品使用价值来对之进行支撑，因此从整个社会再生产层面考虑，社会再生产的最终目的并不是表现为对以信用货币作为表现形式的价值总量的追求，而是表现为不断生产能够满足居民日益提高的物质和精神生活需求的产品。

在现代市场经济条件下，虽然“逐利”是市场主体从事经营活动的主要动力，但从整个社会来看，通过社会生产的发展，不断生产出能够满足居民日益提高的物质和精神生活需求的产品，才是社会再生产的主要目的。对之，分析如下：

1. 从社会再生产来看，以货币作为表现形式的价值形态与以使用价值作为表现形式的物化商品形态，是一一对应的关系。以货币作为表现形式的价值主要通过商品的使用价值体现出来，决定了以使用价值形态作为表现形式的商品生产，是信用货币经济条件下作为价值代表的信用货币真正实现其价值的前提和基础。

2. 在信用货币经济条件下，信用货币的本质特征，决定了其只有通过价值形态向使用价值形态的转换，才能真正地实现其价值。如前所述，在信用货币经济条件下，信用货币与黄金商品货币的典型特征，就在于信用货币自身没有任何使用价值，信用货币要实现真正的价值，就必须通过交换的方式，实现其由信用货币作为表现形式的价值向以商品作为表现形式的使用价值的转换。虽然信用货币是由国家发行并强制流通的货币，但在经济实践中，如果没有具有一定使用价值形态的商品与这些信用货币相对应，这些信用货币自身是无法作为真正意义上的价值形式而存在的。由此可见，在信用货币经济条件下，尽管市场主体参与经济活动主要是为了“逐利”，但是决定市场主体通过“逐利”机制所实现的信用货币积累能否成为真正价值的表现形式，还在于运用这些信用货币是否可以购买相应的具有使用价值形态的商品。生产具有真正意义上的使用价值形态的商品，是通过市场“逐利”机制最终取得真正意义上的以信用货币作为表现形式的价值的前提条件。

3. 由货币作为表现形态的价值向使用价值形态的转换，是社会再生产实现持续发展的必然选择。由于信用货币更多的是作为商品流通中介而发挥作用的，实现由货币作为表现形态的价值向以商品作为表现形态的使用价值的转换，既是信用货币持有者的最终目的，也是社会再生产保持持续发展的必然选择。就信用货币持有者而言，由于信用货币自身没有任何价值，实现以信用货币为代表的价值形式向以使用价值为代表的商品形式的转换，是信用货币持有者实现以信用货币作为表现形式的价值的必然要求。在现实经济活动过程中，信用货币持有者一般会将信用货币用于购买商品，以此满足其对于商品使用价值的需要；还有一些信用货币持有者可能会将信用货币投入到投资领域。从投资领域信用货币的最终去向来看，除了虚拟经济的二级市场交易是信用货币价值形式之间的交易之外，在信用货币通过直接融资与间接融资进行投资的模式下，信用货币只有在被投资领域通过由价值形式向使用价值形式转换的方式，才能取得投资收益以及本金的保全。就信用货币在虚拟经济二级市场的投资而言，从参与投资的信用货币总量来看，其完成的只是以信用货币作为表现的价值形式在不同市场主体之间的再分配，因为虚拟经济中二级市场并没有产生一分钱的增量价值。由此可见，信用货币只有进入实体经济领域之后，才能在价值量上实现真正意义上的投资增值。从信用货币持有者角度考虑，实现信用货币由价值形式向使用价值形式的转变，是其获取商品使用价值消费效用或者实现价值增量的必然选择。就社会再生产而言，由于在信用货币经济条件下，信用货币承担了商品流通中介的职能，如果信用货币不能顺利地实现由价值形式向使用价值形式的转换，一些社会商品的使用价值就无法顺利地实现由使用价值形式向价值形式的转换。在现有的社会分工条件下，商品生产者之间的关系实际上是一种通过社会分工、生产彼此需要商品的关系，既表现为生产要素在不同空间上的有效配置，这种空间配置主要表现为商品生产的地域分工，即地域经济；也表现为生产要素在不同时间点上的有效配置，这种时间上的配置主要表现为商品生产的多种环节产业链的生产特征。如果在商品生产过程中，商品的使用价值不能顺利地实现向价值形式的转换，在既有的社会分工条件下，整个社会生产在空间和时间上的合理布局必将受到严重的破坏，由此会对以使用价值作为表现形式的商品生产造成严重的负面影响，在缺乏有效的使用价值形态商品做支撑的条件下，以信用货币作为表现形式的价值，最终也无法通过与使用价值形态商品相交换的方式得以实现。

4. 在“逐利”过程中，只有生产的产品能够满足居民不断提高的物质和精神生活需求，才能获取以信用货币作为表现形态的价值增值。在“逐利”机制作用下，商品生产自觉地与不断满足居民日益提高的物质和精神生活需求保持相对一致。在经济实践中，其主要表现为居民需求程度较高的技术含量高的产品，其获利程度较大；

在生产要素供给总量一定的条件下，社会需求量较大的产品，其价格偏离价值的程度就相对较高，从而使市场在“逐利”机制作用下，增加短缺产品的供给，更好地满足居民不断提高的物质和精神生活需求。总体来看，现代市场经济条件下市场对于商品使用价值的需求与商品生产获利程度之间所呈现的正相关关系，使市场主体必须通过生产适合居民物质和精神生活需求不断提高的产品的方式，才能实现利润的最大化，这在一定程度上保证了一般市场主体在市场“逐利”机制作用下的生产目的与不断满足居民日益提高的物质和精神生活需求这个社会生产的最终目的的相对一致。

（五）市场“逐利”行为与社会生产最终目的保持相对一致的主要路径

在现代市场经济条件下，要真正地做到市场主体对于增量价值的追求与实现社会生产最终目的的相对一致，可以采取以下措施：

1. 将使用价值的生产作为市场主体获利的主要手段。在市场经济条件下，要实现市场主体对于增量价值的追求与社会生产最终目的的相对一致，就要求市场主体要生产具有真正使用价值形态的商品，而不是通过生产假冒伪劣产品的方式来获取利益，以此使市场主体的“逐利”行为与社会生产目的保持相对一致。在这种获利方式下，商品生产者必须通过生产适合市场需求产品的方式，来获取价值增值，从而使居民的物质和精神生活需求不断地通过商品生产，得到有效供给。而对于假冒伪劣等产品，由于其不具备真正的使用价值，不适合居民的生产和生活需求，因此假冒伪劣产品的生产并不能帮助生产者获得利益。在信用货币经济条件下，由于“逐利”方式的取得必须通过使用价值生产的方式才能实现，一方面使生产领域的价值创造成为价值增值的主要来源，从而在一定程度上确保了一定生产力发展水平下社会使用价值总量与价值总量的相对统一；另一方面，也在很大程度上抑制了商品流通领域中的价格投机行为以及虚拟经济领域中的价格投机行为。在市场经济条件下，由于以信用货币作为表现形式的价值，必须进入实体经济领域才能获得价值增值，其在一定程度上也有效地促进了价值与使用价值不断转换的进程，从而有利于社会再生产的持续进行。

2. 将保证各生产要素的再生产作为市场主体“逐利”的一个根本原则。在现代市场经济条件下，市场主体的“逐利”行为主要表现为商品生产所实现的价值在补偿生产要素成本消耗之后所获得的剩余价值过程，而不是表现为单纯地将生产要素进行货币化的过程。因为，如果参与生产的生产要素的生产成本不能得到完全补偿，生产要素的再生产就不能正常进行，使本期生产的商品使用价值和价值在结构上不能实现相对匹配；也使下一期社会再生产由于生产要素供给的短缺而不能正常进行。就商品生产者而言，虽然其在本期生产过程中，通过剥夺或减少生产要素价值补偿的方式，获取了较多的价值增值，但受一定时期社会使用价值结构的影响，商品生产者在消费刚性约束下，不可能将这部分增值的价值全部转换为适合其需要的使用价值，在信用货币经济条件下，这部分不能转换为使用价值的信用货币，是没有任何意义的。与此同时，由于生产要素的再生产受价值补偿不足的影响而不能正常进行，将使商品生产者在下一期商品生产过程中不能得到有效的生产要素供给，从而使商品生产者通过减少或取消生产要素价值补偿的方式所获取的增量价值，不能得到有效的延续。

3. 适度控制货币供应量，确保信用货币经济条件下商品供给使用价值与价值的相对匹配。为此，必须正确处理以下几方面因素之间的关系：

（1）正确处理信用货币经济条件下商品的使用价值形态与价值形态之间的关系。如前所述，在信用货币经济条件下，商品的使用价值形态相对于黄金商品货币而言，没有发生根本性的变化，而就价值形态而言，以信用货币作为表现形态的价值，主要是一种观念上的货币，在一定存量货币供给的条件下，其价值主要通过有一定使用价值形态的商品体现出来。就此而言，决定信用货币观念上价值含量高低的关键要素，在于可供交易的商品使用价值总量，而不是这种信用货币作为表现形式的账面价值本身。因此，实现真正意义上的价值增值，并不能单纯地依靠不断扩大信用货币总量规模的方式来进行。

（2）信用货币条件下以商品作为表现形式的使用价值总量与以货币作为表现形式的价值总量之间的关系。总体来看，信用货币条件下以商品作为表现形式的使用价值总量与以货币作为表现形式的价值总量之间关系，主要表现在以下几个方面：

第一，商品使用价值形态逐步消失与信用货币价值形态永久持续的关系。在信用货币经济条件下，商品的使用价值随着时间的推移是不断消失的，而与商品使用价值相对应的以信用货币表现出来的价值，则不会随着商品使用价值的消失而消失。在中央银行不通过回收信用货币的方式注销以信用货币作为表现形式的价值总量的条件下，为了使以信用货币表现出来的价值形式获得使用价值形态支撑，就要求不断增加商品使用价值的供给，使信用货币的价值获得商品使用价值形态的支撑。为了实现这一目的，就要求侧重于使用价值形态商品生产的社会再生产不断进行。从生产要素供给角度分析，要实现商品使用价值再生产的不断进行，就要求从事商品使用价值生产的生产要素是可以再生的，在现实经济活动中，其主要表现为参与商品生产的主要生产要素如资源、技术、管理和劳动等应该具有较强的可再生性。

第二，信用货币价值形态供给不断扩张与商品使用价值供给总量保持相对不变之间的关系。在信用货币经济条件下，由于信用货币是由政府凭借政治权力发行并强制流通的货币，政府通过信用货币的发行可以获取铸币税收入。为了不断地取得以信用货币作为表现形式的铸币税收入，政府总是存在着不断发行信用货币的冲动。在信用货币不断发行的影响下，如果商品使用价值供给总量保持相对不变，那么以单位信用货币为代表的价值所获取的单位使用价值支撑的数量，就会相应减少，在一定程度上减少了信用货币对于使用价值形态商品的购买水平，使经济运行面临较大的通货膨胀压力。

第三，信用货币价值形态供给不断扩张与商品使用价值供给总量动态变化之间的关系。在信用货币价值形态供给不断扩大的条件下，如果商品使用价值供给总量也随之不断扩张，在商品使用价值总量扩大幅度等于信用货币总量扩大幅度的条件下，单位信用货币所代表的价值购买使用价值形态商品的能力基本保持不变；在商品使用价值总量扩大幅度小于信用货币总量扩大幅度的条件下，单位信用货币所代表的价值购买使用价值形态商品的能力在某种程度上将会受到削减；在商品使用价值总量扩大幅度大于信用货币总量扩大幅度的条件下，单位信用货币所代表的价值购买使用价值形态商品的能力将会增加。

（3）正确处理信用货币供给与增量使用价值及存量使用价值之间的关系。总体来看，信用货币供给与增量使用价值及存量使用价值之间的关系主要表现在以下几个方面：

第一，信用货币供给与增量使用价值之间的关系。就信用货币供给与增量使用价值之间的关系来看，在信用货币经济条件下，信用货币既执行了衡量商品价值大小的价值尺度的职能，同时又充当了商品流通中介的职能。在信用货币作为衡量商品价值尺度职能时，以信用货币表现出来的价值总量与商品价值总量之间，应该是一一对应的关系。而从信用货币在商品流通中所执行的中介职能来看，在现实的货币流通中，信用货币可以通过不断周转的方式，执行其所承担的商品流通中介的职能，这就决定了在现实的经济活动中实际承担商品流通中介的信用货币价值，要少于作为价值尺度用于衡量商品价值总量的观念上的信用货币价值，二者之间的关系可以用公式描述为：实际执行商品流通中介职能的信用货币 = 作为价值尺度用于衡量商品价值总量的观念上的信用货币价值/信用货币流通速度。根据这一公式，在实际经济活动中，实际执行流通手段所需要的货币供应量，主要取决于两个因素：一是作为价值尺度衡量商品价值总值的观念上的货币价值总量；二是信用货币在现实经济活动中的实际流通速度。从作为价值尺度衡量商品价值总量的观念上的货币价值总量的决定因素来看，其主要取决于一定生产力发展水平条件下以使用价值作为表现形式的商品供给总量；从信用货币在现实经济活动中实际流通速度的决定因素来看，其主要取决于商品交易的货币结算方式、商品交易速度的快慢以及交易效率的高低①。根据上述分析，从信用货币供给与商品增量使用价值之间的关系来看，为了确保商品价格的相对稳定，在商品使用价值供给出现增加时，假设货币流通速度保持不变，就需要增加信用货币的供给数量。当然，信用货币供给数量的增加并不等于货币执行价值尺度职能所衡量的商品增量使用价值所代表的观念上的价值总量，而是要用这个价值总量除以信用货币

---

① 所谓商品交易效率的高低，是指商品以信用货币为中介所进行的流通行为，能够满足交易双方由信用货币为代表的价值形式向最终消费以商品为代表的使用价值转换的程度。

的流通速度，用公式表示为：增量信用货币供给＝货币执行价值尺度职能所衡量的商品增量使用价值所代表的观念上的价值总量/信用货币流通速度。

第二，信用货币供给与存量使用价值之间的关系。在信用货币经济条件下，由于信用货币执行价值尺度的职能，其对于具有一定使用价值形态的商品的价值衡量，主要表现为一种观念上的货币，而信用货币所执行的商品流通中介的职能，使以信用货币为代表的价值形式始终停留在商品流通领域，发挥着承担商品流通中介的职能。就某一时点信用货币供给与存量使用价值之间的关系而言，根据前面关于流通中信用货币供给数量决定因素的分析，在现实的经济活动中，信用货币供给数量等于信用货币执行价值尺度职能所衡量的存量使用价值所具有的观念上的价值总量除以信用货币的流通速度，用公式表示为：信用货币需要量＝信用货币执行价值尺度职能所衡量的存量使用价值所具有的观念上的价值总量/信用货币流通速度。当存量使用价值为零时，决定了需要承担商品流通中介的信用货币数量为零。此时，政府没有必要通过发行信用货币的方式，来充当商品的流通中介，可以通过信用货币回收的方式，使信用货币供给总量为零。当然，对于一些使用价值期限较长的商品，其在使用价值还没有完全结束的时候再次进入流通领域，此时所需要的增量信用货币数量＝使用过的存量使用价值所剩余的价值总值/信用货币流通速度。理论上，在现代信用货币经济条件下，通过以信用货币作为中介的商品流通，实现以信用货币为代表的价值形式向以商品为代表的使用价值形式的转换，商品在进入使用价值领域之后，不会再通过商品流通的方式实现商品由使用价值形式向价值形式的转换。但是，随着经济货币化程度的进一步加深，已经使用的存量使用价值形态的商品之所以能够再次实现由使用价值形态向价值形态的转换，一方面与商品使用价值自身使用限期较长的属性有关；另一方面，也与增量信用货币不断发行使单位信用货币所代表的单位使用价值减少有关。由于商品使用价值持续时间较长，一些商品在使用之后还存在着剩余的使用价值，从而为商品实现由使用价值形式向价值形式的转换，提供了可能条件；由于信用货币发行过多而导致单位信用货币所代表的单位使用价值减少，从而使以商品为代表的单位使用价值可以转换为较之前期更多的以信用货币为代表的价值，在市场“逐利”机制作用下，一些使用价值持续期限较长的商品所有人，可以通过将剩余使用价值形态的商品出卖进行再次货币化的方式，来获取价值增值。

本章小结

本章首先分析了商品使用价值与价值的基本含义，认为在人类文明社会，我们通常所说的物品使用价值，更多的是从满足人类各方面需求这个角度来说的，因此，就满足人类需求的物品而言（这种物品既包括有形的物品，也包括无形的物品），其主要包含以下几种形态：第一，实物形态产品所包含的使用价值。从实物形态产品所包含的使用价值来看，其主要满足于人类的生理需要，在经济实践中，其一方面表现为满足人类衣、食、住、行需要的产品，如衣服、粮食、住房以及汽车等交通工具，也包括在质量和功能上不断满足人类上述四项需求的相关产品；另一方面，又表现为满足人类视、听、嗅、触、味觉需要的产品。第二，非实物形态的使用价值。非实物形态产的使用价值，主要是指服务行业以及满足人类精神需求的文化、艺术等非物质产品；第三，以追求投资收益为主要目的的投资行为所包含的使用价值，在很大程度上表现为价值形式与使用价值形式的相对统一。

文章认为，在信用货币经济条件下，商品价值存在的方式更多的是通过货币体现出来，具体言之，其主要表现在以下几个方面：第一，商品价值数量的确定体现为货币形态所具有的价值尺度职能；第二，商品价值的实现方式主要通过货币的流通手段职能来体现；第三，一定时期社会总价值的高低在很大程度上取决于货币作为价值尺度职能的稳定程度。

文章认为，从现实商品交易活动来看，商品之所以需要由使用价值形态向价值形态转换，其最终目的表现在以下几个方面：第一，社会分工的存在，使商品生产者必须将其生产的商品实现由使用价值形态向价值形态的转换；第二，商品由使用价值形态向价值形态转换的最终目的，在于取得另一种价值所有者进行生产和消费所需要的商品。

文章认为，黄金商品货币经济条件下商品的价值，既表现为一种价值形态，也表现为一种使用价值形态。

在上述分析的基础上，文章重点研究了现代市场经济条件下社会生产的最终目的，认为在“逐利”机制作用下，现代市场经济条件下商品生产存在着以下几方面的表象：(1) 追求以价值作为表现形式的货币成为市场主体从事经济活动的主要目标；(2) 将具有价值形式的货币与满足人类生存和发展需要的商品使用价值混为一谈。文章认为，在市场经济条件下，市场主体在经济活动中所体现的“逐利”追求，其本质上并不是表现为对于以货币作为表现形式的价值追求，而是以信用货币为中介，最终追求满足于市场主体需要的使用价值。就此而言，在市场经济条件下，市场“逐利”机制发挥作用的本质，表现在以下几个方面：(1) 对于作为价值表现形式的货币追求，其最终是为了实现对于满足其自身需要的使用价值的追求；(2) 对货币的追求不能离开使用价值的支撑；(3) 在信用货币经济条件下，市场主体“逐利”的最终结果表现为，其可以运用价值购买的使用价值形态的商品量的多少①，而不在于以信用货币作为表现形态的价值总量的高低。

① 既是指以生产要素形态表现出来的投资品，又是指以消费品形态表现出来的消费品。

文章认为，在经济实践中，不同的社会再生产目的，对于经济社会发展所产生的影响效果也各不相同，具体言之，主要表现在以下几个方面：（1）在以价值作为社会再生产主要目的的生产模式下，一方面，在信用货币经济条件下，管理当局可以通过不断扩大信用货币发行规模的方式，增加以信用货币作为表现形态的价值总量；另一方面，市场主体在"逐利"机制作用下，商品生产者会通过不断压缩生产成本的方式，获取增量价值的最大化；商品流通者会通过囤积居奇的方式，获取价值的最大化；市场主体之间会通过欺诈等方式，获取价值的最大化。（2）在以使用价值作为主要追求目标的社会再生产方式下，市场"逐利"机制作用的发挥，主要体现在市场主体获得越来越多的使用价值总量。

最后，文章对实现增量价值创造与社会生产最终目的的相对一致应该采取的相关措施进行了研究，认为从经济实践来看，在现代市场经济条件下，要真正地做到市场主体对于增量价值的追求与实现社会生产最终目的的相对一致，可以采取以下措施：（1）将使用价值的生产作为市场主体获利的主要手段；（2）将保证各生产要素的再生产作为市场主体"逐利"的一个根本原则；（3）适度控制货币供应量，确保信用货币经济条件下商品供给使用价值与价值的相对匹配。

第三十三章
现代市场经济条件下劳动生产力的决定因素及其提高路径

一、劳动生产力与劳动生产率的基本内涵

（一）劳动生产力与劳动生产率之间的区别与联系

1. 二者之间的区别。劳动生产力，是指具体劳动的生产能力，它和一定量劳动所推动的生产资料量成正比，而和推动一定量生产资料所必需的劳动量成反比。在商品生产条件下，不管劳动生产力发生什么变化，同一劳动在同样的时间内创造的价值量总是相同的，但它在同样的时间内提供的使用价值量是不同的。劳动生产力的内涵在一定程度上预示，商品的使用价值量与劳动生产力成正比，而单位商品的价值量，与体现在商品中的劳动量成正比，与劳动生产力成反比。

劳动生产率，是指劳动者在一定时期内创造的劳动成果与其相适应的劳动消耗量的比值。劳动生产率可以用同一劳动在单位时间内生产某种产品的数量来表示。一般而言，单位时间内生产的产品数量越多，劳动生产率就越高；也可以用生产单位产品所耗费的劳动时间来表示，生产单位产品所需要的劳动时间越少，劳动生产率就越高。

2. 二者之间的联系。从劳动力生产力与劳动生产率二者所表述的内涵来看，前者主要是从生产过程，来对单位劳动所推动的生产资料数量进行描述的；而后者主要是从生产的最终结果角度，来对单位产品生产所需要的劳动量进行描述的。根据马克思在《资本论》中关于商品不变价值和可变价值的描述，由于在商品生产过程中，商品所包含的价值不但包括商品生产过程中由可变资本——劳动消耗所创造的价值，还包括由不变资本——生产资料转移的价值。就此而言，从劳动生产力角度来考察劳

动生产力提高的结果，由劳动生产力提高所导致的单位劳动量推动的生产资料的增加，必然在很大程度上导致单位产品生产所消耗的劳动量的减少；而从劳动生产率角度来考察劳动生产率提高的结果，由劳动生产率提高所导致的单位产品消耗劳动量的减少，必然在一定程度上预示着单位劳动所推动的生产资料的提高。从劳动量与生产资料组合以及单位产品所消耗的劳动量之间关系来看，劳动生产力与劳动生产率实际是一个概念，都代表了由于生产力发展水平差异，所导致的单位劳动量与生产资料的组合比例或者单位商品所消耗的劳动量比例之间的变动关系。因此，本文关于劳动生产率的论述实际上等同于劳动生产力。

（二）劳动生产率与生产力之间的联系与区别

从生产力角度来分析劳动生产率提高的主要原因，根据马克思关于生产力的三个要素即劳动对象、劳动者和劳动工具的论述，劳动生产率的提高，在一定程度上表明了在相同品质的劳动对象以及劳动产品的前提条件下，由于生产力的发展（其主要表现为劳动力素质的提高以及劳动工具的改进等方面），而导致同一种商品在单位时间内生产规模的增加。就此而言，生产力的提高一定会导致某种商品劳动生产率的提高；而某种商品劳动生产率的提高，并不能代表社会生产力得到了发展，因为社会生产力的提高不但包括生产力三要素即劳动对象、劳动工具以及劳动者素质的提高，而且还预示着在这三种生产力要素提高的作用下，其所生产的产品在技术、品质以及功能上的进一步提高。

二、决定劳动生产率水平的主要因素

马克思在《资本论》中对劳动生产率的决定因素做了如下描述："作为价值，一切商品都只是一定量的凝固的劳动时间。如果生产商品所需要的劳动时间不变，商品的价值量也就不变。但是，生产商品所需要的劳动时间随着劳动生产力的变动而变动。劳动生产力是由多种情况决定的，其中包括：工人的平均熟练程度、科学的发展水平和它在工艺上应用的程度，生产过程的社会结合，生产资料的规模和效能，以及自然条件。"① 根据马克思关于劳动生产率决定因素的描述，决定劳动生产率水平高低的因素主要包含以下几方面内容：

1. 工人的平均熟练程度。一般而言，如果工人的平均熟练程度较高，其就可以在单位时间内通过熟练的操作，来支配更多的生产资料，从而使工人在单位时间内依靠对于更多生产资料的操作，生产更多的产品。工人平均熟练程度的提高，主要表现

① 马克思：《资本论》第一卷，人民出版社2004年版，第53页。

在工人操作技术的娴熟，操作流程的科学规范等方面。

2. 科学技术的发展水平。科学技术的进步，会从管理角度优化产品生产的流程以及劳动者的操作流程，使劳动者在单位时间内可以与更多的生产资料相结合。例如，通过科学的产品流程设计，缩短产品在不同环节流转所需要的时间，优化劳动者操作流程，提高劳动者的生产操作效率；科学技术的进步还可以为生产工具的改进提供技术支持。通过生产工具的改进，一方面节约产品生产时间；另一方面，也使劳动者可以在单位时间内与更多的生产资料相结合，生产数量更多的商品。此外，科学技术的进步还可以优化劳动对象，通过劳动对象的优化，为劳动者在单位时间与更多生产资料的结合创造有利条件。就劳动对象而言，如果劳动对象的标准化程度不高，在实际生产过程中，就会减少劳动者与劳动对象的结合数量，从而不利于劳动生产率的提高。相反，如果通过科学技术的进步，提高劳动对象的标准化程度，将在很大程度上提高劳动者在单位时间内与劳动对象的结合数量，从而有利于提高商品生产的劳动生产率水平。

3. 科学技术在生产中的运用程度。由于科学技术的发展可以在很大程度上对生产力三要素：劳动对象、劳动工具以及劳动者产生重要作用，通过劳动对象的扩大和改进、劳动工具的改进以及劳动者素质的提高，提升劳动者在单位时间内与生产资料相结合的数量。一般而言，在既有的科学技术条件下，如果科学技术在生产中运用得越广，那么生产力三要素中的劳动对象、劳动工具以及劳动者得到改进的机会就越大，由此会在很大程度上提高商品生产的劳动生产率水平。反之，如果科学技术的进步仅停留在理论层面，那么生产力发展水平就不能在科学技术进步的推动下而得到大幅提高，导致商品生产的劳动生产率水平不能得到相应提高。

4. 生产要素的组合方式。由于劳动生产率的提高主要表现为劳动者在单位时间内与生产资料结合的数量高低，因此在一定的生产力发展水平下，生产要素的组合方式对于商品生产劳动生产率的提高，会产生一定影响。具体言之，在劳动密集型生产方式下，劳动在与其他要素结合过程中所占比重较大，导致单位劳动在单位时间内与生产资料结合的数量相对较低，从而导致商品生产的劳动生产率水平较低。

5. 生产要素的组合规模及其管理水平。从商品生产成本构成来看，在商品生产过程中，原材料等成本是随着商品生产环节的不断深入而一次性转移的，而固定资产等成本则在商品生产过程中逐渐转移其价值。理论上，以固定资产作为表现形式的固定成本，其价值消耗的转移在很大程度上与时间因素有关，在既定的时期内，如果生产要素的组合规模达到固定资产设计的产能规模，那么由固定资产消耗分摊至单位商品中的成本就相对较低，从而使单位商品成本得到降低，其在某种程度上也是劳动生产率提高的一种标志。反之，当生产要素的组合规模达不到设计的产能时，在既定时期内，每一单位商品所分摊的固定资产消耗成本就相对较多，由此会增加单位商品的成本，在某种程度上不利于商品生产劳动生产率的提高。此外，在商品生产过程中还存在机物料、低值易耗品的消耗等成本。如果商品生产企业管理水平较高，导致上述机物料、低值易耗品消耗数量较少，其在一定程度上可以降低每一单位商品所承担的上述物耗成本，使单位商品的成本降低，起到提高劳动生产率的作用。还有，诸如管理人员工资及相关经费等项目的降低，都在很大程度上可以降低单位商品所分摊的管理成本，从而有利于降低单位商品的生产成本，有利于商品生产的劳动生产率的提高。在企业生产过程中，如果管理科学、严格，商品生产流程的加快以及劳动者劳动积极性的提高等因素，都可以在很大程度上提高劳动者在单位时间内的产出效率，从而有利于商品劳动生产率的提高。特别值得一提的是，在现代市场经济条件下，与生产无关的成本如以“广告费用”为表现形式的营销成本及以财务费用为表现形式的融资成本，在管理成本中占有较大的比重，这部分费用的发生，与商品生产没有直接的关系。虽然在信用货币经济条件下，财务费用是企业为从事商品生产所发生的融资成本，但是笔者这里从劳动生产率角度所考察的商品生产，是劳动力与其他生产要素直接相结合的过程。理论上，在信用货币经济条件下，劳动力（含劳动、技术和管理三要素）与资源等初级形态生产要素或者劳动力与次级形态生产要素（主要表现为原材料、生产设备、生产所需要的基础设施等）的结合，可以通过股权结构的创新以及资本市场的发展，增加其直接结合的程度，从而最大限度地减少融资成本。当然，就广告等营销费用而言，其实际上与商品的生产成本没有任何的直接关系，因此这部分费用的发生不能构成商品的直接生产成本，其最终可以通过两个路径来进行消化：一是通过提高商品销售价格的方式，转嫁至消费者承担；二是在商品生产企业内部进行消化。从广告费用的功效来看，其一方面扩大了商品的销售范围；另一方面，加快了商品的周转速度，减少了企业的管理成本，而商品销售规模的提高，在一定程度上可以提高企业的利润。

6. 自然条件等。从商品生产所需要的自然条件来看，如果商品生产距离原材料产地较近，那么商品生产所需要的原材料运输成本就相对较少，由此就会减少单位商品生产所消耗的原材料成本，在一定程度上提高商品生产的劳动生产率水平。如果商品生产处于交通比较便利的地区，原材料运输成本相对较低，会减少单位商品生产所消耗的原材料成本，有利于提高商品生产的劳动生产率水平。由此可见，当商品生产距原材料、动力供应地较近的地理位置时，有利于劳动生产率的提高。

三、劳动生产力与商品的使用价值及价值之间的关系

（一）劳动生产力与商品使用价值之间的关系

根据劳动生产力的内涵，劳动生产力的提高是指单位劳动在单位时间内与较多生

产资料相结合，能够生产出较多的商品。就此而言，从使用价值角度考察劳动生产力提高的结果，劳动生产力的提高，主要表现为以最小的生产要素消耗，实现商品使用价值的最大化。鉴于劳动生产力与商品使用价值存在一定的关系，在社会生产过程中，通过发展劳动生产力的方式来提高商品使用价值，其主要包括以下几个路径：

1. 提高商品的使用价值效能。在商品生产过程中，非劳动的原材料等生产要素的物理或化学形态在生产过程中会发生变化，从而会使这些非劳动生产要素的使用价值发生改变。同一种原材料等非劳动性生产要素在生产过程中，可以通过不同的物理或化学组合形式，生产出具有不同用途的商品。因此，在某一商品需求刚性约束条件下，要通过劳动生产力提高的方式，增加使用价值总量的供给规模，就可以通过提高使用价值效能的方式，来变相地提高使用价值总量的供给规模。具体言之，在既定的生产技术和劳动生产率发展水平下，通过生产使用功能更多、使用时间更长、更适合市场需求的产品的方式，来提高劳动与其他生产要素组合所生产的使用价值总量水平。

2. 减少单位使用价值所需要的生产要素消耗，使一定量的生产要素可以生产更多的使用价值形式的商品。在商品生产过程中，一些非劳动形态的生产要素在生产过程中还会出现一定的损耗，由此导致在一定生产要素供给总量的条件下，劳动与其他生产要素的组合生产的使用价值总量相对减少。而劳动生产力的提高，通过降低单位商品生产非劳动形态生产要素消耗的方式，可以在既定的生产要素供给规模的条件下，生产出更多的使用价值形态的商品。

（二）劳动生产力与商品价值之间的关系

1. 商品价值的决定因素。从商品价值的决定因素来看，根据马克思的劳动价值理论，商品的价值主要是指在正常的社会生产条件下由生产商品所需要的社会必要劳动时间所决定的。由于商品生产需要诸多环节，在复杂的商品生产过程中，商品本环节增量价值的创造，主要取决于本环节商品生产所需要的社会必要劳动时间，而从商品的价值总量来看，其主要表现为商品生产整个环节所需要的劳动时间。此外，在现代市场经济条件下，由于人类对于不可再生自然资源需求的日益增加，由此导致以不可再生自然资源所生产的原材料价值，已不简单地表现为原材料生产过程中所消耗的劳动价值，而在很大程度上包含了不可再生自然资源由于稀缺性所导致的价值增值。因此，从商品整个生产环节来看，商品的价值既包括了商品生产所有环节所产生的劳动价值，还包含了自然资源稀缺性所产生的价值。将自然资源稀缺性所产生的价值增值列入商品的价值，本身就是对马克思劳动价值论在新时期的继承和发展，其并没有否认劳动价值论，因为在自然资源向原材料转化过程中，劳动起到了关键的作用，而自然资源出现的稀缺性增值也是劳动对于自然资源过度消耗所导致的最终结果。

2. 劳动生产力与商品价值之间的关系。从劳动生产力与商品价值之间的关系来看，根据马克思的劳动价值理论，劳动生产力的提高，意味着单位商品所消耗的劳动时间的缩短，而商品的价值最终又取决于生产商品所需要的社会必要劳动时间，因此，在其他条件不变的前提下，劳动生产力与单位商品价值之间实际上是一种负相关关系。具体言之，当劳动生产力提高时，单位商品的价值将会降低；当劳动生产力降低时，单位商品的价值将会提高。当然，在商品价值构成中，商品的价值不但包括商品最后生产环节由劳动创造的增量价值，还包括原材料等非劳动生产要素所包含价值的全部或部分转移。因此，在劳动生产力提高的前提下，如果单位商品生产所依托的原材料价值和生产设备等转移的价值发生了变动，其对于单位商品的价值也会产生一定的影响。具体言之，如果劳动生产率的提高是由原材料标准化以及采用更新的设备来进行的，在商品生产规模达不到预定产能的条件下，单位商品所转移的原材料价值和设备损耗所转移的价值都将会同时提高，在一定程度上会对劳动生产率提高所降低的商品价格产生对冲作用。就此而言，劳动生力提高对于商品单位价值的影响，是受到诸多条件约束的。在经济实践中，上述现象在一定程度上解释了为什么在现代化生产条件下，还会出现一些生产力发展水平较低的小作坊。归其原因，其一方面取决于小作坊的人力成本在商品生产中占有较大比重，并且人力成本具有较大的弹性；另一方面，小作坊对于原材料要素的要求相对宽松以及采购或销售环节充分接近市场等，都会为其生存提供便利条件，使现代经济条件下由不同生产要素组合所形成的不同生产方式成为可能。

3. 劳动生产力与劳动强度之间的关系。就劳动生产力与劳动强度之间的关系而言，虽然劳动生产力的提高主要表现为单位时间内单位劳动与其他生产要素组合规模的扩大，但是这种以单位劳动与其他生产要素组合规模不断扩大作为表现形式的劳动生产力提高方式，并不意味着劳动强度的提高。从劳动强度所包含的内涵来看，马克思在《资本论》中将劳动强度描述为："增进劳动的强度，意思就是说在同一时间内增加劳动的支出"。他还将劳动强度定义为劳动的内涵量或劳动的密度，并认为："提高机器的速度，和扩大同一劳动者照管的机器的范围""提高劳动的紧张程度，更加细密地填满劳动时间的微孔""增进劳动的规律性、划一性、秩序性、继续性和能量"[①] 等都可以提高劳动强度。从马克思关于劳动强度的定义来看，虽然提高劳动强度可以实现单位时间单位劳动与其他生产要素更大规模的结合，其所达到的效果与劳动生产力提高的结果基本相同。但是，二者对于"人"的影响程度则各不相同。就提高劳动强度所引致的效果来看，劳动力在单位时间内付出了更多的精神和体力损耗，由劳动强度提高所实现的单位时间内产出的提高，其实际上是对劳动力体力和精

① 马克思：《资本论》第 1 卷，人民出版社 1974 年版，第 438 页。

神的前提透支，而不会改变劳动力在其生命周期内从事劳动的总时间。而劳动生产力的提高，则主要是通过技术的进步以及生产流程的优化，所实现的单位时间内产出的最大化，在一定程度上不会增加劳动者的体力和精神消耗。由于受劳动生产力提高的影响，单位时间内单位劳动可以产生较大的产出，在一定程度上相对延长了劳动者在其生命周期内从事生产的劳动时间。人类社会生产的最终目的在于不断满足和提高居民的物质和精神生活需求，以增加劳动者体力和精神消耗为主导的生产方式，虽然可以增加单位时间单位劳动的产出规模，但其与人类生产的最终目的是相违背的。就此而言，要实现单位时间内单位劳动产出的最大化，就必须通过提高劳动者技术熟练程度以及技术进步的方式来提高劳动生产力的发展水平，使人类物质与精神生活水平随着劳动生产力的不断提高而提高。

四、提高劳动生产力发展水平应该采取的相关措施

（一）劳动生产力对于经济发展所起的促进作用

如前所述，劳动生产力在社会经济发展中可以起到以下作用：

第一，就整个社会而言，根据商品单位价值与单位劳动时间成正比、生产力与单位劳动时间成反比的论述，当前大力发展劳动生产力，可以通过降低单位商品劳动时间的方式，降低单位商品的价值，以实现为社会提供更多“价廉物美”商品的目的。同时，对于社会急需的商品，通过劳动生产力的发展，可以在单位时间内生产更多的商品，以更好地满足社会需求。

第二，就一个企业而言，在市场经济条件下通过劳动生产力的发展，企业生产每一单位商品所需要的劳动时间可以低于社会必要劳动时间，而其商品出售却按照社会必要劳动时间所确定的价值来进行销售，企业由此可以获得超额价值。就此而言，劳动生产力的提高也是推动企业经营效益不断提高的最主要推动力。

（二）提高劳动生产力发展水平应该采取的相关措施

总体来看，提高劳动生产力发展水平有利于促进社会商品使用价值总量的提高，当前要以最小的投入实现最大的产出，最大限度地满足居民不断提高的物质和精神生活需要，通过“价廉物美”的物质和精神产品的供给，使人民物质和精神生活水平得到不断提高，就必须着力提高全社会的劳动生产力发展水平。

1. 大力发展职业教育。如前所述，劳动生产率水平的高低，在很大程度上取决于工人的技术熟练程度，随着社会生产的不断发展，工人的概念和内涵也在不断地发生变化。在现代经济条件下，工人不但包括从事制造业的体力劳动者，而且还

包括从事文化、艺术等脑力工作者。理论上，凡是通过自身体力和脑力劳动与原材料等其他生产要素直接结合，生产具有一定使用价值的非农业制造品的个人，这里都可以统称为工人。为了提高工人的技术熟练程度，就必须通过发展职业教育的方式，来提高居民的职业技术水平。从职业教育的发展模式来看，不同职业教育的内容决定了不同的教育投入模式，具体言之，其主要表现在以下几个方面：

（1）基础性职业教育的投入渠道。理论上，基础性职业教育应该由国家来进行投入，其主要理论依据在于以下两个方面：

第一，从公共产品理论来看。公共产品带有收益的不可分割性、效应的外溢性以及消费的非排他性等特征，而从基础职业教育所产生的效果来看，通过基础职业教育的发展，可以提高居民的职业技术水平，为其他非农产业的发展提供职业技术人才支持。基础职业教育具有推动社会生产进一步发展的作用，从基础职业教育的具体受益对象来看，由于在基础职业教育阶段，受教育者主要接受基础技术理论以及技术操作的学习，因此其受益对象是全社会的所有企业，而不是某一个具体的企业。当然，基础职业教育者在学成之后一般都会就业，其实现就业的前提条件在于接受的基础职业教育具有一定的技术理论基础和技术操作能力，才能被企业聘用。一些没有被聘用的基础职业教育者也在很大程度充当了技术工人产业后备军的角色，为企业生产所需要的技术人才提供了必要的人才储备，以此保证了社会再生产的持续进行。就此而言，基础职业教育带有明显的公共产品特征，应该由财政来进行公共投入。

第二，从一国人力资源理论来看。在后续劳动力的生理需求由家庭负担之外，劳动力成人之后进入社会生产领域所需要的技术培训，则应该由国家来进行负担，因为政府的税收收入主要来自一国全体纳税人，因此其有义务为社会经济发展提供具有一定技术能力的人力资源储备。此外，政府通过举办基础职业教育活动培养的技术熟练工人，在未来生产中可以创造新的增量价值，这部分增量价值通过税收等形式，足以补偿政府当初对于基础职业教育的投入。从人力资源理论来看，一国拥有的人力资源，在其从事生产的生命周期内，其所创造的社会财富不但能够满足自身及其家庭的生存需要，而且还必须有一定的剩余，只有这样，整个社会才能得到长足发展，才能通过代际的不断积累，实现社会再生产规模的不断扩大，从而使人类生产不单纯地表现为人类自身的繁衍行为，还表现为社会再生产规模不断扩大的过程。

（2）专业技术职业教育的投入渠道。对于专业技术的职业教育而言，由于专业技术职业教育在很大程度上与某一行业或企业生产的产品直接相关，并且专业技术一般都是建立在基础职业教育基础之上的，因此专业技术教育具有明显的私人产品特征。具体言之，其主要表现为企业通过对从事本企业产品生产员工的技术培训，可以在很大程度上提高员工的技术熟练水平，从而有利于提高企业的劳动生产力，最终增加企业的盈利水平。因此，专业技术的职业教育应由企业或行业以私人产品的方式来自费投入。虽然企业对于专业技术的职业教育投入，增加了企业的成本，但从专业技术投入效果来看，企业员工经过专业技术教育之后，其专业技术水平的提高，将为企业带来更多收益。退而言之，由于专业技术职业教育属于企业投入的私人产品，其在很大程度上受制于投入成本与收益的条件约束，企业只有在确定其对于专业技术职业教育投入所取得的收益大于其投入成本时，才会开办专业技术职业教育。

2. 增加财政对于科学技术研究的投入力度。如前所述，科学技术发展水平的高低，对于一国劳动生产率发展水平会产生重要影响。由于科学技术的发展进步对于社会生产会产生重要影响，而科学技术的投入过程是一个风险较大的过程，其既表现为科学技术人才的培养是一个漫长的过程，也表现为费用较大的科学实验具有较大的不确定风险以及基础科学理论实现验证的时间较长等方面。因此，相对于私人产品所具有的收益预期较稳定的特征而言，科学技术投入具有投资周期长、投资风险较大以及收益预期相对不稳定的主要特征，决定了科学技术投入必须通过国家财政来进行。在实践中，财政对于科学技术投入的着力点，主要在于通过加强基础科学研究投入力度的方式，为科学技术的发展打下坚实基础。为了实现这一目的，一方面，整个社会要树立崇尚科学、尊重科学的良好风气，财政要加大对进行科学研究所需要的硬件设施的投入力度；另一方面，要通过给予科技人才优厚待遇的方式，吸引国外优秀科技人才回国从事科学研究。

3. 促进专利技术、股份制内容及资本市场的发展和创新。对于基础科学研究而言，其只有与产品生产紧密地结合起来，才能起到真正的提高劳动生产力的作用。为有效加快科研成果的产业化进程，应通过专利技术的发展，加强对于科技人员拥有的专利技术保护力度，调动科技人员将科学技术转化为现实生产力的积极性，使科研人员在将其所拥有的科学技术与社会生产相结合的过程中，获取一定的经济利益。此外，也可以通过科技入股的方式，将科学技术直接转化为生产力，通过资本市场的发展，为与科学技术相结合的风险投资顺利地实现退出，创造有利条件。总体来看，在现代市场经济条件下，为了尽快推进科研成果产业化进程，当前应通过保护专利产权、鼓励专利入股、建立科研成果交易市场、大力发展体现科技创新成果的多层次资本市场等方式，为科学技术转化为现实生产力创造有利条件。

4. 综合利用各种生产要素，走集约型社会再生产之路。如前所述，从生产角度分析，劳动生产力的提高，在很大程度上表现为劳动者与其他生产要素组合的最大化以及生产具有使用价值商品（服务）的最大化过程。在经济实践中，为了实现这一目的，就必须在生产过程中充分利用各种生产要素，以最小的生产要素消耗实现使用价值生产总量的最大化。为了有效地提高劳动生产力发展水平，除了通过生产工具的改进扩大产能之外，还必须走集约型的社会再生产之路，通过充分挖掘各种生产要素的潜能，实现一定生产要素总量条件下使用价值生产总量的最大化。为此，就需要通过产品深加工的方式，提高各种生产要素的潜在使用效能；通过循环经济的发展，保证一定时期使用价值形态商品生产的可持续性。从产业发展上看，通过产业横向扩张以及产业链纵向延伸的方式，充分利用生产规模效应，为劳动生产力的提高创造有利条件。

5. 提高生产规模效应和管理效能，降低商品生产成本。劳动生产力的提高在生产过程中主要表现在劳动与其他生产要素组合的规模不断扩大等方面。因此，在生产过程中，为了给劳动生产力提高创造有利条件，就必须通过生产规模的进一步扩大，使劳动者在劳动生产力提高的条件下，可以与更多的生产要素进行组合，以此生产出更多的使用价值形态的商品。从单位商品生产成本角度考虑，通过劳动生产力提高条件下的规模化生产，可以起到节约产品生产成本的作用。从产品生产规模效应与商品生产成本之间的关系来看，产品生产规模的扩大，可以降低单位商品所分摊的公共费用，例如以制造费用作为表现形式的折旧费用等。此外，在企业生产过程中，如果管理效率能够得到进一步提高，其还可以在一定程度上降低单位商品所负担的管理费用，例如管理人员工资以及机物料、低值易耗品消耗等管理成本，从而使单位商品成本得到降低。

6. 充分利用有利的自然条件，提高劳动生产力发展水平。一般而言，自然条件对于劳动生产力的提高会产生重要影响，为了有效地提高劳动生产力发展水平，可以通过充分利用原有自然条件或者采取相关措施优化原有自然条件的方式，来达到预定的目的。具体言之，其主要包括以下几个方面内容：

一是通过合理的产业区域布局，最大限度地利用自然资源，减少运输成本以及材料损耗成本。从生产发展的区域布局来看，各地区应该依托其所拥有的自然资源优势，发展体现其自然资源优势的产业。从资源、劳动、技术和管理等初始形态的生产要素来看，在现代经济条件下，以资源作为表现形态的生产要素运输成本较高，因此，本着最接近自然资源原产地的原则，实现自然资源与劳动、技术和管理等要素的组合，一方面可以节约运输成本，降低每一单位商品的生产成本；另一方面，也可以在单位时间内提高劳动者与自然资源等生产要素组合的数量，从而实现单位时间内产出的最大化。

二是对于劳动、技术和管理等生产要素距离自然资源较远的地域而言，或者在自然资源开采地域交通条件较差的情况下，可以通过交通运输的发展，优化生产要素的自然条件。具体言之，通过交通运输的发展，缩短自然资源原产地与技术、劳动和管理等生产要素组合的空间距离，提高这些生产要素的组合效率。通过交通运输的发展，使那些因交通不便、不易开采的自然资源得到合理开采，从而为社会生产发展提供必要的原料支持。当然，在现代经济发展条件下，对于自然资源的开采应该以不破坏当地生存环境为基本原则。

三是由于部分自然资源具有不可再生的属性，因此对于存量的自然资源，如何通过技术的发展，实现自然资源的循环利用，是提高劳动生产力发展水平以及最大限度地发挥自然资源使用效率的关键。为了有效地利用现有自然条件所提供的自然资源，当前应通过科学技术的进一步发展以及循环经济的发展，实现自然资源利用效率的最大化。

四是由于不可再生自然资源日益短缺，要使社会经济得到持续发展，就必须在一定程度上借助于可再生的自然资源，为劳动生产力的持续提高提供服务。例如，在石油资源相对短缺的条件下，在不破生态环境的前提下，应该通过发展水电、风电以及利用太阳能等方式，为经济发展提供可再生的动力能源支持。

本章小结

本章首先分析了劳动生产力与劳动生产率的基本内涵，在此基础上，研究了决定劳动生产率水平的主要因素，认为根据马克思关于劳动生产率决定因素的描述，决定劳动生产率水平高低的因素主要包含以下几方面内容：(1) 工人的平均熟练程度；(2) 科学技术的发展水平；(3) 科学技术在生产中的运用程度；(4) 生产要素的组合方式；(5) 生产要素的组合规模及其管理水平；(6) 自然条件等。

随后，文章还对劳动生产力与商品的使用价值和价值之间的关系进行了研究，认为从使用价值角度考察劳动生产力提高的结果，劳动生产力的提高，主要表现为以最小的生产要素消耗，实现商品使用价值的最大化。在社会生产过程中，通过发展劳动生产力的方式来提高商品使用价值，其主要包括以下几个路径：(1) 提高商品的使用价值效能；(2) 减少单位使用价值所需要的生产要素消耗，使一定量的生产要素可以生产更多的使用价值形式的商品。

文章最后研究了提高劳动生产力发展水平所采取的相关措施，认为当前要以最小的投入实现最大的产出，最大限度地满足居民不断提高的物质和精神生活需要，通过“价廉物美”的物质和精神产品的供给，使人民物质和精神生活水平得到不断提高，就必须着力提高全社会的劳动生产力发展水平，具体之言，包括以下几方面内容：(1) 通过职业教育，培育熟练工人；(2) 增加财政对于科学技术研究的投入力度；(3) 促进专利技术、股份制内容及资本市场的发展和创新；(4) 综合利用各种生产要素，走集约型社会再生产之路；(5) 提高生产规模效应和管理效能，降低商品生产成本；(6) 充分利用有利的自然条件，提高劳动生产力发展水平。

第三十四章
生产力三要素之间的关系及其对中国经济发展的启示

一、生产工具和劳动二要素在社会生产中发挥作用的演化路径

马克思主义经济学认为，生产力是由三个部分组成的，即生产工具、劳动者和劳动对象，在这三个部分中，随着社会生产方式的不断发展，生产工具和劳动在生产发展中所起的作用也各不相同。

（一）原始社会生产工具和劳动要素在生产发展中所起到的作用

在原始社会生产力发展的初始阶段，体现人类劳动的生产工具还没有出现，社会生产发展更多的是依靠人类劳动与劳动对象相结合的方式来进行。人类通过共同的协作，进行狩猎以及农耕活动，在此生产活动中，人类协作劳动和作为劳动对象的猎物、土地、种子在当时生产发展中处于重要地位。

随着时间推移，人类开始利用自身劳动与劳动对象结合，制造用于狩猎和从事农耕的生产工具，如梭镖、石斧等。生产工具的运用，大大提高了生产效率。随着社会生产的不断进步，人类发展了冶炼技术，钢铁、青铜等金属工具的出现，提高了人类社会生产工具的发展水平，进而极大地促进了社会生产力的发展。

（二）农业社会生产工具和劳动要素在生产发展中所起到的作用

进入农业社会以后，以犁、牛等为主要形式的生产工具在很大程度上促进了当时农业社会生产力的发展，改变了前期人类单纯地依靠劳动来进行农业生产的局面。尽

管人类通过自身劳动例如用手也可以对土地进行翻新，但这种单纯依靠人类自身劳动进行的生产，既影响了生产效率，又使生产的范围受到很大的限制。犁、牛等先进生产工具在生产过程中的运用，是与人类劳动密切联系的，其本身就是人类劳动的产物，同时必须与人类劳动进行有效结合，才能得到有效的使用。

（三）工业社会生产工具和劳动要素在生产发展中所起到的作用

人类进入工业社会以后，以蒸汽机的发明为主要标志，人类的生产技术水平达到了一个前所未有的高度，由蒸汽动力所推动的机器化大生产，推动了人类社会生产力的发展，并由此使人类文明进入工业化发展阶段。在工业化发展阶段，生产工具在社会生产中发挥了重要作用。从事纺织、化学、电力、造船、汽车、航空等行业生产所需要的机器设备，需要通过生产工具的生产制造出来。理论上，生产机器设备的生产工具生产一般被称为工业发展的母行业，其主要表现为铸造设备的发展，而铸造设备的发展在很大程度又是能源、金属与人类脑力劳动（主要表现为技术）、体力劳动（主要表现为工人）相结合的产物。纺织、化学及电力工业的发展，又必须依赖以机器设备形式表现出来的生产工具。这个阶段，机器设备的生产呈现消耗大量能源和金属材料的典型发展特征。

（四）信息化社会生产工具和劳动要素在生产发展中所起到的作用

随着工业文明的不断发展，人类进入以电子、网络为代表的信息时代，在电子信息时代，社会生产的发展一方面需要制造芯片等生产发展所必需的高精密设备。与工业化时代相比，这种设备的发展并不是体现在能源和金属的大量消耗上面，而是体现在其制造技术更加精密上面。另一方面，在信息化时代的生产过程中，以人类编程为代表的软件技术的发展，成为社会生产发展的一个重要组成部分，含有人类劳动直接成果的软件技术，成为社会生产所需要的劳动资料的一个重要组成部分。

（五）生产工具和劳动要素在现代服务业和精神产业发展中所起的作用

进入现代经济社会以后，以服务业为代表的新兴产业及以文化、艺术、体育为代表的精神产业的出现和发展，使生产工具的形式和内容发生了很大的变化。具体言之，以软件外包、创意设计、医疗保健为表现形式的服务业的发展，使人类劳动在社会产品生产中占据了较大的份额，虽然上述服务内容的出现仍然需要借助电脑及医疗设备等生产工具，但与机器大工业时代相比，电脑、医疗设备等生产工具在产品构成中所占的比重已经出现明显下降。文化、艺术和体育作为代表的精神产业的发展，也在很大程度上依赖于人类自身劳动，例如文化主要表现为作者根据一定的素材、借助笔及电脑等工具进行创作的过程，艺术和体育则在很大程度上是由人类自身借助一定的工具，进行的现场劳动。与信息化时代相比，现代服务业以及精神产业的发展，在更大程度上使人类劳动在生产力发展中处于更加重要的地位。

二、生产对象在人类社会生产发展中产生作用的演化路径

（一）原始社会人类劳动对象

从生产对象在人类社会生产发展中产生作用的演化路径来看，在原始社会，人类的生产对象是依靠土地、森林、湖泊等自然环境，从事农耕种植和狩猎活动。

（二）农业社会人类劳动对象

进入农业社会以后，人类劳动对象主要为土地和种子、禽畜，相对于原始社会而言，这些土地和种子并不是天然的，而是带有人类劳动的印迹。

（三）工业社会人类劳动对象

进入工业化时代以后，人类劳动的范围得到大幅度扩展，除体现自然属性的土地和种子、禽畜之外，还包括以自然界中存在的农业产品以及矿物产品作原料，经过生产工具的生产，使其物理和化学属性发生变化的产品。与这些产品的原材料形态相比，工业化阶段经过机器设备与劳动的结合之后，作为劳动对象的原材料在物理和化学属性上已经出现了重大变化。

（四）信息化社会人类劳动对象

在信息化时代，人类的劳动过程主要为人类通过自身的知识积累，为提高生产效率和人类社会消费效用而对原有知识进行再加工的过程。例如，控制软件的出现，在很大程度上实现生产的自动化，极大地提高了生产效率；光盘的出现极大地提高了信息的空间承载能力，减少了纸张等原料消耗，并且信息的可复制性也节约了人力抄写劳动和纸张等原料资源。此外，信息储存和播放技术的革命，可以通过无形的方式，对人类原有的社会活动进行重复再现；互联网的运用既提高了信息的运输速度，也节约了信息运输所需要的费用。如果将知识也当作一种信息，那么在信息化时代，人类从事劳动的过程实际上就是一种对信息加工和再加工的过程，信息成为这个时代人类的主要劳动对象。

（五）现代服务业和精神产业发展社会人类劳动对象

在现代服务业时代，编程设计、创意等服务产业的发展，其劳动对象在很大程度

上与信息化时代基本相同，不同的是随着社会分工的不断发展，编程、创意等产业不直接进入生产过程，而是作为一种专门的为生产企业提供服务的产业而存在。就医疗服务业而言，其劳动的对象主要是人，即通过专业的医疗服务，使人得到康复。从文化、艺术和体育等产业的劳动对象来看，其主要为人类自身通过对人类历史和现实生产、生活的归纳总结，结合人类既有的知识，通过人类脑力劳动和体力劳动并且借助于一定生产工具，所生产出来的有形和无形形态的产品，这些产品需要借助一定的媒介表现出来。如文化产品主要通过书面的形式表达出来，艺术产品主要通过艺术家的表演体现出来，体育项目主要通过参与者的活动表现出来。从其劳动对象来看，它无不是在对人类历史和现实生产、生活归纳总结基础上的再次升华。

三、生产力三要素在社会生产中发挥作用的一般演化规律

总体来看，在人类社会生产发展过程中，生产工具、劳动和劳动对象在生产中发挥的作用各不相同。从生产工具的初始形态来看，其无疑是天然的自然资源形态与劳动相结合的产物。随着时间推移，打上人类烙印的生产工具呈现更加复杂、更加高级的发展特征，这些特征使生产工具在物理形态上越来越远离其原始的自然形态，而变得越来越接近于人的高级智慧形态。但无论如何，生产工具自身并不能像人那样具有自动创造价值的功能，恰恰相反，生产工具的形态之所以能够发生上述改变，在很大程度上是人类劳动的最终结果。就劳动对象而言，最初人类劳动的对象主要在于纯天然的产品，随着生产力的发展，人类劳动对象的范围越来越广，就其演绎趋势而言，人类劳动对象明显地呈现出地域范围不断扩大、空间范围不断拓展的特征。从劳动对象在劳动中的延续时间判断，随着生产力发展水平的不断提高，劳动对象在劳动过程中的延续时间越来越长，其在产业发展上呈现明显的由产业链较短的简单粗加工向产业链不断延长的精加工方向转变；从劳动对象的形态特征发展趋势分析，随着生产力发展水平的不断提高，劳动对象正在由有形的产品形态向无形的产品形态转变；从劳动对象的加工特征来看，劳动对象正由以前的一次性消耗形态向可重复使用形态转变，在目前生产发展阶段，其正通过循环经济以及文化、艺术传承等形式表现出来。不管劳动对象怎么演化，其在很大程度上都是人类借助于生产工具，并通过自己的劳动而导致的结果。就此而言，劳动在社会生产发展中依然起着决定性作用。

四、实现中国生产力可持续发展应该采取的相关措施

鉴于生产力三要素的上述发展趋势，要实现中国生产力的可持续发展，当前应着力采取以下措施：

1. 通过大力发展教育事业的方式，提高中国居民的知识层次。在现代社会发展中，精神消费作为超越于物质消费的一种高级消费形式，在社会经济发展中的地位日益突出。精神消费是高精尖的仪器设备与人类以大脑作为表现形式的精神活动相结合的产物，为了更好地促进精神消费的发展，当前在教育发展方向上应侧重于两个方面：一是加强为发展精神产业提供高、精、尖设备所需的理工科教育投入；二是加强人类精神生产所需要的人文科学的教育投入，以此为精神产业的发展提供充分的硬件和软件支持。

2. 通过积极的产业扶持手段，促进现代服务业的发展。为了更好地促进服务产业的发展，当前应该在产业政策上采取积极措施，促进中国服务产业的发展，具体言之，主要表现在以下几个方面：

一是大力发展资源消耗较少、体现较多复杂劳动技术含量的先进制造业，为服务业的发展提供硬件基础。如前所述，在生产力发展的三要素中，生产工具是生产力发展的重要组成部分。现代服务业的发展，需要较高技术含量的生产工具硬件设施的支持。例如，需要更高效率的生产工具，以确保维持人类基本生存的农业、工业的发展需要。就农业而言，农业现代化机器设备的运用，既可以使农村人口顺利地实现农业向服务业的转变；还可以在很大程度上提高农业的生产效率，使农业的发展不会因为农村人口的转移而受到影响，从而使农业的发展能够满足人类基本生存的需要。就工业而言，工业的发展是满足人类生理生存属性的需要；也是现代服务业的发展需要。高精尖工业生产工具的发展，可以提高工业生产效率，使工业产品能够满足人类的衣食住行需要。同时，现代化大工业的发展，可以解放一大批劳动力，使他们投向服务行业，而先进机器制造业的发展，也可以为现代服务业的发展提供硬件支持。

二是通过积极的政策优惠，促进软件、创意等服务产业的发展。

三是在产业政策上大力支持医疗、养老等服务产业的发展，以实现劳动要素的可持续再生产。

四是通过政策性优惠，促进文化、艺术等精神产业的发展，使劳动对象得到大幅扩张，以进一步满足居民不断提高的物质和精神生活需求。

本章小结

本章首先分析了生产工具和劳动在社会生产中发挥作用的演化路径，随后又对生产对象在人类社会生产发展中产生作用的演化路径进行了相应分析。在此基础上，本章研究了生产力三要素在社会生产中发挥作用的一般演化规律，认为在人类社会生产发展过程中，生产工具、劳动和劳动对象在生产中发挥的作用各不相同。从生产工具的初始形态来看，其无疑是天然的自然资源形态与劳动相结合的产物。随着时间推移，打上人类烙印的生产工具呈现更加复杂、更加高级的发展特征，这些特征使生产工具在物理形态上越来越远离其原始的自然形态，而变得越来越接近于人的高级智慧形态。但无论如何，生产工具自身并不能像人那样具有自动创造价值的功能，恰恰相反，生产工具的形态之所以能够发生上述改变，在很大程度上是人类劳动的最终结果。就劳动对象而言，最初人类劳动的对象主要在于纯天然的产品，随着生产力的发展，人类劳动对象的范围越来越大，就其演绎趋势而言，人类劳动对象明显地呈现出地域范围不断扩大、空间范围不断拓展的特征。从劳动对象在劳动中的延续时间判断，随着生产力发展水平的不断提高，劳动对象在劳动过程中的延续时间越来越长，其在产业发展上呈现明显的由产业链较短的简单粗加工向产业链不断延长的精加工方向转变；从劳动对象的形态特征发展趋势分析，随着生产力发展水平的不断提高，劳动对象正在由有形的产品形态向无形的产品形态转变；从劳动对象的加工特征来看，劳动对象正由以前的一次性消耗形态向可重复使用形态转变，在目前生产发展阶段，其正通过循环经济及文化、艺术传承等形式表现出来。不管劳动对象怎么演化，其在很大程度上都是人类借助于生产工具，并通过自己的劳动而导致的结果。就此而言，劳动在社会生产发展中依然起着决定性作用。

最后，本章对实现中国生产力可持续发展应该采取的相关措施进行了研究，认为要实现中国生产力的可持续发展，当前应着力采取以下措施：（1）通过大力发展教育事业的方式，提高中国居民的知识层次；（2）通过积极的产业扶持手段，促进现代服务业的发展。

第三十五章
生产要素构成及其价值创造理论的比较研究

一、生产要素理论与生产力三要素理论在要素构成上的异同点

（一）二者在生产要素构成上的不同点

总体而言，西方经济学与马克思主义经济学在关于生产要素组成的观点上，存在着较大的分歧。

西方经济学的生产要素理论认为，资金、资源、劳动、技术和管理共同构成现代社会生产的主要生产要素。在信用货币经济条件下，资金实际上是一种信用货币，只是作为企业从事生产经营的必要条件和外部条件而存在，其本身不会作为实物属性在生产过程中通过与资源、劳动、技术和管理等生产要素相结合的方式，直接参与社会生产，而是必须通过交换的方式，实现由价值形态向使用价值形态的转变。其具体表现为，通过资金购买原材料、生产设备以及生产场地的方式，实现其与资源、劳动、技术和管理的结合，并通过生产环节生产出另外一种形态的使用价值。资源、劳动、技术和管理实际上是一种初级形态的生产要素，这些生产要素通过相互作用，生产出生产设备、厂房以及基础设施等次级形态生产要素，或者生产出供人类消费的消费品。从西方经济学关于生产要素的内容来看，其主要是根据市场经济条件下现代企业生产所需要的要素组合来进行划分的，描述的是资本主义生产过程所呈现出的一种表面现象，并不是对现代市场经济条件下生产要素的理论概括。

从马克思生产力三要素理论的具体内容来看，马克思认为，生产力主要包括三方面内容：即劳动工具、劳动者和劳动对象。应该说，马克思关于生产力三要素的理

论，是对市场经济条件下参与社会生产的各种要素的一种高度概括，真正地揭示了市场经济条件下直接参与社会生产的各要素的基本内容。

从二者关于生产要素内容的不同论述来看，西方经济学将资金列为市场经济条件下一个重要生产要素，而马克思经济学在生产力三要素概括中则没有列出资金这一项目。实际上，在信用货币经济条件下，资金只是商品价值的表现形式，是企业开展生产的一种手段，并不直接参与企业生产。在资本主义社会中，资金更多地通过对生产设备、劳动者、技术及管理的购买，来组织企业生产。因此，在资本主义生产条件下，虽然资本是万能的，但其必须转换为生产设备、劳动者、技术及管理等具体的要素形态，才能进行资本主义正常的再生产。由此可见，真正参与生产过程的要素并不包含“资金”这个要素。西方经济学在关于生产要素内容概括上之所以包含“资金”这个要素，其实是与资本主义社会所奉行的资本万能论思想密切相关的。在信用货币经济条件下，判断一个国家未来生产潜力的大小，不能根据其所拥有的资金量的大小，而必须考虑那些直接参与社会生产的生产要素，如资源、劳动者、技术和管理等的储备水平。

（二）二者在生产要素构成上的相同点

就西方经济学和马克思主义经济学关于生产要素构成相关论述的相同点而言，如果去除西方经济学生产要素构成中的资金部分，二者关于生产要素构成的论述，则存在着诸多相同的地方。具体言之，表现在以下几个方面：一是就马克思主义经济学关于生产力三要素中的劳动工具而言，其实际上包含了西方经济学关于生产要素论述中的资源部分。就资源而言，其既可以作为劳动对象，也可以通过与劳动、技术和管理的组合，形成生产工具。当然，在生产工具内容上，其既包括生产设备，也包括厂房、道路、电力、能源等基础设施。马克思主义经济学生产力三要素构成中劳动工具所包含的范围，比西方经济学关于生产要素论述中资源要素所包含的范围要更广和更全面。二是就劳动者而言，马克思主义经济学关于生产力三要素构成中劳动者的论述，实际上包含了西方经济学关于生产要素构成中的劳动、技术和管理要素三个部分，因为这三个生产要素的存在，都是以依附于“人”这个劳动者作为前提条件的。就此而言，马克思主义经济学关于生产力三要素中劳动者的论述，是对西方经济学关于生产要素构成中的劳动、技术和管理三要素的高度概括。三是从马克思主义经济学关于生产力三要素中的劳动对象来看，在西方经济学关于生产要素构成的论述中，虽然没有关于劳动对象的直接论述，但是在西方经济学论述的生产要素构成中，有资源这一要素。笔者认为，资源这一要素既属于马克思主义经济学关于生产力三要素论述中的劳动工具范畴，也属于马克思主义经济学关于生产力三要素论述中的劳动对象范畴。资源作为劳动对象，既包括资源的自然形态，如矿产资源、土地等，也包括资源经过生产加工所演变的形态如原材料等。与此同时，资源既包括有形的物质形态，也包括无形的非物质形态，如文化等精神产品。就此而言，马克思主义经济学在生产力三要素中关于劳动对象的概括，相对于西方经济学中将劳动对象仅限于资源的论述，要更为直接和全面。

二、生产要素理论与生产力三要素理论在商品价值创造上的理论分歧

就社会生产的价值创造来源而言，西方经济学与马克思主义经济学之间存在着较大的分歧，造成这种分歧的根本原因就在于二者在生产要素划分上的分歧。

（一）生产要素理论关于商品价值创造的观点

如前所述，以西方经济学为代表的生产要素理论，根据资本主义条件下企业开展生产所需要的各项条件，将生产要素划分为资金、资源、劳动、技术和管理五个部分，这些要素都是资本主义生产过程不可缺少的。就各生产要素对于资本主义生产的重要性而言，西方经济学认为这些生产要素在资本主义生产中是一种平等关系，各生产要素共同地参与了商品价值的创造。特别是在资本主义生产条件下，由于商品经济发展所导致的商品使用价值形态与价值形态的外部分离和对立，生产要素理论更进一步认为，以价值形态为代表的资金在社会生产中处于主导地位，没有以资金为表现形式的资本参与，其他生产要素就不能实现有效组合。就此而言，以资金为表现形式的资本在资本主义生产和价值创造中处于主导地位。

（二）马克思劳动价值理论关于商品价值创造的观点

马克思主义经济学根据生产力发展三要素的划分，认为生产力发展水平是由劳动工具、劳动者和劳动对象三个部分组成的，就劳动工具和劳动对象而言，其本身就是人类劳动的结果，即人类劳动与自然物质相互作用的结果。而劳动者在社会生产中不但生产了劳动工具和劳动对象，而且还通过劳动与劳动工具、劳动对象的结合，生产出了新的具有不同使用价值形态的产品。因此，马克思主义经济学理所当然地认为，在商品价值创造中，劳动成为商品价值创造的唯一主体。马克思主义经济学关于劳动在社会价值创造中发挥主导作用的观点，又被称之为劳动价值论。

（三）关于上述两种商品价值创造观点的评述

从西方经济学在价值创造源泉上的相关论述来看，其错误地将资金、资源等作为生产过程所必需的条件，看成是商品价值的创造者。实际上，这一观点关注的只是一

种资本主义社会生产过程中出现的表面现象，而没有揭示商品价值的真正来源。西方经济学之所以抹杀劳动创造价值的事实，主要动机在于维护资本主义社会的资本统治，而掩盖资本剥削劳动的客观事实。实际上，就资金而言，其所代表的相关使用价值本身就是人类劳动的最终结果；就自然资源而言，如果没有人类劳动，自然资源是不可能作为劳动工具或劳动对象加入生产中去的；而劳动、管理和技术本身就是人类劳动。因此，从社会生产全过程来看，虽然社会生产需要资金、资源和劳动、技术及管理，但这些生产要素本身就是人类劳动的最终结果，而资金[①]、资源等生产要素加入劳动过程之后，其通过人类劳动实现价值转移，而不会创造新的价值。在商品生产中，劳动不但能生产出弥补自身消耗的价值，而且还能够创造新的价值。马克思关于生产力发展三要素的划分，在很大程度上揭示了商品价值的真正来源，相对于劳动工具、劳动对象等物化形态要素而言，只有以人为载体的“活劳动”，才能创造真正意义上的价值。

三、厘清商品价值真正来源对于当前经济发展的借鉴意义

马克思主义经济学关于真正意义上价值创造主体的论述，对于当前中国经济发展具有以下借鉴意义：

（一）对于经济发展方式以及国民收入再分配具有重要的借鉴意义

马克思主义经济学认为，参与社会生产的生产要素首先必须具有价值，才能通过劳动的方式进行价值转移。根据马克思的劳动价值论思想，自然资源作为参与生产的生产要素，其价值也是来自人类以前的劳动。在自然资源无限供给的条件下，体现人类劳动的自然资源，其价值量相对较低。随着人类经济社会的不断发展，特别是人类进入重化工业时代，受不可再生自然资源日益稀缺以及人类对于自然资源需求不断增加影响，自然资源的价格越来越高，已经在很大程度上超过了自然资源生产过程中所包含的人类劳动的价值。在信用货币经济条件下，由自然资源日益稀缺而导致的价格不断上涨，主要原因在于重化工业发展对于不可再生、稀缺性自然资源的巨大需求。在重化工业时代，自然资源价格的上涨并没有否定马克思的劳动价值理论。根据马克思主义经济学的相关观点，自然资源本身并没有价值，也不能够创造任何价值，而只是作为生产条件加入生产过程中，通过劳动的作用实现价值的转移。笔者认为，在现代经济条件下，自然资源由于稀缺性而表现出来的价值增值，将由过去、现在、未来

① 主要表现为与资金价值形式相对应的具有使用价值形态的商品，理论上，资金只有通过购买环节，才能实现由价值形态向使用价值形态的转变。

劳动创造的增量价值来进行分摊。因为在信用货币经济条件下，自然资源货币化之后所取得的价值形态，最终需要体现人类劳动、具有一定使用价值形态的商品[①]来对之进行支撑，而不是单纯地停留在其价值的货币化形态。

从自然资源稀缺所导致的增量价值分配结果来看，自然资源本身不能创造任何价值，虽然自然资源开采体现了一定数量的人类劳动，但自然资源由于稀缺而导致的增量价值，并不是附加于自然资源之上的劳动所起作用的最终结果。因此，自然资源由于稀缺而导致的增量价值的最终归宿，并不能归自然资源开采者所有。由于自然资源的产权属于全民所有，而其货币化所实现的价值增值，又必须通过过去、现在、未来劳动创造的具有一定使用价值形态的商品来进行分摊。因此，属于全民所有的自然资源稀缺性所导致的价值增值，理应属于全体居民。为了对属于全民所有的自然资源价值增值部分进行合理分配，政府就必须通过税收等手段来对其进行有效的调节，以达到价值创造主体与价值受益主体相对匹配的目的。目前，可以设想通过提高资源税税率的方式，对自然资源因稀缺而导致的巨大价值增值，进行有效调节。

（二）对于金融市场进一步改革具有重要的借鉴意义

如前所述，在现代市场经济条件下，虽然资金、资源、劳动、技术和管理等生产要素是社会生产正常进行的必要条件，但根据马克思主义经济学的相关理论，只有体现劳动内涵的劳动、技术和管理等生产要素才真正地创造价值。特别是在信用货币经济条件下，作为信用货币形态的资金是不直接参与生产过程的，其必须实现由信用货币的价值形态向劳动资料、劳动对象以及劳动者等具有使用价值形态的生产要素的转换，才能在社会生产中发挥重要作用。因此，为了使资金的供给与需求相对一致，就必须适度地控制货币发行规模，使体现价值形态的货币发行总量与体现使用价值形态的商品总量保持相对一致。此外，在信用货币经济条件下，资金是实现各生产要素在生产中进行有效组合的必要条件，而资金自身并不能创造任何价值，其必须通过由资金作为表现形式的价值形态，向以劳动工具、劳动者和劳动对象等作为表现形式的使用价值形态的转换，才能在转移生产要素自身价值的同时，创造出新的价值。有鉴于此，为了更好地通过劳动工具、劳动者以及劳动对象的组合，创造新的价值，就必须通过金融市场的进一步改革，最大限度地降低资金成本，提高市场运行效率。具体言之，可以采取以下措施：一是通过降低银行业经营门槛、允许市场利率自由浮动的方式，推动金融行业利率市场化进程，最大限度地降低市场融资成本，促进劳动工具、劳动者和劳动对象等生产要素更快地组合，创造出更多的增量价值。必须指出的是，根据马克思主义经济学的价值创造理论，在金融领域通过“高卖低买”的方式，是

---

① 这里所说的商品，既是指有形形态的商品，也是指用于市场交易的无形形态的服务等。

不能创造任何增量价值的，其完成的只是一种存量价值的再分配。二是通过资本市场直接融资的方式，实现劳动工具、劳动者和劳动对象之间的有效结合，创造更多的增量价值。

（三）对于当前改革中国GDP考核机制具有重要的借鉴意义

在粗放型经济增长方式下，自然资源在社会产品价值构成中占有很大的比例，而这部分自然资源本身没有凝结人类劳动，只不过是通过货币化的方式由过去、现在、将来的人类劳动所创造的价值进行分摊。因此，在信用货币经济条件下，如果通过增量货币的不断扩张，过多地对自然资源进行货币化，将自然资源货币化价值加入GDP，以此增大GDP规模。那么，这种以价值形态表现出来的GDP总量，其本身并没有相应的使用价值形态商品做支撑，随着自然资源存量的不断减少，这种通过自然资源货币化推动GDP增长的方式，是不可能持续下去的。当前要实现经济增长方式的转型，就必须改革GDP核算机制，实行绿色GDP核算制度，将资源损耗部分从GDP总量中扣除。只有这样，才能使GDP指标真正地体现出劳动所创造的价值，使GDP的发展具有连续性，进而通过绿色GDP的考核机制约束，达到促进经济增长方式转型和经济结构调整的目的。

（四）对于转变中国经济发展方式具有重要的借鉴意义

从全球经济发展的趋势来看，在以信息技术为代表的新兴产业发展中，体现复杂劳动的技术在产品价值中所占比重日益提高。技术成为产品增值的主要来源，在一定程度上验证了马克思关于“劳动”在产品生产中创造价值的思想，也在一定程度上预示，未来实现经济发展又快又好的立足点，在于提高劳动者的素质，发展以高技术为主要表现形式的劳动。从人类社会发展总体趋势来看，随着存量不可再生资源的不断减少，在人类基本消费需求不断得到满足的条件下，未来经济发展和人类生活水平不断提高的关键在于，通过劳动者自身素质的提高和劳动的有效创新，发展新兴产业。当前，作为复杂劳动表现形式的“技术”进步已成为经济发展的主要推动力，随着新兴产业的不断兴起，“技术”在人类经济发展中所起的作用必将越来越大。此外，在人类物质生产得到极大发展之后，以文化为主要代表形式的精神生产也必然会得到较大发展，成为推动人类自身进步的重要动力。在精神产品生产过程中，创造性劳动将成为一个最重要的生产要素，推动精神产品的不断丰富和发展。有鉴于此，当前中国应对资源瓶颈约束、实现经济发展方式转型的关键在于，进一步重视“劳动”这个要素，通过劳动者素质的提高和技术创新，实现经济的可持续发展。理论上，根据马克思主义经济学的增量价值创造理论，在中国产业结构布局上，大力发展高新技术产业、发展文化等精神产业、发展服务业，应该是未来中国产业发展的主要方向。

本章小结

本章对生产要素构成及其价值创造理论进行了比较研究。

文章首先研究了生产要素理论与生产力三要素理论在生产要素构成上的异同点，认为西方经济学将资金列为市场经济条件下一个重要生产要素，而马克思经济学在生产力三要素概括中则没有列出资金这一项目。实际上，在信用经济条件下，资金只是商品价值的表现形式，是企业开展生产的一种手段，并不直接参与企业生产。在资本主义社会中，资金更多地通过对生产设备、劳动者、技术及管理的购买，来组织企业生产。因此，在资本主义生产条件下，虽然资本是万能的，但其必须转换为生产设备、劳动者、技术及管理等具体的要素形态，才能进行资本主义正常的再生产。由此可见，真正参与生产过程的要素并不包含“资金”这个要素。西方经济学在关于生产要素内容概括上之所以包含“资金”这个要素，其实是与资本主义社会所奉行的资本万能论思想密切相关的。在信用货币经济条件下，判断一个国家未来生产潜力的大小，不能根据其所拥有的资金量的大小，而必须考虑那些直接参与社会生产的生产要素，如资源、劳动者、技术和管理等的储备水平。

就西方经济学和马克思主义经济学关于生产要素构成相关论述的相同点而言，如果去除西方经济学生产要素构成中的资金部分，二者关于生产要素构成的论述，则存在着诸多相同的地方。具体言之，表现在以下几个方面：一是就马克思主义经济学关于生产力三要素中的劳动工具而言，其实际上包含了西方经济学关于生产要素论述中的资源部分。二是就劳动者而言，马克思主义经济学关于生产力三要素构成中劳动者的论述，实际上包含了西方经济学关于生产要素构成中的劳动、技术和管理要素三个部分，因为这三个生产要素的存在，都是以依附于“人”这个劳动者作为前提条件的。三是从马克思主义经济学关于生产力三要素中的劳动对象来看，西方经济学关于生产要素构成的论述，虽然没有关于劳动对象的直接论述，但在西方经济学论述的生产要素构成中，有资源这一要素。

文章还研究了生产要素理论与生产力三要素理论在商品价值创造上的理论分歧，认为从社会生产全过程来看，虽然社会生产需要资金、资源和劳动、技术及管理，但这些生产要素本身就是人类劳动的最终结果，而资金、资源等生产要素加入劳动过程之后，其通过人类劳动实现价值转移，而不会创造新的价值。在商品生产中，劳动不但能生产出弥补自身消耗的价值，而且还能够创造新的价值。马克思关于生产力发展三要素的划分，在很大程度上揭示了商品价值的真正来源，相对于劳动工具、劳动对象等物化形态要素而言，只有以人为载体的“活劳动”，才能创造真正意义上的价值。

最后，文章对厘清商品价值真正来源对于当前经济发展的重要意义进行了研究，认为马克思主义经济学关于真正意义上价值创造主体的论述，对于当前中国经济发展具有以下借鉴意义：（1）对于经济发展方式以及国民收入再分配具有重要借鉴意义；（2）对于金融市场进一步改革具有重要的借鉴意义；（3）对于当前改革中国 GDP 考核机制具有借鉴意义；（4）对于转变中国经济发展方式具有重要的借鉴意义。

第三十六章 生产要素自由流动与市场经济的运行效率

一、市场经济条件下生产要素的构成

在现代市场经济条件下，生产要素主要是指直接参与生产过程，各生产要素在生产过程中经过物理或化学形态的组合，生产出新的具有一定使用价值形态商品的各种物化或非物化形态的要素。西方经济学理论认为，资金、资源、劳动、技术和管理，共同构成市场经济条件下的基本生产要素。实际上，从生产要素构成来看，在市场经济条件下，参与社会生产的生产要素既包括资源、劳动、技术和管理等生产要素，还包括由这些生产要素组合所形成的以设备、厂房、原材料、基础设施等形态表现出来的生产要素。此外，就资金而言，在信用货币经济条件下，以信用货币作为表现形式的资金，其自身并不是商品，而只是生产要素的一种价值表现形态，通过资金的参与，实现生产要素的有机结合。就此而言，以信用货币作为表现形式的资金，只是推动各种生产要素参与社会生产的必要条件，其自身并不能直接作为一个生产要素，参与社会生产。在现代市场经济条件下，由于参与社会生产的要素纷繁复杂，根据市场经济条件下参与社会生产的生产要素来源分类，笔者将生产要素分为两类：一种是初级形态生产要素，另一种是次级形态的生产要素。

（一）初级形态生产要素

所谓初级形态生产要素，主要是指没有通过不同种类生产要素组合所形成的非复合形态的生产要素，其主要以独立的生产要素形式而存在，并且这些生产要素没有规定具体的用途，其在与其他生产要素组合过程中呈现较强的可塑性。在现代市场经济条件下，其主要表现为劳动、资源、技术和管理四种形态。就初始形态生产要素——自然资源而言，其主要以土地、矿山等自然资源的形式而存在，从这些生产要素的形成根源来看，其主要是自然力作用的结果；就初始形态生产要素——后备劳动力而言，其主要表现为从事体力劳动的后备工人以及从事脑力劳动的后备技术人员、管理人员。现代西方经济学往往将技术人员和管理人员归结为技术和管理要素，笔者认为，这是不科学的。因为在现代市场经济条件下，作为参与社会生产的技术以及管理等因素，是可以脱离劳动者的个体而存在的。技术及管理等生产要素自身具有可复制性，其在现代市场经济运行过程中主要通过专利的方式体现出来。理论上而言，后备劳动力要素的培养主要表现在以下两个方面：

一是劳动者父母对于后备劳动力的培养，其主要通过一定时期劳动者工资收入所包含的抚养子女的费用来加以解决，以及由国民收入再分配所表现出来的社会保障方式来加以解决。由于这部分生产要素的培育更多地表现为生活资料的消费，因此，在后备劳动力培养费用通过其父母的工资以及社会保障等价值形态表现出来的同时，还必须通过以农业产品的初始形态或加工形态为依托的使用价值形式来作为保证。后备劳动力身体培育主要表现为农业部门内部或非农业部门以信用货币作为表现形式的价值形态与农业部门生产的以商品作为表现形式的使用价值形态相交换的过程①。由于后备劳动力的培养成本补偿主要通过其未来对于父母所尽的赡养义务来进行，由此使后备劳动力的生产具有私人产品属性；从人类生存权角度考虑，后备劳动力的培养又具有公共产品的属性。为了使后备劳动力得到顺利的培养，其一方面要求对在职职工规定最低工资标准，确保后备劳动力的培育费用得到有效保障。在实践中，这些费用主要表现为劳动力繁衍与自身数量相等的后代所需要的最低培养费用。另一方面，对于没有父母或父母没有能力赡养的后备劳动力，政府应通过财政再分配的方式，通过社会保障的手段，来保证后备劳动力生存的延续性。

二是就后备劳动力接受教育所需要的付出而言，在现代市场经济条件下，由于接受教育是后备劳动力成为真正意义上劳动力的必经阶段，因此，后备劳动力在培养过程中接受教育所付出的成本，既可以由劳动力父母来支付，也可以由国家通过国民收入再分配的方式来进行支付。在将教育作为私人物品来提供的条件下，教育作为一种商品而存在，后备劳动者父母通过有偿购买教育的方式，来提高其子女的自身素质，这就要求后备劳动者父母的工资中包含有教育的费用支出。与后备劳动力身体培育不同，由于教育所产生的效益具有不可预测性以及教育产品的非规范性，由此导致在将

---

① 由社会保障所抚养的劳动力，主要表现为一种国民收入的再分配，其最终收入也来源于农业或非农业生产部门。

教育作为一种私人产品推出的条件下，劳动者工资所包含的教育费用与教育部门提供服务所需要的成本补偿之间并不是一一匹配的关系。此外，在现代市场经济条件下，由于劳动者收入水平之间呈现较大的差异，因此，在将教育作为一种私人产品对待的条件下，其并不能有效地保证每一个后备劳动力都可以接受良好的教育。由于教育是后备劳动力培养的一个必经阶段，因此，在基础教育阶段，教育应作为一个公共产品，由国家财政支出来负担，以此保证每一位后备劳动力在其培养的期间都可以很好地接受教育。对于大学教育而言，鉴于其对于一国技术的发展和管理创新的提高，都起着非常重要的作用，而技术的进步和管理的创新，在很大程度上具有较强的可复制性和外溢性，就此而言，大学教育的费用支出，也应该通过财政再分配的方式，来予以保障。当然，由于大学教育更多地表现为培育劳动力的一种技术创新和管理创新的能力，因此，其对于所有的后备劳动力而言，只能通过实行“优中选优”的方式，才能达到真正的目的。

（二）次级形态生产要素

次级形态生产要素，主要为生产设备、原材料、厂房及基础设施、具有特定劳动技术的劳动力、具有特定用途的技术和管理规则等。就次级形态生产要素的主要特征而言，主要表现在以下几个方面：

一是次级形态生产要素是前期多种生产要素相互作用的结果。就生产设备而言，其主要是资源、劳动、技术和管理等生产要素作用的结果；就原材料、厂房和基础设施而言，其也是资源、设备、劳动、技术和管理等生产要素相互作用的结果；就特定劳动技术的劳动力而言，其主要是劳动力、设备和技术、管理等生产要素作用的结果；就特定的技术和管理而言，其主要是基础技术研究、设备、劳动力等生产要素相互作用的结果。

二是就这些次级形态生产要素成本补偿而言，由于这些次级形态生产要素主要是为了满足特定用途而培养的，因此，其完全可以通过市场化的路径来进行补偿，其主要表现为这些生产要素通过相互组合的方式生产相应的产品，从产品销售收入中进行成本补偿。就劳动力而言，由于其自身消耗的补偿主要来自劳动力自身的劳动，因此，劳动力实现再生产的关键，在于劳动力能否通过参与社会劳动并提供有效产品的方式，来实现对自身劳动力消耗成本的补偿。一方面，其要求劳动力处于充分就业状态；另一方面，要求劳动力所处的就业状态是一种有效的就业状态，其主要表现为劳动力通过参与社会劳动，向社会提供了满足市场需求的有效产品。对于失业劳动力而言，从人类生存权这个最高法则角度考虑，其生存保障应通过社会保障的方式，来予以满足。就技术和管理要素的培育而言，由于技术和管理要素的培育在很大程度上依赖于基础研究的开展，而基础科学研究并不能通过直接销售自身产品的方式，来补偿其研究成本，因此，其必须通过公共财政支出的方式来予以满足。而对于应用技术和管理创新而言，在现代市场经济条件下，其可以通过在市场直接出售的方式，来进行成本补偿，因此，对于应用技术和管理创新所付出的成本补偿，应通过市场化的补偿路径来加以解决。总体来看，次级形态生产要素成本补偿的市场化路径，有利于通过这些生产要素组合生产产品的方式，更好地满足市场需求，也使这些生产要素的培育以满足市场需求为导向，从而保证了满足市场需求的商品生产所需要的生产要素供给。

三是从次级形态生产要素的用途来看，其都规定了特殊的用途。次级形态生产要素组合模式以及产品结构，具有较强的固定性特征。从次级形态生产要素的具体用途来看，专用设备、专用厂房、专用基础设施以及专门原材料、专门技术人才、管理人才、劳动技工以及产品生产的专门技术、管理流程等，无不在很大程度上呈现出较强的专门性特征，其总是与特定的产品生产联系在一起的。相对于初始形态生产要素而言，要改变次级形态生产要素的专门用途，就必须通过生产要素再次组合的方式，来改变次级形态生产要素所具有的专门性特征。当然，从各次级形态生产要素在各行业中的运用情况来看，一些次级形态生产要素在行业中运用范围较广，其主要表现为基础原材料、基础生产设备、基础设施、通用人才以及通用管理模式等。

（三）信用货币经济条件下资金作为生产要素所具有的特殊属性

从市场经济条件下社会生产的主要内容来看，以信用货币作为表现形式的资金并不是直接作为生产要素参与社会生产的，而只是其他非资金形态生产要素的货币化表现形态。理论上，以信用货币形式表现出来的资金，之所以能够成为其他非资金形态生产要素的货币化表现形态，在很大程度上是以商品等价交换作为前提条件的，其主要表现为以信用货币作为表现形式的资金，是商品由使用价值形态向价值形态转变的结果，其主要通过尚未进行由价值形态向使用价值形态转变的货币表现出来，这种货币最终价值的实现方式，主要通过由以信用货币作为表现形式的价值形态向以商品作为表现形式的使用价值形态转换的方式来实现。[①] 就此而言，在信用货币经济条件下，一定时期社会生产要素的充沛程度，不在于信用货币资金量的大小，而在于与信用货币资金相对应的技术、资源、劳动和管理等生产要素的储备数量。一般来说，在信用货币发行相对适度的条件下，信用货币资金与技术、资源、劳动和管理等生产要素处于相对匹配的水平，其主要表现为一定时期社会产品在总供给与总需求相对均衡的基础上，停留在流通中的信用货币资金主要是作为一定时期社会生产发展的流通中介而存在的，根据商品经济条件下商品价值与使用价值相对统一的原则，这部分作为社会生产流通准备的资金，应该有相应的以技术、劳动、管理和资源等生产要素与之

① 这里所说的商品，既包括消费品，也包括投资品。

相对应。由于上述非货币形态的生产要素主要是上一期生产的结果，就此而言，在简单再生产的条件下，与上述非货币形态生产要素相对应的资金供给规模应该是恒定的。如果信用货币资金供给规模扩大[①]，其必将增大上述非货币形态生产要素以信用货币作为表现形式的价值总量。受现代市场经济条件下商品成本决定价格因素影响，其必然会增加本期以信用货币作为表现形式的国民经济价值总量。

在扩大再生产条件下，非货币形态生产要素供给规模的扩张主要体现在以下几个方面：

一是通过非货币形态生产要素数量的扩张，实现社会生产规模的扩张，其主要表现为在本期生产过程中，以资源、技术、管理和劳动作为表现形式的非货币性生产要素，除了通过本期生产实现有效产出之外，还有新增的非货币性生产要素的加入，其主要表现为自然资源的不断扩张，劳动力供给规模的不断扩大[②]，以前没有进行商品交易的新技术加入生产过程[③]，以前没有进行商品交易的新型管理方法加入生产过程[④]，这些增量的生产要素供给在社会再生产规模扩大的条件下要作为生产要素加入生产过程，在保持生产要素价格相对稳定的条件下，就必须通过中央银行发行增量信用货币的方式，以实现这些生产要素由使用价值形态向价值形态的转变，以此使以信用货币作为表现形式的价值总量，在社会化再生产的影响下，随着增量生产要素供给规模的进一步增加而出现大幅增长。当然，在增量生产要素供给规模扩大的条件下，与增量生产要素供给增加所对应的增量信用货币发行，所导致的以信用货币作为表现形式的社会价值总量规模的扩张，能否有增量的使用价值总量与之相匹配，在很大程度取决于社会再生产规模扩张之后能否产生有效的产出，这种有效的产出主要通过以商品作为表现形式的使用价值形态体现出来。

二是生产要素组合所产生的增量利润水平[⑤]，在信用货币经济条件下，这种增量利润需要通过增量信用货币供给的方式体现出来。由于增量利润主要表现为生产的结果，因此，与增量生产要素扩张所需要的信用货币供给在生产之前进行扩张不同，与增量利润相对应的增量信用货币供给主要在生产过程中或生产之后进行供给规模扩张的。一般而言，在现代市场经济条件下，生产利润的获取与商品生产的使用价值效

---

① 其主要表现为通过政府发行信用货币及吸引没有非货币形态生产要素做支撑的外国资金，所导致的国内资金供给规模的持续扩大等方面。

② 鉴于劳动力作为一个重要的生产要素，其自身所具有的特殊属性，劳动力供给规模的扩大，既表现为劳动力供给规模的增加，也表现为由于劳动力素质的提高而导致的技术和管理等要素生产规模的扩大等。在经济发展实践中，其主要表现为高素质劳动力的加入等，如高等教育毕业生数量的增加等。

③ 必须指出的是，掌握新技术劳动力的加入，已经作为劳动力要素供给规模扩大的因素考虑了。

④ 必须指出的是，掌握新型管理方法劳动力的加入，已经作为劳动力要素供给规模扩大的因素考虑了。

⑤ 这里所说的生产要素既可以包括存量的生产要素，也可以包括社会再生产规模扩大之后的增量生产要素的扩张，其对于信用货币供给的影响，前面已经论述。

用[①]呈现一种正相关关系，因此，在商品利润提高所导致的增量信用货币发行的条件下，社会生产以信用货币作为表现形式的价值总量增长与以商品作为表现形式的使用价值总量的增长，可以保持相对一致。由此可见，在信用货币经济条件下，只有增量信用货币供给有切实的生产要素扩张作支撑，在增量生产要素组合能够实现有效产出的条件下，才能在物价保持相对稳定的基础上实现以信用货币作为表现形式的价值总量与以商品作为表现形式的使用价值总量的共同增长；否则，其必然会导致物价的进一步上涨。在实践中，这种物价的上涨，既表现为生产要素价格的上涨，也表现为商品价格的上涨。根据以上分析，考虑信用货币条件下信用货币使用的国界限制，在信用货币作为生产要素货币化形态为生产做准备的条件下，存量信用货币在一国的自由流动，不会改变以信用货币作为表现形式的生产要素价值形态与以初始形态生产要素或次级形态生产要素作为表现形态的使用价值形态之间的配比关系。而对于外国资金而言，由于信用货币使用的国界限制，如果出现单纯地以外国信用货币资金作为表现形态的资本流入，那么，其对于外资流入国原有的价值总量与使用价值总量之间的配比关系，就会产生影响。

二、市场经济条件下生产要素的自由流动原理

（一）市场经济条件下生产要素自由流动的主要动力

从市场经济条件下市场主体的经营活动来看，在市场经济条件下，“逐利”成为市场主体从事经济活动的主要动力。在信用货币经济条件下，虽然市场主体在经济活动中的“逐利”结果，在很大程度上以信用货币表现出来，但是，市场主体“逐利”的方式主要是通过生产满足于市场需求的产品来实现的，由此使市场主体在“逐利”机制作用下对于经营收益最大化的追求与不断满足居民日益增长的物质和精神生活需求的社会生产目的之间，能够保持相对一致。从市场经济条件下市场主体实现更多利润的主要路径分析，在市场经济条件下，市场主体为了获取更多的利润，总是从两个方面入手来实现利润最大化：一是努力地降低生产成本；二是不断地提高商品销售价格。就企业生产成本而言，其在很大程度上取决于参与商品生产的生产要素的价格。由于一定时期一国生产要素受地域分布不同而呈现出来的生产要素价格差异，因此，在“逐利”机制作用下，市场主体总是偏向于在生产要素价格相对较低的地区来组织生产，以此实现降低商品生产成本的目标。就商品生产价格而言，在商品生产成本相对稳定的条件下，商品的销售价格在很大程度上取决于商品的市场需求。理论上，

---

① 这种使用价值效用，既表现为使用价值数量的扩张，也表现为使用效用的不断提高等。

供不应求的商品，其价格相对较高，而供过于求的商品，其价格则相对较低。由于一定时期商品的市场需求呈现很强的地域性和行业性差异，因此，在“逐利”机制作用下，就商品的地域性需求而言，市场主体总是倾向于在商品需求较旺盛的地方从事商品生产，以此获取更多的利润；就商品的行业需求而言，市场主体总是倾向于在商品需求较大的行业从事商品生产，以此获取更多的利润。而就生产要素在市场经济条件下的流动动力而言，在“逐利”机制作用下，生产要素总是倾向于流入生产要素价格较高的地区和行业。由于一定时期商品生产总是倾向于较低价格的生产要素组合，以此实现最低生产成本的目的，而生产要素往往倾向于向价格较高的行业和地区流动，因此，在市场经济条件下，社会生产在生产要素自由流动与市场主体“逐利”机制的共同作用下，必然在通过合适的成本生产出满足社会需求的最大数量产品的同时，也会使生产要素自身的再生产得到不断提高和发展，从而为后续再生产准备充分的生产要素支持。在市场经济运行过程中，如果不能有效地保障生产要素拥有者的利益，不允许生产要素实行自由流动或者通过片面压低生产要素价格的方式，来实现生产成本的最小化，那么，生产要素自身的再生产就会面临威胁，生产要素自身的发展更是无从谈起，从长远来看，其必将不利于整个社会再生产的持续发展。因此，现代市场经济条件下市场“逐利”机制发挥作用的着力点，应该体现市场经营主体与生产要素供给主体双方共同的利益，通过生产要素的自由流动以及政策性保护措施的推行，实现社会生产的可持续发展。

（二）市场经济条件下生产要素自由流动方式

从市场经济条件下生产要素自由流动方式来看，其主要表现在以下几个方面：

1. 资金要素的自由流动。如前所述，在市场经济条件下，资金是作为非货币形态生产要素的价值形式而存在的，其在一定程度上决定了资金所有者在“逐利”机制作用下，总是流向那些投资回报率较高的地区和行业。理论上，由于资金是作为非货币形态生产要素的价值形式而存在，其在一定程度上决定了资金的流动相对于其他非货币形态生产要素的流动而言，要更加便捷。从经济发展实践来看，资金要素的自由流动主要通过一定时期某一行业或地区投资额的变动而体现出来。如前所述，由于市场经济条件下资金只是作为非货币形态的生产要素价值形式而存在，因此，资金自身并不能创造任何增量价值，在市场经济条件下，资金之所以可以通过自由流动的方式，实现更多的价值增值，其最终仍然受制于价值增值决定因素的制约，即资金对于不同行业以及地区的流入，是以该行业或地区存在较多的市场需求和较低的生产要素价格作为前提条件的，资金自身无论如何流动，不会创造一个增量价值的原子。

2. 技术要素的自由流动。在市场经济条件下，由于本文分析的技术生产要素，仅指技术本身，而不是指技术人员，因此，这里所说的技术要素的流动，主要是指技术专利的自由流动。就技术专利的流动而言，其同样表现为专利技术的跨行业和跨地区流动特征，具体言之，在市场“逐利”机制作用下，专利技术总是向那些专利技术转让价格较高的地区和行业流动。专利技术通过上述流动，一方面实现自身价值增值的最大化，从而在很大程度上提高了社会发展技术的积极性，有利于推动技术的不断进步；另一方面，通过专利技术跨行业和跨地区的自由流动，使专利技术优先服务于具有巨大市场需求的产品生产，从而充分发挥了技术对于生产发展的推动作用。

3. 劳动要素的自由流动。从劳动要素的自由流动来看，其也表现为劳动要素的跨地区和跨行业流动，通过劳动要素的自由流动，一方面提高了劳动者的收入水平；另一方面，也满足了不同地区和行业对于劳动要素的需求。由于本文所研究的劳动要素，既包括体力劳动要素，也包括脑力劳动要素（其主要表现为技术、劳动者和管理者），因此，这里有必要对于不同类别的劳动要素的自由流动所产生的影响进行分类说明。就体力劳动者的自由流动而言，通过体力劳动者跨行业和跨地区的自由流动，提高了体力劳动者的收入水平，使体力劳动者有可能通过加大自身教育投入或下一代教育投入的方式，提高其自身或下一代劳动者素质，从而为社会经济的发展提供更高素质的劳动力支持。体力劳动者的自由流动，也在很大程度上满足了不同地区和行业的劳动力需求，从而确保了社会需求紧缺产品的生产，使经济实现有效率的增长；就技术和管理人员的自由流动而言，技术和管理人员的自由流动，不但可以提高技术和管理人员的收入水平，最大限度地满足不同地区和行业对于技术和管理人员的需求，而且技术和管理人员在跨地区和跨行业流动过程中，还可以带来先进的技术和管理经验，从而产生正面的外溢性收益。就此而言，通过技术和管理人员的自由流动，有利于先进技术和管理经验的传播，也有利于充分发挥技术和管理要素对于经济发展的促进作用。

4. 资源要素的自由流动。由于以土地、矿产等作为表现形式的资源具有很强的地域性分布特征，因此，从资源要素流动来看，其主要表现为资源的跨行业流动，具体言之，在市场经济条件下，资源的跨行业流动，主要表现为资源由投资回报率较低的行业向投资回报率较高的行业进行流动，以此最大限度地提高资源的利用效率，使资源供给满足于市场的需求。必须指出的是，鉴于资源的不可再生性，资源在“逐利”机制作用下所产生的跨行业流动，其主要表现为通过资源要素与其他生产要素相结合的方式，生产相应的产品满足社会对于这些产品使用价值的需求，而不是利用资源的不可再生性特点，在增量资金的追逐下，寻求资源自身的价值增值。

5. 管理要素的自由流动。在现代市场经济条件下，管理要素的自由流动，主要表现为管理要素的跨地区和跨行业的自由流动。由于管理要素既表现为与管理者的相对一致性；也表现为以管理规则、方法作为表现形式的相对独立性，因此，管理要素的自由流动也表现在两个方面，既表现为管理者的跨地区和跨行业的自由流动，也表现为以管理制度和规则作为表现形式的管理要素的自由流动。由于本文所研究的管理要素主要是指管理制度和管理规则，因此，这里所说的管理要素的自由流动，主要是指管理制度和规则的自由流动。通过管理规则和管理制度的自由流动，提高了管理生产要素的投资回报率，也在很大程度上满足了不同地区和行业对于管理要素的需求，从而有利于最大限度地发挥管理要素对于经济发展的推动作用。

（三）各生产要素自由流动之间的关系

如前所述，在市场“逐利”机制作用下，各生产要素可以通过自由流动的方式，实现自身价值的最大化，就各生产要素自由流动之间的关系而言，其主要表现在以下几个方面：

1. 在信用货币经济条件下，作为生产要素价值表现形态的资金流动，是实现非货币形态生产要素流动的纽带，由此会使人陷入资本万能论的认识误区。在信用货币经济条件下，作为生产要素流动的先导，货币形态生产要素——资金的流动总是先于生产要素向某一行业或地区流动的，其主要表现为资金在增加对于某一行业或地区投资金额之后，再通过购买资源、劳动、技术和管理等生产要素的方式，来实现生产要素跨地区或跨行业的流动。在现实的生产过程中，由于生产要素的流动必须以资金作为表现形式的投资流动为前提条件，由此使人们产生了资本万能论的认识误区。[①] 实际上，在现代市场经济条件下，作为信用货币表现形式的资金，其只是非货币形态生产要素的价值表现形式，其在生产中之所以能够对于生产要素的流动产生先导性作用，在很大程度上取决于以下几方面因素：

一是资金所有者充分了解市场需求，对于其通过以资金为纽带的非货币形态生产要素组合所生产的产品需求及价格，具有超前的预测能力，从而确保其投资于某一产品生产可以获取一定的销售收入。

二是资金所有者对于某一地区和行业的生产要素供给数量及其价格了解得非常充分，从而在一定程度上可以准确地预测其产品的生产成本。

三是资金所有者通过对产品市场价格及以生产要素作为表现形式的产品生产成本的有效分析，可以在投资之前确定其投资的收益水平。

由此可见，以信用货币作为表现形式的资本，之所以能够对于生产要素流动产生先导性作用，并不在于这种以信用货币资金作为表现形式的资本是万能的，而在于资金所有者对于市场产品需求及产品、生产要素价格有较强的分析判断能力，对于非货币形态生产要素组合具有较强的组织能力，从而使资金所有者可以通过资金跨行业和跨地区流动的方式，来获取投资收益。就资金而言，其一方面表现为投资人自有资

---

① 理论上，这种资本万能论，主要表现为信用货币资金投资于某一地区或行业而导致的资金向资本的转变。

金，另一方面，也表现为投资人借入资金，从投资人借入资金的最终来源来看，其有一部分主要表现为与生产要素相对应的价值形态。[①] 因此，在信用货币经济条件下，资金所有人通过投资的方式获取利润，在很大程度上利用了信用的杠杆作用，其主要表现为通过从银行借入资金的方式，实现经营利润的最大化。在金融机构市场化经营约束机制相对较强的背景下，投资人通过借款所实现的投资利润放大效应与其投资失败所承担的亏损放大效应该是一致的，由此在很大程度上使这种借款投资行为遵循了收益与风险相对匹配的规则；如果金融机构市场化经营约束机制相对较弱，那么借款人通过借款所实现的收益放大效应与其应当承担的风险就相对不匹配，从而使金融机构面临较大的经营风险。在信用货币经济条件下，金融机构的经营风险最终由资金所有者来承担。而就资金投资所获取利润的最终来源而言，其必须通过由资金作为表现形式的价值形态向以非货币形态生产要素作为表现形式的使用价值形态的转换，并且在生产过程中对于这些生产要素进行有效的组合，生产出相应商品的方式，才能实现预期的投资利润。就此而言，进行企业投资所需要的资金本身并不能自行产生价值增值，其只是实现价值增值的一种手段。

此外，从长期来看，如果资金所有者在生产过程中通过片面压低生产要素价格的方式，来获取更多的利润。那么，生产要素由于价格水平过低而导致的消费需求的乏力，将在很大程度上对于商品的价格和市场销售空间产生不利影响，由此会相应地减少资金的获利水平。更有甚者，如果生产要素由于价格较低导致其自身的再生产不能得到有效延续，那么，资金作为生产要素的价值表现形式，就失去了生产要素的支持，在没有生产要素作保障的经济发展条件下，以信用货币作为表现形式的资金，根本不能产生任何价值增值。实际上，在市场经济条件下，通过资金在“逐利”机制作用下的充分流动，可以使非货币形态的生产要素价格达到合理的水平，其主要表现为当某一地区生产要素价格相对较低时，增量资金就会向该地区进行有效流动，在增量资金不断流动的影响下，非货币形态的生产要素价格就会得到有效提高，直到资金需求与非货币形态生产要素供给达到均衡状态为止。就均衡状态下资金对于非货币形态生产要素的价格需求而言，其以不低于市场平均利润率作为资金需求的前提条件；就非货币形态生产要素供给的均衡价格而言，其最低界限在于弥补非货币形态生产要素生产成本的需要。具体言之，就自然资源而言，其价格主要包含自然资源自身的溢价以及开采成本，土地价格主要包括土地连续种植农作物所产生累计收入的折现收入，劳动价格主要包括劳动的培养成本以及维持劳动力再生产所需要的费用；技术价格主要包括技术的培育成本，管理价格应该能够有效地补偿管理规则和管制制度形成的成本。

---

① 当然，在信用货币经济条件下，虽然这部分资金也可以表现为一国政府增发的信用货币，但由于信用货币自身并不是具有一定使用价值形态的商品，因此政府增发的信用货币在没有增量的使用价值形态的商品作为支撑的条件下，必将增加生产要素以信用货币作为表现形式的价值总量。

2. 非货币形态生产要素的流动是“逐利”机制作用下通过资金流动实现增量价值的必要条件。如前所述，虽然资金跨地区和行业的流动，能够有效地带动非货币形态生产要素进行跨地区和跨行业的流动，但是，从资金跨地区和跨行业流动的最终目的来看，其最终是为了获取更多的增量价值。因此，资金的跨地区和跨行业流动，必须以非货币形态的生产要素跨地区和跨行业流动作为前提条件。在非货币形态生产要素和资金流动的情况下，就静态而言，非货币形态的生产要素和资金在地区和行业之间的分布处于一种相对稳定的状态；从动态来看，当作为非货币形态生产要素价值表现形式的资金进行跨行业或跨地区流动时，如果非货币形态生产要素不进行相应的流动，那么其一方面必然会在很大程度上提高资金流入地区或行业的非货币形态生产要素的价格，从而使资金的跨地区和跨行业流动，不能获取预期的投资收益；另一方面，在生产要素不能实现跨地区和跨行业流动的条件下，增量资金进入不同地区和行业之后，不能通过由信用货币形态资金向非货币形态生产要素转换的方式，组织相应的生产要素进行产品生产，从而最终获取增量价值。

此外，从生产要素的使用价值角度考虑，作为生产要素价值表现形式的资金，其所进行的跨地区和跨行业流动，在很大程度上与当地或该行业生产要素供应的充分程度密切相关。在不考虑生产要素价格地区差异和行业差异的条件下，只有那些生产要素供给相对充分的地区或行业，资金才能通过有效地组织这些非货币形态生产要素的方式，生产相应的产品，实现资金的保值增值。就此而言，在“逐利”机制作用下资金出于对产品销售价格追求所进行的跨地区和跨行业流动，如果没有非货币形态生产要素的相应流动，这种资金流动本身就不可能通过组织非货币形态生产要素从事社会生产的方式，来获取价值增值。当然，在资金出于非货币形态生产要素价格较低所进行的跨地区和跨行业流动的情况下，如果资金流入地区生产要素供给相对充分，那么资金流入地区和行业就没有必要通过非货币形态生产要素跨地区和跨行业流动的方式，来实现资金与非货币形态生产要素的组合。在市场经济“逐利”机制作用下，非货币形态生产要素的自由流动，会在一定程度上使生产要素价格在不同地区呈现出较小的差异。当然，由于作为非货币形态生产要素价值表现形式的资金，是非货币形态生产要素进行跨地区和跨行业流动的先导，要缩小不同地区的非货币形态生产要素的价格差异，其前提条件在于必须资金在“逐利”机制作用下所进行的跨地区和跨行业流动。

具体言之，在资金自由流动的条件下，如果其进入生产要素价格相对较低的地区，资金组织生产所导致的对于非货币形态生产要素需求的增加，在一定程度上对于非货币形态生产要素价格会起到拉动作用。在非货币形态生产要素不能自由流动的条件下，如果这部分生产要素与其他地区存在着较大的差异，资金就会不断地进入生产要素价格相对较低的地区，直到各地区非货币形态生产要素价格差距相对缩小为止。当然，考虑市场经济条件下产品生产地与销售地距离所导致的交通费用增加的因素，非货币形态生产要素价格地区之间的差异，反映了产品产地与销售地距离远近所导致的交通费用差异。就此而言，要最大限度地缩小非货币形态生产要素价格的地区间差异，就必须通过交通运输的发展，减少由于资金跨地区转移所导致的投资收益时间差异和交通费用的差异。在非货币形态生产要素可以自由流动的条件下，如果资金流入地生产要素价格较低，那么非货币形态生产要素就会流向收入相对较高的地区，由此使资金流入地生产要素供给减少，在供求规律作用下，资金流入地的非货币形态生产要素的价格就会相应地提高。当然，考虑非货币形态生产要素跨地区流动所增加的运输费用因素，不同地区生产要素价格差异应在很大程度上体现出由于距离差异所导致的运输费用差异，其主要表现为自然资源形态生产要素的运输成本，人力资本流动所导致的返乡费用等。因此，从非货币形态生产要素流动所平抑的非货币形态生产要素价格地区差异来看，通过交通运输的不断发展及劳动力就业环境的不断提高①，可以达到有效地平抑非货币形态生产要素价格地区差异的目的。就资金跨行业流动而言，在既有非货币形态生产要素行业供给总量的约束条件下，资金进入某一个行业所引起的非货币形态生产要素需求的增加，必然会在很大程度上提高该行业非货币形态生产要素的价格，从而在“逐利”机制作用下，通过非货币形态生产要素向该行业的不断流动，一方面满足增量资金对于从事该行业生产的非货币形态生产要素的增量需求；另一方面，大量非货币形态生产要素进入该行业，也在很大程度上使该行业的非货币形态生产要素价格上涨幅度相对有限②，从而确保了资金通过跨行业流动的方式，可以获取较高的增量价值。

（四）非货币形态生产要素自由流动的主要形式

从非货币形态生产要素的流动形式来看，其主要包括以下几个方面内容：

1. 非货币形态生产要素跨行业流动。在市场“逐利”机制作用下，作为非货币形态生产要素的价值表现形式——资金的跨行业流动，在很大程度促进了非货币形态生产要素的跨行业流动。

（1）非货币形态生产要素跨行业流动的条件。就非货币形态生产要素跨行业流动条件来看，其主要表现在以下几个方面：

一是资金流入行业的非货币形态生产要素供给相对不足，需要其他行业生产要素

---

① 其主要表现为通过户籍、社会保障、教育等制度的进一步完善，劳动力跨地区就业不再表现为单纯地打工过程，而是一种整个家庭的迁移行为，其一方面保持家庭的相对完整；另一方面，也可以最大限度地节约劳动力的往返成本。

② 这里所说的非货币形态生产要素流动，系指能够满足该行业生产的非货币形态生产要素，而不是泛指所有的非货币形态生产要素。一定时期满足某一行业生产需求的非货币形态生产要素供给是相对有限的，受此影响，由增量资金介入该行业所导致的需求增加，对于该行业从事生产的非货币形态生产要素价格，会起到拉动作用。

的流入进行有效补充。在经济实践中，受增量资金所导致的某一行业生产规模大幅扩张影响，该行业内部生产要素供给相对不足，其主要表现为从事该行业生产的原材料、设备、厂房、基础设施以及劳动力供给相对不足①。为了有效地解决某一行业扩张所导致的非货币形态生产要素供给不足的问题，就需要从其他行业流出相应的非货币形态生产要素，以弥补生产规模扩张行业对于非货币形态生产要素的需求。

二是从其他行业流出的非货币形态生产要素的具体属性来看，要通过其他行业非货币形态生产要素流出的方式，有效地弥补生产规模扩张行业对于增量非货币形态生产要素的需求，就必须使其他行业流出的非货币形态生产要素具有较强的可塑性，能够很好地满足生产规模扩大行业对于增量非货币形态生产要素的需求。从生产要素可塑性分析，初始形态生产要素具有较强的可塑性，能够较好地满足生产规模扩张行业对于非货币形态生产要素的需求。就此而言，在既定的非货币形态生产要素存量约束条件下，非货币形态生产要素能否通过跨行业流动的方式，满足资金跨行业扩张的需求，其在很大程度上取决于初始形态生产要素的存量规模。由于在增量资金跨行业转移条件下所导致的非货币形态生产要素的扩张，会带动存量非货币形态生产要素的跨行业转移，因此，其在经济实践中主要表现为存量社会资产跨行业的并购重组，通过存量资产的跨行业并购重组，提高朝阳行业对于国民经济发展的推动作用。

三是就跨行业流动的资金来源而言，其主要表现为与非货币形态生产要素价值相对应的存量资金的跨行业流动，由此带动存量非货币形态生产要素的流动，从而在社会非货币形态生产要素供给总量保持不变的条件下，实现国民经济行业发展结构的优化升级。如果跨行业流动资金是增量资金，那么，在存量非货币形态生产要素跨行业流动的背景下，其必将在很大程度上增加以信用货币作为表现形式的价值总量，从而使生产要素价格出现上涨的压力。如果跨行业流动资金是增量资金，那么在增量非货币形态生产要素跨行业流动的背景下，如果增量资金所带动的增量生产要素组合生产的使用价值总量，与增量非货币形态生产要素的货币化价值相对匹配，社会物价水平就会保持相对不变。当然，如果增量资金通过组合增量非货币形态生产要素所提高的劳动生产率，高于增量非货币形态生产要素货币化所增加的非货币化形态生产要素价值总量的提高率，那么其在一定程度上会导致物价水平的下降。就此而言，在增量资金流入导致某一行业扩张的条件下，增量资金介入能否对于社会物价水平产生上涨的压力，在很大程度上取决于增量资金介入某一行业所实现的产出效率。

（2）非货币形态生产要素跨行业流动的主要形式。在市场经济条件下，受“逐利”机制影响，作为非货币形态生产要素价值表现形式的资金，其在市场流动方向上与非货币形态生产要素是相对一致的，其主要表现为由收益率较低的行业流向收益

① 如前所述，这里劳动力所包含的内容，既是指体力劳动者，又是指包含技术和管理要素的脑力劳动者。

率较高的行业。资金和非货币形态的生产要素之所以都会偏向于流入收益率较高的行业，其主要是因为市场“逐利”机制的作用，从而对于以资金作为表现形式的资本产生巨大的吸引力，当某一行业投资收益率较高时，行业进入者就可以给予该行业产品生产所需要的非货币形态生产要素较高的价格，由此吸引非货币形态生产要素向投资收益率较高的行业流动。当然，这里所说的投资收益率较高的行业，是指生产一定使用价值形态产品，并且该产品有着较大市场需求的行业，而不是指那些以信用货币作为表现形式的价值再分配的行业。从投资收益率与行业属性之间的关系来看，一般而言，在某一行业通过真实的供求产生真正的增量使用价值和价值的条件下，投资回报率较高的行业，一般都是朝阳行业。在资金和非货币形态生产要素跨行业流动的影响下，国民经济产业结构会出现进一步优化升级的发展趋势。从非货币形态生产要素的流动形式来看，其主要表现在以下几个方面：一是就资源形态的生产要素而言，资源的跨行业流动主要表现为资源的用途出现了有效改变。如土地由农业用地向工业或其他非农业用地的转换，矿产等自然资源作为收益率较低的原材料向收益率较高的原材料转换，主要表现为矿产等自然资源由粗加工向精加工的转变。二是就劳动而言，主要表现为体力劳动者由收入较低的行业转向收入较高的行业①，以技术和管理为表现形式的脑力劳动者由收入较低的行业转向收入较高的行业。三是就以技术为表现形式的专利和以管理作为表现形式的管理规则而言，其主要表现为转让费用由收入较低的行业向收入较高的行业进行流动。通过非货币形态生产要素的上述流动，满足了投资效率较高的行业对于增量生产要素的需要，也有利于这些非货币形态生产要素充分发挥其作用，从而在促进国民经济产业结构不断优化升级的同时，也有利于非货币形态生产要素自身素质的不断提高，进而在更高层次上推动社会经济的不断发展。

就增量资金扩张所带动的增量非货币形态生产要素流动而言，在“逐利”机制作用下，一定时期增量资金对于投资回报率较高行业的扩张，在很大程度上会对增量非货币形态生产要素流动产生重要影响。如前所述，由于一定时期社会增量生产要素供给主要表现为后备生产要素，而后备生产要素一般都处于初始生产要素状态，因此，增量资金的行业扩张方向对于后备生产要素的流向会产生直接和间接影响。其既表现为增量资金的投向会直接影响后备生产要素的流向，又表现为增量资金的投向会直接影响后备生产要素的培育。在“逐利”机制作用下，后备生产要素的培育方向总是趋向于收入较高的行业②，而收入较高的行业，一般总是表现为朝阳行业，也是增量资金愿意投资的行业。就此而言，增量资金对于某一行业投资的增加，对于生产

① 当然其必须以满足该行业的需要作为前提条件。

② 生产要素的培育方向在很大程度上要受生产要素自身的特殊属性影响。如土地的地理位置，矿产资源的地理位置、品位高低、开采难度，人的体力和智力水平，社会基础科学研究水平及教育水平等。

要素的培育会产生一定影响。

2. 非货币形态生产要素跨地区流动。在市场“逐利”机制作用下，作为非货币形态生产要素的价值表现形式——资金的跨地区流动，在很大程度促进了非货币形态生产要素的跨地区流动。

（1）非货币形态生产要素跨地区流动所需要的条件。就非货币形态生产要素跨地区流动所需要的条件来看，其主要表现在以下几个方面：

一是资金流入地区的非货币形态生产要素供给相对不足，需要其他地区非货币形态生产要素的流入。在经济实践中，受增量资金所导致的某一地区生产规模大幅扩张影响，该地区内部非货币形态生产要素供给相对不足，其主要表现为该地区生产所需要的原材料、设备、厂房、基础设施以及劳动力供给相对不足，为了有效解决某一地区经济扩张所导致的非货币形态生产要素供给不足的问题，就需要从其他地区流出非货币形态生产要素，以弥补生产规模扩张地区对于非货币形态生产要素的需求。

二是从其他地区流出的非货币形态生产要素的具体属性来看，要通过其他地区非货币形态生产要素流出的方式，有效地弥补生产规模扩张地区的增量生产要素需求，就必须使其他地区流出的非货币形态生产要素具有较强的可塑性，能够很好地满足生产规模扩大地区对于非货币形态增量生产要素的需求。从生产要素可塑性分析，如前所述，初始形态生产要素具有较强的可塑性，能够较好地满足生产规模扩张地区对于非货币形态生产要素的需求。就此而言，在既定的非货币形态生产要素存量约束条件下，非货币形态生产要素能否通过跨地区流动的方式，满足资金跨地区扩张的需求，其在很大程度上取决于初始形态生产要素的存量规模。由于在增量资金跨地区转移条件下所导致的非货币形态生产要素的扩张，会带动非货币形态存量生产要素的跨地区转移，因此，其在经济实践中主要表现为区域经济一体化的发展，通过区域经济一体化的发展所产生的产业集群效应，来提高经济发展效率。在经济实践中，其主要表现为通过资金对于产品需求程度较高地区的投入，促进非货币形态生产要素的区域组合，一方面通过产能的扩大，进一步满足市场需求；另一方面，通过非货币形态生产要素的跨区域流动，提高生产要素的利用效率，提高生产要素的自身素质。

三是就跨地区流动的资金来源而言，其主要表现为与非货币形态生产要素价值相对应的存量资金的跨地区流动，由此带动存量非货币形态生产要素的流动，从而在社会生产要素供给总量保持不变的条件下，使地区之间经济发展呈现出较大的差异。具体言之，在存量资金跨地区流动的影响下，生产要素一般会向市场需求较高的地区倾斜，从需求角度考虑，这无疑会促进需求程度较高地区经济的进一步发展，而降低生产要素流出地区的收入水平。当然，生产要素在流入地区获得货币化收入以后，如果再次回到生产要素的流出地区，则无疑会在很大程度上拉动生产要素流出地区的需求，从而缩小地区之间的经济发展差异。生产要素跨地区流动对于地区经济所产生的影响，在经济实践中主要通过城市化与城镇化两种不同的发展路径体现出来。

如果跨地区流动资金是增量资金，那么，在存量非货币形态生产要素跨地区流动的背景下，其必将增加以信用货币作为表现形式的价值总量，从而使生产要素价格出现上涨的压力；如果跨地区流动是增量资金，那么，在增量非货币形态生产要素跨地区流动的背景下，如果增量资金所带动的增量生产要素组合生产的使用价值总量与增量非货币形态生产要素的货币化价值相对匹配，那么，社会物价水平就会保持相对不变。当然，如果增量资金通过组合增量非货币形态生产要素所提高的劳动生产率水平高于增量非货币形态生产要素货币化所导致的价值总量的上涨率，那么，其在一定程度上会导致物价水平的下降。就此而言，在增量资金流入导致某一地区生产规模扩张的条件下，增量资金介入能否对于物价水平产生上涨的压力，其在很大程度上取决于增量资金跨地区流动所实现的产出效率。

（2）非货币形态生产要素跨地区流动形式。在市场经济条件下，受“逐利”机制影响，作为非货币形态生产要素价值表现形式的资金，其在市场流动方向上与非货币形态生产要素是相对一致的，其都表现为由产品市场需求程度较低的地区流向产品市场需求较高的地区进行流动。资金和非货币形态生产要素之所以都会向产品市场需求较高的地区进行流动，其主要是因为产品市场需求较高的地区会带来较高的投资收益率，从而对于以资金作为表现形式的资本会产生巨大的吸引力。当某一地区投资收益率较高时，其就可以给予该地区产品生产所需要的非货币形态生产要素较高的价格，由此吸引非货币形态生产要素向投资收益率较高的地区进行流动。当然，这里所说的投资收益率较高的地区，是指生产一定使用价值形态产品，并且该产品有着较大市场需求的地区，而不是属于以信用货币作为表现形式的价值再分配的地区。从非货币形态生产要素的流动形式来看，其主要表现在以下几个方面：

一是就资源形态而言，自然资源能否自由实现跨地区流动，与自然资源的自身属性密切相关。就不可移动的土地而言，其不能通过地区移动的方式，实现较高收益。而对于可进行区域移动的矿产资源而言，在考虑交通运输费用的条件下，其可以通过矿产资源的跨地区流动，来获取最大化的收益。

二是就劳动而言，其主要表现为体力劳动者由收入较低的地区流向收入较高的地区，以技术和管理作为表现形式的脑力劳动者由收入较低的地区流向收入较高的地区。

三是以技术作为表现形式的专利和以管理作为表现形式的管理规则，其转让费用由收入较低的地区向收入较高的地区进行流动。

通过非货币形态生产要素的上述流动，一方面满足了投资效率较高的地区对于增量生产要素的需求；另一方面，也有利于这些非货币形态生产要素充分发挥作用。理论上，生产要素的跨地区流动，在很大程度上会加大了地区之间的发展差距，而解决地区发展差距的主要途径在于以下几个方面：一是通过交通基础设施的发展，进一步缩小地区之间的空间距离；二是通过以不可流动的土地和部分自然资源为依托，发展适合本地区特点的特色行业；三是通过流出生产要素再次回到流出地进行消费的方式，来增加生产要素流出地的市场需求。

就增量资金扩张所带动的增量非货币形态生产要素流动而言，在“逐利”机制作用下，一定时期增量资金对于投资回报率较高地区的扩张，在很大程度上会对增量非货币形态生产要素流动产生重要影响。如前所述，由于一定时期社会增量非货币形态生产要素供给主要表现为后备生产要素，而后备生产要素一般都处于初始生产要素状态，因此，增量资金的地区扩张方向对于后备生产要素的流向会产生直接影响，其主要表现为增量资金的地区流向会直接影响后备生产要素的地区流向。

3. 非货币形态生产要素的跨国流动。就资金和非货币形态的生产要素跨国流动而言，由于信用货币存在的法定国界限制，因此，生产要素的国际流动在很大程度上主要表现为非货币形态生产要素的跨境流动。在经济实践中，非货币形态生产要素的跨国流动，也是遵循资金先行的原则。与国内资金跨地区流动不同，受信用货币使用范围的国界限制，跨国投资的资金在进入被投资国以后，必须将以本国信用货币作为表现形式的投资资金，通过直接或间接的方式，购买其本国的非货币形态生产要素，实现本国非货币形态生产要素的跨国流动，才能真正地实现以投资国信用货币资金作为表现形式的资本的跨国投资。因此，就以信用货币作为表现形式的资本跨国投资的实质而言，其实际上是投资国非货币形态生产要素的跨国投资。在非生产要素跨国流动模式下，其主要表现为以资金作为表现形式的资本进入被投资国之后，鉴于其生产的产品具有较高的价格，因此，其可以通过较高价格的方式吸引投资国的非货币形态生产要素进入资本流入国，通过这些非货币形态生产要素在被投资国的生产组合，以获取较高的投资收益。在这种资本跨国流动方式下，国际跨境资本在获取较高投资收益的同时，也通过生产要素的流入，最大程度地满足了资本输入国以使用价值作为表现形式的产品需求。当然，由于受信用货币存在国界限制的影响，资本流入国不可能无偿地享有由投资国非货币生产要素流出所生产的使用价值，其必须通过本国非货币形态生产要素生产相应产品的方式，来实现与这些使用价值形态商品的间接交换。在经济实践中，其主要表现为被投资国必须通过出口商品所获取的外汇，来偿付外部投资资本流出该国时所需要支付的外币资金。当然，在被投资国或投资国本国信用货币承担国际信用货币职能时，则会出现不同的变化，具体言之，其主要表现在以下两个方面：

一是就被投资国本国信用货币为国际信用货币而言，外部资本在对于被投资国进行资本投资时，一方面必须将本国的具有使用价值形态的商品转化为被投资国的本币，通过向被投资国出售本国商品的方式，获得被投资国的本币形态，以此增加对于被投资国的投资额度；另一方面，外国投资者以投资国本币形式进入被投资国，然后通过以本币作为表现形式的投资资金向投资国购买相应商品的方式，来实现投资国以本币作为表现形式的价值形态向以商品作为表现形式的使用价值形态的转换。当投资国资金离开被投资国时，被投资国应通过出口商品到投资国以换取投资国本币的方式，来补偿投资国的投入资本及其利润。但在被投资国本币属于国际信用货币的条件下，其可以通过发行本国信用货币，通过本国信用货币在国际金融市场中所处的地位，直接在国际金融市场将增量的本国信用货币按照市场汇率兑换成投资国本币的方式，用于偿付投资国投资资本撤离时所需要支付的本金和收益；或者通过本国信用货币直接向第三方购买商品，再将这部分商品出口至投资国的方式，换取投资国的本币，以此偿付投资国投资资本从被投资国撤离时所必须支付的本金和投资收益。由此可见，在被投资国本国信用货币作为国际信用货币时，虽然投资国必须通过本国非货币形态生产要素进入被投资国的方式，来对被投资国进行投资。但是，在投资国投资资本撤离时，被投资国却没有必要通过向投资国出口相应商品、换取投资国本币的方式，来偿还投资国投资资本撤离所需要的本币及其实现的投资收益。从国际跨境投资的实践来看，鉴于被投资国本国信用货币所承担的国际信用货币职能，当投资国投资资本从被投资国撤离时，投资国投资资本更愿意以取得被投资国本国信用货币的方式，来获得投资本金和投资收益的偿付。由此决定了被投资国可以通过直接发行本国信用货币的方式，来对投资国投资资本撤离的本金和投资收益进行支付。当然，从国际信用货币最终支付来看，投资国在投资资本撤离时所取得的被投资国本国发行的国际信用货币，最终仍需要通过向被投资国或其他国家购买相应商品的方式，来实现以商品作为表现形式的使用价值形态补偿。唯一不同的是，其跨境投资本金和收益的使用价值补偿的范围，在空间上得到了拓展，由被投资国扩展至全球除投资国之外的所有国家。

二是就投资国本国信用货币作为国际信用货币而言，当投资国投资资本对被投资国进行跨境投资时，其投资的本币资金直接表现为国际信用货币资金。被投资国一方面可以通过本币兑换的方式，将投资国投资的信用货币转换为本币，由此使这部分投资资金可以直接从被投资国境内取得非货币形态生产要素的方式，来实现由信用货币作为表现形式的价值形态向以非货币形态生产要素作为表现形式的使用价值形态的转换。当被投资国政府对投资的外汇资金不进行直接兑换时，投资国投资的本国信用货币资金可以凭其所处的国际信用货币地位，从其他国家购买非货币形态生产要素的方式，实现其由信用货币作为表现形式的价值形态向以非货币形态生产要素作为表现形式的使用价值形态的转换。当投资资金撤离时，被投资国必须以投资国本币的形式，来偿付外部投资者投资的本金及其实现的收益。为了取得这些偿付资金，一方面被投资国在前期实行外汇汇兑的方式下，可以将外汇汇兑的本金偿还一部分，与此同时，再通过出口相应商品的方式，来偿还外部投资资本在被投资国所取得的投资收益；另一方面，被投资国如果没有以投资国本币作为表现形式的外汇结余，其只能通过出口商品换取外汇资金的方式，来偿付外部投资资本从被投资国撤离时所需要支付的投资本金及其实现的投资收益。就此而言，在投资国本国信用货币为国际信用货币的条件下，投资国对于被投资国的投资，其可以通过其本国发行信用货币的方式，来获取被投资国以非货币形态生产要素作为表现形式的使用价值，这种使用价值主要包括投资本金和投资收益两个部分。当然，如果被投资国在投资资金入境时将投资的外汇本金兑换为本国货币，并将这部分外汇结余用于作为外部投资资本撤离本国时的后备支付资金，那么在投资资金撤离被投资国时，被投资国在运用外汇储备偿还外部投资者的投资本金之后，只需通过商品出口的方式，来支付外部投资者所实现的投资收益。

（五）生产要素流动能够带来更多增量价值的基本原理

从一国生产要素流动来看，在现代市场经济条件下，生产要素流动之所以可以带来更多的增量价值，其主要与以下因素有关：

一是就非货币形态生产要素价格较低所导致的生产要素流动而言，在商品价格不变的条件下，由资金流动所带动的非货币形态生产要素组合所生产的产品，由于其生产成本相对较低，由此可以为商品生产者带来较高的收益。理论上，这种收益的来源必须满足于两个条件，即商品销售价格保持相对不变以及非货币形态生产要素价格保持相对不变。从长期来看，在供给数量增多的影响下，商品价格可能会出现下跌，非货币形态生产要素价格在需求作用下可能会出现上涨。因此，从长期来看，建立在非货币形态生产要素价格较低基础之上的生产要素流动，其获取的增量价值是相对有限的。在非货币形态生产要素已经参与生产的条件下，生产要素的跨地区流动，其完成的只是社会财富的再分配。而在非货币形态生产要素还没有从事生产的条件下，非货币形态生产要素参与社会生产，无疑创造了增量价值。

二是就产品需求程度较高所导致的生产要素跨地区流动而言，在产品需求程度较高的影响下，商品价格也相对较高。在货币资金流动所带动的生产要素流动影响下，其一方面会使资金所有者和生产要素所有者在短期内获取较高的收益；另一方面，随着时间推移，在增量生产要素不断流入的影响下，商品供求关系在地区之间形成的相对均衡，将在很大程度上减少生产要素跨地区流动的盈利水平。从增量价值创造来看，在商品价格较高的影响下，通过生产要素的有效流动，商品增量供给的增加，在很大程度上创造了增量价值。

三是就跨行业生产要素流动所导致的价值增值而言，生产要素流入经济效益较高的行业，可以获取较高的收益；从这种获利的持续时间分析，如果该行业进入壁垒较高，那么这种生产要素跨行业流动所获取的较高收益水平，持续时间相对较长。反之，则相对较短。因此，就生产要素跨行业流动所导致的增量价值创造而言，如果生产要素流出某一行业所导致的价值减少数量小于生产要素流入某一行业所新增的价值数量，那么，生产要素跨行业流动就创造了增量价值。反之，生产要素跨行业流动就没有产生增量价值。

四是从生产要素的组合差异来看，如果生产要素的跨地区和跨行业组合，是通过生产要素的流动实现生产要素的优势互补，相对于存量非货币形态生产要素的价值创造而言，在没有生产要素跨地区和跨行业流动的条件下，这些生产要素不能创造任何价值，而通过生产要素的跨地区和跨行业流动，其通过生产要素的组合，创造了新的价值。

五是就外部资金流入给被投资国带来的增量价值创造而言，如果投资国与被投资国通过非货币形态生产要素流入，实现生产要素在被投资国生产中的优势互补①，其在一定程度上通过国内外非货币形态生产要素的组合，创造了新的价值。具体言之，被投资国所实现的增量价值主要体现在两个方面：一是被投资国内从事生产的非货币形态生产要素转移之后与外部流入的非货币形态生产要素组合所创造的增量价值，与其转移之前所创造的增量价值的差额部分。二是国内没有从事生产的非货币形态生产要素与外部流入的非货币形态生产要素组合所创造的增量价值。特别需要指出的是，在外部生产要素流入创造增量价值的条件下，其增量价值向使用价值转换的路径与国内生产要素跨地区和跨行业流动所实现的增量价值向使用价值转换的路径之间，存在着很大的差别，前者主要表现为必须通过向国外购买商品的方式，才能实现增量价值向使用价值的转换，而后者则可以通过直接在国内购买商品的方式，实现增量价值向使用价值的转换。

三、生产要素充分流动是提高市场经济运行效率的必然选择

（一）生产要素不能充分流动所导致的负面影响

在现代市场经济条件下，如果生产要素不能实现充分流动，其对于经济发展所形成的负面影响，主要体现在以下几个方面：

1. 在一个生产要素不能充分流动的市场中，分布于各地区的生产要素不能通过生产要素自由流动的方式来进行有效组合，生产相应的商品，以满足居民不断增加的物质和精神生活需求，不但会造成生产要素的巨大浪费；也在很大程度上使居民的物

---

① 这种非货币形态生产要素流入，既可以表现为外部非货币形态生产要素的直接流入，也可以表现为先以国际信用货币方式流入被投资国，而后从外部购买相应非货币形态生产要素的方式，来实现与被投资国非货币形态生产要素的优势互补。

质和精神需求得不到有效的满足。

2. 在非货币形态生产要素价格地区差异较大的条件下，如果生产要素不能进行充分的流动，其在很大程度上会使生产要素价格呈现较大的地区差异，由此使经济发展出现较大的地区差异。从生产要素价格差异对于地区经济发展的影响而言，其主要表现在以下几个方面：

一是某个地区非货币形态生产要素价格较低，使非货币形态生产要素以货币作为表现形式的价值总量也相对较低，由此使地区之间在以价值作为表现形式的经济总量方面呈现出较大的差异。

二是某个地区非货币形态生产要素价格较低，以劳动力为表现形式的生产要素收入较低，其在很大程度上难以满足本地区居民日益提高的物质和精神生活需要。理论上而言，虽然在地区非货币形态生产要素价格较低的条件下，其相应的商品价格也相对较低。本着低工资、低物价的匹配原则，表面上看来，生产要素价格较低的地区居民购买力似乎不受影响。而从实际情况来看，由于一个地区居民需求的所有物质和精神用品不可能都通过本地区生产的方式来予以满足，因此相对于从外部买入的价格较高的商品而言，非货币形态生产要素价格较低的地区，其居民的消费效用实际上出现了相对缩减。

三是对于一些非货币形态生产要素价格相对较高的地区而言，如果非货币形态生产要素不能实现地区之间的自由流动，那么该地区的居民就很难通过生产要素有效流动的方式，降低由非货币形态生产要素价格较高所导致的较高物价水平的压力，从而在一定程度上影响了居民的消费效用。

3. 就生产要素在行业之间的自由流动而言，如果生产要素在行业之间不能进行自由流动，一些市场需求相对饱和行业，在市场恶性竞争的影响下，行业平均收益率相对较低，甚至部分企业在行业恶劣竞争作用下出现停产和破产，由此导致非货币形态生产要素的巨大浪费和损失；一些经营效益较好的行业，由于行业外部生产要素不能实现有效地流入，在很大程度上限制了其产品的供给规模，由此使居民对于该行业的商品消费需求不能得到有效的满足。与此同时，从事该行业生产的经营者可以凭借其行业经营的垄断地位，在获取高额垄断地位的同时，也丧失了通过创新方式促进本行业发展的积极性，这些都在很大程度上阻碍了社会生产力的发展。

4. 在非货币形态生产要素不能进行有效流动的条件下，以资金为先导的非货币形态生产要素价值形式的自由流动，就成了无源之水。虽然在现代市场经济条件下，作为非货币形态生产要素价值表现形式的资金可以自由流动，但是，受非货币形态生产要素不能自由流动影响，其并不能通过跨地区和跨行业购买非货币形态生产要素的方式，通过非货币形态生产要素的组合，来生产相应的商品。就此而言，在非货币形态生产要素不能进行有效流动的条件下，资金的跨地区和跨行业流动是没有任何意义的。

5. 就新兴产业而言，在后备非货币形态生产要素相对有限的条件下，如果没有非货币形态生产要素的充分流动，那么，新兴产业的发展将在很大程度上由于缺少非货币形态生产要素的支持，而使其发展面临较多不利条件的约束。

6. 对于跨国非货币形态生产要素的流动而言，如果没有国外非货币形态生产要素的有效流入，那么，在全球经济一体化条件下，就很难通过各国在既定的国际分工条件下利用各自拥有的资源禀赋以及相对生产成本优势，通过生产要素跨境投资的方式，实现全球各国消费效用的最大化。

7. 在信用货币经济条件下，信用货币的增加原因主要源于以下几个方面：一是政府通过增量信用货币发行的方式，获取铸币税收入；二是在劳动生产率不断进步的影响下，政府为了保持价格相对稳定而多投放的信用货币资金。这些因素都在很大程度上导致信用货币供给的不断增加。在信用货币不断发行的条件下，如果作为非货币生产要素价值表现形态的信用货币资金不能实现自由的流动，一些后备非货币形态生产要素就很难通过信用货币资金的组合进入生产领域，从而使社会生产呈现以信用货币作为表现形式的价值总量单方面扩张的格局，既会导致经济运行面临较大的通货膨胀压力；也会导致没有进入生产领域的后备非货币形态生产要素的巨大浪费。

（二）生产要素充分流动对于经济发展所产生的正面影响

在现代市场经济条件下，如果生产要素能够实现充分流动，其对于经济发展所形成的正面影响，主要体现在以下几个方面：

1. 在一个生产要素可以充分流动的市场中，分布于各地区的生产要素可以通过生产要素自由流动的方式来进行有效组合，生产相应的商品，以满足居民不断提高的物质和精神生活需求，其一方面会使生产要素得到充分的利用；另一方面，也使居民的物质和精神需求得到很好的满足。

2. 在非货币形态生产要素价格地区差异较大的条件下，如果生产要素能够进行充分的流动，其在很大程度上会平抑生产要素价格的地区差异，由此使经济发展的地区差异得到缩小。就生产要素充分流动对于地区经济发展差异的影响而言，其主要表现在以下几个方面：一是资金向非货币形态生产要素价格较低的地区流动，使非货币形态生产要素以货币作为表现形式的价值总量得到提高，由此在很大程度上缩小了地区之间在以价值作为表现形式的经济总量方面存在的巨大差异；二是通过生产要素的跨地区流动，提高非货币形态生产要素价格较低地区的生产要素价格，从而增加了以劳动力作为表现形式的生产要素收入水平，以此在很大程度上满足了本地区居民日益提高的物质和精神生活需要；三是对于生产要素价格相对较高的地区而言，如果生产要素能够有效地实现地区之间的自由流动，生产要素价格较高地区的居民，就可以通过生产要素的自由流动，降低由非货币形态生产要素价格较高所导致的较高物价水平的压力，从而相对地提高居民的消费效用。

3. 就生产要素在行业之间的自由流动而言，如果生产要素在行业之间能够进行自由流动，那些市场需求饱和行业所存在的剩余生产要素，可以通过行业转移的方式，流入那些市场需求没有饱和的行业，以此充分发挥这些剩余生产要素的利用效率；而一些经营效益较高的行业，由于行业外部生产要素能够自由流入，为该行业扩大产品供给规模提供了有利条件，从而使居民对于商品的消费需求得到有效的满足。与此同时，由于外部生产要素的进入，在很大程度上打破了需求缺口较大行业经营者在其行业经营中所处的垄断地位，从而通过行业的公平竞争，在很大程度上促进了社会生产力的发展。

4. 非货币形态生产要素的自由流动，为以资金为先导的非货币形态生产要素的价值形式的自由流动，创造了有利条件。在现代市场经济条件下，如果非货币形态生产要素可以自由流动，那么，在非货币形态价值表现形式的资金自由流动影响下，信用货币资金在进入某一地区或某一行业之后，通过跨地区和跨行业购买非货币形态生产要素的方式，实现对于这些非货币形态生产要素的跨地区和跨行业组合，以此扩大社会生产规模，推动社会生产的不断发展。

5. 就新兴产业而言，在后备非货币形态生产要素供给相对有限的条件下，如果非货币形态生产要素能够进行充分流动，那么，新兴产业的发展将在很大程度上得到非货币形态生产要素的支持，从而有利于新兴产业的发展。

6. 对于非货币形态生产要素跨国流动而言，如果非货币形态生产要素能够在国家之间进行自由流动，在全球经济一体化条件下，各国都可以在既定国际分工条件下利用各自拥有的资源禀赋以及相对生产成本优势，通过生产要素跨境投资的方式，在保持各国贸易收支相对均衡的基础之上，实现全球各国消费效用的最大化。

7. 在增量信用货币不断发行的条件下，生产要素的自由流动，在很大程度上有利于促进后备非货币形态生产要素尽快地进入生产领域，由此在很大程度上推动了社会生产力不断向前发展。在信用货币不断发行的条件下，如果作为非货币生产要素价值表现形态的信用货币资金能够进行自由的流动，一些后备非货币形态生产要素就可以通过信用货币资金的组合，进入生产领域，从而使一定时期社会生产发展实现以商品作为表现形式的使用价值总量与以信用货币作为表现形式的价值总量的共同扩张。

四、实现生产要素自由流动所需要的相关条件

在现代市场经济条件下，要实现生产要素的自由流动，就需要采取各种措施，为生产要素的自由流动创造以下有利条件：

（一）进一步完善市场体系建设

为了更好地实现生产要素的自由流动，当前应该通过完善市场体系建设的方式，为生产要素的跨地区和跨行业流动，创造有利条件。总体来看，当前市场体系的建设主要分为以下两个部分：

一是建立健全非货币形态生产要素市场流通体系。从当前非货币形态生产要素市场体系建设的主要内容来看，其主要包括劳动力市场流通体系、矿产等自然资源市场流通体系，以土地作为表现形式的自然资源市场流通体系；以技术、管理作为表现形式的专利技术市场转让流通体系；以脑力劳动作为表现形式的人才市场流通体系等。只有通过上述生产要素流通体系的建立，才能通过生产要素的充分流动，形成各地区和各行业生产要素相对均衡的价格；才能通过作为非货币形态生产要素价值表现的资金流动，提高非货币形态生产要素的组合效率，从而最大限度地提高社会生产效率。

二是建立资金流通市场体系。在现代市场经济条件下，随着金融创新进程的不断加快，在生产要素组合中，既可以表现为以信用货币资金为纽带，实现非货币形态生产要素在生产过程中的有效组合，以此生产适合社会所需要的商品；又可以通过部分非货币形态生产要素与资金相结合的方式，来间接地实现非货币形态生产要素的生产组合，以此生产满足社会所需要的相关产品。而要在生产要素组合中充分发挥非货币形态生产要素在生产要素组合中的重要作用，就必须建立健全资金流通市场体系，通过非货币形态生产要素与资金有效组合的方式，实现非货币形态生产要素之间的有效组合，以此推动社会生产不断发展。就此而言，金融市场的发展对于提高资金流通效率及实现非货币形态生产要素的有效组合，具有十分重要的意义。

（二）生产要素和商品价格信息披露真实、可靠和及时

如前所述，市场经济条件下的“逐利”机制是推动生产要素自由流动的最主要动力，因此，在现代市场经济条件下，要使生产要素通过自由流动实现既定的“逐利”目的，就必须做到生产要素和商品价格信号真实、可靠，市场价格变动信息披露及时。只有生产要素和商品价格信号真实、可靠，企业经营者才能根据其生产成本和收入的估算，确定其从事产品生产的盈利水平，以此决定其进行生产要素组合的地区和行业分布。同样，只有上述生产要素价格变动信息得到充分、及时的披露，企业经营者才能根据市场的价格变化情况，及时地调整生产要素的地区和行业分布，以此最大限度地规避市场风险，并实现经营收益的最大化。

（三）不存在较高的行业壁垒和地区利益分割

在现代市场经济条件下，要实现生产要素在行业和地区之间的自由流动，就必须

要求不存在任何行业介入壁垒，各生产要素都可以通过自由流动的方式，自由地进入某一行业从事市场经营，以此通过自由竞争机制作用的发挥，在促进行业技术进步的同时，使行业产品的消费效用达到最大化。在自由竞争机制作用下，没有技术差异的商品生产者，只有以最小的成本生产最大使用价值效用的商品，才能在市场竞争中获取优势。从消费者角度考虑，这种竞争机制作用的发挥，无疑在很大程度上有利于提高消费者的消费效用。而新技术的运用，不仅会提高劳动生产率；还会通过新技术作用下新型产品的生产，满足消费者的新型需求。这些无疑都有利于提高消费者的消费效用。就生产要素在地区之间的自由流动而言，只有不存在地区之间的利益分割，生产要素才能在地区之间进行充分自由流动，通过生产要素在地区之间的自由流动，减少地区之间生产要素价格的差异，充分发挥各地区生产要素的使用效率，使地区之间生产要素实现优势互补，从而最大限度地发挥生产要素的整体使用效率。

从经济运行实践来看，要实现生产要素的跨行业和跨地区的自由流动，一方面要取消市场经营行政审批机制和行业市场准入制度，充分发挥自由竞争对于企业经营的调节作用，政府通过有效的市场监管，保证公开、公平和公正的市场自由竞争机制有效地发挥作用。另一方面，应取消地区和城乡差别歧视政策，对于跨地区流动的生产要素，实行统一的无差别对待原则，通过统一的社会保障制度建设，促进“人力”等生产要素的跨地区流动。

（四）加大可塑型生产要素的培育力度

如前所述，就生产要素的跨地区和跨行业流动而言，不同级次的生产要素，其跨行业和跨地区流动的便捷程度也各不相同。理论上，生产要素的流动性在很大程度上取决于生产要素的可塑性。就生产要素的可塑性而言，其主要表现为初级形态生产要素的可塑性较强，对于一些次级形态生产要素而言，其也可以通过金融创新的手段，来增加次级形态生产要素的可塑性。在现代市场经济条件下，要通过生产要素自由流动的方式，提高生产要素的使用效率，促进各地区的均衡发展，充分发挥朝阳产业对于经济发展的拉动作用，就必须加大可塑性生产要素的培育力度，通过可塑性生产要素的培育，为生产要素跨地区和跨行业自由流动创造有利条件。目前加大可塑性生产要素的培育力度，主要体现在以下几个方面：

1. 通过发展教育的方式，提高劳动者的文化素质，通过劳动力生产要素的培育，为劳动力的跨行业、跨地区自由流动，创造有利条件。

2. 通过加强基础科学研究投入的方式，为技术进步和管理水平的提高，提供必要的基础条件保障。技术、管理水平的不断进步和提高，在很大程度上依赖于基础科学研究的发展水平。因此，虽然技术和管理两个生产要素直接在生产中发挥了重要作用，但要促进技术和管理水平的不断提高，并通过技术和管理生产要素的自由流动，提高生产效率，就必须加大基础科学研究的投入力度，为技术和管理水平的提高进行人才储备，也为技术和管理水平的提高提供更多的理论支持。

3. 通过金融创新的方式，强化不可流动生产要素的跨地区和跨行业的流动性，从而为生产要素的自由流动创造有利条件。如前所述，在初级形态的生产要素中，土地以及一些大宗的尚未开发的资源跨地区流动性较差，一些具有专门用途的次级形态生产要素如专用设备、厂房及基础设施等，由于有专门用途，这些生产要素跨行业流动性也较差。为了有效地促进生产要素的跨地区和跨行业自由流动，充分发挥生产要素的使用效率，对于那些不能很好地进行自由流动的生产要素，可以通过金融创新的方式，将其以使用价值作为表现形式的实物形态，按照资产重置或使用期收益折算原则，来确定其价值，并将其价值通过相应金融产品的方式体现出来。由于在现代市场经济条件下，随着金融市场的不断发展，金融产品交易的标准化、无纸化、市场化特征，在很大程度可以使这些流动性程度不高的生产要素，通过将其价值折合成标准化金融产品的方式，通过金融市场进行流通，从而最终实现这些生产要素跨地区和跨行业流动的目的。

4. 通过金融市场的进一步发展以及金融创新步伐的不断加快，改进不同生产要素的结合方式，提高生产要素跨地区和跨行业的组合效率。如前所述，在现代市场经济条件下，非货币形态生产要素的组合往往以非货币形态生产要素的价值形态—资金作为组合纽带，使货币形态生产要素—资金在社会经济发展中处于极其重要的地位，由此产生了“资本万能”的认识误区。在信用货币经济条件下，“逐利”机制的作用，既会导致政府不断发行信用货币的冲动，也会导致市场主体为了追求以信用货币作为表现形式的价值而不择手段，这些都在很大程度上对于市场经济的发展产生了诸多不良影响。此外，在资金作为非货币形态生产要素跨地区、跨行业流动纽带的条件下，资金在生产要素组合所创造的收益分配中处于主导地位，一方面会导致国民收入分配的不公平；另一方面，由于资金在生产要素组合中处于主导地位，会导致市场经济条件下各市场主体通过各种手段囤积资金，从而使市场经济条件下资金的性质和功能发生了根本性的改变。在市场经济条件下，虽然以信用货币作为表现形式的资金是商品价值的主要表现形式，但是资金主要承担的还是商品流通手段职能，离开以商品作为表现形式的使用价值支撑，以信用货币作为表现形式的资金自身并没有任何价值可言。在不合理的生产要素组合模式下，作为货币形态的资金在表面上却成了产生财富的主要来源，由此导致社会对于以信用货币作为表现形式的资金的疯狂追求。受此影响，市场主体对于资金的不断囤积，会使商品流通在资金供给不足的影响下出现较大的困难，对社会生产会产生较大的负面影响；而将信用货币形态的资金作为财富进行大量囤积的做法，对国民经济产业结构也产生了诸多不利影响，主要表现在两个方面：一是受市场主体大量囤积资金影响，使商品在通过由使用价值形态向以信用货币作为表现形式的价值转化过程中，停止在以信用货币作为表现形式的价值环节，制约了消费的发展，使消费不能很好地发挥其对于经济发展的拉动作用。二是在增量资金不断增加的影响下，一些非货币形态的生产要素很难通过以资金作为中介的商品流通，实现不同生产要素形态的快速组合，影响了投资效率。更有甚者，在“逐利”机制以及政府不适当干预下，以信用货币作为表现形态的资金与政府投资活动的结合所进行的项目投资，如果缺乏有效的投资项目科学决策和监督制约机制，既会加大社会投资成本，也会导致诸多重复建设和盲目建设现象的出现。

就政府投资资金的来源而言，在现实的经济实践中，其主要通过不断发行国债的方式，来募集民间资金用于增加政府投资。由此可见，在现代市场经济条件下，为了有效地克服对于以信用货币作为表现形式的资金的盲目崇拜，理顺生产要素在国民收入中的分配关系，加快不同形态生产要素的组合速度，以此提高社会生产效率，就应该通过有效的金融创新手段，促进各种非货币形态生产要素的直接融合。在资金作为非货币形态生产要素组合纽带的条件下，资金主要是以企业的资本形态体现出来，其他非货币形态生产要素只能作为生产的组织对象来体现，其一方面使各种参与社会生产的非货币形态生产要素只能根据其协商的价格，取得固定的投资回报①，而不会参与企业利润的分成，这无疑在很大程度上影响了非货币形态生产要素参与社会生产的积极性，也会导致不同形态生产要素在国民收入分配中所占比重的相对不公。另一方面，以资金为主导的生产要素组合模式，使非货币形态生产要素组合在很大程度上受制于资金的约束，其在一定程度上降低了生产要素的组合效率，从而不利于社会生产效率的提高。相对于以资金作为非货币形态生产要素组合的纽带而言，在通过金融创新实现非货币形态生产要素直接组合的生产要素组合模式下，非货币形态生产要素既作为生产对象、工具和生产主体参与社会生产，又是以非货币形态资本的形式直接组织生产，使非货币形态生产要素的组合，直接抛开资金的影响，非货币形态生产要素与资金在社会生产过程中处于同等的地位，从而提高了非货币形态生产要素的组合效率，有利于充分发挥各种非货币形态生产要素在社会生产中的积极作用，从而推动社会生产的不断发展。各种非货币形态生产要素直接作为资本形式参与社会生产，既有效地调动了各种非货币形态生产要素从事生产的积极性，又使各种非货币形态生产要素在企业实现的利润分配中，取得了与资金同等的地位，从而在分配制度上保障了各种生产要素在参与国民收入分配中的相对公平。不仅有利于各种生产要素再生产的持续进行；在相对公平的国民收入分配结构下，国民经济产业结构也必将保持协调发展。在现代市场经济条件下，当前通过金融创新的方式实现非货币形态生产要素在生产过程中的直接组合，可以着力于通过以下几方面的金融创新，有效地推动非货币形

① 在计件工资方式下，虽然工人的收入水平与其工作量密切相关，但其并没有改变单位工作量的计价标准。

态生产要素在生产中的直接组合：一是通过金融产品的创新，将土地、矿产等资源、人力资本、技术专利、管理技术以及其他次级形态生产要素，设计为标准化金融产品，通过金融市场进行流动，以此实现各种非货币形态生产要素的直接结合。二是创新企业股权组成模式，在核定企业注册资本时，除了考虑以信用货币作为表现形式的资金之外，还必须考虑人力、资源、技术和管理等非货币形态生产要素，将这些非货币形态生产要素通过折合成标准化金融产品的方式，成为企业股本的一个重要组成部分，以此使非货币形态生产要素与信用货币作为表现形式的资金，在企业生产过程中处于平等的股东地位。三是通过大力发展资本市场的方式，提高非货币形态生产要素与资金结合的效率。通过直接融资的发展，为各种非货币形态生产要素的组合创造有利条件。

（五）通过交通运输行业的发展促进生产要素跨地区自由流动

如前所述，在生产要素跨地区自由流动过程中，交通运输成本对于生产要素能否顺利地实现跨地区自由流动，具有重要的影响。为了有效地降低生产要素跨地区流动成本，促进生产要素的跨地区流动，当前可以通过交通运输的发展以及政策性优惠措施的实施，最大限度地降低生产要素跨地区流动成本，促进生产要素的跨地区组合，从而充分发挥不同地区生产要素的使用效率。当前通过交通运输的发展，着力降低生产要素跨地区流动成本的主要措施，包括以下几个方面：一是通过客运交通设施的建设，促进人力资源的跨地区流动，最大限度地降低人力资源跨地区的流动成本。人力资源这种跨地区流动成本，既表现为时间成本，也表现为交通运输费支出成本。当前，可以通过高铁网络和高速公路网络的建设，提高人力资源跨地区流动的便捷性，并通过适度控制交通运输收费的方式，降低人力资源流动成本。二是通过大力发展货运交通的方式，降低矿产资源、生产设备、原材料等初级和次级形态生产要素的交通运输成本，提高其运输速度，以此促进这些生产要素跨地区流动的效率，充分发挥各地区生产要素的相对优势，促进社会生产效率的进一步提高。就货运而言，为了更好地实现城乡之间的物资流动，考虑农业产品在国民经济产业中所处的基础性地位及农业产品自身劳动生产率提高所面临的约束条件，在对货物运输收费时，对于农业产品应实行免除过路费的方式，降低农业产品的流通成本，以此加速农业产品的商品化进程。当前关于货运交通设施的建设，可以通过发展铁路货运、公路货运和水路货运、管道货运的方式，来加快资源、原材料等生产要素的流通速度。三是通过信息化网络工程建设，加快技术、管理等非实物形态生产要素的跨地区流动速度，加快这些生产要素与其他生产要素的跨地区组合速度，从而提高各地区生产要素的组合效率。

本章小结

本章对生产要素自由流动与市场经济的运行效率进行了相关研究。

文章认为，以信用货币作为表现形式的资金，只是推动各种生产要素参与社会生产的必要条件，其自身并不能直接作为一个生产要素，参与社会生产。在现代市场经济条件下，由于参与社会生产的要素纷繁复杂，根据市场经济条件下参与社会生产的生产要素来源分类，文章将生产要素分为两类：一种是初级形态生产要素，另一种是次级形态的生产要素。所谓初级形态生产要素，主要是指没有通过不同种类生产要素组合所形成的非复合形态的生产要素，其以独立的生产要素形式而存在，并且这些生产要素没有规定具体的用途，在与其他生产要素组合过程中呈现较强的可塑性。在现代市场经济条件下，初级形态生产要素主要表现为劳动、资源、技术和管理四种形态；而次级形态生产要素，主要表现为生产设备、原材料、厂房及基础设施、具有特定劳动技术的劳动力、具有特定用途的技术和管理规则等。

文章重点研究了市场经济条件下生产要素的自由流动原理，首先研究了市场经济条件下生产要素自由流动的主要动力，认为从市场经济条件下市场主体的经营活动来看，“逐利”成为市场主体从事经济活动的主要动力。在信用货币经济条件下，虽然市场主体在经济活动中的“逐利”结果，在很大程度上以信用货币表现出来，但市场主体“逐利”的方式主要是通过生产满足于市场需求的产品来实现的，由此使市场主体在“逐利”机制作用下对经营收益最大化的追求与不断满足居民日益增长的物质和精神生活需求的社会生产目的之间，能够保持相对一致。随后文章在研究市场经济条件下生产要素自由流动方式的基础上，研究了各生产要素自由流动之间的关系，其主要表现在以下几个方面：（1）以信用货币作为表现形式的资本，之所以能够对于生产要素流动产生先导性作用，并不在于这种以信用货币资金作为表现形式的资本是万能的，而在于资金所有者对于市场产品需求及产品、生产要素价格有较强的分析判断能力，对于非货币形态生产要素组合具有较强的组织能力，从而使资金所有者可以通过资金跨行业和跨地区流动的方式，来获取投资收益；（2）非货币形态生产要素的流动是“逐利”机制作用下通过资金流动实现增量价值的必要条件。

文章认为，从非货币形态生产要素的流动形式来看，其主要包括以下几个方面内容：（1）非货币形态生产要素跨行业流动；（2）非货币形态生产要素跨地区流动；（3）非货币形态生产要素的跨国流动。

文章还从理论上分析了生产要素流动能够带来更多增量价值的基本原理，认为在现代市场经济条件下，生产要素流动之所以可以带来更多的增量价值，是与诸多因素有关的，文章对于这些因素进行了分析。

文章认为，生产要素充分流动是提高市场经济运行效率的必然选择。因为在现代市场经济条件下，如果生产要素不能实现充分流动，其对于经济发展会形成诸多负面影响，文章列举了这些负面影响。而在现代市场经济条件下，如果生产要素能够实现充分流动，其对于经济发展会形成诸多正面影响，文章列举了这些正面影响。

最后，文章研究了实现生产要素自由流动所需要的相关条件，认为在现代市场经济条件下，要实现生产要素的自由流动，就需要采取各种措施，为生产要素的自由流动创造有利条件：(1) 进一步完善市场体系建设；(2) 生产要素和商品价格信号真实、可靠，价格变动信息披露及时；(3) 不存在较高的行业壁垒和地区利益分割；(4) 加大可塑型生产要素的培育力度；(5) 通过交通运输行业的发展，加速生产要素跨地区自由流动。

第三十七章 信用货币经济条件下商品生产的最终目的

一、信用货币经济条件下商品生产的必要条件和可能条件

从商品生产的必要条件和可能条件来看，其主要包括以下几方面内容：

（一）社会分工的发展使生产者生产的产品成为商品

1. 社会分工发展的演绎路径。从人类社会产品生产演绎路径分析，人类在原始社会、奴隶社会和封建社会，其生产方式都属于自给自足的生产方式，其主要表现为通过自己生产相应产品的方式，满足于自身及其家庭成员的生产和生活需要。虽然在封建社会后期由于生产力的发展，使得有一部分产品可以通过市场交换的方式，来获取其他生产者生产的产品。但就社会生产的最终目的而言，在自给自足的经济发展阶段，产品生产者从事产品生产的最终目的，主要还是为了满足其自身及其家庭的生产和生活需要。人类社会生产之所以会出现由自给自足的产品生产向用于交换的商品生产转换，与社会分工的发展密切相关。从人类社会社会分工发展的演绎路径来看，自人类社会产生以来，人类社会生产分工主要经历了以下发展路径：一是畜牧业和农业的分离是人类历史上第一次社会大分工。社会分工促进了生产力的发展，带来了更多的劳动产品。劳动产品在满足本部落的共同消费之外，还出现了剩余。进入交换的劳动产品的种类和数量增加了。一些氏族部落首领开始把剩余产品据为己有，私有制由此产生，氏族部落共同体开始瓦解，在此基础上，奴隶制社会随之产生。二是随着金属冶炼技术的出现，专门从事生产工具制造的手工业逐渐从农业中分离出来，从而出

现了农业和手工业相分离的人类历史上第二次社会大分工。这次社会大分工出现了专门以交换为目的的商品生产。三是适应商品生产和交换发展的需要，社会中开始出现了专门从事商品买卖的商人阶层，于是又有了人类历史上的第三次社会大分工。四是在手工业者和商人活动的集中地，逐渐产生了城市经济，于是又有了城乡的分工。

总体来看，分工带来了生产力的进步和剩余产品的增加，使得一部分人完全摆脱了体力劳动，专门从事监督生产、管理国家及科学、艺术等活动，最终形成了脑力劳动和体力劳动的分工。从社会分工的演绎路径来看，随着社会生产力的不断发展，社会分工越来越向着精细化和专业化方向发展。

2. 社会分工对于社会生产力发展的促进作用。随着社会分工的不断细化，技术和劳动的专业化程度得到进一步提高，行业分工越来越细致，技术和劳动专业化程度的不断提高，将在很大程度上降低单位商品的生产时间，从而在很大程度上提高了劳动生产率。劳动生产率的提高，有力地扩张了本行业的生产能力，有利于社会生产在单位时间内向市场提供更多的使用价值形态的商品。同时，由本行业劳动生产率提高所导致的生产要素的相对剩余①，为剩余生产要素的跨行业扩张提供了前提条件，从而有利于新兴产业的发展，使生产力的发展不仅体现为本行业生产能力的扩张，而且还表现为最前沿或新兴产品的生产能力得到了进一步的扩张。此外，在社会分工专业化程度日益提高的影响下，行业之间的专业协作都在很大程度上提高了生产效率，使各行业的劳动生产率都得到了极大的提高。从各行业劳动生产率提高对于生产要素的最终影响来看，其主要表现在两个方面：一方面节约了大量的劳动力；另一方面，也节约了大量的资源。这些都为本行业的生产规模不断扩张和新兴行业的扩张提供了有利条件。

3. 市场主体生产的产品成为商品，是社会分工的必然要求。如前所述，从人类社会分工演绎轨迹来看，社会分工的不断发展过程，其实质上也是人类生产社会化程度不断发展的过程。在现代市场经济条件下，按照社会分工从事产品生产的生产者，其生产的主要目的不在于满足自身的需要，而在于通过体现自身优势的产品生产，为其他行业或其他市场主体提供具有一定使用价值形态的产品，在满足其他行业和市场主体需求的同时，实现自身可以支配的使用价值形态商品的最大化。要实现上述生产目的，就必须使市场主体生产的产品成为商品，一方面市场主体要将自己生产的产品通过市场销售的方式，实现由使用价值形态向价值形态的转换。如果商品生产者顺利地实现产品销售，那么在一定程度上说明了商品生产者生产的商品是按照既有的社会

---

① 从生产力发展水平提高的基本原理分析，某一行业劳动生产率提高所导致的本行业生产要素的剩余主要表现在以下几个方面：一是在需求得到满足的条件下，由于劳动生产率提高所导致的劳动力要素的剩余；二是在需求得到满足的条件下，由于劳动生产率提高所导致生产设备、厂房等次级生产要素形态出现剩余等，并由此在产业传导机制作用下所引起的生产设备、厂房等上游产业生产要素的剩余等。

分工生产的适合市场需求的产品，从而为商品生产者通过社会分工获取满足于自身需求的其他使用价值形态的商品，提供了可能条件。另一方面，商品生产者通过市场买入相关产品，以满足自身及其家庭的生产、生活需要。由此可见，在既有的社会分工条件下，市场主体生产的产品成为商品，既是社会分工发展的必然结果，也是市场主体在既有社会分工条件下满足自身及其家庭生产、生活的必然需求。

（二）市场主体生产的产品成为商品的可能条件

就商品出现的可能条件而言，市场主体生产的产品之所以可以成为商品，其需要满足于以下两方面条件：

1. 生产力的发展使社会产品出现剩余。如前所述，在商品经济出现以前，人类社会生产主要是自给自足式的社会生产，在这种生产方式下，人们生产的产品主要是为了满足自身及其家庭的生产和生活需要。在生产力发展水平不高的条件下，人们生产的产品仅能够满足于自身或家庭的生产、生活需求，没有剩余的产品去与别人相交换，以获取除自身生产产品之外的另外一种形态的使用价值。人们的生产和生活需求仅仅表现为对于自身生产产品的需求。随着社会生产力的不断发展，人们生产的产品除了满足于自身及其家庭生产和生活需求之外，还出现了较大程度的剩余，这就为其通过产品交换的方式，获取更多的除其生产的产品之外的使用价值，提供了可能条件。理论上，人类自身的生产和生活需求也是随着生产力发展水平的不断提高而得到不断拓展的。生产力发展水平的不断提高，为人类通过彼此产品交换的方式，满足更多使用价值形态商品的需求提供了可能，也在很大程度上提高了居民的生产和生活需求，在经济实践中，这些需求必须通过相互交换的方式来得到满足。

2. 社会分工的发展，使社会产品呈现多样性，从而为通过交换的方式满足彼此的需求提供了可能条件。就商品经济出现的可能性而言，社会分工的发展，为商品经济的发展提供了可能条件。如果没有社会分工，每一个生产者生产的产品都是相同的，那么即使生产力水平得到了很大的提高，产品生产者也没有必要通过相互交换的方式，来满足其自身及家庭的生产和生活需要。特别是在产品结构趋同的条件下，受消费刚性约束影响，生产力发展水平的提高并不能使产品的生产规模得到大幅度的扩张。正是因为社会分工的发展，不同生产者之间生产出不同的产品，从而为产品生产者通过彼此交换产品满足其自身及家庭更大范围的生产和生活需求，提供了可能条件。特别是随着生产力发展水平的不断提高，产品生产者生产的产品已经在很大程度上并不是为了满足自身及其家庭的需要，而是在现有社会分工条件下根据其自身在产品生产中所处的优势地位，生产出更多的满足于其他市场主体需要的商品，然后再通过交换的方式，取得自身及其家庭生产和生活所需要的商品。在社会分工影响下，商品生产者根据其自身特长生产其他市场主体所需要的商品，可以使社会商品生产规模在专业技术和规模优势的作用下得到大幅扩张，极大地丰富了一定时期商品供给的总规模；不同商品生产者在社会分工作用下从事商品生产，也在很大程度上促进了商品生产品种的多样化，从而满足了市场主体的多样性需求。

二、不同货币经济条件下商品生产的最终目的及其影响

如前所述，在既有社会分工条件下，虽然商品生产者在商品生产过程中并不追求其自身生产商品的使用价值，但是，在商品经济发展过程中，商品生产者自身及其家庭生产和生活所需要的使用价值，却必须通过其生产的满足于市场需求的产品来作为前提条件。在商品经济条件下，社会生产的最终目的仍在于生产适合市场需求的以商品形态表现出来的使用价值。理论上，在商品经济条件下，由于商品生产者最终要获取满足自身及其家庭生产和生活所需要的使用价值形态的商品，必须经历“W—G—W”这个商品流通路径，由此决定了以货币作为表现形式的价值，对于商品生产和商品流通会产生一定的影响。从经济发展的具体实践来看，不同的货币流通条件对于商品生产的最终目的以及社会生产力的发展，都会产生不同的影响。这里根据人类流通货币的演绎轨迹，着重分析金银等金属货币与信用货币流通对于商品生产的最终目的以及社会生产发展产生的影响。

（一）金银等金属商品货币流通条件下商品生产的最终目的及其影响

1. 金银等金属商品货币流通条件下商品生产的最终目的。由于金银等金属货币本身就是商品，因此，在金银等金属商品货币流通条件下，商品生产者从事社会生产的最终目的主要表现在以下两个方面：

一是通过参与社会分工的商品生产，满足商品生产者自身及其家庭的生产和生活需要。具体言之，在商品经济条件下，商品生产者必须根据社会分工，生产市场所需要的相关商品，然后再通过销售商品的方式，取得以金银作为表现形式的商品价值形态，再通过在商品市场购买其所需要的商品的方式，将金银作为表现形式的商品价值形态，转换为另外一些以商品作为表现形式的使用价值形态。从商品经济条件下商品“生产—销售—再购买”整个过程分析，虽然商品生产者在通过市场购买其所需要的另外一些商品之前，必须将其生产的商品通过市场销售的方式，转换为商品的价值形态—以金银作为表现形式的货币，但其最终还必须通过再次购买其他商品的方式，满足于商品生产者自身及其家庭的生产、生活需求。由此可见，如果除去金银商品货币在商品经济活动中所承担的流通中介职能，商品生产的最终目的主要在于满足商品生产者自身及其家庭的生产和生活需要。就商品的生产需求而言，为了使商品生产者自身及其家庭的生活得到继续维持，商品生产在顺利地实现商品销售以后，必须通过购

买相应生产资料的方式，来抵补商品生产的成本消耗，以此使商品生产可以继续进行，从而为既定社会分工条件下商品生产者通过参与社会分工，生产满足其自身及其家庭生活所需要的使用价值形态商品，创造有利条件[①]。在商品生产者有效地抵补其生产成本之后[②]，还必需通过向市场购买满足于其自身及家庭生活所需要的生活资料的方式，来满足其自身及家庭的基本生存和生活质量不断提高的需要。从商品生产者在商品销售以后在商品流通市场购买生产资料和生活资料之间的关系来看，商品生产者购买生产资料的目的在于维持商品生产的可持续发展，而商品生产持续进行的最终目的，就在于通过既定的社会分工，确保商品生产者自身及家庭的生活得到有效维持和不断提高。在商品经济生产条件下，商品生产的最终目的还在于满足居民的生活需要。这种生活需要，既包括居民的物质生活需要，也包括居民的精神生活需要。在商品经济条件下，由于金银等金属货币是商品价值的主要表现形式。因此，在商品生产者购买生产资料和生活资料之前，满足于商品生产者生产和生活需求所需要的支付条件，主要以金银等金属货币作为价值形态表现出来。由于商品生产在时间上必须具有一定的连续性，而商品生产者自身及其家庭维持生存必须有连续不断的生活资料供给。因此，在商品经济条件下，“W—G—W”必将是一个不断持续运行的过程，由此决定了商品经济条件下商品生产者以金银作为表现形式的价值形式单独存在的时间相对较短。

二是随着劳动生产率的不断发展，商品生产者生产的商品在顺利实现销售之后，除了弥补商品生产成本以及满足商品生产者自身及其家庭生活需要之外，还存在着较大的剩余，由于这一剩余主要通过以金银作为表现形式的价值形态表现出来，而在金银等金属货币流通条件下，金银商品货币既具有使用价值特征，也具有价值特征。因此，商品生产者在既定社会分工条件下从事社会生产所实现的剩余，直接以金银作为表现形式的财富体现出来。其一方面使金银作为商品的价值表现形式，可以随时满足商品生产者生产规模扩张和进一步提高其自身及家庭生活水平的需要。在此情况下，金银商品货币主要承担一种商品流通手段的职能。另一方面，金银作为商品，本身也可以在很大程度上满足商品生产者自身及其家庭的生活需要。在此情况下，金银作为一种使用价值形态的商品而存在。由于金银自身所具有的商品流通中介职能以及金银商品本身所具有的商品属性，决定了在商品经济条件下，如果商品生产者自身及其家

① 理论上，商品生产者并不满足其自身及家庭生活所需要的使用价值。在商品经济条件下，商品生产者自身及其家庭的生活需要，主要通过商品交换的方式来得到满足。

② 在商品经济条件下，商品生产成本所包括的生产资料消耗，既包括商品生产者从外部购入的生产资料，也包括商品生产者自身作为生产要素参与社会生产所产生的消耗，商品生产者在参与商品生产过程中所需要进行的消耗成本补偿，主要通过购买生活资料的方式来得到有效的满足，其主要通过购买满足于商品生产者生活需要的使用价值形态商品的方式，体现出来。

庭生活水平能够得到有效保障[①]，商品生产的最主要目的就在于追求以金银作为表现形式的财富积累。当然，这种以金银作为表现形式的财富积累，既受制于金银等金属商品货币扩张规模的约束，也受制于金银等金属商品货币劳动生产率与其他商品劳动生产率之间变化关系的约束。具体言之，在其他商品劳动生产率变化小于金银等金属商品货币劳动生产率变化的条件下，金银等商品货币供给规模的扩张，在很大程度上其在商品生产成本得到有效补偿以及商品生产者自身及其家庭生活能够得到有效保障的条件下，可以满足商品生产者以金银作为生产目的的追求。反之，这种以金银作为生产目的的追求，则受制于金银的供给规模。

2. 在金银等金属商品货币流通条件下，商品生产目的对于商品生产的最终影响。就金银等金属货币作为商品流通货币的社会生产最终目的而言，如前所述，由于在金银等金属商品货币流通条件下，社会生产只有在有效地进行商品生产成本消耗补偿以及商品生产者自身及其家庭维持生存和发展所需要的生活资料得到有效保障的条件下，才能追求以金银作为表现形式的财富积累。因此，在金银等金属商品货币流通条件下，社会生产首先必须根据既有的社会分工，生产满足于市场需要的商品，其主要表现为用于抵补生产成本消耗的生产资料生产，用于满足居民生存和发展需要的生活资料生产。只有在实现上述生产需要之后，社会生产才能实现以金银等金属货币作为表现形式的财富积累。而从商品经济条件下商品生产者实现金银等金属货币作为表现形式的财富积累手段来看，其既可以通过提高劳动生产率的手段，也可以通过扩大生产规模的手段，还可以在提高劳动生产率的同时扩大生产规模，以此增加生产资料和生活资料的供给规模。就此而言，在商品经济条件下，商品生产者对于以金银等金属货币的追求与社会生产的初始目的，基本上是一致的。其一方面有利于社会生产的发展满足于人类日益提高的物质和精神生活需求；另一方面，在金银等金属商品货币劳动生产率与生产资料、生活资料劳动生产率发展水平的制约下，使既有社会分工条件下的商品生产规模、结构保持相对均衡。并且，在人类基本生活资料得到基本满足的条件下，使社会生产在追求以金银等金属货币作为表现形式的财富积累的生产目的的条件下，更多地表现为满足人类新型需求的不断扩张的过程。

（二）信用货币经济条件下商品生产的最终目的及其影响

1. 信用货币作为商品流通中介背景下商品生产的最终目的。在信用货币经济条件下，由于信用货币不同于金银等金属商品货币，由此决定了信用货币经济条件下的商品生产最终目的与金银等金属商品货币条件下商品生产目的，呈现出较大的差异。

---

① 主要表现为商品生产成本消耗能够得到有效的补偿，商品生产者自身及其家庭生存所需要的生活资料能够得到有效的保障。

就商品生产的基本目的而言，在信用货币经济条件下，虽然商品流通货币主要表现为信用货币，但是，在既有的社会分工条件下，商品生产的最基本目的主要在于进行有效的商品生产成本补偿以及满足商品生产者自身及其家庭的生活需要，只有这样，才能实现社会生产的持续发展及人类社会的可持续发展。就社会生产的基本目的而言，不同货币流通条件下社会生产的基本目的是相同的。在社会生产基本目的达到之后，金银等金属货币流通条件下的商品生产目的及其实现手段与信用货币流通条件下商品生产目的及其实现手段之间，呈现出较大的差异。在信用货币经济条件下，由于信用货币自身并不是商品，因此商品生产者在商品生产成本消耗得到有效补偿以及商品生产者自身及其家庭生活资料得到有效的保障之后，商品扩大再生产的目的并不是表现为追求以信用货币作为表现形式的财富，而是通过信用货币的不断累积，实现财富的增值。从这种财富增值的主要方式来看，其主要表现为通过信用货币储蓄的方式，将这部分信用货币通过银行等中介人贷放出去，实现以信用货币作为表现形式的价值形式向以生产要素作为表现形式的使用价值形式的转化，以此实现信用货币的保值增值；或者通过直接投资的方式，扩大生产规模或进军新兴产业，以此来获取信用货币的保值增值。因此，相对于金银等金属货币条件下将追求以金银等商品货币本身作为生产的主要目的而言，在信用货币经济条件下，信用货币本身并不是商品生产者追求的最终目的，其所追求的是通过信用货币向商品等使用价值形式的转换，一方面实现信用货币的保值；另一方面，实现以信用货币作为表现形态的商品价值的不断增值[①]。

2. 信用货币作为商品流通中介条件下社会生产目的对于商品生产的影响。在信用货币经济条件下，信用货币所具有的特殊属性，使商品生产者在流通领域对于信用货币的持有时间相对较短，其主要是为了规避信用货币的贬值风险和信用风险，提高了商品的流通速度，有利于提高经济运行效率。在商品生产成本得到有效弥补和商品生产者自身及其家庭生活需求得到满足的条件下，由生产规模不断扩大或生产效率不断提高所导致的信用货币增加，不会以信用货币的形式而存在，其必然会通过与使用价值形态的商品或实物相结合的方式，来实现信用货币的保值增值。在存量的非商品形态实物供给十分充沛的条件下，信用货币通过与这些非商品形态实物相结合的方式，完成这些非商品形态实物向商品的转变。在一定增量信用货币的条件下，增量信用货币如果一直通过这种方式来实现保值增值，一方面会增加以信用货币作为表现形式的商品经济总量；另一方面，也会进一步加速非商品形态的实物[②]进一步商品化的过程，从而有利于实现生产规模的快速扩张。当然，这种生产规模的扩张是以有效的

① 这种商品价值既可以表现为生产资料的价值，也可以表现为生活资料的价值，还可以表现为以实物形态存在的其他资产价值。

② 这里的实物既是指实物形态的物品，也是指非实物形态的服务。

商品供给作为前提条件的，如果由增量信用货币供给所形成的生产规模扩张不能实现有效的商品供给，那么，其必将在很大程度上形成诸多的重复建设和盲目建设现象，甚至表现为实物形态的资产在不同市场主体之间不断重复交易的现象。在非商品形态资产供给数量相对较少的条件下，增量信用货币供给必然会通过加入商品生产过程的方式，实现由信用货币作为表现形式的价值形态向以商品作为表现形式的使用价值形态的转换。如果这些增量信用货币进入生产领域，主要表现为通过购买生产资料的形式，增加生产规模，那么在其产品适应市场需求的条件下，既可以提高一定时期社会使用价值总量，也可以提高以信用货币作为表现形式的社会价值总量。从增量信用货币资金进入生活资料领域对于经济产生的影响来看，就基本物质消费品而言，受个人消费刚性需求影响，在个人日常生活消费基本得到满足的条件下，增量信用货币进入生活资料领域，对于人类日常生活资料消费量的拉动作用相对有限。因此，考虑人类在物质消费方面的相对有限性以及在精神消费方面的相对无限性，在增量信用货币不断增加的条件下，为了使增量信用货币进入生活资料领域所形成的增量需求得到完全释放，就必须通过人类消费对象的转型升级，实现人类由物质消费向精神消费的转变，以此使人类的生活水平得到不断提高，使由信用货币增加所导致的生产规模的不断扩张与消费能力的进一步提高，建立在以精神产品作为表现形式的供给和需求相对均衡的基础之上。

（三）商品生产的最终目的

如前所述，在现代市场经济条件下，虽然市场“逐利”机制使社会生产表面上呈现出追求商品价值形态的发展特征，在不同的货币流通条件下，这种商品的价值形态也各不相同，但是从商品生产的最终目的来看，商品生产的最终目的仍在于追求满足人类生产和生活所需要的使用价值总量和质量的不断增长和提高。具体言之，主要表现在以下两个方面：

1. 现代社会分工条件下商品生产者满足彼此需要的社会生产目的，要求向社会提供具有一定使用价值形态的商品。

一是就商品生产者而言，在市场经济条件下，“逐利”机制作用的发挥，要求商品生产者在商品生产过程中必须实现以信用货币作为表现形式的商品价值的最大化，而从商品价值最大化的实现途径来看，商品生产者实现价值最大化的主要途径，在于向社会提供具有一定使用价值形态的商品，以此实现由商品的使用价值形态向价值形态的顺利切换。在现代社会分工条件下，商品生产者生产的商品主要是为了满足市场的需要，而就市场的需求而言，要求商品生产者提供的商品具有一定的使用价值。商品的使用价值是相对的，对于商品生产者而言，如果其不需要使用其生产的商品，这种商品对于商品生产者而言，就没有任何使用价值可言。

二是就商品购买者来说，其之所以购买这种商品，主要是因为这种商品对于他具有一定的使用价值。因此，商品生产者为了顺利地实现由商品的使用价值形态向价值形态的转换，就必须向社会提供具有一定使用价值形态的商品。当然，现代市场经济条件下自由竞争机制作用的发挥，要求商品生产者不但要向社会提供具有一定使用价值形态的商品，而且单位商品的销售价格要相对较低，即通过“价廉物美”的商品提供，实现商品购买者消费效用的最大化。

三是就商品生产者自身而言，虽然在市场经济条件下，“逐利”机制对于商品生产者的经营活动会产生重要影响，市场经济条件下商品生产的直接目的主要表现为“逐利”，但从市场经济条件下商品生产的最终目的来看，商品生产者从事商品生产的最终目的仍在于不断满足其自身及家庭的生活需求，这就要求商品生产者在实现由商品的使用价值向价值形态转换之后，必须通过购买的方式，实现由商品的价值形式向使用价值形态的转换。如前所述，这种使用价值形态，既表现为维持或扩大商品生产所需要的生产资料，也表现为维持和提高商品生产者自身及家庭生活所需要的生活资料。这就要求商品生产者在向市场提供具有一定使用价值形态商品的同时，其他商品生产者也必须向这个商品生产者提供满足其所需要的具有一定使用价值形态的商品。

总体来看，虽然在现代市场经济条件下，商品之间的交换需要借助于信用货币，但是如果抽去信用货币作为商品交换的中间环节，在现代市场经济条件下，商品的生产和交换，实际上是在既有社会分工条件下，商品生产者相互生产彼此需要的产品，并通过交换的方式，满足各自所需要的具有一定使用价值形态商品的生产过程和交换过程。因此，从现代市场经济条件下商品生产者生产的最终目的和最终需求来看，具有一定使用价值形态的商品生产，才是社会生产的最终目的。

2. 现代信用货币经济条件下以价值增值作为主要生产目的的商品生产，也必须以生产一定使用价值形态商品作为支撑条件。虽然市场“逐利”机制作用的发挥，使商品生产的主要目的直接表现为以信用货币作为表现形式的价值增值，但从市场主体实现价值增值的主要手段来看，其必须通过生产具有一定使用价值形态商品的方式，来作为市场主体实现价值增值目的的主要手段。表面上看，虽然一些没有从事商品生产的市场主体也可以获取以信用货币作为表现形式的价值，如信用货币借贷行为所发生的价值增值，金融市场投资所发生的价值增值，商品流通市场投机所发生的价值增值，资产投机行为所发生的价值增值等，但从这些价值增值的最终来源来看，其主要表现在两个方面：一是通过间接地生产具有一定使用价值形态商品的方式，实现价值增值；二是通过社会总价值在不同市场主体之间的再分配，获取了价值增值。由此可见，就信用货币经济条件下价值增值的最终来源而言，生产具有一定使用价值形态、满足于市场需要的商品，仍然是信用货币经济条件下实现真正价值增值的唯一手段。

三、实现信用货币经济条件下社会生产最终目的应该采取的相关措施

在信用货币经济条件下，虽然社会生产目的直接表现为追求以信用货币作为表现形式的价值增值，但从信用货币经济条件下商品生产的最终目的来看，生产满足于市场需求的具有一定使用价值形态的商品，是实现价值增值的唯一手段；生产具有一定使用价值形态、满足于各市场主体需要的生产资料和生活资料，也是实现经济持续发展和人类物质和精神生活水平不断提高的必然要求。从现代市场经济的运行实践来看，在信用货币经济条件下，要实现社会生产的最终目的，可以采取以下措施：

第一，通过市场化经营主体的培育，在现代市场经济利益约束机制作用下，使市场主体向社会提供“价廉物美”的商品。如前所述，市场主体只有向社会提供具有一定使用价值形态的商品，才能最终实现价值增值。在市场自由竞争机制作用下，市场主体只有向市场提供“价廉物美”的商品，才能在市场竞争中取得优势。就此而言，“逐利”是商品生产者从事市场经营的主要动力，而生产“价廉物美”的商品，则是市场主体实现价值增值的主要手段。因此，在现代市场经济条件下，要实现真正意义上的社会生产目的，就必须通过市场化经营主体的培育，为实现社会生产目的创造微观的市场主体。在现代市场经济条件下，只有从事市场经营的市场主体具有完备的激励和约束机制，才有可能通过自身的努力，向市场提供更多“价廉物美”的商品，以此满足市场需求，并最终实现社会生产目的。如果从事经济活动的市场主体并不是真正意义上的市场主体，那么就缺少生产满足于市场需求的“价廉物美”商品的动力和压力，从而使商品生产不能达到社会生产的最终目的。

第二，加强市场监管，确保商品价值的有效性。如前所述，在现代市场经济条件下，商品生产者只有向社会提供具有一定使用价值形态、满足市场需求的商品，才能实现价值增值的目的。从经济运行的实践来看，在“逐利”机制作用下，一些市场主体为了获取更多的价值增值，通过生产假冒伪劣产品甚至是有害物品的方式，来实现更多的价值增值。这些没有任何使用价值甚至是负面使用价值形态的假冒伪劣产品，根本没有什么价值可言，其所获取的价值，只是一种价值的再分配。不但造成了产品购买者以信用货币作为表现形式的价值损失；这些没有任何使用价值的产品的使用，还会对购买者形成进一步的损害，表现为购买者在使用这些产品过程中，会发生价值和使用价值的损失。因此，为了使现代市场经济条件下的市场主体按照社会生产的最终目的进行生产，确保市场在“逐利”机制作用下，实现对于资源配置效率的最大化，就必须通过加强市场监管的方式，确保社会产品的质量。要实现这一目的，一方面要建立市场主体严格的自我约束机制，通过行业协会、媒体等监督的方式，确

保市场主体生产符合市场需要的产品，保证产品的质量；另一方面，政府要建立严格的执法机制，通过有效的监督、检查和惩罚机制的建立，保证商品的质量。只有全部市场主体都向市场提供具有使用价值做支撑的商品，才能实现社会生产的最终目的。

第三，加强对政府投资工程和购买性支出的质量监管，为实现市场经济条件下的社会生产目的创造有利条件。如前所述，在市场经济条件下，具有激励和约束机制的市场主体，在经营活动中会在“逐利”机制作用下，通过商品生产自发地实现社会生产的最终目的。从市场经济运行的实践来看，在现代市场经济条件下，政府作为一个不具有激励和约束机制的市场主体，在很大程度上参与了经济活动，其主要表现为政府投资公共工程、政府所进行的公共购买性支出等经济活动，在经济总量中占有一定的比重。由于在政府的上述经济活动中，政府主要以购买者的身份出现，因此政府自身所具有的激励和约束机制的完善程度，对于市场经济条件下其他市场主体的经营行为会产生重要影响。在政府参与市场经济活动的条件下，如何发挥政府在上述经济活动中所具有的激励和约束机制作用，是最大程度地减少由于政府参与经济活动而对市场效率造成诸多负面影响的必然选择。从经济实践来看，其主要包括以下几个方面内容：一是要求政府进行科学的投资决策，政府进行公共工程投资，要尽量避免盲目建设、重复建设等无效劳动行为的发生；二是在投资估算时，要正确地核算投资项目价值，防止虚增价值或徇私舞弊行为的发生；三是通过外部监督的方式，确保政府投资和公共购买行为受到严格的社会监督。

第四，通过完善的市场体系建设，为社会生产目的的实现创造有利条件。商品生产者之间通过生产彼此需要的生产和生活资料的方式，来满足各自对于一定使用价值形态商品的需要。从社会再生产角度来看，现代市场经济条件下社会再生产的使用价值与价值的运动轨迹，主要表现为“使用价值—价值—不同的使用价值”循环往复的周转过程。为了有效地促进不同使用价值形态的商品以信用货币为媒介进行不断的循环周转，就必须建立一个体现一切商品生产者生产与消费关系的市场体系，通过市场体系的培育，为商品生产者的生产和消费提供及时、公开、透明的信息，使生产者生产的产品能够适应社会需求，生产者售出商品之后，能够在市场上购买到其所需要的从事社会再生产和消费的商品。换而言之，一个完善的市场体系是现代市场经济条件下实现社会生产目的的必然要求。

本章小结

文章首先分析了信用货币经济条件下商品生产的必要条件和可能条件，认为社会分工的发展使生产者生产的产品成为商品。就商品出现的可能条件而言，市场主体生产的产品之所以可以成为商品，其需要满足以下两方面条件：（1）生产力的发展使社会产品出现剩余；(2) 社会分工的发展，使社会产品呈现多样性，从而为通过交换的方式满足彼此的需求提供了可能条件。

随后，文章分别从金银等金属商品货币流通条件以及信用货币作为商品流通中介背景这两个角度，研究了不同货币经济条件下商品生产的最终目的及其影响。

就金银等金属商品货币流通条件下商品生产的最终目的及其影响而言，文章认为，在金银等金属商品货币流通条件下，商品生产者从事社会生产的最终目的主要表现在以下两个方面：一是通过参与社会分工的商品生产，满足商品生产者自身及其家庭的生产和生活需要；二是在商品经济条件下，由于金银自身所具有的商品流通中介职能以及金银商品本身所具有的商品属性，决定了在商品经济条件下，如果商品生产者自身及其家庭生活水平能够得到有效保障①，商品生产的最主要目的就在于追求以金银作为表现形式的财富积累。当然，这种以金银作为表现形式的财富积累，不但受金银等金属商品货币扩张规模的约束，也受制于金银等金属商品货币劳动生产率与其他商品劳动生产率之间的变化关系。就金银等金属货币作为商品流通货币的社会生产最终目的而言，在商品经济条件下，商品生产者对于以金银等金属货币的追求与社会生产的初始目的，基本上是一致的。其有利于社会生产的发展满足于人类日益提高的物质和精神生活需求；在金银等金属商品货币劳动生产率与生产资料、生活资料劳动生产率发展水平的制约下，使既有社会分工条件下的商品生产规模、结构保持相对均衡。并且，在人类基本生活资料得到基本满足的条件下，使社会生产在追求以金银等金属货币作为表现形式的财富积累的生产目的的条件下，更多地表现为满足人类新型需求的不断扩张过程。

就信用货币作为商品流通中介背景下商品生产的最终目的及其影响而言，由于信用货币自身并不是商品，商品生产者在商品生产成本消耗得到有效补偿以及商品生产者自身及其家庭生活资料得到有效保障之后，商品扩大再生产的目的并不是表现为追求以信用货币作为表现形式的财富，而是通过信用货币的不断累积，实现财富的增值。从这种财富增值的主要方式来看，其主要表现为通过信用货币储蓄的方式，将这部分信用货币通过银行等中介人贷放出去，实现以信用货币作为表现形式的价值形式向以生产要素作为表现形式的使用价值形式的转化，以此实现信用货币的保值增值；或者通过直接投资的方式，扩大生产规模或进军新兴产业，以此来获取信用货币的保值增值。因此，相对于金银等金属货币条件下将追求以金银等商品货币本身作为生产的主要目的而言，信用货币本身并不是商品生产者追求的最终目的，其所追求的是通过信用货币向商品等使用价值形式的转换，一方面实现信用货币的保值；另一方面，

① 主要表现为商品生产成本消耗能够得到有效的补偿，商品生产者自身及其家庭生存所需要的生活资料能够得到有效的保障。

实现以信用货币作为表现形态的商品价值的不断增值①。就信用货币经济条件下生产目的的影响而言，在信用货币经济条件下，信用货币所具有的特殊属性，使商品生产者在流通领域对于信用货币的持有时间相对较短，其主要是为了规避信用货币的贬值风险和信用风险，在很大程度上提高了商品的流通速度，有利于提高经济运行效率。同时，在商品生产成本得到有效弥补和商品生产者自身及其家庭生活需求得到满足的条件下，由生产规模不断扩大或生产效率不断提高所导致的信用货币增加，不会以信用货币的形式而存在，其必然会通过与使用价值形态的商品或实物相结合的方式，来实现信用货币的保值增值。

总体而言，在现代市场经济条件下，市场“逐利”机制使社会生产表面上呈现追求商品价值形态的发展特征。在不同的货币流通条件下，这种商品的价值形态也各不相同，但商品生产的最终目的仍在于，追求满足人类生产和生活所需要的使用价值总量和质量的不断增长和提高。

最后，文章研究了实现信用货币经济条件下社会生产目的所需要采取的相关措施，认为从现代市场经济的运行实践来看，要实现社会生产的最终目的，可以采取以下措施：第一，通过市场化经营主体的培育，在现代市场经济利益约束机制作用下，使市场主体向社会提供“价廉物美”的商品；第二，加强市场监管，确保商品价值的有效性；第三，加强对政府投资工程和购买性支出的质量监管，为实现市场经济条件下的社会生产目的创造有利条件；第四，通过完善的市场体系建设，为社会生产目的的实现创造有利条件。

① 这种商品价值既可以表现为生产资料的价值，也可以表现为生活资料的价值，还可以表现为以实物形态存在的资产价值。

第三十八章 西方对外贸易理论的评述及新贸易理论的构建

一、西方经济学关于对外贸易的基本理论

总体来看，西方经济学的对外贸易理论，主要可以分为以下几个理论派别：

（一）重商主义贸易理论

重商主义认为，货币是社会财富的主要形态，国家的财富反映在国家所拥有的贵金属上，贵金属的来源除开采矿藏外，就是对外贸易，而贸易出口是获利，进口是损失，他们认为，贸易是一国经济的所得以另一国经济的所失为代价。重商主义主张实行贸易保护主义和严格的外汇管制政策，鼓励国内商品的出口和国外廉价原料的进口，以实现贸易顺差，获取和积累金银货币，使国家富裕和强盛起来。

（二）斯密的贸易理论

斯密认为，各国应当实行专业化生产并出口那些具有绝对优势的商品，同时进口那些其他贸易伙伴具有绝对优势的商品。绝对优势是指生产每单位商品所需投入的劳动的绝对水平要比贸易伙伴国少，即比贸易伙伴国能更有效地生产出某种商品。两国通过专业化分工，生产本国具有绝对优势的商品，进口他国具有绝对优势的商品，两国福利都能得到明显改善。

（三）李嘉图的比较优势理论

李嘉图认为，国际贸易的基础并不限于劳动生产率上的绝对差别。只要各国之间

存在着劳动生产率上的相对差别，就会出现生产成本和产品价格的相对差别，从而使各国在不同的产品上具有比较优势，使国际分工和国际贸易成为可能。产品的比较优势来自不同产品之间劳动生产率的相对差别，一国相对劳动生产率较高的产品具有比较优势，相对劳动生产率较低的产品则具有比较劣势。即使一国在每一种商品的生产上都比其他国家绝对地缺乏生产率，它依然能够通过生产和出口那些“与外国相比生产率差距相对较小”的产品，从而在国际分工中占有一席之地；而在每一种产品生产上都比其他国家绝对地具有高生产率的国家，也只能生产和出口那些“与外国相比生产率差距较大”的产品来获得分工和贸易利益。

（四）赫克谢尔—俄林贸易理论

赫—俄模型从各国资源禀赋即生产要素供给情况的不同出发，具体分析了国际分工的原因。赫—俄模型在研究国际贸易发生的原因时，把相同产品的国际价格差异作为出发点，以各国间要素禀赋不同对此进行解释，并得出以下几方面结论：第一，在国际贸易体系中，一国出口的总是那些以自己相对丰富的要素生产的产品，而进口的则总是那些需要用本国相对稀缺的要素生产的产品。第二，如果两国生产要素存量（如劳动与资本）的比例不同，即使两国相同生产要素的生产率完全一样，也会产生生产成本的差异，从而使两国间发生贸易关系。第三，国际间商品交换的结果，往往会使各国要素报酬（如工资、地租、利息）的国际差异缩小，出现要素价格均等化趋势。

（五）李斯特的幼稚工业保护论

李斯特强调每个国家都有其发展的特殊道路，并且从历史学的观点，把各国的经济发展分为五个阶段：原始未开化时期、畜牧时期、农业时期、农工业时期、农工商业时期。他认为，各国在不同的发展阶段，应采取不同的贸易政策，在经济发展的前三个阶段必须实行自由贸易；当处于农工业时期时，必须将贸易政策转变为保护主义；而经济进入发展的最高阶段，即农工商时期时，则应再次实行自由贸易政策。只有这样，才可能有利于经济的发展，否则将不利于相对落后国家的经济发展。李斯特认为，要想发展生产力，必须借助国家力量，李斯特主张通过保护关税政策发展生产力，特别是工业生产力，他提出的保护对象有几个条件：（1）幼稚工业才需要保护；（2）在被保护的工业得到发展，其产品价格低于进口同类产品并能与外国竞争时，就无需再保护，或者被保护工业在适当时期（如30年）内还不能扶植起来时，也就不需要再保护；（3）一国工业虽然幼稚，但如果没有强有力的竞争者，也不要保护。（4）农业不需要保护。

（六）凯恩斯主义对外贸易乘数理论

对外贸易乘数理论是凯恩斯的主要追随者马克卢普和哈罗德等人在凯恩斯的投资乘数原理基础上引申提出的。马克卢普和哈罗德等人把投资乘数原理引入对外贸易领域，分析了对外贸易与增加就业、提高国民收入的倍数关系。他们认为，一国的出口和国内投资一样，属于“注入”，对就业和国民收入有倍增作用；而一国的进口，则与国内储蓄一样，属于“漏出”，对就业和国民收入有倍减效应。当商品劳务输出时，从国外获得货币收入，会使出口产业部门收入增加，消费也随之增加，从而引起其他产业部门生产增加、就业增多、收入增加。如此反复下去，收入增加将是出口增加的若干倍。当商品劳务输入时，向国外支付货币，使收入减少，消费随之下降、国内生产缩减、收入减少。因此，只有当对外贸易为顺差时，才能增加一国就业量，提高国民收入。此时，国民收入增加将是投资增加和贸易顺差的若干倍。根据对外贸易乘数理论，凯恩斯主义积极主张国家干预经济，实行保护贸易政策。

（七）战后新的贸易理论

1. 战略贸易理论。该理论一方面主张实行自由贸易；另一方面，他们又认为，对完全竞争市场和常数规模经济的背离，使市场运行处于一种次优的状态，因而适度的政府干预，将改变市场运行的结果而帮助本国企业在国际竞争中获胜。

2. 迈克尔．波特竞争优势理论。他提出一国的特定产业是否具有国际竞争力取决于要素条件、相关辅助产业的状况、企业策略、结构与竞争、机遇及政府行为6个因素，这6个因素构成著名的产业国际竞争力国家菱图。波特认为，国家的繁荣和竞争优势是通过创造得来的，它并不是像传统自由贸易理论那样取决于本国的比较优势状况。他认为，国家竞争优势的取得与激烈的国内竞争密切相关，其作用机理在于通过国内竞争对企业产生压力，迫使企业改善技术，进行创新，国内竞争使企业竞争力得到大幅提高的同时，也使其国际竞争力得到相应地提高，最终提高一国产业整体竞争力。

3. 新增长理论的国际贸易观。该理论的代表模式罗默模式、卢卡斯模式、斯科特模式三大模式都认为，国际贸易可以加快知识和人力资本在世界范围的积累；国际贸易的新原则应当从“比较成本”或“资源成本”的原则转变为“人力资源优势”原则；国际贸易可以促进世界范围的知识积累和持续的经济增长，因而对于发展中国家来说，提高开放度可以迅速接受世界新知识和技术的传递，从而产生一种特殊的“赶超效应”。①

① 田应奎：《宏观经济调控》，中共中央党校出版社2007年版，第265页。

二、对外贸易理论的相关评述

（一）关于重商主义贸易理论的评价

理论上，重商主义对外贸易理论的基点在于金银货币财富的万能论。他们认为，以贵金属作为表现形式的财富是万能的，因此，整个经济发展的根本目的就在于获取大量的以贵金属作为表现形式的金银财富。根据重商主义的对外贸易理论，通过增加出口的方式，无疑可以获取大量的金银财富，虽然重商主义贸易理论也主张进口廉价的原材料，但是这种进口廉价原材料的最终目的也在于通过扩大出口的方式，获取大量的以金银作为表现形式的贵金属财富。从扩大出口的方式来看，其既可以表现为通过进口廉价原材料产品进行深加工的方式，对于深加工的产品进行再出口，以此获取更多的以金银作为表现形式的贵金属货币财富；也可以表现为通过进口替代的方式，间接地增加本国产品的出口规模，以达到获取更多的以金银作为表现形式的贵金属货币财富的目的，这种贸易方式与比较优势贸易理论所论述的对外贸易理论原理基本相同。

从重商主义贸易理论的本质特征来看，这种理论实际上混淆了社会生产的根本目的，他们将社会生产的根本目的看成追求以金银等贵金属作为表现形式的货币财富，相对于以实物或非实物形态作为表现形式的使用价值而言；其将以贵金属作为表现形式的价值形态，作为社会生产的根本目的。实际上，就社会生产的根本目的而言，其最终是为了实现更多的以实物或非实物形态作为表现形式的使用价值，只有这样才能使人类得以生存和不断发展。从金银等贵金属所具有的使用价值属性来看，虽然以金银作为表现形式的贵金属也具有一定的使用价值，但只能满足少部分人的生活需要，相对于衣、食、住、行等基本生活品而言，以金银为代表的贵金属所具有的使用价值，在一定时期社会使用价值生产过程中并不是处于基础性地位。当然，在重商主义理论所处的时代，国王在基本生活得到满足的条件下，无疑可以更多地通过出口的方式，获取大量的金银财富。但通过出口方式从国外所获取的金银财富，应该是以满足本国劳动力基本再生产作为前提条件的。如果不顾本国劳动力的生存状况，而一味通过出口本国产品的方式，来获取更多的以贵金属作为表现形式的金银财富，本国劳动力由于生存得不到有效保障而出现的短缺，将使王公贵族基本生活资料供给出现短缺，由此也使其生存面临着较大的困难。根据重商主义贸易理论的有关论述，其存在的理论误区主要在于不能正确理解社会生产的根本目的，认为社会生产的根本目的就在于追求以金银等货币作为表现形式的价值形态。从社会生产的最终目的来看，社会生产的最终目的在于不断提高以实物或非实物形态作为表现形式的使用价值总量和质量，其中也包含了金银等贵金属货币作为商品所具有的使用价值。当然，在金银货币供给相对适度的条件下，一定时期社会生产将呈现以实物或非实物形态作为表现形式的使用价值总量和以金银等贵金属货币作为表现形式的价值总量共同增长的过程。

鉴于上述分析，重商主义的对外贸易理论不能很好地指导当前各国的贸易实践，在这一贸易理论的指导下，各国必然会采取贸易保护主义的措施，从而不利于全球在国际分工条件下实现生产效率的最大化。同时，各国以追求出口大于进口为目的的贸易顺差，必将导致一国经济发展主要表现为以金银作为表现形式的价值形态不断增加，而以实物或非实物形态作为表现形式的使用价值总量不断减少的结果，无疑不利于一国经济的持续发展。从重商主义贸易理论的根源来看，其是为剥削阶级追求更多的享乐生活提供理论服务的，在一国劳动力再生产不能得到顺利延续的背景下，这种对外贸易无疑是不可持续的。

（二）关于斯密贸易理论的评价

斯密的绝对优势贸易理论，在很大程度上突破了重商主义将单纯地以追求金银等贵金属作为表现形式的价值总量，作为出口贸易目的的对外贸易理论约束，将满足本国以实物或非实物形态作为表现形式的使用价值总量和质量的需求及一国发展对外贸易的根本目的。就此而言，斯密的绝对优势贸易理论，揭示了对外贸易的根本目的。根据斯密的绝对优势贸易理论，一国在既有的国际分工条件下根据各自所拥有的绝对优势所开展的对外贸易，无疑可以在很大程度上提高本国以实物或非实物形态作为表现形式的使用价值总量和质量。根据斯密的绝对优势贸易理论，一国根据本国的绝对优势生产相应产品，并通过贸易的方式互通有无，相对于封闭的生产状态而言，该国在通过绝对贸易优势开展对外贸易获取更多的使用价值总量的同时，其以金银货币或信用货币作为表现形式的价值总量，也得到了相应的增长。从斯密绝对优势贸易理论的不足来看，这一理论要求各贸易国根据绝对优势所生产的产品具有较高的互补性。只有这样，各国才能根据各自所拥有的绝对优势生产相应的产品，并通过对外贸易的方式，实现本国使用价值总量的最大化。在各国绝对优势产品不具有互补性的条件下，虽然一国也可以通过出口的方式，扩大其对外贸易规模，但是，这种贸易就不能称之为真正意义上的双边贸易，其并不能通过各国绝对优势产品贸易的开展，实现本国使用价值总量与价值总量的同步增长。此外，从绝对贸易优势条件下贸易的数量来看，在两国根据绝对优势所生产的产品相对互补的条件下，如果两国对于各自绝对优势产品的需求数量并不相等，其在很大程度上也限制了两国根据各自绝对优势所开展的对外贸易的数量规模。与此同时，从两国根据各自绝对优势所开展的对外贸易可持续性分析，由于各国根据其所拥有的绝对优势生产产品所依赖的生产要素持续性不同，导致了各国在绝对优势条件下开展国际贸易的可持续性也不相同。具体言之，当两国根据各自绝对优势生产产品所依赖的生产要素是可再生的，这种国际贸易就可以持续下去；当两国根据各自绝对优势生产产品所依赖的生产要素是不可再生的，那么这种国际贸易就不可以持续下去。例如，在两国贸易中，一国的绝对优势体现为自然资源；另一国的绝对优势体现为劳动和技术。就短期而言，虽然两国可以在绝对贸易优势下开展正常贸易，但就长期而言，由于自然资源的不可再生性，两国根据各自所拥有的绝对优势开展的国际贸易，将在很大程度上受制于一国自然资源储量的约束。总体来看，斯密的绝对优势贸易理论，在很大程度上揭示了对外贸易发展的根本目的，但是斯密的对外贸易理论也受制于两国对于双方各自绝对优势产品的需求是否存在互补性，双方需求量是否相对一致性，以及各国生产要素供给是否可持续性等多方面条件的约束。

（三）关于李嘉图比较优势贸易理论的评述

相对于斯密的绝对优势贸易理论而言，李嘉图的比较优势贸易理论，无疑在很大程度上突破了斯密绝对优势贸易理论所面临的绝对优势品种的约束，从而极大地拓展了各国可贸易品种的空间。鉴于国际贸易发展的根本目的在于实现各国以实物或非实物形态作为表现形式的使用价值总量的最大化。虽然李嘉图的比较优势贸易理论在很大程度上拓展了各国的贸易空间，但是由于各国在产品需求品种及数量上存在着较大的差异，因此根据李嘉图比较优势对外贸易理论所开展的国际贸易，也受各国对于比较优势贸易产品需求的品种、数量的约束。当然，如果将开展国际贸易的最终目的理解为获取以信用货币作为表现形式的价值增值，那么一国必然会通过不断增加出口的方式，扩大贸易顺差，以此实现本国以信用货币作为表现形式的价值总量的最大化。鉴于国际贸易的互补性，在一国出现贸易顺差时，必然会导致另一国出现贸易逆差。在追求以信用货币作为表现形式的价值总量的国际贸易条件下，虽然一国可以通过不断增加出口的方式，来增加本国以信用货币作为表现形式的价值总量，但从各国贸易总量来看，由于国际贸易的本质特征在于通过国际贸易的开展，实现各国以实物或非实物形态作为表现形式的使用价值总量的最大化，其最终仍受各国所需要的不同使用价值形态的商品结构和总量的约束。当然，在特殊的国际信用货币条件下，一国也可以根据其所掌握的国际信用货币发行权，通过不断发行国际信用货币的方式，购买别国的产品，从而使本国出现较大的贸易逆差，使出口国出现较大的贸易顺差。从国际贸易的本质内涵分析，如果这一贸易方式不断持续下去，国际信用货币发行国不通过商品出口的方式，收回其发行的信用货币，那么这种贸易方式实际上就是一种单边商品输出行为，超出了本文所述的贸易范畴。李嘉图比较优势贸易理论虽然在很大程度上扩展了各国可开展的贸易范围，但是从贸易的本质属性分析，其仍受各国对于贸易产品需求结构、数量及各国生产要素供给持续性的约束。

（四）对赫克谢尔—俄林贸易理论的评价

赫—俄贸易理论主要从各国自然资源禀赋角度分析了国际贸易的由来，认为一国对外贸易的优势主要体现在其所拥有的优势生产要素供给方面。就赫克谢尔—俄林对外贸易理论与绝对优势贸易理论、相对优势贸易理论之间的区别和联系而言，虽然该理论不是从各国贸易品生产成本角度来考察一国在国际贸易中所处的优势，但根据赫—俄的自然资源禀赋的贸易理论，在一定的生产技术条件下，一国供给规模相对充沛的生产要素组合所生产的产品成本，相对较低；而一国供给规模相对稀少的生产要素组合所生产的产品成本，则相对较高。就此而言，赫—俄理论实际上间接地从成本角度论述了一国的贸易优势。相对于其他贸易理论而言，该贸易理论从生产要素供给规模的角度，论述了在既有国际分工条件下国际贸易发展的可持续性。当一国对外贸易品主要体现为其所拥有的优势生产要素组合生产的产品时，这种对外贸易方式持续的时间就会相对较长；反之，当一国对外贸易品主要体现为其所拥有的稀缺生产要素组合生产的产品时，这种对外贸易方式持续的时间就不会太长。因此，赫—俄贸易理论从各国生产要素供给在时间上的可持续性角度，考察了国际贸易在时间上的可持续性，不失为其对于国际贸易理论作出的一个较大贡献。从该贸易理论存在的不足来看，由于该贸易理论主要是从各国生产要素不同禀赋角度来考察各国贸易优势的，其只是从供给角度上考察了一国对外贸易产品的供给，而没有从需求角度考察国外对于一国贸易品的需求。从国际贸易发展的本质特征分析，由于国际贸易的发展，是为了使各国实现以实物或非实物形态作为表现形式的使用价值总量的最大化，而不是单纯地表现为生产要素的互通有无。因此，在现实的国际贸易活动中，虽然一国通过组合其相对优势的生产要素，可以生产出较多的国际贸易产品，但这种国际贸易品的供给必须以满足于其他国家的需求作为前提条件。此外，从本国的贸易需求角度分析，一国通过其相对优势的生产要素供给所生产的产品，能否通过国际贸易的方式，取得其所需要的进口产品，也是决定这种贸易模式能否成立的关键因素。当然，如果各国所开展的贸易品为初始形态的生产要素，那么赫—俄对外贸易理论所论述的实际上是一种互补型贸易。由于初始形态的生产要素具有更大的可塑性，在生产要素作为贸易品进行国际贸易的条件下，依据赫—俄对外贸易理论，其在很大程度上可以取得各国生产要素优势互补的效果，从而有利于促进各国经济的持续发展，提高资源的使用效率。就此而言，赫—俄对外贸易理论，对于初级形态的生产要素国际贸易，具有较强的理论指导意义。

（五）对李斯特幼稚工业保护贸易理论的评述

从李斯特贸易理论的内容来看，其既相似于重商主义贸易理论，又不同于重商主义的贸易理论。就相似于重商主义贸易理论而言，李斯特主张通过鼓励出口、限制进口的方式，来实现一国利益的最大化，此点与重商主义贸易理论主张通过鼓励出口、限制进口的方式，获取大量的金银财富较为相同。但是李斯特的幼稚工业保护的贸易理论所追求的对外贸易利益，不是单纯地体现在由贸易顺差所导致的外汇净流入方面，而是侧重于由于一国国际贸易的开展所导致的对外贸易利润结余方面。根据李斯特的贸易理论，其对于幼稚工业的保护，主要在于提高幼稚工业的竞争力，在现代市场经济条件下，这种竞争力主要体现在生产成本高低和产品价格高低两个方面，二者都会对产品生产所实现的净利润高低产生重要影响。相对于绝对贸易优势理论和相对贸易优势理论而言，李斯特的幼稚工业保护理论，不是从通过发展国际贸易使各国使用价值最大化的角度，来寻求国际贸易理论支撑点的，而是从国际竞争以及最大程度地保护本国利益的角度，探求一国在国际贸易中所实现的价值增值的最大化。从李斯特贸易理论的优点来看，其无疑有利于促进各国通过生产技术进步的方式，来提高对外贸易竞争力。这既促进了技术的进步，也有利于全球生产效率的提高，从而最终提高全球消费者的消费效用。就其负面影响而言，根据李斯特的幼稚工业保护贸易理论，全球贸易开展的主要目的不在于通过各国贸易产品的优势互补，来实现以实物和非实物形态作为表现形式的使用价值总量的最大化，而在于通过国际贸易的开展，来获取本国出口利润的最大化。在国家利益至上的原则影响下，该理论将使全球贸易保护主义盛行，从而不利于全球各国在既有的国际分工条件下，通过开展国际贸易的方式，实现各国使用价值总量的最大化。

（六）对凯恩斯主义对外贸易乘数理论的评述

凯恩斯主义对外贸易理论，更多地从增加一国以信用货币作为表现形式的价值总量角度，论述了对外贸易的发展对于一国经济运行的影响。凯恩斯主义的对外贸易理论，在很大程度上超出了贸易的范畴。根据凯恩斯主义的经济总量平衡公式，一国通过贸易方式增加以信用货币作为表现形式的价值总量的主要手段，就是通过增加出口、限制进口的方式，来增加以价值形式表现出来的国民经济总量。而从国际贸易的本质内涵来看，国际贸易开展的本质在于通过商品的互补贸易，使全球各国实现使用价值总量的最大化。从凯恩斯主义对外贸易乘数理论来看，在信用货币经济条件下，一国出口增长所导致的贸易顺差，既增加了该国以信用货币作为表现形式的国民经济总量；也减少了一国以商品作为表现形式的使用价值总量。就此而言，凯恩斯主义的对外贸易乘数理论，违背了国际贸易的互补性原则。就凯恩斯主义贸易乘数理论与其他对外贸易理论的比较而言，相对于追求贸易互补的绝对优势和相对优势贸易理论，凯恩斯主义贸易乘数理论与之差异较大。若从价值角度来考察该贸易理论与其他贸易理论的差异，其与重商主义贸易理论、李斯特的幼稚工业保护的贸易理论较为相似，但是相对于重商主义追求通过出口方式实现以金银等贵金属作为表现形式的财富净流入而言，凯恩斯主义贸易乘数理论追求的只是通过出口的方式，实现以信用货币作为表现形式的外币净流入。相对于重商主义贸易理论下的金银商品货币而言，凯恩斯主义的贸易乘数理论主张通过扩大出口的方式所获取的信用货币，并不是商品。这种贸易理论所导致的结果最终表现为：一国在以信用货币作为表现形式的经济总量进一步增加的同时，该国以商品作为表现形式的使用价值总量会出现进一步减少，其在很大程度上违背了国际贸易活动的基本原则。从这种贸易理论在实践中的运用来看，如果一定时期不存在国际信用货币发行国，各国都通过国际贸易的方式互通有无，在浮动汇率机制作用下，一国不可能保持绝对的贸易顺差。在浮动汇率机制作用下，一国贸易收支可以通过汇率的调整，实现基本平衡。相对于李斯特幼稚工业保护贸易理论而言，凯恩斯主义的贸易乘数理论以单纯地追求通过扩大出口的方式，来获取贸易顺差，从而实现以信用货币作为表现形式的经济总量增长的目的。而不是像李斯特幼稚工业保护贸易理论所论述的那样，在进出口相对平衡的基础上，通过出口贸易的利润结余，来扩大一国以信用货币作为表现形式的经济总量，从而实现一国以商品作为表现形式的使用价值总量与以信用货币作为表现形式的价值总量的共同增长。就此而言，凯恩斯主义的贸易乘数理论实际上在很大程度上偏离了贸易发展的初衷，该理论在实践中的运用会导致全球经济的进一步失衡。

（七）对战后新的贸易理论评述

1. 战略贸易理论。战略贸易理论实际上在很大程度上综合了绝对优势贸易理论、相对优势贸易理论以及李斯特幼稚工业保护贸易理论的观点。这一理论，一方面要求各国通过国际贸易的开展，实现各国使用价值总量的最大化；另一方面，其又从国家利益角度，认为在国际贸易活动中，应该采取各种措施，确保本国通过贸易活动实现利润的最大化。从该理论在贸易活动过程中的具体运用来看，该理论所倡导的自由贸易机制，有利于各国通过国际贸易的开展，实现以实物和非实物形态作为表现形式的使用价值总量的最大化；在国际贸易活动中追求超额利润的行为，将有利于通过竞争机制的作用，促进生产技术的进步和全球资源的最优配置。

2. 迈克尔·波特竞争优势理论。迈克尔·波特竞争优势理论较全面地阐述了决定一国对外贸易的决定因素，主要表现在六个方面。从该理论的具体内容来看，其既显示了与其他贸易理论的区别，也显示了与其他贸易理论的联系。例如，其所提出的要素条件，实际上就包括了由一国生产要素禀赋的差异以及一国产品生产成本差异对于贸易的影响，这一观点无疑与赫—俄的生产要素禀赋理论以及绝对优势贸易理论的内容较为相似。从该理论在实践中的运用效果来看，不但有利于全球各国利用现有的国际分工条件，通过开展贸易的方式，实现以实物形态和非实物形态作为表现形式的使用价值总量的最大化；同时，该理论所倡导的提高本国贸易竞争力的观点，在导致贸易保护主义盛行的同时，也会通过国际贸易竞争的作用，促进生产技术的进步，提高全球资源的配置效率。

3. 新增长理论的国际贸易观。该理论主要从国际贸易可以加快知识和人力资本在世界范围积累的角度，论述了开展国际贸易的必要性。实际上，在现代市场经济条件下，知识和人力资本在生产要素中处于重要的地位，侧重于加快知识和人力资本在世界范围积累的国际贸易活动，在很大程度上与赫—俄的生产要素相对优势理论以及相对成本优势、绝对成本优势理论所主张的国际贸易原理基本相同。唯一不同的是新增长理论更加突出了知识和人力资本要素在经济发展中的重要作用，其一方面适应了经济社会发展的新趋势，国际贸易活动的内容已经由传统的商品贸易发展为知识和人力资本贸易；另一方面，也使国际贸易在全球经济发展面临较大的不可再生自然资源约束的条件下得到可持续发展。相对于自然资源的存量约束而言，知识和人力资本是可持续的。该理论实际上是对国际贸易品种的一种创新，其在国际贸易活动中的运用，将有利于进一步提高知识和人力资本对于全球经济发展的推动作用，从而促进全球经济的持续发展。

三、全球经济一体化背景下对外贸易理论的运用

（一）全球经济一体化的运行特征

广义的全球经济一体化即世界经济一体化，指世界各国经济之间彼此相互开放，形成相互联系、相互依赖的有机体。狭义全球经济一体化，即地区经济一体化，是指区域内两个或两个以上国家或地区，在一个由政府授权组成的并具有超国家性质的共同机构领导下，通过制定统一的对内对外经济政策、财政与金融政策等，消除国别之间阻碍经济贸易发展的障碍，实现区域内互利互惠、协调发展和资源的优化配置，并最终形成一个政治经济高度协调统一的有机体的过程。

（二）全球经济一体化的理论背景

从全球经济一体化所依赖的理论支撑来看，其主要依赖于比较优势贸易理论。比较优势贸易理论认为，一国在两种商品生产上较之另一国均处于绝对劣势，但只要处于劣势的国家在两种商品生产上所处的劣势程度不同，处于优势的国家在两种商品生产上所处的优势程度不同，则处于劣势的国家在劣势较轻的商品生产方面具有比较优势，处于优势的国家则在优势较大的商品生产方面具有比较优势。两个国家分工及专业化生产和出口其具有比较优势的商品，则两国都能从国际贸易中得到利益。从比较优势贸易理论的运用来看，其存在着严格的理论假设条件，为此李嘉图提出了十一个假定作为其论述的前提条件：一是这种理论建立在两个国家两种商品生产的比较优势

基础之上；二是认为商品生产的主要成本构成在于劳动，即劳动在两国商品生产中处于主导地位；三是认为两国商品生产在长时间内生产成本保持不变，进而使两国商品生产的相对优势保持不变；四是两国商品生产的相对优势主要表现为生产成本的相对优势，而不考虑两国进行商品贸易时所需要的运输费用因素；五是认为劳动等所有生产要素都是充分就业的，它们在国内完全流动，在国际之间不能流动，以此保证充分就业状态下商品生产成本的相对稳定；六是生产要素市场和商品市场是完全竞争的市场，以此保证两国商品生产成本是由市场所决定的；七是收入分配没有变化，以此保证两国商品生产成本的相对优势保持不变；八是贸易是按货物交换的方式进行，以此保证两国在商品贸易供求上的均衡；九是不存在技术进步和经济发展，国际经济是静态的，以此保证两国生产商品成本的比较优势得以持续；十是两国资源都得到了充分利用，均不存在未被利用的资源和要素；十一是两国贸易是进出口平衡的。

（三）全球经济一体化所面临的问题

1. 发展中国家与发达国家在全球经济一体化进程中受益程度明显不同。从全球经济一体化发展的实际情况来看，在比较优势贸易理论指导下，自 20 世纪 50 年代以后，全球经济一体化进程明显加快。从全球经济一体化的发展结果来看，虽然在比较优势贸易理论指导下，全球生产要素通过在不同国家的优化组合，实现全球经济总量的大幅增长。但从全球各国在全球经济一体化进程中发展的实际情况来看，在比较优势贸易理论指导下，发展中国家与发达国家在全球经济一体化过程中的受益程度各不相同。在全球经济一体化因素影响下，发展中国家与发达国家之间的发展差距正在不断扩大。由于发展中国家依托劳动和自然资源所生产的产品对于发达国家而言，存在着较大的供给刚性，其在对发达国家的国际贸易中处于完全的弱势地位。这一方面表现为发展中国家在以廉价的劳动力和自然资源为依托的出口贸易中只能获取较少的利润收入，甚至在有些发展中国家以创汇为目的的出口贸易思想指导下，政府通过增加补贴、出口退税的方式，来刺激本国商品出口，由此导致发展中国家以其国内劳动力和自然资源为依托的贸易出口，主要表现为发展中国家国内劳动力和自然资源以外币作为表现形式的货币化过程。另一方面，由于发展中国家对于发达国家的贸易出口呈现较强的供给刚性，因此发达国家在享有发展中国家向其低价提供廉价商品的同时，还以发展中国家低价倾销商品为理由，向其征收高额报复性关税。受发展中国家出口贸易刚性供给约束的影响，发达国家向发展中国家征收的这种高额报复关税，最终会通过税负转嫁的方式，由发展中国家承担①，形成了发达国家对于发展中国家利益的

---

① 在经济实践中，其主要表现为发展中国家通过进一步压低生产成本的方式，来消化由于发达国家征税所导致的产品价格上涨压力。

进一步再分配。从发达国家对于发展中国家的出口贸易来看，由于发达国家对发展中国家出口的以技术等生产要素作为表现形态的产品，对于发展中国家而言，具有较强的不可替代性需求，导致发达国家在这些产品出口定价中具有较强的产品定价权，使其可以获得较高的利润收入。发达国家对于其所拥有的先进技术出口，并不是完全遵循相对优势贸易理论所倡导的商品自由流动的贸易规则，其往往通过进行严密的技术出口封锁的方式，在确保自身高额出口利润的同时，使发展中国家和发达国家维持既有的技术水平差距，更有甚者，在既有的贸易格局下，发展中国家和发达国家受研究经费投入以及技术等生产要素流向的影响，使发展中国家与发达国家之间技术水平的差距进一步扩大。在全球经济一体化的经济发展格局下，发达国家受益程度要明显地高于发展中国家。

2. 在生产要素可自由流动的影响下，发展中国家对于发达国家出口所形成的贸易顺差，呈现一定的虚假性。自 20 世纪 50 年代以后，发达国家以资金、技术和管理作为表现形式的生产要素，通过向发展中国家流动的方式，与发展中国家的人力以及资源等生产要素组合，共同生产满足于发达国家或发展中国家需求的产品，这种不同国别的生产要素组合形态，在经济实践中主要以合资企业或外商独资企业的形式而存在。从发达国家生产要素流动路径来看，20 世纪五、六十年代，发达国家资本分别流向拉美国家，20 世纪 70—90 年代，发达国家资本分别流向亚洲的韩国、马来西亚、中国台湾等亚洲四小龙地区。21 世纪初，发达国家资本由亚洲四小龙地区开始流入中国。从发达国家资本流向来看，其主要呈现发达国家资本向发展中国家不断流动的过程，在这种资本流动过程中，既包括原有发达国家的资本，也包括曾经的发展中国家在接受资本流入过程中发展成为发达国家所加入的资本流动。总体来看，20 世纪 50 年代以后，发达国家资本不断地通过向发展中国家的流动，实现其由以信用货币作为表现形式的价值形式向以劳动、自然资源等作为表现形态的使用价值形式的转变。同时，通过技术、管理和发展中国家资源、劳动等生产要素的组合，组建外商独资企业或合资企业。从这些企业生产的产品流向来看，其一方面满足于资本流入国的国内市场需求；另一方面，也通过出口方式，满足资本流出国的需求。从发展中国家战后贸易顺差的主要来源分析，外商独资或合资企业在发展中国家对外贸易顺差中占有较大的比重。由于外商独资或合资企业的所有者均来自外国，在发展中国家投资的外商独资或合资企业出口所形成的对外贸易顺差，在很大程度上虚增了发展中国家的贸易顺差总额，使发展中国家对于发达国家出口所形成的贸易顺差，呈现较强的虚假性。

3. 发达国家与发展中国家之间通过资本对流的方式，弥补了发达国家与发展中国家之间的贸易顺差缺口。在发达国家资本向发展中国家大规模流入的条件下，在一定程度上使发展中国家对于发达国家的贸易顺差，呈现一定的虚假性。在发达国家资本向发展中国家流动过程中，政府干预经济的特征比较明显，主要表现在两个方面：一是政府通过片面压低土地等自然资源价格以及劳动力价格的方式，吸引外资；二是政府通过干预汇率的方式，确保本国对于发达国家贸易出口的相对优势，从经济实践来看，其主要采取强制结汇的方式，维持本国的固定汇率。受此影响，发达国家流入发展中国家的外汇资本以及发展中国家的对外贸易顺差，在很大程度上都成了发展中国家政府所掌握的外汇储备。为了有效地平抑发展中国家与发达国家之间的贸易顺差，发展中国家与发达国家通过资本对流的方式，来弥补这种贸易顺差缺口和资本收支缺口。其主要表现为发达国家通过在全球资本市场所处的中心地位，吸引发展中国家外汇形态资本（其主要表现为通过强制结汇所形成的发展中国家的外汇储备）通过购买发达国家政府发行的债券或者在发达国家设立的资本市场进行金融产品投资的方式，来实现外部资本的回流，从而使发展中国家对于发达国家的贸易顺差得以持续。

（四）目前全球不均衡贸易的形成原因

就形成全球贸易不均衡的原因而言，其主要表现在以下几个方面：

1. 以美国为代表的发达国家拥有全球信用货币的发行权。在全球经济一体化背景下，虽然发达国家与发展中国家利用既有的国际分工，通过国际贸易的方式，可以实现彼此之间的优势互补。表面来看，发展中国家与发达国家之间是以平等的市场主体身份来开展国际贸易的。在国际信用货币经济条件下，在全球经济一体化进程中，发达国家在国际信用货币发行中拥有发行权，而发展中国家并没有国际信用货币的发行权。受国际信用货币发行权不对等因素影响，发展中国家与发达国家之间的贸易，一方面表现为发展中国家商品与发达国家商品的交换过程；另一方面，也表现为发达国家将其所发行的国际信用货币，通过直接从发展中国家购买商品的方式，实现由信用货币作为表现形式的价值形式向以商品作为表现形式的使用价值形式的转换。就发展中国家而言，由于没有国际信用货币的发行权，其只能通过国内商品输出的方式，来获取自己所需要的国外商品。在全球经济一体化背景下，发展中国家与发达国家之间之所以会出现不均衡贸易，在很大程度上与发达国家所拥有的国际信用货币发行权密切相关。其在一定程度上使发达国家可以通过发行信用货币的方式，从国外直接购买商品，由此导致全球经济一体化背景下各国之间贸易的不均衡，主要表现为有国际信用货币发行权的发达国家，对于没有国际信用货币发行权的发展中国家存在着较大的贸易逆差。从全球贸易实践来看，目前拥有国际信用货币发行权的国家（地区）发行的国际信用货币主要有美元、欧元、英镑和日元。这四种货币之所以成为国际信用货币，主要在于这些国际信用货币是当今主要国际储备货币。其中，由于美元既是国际大宗商品的结算货币，也是国际金融市场中金融产品的主要结算货币，由此导致美元在上述国际信用货币处于中心地位。虽然在当前国际货币体系中，欧元、英镑和日元也是国际储备货币，但只有美元才是真正意义上的国际信用货币。从国际贸易发展实践来看，拥有国际信用货币发行权的美国在全球贸易中处于贸易逆差的地位。

2. 发达国家出口贸易对于发展中国家具有较强的不可替代性。从发达国家与发展中国家之间的贸易结构来看，发达国家对于发展中国家的贸易出口主要表现为技术，由于技术对于发展中国家而言具有较强的不可替代性，由此导致发达国家在与发展中国家开展的贸易活动中处于主导地位。其一方面表现为发达国家在与发展中国家开展的贸易活动中，可以对于其出口的技术产品价格进行自主定价，由此获得更多的出口利润；另一方面，发达国家也可以通过控制高技术产品出口数量以及技术出口的方式，确保其在与发展中国家开展的贸易活动中处于优势地位。在发达国家拥有国际信用货币发行权的条件下，发达国家以技术为依托的产品出口，主要是为了实现较多的出口利润，而不是在国际互补贸易条件下通过出口商品的方式来获取相应的进口商品。发达国家以技术为依托的出口贸易对于发展中国家而言，具有较强的不可替代性，导致全球贸易的不均衡，呈现出发达国家相对于发展中国家的贸易逆差。

3. 发展中国家根据其资源、人口优势向发达国家出口的商品具有较强的可替代性。从发展中国家与发达国家之间的贸易结构来看，发展中国家主要根据其所拥有的资源、人口优势，向发达国家出口其凭借自身资源、人口优势生产的产品。由于资源、人口等生产要素在发展中国家的分布较广，由此决定了发展中国家向发达国家出口的商品，具有较强的可替代性。这种可替代性主要表现在以下两个方面：一是以资源和人口优势为依托的商品出口在不同的发展中国家之间存在较强的可替代性；二是发达国家可以通过其所拥有的技术优势，实现对于发展中国家向发达国家出口商品的可替代性。

在发展中国家向发达国家出口的商品存在较强可替代性的条件下，发展中国家为了提高自身的出口竞争力，必然会通过降低本国商品出口价格的方式，来提高本国商品出口的贸易额。实际上，在发展中国家对于发达国家出口的商品具有较强可替代性的条件下，发展中国家出口的主要目的，并不是为了获取较高的出口利润，而是为了通过出口的方式，解决本国存在的就业问题以及实现自然资源的货币化。受此影响，发展中国家以资源和人口为相对优势的出口贸易结构，呈现出明显的刚性供给特征。在发达国家控制技术出口以及通过发行国际信用货币的方式向发展中国家购买商品的影响下，发展中国家呈现对于发达国家贸易顺差的必然趋势。从长期来看，受发展中国家自然资源使用不可持续以及人力成本不断提高等因素的影响，发展中国家对于发达国家存在的贸易顺差，也是不可持续的。从全球范围来看，发展中国家对于发达国家存在的贸易顺差在发展中国家之间，呈现出明显的交替性。其主要表现为发展中国家凭借其资源和劳动力优势向发达国家出口所导致的贸易顺差，由上述相对优势不明显的发展中国家向相对优势明显的发展中国家不断地进行更替。

4. 发达国家所处的全球国际金融中心地位，决定了其可以通过资本流动的方式，来平抑这种贸易顺差。在发达国家与发展中国家现行的贸易结构模式下，发达国家对于发展中国家的顺差，主要通过其在全球国际金融市场中所处的中心地位，通过以外币作为表现形式的外汇资本向发达国家所在的国际金融中心的回流，实现发达国家与发展中国家资本收支的基本平衡。在现行的国际信用货币条件下，发展中国家通过贸易顺差的方式，取得了大量的发达国家发行的国际信用货币。如果其不能通过向发达国家购买相应商品的方式，来实现本国贸易收支的平衡，则必须通过其他渠道来使用这些国际信用货币资金。否则，发展中国家对于发达国家的贸易顺差就不可能得到延续。现实经济实践中，在发展中国家对于发达国家存在较大贸易顺差的条件下，发达国家凭借其在国际金融市场所处的中心地位，通过发展中国家在国际金融市场进行资本投资的方式，实现发展中国家通过贸易顺差所积累的外汇储备向发达国家的回流。就此而言，发达国家通过其在国际金融市场所处的中心地位，通过资本市场外汇资金回流的方式，有效地弥补了本国贸易收支的不平衡。从发达国家资本市场的运行情况来看，发达国家资本市场的交易品种，既包括其本土企业的上市公司，也包括其他外国企业的上市公司。而从发展中国家外汇资本在发达国家资本市场的投资流向来看，其主要表现为投资发达国家政府发行的债券及投资发达国家资本市场的股票、企业债及其他金融产品及金融衍生品等，通过发展中国家外汇资本向发达国家的流动，间接地实现国际贸易收支的均衡。发达国家在国际金融市场中所处的中心地位，为发展中国家资本向发达国家流动，提供了可能条件。

四、全球经济一体化条件下公平贸易理论的构建

要真正地实现发展中国家与发达国家在全球经济一体化背景下的共同发展，就必须对目前指导全球经济一体化的相关贸易理论进行有鉴别地消化吸收，使全球经济一体化条件下各国之间对外贸易活动的开展，建立在相对公平的对外贸易理论指导的基础之上，具体言之，其主要包括以下几方面内容：

（一）全球经济一体化背景下国家之间开展贸易的理论基点

根据前面关于目前国际贸易理论的概述，在全球经济一体化背景下，要使发展中国家与发达国家通过国际贸易的开展，实现共同发展，就必须在对外贸易理论上体现以下原则：

1. 以资源互补型贸易作为全球各国开展贸易活动的基础。所谓资源互补型贸易，其既表现为不同自然资源的互补性，也表现为技术、劳动、管理等生产要素之间的互补性。就自然资源互补型贸易而言，其主要表现为各国根据其所拥有的优势自然资

源，通过自然资源在各国之间的优势互补，实现自然资源使用效用的最大化。这种自然资源使用效用的最大化，并不是表现为以信用货币作为表现形式的自然资源使用效用最大化过程，而是表现为不同种类的自然资源在国际贸易条件下通过优化组合，所形成的使用价值效用的最大化，或者通过自然资源交换其他使用价值形态商品所实现的使用价值效用的最大化。此外，对于一些不可再生的自然资源而言，由于各国自然资源互补所形成的国际贸易在很大程度上受制于不可再生自然资源的存量。因此，自然资源互补型国际贸易能否持续开展的关键，在于全球各国能否通过提高自然资源使用效率的方式，适当延长自然资源的使用时间。从全球经济一体化条件下互补型贸易所包含的内容来看，除了自然资源互补型贸易以外，还包括技术、劳动和管理等其他生产要素的互补型贸易。在生产要素互补型贸易作用下，由于可用于贸易的生产要素在范围上除了自然资源以外，还包括技术、管理和劳动等其他生产要素，由此决定了在这种互补型贸易模式下，各国可以通过贸易活动的开展，最大限度地提高各种生产要素的组合效率，从而实现各国以商品作为表现形态的使用价值效用的最大化。从经济实践来看，生产要素作为贸易产品在全球各国的流动，主要通过外商投资或外商合资的方式体现出来。

2. 在各国贸易收支均衡的条件下，以相对成本优势贸易作为全球各国开展国际贸易活动的有效补充。从全球经济一体化条件下各国贸易开展情况来看，除了资源互补型贸易之外，全球各国在既有国际分工条件下，可以根据相对成本优势，开展体现各国相对成本优势的贸易活动。在相对成本优势贸易条件下，各国之间通过其在国际分工中所处的相对生产成本优势，大规模地生产其相对生产成本较低的产品，通过国际贸易的方式，实现其自身以商品作为表现形式的使用价值效用的最大化。相对于互补型贸易直接表现为以商品（在现行国际贸易条件下，生产要素在国际贸易中也直接表现为商品）作为表现形式的使用价值的互补而言，相对成本优势贸易活动的开展，其主要表现为商品生产成本价值形态的互补，即各国通过相对成本优势贸易的开展，实现以最小的成本耗费生产最大数量商品的目的。由于商品的价值与其生产成本密切相关，而商品的使用价值与商品的数量及其功能、效用密切相关。在相对成本优势的贸易条件下，全球经济发展中以商品作为表现形式的使用价值总量增长幅度，将大于以信用货币作为表现形式的价值总量增长幅度。就此而言，相对于互补型贸易条件下全球贸易开展所实现的使用价值总量和价值总量共同增长而言，在相对成本优势贸易条件下，全球贸易活动的开展，更多的是寻求以商品作为表现形式的使用价值总量的增长。鉴于全球经济一体化条件下开展国际贸易活动的最终目的，在于提高全球各国的生产效率，以最终满足全球居民日益增长的物质和精神生活需求。因此，虽然相对成本优势贸易模式着重从使用价值总量增长的角度来开展全球贸易，但各国凭借相对成本优势所生产的使用价值总量，必须以供给与需求保持基本平衡作为前提条件。换而言之，全球各国以相对成本优势为依托，通过生产体现各自成本优势的产品，以满足各国的需求。否则，这种超出全球需求的使用价值总量的增长，就会导致国际贸易收支的不均衡。

（二）实现上述贸易理论所需要的相关假设条件

当然，在全球经济一体化条件下，要使上述贸易理论有效地指导全球经济一体化的实践，其必需满足以下假设条件：

1. 各国之间经济完全开放。在资源互补型贸易和相对成本优势贸易模式下，只有参与全球贸易的各国经济完全开放，才能实现各国资源的优势互补以及生产效率的最大化，最终使全球各国受益于全球贸易，在全球贸易发展中实现共同发展。只有参与全球贸易的各国经济完全开放，以自然资源作为表现形态的生产要素才能实现自由流动，从而通过自然资源自由流动的方式，使全球各国在经济发展中实现资源优势互补。同样，在各国经济完全开放的条件下，以技术、管理和劳动等作为表现形式的生产要素的自由流动，一方面可以使全球各国实现生产要素的优势互补，从而提高各国的生产效率；另一方面，技术等高级形态生产要素由技术先进的国家向技术不先进国家的自由流动，也在很大程度上使那些技术落后的国家可以利用后发优势，实现对于发达国家的经济赶超。其在有利于实现全球各国经济共同增长的同时，也有利于全球各国通过自由竞争的方式，推动技术的进一步发展，最大程度地减少技术垄断对于技术进步所产生的负面影响①。就全球贸易产品而言，只有各国经济完全开放，对于生产要素进、出口实行“零关税”，才能最大限度地降低商品生产成本，从而使相对成本优势贸易的开展，建立在真实的商品生产成本基础之上，通过相对成本优势贸易的开展，实现全球生产效率的最大化。对于消费产品进出口实行零关税，才能使消费品的价格得到降低，从而最大限度地提高消费者的消费效用。就以信用货币作为表现形式的资本而言，只有实现全球以信用货币作为表现形式的资本在全球各国的自由流动，才能使全球各国的汇率体现出真实的汇率水平，从而有利于发挥一国汇率对于其贸易收支的调节作用，使一国贸易收支实现基本均衡，使全球贸易的发展符合不断提高全球各国生产效率以及满足全球各国居民日益提高的物质和精神生活需求，从而使全球各国在国际贸易活动中实现各国利益的最大化。

2. 发达国家经济发展方式实现根本转型，实现由物质消费形态向精神消费形态的过渡升级，从而与发展中国家在更大层面上形成全球贸易的优势互补。从全球各国所拥有的自然资源禀赋以及技术等生产要素差异来看，由于地理位置以及教育、科技发展水平不同，有些国家对于自然资源以及技术等生产要素的拥有量较为丰富，而有

---

① 这种负面影响主要表现在技术垄断使技术进步的动力减弱等方面。

些国家对于上述生产要素的拥有量相对贫乏。因此，要使全球通过资源互补型贸易以及相对成本优势贸易活动的开展，最大限度地提高各国的生产效率，就必须要求发达国家通过经济发展方式的转型，实现消费形态由物质产品消费向精神产品消费的过渡升级。从目前全球贸易实践来看，一些发达国家不但拥有丰富的资源，而且还拥有先进的技术，而一些发展中国家除了拥有体现当地地域特色的资源之外①，还拥有体现本国特色的风俗人情、历史文化及与其所处地理位置相对应的自然风光等。在物质消费为主导的消费模式下，发达国家与发展中国家之间根据资源互补贸易以及相对成本优势贸易原则，是无法开展贸易活动的②，其导致的最终结果必然是国家之间存在着巨大的两极分化现象，使全球经济发展不能满足全人类共同发展提高的需要。而对于一些自然资源相对充裕以及以人力成本相对较低的发展中国家而言，如果发达国家不能实现由物质形态的消费向精神形态的消费升级过渡，其必将在很大程度上限制发展中国家与发达国家之间的贸易发展，具体言之，其主要体现在两个方面：一是发达国家在物质消费上存在的刚性约束，将在很大程度上制约发展中国家向发达国家出口的消费品数量；二是受发达国家偏重于物质消费所导致的精神素质相对较低等因素的影响，使发达国家在与发展中国家开展的贸易活动中，往往会通过采取技术输出限制、征收高额关税以及贸易制裁的方式，确保发达国家自身利益的最大化。不但导致发展中国家与发达国家在全球贸易活动中处于不平等的地位，从而对全球贸易的顺利开展产生了诸多负面影响；也导致全球各国不能通过开展国际贸易的方式实现共同发展。相反，在“逐利”机制作用下，发达国家通过国际贸易对于发展中国家进行的再掠夺，必然会使全球各国发展出现严重的两极分化现象，从而使全球国际贸易的开展不能实现其推动全球各国共同发展的初始目的。从人类发展层次来看，如果发达国家不能顺利地实现由物质消费向精神消费的过渡升级，将使发达国家在物质消费刚性约束的影响下，不能通过精神消费的发展，实现自身的进一步发展，使人类摆脱更多的动物属性的约束，实现以精神作为表现形式的更高层次的发展。在“逐利”机制作用下，发达国家对于发展中国家的掠夺，也将在很大程度上影响发展中国家的物质消费能力，在全球经济一体化背景下，其最终也不利于发达国家实现可持续发展。相反，如果发达国家顺利地实现由物质消费形态向精神消费形态的过渡升级，那么发达国家精神消费产品所需要的原材料③以及精神消费的直接对象④等都可以从发展中国家获取，由此使发达国家与发展中国家通过资源互补型贸易的开展，实现共同发展与提

① 这种资源主要表现为地理位置分布所导致的农业资源的差异。

② 理论上，发展中国家体现自身地理特色的农业产品输出会成为资源互补贸易的一部分，但在消费刚性作用下，这种农业产品的输出规模是相对有限的。

③ 主要表现为发展中国家绚丽的自然风光、独具民族特色的风俗人情以及历史文化等。

④ 主要表现为发展中国家优美的自然风光。

高。发达国家由于精神消费所导致的思想境界的提高，也会使其在与发展中国家开展的国际贸易活动中，不再通过掠夺的方式不断地索取发展中国家的利益，而是通过有利于推动物质生产发展的技术出口方式甚至通过直接援助的方式，促进发展中国家物质生产的发展，从而使全人类通过国际贸易活动的开展，实现共同进步和提高。

3. 各国实行市场化的经济运行机制。在资源互补和相对成本优势的对外贸易模式下，虽然全球贸易开展的最终目的在于促进全人类物质和精神生活水平的不断提高，但这种贸易发展的主要手段，是在市场化运行机制下通过市场主体来独立完成的。其主要表现为，在市场经济条件下，市场主体根据各国由于资源分布差异以及商品相对生产成本的差异所导致的获利机会，通过资源互补型贸易以及商品相对成本优势贸易活动的开展，来获取最大化的利益。在市场主体通过全球贸易实现自身利益最大化的过程中，有效地促进了全球各国资源的优势互补，提高了各国的生产效率。与此同时，通过相对成本优势贸易活动的开展，最大限度地降低了商品的生产成本，提高了各国消费者的消费效用。此外，就相对成本优势贸易活动而言，由于全球各国实行市场化运行机制，使各国的商品生产成本真实地反映了商品生产的实际耗费水平，从而为相对成本优势贸易活动的开展，提供了有利条件。此外，受市场运行机制约束，各市场主体在“逐利”机制作用下所开展的国际贸易活动，将会以贸易国双方的有效需求为导向，从而使国际贸易的开展以服务于全球各国的最终需求为主要目的，使全球各国在国际贸易活动中实现贸易收支的相对均衡。其一方面使全球各国都受益于全球贸易活动的开展；另一方面，也有利于全球贸易在供求总量和结构相对均衡的基础上，实现可持续发展。

4. 在加强跨境投机资金监管的条件下，各国金融市场运行实现完全市场化，通过浮动汇率机制的实施，实现各国贸易收支的均衡。在现代信用货币经济条件下，理论上而言，若排除跨境投机资金对于一国汇率的投机因素的影响，一国汇率水平的波动，在很大程度上可以起到有效地调节本国贸易收支的作用。就浮动汇率对于一国贸易收支调节作用的运行机理而言，在不考虑资本项目收支的假设条件下，一国由于贸易顺差的影响，必将使其本国汇率对外出现升值①，受此影响，一国出口成本就会相应地增加。在以相对成本优势作为依托的国际贸易活动中，一国出口成本的增加，无疑会降低一国出口贸易的竞争力，从而有利于缩小一国的出口规模。在浮动汇率机制作用下②，如果两国之间的贸易不均衡，其汇率会一直维持波动状态，直到两国贸易收支达到均衡状态为止。当然，在国际跨境投机资本流动的作用下，一国汇率的变动

---

① 在现行的汇率决定机制下，各国汇率水平的确定，都是以美元汇率为其固定的锚，根据各自对于美元汇率的比例，来确定两国的汇率比价。理论上，这种汇率确定模式，对于浮动汇率机制条件下两国之间由于贸易收支的变动所导致汇率比价变动，并不会产生很大影响。

② 这里还假设一国汇率的波动不受该国利率等货币政策的影响。

不但取决于一国贸易收支状况，而且还取决于一国汇率在国际跨境投机资金作用下的变动方向。理论上分析，相对于商品进出口贸易对于一国汇率产生的直接影响而言，投机性资金流动会造成一国汇率水平的巨大波动，其主要表现为投机性资金流入一国时，受资金流入国本币供求关系影响，会导致资金流入国本币的相对升值；而投机性资金的流出，又在一定程度上使资金流出国的汇率出现贬值①。就此而言，在全球经济一体化条件下，要使全球贸易以资源互补和相对成本优势贸易模式为依托，实现可持续发展，就必须在加强投机性资金跨境流动监管的条件下，通过各国汇率的变动，使各国贸易收支保持相对均衡。

五、新型贸易理论对于全球经济发展产生的促进作用

在满足资源互补型贸易和相对成本优势贸易理论假设条件下所开展的全球经济一体化，其可以对全球各国经济的发展以及人类社会的共同发展产生如下作用：

1. 全球经济运行效率将得到大幅提高。在满足既定的贸易假设条件下，全球贸易的发展必将提高全球经济的运行效率，具体言之，主要表现在以下几个方面：一是在满足既定的贸易假设条件下，全球各国通过资源的优势互补，可以提高各国的产出水平，从而最大限度地提高各国一定时期以商品作为表现形式的使用价值总量。二是在满足既定的贸易假设条件下，全球各国通过生产要素的优势组合，可以最大限度地提高生产要素的使用效率，使一定时期以商品作为表现形式的使用价值总量达到最大化。三是在满足既定的贸易假设条件下，全球各国通过相对成本优势贸易活动的开展，使各国的生产要素得到充分的利用，有利于最大限度地提高全球各国以商品作为表现形式的使用价值总量。由于以资源互补型贸易和相对成本优势贸易为依托的全球经济一体化，主要是在满足上述假设条件下实现的全球经济一体化，由此使全球经济一体化条件下的产出增加，是以全球供求相对平衡作为基础条件的，其增加的产出是一种有效的产出。就此而言，满足上述假设条件的全球贸易活动的开展，在很大程度上提高了全球经济的产出效率。

2. 发达国家经济可以实现经济发展的升级换代，进入由物质消费向精神消费发展的新阶段。在全球经济一体化的发展背景下，如果以资源互补和相对成本优势为依托的全球贸易的开展，满足上述假设条件，发达国家在物质需求得到相对满足的条件下，就可以通过其所拥有的技术与不发达国家所拥有的文化、风俗以及地理环境等相交换的方式，实现由物质消费向精神消费的过渡升级。一方面，通过精神消费的发

① 这种投资性资金的流出，既表现为通过购买国外生产要素或商品的方式流出，又表现为投资期满时，投资资金撤离所导致的资金流出。

展，进一步提高发达国家公民的精神生活水平，从而使发达国家公民更多地体现不同于动物的“人”的本质属性；另一方面，通过精神产品的发展，使发达国家经济保持继续增长。从目前全球贸易发展的实际情况来看，发展中国家可以为发达国家提供相对廉价的物质消费品，以满足发达国家的消费需求；发达国家也可以通过其自身的技术以及精神产品的出口，交换由发展中国家生产的基本消费品及其生产精神产品所需要的文化、风俗、地理环境等资源。由此实现发展中国家与发达国家的优势互补，使全球经济总量在精神生产和消费等新型产业带动下，实现进一步的扩张。

3. 发展中国家通过开展有效的国际贸易活动，实现进一步的发展。在满足上述假设条件的国际贸易活动作用下，发展中国家通过发展中国家之间以及与发达国家之间进行有效的贸易活动，可以获得进一步的发展机会，从而通过发展中国家自身的发展，实现人类社会的共同发展。具体言之，体现在以下几个方面：一是发展中国家之间通过资源互补型贸易活动的开展，可以突破各国从事生产所面临的资源短缺约束，从而有效地提高发展中国家的产出规模，以更好地满足发展中国家的物质需要。二是发展中国家之间通过相对成本优势贸易活动的开展，可以充分地利用各自拥有相对优势的生产要素，最大限度地提高本国的生产效率，使发展中国家在经济发展过程中，通过最小的生产要素消耗，实现最大规模的产出。三是就发展中国家与发达国家之间的贸易活动而言，在满足上述假设条件的贸易活动中，发达国家对于发展中国家的技术出口，一方面有利于发展中国家利用后发优势，通过发展教育和科学研究的方式，实现经济发展的跨越式赶超；另一方面，新技术在发展中国家的运用，也可以通过生产体现高技术含量商品的方式，满足发展中国家的发展需求。就发达国家而言，高科技含量的技术出口，促使其通过不断技术进步的方式，实现自身技术的不断发展；在发达国家顺利地实现由物质消费向精神消费过渡升级的条件下，发达国家对于发展中国家的技术出口，也可以在很大程度上使发展中国家与发达国家之间的贸易收支维持相对均衡。当然，在发达国家对于发展中国家实行技术出口的背景下，发展中国家要利用后发优势实现经济的跨越式赶超，就必须通过大力发展教育及加强科学研究的方式，对于这些新技术进行消化、吸收，并再次创新，以此实现其经济发展对于发达国家的有效赶超。

本章小结

本章从理论上分析了现代市场经济条件下对外贸易的基本原理。首先对现代西方经济学相关对外贸易理论进行了评述，分别评述了重商主义贸易理论、斯密的贸易理论、李嘉图的比较优势理论、赫克谢尔—俄林贸易理论、李斯特的幼稚工业保护论、凯恩斯主义对外贸易乘数理论，以及战后新的贸易理论。

从重商主义贸易理论的本质特征来看，这种理论上实际上混淆了社会生产的根本目的，他们将社会生产的根本目的看成追求以金银等贵金属作为表现形式的货币财富，相对于以实物或非实物形态作为表现形式的使用价值而言，将以贵金属作为表现形式的价值形态，作为社会生产的根本目的。实际上，就社会生产的根本目的而言，其最终是为了实现更多的以实物或非实物形态作为表现形式的使用价值，只有这样，才能使人类得以生存和不断发展。

斯密的绝对优势贸易理论，突破了重商主义将单纯地以追求金银等贵金属作为表现形式的价值总量作为出口贸易目的的对外贸易理论约束，将满足本国以实物或非实物形态作为表现形式的使用价值总量和质量的需求，作为一国开展对外贸易的根本目的，揭示了对外贸易的根本目的。从斯密绝对优势贸易理论的不足来看，这一理论要求各贸易国根据绝对优势所生产的产品具有较强的互补性，只有这样，各国才能根据各自所拥有的绝对优势生产相应的产品，并通过对外贸易的方式，实现本国使用价值总量的最大化。

李嘉图的比较优势贸易理论，无疑在很大程度上突破了斯密绝对优势贸易理论所面临的绝对优势品种的约束，极大地拓展了各国可贸易品种的空间。鉴于国际贸易发展的根本目的在于，实现各国以实物或非实物形态作为表现形式的使用价值总量的最大化，虽然李嘉图的比较优势贸易理论在很大程度上拓展了各国的贸易空间，但由于各国在产品需求品种及数量上存在着较大的差异，根据李嘉图比较优势对外贸易理论所开展的国际贸易，也受制于各国对于比较优势贸易产品需求的品种、数量。

赫—俄贸易理论从各国生产要素供给在时间上可持续性角度，考察了国际贸易在时间上的可持续性，不失为其对于国际贸易理论做出的一个较大贡献。该贸易理论主要是从各国生产要素不同禀赋角度来考察各国贸易优势，从理论不足来看，该理论只是从供给角度考察了一国对外贸易产品的供给，而没有从需求角度考察国外对于一国贸易品的需求。

从李斯特贸易理论的优点来看，其无疑有利于促进各国通过生产技术进步的方式，来加强对外贸易竞争力，促进了技术的进步，也有利于全球生产效率的提高，从而最终提高全球消费者的消费效用。就其负面影响而言，根据李斯特的幼稚工业保护贸易理论，全球贸易开展的主要目的不在于通过各国贸易产品的优势互补，来实现以实物和非实物形态作为表现形式的使用价值总量的最大化，而在于通过国际贸易的开展，来获取本国出口利润的最大化。在国家利益至上的原则影响下，该理论将使全球贸易保护主义盛行，从而不利于全球各国在既有的国际分工条件下，通过开展国际贸易，实现各国使用价值总量的最大化。

凯恩斯主义的贸易乘数理论以单纯地追求通过扩大出口的方式，来获取贸易顺差，实现以信用货币作为表现形式的经济总量增长的目的，而不是像李斯特幼稚工业保护贸易理论所论述的那样，在进出口相对平衡的基础上，通过出口贸易的利润结余，来扩大一国以信用货币作为表现形式的经济总量，从而实现一国以商品作为表现形式的使用价值总量与以信用货币作为表现形式的价值总量的共同增长。就此而言，凯恩斯主义的贸易乘数理论实际上在很大程度上偏离了贸易发展的初衷，该理论在实践中的运用会导致全球经济的进一步失衡。

在对相关贸易理论进行理论评述的基础上，本章对全球经济一体化背景下贸易理论的运用进行了研究，分析了全球经济一体化的运行特征、全球经济一体化的理论背景、全球经济一体化所面临的问题以及目前全球不均衡贸易的形成原因。在此基础上，构建了自己的全球经济一体化条件下公平贸易理论，认为在全球经济一体化背景下，要使发展中国家与发达国家通过国际贸易的开展，实现共同发展，就必须在对外贸易理论上体现以下原则：(1) 以资源互补型贸易作为全球各国开展贸易活动的基础。(2) 在各国贸易收支均衡的条件下，以相对成本优势贸易作为全球各国开展国际贸易活动的有效补充。提出了实现上述贸易理论所需要的相关假设条件，其主要包括：(1) 各国之间经济完全开放；(2) 发达国家经济发展方式实现根本转型，实现由物质消费形态向精神消费形态的过渡升级，从而与发展中国家在更大层面上形成全球贸易的优势互补；(3) 各国实行市场化的经济运行机制；(4) 在加强跨境投机资金监管的条件下，各国金融市场运行实现完全市场化，通过浮动汇率机制的实施，实现各国贸易收支的均衡。理论上，按照新的贸易理论原则进行国际贸易，可以起到以下作用：(1) 全球经济运行效率将得到大幅提高；(2) 发达国家经济可以实现经济发展的升级换代，进入由物质消费向精神消费发展的新阶段；(3) 发展中国家通过开展有效的国际贸易活动，实现进一步的发展。

第三十九章
比较优势贸易理论在中国对外贸易中的运用缺陷及其解决对策

一、比较优势贸易理论的内涵及其假设条件

比较优势贸易理论认为，一国在两种商品生产上较之另一国均处于绝对劣势，但只要处于劣势的国家在两种商品生产上劣势的程度不同，处于优势的国家在两种商品生产上优势的程度不同，则处于劣势的国家在劣势较轻的商品生产方面具有比较优势，处于优势的国家则在优势较大的商品生产方面具有比较优势。两个国家分工及专业化生产和出口具有其比较优势的商品，则两国都能从国际贸易中得到利益。从比较优势理论的运用来看，存在着严格的理论假设条件，具体言之，主要包括以下十一个假设条件：一是这种理论建立在两个国家两种商品生产的比较优势基础之上。二是这种理论认为，商品生产的主要成本构成在于劳动，即劳动在两国商品生产中处于主导地位。三是这种理论认为，两国商品生产在长时间内生产成本保持不变，进而使两国商品生产的相对优势保持不变。四是这种理论认为，两国商品生产的相对优势主要表现为生产成本的相对优势，而不考虑两国进行商品贸易时所需要的运输费用因素。五是这种理论认为，劳动等所有生产要素都是充分就业的，它们在国内完全流动，在国际之间不能流动，以此保证充分就业状态下商品生产成本的相对稳定。六是这种理论认为，生产要素市场和商品市场是完全竞争的市场，以此保证两国商品生产成本是由市场所决定的。七是这种理论认为，收入分配没有变化，以此保证两国商品生产成本的相对优势保持不变。八是这种理论认为，贸易是按货物交换的方式进行的，以此保证两国在商品贸易供求上的均衡。九是这种理论认为，不存在技术进步和经济发展，

国际经济是静态的，以此保证两国生产商品成本的比较优势得以持续。十是这种理论认为，两国资源都得到了充分利用，均不存在未被利用的资源和要素。十一是这种理论认为，两国的贸易是平衡的，即总的进口额等于总的出口额。

二、比较优势贸易理论所需假设条件在中国对外贸易实践中的运用

从中国对外贸易发展情况来看，20 世纪 90 年代以后，中国对外贸易在很大程度上借鉴了这种比较优势的贸易理论，有力地促进了中国对外贸易的快速发展。但由于中国对外贸易发展所面临的国内外环境与比较优势贸易理论所需要的假设条件相差较大，也形成了诸多亟待解决的问题。其主要表现在以下几个方面：

第一，当今的世界贸易已不局限于两个国家、两种商品之间的交易，而是表现为多国贸易和多种商品之间的交易，由此使国与国之间在商品生产上所体现的相对成本优势，表现出较强的复杂性和多变性特征。就中国而言，目前中国对于发达国家的贸易优势更多地体现在劳动力成本较低的相对优势，劳动密集型产品出口在中国对外贸易中占有较大份额，使得中国对外贸易所获得的利润水平较低，劳动密集型产品出口更多地仅表现为国内丰富劳动力的货币化过程；也使中国对外贸易面临国外较大的竞争压力和反倾销制裁。随着中国人口老龄化时代的来临，这种以青壮年劳动力为依托的对外贸易优势是不可以持续的。

第二，比较优势贸易理论一般建立在两国之间劳动生产率和劳动强度差异的基础之上，而从全球贸易发展的实际情况来看，当前，国与国之间在国际贸易方面所表现出的相对优势，不仅体现在劳动生产率和劳动强度方面存在的相对差异，而且还表现在由于资源和技术禀赋不同所形成的相对差异。发展中国家对于发达国家出口大量的初级自然资源形态产品或者附加廉价劳动力价值、以自然资源为依托的廉价工业品，而发达国家对于发展中国家主要出口高新技术产品。鉴于部分自然资源的不可再生性以及劳动密集型产品的低廉性，决定了发展中国家对于发达国家以自然资源和廉价劳动力为基础的出口贸易，具有较大的不可持续性。从中国对外贸易发展的实际情况来看，多年来，中国除了基于丰富劳动力优势而发展的对外加工出口贸易之外，随着重化工业的持续推进，中国以自然资源为依托的出口贸易在对外贸易总量中占有较大的比重，破坏了中国良好的自然环境；不可再生资源的出口，也使中国未来经济发展面临较大的资源瓶颈约束。随着不可再生资源的逐步减少，这种“自然资源 + 低价劳动力”的对外贸易发展方式，也是不可持续的。

第三，从比较优势贸易理论所依托的两国之间商品生产相对成本不变的假设条件来看，在经济货币化和自然资源货币化共同影响下，国与国之间商品生产相对成本呈现出较大的可变性。从中国实际情况来看，随着经济的进一步发展，中国劳动力成本

正面临着较大上升压力，由此使中国以廉价劳动力为依托的对外贸易发展，面临着较大的挑战。

第四，现代运输工具的发展，使各国贸易在地域上拓展至全球，运输费用的高低成为决定一国对外贸易相对优势的重要因素，特别是随着石油等燃料费用的大幅度提高，运输费用在一国商品出口成本中所占比重出现了大幅度提高。从中国贸易发展的实际情况来看，由于中国出口贸易多数表现为廉价劳动力与自然资源相结合的大宗商品，而出口地域多数为距中国较远的欧美国家。在国际运输费用大幅提高的背景下，中国对外贸易发展正面临着较大的运输成本压力。

第五，从比较优势贸易理论所要求的劳动等生产要素充分就业、在国内充分流动而在国际间不能充分流动的前提条件来看，就中国而言，受交通、地域以及中国人口基数庞大等诸多因素限制，中国劳动力等生产要素在国内并没有实现充分流动，广大农村劳动力也未处于充分就业状态。随着经济全球化浪潮的进一步发展，资金、技术和管理等生产要素却出现跨国流动现象，一些国外企业纷纷去发展中国家投资设厂，赚取当地以廉价劳动力和自然资源为依托的超额利润。就其对中国出口贸易的影响而言，人口没有实现充分流动、大量人口处于未就业状态，使中国出口贸易在国内面临着较大的恶性竞争压力，决定了中国很难通过低端贸易的持续发展，实现对外贸易的转型升级。而跨国公司在中国大量投资设厂，又使中国对外贸易在很大程度上带有虚增的成分。根据比较优势的贸易理论，一国对外贸易主要是指在生产要素不可跨国流动下而发生的贸易，目前，在中国出口贸易总额中，跨国公司生产的产品出口占据了中国出口总额的50%以上，超出了比较优势贸易理论所设定的假设范围，由此导致这种格局下的贸易发展，对于中国经济发展产生了特殊影响。从中国引进外资的初衷来看，20世纪80年代改革开放以后，中国引进外资主要基于以下几点考虑：一是为了解决国内资本短缺问题而吸引外资，这种资本短缺更多地表现为外汇资本短缺。在国内生产能力有限的情况下，国家购买国外先进的生产要素和消费要素，需要大量的外汇储备。从引进外资增加中国外汇储备的对外贸易政策实施情况来看，经过几十年的发展，中国已经成为外汇储备大国，而以美元为主导的国际信用货币不断贬值，使中国巨额外汇储备正面临着巨大的贬值风险。就此而言，如何确保中国巨额外汇储备的保值增值，是必须考虑的重大问题。二是由于中国农村人口众多，根据资金、资源、技术、管理、劳动的组合规则，中国引进外资，主要为了解决中国存在的就业压力。从这一对外贸易政策实施情况来看，20世纪80年代以后，外部资本大量进入中国市场，通过外部资金、技术、管理与中国国内劳动、资源的结合，一方面，使中国出口贸易大幅增长；另一方面，使中国就业率大幅提高，在劳动货币化和资源货币化共同影响下，中国GDP总量也得到了快速增加。需要特别指出的是，在实现上述生产要素组合的同时，由于资本市场没有对外开放，在强制结汇体制影响下，中国居民得到的只是本币形态的货币收入，商品出口所交换的并不是商品而是以外汇形态表现的巨额外汇储备，其在一定程度上说明了中国以巨额外汇储备作为表现形式的国际间贸易，已经脱离了正常的贸易属性。更有甚者，在GDP考核机制以及创汇思想引导下，中国往往通过出口退税以及压低国内员工收入水平的方式，去维持这种不正常的国际贸易收支格局。三是引进外资，通过国内资源、劳动与国外资本、技术及管理的组合，生产国内企业不能生产的生产资料和消费资料。从这一外贸政策实施效果来看，应该说，在20世纪80年代中国商品短缺时代，这一组合很好地解决了中国部分生产资料和消费资料的短缺问题。从目前中国外资企业生产的产品流向来看，随着中国经济的进一步发展，由外部资金、技术、管理和国内资源及劳动力等生产要素组合所生产的产品，多数用于出口，而较少地用于弥补国内部分生产资料和消费资料的不足。

第六，从生产要素和商品要素市场的自由竞争程度来看，在中国前期对外贸易发展过程中，国内外生产要素和商品要素市场并不都是完全自由竞争的。其主要表现在以下几个方面：一是国外发达国家先进的技术要素并不能自由地出口到发展中国家；二是一些国家还通过征收关税或实行进口配额的手段，限制外部商品进口；三是一些国家还通过出口退税，以及片面压低本国生产要素价格的方式，促进本国商品出口。这些现象的出现，使目前建立在比较优势基础上的国际贸易，其自身并不符合比较优势的国际贸易规则，从而在很大程度上造成了国际贸易发展的不均衡。从中国对外贸易发展情况来看，中国近年来在国际收支上出现的不均衡现象，在很大程度上与此有关。

第七，根据比较优势贸易理论所提出的假设条件，各生产要素收入分配比重相对稳定，可以使各国在贸易上的相对优势保持稳定，进而维持目前稳定的贸易格局。但从这种假设条件在实践中的满足程度来看，在经济货币化和信用货币条件下，生产要素分配的稳定性是不可能维持的。从生产要素在国民收入分配中所占比重的变化情况来看，一些在社会生产中处于主导地位的生产要素，在当期国民收入分配中居于主导地位。具体言之，在重化工业时代，资金、资源在国民收入分配中居于主导地位，一方面导致资金、资源等生产要素在国民收入分配中所占比重远远大于劳动等生产要素在国民收入分配中所占的比重，从而使国民收入分配在不同市场主体之间出现严重的两极分化现象；另一方面，在生产要素不完全可替代规则影响下，以劳动等为表现形式的生产要素在国民收入分配中所占比重过低，又在很大程度上对于既有的生产方式形成了一定的负面影响。从中国前期对外贸易发展的具体实践来看，以资金、资源等为代表的生产要素在国民收入分配中所占比重较高，而以劳动为代表的生产要素在国民收入分配中所占比重较低。进一步拉大了国内不同市场主体之间的收入差距，使社会生产过剩和居民消费不足同时并存，后续劳动力供给的不足，也使中国以廉价劳动力为依托的比较优势难以持续。

第八，根据比较优势贸易理论的相关假设，各国之间的贸易是按货物交换的方式进行的，以此保证两国在商品贸易供求上的均衡。当然，在现代市场经济条件下，易货贸易是不可能存在的，但以货币为媒介的国际贸易其实在很大程度上遵循了各国在商品上供求互补的平衡规则。理论上，各国通过开展贸易的方式实现供求互补，需要以下假设条件：一是各国货币对外结算需要以其可出口的商品做支撑，而不是单纯地表现为信用货币；二是各国出口商品的最终目的是为了进口商品；三是各国进口商品所支付的货币最终需要本国生产的商品出口来偿还。根据这几个假设条件，如果剔除“贸易结算货币”这个中间因素，各国的贸易活动实质上仍然遵循了“以货易货”的贸易规则。从全球国际贸易的实践来看，在以信用美元作为国际货币的特殊国际货币体系下，美元不同于黄金，却承担了世界货币职能；信用美元的不断超发，使国际货币供给总量不断增加。受此影响，各国基于比较优势理论下的贸易平衡主要表现在以下几个方面：一是贸易顺差国与美元外汇储备的均衡；二是贸易逆差国与美元外汇赤字的均衡；三是美国作为美元发行国，则会出现贸易和资本项目的双赤字。因此，不断增发美元，成为美国维系现有贸易格局和实现收支平衡的唯一选择。在世界货币供给不断增加的情况下，全球经济运行将继续呈现生产要素价格和商品价格不断上涨的格局。

第九，比较优势理论认为，要维持两国之间的比较优势，就要求不存在技术进步和经济发展，国际经济是静态的。根据这一论述，比较优势理论是以承认既有社会分工和贸易格局为其前提条件的。应该说，在两国之间货物交换时代，根据比较优势理论的这个假设，两国之间基于各自比较优势而开展的贸易，有可能保持持续发展。而在现代市场经济条件下，这种理论假设在现行的国际贸易发展中根本不存在，因为追求效益成为市场主体从事经济活动的主要动力，决定了两国之间的贸易主要建立在“逐利”的基础之上，在两国技术和经济发展水平存在既定差距的条件下，就动态而言，随着两国贸易的不断发展，技术水平高以及经济发展快的国家，其在对外贸易发展中可以获得较多的收益，以此进一步推动其本国技术水平的不断提高和本国经济的进一步发展；而技术水平低以及经济发展慢的国家，其在对外贸易中所获得的利益较少，从而使其在进一步推动本国技术进步和经济发展方面面临着较大的资本约束。这种资本约束更多地表现为资源、劳动、技术和管理的货币化形态。在劳动力作为比较优势的国际贸易中，如果劳动力供给可以延续，鉴于劳动力的可再生性，这种以廉价劳动力为比较优势的低端国际贸易可以维持下去；而在以资源作为比较优势的国际贸易中，鉴于自然资源不可再生性，随着时间推移，这种贸易格局是不可持续的。由此可见，在现代市场经济条件下，受市场“逐利”机制影响，技术和经济发展水平不同的国家，基于比较优势而开展的国际贸易，其发展的最终结果必然是随着时间推移，两国之间的技术水平和经济发展差距将进一步扩大，从而使两国之间建立在比较优势基础上的国际贸易面临着较大的变数。具体言之，技术发达和经济发展快的国家在两国贸易中处于主导地位，其可以通过技术限制和反倾销制裁等手段，获取巨额利益；而技术落后和经济发展较慢的国家，则在国际贸易发展中处于被动地位。这些都在很大程度上打破了两国在技术和经济发展上存在的既定差距，从而使比较贸易优势所需要的两国技术和经济发展差距不变的假设条件，在国际贸易实践中不能得到很好的满足。

第十，在现代市场经济条件下，“逐利”机制所导致的各国进出口贸易，主要以追求本国经济利益最大化为最高目标，在经济实践中这种本国经济利益的最大化主要通过信用货币的价值形态表现出来，而不是通过本国可用于生产和生活的使用价值总量表现出来，由此决定了比较优势贸易理论所提出的一国资源和生产要素得到充分利用的假设条件，在现代贸易发展中得不到很好的满足。此外，如果一国资源等生产要素是不可再生的，那么，在国家利益最大化的对外贸易发展格局下，一国必然会非常珍惜其不可再生的自然资源，而不可能通过盲目消耗其不可再生自然资源的方式，来发展国际贸易。就此而言，比较优势贸易理论所提出的各国通过充分利用本国资源发展国际贸易的假设条件，在不可再生自然资源的瓶颈约束条件下，并不能得到很好的满足。

第十一，从现代国际贸易发展情况来看，通过增加本国贸易顺差方式来增加本国经济发展总量以及促进本国就业，成为一些国家发展贸易的主要目的。而通过本国发行国际信用货币的方式，向国外进口商品和服务，从而实现以本国信用货币作为表现形式的价值形态向以国外进口的商品和服务作为表现形式的使用价值形态转换，是一些国际信用货币发行国在国际贸易发展中所追求的最高目标，其在国际贸易发展中主要表现为一国对外贸易的逆差。就此而言，在现代国际贸易发展中，各国贸易收支往往是不均衡的。由此导致比较优势贸易理论所要求的各国对外贸易进出口均衡的假设条件，在国际贸易发展的实践中并不能得到很好的满足。

从各国贸易活动的具体实践来看，国际贸易总是不均衡发展的。受各国技术和经济发展水平不同影响，一国贸易在不同的历史发展阶段，总是呈现跳跃式的发展变化特征。就中国对外贸易发展情况而言，多年来，受比较优势理论影响，中国一直停留在以廉价劳动力和资源消耗为比较优势的贸易发展格局中，这种贸易格局，不仅使中国贸易出口在国际上面临较大的反倾销制裁，也使中国在对外贸易出口中所获取的收益较少。当然，自 20 世纪 90 年代末以后，外资的进入使中国成为世界制造业基地，体现较高技术含量的机电设备出口总额大幅增加，但这些高技术含量的机电设备生产，多数是由外资或合资企业来生产的，中国只能依此解决就业问题，而不能从高技术含量的机电产品出口中获取较高的利润回报。由于中国在出口贸易中获利较少，使中国很难通过技术进步的方式，提高本国出口商品的技术含量，实现中国对外贸易的优化升级。当然，在前期强制外汇结算模式下，中国也积累了巨额外汇储备，必须指出的是，这些外汇储备不是本土企业对外贸易的利润结余，决定了其最终所有权并不完全属于中国。在信用美元作为世界货币的国际特殊货币体系下，如果没有与之相对应的资源、劳动、技术和管理等真正意义上的生产要素流入，这种停留在信用货币形态下的资本，并不能对一国技术进步和经济发展起到推动作用。随着时间推移，受中国人口红利减少及不可再生资源逐渐减少等双重因素影响，中国这种基于廉价劳动力和自然资源优势的低端出口贸易也难以维持。从发达国家来看，其一方面通过技术和管理的比较优势，在与中国开展的贸易活动中获取了巨额收益；另一方面，还通过对中国进行直接投资，运用自己的技术和管理优势与中国廉价的劳动力和资源相结合的方式，在国际贸易分工中获取了巨额收益。由此可见，目前中国以比较优势理论作为指导的对外贸易，不但不能够维持或缩小中国与发达国家之间的发展差距，而且还会进一步拉大这种发展差距。

三、实现中国对外贸易优化升级应该采取的相关对策

鉴于比较优势贸易理论所需要的诸多假设条件在中国对外贸易发展中并不具备，如果按照这一理论指导中国对外贸易发展实践，则会进一步拉大中国与发达国家之间的技术和经济发展水平差距。随着人口红利的逐渐减少以及不可再生自然资源的减少，中国既有的贸易格局也不能得到基本维持。因此，当前要克服中国对外贸易发展中存在的诸多弊端，实现中国对外贸易的转型升级，最终利用后发优势，实现中国经济发展的赶超，就必须突破比较优势贸易理论所设定的假设条件，发展有中国特色、符合中国具体国情的对外贸易，确保中国在对外贸易发展中实现国家利益的最大化。具体言之，其主要表现在以下几个方面：

（一）提高劳动力工资收入水平

当前应该通过提高劳动力工资收入水平的方式，提高出口产品价格，使中国体现劳动力优势的对外贸易发展格局得到可持续发展。就贸易的本质内涵而言，笔者认为，出口的最终目的是为了进口，为了有效地的平抑当前中国对外贸易出现的巨额顺差，应该通过提高劳动力工资收入水平的方式，提高中国出口产品的价格，最终实现贸易收支的基本平衡。从中国前期平抑国际贸易顺差的手段来看，2005 年以后，中国主要是通过实行本币升值的方式来调控贸易顺差的，就其实践效果而言，这种依靠传统理论来采取的调控措施，并没有达到理想的调控效果，不但没有实现中国贸易收支平衡的调控目的；在巨额外部投机资金已经进入中国资本市场的情况下，人民币本币过度升值也使中国经济运行面临着较大的金融风险。就本币升值和提高劳动力工资

收入水平的作用机理而言，虽然二者的最终目的都在于提高本国出口商品的价格，但其所起到的宏观调控效果却迥然不同。在本币升值背景下，为了应对本币升值压力，出口商可以通过压低劳动力工资的方式，来消化本币升值压力。其一方面使本币升值达不到理想的平抑贸易顺差的实际效果；另一方面，劳动力工资收入水平的降低，将使中国消费市场持续乏力，在导致消费对于经济发展的拉动作用相对有限的同时，也使中国劳动力自身再生产面临着较大困难，并在很大程度上对于中国经济的持续发展形成了诸多负面影响。

从中国当前劳动力工资的实际水平来看，目前中国劳动力工资仅仅能够维持其自身和子女的衣、食需要，由于国家实行了九年义务教育，因此，劳动力对于其子女的基础教育支出主要是通过公共财政支出来保障的。从劳动力工资性收入对于其家庭的生活保障现状来看，在目前中国特殊的劳动力构成阶段，中国出现了两代劳动力共同抚养独生子女的代际累加贡献效应现象。就目前中国劳动力工资对于劳动力再生产的保障程度而言，中国劳动力工资对于劳动力再生产的保障程度相对较低。特别需要指出的是，在中国劳动力工资水平较低的情况下，中国却出现了居民总储蓄不断增长的现象。笔者认为，造成这种现象的原因主要在于以下两个方面：一是与国民收入初次分配出现了严重的两极分化现象有关；二是与劳动力过去培养成本补偿不足（主要表现为青壮年劳动力的父母不但不能享受养老，而且还要继续进行劳动付出）和未来收入不确定预期有关（其主要表现为这些文化程度不高的青壮年劳动力在年老时，将面临较大的养老压力）。理论上，提高劳动力工资收入水平，应着力于满足以下几方面的支出需求：一是劳动力工资收入不仅包括劳动力自身的衣食住行收入，还应包含劳动力的医疗和养老收入；二是就劳动力子女抚养而言，劳动力工资应包含其子女必要的衣食支出、医疗支出及教育支出（除义务教育之外，还包含高中、大学教育支出）；从未来劳动力可再生角度考虑，应该适当放开计划生育政策，劳动力的工资对于子女的上述开支应满足于至少两个子女的上述开支需求。随着时间推移，劳动力工资所包含的范围还可以依次扩大，进而使中国经济发展与居民生活水平的不断提高相一致，使生产与消费之间保持协调发展，最终使经济发展满足居民不断提高的物质、精神生活需求。总体而言，当前提高劳动力工资收入水平，可以对中国经济发展起到以下作用：

第一，提高劳动力工资收入，可以通过劳动力自身素质的提高以及后续劳动力的培养，为经济的可持续发展提供劳动力支持，为经济发展的优化升级提供智力支持。

第二，提高劳动力工资水平，可以有效地刺激消费，充分发挥消费对于经济的拉动作用，从而使中国经济发展最终受惠于国民，使中国社会生产服从于社会主义生产的最终目的。

第三，提高劳动力工资水平，可以有效地遏制中国目前存在的巨额贸易顺差局面，有效地应对中国对外贸易所面临的国际反倾销制裁压力，最终实现中国贸易收支的基本平衡。提高劳动者工资收入水平，将提高出口商品价格，由此削减中国由于廉价劳动力竞争所形成的贸易顺差。而劳动者工资收入提高之后，将有效地增加进口，可以达到缩小贸易顺差并最终实现贸易收支平衡的目的。

（二）实现进出口收支平衡

当前应将进、出口平衡作为中国发展对外贸易的基本立足点，通过有进、有出的贸易活动，提高中国生产要素的使用效率，提高中国居民的消费水平。

在中国前期对外贸易发展过程中，我们在对外贸易理论认识上主要存在以下两种误区：

一是根据凯恩斯主义理论的经济总量平衡公式，将出口看成是做大 GDP 规模的一个重要手段。其实，出口的最终目的在于进口，如果没有有效的进口，对于出口国而言，就是单方面的以资源和劳动为依托的商品输出，其实质上是一种不等价交换的国际贸易，由此实现的 GDP 增量，也是一种没有使用价值形态的商品或劳务做支撑、单纯以信用货币作为表现形式的价值形态增量。此外，一些人鉴于 GDP 与就业的正相关关系，认为通过出口增大 GDP 规模，可以有效地解决就业问题。在只有出口没有进口的对外贸易条件下，劳动力参与出口产品的生产，其完成的只是劳动力的货币化过程。因为，劳动力在取得价值形态的收入之后，与这部分用于出口而产生的劳动力货币化形态相对应的商品或服务，应该通过进口的方式来解决。从实际情况来看，其主要通过在国内购买商品或服务的方式，来实现价值形态向使用价值形态的转换。由此可见，在进出口不均衡的贸易条件下，以解决就业问题为主要目的的出口增长，最终不能解决国内新增就业劳动力对于商品或服务的消费需求，这在一定程度上说明，这种以增量出口所实现的增量就业，对于提高国内居民消费水平而言，并没有实质性意义。

二是中国多年来存在的出口大于进口的不均衡贸易格局之所以长期存在，在很大程度上与将以美元为代表的国际信用货币视为黄金商品货币的错误观点有关。在黄金作为世界货币的国际货币体系下，根据休谟的黄金输出、入点规则，黄金的自由流入和流出，本身可以使一国贸易收支自动地实现均衡。然而，从目前国际货币体系来看，美元是信用货币，又承担了世界货币的职能。由于我们前期将美元等同于黄金商品货币，在进、出口不均衡的情况下，通过长期持有大量美元的方式，来实现另外一种形式上的贸易均衡。不管美元贬值与否，美元最终只是一种价值形态，而黄金既是一种价值形态又是一种使用价值形态，我们前期将作为价值形态的美元用于弥补国际贸易收支不平衡的做法，其本身也违背了国际贸易发展的初衷。不但导致中国对外贸易顺差长期居高不下，也使中国经济运行面临较大的通货膨胀压力。

从比较优势贸易理论的本质内涵来看，建立在比较优势理论基础之上的国际贸易，其最终目的在于通过国与国之间相对优势的贸易活动，最大限度地提高本国生产要素的使用效率和实现本国居民消费效用的最大化。根据这一理论原则，在中国对外贸易发展中，应将实现贸易收支平衡作为中国发展对外贸易的战略基点，为了实现这一目的，可以采取以下措施：

第一，调整贸易进出口结构，充分发挥中国在国际分工中的比较优势。出口中国具有相对优势的产品，在目前阶段，主要表现为体现可再生劳动力优势的劳动密集型产品以及体现中国地域特色的可再生农业产品。随着经济发展，要最终实现中国出口贸易的优化升级，中国商品出口就必须逐渐由低端的劳动密集型产品和农业产品，转向以技术和文化做支撑的高端产品，出口具有高技术含量的科技产品和具有丰富文化底蕴的文化等精神产品等。同时，通过进口中国相对劣势产品的方式，提高中国生产要素的使用效率，实现居民消费效用的最大化。就现阶段而言，中国进口的生产要素主要体现在中国相对稀缺的不可再生资源、具有先进技术和管理经验的技术人员、具有较高科技含量的专利技术，以及先进制造装备等方面。对于消费品的进口，主要体现在有利于提高中国居民消费水平和消费质量的商品或服务等方面，如中国不能生产的食品以及有利于中国居民衣、食、住、行水平不断提高的其他国外产品等。可以预计，建立在进、出口均衡基础之上的国际贸易，将使中国充分享有全球经济一体化背景下国际分工所带来的诸多好处，也可以在最大限度维护本国利益的前提下，实现国民经济的可持续发展。

第二，通过必要的政策调整，力促中国进、出口的均衡。从对外贸易政策来看，中国前期曾通过压低劳动力工资、实行出口退税的方式，促进国内产品出口。同时，对于国外产品征收高关税的方式抑制进口，由此导致中国出现了大量贸易顺差。为了实现进、出口平衡，当前，有必要在贸易政策上做适当调整。就出口政策而言，可以通过取消或降低部分行业出口退税优惠政策的方式，来抑制高能耗、高污染以及资源消耗大的商品出口，以此抑制出口总量。就进口而言，对于有利于提高居民衣、食、住、行等消费水平的商品进口以及有利于提高中国生产要素使用效率的技术、生产装备进口，应适当降低乃至取消进口关税。通过出口和进口的贸易政策调整，最终实现中国对外贸易收支的均衡。

（三）实现对外贸易的优化升级

根据比较优势理论所要求的假说条件，目前中国很难通过比较优势贸易的开展，实现经济的跨越式赶超。实际上，从中国前期对外贸易发展情况来看，中国基于国际比较优势而采取的以市场换技术的措施，并没有使中国获取更多的技术，中国基于比较优势而开展的大量廉价劳动力产品和资源出口所积累的巨额外汇储备，并不能通过从国外进口技术等先进生产要素的方式，实现中国国际收支的基本平衡。这就要求今后中国对外贸易的发展要突破比较优势贸易理论的束缚，通过必要的政策引导，实现中国对外贸易在进、出口基本平衡基础之上的优化升级，最终提高中国对外贸易的核心竞争力。为达此目的，可以采取以下措施：

第一，充分利用现有的外汇储备，通过进口国外先进生产要素的方式，提高中国生产要素的质量。当前中国所拥有的巨额外汇储备，并不是中国本土企业开展对外贸易所积累的利润结余，而是既包括本国生产要素货币化成分，也包括对来自外国的投资和投机主体的负债成分。因此，在人民币已经大幅升值、外部投机资金获利丰厚的背景下，目前不宜通过实行人民币自由兑换的方式，开放中国的资本市场，而应该通过充分利用这些外汇储备服务于实体经济的方式，提高中国技术水平和对外贸易的竞争力。当前对于外汇储备的使用，应重点用于引进国外先进的技术人才、先进技术、管理经验以及进口中国稀缺的资源，通过国外先进生产要素的引进，最终丰富中国生产要素的数量，提高中国生产要素的质量，进而为实现中国对外贸易的优化升级提供必要的生产要素准备。

第二，通过加大教育和科技投入的方式，为实现中国对外贸易的优化升级提供人才准备。从现代国际竞争来看，其最终表现为科技和人才的竞争。因此，为了有效地提高中国对外贸易的技术含量，实现中国对外贸易的优化升级，应通过加强教育和科技投入的方式，培养大量的技术人才，夯实中国基础科学研究基础，最终促进中国科技水平的不断提升。从中国教育和科研投入来看，当前中国教育和科研资金投入总量依然较低，资金使用效率也不高，主要表现为：由于教育、科研工作者工资收入水平较低，使一些教育工作者和科研工作者无法专心投入工作，影响了教育和科研质量；而对高中及大学实行的自费教育也使很多优秀人才留在校门之外，步入外乡打工的廉价劳动力行列，不利于中国劳动力素质的进一步提高；在研究生教育阶段的低投入，也使大量优秀学子流出海外，导致中国优秀理工科人才的大量流失。上述现象的存在，一方面使中国对外贸易长期停留在低端水平；另一方面，也使中国科技进步缺乏必要的人才支撑。为了实现中国对外贸易的优化升级、促进技术的不断进步，应该通过不断加强科技、教育投入的方式，提高教师和科研工作者的收入水平，使他们安心工作。通过适度控制高等教育招生规模的方式，提高对于高中、大学及研究生阶段的学生补助水平，使他们安心学习，为中国科技的发展提供必要的人才准备。只有这样，中国对外贸易才能依靠科技的进步，实现优化升级。

第三，在引进外资上，抛弃对于外部资本盲目崇拜的误区。要注重引进外资的质量，将外部资金和资本区分开来。引进的外资必须要有技术、生产设备、管理等使用价值形态的外部生产要素流入做支撑，从当前外资企业的生产性质来看，其一方面通过资金、技术及管理与中国劳动力、资源相结合的方式，生产相应的产品，满足外资流出国或其他发达国家生产和消费需求，从而实现外资流出国投资品和消费品生产产地的有效转移；另一方面，通过资金、技术及管理与中国劳动力、资源相结合的方式，生产供中国居民生产和消费的产品，并在其中赚取了大量利润。从维护国家根本利益的角度分析，外资企业用于前者的生产，对于提高中国居民的消费水平并没有什么意义。用于后者的生产，虽然满足了中国居民的消费需求，但外资也在其中赚取了大量利润，外资的进入并没有起到提高本土企业竞争力的作用，反而使国有品牌毁于一旦。在人民币大幅升值的背景下，一些外部投机资金进入中国市场之后，通过圈地或存入银行的方式，赚取了大量不动产增值收益和汇兑收益。由此可见，我们并不能认为，不管是什么形态的外资，只要进入中国市场都是对国家有利的。当前，在外资流入是否有利于中国经济发展的判断上，要着力把握以下几个判断基点：

一是只有那些有技术、资源、管理做支撑的外资流入，才能称之为真正意义上的外资流入，才能真正地对中国生产要素起到增加的作用。

二是只有那些能够给国内带来先进技术和管理经验的外资流入，才能真正地起到提升中国技术水平的作用。

三是只有那些生产产品服务于本国居民消费层次提高的外资流入，才能真正地起到提高中国居民消费水平的作用。

四是由于外资流入而使本国资源、劳动等生产要素实现以外币作为表现形式的货币化收入，只有能够在国外购买相应的生产要素或消费产品，才能真正地实现货币形态收入和实物形态供给之间的均衡。否则，单纯地以信用货币作为表现形式的价值总量的增加，必然会使中国经济运行面临较大的通货膨胀压力。

总体来看，改革开放以后，虽然中国对外贸易实现了快速发展，但其中也存在着诸多问题。在后金融危机时代，这些问题对于中国经济发展已经产生了诸多不利影响。笔者认为，要解决目前中国对外贸易发展中存在的诸多问题，首先，要在对外贸易理论上正本清源，客观地认识到在国际特殊的信用货币体系下对外贸易发展的本质特征，在于实现各国商品的互通有无，而不是实现本国生产要素以外币作为表现形态的持续货币化。其次，在“逐利”的市场机制作用下，一国对外贸易顺差应更多地体现为本国出口贸易的利润结余，而不是进出口之间的差额。只有在市场化条件下以追求“利润”为驱动力的国际贸易发展，才能通过出口利润的提高，在发挥出口拉动经济增长作用的同时，实现国家利益的最大化。再次，由于中国对外贸易顺差更多地表现为本土生产要素外币化的结果，在中国科学技术发展仍然缺乏领跑国际前沿技术的条件下，中国由贸易顺差所导致的巨额外汇储备并不能作为人民币国际化的基础。在国际信用货币条件下，一国本币的国际化程度在很大程度上取决于其科学技术的发展水平以及全球国家对于其出口产品的刚性需求，当然，还有该国军事实力对于其本币国际化的保护程度。在后金融危机时代，中国解决人民币外升内贬的关键着力点，不在于通过金融手段实现人民币的国际化，而在于通过从国外引进大量理、工科技术人才和高新技术的方式，提升中国生产要素的国际竞争力。最后，在信用货币经济条件下，虽然一国经济发展主要通过以信用货币作为表现形式的价值总量体现出来，但这种价值总量最终必须取得具有一定使用价值形态的商品和服务做支撑，而从商品和服务供给的源头来看，其主要取决于一国资源、劳动、技术和管理的可持续供给数量和质量。为了实现中国经济的可持续发展和对外贸易结构的优化升级，当前在克服对于信用货币形态的外资资本盲目崇拜的同时，还必须通过提高国内劳动者工资收入水平，通过加强教育和科技投入的方式，实现上述生产要素的可持续供给和质量的不断提高。

本章小结

本章研究了比较优势贸易理论在中国对外贸易发展中的运用缺陷及其解决对策问题。首先根据比较优势贸易理论的内涵以及其假设条件，研究了比较优势贸易理论所需假设条件在中国对外贸易实践中的运用。认为从中国对外贸易发展情况来看，20 世纪 90 年代以后，中国对外贸易在很大程度上借鉴了这种比较优势的贸易理论，一方面有力地促进了中国对外贸易的快速发展；另一方面，由于中国对外贸易发展所面临的国内外环境与比较优势贸易理论所需要的假设条件相差较大，也形成了诸多亟待解决的问题。在此基础上，文章研究了实现中国对外贸易优化升级的相关对策，认为鉴于比较优势贸易理论所需要的诸多假设条件在中国对外贸易发展中并不具备，如果按照这一理论指导中国对外贸易发展实践，则会进一步拉大中国与发达国家之间的技术和经济发展差距；随着人口红利的逐渐减少，以及不可再生自然资源的减少，中国既有的贸易格局也不能得到基本维持。就此而言，当前要克服中国对外贸易发展中存在的诸多弊端，实现中国对外贸易的转型升级，最终利用后发优势，实现中国经济发展的赶超，就必须突破比较优势贸易理论所设定的假设条件，发展有中国特色、符合中国具体国情的对外贸易，确保中国在对外贸易发展中实现国家利益的最大化。具体言之，其主要表现在以下几个方面：

1. 通过提高劳动力工资收入水平的方式，提高出口产品价格，使中国体现劳动力优势的对外贸易发展格局得到可持续发展。

2. 将进、出口平衡作为中国发展对外贸易的基本立足点，通过有进、有出的贸易活动，提高中国生产要素的使用效率，提高中国居民的消费水平。

3. 通过必要的政策引导，使中国贸易在进、出口基本平衡的基础之上实现优化升级。

第四十章
交通运输行业对于经济发展的促进作用及其主要发展路径

一、交通运输行业的发展趋势

交通运输行业作为满足人类基本生存需求的一个重要行业，其发展趋势主要表现在以下两个方面：

1. 从人类生存所需要的活动范围来看，交通运输行业的发展进一步拓宽了人类活动空间。从目前生产力发展水平来看，人类目前的活动空间主要局限于三维空间，即长、宽、高活动空间。随着人类科学技术水平的不断发展，未来交通运输行业的发展能否让人类突破三维空间的约束，进入更多维空间，仍有待于进一步观察。总体来看，随着生产力发展水平和科学技术发展水平的不断提高，人类在空间领域的拓展范围将得到进一步发展。

2. 从人类在空间位移所需要的时间来看，随着生产力发展水平的不断提高和科学技术的不断发展，人类从相同距离的起点到终点所需要的时间将会越来越短，随着交通运输行业的不断发展以及运输速度的不断加快，其在很大程度上节约了人类的空间活动时间。由此可见，随着生产力发展水平的不断提高和人类科学技术的不断发展，交通运输行业将呈现人类活动空间进一步拓展以及人类进行相同的空间活动所需时间进一步缩短的发展趋势。

二、交通运输行业发展对于经济发展的促进作用

从交通运输行业对于人类经济社会发展的作用来看，主要表现在以下几个方面：

1. 满足人类生存需求和发展需求。衣、食、住、行是维持人类生存所必需的四种方式，而交通运输与人类维持生存所必需的“行”密切相关，在社会生产力不断发展以及科学技术水平不断提高的影响下，人类活动的空间范围进一步拓展，人类行驶的速度进一步加快。这些都在很大程度既满足了人类的生存需求，又满足了人类的发展需求。

2. 使生产要素配置突破地域限制，提高了商品的供给能力。随着交通运输的进一步发展，使经济发展的地域空间进一步缩小，其在一定程度上突破了生产要素分布的地域限制，使分布于不同地域的生产要素可以通过先进而发达的交通运输体系，实现快速组合，从而生产出更多的满足人类生存和发展的使用价值形态的商品。从生产要素组合形态来看，根据西方经济学的描述，生产要素主要有资金、资源、劳动、技术和管理五种方式。

就资金而言，在信用货币经济条件下，以信用货币表现出来的资金在生产过程中只能起到使价值转化为使用价值的中介作用，并不直接参与商品的生产。交通运输的进步所实现的跨区域资金要素组合能否对于生产产生正面影响，在很大程度上仍然依赖于信用货币资金转为物化形态生产要素组合所产生的经济效益。在经济实践中，先进交通运输业的发展使资金要素突破地域限制实现跨区域组合。交通运输业的发达，进一步缩短了地域之间的距离，从而为那些资本所有者进行跨区域资本投资提供了便利条件。就此而言，其在很大程度上促进了资金要素与资源、技术、管理和劳动等生产要素的组合进程。

由于受自然地理条件影响，不同地区分布着不同的自然资源，并且一些自然资源还主要分布在原始交通条件较为恶劣的地区，而人类现代工业的发展主要依靠不同自然资源的组合，来生产满足于人类生产和生活需要的工业品。实现不同地域的自然资源在某一个生产点的便捷组合，是进行工业化生产以及提高生产效率所必需的，交通运输业的发展，为那些分布地域较远、运输条件较差的自然资源进入工业生产领域提供了可能。运输能力的提高和运输速度的加快，也在很大程度上节约了生产成本，提高了生产效率，为不同地域的自然资源组合生产产品提供了可能条件。

就劳动要素而言，由于现代工业化的发展需要大量的劳动力资源，多数劳动力资源都分布于地域较广的农村，如果没有先进的交通运输条件，这些劳动力聚积在一起从事工业生产较为困难，而交通运输条件的改善，在一定程度上缩小了劳动力分布的地域差异，为分布于不同地域的劳动力集中在一起从事工业生产，创造了有利条件。

就技术和管理要素而言，虽然技术和管理要素也属于劳动范畴，但与简单的体力劳动不同，这些拥有较高技术和管理水平的劳动者多数都居住在交通相对便利的城市中，与居住地较分散的简单劳动力不同，这些复杂劳动力居住比较集中。由于技术和管理要素是现代工业化发展所依赖的不可或缺的重要生产要素，交通运输的发展在很大程度上为这些复杂劳动力与资源、劳动力的组合提供了有利条件，其既表现为原有人口积聚程度较高的老城市工业化和新型工业化程度的不断提高；又表现为在上述生产要素组合下所形成的新兴城市的不断发展。

总体来看，在先进交通运输条件的作用下，不同生产要素通过充分的结合，可以生产越来越多的供人类生产和生活必需的产品。特别是从自然资源角度分析，在自然资源不可再生因素影响下，人类运输技术的不断发展，不断拓展了可使用的自然资源地域空间，也为人类新型产业的发展提供了有利条件。例如，在生产力不断发展的影响下，人类由自然资源的不断消耗向旅游等服务产业的转型，其在很大程度上就需要先进的交通运输条件做支撑。

3. 扩大商品销售的地域范围，通过社会分工地域范围的扩大，使居民更好享有更精细的地域分工带来的好处。在交通条件并不发达的条件下，社会分工在很大程度上受到地域限制，使生产要素的组合在地域范围上受到较大限制，也使产品销售在地域上存在着较大的限制。而交通条件得到极大改善之后，其在使生产要素组合突破地域限制的同时，还可以扩大商品的销售范围，不仅为通过不同地域生产要素组合扩大生产规模提供了广阔的销售市场，也在很大程度上对于扩大社会分工的地域范围，使居民更好地享受更精细的地域分工，创造了有利条件。交通运输条件改善之后，商品销售范围在地域上将得到大幅拓展，在扩大商品销售规模的同时，也进一步拓展了社会分工的地域范围，使社会分工进一步细化，从而有利于促进生产力的发展。此外，交通运输条件的进一步改善，也在很大程度上打破了某些产品所存在的地域限制，相对延长了商品销售的时间。例如，一些天然的不易保存的鲜果，在交通运输不便利的条件下，其很难销售到较远的地方去，而随着交通条件的进一步改进，运输速度的大幅提高，使鲜果的销售范围进一步扩大，相对地延长了鲜果的销售时间。从消费角度分析，交通运输条件的改善，在很大程度上提高了消费者的消费效用。

4. 从经济效益角度考虑，交通运输行业的发展可以带来较高的经济效益，主要体现在以下两个方面：

一是同一运输批次产品运载量的提高，可以节约运输成本。从生产成本角度考虑，运输成本在产品生产成本和销售成本中占有一定的比重，而运输条件的改善，可以提高同一运输批次的产品运载数量，在同一运输批次产品运输成本不变的条件下，单位产品的运载成本得到了降低。从运输在经济活动中所起的主要作用来看，其主要表现为产品生产之前的原材料等生产要素的运输，以及产品生产完成之后产品销售所需要的运输等两个方面，而单位产品运输成本的降低，将降低产品的生产成本和销售成本。产品生产成本的降低主要通过降低原材料价格的方式体现出来，而产品销售成本的降低主要通过降低销售费用的方式体现出来。在产品销售数量保持不变的条件下，由于运输条件的改善而导致产品生产成本和销售成本的降低，将提高生产企业的经济效益，如果产品销售价格在产品生产成本和销售成本同时降低的影响下得到相应的降低，则也提高了消费者的消费效用。

二是从产品运输速度来看，在运输条件得到极大改善的条件下，运输速度的加快，可以在很大程度上提高经济效率，减少了生产要素地域组合所需要的等待时间，从而减少了生产时间，使生产效率得到了快速提高，最终促进了生产力的发展。运输速度的加快，也在一定程度上提高了商品的销售速度，实现商品使用价值形态向价值形态的快速转换，商品周转速度的加快，在满足居民对于使用价值形态商品的时间需求之外，还进一步提高了社会经济效率。

5. 使城市化进程得到持续发展。在城市化发展进程中，先进交通行业的发展，可以起到下述两方面的作用：一是进一步促进自然资源以及农产品向城市的集中，从而在为城市的发展提供生产资料和消费资料支持的同时，也有利于提高农村居民的收入水平。二是加速了城市产品向农村的流动速度，从而在进一步拓展城市工业品销售空间的同时，也更好地满足了农村居民对于工业品的消费需求。通过上述两方面产品的充分对流，使城市化进程建立在科学的社会分工基础之上，最终使城市化进程得到持续发展。

三、发展交通运输行业的主要路径

整体来看，交通运输行业的发展主要由以下三个要素组成，一是交通基础设施；二是交通工具；三是从事交通服务的行业。

1. 交通基础设施的主要发展路径。从交通基础设施的产品属性来看，交通基础设施具有消费的非排他性、效用的不可分割性以及效用的外溢性等特征，从交通基础设施所具有的上述特征判断，其带有明显的公共产品特征。由于交通基础设施具有公共产品特征，交通设施在建设过程中应该主要以财政无偿投资为主。如果交通设施由私人投资，交通基础设施所具有的公共产品特征，使私人投资在不妨碍交通顺畅的条件下，无法收回投资成本并实现投资收益。如果私人投资的交通基础设施仅供其私人使用，既浪费了大量的资源，也无法阻止别人对其投资的交通基础设施进行使用的权力。当然，在现实经济生活中，交通基础设施私人投资者还可以通过设卡收费的方式，来回收其对于交通基础设施的投资成本，甚至实现盈利。但这种设卡收费的投资回收方式，在很大程度上降低了交通基础设施的使用效率，使得原本通畅的交通变得相对缓慢，不利于充分发挥交通基础设施建设对于生产力发展所起到的积极推进作用。因此，考虑交通基础设施所具有的明显公共性特征，交通基础设施的投入应通过财政公共投资的方式来进行。在经济实践中，虽然交通基础设施投资金额较大，在某种程度上会加重财政的支出负担，但由于交通基础设施在经济社会发展中处于重要地位，及交通基础设施改善对于提高经济效益以及促进生产力发展所起到的重要作用，在一定时期内，财政对于交通基础设施投入的增加，其投资成本的回收应该通过经济发展所取得的增量财政收入来进行。在实行以所得税为主导税种的直接税税收模式下，交通基础设施改善所带来的企业经营效益的提高，将在很大程度上提高财政收入水平，有利于财政通过增量收入的方式，来弥补其前期对于交通基础设施的投入成本。当然，在通过财政投资方式加强交通基础设施建设的同时，要严格交通基础设施投资的预算约束，防止出现投资腐败以及公共投资的浪费现象，从而确保交通基础设施的投资效率。

2. 先进的交通运输工具发展路径。在交通基础设施相对完善的条件下，先进的交通运输工具是提高交通运输效率的前提条件。由于先进交通运输工具的制造，只有依靠高度发达的生产力和先进的科学技术才能完成。具体言之，先进交通运输工具的发展，需要优质的原材料支持，也需要先进的生产工艺以及科学技术支持。因此，在现代市场经济条件下，要制造先进的交通运输工具，必须通过大力发展科学技术，使一国具有先进的材料制造能力以及先进动力原料的供给能力。就交通运输工具的使用而言，其既可属于投资环节，也可以属于消费环节。在日常经济活动中，交通运输工具在行业属性上的区别，主要以客运和货运的方式体现出来。

3. 专门从事运输的行业发展路径。在交通基础设施和先进的交通工具具备之后，还必需有专门从事运输的行业，专门从事运输行业的出现，既是社会分工的必然要求，也是交通行业发展本身所需要的技术要求。交通运输行业作为社会分工条件下的一个专门行业独立出来，可以充分发挥交通运输行业的专门优势，提高生产效率。从价值创造角度分析，由于交通运输行业为人类提供了在空间上进行活动的使用效用，因此也创造了价值。交通工具的使用也需要一定的技术，系统性交通的发展需要进行统筹管理和实行必要的技术支持，这些都需要专门从事运输的行业来加以解决。在一定生产力发展水平下，交通运输行业专业化水平越高，可以在很大程度上促进生产力的发展和人类生活水平的不断提高。因此，当前应进一步通过细化社会分工的方式，促进专门从事运输行业的发展。

总体来看，大力发展交通运输行业，既是人类社会发展的必然要求，也是生产力发展的必然结果。为了发展先进的交通运输行业，一方面需要通过加大财政投入力度的方式，加强交通基础设施建设，为提高运输能力和运输速度创造有利条件；另一方面，需要通过发展先进运输工具的方式，为运输行业的发行提供有效载体。与此同时，还必须通过专业的交通运输行业的发展，为提高运输能力和运输速度提供专门的服务。

本章小结

本章主要研究了交通运输行业对于经济发展的促进作用及其发展的主要路径问题。首先研究了交通运输行业的发展趋势，认为交通运输行业作为满足人类基本生存需求的一个重要行业，其发展趋势主要表现在以下两个方面：（1）从人类生存所需要的活动范围来看，交通运输行业的发展进一步拓宽了人类活动空间；（2）从人类在空间位移所需要的时间来看，随着生产力发展水平的不断提高和科学技术的不断发展，人类从相同距离的起点到终点所需要的时间将会越来越短，随着交通运输行业的不断发展以及运输速度的不断加快，其在很大程度上节约了人类的空间活动时间。

随后本章研究了交通运输行业发展对于经济发展的促进作用，认为从交通运输行业对于人类经济社会发展的作用来看，主要表现在以下几个方面：（1）满足人类生存需求和发展需求；（2）使生产要素配置突破地域限制，提高了商品的供给能力。

最后，本章着重研究了发展交通运输行业的主要路径，其主要包括以下几方面：

1. 交通基础设施的主要发展路径。考虑交通基础设施所具有的明显公共性特征，交通基础设施的投入应通过财政公共投资的方式来进行。在经济实践中，虽然交通基础设施投资金额较大，在某种程度上会加重财政的支出负担，但由于交通基础设施在经济社会发展中处于重要地位，及交通基础设施改善对于提高经济效益以及促进生产力发展所起到的重要作用，在一定时期内，财政对于交通基础设施投入的增加，其投资成本的回收应该通过经济发展所取得的增量财政收入来实现。在实行以所得税为主导税种的直接税税收模式下，交通基础设施改善所带来的企业经营效益的提高，将在很大程度上提高财政收入水平，有利于财政通过增量收入的方式，来弥补其前期对于交通基础设施的投入成本。当然，在通过财政投资方式加强交通基础设施建设的同时，要严格交通基础设施投资的预算约束，防止出现投资腐败以及公共投资的浪费现象，从而确保交通基础设施的投资效率。

2. 先进的交通运输工具发展路径。由于先进交通运输工具的制造，只有依靠高度发达的生产力和先进的科学技术才能完成。具体言之，先进交通运输工具的发展，需要优质的原材料支持，也需要先进的生产工艺以及科学技术支持。因此，在现代市场经济条件下，要制造先进的交通运输工具，必须通过大力发展科学技术，使一国具有先进的材料制造能力以及先进动力原料的供给能力。

3. 专门从事运输的行业发展路径。当前应进一步通过细化社会分工的方式，促使专门从事运输行业的发展。

第四十一章
市场经济条件下流通产业的价值创造及其发展路径

一、推动流通产业发展的理论基点

在现代市场经济条件下，流通产业作为经济发展的一个重要组成部分，在市场经济发展中发挥了重要作用，主要表现在以下两个方面：一是流通产业自身具有一定的生产性特征，其在流通过程中可以通过生产性劳动，创造一定的增量价值。二是流通产业又是商品或劳务顺利实现价值和使用价值互相交换的必要条件。就此而言，在现代市场经济条件下，大力发展流通产业，可以创造增量的价值；流通产业的发展又可以为加快商品和劳务实现价值和使用价值互换进程以及提高市场经济运行效率，创造有利的外部条件。马克思在《资本论》中对于流通的上述作用做了较为精辟的论述，他认为："劳动产品只是在它们的交换中，才取得一种社会等同的价值对象性，这种对象性是与它们的感觉上各不相同的使用对象性相分离的。从那时起，生产者的私人劳动真正取得了二重的社会性质。一方面，生产者的私人劳动必须作为一定的有用劳动来满足一定的社会需要，从而证明它们是总劳动的一部分，是自然形成的社会分工体系的一部分；另一方面，只有在每一种特殊的有用的私人劳动可以同任何另一种有用的私人劳动相交换从而相等时，生产者的私人劳动才能满足生产者本人的多种需要。"①

马克思这个论述，对于中国发展商业流通具有重要借鉴意义。鉴于流通产业对于现代市场经济的发展具有重要的促进作用，当前中国应该通过大力发展商品流通产业

① 马克思：《资本论》第一卷，人民出版社 2004 年版，第 90 页。

的方式，加快商品周转速度，提高市场运行效率。当前大力发展中国流通产业，必须在理论上明确以下几个理论基点：

1. 流通是保证现代市场经济正常运行的必要手段。随着生产力的不断发展，专业分工越来越细，生产者自身既是生产者又是消费者，在千变万化的专业分工面前，要实现产品由生产向消费的最终转换，必须通过流通环节来实现。在由生产向消费转换过程中，这种生产既包括生产资料的生产，也包括生活资料的生产；而消费既包括生产资料的消费，也包括生活资料的消费。如果缺少流通环节，那么在一定时期，产品生产者和消费者之间要花费大量的时间和资本，实现生产和消费的有效衔接，不但延长了商品的周转时间，也影响了市场经济的运行效率。而作为连接生产和消费桥梁的流通产业的出现，其一方面为商品由生产向消费的转换，提供了合适的交易场所；另一方面，专业化的流通交易人的出现，也在很大程度上加速了商品由生产向消费的转换速度，从而提高了市场经济的运行效率。

2. 流通同样创造价值。在现代市场经济条件下，流通作为生产环节的延续，其本身也通过流通行业的生产活动，创造增量价值。因此，应该通过流通产业的发展，最大限度地发挥流通产业的价值增值功能，通过流通环节的多方面服务，创造新的价值，进一步满足人民群众不断增长的物质和精神生活需要。从流通环节价值创造来看，作为生产环节的延续，运输、包装等活动在流通环节属于生产性活动，能够创造新的价值。这些活动增加了商品的价值总量，也进一步满足了居民不断提高的物质和精神生活的需求。由于运输、包装、整理等活动在流通环节创造了真正的价值，因此以运输、包装、整理为代表的增值服务，应该成为流通行业取得收入的主要来源之一。从实践中看，流通行业经营者可以通过加大商品流通增值服务力度的方式，取得更多收入，而不是通过采取囤积居奇、高卖低买的方式，实现更多的利润。

二、当前发展中国流通产业应该采取的相关措施

在社会主义市场经济条件下，流通必须服务于社会主义经济发展的最根本目的，由此决定了流通产业的发展，是为了更好地满足居民日益增加的物质和精神生活需求。为了实现这一目的，当前流通业的发展必须做好以下工作：

（一）提高流通行业服务效率和水平

要实现流通行业更好地满足居民不断增长的物质和文化生活需要的目的，就必须提高流通行业服务效率和服务水平。

1. 通过运输业的大发展，缩小商品供应空间距离，满足不同地区民众对商品的消费需求。当前为了加快中国城市化进程中城乡物资对流的速度，实现中国真正意义

上的城市化，降低物资运输成本。可以尝试对农业产品的运输免收高速公路费用以及相关附加费用的方式，促进农村产品尽快地进入城市，通过城乡物资的充分对流，实现中国真正意义上的城市化。

2. 进一步发展仓储行业，满足民众在不同时间点上对于商品的消费需求。

3. 进一步做好包装、整理等流通行业增值服务工作，满足民众更高层次的消费需求。可以通过推行“网购”等创新性流通方式，缩小商品供应在空间上的差异，通过包装方式的改进例如实行真空包装的方式，来缩小商品供应在时间上的差异。

4. 在从事生产性流通服务时，努力提高效率，降低成本，力争以最小的成本，向居民提供最优质的服务。

（二）进一步建立健全流通市场

要实现流通行业更好地满足居民不断增长的物质和精神生活需要的目的，就必须建立完善、品种齐全的流通市场，为社会主义市场经济条件下一切生产和消费要素提供流通空间，使这些商品的价值和使用价值能够更快、更好地实现互换。当前流通市场的建设主要包括以下几个方面的内容：一是进一步拓展现收现付、预付款、先收后付等多种流通结算模式；二是进一步发展直销、委托代销、批发零售、电子交易等多种商业流通模式；三是大力发展商业连锁、物品专卖等商品流通组织形式；四是进一步完善城市商业区、农村营业网点等商业经营方式。

（三）进一步规范市场流通秩序

在社会主义市场经济条件下，专业的流通经销商经营的最终目的是为了加快生产要素和消费要素价值与使用价值相互交换的过程，为推动社会主义经济发展提供服务，而不是通过囤积居奇的方式操纵市场，获取高额收益，妨碍社会再生产的顺利进行。为了充分地发挥流通行业的价值增值功能，使流通产业更好地服务于生产和消费，当前应该采取以下措施：一是加强市场监管，防止流通商通过囤积居奇的方式牟取不正当利益；二是做好市场价格信息的披露工作，使商品定价公开、公正、公平，使商品价格正确地反映其内在价值；三是进一步加快流通行业市场化改革步伐，鼓励流通行业充分竞争，使流通行业在充分的市场竞争机制作用下，通过价值增值的方式实现更多的利润，使消费者的消费效用达到最大化。

（四）进一步公平流通市场价格

为了实现社会主义市场经济条件下流通的根本目的，流通市场服务管理机构要做好商品价格信息的收集、发布和预测工作，引导商品买卖双方根据公平的价格进行交易，防止操纵商品价格、违反市场交易规则的违法、违纪现象发生。

（五）保护消费者的合法权益

为了实现社会主义市场经济条件下流通的根本目的，就必须加强对进入流通市场商品的合法性以及商品质量监管，保护消费者的合法权益。流通作为沟通商品生产与消费（这种消费既包含生活消费，又包含生产消费）的中间环节，其对于进入流通市场的商品还负有合法性以及质量方面的监督和保证责任，以此切实维护消费者利益，防止坑蒙拐骗行为的发生，为不断满足和提高居民日益增长的物质和精神生活水平提供服务。

（六）加强虚拟产品交易监管

在虚拟经济取得长足发展的背景下，为了实现社会主义市场经济条件下流通的根本目的，金融市场应该参照实体经济流通市场的做法，从虚拟产品的合法性、交易价格的公允性、交易信息的透明性、交易方式的便捷性、交易费用的低廉性等方面，为参与虚拟产品交易的投资者创造有利条件，切实保护全体投资人利益，使虚拟经济的发展对实体经济起到强有力的促进作用。

本章小结

本章研究了市场经济条件下流通产业的价值创造及其发展路径问题。

文章首先对推动中国流通产业发展的理论基点进行了相应的研究，认为理论上而言，当前大力发展中国流通产业，必须在理论上明确以下几个理论基点：(1) 流通是保证现代市场经济正常运行的必要手段。在现代市场经济条件下，如果没有流通环节，那么在一定时期，产品生产者和消费者之间要花费大量的时间和资本，实现生产和消费的有效衔接，既延长了商品的周转时间，也影响了市场经济的运行效率。而作为连接生产和消费桥梁的流通产业的出现，其一方面为商品由生产向消费的转换，提供了合适的交易场所；另一方面，专业化的流通交易人的出现，也在很大程度上加速了商品由生产向消费的转换速度，从而在很大程度上提高了市场经济的运行效率；(2) 流通同样创造价值。从流通环节价值创造来看，作为生产环节的延续，运输、包装等活动在流通环节属于生产性活动，能够创造新的价值。这些活动增加了商品的价值总量，也进一步满足了居民不断提高的物质和精神生活的需求。由于运输、包装、整理等活动在流通环节创造了真正的价值，因此，以运输、包装、整理为代表的增值服务，应该成为流通行业取得收入的主要来源之一。从实践中看，流通行业经营者可以通过加大商品流通增值服务力度的方式，取得更多收入，而不是通过采取囤积居奇、高卖低买的方式，实现更多的利润。

随后，文章重点研究了发展中国流通产业应该采取的相关措施，认为在社会主义市场经济条件下，流通必须服务于社会主义经济发展的最根本目的，由此决定了流通的发展，是为了更好地满足居民日益增加的物质和精神生活需求。为了实现这一目的，当前流通业的发展必须做好以下工作：

1. 提高流通行业服务效率和水平。要实现流通行业更好地满足居民不断增长的物质和文化生活需要的目的，就必须提高流通行业服务效率和服务水平：（1）通过运输业的大发展，缩小商品供应空间距离，满足不同地区民众对商品的消费需求；（2）进一步发展仓储行业，满足民众在不同时间点上对于商品的消费需求；（3）进一步做好包装、整理等流通行业增值服务工作，满足民众更高层次的消费需求；（4）在从事生产性流通服务时，努力提高效率，降低成本，力争以最小的成本，向居民提供最优质的服务。

2. 进一步建立健全流通市场。当前流通市场的建设主要包括以下几个方面的内容：一是进一步拓展现收现付、预付款、先收后付等多种流通结算模式；二是进一步发展直销、委托代销、批发零售、电子交易等多种商业流通模式；三是大力发展商业连锁、物品专卖等商品流通组织形式；四是进一步完善城市商业区、农村营业网点等商业经营方式。

3. 进一步规范市场流通秩序。为了充分地发挥流通行业的价值增值功能，使流通产业更好地服务于生产和消费，当前应该采取以下措施，一是加强市场监管，防止流通商通过囤积居奇的方式牟取不正当利益；二是做好市场价格信息的披露工作，使商品定价公开、公正、公平，商品价格正确地反映其内在价值；三是进一步加快流通行业市场化改革步伐，鼓励流通行业充分竞争，使流通行业在充分的市场竞争机制作用下，通过价值增值的方式实现更多的利润，使消费者的消费效用达到最大化。

4. 进一步公平流通市场价格。为了实现社会主义市场经济条件下流通的根本目的，流通市场服务管理机构要做好商品价格信息的收集、发布和预测工作，引导商品买卖双方根据公平的价格进行交易，防止操纵商品价格、违反市场交易规则的违法、违纪现象发生。

5. 保护消费者的合法权益。为了实现社会主义市场经济条件下流通的根本目的，就必须加强对进入流通市场商品的合法性以及商品质量的监管，保护消费者的合法权益。流通作为沟通商品生产与消费（这种消费既包含生活消费，又包含生产消费）的中间环节，对于进入流通市场的商品还负有合法性以及质量方面的监督和保证责任，以此切实维护消费者利益，防止坑蒙拐骗行为的发生，为不断满足和提高居民日益增长的物质和精神生活水平提供服务。

6. 加强虚拟产品交易监管，维护虚拟经济参与者的合法权益。在虚拟经济取得长足发展的背景下，为了实现社会主义市场经济条件下流通的根本目的，金融市场应该参照实体经济流通市场的做法，从虚拟产品的合法性、交易价格的公允性、交易信息的透明性、交易方式的便捷性、交易费用的低廉性等方面，为参与虚拟产品交易的投资者创造有利条件，切实保护全体投资人的利益，使虚拟经济的发展对实体经济起到强有力的促进作用。

第四十二章
城市化的最终目的

在经济货币化时代，一些人片面地将城市化作为提高经济效益、增加 GDP 总量的必要手段。虽然城市化是当今全球经济发展的一个大趋势，但城市化的最终目的并不仅仅地是为了提高以货币形态作为表现形式的经济效益，以及增加以货币形态作为表现形式的 GDP 总量。城市化的最终目的主要表现在两个方面：一是为了保证居民消费实现优化升级而进行的城市化；二是为了实现生产要素优化组合、提高劳动生产率而进行的城市化。只有实现上述两个目的的城市化，才能称为真正意义上的城市化，也才是可以实现持续发展的城市化。相反，如果不能正确理解城市化的最终目的，而将城市化仅仅理解为作为提高经济效益、增加 GDP 总量的必要手段，那么其对于经济发展就会产生较大的危害。

一、城市化所增加的 GDP 总量是不可持续的

鉴于在经济货币化时代，经济效益与 GDP 总量都是通过货币形态表现出来。就静态而言，由于中国农村的货币化程度较低，农民所承包的土地还不能进行货币化衡量，农民所拥有的住宅还没有进行货币化衡量。而伴随城市化进程的稳步推进，中国广阔农村所存在的规模巨大的非货币化土地，伴随城市化而实现的货币化收入，将在很大程度上增加一个地区 GDP 总量。与此同时，随着农村拆迁而导致的大量农村住宅迁建或流通也将在很大程度上会增加一个地区的 GDP 规模。从上述 GDP 规模增加的总量来看，通过城市化所实现的上述 GDP 增量，其实只是存量的土地和住宅货币化之后的结果。从社会财富总量来看，其并没有增加一个价值原子。就此而言，因为城市化所导致的土地和民宅货币化所增加的 GDP 总量，其实是不可持续的。

二、城市化所提高的经济效益需要诸多前提条件

从动态来看，一些人从农产品利润较工业品利润要低的这个角度，认为在进入城市化之后，作为工业用地的土地所实现的经济效益要高于作为农业用地的土地所实现的经济效益。笔者认为，这种判断是需要一定前提条件的。

1. 要考虑土地工业化之后所产生的效益能否得到持续发展，这主要取决于土地工业化之后工业产品的市场需求潜力以及工业产品的先进程度。

2. 土地工业化之后所生产的产品是否会污染当地的自然环境。如果土地工业化造成了严重的环境污染，那么土地工业化所形成的污染部分必须从工业化企业实现的经济效益中加以扣除。

3. 要考虑土地工业化之后所创造经济效益的来源渠道。如果土地工业化仅仅是依靠土地与当地不可再生自然资源进行结合的方式，去实现较高的经济效益，这种经济效益的实现仅仅是自然资源的货币化形态。从动态来看，我们不能就此认为其实现了真正意义上的经济效益。

4. 要考虑土地工业化之后所生产的工业产品消费群体构成。如果这些工业产品主要是直接或间接用于本国居民的基本消费或满足于本国居民消费升级的需求，这种条件下城市化的目的与中国不断提高居民物质、精神生活需求的生产目的就是一致的。从工业品的最终用途来看，其在一定程度上预示了土地工业化之后所产生的经济效益是有效的。如果土地工业化所生产的工业品主要用于出口，并且这种出口所积累的外币无法通过进口的方式，来直接或间接地用于满足国内居民的消费需求，那么这种假设条件下所实现的经济效益，仅仅停留在外汇储备的形态上，只有在通过进口方式从国外购买相应产品之后，才能实现真正意义上的经济效益。从对外贸易的具体内容来看，还必须考虑两国贸易品所体现的技术含量高低以及由此产生的利润水平高低。

5. 要选择科学的统计口径，对土地农业化与工业化所产生的经济效益进行正确的比较。就农产品而言，其所创造的经济效益与土地工业化之后所创造的经济效益作比较时，必须考虑以下三个因素：

一是农业用地所生产的农业产品除了通过农民卖粮方式实现货币化的经济效益之后，还应包括农民粮食自给部分所包含的价值。

二是中国农业产品与工业产品价格长期存在的剪刀差所导致的农业产品价格过低因素，会在一定程度上人为地减少农业产品的经济效益。

三是土地作为农业用地的可再生性。就土地工业化而言，如果其实现的经济效益是可持续的，作为生产资料的土地在工业化之后也将是可再生的。就农业用地而言，

农业产品的生产属性决定了农业用地是可再生的。因此，考虑工业产品实现的经济效益在可持续方面存在的不确定性，在将农业用地所创造的经济效益与工业用地所创造的经济效益做比较时，必须要考虑农业用地相对于工业用地所体现出的可再生因素。由此可见，在将农业用地所创造的经济效益与土地工业化之后所创造的经济效益做比较时，如果考虑上述三个因素，我们并不能完全认为土地工业化所产生的经济效益就一定高于农业用地所产生的经济效益。

三、中国前期城市化进程中存在的问题

通过以上分析，笔者认为，虽然城市化是经济发展的必然趋势，但城市化绝不是提高经济效益和增加 GDP 规模的必要手段。从中国城市化发展的实际情况来看，在中国前期城市化发展过程中，还不乏存在将城市化作为提高经济效益、增加 GDP 总量一种必要手段的指导思想，部分地区盲目拆迁、野蛮拆迁现象屡禁不绝，都与上述指导思想有关。目前中国存在的盲目城市化行为，使耕地面积进一步减少，造成了诸多环境污染；同时，由城市化所实现的工业化并没有提高多少经济效益，一些地区的工业化还停留在高能耗、高污染并且技术含量较低的阶段，若扣除环境污染因素，其所产生的经济效益并不一定高于农业用地所产生的经济效益。

四、实现中国城市化持续发展应该采取的相关措施

有鉴于此，笔者认为，真正意义上的城市化，其最终目的必须是为了保证居民消费实现优化升级而进行的城市化，为了实现生产要素优化组合、提高劳动生产率而进行的城市化。只有以上述目的为目标的城市化，才能使居民的物质文化生活水平得到不断提高，推动社会生产力向前不断发展。为了达到这一目的，当前在中国城市化过程中，可以采取以下措施，使中国城市化进程得到持续发展，全体国民都受益于城市化进程。

1. 在城市化进程中确保中国可耕土地的面积，以维护国家的粮食安全。目前中国已经规定了 18 亿亩的耕地红线，而一些地方为了增大了 GDP 规模及取得所谓短期的经济效益，屡屡触犯这个红线。一些学者也从国际分工角度，认为设置 18 亿亩红线没有任何意义，中国完全可以通过国际贸易的方式从国外进口粮食。他们不知道“人命关天”的道理，也不知道贸易的最核心竞争力就是产品的不可替代性。从目前中国外汇储备的用途来看，目前中国通过贸易方式积累的巨额外汇储备，并不能通过从发达国家进口高科技产品的方式实现进出口的均衡，如果国内粮食供给出现短缺，我们还能指望通过从国外进口粮食的方式来满足十三亿人口的生存需求吗？因此，保

证中国居民基本生存消费，是中国城市化持续发展的前提条件。

2. 在农业用地工业化过程中，不以追求短期的 GDP 总量和短期经济效益为主要目的，要充分考虑农业用地工业化所生产的产品技术含量的高低、污染水平的高低以及可持续时间的长短。当前中国农村土地货币化程度较低，若从经济效益角度考虑，将农业用地变为工业用地或者房地产用地，则可以在短时期内完成土地的货币化，从而增加货币形态表现的 GDP 规模。但如果农业用地的工业化不能产生持续的经济效益，那么这种 GDP 规模的增加，就是不可持续的，不但会危及中国农业发展的基础，造成耕地的流失；大量农村失业人口的存在还会危及社会的稳定。为了提高农业用地工业化之后的经济效益，实现城市化进程的可持续发展，当前在中国城市化进程中，对于农业用地工业化的生产项目安排，要力争引进那些科技含量高、污染少、经济效益可持续发展的项目，以此真正地提高城市化过程中农业用地工业化所产生的经济效益，使全体国民都受益于城市化的发展。

3. 通过实行农村产业化经营的方式，最大限度地提高农业用地的经济效益。鉴于农业用地的可再生性，当前在保证中国粮食安全的条件下，可以通过种植绿色农产品以及养殖无污染动物产品的方式，提高农业用地的经济效益，一方面充分满足城市居民不断提高的物质、精神生活需求；另一方面，也可以很好地缓解中国在城市化进程中所面临的巨大农业人口压力。当然，为了促进农村产品尽快地进入城市，当前对于运输的农业产品，还应通过取消高速公路收费的方式，促进城乡之间物流快速发展。

4. 增加农村教育投入，提高农村人口素质，为中国城市化进程提供必要的人力准备。鉴于城市化所导致的工业化对于人的知识水平要求较高，很难想象中国在农村居民文化素质不高的情况下，通过征地、拆迁补偿的方式，就能够将农民变为市民。农村居民只有在掌握必要的非农业生存技能之后，才能在城市中生存。为此，要使中国城市化进程得到持续发展，就必须增加农村教育投入，提高农村居民的文化水平；同时，为农民在城市化进程中实现“身份”的转变提供必要的技术保证。

总体上看，在当前中国农村城市化过程中，决不能遵循西方“圈地运动”的老路，也不能从提高经济效益的角度，不顾一切地盲目推动农村工业化和城市化，而应该根据中国具体国情，通过增加教育投入、提高居民素质的方式，进行渐进式城市化，使中国城市化建立在城市发展与农村发展良性互动的基础之上。

本章小结

本章对城市化的最终目的做了相关研究。认为虽然城市化是当今全球经济发展的一个大趋势，但城市化的最终目的并不仅仅地是为了提高以货币形态作为表现形式的经济效益，以及增加以货币形态作为表现形式的GDP总量。城市化的最终目的主要表现在两个方面：一是为了保证居民消费实现优化升级而进行的城市化；二是为了实现生产要素优化组合、提高劳动生产率而进行的城市化。只有实现上述两个目的的城市化，才能称为真正意义上的城市化，也才是可以实现持续发展的城市化。相反，如果不能正确理解城市化的最终目的，而将城市化仅仅理解为作为提高经济效益、增加GDP总量的必要手段，那么其对于经济发展就会产生较大的危害。

文章认为城市化所增加的GDP总量是不可持续的，因为通过城市化所实现的上述GDP增量，其实只是存量的土地和住宅货币化之后的结果。从社会财富总量来看，其并没有增加一个价值原子。就此而言，因为城市化所导致的土地和民宅货币化所增加的GDP总量，其实是不可持续的。

文章认为城市化所提高的经济效益需要诸多前提条件：（1）要考虑土地工业化之后所产生的经济效益能否得到持续发展，这主要取决于土地工业化之后工业产品的市场需求潜力以及工业产品的先进程度。（2）土地工业化之后所生产的产品是否会污染当地的自然环境。如果土地工业化造成了严重的环境污染，那么土地工业化所形成的污染部分必须从工业化企业实现的经济效益中加以扣除。（3）要考虑土地工业化之后所创造经济效益的来源渠道。如果土地工业化仅仅是依靠土地与当地不可再生自然资源进行结合的方式，去实现较高的经济效益，这种经济效益的实现仅仅是自然资源的货币化形态。从动态来看，我们不能就此认为其实现了真正意义上的经济效益。(4）要考虑土地工业化之后所生产的工业产品消费群体构成。(5）要选择科学的统计口径，对土地农业化与工业化所产生的经济效益进行正确的比较。

文章还分析了当前中国前期城市化进程中存在的诸多问题，认为虽然城市化是经济发展的必然趋势，但城市化绝不是提高经济效益和增加GDP规模的必要手段。从中国城市化发展的实际情况来看，在中国前期城市化发展过程中，还不乏存在将城市化作为提高经济效益、增加GDP总量一种必要手段的指导思想，部分地区盲目拆迁、野蛮拆迁现象屡禁不绝，都与上述指导思想有关。目前中国存在的盲目城市化行为，使耕地面积进一步减少，造成了诸多环境污染。同时，由城市化所实现的工业化并没有提高多少经济效益，一些地区的工业化还停留在高能耗、高污染并且技术含量较低的阶段，若扣除环境污染因素，其所产生的经济效益并不一定高于农业用地所产生的经济效益。

最后，文章重点研究了实现中国城市化持续发展应该采取的相关措施。认为真正意义上的城市化，其最终目的必须是为了保证居民消费实现优化升级而进行的城市化，为了实现生产要素优化组合、提高劳动生产率而进行的城市化。只有以上述目的为目标的城市化，才能使居民的物质文化生活水平得到不断提高，推动社会生产力向前不断发展。为了达到这一目的，当前在中国城市化过程中，可以采取以下措施，使中国城市化进程得到持续发展，全体国民都受益于城市化进程：(1) 在城市化进程中确保中国可耕土地的面积，以维护国家的粮食安全。(2) 在农业用地工业化过程中，不以追求短期的GDP总量和短期经济效益为主要目的，要充分考虑农业用地工业化所生产的产品技术含量的高低、污染水平的高低以及可持续时间的长短。(3) 通过实行农村产业化经营的方式，最大限度地提高农业用地的经济效益。(4) 增加农村教育投入，提高农村人口素质，为中国城市化进程提供必要的人力准备。

第四十三章
中国特色城市化路径的选择

相关资料显示，目前国外发达国家城市化率为80%以上，而中国的城市化率为47%。鉴于中国城市化率与西方发达国家城市化率之间存在的这种巨大差距，中国未来城市化的潜力依然较大。考虑中国在城市化内涵上与西方国家之间存在的较大差异以及中国庞大的农村人口基数压力，笔者认为，未来中国在城市化目标以及城市化路径选择上必须体现中国自己的特色，走具有中国特色的城市化之路。

一、中国城市化所面临的环境与西方发达国家之间存在的差异

从现实国情来看，中国城市化所面临的环境与西方发达国家之间存在着较大差异，主要表现在以下几个方面：

1. 中国在人口总量和国土面积上与发达国家之间存在的差异，决定了中国城市化路径的差异。就人口构成而言，中国是一个十三亿人口的大国，国土面积虽然有960万平方公里，但可耕的农业用地相对较少，每平方公里国土面积与人口之比为0.74%。而从西方发达国家实践情况来看，美国国土面积为937万平方公里，而人口仅为2.7亿人，每平方公里国土面积与人口之比为3.47%；法国国土面积为54万平方公里，人口为0.61亿人，每平方公里国土面积与人口之比为0.89%；德国国土面积为35万平方公里，人口为0.8亿人，每平方公里国土面积与人口之比为0.44%；俄罗斯国土面积为1700万平方公里，人口仅为1.49亿人，国土面积与人口之比为11.09%；日本国土面积为37.7万平方公里，人口为1.27亿人，每平方公里国土面积与人口之比为0.29%。上述数据显示，除日本、法国和德国之外，城市化率较高的国家一般人口较少，国土面积与国家总人口之间的相对比例较高。因此，从国土面积和人口总数之间的比例关系来看，中国要在国土面积与人口

总数比例较小的背景下实现城市化，除充分借鉴日本、德国及法国的城市化经验之外，还必须考虑中国绝对人口较多的因素。理论上，城市化所容纳的人口在超过一定极限之后，其边际人口的城市化所需要的配套措施将是成倍递增的。虽然从国土面积与人口之间的比例关系来看，中国高于日本，但是相对于日本一亿人口规模的城市化路径而言，要在总人口13亿的国家实现城市化，其城市化路径必将在很大程度上又不同于日本。

2. 中国在产业结构上与发达国家之间存在的差异，决定了中国城市化路径的差异。从一国产业发展构成来看，发达国家的城市化，其城乡之间的产业构成主要体现以下两个方面特征：

第一，城市非农产业高度发达，非农产业生产效率较高。从实践中看，发达国家非农产业的产成品除满足一国非农产业自身需求以及实现非农产业与农业产业之间产品互流之外，还以出口的方式满足世界其他国家的需求。由于非农产业的产成品具有技术含量高（就文化产业而言，这种高技术含量主要表现为引领世界文化等精神消费新潮流等）特征，由此决定了发达国家非农产业的产品出口具有高竞争性和高利润的特征。发达国家非农产业的高回报率决定了发达国家可以在城市化过程中，通过非农产业的发展，为城市居民提供较高的生活保障，使城市居民实现由食物消费向非食物消费的过渡升级。非农产业的高效率也为发达国家支持效率较低的农业产业提供了经济支持，这种支持主要体现在两个方面：一是通过增加农业补贴的方式，促进本国农业生产，满足全体国人基本的食物消费需求；二是通过非农产业出口所积聚的外汇资金，从外国进口更多的农业产品，以满足国内居民的食物消费需求。

第二，农业产业生产效率较高，农业产业生产的产品除满足农村人口需求之外，主要用于满足本国城市居民的基本需求和更高层次的需求，农业产品与非农业产品在城乡之间实现有效的互相流动。当然，对于一些国土面积较大的发达国家而言，其农业产品除满足于国内居民消费需求之外，还可以用于出口。从发达国家城市化进程中城乡产业构成来看，其主要呈现出明显的非农产业高效率、高竞争力以及城乡之间产品互相对流的现象，从而使这些国家的城市化进程具有稳定性和先进性的发展特征。从中国国内产业发展构成来看，目前中国农村人口向城市的转移，青壮年劳动力进入城市打工，其生产的产品技术含量不高，缺乏一定的竞争力。而从非农产品的表现形式来看，这些非农产品主要表现在两个方面：一是以城市房地产和基础设施、公共基础服务为主要表现形式；二是以出口产品作为表现形式。就上述非农产品的属性而言，受资源、政府财力和消费需求约束，侧重于城市房地产和基础设施建设的非农产品生产不可能永远持续下去，由此决定了以此为依托的城市化发展道路存在着较大的不确定性。如果不提高中国出口产品的技术含量，使中国产品出口具有不可替代性的国外刚性需求，那么中国以简单粗加工为主要表现形式的出口贸易将面临较大的挑战，决定了中国以简单粗加工为依托的城市化道路也存在着较大的不确定性。从农村青壮年劳动力进入城市工作的收入水平来看，由于中国非农产业收益率较低，决定了由农村进入城市的青壮年打工者收入水平依然较低，其收入更多地只能满足于基本生存消费。换而言之，农村劳动力通过进入城市从事非农产业的方式，并没有使这部分人口实现了由基本食物消费向非食物产品消费的升级。从生活水平上加以衡量，这些人口虽然在城市工作，但却没有达到城市化所应有的生活水准。更有甚者，由于这些青壮年劳动力没有一定的技术专长，在养老、医疗等社会保障不健全的条件下，随着时间推移，这种以农村青壮年劳动力向城市转移为主要路径的城市化很难经受时间的考验。就中国农村产业发展而言，受农业产业效率较低以及农产品投资回报率较低等因素影响，使农村居民只能通过农产品的生产维持基本的食物生存消费，而对于城市非农产业产品的消费需求明显不足。此外，受农产品深加工能力不强以及城乡之间物流不发达等因素影响，农业产品在城市的需求仅仅表现在满足城市居民基本食物需要方面，而高附加值的绿色农产品消费在供给和需求两个方面都相对缺乏。鉴于上述分析，与发达国家城市化过程中所孕育的产业结构相比，中国在城市化过程中非农业产业的发展具有技术含量不高、投资收益率较低、国际竞争力不强的典型特征。就非农产业与农业产业的产品对流情况来看，中国在城市化进程中非农产业的发展主要建立在出口的基础之上，非农产业的产品在本国城市居民和农村居民中间的满足程度较低。这些都在一定程度上决定了中国现阶段很难通过发展高回报率的非农产业的方式，为建立完善的社会保障制度和非农产业反哺农业提供相应的经济支持。

最后，中国国民在教育水平上与发达国家之间存在的差异，决定了中国城市化路径的差异。

一国的城市化是多方面要素共同作用的结果，就硬件要求而言，真正意义上的城市化要求城市居民“居者有其屋”①，有支持一国城市化发展的稳定的产业支撑；就软件而言，一国的城市化还要求居民教育水平达到与城市化相一致的水平。只有居民教育水平达到一定的程度，城市化发展所需要的公共社会秩序、经济秩序才能得到很好的遵守和维持；只有居民教育水平达到一定的程度，才能为城市化发展所必需的技术领先的非农产业发展提供充分的人力支持，才能使一国城乡之间非农产品与农业产品之间实现充分有效的对流，才能通过非农产业的发展，为城市化所必需的完善社会保障制度和非农产业反哺农业产业，提供经济支持。而从教育发展水平来看，不考虑教育质量上的差异，中国总人口中受过高等教育的人口比重相对于发达国家而言，仍

① 含通过承租的方式拥有舒适的住宅，以下含义与之相同。

然较低。中国居民受教育程度较低的客观现实，决定了中国在城市化进程和路径选择上与其他发达国家之间存在较大差异。

二、走有中国特色的城市化之路

毫无疑问，作为一国经济发展水平的主要标志，城市化是社会经济发展的必然结果。考虑中国城市化进程所面临的环境与西方发达国家之间存在着巨大差异，由此决定了中国必须走具有中国特色的城市化之路。总体来看，借鉴发达国家城市化的发展经验，考虑中国在国土面积、人口总量、经济发展产业结构以及居民教育水平等方面与西方发达国家之间存在的巨大差异，可以着力从以下几方面推进中国的城市化进程：

第一，着力处理好农业用地非农业化与农村居民长期生存保障之间的关系。从生产要素角度分析，城市化的显著标志就是农业用地的非农业化。目前在中国农村城市化过程中，为了满足于追求 GDP 总量规模的需求，一些地方出现了片面地改变农业用地的用途，将农业用地变为房地产开发及其他非农产业的现象，美其名曰“提高土地的经济使用效率”。这种将可再生的用地变为不可再生的房地产开发和其他非农产业的经济行为，表面上看虽然在短期内增大了 GDP 规模，但这种 GDP 规模的增加是一次性和不可持续的。就此而言，其实质上是一种对于土地的掠夺性开发。如果任由这种任意改变农业用地的行为持续下去，一旦危及农业生产，则必将后患无穷。笔者认为，鉴于中国具体国情以及当今世界经济发展阶段的差异，当前，中国农村城市化决不能重复资本主义初期城市化、工业化的老路。由于中国农村人口基数巨大，如果失地农民没有掌握在城市生存的必要技能，如果城市经济发展不能保证失地农民劳动力的持续再生产以及未来养老需求，则当前以城市化为幌子对农民土地进行强制工业化或城镇化的措施。短期来看，会增大一个地区 GDP 水平，就长期而言，一旦经济不能持续发展，其造成的后果将是灾难性的。因此，针对当前中国部分地区出现的城市化盲目扩张的现象，绝不能简单地以货币化买断的方式将农民从土地上赶出去，而应该通过非农产业属地化、农民就业属地化的方式，解决失地农民的未来生活来源问题。也可以通过金融创新的方式，将失地农民的土地折价入股，参与非农产业的发展，使失业农民真正地受益于非农产业的发展。

第二，将城市化的发展进程建立在满足内部需求的基础之上，使全体国民受益于城市化的发展进程。根据发达国家城市化发展经验，当前中国应通过相应途径，着力提高非农产业的技术含量。通过发展具有自主知识产权的先进制造业和文化产业的方式，为中国城市化发展提供经济和技术支持，使中国经济发展真正走内涵型扩大再生产之路；通过先进非农产业的发展，为社会保障体系的建立和非农产业反哺农业产业提供经济和技术支持。同时，通过立足内部需求以及非农产品与农业产品互相对流的方式，使全体国民受益于城市化的发展进程，主要表现在以下几个方面：一是通过大幅度提高非农产业职工收入水平的方式，使职工收入达到与城市化发展相匹配的水平，让职工居者有其屋，职工除消费食物等农产品之外，还可以消费非农业产品，能够充分享受维持其生存的医疗、养老等社会保障，使非农产业职工实现真正意义上的持续城市化。二是通过免除高速公路收费、降低物流成本的方式，促进城乡之间物资的对流，通过城乡之间的物资对流，使全体国民受益于城市化的发展进程。三是通过提高农业产品价格和发展绿色农业的方式，提高农民收入水平，确保城市化的进一步可持续发展。

第三，正确处理好中国农村人口基数庞大与城市化进程中就业压力增加之间的关系。中国农村存在的庞大劳动力人口既是负担也是财富，中国经过多年发展，培育了一大批能够创造价值的劳动力资源，这些劳动力正处于青壮年时期，其自身生存需要消耗大量的生活资料。笔者认为，鉴于中国农村劳动力人口基数较大，中国农村城市化、工业化的进程必将与西方国家存在很大的差异。当前，正确处理好中国农村人口基数庞大与城市化进程中就业压力之间矛盾的措施主要有以下几点：一是大力发展服务业，促进农村就业和新兴产业的发展。一般而言，服务业具有吸纳就业量大、资源消耗小的特点，服务业作为一种新兴产业若在中国得到大力发展，可以有效地解决当前存在的劳动力人口过剩的问题。二是大力发展劳动密集型产业，积极吸纳农村人口就业。三是大力发展以农产品深加工为依托的乡镇企业，吸纳农村人口就业。四是加强对于农村劳动力技能培训力度，提高农村劳动力的就业能力。五是通过计划生育的途径削减农村人口基数，提高国民素质。

第四，通过大力发展基础教育的方式，提高居民教育水平，为中国城市化发展提供智力和软实力支持。从目前中国教育投入来看，虽然十二五期间中国教育投入占GDP比重的达到了4%，但对这部分教育经费如何分配，最大程度地提高教育经费的使用效率，是必须考虑的重大问题。鉴于中国农村人口庞大，笔者认为，一方面要提高教育经费的使用效率，减少教育经费的无端浪费；另一方面，还要加大对于农村教育的支持力度，通过九年义务教育的普及以及农村职业教育的发展，为中国城市化发展提供基础的智力和软实力支持，提高农村下一代人口素质，为经济发展方式转型和经济结构的优化升级创造有利条件。

总体来看，考虑中国国情与西方发达国家之间存在的巨大差异，中国的城市化进程是一个复杂而漫长的过程，走具有中国特色的城市化道路，既需要在经济发展理念上进行创新，又需要在教育和科研投入上加大力度，使中国城市化进程建立在可持续发展的基础之上。

本章小结

文章首先分析了中国城市化所面临的环境与西方发达国家之间的差异，认为从现实国情来看，中国城市化所面临的环境与西方发达国家之间存在着较大差异，主要表现在以下几个方面：(1) 中国在人口总量和国土面积上与发达国家之间存在的差异，决定了中国城市化路径的差异。(2) 中国在产业结构上与发达国家之间存在的差异，决定了中国城市化路径的差异。

随后文章研究了有中国特色的城市化之路。认为借鉴发达国家城市化的发展经验，考虑中国在国土面积、人口总量、经济发展产业结构以及居民教育水平等方面与西方发达国家之间存在的巨大差异，当前，可以着力从以下几方面推进中国的城市化进程：第一，着力处理好农业用地非农业化与农村居民长期生存保障之间的关系；第二，将城市化的发展进程建立在满足内部需求的基础之上，使全体国民受益于城市化的发展进程；第三，正确处理好中国农村人口基数庞大与城市化进程中就业压力增加之间的关系；第四，通过大力发展基础教育的方式，提高居民教育水平，为中国城市化发展提供智力和软实力支持。

文章认为，考虑中国国情与西方发达国家之间存在的巨大差异，中国的城市化进程是一个复杂而漫长的过程，走具有中国特色的城市化道路，既需要在经济发展理念上进行创新，又需要在教育和科研投入上加大力度，使中国城市化进程建立在可持续发展的基础之上。

第四十四章
经济增长的不同表现形式及其实现路径研究

一、经济增长的主要表现形式

在信用货币经济条件下，如果将经济增长单纯地理解成以信用货币作为表现形态的价值总量不断提高的过程，并不能准确地反映经济增长的本质特征以及经济增长的最终目的。因为，在以信用货币作为表现形式的价值总量增长过程中，一国中央银行通过超额发行信用货币的方式，就可以增加以信用货币作为表现形式的价值总量。当然，在现实生活中，这种信用货币的超额发行，既表现为通过向流通市场直接注入信用货币的方式，增加以信用货币作为表现形式的价值总量；也表现为通过不断的重复建设以及存量资产信用货币化的方式，增加以信用货币作为表现形式的价值总量。就此而言，真正意义上的经济增长，不但表现为以信用货币作为表现形式的价值总量的增长，还表现为以商品作为表现形态的使用价值总量的增长。真正意义上经济增长的本质特征，主要表现在以下几个方面：一是价值总量与使用价值总量增长的相对同步性；二是在经济增长过程中以商品作为表现形态的使用价值所呈现的在数量上不断扩张以及质量上不断提高的发展特征；三是以商品作为表现形态的使用价值数量扩张以及质量提高的可持续性。从经济增长的最终目的来看，鉴于人类社会不同于其他动物的本质特征，其最终目的主要表现为不断满足和提高人类日益增长的物质和精神生活需要。在现代信用货币经济条件下，要研究真正意义上的经济增长，就必须从使用价值和价值两个角度来进行考察。

（一）从使用价值角度分析经济增长

从使用价值角度来考察经济增长，其主要表现在以下三个方面：

1. 以商品作为表现形式的使用价值总量的增长。一定时期社会经济发展在使用价值方面，主要表现为以商品作为表现形式的使用价值总量不断扩张的过程。由于对以商品作为表现形式的使用价值的衡量，主要是从数量上来进行的，在经济增长过程中，这种以商品作为表现形式的使用价值总量的扩张过程，是既有品种商品的供给数量，随着时间推移而出现的不断增加过程。理论上，既有品种商品数量的扩张限度，主要取决于一定时期社会对于这些商品的需求饱和程度，这种需求饱和程度既包括本国居民对于这些商品的需求饱和程度，也包括国际分工条件下全球居民对于这些商品的需求饱和程度。由于超出居民需求饱和度的商品，并不能通过居民消费（这种消费既包括投资品消费，也包括消费品的消费）的方式实现其自身的使用价值，因此超出居民需求饱和度的商品实际上是无效商品。就此而言，在考察既有商品在经济增长过程中的总量扩张时，还必须考察既有商品市场需求的饱和程度。一般而言，在经济增长过程中以既有商品作为表现形态的使用价值总量的增长，主要是指那些市场需求饱和度较低的、以既有商品作为表现形态的使用价值总量的增长。若从使用价值角度考察经济增长，对于既有的以商品作为表现形态的使用价值总量，并不是越大越好，其增长的最高限度在于不能超过市场需求的饱和程度。此外，在以商品作为表现形式的使用价值总量增长过程中，除了既有的商品之外，还有许多满足于市场需求的新兴商品，由于这部分新兴商品是即期经济增长过程中出现的，因此这些以新兴商品作为表现形式的使用价值总量，在经济增长中并不会表现为单纯数量上的扩张过程，而是作为当期经济增长过程中生产的新的使用价值形态，加入当期经济增长中以商品作为表现形态的使用价值总量过程中。

2. 满足居民既有需求和潜在需求的使用价值质量的不断提高。从使用价值角度分析经济增长，除了关注以商品作为表现形式的使用价值总量变化之外，以商品作为表现形式的使用价值质量的提高，也是经济增长的一个重要标志。就商品的质量而言，其主要表现为商品的性能不断提高、使用周期更长、使用更为便捷等方面。商品质量的提高，在很大程度拓宽了商品的使用价值，因此其实质上也是使用价值总量变化的另外一种形态。例如商品使用性能的扩展，其实就是两种不同性能的使用价值在空间上的叠加；而商品使用时间的延长，实际上就是两种同类使用价值在时间上的叠加；商品使用便捷性的提高，实质上就是通过节约使用者使用时间的方式，为商品使用者进行其他使用价值的生产创造了有利条件，从而间接地为实现其他使用价值形态量的扩张创造了有利条件。

3. 自然环境以及天然的自然资源破坏程度。在现代经济发展过程中，自然环境成为人类维持生存的一个基础性条件，从使用价值角度分析，天然的自然环境无疑是大自然赋予人类的天然使用价值，这种使用价值在维持人类生存和发展中起着基础性作用。因此，任何为了获取其他使用价值形态而破坏自然环境等天然使用价值形态的经济发展，都是得不偿失的。人类通过自然资源破坏所获取的另外一种使用价值形态商品所面临的损失，远远高于生产另外一种使用价值形态所获取的收益。从使用价值效用角度分析，为生产其他形态使用价值而破坏自然环境所导致的以自然环境作为表现形式的使用价值总量损失，应作为一个负的变量从当期经展济过发程中以商品作为表现形式的使用价值总量中扣除。若从使用价值总量上来衡量自然环境破坏所导致的使用价值总量的损失，既可以表现为修复被破坏的自然环境所需要的以商品作为表现形式的使用价值数量；也可表现为由于自然环境破坏，对人类及其他动植物所产生的损失，其直接表现为人类由于自然环境破坏所导致的疾病增加、生活成本增加、愉悦程度减少以及自然环境破坏所带来的自然灾害损失等。而动植物由于自然环境破坏所导致的损失，主要为其在数量上由于自然环境破坏而直接减少的数量，以及由于动植物数量的减少对于人类产生的负面影响等方面。在经济发展中，对于那些不利于人类生存的自然环境改造，应作为使用价值总量增加的因素，计入经济发展过程中以商品作为表现形态的使用价值总量中，其实际上代表了人类在经济发展过程中所获取的使用价值效用的进一步提高。因此，从使用价值角度分析，实质上是一种真正意义上的经济增长。

对于那些自然环境破坏之后再修复行为而言，由于自然环境修复成本远高于自然环境破坏所产生的收益，对于以修复破坏性自然环境为主要目的的环保产业而言，其实际上是一种对于前期被破坏的自然环境的一种补偿，而不能作为一定时期经济发展新增的使用价值量，计入以商品作为表现形式的使用价值总量当中。若从数量上分析，如果前期自然资源破坏所产生的负面使用价值从前期经济发展中所实现的使用价值总量中加以扣除，那么当期对于破坏的自然环境的再修复所产生的增量使用价值，也只是对于前期自然环境破坏所导致的使用价值损失的一种再补偿。从两者数量之间的关系来看，对于破坏的自然环境再修复成本远远大于自然环境破坏所产生的收益（其主要表现为通过自然环境破坏所生产的其他使用价值的数量）。在经济发展过程中，本着先破坏后治理的方式来开发自然环境，其实质上是一种得不偿失的行为。在日常生活中，自然环境主要表现为适合人类生存的水源质量、空气质量等直接与人类生存密切相关的自然因素。此外，还包括与人类生存间接相关的动、植物数量等方面。在人类社会经济发展过程中，只有适合人类自身生存的自然环境不受到破坏，其所获得的以商品作为表现形式的使用价值总量的增长，才是真正意义上的经济增长。否则，在人类通过经济发展获得的以商品作为表现形式的使用价值总量中必须扣除由于自然环境破坏所产生的使用价值损失的数量。就自然资源而言，在现实经济活动过程中，以水和动、植物为代表的自然资源直接表现为自然环境，以矿产为表现形式的自然资源间接地表现为自然环境，对于以水和动、植物作为表现形式的自然资源损耗对于以商品作为表现形式的使用价值总量的影响，前面已经有所论述。而对矿产等与自然环境间接相关的自然资源消耗对于以商品作为表现形式的使用价值总量的影响，其衡量标准主要在于确定矿产等自然资源损耗对于自然环境的间接破坏程度。矿产开采对于自然环境所产生的间接损耗，与自然环境破坏所产生的使用价值损耗一样，作为一个减项，在当期经济发展过程中实现的以商品作为表现形式的使用价值总量中予以扣除。

（二）从价值角度分析经济增长

如果一定时期所有的具有一定使用价值形态的产品都通过商品的形态表现出来，那么一定时期以信用货币作为表现形式的价值总量增长，与以商品作为表现形式的使用价值总量增长，就是相对一致的。在信用货币经济条件下，由于商品使用价值与价值之间的对立统一关系，商品既表现为使用价值形态，又表现为价值形态，前者主要通过商品的具体属性和用途体现出来，是一种有形或无形的个体形态；而后者主要通过以信用货币作为价值尺度的工具体现出来，是以信用货币作为表现形式的价值形态。

（三）经济增长两种形态之间的关系

从以商品作为表现形式的使用价值总量增长与以信用货币作为表现形式的价值总量之间的关系来看，主要表现在以下几个方面：

1. 使用价值总量增长是实现价值总量增长的前提和基础。在信用货币经济条件下，信用货币不同于黄金商品货币的具体特征，要使以信用货币作为表现形式的价值总量增长正确地反映真正意义上的经济增长，就必须将以商品作为表现形式的使用价值总量的增长，作为以信用货币作为表现形式的价值总量增长的前提和基础。因此，信用货币的超额发行①、无效产品的货币化②以及有害产品的货币化③等，都可以在很大程度上提高以信用货币作为表现形式的价值总量。若从使用价值角度判断，通过上述方式所表现出来的以信用货币作为表现形式的价值总量增长，并不能作为真正实现经济增长的标志。因为在通过上述方式所实现的以信用货币作为表现形式的经济增长

① 由信用货币超发所导致的以信用货币作为表现形式的价值总量的增长，主要是通过商品价格提高的方式来实现的。

② 这种无效产品的货币化，即包括重复劳动、重复建设行为所导致的货币化，也包括存量资产、资源的货币化等。

③ 主要包括危害人类生存环境以及身心健康的有毒产品货币化等。

过程中，并没有导致使用价值总量的增加，有些经济活动反而是一种使用价值总量的减少，如重复建设导致的资源浪费、资源货币化所导致的自然环境破坏以及有毒产品生产所导致的负面使用价值等，都削减了一定时期人类可支配的使用价值总量。就此而言，如果以信用货币作为表现形式的经济增长，没有以商品作为表现形式的使用价值总量增长作为支撑，其实现的经济增长就是一种不符合经济增长特征、也不符合经济发展目的的增长，不但是一种无效的经济增长，甚至还是一种负面的经济增长。只有以商品作为表现形式的使用价值总量增长作为支撑，以信用货币作为表现形式的价值总量增长，才能符合经济增长特征和经济增长的最终目的。反之，脱离以商品作为表现形式的使用价值总量增长作为支撑，单纯地追求以信用货币作为表现形式的价值总量的增长，必然不能实现经济增长的最终目的。相反，在单纯地追求以信用货币作为表现形式的价值总量增长理念引导下，以信用货币作为表现形式的价值总量增长，既会对以商品作为表现形式的使用价值总量增长形成负面影响，也最终会使以信用货币作为表现形式的经济增长不可能实现持续增长。在经济实践中，以资源、资产为载体的生产要素完全货币化之后，以信用货币作为表现形式的价值总量增长更多地表现为一种价值再分配，这种价值再分配既是不同价值所有者之间的再分配，也是在增量信用货币不断发行的条件下，商品价格大幅上涨所导致的以信用货币作为表现形式的价值在政府与市场主体之间的再分配。由此可见，要使以信用货币作为表现形式的价值总量增长成为真正意义上的经济增长，就必须以商品作为表现形式的使用价值总量增长作为其前提和基础条件。

2. 价值总量增长是使用价值总量增长的表现形式及主要手段。主要表现在以下几个方面：

（1）以信用货币作为表现形态的价值总量增长是以商品作为表现形式的使用价值总量增长的主要表现形式。在信用货币经济条件下，商品使用价值与价值的内在对立统一主要表现为以商品实物形态与以信用货币作为商品价值表现形态的外在对立统一。商品的本质属性要求商品只有实现以商品实体作为表现形态的使用价值，向以信用货币作为表现形态的价值转换，商品生产的最终目的才能实现。从整个社会来看，只有每一种商品都成功地实现由商品的实物形态向以信用货币作为表现形式的价值形态转换，商品才能最终实现其使用价值，社会经济才能在总供给与总需求相对平衡的基础上实现真正意义上增长。一般而言，信用货币只是承担商品流通的一个中介，商品由使用价值形态向价值形态的转换，并不是指商品就永远停留在以信用货币作为表现形式的价值形态，而是以信用货币作为流通中介，通过以信用货币作为表现形式的价值形态转换，最终实现其使用价值。就此而言，以信用货币作为表现形态的价值总量主要是指以商品作为表现形式的使用价值总量在经过以信用货币为中介的商品流通过程中，所体现出来的价值数量，是信用货币作为商品流通中介在商品流通过程中以其所具有的价值尺度职能所反映的所有参与流通商品价值的累加。如果以信用货币作为表现形式的价值总量增长，以商品作为表现形式的使用价值总量增长作为前提和基础，在现代信用货币经济条件下，鉴于商品价值与使用价值的对立统一关系，一定时期社会实现以信用货币作为表现形式的价值总量增长，在一定程度上也预示了以商品作为表现形式的使用价值总量也实现相应的增长。这种增长不但表现为具有一定使用价值的商品数量上的增长，而且还表现为以商品作为表现形式的使用价值总量的增长，是适应市场需求的增长，是一定时期以商品作为表现形式的使用价值总量在供给与需求相对平衡的基础上所实现的增长。因此，其是一种符合经济增长特征、有利于实现经济增长最终目的的真正意义上的经济增长。

（2）以信用货币作为表现形态的价值总量增长是实现以商品作为表现形式的使用价值总量增长的主要手段。在信用货币经济条件下，信用货币主要充当了商品流通手段的职能，以商品作为表现形式的使用价值只有通过以信用货币为媒介的商品交换，才能最终实现其使用价值。由此决定了要真正地实现以商品作为表现形式的使用价值，就必须首先通过由商品作为表现形式的使用价值向以信用货币作为表现形式的价值转换，再通过由信用货币作为表现形式的价值向以商品作为表现形式的使用价值转换的方式，整个社会以商品作为表现形式的使用价值总量才能最终实现。由于以信用货币作为表现形式的价值是实现以商品作为表现形式的使用价值的必经环节，在一定程度上决定了在信用货币经济条件下，要实现以商品作为表现形式的使用价值总量增长，就必须以信用货币作为表现形态的价值总量增长作为必要条件。换而言之，以信用货币作为表现形态的价值总量增长是实现以商品作为表现形式的使用价值总量增长的主要手段。

二、经济增长的主要推动力

如前所述，以商品作为表现形态的使用价值总量增长是经济增长的前提和基础，而以信用货币作为表现形式的价值总量增长是以商品作为表现形式的使用价值总量增长的主要表现形式及主要手段。就此而言，这里分析经济增长的主要推动力，主要着力于从使用价值角度来分析推动经济增长的供给因素和需求因素这两个方面：

（一）供给推动

从使用价值角度分析经济增长，其主要表现为以商品作为表现形式的使用价值总量不断增长和质量不断提高的过程。因此，从供给角度分析以商品作为表现形式的使用价值总量增长，表现在以下两个方面：

1. 生产资料供给。从生产资料的内涵来看，生产资料主要表现为劳动者进行生产时所需要使用的资源或工具。一般可包括土地、厂房、机器设备、工具、原料等。生产资料是生产过程中的劳动资料和劳动对象的总和，它是任何社会进行物质生产所必备的物质条件。一定时期以商品作为表现形式的使用价值增长，在生产资料供给方面主要表现为劳动者进行生产时所需要使用的资源或工具数量和质量不断提高的过程。在以商品作为表现形式的使用价值总量增长过程中，以生产资料作为表现形式的使用价值总量的增长，不但直接表现为生产资料自身总量和质量不断扩大和提高的过程，而且还表现为间接地促使消费资料总量和质量不断扩张和提高的过程。从生产资料的使用价值属性来看，根据前面关于以商品作为表现形式的使用价值总量增长的相关论述，生产资料中以土地、资源作为表现形式的使用价值总量的增长，主要是指在不改变良好的生态环境下，通过生产活动对于不适合生产的土地①进行改造使之成为生产用地，对于自然资源通过人工开采的方式，增加生产发展所需要的资源。只有符合上述条件的生产资料增长，才能表现为以商品作为表现形式的使用价值总量的增长。

此外，从经济发展最终目的角度来判断生产资料供给是否表现为真正意义上的以商品作为表现形态的使用价值总量的增加，表现在以下两个方面：一是生产资料生产领域的下游产业生产规模的扩张，是否直接地为扩大消费资料生产规模提供服务？如果是为了满足扩大消费资料生产规模而进行的规模扩张，那么生产资料生产领域的下游环节所进行的生产规模扩张，就是符合经济增长目的的真正意义上的使用价值总量的扩张，否则，就不是以商品作为表现形态的使用价值总量的扩张。如果生产资料领域的下游产业不直接为消费资料的生产提供服务，这些产业生产规模的扩张就不是为了实现不断提高居民日益增长的物质和精神需求为目的所进行的生产规模扩张，而是通过投资领域自身内循环规则，通过生产领域下游产业的不断扩张，使生产领域上游、中游产业生产规模不断扩张，由此实现投资领域内循环式的重复扩张。二是生产资料生产领域的上游、中游产业生产规模的扩张，是否间接地为扩大消费资料生产规模提供服务？如果其是为了间接地满足扩大消费资料生产规模而进行的规模扩张，那么生产资料生产领域的上游、中游环节所进行生产规模扩张，就是符合经济增长目的的真正意义上的使用价值总量的扩张，否则就不能视为以商品作为表现形态的使用价值总量的扩张。如果生产资料领域的上游、中游产业不间接地为消费资料的生产提供服务，那么这些产业生产规模的扩张就不是为了实现不断提高居民日益增长的物质和精神需求为目的所进行的生产扩张，而是利用投资领域的自身内循环规则，通过生产领域上游、中游和下游产业的不断循环扩张，增加生产领域上游、中游和下游产业以商品作为表现形式的使用价值总量。在生产资料生产过程中之所以会出现生产资料生产在

① 这种生产的土地既包括农业用地，也包括工业用地。如果将农业用地改为工业用地，那么，其所产生的负面使用价值，应从工业生产所产生的使用价值总量中予以扣除。

上、中、下游之间不断内循环的现象，在很大程度上与投资品的自身特殊属性密切相关，相对于消费品生产和消费而言，投资品的生产和消费既是生产下游产品的过程，也是消费上游产品的过程。在下游产品生产规模不能得到有效抑制的作用下，如果土地、资源等要素供给相对充足，生产资料生产就可以在上、中、下游内循环规则作用下，通过自身不断的内循环，增加以这些生产资料作为表现形态的使用价值总量。由于这种使用价值总量的扩张，不以满足居民日益提高的物质和精神需求为目的，从经济增长的最终目的分析，这种经济增长实际上是一种无效增长。更有甚者，如果其在生产规模扩张中，浪费了大量的土地等资源，污染了环境，其实际上是一种负面的经济增长。

2. 消费资料供给。消费资料，也称“生活资料”或“消费品”，是指用来满足人们物质和精神生活需要的那部分社会产品。从消费资料的分类来看，其主要有以下三种分类方法：

（1）按消费对象划分可以将消费资料分为两类：一是实物消费，即以商品形式存在的消费品的消费；二是劳务消费，即以劳务形式存在的消费品的消费。

（2）按消费目的划分可以将消费资料划分为生存资料、发展资料、享受资料三个部分。具体言之，生存资料主要包括衣、食、住、用方面的基本消费品；发展资料主要包括用于发展体力、智力的体育、文化用品等消费品；享受资料主要包括高级营养品、华丽服饰、艺术珍藏品等消费品。

（3）按消费种类划分消费资料，一般可以分为吃、穿、住、用、行等几类。从消费资料上述三种划分方法来看，并不是截然分开、彼此孤立的，而是互相联系的。例如各种吃、穿、住、用、行方面的物质产品，不同程度地包含着满足劳动者的生存、发展、享受三个部分的消费需要。在这三部分中，有的属于实物消费，有的属于劳务消费。

从消费资料供给的决定因素来看，表现在几个方面：一是一定时期社会可以从事消费资料生产的能力，直接决定了一定时期社会消费资料生产能力的高低。从一定时期社会消费资料生产能力的决定因素分析，取决于一定时期从事消费资料生产的设备数量大小以及技术的先进程度。在原材料供给充足的条件下，从事消费资料生产的设备数量越多、设备先进性程度越高，一定时期消费资料的供给就相对较多。反之，则消费资料的供给规模就相对较少。二是一定时期从事消费资料生产的劳动者数量规模（含体力劳动和脑力劳动两个方面）。一定时期从事消费资料生产的劳动者数量越多，则为与消费资料生产设备运行所需要的人力支撑提供了劳动力准备，有利于充分发挥消费资料生产设备生产消费资料的能力。同时，由于消费资料中服务业发展本身就是劳动者的劳动体现，从事以服务业为代表的消费资料生产者的增加，本身就在很大程度上扩大了以服务业作为表现形式的消费资料供给规模。三是一定时期满足于消费资料生产的原材料储备数量的高低。从消费资料生产的原材料储备类别来看，主要为用于食品生产所需要的以粮食为主要原料的供给；用于衣着消费品生产所需要的以棉花等作为表现形式的农业经济作物以及化纤等轻工业产品的供给；用于出行设备消费品生产所需要的钢铁及化学产品等原料供给；用于住房消费品生产所需要的建材等原料供给；用于娱乐消费品生产所需要的现实生活中的风土人情、历史传说以及创意设计等原料供给；用于旅游消费品生产所需要的自然风光以及人文景观等原料供给；用于文化消费品生产所需要的人文和自然知识等原料供给。服务业与其他产业部门的基本区别主要表现为：服务业生产的是服务产品，服务产品具有非实物性、不可储存性和生产与消费同时性等特征，服务业生产活动主要表现为一种劳务活动、咨询活动等。鉴于服务业所具有的生产与消费的同一性，服务业生产的对象就是劳务和咨询活动本身。此外，无论在消费品生产过程中，还是在消费品消费过程中，以原油和电力为代表的动力供给，在消费品制造以及消费品的消费过程中都发挥了不可或缺的作用。

从上述消费品制造的原料来看，以衣、食、住、行为表现形式的物质消费品生产，其对于原材料的消费是一次性的，为了保持上述消费品连续不断的供给，就必须保持其生产所需要的粮食、棉花、建材等原材料供给的连续性。当然，由于上述消费品在消费周期上存在着较大的区别，决定了上述消费品生产所需要的原材料供给在供给周期上存在着明显的差异。就旅游、娱乐、文化等发展型消费品生产而言，其所需要的原料却具有可以不断重复使用的特性。特别是以人脑思维为主要依托的创意性产品，在很大程度上与从事这类消费品生产的劳动者密切联系在一起，从而在很大程度上突破了这类消费品生产所面临的空间约束。由于这类消费品的生产直接与“人”有关，在一定程度上决定了“人”的再生产对这类消费品的生产，会产生关键的影响。理论上，这种“人”的再生产既包括其生理的再生产，也包括其心理以及智力的再生产，甚至在“人”的教育层次以及生活阅历不断提高的影响下，人类在其心理以及智力再生产上会呈现一种扩大再生产的趋势。就服务业而言，由于服务业生产所需要的原料主要来自从事服务业的“人”的本身，决定服务业生产能否持续的关键，也在于“人”的再生产，即只要“人”的再生产能够得到顺利进行，以“人”为载体的服务产品就可连续不断地进行①。此外，就消费品生产和消费所需要的原油、电力等能源供给而言，相对于衣、食、住、行等消费品生产和消费而言，以服务、娱乐、文化、旅游为表现形式的非物质消费品的生产和消费，对于原油、电力等依赖程度相对较低。在现代市场经济条件下，这些消费品的生产和消费也需要直接或

① 这里所说的服务产业主要表现为单纯的人类劳动活动，而不包括那些需要大量服务工具和服务对象的服务业。对于这些服务活动，虽然人的再生产不是决定这些服务活动能否继续进行的唯一因素，但在这些服务活动的生产过程中，人的再生产是决定这些服务活动能否继续进行的重要因素。

间接地消耗原油、电力等能源，但相对于衣、食、住、行等消费品生产和消费对于原油及电力的消耗数量和依赖程度而言，其在需求数量以及依赖程度方面都明显地降低了。

（二）需求推动

从需求角度分析，其对于经济增长的推动作用主要表现在两个方面：一是投资需求对于经济增长的带动作用；二是消费需求对于经济增长的带动作用。

1. 投资品需求。从投资需求对于经济增长的推动作用来看，主要表现为由于投资品需求增加而导致的经济增长。由于投资品在经济实践中主要表现为土地、厂房、机器设备、工具、原料等诸多方面，投资品需求的增加也主要表现为由于投资额度的增加导致对于以土地、厂房、机器设备、工具、原料等作为表现形式的投资品需求的增加而引致的经济增长。从投资品生产环节需求传导机制作用机理来看，在投资领域，下游投资规模的扩张，必将促进上游投资品生产规模的不断扩大，从而通过上游产业投资需求的扩张带动经济的发展。在经济实践中，投资领域下游生产环节投资需求的扩张主要表现为消费资料生产设备的投资需求扩张等，其必然会带动诸如设备制造行业、原材料行业以及上游的采掘业行业生产规模的进一步扩张，从而推动经济实现进一步增长。与此同时，考虑投资领域自身存在的投资内循环的具体特征，上游投资环节投资规模的扩张，也可以带动中、下游投资环节生产规模的扩张，从而促进经济实现进一步增长。上游行业如采掘业的发展，一方面带动了下游设备制造产业的发展；另一方面，劳动力就业人数的增加所导致的消费扩张，也增加了消费资料生产设备的需求，从而导致投资领域与消费扩张相关的其他行业生产规模的进一步扩张，进一步促进了经济的增长。

2. 消费品需求。从消费品需求带动经济增长情况来看，主要表现为市场主体对于消费品需求增加，所导致的消费品生产规模扩张而实现的经济增长。从消费品的生产特征分析，由于消费品生产不像投资品生产那样，在生产环节上呈现明显的纵向链接性特征，消费品生产环节基本上都是横向分布的。因此，消费需求增加所导致的经济增长，直接表现为由于消费品需求增加所导致的消费品生产规模扩大而实现的经济增长，不会产生投资领域中由于投资需求扩张所导致的投资乘数效应。

从消费需求扩张所产生的经济影响来看，在消费需求增加的影响下，一些与消费需求增加有关的消费资料生产设备的生产规模会进一步扩张，如轻工业的进一步发展；文化、旅游、娱乐、艺术等产业的进一步发展等。此外，对于生活消费品需求扩张而言，受消费品需求不断扩张影响，作为生活消费原材料的农业产品生产规模会进一步扩张，由此促进农业生产的发展，对经济增长产生促进作用。当然，如果从消费质量上判断，在经济实践中消费质量的提高，将表现为以生活消费作为表现形式的物质消费向以文化、旅游为表现形式的非物质消费的过渡升级。这种消费资料消费的过渡升级，是消费资料数量的不断扩张过程，也是消费质量的不断提高过程。此外，通过物质形态的生活消费品与非物质形态的精神产品相结合的方式，在提高人类生活消费品质量的同时，也突破了人类对于生活消费品的消费刚性约束，从而通过消费品的生产规模扩张，进一步推动了经济增长。

从消费需求与投资需求之间的关系来看，由于投资需求与消费需求在产业环节上呈现明显的上、下游特征，从产业发展角度分析，消费需求的增加是导致投资需求进一步扩张的最终原因。鉴于投资领域自身所具的投资内循环的具体特征，在特定的投资政策作用下①，虽然投资需求可以在其内部进一步扩张，但如果投资需求的扩张最终离开消费需求的约束，由于消费需求不能得到很好的满足，在投资需求扩张间接地导致消费需求扩张的影响下②，会导致消费品的价格上涨。就此而言，只有在最终消费需求带动下，才能使由需求带动的经济增长符合不断满足居民日益提高的物质和精神生活需求的经济发展目的。

（三）供给与需求在经济发展中所呈现的相互关系

根据现代西方经济学理论，一定时期社会有效产出是在总供给与总需求相对均衡基础上所实现的有效产出。就供给与需求之间的关系而言，二者是可以相互作用、相互转化的。具体言之，主要表现在以下几个方面：

1. 消费需求对于经济发展产生的推动作用主要取决于经济发展的根本目的。从国民经济产业链角度分析，下游供给的增长，必然会带动其对于中上游环节的需求，这种需求主要表现为下游生产环节生产规模扩张必然会增加对上游环节产品的需求，从而促进上游环节生产规模的进一步扩张。从国民经济产业生产环节分析，消费需求是终极的市场需求，以消费需求为表现形式的需求扩张，是导致整个社会需求扩张的起始原因。从消费需求的表现形式来看，其既表现为以生活资料作为表现形式的物质消费，也表现为以文化、娱乐、艺术作为表现形式的非物质消费。从消费需求扩张的动力来看，主要取决于居民收入的水平高低。理论上，一定时期居民收入水平相对较高，居民消费需求就相对较大。从居民收入水平的决定因素分析，取决于国民收入分配政策，也取决于经济增长的最终目的。当国民收入分配向居民个人倾斜时，消费需求必然会得到进一步的扩张，从而使经济发展在消费需求拉动下，实现进一步的扩张。如果国民收入分配不向居民个人倾斜，会导致投资领域投资规模的进一步膨胀。在实践中，因为资本所有者在国民收入分配中占据较大

① 在信用货币经济条件下，其主要表现为政府通过对投资领域投资的增加，提高投资规模。

② 这种消费需求的扩张主要表现为投资领域人工工资增加，以及投资金额向个人的转移所导致的消费需求增加。

的份额，在“逐利”机制作用下，其必然会通过投资内循环的方式，来获取较多的投资收益。如果在政府的投资政策支持下，这种行为会更加明显。此外，也会导致消费领域的两极分化，表现为基本消费质量难以得到持续提高等方面。更有甚者，由于资本所有者在获取较高国民收入分配收益之后所表现出来的非理性消费行为，使一些畸形消费和奢侈品消费会大行其道。如果经济增长以满足居民不断提高的物质和精神生活需求为最终目的，消费需求必将成为推动社会生产不断向前发展的终极动力，为了实现这一目的，就必然在国民收入分配领域实行对于居民倾斜的政策。从发挥消费需求对于经济增长的拉动作用来看，消费需求能否在需求拉动经济增长过程中发挥终极作用，其决定因素还在于经济增长的最终目的是什么。换而言之，一定时期国民经济增长的最终目的，是决定消费需求能否最终发挥对于经济发展拉动作用的决定因素，而国民收入分配只是实现社会经济发展最终目的，以及促进消费对于经济发展产生拉动作用的主要手段。若从相反角度考察需求与经济增长目的以及国民收入分配之间的关系，如果经济增长不以满足居民日益提高的物质和精神生活需求作为最终目的，一定时期消费需求必不能发挥其对于经济增长的拉动作用，而国民收入分配也不会出现向居民个人倾斜的局面。受此影响，一定时期经济增长会局限于通过投资规模不断扩张的方式来进行推动。由于消费需求在社会总需求中所处的基础性地位，这种单纯地依靠投资规模扩张的方式所实现的经济增长，最终在劳动力供给短缺或劳动力素质相对较差以及物价不断上涨的影响下，而陷入增长的困境。

总体来看，侧重于投资规模不断扩张的增长方式之所以会出现通货膨胀，与土地、自然资源不断消耗密切相关，与劳动力成本由于消费品短缺所导致的成本提高因素密切相关，也与投资资本在投资内循环过程中通过不断提价的方式，获取投资利润密切相关。在没有技术创新因素影响下，投资资本之所以能够在投资领域不断地进行内循环式的扩张，主要动力在于通过不断涨价的方式，实现投资领域的内循环。从社会总需求角度分析，要实现经济的持续健康发展，必须将一定时期社会经济发展的根本目的定位于不断满足居民日益提高的物质和精神生活需求。根据供给与需求相对匹配的规则，与消费需求扩张相对应的是消费品供给规模的不断扩张，从导致消费品供给规模不断扩张的决定因素分析，其直接取决于一定时期消费品的生产能力，间接地取决于投资品的发展规模，这种发展规模主要表现为投资领域土地、厂房、设备、工具和原材料的供给情况。

2. 一定时期经济增长是在总供给与总需求相对均衡基础上实现的。如前所述，一定时期经济增长可以从供给和需求两个角度来进行考察。就供给与需求二者之间的关系而言，供给主要表现为经济增长提供增量的使用价值形态支持，而需求主要表现为经济增长提供增量的价值形态支持。从供给角度来考察经济增长，其主要通过供给的增加，向社会提供现实的投资品和消费品，使经济增长表现为以实物形态作为表现形式的投资品和消费品供给规模的大幅度增加，最终从实物形态上确保了居民日益增加的物质和精神生活的需要。这种以使用价值作为表现形式的实物形态，是相对于以信用货币作为表现形式的价值形态而言的，既包括有形的物质形态，也包括无形的非物质形态如精神产品等。从需求角度来考察经济增长，表现为通过以信用货币作为表现形式的增量需求的增加，为增量供给实现由实物形态的使用价值向以信用货币作为表现形式的价值形态转换，提供必要条件。在现代市场经济条件下，市场主体实现由商品作为表现形式的使用价值形态向以信用货币作为表现形式的价值形态的过渡，是市场主体维持自身再生产以及获利的关键环节。以信用货币作为表现形式的社会需求的增加，在很大程度上为以实物作为表现形态的使用价值向以信用货币作为表现形式的价值的过渡，提供了有利条件。当然，现代市场经济条件下市场主体主要是通过既有社会分工的方式，来满足各自的需求。换而言之，在社会需求作用下商品由实物形态的使用价值形式向以信用货币作为表现形态的价值形式的转换，其实际上是以信用货币作为流通媒介，通过信用货币的交换，所反映的不同市场主体在市场分工中进行相互交换的关系。就此而言，隐藏在以信用货币作为表现形式的社会需求背后的，是社会需求主体将自己生产的以实物形态作为表现形式的使用价值转化为以信用货币作为表现形式的价值，所形成的真实社会需求。因此，以信用货币作为表现形式的社会需求的增加，不是通过信用货币发行方式所表现出来的信用货币的增加，而是表现为以增量使用价值形态向增量信用货币形态转换作为条件的以信用货币作为表现形式的总需求的增加。当然，在现实经济活动中，市场主体在既有市场分工条件下生产的产品差异，以及不同市场主体在一定期间实现的价值总量中所参与的分配比重不同，并不是所有的商品都可以通过以信用货币作为流通媒介的方式，来顺利地实现交换，从而确保社会再生产的顺利进行。在经济实践中，其主要表现为一定时期以商品作为表现形态的使用价值剩余，以及以信用货币作为表现形式的市场需求得不到有效的满足。考虑商品生产与流通的时间限制，以商品作为表现形态的供给与以信用货币作为表现形态的需求在时间点上存在着一定的差异。这种时间上的差异可以随着时间的推移而实现总供给与总需求的平衡，而总供给与总需求的结构性差异，却不能随着时间推移而实现总供给与总需求的相对平衡。要解决经济发展中存在的供给与需求结构性矛盾，可以通过调整收入再分配的方式，为多余的商品供给提供增量需求，从而实现商品由使用价值形态向价值形态的顺利转换。从这一措施对于经济增长的推动作用来看，通过国民收入再分配的方式，解决剩余的商品存量，只是国民经济本期的内部结构调整，并不能有效地促进经济增长，其对于经济增长的影响，主要通过本期总供给与总需求的调整，为下一期国民经济在总供给与总需求均衡的基础上实现进一步发展提供有利条件。因此，从总供给与总需求对于经济增长的影响来看，总供给是一定时期实现经济增长的必要条件，而总需求是确保有效供给、实现经济在总供给与总需求相对平衡基础上持续发展的充分条件。换而言之，只有建立在以市场需求为导向的总供给的增加，才能实现真正意义上的经济增长。从社会最终消费需求角度分析，只有满足于居民不断提高的物质和精神生活需求为目的的社会生产，才能实现以商品作为表现形式的社会总供给的有效增长，从而确保经济在总供给与总需求相对均衡的基础上实现持续增长。

3. 生产要素供给是推动经济实现持续增长的主要动力。通过前面关于总供给与总需求在经济发展中所起作用的分析，虽然从经济发展不同产业链环节分析，总供给与总需求之间可以相互转换，但从终极消费需求来看，其最终需要总供给的增加来满足终极消费需求的需要。就此而言，满足终极形态消费需求的最终决定因素，还在于社会总供给的规模大小，而不在于以信用货币作为表现形式的终极消费需求的大小。从一定时期社会供给规模的决定因素分析，以资源、劳动、技术和管理作为表现形式的初始状态生产要素，是决定社会总供给规模的最终要素。这些生产要素处于初始形态，不会受社会需求结构性影响而产生多余的供给。相反，这些初始形态的生产要素可以根据社会最终需求的变化，通过不同生产要素之间的组合，来满足社会需求。在现有的国际分工条件下，各国可以通过国际贸易的方式，通过生产要素在国际间的互补，来实现本国供给潜力的最大化，以此满足本国居民日益增长的物质和精神生活需要。

三、实现经济持续增长的主要路径

根据前面关于经济增长决定因素的分析，在经济实践中，要实现持续的经济增长，可着力采取以下措施：

（一）通过生产要素的培育实现经济的可持续发展

若从最终需求的决定因素分析，生产要素供给规模和质量，是一定时期以经济发展最终目的为导向的经济增长的决定因素。就此而言，生产要素的培育是确保经济持续发展的关键。

1. 生产要素培育的内涵。就生产要素培育与经济发展之间的关系而言，生产要素培育不一定以经济发展的形式体现出来，其在经济实践中表现为教育、基础科学研究等生产要素的培育，并没有直接推动经济增长。从经济发展的实践来看，生产要素组合或者生产要素自身的生产，都直接表现为经济的增长，但并不是所有生产要素的生产和培育都直接表现为经济增长的。从生产要素培育形态来看，通过教育、基础科学研究等方式提高生产要素中“人”的素质、技术以及管理的水平，并不是马上表现为一种经济增长形态，而是表现为一种社会耗费形态，需要其他生产部门对于这种耗费进行有效的补偿。教育和基础科学研究对于经济增长的促进作用，主要以间接的方式体现出来，主要通过“人”的素质提高以及技术、管理水平的提高所产生的增量国民产出大于这些生产要素培养成本的方式体现出来。在社会总供给与总需求相对均衡的条件下，由生产要素培育所导致的经济增长既表现为以商品作为表现形态的使用价值总量的增长，也表现为以信用货币作为表现形式的价值总量的增长。当然，从“人”的生产要素培育情况来看，其既是人的身体培育过程，也是提高人的素质的培育过程。就自然资源等初始形态生产要素而言，由于其自身在“量”的方面存在着较大的限制，对于自然资源等要素的培育主要表现为，在不破坏现有生态环境的条件下提高自然资源的使用效率，并且为提高自然资源使用效率所付出的成本要小于由自然资源使用效率提高所产生的收益。只有这样，自然资源使用效率提高所产生的收益才能有效地推动经济增长。在经济实践中，自然资源使用效率的提高表现为，土地肥力的增加、不可耕土地的治理、自然资源采选技术的进步所导致的自然资源储量的相对增加以及技术发展所增加的可替代自然资源等。通过上述生产要素的培育，可以为一定时期经济发展过程中实现以实物形态产品作为表现形式的供给总量的扩张，创造有利条件。

2. 生产要素的培育路径。从上述生产要素培育情况来看，以自然资源为代表的生产要素的培育，与人、技术和管理等生产要素供给密切相关。就生产要素的培育路径而言，其主要表现为对于人、技术和管理等生产要素的培育过程。在经济实践中，为了提高人的素质以及社会生产的技术、管理水平，可采取以下措施：

一是通过加强教育投入的方式，提高人的自身素质。就教育投入方向而言，包括基础教育、职业教育和高等教育三个方面。教育投入是生产要素培育的一个重要路径，不但对提高人的素质会产生重要影响，而且对技术和管理等生产要素的培育也会产生重要影响。根据投入与收益相对匹配的原则，教育的投入应该由财政来负担，实行基础教育、职业教育免学费，高等教育在根据需求适当控制招生规模的条件下实行有差别的免费教育。当然，由于在现代经济条件下，家长主要承担抚养义务①，对于这些不同层次教育所产生的生活费，应由家长来负担。政府通过公共财政支出的方式所承担的教育费用，主要从未来“人”的素质提高所实现的增量财政收入中得到补偿。

二是大力加强科学研究投入。对于科学研究而言，一定时期技术与管理要素的培育与科学研究水平密切相关，要充分发挥技术和管理等生产要素对于经济发展的推动作用，就必须通过加强基础科学研究投入力度、提高科学研究水平的方式，促进技术

① 家长所承担的抚养义务，将通过子女养老、尽孝的方式来进行必要的补偿。

进步和管理水平的提高。从科学研究与经济发展之间的关系来看，科学研究水平的提高，并不能直接促进经济的发展，而是通过技术进步和管理水平提高的方式，间接地推动经济的发展。一定时期基础科学研究投入实际上是促进未来经济发展的耗费性支出，必须由公共财政来负担。用于科学研究的财政支出，主要通过未来由于技术进步和管理水平提高所产生的增量财政收入来进行补偿。

三是通过人口相对平衡的增长，确保劳动力供给的相对稳定。在现代市场经济条件下，无论经济发展水平处于什么阶段，以“人”为载体的劳动力要素在生产发展中都会发挥不可或缺的作用。受人的生命周期影响，保持一定的人口生育水平，是确保劳动力供给的必要保证。虽然劳动力在其子女未成年之前培育子女需要大量的费用支出，但劳动力对于其子女的培养费用，是保证劳动力自身生命延续的必要耗费，也可以通过子女在成年之后对于父母的赡养体现出来。在劳动力的工资收入中应当包含劳动力为抚养下一代所必需的支出，只有这样，才能保证劳动力供给的可持续性，从而为经济的持续发展提供后续劳动力支持。

（二）通过适度的信用货币供给实现使用价值总量与价值总量的共同增长

如前所述，以商品作为表现形式的使用价值总量的扩张，才是经济发展的真正标志[①]，也是实现社会经济发展目的的必然选择。而以信用货币作为表现形式的价值总量的增长，只是实现以商品作为表现形式的使用价值总量增长的主要手段。特别是在信用货币经济条件下，信用货币只是承担了商品流通中介职能，如果信用货币的发行脱离以商品作为表现形态的使用价值总量做支撑，一定时期经济增长就会表现为单纯地以信用货币作为表现形式的价值总量的增长。由于信用货币自身并没有价值，这种脱离以商品作为表现形式的使用价值总量做支撑的价值总量的增长，是没有任何意义的。在经济发展过程中，为了有效地实现以商品作为表现形式的使用价值总量与以信用货币作为表现形式的价值总量的共同增长，就必须确保信用货币供给的适度增长，通过适度的信用货币供给，满足以商品作为表现形式的使用价值总量增长的需要，从而实现以商品作为表现形式的使用价值总量与以信用货币作为表现形式的价值总量的共同增长，实现真正意义上的经济增长。

（三）通过合理的产业结构安排实现投资与消费结构的科学匹配

真正意义上的经济增长，最终表现为满足于消费需求的经济增长，在经济实践中主要通过经济的持续增长，不断满足居民日益提高的物质和精神生活需求。由于投资品供给与消费品的供给密切相关，为了实现真正意义上的经济增长，就必须合理地安

① 这里使用价值总量的扩张，既是指使用价值数量的扩张，也是指使用价值质量的提高。

排国民经济产业结构。通过投资领域适度的供给规模扩张[1]，为消费资料生产提供必要的生产资料保障，确保消费资料供给的可持续性以及消费资料供给质量的不断提高。如果投资领域供给规模扩张过大，其在减少一定时期消费品生产领域的生产要素供给，使经济增长在不能实现真正意义上经济增长目的的同时，也使投资领域的供给超过了消费领域的需求，造成了生产要素资源的严重浪费。相反，如果投资领域供给规模不能满足消费领域的需要，其在影响经济增长速度的同时，也使经济增长不能很好地满足居民日益提高的物质和精神生活需求，从而使经济不能实现真正意义上的增长。从消费资料供给规模来看，如果一定时期消费资料供给规模和结构不能很好地满足居民日益提高的物质和精神生活需求[2]，其一方面预示着经济发展将面临较大的结构性矛盾，这种结构性矛盾，既可以表现为投资与消费之间的失衡，也可以表现为投资结构与消费结构之间的失衡；另一方面，由于经济发展没有很好地满足居民日益增长的物质和精神生活需求，在一定程度上使这种脱离消费需求的经济增长，不是一种真正意义上的经济增长。相反，如果一定时期消费资料的生产超过了居民日益增长的物质和精神生活需要，不仅会造成投资领域供给总量的相对减少，间接地对于消费资料的持续再生产造成负面影响；还由于消费资料供给超过了即期的消费需求，造成了生产要素资源的严重浪费，对经济增长的可持续性形成了较大的负面影响。从导致消费资料供给规模过剩的原因来看，一方面与消费资料的供给结构不能满足消费需求有关；另一方面，也与一定时期由于国民收入初次分配和再分配的不公平而导致居民消费能力相对较弱有关。

（四）通过构建合理的初次分配体系确保供给与需求的相对均衡

如前所述，以商品作为表现形式的使用价值总量主要通过总供给的方式体现出来，而以信用货币作为表现形式的价值总量主要通过总需求的方式表现出来。如果商品的使用价值与价值相对匹配，以信用货币作为表现形式的社会总需求与以商品作为表现形式的社会总供给在总量上应该是相等的。但从经济运行的实践来看，如果各生产要素在参与社会生产过程中，因定价不合理，导致其在既有社会分工条件下参与社会生产所提供的供给总量与其所获得的以信用货币作为表现形式的需求总量不匹配，那么必将导致社会总供给与总需求的失衡。生产要素在生产过程中所获取的以信用货币作为表现形式的需求，主要表现为生产要素的定价，产生于国民收

---

① 投资领域供给规模的适度扩张，主要表现为投资领域各生产环节根据其上下游之间的供需关系，所进行的适度扩张。

② 在信用货币经济条件下，居民的消费需求并不是以信用货币作为表现形式的需求，而是在既有社会分工条件下由于生产力发展水平所决定的居民现实的消费需求。信用货币供给只是居民在既有生产力发展水平和社会分工条件下，通过自身参与社会生产或再分配的方式，所需要的满足自身物质和精神生活需求的货币表现形式。这种信用货币表现形式，必需有现实的实物做支撑，而不能单纯地以信用货币的形式体现出来。

入初次分配环节。在与以商品作为表现形式的使用价值总量和信用货币供给总量相对匹配的条件下，如果国民收入初始分配结构不合理，一些生产要素定价过低或过高，都会导致社会总供给与总需求的结构性矛盾，从而导致投资与消费的总量失衡，投资与消费的内部结构性失衡，影响了经济的可持续发展，也使经济增长不能达到预期的增长目的。如果通过增量信用货币供给的方式，提高了生产要素的定价，由于各生产要素所获取的以信用货币作为表现形式的收入水平不同，其在导致以信用货币作为表现形式的社会总需求超过社会总供给的同时，还导致一定时期社会供给与需求的结构性矛盾，对经济增长产生一定的负面影响。由此可见，一定时期国民收入初次分配结构合理与否，对于经济能否在总供给与总需求总量和结构相对平衡的基础上实现持续发展，会起到决定性作用。从科学的国民收入初次分配结构构建来看，当前在构建科学的国民收入初次分配结构过程中，应遵循生产要素成本得到完全补偿以及保证各生产要素再生产可持续发展的原则，来对生产要素进行科学的定价，以此在经济发展过程中确保社会总供给与总需求在总量和结构上的相对平衡。

（五）通过国民收入再分配确保经济发展与人类社会发展方向的基本一致

一定时期经济增长的最终目的在于满足居民日益提高的物质和精神生活需求，为了有效地实现这一目的，要通过国民收入再分配的方式，满足政府履行其基本职能的支出需要，即满足市场经济条件下政府所履行的国防、行政、司法及其他公共服务支出的需要；还要通过建立严格的社会保障的方式，确保那些丧失劳动能力、不能参与社会生产、没有固定收入来源的人群维持生存的需要，以此使经济增长与满足居民不断提高的物质和精神生活水平需求的增长目的保持相对一致。在现代社会中由于“人”是社会的人，人类的发展更多地表现为在互帮互助中所实现的共同发展，对于那些没有或丧失劳动能力的个人，人类不应该无情地加以抛弃，而应该通过国民收入再分配的方式，确保他们的生存需要，满足他们衣、食、住、行的生存需要，以及为维持身体健康的生理需要等。

本章小结

本章对于经济增长的不同表现形式及其实现路径主要内涵进行了研究，认为在信用货币经济条件下，如果将经济增长单纯地理解成以信用货币作为表现形态的价值总量不断提高的过程，并不能准确地反映经济增长的本质特征以及经济增长的最终目的。在以信用货币作为表现形式的价值总量增长过程中，一国中央银行通过超额发行信用货币的方式，就可以增加以信用货币作为表现形式的价值总量。在现实生活中，这种信用货币的超额发行，既表现为通过向流通市场直接注入信用货币的方式，增加以信用货币作为表现形式的价值总量；也表现为通过不断的重复建设以及存量资产信用货币化的方式，增加以信用货币作为表现形式的价值总量。就此而言，真正意义上的经济增长，不但表现为以信用货币作为表现形式的价值总量的增长，还表现为以商品作为表现形态的使用价值总量的增长。理论上，真正意义上经济增长的本质特征，主要表现在以下几个方面：一是价值总量与使用价值总量增长的相对同步性；二是在经济增长过程中，以商品作为表现形态的使用价值所呈现的在数量上不断扩张以及质量上不断提高的发展特征；三是以商品作为表现形态的使用价值数量扩张以及质量提高的可持续性。

对于经济增长的主要推动力的研究，文章认为，从使用价值角度分析经济增长，主要表现为以商品作为表现形式的使用价值总量不断增长和质量不断提高的过程。文章从供给和需求两个角度，分析了什么是真正意义上的经济增长。

从供给角度分析以商品作为表现形式的使用价值总量增长，表现在以下两个方面：(1) 生产资料供给。文章认为，从经济发展最终目的的角度来判断生产资料供给是否表现为真正意义上的以商品作为表现形态的使用价值总量的增加，表现在两个方面：一是生产资料生产领域的下游产业生产规模的扩张，是否直接地为扩大消费资料生产规模提供服务。如果是为了满足扩大消费资料生产规模而进行的规模扩张，生产资料生产领域的下游环节所进行的生产规模扩张，就是符合经济增长目的的真正意义上的使用价值总量的扩张。否则，其就不能作为以商品作为表现形态的使用价值总量的扩张。(2) 消费资料供给。文章认为，从消费资料供给的决定因素来看，表现在三个方面：一是一定时期社会可以从事消费资料生产的能力，直接决定了一定时期社会消费资料生产能力的高低；二是一定时期从事消费资料生产的劳动者数量规模（含体力劳动和脑力劳动两个方面）；三是一定时期满足于消费资料生产的原材料储备数量的高低。

从需求角度分析，其对于经济增长的推动作用表现在两个方面：一是投资需求对于经济增长的带动作用；二是消费需求对于经济增长的带动作用。

就供给与需求在经济发展中所呈现的相互关系而言，文章认为，根据现代西方经济学理论，一定时期社会有效产出是在总供给与总需求相对均衡基础上所实现的有效产出。就供给与需求之间的关系而言，二者是可以相互作用、相互转化的。具体言之：(1) 消费需求对于经济发展产生的推动作用主要取决于经济发展的根本目的；(2) 一定时期经济增长是在总供给与总需求相对均衡基础上实现的；(3) 生产要素供给是推动经济实现持续增长的主要动力。

最后，文章对于实现真正意义上经济增长的主要路径进行了研究，认为实现真正意义上的经济增长，可着力采取以下措施：(1) 通过生产要素的培育实现经济的可持续发展；（2）通过适度的信用货币供给，实现使用价值总量与价值总量的共同增长；（3）通过合理的产业结构安排，实现投资与消费结构的科学匹配；（4）通过构建合理的初次分配体系，确保供给与需求的相对均衡；（5）通过国民收入再分配的方式，确保经济发展与人类社会发展方向的基本一致。

第四十五章
投资、消费和出口在经济发展中的作用研究

一、投资、消费和出口三者之间的关系

西方经济学理论认为，投资、消费和出口对于一国国民经济增长可以起到有效的拉动作用，而投资、消费和出口之间虽然存在着显著的区别，但彼此也存在着一定的联系，表现在以下几个方面：

（一）投资与消费之间的关系

1. 从投资与消费之间的关系来看，二者存在着区别。

一是从实物形态来看，投资品主要通过生产要素形态表现出来，表现为生产要素的初级形态，通过资源、技术、管理和劳动等生产要素体现出来；也表现为生产要素的次级或更高级的形态，通过生产设备、原材料、基础设施、质量更高的技术、管理和劳动等以“人”作为表现形式的“活劳动”体现出来。就消费品而言，其主要为满足人类生存和发展需要的相关产品，在产品形态上有物质消费品和精神消费品两种形态。

二是从投资与消费数量变化关系来看，在一个静态时间点，在社会可用的生产要素总量一定的条件下，假设没有出口因素的影响，投资与消费之间是一种此消彼长的关系。在社会可用生产要素总量一定的条件下，投资总量的增加意味着用于投资品生产的生产要素相对较多，使一定时期社会投资品的供给增加，在一定程度上减少了可用于消费品生产的生产要素供给数量，从而使一定时期消费品的生产产量相对减少。

在一个静态时间点生产要素供给总量一定的条件下，投资品的生产和消费品的生产，二者之间是一种相互排斥的关系。

2. 就投资与消费之间的联系而言，主要表现在以下几个方面：

一是从动态来看，投资的增长在某种程度上可以为未来扩大消费品生产规模创造有利条件。从生产环节来看，投资品生产一般处于消费品生产的上游环节。投资品生产的增加，将在一定程度上为消费品生产提供原材料、生产设备以及相关基础设施的支持，从而为消费品生产产量的扩张提供了有利条件。

二是从消费对于投资的影响来看，作为劳动、技术和管理等生产要素有效载体的"人"，在促进自身生存和发展所进行的消费过程中，实质上也是对于这些"活劳动"进行投资的过程。

三是从投资的最终目的来看，在以"人"作为主导的社会，投资的最终目的在于促进人的物质和精神生活水平的不断提高，而人类物质和精神生活水平不断提高的过程，也是人类消费质量和数量不断提高的过程。就此而言，投资增加的最终目的主要在于增加消费品的供给。

（二）投资与出口之间的关系

1. 投资与出口之间的区别。投资与出口之间的区别表现在以下几个方面：

一是在一个静态时间点，在社会生产要素总量一定的条件下，投资与出口之间实际上是一种此消彼长的关系。当出口产品生产所消耗的生产要素较多时，可用于投资品生产的生产要素供给就相对较少。反之，当出口产品生产所消耗的生产要素较少时，可用于投资品生产的生产要素供给就相对较多。

二是从产品使用地域来看，虽然投资品和出口产品的生产都在一个国家进行，但两种产品的使用地域明显不同。投资品的使用主要局限于一国国内，而出口产品的使用则局限于国外。

三是从实物形态来看，投资品与出口产品在实物形态上应该是存在较大差异的产品。即使投资品与出口产品属于同一实物形态，用于出口的实物形态产品，一定是满足本国投资需要之后的剩余产品。

2. 投资与出口之间的联系。就投资与出口二者之间的联系而言，主要表现在以下几个方面：

一是从动态来看，国内投资品供给数量和质量的提高，有利于提高一国的产品出口竞争力，从而有利于增加本国的产品出口。本国投资品供给数量和质量的提高，为本国出口产品的生产提供了基础性条件支持和原材料供给的支持；而投资品供给数量和质量的提高，也在很大程度上增强了本国产品的出口竞争力，起到降低本国出口产品生产成本的作用，同时也起到提高本国出口产品技术含量的作用。在相对优势贸易条件下，它都会有利于增加本国产品的出口。

二是在互补贸易条件下，本国出口产品的增加，可以为进口本国投资所必需的初始形态生产要素或次级形态生产要素创造有利条件，从而又有利于提高本国投资的质量和规模。从一国投资所需要进口的相关产品来看，其既表现为资源、技术、管理及劳动等初始形态生产要素，也可以表现为生产设备、原材料等次级形态生产要素。由于出口产品对于本国投资所起到的积极作用，在很大程度上是通过进口商品的方式来实现的，在进出口相对均衡的国际贸易条件下，一国在价值形态上表现出来的贸易顺差，主要表现为一国出口商品所获得的利润结余。

（三）消费与出口之间的关系

1. 消费与出口之间的区别。就消费与出口之间的区别而言，其主要表现在以下几个方面：

一是在一个静态时间点，在社会生产要素总量一定的条件下，消费与出口之间实际上是一种此消彼长的关系。当用于出口产品生产所消耗的生产要素较多时，可用于消费品生产的生产要素就相对较少；反之，当用于出口产品生产所消耗的生产要素较少时，可用于消费品生产的生产要素就相对较多。

二是从产品使用地域来看，虽然消费品和出口商品的生产都在一个国家，但是上述两种产品的使用地域却明显不同。一般而言，消费品的使用主要局限于一国国内，而出口产品的使用则局限于国外。

三是从实物形态来看，消费品与出口产品应该是在实物形态上存在较大差异的产品。即使消费和出口的产品是同一实物形态的产品，用于出口的产品，也是满足出口国消费需求之后的剩余产品。

2. 消费与出口之间的联系。就二者之间的联系而言，表现在以下几个方面：

一是从动态来看，国内消费品供给数量和质量的提高，有利于提高一国在消费品出口方面的竞争力，增加本国的产品出口。具体言之，本国消费品供给数量和质量的提高，提高了消费品在本国的满足程度，从而为本国消费品出口提供了可能；同时，也在很大程度上增强了本国消费品的出口竞争力。

二是在互补贸易条件下，本国消费品出口数量和质量的增加，可以为提高国内消费品供给的数量和质量创造有利条件，从而更好地满足本国国内的消费需求。在信用货币经济条件下，一国要从国外进口相应的消费品，就必须通过出口商品的方式，换取外国货币或国际信用货币。在国际互补贸易条件下，本国消费品出口数量和质量的增加，可以获取较多的外国货币或者国际信用货币，为进口本国所需要的消费品提供了有利条件。就此而言，出口的增长对于提高本国消费水平和质量都会产生积极作用。

二、经济增长与投资、消费和出口之间的关系

（一）真正意义上经济增长的基本内涵

真正意义上的经济增长，既表现为以价值形态作为表现形式的国民经济总量逐年提高的过程，更表现为以使用价值形态作为表现形式的居民可支配的投资品与消费品不断增长的过程。从长期来看，为了保证经济增长的可持续性，要求推动经济增长的主要生产要素是可再生的，或者是可以通过其他可再生生产要素进行有效替代的，这些生产要素（含可以通过其他可再生生产要素进行有效替代的要素）随着经济的不断发展，在规模上得到不断扩展，在质量上得到进一步提高。

从价值角度分析，经济增长的真正标志在于以信用货币作为价值表现形态的国民经济总量在数量规模上的不断增长，这种以价值作为表现形式的国民经济总量的增长，并不是由单纯地信用货币发行而引起的，而是在以使用价值作为表现形态的实体经济规模不断扩张、单位商品价值保持相对稳定的条件下，所实现的以信用货币作为表现形式的国民经济总量的不断扩张过程。就此而言，以信用货币作为表现形式的国民经济总量的增长，是与以使用价值作为表现形态的实体经济总量规模的不断扩张密不可分的。

从使用价值形态分析，所谓的经济增长，是指一定时期与居民基本消费需求以及发展需求相匹配的消费品供给在数量上不断扩张，在质量上不断提高的过程，并且随着经济增长，满足于居民发展所需要的消费品在消费品总额中所占的比重逐渐提高的过程；也表现为投资品供给规模的不断扩大以及供给质量的进一步提高的过程。当然，投资品供给规模的增加和质量的提高，主要是为即期或远期居民消费水平和质量不断提高提供有利条件的，而不是局限于由投资领域自身内循环所导致投资规模不断循环扩张的过程。真正意义上的经济增长，主要目的在于满足居民可支配消费品供给规模不断扩大以及质量的不断提高，在经济实践中，其既表现为一定时期社会直接生产的满足于居民需求的消费品在规模上进一步扩张，在质量上不断提高；也表现在为满足居民消费需求提供条件的投资品规模和质量不断提高方面。从进出口角度分析，真正意义上的经济增长在使用价值形态上，表现为国家在既有社会分工条件下通过出口产品换取进口产品的方式，实现国家间的优势互补，以此提高一国国内短缺或生产效率较差的投资品和消费品供给规模，从而实现本国居民消费规模的不断扩张以及消费质量的不断提高；实现以最终满足本国消费为目的的投资品供给规模的不断扩张以及质量的不断提高。此外，如果在进出口贸易中，出现了以出口利润作为表现形式的贸易盈余，将在很大程度上增加本国消费品和投资品的供给，通过从国外进口相应产

品的方式，实现本国居民消费规模的不断扩张以及消费质量的进一步提高，实现以最终满足消费为目的的投资品供给规模的不断扩张以及质量的不断提高。出口利润结余越多，从国外进口满足于本国投资和消费的相关产品就越多，由出口利润增长所拉动的国民经济增长才是真正意义上的经济增长。若从价值形态来考察，在运用出口利润结余进口国外产品用于满足本国消费和投资需求的条件下，以价值形态所表现出来的国民经济总量规模仅停留在进出口均衡的水平①，而以使用价值作为表现形式的国民经济总量受进口产品较多影响，会得到进一步增长。

此外，从经济增长的可持续性来看，真正意义上的经济增长还必须是可持续的，而不是单纯地表现为一个阶段或一个时点的经济增长。这就要求推动经济增长所消耗的生产要素，是可再生的或者说经济增长过程中所消耗的部分不可再生生产要素是可以通过科学技术的发展、运用可再生的物品，来对之进行有效替代的。在经济实践中，能否实现经济的可持续增长，与经济增长方式密切相关。以技术作为推动力的内含型经济增长方式，可以实现经济的可持续增长，而以资源消耗作为推动力的粗放型经济增长方式，其所实现的经济增长必然是不可持续的。

（二）现代西方经济学关于经济增长理论的相关误区

总体来看，现代西方经济学关于经济增长理论的误区，主要体现在以下几个方面：

1. 将经济增长仅仅表示为以信用货币作为表现形态的价值增长。根据现代西方经济学理论，所谓经济增长主要是指以信用货币作为表现形态的国民经济总量的增长过程，这种增长主要是从价值角度来进行衡量的，其自身存在着较大的弊端。

（1）在信用货币经济条件下，以信用货币作为表现形式的经济发展总量与以实物形态（含有形的实物及服务等无形的实物形态）作为表现形式的经济发展总量，在总量上并不是完全正相关的。在进出口贸易不均衡的条件下，以信用货币作为表现形式的经济发展总量与以实物形态作为表现形式的经济发展总量，在数量变化方向上并不是完全一致。当一国进口大于出口时，该国以信用货币作为表现形式的经济发展总量可以保持不变。因为该国用于进口的资金来源，既可以凭借本国信用货币作为世界货币的途径，直接从国外购买产品；也可以通过借款的方式，向国外购买产品。前者是进口国凭借国际货币铸币税免费地从国外进口相应的物品，满足进口国投资和消费的需要，进口国对于国外产品的进口在时间上也可以是永恒的。就此而言，如果一国是国际信用货币发行国，其可以通过永恒的贸易赤字的方式从国外获取物品，以满足本国投资和消费的需要。理论上，国际信用货币发行国发行的货币其实也是对于持

① 假设在互补贸易的条件下，进出口始终是均衡的。

币人的一种负债，但这种负债是通过国际信用货币的方式体现出来，因此国际信用货币发行国因进口而超发的信用货币，国际信用货币持币人既可以在实体经济领域通过向全球各国购买商品的方式，来实现其所对应的债权，也可以在金融市场通过投资国际信用货币发行国金融市场或购买国际信用货币发行国国债的方式，将这种债权永远延续下去。就通过对外借款方式实现国内净进口而言，虽然在短期内实现以实物作为表现形态的经济总量的增加，但从中长期来看，通过借债实现净进口的国家，未来需要通过出口商品交换外汇的方式来偿还其所欠债务，导致借债国以实物作为表现形式的经济总量的减少，该国商品价格将会呈现上升的走势。

在信用货币经济条件下，当进口大于出口时，一国以信用货币作为表现形式的经济总量小于可供国内投资和消费的以实物作为表现形式的经济总量；当一国出口大于进口时，在既有的统计方式下，该国以信用货币作为表现形式的经济总量是增加的，而以实物作为表现形式的经济总量却是减少的，导致一国以信用货币作为表现形式的经济总量与以实物作为表现形式的经济总量的不匹配。从长期来看，如果一国不能通过增加进口的方式，来实现本国进出口的平衡，该国将继续呈现以信用货币作为表现形式的经济总量，与以实物作为表现形式的经济总量背道而驰的经济运行格局。这种以信用货币作为表现形式的经济总量的增加，既可以表现为流量的以信用货币作为表现形式的经济总量的增加，也可以表现为累积的以信用货币作为表现形式的经济总量的增加。以实物作为表现形式的经济总量的减少，既可以表现为流量的以实物作为表现形式的经济总量的减少，也可以表现为累积的以实物作为表现形式的经济总量的减少；既可以表现为出口国用于产品生产的生产要素储备的减少，也可以表现为出口国用于本国投资和消费的实物产品的减少，这些都会使该国的物价水平出现大幅上涨。

总体来看，在出口大于进口的贸易方式下，以信用货币作为表现形式的经济总量将越来越多地大于以实物作为表现形式的经济总量，从而使经济增长在价值和使用价值形态上呈现截然相反的变化关系。

（2）从经济发展结构来看，以信用货币作为表现形式的经济发展总量与以实物作为表现形式的经济发展总量在结构上并不是一一对应的关系。由于受以信用货币作为表现形式的价值在居民之间分布不均等因素影响，以及实物产品结构与满足一国投资和消费需求不匹配等因素的影响，一国经济发展所实现的以信用货币作为表现形式的价值在居民之间的分配并不是相对公平的。一些居民在以信用货币作为表现形式的价值总量中所占份额较多，而一些居民占有的份额则相对较少，不仅导致居民对于以信用货币作为表现形式的经济总量分配的不公，也导致了以信用货币作为表现形式的价值与以实物作为表现形态的使用价值之间的失衡。

从以实物作为表现形式的使用价值结构来看，在经济实践中，一定时期一国使用价值结构的合理性，表现在以下两个方面：

一是从使用价值自身属性来看，如果以实物作为表现形式的使用价值符合一国投资和消费的需要，这种以实物作为表现形式的使用价值就是有效的。真正意义上经济增长所导致的一国以实物作为表现形态的使用价值总量的增长，是投资规模和质量以及消费规模和质量不断扩张和提高的过程，而不是单纯地表现为投资和消费规模在数量上的不断扩张。在现代市场经济条件下，消费规模在数量上的扩张主要受制于消费自身刚性的约束；而投资规模的扩张由于受投资内循环属性的引导，可以在投资领域内部进行无限循环，由此产生诸多重复建设和盲目建设项目。

二是从与使用价值相匹配的价值角度分析，在现代信用货币经济条件下，由于商品使用价值与价值是通过商品实体以及信用货币两种形态体现出来的，要使一定时期社会生产的使用价值结构符合市场需求，还必须使产品的使用价值结构与信用货币在不同市场主体之间的分布结构实现相对匹配。只有这样，以实物形态作为表现形式的使用价值生产结构，才能与以信用货币作为表现形式的市场需求结构实现相对匹配。

就此而言，如果经济增长单纯地表现为以信用货币作为表现形式的经济总量的增长，其不能保证本国每一位居民都能获得相对公平的以信用货币作为表现形式的增量价值。在信用货币经济条件下，以信用货币作为表现形式的价值与以实物作为表现形式的使用价值之间的外在对立关系，如果以信用货币表现的价值与以实物表现的使用价值在需求和供给结构上不能保持一致，以信用货币作为表现形式的价值就不能顺利地实现由价值形式向使用价值形式的转换，从而使经济发展的真正目的难以实现。

2. 西方经济学总量平衡公式存在着诸多误区。现代西方经济学将国民收入的总量平衡公式表述为：$Y = C + S + T = C + I + G + (X - M)$，在这一国民收入总量平衡公式中，“Y”代表国民收入总量，“C”分别代表消费性收入和消费性支出，“S”代表储蓄，“T”代表国家税收收入，“I”代表一国投资支出，“G”代表一国政府支出，“$(X - M)$”代表一国出口大于进口的余额。“$C + S + T$”代表一定时期国民收入，“$C + I + G + (X - M)$”代表一定时期国民支出。以 $C + S + T$ 代表的国民收入为 $C + I + G + (X - M)$ 代表的国民支出提供了收入来源。从国民收入总量平衡公式各因素之间的对应关系来看，以 C 作为表现形式的消费总量在供给和需求上是一种相等的关系，在进出口相对平衡的条件下，即 $X - M = 0$，以 S 为代表的储蓄量与以 I 为代表的投资量之间是一种相等关系，即储蓄收入构成投资支出的全部来源。当（$X - M$）不等于零为正数时，以 S 为代表的储蓄量与以 I 为代表的投资量及以（$X - M$）为代表的出口净额之间是一种相等关系，即一国储蓄量构成其本国投资和出口净额支出的收入来源。当（$X - M$）为负数时，则有 $S + (M - X) = I$，其表示为当一国进口大于出口时，一国投资支出的资金来源主要通过本国储蓄以及国外资金来提供支持。根据这一总量平衡公式，在有效需求决定国民收入总量的理论指导下，要增加一国国民收入总量，可以采取增加消费、投资、政府支出以及出口的方式。从经济发展的实践来看，这种以国民收入总量平衡公式为理论基点的经济增长方式，存在着较大的理论误区，其并不能实现真正意义上的经济增长，具体言之，主要表现在以下几个方面：

（1）国民收入总量平衡公式主要侧重于价值总量的平衡，在信用货币经济条件下，这种以信用货币作为表现形式的价值总量的增长，并不能作为经济增长的真正标志。从人类社会生产的最终目的来看，衡量人类生产是否实现真正发展的标志，更多地体现在一定时期人类可以支配的使用价值形态，而不是价值形态。特别是在信用货币经济条件下，信用货币只是充当了商品流通的中介职能，其自身并不能被人类使用和消费。要实现以信用货币作为表现形式的经济总量的真正增加，还必须有与这些以信用货币作为表现形式的经济总量相对应的具有一定使用价值的实物，来提供支撑。从使用价值角度分析，真正意义上的经济增长，表现为人类投资规模和质量以及消费规模和质量不断提高的过程。从国民收入总量平衡公式来看，主要从以信用货币作为表现形式的价值角度来对国民收入总量进行衡量。如前所述，这种以信用货币来衡量的国民收入总量与以使用价值来衡量的国民收入总量之间，并不是相对匹配的关系，其在变动方向上也不完全是同向变动关系。由于人类社会生产发展的最终目的在于实现人类自身物质和精神生活的不断提高，这就要求一定时期经济增长主要表现为满足人类需求的投资规模和质量以及消费规模和质量的不断提高过程，而不是单纯地表现为以信用货币作为表现形式的价值总量不断增长的过程。就此而言，以信用货币作为表现形式的国民收入总量在价值上的增长，并不能成为经济发展的真正标志。

（2）国民收入总量公式中各要素在价值形态上也不是一一对应的关系。根据国民收入总量平衡公式，消费收入与消费支出是相等的，从实践中来看，决定居民消费行为的因素非常复杂，不能单纯地以边际消费倾向来对之进行权衡。从储蓄与投资的关系来看，在进出口均衡的条件下，储蓄与投资之间也不一定就是绝对相等的关系，当投资风险较大、投资收益率较低时，储蓄在某种程度上会大于投资；而当投资风险较少、投资收益率较高时，储蓄在某种程度上会小于投资。在进出口不平衡的条件下，储蓄与投资、进出口余额之间的关系也不是绝对的平衡关系。从税收与政府支出之间的关系来看，在赤字财政政策引导下，税收收入在很大程度上要小于政府支出。因此，税收收入与政府支出在价值形态上也不是一一对应关系。

（3）以信用货币作为表现形式的国民经济总量平衡公式局限于国民经济总量价值之间的平衡，这种平衡仅限于理论上的单纯平衡，在经济实践中缺乏实际可操作性。从国民经济总量平衡公式来看，无论从收入角度还是支出角度，国民经济总量平衡公式都是建立在价值与价值之间平衡的基础之上，在信用货币经济条件下，这种价值与价值之间的平衡关系，完全可以通过政府所控制的信用货币发行权来进行调节。

当以信用货币作为表现形式的收入供给小于支出需求时，政府可以通过扩大信用货币供给规模的方式，使之保持平衡；当以信用货币作为表现形式的收入供给大于支出需求时，政府可以通过减少信用货币供给规模的方式，使之保持平衡。从经济实践来看，国民经济要保持正常运行，一方面要求以信用货币作为表现形式的国民经济总量与以实物作为表现形式的国民经济总量实现相对匹配。另一方面，也要求信用货币持有者结构与以投资品和消费品作为表现形式的实物产品结构实现相对匹配。只有这样，国民经济发展才能在劳动、技术、管理和资源等生产要素作用下，通过满足国内需求的投资品和消费品的增量供给，实现真正意义上的经济增长；通过以信用货币作为表现形态的国民经济总量与以投资品、消费品作为表现形式的实物总量之间的平衡①，实现社会商品供给与需求的平衡，使真正意义上的经济增长建立在供求平衡的基础之上，通过不断满足人类需求的投资品、消费品供给规模的不断扩大和质量的不断提高，满足一国居民不断增长的物质和精神生活需要。

（4）从刺激经济增长的手段来看，根据从价值角度衡量的国民经济总量平衡公式，其实现的经济增长并不是真正意义上的经济增长，在一定程度上使经济增长达不到人类社会生产的最终目的。建立在以信用货币作为表现形式的价值基础之上的国民经济总量平衡公式，其实现以信用货币作为表现形式的经济总量在价值上增长的方式很多，在信用货币经济条件下，政府可以利用其所拥有的信用货币发行权，增加消费、投资、政府支出和出口净额的数量。在以资源、技术、管理和劳动等生产要素供给充分的条件下，一国可以通过信用货币不断扩张的方式，通过对这些初始形态的生产要素或者这些生产要素组合所生产的产品进行信用货币化的方式，来增加其以价值作为表现形式的国民经济总量。从需求角度分析，在生产要素供给无限的条件下，政府通过信用货币增发的方式所实现的经济总量的扩张，在很大程度受制于以下因素：一是从消费角度考虑，受基本消费刚性需求的约束，在基本消费需求得到满足的条件下，要刺激消费的增长，关键在于提高基本消费品的质量以及实现消费的升级换代，即实现消费由物质形态向精神形态的升级过渡。二是就投资而言，由于投资自身的特殊属性，在资源、技术、劳动和管理等生产要素供给无限制的条件下，投资领域可以通过其自身不断内循环的发展特征，在信用货币不断增发所导致的初级形态生产要素以及次级形态生产要素不断货币化的作用下，增加以信用货币作为表现形式的国民经济总量规模。如果在信用货币不断增发作用下初级生产要素与次级生产要素货币化所导致的投资总量的增加，其所产生的投资品是为进一步提高消费规模和质量提供服务的，而不存在盲目建设和重复建设现象，这种投资的增长就是有意义的，否则，就是

① 由于进出口的差额最终需要通过影响投资品和消费品供给总量的方式体现出来，其只是调整一国投资品和消费品供给的一个变量，在此不予考虑。

一种无效投资。三是就政府支出而言，根据国民经济总量平衡公式，其收入主要来自税收，就税收的来源而言，主要来自生产领域，表现在消费品生产和投资品生产以及出口商品生产三个方面。在不同税收体系下，税收收入从上述三个方面的来源也各不相同。在间接税主导的税收体系下，税收可以通过价格的方式实现转移，从整个社会来看，税收增加所导致的价格上涨，实质上表现为单位货币购买力的下降，在信用货币经济条件下，这种单位货币购买力的下降，在很大程度上是与信用货币的超发联系在一起的。就此而言，在间接税为主导的税收体系下，政府支出所依赖的税收收入，有一部分实际上来自信用货币的超发①。在直接税为主导的税收体系下，税收收入在很大程度上来自投资和消费的缩减。从政府支出来看，支出的增加主要用于消费、投资和进出口领域，如果政府支出主要用之于消费和投资领域，结合税收收入来源分析，其实际上是通过财政收支的方式，对于投资和消费结构的重新调整。从进出口的情况来看，政府对于出口的补贴，虽然可以增加本国商品的出口数量，但这种出口的增加，在价值形态上是与消费和投资的减少相对应的。政府对于进口的补贴，实际上是以信用货币作为表现形式的国民经济总量的减少。通过财政补贴的方式，可以发挥政府支出对于投资、消费和出口的拉动作用，但若从收入来源来看，政府税收收入增加对于消费、投资边际增长率所产生的负面影响，实际上和政府支出对于消费、投资和出口所产生的边际推动力形成了对冲效应。就此而言，通过增加政府支出的方式，刺激经济发展，其力度是有限的。四是从进出口净额来看，出口的增加实际上是本国初级形态生产要素或次级形态生产要素的货币化过程，通过初级形态生产要素或次级形态生产要素的出口，获得以外币作为表现形式的信用货币，进一步增加了以信用货币作为表现形式的本国国民经济总量。就进口而言，当一个没有实现本国信用货币国际化的国家从国外进口商品时，必须通过出口商品获得外币的方式，从国外进口商品。当进出口相对平衡时，其对于以信用货币作为表现形式的经济总量的影响，是中性的；而当进口大于出口时，其在一定程度上会减少本国以信用货币为表现形式的国民经济总量。从以信用货币作为表现形式的价值角度分析，净出口的增长在一定程度上会起到增加以信用货币作为表现形式的国民经济总量的作用。

真正意义上的经济增长并不局限于单纯地以信用货币作为表现形式的国民经济总量的增长，而更多地表现为与国民经济总量的价值表现形式相对应的满足本国居民消费和投资需要的消费品和投资品在规模上的不断扩张以及质量上的不断提高等方面。从消费与投资价值形态增长和满足于本国居民投资和消费需求的实物形态增长之间的关系来看，在一定时期社会生产的投资品和消费品与市场需求相对一致的条件下，二

① 政府支出来自信用货币超发的比重在受税负转嫁程度的影响，而决定税负转嫁的因素主要为课税环节商品的市场供求状况。在完全税负转嫁的模式下，政府税收主要来自信用货币的超发，而在部分税负转嫁模式下，政府税收部分来自信用货币超发，部分来自消费和投资的缩减。

者在变动方向上是一致的，即在信用货币发行规模一定的条件下，以信用货币为表现形式的消费品和投资品在价值总量上的增长，也在一定程度上预示了满足本国需要的消费品与投资品在实物形态上得到了相应的增长。就此而言，在投资和消费品供给与市场需求相适应的条件下①，投资和消费的增长，可以起到真正意义上拉动经济增长的作用。从政府用于投资与消费支出所实现的实际经济增长效果来看，只要政府用于支出的收入来源来自实体经济领域，政府以信用货币为表现形式的支出增加，是有与价值形态税收收入相对应的投资品和消费品的。就此而言，以信用货币为表现形式的政府支出的增加，必须出现与政府支出增量相对应的投资品和消费品做支撑。从以实物形态为表现形式的国民经济总量分析，不是以信用货币为表现形式的政府支出创造了实物形态的增量投资品和消费品，而是这种政府支出必须取得实物形态的增量投资品和消费品的支撑。在政府支出主要来自税收收入的条件下，以信用货币为表现形式的政府支出可以取得实物形态的增量投资品和消费品的支撑，而当政府支出来自信用货币发行时②，政府支出的增加在很大程度通过提高投资品和消费品价格的方式，来消化其虚增的价值。

当然，政府支出对于价格上涨的推动作用，取决于政府支出的方向，在政府增量支出来自信用货币增发等虚增价值的条件下，与政府增量支出方向相对应的投资品和消费品价格会出现较大幅度上涨。由此可见，在信用货币经济条件下，政府支出的增加，并没有创造真正意义上的增量投资品和消费品。相反，以信用货币发行等虚增价值做支撑的政府支出的增加，将提高投资品和消费品的价格。如前所述，出口的增长可以增加一国以信用货币作为表现形式的国民经济总量，而进口的增长在一定程度上可以减少一国以信用货币作为表现形式的国民经济总量。从以投资品和消费品为表现的实物形态来看，在出口增长所导致的一国以信用货币为表现形式的经济总量增长的同时，与这种以信用货币作为表现形式的经济总量增长相对应的投资品和消费品，却是通过出口的方式减少了，由此导致由出口增长带动的以信用货币为表现形式的国民经济总量增长，与满足于居民需求的投资品和消费品实物形态的增长之间，出现了背道而驰的变化。当一国通过出口方式增加该国以信用货币作为表现形式的国民经济总量时，与国民经济总量价值形式相对应的以投资品和消费品作为表现形式的使用价值总量，不但没有增加，反而出现了缩减。这种由出口所拉动的以信用货币作为表现形式的国民经济总量越大，与国民经济总量价值形式相对应的，以投资品和消费品作为表现形式的使用价值总量缩减得就越多。

---

① 这种市场需求的适应性主要表现为投资品和消费品的供给能够满足居民不断提高的物质和文化生活的需求，即投资品和消费品规模的不断扩张和质量的不断提高。

② 这种信用货币发行既包括单纯的信用货币发行，也包括政府通过金融杠杆所取得的信用货币收入，如土地、资源等一次性变现收入等。

从真正意义上的经济增长角度分析，出口增长所导致的以信用货币作为表现形式的国民经济总量的增长，不但没有实现以满足居民投资品和消费品为主要表现形式的实物形态商品供给总量的增长，反而引起了以满足居民投资品和消费品为表现形式的实物形态商品供给总量的减少。单纯地以出口推动所实现的以信用货币作为表现形式的国民经济总量的增长，不但不是真正意义上的经济增长，而且还是一种本国投资品和消费品的净流出。从使用价值角度分析，其实际上是一种经济负增长，将在很大程度上降低本国居民即期或未来的生活水平。如果不将出口作为拉动经济增长的一个重要动力，而单纯地从贸易角度分析，国际贸易发展的根本目的在于通过国际分工，最大限度地提高满足于本国居民需要的投资品和消费品的供给规模。根据这一原则，一国在出口商品的同时，还必须通过从国外进口相应商品的方式，来增加本国投资品和消费品的供给。就投资品和消费品的出口与进口品种结构而言，其都是在国际分工作用下根据相对优势的贸易原则来进行相应的进出口商品生产的，保证了各国以投资品和消费品为表现形式的实物产品供给的最大化。由此可见，单纯从贸易角度解释一国出口的最终目的，主要通过出口来实现有效的进口，通过有效的进口，增加满足本国居民需要的投资品和消费品在国际分工条件下的增量供给。在互补贸易条件下，一国以信用货币为表现形式的国民经济总量不会随着出口的增长而出现增长，而以投资品和消费品为表现形式的国民经济总量则会由于与出口相对应的进口的增长，在国际分工作用下，出现相应的增长。

从进口所导致的以投资品和消费品为表现形式的国民经济总量变化情况来看，如前所述，虽然进口的增加实际上是以信用货币作为表现形态的国民经济总量的减少，但从使用价值形态来看，进口的增加实际上是一国以投资品和消费品为表现形式的国民经济总量的增加，其在一定程度上可以满足一国居民不断提高的物质和文化生活需求。从长期来看，如果进口国发行的信用货币不是国际化货币，为了满足其进口商品所需要的外币支出，必须通过出口的方式，获取进口所需要的外币。就此而言，真正意义上的经济增长一定是进出口相对均衡的增长，在进出口相对平衡的条件下，一国以信用货币作为表现形式的经济总量会保持不变，而以投资品和消费品作为表现形式的经济总量在国际分工条件下却是保持增长的。鉴于出口增长对于国民经济总量在价值形态以及使用价值形态上的作用明显不同，从真正意义上的经济增长角度分析，不能将出口作为拉动经济增长的一种手段，而应该通过进出口平衡的方式，增加本国可以支配的投资品和消费品数量，从而真正地实现经济增长的最终目的，使本国居民通过经济增长获得物质和文化生活水平的不断提高和满足。如果根据现行的国民经济调控理论，对于国民经济总量的调节仅局限于国民经济总量的价值调节，一国政府必然会通过增加出口、限制进口的方式，来实现以信用货币作为表现形式的经济总量的增长。若从经济增长的最终目的来看，与净出口相对应的是本国可供给的投资品和消费品的对外净输出，这种通过出口方式所获得的以信用货币作为表现形式的经济增长并不是真正意义上的经济增长。其一方面会减少本国投资品和消费品的供给数量；另一方面，在净出口一直增长的情况下①，一国信用货币供给将会相应增加②。目前还有一种理论，认为通过出口的增长，可以带动就业以及相关产业，从而实现国民经济总量的增长。就出口产品所包含的价值和使用价值而言，其实际上已经包含了新增劳动力和其他与出口产业有关的行业在前期生产过程中所实现的价值和使用价值，因此出口增加对于就业以及其他与出口相关产业的影响，已经通过前面所述的净出口增量增长对于国民经济发展所产生的影响体现出来了。

从国民经济发展所表现出的价值总量和使用价值总量之间的关系来看，要实现真正意义上的经济增长，使以信用货币作为表现形式的国民经济总量与以投资品、消费品作为表现形式的国民经济总量，在经济发展过程中实现同步增长，通过前述的国民经济总量平衡公式，必须对净出口的内涵进行必要的修正，由净出口所拉动的经济增长并不是简单地表现为一国出口超过进口所实现的经济增长，而是表现为一国在进出口基本平衡的条件下由于出口利润结余所形成的净出口结余，即公式（X－M）主要表现为出口的净利润结余，而不是出口商品价值大于进口商品价值的结余。在进出口基本平衡的基础上通过出口商品利润所实现的净出口结余背景下，一国进出口保持基本平衡，可以使该国在以信用货币作为表现形式的国民经济总量保持不变的条件下，利用有效的国际分工，通过开展国际贸易的方式，实现本国以投资品和消费品作为表现形式的使用价值总量的相对增加，使一国以投资品和消费品作为表现形态的国民经济总量实现有效增长。同时，一国在进出口平衡基础之上由对外贸易所形成的净利润结余，可以增加一国以信用货币作为表现形式的国民经济总量，当这部分以外币作为表现形式的出口利润净结余用于从国外进口相应投资品和消费品时，其还可以实现本国以投资品和消费品作为表现形态的国民经济总量的绝对增长，从而使以信用货币作为表现形式的国民经济总量与以投资品和消费品作为表现形式的国民经济总量之间，保持同向变动关系。

（三）经济增长过程中所消耗的生产要素的补偿路径

从生产要素补偿角度考虑，由于生产要素并不是无限供给的，在一国经济发展中通过消费、投资和净出口的增长，实现国民经济总量的增长，受生产要素供给的约束。为了有效地解决经济增长所面临的生产要素约束问题，可以采取以下措施：

① 在奉行出口拉动经济增长的理论指导下，一国将会一直保持净出口的不断增长。

② 这种信用货币供给的增加，一般都是在为了刺激出口而采取外贸统一货币结算机制下形成的，如果一国不实行统一的外币结算方式，净出口所表现的信用货币主要表现为外币形态，其不会增加一国的增量信用货币供给规模；同时，也会通过各国相对浮动汇率的变动方式，来自动调节一国的进出口规模。

一是就不可再生自然资源的供给约束而言，通过科学技术的进步，发展可再生的材料实现对于不可再生自然资源的有效替代。二是对于劳动、技术以及管理等以“人”为载体的生产要素生理需求而言，通过可再生农业的发展，满足上述生产要素的生理需求。三是对于技术和管理培育需求而言，通过教育的发展，实现技术和管理所蕴含知识的可延续性。就进出口而言，在一国生产要素供给受到限制的条件下，通过科技发展创造不可再生资源的替代品仍然需要一个过程，对于一些不可再生的资源，应通过从国外进口的方式进行补偿，以保证本国经济发展的可持续性。就此而言，在不可再生资源较少的背景下，各国在国际分工下的相对贸易优势更多地体现为可再生的初级或次级生产要素之间的相互贸易，只有这样，才能实现各国贸易在国际分工条件下的可持续性。

本章小结

本章是对于投资、消费和出口三者之间的关系问题研究，文章认为，从投资与消费之间的关系来看，二者存在着以下的区别：一是从实物形态来看，投资品主要通过生产要素形态表现出来，表现为生产要素的初级形态，通过资源、技术、管理和劳动等生产要素体现出来；也表现为生产要素的次级或更高级的形态，通过生产设备、原材料、基础设施、质量更高的技术、管理和劳动等以“人”作为表现形式的“活劳动”体现出来。就消费品而言，其主要为满足人类生存和发展需要的相关产品，在产品形态上有物质消费品和精神消费品两种形态。二是从投资与消费数量变化关系来看，在一个静态时间点生产要素供给总量一定的条件下，投资品的生产和消费品的生产，二者之间是一种相互排斥的关系。就投资与消费之间的联系而言，主要表现在以下几个方面：一是从动态来看，投资的增长在某种程度上可以为未来扩大消费品生产规模创造有利条件。二是从消费对于投资的影响来看，作为劳动、技术和管理等生产要素有效载体的“人”，在促进自身生存和发展所进行的消费过程中，实质上也是对于这些“活劳动”进行投资的过程。三是从投资的最终目的来看，在以“人”作为主导的社会，投资的最终目的在于促进人的物质和精神生活水平的不断提高，而人类物质和精神生活水平不断提高的过程，也是人类消费质量和数量不断提高的过程。就此而言，投资增加的最终目的主要在于增加消费品的供给。

就投资与出口之间的区别而言，表现在以下几个方面：一是在一个静态时间点，在社会生产要素总量一定的条件下，投资与出口之间实际上是一种此消彼长的关系。二是从产品使用地域来看，虽然投资品和出口产品的生产都在一个国家进行，但上述两种产品的使用地域却明显不同。投资品的使用主要局限于一国国内，而出口产品的使用则局限于国外。三是从实物形态来看，投资品与出口产品在实物形态上应该是存在较大差异的产品。就投资与出口之间的联系而言，主要表现在以下几个方面：一是从动态来看，国内投资品供给数量和质量的提高，有利于提高一国的产品出口竞争力，从而有利于增加本国的产品出口。二是在互补贸易条件下，本国出口产品的增加，可以为进口本国投资所必需的初始形态生产要素或次级形态生产要素创造有利条件，从而又有利于提高本国投资的质量和数量。

就消费与出口之间的区别而言，主要表现在以下几个方面：一是在一个静态时间点，在社会生产要素总量一定的条件下，消费与出口之间实际上是一种此消彼长的关系。二是从产品使用地域来看，虽然消费品和出口商品的生产都在一个国家，但是，上述两种产品的使用地域却明显不同。三是从实物形态来看，消费品与出口产品应该是在实物形态上存在较大差异的产品。就消费与出口之间的联系而言，主要表现在以下几个方面：一是从动态来看，国内消费品供给数量和质量的提高，有利于提高一国在消费品出口方面的竞争力，增加本国的产品出口。二是在互补贸易条件下，本国消费品出口数量和质量的增加，可以为提高国内消费品供给的数量和质量创造有利条件，从而更好地满足本国国内的消费需求。

最后，文章研究了经济增长与投资、消费和出口之间的关系，文章对于什么是真正意义上的经济增长进行了定义，认为真正意义上的经济增长，既表现为以价值形态作为表现形式的国民经济总量逐年提高的过程，更表现为以使用价值作为表现形态的居民可支配的投资品与消费品不断增长的过程。并且，从长期来看，为了保证经济增长的可持续性，要求推动经济增长的主要生产要素是可再生的，或者是可以通过其他可再生生产要素进行有效替代的，这些生产要素随着经济的不断发展，在规模上得到不断扩张，在质量上得到进一步提高。根据这一定义，文章认为，现代西方经济学关于经济增长理论的误区，主要体现在以下几个方面：（1）将经济增长仅仅表示为以信用货币作为表现形态的价值增长。（2）西方经济学总量平衡公式存在的诸多误区，从经济发展的实践来看，这种以国民收入总量平衡公式为理论基点的经济增长方式，并不能实现真正意义上的经济增长。具体言之，它主要表现在以下几个方面：（1）国民收入总量平衡公式主要侧重于价值总量的平衡，在信用货币经济条件下，这种以信用货币作为表现形式的价值总量的增长，并不能作为经济增长的真正标志。（2）国民收入总量公式中各要素在价值形态上也不是一一对应的关系。（3）以信用货币作为表现形式的国民经济总量平衡公式局限于国民经济总量价值之间的平衡，这种平衡仅限于理论上的单纯平衡，其在经济实践中缺乏实际可操作性。（4）从刺激经济增长的手段来看，如果根据从价值角度衡量的国民经济总量平衡公式，其实现的经济增长并不是真正意义上的经济增长，使经济增长达不到人类社会生产的最终目的。在此基础上，文章研究了消费、投资及出口在拉动经济增长过程中所消耗的生产要素的补偿路径。

第四十六章 中国前期经济增长中存在的诸多问题及其改善路径

从国内外经济增长路径来看，发展中国家与发达国家在经济发展中所遵循的发展路径各不相同，萨缪尔森在《经济学》中就发展中国家与发达国家的增长路径做了如下描述：“发展中国家与发达国家增长路径：（1）走向灾难的增长。人口的迅速增长不可避免地导致资源曲线 RR 下降和日益恶化的污染。人均粮食急剧下降和工业产量减少。（2）通过立即中止经济增长和人口增长而避免了灾难。经济转移到资源的重复利用和不会消耗资源的劳务，如果要使穷困的几十亿人分享在稳定的世界总量下的同等的生活水平，美国的生活水平就必须减半再减半。”①

就导致发展中国家与发达国家上述不同发展路径的原因而言，萨缪尔森从发展四要素角度，做了如下分析：“发展的四要素：（1）人力资源；（2）自然资源；（3）资本形成；（4）技术。发展中国家运用技术路径：（1）模仿技术；（2）创业精神和创新。不发达国家采用先进国家的技术并不是一个简单的任务。先进技术是适应先进国家的特殊条件如高工资，资本相对于劳动比较充裕、大量熟练的技术人员等，而被发展出来。这些条件在比较贫穷的国家并不普遍存在。培养创业精神是政府的关键职能。”②

一、中国前期经济发展中存在的诸多问题

改革开放以后，中国经济发展在很大程度上借鉴了西方的发展理论，这些理论的

① 萨缪尔森：《经济学》第 12 版，中国发展出版社 1992 年版，第 1365 页。
② 萨缪尔森：《经济学》第 12 版，中国发展出版社 1992 年版，第 1371 页。

运用，实现中国GDP总量的快速增长，也使中国在前期经济发展中面临着诸多亟待解决的问题。总体来看，中国前期的经济增长主要呈现以下发展特征：

（一）将经济增长等同于GDP增长

从实践中来看，根据现代通行的国际统计标准，一般将GDP作为考察一国经济综合实力的一项重要指标。理论上，GDP反映的是一国在一定期间内生产的终极形态的增量投资品和消费品的总和，根据西方经济学的描述，其主要由C+I+G+(X-M)组成，如果单纯地从做大GDP总量角度考虑，通过加大C、I、G、X因素，就可以实现GDP的增长。从中国经济运行实践来看，改革开放以后，中国经济发展一直以GDP翻几番作为经济发展的最高目标。经过多方面努力，中国GDP总量规模实现持续翻番，中国人均年GDP总量已达到近5000美元，GDP总量规模已居于世界第二位。毫无疑问，中国前期GDP总量的快速增长，是中国经济实力显著提升的标志，但必须看到，这种以GDP为导向的经济发展方式，也存在着诸多问题，主要表现在以下几个方面:.

1. GDP总量仅仅表现为一种价值形态，在信用货币经济条件下，为了实现GDP的快速增长，政府可以通过加大货币发行规模的方式，通过加快自然资源货币化进程、提高生产要素以及社会最终产品价格的方式，增加GDP总量。从现实经济考核数据来看，在中国GDP数据统计中，往往通过剔除价格上涨因素的方式，最大限度地确保GDP数字的真实性。一般来说，剔除物价上涨因素而实现的GDP，俗称为实际GDP。从剔除物价上涨因素对于GDP的影响效果来看，由于物价指数的编制主要是根据样本指标来进行的，并不能全面反映物价的变动情况，在GDP统计时剔除物价影响因素，也不能完全消除由于货币增发而对GDP产生的虚增性影响。从经济增长的内涵考虑，以价值形态为表现形式的GDP总量，并不能成为衡量经济增长的唯一标准。

2. 以价值总量形式表现的GDP规模并不能科学地反映经济发展的结构情况。根据现行的GDP统计方法，GDP是一定时期社会生产的投资品、消费品和净出口商品的价值表现形式，其在一定程度上预示了这些实物形态的新增使用价值都实现向价值形态转换。但在GDP总量中，投资品、消费品以及出口净值在GDP总量中所占比重的高低，以及投资品、消费品、出口净值的内部结构如何，现行价值形态的GDP并不能对之做出详细的描述。投资品、消费品以及出口净额之间的比重关系及其各自内部的比重关系，对于一国经济发展质量以及经济发展的可持续性，会产生重要影响。就此而言，GDP总量并不能作为权衡经济发展水平的唯一标准。

3. GDP总量只是一个静态的数字，其并不能表示未来经济会实现持续增长。根据GDP的统计原理，GDP主要表现为一定时期社会生产的最终产品的规模。虽然一国在短期内通过生产要素的追加会增大该国的GDP规模，但这种GDP规模的增长是过去生产要素追加的结果，它并不能代表未来GDP会继续保持增长。推动GDP增长的主要动力在于生产要素的总量规模、质量以及生产要素供给的可持续性，如果生产要素供给总量不足、质量不高以及可持续性不强，本期GDP规模再高，也不能认为未来GDP发展规模会一直持续下去。就此而言，采用GDP指标考核经济发展水平，只能反映经济发展的静态水平，而不能准确反映经济发展的动态趋势。

4. GDP指标只能反映经济发展的总量，而无法反映经济发展的质量。如前所述，经济发展方式有粗放型经济增长方式和集约型经济增长方式两种形式，萨缪尔森在描述经济发展路径时，也将国家之间的经济增长分为良性增长和恶性增长。一般而言，集约型及良性的经济增长，经济增长质量较高，也是可持续的；而粗放型及恶性的经济增长，经济增长质量较低，是不可持续的。由此可见，一国GDP总量和增速的高低，并不能代表该国经济发展质量的高低，只有通过集约型发展方式实现的GDP增长，才是高质量的GDP增长。

5. 从社会生产的最终目的来看，GDP总量的高低并不能作为社会生产目的满足程度的标志。在现代市场经济条件下，各国经济发展的最终目的都是为了不断满足本国居民日益提高的物质和精神生活需求，GDP只是一定时期社会生产的最终产品的价值表现形态，并不能表现出社会产品的种类、结构对于居民日益提高的物质、精神生活需求的满足程度。例如，在投资拉动的GDP增长模式下，侧重于自然资源消耗型的投资品的增加，并不能很好地满足居民的物质和精神生活需求；在出口拉动型的经济增长模式下，如果不能实现进出口均衡，一定时期GDP的增长，则更多的是为了满足国外居民的物质和精神生活需要。由此可见，即使一国GDP规模再高，如果不能很好地满足本国居民日益增长的物质和精神生活需要，这种GDP增长也是没有什么实际意义的。

鉴于上述分析，中国在前期经济发展过程中，将GDP作为衡量经济发展的一项重要指标，从某种程度上来说，所谓发展是硬道理，更多层面表现为实现GDP的增长。由于GDP指标在衡量经济发展方面存在的诸多缺陷，要实现中国经济的持续增长，就必须抛弃对于GDP总量的盲目崇拜，注重GDP增长的质量和可持续性。

（二）经济发展呈现明显的粗放型增长模式

从中国经济增长的实际情况来看，前期经济增长更多的是建立在自然资源消耗、劳动力消耗、环境消耗等生产要素扩大再生产的基础之上，经济增长呈现了明显的粗放型经济增长特征。改革开放以后，对于经济增长内容存在诸多误解，由工业化所带动的自然资源过度消耗成为拉动GDP增长的重要动力。在经济发展中没有较多地考虑经济效率，导致中国在自然资源货币化过程中，自然资源损耗、浪费现象严重，影响了经济发展的可持续性。改革开放之初，中国劳动力经过前期几十年的培育，供给非常充分，为解决农村闲置的较多劳动力问题，中国采用了外向型经济的发展方式，通过出口的增加扩大了GDP规模。由于中国在国际贸易发展中没有很好地实行进出口平衡的贸易政策，在以信用美元为主导的国际货币体系下，中国劳动力的工资水平普遍较低，并且劳动力的劳动所得仅仅表现为一定数量的信用货币。一定程度说明，中国大量从事出口贸易的劳动力，在前期生产中不但不能够通过劳动实现自身再生产的补偿以及创造更多的增量价值，反而需要从国内生产的产品中扣除一部分来对劳动力再生产进行补偿，而净出口所实现的以信用货币作为表现形式的价值，却作为GDP的一个组成部分计入了经济增长总量。在中国以出口为导向的经济增长模式中，自然资源的出口以及重化工业产品的出口，还造成了大量的环境污染。理论上，只有出口实现的利润结余才能作为经济增长的增量计入当期GDP，而中国前期所实行的GDP统计口径，显然使GDP统计规模在很大程度上偏离了经济增长的基本内涵。一方面使中国热衷于通过资源、劳动力消耗的方式增加GDP总量；另一方面，也进一步加剧了中国经济结构的失衡局面，使经济不能实现持续增长。在集约型经济增长方式下，经济增长主要依靠劳动生产率提高来拉动，而劳动生产率提高必须依靠技术、劳动和管理等生产要素供给的增加和质量的提高才能实现。由于技术、劳动和管理等这些活劳动形态的生产要素，在生产中不但创造出自身再生产所需要的价值和使用价值，而且还会创造出增量价值。因此，在集约型经济增长方式下，经济增长自身能够实现生产与消费的协调发展，经济增长主要表现为经济效益不断提高的过程，而不是生产要素的不断货币化过程。

（三）经济发展形成了较大的环境污染

在中国前期经济增长中，受粗放型经济发展方式影响，中国环境污染严重，从经济发展对于人类居住的环境要求来看，这些环境污染所造成的损失部分应该从当期经济发展总量中予以扣除，而目前的GDP统计中则没有扣除经济发展所导致的环境污染部分。从长期来看，真正意义上的经济增长，应该是在人类居住环境不断改善基础之上实现的一种增长。就此而言，中国未来经济增长将面临较大的偿还环境污染成本的压力，其需要从未来有效的GDP总量中加以扣除。

（四）政策干预对于中国经济增长的影响较大

如前所述，在中国前期经济增长过程中，由于对经济增长的认识存在一定的误区，为了现实GDP翻几番的目的，中国加大了政策干预经济增长的力度，通过实施积极的财政政策、扩大政府支出的方式，增加GDP规模，在导致投资规模急剧膨胀、国民经济产业结构失衡的同时，也造成了财政投资性支出的过度浪费和腐败现象。与此同时，政府为了增加 GDP 总量所采取的出口退税补贴措施，也在很大程度上加剧了国内贸易收支的不平衡局面。就货币政策而言，政府通过货币政策促进经济增长主要表现在两个方面：一是通过扩大货币供给的方式，加速存量生产要素的货币化步伐，是政府增加 GDP 总量规模所采取的又一个重要举措。从其实施结果来看，2011 年，中国 M2 余额与 GDP 之比为 1.81，增量货币供给过多已十分明显。其在加剧了中国通货膨胀压力的同时，也使中国依靠增量货币供给所推动的经济发展方式难以持续。二是在汇率政策上，1994 年以后，中国采取人民币大幅贬值的方式，实现对外贸易的快速扩张。2001 年年底加入 WTO 之后，中国对外贸易再次出现大幅增长，经过十几年的发展，中国积累了大量的贸易顺差。在信用美元作为国际货币的特殊国际货币体系下，鉴于中国贸易顺差不是对外贸易出口的利润结余，其在导致中国自然资源和劳动力单方面输出的同时，也加剧了国内经济运行中的通货膨胀压力。

二、实现中国经济良性增长的主要路径

如前所述，由于中国前期在经济增长认识上存在着诸多误区，导致了中国在前期 GDP 总量快速增长过程中还存在着诸多问题，不但不能使中国 GDP 增长完全服务于社会主义的生产目的，也在很大程度上影响了 GDP 增长的可持续性。当前为了使中国经济增长完全服务于社会主义生产目的，实现经济的可持续发展，有必要采取以下措施来实现经济的良性增长。

（一）从理论上正确理解经济增长的真正含义

根据关于经济增长理论的上述分析，笔者认为，真正意义的经济增长并不是体现为以价值形式表现出来的 GDP 形态，而应该具有以下几个方面发展特征：

1. 经济增长与社会生产目的相一致，经济增长的最终目的，是使全体国民的物质精神生活水平都能够得到不断提高。从居民生活层次来看，衣食住行是居民的基本生存需求，经济增长在满足居民这方面数量要求的同时，更多地表现为居民在衣食住行质量上的进一步提高，而不是单纯地满足居民对于衣食住行的数量需求或质量需求。为了达到这个目的，就要求社会生产在注重投资品生产的同时，还必须关注消费品的生产，使经济发展能够满足居民的消费需求，并且保证居民的消费质量。其从产业结构上表现为食品、饮料、衣物以及住房等在经济发展中的供给数量和质量都得到了大幅度提高。此外，文化、娱乐等精神消费是居民实现消费升级的具体体现，经济发展在满足居民基本消费的同时，还要通过教育、文化产业的发展，满足居民的精神消费需求，在国民经济产业结构中发展旅游、文化、娱乐等产业。

2. 经济增长建立在生产要素消耗不断减少、生产效率不断提高的基础之上。这

种模式下的经济增长既体现为集约型经济增长，又表现为通过科学技术的进步，在使劳动者拥有的休闲时间越来越多的同时，精神消费能力也越来越强的经济发展过程。而不是为了实现经济增长，使劳动者劳动强度越来越大，自然资源消耗越来越多的经济增长过程。

3. 经济增长对于环境的影响是正面的，而不是破坏现有的人类居住环境。居住环境也是人类进行物质消费和精神消费的一个重要组成部分，使居民居住环境在既有居住环境条件下的进一步改善，本身就是满足居民不断提高的物质、精神生活水平的一个重要手段。由经济增长所导致的环境改善，既是推动经济增长的手段，也是经济增长的一个主要目的。就此而言，对于那些由于经济增长所导致的环境污染，就应该从当期实现的 GDP 总量中加以扣除。如果当期没有进行有效的扣除，这种环境污染所形成的成本将通过未来的环保支出体现出来。从这个角度分析，用于补偿环境污染所进行的环保支出并不能作为拉动经济增长的一个重要手段，而是对原有自然资源损耗的一种再补偿，其不应该计入当前的经济增长总量之中。

4. 经济增长的标志不在于居民拥有多少可支配的货币价值形态，而在于居民自身物质和精神需求的满足程度，以及这种满足程度的可持续性。在信用货币经济条件下，货币只是商品价值形态的代表，如果没有有效的商品供给，货币本身没有任何意义。信用货币条件下的经济增长，必须要有与货币相对应的物质和精神产品作保证。就此而言，钱并不是万能的，财富也不是万能的。

5. 真正意义上的经济增长应该是一种可持续的增长，这就要求生产要素供给具有可持续性，市场需求也具有可持续性。要实现生产要素供给的可持续，就要求加大技术、管理、劳动在经济发展中的贡献比重，通过技术的发展，实现对于不可再生自然资源的有效替代。与此同时，在国民收入分配上，通过提高居民劳动、技术及管理等要素收入所占比重的方式，使经济在供给与需求均衡点不断提高的基础上实现持续增长。

（二）通过市场力量实现资源的优化配置

在市场经济发展条件下，市场在资源配置中起基础性作用，这就要求减少政府对于经济的不必要干预，使政府不能为了追求 GDP 的增长，而通过强制的货币、财政、税收以及汇率政策，对经济运行进行干预。在市场经济条件下，政府通过各种政策手段对于经济的干预，会扭曲市场价格，误导市场需求，从而使市场经济条件下的资源配置不能达到最佳效果。

一是政府为刺激经济增长而扩大货币发行，会给经济运行造成通货膨胀压力。在政府增量货币供给中，一些通过非市场手段获得较多增量货币的市场主体，在信用货币超发所导致的通货膨胀中获取了较多利益。例如，一些市场主体依靠非正常手段获取了大量资金使用权之后，再通过高利贷或操纵金融市场价格的方式，获取高额收益。在目前中国利率市场化尚未形成、以银行为代表的金融主体市场化经营程度仍然不高的情况下，过多地投放货币资金，不但会加剧通货膨胀压力，并且还会导致国民收入分配的不公。

二是政府支出过大，使市场需求在很大程度依赖于政府的支出意愿。由于政府支出意愿本身带有很强的主观性以及非公正性的特征，其会影响资源的配置效率。政府为了增加支出所新增的税收，加重了市场主体的税收负担，而税负在不同市场主体之间的结构性调整，又会对市场价格产生影响。市场主体税收负担的加重在一定程度上会影响投资和消费，进而与政府增加支出所拉动的经济增长形成了对冲效应。如果政府通过举债方式来增加支出规模，由于债务主要来自未来的税收，在社会资源没有得到充分利用的条件下，短期来看政府借债支出会拉动经济增长，但就长期而言，借债是需要偿还的。如果政府借债所用于的支出是非生产性行政支出，这部分支出所依托的债务必须通过未来的税收收入来偿还，会对未来的 GDP 增长产生负面影响。只有政府将债务收入用于生产，并且债务生产性支出所产生的收益率大于债券利息率，政府通过借债所扩大的财政支出，才会对 GDP 产生真正的拉动作用。从实际情况来看，从事生产经营的真正主体应该是实行市场化经营的主体，而不是政府。在市场经济条件下，一味地扩大政府支出规模，并不能达到理想的实施效果，不但影响了市场效率，也会扭曲国民经济产业结构，并导致腐败。从国民经济增长角度分析，政府支出扩大所拉动的经济增长只能使少数人受益，如从事政府工程建设的承揽者，由行政性开支扩大而受益的政府行政人员以及行政性开支所对应的商品和服务的提供者。就普通居民而言，并不能从中受益。非但如此，在借债扩大政府开支的背景下，居民出于对未来支出的不确定预期而大量购买政府债券的行为，却在很大程度上对居民的消费支出产生了紧缩作用。

三是从税收政策来看，在市场经济条件下，理想的税收结构应该是简化、低税率、稳定以及以直接税为主。如果政府通过增减税的方式，干预经济的运行，必然会打乱市场主体的税负预期，从而影响其正常的生产经营决策。结构性增、减税政策也会使市场价格结构体系发生改变，进而在短期内对经济运行形成一定的冲击。就结构性增、减税政策而言，政府很难判断某一行业是否符合经济的发展方向，政府要做的就是制定严格的经济发展标准，使经济发展不损害环境、商品质量得到有效保证、体现可再生性的劳动、技术和管理的再生产能够得到有效保证和持续发展、经济发展所需要的公共产品如教育、医疗、失业以及电力、交通等基础设施供给能得到充分保证等。

四是从汇率政策来看，虽然降低本国汇率能够刺激本国商品出口，但从贸易发展的本质属性来看，一国出口商品的主要目的是为了进口商品，从而在国际分工体系下实现互利互惠。如果降低本国汇率所刺激的出口不能通过进口的方式，实现贸易收支平衡，在以美元为代表的国际信用货币体系下，这种出口的增加就没有任何意义。况且，通过降低本国汇率的方式刺激本国出口，并不能改善本国的出口结构，使本国出口由低附加值的商品转向高附加值的商品。由此可见，以降低本国汇率的方式刺激本国贸易出口，其本身并不能达到实现真正意义经济增长的目的。

在市场经济条件下，市场在资源配置中发挥着基础性作用，“逐利”机制是市场主体从事市场经营活动的主要驱动力。在“逐利”机制作用下，国民经济产业结构会随着经济的发展自动地实现优化升级。从产业结构发展趋势来看，代表先进技术和未来产业发展方向的行业，其营利能力必然大于传统行业，受“逐利”机制影响，市场主体在新兴行业的生产要素供给以及需求都充分满足的条件下，其必然会通过向高附加值优势产业转移的方式，赚取更高的利润。由此可见，在市场经济条件下，宏观经济层面国民经济产业结构的优化升级，是市场主体从事经营活动的必然产物。当然，要发挥市场在资源配置中的基础性作用，是需要诸多前提条件的，主要包括以下几方面内容：一是市场主体的经营活动完全市场化，不存在非市场化的市场主体。二是通过市场主体经济活动实现的经济增长不是仅仅表现在 GDP 总量和增速上，而是真正意义上的经济增长。如人类居住环境在经济发展中没有受到破坏，自然资源稀缺性溢价通过财政再分配的方式在全民之间得到了科学的分配，劳动、技术和管理等活劳动的再生产随着经济发展而得到不断提高（这种劳动力再生产既包括劳动力自身生存的再生产，同时还包括劳动力子女生存、教育支出等后续劳动力的再生产）。三是银行等作为社会资金供给者实现完全市场化经营，资金根据收益与风险相匹配的原则，实现自由流动。四是市场价格根据供给与需求相对平衡的原则，实行完全的市场化定价。在满足以上假设条件的基础上，通过“逐利”机制的作用，市场主体经营活动与国民经济产业结构优化升级的发展方向是可以保持相对一致的，从而更好地发挥市场在资源配置中的基础性作用。

（三）政府正确履行其在经济增长中所必须承担的相关职责

为了使真正意义上的经济增长建立在市场机制作用的基础之上，就要求市场经济条件下的政府要正确地履行职能，为实现本国的经济增长创造良好的外部条件。

1. 通过制定严格的环境保护法的方式，使居民居住环境不会随着经济的发展而产生破坏。有了环境保护法的制约，一些高污染项目将面临较高的治污成本压力，一定程度上限制了高污染项目的发展；一些有利于自然环境进一步改善的产业如绿色环保产业，则会作为经济增长的一个重要增长极而得到快速发展。

2. 通过制定最低工资保障法的方式，保证可再生劳动力的再生产。最低工资保障法的制定，一方面保证了劳动力的再生产，使经济实现可持续发展；另一方面，也在很大程度上限制了低附加值行业的发展，有利于经济结构的优化升级。

3. 通过自然资源税的调整，抑制资源消耗型生产方式的发展。目前自然资源被过度采掘，与自然资源开采行业暴利有关。为了抑制自然资源开采中存在的暴利现象，当前可以通过提高自然资源税的方式，调整自然资源收益分配，使自然资源稀缺性价值由全民共享。

4. 通过医疗、教育、养老以及失业等社会保障制度的建立，一方面平抑不同市场主体之间的收入差距，保证劳动力的再生产以及社会稳定；另一方面，通过教育事业的发展，为经济结构的优化升级提供高素质的劳动力支持。医疗、养老以及失业保障都属于劳动力再生产范畴，鉴于各劳动力之间的收入差距，为了实现不同收入水平条件下劳动力再生产的持续发展，可以通过单位和财政统筹的方式，由财政对于居民的医疗、养老以及失业保障支出，进行统一安排。而教育支出是一个国家未来经济发展必要的人力保障，其也必须由国家财政来进行负担。

5. 加强基础科学研究投入，为国民经济优化升级提供必要的知识保障。基础科学研究是国民经济实现优化升级的基础，由于其自身不能产生效益，就需要通过政府投入的方式，确保基础科学研究的质量和水平。

6. 通过严格的质量监管的方式，保证商品和服务的质量，使经济实现真正意义上的增长。在市场经济条件下，加强商品质量监管是维护市场经济运行秩序的一个重要方面，也是政府应该承担的一项重要职能。为了确保商品的质量，使经济增长与社会主义生产目的相一致，就必须依靠政府的力量，加强商品质量监管。

7. 通过市场化经营主体的塑造，促进市场公平竞争。公平竞争是市场经济运行的主要特征，为了实现公平竞争，就需要从事市场经济活动的市场主体是平等的市场化主体，如果出现非市场化主体，则必然会影响市场经济的运行效率。因此，就政府而言，通过政策干预，减少非市场化经营主体参与经济活动，是其承担的一个重要职能。从中国具体情况来看，当前对于国有企业经营机制进行再造，对于事业单位职能重新理顺，是确保市场主体公平竞争的关键。

8. 通过市场的信息化建设，为市场经济主体提供服务。市场经济是信息经济，为了满足市场主体的信息要求，政府应该加强信息化建设，使市场主体的经营活动能够得到充分、准确的信息支持。

9. 加强市场经济运行的外部监管，确保市场交易公平、透明和公正。

10. 通过经济发展所需要的电力、交通等基础设施建设，为经济发展提供必要的外部条件。

本章小结

本章首先对经济增长理论在中国经济发展中的运用进行了研究，认为改革开放以后，中国经济发展在很大程度上借鉴了西方的发展理论，这些理论的运用，实现中国

GDP总量的快速增长，也使中国在前期经济发展中面临着诸多亟待解决的问题。总体来看，中国前期的经济增长主要呈现以下发展特征：（1）将经济增长等同于GDP增长。（2）经济发展呈现明显的粗放型增长模式。（3）经济发展形成了较大的环境污染。（4）政策干预对于中国经济增长的影响较大。

文章研究了实现中国经济良性增长的主要路径，认为当前为了使中国经济增长完全服务于社会主义生产目的，实现经济的可持续发展，有必要采取以下措施来，实现经济的良性增长：

1. 从理论上正本清源，搞清楚什么是经济增长。文章认为，真正意义的经济增长并不是体现在以价值形式表现出来的GDP形态，而应该具有以下几个方面发展特征：（1）经济增长与社会生产目的相对一致，经济增长的最终目的，是使全体国民的物质精神生活水平都能够得到不断提高。（2）经济增长建立在生产要素消耗不断减少、生产效率不断提高的基础之上。（3）经济增长对于环境的影响是正面的，而不是破坏现有的人类居住环境。（4）经济增长的标志不在于居民拥有多少可支配的货币价值形态，而在于居民自身物质和精神需求的满足程度，以及这种满足程度的可持续性。（5）真正意义上的经济增长应该是一种可持续的增长，这就要求一方面生产要素供给具有可持续性；另一方面，市场需求具有可持续性。

2. 通过市场的力量实现资源的优化配置。在市场经济条件下，市场在资源配置中发挥着基础性作用，“逐利”机制是市场主体从事市场经营活动的主要驱动力。在“逐利”机制作用下，国民经济产业结构会随着经济的发展自动地实现优化升级。从产业结构发展趋势来看，代表先进技术和未来产业发展方向的行业，其营利能力必然大于传统行业，受“逐利”机制影响，市场主体在新兴行业的生产要素供给以及需求都充分满足的条件下，必然会通过向高附加值优势产业转移的方式，赚取更高的利润。由此可见，宏观经济层面国民经济产业结构的优化升级，是市场主体从事经营活动的必然产物。当然，要发挥市场在资源配置中的基础性作用，是需要诸多前提条件的：一是市场主体的经营活动完全市场化，不存在非市场化的市场主体。二是通过市场主体经济活动实现的经济增长不是仅仅表现在GDP总量和增速上，而是真正意义上的经济增长。如人类居住环境在经济发展中没有受到破坏，自然资源稀缺性溢价通过财政再分配的方式在全民之间得到了科学的分配，劳动、技术和管理等活劳动的再生产随着经济发展而得到不断提高。三是银行等作为社会资金供给者实现完全市场化经营，资金根据收益与风险相匹配的原则，实现自由流动。四是市场价格根据供给与需求相对平衡的原则，实行完全的市场化定价。在满足以上假设条件的基础上，通过“逐利”机制的作用，市场主体经营活动与国民经济产业结构优化升级的发展方向是可以保持相对一致的，从而更好地发挥市场在资源配置中的基础性作用。

3. 市场经济条件下政府在实现经济增长中所必须承担的经济职责。为了使真正意义上的经济增长建立在市场机制作用的基础之上，就要求市场经济条件下的政府要正确地履行职能，为实现本国的经济增长创造良好的外部条件。具体言之，其主要包括以下几个方面内容：(1) 通过制定严格的环境保护法的方式，使居民居住环境不会随着经济的发展而产生破坏。(2) 通过制定最低工资保障法的方式，保证可再生劳动力的再生产。(3) 通过自然资源税的调整，抑制资源消耗型生产方式的发展。(4) 通过医疗、教育、养老以及失业等社会保障制度的建立，一方面平抑不同市场主体之间的收入差距，保证劳动力的再生产以及社会稳定；另一方面，通过教育事业的发展，为经济结构的优化升级提供高素质的劳动力支持。(5) 加强基础科学研究投入，为国民经济优化升级提供必要的知识保障。(6) 通过严格的质量监管的方式，保证商品和服务的质量，使经济实现真正意义上的增长。(7) 通过市场化经营主体的塑造，促进市场公平竞争。(8) 通过市场的信息化建设，为市场经济主体提供服务。(9) 加强市场经济运行的外部监管，确保市场交易公平、透明和公正。(10) 通过经济发展所需要的电力、交通等基础设施建设，为经济发展提供必要的外部条件。

第四十七章
国内生产总值在数量和质量上实现共同发展的主要路径

一、国内生产总值的内涵

国内生产总值是指物质生产部门劳动者在一定时期所创造的价值，它等于社会总产值中扣除物质消耗之后的剩余，国内生产总值的价值形态 = 社会总产值 - 已经消耗掉的生产资料价值，在现实经济活动中一般表现为 GDP 形态；国内生产总值的实物形态 = 社会总产品 - 已经消耗的生产资料。就使用价值而言，国内生产总值主要由新创造的生产资料和消费资料构成。从国内生产总值核算方式的缺点来看，国内生产总值一方面没有反映不在市场生产的那部分新增价值，如家庭主妇的劳动等；另外，大量天然资源的使用以及长工时的投入也没有在国内生产总值中加以反映。从时效上分析，国内生产总值反映的是当期的新增收入，而没有反映累计的新增收入情况。

理论上，决定国内生产总值增长水平的主要因素有：（1）劳动生产量的增加。（2）劳动生产率的提高程度，一般而言，劳动生产率越高，则国内生产总值就越大。（3）生产资料利用的节约情况，生产资料利用越节约，则国内生产总值的量就越大。

国内生产总值主要是反映一个国家国民经济发展水平的综合指标，其衡量方法有收入法、支出法和产出法。根据西方经济学关于国内生产总值的核算公式，国内生产总值 = 消费 + 投资 + 政府支出 + 出口净额（出口 - 进口）。

二、国内生产总值的数量与质量

国内生产总值的主要表现形式有两种，一种是以数量为代表的国内生产总值外在表现形式；另一种是以质量为代表的国内生产总值内在表现形式。整体来看，国内生产总值这两种表现形式，对于一定时期经济发展状况的衡量角度和标准也各不相同。

（一）国内生产总值发展数量的表现形式

若从数量方面来衡量国内生产总值的总量水平，其主要有两种形式：一种是以使用价值形态所表示的一定时期一国国内生产总值的发展水平；另一种是以价值形态所表现的一定时期一国国内生产总值的发展水平。

就使用价值形态所表示的一国国内生产总值的数量而言，表现为一定时期一国生产的可以满足本国和国外生产和生活需要的生产资料和消费资料的总和，在实践中主要表现为一个国家在一定时期生产的分布于工业、农业以及服务业的有形产品和无形产品的数量总和。如一定时期一个国家农业发展中所生产的粮、棉、油等农业产品数量的高低；一个国家一定时期工业发展所生产的初级产品如钢铁等黑色金属以及金、银、铜、锡等有色金属产品数量的高低，以及以机器设备、家用电器等为表现形式的工业制成品数量的高低；一个国家一定时期服务业发展所提供的以商业、旅游、文化、艺术等作为表现形式的服务数量的高低。从决定国内生产总值使用价值形态数量高低的因素分析，其取决于一定时期一国的实际生产能力，也取决于一定时期一国经济发展所面临的国内外实际需求能力。

就价值形态所表示的一国国内生产总值的数量而言，主要表现为一定时期一国生产的可以满足本国和国外生产和生活需要的生产资料和消费资料，以货币作为表现形式的价值量的总和。决定一定时期一国国内生产总值价值量大小的主要因素体现在两个方面：一是一定时期一国国内生产总值的使用价值总量水平，二是一定时期一国的货币供应量水平。当一定时期一国国内生产总值的使用价值总量越大时，一国国内生产总值价值总量就会相对较大；当一定时期一国货币供应量越多时，一国国内生产总值价值总量就会越大。

（二）国内生产总值发展质量的表现形式

从一国国内生产总值发展质量分析，一国国内生产总值的发展质量主要体现在以下几个方面：

1. 国内生产总值所需要的生产要素的可再生性。如果可再生生产要素在一国国内生产总值生产中所占比重较高，该国国内生产总值的生产就是可持续的，国内生产总值的发展质量就相对较高；反之，如果不可再生生产要素在一国国内生产总值中所占比重相对较高，该国国内生产总值的生产就不是可持续的，国内生产总值的发展质量就相对较低。

2. 国内生产总值构成情况。在一国国内生产总值中，如果用于一般消费或消费升级的产品所占比重较大，该国国内生产总值产品结构就相对科学，该国国内生产总值发展质量也相对较高，且是可以持续的。反之，在一国国内生产总值的生产过程中，如果与消费无直接或间接关联的投资品所占比重较大，其在一定程度上预示了该国国内生产总值的结构存在着不科学的地方。与此同时，该国国内生产总值由于结构不合理而使其生产的可持续性受到较大影响，影响了该国国内生产总值的质量。

3. 一定时期各生产要素在一国国内生产总值生产中所作的贡献与其参与国内生产总值分配的匹配程度。当生产要素在一国国内生产总值生产中所作的贡献与其参与该国国内生产总值的分配程度协调一致时，该国国内生产总值的生产质量就相对较高；反之，则该国国内生产总值的生产质量就相对较低。

4. 一定时期一国国内生产总值使用价值形态产品的质量。真正意义上的国内生产总值，要求作为一国国内生产总值计量基础的产品具有真正意义上的使用价值，能够满足人类生产和生活的需要，而不是废品或次品。只有具有真正使用价值形态的国内生产总值的生产，才能形成较高质量的国内生产总值。反之，如果一国国内生产总值构成中一些产品不具有真正意义上的使用价值，该国国内生产总值质量就相对较差。

（三）中国前期国内生产总值发展的数量和质量状况

改革开放以后，中国国内生产总值出现了快速增长。从国内生产总值使用价值形态来看，根据国家统计局公开的相关数据，截至 2010 年，中国农业产品中棉花产量为 596.113 万吨，是 1978 年的 2.75 倍；稻谷产量为 19576.1 万吨，是 1978 年的 1.43 倍；油料产量为 3230.13 万吨，是 1978 年的 6.19 倍。工业产品中钢铁产量为 80276.58 万吨，是 1978 年 25.26 倍；糖的产量为 1117.59 万吨，是 1978 年 4.92 倍；原煤产量为 32.35 亿吨，是 1978 年 5.23 倍；发电量为 42071.6 亿千瓦时，是 1978 年 16.39 倍；电冰箱产量为 7295.72 万台，是 1978 年 2605.6 倍；原油产量为 20301.4 万吨，是 1978 年 1.95 倍。在服务业发展中，2010 年，全国旅游人口总数为 5.24 亿人次，是 1994 年的 4.013 倍。从国内生产总值的价值形态衡量，不考虑物价变动因素，根据国家统计局公开的数据，截至 2010 年，中国国内生产总值为 401202.0 亿元人民币，是 1978 年 110.06 倍，其中农业国内生产总值为 40533.6 亿元人民币，是 1978 年 39.49 倍；工业生产总值为 160867.0 亿元人民币，是 1978 年 100.1 倍；国内旅游服务总值为 12579.8 亿元人民币，是 1978 年的 21.6 倍。[①]

从中国前期 GDP 发展质量来看，虽然改革开放以后，中国 GDP 规模在价值形态及使用价值形态方面都出现了快速增长，但就 GDP 发展质量而言，中国前期 GDP 总量在实现快速增长的同时，GDP 发展质量仍有待于进一步提高。

---

① 上述数据根据国家统计局公开的数据计算而来。

1. 中国前期 GDP 总量的增长呈现出典型的资源货币化发展特征。改革开放以后，随着中国工业化进程的加速推进，资源消耗在 GDP 生产中占据了较大比例，由于自然资源定价较低，由工业化所导致的自然资源价值增值部分，都作为增量价值计入了当期的 GDP 总量。鉴于在重化工业时代自然资源的价值增值数量庞大，在现行的 GDP 考核机制下，地方政府对于 GDP 的不懈追求，使发展以自然资源消耗为主导特征的粗放型社会再生产，成为地方政府在短期内做大 GDP 规模的主要手段。受此影响，土地、矿山等资源的货币化，成为推动 GDP 增长的主要动力。在以自然资源消耗为主导的 GDP 发展模式下，自然资源的消耗，污染了大量的环境，部分自然资源也具有不可再生特征，单纯地以自然资源消耗为推动力的 GDP 发展方式，是不可持续的。

2. 出于对 GDP 价值形态的不懈追求，在中国前期 GDP 发展过程中，还存在着大量的重复建设、盲目建设现象，这些都影响了 GDP 的发展质量。虽然重复建设和盲目建设行为不但造成了资源的严重浪费，也不能形成有用的使用价值，但在现行的 GDP 考核机制下，这些重复建设和盲目建设所产生的价值总量，都作为增量部分计入了 GDP 总量，在一定程度上影响了 GDP 的发展质量。特别是在政府职能不能实现有效转变的条件下，政府掌握了存量土地、矿山等资源供给以及资金供给，在现行的 GDP 政绩考核机制作用下，政府就有很好的条件通过土地、矿山等生产要素的投入来进行大量的重复建设和盲目建设，以达到做大 GDP 总量的目的。

3. 在现有的 GDP 考核机制下，出于对 GDP 总量的不懈追求，在市场万能论思想引导下，一些假冒伪劣产品的生产大行其道。这些假冒伪劣产品不但不能形成使用价值，而且还具有负面的使用价值，但在追求以价值形态为表现形式的 GDP 增量作用下，在市场经济发展地域割裂程度较高的条件下，一些地方政府对于假冒伪劣产品的生产不能正确地履行其质量监管职能，反而根据市场规则对其放任自流，以此达到增加本地税收和 GDP 总量的目的。就假冒伪劣产品对社会生产和生活的影响而言，从经济实践来看，假冒伪劣的消费品，对于消费者构成了直接危害，因此假冒伪劣消费品所代表的那一部分价值应该从当期 GDP 总量中扣除；就假冒伪劣消费品的间接影响而言，其在对消费者身心健康构成危害的同时，还会影响消费者在下一期 GDP 生产过程中的价值创造能力，对下一期 GDP 生产会形成不利影响。就假冒伪劣的生产品而言，这些生产品自身不具有使用价值，因此应该从当期 GDP 生产总量中加以扣除。如果这些假冒伪劣产品进入生产过程，由于这些产品在生产过程中产生的是一种负面效用，这些假冒伪劣产品因使用而导致的生产损失会进一步缩减下一期的 GDP 总量。在假冒伪劣产品的生产模式下，一方面其自身形成的 GDP 应从当期 GDP 总量中加以扣除；另一方面，其对于消费和生产所形成的负面效用，将会进一步削减下一期 GDP 的总量水平。由此可见，假冒伪劣产品的生产不但浪费了大量的资源和人力，虚增了当期的 GDP 规模，而且还对未来的 GDP 生产产生了不利影响。

在中国经济运行中，一些地方政府虽然通过对一些假冒伪劣产品生产采取放松监管或不作为的做法，在某种程度上增加了本地的GDP规模，但从长期来看，假冒伪劣产品的不断泛滥，将使每个地方都会受到较大的负面影响，使人人都成为受害者。

4. 为了做大GDP总量，以市场需求为导向，根据GDP=C+I+G+XM计算法则，通过扩大出口的方式，来做大GDP规模。一国经济发展的最终目的在于满足本国居民不断提高的物质和精神生活需要，在现行生产模式下，如果本国商品在出口之后能够换取大量外国商品供本国消费，其在一定程度上可以通过生产要素的国际分工，使全球各国实现生产效率的最大化。但在现行的GDP核算模式下，一国政府只有通过出口更多产品的方式，才能做大"XM"，通过不断扩大出口、限制进口的方式，成为一国根据既定的GDP核算公式做大本国GDP总量的一个重手段。为了扩大出口，一国可以通过采取本币贬值以及税收补贴的方式。显而易见，在现代信用货币经济条件下，这种以出口为导向的经济发展模式，与一国生产的最终目的并不一致。在贸易顺差相对较大的背景下，其在一定程度上说明了本国生产的产品供给了外国人使用，而本国居民却没有享用自己生产的产品，通过出口换回的只是外国发行的信用货币。这种经济发展方式，虽然增大了本国以价值作为表现形式的GDP规模，但这种以价值作为表现形式的GDP总量与以最终使用价值作为表现形式的GDP总量在总量和结构上是不一致的。随着时间推移，在出口国资源、劳动等生产要素供给减少的时候，这种一味追求以出口为导向的GDP发展模式最终也是不可持续的。如果出口国不是有意地为刺激出口而采取外币统一结算、降低本国汇率以及采取税收补贴的方式，那么通过市场自身机制的作用，会使一国对外贸易收支出现平衡，其主要是通过汇率机制的调节来实现的。在本币可以自由兑换以及汇率可以自由浮动的条件下，一国对外贸易发展所出现的贸易顺差，应该主要表现为本国企业在发展对外贸易中所形成的利润结余。从中国前期经济发展实际情况来看，在中国前期经济发展过程中，为了刺激出口，中国采取了控制汇率以及压低劳动力、原材料价格以及实行税收补贴的方式，导致大量的贸易顺差，在外汇收支统一结算方式下，中国为了维持汇率稳定而发行大量人民币进行对冲的做法，使中国国内面临较大的通货膨胀压力。在国际信用货币条件下，受美元货币发行量不断增加影响，中国巨额外汇储备出现了大幅贬值，形成了较大的外汇损失。

5. 在GDP发展结构中，一些低端的产品生产在GDP总量构成为占有较大比重，而一些体现较高科技水平的产品生产在GDP总量中所占比重较少。在相同的GDP总量水平下，不同行业的GDP数量在GDP总量中的分布结构，决定了GDP发展的质量。在相同GDP总量规模的条件下，如果代表先进产业发展方向以及高科技产业的产品在GDP发展中所占比重较高，这种条件下的GDP发展质量就相对较高；反之，如果一些低端产品在GDP发展中所占比重较高，这种条件下的GDP发展质量就相对较低。从中国前期GDP发展情况来看，以资源消耗为主导的GDP发展模式成为推动中国 GDP 增长的主要动力，GDP 发展所蕴含的科技含量较低，影响了中国 GDP 的发展质量。

6. 就目前中国 GDP 的市场创造主体来看，改革开放以后，中国通过大量引进外资的方式，吸引了大量外部资金，这些外部投资者在中国 GDP 生产中占有一定的比重，中国本土企业目前只有一部分去国外进行投资。在外国投资者在中国 GDP 生产中所占比重较大的背景下，如果外国投资者出现投资撤离，中国现行的 GDP 生产规模就难以持续。就此而言，在外资企业的产品生产在中国经济发展总量中所占比重较高的背景下，中国未来 GDP 发展规模将受外资撤离的不确定影响而出现较大的不确定性。

7. 由于 GDP 总量最终可以用价值形态来表示，在信用货币经济条件下，政府可以通过发行较多货币的方式，来增加以价值形式表现的 GDP 总量。从中国 GDP 发展实际情况来看，近年来中国 GDP 总量之所以得到大幅度提高，与货币发行规模的不断扩大密切相关。相关数据显示，2010 年，中国广义货币 M2 与 GDP 之比为 1.81 倍，远远超过国际平均水平。这在一定程度上预示，中国前期货币大规模发行助推了以价值形态作为表现形式的 GDP 总量规模。这种货币超额发行的现象对于经济的影响，主要表现在实体经济发展中通货膨胀水平较高以及虚拟经济发展中资产价格泡沫较大等方面。

三、实现中国国内生产总值质量和数量共同发展的主要措施

如前所述，目前中国 GDP 发展呈现数量规模庞大而质量相对不高的发展特征，为了进一步提高中国 GDP 的发展质量，实现中国 GDP 的可持续发展，使中国经济发展的最终目的与社会主义生产的最终目的相一致，当前可以采取以下措施：

1. 通过绿色 GDP 核算机制的推行，转变以自然资源消耗为主导的粗放型经济发展方式，防止重复建设和盲目建设行为的发生，最大限度地节约社会资源，实现 GDP 的可持续发展。

2. 通过转变政府职能，加强对于假冒伪劣产品生产及销售监管的方式，确保社会产品生产质量，使社会产品的生产最终能够满足人类的生产和生活需求，从而为 GDP 的价值形态提供有效的使用价值形态支撑。

3. 通过加强教育、科技投入的方式，将 GDP 的创造主体由资源消耗为主体向劳动、科技创造为主体的方向转变，提高 GDP 发展的科技含量。

4. 通过市场化的基础性制度建设，减少政府对于经济的干预，在防范现行金融风险的条件下，开放资本市场，尽早形成人民币由市场机制决定的汇率形成机制，通过汇率的调整，实现贸易收支的基本平衡，改变单纯地为了做大 GDP 规模而片面出口的做法。在中国目前国内劳动、资源等价格体系还没有理顺的前提下，很难通过市

场化的人民币汇率自由浮动机制来实现中国贸易收支平衡，特别是在一些外国资金受前期人民币渐进升值影响而大量进入中国资本市场，并且获利较多的背景下，盲目开放资本市场，必然会给中国带来较大的金融风险。当前中国依靠市场化的手段来平抑贸易顺差，其前提条件在于在理顺国内生产要素价格的基础上，通过人民币汇率的一次性调整，而不是渐进的调整，最大限度地减少外国资金长期进入中国资本市场所形成的巨额汇兑收益，通过相对均衡的人民币汇率的适度波动，形成真正意义上的人民币市场均衡汇率，从而更好地发挥人民币汇率对于中国贸易收支的调节作用，实现中国贸易收支的基本平衡。

5. 通过适度控制货币发行量的方式，确保中国 GDP 的发展质量。鉴于目前中国 M2 余额与 GDP 的比率较高，为了确保 GDP 的发展质量，当前可以通过适度控制信用货币发行规模的方式，逐步降低中国 M2 与 GDP 的比率，使 GDP 价值形态与使用价值形态相对匹配，最终使物价水平保持相对稳定。

本章小结

本章在对国内生产总值的内涵进行论述之后，研究了国内生产总值的数量与质量，认为国内生产总值的主要表现形式有两种，一种是以数量为代表的国内生产总值外在表现形式；另一种是以质量为代表的国内生产总值内在表现形式。总体来看，国内生产总值这两种表现形式，对于一定时期经济发展状况的衡量角度和标准也各不相同。就使用价值形态所表示的一国国内生产总值的数量而言，其主要表现为一定时期一国生产的可以满足本国和国外生产和生活需要的生产资料和消费资料的总和，在实践中主要表现为一个国家在一定时期生产的分布于工业、农业以及服务业的有形产品和无形产品的数量总和。就价值形态所表示的一国国内生产总值的数量而言，主要表现为一定时期一国生产的可以满足本国和国外生产和生活需要的生产资料和消费资料，以货币作为表现形式的价值量的总和。从一国国内生产总值发展质量分析，一国国内生产总值的发展质量主要体现在以下几个方面：（1）国内生产总值所需要的生产要素的可再生性。（2）国内生产总值构成情况。在一国国内生产总值中，如果用于一般消费或消费升级的产品所占比重较大，该国国内生产总值产品结构就相对科学，该国国内生产总值发展质量也相对较高，且是可以持续的。反之，在一国国内生产总值的生产过程中，如果与消费无直接或间接关联的投资品所占比重较大，其在一定程度上预示了该国国内生产总值的结构存在着不科学的地方。与此同时，该国国内生产总值由于结构不合理而使其生产的可持续性受到较大影响，影响了该国国内生产总值的质量。（3）一定时期各生产要素在一国国内生产总值生产中所作的贡献与其参与国内生产总值分配的匹配程度。当生产要素在一国国内生产总值生产中所作的贡献与其参与该国国内生产总值的分配程度协调一致时，该国国内生产总值的生产质量就相对较高；反之，则该国国内生产总值的生产质量就相对较低。(4) 一定时期一国国内生产总值使用价值形态产品的质量。真正意义上的国内生产总值，要求作为一国国内生产总值计量基础的产品具有真正意义上的使用价值，能够满足人类生产和生活的需要，而不是废品或次品。只有具有真正使用价值形态的国内生产总值的生产，才能形成较高质量的国内生产总值。反之，如果一国国内生产总值构成中一些产品不具有真正意义上的使用价值，该国国内生产总值质量就相对较差。在此基础上，文章对中国前期国内生产总值发展的数量和质量状况进行了分析。

最后，文章对实现中国国内生产总值质量和数量共同发展的主要措施进行了研究，认为要实现中国 GDP 的可持续发展，使中国经济发展的最终目的与社会主义生产的最终目的相一致，当前可以采取以下措施：(1) 通过绿色 GDP 核算机制的推行，转变以自然资源消耗为主导的粗放型经济发展方式，防止重复建设和盲目建设行为的发生，最大限度地节约社会资源，实现 GDP 的可持续发展。(2) 通过转变政府职能，加强对于假冒伪劣产品生产及销售监管的方式，确保社会产品生产质量，使社会产品的生产最终能够满足人类的生产和生活需求，从而为 GDP 的价值形态提供有效的使用价值形态支撑。(3) 通过加强教育、科技投入的方式，将 GDP 的创造主体由资源消耗为主体向劳动、科技创造为主体的方向转变，提高 GDP 发展的科技含量。(4) 通过市场化的基础性制度建设，减少政府对于经济的干预，在防范现行金融风险的条件下，开放资本市场，尽早形成人民币由市场机制决定的汇率水平，通过汇率的调整，实现贸易收支的基本平衡，改变单纯地为了做大 GDP 规模而片面出口的做法。(5) 通过适度控制货币发行量的方式，确保中国 GDP 的发展质量。

第四十八章
内生性经济增长的主要特征及其在中国经济发展中的运用研究

一、菲尔普斯的理论缺陷

根据菲尔普斯的理论论述，通货膨胀与失业率之间是一种负相关关系，通货膨胀与经济增长之间则是一种正相关关系。虽然菲尔普斯的论述在某种程度上揭示了通货膨胀与经济增长之间存在的正相关关系。但我们并不能据此认为，通货膨胀是经济增长的必要条件，而在经济实践中通过增发货币、人为制造通货膨胀的方式，诱导经济增长。根据预期学派的经济理论，在社会闲置生产要素有限的条件下，由于外部信用货币供给的增多，其会通过推动商品价格上涨的方式促进产出的增加，由商品价格上涨所诱导的投资增加，短期之内会使失业率下降，经济实现增长。但这种失业率下降和经济增长是有前提条件的，其既取决于外部货币的不断注入，也取决于投资者由于物价上涨所形成的盈利预期得到持续不断的强化。从现实经济运行来看，由于通货膨胀所导致的失业率下降和经济增长，是由外生变量即货币供给增加所导致的，这种失业率的下降在空间上能够达到多少幅度，在时间上能够持续多长时间，都具有不确定性。

多年来，菲尔普斯曲线所论证的适度通货膨胀有利于经济增长的理论，在各国宏观经济调控中被广泛运用。改革开放以后，随着西方经济学理论进入中国市场，中国在经济管理过程中也在很大程度上运用该理论，以促进经济增长。从该理论的实际运用效果来看，虽然适度通货膨胀所导致的价格上涨预期可以增加增量投资的吸引力，但在经济发展过程中，通货膨胀往往是不可控的。从中国前期经济运行实际情况来看，改革开放以后，中国经济运行经常面临着较大的通货膨胀压力，一方面与中国前期实行的粗放型经济增长方式有关；另一方面，也与适度的通货膨胀能够刺激经济增长的理论指导思想有关。从全球经济发展实践来看，世界上其他国家的经济增长似乎也伴随着一定程度的通货膨胀，但还没有哪一个国家主要是通过实行适度通货膨胀的方式，来实现经济持续增长的。由此可见，通货膨胀不是引导经济增长的唯一选择。

二、内生性经济增长的主要特征

实际上，在社会生产与消费协调发展的情况下，由经济发展内生要素所推动的投资、消费和出口增加，也会使失业率减少，经济得到增长。在经济增长是由内生力量推动的发展模式下，主要呈现以下几个方面发展特征：

第一，经济发展所需要的生产要素供给充足，即资金、资源、劳动、技术以及管理等生产要素供应充足。当然，就上述生产要素构成而言，不同生产方式下各生产要素的组合模式的差异，决定了各生产要素在生产要素供给总量中所占的比重各不相同。在现代经济条件下，由于资金供给主要表现为信用货币发行，这种货币发行需要资源、劳动、技术和管理等初级形态生产要素或设备、基础设施及原材料等次级形态生产要素做支撑。就资源而言，受部分资源不可再生性影响，决定了不可再生资源的供给也是有限的。就劳动、技术和管理这三个生产要素而言，由于其是可再生的，决定这三个生产要素具有较高的供给弹性。就长期而言，经济发展所需要的生产要素供给充足与否，主要取决于劳动、技术和管理等可再生生产要素供给的充足程度。这三个可再生生产要素供给的充足程度，不仅决定了经济发展在量上的可扩张规模，也决定了不同生产要素在经济发展中的组合方式，其主要表现为经济发展方式的选择问题。

第二，投资主要表现为产业升级，使经济增长在更高质量上实现规模上的不断扩张。根据西方经济学相关理论，消费、投资和出口共同成为推动经济增长的三驾马车，增加投资，无疑可以起到推动经济增长的作用。在经济货币化条件下，通过扩大货币供应量的方式，对于存量的生产要素进行货币化，就可达到促进经济增长的目的。从扩大货币供给对于经济增长的促进效果来看，当资源、劳动、技术和管理等生产要素供给充分时，经济运行中就不会出现通货膨胀，或者出现温和的通货膨胀。当上述生产要素供给不充分时，则会出现较大程度上的通货膨胀。就此而言，增加投资能否实现真正意义上的经济增长，受生产要素供给充裕程度的制约。笔者认为，真正意义上的投资拉动经济增长，表现为通过资金、资源、劳动、技术和管理等生产要素的数量扩张和不同生产要素组合模式的优化升级，进而实现国民经济产业升级，使经济增长在更高质量上实现规模的不断扩张。只有这样，依靠增加投资所拉动的经济增长，才是真正意义上的经济增长，不但可以达到通过经济增长服务于本国居民物质和精神生活水平不断提高的目的，也可以使国民经济在生产与消费相互协调中实现良性、可持续增长。

第三，与投资相对应的消费也处在不断的升级换代之中。在保持货币供给增速与经济发展增速相对一致的前提下，经济发展在生产与消费之间达成的均衡、经济发展在实物总量和货币总量方面达成的均衡以及社会产品在供给与需求之间达成的均衡，使经济发展过程不会产生巨幅的通货膨胀现象。消费是生产的最终目的，一定时期经济增长既表现为投资的增长，更应该表现为消费的增长。在内生经济增长模式下，与投资相对应的消费也应该处在不断升级换代之中。投资的增长为增量消费品生产创造了有利条件，不断升级的消费需求也推动了投资的不断增长，由此使经济增长的最终目的主要表现为服务于消费，使经济增长建立在投资与消费良性发展的基础之上。

第四，出口的增长更多的是为了弥补本国资源禀赋的不足。即通过出口所积累的外汇储备，进口本国稀缺的生产要素，满足本国经济发展的需求；同时，通过出口所积累的外汇储备，进口本国不能生产或生产成本较高的国外消费产品，以满足本国居民的消费需求。笔者认为，内生经济增长方式下出口的增长，并不表现为由出口增长所推动的经济增长，而更多地表现为通过出口所导致的国际间生产要素和消费产品的互相交换，使本国经济在充分利用国内外生产要素禀赋的基础上，实现经济总量的进一步发展；使本国居民充分享受国内外消费品的供给，进而最大程度地满足本国居民的消费需求。就此而言，出口的最终目的在于进口，而不在于仅仅通过出口的方式，去单纯地实现拉动经济增长的目的。因此，内生经济增长方式下进出口贸易一定是平衡的，既不会表现为贸易的过度赤字，也不会表现为贸易的过度盈余。理论上，只有建立在贸易均衡基础上的出口增长，才能真正地达到推动经济增长的目的。

三、实现中国经济内生性增长所必须采取的相关措施

根据上述分析，笔者认为，在当前经济形势下推动中国经济增长的主要手段，不在于扩大货币供给规模，更不在于通过适度通货膨胀的方式，去实现经济增长，而在于通过生产要素的培育以及生产要素组合模式的优化升级，使经济增长建立在投资与消费协调发展、出口与进口实现有效均衡的基础之上，最终使经济实现持续增长，使经济发展最终满足于中国居民不断提高的物质和精神生活需求。为实现此目的，可采取一定措施。

第一，在经济发展推动力上，应该通过生产要素的培育以及消费热点的培育，使经济增长建立在内生要素推动的基础之上。如前所述，一定时期的经济增长规模受制于生产要素的供给数量和质量，在中国不可再生自然资源短缺、劳动者文化素质不高、科技水平相对落后的条件下，要实现生产要素的充分供给，就必须通过增加教育和科技投入的方式，培育高素质的劳动者，提高本国科学技术水平，提高技术对于经济增长的贡献程度，有效地克服中国不可再生自然资源相对短缺的弊端，实现经济的可持续增长。为了使经济发展最终服务于消费，在国民收入分配上，应通过科学合理的生产要素定价机制以及财政再分配的手段，扭转国民收入分配中存在的两极分化局面。从居民消费能力上分析，消费热点的培育在很大程度上取决于国民收入分配的合理程度。当前对于消费热点的培育，除了在供给与需求上进行积极的政策引导之外，更多地还必须通过理顺国民收入分配关系的方式，使居民敢于消费、乐于消费，最终使生产与消费之间协调发展。在信用货币经济条件下，为了使经济增长的增量部分得到货币保障，在货币供给上应借鉴货币学派的观点，保持与经济增长相一致的货币供应增速，以确保经济发展所必需的货币需求。

第二，为了有效克服中国经济发展中存在的不可再生资源短缺以及就业压力大的弊端，充分发挥经济增长对于就业的正面影响。在中国国民经济产业发展政策安排上，应通过积极发展服务业和以文化为代表的精神产业方式，实现中国经济的可持续发展。服务业具有吸纳就业人口多、产业层级高的典型特征。在中国大力发展服务产业，一方面可以解决中国经济发展所面临的就业压力问题；另一方面，可以使中国经济发展有效地克服资源瓶颈约束，实现经济发展的优化升级。就以文化为代表的精神产业而言，作为一种更高层级的先进产业，以文化为代表的精神产业已成为衡量各国之间竞争力的标志性产业，欧美精神产业的发展已大大领先于全球发展中国家。在中国大力发展精神产业，有利于克服中国经济发展所面临的资源不足问题，也利于中国利用后发优势，实现国民经济产业结构的优化升级。中国充沛的人力资源和历史悠久的民族文化，为发展以文化为代表的精神产业提供了诸多优势。就此而言，中国完全有条件利用这些优势，在以文化为代表的世界精神产业发展方面占有一席之地。

第三，突破依靠出口拉动经济增长的旧思维，通过提高出口商品技术含量和实现进出口均衡的方式，使中国经济在总量扩张的基础上实现质的提高，最终使经济发展满足于社会主义生产的根本目的。在信用货币体系以及全球特殊的国际货币体系下，出口对于经济发展的推动作用，已经不同于黄金本位币体系下所起的作用，如果出口的增长仅仅表现为拥有某种信用货币的巨额外汇储备，这种出口对于经济增长所起的推动作用是没有多少意义的，不仅会造成一国的通货膨胀压力，也违背了国际贸易的真实内涵。贸易是国际间有卖有买的商业行为，如果出现买卖不均衡现象，就脱离了贸易本身应有的属性。当前，要有效地克服中国对外贸易发展中存在的诸多问题，一方面要克服依靠出口拉动经济增长的旧思维，通过提高出口商品技术含量和实现进出口均衡的方式，使中国经济在总量扩张的基础上实现质的提高；另一方面，要充分利用目前政府手中掌握的巨额外汇储备。这些外汇储备的一部分，是中国多年培育的劳动力和自然资源的货币化表现形态，对于这部分外汇储备的运用，应该将其用于购买中国所稀缺的生产要素以及必要的消费用品上面，而不能通过公款旅游、消费的方式，去盲目使用。

总体来看，通货膨胀是经济发展中可能会出现的一种现象，而不是推动经济发展的真正动力，内生性经济增长才是推动经济发展的不懈动力。当前，要有效地克服中国经济发展所面临的通胀压力，实现经济的持续增长，要适当控制货币发行规模，科学认识通货膨胀与经济增长之间的关系；也要通过生产要素的培育，使经济发展建立在内生性增长的基础上，最终使经济发展服务于消费，使经济发展不断地满足国内居民日益提高的物质和精神生活需求。

本章小结

本章首先分析了通货膨胀与经济增长之间的关系，认为通货膨胀不是引导经济增长的唯一选择，从现实经济运行来看，由于通货膨胀所导致的失业率下降和经济增长，是由外生变量即货币供给增加所导致的，这种失业率的下降在空间上能够达到多少幅度，在时间上能够持续多长时间，都具有不确定性。

文章认为，在社会生产与消费协调发展的情况下，由经济发展内生要素所推动的投资、消费和出口增加，也会使失业率减少，经济得到增长。在经济增长是由内生力量推动的发展模式下，呈现以下几个方面发展特征：第一，经济发展所需要的生产要素供给充足，即资金、资源、劳动、技术以及管理等生产要素供应充足。第二，投资主要表现为产业升级，使经济增长在更高质量上实现规模上的不断扩张。第三，与投资相对应的消费也处在不断的升级换代之中。第四，出口的增长更多的是为了弥补本国资源禀赋的不足。

最后，文章研究了实现中国经济内生性增长所必须采取的相关措施，认为在当前经济形势下，推动中国经济增长的主要手段不在于扩大货币供给规模，更不在于通过适度通货膨胀的方式，去实现经济增长，而在于通过生产要素的培育以及生产要素组合模式的优化升级，使经济增长建立在投资与消费协调发展、出口与进口实现有效均衡的基础之上，最终使经济实现持续增长，使经济发展最终满足于中国居民不断提高的物质和精神生活需求。为实现此目的，可采取以下措施：第一，在经济发展推动力上，应该通过生产要素的培育以及消费热点的培育，使经济增长建立在内生要素推动的基础上。第二，为了有效克服中国经济发展中存在的不可再生资源短缺以及就业压力大的弊端，充分发挥经济增长对于就业的正面影响。在中国国民经济产业发展政策安排上，应通过积极发展服务业和以文化为代表的精神产业方式，实现中国经济的可持续发展。第三，突破依靠出口拉动经济增长的旧思维，通过提高出口商品技术含量和实现进出口均衡的方式，使中国经济在总量扩张的基础上实现质的提高，最终使经济发展满足于社会主义生产的根本目的。

第四十九章
信用货币经济条件下放松中国金融管制的相关措施

一、LM 曲线向上倾斜规律所需要的假设条件

萨缪尔森在《经济学》中将 LM 曲线向上倾斜规律描述为："为什么 LM 是向上倾斜的，比如说 GNP 增加，随着 GNP 水平的上升，对于 M 的交易需求也增加。但是 M 的供给没有增加。那么，为了满足新的交易需求，额外的 M 从哪里来呢？它来自较高的利息率所释放出来的货币。"①

笔者认为，萨缪尔森这种描述必须具备一个前提条件，即社会存在一个闲置的货币储备库，如果不存在这样一个货币储备库，则在货币供给不变的条件下，GNP 总量的扩张必然会通过缩减每一个单位 GNP 单位价值的方式，使 GNP 货币价值总量保持不变。从实践中看，如果货币供应总量保持不变，LM 之所以能够与 GNP 之间保持正相关关系，主要是由于在初始货币投放过程中，一部分不可再生的自然资源转化为货币，这部分货币一直停留在资本市场领域，通过资本存贷利差或投资收益，消化其尚未实现的价值。在 GNP 增长的情况下，由于没有新增的货币投入，相对于 GNP 实物总量而言，每一个单位 GNP 所代表的以货币为表现形态的价值量降低了。实体经济每一单位 GNP 所代表的以货币作为表现形态的价值量的降低，打破了原来实体经济与虚拟经济在每一单位 GNP 与每一单位虚拟资产价值分布的均衡，根据"水往低处流"的流动规则，一些分布于虚拟经济领域的资金必然会通过向实体经济投资或提高资金贷款利率的方式，实现两个市场单位产品价值含量的均衡。反之，当经济出

① 萨缪尔森：《经济学》第 12 版，中国发展出版社 1992 年版，第 607 页。

现收缩时，则会产生相反的变化。

笔者认为，在央行不增加货币发行量的前提下，经济增长所需要的增量货币不是从天上掉下来的，而是通过货币在实体经济与虚拟经济之间的流动，来实现实体经济与虚拟经济每一单位产品价值含量的均衡。如果笔者这一分析成立，在货币管理当局货币供给总量保持不变的情况下，经济的发展会提高单位资金的投资回报率，单位资金投资回报率的提高会带动市场资金利率的提高，而市场资金利率的提高则会对虚拟经济中闲置的资本构成吸引力，使部分闲置资本流向实体经济，以解决实体经济发展所存在的资金短缺问题。在这种货币供给模式下，经济发展的动力主要来自实体经济投资回报率的提高，而不是来自货币资金的推动。鉴于投资回报率、利率以及经济增长率之间的正相关关系，由投资回报率拉动的经济增长必然是内含型的良性经济增长，可以有效地防止通货膨胀的出现；随着实体经济投资回报率的提高，各市场主体都可以从经济发展中得到相应的好处。

鉴于LM曲线所蕴含的GNP与利率之间的这种关系，在中国经济发展中，放松金融管制，实现利率的市场化定价以及民间资金的自由流动，打破国有银行的金融垄断，将有助于转变中国经济发展方式，提高经济发展的质量和效率，有效地控制通货膨胀，使全体国民都从经济发展中受益。

二、当前中国放松金融管制应该采取的相关措施

改革开放以后，中国经济货币化程度进一步加深，居民手中掌握的财富主要表现为货币化财富，由资源货币化而导致货币管理当局连续不断的货币发行，使经济运行面临较大的通货膨胀压力，居民手中积聚的货币化财富也出现了较大程度的贬值。而金融管制所导致的资金流向限制以及利率的定量限制等，都使居民只能将体现货币化财富的资金集中放于国有银行，居民对于资金的价格没有自主选择权。金融管制下的资金流向限制和利率限制，使以资源货币化为典型特征的粗放型扩大再生产大行其道，不利于经济发展方式的转型，也使居民很难通过利息回报的方式，实现稳定的财产性收入，在某种程度上也不利于发挥消费对于经济增长的拉动作用。在金融管制背景下，央行在运用量化货币政策工具如通过提高法定存款准备率的方式调控宏观经济运行时，往往会陷入“一放就乱、一管就死”的被动境地。为了有效地提高资金使用效率和经济运行效率，促进中国经济发展方式实现根本转型，有效地克服通货膨胀压力和提高居民财产性收入水平，当前，中国应该着手从以下几方面放松金融管制：

第一，降低银行业市场经营准入门槛，建立银行业自由竞争制度。受银行业市场准入门槛较高以及银行业经营行政审批较严等因素影响，多年来，中国银行业经营一直处于垄断状态，工、农、中、建四家国有商业银行在全国存款总额中占据了绝大多

数份额，在国有银行法人治理结构仍不完善以及金融管制较严的背景下，银行业经营处于垄断状态，高额的存贷差成为银行业的主要收入来源。要实现银行业的公平市场竞争，促进银行业经营方式的根本性转变，就必须在建立科学的国有银行企业法人治理结构的前提下，降低银行业市场准入门槛，放宽金融行业市场经营的行政审批权限，为促进银行业的公平自由竞争创造有利条件。目前温州金融改革试点已向银行的市场化经营方面迈出了可喜的一步。笔者认为，温州金融改革的重要意义不在于允许国内资金境外投资，在境外生产要素价格居高不下的条件下，境外投资仍然面临着较大的风险和不确定性，其重要意义在于中央政府通过文件的形式，确认了有组织的小额金融信贷的合法性，为降低银行业市场经营准入门槛，实行银行自由竞争制度创造了有利条件。可以预计，随着大量社会资金进入银行业，银行业自由竞争制度的推行必将有利于中国经济增长方式的转型，有利于提高经济运行效率，也有利于提高居民的财产性收入水平。

第二，放松利率管制，实行市场化利率定价机制。由于中国在利率确定上仍然实行管制政策，不能保证居民以货币形态作为表现形式的财产收入随着经济发展而得到相应增长，导致市场闲置资金对于房产、股票及其他商品价格的投机性炒作；而利率不能实行市场化定价，也导致贷款资金的错配，使代表生产力先进发展方向的行业得不到有效的资金支持，对经济发展方式的转型造成了很大的政策性障碍。就宏观调控而言，当前中国在货币政策上更多地采用调整法定存款准备金率的措施，这种法定存款准备金率的量化调控政策，还具有一定的行政性调控印迹；在外部资金已大幅进入中国资本市场的条件下，依靠法定存款准备金率的调控手段，也很难达到理想的调控效果。面对中国复杂的经济运行形势，只有放松利率管制，通过市场利率的自由变动，充分运用市场的力量，才能使经济运行实现总量和结构上的协调发展。

第三，在守法经营的条件下，实现资金的自由流动，提高资金的使用效率。当前中国在金融管制方面存在着一个明显的现象，就是资金不能自由流动。一些闲置资金的使用规定了明确的用途，一些高投资回报率的项目很难通过合法的渠道募集资金。资金不能实现自由流动，会降低资金的使用效率，也不利于打破当前银行业经营的垄断局面。特别需要指出的是，在国内资金还没有实现自由流动的背景下，一些人却着急地要求放开资本管制，实现资金的境内、境外自由流动。由于我们对于国外的金融制度还缺乏细致的了解，甚至对于国际资本市场的金融知识也缺乏相应的实践检验。在外部投机资本已经获取暴利的情况下，短期之内，实现资金的境内、境外自由流动，只会导致获利的投机性外资大量出逃，导致国内非法资金的大量流出。有鉴于此，笔者认为，在国内金融管制仍然较严的情况下，当务之急是在要求市场主体守法经营的条件下，推行国内资金的自由流动制度。只有在实现国内资金的自由流动并降低银行业市场准入门槛之后，新的金融主体才能得到增量资金的支持，才能真正地形成银行业的自由竞争局面；才能通过市场资金的自由流动，形成真正意义的市场均衡利率；也才能通过资金向高回报率投资项目的流动，在促进经济发展方式转型的同时，增加居民以货币形态作为表现形式的财产性收入水平。

总体来看，在中国闲置资金相对充裕的条件下，根据 LM 曲线中利率与 GNP 的运行规则，通过放松金融管制的方式，充分发挥市场在资源配置中的基础性作用，通过市场自身的运行机制实现资源配置效率的最大化，将有效地解决当前存在的货币投放过多、调控手段过于行政化等诸多问题，从而真正地实现中国经济发展方式的转型，有效地克服经济运行中所面临的通货膨胀压力。

本章小结

本章首先分析了 LM 曲线向上倾斜规律所需要的假设条件，认为在央行不增加货币发行量的前提下，经济增长所需要的增量货币不是从天上掉下来的，而是通过货币在实体经济与虚拟经济之间的流动，来实现实体经济与虚拟经济每一单位产品价值含量的均衡。根据这一分析，在货币管理当局货币供给总量保持不变的情况下，经济的发展会提高单位资金的投资回报率，单位资金投资回报率的提高会带动市场资金利率的提高，而市场资金利率的提高则会对虚拟经济中闲置的资本构成吸引力，使部分闲置资本流向实体经济，以解决实体经济发展所存在的资金短缺问题。在这种货币供给模式下，经济发展的动力主要来自实体经济投资回报率的提高，而不是来自货币资金的推动。鉴于投资回报率、利率以及经济增长率之间的正相关关系，由投资回报率拉动的经济增长必然是内含型的良性经济增长，可以有效地防止通货膨胀的出现；随着实体经济投资回报率的提高，各市场主体都可以从经济发展中得到相应的好处。根据这一分析，文章认为，在中国经济发展中，放松金融管制，实现利率的市场化定价以及民间资金的自由流动，打破国有银行的金融垄断，将有助于转变中国经济发展方式，提高经济发展的质量和效率，有效地控制通货膨胀，使全体国民都从经济发展中受益。

随后，文章研究了当前中国放松金融管制应该采取的相关措施，认为金融管制下的资金流向限制和利率限制，使以资源货币化为典型特征的粗放型扩大再生产大行其道，不利于经济发展方式的转型，也使居民很难通过利息回报的方式，实现稳定的财产性收入，不利于发挥消费对于经济增长的拉动作用。在金融管制背景下，央行在运用量化货币政策工具如通过提高法定存款准备率的方式调控宏观经济运行时，往往会陷入“一放就乱、一管就死”的被动境地。为了有效地提高资金使用效率和经济运行效率，促进中国经济发展方式实现根本转型，有效地克服通货膨胀压力和提高居民财产性收入水平，中国应该着手从以下几方面放松金融管制：第一，降低银行业市场经营准入门槛，建立银行业自由竞争制度。第二，放松利率管制，实行市场化利率定价机制。第三，在守法经营的条件下，实现资金的自由流动，提高资金的使用效率。

第五十章
经济货币化条件下货币政策效应分析及其运用

在信用货币经济条件下，目前经济发展正呈现明显的货币化特征。所谓经济货币化，是指一国国民经济中全部商品和劳务的交换以及包括投入和分配在内的整个生产过程通过货币来进行的比重和这个比重变化的趋势。根据这个定义，我们可以认为，在经济货币化条件下，衡量经济货币化程度的一个重要标准在于全社会初级形态生产要素、商品以及资产可以用货币来表述其自身价值的程度（以下简称非价值形态产品）。鉴于经济货币化是一切非价值化的生产要素、商品以及资产的价值实现过程，受货币供给数量可以通过信用方式无限扩张影响，这些非价值化形态的生产要素、商品以及资产的价值化进程必将明显加快，在增量信用货币不断发行的条件下，生产要素、商品以及资产的价值将呈现一种自身价值不断扩张的趋势。

一、黄金货币交易模式下非价值形态产品的价值定价原理

在黄金货币交易模式下，一定时期非价值形态产品的价值主要通过黄金的价值表现出来，而非价值形态产品价值的决定因素主要取决于非价值形态产品自身的劳动时间以及其与黄金生产所需要劳动时间的比值。理论上，只要是带有劳动印迹的产品，都可以通过黄金来表现其自身的价值。从实践中来看，由于黄金受自身的产能限制，虽然可以作为非价值形态产品的价值表现形式，但却不能通过以黄金为交换媒介的方式，实现非价值形态产品的价值。在黄金总量相对有限的背景下，非价值形态产品能够通过黄金实现其价值的部分，在很大程度表现在为满足社会生产、生活需要而通过以黄金为媒介进行交换的产品上面。这部分非价值形态产品的价值实现总量，是一定

时期社会存在的黄金总量与黄金周转速度的乘积。由于一定时期黄金总量相对有限，其在很大程度上影响了非价值形态产品的价值实现总量。在黄金作为交易货币的条件下，若从价值角度对一定时期社会生产产品的价值总量进行衡量，将受黄金总量及其流通速度的约束。就这种交易模式对于经济的影响而言，虽然一些非价值形态产品为了满足相互之间的需求，可以通过物物交换的方式，达到双方的交易目的。但这种物物交换的方式，受制于交易主体的市场信息限制，也受制于交易主体自身的固有属性以及交易空间、时间的限制。就此而言，这种物物交易模式，不仅使社会分工带来的经济效率受到较大程度影响，也使居民之间的需求不能得到很好的满足，又限制了社会分工的进一步发展。必须指出的是，在黄金作为交易货币的流通模式下，以黄金作为计量的社会产品总价值相对有限，其并没有包括那些通过以物易物以及自产自销的产品价值。若从价值角度考察黄金作为交易货币条件下的经济总量，一定时期社会经济发展总量，并不是取决于各生产要素之间进行组合所创造的价值总量，而是取决于一定时期社会存在的黄金总量及其流通速度。

二、信用货币条件下的货币经济效应

（一）信用货币主要特征

在信用货币条件下，货币的发行以及流通都明显地不同于黄金作为交易货币条件下所表现出来的相关特征，具体言之，主要表现在以下几个方面：

一是信用货币不是商品，其可以凭借政府信用的方式来发行。因此，其发行总量主要取决于政府的意志，而不像黄金生产那样受制于生产条件、天然储量的限制。

二是信用货币能否充当执行流通媒介的货币职能，在很大程度受制于政府赋予的强制流通权力，一旦这种强制流通权力丧失了，这种货币就一钱不值了。因此，保持政治权力的稳定性和权威性，是信用货币成为流通货币的前提和基础。

三是在信用货币作为流通货币的条件下，鉴于其信用性特征，信用货币具有明显的创造增量货币的功能，信用货币这种创造增量货币的功能，现代金融学将之称为货币供给乘数，用公式表示为：“货币供给乘数 = 1/法定准备率”[①]。根据信用货币的货币乘数效用特征，一定时期一国央行发行的货币，其最终充当流通手段的价值总量可以用公式表述为：以信用货币为表现形式的总价值 = 基础信用货币发行数量 × 货币乘数 × 信用货币流通速度。鉴于在信用货币经济条件下，经济的发展呈现商品的使用价值形态与价值形态的外在对立，因此一定时期社会经济发展的价值总量，主要取决于

① 萨缪尔森：《经济学》第 12 版，中国发展出版社 1992 年版，第 459 页。

基础信用货币发行总量、货币乘数以及货币的流通速度。

鉴于信用货币所具有的上述特征，现代西方经济学认为，货币是产量、失业和通货膨胀的一个重要决定因素，其对于经济产生作用的原理，在西方经济学理论上被描述为："除财政政策之外，在现代经济中货币是产量、失业和通货膨胀的一个重要的决定因素。货币按照三个逻辑步骤对经济起作用：货币供给的变化影响利率以及信用的数量和期限；利率和信用条件影响对利息敏感的支出项目；以及改变的总需求引起均衡产量和均衡价格的变动。"①

（二）信用货币经济条件下的货币效应

就信用货币调节经济活动的运行原理而言，笔者认为，信用货币之所以能够对于经济运行产生影响，与信用货币本身所具有的货币效应密切相关。具体言之，其主要表现在以下几个方面：

1. 居民资产货币化。就居民资产而言，虽然其是通过价值与使用价值多次交换之后所表现出来的使用价值形态，但这种使用价值形态在信用货币作用下，却可以通过再次向价值形态转换的方式，实现价值增值。在经济实践中，主要通过以下两个途径来实现价值增值：

（1）在信用货币经济条件下，资产所有人可以通过将资产抵押的方式，取得投资资本，以获取更多的收益。这种方式下的资产货币化必须满足以下条件：一是投资项目的收益率高于抵押贷款利率。一般而言，要使投资项目的收益率高于抵押利率，就要求通过资金购买劳动、技术、资源和管理的组合，产生的收益率高于抵押贷款利率。从宏观经济层面分析，当宏观经济运行状态良好时，投资回报率相对较高。二是在信用货币经济条件下，资产所有人在通过抵押取得资产以信用货币作为表现形式的价值之后，其还可以继续使用其资产，不影响其对于被抵押资产的使用权。鉴于信用货币经济条件下商品价值与使用价值的外部对立特征，抵押贷款形态的货币主要来自增量货币发行。

（2）受信用货币不断发行影响，使原有资产的价值形态出现增值，导致资产所有人通过变现资产的方式，实现增量价值。就消费能力而言，在信用货币不断发行的条件下，虽然资产所有者通过变卖资产的方式所实现的这种增量价值，并没有增加资产变卖者的实际消费能力，但是如果这种资产变现价值作为资本参与经济活动，则可以通过投资回报的方式，实现价值增值。就此而言，居民拥有的存量资产之所以可以通过资产货币化的方式，实现资产由使用价值形态向价值形态的转换，其实际上是增量信用货币发行所导致的资产货币化的产物。

---

① 萨缪尔森：《经济学》第12版，中国发展出版社1992年版，第462页。

2. 企业资产证券化。在增量信用货币作用下，企业资产可以通过证券化的方式，将之转变为资本，从而通过实体经济运作，获取投资回报。理论上，只要投资回报率高于分红派现率，这种资产的证券化就是有利可图的。就其资金来源而言，其仍然来源于增量货币发行。

3. 自然资源货币化。根据马克思的劳动价值理论，价值是由活劳动创造的，从生产要素角度考虑，活劳动主要表现为劳动、技术和管理三个方面，由于一定时期“活劳动”的价值创造受制于多方面的限制条件，其既取决于社会生产方式，也取决于劳动、技术和管理等生产要素的供给规模和质量。随着增量货币的不断发行，要实现增量货币向使用价值形态的商品转换，不可能完全通过活劳动创造的增量使用价值来实现。在工业化社会，资源的不可再生性使其会通过资源货币化的方式，吸收一部分增量信用货币。鉴于资源货币化的价值依然留在流通市场中，自然资源的不断货币化将成为吸纳增量货币的一个重要方式。如果自然资源消耗完了，这部分没有使用价值做支撑的货币就会进入商品市场或其他资产领域，从而推高其他资产和商品的价格。

从增量信用货币调节经济运行所产生的实际效果来看，在信用货币经济条件下，就增量信用货币发行对于增量价值创造的影响而言，随着商品价值与使用价值的分离，在初始生产要素货币化之后，只有那些与通过生产要素组合所产生的增量使用价值相对应的货币发行，才是与增量使用价值相对应的增量价值的货币表现形式。这种增量价值总量可用公式表示为：增量价值总量 = 增量货币发行额 × 货币乘数 × 货币流通速度。客观上讲，货币政策对于经济的影响主要表现为，通过信用货币的发行，使货币供给规模与经济增长速度保持相对一致。由此，我们也可以认为，增量信用货币的发行，主要起源于生产要素组合之后所产生的价值增值，这种价值增值一定要有增量使用价值形态的商品或服务做支撑，而不是单纯地表现为由于货币发行所实现的价值增值。就存量资产价值货币化与增量使用价值货币化之间的关系来看，如果存量资产通过价值货币化进入生产领域能够产生增量使用价值，在货币发行量不变或增量货币发行所导致的价值增加额小于使用价值增加额的情况下，这种增量的使用价值就能够对于前期新发行的货币产生吸纳作用，从而降低经济运行所面临的通胀压力；反之，如果货币发行规模继续扩大或者增量货币发行所导致的价值增加幅度大于使用价值增加幅度，经济运行就面临较大的通货膨胀压力。

三、货币经济效应在宏观经济调控中的作用机理

经济发展受制于多方面因素影响，从预期角度分析，根据货币存在的上述经济效应，货币发行对于经济运行的影响主要体现在预期方面，并且这种预期作用的发挥，

也是需要一定前提条件的。

1. 就存量生产要素的货币效应而言，在经济货币化条件下，货币供应对于经济的作用，主要表现在通过调节货币供给数量来影响存量资产的价格，使存量资产所有者的市场主体产生购买力提高的幻觉，从而推动消费；使资产购买者在价格上涨预期作用下，加快资产购买步伐，从而增加社会消费。与此同时，也使资产生产者在价格上涨刺激下，通过扩大生产的方式增加资产供给。随着供给的不断增加，如果货币发行不再次出现大规模增长，资产价格就会回到正常的水平。反之，如果货币供给继续扩大，社会生产与消费成本就会呈现不断上涨的趋势。

2. 就增量货币发行效应而言，在经济货币化条件下，经济发展的增量扩张，实际上是社会生产在既有生产规模的基础上，通过生产规模的扩张或者进入新兴生产领域的方式，实现经济规模进一步扩张的过程。在信用货币经济条件下，生产规模扩张所实现的增量使用价值，必须有货币形态的价值来做支撑。就此而言，增量货币发行效应的作用机理，就在于通过增量货币的发行，保证经济规模的扩张有现实的货币保障，从而使全社会使用价值总量与价值总量保持相对匹配。新增的货币发行量并不是与新增的使用价值量保持绝对一致，这里还必须扣除劳动生产率提高而导致商品价值下降的因素，同时还必须考虑货币流通速度加快的因素。总体来看，从货币角度考虑增量货币发行效应，其实质上表现为通过增量使用价值的货币化，使经济规模不断扩张。

3. 就货币供应与利率的关系而言，在市场化的利率决定机制下，货币供应量以及市场营利能力是决定利率水平的关键因素。在货币供应量不断扩张的背景下，存量资产的货币幻觉以及增量使用价值的货币化过程，都会推动经济不断地向前发展，经济发展所导致的营利能力增强，必将增加资金需求。在市场资金需求增加的情况下，信用货币的供给规模，对于借款人借入资金所必须付出的成本即利率，具有决定性的影响。货币供应量、市场利率、经济增长率之间是一种相互影响的关系，但从实践中来看，三者之间的关系相对复杂，要实现货币供应量、市场利率、经济增长率三者之间的良性互动，必须满足以下几方面假设条件：一是货币供应量的增加，只有在市场资金总量供给短缺的情况下，才会起到真正的作用。由于资金供给短缺，社会生产发展新增的使用价值不能取得货币形式的价值体现。在经济增长所需要的资金相对短缺的条件下，增量信用货币的发行，会起到促进经济增长的作用。二是社会生产投资在很大程度上是由借款来完成的，并且利率是实行市场化定价的。只有实行利率定价的市场化，市场资金供给规模的缩减才能对利率产生影响。三是市场经济运行中的市场主体存在严格的利益约束，实现完全的市场化经营。只有这样，其投资活动才能对利率非常敏感，利率变动才能对其投资决策产生重要影响。四是保证经济规模扩张的生产要素供给如自然资源、劳动、技术、管理相对充足，只有这些生产要素供给相对充足，增量信用货币的发行，才能通过由信用货币作为表现形式的价值形态向这些生产要素作为表现形式的使用价值形态转换的方式，将这些生产要素组合在一起，生产出新的满足市场需要的产品，从而推动经济实现进一步增长。五是经济发展主要表现为在供给与需求均衡基础之上不断扩张的过程，通过货币供给所实现的经济增长存在一定的市场需求，使经济发展在总量扩张的基础之上实现供求在更高层次上的均衡，这种均衡既包括更高层次的总量均衡，也包括更高层次的结构均衡。

四、经济货币化条件下货币经济效应在宏观调控中的运用

鉴于货币供应量在经济发展中所起的重要作用，在日常宏观经济调控中，笔者认为，利用货币供应量调控经济的关键，在于分清货币供应量的增加是通过存量资产货币化的方式推动经济增长，还是通过增量使用价值货币化的方式推动经济增长。如果是前者，则经济增长是不可持续的，其持续时间取决于未货币化的自然资源储量，随着自然资源储量的不断减少，增量货币的不断发行必将导致通货膨胀。从实践中来看，由于货币发行所导致的存量资产货币化在缺乏相应使用价值做支撑的条件下，其往往会通过进入虚拟经济的方式，来实现存量资产货币化的价值形态在不同市场主体之间的再分配。例如，信用货币经济条件下资本市场之所以可以取得很大的发展，与信用货币不断发行所导致的存量资产货币化密切相关。在增量使用价值货币化方式下，由增量信用货币供给所推动的经济增长，应该体现在可再生的生产要素如劳动、技术、管理等通过组合所生产的增量使用价值不断货币化的过程。在当前宏观调控过程中，为了实现经济的可持续发展，应该着眼于通过加强对教育和科研投入的方式，培育更多的可再生生产要素，通过这些可再生生产要素的组合，生产出更多的满足于社会需求的增量使用价值，从而使经济保持持续发展。

本章小结

本章首先研究了黄金货币交易模式下非价值形态产品的价值定价原理，认为在黄金货币交易模式下，一定时期非价值形态产品的价值主要通过黄金的价值表现出来，而非价值形态产品价值的决定因素主要取决于非价值形态产品自身的劳动时间及其与黄金生产所需要劳动时间的比值。理论上，只要是带有劳动印迹的产品，都可以通过黄金来表现其自身的价值。从实践中来看，由于黄金受自身的产能限制，虽然可以作为非价值形态产品的价值表现形式，但却不能通过以黄金为交换媒介的方式，实现非价值形态产品的价值。在黄金总量相对有限的背景下，非价值形态产品能够通过黄金

实现其价值的部分，在很大程度表现在为满足社会生产、生活需要而通过以黄金为媒介进行交换的产品上面。

文章对于信用货币条件下货币经济效应的研究，认为在信用货币条件下，货币的发行以及流通都明显地不同于黄金作为交易货币条件下所表现出的相关特征，具体言之，主要表现在以下几个方面：一是信用货币不是商品，其可以凭借政府信用的方式来发行。因此，其发行总量主要取决于政府的意志，而不像黄金生产那样受制于生产条件、天然储量的限制。二是信用货币能否充当执行流通媒介的货币职能，受制于政府赋予的强制流通权力，一旦这种强制流通权力丧失了，这种货币就一钱不值了。因此，保持政治权力的稳定性和权威性，是信用货币成为流通货币的前提和基础。三是在信用货币作为流通货币的条件下，鉴于其信用性特征，信用货币具有明显的创造增量货币的功能。

就信用货币调节经济活动的运行原理而言，文章认为，信用货币之所以能够对于经济运行产生影响，与信用货币本身所具有的货币效应密切相关。具体言之，信用货币发行对于资产货币化的影响主要表现在以下几个方面：（1）居民资产货币化；（2）企业资产证券化；（3）自然资源货币化。文章认为，在信用货币经济条件下，增量信用货币的发行，主要起源于生产要素组合之后所产生的价值增值，这种价值增值一定要有增量使用价值形态的商品或服务做支撑，而不是单纯地表现为由于货币发行所实现的价值增值。就存量资产价值货币化与增量使用价值货币化之间的关系来看，如果存量资产价值货币化进入生产领域能够产生增量使用价值，在货币发行量不变或增量货币发行所导致的价值增加幅度小于使用价值增加幅度的情况下，这种增量的使用价值就能够对于前期新发行的货币产生吸纳作用，从而降低经济运行所面临的通胀压力；反之，如果货币发行规模继续扩大或者增量货币发行所导致的价值增加幅度大于使用价值增加幅度，经济运行就面临较大的通货膨胀压力。

文章通过对于货币经济效应在宏观经济调控中作用机理的研究，认为货币发行对于经济运行的影响主要体现在预期方面，并且这种预期作用的发挥，也是需要一定前提条件的，其主要表现在以下几个方面：（1）就存量生产要素的货币效应而言，在经济货币化条件下，货币供应对于经济的作用，主要表现在通过调节货币供给数量来影响存量资产的价格，从而使存量资产所有者的市场主体产生购买力提高的幻觉，推动消费；使资产购买者在价格上涨预期作用下，加快资产购买步伐，增加社会消费。与此同时，也使资产生产者在价格上涨刺激下，通过扩大生产的方式增加资产供给。随着供给的不断增加，如果货币发行不再次出现大规模增长，资产价格就会回到正常的水平。反之，如果货币供给继续扩大，社会生产与消费成本就会呈现不断上涨的趋势。（2）就增量货币发行效应而言，在经济货币化条件下，经济发展的增量扩张，实际上是社会生产在既有生产规模的基础上，通过生产规模的扩张或者进入新兴生产领域的方式，实现经济规模进一步扩张的过程。（3）就货币供应与利率的关系而言，在市场化的利率决定机制下，货币供应量以及市场营利能力是决定利率水平的关键因素。

最后，文章研究了经济货币化条件下货币经济效应在宏观调控中的运用问题。

第五十一章
生产可能性边缘最大化与最优国民收入分配结构之间的关系

一、生产可能性边缘最大化的基本含义

根据西方经济学的描述，生产可能性边缘系指一定时期社会在一定生产力发展水平下生产最大规模产品的能力。一般来说，生产可能性边缘的最大化，主要包括以下两层含义：

1. 从静态来看，生产可能性边缘的最大化，是指一定时期社会在既有生产力水平以及保持现有产品结构和既有生产、分配、消费关系的基础上，所实现的产品生产规模的最大化。

2. 从动态来看，生产可能性边缘的最大化，是指一定时期社会在既有生产力水平下通过改变既有产品结构和生产、分配、消费关系所实现的产品生产规模的最大化。在总体生产力发展水平不变的条件下实现生产可能性边缘的最大化，主要有两种方式：一是在总体社会生产力发展水平保持不变的条件下，由于各种产品的相对生产力水平发生了改变①，所导致的生产可能性边缘的最大化；二是在社会总体生产力发展水平不变的条件下，由于当期社会生产、分配和消费之间的关系发生了改变，使社会生产在产品生产结构出现变化的条件下所实现的生产可能性边缘的最大化。

---

① 这种改变既包括各产品自身生产技术出现了相对变化，也可能是由于基于生产的国际分工而导致各产品生产能力发生的变化。

二、生产可能性边缘最大化与国民收入分配之间的关系

在现代市场经济条件下，所谓最优的国民收入分配结构，是指在不影响社会再生产不断循环和发展的条件下，通过有效的国民收入分配，最大限度地满足居民不断提高的物质和精神生活需求的国民收入分配结构。生产可能性边缘的最大化与国民收入分配结构最优化之间并不是可以同时自动实现的，二者之间存在着以下几种关系：

（一）生产可能性边缘最大化并不能自动实现最优的国民收入分配结构

在既定生产力发展水平下，虽然生产可能性边缘的最大化可以为居民提供丰富的可供分配的物品，但其并不能自动地实现国民收入分配的最优化。在一定生产力发展水平下，生产可能性边缘的扩大是由于多种产品生产共同作用的结果，而从产品生产来看，生产可能性边缘最大化条件下的产品生产与满足居民消费需求之间并不是自动的匹配关系，由此决定了生产可能性边缘最大化条件下的社会生产并不能通过最优分配的方式，为满足居民的消费需求提供产品支持。具体言之，其主要表现在以下几个方面：

第一，在以数量作为表现形式的生产可能性边缘最大化的发展模式下，虽然一些生产规模能够快速扩张的产品能够在短期内得到很大的发展，但这些产品的生产并不一定符合居民的消费需求。例如，在一定生产条件下，一些传统行业生产能力的不断扩张，会使这些传统行业的产品供给出现过剩，而满足于居民需求的其他产品生产却由于社会资源过多地用于传统产业，导致供给不足。在此条件下，虽然社会生产实现了生产可能性边缘的最大化，但是受产品生产结构与居民消费需求不匹配的影响，社会很难通过最优国民收入分配的方式，来满足居民的消费需求。

在以市场需求为导向的市场经济条件下，虽然社会生产是以满足市场需求作为导向的，但这种以市场需求为导向的社会生产，并不能自动地实现其满足全体居民消费需求的生产目的。在市场经济条件下，社会生产以市场需求为导向，其实际上是在承认既有生产要素占有关系所决定的国民收入分配结构条件下，根据市场需求所进行的社会生产。由于居民之间在生产要素占有数量上的不均等，导致以市场需求为导向的社会生产，其生产的产品只会满足于那些在生产要素中占有较大比重的居民的市场需求。需要特别指出的是，在生产要素占有关系不发生改变的条件下，随着生产可能性边缘的不断扩大，居民之间在生产要素占有量上不平等，会进一步拉大居民之间的国民收入分配差距，由此导致社会生产更多地满足于那些在生产要素中占据主导地位的少数居民的消费需求。就此而言，即使社会生产以市场需求为导向，生产可能性边缘的最大化并不能自动地实现国民收入分配结构的最优化。相反，如果没有国民收入再次分配的调节，由于居民在生产要素占有上的不平等，随着生产可能性边缘的不断扩

张，居民在国民收入分配中必然会出现严重的两极分化现象。

实际上，在计划经济条件下，生产可能性边缘最大化与国民收入分配最优化之间也不是一种自动匹配关系。在计划经济条件下，虽然居民在生产要素占有上相对公平，但在追求生产可能性边缘快速扩张的经济发展目的作用下，各种产品生产所导致的生产可能性边缘的快速扩张，并不能达到自动优化国民收入分配结构的目的。如果社会生产追求生产可能性边缘的快速扩张，那么社会生产就会可能更多地偏重于投资品的生产，而忽视消费品的生产，由此导致一定时期社会可供分配的产品结构与居民消费需求结构之间的失衡。在重积累、轻消费的生产可能性边缘不断扩张的模式下，生产可能性边缘的最大化并不能自动地实现国民收入分配的最优化。

第二，在追求以价值作为表现形式的生产可能性边缘最大化的发展模式下，生产可能性边缘的最大化以既定生产力发展水平下社会产品价值总量的不断扩张为主要目的。无论是在市场经济条件下还是在计划经济条件下，这种以社会价值总量不断扩张作为表现形式的生产可能性边缘的最大化，并不能自动地实现国民收入分配结构最优化的发展目的。

就市场经济条件下生产可能性边缘的最大化而言，虽然以市场需求为导向是市场经济条件下实现生产可能性边缘最大化的前提条件，但在生产要素占有不平等的条件下，这种以市场需求为导向的生产可能性边缘的最大化，并不能改变既有的国民收入分配格局，其主要表现为一些在生产要素总量中占有较大比重的市场主体在国民收入分配中占据主导地位，决定了以追求价值作为表现形式的生产可能性边缘的不断扩张，其最终目的是为了满足那些在生产要素中占据较多份额的居民的需要，从而使多数居民并不能在当期生产可能性边缘的扩张中通过最优国民收入分配的方式，来实现消费效用的最大化。从经济实践来看，在生产要素占有不平等的条件下，如果没有有效的国民收入再分配的调节，生产可能性边缘的不断扩张，将使社会生产在实体经济领域更多地偏重奢侈品生产，在虚拟经济领域更多地偏重于满足价值追求的虚拟经济的发展，通过金融市场的发展，实现价值追求的最大化。其一方面表现为金融产品定价的杠杆效应；另一方面，也表现为金融市场博弈所导致的社会财富再分配。

在不完全市场经济条件下，由于经济运行并不是完全以市场为导向，在政府对于经济干预程度较大时，以价值作为表现为形式的生产可能性边缘的最大化可能通过以下方式来实现：

一是政府利用其所拥有的货币发行权，通过不断扩大信用货币发行规模的方式，来实现以价值作为表现形式的生产可能性边缘的最大化。在现实的经济生活中，其主要表现为以 GDP 作为主要表现形式的经济总量的不断扩张。在这种以货币发行作为推动力的 GDP 扩张模式下，市场主体在获取货币的机会以及占有货币数量方面存在着较大的不公平，导致在以货币发行所推动的以价值作为表现形式的生产可能性边缘扩张中，市场主体在以价值作为表现形式的国民收入分配上是相对不平等的。其在一定程度上说明由货币发行所推动的生产可能性边缘的最大化，并不能实现国民收入分配的最优化。

二是通过资源货币化的方式，扩大以价值作为表现形式的生产可能性边缘。在这种生产可能性边缘扩大的模式下，一些拥有较多自然资源的市场主体在实现的以价值作为表现形式的当期国民收入分配中处于主导地位，决定了在以自然资源货币化为推动力的生产可能性边缘扩张模式下，以价值作为表现形式的生产可能性边缘的最大化，并不能实现国民收入分配的最优化。

三是通过政府控制的资源、货币等优势，通过增加投资以及重复建设、盲目建设等方式，实现以价值作为表现形式的生产可能性边缘的最大化。在这种模式下，那些拥有较多货币和资源的市场主体以及参与投资的组织者，在当期国民收入分配中处于主导地位，决定了在以投资为主导的生产可能性边缘扩张的模式下，生产可能性边缘的最大化并不能实现国民收入分配的最优化。由盲目投资所导致的重复建设和盲目建设行为，也会导致以价值作为表现形式的生产可能性边缘的虚增，对国民收入分配质量产生较大的不利影响。

四是在以价值作为表现形式的生产可能性边缘最大化生产模式下，为了追求生产可能性边缘价值形式的最大化，一国可以将国外的需求作为扩大以价值作为表现形式的生产可能性边缘的一个重要手段，依靠对外出口、扩大贸易顺差的方式，实现生产可能性边缘在价值量上的大幅扩张。在国际信用货币经济条件下，通过出口的方式虽然可以获得以外币作为表现形式的价值增量，但如果没有相应的进口，从使用价值形态分析，在进出口差额所引致的贸易顺差不是出口商品利润结余的条件下，出口实际上等同于出口国资源、劳动等生产要素组合生产的使用价值形态产品的一种单边商品输出行为。在出口导致以价值作为表现形式的生产可能性边缘扩大的同时，以使用价值作为表现形态的生产可能性边缘却是相对收缩的。其在一定程度上决定了在以出口作为推动力的扩大价值总量的生产可能性边缘的条件下，可供国民分配的使用价值形态产品，不但不能随着以价值作为表现形式的生产可能性边缘的不断扩大而相应增加，反而随着使用价值形态产品的出口，使可供分配的国民收入在使用价值作为表现形式的总量上不断缩小。由此可见，在以出口为主要推动力的以价值作为表现形式的生产可能性边缘不断扩张的模式下，如果不能做到进出口基本平衡，通过出口方式导致的以价值作为表现形式的生产可能性边缘的最大化，并不能自动地实现国民收入分配的最优化。

（二）生产可能性边缘最大化与最优的国民收入分配结构之间相互影响

单纯地以扩大生产可能性边缘为主要目的的经济发展，并不能很好地解决国民收入分配结构不合理的问题。相反，如果在经济发展过程中不能很好地兼顾分配的相对公平性，这种以扩大生产可能性边缘为主要目的的经济发展是不可能持续的，并且也不能达到经济发展的真正目的。总体来看，生产可能性边缘的最大化与最优的国民收入分配之间实际上是一种相互作用的关系，具体言之，其主要表现在以下几个方面：

1. 生产可能性边缘的扩张程度决定了国民收入分配的总体数量。就国民收入分配的对象而言，一定时期决定国民收入可分配数量的因素主要在于生产可能性边缘的扩张程度，即一定时期社会的实际生产能力。如果一定时期社会生产能力较大，生产可能性边缘扩张程度就相对较大，可供分配的国民收入总量也相对较多，由此决定了人均可分配的国民收入总量就相对较大。在相对公平的国民收入分配机制作用下，居民生活水平就有可能随着生产可能性边缘的扩张而得到不断提高。反之，如果一定时期社会生产能力相对有限，生产可能性边缘扩张程度相对较慢，一定时期可供分配的国民收入总量就相对较小，由此决定了即使在相对公平的国民收入分配结构下，居民生活水平受生产可能性边缘相对较小的限制，而不能得到快速提高。就此而言，生产可能性边缘的可扩张程度是决定可供分配的国民收入总量和人均国民收入数量的关键因素。

2. 生产可能性边缘的内部产品结构影响国民收入分配结构。从国民收入分配角度分析，可供分配的国民收入产品结构主要来自生产领域。就生产可能性边缘的内部产品结构而言，一定期间生产可能性边缘的内部产品结构在很大程度上决定了可供分配的国民收入产品结构。当生产可能性边缘内部产品结构相对合理时，可供分配的国民收入产品结构就相对合理；反之，当生产可能性边缘内部产品结构单调且分布不合理时，可供分配的国民收入产品结构就相对不合理。换而言之，要实现国民收入分配内部产品结构的相对合理，就必须建立合理的生产可能性边缘的内部产品结构。

3. 生产可能性边缘扩张的生产方式决定了国民收入的分配结构。推动生产可能性边缘不断扩张的方式是多种多样的，决定了生产可能性边缘扩张模式也是多种多样的。在粗放型生产可能性边缘扩张方式下，资金、资源成为推动生产可能性边缘不断扩张的主要动力，由此决定了在这种生产方式下的国民收入分配中，一些占有较多资金和资源的市场主体在当期国民收入分配中占有较多的份额。一定时期资金和资源等生产要素占有主体在全体国民中所占比例较低，由此决定了在资金、资源为主要推动力的粗放型生产方式下，国民收入分配必然会呈现两极分化的发展格局，即少数拥有资金和资源的市场主体占有了较多的国民收入，而多数居民在国民收入分配中占有较少的份额。在集约型经济发展方式下，劳动、技术和管理成为推动生产可能性边缘不断扩张的主要动力，决定了这种生产方式下的国民收入分配必然会较多地向劳动、技术和管理等生产要素的拥有者倾斜，由此决定了在集约型经济发展方式下，劳动、技术和管理等生产要素的拥有者在国民收入总量中所占比重较高。在以劳动、技术和管理作为主要推动力的生产可能性边缘不断扩张的条件下，劳动、技术和管理等生产要素的占有者可以在国民收入分配中占有较大的比重，以此确保集约型经济发展方式下国民收入分配的相对公平、合理。

4. 国民收入分配结构最终也会对生产可能性边缘的扩张程度产生重要影响。虽然生产可能性边缘的扩张程度、内部产品结构以及生产可能性边缘的扩张方式，在很大程度上会影响国民收入分配结构。但是，国民收入分配结构最终也会对生产可能性边缘的扩张程度产生重要影响。在国民收入分配结构相对不合理的条件下，国民收入分配出现的两极分化格局必然会对生产可能性边缘的扩张程度产生较大影响。具体言之，其主要从两个方面影响生产可能性边缘的扩张程度：一是从生产要素供给的持续性分析，以资金为推动力的生产可能性边缘的不断扩张，主要表现为生产可能性边缘价值总量的不断扩张过程。在没有相应使用价值供给的条件下，必然会导致经济发展的金融泡沫化，随着时间推移，如果没有持续的增量使用价值供给，这种金融泡沫最终难逃破裂的命运。在以自然资源作为推动力的生产可能性边缘不断扩张的模式下，鉴于自然资源的不可再生性，由此导致这种以自然资源为主要推动力的生产方式是不可持续的。二是从产品需求角度分析，在以资金和资源为推动力的生产可能性边缘扩张的背景下，拥有资金和资源等生产要素的少数人在国民收入分配中占有主导地位，导致这些人的消费主要偏重于奢侈品的畸形消费，而多数居民由于在国民收入分配中所占的比重较低，从而使他们消费需求明显不足，这些都限制了生产可能性边缘的扩张程度。当国民收入分配结构相对合理时，一方面使各生产要素的再生产都能够顺利进行，从而确保生产可能性边缘持续扩张的可能性；另一方面，各生产要素通过相对公平的国民收入分配所实现的有效需求，可以在生产可能性边缘不断扩张过程中使生产与消费之间保持相对一致，从而有利于生产可能性边缘的持续扩张。从现代市场经济条件下生产要素属性来看，以劳动、技术和管理作为表现形式的生产要素，由于自身体现出生产与消费一体化的发展特征，确保了这些生产要素在参与社会生产过程中的可再生性；通过这些生产要素参与社会生产，也有利于保持生产与消费的互相协调。由于劳动、技术和管理等生产要素的培育和再生产，主要表现为居民消费物质和精神产品的过程。因此，要实现生产可能性边缘的持续扩张，就必须通过相对公平、合理的国民收入分配结构，确保居民不断增长的物质和精神生活需求。

三、实现生产可能性边缘最大化与最优国民收入分配结构共同发展的主要路径

如前所述，生产可能性边缘的最大化并不能自动地实现国民收入分配结构的最优化，当前要正确地处理生产可能性边缘最大化与国民收入分配最优化之间的关系。

（一）必须识破的几个理论误区

正确处理生产可能性边缘最大化与国民收入分配最优化之间的关系，必须突破以下几个理论误区：

1. 生产可能性边缘的最大化不代表生产产品价值的最大化，而应该表现为满足本国居民生产、生活需求的最大化。真正意义上的生产可能性边缘的最大化，并不代表生产产品价值的最大化，而是通过有效的生产要素组合以及相对合理的国民收入分配结构，使生产可能性边缘的最大化与满足本国居民生产、生活需求程度的最大化之间保持协调一致。要达到这个目的，就必须在生产要素定价以及生产要素组合方式上进行适当调整，使本国居民最大化的生产、生活需求在生产可能性边缘的最大化过程中得到充分的满足。

2. 生产可能性边缘最大化不代表不计成本的最大化。生产可能性边缘的最大化还应考虑实现这个最大化所付出的相应成本问题，其主要表现在以下几个方面：一是外部环境破坏和污染问题；二是生产可能性边缘的最大化所产生的资源消耗等。如果在生产可能性边缘最大化过程中，外部环境受到严重破坏，出现了严重的污染，这种生产可能性边缘的最大化是不可持续的，其在很大程度上减少了一国居民对于生产、生活需求的满足程度。如果在生产可能性边缘持续扩张过程中，不可再生的自然资源出现了严重的消耗，这种生产可能性边缘的扩张也是不可以持续的，其最终也使一国居民对于生产、生活的需求不能得到最大程度的满足。

3. 生产可能性边缘的最大化不是某一时点的最大化，而是生产可能性边缘持续的最大化过程。由于社会生产是一个持续的过程，而一国居民的生产、生活需要也是一个持续发展的过程，为了使居民的生产、生活需求得到持续满足和不断提高，生产可能性边缘应该是一个持续扩张的过程，只有这样，才能保证一国居民生产、生活需求得到持续满足和不断提高。

4. 正确认识市场经济条件下“按经济贡献”的分配原则。从经济实践来看，由于个人在生产要素占有上分布不均等，而导致根据生产要素在生产中贡献程度所进行的国民收入分配的不均等。本着“所得”与“付出”相匹配的分配原则，各生产要素按照其对于经济发展的贡献程度取得收入，是符合经济学常理的，但如果居民之间收入差距过大，则不利于经济发展。在一个静态的时间点，各生产要素根据其贡献程度所取得的收入应该能够满足其自身维持再生产的需要，如果达不到这一点，社会再生产就无法顺利进行。例如，在重化工业阶段，如果过度侧重于资本投入的增长，对劳动力实行低工资的制度，当劳动要素根据其贡献取得的收入不能维持其自身生存时，劳动要素的缺失，不但使重化工业再生产由于缺乏劳动力这个生产要素，而无法正常进行，也会由于消费需求的减弱而使重化工业出现生产过剩。因此，在一个静态的时间点，各生产要素根据其贡献程度在国民收入分配中所占有的最低比例，就是维持其自身再生产的需要。从动态来看，经济发展的不同阶段主要是依靠各生产要素自身的不断发展来实现的。就长远而言，各生产要素根据其在经济发展中的贡献程度参与国民收入分配的比例，不但要维持其自身再生产的需要，而且还应该顺应经济发展的趋势，实现其自身发展的需求。通过生产要素的发展和提高，为经济转型和发展创造条件。例如在重化工业阶段，由于自然资源是不可再生的，因此需要通过提高劳动者素质以及加强科研投入的方式，使经济由过度依赖自然资源消耗向依靠科技和劳动者素质提高的方向转变。为了实现这一目标，在确定国民收入分配比例时，就必须使劳动和技术要素获得的收入多一些，使他们除了维持自身生存之外，还能够通过接受教育等方式来发展自己，为经济实现跨越式发展提供有利条件。

（二）在生产可能性边缘持续扩张中实现最优国民收入分配结构的路径

在现代市场经济条件下，要在生产可能性边缘持续扩张过程中实现国民收入分配结构的最优化，可以采取以下措施：

1. 依靠科技的力量，确保在产品生产成本最小化的基础上实现生产可能性边缘的最大化。在生产可能边缘的持续扩张中，通过科技的发展，可以充分发挥科学技术在生产发展中的杠杆作用，以最小的成本消耗，使生产可能性边缘获得最大程度的扩张，通过生产可能性边缘的持续扩张，为国民收入分配提供充分的产品支持。

2. 通过可再生生产要素的培育，确保生产可能性边缘最大化的可持续性。生产可能性边缘能否实现可持续扩张，取决于生产要素供给的可持续性。在一定生产力发展水平下，可再生生产要素与相对公平的国民收入分配密切相关。如果国民收入分配相对公平，劳动、技术等生产要素通过相对公平的国民收入分配，就可以在满足其自身再生产的基础上，进一步提高其供给的数量和质量，从而为生产可能性边缘的持续扩张提供可再生的生产要素支持。为了实现这一目的，一方面要通过合理的国民收入分配调节机制，增加劳动者工资和科技人员收入，保证劳动、技术等可再生生产要素的再生产，为生产可能性边缘的持续扩张提供可再生生产要素支持；另一方面，通过加强教育和科技投入的方式，进一步提高劳动者素质和科学技术发展水平，为生产可能性边缘的不断扩张，提供必要的技术基础和人才准备。

3. 通过国民收入再分配的方式，确保生产可能性边缘最大化与优化国民收入分配结构的相互协调。中国在前期市场化改革过程中，已经出现了严重的贫富两极分化现象，使消费不能很好地发挥对于经济发展的拉动作用，国民收入分配不公平也危及社会稳定。因此，借鉴西方国家的理论和实践，当前中国政府应通过以下手段来缩小社会贫富差距：

第一，通过提高个人所得税累进税率级距的方式调节个人流量收入。鉴于每个居民先天能力差距及其在生产要素拥有量方面的不均等，其在国民收入初次分配中所获得的数量也不相等。为了调节居民之间在国民收入分配中出现的巨大差距，当前应通过提高个人所得税累进税率级距的方式，对于较高收入的居民征收较高税率的税收，以此确保国民收入分配的相对公平合理。

第二，通过开征遗产税的方式来调节个人存量财产收入。个人存量财富的增加是居民通过国民收入分配所取得的流量收入长期积累的结果，为了有效地调节居民之间存量财富的差距，确保国民收入分配的相对公平，使生产和消费之间保持相对一致。当前可以通过开征遗产税的方式，来调节个人的存量财产收入。通过个人存量财富的有效调节，既为生产可能性边缘的持续扩张提供生产要素支持，也为生产可能性边缘的持续扩张提供必要的增量市场需求，使生产与消费之间在生产可能性边缘持续扩张过程中保持相对均衡。

第三，通过制定最低工资法以及正确核定各生产要素价格的方式，提高居民在国民收入分配中所占有的比重。总体来看，在国民收入初次分配过程中，要确保可再生生产要素为维持自身生存或发展所需要的收入水平，就要求政府通过制定《最低工资法》的形式，保障劳动力的基本再生产；通过提高科技人员工资的方式，促进技术创新，为经济转型服务。在国民收入再分配中，通过加大教育补贴力度的方式，提高劳动者素质，为经济转型服务；通过合理调整财政支出结构的方式，适当控制非生产性行政人员的工资收入，杜绝各项灰色收入；通过加强教育和科研投入的方式，为经济发展提供智力支持。

第四，通过建立完善社会保障制度的方式，保障一些低收入群体必要的生活支出。为了确保生产可能性边缘持续扩张过程中生产要素的持续供给，当前应进一步完善社会保障制度，通过医疗、养老、教育、失业等社会保障体系的建立，确保可再生劳动力的再生产以及劳动者素质的不断提高，从而为生产可能性边缘的持续扩张提供可再生的以劳动和技术为表现形式的生产要素支持。

本章小结

本章首先分析了生产可能性边缘最大化的基本含义，认为生产可能性边缘的最大化，其主要包括以下两层含义：

从静态来看，生产可能性边缘的最大化，是指一定时期社会在既有生产力水平以及保持现有产品结构和既有生产、分配、消费关系的基础上，所实现的产品生产规模的最大化。

从动态来看，生产可能性边缘的最大化，是指一定时期社会在既有生产力水平下通过改变既有产品结构和生产、分配、消费关系所实现的产品生产规模的最大化。

随后，文章研究了生产可能性边缘最大化与国民收入分配之间的关系，认为生产可能性边缘的最大化与国民收入分配结构最优化之间并不是可以同时自动实现的，两者之间存在着以下几种关系：

1. 生产可能性边缘最大化并不能自动地实现国民收入分配的最优化。文章认为，在既定生产力发展水平下，虽然生产可能性边缘的最大化可以为居民提供丰富的可供分配的物品，但其并不能自动地实现国民收入分配的最优化。具体言之，其主要表现在以下几个方面：第一，在以数量作为表现形式的生产可能性边缘最大化的发展模式下，虽然一些生产规模能够快速扩张的产品能够在短期内得到很大的发展，但这些产品的生产并不一定符合居民的消费需求。第二，在追求以价值作为表现形式的生产可能性边缘最大化的发展模式下，生产可能性边缘的最大化以既定生产力发展水平下社会产品价值总量的不断扩张为主要目的。

2. 生产可能性边缘最大化与最优的国民收入分配之间是一种相互作用的关系。文章认为，生产可能性边缘的最大化与最优的国民收入分配之间实际上是一种相互作用的关系。(1) 生产可能性边缘的扩张程度决定了国民收入分配的总体数量。(2) 生产可能性边缘的内部产品结构影响国民收入分配结构。(3) 生产可能性边缘扩张的生产方式决定国民收入的分配结构。(4) 国民收入分配结构最终也会对生产可能性边缘的扩张程度产生重要影响。

最后，文章研究了实现生产可能性边缘最大化与国民收入分配结构最优化的主要路径，认为当前要正确地处理生产可能性边缘最大化与国民收入分配最优化之间的关系，可以采取以下措施：

1. 必须识破的几个理论误区。要正确地处理生产可能性边缘最大化与国民收入分配最优化之间的关系，当前必须突破以下几个理论误区：(1) 生产可能性边缘的最大化不代表生产产品价值的最大化，而应该表现为满足本国居民生产、生活需求的最大化。(2) 生产可能性边缘最大化不代表不计成本的最大化。(3) 生产可能性边缘的最大化不是某一时点的最大化，而是生产可能性边缘持续的最大化过程。(4) 正确认识市场经济条件下"按经济贡献"的分配原则。

2. 在生产可能性边缘持续扩张中实现国民收入分配最优化的路径。文章认为，在现代市场经济条件下，要在生产可能性边缘持续扩张过程中实现国民收入分配结构的最优化，可以采取以下措施：(1) 依靠科技的力量，确保在产品生产成本最小化的基础上实现生产可能性边缘的最大化。(2) 通过可再生生产要素的培育，确保生产可能性边缘最大化的可持续性。(3) 通过国民收入再分配的方式，确保生产可能性边缘最大化与优化国民收入分配结构的相互协调。

第五十二章
工业化发展与劳动就业之间的关系

一、工业化发展的内涵

工业化是指一个国家和地区在国民经济发展中，工业生产活动取得主导地位的发展过程。国际上衡量工业化程度，主要经济指标有四项：一是人均生产总值。一般而言，人均 GDP 达到 1000 美元，为工业化的初期阶段，人均 3000 美元，为工业化的中期，人均 5000 美元，为工业化的后期。二是工业化率，即工业增加值占全部生产总值的比重。一般而言，工业化率达到 20%—40%，为工业化初期国家，工业化率达到 40%—60%，为半工业化国家，工业化率达到 60% 以上，为工业化国家。三是三次产业结构和就业结构，一般在工业化初期阶段，三次产业结构为 12.7∶37.8∶49.5，就业结构为15.9∶36.8∶47.3。四是城市化率，即为城镇常住人口占总人口的比重，一般工业化初期国家这一指标为 37% 以上，工业化国家则达到 65% 以上。

二、工业化发展与劳动就业之间的关系

（一）农业社会时期生产发展与就业之间的关系

在农业社会时期，农业生产的发展既表现为耕地面积不断拓展的过程，也表现为农业生产收益率不断提高的过程[①]。从农业生产发展对于就业的影响来看，在生产力发展水平不变的条件下，农业生产面积的不断拓展，有效地促进了就业率的提高。在

① 这种农业生产收益率的提高，主要表现为由于生产技术进步等因素所导致的农业亩产量的提高。

生产力发展水平不变的条件下，农业耕地面积的不断拓展，需要大量的劳动力来进行拓荒和耕作，由此带动了劳动人口的增加。就农业生产收益率提高对于就业率的影响而言，在农业生产工具不变的条件下，农业生产技术进步所导致的农业生产效益的提高，会提高农业产品的供给能力。在一定时期社会对于农业产品消费需求基本满足的条件下，这种由于农业生产效益的提高所导致的农业产品供给规模的增加，在农业产品供给与需求基本平衡的作用下，会使农业耕地面积出现相对减少，由此会降低农业人口的就业率水平。由于生产力发展进步导致农业生产工具出现较大改进，将会降低单位耕地面积所需要的农业劳动力人数，从而对于农业社会就业率起到降低的作用。从农业社会劳动就业率的发展变化来看，随着生产力发展水平的不断提高，其所需要的劳动就业人数呈相对减少的发展趋势。从农业社会劳动力就业的实际发展变化来看，受农业社会土地等生产资料属于家庭所有以及农业生产的季节性以及松散性影响，在生产力发展水平不断提高的条件下，农业就业人口主要呈现隐性失业状态，并且这种隐性失业状态，还受到一定时期人口出生率和死亡率的共同影响。

（二）工业社会时期生产发展与就业之间关系

1. 工业化初期阶段生产发展与就业之间的关系。由于工业产业的不断发展，带动了农业人口向工业行业的转移，从而有力地促进了社会就业率的提高。工业化初期阶段，工业生产主要以轻工业为主，带有很强的劳动密集型行业发展特征，由此增加了劳动力的需求。此外，相对于农业产品对于居民消费所呈现的消费刚性特征，工业产品的运用范围相对较广，突破了农业发展受制于刚性消费需求的约束，从而使工业产品的发展空间得到了很大的拓宽，其在增加工业就业率的同时，还会由于工业生产发展对于农业产品需求的拉动作用，拓展了农业的生产空间，工业生产的发展，增加了农业原材料的需求。从农业原材料在工业中的运用来看，其一方面表现为在不改变农业原材料满足居民消费特性的基础上，通过工业再加工所导致的居民消费质量的不断提高过程，例如，食品质量和式样不断提高的过程；另一方面，也表现为通过工业加工所导致的农业原材料消费属性改变的过程，例如，农业原料通过工业加工之后，主要用于满足社会投资的需要，即以农业产品为原料的新材料、新能源的发展等。总体来看，工业生产发展对于农业原料需求的增加，在很大程度上促进了农业就业率的增加。①

2. 工业化中后期阶段生产发展与就业之间的关系。在工业化的中后期，由于重化工业在工业生产中处于重要地位，通过为各行业生产提供生产效能更高的生产设备

---

① 当然，农业就业率的增加，也受农业生产力进步所导致的农业就业人口减少因素的约束。

的方式，有效地促进了各个生产行业生产力发展水平的大幅度提高，从而在很大程度上降低了各个行业对于劳动力的需求。从重化工业的产品属性分析，相对于使用期限相对较短的轻工业产品而言，重化工业产品使用期限相对较长，导致重化工业产品更新的时间周期也相对较长，减少了由于重化工业产品更新所增加的劳动力需求，使依附于重化工业生产的就业人口，相对于轻工业而言较少。

（三）工业化阶段生产发展与就业率演化的一般特征

从工业化发展对于劳动力的需求变化特征来看，在工业化初期，工业行业作为一个新兴行业，其发展直接增加了对劳动力的需求。与此同时，通过对农业原材料需求的增加，也间接地增加了对劳动力的需求。进入重化工业阶段以后，随着机器大工业的发展，工业发展呈现出机器大工业不断发展与劳动力需求相对减少的发展趋势。随着信息化技术和自动化技术在工业生产中的运用，工业发展对于劳动力需求日益减少。

三、关于工业化发展与就业率下降关系的理论思考

从工业化发展对于劳动力需求的影响来看，随着重化工业的快速发展，特别是信息化技术在工业发展中的运用，社会生产呈现出生产规模不断扩张与劳动力需求相对缩小的发展趋势。这种发展趋势的出现，表面上看似乎否定了马克思的劳动价值论思想，在后工业化时代的生产发展过程中，生产发展对于机器的需求大于对于劳动力的需求。若从后工业化时代生产发展的本质属性分析，后工业化时代生产发展对于劳动力需求的相对减少，并没有否定马克思的劳动价值论思想，而是马克思劳动价值论思想在新的生产发展形态下出现的新变化。

（一）机器工业的发展导致就业率相对下降的主要原因

相对于简单手工业而言，机器大工业的发展之所以在某种程度上降低了对于劳动力的需求，并不是因为机器本身可以起到替代劳动力的效果，而是因为机器工业发展使劳动在时间上得到了延续和保存，从而起到了减少即期生产过程中对于增量劳动需求的作用。

一是机器工业的制造本身需要劳动来进行。从工业化生产的实际情况来看，在机器工业制造时代，机器制造机器的生产过程似乎在某种程度上说明了机器是由机器生产的。从工业生产整个环节分析，机器生产所需要的制造设备、材料以及厂房等外部设施等，无不是凝结着人类劳动的产物，正是因为人类劳动的作用，才使自然资源形态经过多个环节的人类劳动，逐渐地演变成以机器作为表现形式的生产资料形态。

二是从机器设备使用功能分析，机器设备的使用之所以可以起到节约劳动的效果，与机器设备本身所具有的功效有关。如果撇开机器设备所具有的独特功能，由于机器设备本身就是人类劳动的产物，若从劳动角度来分析机器设备所具有的替代人类劳动的功能，相对于简单的一次性消耗品而言，机器设备所具有的替代劳动的功能以及使用期限较长的特征，与其具有储备人类前期劳动的功能密切相关。在工业化时代，机器设备在即期生产过程中之所以可以减少即期的增量劳动需求，实际上是人类前期积聚在机器上的劳动在本期释放的结果。若综合考虑人类劳动在时间上的延续性，机器大工业时代产品的生产，所需要的人类劳动总量并没有发生任何改变。当然，若考虑生产力进步的因素，虽然在不同生产力发展水平下同一产品的生产过程中，其所需要的人类劳动的形态及总量也各不相同，但若考虑复杂劳动和简单劳动的差异，在不同的生产力发展水平下，人类对于同一产品的生产，其所折合成的简单劳动的总量是不变的①。就此而言，机器设备之所以可以替代劳动力，并不是机器设备本身具有活劳动的功能，而在于其可以储存人类前期劳动，实现对于即期增量劳动的有效替代。此外，机器设备通过前期人类活劳动的组合，使凝结在机器设备上的劳动复杂性进一步增加，从而使机器设备具有简单劳动在生产过程中不能替代的特征，能够生产简单劳动不能生产的产品。从生产力发展角度分析，人类社会生产力的发展，在某种程度上体现了简单劳动在数量上的不断扩张能力，但其在更大程度上则是体现了人类劳动复杂性不断提高的发展趋势。

（二）在工业化发展阶段资本不会对劳动起到完全替代作用

在机器大工业时代，由于机器设备可以实现对于人类劳动的替代，而在资本主义生产条件下，机器设备主要以资本形态体现出来。机器设备自身价值较大，一般市场主体没有能力进行购买，且机器设备往往作为资本主义生产方式下的生产条件而存在。正是由于机器设备在资本主义生产过程中所具有的上述特征，会使人们产生一种错觉，认为在工业化阶段以机器设备作为表现形式的资本，会对劳动产生替代作用。在信用货币经济条件下，机器设备的价值形态直接表现为信用货币，于是一些经济学家就更进一步地认为，以信用货币作为表现形式的资本，会对于劳动产生替代作用。在资本主义生产过程中，以信用货币作为表现形式的资本真是万能的吗？对之，可以做如下具体分析：

1. 以信用货币作为表现为形态的资本需要以商品作为表现形式的使用价值来为之提供支撑。在信用货币经济条件下，虽然信用货币是作为与一切以商品形态表现出来的使用价值相对应的价值形式而存在，但信用货币不同于黄金商品货币，其自身并

---

① 这里假设同一产品在生产力不发达水平下也可以生产出来。

没有使用价值。信用货币获得价值的根本支撑点在于：在既定的社会生产条件下必须具有一定使用价值形态的商品来为信用货币的价值提供支撑，离开具有一定形态使用价值的商品支撑，单纯的信用货币本身就是无源之水，无本之木。因此，西方经济学所说的资本，应该是指与一定使用价值形态商品相对应的信用货币，而不是政府可以随意发行的信用货币。换而言之，对于以信用货币作为表现形式的资本而言，只有实现由信用货币的价值形态向以商品作为表现形式的使用价值形态转换，才能被称为资本。否则，信用货币只能是单纯地以价值形态而存在。在以商品作为表现形式的使用价值总量一定的条件下，虽然政府通过发行信用货币的方式，可以增加以信用货币作为表现形式的价值总量，但其却不能增加以商品作为表现形式的使用价值总量。因此，就资本的价值形态和使用价值形态而言，以商品作为表现形式的使用价值形态在很大程度上决定了资本能否在社会生产中真正地发挥作用。

2. 资本对于劳动所起的替代作用是有限的。如前所述，在信用货币经济条件下，以信用货币作为表现形式的资本，必须有一定的具有使用价值形态的商品做支撑，但并不是所有的商品都可以作为与资本价值形式相对应的使用价值形态而存在。对于可以对人类劳动起替代作用的资本而言，只有那些与机器设备等使用价值形态相对应的资本，才能真正地起到对于人类劳动的替代作用。一定时期社会生产过程中能够替代劳动的资本，并不是直接地表现为以信用货币作为表现形式的价值总量，而是与信用货币的价值形态相对应，以机器设备等使用价值形态所表现出来的使用价值总量。由于这部分机器设备本身就是人类前期劳动的结果，以机器设备等使用价值形态商品做支撑的信用货币形态资本，在生产过程中对于人类劳动的替代，其实质上是前期劳动对于即期劳动的一种有效替代。

（三）机器大工业的发展并不会必然导致就业率的下降

从机器大工业发展对于人类劳动的可替代性分析，虽然在工业化阶段，机器的发展在某种程度上可以实现对于人类劳动的有效替代，但从经济发展的实际情况来看，机器大工业的发展，并不会必然导致就业率的下降。

1. 维持一定的就业率是确保工业产品销售市场的必然选择。从人类社会生产发展的最终结果来看，虽然投资品的生产可以通过生产环节不断循环的方式，进行生产规模的不断扩张，但是从人类社会生产的最终目的分析，无论投资品在其生产环节怎样地进行循环往复式的扩张，人类社会生产的产品最终需要实现由生产向消费的转换。换而言之，生产领域的产品最终要转换为消费，才能最终实现其产品的使用价值，从而为下一轮生产的循环和规模扩张，创造必要的外部条件。因此，保持适度的消费能力，是实现产品由生产向消费转换的必然选择。在机器大工业时代，虽然机器在工业中的使用会降低就业率，从工业产品的最终用途来看，其最终是为了满足消费而服务的[①]。如果就业率受机器大工业广泛使用而出现大幅下降，影响了居民的消费能力，其必将影响机器大工业产品的市场销售，从而不利于通过机器大工业进行“逐利”的市场主体顺利地获取利润。消费对于工业产品市场销售所产生的内在约束机制，将抑制机器大工业发展对于就业率所产生的下降作用。

2. 机器在工业发展中所导致的生产范围不断拓宽，可以取到扩张就业的效果。由于机器大工业的使用提高了劳动生产力，在社会存量生产要素储备相对充裕的条件下，机器在工业生产中的发展，将使人类有能力在生产地域和行业方面进行有效的拓展，而人类在生产地域和行业方面的有效拓展，将能够起到增加社会就业的作用，从而抵消了机器工业发展对于社会就业率所产生的下降作用。从人类工业化实践来看，机器设备的大规模运用，增加了工业产品的供给，也在很大程度上拓展了人类生产活动的地域空间和行业空间。经济全球化步伐进一步加快，新兴行业不断涌现等，都在很大程度上起到了有效增加就业的作用。

四、遏制机器大工业发展导致就业率下降需要采取的相关对策

（一）实行适度的计划生育政策

随着科学技术的不断发展，人类劳动在时间上可以得到持续保存，由此导致凝结人类存量劳动的机器大工业在生产过程中的使用，可以起到代替既有劳动的作用。为了正确地处理科学技术发展所导致的对于人类劳动需求相对减少的问题，就需求通过适度计划生育的政策，确保人类自身再生产与工业化生产的协调发展。从人类社会生产的最终目的来看，延续后代是维持人类生存和繁衍的首要任务，而人类对于其后代延续的目的，主要是为了延续自身的寿命以及提高后代的综合素质。就此而言，追求人类后代的数量并不是人类繁衍后代的主要目的。在科学技术不断发展的条件下，为了进一步提高人类素质，充分发挥科学技术对于人类发展的促进作用，使人类自身的发展与自然环境保持相对协调，就有必要通过适度计划生育政策的实施，适当控制人口的增长规模，一方面通过人口的相对减少，来减轻由于机器大工业的使用所造成的就业矛盾，从而充分发挥科学技术对于社会生产力发展的促进作用。另一方面，通过适当的人口控制，使社会集中更多的资源用于提高人类素质，从而使人类自身素质在代际间保持不断提高的发展趋势。此外，在一定的存量自然资源约束条件下，适度控

① 在市场经济条件下，虽然“逐利”才是市场主体从事社会生产的最终目的，但从“逐利”手段分析，满足社会消费是市场主体实现“逐利”目的的主要手段，在一定程度上保证了市场经济条件下市场主体从事商品生产的个人目的与不断满足居民日益提高的物质和精神需求的社会目的之间的相对一致。

制人口，也有利于保持人类再生产与自然环境再生产的相对协调，确保人类自身再生产的持续发展。

（二）通过科学的分配政策确保人类自身再生产的可持续发展

在现代市场经济条件下，机器大工业的使用所导致的就业率的相对下降，会加剧以机器设备作为表现形式的资本与以劳动作为表现形式的生产要素在国民收入初次分配中的两极分化矛盾，不利于社会生产的持续发展。由于国民收入初次分配的两极分化，一部分失业劳动力自身生存及其后代的繁衍都受到影响，使社会生产偏离了确保人类生存和持续发展的这个终极目标。因此，为了有效地解决于由于机器大工业发展所导致的国民收入初次分配过程中出现的两极分化现象，就必须通过必要的国民收入分配政策调整，适当地平抑国民收入分配由于机器大工业发展所导致的两极分化差距，以确保人类自身的生存和可持续发展。从国民收入分配调节方式来看，在机器大工业发展导致人类收入差距持续扩大的条件下，可以着力于采取两方面的措施来调节国民收入分配：一方面通过征收个人收入所得税的方式，适当减少一些居民在国民收入分配中所占的较高收入分配比重；另一方面，通过加强社会保障支出力度的方式，运用国民收入再分配的手段，提高收入较低的居民的收入水平，确保其自身再生产以及后续再生产的持续发展。通过上述国民收入再分配政策的有效调整，使社会生产符合满足人类自身生存和发展的物质和精神生活需求；通过适当地平抑国民收入分配差距，使社会生产保持协调、可持续发展。

（三）发展精神产业和服务产业

为了有效地应对机器大工业使用所导致的人类就业率不断下降的问题，除了通过前述的适当控制人口增长以及调整国民收入分配政策的方式，来确保人类生存和发展之外，还可以通过必要的产业政策调整，发展体现人类优秀文化、民俗风情、道德情操等精神产业，提高人类自身的科学文化素质，确保人类自身再生产及后续再生产的素养和质量随着社会再生产的发展而不断提高。通过精神产业的发展，突破由于机器大工业发展所导致的就业人口下降的约束，使人类就业人口随着以文化、艺术作为表现形式的精神产业的发展而得到不断提高。从精神产业所包含的内容来看，主要表现为以“人”或人类活动为生产对象的产业，由此决定了精神产业的发展，不会像机器工业发展那样，产生机器大工业发展与人类就业率相对减少的矛盾，而会使精神产业发展与人类就业率提高之间呈现明显的正相关关系。就服务业而言，其在产业发展层级上高于机器大工业。由于服务业发展自身所具有的吸纳劳动力就业较多的特点，决定了服务业的发展，可以对于提高就业率起到积极的促进作用。就此而言，服务业的发展可以使社会生产满足于人类生存和持续发展的需求。

本章小结

本章在研究工业化发展与就业之间关系过程中，分阶段研究了不同工业化阶段生产发展与就业之间的关系，认为在工业化初期阶段，由于工业产业的不断发展，带动了农业人口向工业行业的转移，从而有力地促进了社会就业率的提高。在工业化的中后期，重化工业在工业生产中处于重要地位，通过为各行业生产提供生产效能更高的生产设备的方式，有效地促进了各个生产行业生产力发展水平的大幅度提高，从而降低了各个行业对于劳动力的需求。从重化工业的产品属性分析，相对于使用期限相对较短的轻工业产品而言，重化工业产品使用期限相对较长，导致重化工业产品更新的时间周期也相对较长，减少了由于重化工业产品更新所增加的劳动力需求，使依附于重化工业生产的就业人口，相对于轻工业而言减少。

在对不同工业化阶段生产发展与就业之间关系进行研究的基础上，本章还对机器大工业的发展与劳动就业率下降的关系进行了理论分析，认为相对于简单手工业而言，机器大工业的发展之所以在某种程度上降低了对于劳动力的需求，并不是因为机器本身可以起到替代劳动力的效果，而是因为机器工业发展使劳动在时间上得到了延续和保存，从而起到了减少即期生产过程中对于增量劳动需求的作用。但在工业化发展阶段，资本不会对劳动起到完全替代作用。从机器大工业发展对于人类劳动的可替代性分析，虽然在工业化阶段，机器的发展在某种程度上可以实现对于人类劳动的有效替代，但从经济发展的实际情况来看，机器大工业的发展，并不会必然导致就业率的下降。

本着“学以致用”的原则，本章认为，为了有效地遏制机器大工业发展导致就业率下降，可以采取以下对策：（1）实行适度的计划生育政策。（2）通过科学的分配政策确保人类自身再生产的可持续发展。（3）发展精神产业和服务产业。为了有效地应对机器大工业使用所导致的人类就业率不断下降的问题，除了通过前述的适当控制人口增长以及调整国民收入分配政策的方式，来确保人类生存和发展之外，还可以通过必要的产业政策调整，通过发展体现人类优秀文化、民俗风情、道德情操等精神产业的方式，一方面提高人类自身的科学文化素质，确保人类自身再生产以及后续再生产的素养和质量，随着社会再生产的发展而不断提高；另一方面，通过精神产业的发展，在很大程度上突破由于机器大工业发展所导致的就业人口下降的约束，使人类就业人口随着以文化、艺术作为表现形式的精神产业的发展而得到不断提高。

第五十三章
减税政策经济效应的理论分析

一、间接税减税政策对于经济的影响

（一）间接税税制结构下的税收负担转嫁

从间接税的本质特征来看，间接税系指税收负担不是由纳税人直接承担的税种。在间接税税制结构下，虽然间接税的纳税对象是纳税人，但纳税人可以采取各种手段，将其交缴纳的税收转嫁出去。因此，相对于由纳税人直接负担的直接税而言，一般将纳税人可以通过各种方式将其应缴纳的税收转嫁出去的税种，称之为间接税。从纳税人对于间接税的转嫁方式来看，主要有“后转”“前转”和“消转”三种方式。

具体言之，在“后转”的税收转嫁方式下，纳税人通过降低原材料采购成本的方式，将应纳的间接税向后转嫁给上一个生产环节，由上一个生产环节的生产者承担间接税的实际税负。从供给与需求角度考虑，纳税人之所以可以将其应该缴纳的间接税进行后转，主要原因在于纳税人对于其上一生产环节的产品存在着较大的需求弹性。换而言之，纳税人上一生产环节的产品供给一般属于完全竞争的行业，并且其产品在供给上呈现供过于求的供求特征。从产品供给弹性分析，在后转的间接税转嫁模式下，间接税后转环节的产品供给存在着较大的刚性，这种供给的刚性特征往往预示着，在该环节的产品生产中，以生产设备为表现形式的固定资产在总资产中所占比重较大，从而使该环节的产品供给呈现出较大的供给刚性。从生产环节判断，能够对间接税进行后转的生产环节，主要分布于国民经济的中下游产业。对于处于国民经济产业链中的上游企业而言，其无法通过后转的方式，将所缴纳的间接税转嫁出去。

在“消转”的税负转嫁方式下，纳税人通过降低管理成本、减少原材料消耗、降低人工成本以及采取技术进步的方式，将间接税所形成的税收负担，通过降低成本的方式，在企业现有的生产环节加以消化①。从产品生产环节来看，在间接税消转的模式下，由于产品生产所承担的间接税负担，主要是通过降低产品生产成本和管理成本的方式来进行内部消化的，通过消转方式进行间接税转嫁的环节，可以分布在国民经济产业结构中的任何一个环节。

在“前转”的税收转嫁方式下，纳税人对于其在本生产环节所缴纳的间接税，通过增加产品销售价格的方式，将其转嫁到下一生产环节。在间接税税负前转的转嫁模式下，间接税之所以能够向前转嫁，主要是由于市场对于间接税纳税环节的产品具有较高的需求刚性，从而使生产者可以将其产品所应该缴纳的间接税，通过提高产品销售价格的方式，转嫁给下一个生产环节。从生产环节来看，在国民经济产业结构中处于中上游的间接税应纳税主体，可以通过前转的方式，将其应该缴纳的间接税，向中下游生产环节进行转嫁；而对于分布于国民经济产业结构中的下游行业而言，也可以通过提高产品销售价格的方式，将其应该缴纳的间接税直接转嫁给消费者。

（二）不同税负转嫁方式下间接税减税政策的经济影响

就间接税减税政策的经济影响而言，在不同的税负转嫁方式下，政府对于间接税减税所产生的经济影响也各不相同。

1. “后转”税负转嫁方式下减税政策的经济影响。在“后转”的间接税税负转嫁方式下，政府所采取的间接税减税政策，降低了企业通过“后转”方式转嫁其所负担的间接税税收的压力，在经济实践中，将增加中上游行业的盈利水平。从国民经济产业结构来看，在“后转”的税负转嫁方式下，受益于间接税减税政策的行业，主要分布于资源采掘业、生产设备制造、原材料等行业，这些行业盈利水平的增加，有利于其增加技术投入，从而提高产品的技术含量和质量。由于中上游行业的发展直接决定了一个国家制造业的技术水平和质量，在“后转”的间接税税负转嫁模式下，政府所采取的间接税减税政策，将有利于提高一国生产设备的制造水平和质量。理论上，如果没有间接税减税政策，政府在征收间接税之后，也可以通过扩张投资的方式，增加国民经济中上游产业部门的投资，从而刺激这些产业部门的发展，但从数量来看，财政通过征收间接税所获取的财政收入，并不能够全部用于增加国民经济中上游产业部门的投资。而减税政策的实施，可以使减税资金全部用于国民经济中上游行业的投入。在国民经济中上游行业投资尚未饱和的条件下，减税资金对于国民经济中上游行业投资的增加，将引领其他增量资金对于上述行业进行投资，从而充分发挥减税资金的投资杠杆作用。从国民经济中上游行业投资增加的实际效果来看，由政府主

---

① 技术进步是与劳动生产率的提高相伴而生的，因此技术进步也表现为单位产品成本的降低。

导的国民经济中上游行业资金投入的增加，其投资效果受政府投资决策偏差以及在非市场因素作用下所导致的投资腐败约束，不但会形成大量的重复建设和盲目建设工程，造成巨大的浪费，也将导致国民收入分配的严重不公。而从减税所导致的国民经济中上游行业投资增加的实际效果来看，被减税企业是市场化的经营主体，其投资的决策在很大程度上会受制于市场自由竞争机制，决定了被减税企业由于减税而导致的投资增加，其投资项目的选择应符合市场需求，在投资规模上将根据市场竞争机制，严格地遵守投资成本最小化的基本投资法则，这些都保证了市场投资效果。

2. “消转”税负转嫁方式下减税政策的经济影响。在“消转”的税负转嫁方式下，政府采取间接税减税政策，可以减轻纳税者通过“消转”方式消化其所承担的间接税税负的压力。随着减税政策的实施，如果企业将减税收入用来恢复减税以前被压缩的职工工资，那么在“消转”税负转嫁方式下的减税行为，对于保障劳动者的正常权益和持续再生产，发挥消费对于经济发展的拉动作用，都会产生重要影响。如果企业将减税收入用来恢复前期被压缩的管理费支出，虽然企业管理费用的增加会在某种程度上促进消费，但从管理角度分析，企业管理费用的增加，也会导致财富的浪费和腐败行为。这里可以将政府征税所产生的支出效应与政府减税所导致企业管理费增加所产生的支出效应，进行简单的比较。政府在没有实行减税政策之前，其所获得的税收收入，也可以通过增加财政支出的方式，促进投资和消费。相对于企业管理费用增加所导致的浪费而言，虽然以政府为主体的财政支出也会存在一定的浪费现象，但如果政府由于征收间接税而增加投资性支出，将为社会再生产规模的扩张提供有利条件；而财政用于消费的支出，一方面可以满足财政履行其职能的需要；另一方面，也可以通过国民收入再分配的途径，平抑国民收入分配差距。就企业管理费用开支而言，在市场经济条件下，作为从事生产经营的微观市场主体，在确保各生产要素再生产能够顺利进行的基础之上，最大限度地节约企业生产成本，是市场经济条件下市场竞争机制发挥作用以及企业在充分的市场竞争中获取竞争优势的必然选择，有利于增加企业的市场竞争力。同时，企业产品生产成本的降低，在很大程度上也有利于最大限度地提高消费者的消费效用。

3. “前转”税负转嫁方式下减税政策的经济影响。在“前转”的税负转嫁方式下，政府采取间接税减税政策，在将减轻企业通过税负前转的方式增加企业销售价格的压力，而企业产品销售价格的降低，在某种程度上提高了消费者的消费效用，将有利于刺激消费，发挥消费对于经济发展的拉动作用。在间接税减税政策实施之前，政府以税收收入为依托的消费性支出的增加，也可以起到刺激消费的作用。但就减税政策刺激消费和政府以税收为依托增加支出刺激消费的实际效果而言，“前转”税负转嫁模式下的间接税减税行为，直接刺激了相关减税产品的消费数量；而政府由于征税所导致的政府消费性支出的增加，在产品消费对象上与被减税产品不是一一对应关系。从二者刺激消费的途径来看，以税收为依托的财政支出的增加对于消费的刺激作用是间接的，其主要通过财政投资性支出对于消费产生的间接刺激作用，以及财政转移性支出对于消费产生的间接刺激作用而体现出来。从减税政策对于消费的刺激路径来看，在被减税产品边际消费效用还没有得到有效满足的条件下，被减税产品价格的降低，将有利于提高消费者对于被减税产品的消费需求。如果被减税产品存在着较大的需求弹性，受被减税产品价格降低等因素影响，一些居民可能会将部分储蓄转化为消费，由此大大增加居民对于被减税产品的消费数量。

二、直接税减税政策对于经济的影响

（一）直接税的主要特点

所谓直接税系指直接向纳税人征收、纳税人不能通过各种方式进行转嫁的税种。直接税的征税对象主要表现为纳税人的收入、财产等不能轻易转嫁的纳税标的。直接税主要呈现以下几个特点：一是纳税对象主要表现为收入形式，这种收入形式表现为国民收入的增量。从直接税的纳税对象来看，公司所得税的纳税对象主要为公司在一定经营期限内所实现的利润收入，其本身就属于国民收入的增量范畴；而个人所得税的纳税对象虽然是包含劳动力再生产所需费用的劳动力全部个人所得。但从实践中来看，各国政府在制定个人所得税纳税规则时，都规定相应的纳税起征点以及纳税扣除数额，保证了个人所得税的纳税对象，是针对国民收入的增量部分来征税的。从财产税和遗产税所体现的征税对象来看，虽然财产税和遗产税的征税对象并不表现为一种流量的收入形态，但以纳税人所拥有的财产和遗产作为纳税对象，本身就是纳税人前期国民收入增量累积的结果，这种国民收入增量的累积，通过以价值作为表现形式的国民收入流量的不断累积而形成的，其既表现为以价值作为表现形式的现金形态、资本权证形态，也表现为以实物资产作为表现形式的使用价值形态。二是非转嫁性。由于直接税的征税对象主要是纳税人所取得的收入以及拥有的财产，这些收入和财产本身属于纳税人所有，由纳税人进行正常的支配。当征收公司所得税、个人所得税、财产税、遗产税时，纳税人对于其应该缴纳的直接税税种，无法通过税收转嫁的方式，将应该负担的税收转嫁出去。相对于流转税等间接税种，直接税税种具有明显的非转嫁性特征。三是相对公平性。直接税税前的适度扣除，在一定程度上确保了各生产要素持续再生产的可能性，使直接税的征收不能对税基产生侵蚀作用。直接税比例税率或累进税率的设计，也使一些收入较高的市场主体承担了较高的直接税税负，而一些收入较低的市场主体承担了较低的直接税税负，使直接税在征收过程中较好地体现了相对公平的原则。

（二）不同种类直接税减税政策的经济影响

由于直接税在税收负担、税收收入来源以及税负转嫁等方面与间接税相比，都存在着较大的差异，从直接税减税政策的经济影响来看，不同类别的直接税减税政策，对于经济的影响也各不相同。

1. 公司所得税减税政策的经济影响。主要表现在以下几个方面：

（1）公司所得税减税政策对于消费和投资的影响。从公司所得税减税政策的经济影响来看，主要表现在两个方面，一方面表现为减税政策对于消费的经济影响；另一方面表现为减税政策对于投资的经济影响。

就减税政策对于消费的经济影响而言，一是公司所有者个人边际消费倾向较低时直接税减税政策的经济影响。从公司所有者的收入来源来看，如果公司所有者既是企业的经营者又是企业的所有者，其在经营企业过程中会取得一部分工资性收入，这部分工资性收入主要用于弥补公司所有者在经营过程中发生的劳动消耗，在数量上可能会大于或小于为弥补上述劳动消耗所需要的数额。归其原因，这主要取决于企业劳动生产率的高低以及企业管理水平高低等因素。只要企业能够维持正常的生产经营，公司所有者参与企业经营所获得的工资收入是可以得到充分保障的。在企业经营盈利水平较高的条件下，公司所有者的收入也有一部分来自公司的税后利润分红。如果公司所有者不参与企业经营，其收入主要来自公司所有者所拥有企业的税后利润分红。从消费的角度分析，公司所有者用于消费的收入构成中必然有一部分收入来自公司的税后利润分配，由于公司所得税减税政策直接影响公司的税后利润，公司所得税减税政策在很大程度对于消费也会产生重要影响。在公司所有者边际消费倾向较低的条件下，虽然公司所得税的减税政策在一定程度上可能增加公司所有者的税后收入规模，但由于公司所有者边际消费倾向较低，公司所有者在因减税政策而增加税后收入之后，不会马上增加消费，而会通过储蓄或投资的方式，来运用这部分由于减税而取得的多余税后利润。在公司所有者边际消费倾向较低的条件下，实行公司所得税的减税政策，对于消费的拉动作用相对有限。若对之做进一步分析，企业主之所以出现边际消费倾向较低的现象，可能与企业主个人俭朴的生活习惯以及对未来经济增长的预期相对悲观有关。在这种条件下，要发挥公司所得税减税政策对于公司所有者消费的刺激作用，关键在于改善公司所有者对于经济增长所持有的悲观预期，其相应的策略有以下几个方面：一是通过科学技术的进步，提高劳动生产率，以此提高公司所有者对于企业经营状况持续向好的预期。二是通过采取减轻企业负担等其他优惠政策，改善企业的经营状况，增加企业所有者的消费信心。三是保持减税以及其他优惠政策的连续性，减少企业所有者对于经济政策不稳定的预期。通过上述措施的实施，增加公司所有者对于未来经济发展的良性预期，以提高其边际消费倾向。同时，企业主之所以出现边际消费倾向较低的现象，也与满足企业主消费需求不断提高的产品供给不足有很大关系。从消费品的自身属性判断，满足人类生理消费的消费品具有较大的消费刚性，而满足人类心理消费的消费品具有较大的消费弹性。当生产力发展达到一定水平时，公司所有者以基本生活用品作为表现形态的刚性消费需求基本可以得到完全满足，在此条件下，要采取减税措施来刺激公司有所者的消费，就必须通过调整供给结构的方式，为公司所有者由于减税而增加的收入，提供必要的消费渠道。

二是公司所有者个人边际消费倾向较高时直接税减税政策的经济影响。在一定生产力发展水平下，公司所有者的个人消费，有一部分资金来自其所拥有企业的税后利润，在公司所得税减免而导致公司税后利润大幅增加的条件下，如果公司所有者的个人边际消费倾向较高，那么在公司所得税减税政策影响下，公司所有者可以通过其拥有公司的税后利润收入分配，获得较多的收入。在公司所有者较高的边际消费倾向影响下，公司所有者会增加消费，由此使公司所得税的减税政策可以很好地发挥其对于消费的刺激作用。从消费对象来看，在一定生产力发展水平下，由于公司所有者收入水平较高，虽然公司所有者的边际消费倾向较大，但这种边际消费倾向更多地体现在超越基本消费品之上的高端消费方面。就此而言，在公司所有者边际消费倾向较大的条件下，公司所得税的减税政策在某种程度上可以发挥其对于消费的刺激作用，但由于公司所有者在不同消费品的边际消费倾向上存在着较大差异，公司所得税的减税政策，对于不同消费品的刺激力度也各不相同。

就公司所得税减税政策对于投资的经济影响而言，由于公司所有者对于公司所得税减税所获取的增量收入，主要用于投资和消费，在公司所得税的减税政策作用下，减税政策对于投资的影响程度，与公司所有者个人的边际消费倾向有很大关系，表现在以下两个方面：

一是当公司所有者个人边际消费倾向较高时，减税政策对于投资的影响。由于公司所有者个人边际消费倾向较高，导致公司所得税减税政策所增加的公司税后利润，大部分被公司所有者用于消费，从而使公司所有者只能以很小一部分税后利润，用于增加投资。由此可见，在公司所有者个人边际消费倾向较高的条件下，公司所得税的减税政策对于投资的刺激作用相对有限。

二是公司所有者个人边际消费倾向较低时，减税政策对于投资的影响。在公司所有者个人边际消费倾向较低的条件下，由于公司所得税的减税政策在很大程度上增加了公司所有者的税后收入水平，使公司所有者可以将通过公司所得税减税政策而获取的增量税后收入，用于增加投资。此外，受公司所得税减免所导致的公司税后利润持续增加影响，公司所有者在边际消费倾向较低的条件下，还有可能将其所拥有的一部分储蓄转化为投资，进一步增加社会增量投资的总量，使公司所得税减税政策对于投资的刺激作用得到发挥。

（2）公司所得税减税政策对于不同行业的经济影响。从不同行业公司所得税减税政策的影响来看，在生产力发展水平较高的条件下，受益于公司所得税减税的行业可以得到持续发展，这种持续发展，来源于所得税被减税行业税后收入增加所导致的投资的进一步增加，使该行业得到进一步发展；同时，也得益于由于公司所得税减税所引起的被减税行业盈利水平的持续增长，使该行业对于储蓄资金构成了较大吸引力，其中一些储蓄资金会转化为投资，增加对于公司所得税减税行业的投资。这些都有利于公司所得税减税行业经营的持续发展。当然，如果由于生产力发展水平相对较低，使公司所有者边际消费倾向较高，公司所得税的减税政策对于公司所属行业不会产生直接的促进作用，而会对公司所有者因减税所增加支出的行业，产生积极的正面影响。

2. 个人所得税减税政策的经济影响。个人所得税减税政策对于经济的影响主要体现以下两个方面：一是个人所得税减税政策对于消费的经济影响；二是个人所得税减税政策对于投资的经济影响。

（1）就个人所得税减税政策对于消费的经济影响而言，在不同的个人边际消费倾向条件下，个人所得税减税政策对于经济的影响程度也各不相同。

当个人边际消费倾向较高时，实行个人所得税减免政策，可以刺激个人消费数量，从而充分发挥消费对于经济发展的拉动作用。当然，从消费内部结构来看，由于个人所得税减免的受益对象不同，个人所得税减税政策对于各行业的刺激力度也各不相同。从基本消费品生产行业来看，这些行业消费层次相对较低，并且其行业消费具有明显的消费刚性特征，因此个人所得税减免政策对于一般消费品的刺激力度相对有限。就高端消费品而言，这部分消费品的消费层次较高且消费弹性较大。从实践中来看，高端消费品表现在以下两个方面：一是表现为满足人类基本生存所需要的基本消费品在质量上的不断提高，这种质量的提高并不是简单地体现为消费品使用寿命的延长方面，而更多地体现在其所包含的使用价值在功能上的进一步拓展。例如维持人类生存的食物在营养成分上更加科学、合理；人类衣着在质量上进一步提高，在功能上进一步拓展；人类交通工具能够进一步满足人类对于空间的不断拓展需求；人类居住条件和功能等得到进一步改善；满足人类听觉的产品不断丰富，在功能上得到不断改善，使人类听觉距离不断延伸；满足人类味觉的食品不断丰富，其对于人类味觉的满足程度进一步提高；满足人类嗅觉的产品不断丰富，其对于人类嗅觉满足程度进一步提高；满足人类视觉的产品不断丰富，使人类视觉在空间上的距离不断得到拓展，在时间上得到进一步延续；满足人类触觉需要的产品不断丰富，其对于人类触觉需要的满足程度进一步提高等方面。从上述人类基本消费的内容来看，其基本上可以分为两个大类，第一类是生存型消费，包括食物、衣服、居住以及行动等四个方面，即我们通常所说的衣、食、住、行四个方面。第二类是享受型和发展型消费，主要包括人类视、听、嗅、味、触觉等满足人类大脑等精神需要的产品等，在实践中，主要以文化、艺术等精神产品消费的方式表现出来。相对于衣、食、住、行等人类基本生存消费而言，精神消费品具有明显的消费层次较高、消费弹性较大的特点。就此而言，对于个人所得税所实行的减税政策，对于精神消费品的消费会产生较大的刺激作用。

当个人边际消费倾向较低时，个人所得税的减税政策不能对消费产生较大的刺激作用。从导致个人消费倾向较低的原因来看，在一定生产力发展水平下，个人消费倾向较低，其原因有两方面：一是个人对于未来支出存在着不确定预期，不敢消费；二是社会消费品供给中还没有出现供人类进行享受型和发展型消费的相关产品，使人类无法进行享受型和发展型的消费。这些都导致居民边际消费倾向相对较低，使个人所得税减税政策难以发挥其对于消费的刺激作用。为了更好发挥个人所得税减税政策对于消费的刺激作用，针对导致居民边际消费倾向过低的具体原因，可以采取一定措施，提高居民的边际消费倾向，充分发挥个人所得税减税政策对于消费的刺激作用。首先，针对居民对于未来支出的不确定预期，通过建立健全社会保障制度的方式，最大限度地降低居民这种不确定预期，使居民敢于消费，提高居民的边际消费倾向；其次，通过保持宏观经济调控政策相对稳定的方式，降低居民对于宏观经济政策（含国民收入分配政策）的不确定预期，以减少居民对于未来支出的不确定预期，提高居民个人边际消费倾向；再次，通过国民经济产业结构的调整，增加满足居民享受型和发展型消费产品的供给，使居民顺利地实现由基本消费品向享受型、发展型消费产品的过渡升级，以充分发挥个人所得税减税政策对于消费的刺激作用。

（2）就个人所得税减税政策对于投资的经济影响而言，在市场经济条件下，假设从事投资的市场主体都是通过独立的法人企业来进行的，个人收入主要用于满足自身及家庭的消费性支出需要。就此而言，个人所得税减税政策对于投资的影响，应该表现为一种间接性的影响，其影响力的高低取决于个人边际消费倾向的高低以及宏观经济的景气程度。

当个人边际消费倾向较高时，实行个人所得税的减税政策，居民个人会更多地将这部分减税而增加的收入用于个人消费。虽然个人消费量的增加有利于刺激相关消费品的生产，并且随着时间推移，在产业传导机制作用下，增加社会总投资规模，但个人所得税减税政策对于投资的影响只是间接的。从资金供给角度分析，个人所得税减税政策对于投资产生的间接拉动作用，在经济实践中主要表现为个人所得税纳税人用个人所得税减税收入购买消费品，而对于消费品生产者所增加的利润部分①。

当个人边际消费倾向较低时，居民对于个人所得税减税所增加的收入，会通过储

① 假设消费品生产者将由于个人所得税减税政策而导致的增量销售利润全部用于投资。

蓄的方式存放于银行或者通过购买有价权证的方式来进行投资。储蓄资金是银行贷款的一个重要来源，在银行存贷款结构不变的条件下，储蓄资金的增加为银行增加贷款提供了可能，而从银行贷款资金的使用方向来看，在经济实践中，银行贷款主要用于投资。在市场经济条件下，居民个人通过购买有价权证的方式进行投资，其购买有价权证所付出的资金，基本上也可以直接转换为投资。在个人边际消费倾向较低的条件下，个人所得税的减税政策会对投资产生间接的刺激作用。个人由于减税所增加的储蓄，为投资的增加提供了资金支持；个人用减税所产生的增量收入购买有价权证，为投资的增加提供增量资金支持等。

此外，从个人所得税减税政策对于投资的影响程度来看，宏观经济景气程度将影响个人所得税减税政策对于投资的影响效果。在宏观经济景气度较高的条件下，居民流量收入水平也相对较高，在此背景下，居民个人会将部分个人所得税减税所产生的增量收入，通过存放银行或购买有价权证的方式来进行投资，以此为投资的增加提供资金支持，而较高的宏观经济景气度也在很大程度上提高了投资的增量需求，这些都有利于增加社会的投资总量。在宏观经济景气度较低的条件下，虽然居民也会将一部分个人所得税减税而取得的增量收入，通过储蓄或购买有价权证的方式进行投资，但由于宏观经济景气程度较低，居民储蓄增加以及购买权证所形成的增量资金供给，很难变成实体经济的增量投资，社会资金更多地呈现一种“供过于求”的状态。在经济实践中，表现为银行存款余额较大。与此同时，在“逐利”机制作用下，社会闲置资金对某一投资标的进行大肆投机，通过被投资标的价格的变动，来获取投机收益，由于这种投机收益，主要是围绕被投资标的的“价格波动”来进行的，因此其完成的只是一种财富的再分配，而没有创造一分钱增量财富。

3. 财产等直接税减税政策的经济影响。在现实的税制结构中，以财产税作为征税对象的税种主要有遗产税、房产税和综合财产税等税种。对于财产税体系下不同课税对象的减税政策，其对于经济的影响也各不相同。相对于所得税等以国民收入流量为征税对象的税种而言，财产税更多是针对累积的存量国民收入进行征税的。在一定生产力发展水平下，能够成为财产税纳税对象的居民，其收入水平普遍较高，这些居民平时所获得的流量国民收入在满足自身及家庭消费之外，还存在着一定的剩余，这些收入剩余可以使居民有能力购买一定数量的财产。理论上，真正意义的财产税课税对象不应该体现为纳税人维持正常生活所必需的财产，而主要是对应纳税人超过维持正常生活所需要的财产之上的那部分财产。从财产税的课税目的来看，其在获取一定数额的财政收入同时，还可以对因国民收入分配不合理所导致的，居民个人之间在累积财富存量方面所出现的不合理状况，进行有效的调节。从税收宏观调控角度分析，如果将所得税看成是对国民收入流量存在的不合理状况进行的有效调节，财产税就是对于国民收入分配累积的不合理状况进行的再次调节。由于二者调节的重点各不相同，财产税减税政策对于经济运行所产生的影响与所得税减税政策对于经济运行所产生的影响之间，存在着较大的差异。

（1）从遗产税减税政策对于经济产生的影响来看，在对遗产税进行减税时，拥有巨额遗产的纳税人在消费方面已经得到了很好的满足，虽然遗产税的开征在某种程度上会刺激纳税人进一步消费，但在个人消费刚性因素影响下，对于遗产税的课税更多的是影响纳税人的投资行为。由于纳税人一生通过投资所获取的累积国民收入更多地表现为遗产，在遗产税税率较高的条件下，纳税人通过投资所获得的较多累积收入都必须用来纳税，在市场“逐利”机制作用下，其将影响纳税人的投资积极性。根据遗产税的交易规则，纳税人通过投资所获取的绝大多数累积的存量收入，都必须以遗产税的形式上缴，而不能传给象征其生命延续的下一代。当遗产税税率大幅降低时，纳税人通过投资所获取的累积国民收入，就有一部分可以以遗产的方式传给象征其生命延续的下一代，受此影响，相对于前期较高的遗产税税率而言，遗产税税率的降低将使纳税人在同等的累积国民收入条件下，有较多的累积国民收入作为遗产转给下一代。为了将更多的累积国民收入转给下一代，在遗产税税率下降的条件下，纳税人会通过减少消费的方式，以积聚更多的累积财富转给下一代，也会通过增加投资的方式，以获取更多的能够转给下一代的累积国民收入。就此而言，遗产税税率的降低，将有利于刺激投资，发挥投资对于国民经济发展的拉动作用。

（2）从房产税减税政策对于经济的影响效果来看，以“房产”作为课税对象的房产税，主要是针对纳税人除自居房产之外的房产进行征税的一种征税行为。从税收调节国民收入分配角度考虑，房产税的开征有利于调节居民由于国民收入流量收入分配不合理而形成的累积存量财富分布不合理的局面。由于居民累积的国民收入财富表现在多种形态的财产上面，以居民“房产”作为课税对象的征税行为，其调节的主要是居民以“房产”作为表现形态的累积存量财富，而对于其他财产形态的累积存量财富，则不产生调节作用。就此而言，以“房产”作为课税对象的房产税的开征，其对于国民经济产业结构所产生的影响，更多地表现在一些与房地产产业发展密切相关的行业，因房地产税的开征而受到较大的负面影响。从房产税减税政策的经济影响来看，由于房产税课税税率的降低，使居民持有的以“房产”作为表现形态的累积存量财富应负担的税收相对减少，有利于居民在对其累积的存量财富进行结构配置时，相应增加以“房产”作为表现形态的资产在其总财富中所占的比重，受此影响，一些与房地产发展相关度较高的产业会从中受益。当然，在经济实践中居民如何对其所拥有的累积存量财富进行有效的结构配置，一方面要考虑资产的流动性属性；另一方面，也要考虑资产的保值和增值属性。就此而言，实行房产税减税政策，只能使居民相对地增加以“房产”作为表现形式的资产配置比重。

（3）从综合财产税减税政策对于经济的影响来看，综合财产税是以居民所拥有的全部财产作为课税对象的税种，从税收调节角度分析，综合财产税的征收主要是为了调节国民收入分配的累积存量。相对于遗产税在转移资产时一次性征收而言，综合财产所得税是对居民累积的存量累积财富进行动态课征的一个税种。就此而言，综合财产税无论在时间上还是在空间上，对于居民所拥有的累积存量财富都可以很好地发挥调节效果。从综合财产税的经济影响来看，受综合财产税开征影响，一些收入较高的居民必然会通过增加消费的方式，减少其以各种形态资产作为表现形式的财产总量，由此将对消费产生积极的刺激作用，有利于发挥消费对于经济发展的拉动作用，使那些使用价值期限较长的产品生产受到较大的抑制（在经济实践中，其主要表现为一般投资品），使那些产品使用价值期限较短的产业得到长足发展（在经济实践中，其主要表现为一般消费品）。而实行综合财产税的减税行为，将有利于居民增加各种使用价值期限较长的产品储备，实现居民累积财产总量的不断增长。受此影响，在既定的国民收入水平条件下，居民用于消费的支出会相对减少。就其对于国民经济的影响来看，综合财产税税率的降低，将有利于那些产品使用价值期限较长的产业得到长足发展，而对于那些产品使用价值期限较短的产业会产生抑制作用。当然，若从财政收支总过程分析，在开征综合财产所得税的条件下，如果与综合财产所得税相对应的财政收入主要用于投资性购买支出，则其可以弥补综合财产所得税的开征对于投资品生产产生的不利影响；而如果由于综合财产所得税减税政策所导致的财政支出的减少，主要导致财政投资性购买支出的减少，则其可以防止投资过热现象的出现，使财政收支保持基本平衡。

本章小结

本章对减税政策的经济效应问题进行了研究。

文章首先研究了间接税减税政策对于经济的影响，认为在不同的税负转嫁方式下，政府对于间接税减税所产生的经济影响也各不相同，其主要表现在以下几个方面：

1. 后转税负转嫁方式下减税政策的经济影响。在后转的间接税税负转嫁方式下，政府所采取的间接税减税政策，降低了企业通过后转方式转嫁其所负担的间接税税收的压力，在经济实践中，将增加中上游行业的盈利水平。从国民经济产业结构来看，在后转的税负转嫁方式下，受益于间接税减税政策的行业，主要分布于资源采掘业、生产设备制造行业、原材料行业等方面，这些行业盈利水平的增加，有利于其增加技术投入，从而提高产品的技术含量和质量。

2. “消转”税负转嫁方式下减税政策的经济影响。在“消转”的税负转嫁方式下，政府采取间接税减税政策，可以减轻纳税者通过“消转”方式消化其所承担的间接税税负的压力。在“消转”税负转嫁方式下，随着减税政策的实施，如果企业将减税收入用来恢复减税以前被压缩的职工工资，那么在“消转”税负转嫁方式下的减税行为，对于保障劳动者的正常权益和持续再生产，发挥消费对于经济发展的拉动作用，都会产生重要影响。如果企业将减税收入用来恢复前期被压缩的管理费支出，虽然企业管理费用的增加会在某种程度上促进消费，但是从管理角度分析，企业管理费用的增加，也会导致财富的浪费和腐败行为。

3. “前转”税负转嫁方式下减税政策的经济影响。在“前转”的税负转嫁方式下前，政府采取间接税减税政策，将减轻企业通过税负前转的方式增加企业销售价格的压力，而企业产品销售价格的降低，在某种程度上提高了消费者的消费效用，将有利于刺激消费，发挥消费对于经济发展的拉动作用。

随后，文章研究了直接税减税政策对于经济的影响问题，认为不同类别的直接税减税政策，对于经济的影响也各不相同，文章主要分析了公司所得税减税政策的经济影响、个人所得税减税政策的经济影响以及财产等直接税减税政策的经济影响等三个类别直接税减税政策的经济影响。

第五十四章 结构性减税政策与财政支出政策效应的比较研究

一、凯恩斯主义传统宏观调控理论综述

根据凯恩斯主义的宏观调控理论，减税政策对经济增长所产生的乘数效应，在很大程度上要小于财政支出政策所产生的乘数效应，对之，凯恩斯主义用公式做了如下说明：

1. 关于政府购买支出乘数。凯恩斯主义将政府购买支出乘数用公式描述为：$kg = \Delta y / \Delta g = 1/1 - \beta$，其中“kg”表示政府购买支出乘数，“$\Delta g$”表示政府支出变动，“$\Delta y$”表示收入变动，“$\beta$”代表边际消费倾向。

2. 关于减税政策的支出乘数。凯恩斯主义将减税支出乘数用公式描述为：$k - t = \beta / 1 - \beta$，其中“k－t”表示减税的支出乘数，“$\beta$”表示边际消费倾向。

从上述乘数模型来看，β 为正值，因此财政购买性支出政策对于经济发展所产生的乘数效应，理论上要明显地高于减税政策对于经济发展所产生的乘数效应，而从实践中来看，对这一观点必须做进一步的分析。

二、对于减税政策乘数效应与财政支出政策乘数效应的理论再分析

根据凯恩斯主义经济调控理论，由于财政支出是一种完全的支出，财政支出的增加对于国民产出所产生的乘数效应主要取决于边际消费倾向的高低。而从减税政策来看，传统理论认为，减税会产生一部分储蓄，从而使减税对于市场主体所产生

的增量收入不能完全用于支出，使减税对于经济增长所产生的乘数效应不但受居民当期边际消费倾向的约束，而且还受一定收入水平下居民储蓄率高低的影响。笔者认为，如果传统理论所说的“减税”主要是指对居民所得税等直接税的削减，在这种减税背景下，要使减税对于国民产出所产生的乘数效应小于政府开支增加对于国民产出所产生的乘数效应，还必须满足以下两个假设条件：一是居民通过削减税收取得的增量收入，已经能够满足消费而且还有剩余，此时，居民会将多余的收入储蓄一部分；二是政府支出是理性和恰当的，不存在浪费和其他开支而导致国民收入分配不公的问题。如果减税是生产性减税，在市场经济条件下，企业主由于减税而导致盈利的增加，资本的“逐利性”会使他们将这部分由于减税而增加的收入全部用于投资。与此同时，企业主还有可能通过将自身储蓄转化为投资或通过贷款方式来增加投资，由此对国民产出形成的乘数效应要远远大于传统宏观调控理论所分析的税收乘数效应。并且，生产领域由于“减税”政策刺激增加投资所形成的有效供给，可以使经济运行有效地避免通货膨胀的压力。特别是在经济结构调整时期，通过实行有差别的行业减税政策，可以促进新兴产业的发展，通过新兴产业的发展，促进国民经济整体发展质量的提高；通过新兴产业的发展带动新的需求，实现“供求”在一个更高水平上的均衡。而从政府开支增加对于国民产出所形成的乘数效应来看，在社会产品供给相对充足的条件下，政府支出的增加不会导致通货膨胀，而一旦社会产品供给不足，政府开支的增加就会导致通货膨胀。此外，由于政府支出增长的惯性特征，不断增加的政府支出，会造成财政赤字。由于政府不是具有风险和利益双重约束的市场经营主体，政府支出的边际效应也是递减的。有鉴于此，笔者认为，就减税和政府支出所产生的国民产出乘数效应比较而言，不能一概地认为，二者对国民产出的拉动作用孰大孰小，而要视具体情况进行具体分析。总体来看，对于生产性企业在所得税之前实行有差别的减税政策，可以有效地刺激投资，达到产业结构优化升级的目的。由于政府支出的增加主要是从需求这个角度来提高国民产出的，这一举措只有在社会产品过剩、需求乏力时才可以发挥作用，并且这种作用的发挥只能是临时性的，否则必将会形成诸多重复建设、盲目建设现象，影响市场经济的运行效率。

三、减税政策与财政支出政策经济效应的比较分析

（一）财政支出政策自身存在着较大的局限性

相对于减税政策而言，财政支出政策自身存在着较大的局限性。

1. 财政支出决策的科学性相对不足。在市场经济条件下，进行财政支出决策的

主体不是真正意义上的市场主体，受各种经济信息千变万化以及财政项目支出“决策者”主观因素影响，在财政支出过程中，并不能保证每一项财政支出都是符合实际需要的；也不能保证每一项财政支出数量都是相对合理的，而不存在浪费现象。此外，从财政支出效率角度分析，由于没有市场机制的作用，在“人为”因素影响较大的财政支出决策模式下，财政支出效率并不能实现最大化。

2. 财政支出方向上存在着较大的局限性，影响了财政支出对于经济发展所起的促进作用，具体言之，主要表现在以下几个方面：

（1）财政在用于消费性支出方面存在着较大的局限性。一是在消费品供给相对不足的条件下，财政消费性支出的增加，在引起通货膨胀的同时，还会导致消费品供给的进一步不足，由此对于财政消费性支出的持续性产生不利影响。在经济运行中，如果将财政支出过多地用于消费领域，其在一定程度上预示了在一定生产力发展水平下，由诸多生产要素组合所生产的产品被财政消费性支出所消耗。如果这些生产要素的再生产不能顺利进行或者这些生产要素组合所生产的消费品不能很好地满足财政消费性支出的需求，将使不断扩张的财政消费性支出呈现不可持续的发展特征。就此而言，通过增加财政消费性支出刺激经济发展的宏观调控模式是否可行，将受社会消费品可持续供给的数量约束。由此可见，发挥财政性支出对于经济发展的拉动作用，是需要诸多约束条件的。

二是财政消费性支出的增加，会加重财政支出负担，从而导致社会积累性资金的相对不足。由于财政支出的方向主要是用于消费，在一定的生产力发展水平和生产要素存量约束条件下，财政消费性支出的增加过程，实际上就是生产要素资源不断消耗的过程，不但加重了财政支出负担，也限制了社会再生产规模的扩张空间。由于一定时期生产要素组合生产的产品主要用于消费，其减少了用于扩张再生产的产品积累规模（这种产品积累规模，既包括初始形态的生产要素积累，也包括次级形态生产要素的积累）。随着时间推移，如果财政消费性支出持续增加，将加剧财政收支矛盾和社会消费品的供求矛盾。从长期来看，如果一味地偏重于扩张财政性支出消费，而不进行适度的积累，那么财政性消费支出最终也难以得到必要的物质保证。

三是财政消费性支出的增加，还会导致公款消费的腐败，导致国民收入分配不公，使国民经济产业结构发生扭曲。受财政消费性支出性质及其支出方向的影响，财政消费性支出的增加，还会引起一系列的社会问题。从财政消费性支出的性质来看，由于财政消费性支出属于公款消费的范畴，在缺乏严格的财政支出约束条件下，相对于私人消费性支出而言，财政消费性支出在很大程度上不受边际消费效用递减因素的影响，也不受消费刚性的约束，这会导致公款消费的腐败。在公款消费日益泛滥的影响下，一些拥有公款消费权力的人，以公款消费支出的方式无偿地参与了国民收入的再分配[1]，其必然会造成新的国民收入分配不公。这种国民收入分配不公现象在经济实践中主要表现为：一些收入较少的居民通过财政支出性消费，在消费性支出总量中占有较大的份额。从国民经济产业结构来看，由于财政消费性支出主要分布于酒店、娱乐两大产业，在财政消费性支出不断扩张的影响下，导致酒店、娱乐产业过度繁荣，从而导致国民经济产业结构的畸形发展。如果酒店、娱乐行业的发展不是建立在具有严格支出约束的市场主体根据其自身需要所产生的市场需求之上，而是依靠公款消费的方式来获得发展。随着时间推移，一旦财政收入受经济发展不景气影响而出现大幅下滑，财政消费性支出的减少，将对依赖财政消费性支出的酒店、娱乐等行业，产生不利影响。目前，理论界还存在着这样一种观点，他们认为虽然财政消费性支出运用于酒店、娱乐行业，但是酒店、娱乐行业收入的一部分却以税收收入的方式，成为财政收入的来源。表面上来看，这种说法是有一定依据的，但是从财政支出用于酒店、娱乐等消费性支出的数量和酒店、娱乐产业缴纳的税收数量的比较来看，二者之间并不是一比一的等价关系。在“逐利”机制作用下，酒店、娱乐等行业上缴的税收收入要远远小于财政用于酒店、娱乐等行业的消费性支出数量。就此而言，财政用于酒店、娱乐等消费性支出与酒店、娱乐行业上缴的税收之间，并不是一种良性循环的相互促进的关系，而是酒店、娱乐行业不断以“暴利”的方式侵蚀财政收入的关系。

（2）财政在用于投资性支出方面也存在着较大的局限性。具体言之，表现在以下几个方面：

一是财政在投资决策上存在的相对局限性，会造成诸多盲目建设、重复建设现象，由此导致诸多无效投资。由于财政投资性支出的决策部门并不是具有严格的市场约束机制的市场主体，导致财政在投资决策上还受到许多人为的主观因素影响。在财政投资不是根据市场运行规则来确定投资方向而是根据人为的决策机制来确定投资方向的影响下，一些财政投资性项目并不能完全适应国民经济的发展需要，不但会导致国民经济短缺部门的发展得不到财政资金的支持，也会形成诸多重复建设和盲目建设现象，从而造成社会财富的大量浪费。

二是财政投资性支出自身属性的局限性，使财政投资性支出无法对国民经济产业结构起到优化作用。市场经济条件下公共支出的自身特点，决定了财政投资性支出所涵盖的范围主要包括道路、桥梁等公共产品，而从道路、桥梁所带动的行业发展来看，道路、桥梁等工程的实施，将促进钢铁、水泥以及化工产业的发展，从产业经济的景气度分析，这些行业无疑都属于夕阳行业。从信息服务、文化等朝阳产业来看，财政履行公共服务职能所导致的投资性支出的增加，对于这些朝阳产业很难起到拉动

---

① 在实践中，这种国民收入的再分配是以财政支出形式表现出来的对于财政收入的再分配。

作用。就此而言，用于公共投资项目的财政性投资性支出，只能促进夕阳行业如钢铁、水泥及化工等产业的发展，虽然这些行业的发展也能起到增加 GDP 规模的效果，但从 GDP 发展质量来看，这些夕阳行业的发展无疑不利于 GDP 发展质量的提高。有鉴于此，在现代市场经济条件下，财政以满足公共支出职能需要而发生的投资性支出的增加，不但不能够起到优化国民经济产业结构的效果，反而在一定程度上不利于国民经济产业结构在市场优胜劣汰的机制作用下实现优化升级。

三是财政投资性支出预算不严，一方面会使财政投资性支出难以达到理想的投资乘数状态；另一方面，还会导致国民收入新的分配不公。由于财政投资性支出的决策者在投资项目制定以及投资数额确定方面，带有明显的主观性，影响了财政投资项目决策的科学性以及投资金额决策的准确性。更有甚者，如果在财政投资项目决策过程中还存在着腐败现象，那么将对财政投资项目决策的科学性和投资金额决定的准确性，产生严重的负面影响，这些都在一定程度上影响了财政投资性支出对于经济发展的积极效果。从经济实践来看，由于财政投资项目支出预算不严，在投资项目建设过程中，一些财政资金并没有全部用于项目建设，而是通过跑、冒、漏等途径，流入到个人手中。与此同时，因财政投资工程项目预算管理不严，一些工程项目承包商获取了较多的利润。这些现象的存在，使财政投资性支出达不到理想的投资乘数状态，财政投资性支出通过跑、冒、漏等途径流入个人手中，财政投资工程存在的高额利润等现象，导致国民收入新的分配不公。受个人边际消费效用递减等因素影响，由财政投资性支出增加所导致的国民收入新的分配不公，将使社会平均边际消费倾向在国民收入两极分化的影响下而出现大幅下降，这些都使财政投资性支出的增加，对于经济发展的拉动作用相对有限。

（3）财政转移性支出的增加存在着较大的局限性，主要表现在以下几个方面：

一是财政转移性支出对象的确定存在着较大的局限性。从实践中来看，财政转移性支出项目及金额的确定，缺乏一个客观的标准。在缺乏必要的财政支出约束和监督机制作用条件下，财政权力的过度集中增加了财政转移支付项目确定及转移金额确定过程中“人为”因素的影响。主管财政转移支付的决策部门权力过于集中，加大财政转移支付的决策风险，也容易导致“以权谋私”式的腐败。

从地区之间的财政转移支付效果来看，为了从中央财政部门获取更多的转移支付金额，一些地方政府纷纷与中央部门拉拢关系。在中央向地方转移支付过程中，出现了明显的“跑部钱进”现象，特别是随着中央财权集中程度的进一步增强，地方政府“跑部”的层级也进一步降低，“跑部”的频率也进一步提高，加大了财政转移支付的支出成本；中央财政在转移支付项目及金额方面所拥有的权力，也更容易导致腐败的出现。而“跑部钱进”的结果必然使人情关系在转移支付项目及金额确定方面占据一定地位，从而使转移支付不能客观地反映各个地方的财力状况以及对于财政资金的实际需求，不但不能实现财政转移支付的最终目的也在很大程度上拉大了地区之间的财力差距。

从财政对于个人转移支付的实施效果来看，虽然财政对于个人的转移支付，可以在一定程度上为个人生活水平的提高提供财力帮助，从而有利于刺激个人消费。但如同地区间转移支付一样，由于财政对于个人以“补助”作为表现形式的转移支付，其在确定补助对象以及补助标准方面缺乏一套行之有效的科学标准，“人为”的主观决策在财政对于个人补助中发挥了重要作用。其一方面在财政补助对象的确定过程中不能很好地体现相对公平的原则；另一方面，也会导致腐败的出现。这些都影响了财政补助的支出效率。特别值得一提的是，由于财政补助性支出在确定补助对象以及金额方面存在着诸多不合理的地方，不能充分发挥财政补助资金对于收入较低的居民的生活扶持作用；一些居民通过非正常渠道获取财政补助收入的行为，也助长了部分居民的惰性，从而不利社会生产的持续发展。

二是财政转移性支出对于经济增长只能起到间接的拉动作用。从财政转移性支出对于经济发展的拉动作用来看，相对于财政投资性支出和购买性支出而言，财政转移性支出对于经济发展的拉动作用只能是间接的。从财政转移性支出的实施程序来看，在地区间转移支付过程中，中央财政将财政资金拨付给被补助的地区，转移支付活动即告结束。理论上，只有一些被补助的地区将中央财政拨付的财政补助资金，用于财政投资性支出或购买性支出，才能对于经济活动产生真正的拉动作用。如果地方政府将这部分补助资金持有不动，则这部分转移支付资金就没有更好地发挥对于经济发展的拉动作用。就财政对于个人的补助资金而言，财政将补助个人的财政资金拨付出去之后，对于个人的转移支付性补助即告结束。如果接受财政补助的个人将获得的财政补助资金用于消费①，那么这部分财政补助资金就较好地发挥了对于经济发展的拉动作用；如果接受财政补助资金的个人没有将这部分资金用于消费，那么这部分财政补助资金就没有很好地发挥其对于经济发展的拉动作用。因此，从财政转移支付对于经济发展的拉动作用来看，无论是地区之间的转移支付，还是财政对于个人的补助性转移支付，其对于经济发展的拉动作用都是间接的。在经济实践中，财政转移支付资金最终能否发挥对于经济发展的拉动作用，在很大程度上取决于接受财政转移支付的地区或接受财政补贴的个人，能否及时地运用这部分财政转移支付资金。此外，从财政转移支付的对象分析，财政转移支付的对象不同，决定了财政转移性支出对于经济发展所产生的间接性拉动效果也各不相同。理论上，这种由财政转移支付对象差异所导致的财政转移支付资金对于国民经济发展所产生的拉动作用，与财政转移支付在转移

---

① 接受财政补助的个人多数为生活陷于困顿的人员，因此这些人员获得财政补助资金之后主要用于消费，而不是投资。

支付项目以及转移支付金额确定上的科学与否密切相关。一般来说，当财政转移支付项目及转移支付金额相对科学时，财政资金一般会通过转移支付的方式，将资金拨付到急需财政资金的地区或个人，在拨付金额上正好满足被转移支付对象的需要。在这种条件下，接受财政转移支付的地区或个人在收到财政转移支付资金以后，就会马上使用这部分财政资金，从而使财政转移支付资金尽快地发挥其对于经济发展的拉动作用。换而言之，满足上述条件下的财政转移支付，对于经济发展的拉动作用就相对明显。反之，如果财政转移支付在支付对象及金额确定方面不科学，使一些需要财政转移支付的地区或个人得不到财政资金的支持，而一些不需要财政转移支付或者对财政转移支付需求程度较低的地区或个人，通过主观努力获得财政转移性资金之后，由于不存在迫切的支出需要，这些财政转移性资金不会马上被使用出去，而是存放于银行或以现金方式来存放，将使财政转移支付资金不能很好地发挥对于经济发展的拉动作用。

（二）减税政策在宏观调控中具有较好的调控效果

1. 减税政策对于国民产出会所产生较强的乘数效应。如前所述，传统的西方经济学理论认为，由减税所导致的个人收入增加，并不会全部使用出去，而会产生一部分储蓄。因此，相对于财政支出对于经济发展的拉动作用而言，减税政策对于经济发展的拉动作用要小于财政支出对于经济发展的拉动作用。实际上，上述判断存在着一定的误区，建立这种判断的基本前提条件在于社会上存在着一定的边际储蓄率。就生产环节的减税而言，在市场“逐利”机制作用下，由减税所产生的收入效应，会使投资者加大生产性投资比重，以期获得更多的收益。为了进一步扩张生产规模，一些市场主体不但不会将减税而获取的收入用来增加储蓄，而且还会通过将储蓄转化为投资的方式，来扩大企业生产规模。就此而言，减税所产生的乘数效应不但不会小于财政支出产生的乘数效应，而且还会由于一部分储蓄向投资的转换，使其对于经济发展产生的乘数效应大于财政支出产生的乘数效应。就个人所得税减税而言，个人所得税减税所产生的增量收入是否根据一定的储蓄率，产生一部分储蓄，取决于个人的边际消费倾向，而个人的边际消费倾向又受到个人未来不确定的收支预期以及社会可供消费品的供给影响。在经济发展相对持续稳定的条件下，如果一个国家社会保障制度不健全，考虑人的生命周期，居民会将其所获得的流量收入，按照一定的比例用于储蓄，以此应对未来不确定的支出需要以及居民个人的养老需要。虽然居民用于上述需要的储蓄比例是相对固定的，但我们并不能据此推断居民对于个人所得税减税所产生的增量收入，也会按照上述比例进行储蓄。当居民未来收入持续稳定以及消费需求相对旺盛时，居民对于减税而产生的增量收入完全有可能全部用于支出。更有甚者，在持续减税预期作用下，随着居民未来流量收入的持续增长，居民会通过缩小其以前既有储蓄规模的方式，来扩张消费。有鉴于此，在经济实践中，由于居民储蓄率不是永恒不变的，我们没有理由认为个人所得税减税对于国民经济发展所产生的乘数效应，就一定低于财政支出对于经济发展所产生的乘数效应。总体而言，无论从公司所得税减税政策还是从个人所得税减税政策的实施效果来看，减税政策对于经济发展所产生的乘数效应并不一定小于财政支出对于经济发展所产生的乘数效应，而且在宏观经济持续向好以及居民个人收入持续增加的条件下，减税对于经济发展所产生的乘数效应在某种程度上会大于财政支出对于经济发展所产生的乘数效应。

2. 减税政策有利于提高经济增长的质量。减税政策对于经济发展所产生的拉动作用，是经济运行在市场机制作用下所实现的市场化增长，其在很大程度上可以有效地避免财政支出在拉动经济发展过程中存在的诸多不足。总体来看，减税政策通过市场机制的作用，从以下途径拉动了经济的发展：

（1）间接税的减税政策在很大程度上降低了社会生产成本，有利于提高社会消费需求。如前所述，在不同的间接税税负转嫁模式下，间接税减税政策对于经济的影响也各不相同。鉴于间接税的自身属性，在“前转”的税负转嫁方式下，间接税一般是通过增加产品价格的方式，由下一个经济环节来承担。从国民经济产业结构来看，在“前转”的间接税转嫁模式下，间接税最终由消费者来承担。因此，实行间接税的减税政策，可以减少产品价格中的税收含量，使产品价格得到相应降低，从而起到促进消费的作用。而在“后转”的间接税转嫁模式下，实行间接税的减税政策，可以对投资产生积极的拉动作用。从间接税减税政策对于经济发展拉动作用的主要动力来看，在间接税减税政策作用下，经济增长是在价格机制作用下产生的，相对于行政性干预而言，这种由价格机制作用而实现的经济增长，是一种真正意义上的市场化经济增长。

（2）直接税减税政策的实施有利刺激投资和消费。从直接税减税政策拉动经济增长的路径分析，市场“逐利”机制作用的发挥，会使市场主体在直接税减税政策刺激下，根据市场的需求，进一步扩大生产规模。由于经济规模的扩张是市场主体在“逐利”机制作用下，根据市场需求所进行的扩张再生产的结果，决定了直接税减税所导致的经济规模的扩张，是依靠市场“逐利”机制的作用，在社会总供求基本均衡的基础上实现的经济总量扩张，相对于财政支出所导致的经济总量扩张而言，由减税政策所导致的经济总量的扩张，在质量以及经济发展的可持续性方面，都呈现出明显的优势。在减税政策持续作用下，市场主体为了获取更多的利润所采取的以市场需求为导向的不断扩大投资规模的行为，将使国民经济总量在符合市场运行机制的基础上得到持续扩张。

（3）减税政策在一定程度上可以保证 GDP 总量的相对真实性。在间接税的税收征管模式下，间接税加入了产品的销售价格，由于 GDP 计算是以全社会一定时期所产生的增量价值作为统计基础的，在间接税的税收管理体制下，属于国民收入分配范畴的间接税，却以增量国民收入的方式，计入了当期的 GDP 总量，这显然有悖于 GDP 的真实含义。更有甚者，在日常的经济实践中，为了增加 GDP 规模，通过增加间接税的方式就可以达到增大 GDP 规模的目的。由于 GDP 总量中包含有间接税收入部分，因此一国间接税收入规模越高，一国 GDP 规模就越大，GDP 虚增的幅度就越高。就此而言，通过间接税减税政策的实施，可以减少间接税对于 GDP 规模的虚增影响，从而确保 GDP 规模的相对真实性。

四、结构性减税政策在当前中国宏观经济调控中的运用

（一）目前中国整体税负情况

从中国宏观税负来看，2007 年中国宏观税负为 21.9%，而从世界各国宏观税负来看，发达国家中，美国宏观税负为 28.3%，英国宏观税负为 36.3%，法国宏观税负为 43.3%，德国宏观税负为 39.5%，日本宏观税负为 26.1%。从发展中国家的宏观税负来看，印度宏观税负为 25.1%，波兰宏观税负为 34.8%[①]。从中国宏观税负与国外比较来看，虽然中国目前的宏观税负水平与国外相比，还不算太高，但从中国税制结构来看，目前中国以流转税为代表的间接税在税收总收入中所占比重为 67.22%，决定了中国税制结构是以流转税为代表的间接税占主导地位的税制结构。相对于以所得税为主导的直接税而言，以间接税为主导的税制结构，没有很好地体现税收的相对公平原则，在这种税制结构下，间接税的征收不能像所得税那样，实现纳税能力与纳税负担的适度匹配。非但如此，在目前的 GDP 核算模式下，如果两国税收的绝对数额都相等，由于间接税直接计入了 GDP 总量，导致在间接税为主导税种的税收模式下，以包含间接税税额的 GDP 为基数所计算的宏观税负，必将在一定程度上小于以包含部分直接税税额的 GDP 为基数所计算的宏观税负。在目前中国以间接税为主导税种的税制结构下，当前根据间接税税额与 GDP 总量计算的宏观税负，与直接税为主导的税制结构下根据直接税税额与 GDP 总量计算的宏观税负，在统计口径上存在着较大的不可比性。总体来看，在二者名义宏观税负相等的条件下，以间接税为主导的实际宏观税收负担水平要大于以直接税为主导的实际宏观税收负担水平。由此可见，虽然目前中国宏观税收负担水平与国外宏观税收负担水平差别不大，但考虑中国以间接税为主导税种的税收结构，目前中国整体宏观税收负担水平与国外相比，实际宏观税收负担相对较重。并且，在中国以间接税为主导的税收结构下，不

---

① 数据来源：世界银行公开数据。

同的市场主体所具有的实际纳税能力与其所承担的实际税收负担是不匹配的，这种纳税人实际纳税能力与实际税收负担不匹配的客观事实，在很大程度上使中国宏观税收负担不能反映纳税人的实际纳税能力，加重了纳税人的税收负担，使纳税人不能以产品的市场价格为导向来有效地配置资源。归其原因，主要是由于在间接税的税制结构下，间接税构成商品价格的一个重要组成部分，由此使商品价格变动不能真正地反映建立在商品生产成本基础之上的市场供求关系的变化情况，使市场主体不能以价格为导向组织生产。间接税税负容易转嫁的特性，使中国在以间接税为主导的税制结构模式下，间接税的向后转嫁在减少消费者边际消费倾向的同时，还加大了经济运行中的通货膨胀压力。

（二）减税政策在中国目前宏观经济调控中的运用

1. 当前中国经济运行所面临的诸多问题，表现在以下几个方面：

第一，经济增长的外部需求不足。自 2008 年国际金融危机之后，中国对外贸易出口增长势头明显放缓，外部需求对于中国经济发展的拉动作用明显减弱。归其原因，既与国外经济景气度较差所导致的外部需求减弱等因素有关，也与中国对外贸易出口经过长时期增长之后，在对外贸易模式没有实现有效转型的条件下，受人民币升值以及出口贸易产品生产成本增加等因素影响，中国贸易出口出现增长性拐点等因素有关。

第二，经济增长在很大程度上依靠政府的投资拉动。从中国前期经济增长情况来看，投资成为拉动中国经济发展的一个重要动力。归其原因，其主要与以下几个因素密切相关：一是中国经济发展所处的重化工业发展阶段，决定了重化工业投资以及为重化工业发展创造有利条件的基础设施投资，在经济支出中所占比重较高。二是中国在由计划经济向市场经济转轨过程中，由于从事市场化经营的市场主体的培育仍然需要一个过程，决定了政府在经济发展中仍处于重要的地位，而投资成为政府参与经济活动、实现经济增长的一个重途径。三是从现行 GDP 考核机制来看，由于投资在拉动 GDP 增长中处于重要地位，增加投资成为拉动 GDP 增长的一个最有效的手段。在现行的 GDP 核算模式下，投资成为政府实现 GDP 持续增长的一个重要手段。四是从政府在市场经济条件下所掌握的资源来看，在市场经济条件下，政府主要掌握了土地、资金、资源等生产要素，而这些生产要素是重化工业发展阶段所必需的生产要素，在中国劳动力供过于求的背景下，政府所掌握的土地、资金及资源等生产要素，为政府增加投资，发挥投资对于经济发展的拉动作用，提供了有利条件。

第三，经济结构不合理，资源消耗、劳动消耗成为拉动经济增长的主要动力，技术对于经济增长没有起到很好的拉动作用。从中国国民经济产业结构来看，多年来，中国经济增长主要建立在粗放型经济发展的基础之上，这种经济发展模式主要表现为以资源消耗、劳动消耗为主，在经济发展过程中主要侧重于经济总量的扩张，而经济增长质量相对较低。总体来看，在粗放型经济发展方式作用下，中国前期经济增长呈现出明显的自然资源与劳动力资源不断货币化的现象，在信用货币经济条件下，这种自然资源与劳动力资源的货币化，既不能有效地实现进、出口的均衡，也不能使生产要素的再生产随着经济的不断发展而持续进行。在这种发展模式下，经济发展的总量主要体现在以信用货币作为表现形式的价值形态，即 GDP 形态。由于以信用货币作为表现形式的价值形态与生产要素的物化形态如劳动、资源、技术和管理等生产要素并不是一一对应的关系，在粗放型扩大再生产的条件下，其更多表现为上述生产要素不断货币化的过程。如果在上述生产要素不断货币化过程中，生产要素的消耗没有实现有效的补偿，那么粗放型经济发展的结果将呈现以信用货币作为表现形态的价值形式不断扩张与物化的生产要素存量规模不断缩小的发展态势。在物化形态的生产要素供给总量不断缩小的条件下，虽然政府不断扩张信用货币供给，可以在很大程度上使以信用货币作为表现形态的价值总量得到不断扩张，但这种脱离生产要素支撑的价值总量的单纯扩张，对于经济发展而言，并没有任何实际意义。从经济发展的最终目的来看，在信用货币经济条件下，实现以信用货币作为表现形式的价值向以实物形态商品作为表现形式的使用价值的转换，是信用货币持有者的最终目的，而生产要素存量规模的日益减少，在很大程度上使这种转化越来越难，随着时间推移，这种以追求信用货币作为表现形式的、侧重于价值量增长的经济发展方式，也不可能得到顺利发展。

第四，在基本消费需求得到初步满足的同时，消费升级产品在国民经济发展中所起到的拉动作用相对有限。从中国前期经济发展情况来看，虽然通过多年的经济发展，中国居民在消费方面基本解决了满足于自身生存的温饱需求，但在居民基本生活消费需求得到初步满足以后，受经济发展方式转型相对较慢以及国民收入分配不公等诸多因素的影响，中国居民在很长时间内不能有效地实现由基本消费需求向发展型和享受型消费需求的升级过渡。在满足于居民消费升级的产品需求和供给相对疲软的条件下，消费对于经济发展的拉动作用相对有限，而投资在经济发展中所起到的主导作用，不能使经济发展目标与经济发展的根本目的保持相对一致，也会在投资体系内循环规则作用下，通过不断的重复投资和盲目投资，产生无效的 GDP 增量。

2. 结构性减税政策在中国宏观经济调控中的运用。鉴于减税政策对于经济发展所产生的拉动作用在某种程度上要优于财政支出政策对于经济发展所产生的拉动作用，在当前中国宏观经济调控过程中，应以税收体制的调整为战略基点，通过结构性的减税政策，充分发挥税收体制性变革对于中国经济发展的促进作用。

第一，通过税收制度的调整，将中国由目前以间接税为主导的税收体系转变为以直接税为主导的税收体系。在间接税的税收征管体系下，虽然以经济活动发生金额为征税对象的间接税，在某种程度上可以确保政府税收收入的相对稳定，但是间接税税收征管体制不能很好地体现纳税能力与税收负担相匹配的原则。从税基角度分析，在间接税为主导的税收征管模式下，间接税的征收在很大程度上侵蚀了税基，使经济发展与税收之间不能实现有效的良性互动。从以所得税为主导的直接税税收体系来看，由于其组织税收收入的来源主要体现为国民经济发展过程产生的扣除生产成本之后的当期利润或前期累积利润，直接税的征收不会侵蚀税基，其与经济发展之间是一种良性互动的关系。就这两种税收征收体制对于经济发展的影响而言，间接税的征收管理体制下，为了获取更多的税收收入，通过不断外延扩张的方式增加国民经济发展总量，是增加间接税税收入的主要方式，这种发展模式主要表现为粗放型扩张再生产。在以所得税为表现形式的直接税征收方式下，由于直接税税源主要来自当期经济活动中所产生的利润以及前期累积的利润，为了更多地获取以所得税为表现形式的税收收入，在经济活动中必然会通过技术进步、走内含型经济发展道路的方式，来获取较多的利润收入，从而为直接税的征收提供较好的税基支持。一般而言，以利润为着力点的经济发展方式，其与以“技术”作为推动力的集约型经济发展方式是相对一致的。在以所得税为代表的直接税税制模式下，以直接税为表现形式的税收增长与经济发展质量的提高是相对一致的。从中国前期以间接税为主导的税制结构对于经济产生的影响来看，由于中国实行的以流转税为表现形式的间接税税制结构，使以资源消耗和劳动消耗为主导的粗放型经济发展方式在中国经济发展中处于主导地位，既影响了中国经济发展的质量，也对中国经济发展以及税收收入的可持续性产生了较大的负面影响。当前为了促进中国经济发展方式的转型，确保经济增长的可续性以及税收收入增长的可持续性，充分发挥科学技术对于中国经济发展的推动作用，有必要通过税制改革的方式，逐步将以流转税为主导的间接税税收体制，转变为以所得税为主导的直接税税收体制。

第二，当前结构性减税的着力点。当前结构性减税的着力点表现在以下几个方面：一是降低流转税税率，进一步降低不易转嫁的增值税税率；适度降低征收面较广的营业税税率，鼓励民营经济的进一步发展。通过流转税税目与税率的调整，最大限度降低生产者的税收负担，以此提高生产者的投资积极性。此外，以流转税作为表现形式的间接税税率的降低，将使社会商品的价格得到有效降低，从而可以起到有效刺激消费需求的作用。二是保持和适当提高一些流转税税率。在对消费税税目进行适当调整的前提下，对于真正意义上的奢侈消费品的纳税税率应保持相对较高的税率水平，有利于抑制奢侈品消费泛滥的社会风气。根据纳税负担和纳税能力相对匹配的纳税原则，对于奢侈品消费课以较高的税率，也利于发挥消费税所起到的国民收入再分配的作用。对于资源税而言，由于目前中国自然资源定价过低，导致资源开发行业暴利明显，为了有效地调节中国资源开采行业中存在的暴利行为，当前可以通过提高资源税税率的方式增加财政收入，抑制以资源消耗为主导的粗放型生产方式的发展，促进经济发展方式的根本转型。

第三，调整出口退税政策。对于出口退税而言，由于中国商品出口的技术含量不高，企业通过出口所获得的利润相对有限，中国商品出口更多地表现为国内自然资源和劳动力的货币化过程。在信用货币经济条件下，这种追求国内自然资源和劳动力国际信用货币化的出口模式，虽然在某种程度上起到了拉动 GDP 增长的作用，但在目前国际信用货币体系下，如果不能做到有效的进出口收支平衡，使进出口收支余额更多地体现在出口商品所实现的利润上面，这种单纯地追求出口拉动经济增长的发展方式是不可取的。在国际信用货币体系下，如果以出口作为经济发展的重要动力，结果必然是国内自然资源与劳动力的不断国际信用货币化。从生产要素来看，其实际上是国内自然资源与劳动力等生产要素的不断流出和国际信用货币的不断流入。而要对这部分流出的生产要素进行有效的补偿，就必须通过进口的方式来解决，这在一定程度上会缩小一国的进出口差额，最终使一国进出口总量保持在相对均衡状态，受此影响，一国进出口的差额主要表现为出口商品所取得的利润。就此而言，中国当前所奉行的出口拉动经济的发展思路是存在着诸多问题的，导致中国商品出口呈现单边的商品输出特征；巨额外资的流入以及自然资源和劳动力等生产要素的流出，使中国经济运行在面临较大通货膨胀压力的同时，经济发展的可持续性也受到严重的挑战。因此，为了有效地转变中国经济发展方式，确保中国经济的可持续增长，当前在出口政策导向上，要坚决避免牺牲国内生产要素供给而盲目刺激出口的政策误区。从中国现行税制结构来看，当前中国奉行的出口退税政策无疑是在片面地依赖出口拉动经济增长条件下所做出的令人费解的一项税收政策。鉴于在现代信用货币经济条件下对外贸易顺差所体现出的自身特殊属性，为了有效地转变经济发展方式，使进出口保持相对均衡，实现中国经济的可持续发展，就有必要取消部分行业的出口退税政策，使出口的增长建立在“有利可图”的基础之上，而不是不顾一切获取外汇储备的基础之上；使中国的外汇储备增加建立在出口利润结余的基础之上，而不是建立在自然资源和劳动力国际信用货币化的基础之上。与此同时，通过实行有差别的出口退税政策，促进出口结构的转型，提高技术含较高、盈利水平较大的产品出口额度，减少资源消耗型产品的出口额度，以此提高中国出口商品的技术含量，通过商品出口的方式，获取较多的以出口利润作为表现形态的国际信用货币的净流入。

第四，从直接税调整结构来看，当前中国在直接税改革上要体现两个方面基本原则：一是通过所得税税率和税目的调整，使中国税收收入不会因为间接税税率的降低而出现大幅下降；二是通过直接税税目和税率的调整，使直接税更好地发挥调节国民收入分配结构以及提高国民经济发展质量的作用。根据上述两方面原则，当前在中国直接税改革过程中可以通过一定手段，来对直接税进行有效的改革。

一是就个人所得税而言，在充分考虑居民个人及其家庭等人力资本再生产所需要的支出基础之上，科学地确定个人所得税的起征点，使个人所得税的征收不会对人力要素的再生产和扩大再生产产生不利影响①，通过适当的个人所得税税率设计，相应地提高个人所得税累进税收级距所对应的税率水平，拉开不同税收级距水平上的税率差距，通过个人所得税税率的调整，获取较多的税收收入，使个人所得税更好地发挥其对于居民个人之间收入差距的调节作用。

二是就公司所得税而言，目前中国公司所得税税率为25%，在进行公司所得税改革时，在降低间接税税率的基础之上，当前应当适当提高公司所得税的税率，通过公司所得税税率的调整，使公司所得税在发挥其对于行业之间收入差距进行适当调节的基础之上，确保国家税收收入不会由于间接税税目调整和税率的降低而出现大幅度下降，以此为国家履行其正常的基本职能提供财力保证。在降低间接税税率的前提下，适当提高公司所得税税率，不会加重公司现有的纳税负担。由于公司所得税税收主要来源于公司经营利润，其在很大程度上体现了纳税能力与税收负担相对匹配的原则。此外，应通过严格的税前扣除方式，确保公司所得税纳税基数的相对科学，使公司所得税随着经济的发展而不断增加，成为国家财政收入的一项重要来源。防止由于公司所得税税前扣除标准存在的差异，而导致公司之间实际税负的差异，从而为充分发挥公司所得税对于国民收入初次分配的调节作用，创造有利条件。

三是通过开征房产税的方式，获得稳定的税收收入，更好地发挥房产税对于居民之间收入差距的调节以及抑制房地产投机的作用，实现中国经济的持续发展。房产税的开征主要是针对居民之间由于收入分配不公对涉及居民生活必需品的住房进行投机行为而开征的一种税种。在中国房地产投机气氛较浓的条件下，在房地产税的设置上，对于居民所拥有的除自居之外的第二套及更多的房产，按照房产面积每年征收一定的税收，在房产税税率设计上，可以根据居民个人拥有房产的多少，采取全额累进的税率设计方式来征收房地产税，使房产税的开征，为国家提供一定的税收收入，更好地发挥其对于国民收入分配的调节作用，确保国民收入分配的相对公平。

四是通过开征遗产税和赠予税的方式，调节居民之间的存量收入水平，使国民收入分配保持相对公平。从遗产税的纳税对象来看，遗产实际上是纳税人一生中所实现的国民收入累积结余，其既包括纳税人所取得的流量国民收入的累积结余，也包括纳税人通过国民收入再分配的方式所取得的流量国民收入的累积结余。当前开征遗产税和赠予税，可以达到两个目的：一是通过遗产税和赠予税的开征，充分发挥该税种对

① 在人口规模一定的条件下，人力要素的扩大再生产更多地表现为人的素质的提高。

于存量国民收入分配的调节作用。这种调节作用更多地表现为在纳税人一生终结时所产生的静态调节作用。二是防止纳税人后代依靠其继承的巨额财产而出现懒惰现象，从而充分发挥人力资源在社会经济发展中的重要作用。从经济实践来看，改革开放以后，中国已经出现了较大程度的贫富两极分化现象，目前开征遗产税和赠予税，可以有效地调节前期所出现的国民收入分配不公的状况，也可以为中国实行减税政策提供必要的财力保证。需要特别指出的是，当前在遗产税开征上，为了防止国内资本出逃规避遗产税的行为，可以对于外逃资本预先征收遗产税或赠予税的方式，来杜绝这种有意逃税行为的发生。此外，在现代经济条件下，如果通过开征遗产税和赠予税的方式对国民收入进行再分配，可以将那些高收入群体出现的超过其消费需求的收入，转移给消费能力不足的群体，以此充分发挥消费对于经济增长的拉动作用。

五是从综合财产税征收情况来看，未来中国在顺利进行流转税改革之后，一旦主体税种转变为以所得税作为表现形式的直接税形式，通过综合财产税的征收，一方面可以对所得税在国民收入再分配中所发挥的调节作用进行有效的补充；另一方面，以动态调节为主要特征的综合财产税的征收，也有利于发挥其对于促进居民消费的刺激作用。由于综合财产税主要以居民所拥有的全部财产作为征税对象，为了有效地规避综合财产税的税收负担，居民必然会通过增加日常消费的方式，来减少各种形态的财产存量，这将在一定程度上有利于发挥消费对于经济发展的拉动作用，从而使生产与消费之间实现协调发展。

本章小结

本章在论述凯恩斯主义传统宏观调控理论观点的基础上，对于减税政策乘数效应与财政支出政策乘数效应的理论进行了再研究，认为如果传统理论所说的“减税”主要是指对居民所得税等直接税的削减。在这种减税背景下，要使减税对于国民产出所产生的乘数效应小于政府开支增加对于国民产出所产生的乘数效应，还必须满足以下两个假设条件：一是居民通过削减税收取得的增量收入，已经能够满足消费而且还有剩余，此时居民会将多余的收入储蓄一部分。二是政府支出是理性和恰当的，不存在浪费和其他开支而导致国民收入分配不公的问题。如果减税是生产性减税，那么在市场经济条件下，企业主由于减税而导致盈利的增加，资本的“逐利性”会使他们将这部分由于减税而增加的收入全部用于投资。与此同时，企业主还有可能通过将自身储蓄转化为投资或通过贷款方式来增加投资，由此对国民产出形成的乘数效应要远远大于传统宏观调控理论所分析的税收乘数效应。并且，生产领域由于“减税”政策刺激增加投资所形成的有效供给，可以使经济运行有效地避免通货膨胀的压力。特别是在经济结构调整时期，通过实行有差别的行业减税政策，可以促进新兴产业的发展，通过新兴产业的发展，促进国民经济整体发展质量的提高；通过新兴产业的发展带动新的需求，实现“供求”在一个更高水平上的均衡。从政府开支增加对于国民产出所形成的乘数效应来看，在社会产品供给相对充足的条件下，政府支出的增加不会导致通货膨胀，而一旦社会产品供给不足，则政府开支的增加就会导致通货膨胀。此外，由于政府支出增长的惯性特征，不断增加的政府支出，会造成财政赤字；由于政府不是具有风险和利益双重约束的市场经营主体，政府支出的边际效应也是递减的。因此，就减税和政府支出所产生的国民产出乘数效应比较而言，不能一概地认为，二者对国民产出的拉动作用孰大孰小，而要视具体情况进行具体分析。

文章认为，相对于减税政策而言，财政支出政策自身存在着较大的局限性，其主要表现在以下两个方面：（1）财政支出决策的科学性相对不足。（2）财政支出方向上存在着较大的局限性，影响了财政支出对于经济发展所起的促进作用。而减税政策在宏观调控中所体现出的相对优势，主要表现在以下几个方面：（1）减税政策对于国民产出会所产生较大的乘数效应。（2）减税政策有利于提高经济增长的质量。

最后，文章对于结构性减税政策在当前中国宏观经济调控中的运用进行了研究。认为鉴于减税政策对于经济发展所产生的拉动作用在某种程度上要优于财政支出政策对于经济发展所产生的拉动作用。因此，在当前中国宏观经济调控过程中，应以税收体制的调整为战略基点，通过结构性的减税政策，充分发挥税收体制性变革对于中国经济发展的促进作用。

第一，通过税收制度的调整，将中国由目前间接税为主导的税收体系转变为以直接税为主导的税收体系。

第二，当前结构性减税的着力点。当前结构性减税的着力点主要为以下几个方面：一是降低流转税税率，进一步降低不易转嫁的增值税税率；适度降低征收面较广的营业税税率，鼓励民营经济的进一步发展。通过流转税税目与税率的调整，最大限度降低生产者的税收负担，以此提高生产者的投资积极性。二是保持和适当提高一些流转税税率。就消费税而言，在对消费税税目进行适当调整的前提下，对于真正意义上的奢侈消费品的纳税税率应保持相对较高的税率水平，有利于抑制奢侈品消费泛滥的社会风气。根据纳税负担和纳税能力相对匹配的纳税原则，对于奢侈品消费课以较高的税率，也有利于发挥消费税所起到的国民收入再分配的作用。对于资源税而言，由于目前中国自然资源定价过低，导致资源开发行业暴利明显，为了有效地调节中国资源开采行业中存在的暴利行为，当前可以通过提高资源税税率的方式增加财政收入，抑制以资源消耗为主导的粗放型生产方式的发展，以促进经济发展方式的根本转型。

第三，调整出口退税政策。

第四，从直接税调整结构来看，当前中国在直接税改革上要体现两个基本原则：一是通过所得税税率和税目的调整，使中国税收收入不会因为间接税税率的降低而出现大幅下降；二是通过直接税税目和税率的调整，使直接税更好地发挥调节国民收入分配结构以及提高国民经济发展质量的作用。

第五十五章
启动消费需求的前提条件及其对于中国经济发展的理论借鉴

一、关于国民经济总量平衡公式的理论说明

现代西方经济学将国民经济总量平衡公式描述为：$C+S+T=C+I+G+(X-M)$，其中，就公式左边各要素的具体含义而言，"C"在货币形态上主要表示为一定时期居民可用于消费的收入水平，其在实物形态上主要表示为，一定时期与居民消费收入相对应的基本消费品供给。"S"在货币形态上主要表示为，一定时期可以满足一国国内私人投资和国外净进口需求的货币供给，其在实物形态上主要表现为，一定时期满足国内私人投资所需要的实物形态投资品的供给以及满足国外需求的净出口形态的产品供给①。"T"在货币形态上主要表示为一定时期用于满足政府各项支出需要的收入水平，主要包括政府的购买性支出、投资性支出以及转移性支出，其在实物形态上主要表现为，一定时期可以满足政府各项支出的实物形态产品的供给数量和质量。

就公式右边各要素的具体含义而言，"C"主要是指居民将其可支配的消费收入用于消费，从而导致居民以信用货币作为表现形态的收入与以实物形态作为表现形式的消费品的双重消失。从生产要素角度判断，通过这一消费行为，居民自身生存和综合素质得到继续和提高，有效地保证了劳动力这个生产要素的供给。"I"主要是指私

---

① 从进出口产品形态来看，由于一定时期一国进出口产品的类别各不相同，公式中S所指的满足国外净进口的需求，一般是指在相对稳定的汇率水平下，通过信用货币结算方式所获得的一国出口价值大于进口价值的差额，若从实物形态上来考察，S对于国外净进口需求的满足程度，主要是指一国具有满足于国外消费的商品供给。

人投资者将私人储蓄转换为投资品的过程，在此过程中，以S作为表现形态的信用货币完成了由价值形式向使用价值形式的转化。通过与S相对应的实物形态投资品的综合作用，形成了新一种形态的投资品。从价值角度考察这些投资品的价值，在市场经济条件下，由于“逐利”机制的作用，这种由与S相对应的实物形态投资品综合作用所产生的新一种形态的投资品，在价值总量上应该是产生了价值增值的投资品，否则私人投资者就缺少了投资的动力。“G”主要是指政府将其通过税收等方式所取得的收入，用于购买性支出、投资性支出以及转移性支出的部分，在此过程中，以T作为表现形式的信用货币完成了由价值形式向使用价值形式的转化，一部分税收转变为政府维持其职能所需要的各项支出，即国防开支、行政开支以及直接购买工程等各项支出。这部分由税收转换来的各项使用价值形态物品，不同于居民一般消费品，其使用价值存在时间上相对较长，一般不能够通过由使用价值形式向价值形式转换的方式，再次转变为政府所拥有的价值形式（一些破旧的物品收入变卖除外）。就政府投资性支出而言，其主要表现为一定时期政府将其通过税收方式所取得的以信用货币作为表现形式的价值形式，通过购买一定投资品并将这部分投资品组合生产出政府履行公共职能所需要的公共产品的过程。若从价值角度考察公共产品的价值，由于在现代市场经济条件下，政府投资的项目是不能营利的，相对于私人投资而言，公共产品的价值仅包含其投资成本部分，而不存在价值增值的利润部分。并且，由于政府投资的公共产品一般是非营利的，这部分公共产品在未来使用过程中，主要表现为逐渐消耗公共产品使用价值的过程，而不是表现为通过公共产品的使用来实现价值增值的过程。当然，在政府进行公共产品投资过程中，如果有一部分投资不是来自税收收入，而是来自债券收入，将打破政府收入和支出的静态平衡。如果政府通过对公共产品收费的方式，来偿还其用于生产公共产品所借的债务，政府通过借债方式所进行的公共产品建设，就具有了私人投资品的属性。此外，就政府转移性支出而言，其一方面表现为通过支付政府办公人员工资的方式，将一部分税收收入转换为政府办公人员的收入，这部分收入的使用过程，与私人收入的使用过程基本相同，在此不做详细说明。另一方面，则表现为中央政府将一部分税收收入向地方进行纵向转移，或者将其所获得的税收收入在地方政府之间进行横向转移的过程。经过各层级税收的纵向转移和横向转移之后，与税收相对应的收入，最终会用于私人消费、政府购买性支出和公共工程支出三个方面。当然，由于各级政府公务人员的工资收入会产生一部分储蓄，由此导致一部分税收收入在增加储蓄的同时，通过储蓄向投资的转换，转变为私人投资。就(X－M)而言，其为一定时期一国用于出口所取得的货币形态收入大于用于进口所取得的货币形态收入的余额。即与S相对应的满足于国外需求的物品，通过出口方式，转换为以外币作为表现形式的价值化过程。从这种价值转换结果来看，一部分以本国信用货币作为表现形式的价值，转换为以外国信用货币作为表现形式的价值。与此同时，与国内储蓄相对应的那部分实物，却通过出口的方式被国外所使用。如果一国不能够通过进口的方式，实现对外贸易收支的均衡，其必将导致一国以实物作为表现形态的使用价值单方面的流出，从而使该国社会生产不能很好地满足国内居民的物质和精神生活需求。当然，如果一国贸易顺差主要表现为一国出口贸易所实现的利润，那么表明该国在通过国际贸易方式，实现以实物形态作为表现形式的使用价值总量进出口平衡的基础上，既通过进出口产品使用价值总量的相对均衡，确保了互补贸易的可持续发展，又可以通过出口所获得的利润，实现对于国外更多使用价值的进口，以此满足一国生产和生活的需要。

二、提高一国消费需求所需要的前提条件

根据上述关于国民经济总量平衡公式的理论说明，要有效地提高一国消费需求，需要诸多前提条件，具体言之，包括以下几个方面内容：

1. 一国生产力发展水平相对发达，其生产的产品能够满足本国居民的基本生活需求和发展需求。从需求层次分析，衣食住行是居民最基本的生活需求，而旅游、娱乐、文化等需求是居民的发展性需求。要提高居民的上述消费需求，就必须通过发展生产力的方式，向居民提供与上述两方面需求相对应的产品。只有一国的生产力发展水平相对较高，才能通过以下渠道实现提高居民消费需求的目的：一是通过本国生产力的发展，依靠本国市场主体生产出与上述两方面需求相对应的产品，以满足居民的生活需求和发展需求。二是充分利用本国所拥有的相对优势，通过发展国际贸易的方式，依靠其他国家生产出与本国上述两方面需求相对应的产品。在这种贸易方式下，要求出口国出口的商品具有较高技术含量和较强的不可替代刚性需求。另受一国资源总量的约束，通过贸易方式从国外取得的生活和发展必需品，其成本支付主要不在于本国资源的等价付出，而主要来自本国出口商品的利润所得。

2. 一国劳动、资源、技术、管理及资本等生产要素能够满足该国居民基本生活需求和发展需求。从供给角度考虑，任何满足市场需求的产品生产都是各生产要素相互作用的结果，要很好的满足一国居民基本生活需求和发展需求，就必须在生产要素总量和结构上具有与上述两方面需求相一致的供给。鉴于消费的自身属性，这种生产要素的供给必须是可持续的。这就要求一国必须具有充分的人力、自然资源、技术、管理等初级生产要素形态以及生产设备、基础设施等次级生产要素形态。特别值得一提的是，就资本内涵而言，与黄金等金属货币不同，资本对应的应该是一国可利用的其他物化形态的生产要素，而不是以信用货币形态所表现出来的资金本身。因此，资本的丰富程度不能直接表现为该国的货币形态收入水平，而应该主要表现为可物化的生产要素存量和流量水平。当然，如果一国的货币是世界货币，这种以该国货币形态

表现出来的资本，其对应的可物化的生产要素存量和流量水平的范围，将由一个国家扩张至全球各个国家。

3. 一国货币的可使用范围。在信用货币经济条件下，货币主要是由政府发行的，由此决定了货币使用范围主要局限于一国范围之内，即信用货币对于本国商品的购买能力。如果一国的货币是世界货币，这种货币就可以在全球使用，该国货币当局就可以通过发行信用货币的方式，从其他国家进口满足本国居民基本生活需求和发展需求相适应的商品或服务，从而满足本国居民的消费需求。就此而言，一国信用货币能否成为国际货币，对其本国居民的消费需求会产生较大影响。

4. 本国居民的收入分配状况。在经济货币化条件下，如果不考虑通货膨胀的因素，从需求角度分析，决定一国居民消费需求大小的主要因素在于居民的货币收入水平。具体言之，当居民货币收入水平较高时，其消费能力较大；反之，则消费能力较小。从一国居民货币收入水平的决定因素分析，一国国民收入分配状况，对其居民的货币收入水平会产生较大影响。就一国居民收入分配而言，如果该国居民收入分配相对合理，不同层次居民的收入水平与其消费需求实现科学的匹配，并且随着时间推移，居民收入的稳定增长为其实现消费需求的升级，提供了切实的制度保障，那么这种分配状态下的居民生活需求和发展需求都会得到充分的满足，该国居民对于这两方面的消费需求就是可以持续的，使社会生产与消费之间呈现一种良性发展关系。相反，如果一国居民收入分配水平极度不公平，出现了居民收入水平与消费需求的错配，这种分配状态下的居民消费需求，必然不会得到充分的满足。社会上既会出现一大批想消费而无钱消费的居民，也会出现有钱却不想消费的居民，导致生产与消费的极度不平衡，消费对于经济发展的拉动作用就会受到很大的影响。

三、启动中国消费需求的必要性和复杂性

2008年以后，出口对于中国经济增长的拉动作用进一步削弱，相关数据显示，2005年、2006年、2007年、2008年、2009年、2010年以及2011年，中国实现进出口贸易顺差数额分别为8374.4亿元人民币、14217.73亿元人民币、20171.07亿元人民币、20868.4亿元人民币、13411.32亿元人民币、10081.5亿元人民币、11901.5亿元人民币。从上述数据变化情况来看，中国对外贸易顺差自2008年达到历史高点之后，回落趋势十分明显。归其原因，业内更多地认为是受人民币升值及全球金融危机的双重影响。其实，中国人民币升值起于2005年7月份，并于2008年达到了历史高点，而在人民币升值之后，中国贸易顺差却是不断增加的。若考虑J曲线效应，人民币升值对于贸易顺差的时滞性影响也不会在2008年以后才表现出来。有鉴于此，笔者认为导致中国贸易顺差出现大幅下降的真正原因在于，国际金融危机导致外部需

求的减弱，以及中国对外贸易经过前期大幅扩张之后出现的增长性拐点。就人民币汇率而言，在利率没有市场化、中国资本市场尚未实现对外开放以及人民币不能完全自由兑换的条件下，探求人民币市场的均衡汇率水平，无疑是缘木求鱼。因此，我们没有理由认为，当前中国对外贸易出现顺差缩减的现象是人民币出现均衡汇率的信号，而急于开放中国的资本市场，实现人民币的国际化。当然，无论当前人民币汇率与贸易顺差缩减之间的关系如何，贸易顺差的缩减，使出口作为拉动中国经济增长的重要引擎之一，其对于经济发展的拉动作用已相对有限。在出口需求减弱的背景下，根据经济学的总量平衡公式，要保持经济的持续增长，只有依靠投资和消费拉动，而考虑中国房地产调控的宏观背景，在投资需求受到抑制的背景下，启动消费无疑成为拉动中国经济增长的唯一手段。

从实践中看，刺激经济增长的办法不会像做算术题那样简单，不可能根据经济总量的平衡公式，通过在投资、出口以及消费之间进行适当增减的方式，来实现国民经济总量的平衡。在出口和投资增长受到抑制的情况下，中国能否像西方发达国家那样进行提前透支消费？当中国人都在加大消费力度时，消费对象由谁提供？中国能否通过人民币国际化的渠道，用人民币从外国购买商品供国内居民自己消费？这些都是启动中国消费需求所必须要考虑的重要问题。笔者认为，考虑中国经济发展所面临的内外部环境，中国消费需求的启动需要各方面通力合作，采取切实的刺激消费需求措施，而不能依靠简单的经济总量加减法，来达到刺激消费需求的目的。

四、刺激中国消费需求应该采取的相关对策

当前为了更好地刺激中国消费需求，发挥消费对于经济发展的拉动作用，可以采取以下对策：

第一，通过大力发展生产力的方式，为满足中国居民生产消费和发展消费需求创造有利条件。一是加大不可再生资源勘探和新能源研发的力度，确保居民消费的资源供给。二是通过加大教育和科研投入的方式，提高劳动者素质，提高产品的技术水平，提高生产管理水平。从生产要素角度考虑，可再生生产要素的培育主要在于“人”，通过大力发展教育的方式，培育可再生生产要素，是实现消费持续发展的前提条件。当前，既要加大教育投入的总体规模，又要找准教育投入的着力点，加强基础教育投入力度，加强理工科、人文科学的投入力度，从物质和精神两个方面为提高国人的消费能力，创造有利条件。三是适当控制货币发行规模，提高居民实际收入水平的含金量。在信用货币条件下，居民收入水平的高低主要表现为实际购买力，要切实保证居民的消费能力，就必须适当控制货币发行规模，使居民收入增长有切实的物质或非物质形态的产品做保障。

第二，通过积极的产业政策引导，促进中国居民的消费升级。鉴于居民在消费层级上主要有基本生活需求和发展需求两个层次，为了更好地刺激消费需求，不仅要进一步提高居民基本生活需求质量和层次，而且要通过大力发展文化等精神产业的方式，促进居民的消费升级。在进一步满足居民发展需求的同时，有效地克服自然资源等不可再生因素对于提高居民消费能力的约束。

第三，科学设计国民收入分配和再分配格局，规范国民收入分配秩序，实现居民收入水平与消费能力在总量和结构上的相对一致，确保居民消费能力的可持续增长。当前制约中国居民消费能力的一个重要因素，在于国民收入分配不公。中国出现的国民收入分配的不公，既与生产要素定价不科学有关，又与部分市场主体在生产要素取得过程中以及生产要素组合生产中存在的违法行为有关。为了进一步提高居民的消费能力，要提高实体经济中劳动、技术等生产要素的收入水平。同时，通过再分配的方式，抑制虚拟经济发展中市场主体的收入水平；通过严格的法制建设，维护市场经济运行秩序，防止生产要素取得过程中和生产要素组合生产过程中违法行为的发生，确保居民收入的相对公正、公平，确保居民的消费质量。

第四，加强资本市场监管，充分发挥外汇储备的使用效应。加入 WTO 之后，中国之所以出现巨额贸易顺差，与中国在国际贸易中相对优势得到充分发掘有关，也与发展中国家与发达国家既有的社会分工不合理有关。就贸易本质属性而言，在信用货币体系下，这种巨额贸易顺差的存在对于一国发展而言，并没有多少好处。而从中国外汇储备构成来看，其既包括贸易顺差部分，又包括投机资本入境和国外资本投资的部分。考虑中国贸易顺差主要来自商品实物出口而不是来自出口商品利润结余等因素，中国存在的巨额外汇储备，并不能作为资本市场对外开放和实现人民币国际化的充分条件。在目前人民币国际化条件并不完全具备的情况下，如果盲目开放中国资本市场，投机资金出逃会给中国造成很大的金融风险。为了更好地发挥消费对于经济的刺激作用，在加强国际投机资本出逃监管的前提下，可以采取以下措施，充分发挥外汇储备在刺激消费中的作用。一是将一部分外汇储备用于购买国外不可再生的战略自然资源，增加中国资源储备；二是将一部分外汇储备用于购买国外先进的生产设备，提高中国先进产品的生产能力，为扩张居民消费能力提供充分的产品供给；三是将一部分外汇储备进口国内不能生产的消费品，以进一步满足国内居民的消费需求；四是动用一部分外汇储备，高薪聘请国外优秀的理工类技术人才，增强中国经济发展的软实力。通过上述外汇储备的有效使用，可以在很大程度上弥补现实国际分工的不足，通过引进外部生产要素和消费要素的方式，为充分发挥消费对于经济发展的拉动作用，创造有利的必要条件和充分条件。总体来看，在既有的国际分工格局下，只有积极创造有利条件，通过多种方式刺激消费，才能确保中国经济的持续发展和社会主义生产目的的实现。实体经济的发展是一国经济发展的基础，虚拟经济的发展必须以实体经济为依托，服务于实体经济。因此，中国目前存在的巨额外汇储备应更多地服务于实体经济，而解决中国对外贸易不均衡问题，应通过提高国内居民收入水平和出口贸易品技术含量、改善贸易收支结构的方式来进行，而不能一味地寄期望于通过人民币升值的方式来平抑贸易顺差。

本章小结

本章首先对关于国民经济总量平衡公式进行了理论说明，在此基础上，认为要有效地提高一国消费需求，需要诸多前提条件，具体言之，包括以下几个方面内容：(1) 一国生产力发展水平相对发达，其生产的产品能够满足本国居民的基本生活需求和发展需求。(2) 一国劳动、资源、技术、管理及资本等生产要素能够满足该国居民基本生活需求和发展需求。(3) 一国货币的可使用范围。在信用货币经济条件下，货币主要是由政府发行的，由此决定了货币使用范围主要局限于一国范围之内，其主要表现为信用货币对于本国商品的购买能力。(4) 本国居民的收入分配状况。在经济货币化条件下，如果不考虑通货膨胀的因素，从需求角度分析，决定一国居民消费需求大小的主要因素在于居民的货币收入水平。

从实践上看，刺激经济增长的办法不会像做算术题那样简单，不可能根据经济总量的平衡公式，通过在投资、出口以及消费之间进行适当增减的方式，来实现国民经济总量的平衡。在出口和投资增长受到抑制的情况下，中国能否像西方发达国家那样进行提前透支消费？当中国人都在加大消费力度时，消费对象由谁提供？中国能否通过人民币国际化的渠道，用人民币从外国购买商品供国内居民自己消费？这些，都是当前启动中国消费需求所必须考虑的重要问题。总体来看，为了更好地刺激中国消费需求，发挥消费对于经济发展的拉动作用，可以采取以下对策：第一，通过大力发展生产力的方式，为满足中国居民生产消费和发展消费需求创造有利条件；第二，通过积极的产业政策引导，促进中国居民的消费升级；第三，科学设计国民收入分配和再分配格局，规范国民收入分配秩序，实现居民收入水平与消费能力在总量和结构上的相对一致，确保居民消费能力的可持续增长；第四，加强资本市场监管，充分发挥外汇储备的使用效应。

第五十六章
供给与需求在充分就业状态下实现更高层次有效均衡的主要路径

一、国民经济充分就业的内涵、实现路径及现实意义

在市场经济运行过程中，实现充分就业，是经济管理当局在进行宏观经济调控时孜孜以求的目标。就充分就业的内涵而言，西方经济学理论做了如下论述：充分就业，也称为完全就业，是经济学中的一个假设，指的是除了正常的暂时不就业（比如工作转换等），所有的人都找到合适的职务，没有浪费现象。当然，在充分就业情况下，仍然会存在摩擦性失业和结构性失业，就此而言，充分就业是与一定失业率并存的一种经济现象。

充分就业之所以成为市场经济条件下政府进行宏观经济调控的一个重要目标，主要在于其代表了一定时期人力资源的使用程度。人力资源在任何社会都是第一资源，任何社会发展都首先取决于人力资源配置效率高低。在经济实践中，人力资源配置效率高低的根本标志就是就业或失业程度，由于就业与人力资源配置效率正相关，失业与人力资源配置效率负相关，经济学家、社会学家、人口学家和政治学家们把充分就业视为人力资源与其他资源配置效率的最优状态。在现代市场经济运行中，当人力资源充分就业时，其他一切非人力资源也同时得到最有效率的利用，整个国民经济的实际产出接近或等于潜在产出，经济产出状态处在生产可能性曲线的最大边缘，经济发展和经济增长处在经济周期的繁荣阶段。由于充分就业状态以及由此代表的整体经济运行状态处在人们期望的最优状态，实现充分就业就成为社会发展的重大关键问题，政府就有责任有义务在充分就业领域有所作为。从充分就业在经济发展中的作用来

看，其主要包括以下几个方面内容：

1. 充分就业是劳动者实现其劳动权利的基本保证和主要标志。在充分就业状态下，每个劳动者都找到了他或她所期望找到的就业岗位，劳动者在就业岗位上实在地证明了自身所拥有的自主决策、自愿选择、自由流动、自动就业和自我发展的真实权利，劳动者的可行能力得到了体现、证明和运用，其自身的内在需求偏好获得了满足，可以实现符合个人意愿的全面发展。

2. 充分就业为劳动者维持家庭生存提供了必要的经济支持。在充分就业状态下，劳动者个人有了可靠的工作保障，找到了稳定可靠的收入来源，居民户家庭能够实现收入最大化，可以实现个人或居民户家庭在各个方面的最大化发展。而劳动者一旦因失去就业机会而处于失业状态，也将同时失去个人和家庭发展的经济支撑。

3. 充分就业能够在一定程度上使劳动者得到精神满足。充分就业状态下的劳动者在找到就业岗位的同时，也找到了自己的社会归属，自身将不再处于社会游离状态，不再被社会所抛弃和边缘化，其心理将不再因失业而被扭曲，原有的失业心理也会得到及时矫正，对未来将不再徘徊、彷徨和迷惘，就业者有了自己期望的社会定位，证明了自己的社会价值，其精神需求会得到满足。

4. 充分就业能够促进社会和谐发展。充分就业状态下包括人力资源在内的所有社会资源都得到了最优化配置，实际经济产出 GDP 接近或等于潜在产出水平，经济运行曲线处在生产可能性曲线的边缘附近，经济周期处在繁荣和高涨阶段，国民经济蛋糕已经做到最大，即使收入分配比例保持不变，个人家庭收入和政府财政收入也都会获得相应增长，人口发展、经济增长和社会进步处在动态和谐的健康运行状态。

5. 充分就业在一定程度上能够消除社会冲突。一定时期人力资源处于充分就业状态，证明了政府决策和政府政策的公正性及有效性，政府宏观调控的政策目标已经实现，社会公众对政府机构的满意度得到提升，政治支持率就会得到提高，政府也能够用不断增长的财政收入支撑社会全面发展。而有劳动能力并愿意工作的劳动力人口都各就其业，社会发展过程中潜藏的某些动荡、冲突、摩擦和骚乱等不稳定因素就会得到及时消解，既不会出现纵向的政府与公众之间的社会剧烈摩擦，也不会出现横向的社会各阶层或各利益集团之间的巨大矛盾冲突。

二、充分就业并不能实现社会供求的自动均衡

充分就业之所以能够在实现国民经济产出最大化的同时，而不使社会产品出现供过于求，主要原因在于市场经济条件下价格机制的作用，对之，萨缪尔森在《经济

学》中做了如下描述："许多早期古典经济学家认为：持久的供过于求的时期是不可能出现的。只要 AD 或 AS 移动，价格就会灵活地做出反应以保证充分就业产量得以售出。在这里边，我们看到有伸缩性的价格怎样保证价格向下移动到足以使支出增至充分就业产量水平的程度。"①

根据萨缪尔森的描述，在市场经济条件下，价格对于供给与需求的自动调节机制，可以使充分就业状态下产品供给，通过价格的自行变动，实现供给与需求的均衡，从而最终实现充分就业状态下的最大国民产出规模。笔者认为，西方经济学将充分就业作为宏观经济运行的最佳状态，其理论存在的前提条件在于充分就业状态下的国民经济产出能够通过价格自动调节机制的作用，实现社会产品供给与需求的自动均衡。而从经济运行的实际情况来看，在市场经济条件下，价格调节机制并不是万能的，如果一定时期社会需求总量及结构与社会供给的总量及结构之间不匹配，通过价格调节机制的作用，则很难达到理想的调控效果。就此而言，笔者认为，在将充分就业作为国民经济发展主要目标的同时，还必须要考虑一定时期社会需求与供给之间总量和结构的平衡问题。如果一定时期社会需求与供给之间总量和结构不平衡，而政府宏观调控的着力点仍在于促进社会充分就业，那么，在政府扩大投资或刺激消费调控政策强力作用下，一定时期社会就业率会有所提高，如果在促进社会就业率提高的同时，不能有效地改善社会需求与供给之间总量和结构关系，实现社会需求与供给之间在总量和结构上的充分匹配，那么单纯地依靠价格调节机制是不可能使社会需求与供给在总量和结构上实现有效均衡的。其在一定程度上决定了政府通过宏观调控手段所导致的就业率增长不具有可持续性，随着社会需求和供给之间在总量和结构上不匹配状态的延续，经济发展并不能保持充分就业状态。就此而言，虽然在现代市场经济条件下，人力资源是经济发展的第一资源，但对于人力资源的使用效率并不是单纯地体现在充分就业这一指标上，如果在充分就业状态下由于社会需求和供给之间在总量和结构上不匹配，而导致社会产品供给总量和结构的过剩，那么在市场经济条件下价格调节机制对于社会产品总量和结构的过剩是无法进行自动调节的。就此而言，充分就业状态下的产品过剩，浪费了大量的社会资源，也使部分人力资源的使用处于无效状态。有鉴如此，笔者认为，在市场经济运行过程中，真正意义上的充分就业应该是社会需求和供给在总量和结构相对匹配基础上实现的充分就业。相对于充分就业而言，一定时期社会需求和供给是否在总量和结构上实现相对匹配，对于经济发展更为重要。

1. 一定时期社会就业率的下降在某种程度是由于社会供求失衡导致的结果。在市场机制作用下，社会供给与需求之间会实现自动均衡，从实践中看，受市场经济运

① 萨缪尔森：《经济学》第 12 版，中国发展出版社 1992 年版，第 605 页。

行滞后性、盲目性影响，一定时期社会产品供给和需求之间在总量和结构上会出现不均衡，由此会使部分供给过剩的行业压缩生产规模，在资本有机构成不变的情况下，会导致社会失业人口的增加。当然，在市场自动调节机制作用下，市场对于需求不足商品生产的增加，会在某种程度上增加社会就业人口。从实践中来看，由于不同行业和产品生产所需要的劳动者在知识和技能上都会出现较大差异，决定了短缺商品生产规模的扩张受本部门扩张所需要的社会劳动力供给状况的约束。理论上，只有劳动力在跨行业或产品生产的转移上具有较强的可塑性①，社会生产才能在市场机制作用下通过生产规模的结构性增减，实现就业率由失业状态向正常状态的恢复。如果一定时期劳动力的供给不具有较强的可塑性，那么，产品短缺部门的生产规模扩张就缺乏劳动力支持，由于产品供需结构失调所导致的失业率在短期之内就不能通过劳动力就业转移的方式，实现就业率的自动恢复。如果一定时期社会供需总量和结构是由于各市场主体在生产要素占有量上的不对等，或者由于生产要素定价不合理而导致国民收入分配不公，所造成的供需总量和结构性失调，其在导致失业率上升的同时，也很难通过市场调节机制的作用，实现社会供需总量和结构的均衡，从而使就业率恢复到下降之前的水平。在市场经济条件下由于各市场主体在生产要素占有量上各不相同，导致各生产要素依据其拥有的生产要素参与社会生产所获取的价值数量也各不相同。

一般来说，拥有生产要素较多的那部分市场主体在当期社会生产中获取的价值数量相对较大，这些价值最终会通过扩大市场主体消费需求和投资需求的方式，实现可供这些市场主体消费和投资的那部分商品价值与使用价值的相对均衡。而拥有生产要素较少的那部分市场主体在当期社会生产中获取的价值数量相对较小，这些价值会通过消费需求的方式，实现可供这部分市场主体消费的那部分商品价值和使用价值的相对均衡。就动态而言，随着社会生产力发展水平的不断提高，那些在生产要素总量中占有较多份额的市场主体，其消费需求和投资需求会不断增长；而那些在生产要素总量中占有较少份额的市场主体，其消费需求也会由于生产力的发展而得到相应增长。总体来看，随着那些在生产要素总量中所占比重较高的生产要素在国民收入分配中所占比重的不断提高，社会生产总是偏向于向满足这些生产要素消费和投资需求的方向发展，而对于那些在生产要素总量中所占比重较少的市场主体，社会生产一般只偏重于满足其基本的消费需求和必要的发展需求。由于个人消费需求存在一定的刚性约束，而从投资需求的最终目的来看，最终也是为了满足消费需求，因此在那些生产要素占有量较多的市场主体消费需求没有得到满足之前，社会生产可以按照既有的格局正常运行。而一旦这些生产要素占有量较多的市场主体消费需求达到了刚性的临界点，那么就会导致用于满足生产要素占有量较多的市场主体消费需求的生产部门出现

① 这种可塑性可以理论地假设为劳动力从事各种行业或产品生产的万能性。

生产过剩，最终也会导致满足生产要素占有量较多的市场主体投资需求的生产部门出现生产过剩。鉴于在生产要素总量中占有较大比重的市场主体在国民收入分配中居于主导地位，由此导致在这部分市场主体面临消费需求和投资需求双重过剩的条件下，市场无法通过价格机制的作用，实现满足富人消费和投资的商品价值和使用价值的相对均衡。同样，由于各市场主体在生产要素占有量上的不均等，从而导致各市场主体在一定时期社会价值总量中所占比重的不均等。在富人消费和投资需求都得到满足的情况下，如果没有国民收入再分配的介入，市场就无法通过自身的力量，实现社会投资由满足于富人消费和投资向满足于一般穷人消费的转移。受此影响，社会再生产会处于停滞甚至倒退的状态，由此导致社会失业率的进一步增加。更有甚者，如果在社会生产过程中某些市场主体凭借其在生产要素配置中所拥有的特殊权力，或者拥有超出经济权力之外的政治权力，而通过片面地压低以劳动为表现形式的生产要素价格的方式，来获取超额利润，在没有最低工资保障制度以及国民收入再分配制度调节的条件下，其最终必将导致富人的消费需求和投资需求不断扩张，而穷人的消费需求增长较慢。在此背景下，社会再生产比例失调将随着富人消费需求和投资需求得到满足而提前到来，从而在一定程度上使社会再生产出现停滞不前的局面，导致失业率的进一步增加。特别值得一提的是，如果劳动者较低的工资不能满足劳动力的再生产，生产要素自身的再生产都会受到威胁，其对于社会经济的负面影响，已经超出了失业率提高的范畴，使整个社会再生产都无法维持正常地运行。

综合来看，一定时期社会充分就业与社会商品供求总量和结构之间的均衡并不是一致的，充分就业并一定能够导致社会商品供求总量和结构的均衡，相反，社会商品供求总量和结构之间的不均衡，一定会导致社会失业率的增加。

2. 就市场经济条件下的价格调节机制而言，其并不能通过价格的自动变动而实现供求的自动平衡。鉴于供给与价格的正相关关系，需求与价格的负相关关系，通过价格的自主变动，会实现社会供求总量和结构的平衡。从实践中看，虽然在信用货币体系下政府可以通过控制货币发行量的方式调节社会价值总量，但就商品生产和消费而言，商品价值与使用价值相统一的规则并没有由于信用货币取代黄金商品货币而失去作用。因此，在市场经济条件下，价格调节机制对于商品供求总量和结构的影响，要受多种条件的制约，表现在以下几个方面：一是商品需求对于价格的变动具有无限的需求弹性，一方面要求商品的市场需求潜力巨大，而不是市场需求饱和度较高或市场需求潜力较小的商品。如果商品的市场需求得到了进一步满足，商品价格再下降也不会进一步刺激市场需求；另一方面，要求市场具有取得商品需求所对应的价值付出，如果消费者消费能力较低，商品价格再下降，消费者也无力增加其对于商品的消费需求。二是商品供给量的增加有充分的生产要素做保障。在市场经济条件下，“逐利”机制发挥作用会使商品生产者在价格上涨的背景下会通过扩张商品供给规模的方式，来获取更多的利润。但从实践中看，商品生产者扩张商品供给受制于商品生产所需要的生产要素供给的约束。如果一定时期商品生产所需要的生产要素供给相对不足，那么商品生产者在商品价格上涨的背景下，就无法通过扩大商品供给的方式来获取更多的利润，其在一定程度上预示，在市场经济条件下，价格机制的变动不一定会使社会总需求在一个新的高点实现总量和结构的相对均衡。

3. 根据凯恩斯主义所主张的经济刺激方案，最终也不能有效地实现国民经济在充分就业基础上的供求均衡。西方经济学理论主张通过积极的调控手段来实现国民产出的进一步扩张，对之，凯恩斯在《货币、利息、就业》一书中做了以下描述：为了使经济发展达到充分就业状态，应该采取以下措施：一是刺激私人投资，为扩大个人消费创造有利条件；二是促进国家投资，通过扩张公共工程、救济金、教育费用、军事费用等公共投资，以抵补私人投资的不足，确保社会的充分就业；三是政府通过实行累进税的方式提高社会消费倾向，通过社会消费倾向的提高，刺激经济增长，以实现充分就业。这些措施的推出实际上仍然受到如前所述的价格作用机制下需求和供给扩张所面临的诸多条件的制约。短期来看，虽然政府投资的增加会导致国民产出总量的增加，但受行政性决策机制不科学影响，在政府投资项目中还存在大量重复建设和盲目建设现象，影响了投资效率，也给未来经济运行造成了诸多不利影响。在信用货币经济条件下，政府投资增加所导致的货币发行增多，实际上并没有提高整个社会的货币购买力水平，而会通过通货膨胀的方式来消化这种货币供给过多的压力。从刺激私人投资所引致的个人消费需求来看，私人投资的增加在一定程度上可以增加就业，劳动者在获得收入之后，就可能增加消费。如果从生产与消费相对匹配的属性分析，消费者消费的对象主要来自生产，私人投资增加能否真正地刺激消费，取决于以下两个基本假设条件：一是在私人投资中，作为消费主体的劳动在新增的国民收入分配中占有一定的比重，以此为提高就业者的消费水平提供价值支持；二是社会生产的产品主要表现为消费品的生产，以此为消费者消费水平的提高提供必要的消费对象。

从实践中来看，如果没有必要的国民收入再分配手段对之进行必要的调节，在现实经济运行中，通过增加私人投资的方式很难达到刺激私人消费的效果，其原因主要包括以下几个方面：一是在市场经济条件下，“逐利”成为投资者从事投资的主要目的，决定了在私人投资增加所导致的增量国民收入中，企业主必然在增量国民收入分配中占据较大份额，普通劳动者在国民收入分配中所占份额的减少，使得他们没有能力大幅度提高消费水平。更有甚者，如果没有最低工资标准的法律约束，在“逐利”机制作用下，普通劳动者所获得的工资甚至连其自身基本生存都难以得到保障，相对于劳动者自身消费水平提高而言，更是遥不可及。从企业主增加投资所产生的消费效果来看，在企业主消费刚性约束条件影响下，企业主在增量国民收入分配中所占比重的提高不会增加其自身的消费水平。二是就私人投资在政策刺激下的投资方向而言，如果一个社会一定时期国民收入分配不公导致消费市场相对疲软，而且政府在社会投资中发挥了重要作用，在投资自我复制和循环机制影响下，私人投资在政策刺激下的投资方向在很大程度主要表现为投资领域，归其原因，主要与以下因素有关：第一，在一个国民收入分配不公的经济条件下，普通消费者由于在国民收入总量中所占比重较低，而使其消费能力受到较大的削弱。由于国民收入分配不公的社会往往表现为金字塔式社会，导致多数人消费能力较弱，受居民消费能力较弱影响，社会消费市场必然会出现疲软现象。面对消费品的过剩局面，投资的“逐利”性在一定程度上决定了私人投资在政策刺激下的投资方向不会投向消费领域，而是会转向投资领域。第二，从投资的自身特点来看，投资具有自我循环和自我复制的特点，在一定程度上决定了投资的产业链相对较长，从而使投资空间相对较大，为私人投资提供了较大的投资空间。在经济实践中，如果宏观经济政策对于私人投资的刺激，其着力点分布在投资领域，那么在“逐利”机制作用下，政府政策性投资的增加必然会对私人投资产生较大的吸引力，使私人企业主增加在投资领域的投资。就此而言，私人投资的增加并不能有效地刺激消费，在一定时期社会消费品相对过剩的条件下，私人投资的增加充其量只能减轻消费品供给过剩的压力。而在国民收入分配格局没有得到合理调整的情况下，私人投资增加所导致的国民收入分配必将加剧生产与消费之间的矛盾。一方面加剧投资领域原料价格上涨的压力，并在价格传导机制作用下，导致国民经济运行面临较大的通货膨胀压力，进一步削减了居民的消费能力；另一方面，受普通居民在国民收入增量分配中所占比重相对缩小的影响，普通居民消费能力并不能得到有效的提高。在国民收入分配不公格局不能得到有效解决之前，通过刺激私人投资的方式，并不能起到刺激消费的效果。

就通过累进税率刺激私人消费而言，如果累进税率开征的目的主要在于刺激企业主消费，那么在消费刚性需求影响下，这种作用是相对有限的。如果将开征的累进税所获得的税收收入通过国民收入再分配的方式，用于提高普通居民的收入水平，由此会对消费产生间接的刺激作用。就这种作用的可延续性而言，如果累进税率过高，则会影响私人企业主投资的积极性，从而对于累进所得税的税源产生不利影响。就此而言，过高累进所得税制度对于消费所产生的间接刺激作用，并不能得到有效持续。实际上，从导致居民消费疲软的根源来看，其主要原因在于国民收入初次分配的不合理。从生产与消费之间相互关系分析，各生产要素参与社会生产，在取得成本补偿的同时，还必须取得一定的收益回报。因此，对于参与生产循环的普通劳动者而言，获得维持其家庭基本生存的最低工资，是进行劳动力再生产的必要保证，也是维持社会基本消费水平的必要保证。在经济持续发展的条件下，普通劳动者根据其在经济发展中所作的贡献，获取一定的增量收益回报，是提高劳动者素质所必需的，也是真正提高社会消费水平所必需的。

三、国民经济在充分就业基础上实现供求基本均衡的主要路径

如前所述，充分就业与实现国民产出最大化的供求均衡并不是等同的。在实现全社会充分就业的条件下，使国民产出在达到最大化的同时实现全社会供给与需求的均衡，无疑是经济发展最理想的状态，也是宏观经济决策者孜孜以求的发展目标。当前，要使宏观经济运行接近或达到上述状态，可采取以下措施：

1. 厘清市场经济条件下价值创造的最终根源，建立科学的国民收入初次分配结构体系。在市场经济条件下，市场在资源配置中发挥基础性作用，是需要诸多前提条件的。在市场经济条件下，如果是由于市场主体经营的自发性和盲目性而导致的市场经济运行失调，市场机制就会对其发挥自动调节作用；如果是由于国民收入分配结构不合理而导致的市场经济运行失调，市场机制则无法对之发挥自动调节作用，而从政府对于市场经济运行进行外部调节的效果来看，其效果也不明显。有鉴于此，当前在宏观调控过程中，要实现充分就业条件下国民产出最大化状态下的供给与需求均衡，就必须厘清市场经济条件下价值创造的最终根源，建立科学的国民收入初次分配结构体系，充分发挥市场机制对于经济运行的自动调节作用。在市场经济条件下，社会生产是各生产要素相互组合的产物，任何一个要素都不可能离开其他生产要素而单独存在。决定了在社会生产过程中，生产要素价格确定的最低标准就是保证生产要素自身再生产所需要的成本补偿，而不是根据生产要素的供求关系，对于生产要素随意进行定价，使部分生产要素的价格不能满足其自身再生产的需要。鉴于各生产要素之间这种相互依存的关系，如果在“逐利”机制作用下，片面地压低某一生产要素价格，导致这一生产要素再生产不能延续，一方面会影响下一期社会生产中生产要素的供给；另一方面，也会对社会需求产生不利影响，从而使国民经济结构失调，最终会使各个市场主体都会受到较大的负面影响。由此可见，生产要素定价的合理性与否，不但关系到整个国民经济能否得到持续发展，而且最终也涉及各个市场主体自身的利益。有鉴于此，要实现充分就业条件下国民产出最大化状态下的供求均衡，在建立科学的国民收入分配体系中，重中之重是要对于劳动力的工资结构及其含量进行科学核定，建立最低工资保障制度，以确保劳动力再生产的正常进行，而不能根据所谓的供求法则，对于劳动力工资实行完全的市场化定价，通过片面压低劳动力工资收入水平的方式，获取较多的超额收益。建立科学的劳动力工资制度和劳动力最低工资保障制度，有利于保证劳动力自身再生产的顺利进行，也有利于保持国民经济发展过程中生产与消费的协调运行，进而使充分就业建立在真正意义上的生产与消费相互协调的基础之上，而不是通过片面的投资拉动，实现国民经济在不均衡基础上的产出的最大

化。如果科学地核定劳动力工资收入水平，那么社会再生产就可以在生产与消费保持协调的基础上得到持续发展，其一方面会通过市场自动调节机制的作用，实现投资品生产与消费品生产的相对协调；另一方面，也在一定程度上保障了投资效率，使投资的增加不是建立在片面压低其生产要素价格基础上而进行的低效投资，从而使社会实现真正意义上的充分就业。

2. 通过国民收入再分配的方式，对于国民收入初次分配进行有效调节，以确保社会生产与消费的协调发展。国民收入再分配既是现代社会经济发展的必然要求，也是对国民收入初次分配进行矫正的必然选择。通过国民收入的再分配，保证非生产部门人员必要的消费水平；通过国民收入再分配，调节国民收入初次分配的不足，平滑市场主体在国民收入初次分配中出现的较大差距，确保国民经济发展中生产与消费的相对协调。在市场经济条件下，除一般从事生产性劳动的劳动者之外，还有一些从事非生产性劳动的劳动者，这些人员包括政府机关的公务人员、为社会生产提供间接服务的教育工作者、科研人员，以及为维持人类基本生存提供服务的医务人员等，这些人员的劳动不能直接创造满足人类生存需求和发展需求的社会产品，而是间接地为之提供服务。为此，就需要通过国民收入再分配的方式，来满足这些劳动者的消费需求。此外，在现代市场经济条件下，还存在丧失劳动能力的老人、没有劳动能力的儿童及没有收入保障的失业者，为了保证社会秩序的安定，也需要政府通过国民收入再分配的方式，来满足他们的生存和发展需求。当然，在不同的工资定价模式下，政府通过国民收入再分配方式满足老人、儿童的生存和发展需求的路径也各不相同。如果在劳动力工资中含有赡养老人和养育儿童的费用，对于有劳动能力的个人，其赡养老人和养育儿童的费用就由劳动力自身来承担，而政府对这部分费用的承担，仅限于没有劳动力作保障的老人以及儿童的赡养和养育所需要的支出。政府通过上述支出满足非生产性劳动者的生存和发展需求，保证了市场经济运行所必需的非生产部门的再生产能够持续进行；也在一定程度上使社会消费总量维持在一定水平，使生产和消费保持协调发展。就政府调节国民收入初次分配不公而发生的再分配而言，政府通过再分配的手段，防止了国民收入分配差距的扩大，确保了国民收入分配的相对公平，从而为生产和消费之间的协调发展创造了有利条件。

3. 通过合理的国民经济产业结构政策的安排，确保充分就业条件下国民产出最大化的供给与需求相对均衡。在市场经济条件下，对于结构性的供求失衡问题，价格机制是无法对之产生调节作用的。为了有效地应对国民经济结构的失衡问题，除了通过调整国民收入初次分配和再分配结构的方式，调节社会需求总量和结构以外，还必须从供给的角度来对国民经济产业结构进行科学的调节，使国民经济供给结构与需求结构保持协调发展，最终使生产与消费之间协调发展。就此而言，从产业政策上对于社会供给与需求的调节，应着力于以下几个方面：

(1) 在产业结构上正确区分居民的生存性需求和发展性需求。就居民生存性需求而言，主要包括两个方面内容：一是为满足居民生理需要所必需的产品生产，即农业产业所进行的食物生产、服装行业所进行的衣物生产、建筑行业所进行的住房生产，能源行业所进行的满足于人类生存所需要的动力生产等。二是为满足居民生理活动提供保障所必需的产品生产，如医药行业所生产的药品以及医疗器械等产品的生产。从经济发展的长期趋势来看，上述两个方面支出是维持居民生存所必需的基本支出，从供给方面考虑，这部分产品的供给仅限于维持人类的基本生存，在人口基数保持相对不变的条件下，这部分产品供给在数量上应该相对稳定。从需求角度分析，上述支出是居民维持基本生存所必需的基本支出，随着经济的不断发展，这些支出在居民总支出中所占的比重应该是逐渐下降的。这就预示着居民在这些基本需求得到满足之后，会通过消费升级的方式，向更高级的消费需求转化。

为了正确地处理人类生存和发展之间的关系，使生产与消费保持协调发展，就满足人类基本需求的产品而言，在未来经济发展过程中，其发展的标志应该是由数量扩张向质量提高方向的转化，而不应该通过单纯数量扩张的方式，来增加就业，增大GDP规模。与此同时，在市场机制作用下，市场主体对于这部分产品的生产，也不能基于人类对这些产品的刚性需求，而通过限制供给的方式来获取高额收益。总而言之，在人类基本生存需求得到初步满足之后，这部分满足人类基本生存需求的产品量的扩张，并不能作为经济发展的主要标志。

就满足于人类发展的产品生产而言，其主要表现为人类基本需求产品如食物、衣物、住房、动力等在质量上的不断提高，以及维持人类生存的医药产品在疗效上得到大幅度提高等。例如食物的营养成分越来越高、衣物的质量和性能不断提高、人类居住面积不断扩大、住房质量不断提高，人类活动在空间范围上越来越大，在速度上越来越快等方面。就医药产品的生产而言，其发展的标志主要表现为，医药产品可以降低人类死亡率，也能够使人类的寿命得到不断延长。同时，其还表现为满足人类由物质消费向精神消费过渡升级的精神产品生产等方面，如旅游、文化、艺术等产业的不断发展。理论上，只有厘清了人类基本生存性需求和发展性需求，才能通过必要的产业政策引导，使市场主体在未来产业发展中更多地侧重于满足人类发展需求的产品生产，使人类消费水平随着经济的不断发展而得到逐步提高，进而实现生产与消费在更高层次上的均衡，使经济发展与满足人类不断提高的物质、精神生活需求的发展目标相一致。

(2) 在厘清人类基本生存需求和发展需求的基础上，在宏观经济调控过程中，可采取一定手段，实现供给与需求在更高层次上的均衡。一是对于社会产品的生产，应该以生产“适销对路”的产品为主，这就要求一定时期宏观调控所导致的投资增量，其投资方向应该是着重于市场需求量大而供给短缺的产品生产，而不是市场供过于求的产品生产。通过供给的增加，实现供给与需求的均衡。二是社会产品生产还应该通过在产品结构和性能上的创新，制造出新的市场需求。即通过供给来影响需求，从而获得超额收益。在现代市场经济条件下，政府应通过增加教育、科研等投入的方式，为生产者实现这些创新创造有利条件。三是社会产品供给与需求在结构上的均衡，要求各生产要素以价值形态体现的需求与其生产的以使用价值形态表现的供给之间要相对匹配。而在市场经济条件下，生产要素拥有数量在不同市场主体之间所呈现出的天生不均等的现象，导致国民收入在人与人之间的分配不均等，从而造成了个人之间在支付能力上存在着较大差别。为了满足个人需求，使社会产品实现价值，就需要政府通过财政手段对国民收入进行再分配，以此实现需求与供给在总量和结构上的相对均衡。

本章小结

本章首先分析了国民经济充分就业的内涵、实现路径及现实意义。认为西方经济学将充分就业作为宏观经济运行的最佳状态，其理论存在的前提条件在于充分就业状态下的国民经济产出能够通过价格自动调节机制的作用，实现社会产品供给与需求的自动均衡。而从经济运行的实际情况来看，在市场经济条件下，价格调节机制并不是万能的，如果一定时期社会需求总量及结构与社会供给的总量及结构之间不匹配，那么通过价格调节机制的作用，则很难达到理想的调控效果。因此，在将充分就业作为国民经济发展主要目标的同时，还必须要考虑一定时期社会需求与供给之间总量和结构的平衡问题。如果一定时期社会需求与供给之间总量和结构不平衡，而政府宏观调控的着力点仍在于促进社会充分就业，在政府扩大投资或刺激消费调控政策强力作用下，一定时期社会就业率会有所提高。如果在促进社会就业率提高的同时，不能有效地改善社会需求与供给之间总量和结构关系，实现社会需求与供给之间在总量和结构上的充分匹配，那么单纯地依靠价格调节机制是不可能使社会需求与供给在总量和结构上实现有效均衡的。其在一定程度上决定了政府通过宏观调控手段所导致的就业率增长不具有可持续性，随着社会需求和供给之间在总量和结构上不匹配状态的延续，经济发展并不能保持充分就业状态。

文章认为，在市场经济运行过程中，真正意义上的充分就业应该是社会需求和供给在总量和结构相对匹配基础上实现的充分就业，一定时期社会需求和供给是否在总量和结构上实现相对匹配，对于经济发展更为重要。其主要原因表现在以下几个方面：(1) 一定时期社会就业率的下降在某种程度上是由于社会供求失衡导致的结果。(2) 就市场经济条件下的价格调节机制而言，其并不能通过价格的自动变动而实现供求的自动平衡。(3) 根据凯恩斯主义所主张的经济刺激方案，最终也不能有效地实现国民经济在充分就业基础上的供求均衡。

最后，文章研究了实现充分就业基础上国民经济供求基本均衡应该采取的相关措施，认为在实现全社会充分就业的条件下，使国民产出在达到最大化的同时实现全社会供给与需求的均衡，当前可采取以下措施：（1）厘清市场经济条件下价值创造的最终根源，建立科学的国民收入初次分配结构体系。（2）通过国民收入再分配的方式，对于国民收入初次分配进行有效调节，以确保社会生产与消费的协调发展。（3）通过合理的国民经济产业结构政策的安排，确保充分就业条件下国民产出最大化的供给与需求相对均衡。

第五十七章
现代市场经济条件下通货膨胀的成因及其治理

一、现代西方经济学的通货膨胀理论

现代西方经济学关于通货膨胀理论的论述，主要表现在两个方面：一是从通货膨胀产生原因的角度，论述了经济实践中通货膨胀的不同形式；二是将通货膨胀与经济增长联系在一起，认为温和的通货膨胀有利于促进经济增长，增加就业。对之，可做如下简要说明。

（一）通货膨胀的主要形式

现代西方经济学理论根据通货膨胀形成的原因，将通货膨胀划分为三种形式，即需求拉动型通货膨胀、成本推动型通货膨胀及结构型通货膨胀。

1. 需求拉动型通货膨胀。

（1）需求拉动型通货膨胀的主要内涵。需求拉动型通货膨胀，主要表现为一定时期社会总需求大于总供给，而对于市场价格产生的整体上拉作用，通过市场价格的上涨，使供给与需求之间达到平衡。在现代信用货币经济条件下，社会总供给主要表现为以商品作为表现形式的使用价值形态，在经济实践中，这种以商品作为表现形式的使用价值总量①，既包括与存量商品相对应的使用价值总量，又包括一定期限内社会生产可以提供的以增量商品作为表现形式的使用价值总量，两者相加构成一定时期的市场总供给。就社会总需求而言，其主要表现为以信用货币作为表现形式的价值形

① 这里所说的使用价值总量，主要是指真正具有使用效用的使用价值。

态。在信用货币经济条件下，这种以信用货币作为表现形式的价值形态总量，主要表现为信用货币存量与信用货币在一定期间内平均流通速度的乘积。如前所述，在信用货币经济条件下，这部分以信用货币作为表现形式的价值总量代表着社会总需求，当以信用货币作为表现形式的价值总量超过了以商品作为表现形式的总供给时，必然会导致商品价格的上涨。通过商品价格的上涨，使以信用货币作为表现形式的价值总量顺利地向以商品作为表现形式的使用价值总量的转换，产生了西方经济学理论所描述的需求拉动型通货膨胀。

（2）需求拉动型通货膨胀产生的原因。从需求拉动型通货膨胀产生的原因来看，其主要表现为信用货币的超额发行①，对之可以做如下分析：

第一，信用货币的超额发行增加了以信用货币作为表现形式的价值总量。受信用货币超额发行影响，以信用货币作为表现形式的价值总量超过了以商品作为表现形式的使用价值总量②，由此导致单位商品使用价值总量所代表的以信用货币作为表现形式的价值出现相应增加。在经济实践中，以信用货币作为表现形式的价值主要是指商品的价格，在以信用货币作为表现形式的价值总量超过以商品作为表现形式的使用价值总量时，其主要表现为商品价格的上涨。由于在需求拉动型通货膨胀形势下，其考察的主要是社会总供给与总需求之间的关系，当社会总供给小于总需求时，其所导致的价格上涨主要表现为市场整体价格的上涨，这种上涨主要是在不同商品价格结构性涨跌相互抵消之后所出现的上涨，因此其也是以信用货币作为表现形式的价值总量超过以商品作为表现形式的使用价值总量的直接反映。在需求拉动型通货膨胀方式下，导致市场价格上涨的主要因素，在于基础信用货币发行量超过了经济运行的实际需求，以及货币流通速度加快导致货币供应总量增加等因素的共同影响。就此而言，在需求拉动型通货膨胀形式下，市场价格的上涨与信用货币密切相关。

第二，信用货币超额发行在很大程度上抵消了劳动生产力提高对于商品价格所起到的下降作用。在信用货币经济条件下，一种商品的价格主要取决于商品的生产成本，而商品生产成本的高低在很大程度又取决于商品生产的劳动生产率水平。当商品

① 信用货币的超额发行，既表现为基础信用货币的超额发行，也表现为受货币流通速度影响而导致的货币供给总量的增加。换而言之，本文所说的信用货币超额发行，包含了货币流通速度加快所导致的货币供给总量增加的因素。本文后面所说的信用货币超额发行，与之意思相同。

② 当然，在信用货币经济条件下，由于价值与使用价值衡量单位不同，因此二者在数量上是不可比的。鉴于信用货币经济条件下商品价值与使用价值的对立统一关系，在以信用货币作为表现形式的价值与以商品作为表现形式的使用价值之间比较时，可以用以商品作为表现形式的单位使用价值所体现的以信用货币作为表现形式的价值量来进行衡量。本文所说的二者数量之间的比较，主要是指以商品作为表现形式的单位使用价值所体现的以信用货币作为表现形式的价值量的变动区间，超过了基期的数据或正常的数据，这里称之为以信用货币作为表现形式的价值总量超过了以商品作为表现形式的使用价值总量。反之，如果以商品作为表现形式的单位使用价值所体现的以信用货币作为表现形式的价值量的变动区间，低于基期的数据或正常的数据，本文则称之为以信用货币作为表现形式的价值总量小于以商品作为表现形式的使用价值总量，以下表述与之相同。

生产劳动生产率水平提高时，根据马克思的社会必要劳动时间理论，商品的价值是降低的，由此导致以信用货币作为表现形式的商品价格也会出现相应的降低。虽然在市场经济条件下，商品供求关系可以在很大程度上影响商品的价格，但是在"逐利"机制作用下，商品供给的扩张和收缩最终会使商品价格最接近于商品的生产成本。由此可见，决定商品的价值的最主要因素还在于商品生产的劳动生产率水平。在信用货币供给总量及其流通速度保持不变的条件下，随着劳动生产率发展水平的不断提高，在商品供给总量不变的条件下，单位商品价格的下降会使一部分信用货币出现剩余。在实践中，解决这种由于劳动生产率发展水平提高而导致信用货币剩余的方式主要有两种：一是通过扩大商品供给规模的方式，使以商品作为表现形式的使用价值总量与以信用货币作为表现形式的价值总量之间保持相对一致。二是通过新产品的供给，实现以商品作为表现形式的使用价值总量与以信用货币作为表现形式的价值总量之间的相对一致。如果在劳动生产率提高的条件下，没有商品生产规模的扩张及新兴产品的供给等因素的影响，信用货币的本质特征必然会使其通过由信用货币作为表现形式的价值向以商品作为表现形式的使用价值转换的方式，来实现持有信用货币的最终目的。受此影响，一些劳动生产率水平提高的商品价格下降幅度会小于理论上的下降幅度，而一些刚性需求较大或供给量相对有限的商品，其价格上涨会快一些。因此，在需求拉动型通货膨胀形式下，商品价格上涨是在综合劳动生产率提高等各种因素影响下的商品价格整体上涨。由于在需求拉动型通货膨胀形式下，商品价格上涨考虑了劳动生产率提高对于商品价格产生的下降作用。因此，从需求拉动型通货膨胀产生的原因来看，其主要表现为以信用货币作为表现形式的价值总量超过了以商品作为表现形式的使用价值总量。

第三，由使用价值缺陷所导致的市场价格上涨，也与信用货币超额发行密切相关。在经济实践中，一定时期部分商品还存在着使用价值缺陷，主要表现为大量的假冒伪劣产品等，从而使与这部分使用价值相对应的信用货币价值不能顺利地实现由价值形式向使用价值形式的转换。由于信用货币不能像黄金那样有效地发挥储藏功能，为了顺利地实现由价值形式向使用价值形式的转换，这些多余的信用货币必然会通过与其他使用价值形式商品相结合的方式，来实现其自身的价值①，由此导致与剩余信用货币转移相对应的那部分商品价格的上涨。从货币角度分析，由使用价值缺陷所导致的市场价格上涨，也主要归因于以信用货币作为表现形式的价值总量超过了以商品作为表现形式的使用价值总量。

总体来看，在需求拉动型通货膨胀方式下，导致市场价格上涨的主要原因，在于

① 作为剩余信用货币转移对象的其他商品，其主要具有需求弹性大以及使用价值时效较长的特征，才能满足这些剩余信用货币的转换要求。

基础信用货币发行量超过了经济运行的实际需求。

2. 成本推动型通货膨胀。

（1）成本推动型通货膨胀的内涵。所谓成本推动型通货膨胀，主要是指商品价格在其生产成本上涨因素作用下出现上涨所导致的通货膨胀。由于在现代市场经济条件下，国民经济各生产环节是相互联系的，当国民经济某一生产环节出现了价格上涨，在价格传导机制作用下，会形成连锁反应，从而引起国民经济更多生产环节的价格上涨。从国民经济产业结构分析，由于上游产业环节的产品价格上涨增加了中游产业环节的产品生产成本，导致中游产业环节发生成本推动型通货膨胀，在价格传导机制作用下，其又会增加下游行业的生产成本，导致下游生产环节的成本推动型通货膨胀。

就需求拉动型通货膨胀而言，其主要是由于需求超过供给而产生的通货膨胀，表现为生产环节和消费环节对于生产领域和消费领域终端产品需求提高所导致的商品价格上涨，如果其生产成本保持相对不变①，从商品生产者的获利程度来看，需求拉动型通货膨胀在很大程度上可以为商品生产者带来较大的盈利空间。就成本推动型通货膨胀而言，其是在商品生产成本上涨因素影响下而导致的商品价格的被动上涨，商品生产者不会由于商品价格上涨而获得较大的收益，而其能否通过价格上涨的方式转嫁生产成本上涨的压力，则取决于商品的需求弹性。如果商品需求刚性较强，其就可以通过商品价格上涨的方式，转嫁其生产成本提高的压力；如果商品需求弹性较大，商品生产者就很难通过商品价格上涨的方式转嫁其生产成本上升压力。

（2）成本推动型通货膨胀产生的原因。就成本推动型通货膨胀产生的原因而言，主要包括以下几方面内容：

第一，从生产要素成本上涨角度分析成本推动型通货膨胀产生的原因，商品生产成本的增加，是导致商品价格上涨的主要因素。而从商品生产成本增加的原因分析，在商品生产过程中，劳动、技术和管理、资源和资金共同构成商品生产的主要生产要素，其中资源在商品生产过程中既表现为初始的自然资源形态，也表现为原材料、生产设备等次级生产要素形态。就资金而言，由于其对应的主要表现为劳动、技术、管理和资源等物化生产要素形态，在商品生产过程中对于劳动、技术、管理及资源等物化形态生产要素生产成本分析的本身，也就包含了对于资金要素成本的分析。从劳动、技术、管理和资源等物化生产要素形态分析，之所以会出现生产成本增加的现象，与以下因素密切相关：一是生产资料价格上涨导致各生产环节中以资源作为表现

① 需求拉动型通货膨胀条件下商品生产成本保持不变的理论假设，是以生产要素可无限供给作为前提条件的，如果生产要素不能实现无限供给，需求拉动型通货膨胀最终会向成本推动型通货膨胀转换。

形态的生产要素价格的上涨[①]；二是消费资料价格上涨所导致的各生产环节中以劳动、技术和管理等生产要素再生产成本的增加。

在经济实践中，以资源作为表现形态的生产要素价格之所以会出现上涨，其一方面归因于一些天然的不可生自然资源在供不应求规律作用下，产生了超过其生产成本的稀缺性溢价，由此导致自然资源价格的大幅上涨，从而直接地推高了生产资料的价格；另一方面，主要是由于作为消费资料初级产品—农产品价格的大幅上涨，在很大程度上提高了消费资料的价格。在经济实践中，农业产品价格之所以会出现大幅上涨，既与城市化进程中农业人口向非农业人口转移对农业产品需求扩张的因素有关，也与生产资料价格上涨导致农业产品生产成本增加等因素有关。由于以自然资源作为表现形式的工业原材料和以农产品作为表现形式的消费原材料，共同构成生产资料生产和消费资料生产的基本原材料，因此以自然资源和农业产品为代表的原材料价格的上涨成为成本推动型通货膨胀的主要动力[②]。其中，自然资源价格的上涨，直接导致商品生产过程中以资源为代表的初级形态生产要素，或以生产设备作为代表的次级形态生产要素生产成本的增加。而农业产品价格的上涨，在直接导致消费资料价格上涨的同时，也间接地提高了以劳动、技术和管理等为代表的生产要素的再生产成本，从而使经济运行出现成本推动型通货膨胀。

第二，从货币角度分析成本推动型通货膨胀的原因，在现代信用货币经济条件下，以商品作为表现形式的使用价值总量与以信用货币作为表现形式的价值总量应该是一种相对匹配的关系。在劳动生产率发展水平不断提高的条件下，如果信用货币保持相对不变，单位商品价格应该是下降的。而从生产力发展的长期趋势分析，人类社会劳动生产率发展水平总是随着生产力发展水平的提高而不断提高的。因此，就自然资源而言，其在生产力发展过程中所出现的稀缺性价值，必须有相应的增量信用货币供给来体现；而作为消费资料基础原材料的农业产品价格在城市化带动下所出现的上涨，也需要有相应的增量信用货币来表现。从增量信用货币的来源分析，如果不增加信用货币供给总量，而是通过压缩其他生产环节信用货币供给规模的方式，来满足自然资源和农业产品价格上涨所必需的货币需求，由于自然资源和农业产品在生产资料生产和消费资料生产中所处的基础性地位，考虑现代信用货币经济条件下信用货币主要表现为一种社会需求，其他生产环节信用货币资金的减少，会缩减其对于自然资源和农业产品的需求。虽然其他生产环节劳动生产率的提高会产生部分剩余的信用货币资金，但在经济实践中，这部分剩余的信用货币资金，在数量上并不能完全满足自然资源和农业产品价格上涨所需要的信用货币资金数量需求。退而言之，即使这部分由

① 这里以资源作为表现形态的生产要素，既是指自然资源等初级生产要素形态，又是指以生产设备以及厂房作为表现形式的次级生产要素形态。

② 这里的自然资源主要是指用于生产资料生产的自然资源。

于劳动生产率提高所产生的剩余信用货币资金，在数量等于自然资源和农业产品价格上涨所需要的信用货币资金数量，其也是以这些生产环节在劳动生产率提高条件下生产规模不发生扩张作为假设条件的。如果劳动生产率提高的相关生产环节生产规模不发生扩张，其对于自然资源和农业产品等基础性原材料的需求就会发生改变，从而减少自然资源和农业产品价格上涨的幅度，使经济运行面临较小的成本推动型通货膨胀的压力。由此可见，在信用货币经济条件下，自然资源稀缺性价值增值以及农业产品价格的上涨，也是增量信用货币推动的必然结果。就此而言，成本推动型通货膨胀也与信用货币密切相关。从增量信用货币对于成本推动型通货膨胀的作用机制分析，主要是通过增量信用货币的注入来实现的。在经济实践中，这种增量信用货币的注入，并不是直接通过运用增量信用货币去购买自然资源和农业产品的方式体现出来，而是通过增加居民收入水平、大规模的工业化、城市化以及进行大规模的基础设施建设等方式表现出来，通过上述路径的增量信用货币注入，最终推动自然资源和农业产品价格的上涨。在自然资源和农业产品等基础原材料价格上涨作用下，经济运行中各生产环节产品价格在成本传导机制作用下，会出现轮番上涨，从而使经济运行面临较大的成本推动型通货膨胀的压力。

成本推动型通货膨胀产生的主要原因，既与商品生产成本增加有关，也与信用货币供给量增加有关。在经济实践中，要有效地治理成本推动型通货膨胀，一方面要提高商品生产的劳动生产率水平，最大限度地降低商品生产成本，从而减轻成本推动型通货膨胀的压力；另一方面，也要适度控制信用货币的发行规模，防止由于信用货币供给规模增加而在成本传导机制作用下形成成本推动型通货膨胀。

3. 结构型通货膨胀。

（1）结构型通货膨胀的内涵。所谓结构型通货膨胀，是指在经济运行中商品价格出现的结构性上涨或下跌的现象。相对于需求拉动型通货膨胀和成本推动型通货膨胀而言，结构型通货膨胀并不是表现为市场商品价格的全线上涨，而是表现为商品价格有涨有跌的运行特征。

（2）结构型通货膨胀产生的原因。从结构型通货膨胀产生的原因分析，要表现在以下几个方面：

一是在信用货币供给总量不变以及劳动生产率发展水平不变的条件下，社会需求结构的变化，导致一部分商品价格在增量需求带动下出现上涨，另一部分商品价格由于社会需求的减少而出现下跌。从整个社会以信用货币作为表现形式的价值总量与以商品作为表现形式的使用价值总量分析，由于商品价格有涨有跌，结构性通货膨胀不会改变一定时期以信用货币作为表现形式的价值总量与以商品作为表现形态的使用价值总量之间的匹配关系。

二是在信用货币供给总量保持不变的条件下，由于劳动生产率的提高，使劳动生产率提高的那些商品在需求总量不变的条件下价格出现下跌，而前期需求满足程度较低的商品价格在增量需求拉动下价格出现上涨①，由此导致商品价格出现了有涨有跌的变化。

在传统行业劳动生产率发展水平提高的条件下，如果增加信用货币供给数量，在全社会没有增量生产要素供给以及劳动生产率进步的行业不能有效地向需求满足程度较低的行业进行转移的条件下②，一些需求满足程度较低的行业产品价格就会出现大幅上涨。

在传统行业劳动生产率发展水平提高的条件下，如果增量信用货币供给总量保持不变，整个社会物价水平将不会出现大的变化。

在传统行业劳动生产率发展水平提高的条件下，如果信用货币供给总量适度扩张，而那些需求满足程度较低的行业生产所需要的生产要素供应充分，整个经济就会在物价水平相对稳定的基础上，实现以信用货币作为表现形态的价值总量与以商品作为表现形态的使用价值总量的共同增长，使一定时期社会总供给与总需求在更高层次上实现相对均衡。

从结构型通货膨胀的作用来看，其主要表现在以下两个方面：一方面通过需求过剩行业的商品价格下跌，减少该商品的供给数量，使该商品的供给与需求实现新的均衡；另一方面，通过需求满足程度较低的商品价格上涨，增加该商品的供给数量，从而最大程度地满足市场主体的需求。由此可见，在结构型通货膨胀条件下，生产要素可以在价格机制作用下，通过在不同行业之间的自由流动，使国民经济产业结构实现最优配置。

（二）通货膨胀与经济增长之间的关系

现代西方经济学对于通货膨胀与经济增长之间的关系做了较深的研究，其代表理论主要为菲利普斯提出的，适度通货膨胀有利于推动经济增长。

1958 年，菲利普斯根据英国 1861—1913 年间失业率和货币工资变动率的经验统计资料，提出了一条用以表示失业率和货币工资变动率之间交替关系的曲线。这条曲线表明：当失业率较低时，货币工资增长率较高；反之，当失业率较高时，货币工资增长率较低，甚至是负数。根据成本推动的通货膨胀理论，货币工资可以与通货膨胀率相关联。因此，这条曲线就可以表示失业率与通货膨胀率之间的交替关系。即失业

---

① 从需求角度分析，市场需求满足程度较高的行业一般为夕阳行业，而市场需求满足程度较低的行业一般为朝阳行业。实际上，从朝阳行业的内涵分析，其既包括现实需求满足程度较低的行业，也包括存在潜在需求、还没有现实产品的行业。

② 这种增量生产要素的供给是指没有用于生产的初级形态生产要素如自然资源、劳动、技术和管理等生产要素或者为次级形态生产要素如生产设备、基础设施及厂房等生产条件等。

率高表明经济处于萧条阶段，这时工资与物价水平都较低，从而通货膨胀率也较低；反之，失业率低，表明经济处于繁荣阶段，这时工资与物价水平都较高，从而通货膨胀率也较高。就此而言，失业率和通货膨胀率之间存在着反方向变动的关系。由于失业率的高低反映了经济发展的景气程度，根据菲利普斯所绘制的菲利普斯曲线，菲利普斯得出了适度的通货膨胀有利于促进经济增长的理论。这一理论的提出，主要根据西方国家多年来经济增长与通货膨胀之间所呈现的数据变化而得出的结论。因此，菲利普斯关于通货膨胀促进经济增长的理论，其理论存在依据主要建立在对于现实经济现象进行分析的基础之上，而对于这种现象存在的原因，菲利普斯则没有做更进一步的说明和研究。

二、通货膨胀与货币供给之间的关系

如前所述，通货膨胀主要通过价格上涨的方式体现出来，由此决定了其与货币供给密切相关。

1. 在以商品作为表现形式的使用价值总量保持不变的条件下，信用货币流通量及信用货币流通速度的动态变化，将对商品价格的运行趋势产生较大影响。在现代信用货币经济条件下，假设所有商品的流通都通过信用货币作为商品流通的中介来进行，不存在物物交换的行为，那么在一定时期内，以信用货币作为表现形式的商品价值总量与信用货币流通量及周转速度之间的关系可以用公式表示为：$QP = MV$，其中“Q”主要表示一定时期社会商品生产的总数量，“P”主要表示为一定时期社会商品平均价格水平，“M”主要表现为一定时期信用货币流通量，“V”主要表现为一定时期信用货币的流通速度。根据上述商品价值总量与信用货币流通量以及货币周转速度之间的关系可以看出，在一定时期商品生产数量相对不变的条件下，商品价格水平的变动与信用货币流通量 M 以及信用货币的流通速度 V 密切相关。就此而言，在现代信用货币经济条件下，说通货膨胀是一种货币现象，一点也不为过。从信用货币流通量及其流通速度对于商品价格的影响来看，根据信用货币经济条件下商品价值的总公式，在以商品作为表现形式的使用价值总量保持不变的条件下，如果信用货币流通量出现增加，而信用货币流通速度保持不变，那么其将导致商品价格上涨；如果信用货币流通量保持不变，而信用货币流通速度加快，也将导致商品价格的上涨；如果信用货币流通总量扩张与信用货币流通速度加快同时发生，其将导致商品价格的大幅上涨。由此可见，在以商品作为表现形式的使用价值总量保持不变的条件下，信用货币流通规模的扩张以及信用货币流通速度的加快，都将推动商品价格的上涨。就此而言，在以商品作为表现形式的使用价值总量保持不变的条件下，信用货币流通量以及信用货币流通速度的动态变化，将对商品价格的运行趋势产生较大影响。

2. 现代市场经济条件下信用货币不同于黄金的本质属性，使其对于商品价格变动会产生较大的影响。在现代市场经济条件下，商品使用价值与价值的分离，不再表现为以黄金作为商品价值表现形态与以实物作为商品使用价值表现形态的对立统一，而是表现为以信用货币为表现形式的商品价值与以实物作为表现形式的商品使用价值的对立统一。相对于黄金商品货币而言，一定时期黄金商品货币所承担的价值尺度职能，其衡量商品价值尺度的改变，取决于黄金生产劳动生产率与其他商品劳动生产率的变化情况。劳动生产率的变化是一个长期的过程，由此决定了黄金在一定时期可以很好地履行其对于其他商品所承担的价值尺度职能，而黄金商品货币自身所具有的储藏功能，在一定程度上使黄金可以很好地承担其所具有的价值尺度以及流通手段职能。就信用货币而言，虽然其也可以像黄金商品货币那样，承担价值尺度以及流通手段职能，但当信用货币作为价值尺度职能用于衡量商品价值的尺度发生变化时，信用货币出现了贬值，信用货币持有者不能够像黄金那样，通过退出商品流通领域的方式，使信用货币价值保持其自身的相对稳定性。相反，在信用货币贬值预期作用下，信用货币持有者会通过加快信用货币流通速度的方式，将以信用货币作为表现形态的价值，尽快地转换为以商品作为表现形式的使用价值，由此规避信用货币的贬值风险。受此影响，商品价格会呈现进一步上涨的趋势，并由此形成恶性循环。在现代信用货币经济条件下，信用货币是由一国中央银行发行的，当信用货币发生贬值时，一国中央银行完全可以通过回收信用货币的方式，减少信用货币供应量，从而保持信用货币币值的相对稳定。

从经济运行的实际情况来看，信用货币发行是一国财政收入的重要来源（其主要表现为货币发行收入），当信用货币作为衡量商品价值的尺度发生变化时，一国信用货币发行当局（通常表现为一国中央银行）一般不会采取回笼货币的方式，使信用货币的币值保持相对稳定。此外，如果一国追求以信用货币作为表现形式的价值增长，在信用货币发行量上遵循随着经济增长而不断扩张的原则，那么以商品作为表现形式的使用价值在时间上存在的有限性与以信用货币作为表现形式的价值在时间上存在永恒性之间，就会形成较大的矛盾，由此导致以信用货币作为表现形式的价值总量对于以商品作为表现形式的使用价值总量的大幅偏离，最终导致商品价格的上涨。在一定时期内，当所有的以商品作为表现形式的使用价值通过以信用货币作为流通手段的媒介进行顺利流通之后，停留在流通领域中的信用货币存量所代表的价值，应该是那些尚没有通过信用货币实现相互交换的存量使用价值和未来生产发展所需要进行交换的增量使用价值之和。假设一定时期所有生产的使用价值都以信用货币作为流通媒介进行商品交换，那么一定时期信用货币存量将成为未来生产发展中所生产的增量商品的流通媒介，一定时期信用货币所表示的未来生产发展所生产的商品价值总量，主要等于存量信用货币数量与信用货币流通速度的乘积。

鉴于现代信用货币经济条件下信用货币所承担的商品流通手段职能，以及以商品作为表现形式的使用价值属性与以信用货币作为表现形式的价值属性的差异，虽然在现实经济发展过程中，以商品作为表现形式的使用价值在时间上主要表现为一种流量形态，其主要表现为以商品作为表现形式的使用价值随着时间的推移而不断消亡，而以信用货币作为商品价值表现形式的价值量在时间点主要是一种存量形态，信用货币在充当不同使用价值形态商品的交换中介之后，其自身的信用货币形态并不发生改变。货币形态的改变既包括数量的改变和质量的改变两个部分。就货币形态的数量改变而言，承担商品流通中介的信用货币不会随着商品使用价值的消亡而消亡，在没有增量信用货币供给的条件下，其在数量上会保持相对不变。就货币形态的质量的改变而言，如果不发生政权更替导致信用货币法定流通性受到影响，在政权保持相对稳定的条件下，停留在流通中的信用货币依然可承担其固有的价值尺度和流通手段的职能。当然，在有形信用货币流通的背景下，部分信用货币物理形态上的缺损，可以通过以旧换新的方式来进行弥补。

在信用货币经济条件下，以信用货币作为表现形式的商品价值形态与以商品作为表现形式的使用价值形态在时间分布上所呈现的不同特征，给予我们两点启示：一是一定时期生产发展的最终目的在于追求满足人类自身需要的使用价值，而不是追求仅用于充当价值尺度和流通手段职能的信用货币。因此，一定时期人类生活水平提高的标志，在于人类可以获取多少使用价值，而不在于可以获取多少信用货币。考虑信用货币在时间上分布的特殊性，一定时期人们所拥有的信用货币主要是作为下一期商品生产的价值表现形式而存在，而不能作为与本期以商品作为表现形式的使用价值形态来存在。从整个社会发展来看，信用货币自身并不是财富，只是充当下一期社会生产中所生产的以商品作为表现形态的使用价值流通中介，如果没有下一期社会生产，存量的信用货币将是一无是处。二是考虑信用货币在经济运行中所承担的价值尺度和流通手段职能，在确定信用货币发行数量时，不能将信用货币发行量与流量的商品使用价值之间的关系看成为一一对应关系，而应该将信用货币作为永远不变的存量，自动地作为下一期生产过程中商品使用价值的价值表现形式以及承担其应有的商品流通手段职能。如果一定时期商品生产劳动生产率发展水平保持不变，以商品作为表现形式的使用价值总量保持不变，信用货币在经过初始发行之后，就可以永远自动加入未来的生产过程，而不需要发行新的货币。当然，在现实生活中还存在劳动生产率提高所导致的商品价值相对减少，以及生产规模扩张所导致的以信用货币作为表现形式的商品价值总量相应增加的因素，这就要求信用货币在前期发行的基础上，根据下一期生产发展的实际规模进行调整。

理论上，在没有考虑劳动生产力进步对于信用货币流通量影响的条件下，如果信用货币流通速度保持不变，那么下一期信用货币的流通量可用公式表示为：下一期新

发行的信用货币 = 下一期生产的以商品作为表现形态的使用价值总量 × 商品价格/信用货币流通速度 - 上一期信用货币流通存量。如果对上述公式进行恰当变形，假设一定时期以商品作为表现形式的使用价值总量与以信用货币作为表现形式的商品价值总量是一一匹配关系，下一期以信用货币作为表现形式的价值总量增长率为“g”（在现代经济实践中，其主要表现为经济增长率），则可对上述公式可以变形为：下一期新增流通的信用货币 =（上一期生产的以商品作为表现形态的使用价值总量 × 商品价格）×（1 + g）/信用货币流通速度 - 上一期信用货币流通存量。由于在信用货币流通速度保持不变的条件下，上一期信用货币流通存量 =（上一期生产的以商品作为表现形态的使用价值总量 × 商品价格）/信用货币流通速度，则上述公式可以简化为：下一期新增流通的信用货币 = 上一期信用货币流通存量 × g，其主要表现为信用货币流通量与以信用货币作为表现形式的价值总量的增速保持基本一致。在现实经济运行中，如果劳动生产率发展水平和信用货币流通速度保持相对不变，如果增量信用货币的流通与以信用货币作为表现形式的价值总量的增速保持相对一致，商品的价格就会保持相对稳定。

3. 劳动生产力提高和信用货币流通速度的加快，可以减少信用货币的流通量。由于在前面关于经济发展过程中增量信用货币流通决定因素的分析，没有考虑劳动生产率和信用货币流通速度变动因素。在现实的经济运行过程中，假设现有的所有商品价格需求弹性不变，社会生产规模也保持相对不变，在劳动生产率提高的条件下，根据马克思的劳动价值理论，如果劳动生产率提高的部门商品生产规模保持不变，在不考虑其他部门劳动生产率水平变动的条件下，其必将使以信用货币作为表现形式的商品价值总量缩小，由此导致现有信用货币存量的多余①。换言之，在劳动生产力进步的条件下，如果下一期生产规模不发生与劳动生产率提高相一致的扩张，在下一期生产过程中，虽然以商品作为表现形式的使用价值总量保持不变，但下一期以信用货币作为表现形式的价值总量则是缩小的。在实践中，如果生产规模不发生与劳动生产力提高相一致的扩张，在劳动生产率提高的那些部门商品价格下跌的影响下，原有的信用货币供给将会出现剩余。由于在信用货币经济条件下，信用货币发行是一国重要的财政收入来源之一，在劳动生产力发展水平提高导致信用货币相对过剩的条件下，一国中央银行不会通过回收信用货币的方式，来使以信用货币作为表现形式的价值总量与以商品作为表现形式的使用价值总量保持相对一致，由此会导致一部分信用货币出现剩余。在现实的经济实践中，这部分多余的信用货币主要通过从事商品和资产价格投机或者进入虚拟经济领域的方式，来参与国民收入的再分配。由此可见，劳动生产率提高在一定程度上可以减少信用货币增量

① 现有信用货币存量主要是指劳动生产率提高以前作为商品价值总量表现形式的信用货币数量。

发行的数额，导致在劳动生产率发展水平提高的条件下，以信用货币作为表现形式的价值总量增长幅度要小于以商品作为表现形式的使用价值总量的增长幅度。就此而言，在生产要素可以自由流动而导致劳动生产率提高行业商品生产价格下跌的条件下，维持原有的信用货币流通规模，可以确保生产规模实现与劳动生产率提高水平相一致的扩张速度。在劳动生产率提高的条件下，生产规模的扩张既可以表现为在劳动生产率提高部门的扩张，也可以表现为在其他生产领域的扩张。根据以上分析，在劳动生产率提高的条件下，信用货币的流通公式可以表示为：假设社会整体劳动生产率增长为“ΔL”，下一期以信用货币作为表现形式的价值总量的增长率为“g”，基期信用货币流通量为“M_0”，信用货币流通速度为“v”（这里假设信用货币流通速度保持相对不变），下一期信用货币流通数量为“M_1”，上一期商品供给总量为“Q”，下一期商品供给数量为“Q_1”，上一期商品的平均价格水平为“P”，劳动生产率扩张之后基期商品平均价格降幅为“Δp”。在其他因素不变的条件下，商品价格下跌的幅度应该等于劳动生产率的提高水平，这里Δp实际上等于ΔL，根据上述假设条件，下一期信用货币流通量 $M_1 = Q \times P(1 + g - \Delta L)/V = = M_0(1 + g - \Delta L)$，根据以上公式，当下一期经济增长率 $g = \Delta L$ 时，则有 $M_1 = M_0$，如果 $g < \Delta L$，则有 $M_1 < M_0$，反之亦然。上述公式提示我们，在商品价格在自由竞争市场机制支配下可以随着劳动生产率提高而出现下跌时，劳动生产率的提高程度对于下一期信用货币的供给可以起到一定的抵减作用。

在信用货币流通速度加快的条件下，信用货币流通量应该考虑信用货币流通速度加快的因素，根据劳动生产率提高条件下信用货币流通数量的公式，在考虑信用货币流通速度增加、经济增长以及劳动生产率提高因素的共同影响下，信用货币流通量可以根据以下假设条件，假设社会整体劳动生产率增长为“ΔL”，下一期以信用货币作为表现形式的价值总量的增长率为“g”，基期信用货币流通量为“M_0”，下一期信用货币流通速度增速为“Δv”，基期信用货币流通速度为“v”，下一期信用货币流通数量为“M_1”，上一期商品供给总量为“Q”，下一期商品供给数量为“Q_1”，上一期商品的平均价格水平为“P”，劳动生产率扩张之后基期商品平均价格降幅为“Δp”。在其他因素不变的条件下，商品价格下跌的幅度应该等于劳动生产率的提高水平，因此这里Δp实际上等于ΔL，那么根据上述假设条件，下一期信用货币流通量 $M_1 = Q \times P(1 + g - \Delta L)/[V \times (1 + \Delta v)] = M_0(1 + g - \Delta L)/(1 + \Delta v)$，根据上述公式，在劳动生产率、货币流通速度以及经济增长速度相对可变的条件下，劳动生产率与增量信用货币供给呈现负相关关系，经济增长速度与增量信用货币供给呈正相关关系，货币流通速度与增量信用货币供给呈负相关关系。

三、通货膨胀与经济增长

（一）关于通货膨胀有利于拉动经济增长的误区

西方经济学理论认为，适度的通货膨胀有利于拉动经济增长，这种观点是根据市场经济条件下的“逐利”规则，认为在价格上涨导致商品生产者能够获取更多利益时，商品生产者会扩张生产规模，从而有利于实现经济增长。从实践中来看，这种理论的提出仅限于对经济发展过程中某一个生产环节的描述，既没有考虑整个社会经济的运行是一个系统的工程，各行业及产业之间是一个相互紧密联系的整体，一个行业或生产环节的获利不可能离开其他行业或生产环节的影响而单独地获取利润，一个行业或生产环节产品价格上涨，不可能不对其他相关行业的产品供给以及该行业的产品需求产生影响。就价格而言，某一种商品价格上涨，虽然有利于厂商扩大该产品的生产规模，在信用货币经济条件下，市场“逐利”机制最终会吸引更多的生产者加入价格上涨的商品生产，使商品价格在供给规模增加的影响下而出现回落，从而使商品价格上涨得不到持续。如果商品生产存在着较高的行业壁垒，价格上涨的商品生产者可以在行业壁垒保护下通过持续扩张生产规模的方式，来获取较高的收益。在此条件下商品价格上涨，并不是商品生产者扩大生产规模的原因，而是由于行业生产存在行业介入壁垒（一般而言，这种行业介入壁垒既包括行业垄断经营壁垒，也包括行业生产技术壁垒）导致商品供给与需求失衡的必然结果。在现代市场经济条件下，价格传导机制的作用，将提高价格上涨的商品生产成本，这种商品生产成本的增加，主要是商品生产规模扩张所导致的商品生产原材料供求变化的作用结果。此外，如果单纯地通过信用货币超发的方式促使商品以信用货币作为表现形式的价格上涨，那么相对于商品使用价值总量而言，在信用货币不断增发的条件下，虽然经济总量主要表现为以信用货币作为表现形式的价值总量的增长，但以商品作为表现形式的商品使用价值总量却没有实现与增量信用货币供给相对应的上涨。

从现代市场经济条件下商品以信用货币作为表现形式的价格，和以商品作为表现形式的使用价值之间的关系来看，就静态时间点而言，在商品价格上涨的影响下，以信用货币作为表现形式的商品价值形态总量的增长，将高于以商品作为表现形式的使用价值形态总量的增长，由此导致经济运行不能实现以信用货币作为表现形式的价值总量和以商品作为表现形式的使用价值总量的共同增长，从而实现真正意义上的经济增长。当然，如果温和的价格上涨是由于商品供给与需求相互作用的结果，这种供给与需求之间的矛盾是各市场主体之间在市场化分工中所形成的供给与需求结构性矛盾所导致的结果，其最终会通过价格上涨的方式，使社会总供给与总需求达成均衡。就此而言，商品价格上涨只是通过生产要素的自由转移，实现社会总供给与总需求均衡的一种手段，而不是推动以信用货币作为表现形式的价值总量和以商品作为表现形式的使用价值总量实现共同增长的主要力量。由此可见，无论是从增加信用货币发行促进商品价格上涨角度，还是从商品供求失衡导致价格上涨角度，分析商品价格上涨对于经济发展的推动作用，都不能得出温和的价格上涨能够推动经济实现持续增长的必然结论。

总体来看，适度通胀推动经济增长理论，主要存在以下理论误区：一是将商品价格上涨作为衡量商品生产者获利能力大小的一个主要原因，而没有考虑商品生产成本因素。在现代市场经济条件下，衡量商品获取利润能力的大小，不但要看商品的销售价格，而且还需要看商品的生产成本。如果商品的生产成本上涨幅度大于商品的价格上涨幅度，商品的生产利润不是增加而是减少的。二是适度通胀有利于经济增长理论，是将一定时点的商品价格上涨误认为是持续的商品价格上涨，认为一定时点的商品价格上涨就必然代表商品价格的可持续上涨，忽视了商品价格可持续上涨所需要的诸多条件。无论是通过外部的信用货币注入所导致的商品价格上涨，还是商品价格在供需失衡作用下所出现的上涨，都表现为一定时点的价格上涨，而不能完全代表商品价格的可持续上涨。从商品价格上涨的现实情况来看，由于商品生产存在着一定的周期性，如果商品价格上涨的可持续时间不能超过商品生产周期所需要的时间，这种条件下的商品价格上涨并不能有效地扩大商品生产规模。三是没有很好地分析商品价格上涨的原因，是投机因素导致商品价格上涨，还是供不应求因素导致商品价格上涨。由于导致商品价格上涨的原因较多，对于非供求失衡所导致的商品价格上涨而言，其并不能有效地促进商品生产规模的扩张。就此而言，不同因素所导致的商品价格上涨，对于经济增长所产生的推动作用，也各不相同。

（二）商品价格上涨拉动经济增长所需要的外部条件

在现代市场经济条件下，并不是所有商品价格上涨都可以拉动经济增长的，只有符合下述条件的商品价格上涨，才能使经济实现持续增长。

1. 商品价格上涨是供不应求因素导致的，并且商品生产这种供不应求的局面会持续一段时间，导致商品价格上涨的因素主要表现为需求增加。这种商品需求的增加，既可以表现为既有产品需求的增加，也可以表现为新产品所导致的需求增加。根据前述的现代市场经济条件下商品价格的定价规则，商品生产成本对于商品价格高低具有决定性影响，在此基础之上，商品供求关系对于商品价格也会产生一定的影响。由于一定时期经济发展主要表现为不断满足和提高居民既有需求和潜在需求，从而使居民物质和精神生活水平得到不断发展和提高的过程。因此，从商品价格上涨与经济增长之间的关系来看，在既定的商品生产成本条件下，只有商品价格在供不应求机制作用下出现上涨，才能使价格上涨的商品生产规模的扩张，符合市场需求，从而使经济在总供给与总需求相对均衡的条件下实现持续发展。从需求层次角度分析，这种需求的扩张既包括既有商品需求的扩张，也包括潜在需求的扩张两个部分。在这两部分需求扩张影响下，社会生产规模的扩张，既表现为既有产品生产规模的不断扩张，也表现为由新产品不断涌现所导致的生产规模的不断扩张。从商品价格上涨的可持续性分析，由于商品生产及其成本补偿存在一定的周期性，考虑市场经济运行中市场信息传导的时滞因素，由既有需求和潜在需求所表现的总需求扩张而导致的商品价格上涨，在时间上还必须具有一定的持续性。商品价格上涨的可持续性，系指商品价格在很长时期内高于其基期价格，而不是指商品价格持续不断的上涨，在实践中其主要表现为价格同比上涨，而不是环比上涨。这种由于需求扩张所导致的商品价格上涨在时间上的可持续性，一方面使商品生产规模的扩张最先满足那些供求缺口较大的商品需求，从而有利于市场在价格机制作用下实现对于资源的最优配置，使社会生产根据市场需求的轻重缓急来组织安排；另一方面，商品价格上涨的可持续性，在为商品生产者通过扩大商品生产规模的方式获取更多利润提供保障的同时，也有效地节约了资源，避免了经济运行的大起大落。由于商品生产和成本补偿具有一定的周期性，因此只有那些持续的需求扩张所导致的商品价格上涨，商品生产者才能够通过商品生产规模的扩张，获取持续的利润。在预期机制作用下，从事市场化经营的市场主体也只有在可持续的商品价格上涨作用下，才愿意通过扩大商品生产规模的方式，来获取更多的利润。反之，如果商品价格上涨在时间上不可持续，市场主体在商品价格即期上涨的引导下扩大商品生产规模，一旦商品价格出现回落，既会导致商品生产者面临较大的经营风险，也不能正确反映商品供求关系的商品生产规模的扩张，导致社会资源的严重浪费。

2. 商品生产成本在一定时期内是维持相对稳定的。如前所述，在现代市场经济条件下，影响商品生产者所获取的利润水平高低，既取决于商品生产成本，又取决于商品价格。在商品价格持续上涨的条件下，商品生产者要获取较多的利润，还必须要求商品的生产成本保持相对稳定。在现代市场经济条件下，商品生产成本要保持相对稳定，必须符合以下假设条件：

一是商品生产要素供给相对充足，商品价格的上涨不会对商品生产成本产生价格传导效应。在现代市场经济条件下，决定商品生产成本价格传导效应高低的因素主要取决于以下两方面条件：第一个条件取决于商品生产的生产要素供给是否充分。在商品生产规模大幅扩张的条件下，如果商品生产的生产要素供给充足，这些生产要素就不会在商品生产规模扩张所导致的需求拉动作用下出现价格大幅上涨现象，从而增加商品的生产成本，使商品生产者的盈利水平受到较大影响。第二个条件取决于商品生产要素的价格转嫁能力。由于现代市场经济条件下的经济运行是一个整体，在生产要素供给相对充足的条件下，商品价格的上涨在市场价格传导机制作用下，最终会导致生产要素生产成本的增加，从经济实践来看，即使是在不含人类劳动的天然自然资源供给无限扩张的条件下，商品价格上涨最终也会导致自然资源开采成本的增加。生产要素生产者能否通过提高价格的方式转嫁其成本上升压力，在短期内取决于其供给弹性。如果商品供给刚性较强，那么生产要素生产者对于其增加的生产成本，通过价格上涨的方式进行转嫁的能力就相对较弱，从而使商品生产成本可以保持相对稳定；反之，生产要素生产者会通过提高生产要素价格的方式，转嫁其生产成本增加的压力，从而使商品生产成本增加。从长期来看，在生产要素可以自由流动以及市场“逐利”机制作用下，生产要素在生产成本上涨较高的情况下，最终需要通过价格上涨的方式，全部或部分转嫁其生产成本上涨的压力，从而满足生产要素再生产的需要，使经济保持可持续发展。就此而言，生产要素通过价格上涨方式转嫁其生产成本上涨压力的最低底线，就在于生产要素销售价格要能够有效地补偿生产要素的生产成本。只有这样，既有生产方式下的社会再生产才能实现持续运行。

二是商品生产存在一定的技术壁垒和规模壁垒，外部投资者的介入需要一个过程。从商品价格上涨所导致的商品生产规模扩张情况来看，如果商品生产存在一定的技术壁垒和规模壁垒，那么既有商品生产者在商品价格上涨影响下所实现的商品生产规模的扩张，是存在一定限度的，其一方面有利于商品价格在供求缺口不能得到有效弥补的条件下保持在相对高位，从而有利于商品生产者获得较高的利润；另一方面，价格上涨的商品在较高生产技术壁垒和规模壁垒作用下所进行的生产规模的渐进性扩张，相对于外部市场主体介入所导致的商品生产规模大幅扩张而言，其商品生产规模扩张所增加的生产要素需求相对较小，从而有利于保持以商品生产所需要的生产要素作为表现形式的商品生产成本的相对稳定①，相对于商品生产无任何壁垒条件下外部市场主体介入所导致的商品生产规模快速扩张而言，无疑有利于商品生产者在商品价格上涨和生产成本相对稳定的双重因素作用下，通过生产规模的扩张，获得持续的利润。从价格上涨的商品规模扩张所面临的较高技术或规模介入壁垒等约束条件来看，符合上述条件的商品生产规模的扩张，无疑对于商品生产者是有利的。但从宏观经济角度分析，由于价格上涨商品在技术和规模壁垒约束条件下不能通过快速扩张的方式，很好的满足社会需求，因此在一定程度上影响了经济运行效率。就此而言，在价格上涨的商品生产规模扩张面临上述约束条件的情况下，通过生产规模扩张来提高经济运行效率的主要手段，还在于促进技术进步。

---

① 商品生产所需要的生产要素价格能否在需求机制作用下出现快速上涨，取决于多种条件的约束。但是无论如何，在商品生产技术壁垒和规模壁垒较高的条件下，商品规模的持续扩张对于商品生产成本的影响都是最小的。

（三）商品价格上涨与真正意义上的经济增长

1. 真正意义上经济增长的主要内涵。真正意义上的经济增长，主要表现为以商品作为表现形态的使用价值总量和质量及以信用货币作为表现形式的价值总量不断提高的过程。在现代信用货币经济条件下，追求以商品作为表现形态的使用价值总量的增长和质量的提高，是经济发展的主要目的，而以信用货币作为表现形式的价值总量的增长，则是以商品作为表现形式的使用价值总量扩张和质量提高为基础的。

从经济增长的使用价值形态来看，主要表现为使用价值总量不断扩张以及使用价值质量不断提高的过程。从生产要素角度分析，其主要表现为生产要素供给规模不断扩张以及质量不断提高的过程，生产要素组合效率不断提高的过程；从产品结构来看，投资品在经济增长过程中主要表现为维持既有生产规模的投资品供给质量不断提高以及满足新兴行业生产的投资品供给数量不断扩张的过程；就消费品而言，其在经济增长过程中主要表现为满足既有消费需求的消费品生产质量不断提高，以及满足新兴消费需求的消费品生产规模不断扩张的过程。

从以信用货币作为表现形式的价值总量增长来看，由于商品使用价值与价值的对立统一，如果排除劳动生产率进步对于以信用货币作为表现形式的价值总量所产生的递减作用之外，既有投资品和消费品生产规模的进一步扩张以及新兴投资品和消费品的生产，在扩张以商品作为表现形式的使用价值总量的同时，也使以信用货币作为表现形式的价值总量得到了相应的扩张。当然，如果考虑劳动生产率进步的因素，就两者扩张幅度而言，受既有消费品及投资品劳动生产率进步因素影响，以商品作为表现形式的使用价值总量的扩张幅度，要大于以信用货币作为表现形式的价值总量的扩张幅度。

就此而言，衡量真正意义上经济增长的标志，不在于追求以信用货币作为表现形式的价值总量的增长，而在于实现以商品作为表现形式的使用价值总量和以信用货币作为表现形式的价值总量的共同增长。由于经济发展的最终目的在于不断满足居民日益提高的物质和精神生活需求，相对于以信用货币作为表现形式的价值总量增长而言，以商品作为表现形式的使用价值总量增长，对于人类社会的发展更为重要。

2. 商品价格上涨只是实现以信用货币作为表现形式的经济增长的表面现象，而不能代表真正意义上的经济增长。根据前面关于真正意义上经济增长的理论描述，在现代信用货币经济条件下，虽然商品价格的上涨可以增加以信用货币作为表现形式的价值总量，但以信用货币作为表现形式的价值总量的扩张，并不能成为经济增长的真正标志，其主要表现在以下两个方面：

第一，价格上涨会导致商品使用价值总量与价值总量之间的不一致，其一方面会削弱信用货币的实际购买力，也会导致社会资源的巨大浪费。在以商品作为表现形式的使用价值总量没有实现与以信用货币作为表现形式的价值总量共同扩张的条件下，由商品价格上涨所导致的以信用货币作为表现形式的价值总量的增加，将使与单位信用货币所对应的以商品作为表现形式的使用价值总量减少，从而削弱了单位信用货币的购买能力，在经济运行实践中，主要表现为通货膨胀。此外，在信用货币经济条件下，虽然通过增加信用货币供给的方式可以使商品的价格出现上涨，而市场主体在“逐利”机制作用下，也会扩大价格上涨的商品的生产规模，但从商品需求角度分析，由于这些商品价格的上涨主要是由信用货币的增量扩张所推动的，而不是由增量需求所拉动的。因此，对于某些供求基本平衡的商品生产规模的扩张，将会导致这些商品供过于求，使社会资源产生巨大的浪费。就此而言，虽然信用货币超发所导致的商品价格上涨，会增加以信用货币作为表现形式的价值总量，但在以信用货币作为表现形式的价值总量扩张的同时，适合市场需求的使用价值总量并不能实现有效的扩张，其一方面使经济发展不能实现不断满足和提高居民日益增长的物质和精神生活需求的目的；另一方面，还会导致经济运行出现较大的通货膨胀压力。

第二，商品价格上涨对于满足人类新兴需求的新兴产品，不能产生有效的刺激作用。从人类经济社会发展历史来看，新兴产品的生产是实现以信用货币作为表现形态的价值增长及以商品作为表现形态的使用价值总量增长的一个重要推动力。而从新兴产品价格变化情况来看，由于新兴产品的生产在很大程度上了取决于产品生产的生产要素供给①以及市场对于新兴产品的潜在需求。作为新兴产品，其价格的确定并没有固定的参照物，就此而言，传统产品价格的上涨并不能自动地促进新兴产品价格的上涨，在传统产品价格上涨所导致的营利机制作用下以及社会生产要素既定供给规模的条件约束下，一定时期社会既定的生产要素会更多地向传统行业集中，其在一定程度上导致新兴产品生产所需要的生产要素供给的相对减少，从而不利于新兴行业生产规模的扩张。由此可见，在传统产品价格上涨的影响下，新兴产品不但不能够自动地出现，反而受生产要素在价格上涨机制作用下过度地向传统行业集中的影响。当然，在新兴产品出现之后，其自身价格在供求缺口拉动下所出现的价格上涨，无疑会导致新兴产品生产规模的进一步扩张，而在新兴产品价格上涨之前，既有商品价格上涨则不会对新兴产品的出现和生产规模的扩张，产生任何作用。只有进行新兴产品生产所需要的技术、劳动、资源和管理等必要的生产要素储备，才能有效地促进新兴产品的生产，从而使经济发展在新兴产品的推动下，实现以信用货币作为表现形式的价值总量与以商品作为表现形式的使用价值总量的共同增长。

---

① 这些生产要素供给主要表现为技术、劳动、资源及管理等生产要素形态。

四、现代市场经济条件下通货膨胀的治理

如前所述，虽然现代西方经济学对于现代市场经济条件下通货膨胀现象进行了较多的理论研究，但是现代西方经济学关于通货膨胀的理论研究，自身存在着较多的理论误区。从经济实践来看，人类很难通过适度通货膨胀的方式来有效地促进经济增长，反而在现实的经济运行中时刻面临着较大的通货膨胀压力。因此，当前为了有效地克服市场经济运行中面临的通货膨胀压力，可以采取以下措施：

（一）突破适度通货膨胀有利于促进经济增长的理论误区

当前，在信用货币经济条件下，受适度通货膨胀有利于促进经济增长的理论误区影响，一些国家试图通过适度通货膨胀的方式来促进经济增长。根据前面关于通货膨胀与经济增长之间关系的论述，这一理论实际上存在着较多的理论误区，这里不再加以详述。当前要有效地克服经济运行中所面临的通货膨胀压力，就必须突破上述理论误区，明确真正意义上的经济增长，不但表现为以信用货币作为表现形式的价值总量的增长，而且还表现为以商品作为表现形式的使用价值总量的数量增长和质量不断提高的过程。根据前面的研究分析，以商品价格上涨作为表现形式的适度通货膨胀，并不能有效地实现以信用货币作为表现形式的价值总量增长与以商品作为表现形式的使用价值总量共同增长的目的，特别是为了促进商品价格上涨所进行的信用货币增发行为，不但不能够通过适度通货膨胀的方式，促进经济增长，反而还会导致经济运行面临较大的通货膨胀压力，这种通货膨胀既可以表现为需求拉动型通货膨胀，也可以表现为成本推动型通货膨胀。就此而言，当前要有效地克服经济运行中面临的通货膨胀压力，就必须突破适度通货膨胀有利于促进经济增长的理论误区，防止通过“人为”制造适度通货膨胀的方式，使经济运行由适度通货膨胀走向恶性通货膨胀。

（二）实现使用价值总量与价值总量的共同增长

真正意义上的经济增长，既表现为以商品作为表现形式的使用价值总量的不断扩张以及质量不断提高的过程，也表现为以信用货币作为表现形式的价值总量不断扩张的过程。实际上，如果实现了真正意义上的经济增长，价格水平就可以保持相对稳定，而不会使经济运行面临较大的通货膨胀压力。相反，如果在经济增长过程中单纯地将以信用货币作为表现形式的价值总量，作为经济增长的唯一目的，则很容易导致经济运行面临较大的通货膨胀压力。对之，可以做如下分析：

1. 生产力发展条件下商品价值总量的相对稳定性，其既表现为生产力进步行业商品价格的不断下降，又表现为新兴行业发展所导致的商品价值量的不断增加。理论

上分析，在生产力发展水平不断提高的影响下，传统行业劳动生产率发展水平的不断提高，将导致既有生产规模的商品以信用货币作为表现形式的价值量的下降，由此产生的多余信用货币，其价值载体主要依附于在生产力发展水平不断提高影响下新兴产业的发展。从使用价值供给角度分析，在生产力发展水平不断提高的影响下，劳动生产率提高行业维持原有规模的再生产以及新兴产业的发展，都提高了以商品作为表现形式的使用价值总量。在生产力发展水平不断提高的影响下，虽然劳动生产率提高部门的商品价格出现下降，但由于新兴产业的出现，一定时期社会上以信用货币作为表现形式的价值总量则会保持相对不变。当然，如果劳动生产率提高部门的生产规模扩张与新兴产业的发展同时进行，那么在增量信用货币影响下，以信用货币作为表现形式的价值总量就会出现较大增长，而以商品作为表现形式的使用价值总量也会出现更大幅度的增长，从而使经济运行实现价值总量和使用价值总量的双重扩张。

2. 通过适度的货币供给，确保一定时期以信用货币作为表现形式的价值总量与以商品作为表现形式的使用价值总量的相对一致。从前面关于生产力发展所导致的以商品作为表现形态的使用价值总量与以信用货币作为表现形式的价值总量变化情况来看，在社会生产力发展水平不断提高的影响下，适度的信用货币供给，是确保一定时期以信用货币作为表现形式的价值总量与以商品作为表现形式的使用价值总量保持相对一致的必要条件。一定时期货币供给规模的增加，主要取决于以下因素：

一是既有商品劳动生产率提高所导致的价值总量减少因素的影响。当然，这里所说的商品劳动生产率提高所导致的价值总量的减少，主要是指劳动生产率提高的商品维持既有生产规模条件下所导致的价值总量的减少。如果劳动生产率提高的商品生产者扩大生产规模，则由此对于商品价值总量的影响，主要取决于商品生产规模扩张所增加的价值总量与商品劳动生产率提高所减少的价值总量之间的比较。如果是前者大于后者，则会增加商品的价值总量；如果是前者小于后者，则会减少商品的价值总量。

二是新兴行业发展所导致的价值总量增加因素的影响。在传统行业以信用货币作为表现形式的价值总量与以商品作为表现形式的使用价值总量保持相对一致的条件下，新兴行业发展所增加的价值总量，主要通过增量信用货币供给的方式体现出来。在新兴行业发展过程中，通过增量信用货币的供给，使新兴行业以商品作为表现形式的使用价值总量与以信用货币作为表现形式的价值总量之间，保持相对一致。当然，考虑传统行业劳动生产率进步所导致的多余信用货币转移因素，新兴行业发展所需要的增量信用货币供给（这里是指中央银行新发行的信用货币）在规模上要小于新兴行业发展理论上需求的增量信用货币数量。由于一定时期经济发展主要表现为传统行业的不断再生产以及新兴产业不断发展的过程，在现代信用货币经济条件下，增量信用货币供给只有遵循了上述原则，才能使信用货币供给规模保持适度，从而确保一定时期以信用货币作为表现形式的价值总量与以商品作为表现形式的使用价值总量的相对一致，使商品的价格水平保持相对稳定。

（三）通过新兴产业的发展吸纳多余的信用货币

在生产力不断进步的条件下，传统行业劳动生产率的提高，会导致以信用货币作为表现形式的单位商品价值的下降，如果传统行业生产规模不实现有效的扩张，在既定的信用货币供给规模条件下，必然会有一部分信用货币供给出现剩余，而信用货币相对于黄金商品货币所不具备的贮藏手段职能，导致这些剩余的信用货币资金通过投机的方式，来获取以价值增值作为表现形式的另类使用价值。在传统行业劳动生产率提高的条件下，如何正确落实剩余信用货币的使用途径，对于经济发展非常重要。在经济实践中，剩余信用货币的使用路径主要表现在以下两个方面：

一是通过传统行业的生产规模扩张，使以信用货币作为表现形式的价值总量与以商品作为表现形式的使用价值总量之间，保持相对一致；二是通过新兴产业的发展，使以信用货币作为表现形式的价值总量与以商品作为表现形式的使用价值总量之间，保持相对一致。从经济发展实践来看，那些劳动生产率提高的传统行业，其往往是供求基本平衡或供求缺口相对较小的行业，这些行业生产规模扩张会受其产品的需求空间约束。而新兴产品的需求空间是可以不断扩展的，在信用货币供给规模不变以及传统行业劳动生产率提高的影响下，发展新兴行业是实现以商品作为表现形式的使用价值总量与以信用货币作为表现形式的价值总量共同增长的必然选择。从新兴行业的发展路径来看，一方面表现为通过直接投资的方式获得发展；另一方面，也表现为通过资本市场的方式获得发展。前者主要表现为多余信用货币直接向新兴行业的转移①，后者主要表现为通过资本市场投资的方式，间接地实现向新兴行业的转移。从经济发展的实践来看，以金融市场作为表现形式的虚拟经济的发展，在很大程度上就是既有信用货币剩余产生作用的必然结果。在传统行业劳动生产率提高所导致信用货币供给剩余的条件下，要保持商品价格的相对稳定，促进新兴行业的发展，使以信用货币作为表现形式的价值总量与以商品作为表现形式的使用价值总量保持相对一致，一方面就需要通过发展虚拟经济的方式，发挥虚拟经济对于剩余信用货币的吸纳能力，防止多余信用货币投机于实体经济，造成商品价格的大起大落；另一方面，还需要通过对虚拟经济与实体经济进行有效对接的方式，通过虚拟经济的发展促进新兴产业的发展。其既表现为虚拟经济发展为新兴产业发展提供资金支持，也表现为新兴产业发展为虚拟经济发展提供以“分红派现”作为表现形式的投资回报。

---

① 从经济发展实践来看，这些多余的信用货币在使用价值形态上，主要表现为劳动、技术、管理和资源等初始生产要素形态，也可以表现为原材料、设备、基础设施等次级生产要素形态。

（四）有效地发挥价格机制对于商品供求的调节作用

在市场经济条件下，某一商品的价格变化对于该商品的供给与需求都会产生重要影响，在商品生产成本保持不变的条件下，商品价格上涨主要是因为市场需求作用的结果，而在“逐利”机制作用下，商品价格上涨所带来的获利空间的提升，有利于市场主体通过生产要素的重新配置，增加价格上涨商品的供给，从而使该商品的供给与需求达到相对均衡。在现代市场经济条件下，要充分地发挥价格机制对于商品供求的调节作用，必须完善以下外部条件：一是通过建立有效的价格形成机制，使价格变化在商品生产成本相对不变的条件下，准确地反映商品的市场供求变化，从而为市场主体通过生产要素的合理配置增加或减少商品的生产规模，提供准确的价格信号；二是通过完善的市场体系建设以及充分发挥自由竞争机制的作用，提高市场主体的生产要素配置效率，从而较好地发挥价格变动对于商品需求的调节作用。要实现这一目标，当前既要通过完善的市场体系建设以及行业壁垒的清除，加快生产要素自由流动的效率，还要使所有的市场主体建立市场化的经营约束机制，从而使其根据市场的需求变化从事生产，使经济运行在更高层次供求均衡的基础上实现可持续发展。

（五）通过可再生生产要素的培育确保社会再生产的可持续发展

在信用货币经济条件下，由于信用货币只是商品价值的表现形式，而信用货币自身只是由政府发行并强制流通的一种货币符号，相对于黄金商品货币而言，信用货币不是商品，其并没有价值储藏功能。因此，要实现以信用货币作为表现形式的价值总量与以商品作为表现形式的使用价值总量的共同增长，就必须通过可再生产生产要素的培育，确保社会再生产的可持续发展。通过以商品作为表现形式的使用价值总量增长，带动以信用货币作为表现形式的价值总量的增长，从而实现可持续的真正意义上的经济增长。在现代市场经济条件下，就物化形态生产要素而言，其主要表现为技术、劳动、资源和管理等初始形态生产要素以及设备、基础设施等次级形态生产要素。在经济发展中，以商品作为表现形态的使用价值总量的不断增长，实际上主要表现为通过上述生产要素的组合生产的具有一定使用价值形态的商品在数量上不断扩张的过程，而以信用货币作为表现形态的价值总量的不断增长，其主要表现为初始形态生产要素不断货币化的过程。具体言之，其既包括初始形态生产要素组合所新增的以信用货币作为表现形式的价值增量，也包括初始形态生产要素与次级形态生产要素组合所形成的以信用货币作为表现形式的价值增量。根据马克思的不变资本与可变资本理论，次级形态生产要素在生产过程中只转移其价值，而不会创造新的增量价值。因此，从一定时期以信用货币作为表现形态的价值总量来看，其实际上是初始形态生产要素本期或累积的货币化过程。要实现经济以商品作为表现形态的使用价值总量与以信用货币作为表现形态的价值总量的持续增长，就要求生产要素必须是可再生的，只有这样，才能实现经济在上述两种形态上的可持续发展，使增量信用货币供给与以商品作为表现形式的增量使用价值之间保持相对一致，从而使价格保持相对稳定。在现实经济运行中，如果没有生产要素供给的可持续性，受以商品作为表现形式的使用价值在时间上不断消耗以及作为商品价值表现形态的信用货币不能自动退出流通领域的影响，当一定时期一国生产要素完全消耗殆尽时，一国经济发展中只能剩下不能购买任何商品的信用货币，由于信用货币没有任何形态的使用价值做支撑，导致政府也不可能通过继续发行信用货币的方式，实现以信用货币作为表现形态的价值总量的增长。由于人类生存需要以商品作为表现形态的使用价值做支撑，当生产要素消耗殆尽时，没有以商品作为表现形态的使用价值做支撑，人类自身都不能维持生存，就更谈不上经济发展了。当前要实现生产要素的可再生性，可采取以下措施：一是通过科学技术的发展，实现不可再生资源的可再生性，其主要表现为可再生新材料技术的发展等。二是通过教育的发展，为更好地发挥以“人”作为表现形态的可再生产生产要素在经济发展中的作用，创造有利条件。这种作用的发挥主要体现在以下两个方面：一方面通过技术、管理和劳动等以“人”作为载体的生产要素在生产中重要作用的发挥，推动经济的不断发展；另一方面，通过以“人”为载体的科技发展，发明能够有效替代不可再生自然资源的新产品，使社会生产实现持续发展。三是通过生产方式的有效转型，依靠服务业以及循环经济产业的发展，实现经济的可持续发展。

总体来看，在信用货币经济条件下，只有生产要素实现持续供给（在现代市场经济条件下，生产要素的持续供给主要表现为生产要素的可再生性），才能实现以信用货币作为表现形态的价值总量与以商品作为表现形态的使用价值总量的共同增长。

本章小结

本章首先分析了现代西方经济学的传统通货膨胀理论，随后分析了通货膨胀与货币供给之间的关系，认为通货膨胀主要通过价格上涨的方式体现出来，由此决定了其与货币供给密切相关，其主要表现在以下几个方面：(1) 在以商品作为表现形式的使用价值总量保持不变的条件下，信用货币供给量以及信用货币流通速度的动态变化，将对商品价格的运行趋势产生较大影响。(2) 现代市场经济条件下信用货币不同于黄金的本质属性，使其对于商品价格变动会产生较大的影响。(3) 劳动生产力提高和信用货币流通速度的加快，在很大程度上可以减少信用货币的供应量。

对于通货膨胀与经济增长之间关系的研究，文章认为，适度通胀推动经济增长理论，主要存在以下理论误区：一是将商品价格上涨作为衡量商品生产者获利能力大小的一个主要原因，而没有考虑商品生产成本因素；二是适度通胀有利于经济增长理论，是将一定时点的商品价格上涨误认为是持续的商品价格上涨，认为一定时点的商品价格上涨就必然代表商品价格的可持续上涨，忽视了商品价格可持续上涨所需要的诸多条件。三是没有很好地分析商品价格上涨的原因，是投机因素导致商品价格上涨，还是供不应求因素导致商品价格上涨。

文章认为，现代市场经济条件下，并不是所有商品价格上涨都可以拉动经济增长的，只有符合下述条件的商品价格上涨，才能使经济实现持续增长，其主要表现在以下几个方面：

（1）商品价格上涨是供不应求因素导致的，并且商品生产这种供不应求的局面会持续一段时间，导致商品价格上涨的因素主要表现为需求增加。

（2）商品生产成本在一定时期内是维持相对稳定的，在现代市场经济条件下，商品生产成本要保持相对稳定，其必须符合一定假设条件。具体言之，表现在以下几个方面：一是商品生产要素供给相对充足，商品价格的上涨不会对商品生产成本产生价格传导效应；二是商品生产存在一定的技术壁垒和规模壁垒，外部投资者的介入需要一个过程。

通过对于价格上涨与经济增长之间关系的分析，文章研究了商品价格上涨与真正意义上经济增长之间的关系。认为真正意义上的经济增长，主要表现为以商品作为表现形态的使用价值总量和质量及以信用货币作为表现形式的价值总量不断提高的过程。在现代信用货币经济条件下，追求以商品作为表现形态的使用价值总量的增长和质量的提高，是经济发展的主要目的，而以信用货币作为表现形式的价值总量的增长，则是以商品作为表现形式的使用价值总量扩张和质量提高为基础的。商品价格上涨只是实现以信用货币作为表现形式的经济增长的表面现象，其不能实现真正意义上的经济增长。因为在现代信用货币经济条件下，虽然商品价格的上涨可以增加以信用货币作为表现形式的价值总量，但以信用货币作为表现形式的价值总量的扩张，并不能成为经济增长的真正标志，其主要表现在以下两个方面：第一，价格上涨会导致商品使用价值总量与价值总量之间的不一致，不仅会削弱信用货币的实际购买力，也会导致社会资源的巨大浪费。第二，商品价格上涨对于满足人类新兴需求的新兴产品，不能产生有效的刺激作用。

最后，文章研究了现代市场经济条件下通货膨胀的治理问题，认为当前为了有效地克服市场经济运行中所面临的通货膨胀压力，可以采取以下措施：

（1）突破适度通货膨胀有利于促进经济增长的理论误区；（2）实现使用价值总量与价值总量的共同增长；（3）通过新兴产业的发展，吸纳多余的信用货币；（4）有效地发挥价格机制对于商品供求的调节作用；（5）通过可再生生产要素的培育，确保社会再生产的可持续发展。

第五十八章
中央银行宏观调控目标的实现路径

一、中央银行的宏观调控目标

在现代市场经济条件下，各国中央银行将宏观经济调控目标设定为：价格稳定、经济增长、充分就业、国际收支平衡。

就价格稳定宏观调控目标而言，所谓价格稳定，是指商品价格保持相对稳定，不会由于货币投放数量较多而导致商品价格出现大幅上涨，同时也不会由于货币投放过少，而导致商品价格出现大幅下降。在信用货币经济条件下，商品价格保持相对稳定，有利于商品生产者在既定的盈利预期下根据市场需求生产商品，从而实现社会商品供给与需求的相对均衡，就消费者而言，在稳定的价格预期作用下，消费者会按照其自身对于商品的实际需求量去购买商品。在商品价格保持相对稳定等正常的外部条件下，消费者对于商品的需求在时间点上将呈现均匀分布或周期性分布的典型特征，从而有利于商品生产者根据商品的需求规律，通过商品供给在时间点上与商品需求的相对一致，确保一定时期商品供给总量与需求总量的相对均衡。如果商品的价格出现大幅波动，必然会影响消费者对于商品消费在时间点上所呈现的均匀分布或周期性分布的分布规则，从而使商品需求出现大幅波动，这种商品需求出现的波动使商品供给在时间点上不能很好地与商品需求实现有效的吻合，造成了一定时期商品的供需失衡，商品供需失衡会导致商品价格再次出现大幅波动，由此循环往复。

就经济增长宏观调控目标而言，所谓经济增长，在信用货币经济条件下，经济增长既表现为以信用货币作为表现形式的经济总量的增长，又表现为以使用价值作为表现形态的经济总量的增长。在信用货币经济条件下，以信用货币作为表现形式的经济总量增长与以使用价值作为表现形态的经济总量增长之间，能否保持相对一致，是衡量经济增长质量优劣的重要标志。当两者之间不能保持相对一致时，预示了经济发展过程中商品供给与需求结构没有实现科学匹配，在经济实践中，其主要表现为一部分商品由于供过于求而出现剩余，一些以信用货币作为表现形态的需求可能由于没有相应的商品供给而不能得到很好的满足。在信用货币经济条件下，一国中央银行也可以通过发行信用货币的方式，实现以信用货币作为表现形式的价值总量上的经济增长。

就充分就业宏观调控目标而言，所谓充分就业，是指一定时期有就业能力并且有就业意愿的公民都可以进行正常的就业。充分就业既是居民维持自身及其家庭生存的必要手段，也是保持社会稳定以及促进经济发展的必要手段。

就国际收支平衡的宏观调控目标而言，国际收支平衡主要是指一定时期一国以信用货币作为表现形式的对于外国的支出总量与以信用货币作为表现形式的来自国外的收入总量之间，保持基本平衡。在现代市场经济条件下，一国贸易收支的平衡在其国际收支平衡中处于重要的地位。所谓贸易收支平衡，是指一定时期一国以信用货币作为表现形式的进口总量与以信用货币作为表现形式的出口总量基本相等。从使用价值角度分析，在当前以互补贸易和比较优势贸易为依托的国际贸易条件下，一国国际收支的平衡，并不能单纯地表现为一国进出口商品在价值总量上的平衡，因为在现代贸易条件下，一国进出口商品在价值量上的平衡，不但取决于一国进出口商品的总量规模，而且还取决于一定时期一国的国际汇率变动因素。就国际资本流动对于一国国际收支的影响而言，在开放的国际资本流动条件下，一定时期影响一国国际资本流动的因素，既取决于一国的汇率变动趋势，又取决于一国资本的投资收益率水平。当一国本币出现升值时，会对国际资本形成较大的吸引力，从而会导致国际资本对于本币升值国的净流入；反之，当一国本币出现贬值时，则会导致国际资本对于本币贬值国的净流出。当一国资本投资收益率较高时①，会增加该国对于国际资本的吸引力，从而导致国际资本的净流入；当国外投资资金撤离被投资国时，被投资国虚拟资产价格会回到国外投资资金进入被投资国之前的水平。外国资金介入被投资国的资本市场，完成的只是一种财富的再分配，在外国资金进入被投资国资本市场获取大量投资收益之后，如果被投资国资本市场没有增量资金进入，随着被投资国本土投资者投资损失的增加，被投资国虚拟资产价格一般会低于外资进入被投资国之前的价格水平。

---

① 这种投资收益率既包括资本投资实体经济所产生的投资收益率，也包括资本投资虚拟经济所产生的投资收益率。前者是经济发展过程中在以信用货币作为表现形式的价值总量与以商品作为表现形式的使用价值总量相对匹配条件下，进行实体经济投资所产生的投资收益；后者则表现为外资对于资本市场的进入和撤离所产生的投资收益。当外资进入一国资本市场时，在增量资金推动下，会导致虚拟资产价格的上涨，当然这种虚拟资产价格的上涨，需要一定前提条件，这个前提条件就是外资流入国资本市场存量资金不会由于外资的进入而出现撤离。决定外资流入国资本市场存量资金是否撤离的关键，在于外资流入国虚拟资产价格水平的高低，当外资流入国虚拟资产价格相对较低时，资本市场存量资金一般不会发生撤离；当外资流入国虚拟资产价格相对较高时，资本市场存量资金可能就会发生撤离。

二、中央银行上述宏观调控目标之间的关系

从中央银行上述宏观调控目标之间的关系来看，这些宏观调控目标之间，有些是相互兼容的，有些则不是相互兼容的。对之可做如下分析。

（一）物价稳定对于其他宏观调控目标的影响

1. 物价水平相对稳定对于经济增长的影响。在现代市场经济条件下，如果商品的价格相对稳定，价格的变化在一定程度上可以反映商品供求关系的变动，市场主体在生产经营过程中根据商品价格变动的信号来组织经营，可以使经济在供求总量平衡的基础上实现有效增长。假设在一定市场经济条件下，商品价格波动完全可以反映商品的供求关系，当商品价格下降时，市场对于该商品的需求出现减少，在“逐利”机制作用下，市场主体在这种价格信号引导下，会减少这种商品的生产，从而使该种商品供求保持相对均衡，使商品价格保持相对稳定，使一定时期商品生产不会由于供给过多而导致大量的浪费。反之，当商品价格上涨时，市场对于商品的需求开始增加，在“逐利”机制作用下，市场主体在这种价格信号引导下，会通过增加商品供给数量的方式，实现商品的供求平衡。在使商品价格保持相对稳定的同时，确保了新增的商品需求得到了有效满足。从商品价格变动对于市场供求数量的调节来看，在商品价格变动能够有效地反映市场供求变动关系的强势有效市场的假设条件下，价格水平的相对稳定，表明了一定时期的经济增长，是建立在不断满足市场有效需求基础之上的经济增长，从而使经济增长与社会生产的目的保持相对一致，使市场通过经济增长实现对于资源的有效配置，使经济增长表现为一种有效的经济增长。

反之，在商品价格出现大幅波动的条件下，商品价格波动在很大程度上并不能有效地反映商品的真实供求状况，在市场“逐利”机制作用下，如果商品生产者根据商品的涨跌情况来组织生产，对于那些由于投机性资金或行政干预而导致价格上涨的商品，由于价格上涨不是由正常的市场需求增加所带动的，商品生产者若根据价格信号，增加这些商品生产规模，随着投机性资金的退出及政策红利的消失，商品生产规模扩张所导致的市场供给总量的增加，在导致商品价格出现大幅下跌的同时，还会使商品大量积压，从而导致一定的浪费。当非正常因素导致商品价格下跌时（如气候变动等非正常因素作用的结果），在“逐利”机制作用下，商品生产者会在价格信号引导下适当减少这部分商品的生产规模，从这部分商品的供求关系来看，由于商品价格下跌是非正常因素导致的结果，而不是市场对于商品真实需求减少导致的结果。对于一些生产周期较长的商品而言，商品生产者在非正常因素所导致的商品价格下降作用下所做出的减产决定，将会导致商品生产周期内商品供给的相对不足，从而使这部

分商品的市场需求得不到很好的满足，使市场不能很好地发挥优化资源配置的作用。

当然，从价格的决定因素分析，在生产力发展水平不断提高的条件下，如果构成商品生产成本的生产要素是可再生的，商品生产成本必然会在生产力发展水平提高的基础上出现下降，由此会导致商品价格的下降。由于在这种条件下商品价格的下降，是生产力发展导致商品生产成本下降的结果，而不是商品供求关系作用的结果。不是现代市场经济条件下中央银行根据“价格稳定”的宏观调控目标实施宏观调控的调节对象。相反，如果在生产力发展水平提高而导致商品价格下降的条件下，中央银行为了实现价格稳定的宏观调控目标，通过向市场注入增量信用货币资金的方式，维持商品价格稳定。虽然实现了以信用货币作为表现形式的国民价值总量的增长，但消费者并没有享受到生产力发展给予其带来的好处。相反，受增量信用货币在各个生产环节分布不均等、各行业生产力发展水平提高程度不一致以及增量信用货币获取机会不均等因素影响，增量信用货币的发行在增加社会信用货币供给总量的同时，还会使各行业商品价格由于增量货币供给规模和生产力发展水平的差异，导致商品比价关系出现进一步混乱，由此引起国民经济结构的失调。

在现代市场经济条件下中央银行所实现的“价格稳定”宏观调控目标，主要是指对由于商品供求关系变动所引起的商品价格波动，通过中央银行有效的宏观调控，实现商品价格的基本稳定。建立在市场价格稳定基础上的经济增长，不会由于供求失衡而导致商品供给过剩或商品供给不足，从而确保了市场价格稳定条件下的经济增长，是建立在供求基本平衡基础上的经济增长，在有效的供求调节所导致的商品价格相对稳定的条件下，市场主体在“逐利”机制作用下寻求利润最大化，会使其通过技术创新的方式，来获取更多的利润。这种技术创新，主要表现在两个方面：一是通过在既有商品生产领域的技术创新，降低商品生产成本，从而获得较高的超额利润；二是通过在新兴领域进行有效的创新，通过新产品的有效供给，增加市场潜在需求和新兴需求，从而使技术创新的市场主体凭借垄断地位，获取超额利润。这两方面的技术创新无疑都在很大程度上有利于促进社会生产力的发展。若考虑技术创新所导致的商品生产成本不断降低以及新产品供给不断增加的上述两个结果，在物价水平相对稳定的条件下，经济增长主要呈现在生产力发展水平不断提高所引致的传统行业价值总量不断减少以及新兴行业发展所增加的价值总量共同作用下，实现的以信用货币作为表现形式的价值总量的增长。从使用价值角度分析，在传统行业生产力发展水平不断提高以及新兴行业不断发展的影响下，经济增长过程中所实现的使用价值总量和结构的增长，一般是在传统行业商品的既有市场需求得到有效满足的条件下，市场主体在价格信号引导下，通过供给规模的调节，使传统产品在既定的价格条件下实现供需平衡；与此同时，通过对于新兴产业产品供给的不断增加，满足新兴市场需求。主要表现为在新兴行业所产生的超额利润引导下，新兴产品的供给会不断增加，由此不断满足市场对于新兴产业产品的需求。从有效经济增长模式下的使用价值结构来看，有效的经济增长总是表现为传统行业商品供给数量相对稳定和新兴行业商品供给数量不断扩张的过程。

2. 物价水平相对稳定对于社会充分就业的影响。在不考虑生产力发展水平提高所导致商品价格下跌因素的条件下，如果市场价格保持相对稳定，预示社会总供给与总需求是相对平衡的。在供求相对平衡基础上所实现的充分就业，是一种有效的充分就业状态。因为在供求相对平衡的基础上，实现充分就业的人员所从事的劳动是有效劳动。通过有效劳动所生产的产品供给与市场需求实现了有效的匹配；通过有效劳动所获取的以信用货币作为表现形态的有效需求，也通过市场的有效供给得到了充分满足。在市场价格相对稳定基础上所实现的市场总供给与总需求的相对平衡，使实现充分就业的人员的劳动成为有效劳动，也使参与就业的人员通过劳动所获取的报酬，能够得到实物或其他使用价值形态商品的顺利补偿，从而在一定程度上使充分就业主要通过维持传统行业生产规模和新兴行业生产规模不断扩张的方式来实现。充分就业与经济增长会保持相对一致。

如果市场价格在投机因素影响下出现大幅波动，从而使商品生产规模的扩张或收缩不能准确地反映市场正常的供求状况，对于那些由于投机因素作用而导致价格上涨的商品而言，由于这些商品生产规模快速扩张所带动的就业率增加，并不能作为就业率增长的真正标志，因为由价格投机而导致的商品价格上涨，并不是商品真实需求的反映。企业若据此扩张生产规模，则必将使商品供给出现过剩，从而使由于商品生产规模扩张所吸纳的增量劳动，在很大程度上表现为无效劳动，浪费了大量的自然资源，也浪费了大量的劳动资源，从而使这种由于商品生产规模扩张而导致的就业率增加，并不能反映真实的就业率增加水平。对于投机因素导致商品价格在不能准确反映商品供求关系而出现下跌的条件下，商品生产者由于商品价格的下跌会缩小商品的生产规模，由此会降低对于商品生产从业人员的需求，从而导致就业率的下降。从商品真实需求来看，如果不考虑投机因素的作用，商品的市场需求可能会处于供求平衡或供不应求的状态，商品生产者根据商品价格由于投机因素作用而出现下跌的表面现象，所做出的减少商品生产规模的决定，将在一定程度上导致商品供不应求，其在使社会生产不能很好地满足社会需求的同时，也导致就业率的非正常下降。

当市场物价水平保持相对稳定时，商品生产者在根据真实的市场供求关系所做出的生产规模的扩张和收缩，将使就业率的增减变化准确地反映经济发展对于劳动力的需求变化，从而使一定时期就业率指标准确地反映一定时期有劳动能力的人员从事有效劳动的状态（这里所说的劳动既指体力劳动，也指脑力劳动），由此使中央银行通过有效的宏观调控手段所实现的充分就业，是有效的充分就业，使充分就业与经济增长之间保持一种良性互动的关系。

3. 物价相对稳定对于国际收支平衡的影响。一定时期一国市场物价的相对稳定有利于保持该国国际收支的平衡。根据国际收支的内涵，国际收支主要是指一国贸易收支和资本收支的差额。在一国物价水平基本保持稳定的条件下，一国对外贸易收支更多地表现为互补贸易和相对优势贸易作用下的贸易收支行为。在浮动汇率机制作用下，一国贸易收支会保持相对均衡状态。就一国资本市场国际收支而言，如果一国资产价格保持相对稳定，国际资本对于该国资产价格的投机机会就相对较少，其在一定程度上减少了国外投机资金对于该国资本市场的投机行为，从而有利于该国资本收支保持基本平衡。从一国汇率水平来看，当一国汇率保持相对稳定时，在一定程度上也可以减少国外投机资金对于该国资本市场的冲击，从而有利于保持该国国际收支的基本平衡。理论上而言，在浮动汇率机制作用下，虽然一国贸易收支的不平衡会导致该国汇率的调整，但从该国汇率调整的最终结果来看，在一国贸易收支不平衡的条件下，正是通过资本的流入和流出，实现一国包含贸易收支和资本收支在内的国际收支的最终平衡，并最终通过汇率的有效浮动，实现一国贸易收支的最终平衡。对于进入一国从事实业投资的外资而言，进入该国会带来外部资本的流入，但在浮动汇率机制作用下，该国最终会通过贸易收支和国际资本收支的方式，实现一国国际收支的基本平衡。

如果一国物价水平不保持相对稳定，一国商品价格大幅波动所形成的价格套利机会会对国外资本形式较强的吸引力，会导致一国贸易收支的不平衡，也会引起一国国际收支的不平衡。一国资本市场价格的大幅波动，也会在很大程度上对于国外投机资本形成强大的吸引力，国外投机资本流入被投机国，将在很大程度上导致一国国际收支的不平衡，而在浮动汇率制度作用下，国外投机资本进入被投机国所导致的被投机国汇率的大幅波动，又在很大程度上为国外投机资本对被投机国汇率进行投机提供了便利条件。这些都将进一步加剧了被投机国国际收支的不平衡。特别是在预期因素作用下，国外投机资本的投机行为，还会使被投机国资本市场虚拟资产价格、国际收支及汇率之间呈现恶性循环的变动关系。

（二）经济增长对于其他宏观调控目标的影响

1. 经济增长对于物价稳定的影响。就经济增长与物价稳定之间的关系而言，经济增长是保持物价相对稳定的基础。在不考虑由于生产力发展所导致的商品生产成本降低因素的条件下，商品物价水平的高低在很大程度受制于市场的供求变化。对于那些由于供不应求而导致物价上涨的商品而言，只有通过经济增长的方式，增加这些商品的供给规模，才能使商品价格在供求平衡的基础上保持相对稳定。在信用货币经济条件下，相对于黄金商品货币而言，信用货币并不能通过执行贮藏手段职能的方式，使商品价格保持相对稳定。对于那些产品供过于求的商品生产而言，商品生产者在供求规律作用下由于对该商品生产规模的缩减而导致的多余信用货币资金，必须通过经济增长的方式，实现与其他生产要素的结合。经济增长也是解决供求规律作用下商品生产规模缩减而导致剩余信用资本最终出路的一个重要途径。如果不能通过经济增长的方式，实现这些剩余资本与其他生产要素的有效结合，这些剩余资本必然会通过价格投机的方式，导致商品和资产价格的大幅波动。

就生产力发展水平进步导致商品价格下跌所释放的剩余信用货币而言，其必须通过经济增长的方式，使这部分剩余货币与其他生产要素进行组合，通过新产品供给的增加，创造新的需求，使经济发展在维持既有产品供求的基础上，通过新产品供求的扩张，实现一定时期商品使用价值总量与价值总量的共同增长。相反，在信用货币经济条件下，如果这些剩余信用货币不能通过经济增长的方式，实现与其他生产要素的组合，则在“逐利”机制作用下，其必然会通过对商品和资产进行价格投机的方式，使商品和资产的价格出现大幅波动。

就经济增长与稳定物价之间的关系来看，经济增长主要通过维持既有商品供求平衡以及通过剩余货币与其他生产要素相结合生产消费升级型产品的方式，来保持市场物价水平的相对稳定。

2. 经济增长对于充分就业的影响。就经济增长与充分就业之间的关系而言，根据西方经济学的相关理论，资金、资源、技术、劳动和管理等构成社会生产的基本要素，从上述生产要素与就业之间的关系来看，技术、劳动和管理三个要素与就业密切相关。在信用货币经济条件下，所谓社会生产，就是以信用货币形态的资金为中介，实现以技术、管理和劳动作为表现形式的“人”与资源①相互结合的过程。一定时期经济增长主要表现为“人”与资源等生产要素组合规模不断扩张的过程。根据马克思的资本有机构成与生产力发展关系的理论，在生产力发展水平不断提高的基础上，资本有机构成也是不断提高的，其在一定程度上预示着一定增量规模的非“人力”生产要素所带动的人员就业，呈现相对减少的变化规律。从就业人员的绝过数量分析，在既有的资本有机构成条件下，经济增长所带动的就业人数增加，则是绝对的。并且从现代产业发展趋势来看，不同产业结构下所实现的人力生产要素与非人力生产要素的比例构成也各不相同。在资本密集型的生产模式下，人力生产要素与非人力生产要素比例结构相对较低，在服务型产业发展的条件下，人力生产要素与非人力生产要素比例结构则相对较高。不管资本有机构成如何，保持适度的经济增长，都会有利于提高社会就业率水平，从而实现充分就业的调控目标。

3. 经济增长对于国际收支平衡的影响。就经济增长与国际收支平衡之间的关系

---

① 这里所说的资源既可以指矿山、土地等初始生产要素形态，也可指机器设备、原材料、厂房等次级生产要素形态。

而言，一国经济增长对于国际收支的影响主要表现在以下几个方面：

从以信用货币作为表现形式的一国价值总量增长情况来看，根据西方经济学所论述的国民经济总量平衡公式，当一国将出口作为拉动以信用货币作为表现形式的价值总量增长时，该国对外贸易必然会出现收支不平衡，其主要表现为贸易顺差，而在贸易收支不平衡的条件下，该国为了实现国际收支的平衡，则只能通过外币资本流出的方式，来实现国际收支总量的平衡。从经济增长的价值形式分析，这部分与贸易顺差相对应的外币资金如果在资本市场开放的条件下可以自由流出，必将通过汇率的变动，最终使一国贸易收支保持平衡，问题的关键在于一旦实现外币资金在贸易顺差条件下的自由流出，由外资自由流动所引起的汇率变化，将使一国贸易收支达到平衡，从而使出口不能很好地发挥其对于一国经济增长的拉动作用。在以出口作为拉动经济增长动力的条件下，一国为了保持本国汇率的相对稳定，必然会通过买入外汇的方式，来使本国汇率不会由于本国出现大量贸易顺差而升值。在政府通过买入外汇干预本国汇率的假设条件下，一国贸易进出口所积聚的贸易顺差会拉动本国经济在价值总量上实现增长，一国政府对于本国汇率的干预，使该国通过贸易顺差所积聚的外币资金，不能通过市场化渠道自由流出的方式，实现一国国际收支的平衡。从经济实践来看，虽然一国政府在对于由贸易顺差而导致的外币资金进行统一结汇之后，会通过在国际资本市场购买国债等投资方式，来获取投资收益，但从这部分外汇资金的所有权来看，其无疑属于政府所有，政府将外汇资金对外进行投资的行为，并不能使该国真正地实现国际收支平衡。在以出口作为拉动经济增长引擎的条件下，一国要实现以信用货币作为表现形式的经济增长，就会出现经常性项目和资本项目的双顺差，决定了在出口拉动经济增长的发展模式下，一国国际收支不可能实现真正的平衡。

从以商品作为表现形式的使用价值角度分析，一国要实现以使用价值作为表现形式的经济增长，则必须通过贸易收支逆差的方式，来增加本国以商品（这里所说的商品既包括有形的货物形态，也包括无形的商品如服务等）作为表现形式的使用价值总量。由于在现行的国际贸易条件下，一国要实现进口大于出口的贸易逆差，就必须通过借入国际资本的方式来解决。在通过贸易逆差方式增加一国使用价值总量的条件下，一国资本项目收支必然是赤字的，其在一定程度说明，在通过贸易逆差的方式增加一国使用价值总量的经济发展模式下，一国国际收支也不可能实现平衡。从一国经济发展所导致的价值总量和使用价值总量之间的变动关系来看，在将出口作为拉动经济增长的一个重要工具的影响下，经济增长并不能实现以信用货币作为表现形式的价值总量和以商品作为表现形式的使用价值总量的共同增长，主要表现在以下两个方面：一方面，当经济增长通过出口拉动时，其主要表现为以信用货币作为表现形式的国民经济价值总量的增长，而以商品作为表现形式的使用价值总量由于出口的增长而出现缩减，由此导致两者呈现截然相反的变化趋势；另一方面，当一国通过增加进口的方式来增加以商品作为表现形式的使用价值总量时，以信用货币作为表现形式的价值总量就会由于贸易赤字以及资本项目赤字而出现缩减，从而导致以商品作为表现形式的使用价值总量与以信用货币作为表现形式的价值总量之间在运行方向上的不一致。在经济增长不是通过出口拉动而实现以信用货币作为表现形式的价值总量增长的条件下，一国经济增长可以通过汇率自动调节机制的作用，实现以信用货币作为表现形式的经济总量与以使用价值作为表现形式的经济总量之间的共同增长。根据目前的国际分工理论，一国以相对优势为依托所实现的贸易收支平衡，会使本国以商品作为表现形式的使用价值总量实现相对增长。

（三）充分就业对于其他宏观调控目标的影响

1. 充分就业对于物价稳定的影响。从充分就业与物价稳定之间的关系来看，由于在有效的充分就业条件下，就业人员通过就业所获取的以信用货币作为表现形态的市场需求与其在生产过程中通过参与生产所增加的供给，在总量上基本保持同向变动关系①，由此会使社会商品的总供给与总需求保持相对均衡，受此影响，市场物价水平可以保持相对稳定。从商品供求结构来看，在合理的社会分工条件下，就业人员通过就业所获取的以信用货币作为表现形式的市场需求结构与其在生产过程中通过参与生产所增加的供给结构基本上也是保持相对匹配的②，在充分就业状态下，商品价格在供求结构保持相对匹配的条件下，市场物价水平也可以保持相对稳定。如果充分就业不是有效就业，就有可能出现参与就业人员通过无效就业所获取的以信用货币作为表现形式的增量需求与无效就业所产生的无效供给之间的矛盾，受此影响，市场物价水平就会出现上涨。充分就业能否与物价稳定保持相对一致，关键在于充分就业的有效性，如果是有效的充分就业，其在一定程度上就可以保持市场物价水平的相对稳定；反之，则会导致市场物价水平的上涨。

2. 充分就业对于经济增长的影响。从充分就业与经济增长之间的关系来看，在有效的充分就业条件下，大量有劳动能力的人员通过参与社会生产的方式实现就业③，在生产中创造的增量价值将有力地推动以信用货币作为表现形式的国民经济价值总量的增长。在生产中所创造的增量使用价值，也有力地推动了以商品或服务作为表现形式的使用价值总量的增长。由于在有效的充分就业状态下，合理的社会分工会

---

① 在有投资介入的条件下，虽然充分就业人员所消费的商品数量要小于就业者在生产中创造的商品数量，但是，由于投资最终服务于消费，因此，从长期来看，生产者生产的商品，最终会以直接或间接的方式被消费。就此而言，在有效的充分就业条件下，社会商品供给与就业人员的需求之间应该是一种同向变动关系。

② 由于投资的介入对于商品供求结构的影响，与前面所说的由于投资的介入对于商品供求总量的影响，其作用原理基本相同，这里不再做详细分析。

③ 这里所说的社会生产是广义的概念，是指就业人员能够向社会提供使用价值形态商品和服务的劳动过程，本文所说的“生产”含义与之相同。

使经济在以信用货币作为表现形式的价值总量和以商品（服务）作为表现形式的使用价值总量共同增长的基础上实现有效增长。有效的充分就业，有利于实现真正意义上的经济增长。反之，在充分就业的条件下，如果一些人员是无效就业，其对于经济增长的影响在以信用货币作为表现形式的价值总量和以商品（服务）作为表现形式的使用价值总量方面，将呈现不同的影响特征。在部分无效就业的影响下，会导致以信用货币作为表现形式的国民经济价值总量的增长，由于在部分无效就业的条件下，一些从业人员并没有创造有效的使用价值，甚至创造了负的使用价值，在一定程度上导致以商品（服务）作为表现形式的使用价值总量的增长速度要低于以信用货币作为表现形式的国民经济价值总量的增长速度。由于在部分无效就业的条件下，国民经济以信用货币作为表现形态的价值总量增长与以商品（服务）作为表现形态的使用价值总量增长并不是一一匹配的，影响了国民经济增长质量，也使国民经济运行在以信用货币作为表现形式的价值总量大于以商品（服务）作为表现形式的使用价值总量影响下，而面临较大的通货膨胀压力，由此给未来经济运行带来不利影响。

3. 充分就业对于国际收支的影响。从充分就业与国际收支之间的关系来看，在进出口相对均衡的条件下，一国所实现的充分就业在某种程度上属于有效的充分就业，其主要表现为参与就业的人员在通过就业方式获得以信用货币作为表现形式的工资性收入的同时，其也通过参加就业的方式向本国提供具有一定使用价值形态的投资品和消费品①，这在一定程度上保证了充分就业状态下本国从业人员通过从业所获取的以信用货币作为表现形式的工资性收入，有相应的使用价值形态商品（服务）与之相对应，从而使物价水平保持基本稳定，使充分就业主要表现为一种有效的就业状态。相反，如果贸易收支不平衡，在一国出口大于进口的贸易条件下，主要表现为一国以信用货币作为表现形式的就业人员工资收入在充分就业状态下保持相对不变，而以商品（服务）作为表现形式的使用价值总量却因为出口而相应减少，这在一定程度上使一国以信用货币作为表现形式的价值总量与以商品（服务）作为表现形式的使用价值总量在经济增长中出现相反的变化，在导致该国经济运行面临较大通货膨胀压力的同时，也使该国通过出口所实现的充分就业不能达到有效的就业状态。在一国进口大于出口的经济增长模式下，如果进口的产品是一国不能生产的产品或者不具有相对成本优势的产品，进口产品的增加不会对一国就业率产生重要影响。问题的关键在于，在现代贸易条件下，如果一国发行的信用货币不是国际货币，该国从外国进口商品就需要通过出口商品或借入外部资金的方式来进行，在一国进口大于出口的贸易假设条件下，一国只能通过从国外借入资金的方式，来实现进口的增量扩张，其主要

① 从经济实践中，就业人员提供的上述使用价值，既表现为从业人员直接参与本国投资品和消费品实物形态的生产，而且还表现为通过国际贸易的方式，间接地参与供本国使用的投资品和消费品的生产。

表现为资本项目收支的逆差。在这种进出口收支模式下所实现的充分就业，主要表现为一国通过进口增加的方式实现以商品（服务）为表现形式的使用价值总量的即期增量扩张，在以信用货币作为表现形式的从业人员工资总量相对稳定的条件下，在一定程度上增加了即期以商品（劳务）为表现形式的使用价值总量的供给，如果该国信用货币供给总量保持相对稳定，将有利于提高该国从业人员的单位信用货币购买力。由于一国通过资本项目逆差所实现的进口量的增加，最终需要通过增加出口的方式，来偿还其所欠的外部债务。在生产技术条件保持不变的假设条件下，该国在通过出口方式偿还前期所欠的国际资本债务时，虽然该国在出口增加的带动下会增加就业，但随着出口的增加，会相应地减少本国单位信用货币的实际购买力，其实际上是对前期进口增加所提高的本国单位信用货币购买力的一种补偿。从补偿程度分析，如果考虑借入国际资本所支付的利息因素，通过出口偿付前期贸易赤字所导致的单位信用货币购买力减少的幅度，要高于由于前期进口所导致的单位信用货币购买力增加的幅度。在有效的充分就业状态下，只有保持进出口的相对平衡，才能实现有效的充分就业。有效的充分就业从动态来看必然是一种进出口相对均衡的就业状态。从充分就业条件下资本项目收支情况来看，主要表现为通过资本项目的顺差或逆差，来调节充分就业状态下贸易收支的不平衡。在有效的充分就业条件下，一国资本项目收支从长期来看也是保持相对平衡的。

（四）国际收支平衡对于其他宏观调控目标的影响

1. 国际收支平衡对于物价稳定的影响。就国际收支状况对于一国物价的影响而言，其主要表现在以下几个方面：

第一，当一国出现贸易顺差、资本项目保持平衡时，一国以商品（服务）作为表现形式的使用价值总量由于出口的增加而出现减少，以信用货币作为表现形式的价值总量则由于出口的增加而得到增加，一国单位信用货币的购买能力就会出现下降，主要表现为物价上涨，经济运行面临通货膨胀的压力。

第二，当一国贸易收支出现逆差、资本项目也出现逆差时，从短期来看，进口的增加会提高一国单位信用货币的购买力，其主要表现为物价下跌。在一国信用货币不能成为国际货币的条件下，由于一国进口的增加最终需要通过出口的方式，来偿还其所欠的资本项目债务，从长期来看，当一国通过出口偿还其前期进口所欠的资本项目债务时，其又会在一定程度上降低一国单位信用货币的购买力，从而使一国经济运行中出现通货膨胀现象。

第三，当一国资本项目出现顺差时，国外资本的介入，将在很大程度增加一国信用货币资金的供应量，这种信用货币资金供应量的增加，对于一国物价水平的影响程度，将在很大程度上与外部资金的用途密切相关。如果外部资金进入被投资国从事实业投资，那么，短期来看，其会导致一国与外资投资实体经济领域相关的生产要素价格上涨，从长期来看，在形成有效产出之后，如果由外资投资所形成的产品在被投资国销售，在有效产出大于投入成本的基本经济运行原理作用下，将在很大程度上对于被投资国的物价水平，起到下降的作用；如果由外资投资所形成的产品出口销售，并且不通过从国外进口相应商品的方式来实现被投资国贸易收支的平衡，被投资国出口的增加，将使本国物价再次出现上涨。如果外部资金进入被投资国不从事实业投资，外部资金对于被投资国实体资产和虚拟资产的投资，将直接推动被投资国实体资产和虚拟资产价格的上涨。在资本项目收支顺差的条件下，对于一国的影响，在很大程度上取决于这部分外部资本的用途，只有那些在被投资国从事实业投资并且投资产品通过直接或间接的方式，供被投资国使用的资本项目顺差，才有利于降低被投资国的物价水平。对于其他用途的资本项目顺差而言，其都会对一国物价水平产生推升作用。

第四，对于资本项目逆差而言，在经济实践中，由于与资本项目逆差相对应的是外部商品（服务）的流入或者本国信用货币的流出①，资本项目逆差的条件下，短期来看，一国物价水平将会出现下降；随着流出资本的回流以及资本项目对外欠款的偿还，资本项目逆差国在信用货币回流以及出口净额增加等因素影响下，该国前期由于资本项目逆差而下降的价格会出现恢复性上涨，如果考虑利息和投资收益率等因素，资本项目逆差国物价的涨幅在信用货币回流以及出口净额增加等因素影响下，会超过前期上涨之前的水平。

综合上述分析，只有在一国国际收支保持基本平衡的条件下，一国物价水平才能保持相对稳定。

2. 国际收支平衡对于经济增长的影响。就国际收支平衡对于一国经济增长的影响而言，主要表现在以下几个方面：

（1）从贸易收支平衡的关系来看，在贸易收支平衡的条件下，一国无法通过增加净出口的方式，来实现国民经济以信用货币作为表现形式的价值总量的增长。根据国际贸易分工的基本法则，在进出口相对平衡的条件下，一国以商品（服务）作为表现形式的使用价值总量会实现相对增长。

（2）根据目前的西方经济学理论，一国只有通过增加净出口的方式，才能实现以信用货币作为表现形式的经济价值总量的增长，但在这种贸易模式下，一国在通过净出口增长实现的以信用货币作为表现形式的价值总量增长的同时，该国以商品（服务）作为表现形式的使用价值总量，不但没有出现相应的增加，而且还出现了减少，其在一定程度上使以信用货币作为表现形式的价值总量与以商品（服务）作为

---

① 由本国信用货币流出所形成的资本项目逆差，只有在本国信用货币在资本项目下可自由兑换才能实现。

表现形式的使用价值总量不能在经济增长过程中实现同向发展。这种通过净出口增长所实现的经济增长并不是真正意义上的经济增长。在经济增长过程中保持贸易收支平衡，是确保经济增长质量、实现经济实质性增长的重要前提条件。

（3）从一定时期贸易逆差对于一国经济增长的影响来看，贸易逆差对于一国经济增长的影响在很大程度上与贸易逆差国进口的商品（服务）种类有关，如果一国在短期内由于进口生产要素而产生了贸易逆差，随着这些生产要素在贸易逆差国的有效使用，其所产生的生产性效应将在很大程度上促进贸易逆差国的经济增长。在实践中，主要表现为通过引进生产要素的有效使用，所创造的新增价值不但能够偿还前期进口所发生的资本项目逆差，而且还会有所剩余，由此使这部分由于贸易逆差而进口的生产要素，发挥了对于经济增长的推动作用；如果贸易逆差国进口的商品（服务）主要表现为消费品，在这些消费品属于不可替代产品的条件下，就短期来看，这部分消费品的进口，不会对于贸易逆差国经济增长产生负面影响，主要表现为贸易逆差国本国生产要素组合所形成的商品（服务）供给，不会由于受到进口商品（服务）的冲击而对于进口国经济运行产生不良影响。从长期来看，在贸易逆差国本国信用货币不能成为国际信用货币的条件下，随着未来与这部分贸易逆差相对应的资本项目赤字的偿还，贸易逆差国将会出现以商品（服务）作为表现形式的使用价值的流出现象，由此会对经济运行产生较大的负面影响。在贸易逆差国进口的商品（服务）主要表现为消费品，并且这些消费品属于可替代产品的条件下，就短期而言，这部分贸易品的进口，会对于贸易逆差国经济增长产生负面影响，主要表现为贸易逆差国本国生产要素组合所形成的商品（服务）供给会受到进口商品（服务）的冲击，而对于经济运行产生不良影响。从长期来看，在贸易逆差国本国信用货币不能作为国际货币的条件下，随着未来与这部分贸易逆差相对应的资本项目赤字的偿还，贸易逆差国将会出现以商品（服务）作为表现形式使用价值的流出现象，由此会对经济运行产生较大的负面影响。

（4）从国际收支对于一国经济增长的影响来看，主要表现在以下几个方面：

第一，在一定时期一国外部资本流入和流出数量都为零的条件下，对于一国经济增长不会产生任何影响；在一定时期一国外部资本流入与流出数量不等于零并且相等的条件下，如果一国流入的外部资本从事实体经济活动所产生的经济效益高于流出资本在本国从事实体经济活动所产生的经济效益，这种资本项目收支平衡将有利于促进一国的经济增长。反之，在一定时期一国外部资本流入与流出数量不等于零并且相等的条件下，如果一国流入的资本从事实体经济活动所产生的经济效益小于流出资本在本国从事实体经济活动所产生的经济效益，这种资本项目收支平衡将不利于一国的经济增长。

第二，在一国资本项目收支不相等的条件下，当一国出现资本项目逆差时，如果这部分资本项目逆差用于本国实体经济投资所产生的经济效益，高于资本项目逆差所应支付的利息，这部分资本项目逆差对于一国经济增长就会起到促进作用；反之，如果这部分资本项目逆差用于本国实体经济投资所产生的经济效益小于资本项目逆差所应支付的利息，这部分资本项目逆差对于一国经济增长就会产生负面影响[①]。

第三，当一国出现资本项目顺差时，对于一国经济的影响在很大程度上与以下几方面假设条件密切相关：

在一国资本项目支出为零的资本项目顺差条件下，外部资本流入对于一国经济增长的影响，在很大程度上取决于外部资本的使用方向。当这部分外部资本用于实体经济投资并且生产的产品在被投资国使用时，将有利于被投资实现经济的实质性增长；当这部分外部资本用于被投资国实体经济投资并且产品用于出口时，被投资国并不能实现经济的实质性增长，对于被投资国经济增长的影响与贸易顺差对于贸易顺差国经济增长的影响基本相同。当外部资金不在被投资国进行实体经济投资而是投资于被投资国存量资产和虚拟经济时，对于被投资国经济增长的影响在很大程度上取决于外部资本对于被投资国上述领域投资所间接产生的经济增长率与外部资本通过上述投资所获取的投资收益率的高低比较，如果前者大于后者，外部资本对于被投资国资产与虚拟资产价格的投资，将有利于促进一国的经济增长；反之，则不利于一国的经济增长。

在一国资本项目支出不为零的资本项目顺差条件下，外部资本流入对于一国经济增长的影响，在很大程度上取决于流入资本与流出资本的投资效率比较差异。当流入资本在被投资国所实现的经济效益低于流出资本在本国所实现的经济效益时，流入资本对于被投资国的经济增长就会起到负面的作用[②]；当流入资本在被投资国所实现的经济效益高于流出资本在本国所实现的经济效益时，则流入资本对于被投资国的经济增长就会起到积极的促进作用。

3. 国际收支平衡对于充分就业的影响。就国际收支平衡对充分就业的影响而言，主要表现在以下几个方面：

（1）贸易顺差对于一国就业率的影响。就贸易顺差对于充分就业的影响而言，虽然贸易顺差可以促进一国就业率的增加，由于一国在净出口推动下所实现的经济增长，并不能做到以信用货币作为表现形式的价值总量和以商品（服务）作为表现形式的使用价值总量的共同增长，在一国保持持续的贸易顺差条件下，由净出口增加所

① 在经济实践中，与一国资本项目逆差相对应的既可以表现为进口的生产要素，也可以表现为进口的消费品，这里所探求的资本项目逆差对于一国经济增长的影响效果，在很大程度上与前面关于贸易收支逆差对于一国经济的影响效果基本相同。

② 这种经济效益是指在实质性经济增长方式下所取得的，而不是根据传统经济学理论，通过出口方式所实现的以信用货币作为表现形式的国民经济总量的增长。本文所说的经济效益都与之相同。

实现的充分就业，并不是一种真正意义上的充分就业。

（2）贸易逆差对于一国就业率的影响。当一国进口的商品（服务）为本国不可替代商品（服务）时，对于本国就业率不会产生任何影响；当一国进口的商品（服务）为本国可替代商品（服务）时，会对本国就业率起到降低的作用。

（3）国际收支对于一国就业率的影响。就国际收支对于一国就业率的影响而言，主要表现在以下几个方面：第一，当一国出现资本项目逆差时，如果流出资本在国内创造的就业率大于流入资本在资本流入国创造的就业率，一国资本项目逆差，就会对一国就业率产生降低的作用；反之，则有利于一国就业率的提高；第二，当一国出现资本项目顺差时，如果流出资本在国内创造的就业率大于流入资本在资本流入国创造的就业率，一国资本项目顺差，就会对一国就业率产生降低的作用；反之，则有利于一国就业率的提高。

三、中央银行宏观调控目标在实践中的具体运用

（一）实现上述宏观调控目标兼容所需要的前提条件

从前面关于中央银行四大宏观调控目标之间关系分析来看，要实现上述宏观调控目标的相互兼容，必须在经济运行中存在以下假设前提条件，主要表现在以下几个方面：

1. 在现实经济运行过程中，物价水平的变动主要反映了市场供求关系的变动，而不考虑由于生产力进步导致商品生产成本降低因素的影响。在生产力发展水平提高的条件下，商品生产成本的降低，可以使一部分多余的生产要素通过产业转移的方式，推动经济增长。在生产力发展水平提高的条件下，虽然价格水平可能由于商品生产成本的降低而出现下跌，但依然可以实现经济的实质性增长。要实现央行宏观调控四大目标的有机统一，价格水平的稳定主要是指价格在供求关系影响下的基本稳定，而不包括由于生产力进步而导致商品生产成本降低的那一部分商品价格的稳定。只有这样，才能实现物价水平的相对稳定与经济实质性增长之间相互协调。

2. 经济增长的方式主要是在进出口相对均衡的基础上实现的，而不是根据传统的经济学理论，将出口作为拉动经济增长的一个重要推动力。如果根据传统西方经济学理论，通过出口方式拉动经济增长，不能实现经济的实质性增长，也不能实现有效的贸易收支平衡。由于贸易收支平衡对于国际收支平衡会产生重要影响，在将出口作为拉动经济增长重要动力的条件下，经济增长与国际收支平衡的宏观调控目标很难同时实现，而只有将经济增长建立在进出口平衡的基础之上，经济增长目标与国际收支平衡目标才能同时实现。

3. 充分就业主要是指一种有效的就业状态，这种就业状态更多地表现为通过充分就业所创造的增量价值与最终增量使用价值的相对统一。只有这样，才能实现充分就业与物价稳定、经济增长以及国际收支平衡宏观调控目标的相对统一。对之，前面已经有所分析，这里不再做进一步分析。

4. 国际收支平衡下的资本项目收支均衡，不能只考虑资本项目流入与流出的数量均衡关系，还应该考虑流入资本对于一国投资所增加的经济效益，与流出资本减少投资所减少的经济效益之间的关系。如果前者大于后者，其就可以使中央银行上述宏观调控目标实现相互兼容；反之，资本项目收支平衡与经济增长、物价稳定及充分就业目标之间就不会是一种相互兼容的关系。对之，前面已经有所论述，这里不再做进一步分析。贸易收支平衡主要是指贸易双方建立在互补贸易和相对优势贸易基础上所实现的进出口平衡，而不是通过人为的汇率调节以及政策刺激所实现的进出口平衡。只有建立在这个基础上的贸易收支平衡，才能使一国中央银行上述四个宏观调控目标相互兼容；反之，贸易收支平衡与其他宏观调控目标之间，就不是一种相互兼容的关系。对之，前面已经有所论述，这里不再做进一步分析。

（二）对蒙代尔不可能三角理论的相关思考

1. 蒙代尔不可能三角理论的主要内容。20 世纪 60 年代，蒙代尔和 J. 马库斯·弗莱明提出的蒙代尔—弗莱明模型对开放经济下的 ISLM 模型进行了分析，堪称固定汇率制下使用货币政策的经典分析。该模型指出，在没有资本流动的情况下，货币政策在固定汇率下在影响与改变一国的收入方面是有效的，在浮动汇率下则更为有效；在资本有限流动情况下，整个调整结构与政策效应与没有资本流动时基本一样；而在资本完全可流动情况下，货币政策在固定汇率时在影响与改变一国的收入方面是完全无能为力的，但在浮动汇率下，则是有效的。由此得出了著名的“蒙代尔三角”理论，即货币政策独立性、资本自由流动与汇率稳定这三个政策目标不可能同时达到。1999 年，美国经济学家保罗·克鲁格曼（Paul Krugman）根据上述原理画出了一个三角形，他称其为“永恒的三角形”（The Eternal Triangle），从而清晰地展示了“蒙代尔三角”的内在原理。

2. 克鲁格曼对蒙代尔不可能三角理论的理论解析。主要包括以下几方面内容：

（1）保持本国货币政策的独立性和资本自由流动，必须牺牲汇率的稳定性，实行浮动汇率制。这是由于在资本完全流动条件下，频繁出入的国内外资金带来了国际收支状况的不稳定，如果本国的货币管理当局不进行干预，亦即保持货币政策的独立性，那么本币汇率必然会随着资金供求的变化而频繁的波动。

（2）保持本国货币政策的独立性和汇率稳定，必须牺牲资本的完全流动性，实行资本管制。在金融危机的严重冲击下，在汇率贬值无效的情况下，唯一的选择是实行资本管制，实际上是政府以牺牲资本的完全流动性来维护汇率的稳定性和货币政策的独立性。大多数经济不发达的国家，比如中国，就是实行的这种政策组合。

（3）维持资本的完全流动性和汇率的稳定性，必须放弃本国货币政策的独立性。在这种情况下，本国或者参加货币联盟，或者更为严格地实行货币局制度，基本上很难根据本国经济情况来实施独立的货币政策对经济进行调整，最多是在发生投机冲击时，短期内被动地调整本国利率以维护固定汇率。为实现资本的完全流动与汇率的稳定，本国经济将会付出放弃货币政策的巨大代价。

3. 对蒙代尔“不可能三角”理论的相关思考。根据蒙代尔“不可能三角”理论，在现实经济管理中，一国货币管理当局必须在资本的可流动性、汇率的稳定性以及货币政策的独立性之间选取两个政策，而放弃其中一个政策。从该理论在现实经济实践中的运用来看，笔者认为，经济运行的客观实践，并不能完全验证蒙代尔不可能三角理论，对之，可做以下分析：

（1）在资本不可能完全流动的条件下，汇率的稳定性和货币政策的相对独立性也不可能完全得到实现。因为从汇率的决定因素来看，决定汇率的因素主要有劳动生产力水平以及货币政策，其中货币政策通过货币供应量的调节，影响商品价格。若不考虑劳动生产力变动因素，在既定的商品价格水平下，要保持一国汇率的相对稳定，就必须保持一国货币政策的相对稳定，即一国货币当局必须通过恰当控制货币发行量的方式，来保持本国汇率的相对稳定。在劳动生产力水平保持不变的条件下，一国汇率稳定与货币政策的独立性之间并不是一种相互兼容的关系，如果货币政策根据自身独立性的要求，实施扩张和收缩的货币政策，那么，在信用货币经济条件下，货币供应量的扩张，必将在很大程度上对一国汇率变动产生影响。这种影响主要是通过商品价格来进行的，在信用货币经济条件下，商品价格之所以可以影响一国汇率水平，主要是通过贸易的方式来影响一国的贸易收支。在国际资本不完全流动的条件下，一国贸易收支状况会影响本国货币的国际供求关系，以此影响本国货币的汇率水平。在劳动生产力水平保持不变的条件下，即使国际资本不流动，一国也不可能同时保持本国汇率的相对稳定以及货币政策的独立性。在本国劳动生产力水平相对于外国发生相对变化的条件下，根据前述的关于一国汇率水平的决定因素，如果一国不通过货币政策的调整，随着劳动生产率发展水平的变化，来对一国信用货币供给总量进行增减变动，该国的汇率就会由于本国劳动生产力水平相对于外国发生的相对变化，而出现大的波动。在国际资本不能自由流动的条件下，劳动生产力变化对于一国汇率的影响，主要是通过一国贸易收支的路径来产生作用。在一国劳动生产力水平发生相对变化的条件下，一国必须通过货币政策的调整，来保持本国汇率水平的相对稳定。在一国劳动生产力水平发生相对变化的条件下，一国不可能通过保持本国货币政策相对独立性的方式，来使该国汇率水平保持相对稳定。

（2）在汇率水平不稳定的条件下，一国资本自由流动与货币政策独立性之间也不可能同时存在。从资本自由流动的主要目的来看，其主要取决于以下几方面因素：

一是两国同类商品的物价水平。在信用货币经济条件下，如果在既定的汇率水平下两国物价水平呈现出较大的差异①，两国之间就会通过贸易或资本自由流动的方式，使两国之间的货币供求发生变化，由此会影响两国之间的汇率水平。在资本不可自由流动的条件下，两国之间汇率水平，主要通过贸易收支的方式来加以调整，相对于资本自由流动对于汇率的调节效果而言，通过贸易收支方式对于汇率的调节效果，其在调节时效上相对较慢。

二是一国经济发展状况。当一国经济发展状况较好、投资收益率较高时，其会对外国资本形成强大的吸引力，由此导致本国汇率由于外部资金的介入而出现升值，特别是在这部分外部进入资金生产的产品主要用于出口的条件下，一国贸易顺差的扩张，将在很大程度上加快该国货币的升值速度，其主要表现为由于投资性外资流入引起的本币升值与一国对外贸易收支持续顺差所导致的本币升值，叠加在一起所产生的叠加效应。

三是一国汇率的变动趋势。在现代市场经济条件下，“逐利”是资本运行的主要目的，当一国汇率在外部资金影响下出现大幅升值时，其升值的趋势对于其他外部资金就形成了较大的吸引力。在“逐利”效应影响下，一些外部资金会通过资本跨境流动的方式，进入汇率升值国。在外部资金不断流入的影响下，其会导致资本流入国本国汇率的进一步升值。如果资本流入国本币汇率升值预期没有发生逆转，在外部资金不断流入的影响下，资本流入国汇率会出现加速升值的趋势。

四是投机因素的影响。在这种因素影响下，外部资金对于一国汇率以及国内资产的投机行为（这种资产投资，既包括实物资产也包括虚拟资产），也会造成该国汇率水平的大幅波动。

在一国汇率水平不稳定的条件下，考虑信用货币的主权效应，外部资金进入被投资国以后，必然会通过将外币兑换成本币的方式，来为其获取必要的投资和投机收益创造有利条件。在一国货币政策保持相对独立的条件下，外部资金进入被投资国主要通过与被投资国存量资金相兑换的方式，来将外币转换为被投资国的本币，其一方面会增加外部资金进入国本币的需求，由此推升外部资金进入国的本币汇率水平，在外部资金进入被投资国进行投资或投机时，被投机国本币所有者在“逐利”机制作用下，不可能将存在较大升值预期或较多获利机会的本币，自由地兑换成外国货币，在外部资金不断进入的影响下，当外部资金的流入量超过了外部资金流入国信用货币供给总

① 两国物价水平的差异，不是指商品在本币标价上的差异，而是指两国商品价格通过既定的汇率折算而呈现的差异。

量时，如果资金流入国货币管理当局不通过增发信用货币的方式，满足外部资金对于其本币的需求，必将在很大程度上对于外部资金的自由流动产生负面影响。在由于汇率差异而导致外部资金流入的背景下，受外部资金不断流入影响，两国汇率很快就会达到真实的汇率水平，从而使一国资本流入和流出形成相对均衡，在此条件下，资本流入国的中央银行可以保持货币政策的相对独立。但是从经济活动的实践来看，外部资本对于一国的流进和流出，是受到多方面因素共同影响的。即使是在汇率不稳定的条件下，外资的自由流动与一国货币政策之间也不是可以独立并存的。

就外部资金流出而言，在资本项目可自由兑换的条件下，外部资金的不断流出可以使资本流出国本币发生贬值。在本币贬值的条件下，如果一国没有通过贸易渠道获取贸易收支顺差的能力①，在一国本币贬值所导致的外部资本流出的背景下，在本币贬值国存量水平的外部资本流出之后，本币贬值国本国信用货币就无法通过资本自由兑换的方式，成功地实现从本币贬值国的流出。受此影响，如果货币贬值国保持相对独立的货币政策，则资本自由流动就会受到限制。为了满足资本自由流动的要求，货币贬值国可以通过向国外借入外币的方式，来满足本国资本的自由流动要求，由于一国借入国际资本主要表现为该国资本项目收支的逆差，其会导致一国本币的进一步贬值。虽然资本实现了自由流动，但是一国货币政策在不能有效地控制本国汇率的同时，也失去了本国货币政策的独立性。在一国汇率不能保持有效稳定的条件下，该国资本自由流动与货币政策保持相对独立性之间也不可能同时并存。在经济实践中，一国中央银行也可以通过提高本国信用货币利率的方式，来减少本国信用货币的流出速度或者通过加强资本管制的方式，来减少或者限制本国资本的流出速度。虽然一国的汇率水平可以保持相对稳定，但该国在货币政策上失去相对独立性的同时，也在很大程度上限制了本国资本的自由流动性。

（3）在一国货币政策不保持相对独立的条件下，一国汇率的基本稳定和资本自由流动也不可能同时出现。在一国货币政策不保持相对独立的条件下，一国可以通过本国货币政策的调整，使本国汇率在资本自由流动的同时，保持相对稳定。从经济实践来看，一国外部资本的流入会增加本国本币升值的压力，为了保持本国汇率的基本稳定，资本流入国中央银行可以根据固定的汇率，通过发行信用货币兑换外币的方式，保持本国汇率的基本稳定。但在外部资金不断进入的条件下，外部资本流入国中央银行通过增发本国信用货币的方式来保持本国汇率的基本稳定，会给国内经济运行带来较大的通货膨胀压力，一方面使中央银行上述调控政策面临较大的政策风险；另

---

① 一国本币贬值在很大程度上可以刺激一国出口，从而使该国出现贸易顺差。但该国由于本币贬值所增加的贸易顺差数量与国内资本规避本币贬值风险而增加流出的数量之间，并不是相等的。况且，在本币贬值预期作用下，生产性资本受本币贬值预期影响而出现大量的流出，将对本币贬值国出口产品生产造成诸多不利影响，其会影响一国在本币贬值条件下所能实现的贸易顺差能力。

一方面，本国通货膨胀压力的加剧，在一定程度也不利于本国汇率保持相对稳定。特别是在外部资本流入的最后阶段，一国国内通货膨胀的加剧，将使本国货币面临较大的贬值风险，一旦外部资金流向发生改变，外部资本流入国本币在资金供求规律作用下会产生较大的贬值压力。在外部资本开始从前期资本流入国撤离的背景下，资本流入国中央银行为了保持本国汇率的基本稳定，可以通过前期统一结汇所形成的外汇储备，来应对外部资本出逃而带来的兑换压力。从经济实践来看，在一国本币贬值预期作用下，一国出逃的外部资本与其前期进入的外部资本在数量上并不是完全相等的，如果考虑外部资本进入资本流入国所实现的实体经济投资收益、实体资产以及虚拟资产的投机收益，这部分外部资本流出时所包含的收益和本金在数量上要远远大于其当初流入时的外部资本本金数量。一国中央银行对于其通过统一结汇而实现的外汇储备在国外的投资收益，不会等于或大于外部资金在该国所实现的投资和投机收益。在现代经济条件下，“逐利”机制会使市场主体根据其收益最大化的原则来进行投资决策，在一国汇率保持相对稳定的条件下，如果外部资金进入一国所获取的投资和投机收益水平低于或等于外部资本流入国中央银行对于其通过统一结汇而实现的外汇储备在国外进行投资所实现的投资收益水平，外部资本就没有必要通过资本流动的方式进入资本流入国，来获取较高的投资和投机收益了。

从资本运用主体来看，在现代市场经济条件下，进行资本自由流动的主体，多数为从事市场化经营的市场主体，而外部资本流入国中央银行只是一种行政主体，无论是在投资水平、投资效率、投资激励约束机制等方面，一国中央银行或者其委托的投资主体，在国际资本市场所取得的投资收益率不会大于市场化主体所获得的投资收益率。外部资本流入国中央银行或其委托的投资机构，将外汇储备在国际资本市场进行投资的机会选择，是在国际资本市场投资机会相对较小而导致国外投资（投机）资本进入该国的条件下进行的。综合上述分析，在外部资本由于一国信用货币贬值预期而流出该国的条件下，前期资本流入国中央银行所拥有的外汇储备对外投资所取得的投资收益和本金，是不足以支付外资流出外币本金及其所获得的投资和投机收益的，一国本币就会发生贬值，从而使该国汇率不能保持相对的稳定性。在一国本币贬值预期的影响下，该国信用货币在资本自由流动条件下所发生的挤兑外汇行为，会进一步造成该国外汇支付的困难，由此使该国面临进一步的本币贬值压力。在本币贬值压力作用下，本国信用货币出逃与本国信用货币的贬值，会形成恶性循环的连锁反应。因此，虽然说一国中央银行在外部资金进入时，通过统一汇兑结算制度下的本国信用货币投放，可以在一定程度上保持本国汇率的相对稳定，但在外部资金撤离的条件下，本币由于外资撤离而出现的大幅贬值，是一国中央银行除加强资本流出监管政策之外，所无法解决的问题，而一国中央银行加强资本流出监管，则在很大程度上影响了资本的自由流动。在一国中央银行放弃货币政策独立性的条件下，维持其本国汇率基本稳定与资本自由流动两种目标并不能同时实现。

（三）实现中央银行宏观调控目标应该采取的相关措施

在现代市场经济条件下，中央银行要同时实现四大宏观调控目标，是需要一定前提条件的。根据前面关于一国开放资本市场条件下中央银行货币政策、汇率稳定性以及资本自由流动三方面的论述，在现代经济实践中，一国中央银行独立的货币政策、汇率稳定程度以及资本自由流动之间并不完全遵循蒙代尔的“不可能三角”理论。这些都要求在现代经济条件下，为了保证宏观经济的持续健康运行，就有必要通过有效的货币政策来实现既定的宏观调控目标，在运用货币政策进行宏观调控时，为了有效地实现上述宏观调控目标，就有必要根据中央银行实现上述四个宏观调控目标所需要的前提条件，进行有的放矢的调控，从而实现宏观调控效果的最大化。为了实现中央银行上述四个宏观调控目标的有机统一，提高中央银行的宏观经济调控效果，可以采取以下措施：

1. 通过有效的商品供给以及价格投机资金的监管，保持物价水平的相对稳定。如前所述，要实现中央银行在既定货币政策下物价水平相对稳定的宏观调控目标，就必须高度重视商品的生产质量，确保商品供给的有效性。在信用货币经济条件下，商品的使用价值与价值是分离的，如果一定时期商品的使用价值存在较多的虚增成分，其必将在很大程度上降低单位信用货币的购买能力，从而导致商品价格上涨。在市场“逐利”机制作用下，投机资金对于商品价格的投机行为，将会导致商品价格的大幅度波动，由此使一国中央银行的货币政策不能实现稳定物价的调控目标。只有通过有效的商品质量监管，使商品具有真正的使用价值，从而实现以商品作为表现形式的使用价值总量与以信用货币作为表现形式的价值总量的相对统一，才能使与单位信用货币相对应的单位使用价值保持相对稳定，从而实现价格的相对稳定。只有通过有效的市场监管，严厉打击投机资金的价格投机行为，才能使商品的价格在成本决定的基础上，通过价格的变动，正确地反映市场的供求关系，从而使商品在供求相对均衡的基础上保持价格的相对稳定。

2. 充分就业主要表现为有效的充分就业状态。所谓有效的充分就业，系指就业人员在生产过程中通过有效的劳动向社会提供了必需的产品（服务），各个就业者之间通过有效的社会分工，在生产过程中通过有效劳动向社会提供了用于满足社会生产进一步发展以及各劳动者需要的相关产品（服务）。在就业人员通过有效劳动向社会提供必需的有效产品（服务）的同时，从业人员根据在其生产中的贡献获得了相应的以信用货币作为表现形式的收入。社会生产才能通过充分就业的方式，实现以商品作为表现表式的使用价值总量与以信用货币作为表现形式的价值总量的同步增长，从而使社会总供给与总需求保持相对稳定，使物价水平保持相对稳定，使经济在更高层次供求均衡的基础上实现持续发展。为了实现有效的充分就业目标，在就业政策制定上要突破为就业而就业的理论误区，通过有效的就业，使价格水平保持基本稳定，使经济实现真正意义上的增长。

3. 通过真正意义上的经济增长，确保物价水平的相对稳定，确保充分就业的有效性，为国际收支平衡创造有利条件。真正意义上的经济增长，主要是指以商品作为表现形式的使用价值总量与以信用货币作为表现形式的价值总量同时扩张的过程。其既表现为满足现有需求的使用价值总量的不断扩张过程，又表现为适应新兴需求的使用价值总量的不断扩张过程。在实现经济运行中，只有实现了满足上述条件的经济增长，才能使物价水平保持基本稳定；才能实现有效的充分就业；才能使国际收支保持基本平衡。如果根据西方经济学提出的相关理论，通过出口拉动的方式来实现经济增长，将导致以商品作为表现形式的使用价值总量与以信用货币作为表现形式的价值总量在经济增长过程中不能实现共同增长，也会导致国内物价的波动以及国际收支的失衡。从使用价值角度分析，商品净出口的增加，会使部分与出口行业相关的就业表现为无效就业。

4. 通过国际收支平衡的方式，实现充分就业、物价稳定和经济增长的目标。如前所述，在国际收支平衡的基础上，一国的经济增长主要呈现以商品作为表现形式的使用价值总量与以信用货币作为表现形式的价值总量的共同增长，一国物价水平就会保持相对稳定，而充分就业的有效性也会大大提高；反之，则会导致一国物价水平的大幅波动，使一国的经济增长主要呈现以信用货币作为表现形式的价值总量的增长，使一国实现的充分就业不是处于一种有效的充分就业状态。

5. 通过有效的货币政策传导机制的建立，为提高中央银行宏观调控效果创造良好的外部条件。中央银行的宏观调控手段主要有利率、法定存款准备金率以及基础货币供应量三种方式，在现实的中央银行宏观调控过程中，要实现上述四个宏观调控目标，就必须构建有效的货币政策传导机制，主要包括以下几方面内容（由于这部分前文已经有所论述，这里仅做一般概述，后面与之相同）：一是通过利率的市场化，构建有效的利率传导机制；二是通过构筑完全市场化经营的市场主体，为建立有效的货币政策传导机制提供市场化的传导载体，确保既定货币政策的有效性；三是保持货币政策对于财政政策的相对独立，确保中央银行上述宏观调控目标的实现。在现代市场经济条件下，财政支出扩张的刚性在很大程度上对于中央银行的货币政策形成了较大影响，如果不能保持中央银行货币政策的相对独立性，那么，在财政支出刚性扩张的影响下，中央银行可能就会通过增发基础货币的方式，满足财政支出扩张的刚性需求，从而导致经济增长表现为以信用货币作为表现形式的价值总量的虚假增长，使本国物价出现上涨，最终使本国中央银行的宏观调控目标难以实现。

6. 正确认识蒙代尔“不可能三角”理论模型，通过适度加强外部投机性资金入境监管以及保持本国汇率相对稳定的方式，来保持本国国际收支的基本平衡以及价格水平的相对稳定。鉴于蒙代尔不可能三角理论很难经得起实践的检验，在运用货币政策调控时，货币管理当局在考虑这一理论运用局限性的基础上，根据本国经济发展的实际需求，通过积极的宏观调控手段，加强外部投机资金入境监管，保持本国汇率的相对稳定。从经济实践来看，国际资本自由流动并不是不受约束的自由流动，一些投机资金在各国的自由流动，会对一国经济运行产生重大的负面影响。而一国汇率的频繁波动，为国际投机资金提供了良好的投机机会，也不利于一国经济保持持续、健康发展，如果将汇率延伸为一国与他国之间在金融产品上所表现出来的物价关系，在较长时间内保持一国汇率的相对稳定①，以此最大限度地减少国际投机资金对于一国金融体系的冲击。当前在国际货币收支政策下，要突破蒙代尔不可能三角的理论约束，通过适度加强外部投机性资金入境监管以及保持本国汇率相对稳定的方式，来实现本国的国际收支平衡以及价格水平的相对稳定，使本国经济增长主要表现为以信用货币作为表现形式的价值总量与以商品（服务）作为表现形式的使用价值总量的共同增长，使本国充分就业处于一种有效的充分就业状态。

本章小结

本章首先分析了中央银行的宏观调控目标，认为所谓价格稳定，是指商品价格保持相对稳定，不会由于货币投放数量较多而导致商品价格出现大幅上涨，同时也不会由于货币投放过少，而导致商品价格出现大幅下降。在信用货币经济条件下，商品价格保持相对稳定，有利于商品生产者在既定的盈利预期下根据市场需求生产商品，从而实现社会商品供给与需求的相对均衡，就消费者而言，在稳定的价格预期作用下，消费者会按照其自身对于商品的实际需求量去购买商品。在商品价格保持相对稳定等正常的外部条件下，消费者对于商品的需求在时间点上将呈现均匀分布或周期性分布的典型特征，从而有利于商品生产者根据商品的需求规律，通过商品供给在时间点上与商品需求的相对一致，确保一定时期商品供给总量与需求总量的相对均衡；所谓经济增长，在信用货币经济条件下，经济增长既表现为以信用货币作为表现形式的经济总量的增长，又表现为以使用价值作为表现形态的经济总量的增长。在信用货币经济条件下，以信用货币作为表现形式的经济总量增长与以使用价值作为表现形态的经济总量增长之间，能否保持相对一致，是衡量经济增长质量优劣的重要标志；所谓充分就业，是指一定时期有就业能力并且有就业意愿的公民都可以进行正常的就业。充分就业既是居民维持自身及其家庭生存的必要手段，也是保持社会稳定以及促进经济发

① 这种相对稳定，系指一国汇率在静态时间点上的不变性及在动态时间点的跳跃性并存。

展的必要手段；就国际收支平衡的宏观调控目标而言，在现代市场经济条件下，国际收支平衡主要是指一定时期一国以信用货币作为表现形式的对于外国的支出总量与以信用货币作为表现形式的来自国外的收入总量之间，保持基本平衡。

文章研究了中央银行上述宏观调控目标之间的关系，分别研究了物价稳定对于其他宏观调控目标的影响、经济增长对于其他宏观调控目标的影响、充分就业对于其他宏观调控目标的影响以及国际收支平衡对于其他宏观调控目标的影响。

文章研究了中央银行宏观调控目标在实践中的具体运用问题，认为要实现中央银行宏观调控目标的相互兼容，必须在经济运行中存在以下假设前提条件，其主要表现在以下几个方面：(1) 在现实经济运行过程中，物价水平的变动主要反映了市场供求关系的变动，而不考虑由于生产力进步导致商品生产成本降低因素的影响；(2) 经济增长的方式主要是在进出口相对均衡的基础上实现的，而不是根据传统的经济学理论，将出口作为拉动经济增长的一个重要推动力；(3) 充分就业主要是指一种有效的就业状态，这种就业状态更多地表现为，通过充分就业所创造的增量价值与最终增量使用价值的相对统一。只有这样，才能实现充分就业与物价稳定、经济增长以及国际收支平衡宏观调控目标的相对统一；(4) 国际收支平衡下的资本项目收支均衡，不能只考虑资本项目流入与流出的数量均衡关系，还应该考虑流入资本对于一国投资所增加的经济效益，与流出资本减少投资所减少的经济效益之间的关系。如果前者大于后者，其就可以使中央银行上述宏观调控目标实现相互兼容；反之，资本项目收支平衡与经济增长、物价稳定及充分就业目标之间就不会是一种相互兼容的关系。

对于蒙代尔不可能三角理论的研究，根据蒙代尔不可能三角理论的论述，在现实经济管理中，一国货币管理当局必须在资本的可流动性、汇率的稳定性以及货币政策的独立性之间选取两个政策，而放弃其中一个政策。而从该理论在现实经济实践中的运用来看，经济运行的客观实践，并不能完全验证蒙代尔不可能三角理论。对之，文章做了以下分析：

(1) 在资本不可能完全流动的条件下，汇率的稳定性和货币政策的相对独立性也不可能完全得到实现。

(2) 在汇率水平不稳定的条件下，一国资本自由流动与货币政策独立性之间也不可能同时存在。从资本自由流动的主要目的来看，其主要取决于以下几方面因素：一是两国同类商品的物价水平。在信用货币经济条件下，如果在既定的汇率水平下两国物价水平呈现出较大的差异[①]，两国之间就会通过贸易或资本自由流动的方式，使

---

① 理论上而言，两国物价水平的差异，不是指商品在本币标价上的差异，而是指两国商品价格通过既定的汇率折算而呈现的差异。

两国之间的货币供求发生变化，由此会影响两国之间的汇率水平；二是一国经济发展状况。当一国经济发展状况较好、投资收益率较高时，其会对外国资本形成强大的吸引力，导致本国汇率由于外部资金的介入而出现升值，特别是在这部分外部进入资金生产的产品主要用于出口的条件下，一国贸易顺差的扩张，在很大程度上加快了该国货币的升值速度，其主要表现为由于投资性外资流入引起的本币升值与一国对外贸易收支持续顺差所导致的本币升值，叠加在一起所产生的叠加效应；三是一国汇率的发展趋势。在现代市场经济条件下，"逐利"是资本运行的主要目的，当一国汇率在外部资金影响下出现大幅升值时，其升值的趋势对于其他外部资金就形成了较大的吸引力；四是投机因素的影响。在这种因素影响下，外部资金对于一国汇率以及国内资产的投机行为（这种资产投资，既包括实物资产也包括虚拟资产），也会造成该国汇率水平的大幅波动。

（3）在一国货币政策不保持相对独立的条件下，一国汇率的基本稳定和资本自由流动也不可能同时出现。

最后，文章对于实现中央银行宏观调控目标应该采取的相关措施进行了研究，认为在现代经济实践中，一国中央银行独立的货币政策、汇率稳定程度以及资本自由流动之间并不完全遵循蒙代尔的不可能三角理论。这些都要求在现代经济条件下，为了保证宏观经济的持续健康运行，就有必要通过有效的货币政策来实现既定的宏观调控目标，在运用货币政策进行宏观调控时，为了有效地实现上述宏观调控目标，就有必要根据中央银行实现上述四个宏观调控目标所需要的前提条件，进行有的放矢的调控，从而实现宏观调控效果的最大化。为了实现中央银行上述四个宏观调控目标的有机统一，提高中央银行的宏观经济调控效果，可以采取以下措施：一是通过有效的商品供给以及价格投机资金的监管，保持物价水平的相对稳定；二是充分就业主要表现为有效的充分就业状态，为了实现有效的充分就业目标，在就业政策制定上要突破为就业而就业的理论误区，通过有效的就业，使价格水平保持基本稳定，使经济实现真正意义上的增长；三是通过真正意义上的经济增长，确保物价水平的相对稳定，确保充分就业的有效性，为国际收支平衡创造有利条件；四是通过国际收支平衡的方式，实现充分就业、物价稳定和经济增长的目标；五是通过有效的货币政策传导机制的建立，为提高中央银行宏观调控效果创造良好的外部条件；六是正确认识蒙代尔不可能三角理论模型，通过适度加强外部投机性资金入境监管以及保持本国汇率相对稳定的方式，来保持本国国际收支的基本平衡以及价格水平的相对稳定。

第五篇

生产资料所有制形式与经济发展

5

第五十九章
生产资料所有制形式与经济发展

一、生产资料所有制的演绎历程

（一）原始共产主义社会生产资料公有制

1. 原始共产主义社会生产资料公有制表现形式。在原始共产主义社会，生产资料属于部落共同所有，其主要表现为原始人群进行耕种、狩猎的主要工具归部落所有，原始人群居住的房子也归部落所有，原始人群的生活用品也归部落所有①，原始人群的劳动成果也归部落共同所有。

2. 原始社会实行生产资料公有制的原因。在原始社会之所以要实行生产资料的公有制，主要原因在于受原始社会生产力高度不发达影响，个人很难通过自身的力量来维持生存，为了应对猛兽以及其他恶劣自然条件的侵袭，原始部落人群只有依靠集体的力量，才能维持生存。他们依靠集体的力量共同狩猎和耕种，取得维持人类生存的必要消费资料，他们根据社会分工，一些妇女及老人负责原始人群的后勤保障工作，主要表现为照顾小孩以及做饭、缝衣等原始部落的内部事务。由于原始部落的生产与生活，只有在社会分工作用下通过共同的努力才能实现，因此，在一定程度上决定了原始社会条件下的生产资料和生产成果是属于原始部落共同所有的。从生产力发展的角度分析，原始社会实行的这种生产资料公有制，是在生产力极度低下条件下人类为了维持生存而被迫选择的必然结果。

3. 原始社会实行生产资料公有制所起的作用。从原始社会实行生产资料公有制

① 这种生活用品不包括以“人”的身体为载体的物品如衣服及身体装饰品等。

的结果来看，在生产力极度低下的条件下，通过生产资料公有制的实施，依靠集体的力量，有效地抵御了猛兽的侵袭，有效地应对了恶劣自然环境对于人类的威胁，从而有效地满足了人类维持自身生存以及繁衍后代的需要。在以生产资料公有制为基础的群居生活中，人类自身也得到了不断的进化，其在很大程度上强化了人的“社会性”属性。

（二）奴隶社会的生产资料私有制

1. 奴隶社会生产资料私有制的表现形式。在奴隶社会，奴隶主不但占有以“物”的形态表现出来的生产资料，而且还占有大量的奴隶，在奴隶社会生产资料私有制制度下，不但以“物”的形态表现出来的生产资料属于奴隶主私有的，而且作为奴隶社会劳动力依附载体的奴隶都是属于奴隶主私人所有的，作为以“人”的形态存在的奴隶，在奴隶社会私有制度下已经完全失去了人身自由，他们像其他物化的生产资料一样，被奴隶主自由地支配着。在奴隶社会还存在着一些平民，这些平民人身是自由的，拥有一定数量的仅供维持其自身及家庭生存的生产资料，在奴隶社会强权政治影响下，这些平民的身份也呈现出较大的不稳定性，他们随时有可能在政治和经济因素影响下，而成为失去人身自由的奴隶。

2. 奴隶社会实行生产资料私有制的主要原因。从奴隶社会生产资料私有制的产生原因来看，其主要包括以下几个方面：一是在原始社会后期，随着生产力发展水平的进一步提高，人类生产的产品除了维持自身生存之外，还出现了较大的剩余，在一定程度上为财富积累提供了可能；二是在原始社会后期，由于政治权力的参与，使那些政治权力拥有者可以凭借其所拥有的政治权力，在剩余财产分配中处于主导地位，随着时间推移，社会出现了贫富两极分化的发展趋势；三是随着社会贫富两极分化差距的进一步扩大，一些人除了自身身体之外，没有任何生产资料，为了维持生存，他们只有将“人身”依附于那些拥有大量生产资料的个人群体。随着时间推移，在政治权力作用下，这些没有任何生产资料的人逐渐演变成奴隶，其不但在“人身”上依附于那些拥有生产资料的个人，而且自身也作为这些生产资料私有者的私人财产而存在。在奴隶社会中，虽然奴隶没有人身自由，但是，通过人身依附关系的确立，维持奴隶自身最基本的生存，是奴隶确立其对于奴隶主人身依附关系的前提条件，这种人身依附关系是以丧失人身自由作为前提条件的，一旦奴隶的基本生存权被剥夺，奴隶对于奴隶主的这种人身依附关系必然会通过奴隶起义或者奴隶被杀戮的方式而被破坏；四是在原始社会后期，部落与部落征战中由大量战俘所形成的奴隶，成为奴隶主的私人财产。

3. 奴隶社会实行生产资料私有制所产生的作用。从奴隶社会实行生产资料私有制的作用来看，其主要表现在以下几个方面：第一，大量劳动力的保存，有利于推动生产力的进一步发展。在奴隶制度下，战俘不再被杀死，而是变成奴隶，从而保存了大量的劳动力。由于保存了大量劳动力，其在一定程度上有利于利用这些劳动力为社会创造更多的财富，从而推动了整个社会经济的发展；第二，大规模生产和劳动协作，有利于推动生产力的进一步发展。在奴隶社会生产条件下，由于奴隶主占有大量生产资料和大量奴隶，将他们集中在自己的庄园和作坊中进行劳作，在一定程度上为组织较大规模的生产提供了可能条件，而较大规模生产的开展，在进一步提高生产效率的同时，也为完成巨大的工程提供了可能，这些都在很大程度上推动了生产力的发展；第三，有利于推动社会生产的进一步分工和协作，而社会生产分工和协作的发展，在很大程度有利于推动生产力的发展。在奴隶社会生产资料私有制作用下，大量奴隶在大规模的生产劳动中，一般会进行简单的分工协作，在一定程度上使不同部门之间、同一部门内部的社会分工越来越细，从而使劳动者的劳动技能和熟练程度不断提高，由此推动了劳动生产率水平的迅速提高，这些都有利于社会生产力水平的进一步提高。

（三）封建社会的生产资料私有制

1. 封建社会生产资料私有制的表现形式。在封建社会，地主阶级在生产资料私有制上主要表现为其对于土地的私人占有，即封建土地所有制。地主阶级通过掌握土地这一生产资料，对使用土地的农民通过榨取地租、放高利贷等手段进行剥削。从封建土地所有制的形式来看，主要通过契约租赁、缴纳地租、雇用佃户等方式来实现。相对奴隶社会生产资料私有制而言，封建社会的生产资料私有制主要表现为地主阶级对于土地等生产资料的占有权，而相对于奴隶主对于奴隶人身占有权而言，地主阶级对于劳动力本身并没有占有权。虽然在封建社会，佃户在某种程度上对于地主具有类似奴隶社会的人身依附关系，但这种人身依附关系仅限于劳动力的使用权，而且这种劳动力的使用权是有一定年限的。相对于奴隶社会而言，地主对于佃农并不拥有生命的剥夺权。

2. 封建社会实行生产资料私有制的主要原因。从封建社会生产资料私有制的形成原因来看，在奴隶社会末期，随着中央集权制的建立，一个国家只有一个绝对的权威即皇帝，一些王公大臣通过“土地封分”的方式，获取了大量的土地，这些人还依靠其所掌握的政治权力，通过土地掠夺的方式，占有大量平民的土地，通过土地的封分以及土地的掠夺，一些王公大臣拥有了大量的土地，成为新兴的地主阶级，一些丧失土地的居民成为依附于地主阶级土地而生存的佃户和租户等。地主对辖内土地拥有绝对支配权，可以任意买卖。地主阶级通过掌握“土地”这一生产资料，对使用土地的农民通过榨取地租、放高利贷等手段进行剥削。从中西方封建社会演绎轨迹来看，在中国封建社会时期，地主占有土地，赶走原来的土地所有者（即农民），然后把土地租给这些无地农民，由农民自行开发与耕种，缴纳地租。在西方封建社会时期，封建领主不仅占有农田，而且还把原来生活在这片领地上的农民也囊括自己的账簿，使大批农民沦为农奴。从生产力发展角度分析，在封建社会拥有土地所有权的地主在社会生产中之所以会成为剥削阶级，其主要原因在于封建社会处于农业和畜牧业为主导的生产力发展阶段，在这个阶段，土地是最重要的生产资料，劳动力只有与土地相结合，才能维持生存和发展。

3. 封建社会实行生产资料私有制所产生的作用。相对于奴隶社会而言，封建社会生产力发展水平有了很大的提高，在一定程度上使封建社会相对于奴隶社会而言，具有以下优点：一是封建土地私有制促进了家庭的进一步发展。在封建社会，佃农在租种地主土地交缴纳地租之后，还会出现剩余，这部分剩余的劳动产品在某种程度上可以满足佃农自身及其家庭的生存和发展需要。在封建社会，一些没有丧失土地的农民也可以过着"男耕女织"的自给自足式生活，相对于奴隶社会仅维持奴隶自身生存而言，封建社会的发展，有利于促进家庭的进一步发展，从而对于保持社会稳定、提高劳动者代际素质以及促进社会分工等，都会产生积极的影响；二是封建社会地主对于土地的私人占有，为农业用地的不断拓荒既提供了动力，也提供了压力。在封建社会，由于土地是为地主阶级带来增量财富以及维持农民阶级生存的来源，其一方面导致地主阶级为了占有较多的土地，必然会通过自身拓荒或雇人拓荒的方式，来扩大可耕种面积，而一些失地农民也必将会通过土地拓荒的方式，来维持自身及其家庭的生存需要。这些都在很大程度上拓展了可耕地面积，从而使在农业社会生产力发展中处于重要地位的可耕土地的面积，得到了大幅拓宽，推动了封建社会生产力发展水平的进一步提高；三是在封建社会土地私人占有制度作用下，一些失地农民除了通过租种地主土地的方式来维持其家庭生存之外，还利用社会分工，通过其所掌握的技术等方式，来发展非农业产业，如进入商业、艺术、冶金及其他手工业等，这促进了社会分工的进一步发展，从而有利于推动生产力发展水平的不断提高。

（四）资本主义社会的生产资料私有制

1. 资本主义社会生产资料私有制的表现形式。从资本主义社会生产资料私有制形式发展轨迹来看，主要经历了两个发展阶段，第一个阶段主要表现为资本主义发展前期以家庭拥有的生产资料占主体地位的阶段，第二个阶段主要表现为资本主义发展后期以股份制形式作为表现形式的生产资料所有者结构。

（1）资本主义社会前期生产资料私有制的主要表现形式。在资本主义发展的前期阶段，一些家族在生产资料占有中处于主导地位，由于资本主义阶段社会生产力的发展已经进入工业化阶段，社会分工的进一步发展，使商品成为这一时期社会产品的主要表现形式，在一定程度上增加了以货币作为表现形式的资本对于经济发展的影响深度和广度。资本主义发展前期阶段，生产资料私有制主要表现为资本家占有从事工业生产的生产资料，占有从事农业生产的土地以及其他生产资料。与此同时，在资本主义商品经济条件下，资本家还占有能够购买商品、以货币作为表现形式的货币资本，而以劳动力形式存在的工人阶级，除了自身所拥有的劳动力之外，没有任何生产资料。在资本主义商品经济作用下，那些没有任何生产资料的工人只有通过出卖劳动力的方式，才能维持自身及家庭的生存，在一定程度上使劳动力成为了商品。相对于奴隶社会奴隶对于奴隶主的人身依附关系而言，资本主义社会拥有劳动资源的工人人身相对自由，资本家主要通过对生产资料无偿占有的方式，将工人与所占有的生产资料紧紧联系在一起。从封建社会佃农和地主之间的关系来看，封建社会主要通过将所拥有的土地交给佃农租种的方式，按照一定比例收取租金，主要通过转让以土地作为表现形式的生产资料使用权的方式，来获取利益，而在资本主义生产方式下，资本家通过购买工人劳动力的方式，使工人与占有的生产资料相结合，生产相应商品的方式，来获取利润，相对于封建社会地主转让生产资料使用权而言，在资本主义社会，工人实际上是以转让其自身所有的劳动力使用权的方式，来获取以工资作为表现形式的报酬。从生产资料占有形式的动态变化来看，在封建社会，由于生产力发展处于农业阶段，农民可以通过不断拓荒的方式，来实现以土地作为表现形式的生产资料的自给自足；而在工业化为主导产业的资本主义生产方式下，机器大工业的发展以及商品化程度的进一步提高，使农民通过自身的力量很难拥有天然的土地资源，从而最终沦为只能依靠出卖劳动力维持生存的产业工人。从资本主义前期发展阶段生产资料的占有关系来看，表现为资本家通过对生产资料的占有，使其在生产中处于主导地位，商品化进程的进一步加快以及经济货币化的不断发展，在使以货币作为表现形式的货币资本呈现“万能效用”特征的同时，也进一步加速了劳动力的商品化进程。

(2) 资本主义社会后期以股份制为代表的混合所有制。从资本主义后期所有制形式变化来看，在社会化大生产不断发展以及信息技术等产业革命影响下，以股份制作为表现形式的股份公司制取代了以前私人彩色比较明显的家族所有制，资本主义后期股份公司的发展，使资本主义生产资料私人所有制呈现出较为明显的社会化发展特征。

2. 资本主义社会实行生产资料私有制的主要原因。

(1) 资本主义初期实行生产资料私有制的主要原因。从资本主义初期导致生产资料以家族为主要表现形式的私人占有原因来看，主要包括以下几个方面内容：一是封建社会所体现的生产资料私人占有关系，使地主和农民之间在生产资料占有及所产生的财富占有上，呈现一种两极分化的关系，地主阶级凭借对于土地的所有权而获取的财富积累，随着时间推移不断增加，在某种程度上为地主阶级将积累的财富转换为从事资本主义生产所需要的资本，提供了可能，由于农民不占有土地等生产要素[①]，由此导致了不占有土地的农民在地主阶级的不断剥削下，逐步陷入赤贫的境地，在一定程度上为这些农民转化为工人创造了有利条件；二是工业化的发展为资本主义初期生产资料私有制的出现提供了可能。进入资本主义阶段以后，工业化所导致的工业产品生产条件、生产过程及生产结果不同于农业的特殊发展特征，为地主阶级进化为资本家提供了可能。工业产品生产场地的集中为地主阶级通过生产资料形式的转变，成为资产阶级创造了有利条件。使地主阶级可以用其所拥有的财富直接购买机器设备等生产资料，地主阶级还可以利用其所拥有的土地，通过生产工业原材料的方式，直接为工业生产提供服务。而工业用地的增加在很大程度上剥夺了农民的用地，失地农民的增加为农民转化为工人提供了必要条件。工业产品生产工艺及产品标准的统一性，为工业生产规模的扩张提供了有利条件，也为农民实现向工人的转变提供了有利条件；三是由社会分工所导致的社会产品商品化进程的进一步加快，使地主阶级需要通过对机器设备等生产资料形态商品购买的方式，由对农业生产资料形态的占有转变为对工业生产资料形态的占有，从而实现由地主向资本家的身份转变，商品化进程的进一步发展，为失地农民将自身身体作为商品，卖给资本家提供了可能，从而促进了农民向工人的身份转变。由于最初的资本家主要是由地主阶级演变而来，因此，资本家阶级对于机器大工业等生产资料的占有，呈现明显的家族化色彩。

（2）资本主义后期实行混合所有制的主要原因。从资本主义后期所有制形式发展情况来看，在资本主义后期阶段，生产力的发展已经超越了以机器大工业作为表现形式的工业化阶段，生产规模不断扩大，以信息技术和服务作为表现形式的新兴产业开始发展起来。生产规模的扩大，使单个的以家族作为表现形式的资本在数量上不能满足社会生产的发展需求，这就要求作为生产资料总代表的资本所有权要突破家族的限制，通过不同资本所有权的联合，为实现更大规模的社会再生产创造有利条件。在私人资本不断融合的作用下，以股份制为表现形式的混合所有制生产资料占有结构逐步发展起来，相对于资本主义前期发展阶段所呈现的生产资料属于家族所有而言，股份公司的出现，推动了生产资料占有主体的社会化进程。由于信息技术以及服务业的发展，使生产资料不再表现为以机器大工业以及庞大信用货币作为代表的资本形式，个人拥有的技术以及其他特殊才能，在信息技术以及服务业发展中处于重要地位，而以机器工业作为表现形式的产业发展，在很大程度上也需要技术和服务做支撑，这在一定程度上使那些没有巨额资本[②]但是拥有技术以及特

---

① 虽然在封建社会，一些农民也会通过各种方式占有一定的土地，但是，在政治权力的压榨以及可开垦土地日益减少的影响下，农民对于土地等生产要素的占有数量是相对有限的或者说是递减的。

② 这种巨额资本，主要表现为机器大工业生产所需要的生产资料以及信用货币资本形态。

殊技能的所有者在社会再生产发展中处于十分重要的地位。从而在一定程度上为那些技术和特殊技能拥有者，通过所拥有的技术以及特殊技能，以股份形式加入股份公司创造了有利条件。由于在信息技术经济时代，技术和特殊技能拥有主体数量众多，在技术和特殊技能作为股份加入股份公司的影响下，资本主义在生产资料占有方面的社会化特征日益明显。特别是随着资本市场的进一步发展，以公募资本作为表现形式的股份公司的发展，使公司股份的入股条件不再受一定数额的限制，普通大众都可以通过证券一级市场和二级市场的方式，参与公开发行并流通上市的股份公司的投资，从而使以股份制作为表现形式的资本主义生产资料占有形式的社会化特征日趋明显。

3. 资本主义不同发展阶段不同所有制形式的优点。主要表现在以下几个方面：

（1）初期阶段实行私有制的优点。在资本主义初期阶段，实行以家族所有作为表现形式的资本主义私人所有制，其对于生产力的发展起到了以下推动作用：一是资本由农业向工业的转移，为工业化的发展提供了资本支持；二是资本由农业向工业的转移，进一步促进了社会分工，工业产品供给的增加，使社会产品供给突破了以农业产品为主的供给范围，使人们消费突破了对于农业产品消费的刚性约束，人类对于工业产品消费的增加，满足了人类自身生存所需要的衣、食、住、行等基本需求。而工业产品供给总量的增加以及人类对于工业产品需求的扩大，为社会生产规模的进一步扩张创造了有利条件。

（2）资本主义中后期阶段实行股份制的优点。在资本主义中后期实行以股份制为代表的混后所有制形式，对于资本主义生产的发展具有以下推动作用：一是股份制的实行使资本可以在短期内得到快速集中，为生产规模的扩张提供了有利条件，也为行业的整合以及跨行业兼并提供了有利条件，从而有利于整个社会劳动生产率水平的提高。二是股份制混合所有制形式的出现，使代表新兴生产力的要素如技术和特殊技能等可以通过以企业股份的形式参加社会生产，有效地促进了整个社会技术的进步。在技术和特殊技能等要素可以作为企业股份进入社会再生产的条件下，相对于依靠技术和特殊技能所获取的工资而言，技术和特殊技能所有者可以凭借其所拥有的股份，在社会再生产中获取较多的经济利益，从而在一定程度上刺激了市场主体进一步发展技术和提高特殊技能的积极性。通过技术和特殊技能入股加入社会再生产的方式，可以在很大程度上促进技术和特殊技能与其他生产要素相结合的进程，从而有利于将这些技术和特殊技能迅速地转换为生产力，促进人类物质和精神生活水平的不断提高。在技术和特殊技能不能作为企业股份入股的条件下，技术和特殊技能所有者要实现技术和特殊技能与其他生产要素的组合，将是一个漫长的过程，一般只能作为企业被雇用的以人力资本作为主要表现形态的生产要素身份加入企业生产，在这种技术和特殊技能与其他生产要素组合模式下，技术和特殊技能的使用取决于企业的需求程度。由于企业生产都是在既定技术状态和既定市场需求条件下来进行的，这就使具有创新特点的新技术和技能的运用必须适合现有的技术状态和市场需求，在一定程度上与新技术和特殊技能所体现出的创新性特征存在着较大的矛盾，阻碍了新技术和特殊技能与现有生产模式下其他生产要素的组合进程，也不利于发挥新技术和特殊技能对于社会生产发展的促进作用。三是由于新技术和特殊技能可以以股份的方式加入社会再生产，平缓了资本主义生产条件下出现的社会再生产规模不断扩大和消费能力不断缩小之间的矛盾。在以货币资本和其他有形资本（主要表现为设备、厂房等物化形态的生产资料）为主导的资本主义生产方式下，社会生产规模的不断扩大必然伴随着财富不断地向那些生产资料所有者集中的过程，由此形成生产规模不断扩大与消费不断缩小之间的矛盾，而在技术和特殊的技能可以入股的条件下，由于拥有技术和特殊技能的所有者与生产资料所有者之间并不是完全一致的，在一定程度上为那些技术和特殊技能所有者通过入股方式在社会再生产过程中取得较高的收益，提供了有利条件。相对于以货币形态资本和其他有形资本为主导的资本主义生产方式而言，以技术和特殊技能入股的股份制企业的发展，可以平缓资本主义再生产规模不断扩大与社会消费水平不断缩小之间的矛盾。在技术和特殊技能入股所产生的收入效应影响下，一些市场主体必将通过技术创新和培养特殊技能的方式，来获取较多的收入，这将推动社会生产力发展水平的进一步提高。技术进步和特殊技能的形成，主要取决于科学研究水平和教育水平。要通过技术和特殊技能的方式参与社会再生产来获取较大收益，还需要政府加大对教育和科学研究的投入力度，以此为技术进步和特殊技能的培养创造有利条件。四是股份公司的出现进一步提高了私人资本的社会化程度，为居民带来了一定的投资机会，有利于缓和社会生产规模不断扩大与社会消费水平不断缩小的资本主义社会再生产的矛盾。在资本主义发展中后期阶段，股份公司的出现，使一些居民可以在一级市场和二级市场买入股份公司发行的一部分股份，以此来参与对股份公司的投资。相对于股份公司以前的投资而言，这些投资所需要的资金数量较少，而资本主义条件下劳动生产率的提高，使居民拥有一定数量的财富积累，可以进入资本市场进行投资。居民资本投资渠道的拓宽，可以使居民获取较多的投资收益，有利于提高居民的消费能力，从而缓解资本主义条件下社会再生产规模不断扩大与居民消费相对缩小之间的矛盾。

（五）社会主义社会生产资料所有制形式

社会主义社会的出现，起源于20世纪苏联十月革命之后，在经历20世纪前80年的发展之后，目前多数曾经的社会主义国家都重新转向资本主义，从社会主义国家所有制形式来看，在社会主义改革前后呈现出较大的差异。

1. 改革之前社会主义社会生产资料所有制形式。主要表现在以下几个方面：

第一，苏联的生产资料所有制形式。从历史来看，社会主义公有制生产关系首先诞生于俄国。苏维埃政权建立后，颁布一系列法令，把绝大部分的资本主义大工业收归了国家，其中包括银行、铁路、海运、对外贸易。同时在资本家的私人企业里由工人组成监督机关，监督企业主的一切活动，还设立了最高国民经济委员会作为全俄国民经济的管理机关。苏联的生产资料公有制有两种形式，一是全民所有制；二是集体所有制。就全民所有制而言，是社会主义公有制的高级形式，在全民所有制条件下的生产资料公有化程度达到了最高水平；二是集体所有的生产资料，是指仅仅在一个集体的范围内实现的公有化，集体所有制公有化程度低于全民所有制，因而是社会主义公有制的低级形式。从发展趋势来看，如果集体所有制实现向全民所有制的过渡，最终就会形成单一的社会主义全民所有制。在苏联改革之前的经济发展中，单一的公有制形式是苏联社会主义模式主要的、几乎是唯一的经济基础。苏联在30年代就形成了90%以上的农业生产资料由国家占有的体制，1936年全国生产基金中，国家所有制占用90%，集体农庄所有制占用8.7%。从苏联公有制实现形式来看，十月革命以后，苏联对于私有资产采取强制国有化的方式，实现生产资料的公有制。从苏联实行生产资料公有制对于社会经济发展的影响来看，十月革命以后，苏联通过实行生产资料公有制，实现生产力的迅猛发展和国力的空前强盛，成功地取得了卫国战争和第二次世界大战的胜利，在较长时间内成为第二次世界大战以后与美国平起平坐的两大世界列强，也使苏联人民的生活水平得到极大提高，人民的文化修养也得到了大幅度提高。从1950年到1975年，苏联国民生产总值年增长率为4.8%，而美国同期的增长率为3.3%。

第二，中国的生产资料所有制形式。中国生产资料公有制的确立是在没收官僚资本，对民族工商业和手工业以及农业进行社会主义改造基础上形成的。从实践中来看，生产资料公有制的确立对于中国经济社会的发展产生了重大影响，主要表现在以下几个方面：一是公有制改造以国家占有的形式完成了第一笔社会发展资本的原始积累。中国生产资料公有制的确立是通过没收官僚资本和对民族工商业、手工业以及农业进行社会主义改造基础上形成的，社会主义公有制的建立，在很大程度上增加了国家发展所需要的资本，为大规模的经济建设提供了前提条件；二是生产资料公有制的建立，为中国进行以重工业为代表的工业化体系建设提供了可能。从重工业发展特征来看，重工业的发展既是资本密集型行业，也是技术密集型行业，同时还是人力资源密集性行业，生产资料公有制的建立，为中国集中全国的物力、财力和人力，进行以重工业为切入点的工业化体系建设，提供了可能条件；三是生产资料公有制的确立，为新中国发展高等教育，普及中等和初等教育，提供了有利条件。在新中国成立之前，接受教育只能是富人享受的特权，在贫富两极分化的背景下，中国居民的文化素质普遍较低，还有大量的文盲存在，这些都在很大程度上制约了社会进步和生产力发展水平的提高。新中国成立以后，借助生产资料公有制的优势，国家一方面通过免费初、中等教育以及开办扫盲班的方式，在全国人民中普及科学文化知识；另一方面通过大力兴办高等教育的方式，为国家建设培养高素质的优秀人才。从中国高等教育所培养的人才来看，建国以前，国内具有专业技术人员培养能力的大学为数不多，高等学校在校生只有15万—20万人，能够参与工业建设的人才每年只能毕业1万—2万人。1951—1953年，中国进行了大规模的高等教育调整，大量增加了工科技术人员的数量，随后进行的新学校的建设又扩大了在校人数的总体规模。到50年代末高等学校已经有了近千所，在校人数达到了70万—90万人。这些超常规的发展记录，都是在公有制改造基础上创造的；第四，社会主义公有制的确立，为加强中国农田的基础设施建设提供了有利的外部环境，其在确保中国粮食安全的同时，还为中国新增劳动力的培育提供了可能条件。新中国成立之前，受小农经济影响，中国农田水利设施非常落后。新中国成立以后，在农业合作化带动下，全国各地掀起了加强农田基本建设的新高潮，为中国现代农业发展打下了雄厚的基础。全国农业拓荒范围的不断拓宽，也扩大了全国可耕种面积，从而进一步确保了粮食的相对安全，为工业化体系的建立提供了强有力的保障。

2. 中国改革开放以后生产资料所有制形式的演变。“放权让利”是20世纪70年代末期以来中国改革开放的主要切入点，在此思想作用下，中国改革首先在农村领域取得了突破，以安徽小岗村为代表的农村承包包干责任制，打破了新中国成立所实行的以农业合作为代表的农村集体所有制形式。农村承包责任制的实行只是在经营权方面实行了以家庭为单位的私人经营，而没有改变土地国有的社会主义公有制的基础。一些以个体户为代表的民间经济活动开始出现，随着时间推移，中国出现了由居民自己开办的私人企业。中国对外开放政策是紧随改革之后而实行的另一项重要政策，在开放政策引导下，中国出现以私人资本为主导的外资企业和中外合资、合作企业。

20世纪90年代初期，在邓小平南方谈话精神影响下，中国所有制变革进程进一步加快，以民营经济为代表的私人企业得到了快速发展，其既表现为私人资本投资规模不断扩张的过程，也表现为国有企业改革过程中一些中小型国有企业不断私有化的过程，作为公有制基础的国有企业产权改革也进一步深化，一些国有企业通过吸引外资、国内民间资本的方式，实现其由单纯的公有制向公、私兼具的混合所有制的转变。与此同时，一些国有企业也通过参股的方式，参加部分国内民营企业和外资企业的投资。在改革开放浪潮影响下，中国以公有制为主体的所有制结构进一步向混合所有制进行转变。

从改革开放以后中国所有制结构的演变结果来看，以私人企业为代表的国内民营经济得到了快速发展，目前民营经济在GDP经济总量中所占的比重已经达到50%以上，而公有制经济在 GDP 经济总量中所占比重已回落到 50% 以下。改革开放以后，中国在所有制结构改革上遵循了“适度削弱国有经济、进一步壮大民营经济”这个基本原则。从所有制改革所依据的理论来看，理论界认为，民营经济的发展是适应生产力发展水平的必然要求，中国民营经济的发展体现了中国生产力发展所呈现出的不平衡性。从改革开放以后中国民营经济发展的实践来看，改革开放之初，一些与较低生产力发展水平相适应的个体经济的出现，以及一些体现区域经济特色的边境贸易、原料加工等私营企业的出现，体现了所有制结构与生产力发展水平的相对一致性，在很大程度上与以公有制为主导的国有经济形成了良性互补。但我们不能就此认为，以民营经济为代表的所有制形式就是一种与较低生产力发展水平相适应的科学的所有制形式，而将改革开放之初出现的个体经济和部分民营区域经济的现象，理解为一种客观规律。从国外民营企业发展情况来看，国外有很多民营企业分布于生产力相对发达的行业，而从国内民营企业发展来看，其在经历改革初期的个体经济以及区域经济发展之后，一些民营企业现在不但在生产力发展水平相对落后的行业生存下来，而且还进入到生产力发展水平相对较高的行业如高科技行业等。从国有企业发展来看，改革开放以来，虽然国有企业目前仍在中国经济发展中居于主导地位，但国有企业对于经济的影响力较之以前出现了一定的削弱，特别是在国有资产管理体制不完善等因素影响下，中国国有企业存量和流量资产正受到部分民营企业的侵蚀。国有企业实力的削弱不是在民营经济进一步壮大过程中所呈现的相对削弱，而是与民营经济发展呈现此消彼长的关系，归其原因，与现有的国有资产管理模式以及国有企业法人治理结构不科学密切相关。国外民营企业发展以及国内民营经济发展的实践，都证明了民营经济不是与较低生产力发展水平相适应的经济。中国所有制改革不能以国内生产力发展水平较低为理由，片面地鼓励国有企业进行私有化。从中国国有企业私有化发展的结果来看，虽然多年来民营企业的发展提高了中国就业率水平，有效地增加了社会产出，但必须看到，中国民营经济的发展是以诸多的廉价劳动力和自然资源等生产要素作为支撑的。如果没有前期培育较多的劳动力资源以及中国相对丰富的自然资源，国内民营经济和以外资为代表的民营经济就很难实现快速发展。从国有企业发展的实际情况来看，改革开放之前，国有企业经营之所以陷入困境，主要原因在于国有企业经营政企不分，受到的行政干预较多，国有企业作为一个小社会，身上所担负的养老、医疗、教育社会责任相对较重。与此同时，国有企业职工流动性较差、管理水平的落后以及利润全额上缴等因素，都影响了国有企业经营效益的提高。

改革开放以后，中国在国有企业改革方面先后经历了承包经营责任制以及股份制改革等多种方式，从改革效果来看，随着承包经营责任制的推行，国有企业经营出现了较大的转机，与承包经营责任制激发起国有企业经营活力有关，也与国家对于国有企业采取的放权让利等政策有关。如果说国有企业经营承包责任制是从经营上解决了国有企业前期经营过程中受制于行政干预的问题，国有企业股份制改革则是从所有制结构上对于国有企业所做的进一步改革，改革的初衷在于在缓解国有企业经营所面临的资金困境的同时，将国有企业打造成为适合市场经济运行要求的真正意义上的市场主体。从国有企业股份制改革的实际效果来看，一些国有企业通过变卖的方式，变成了私人企业；一些国有企业通过股份制改革的方式，变成了混合所有制企业。就政府而言，在这场国有企业股份制改革过程中，一些亏损中小企业的变卖，减轻了财政负担，也增加了财政收入来源①；而部分国有企业在改制过程中，通过股份制发行及股权转让的方式，在很大程度上缓解了企业发展所面临的资金困难，经过股份制改革的国有企业，并没有得到长足的发展。在国民经济总量中，国有企业在 GDP 中所占的比重已由改革前 70% 以上，下降为 50% 以下；从“分红派现”情况来看，国有企业融资规模远远高于“分红派现”规模，在一定程度上预示，经历股份制改革之后的国有股份制企业，投资回报率依然不高，经营规模的扩大更多的是建立在市场融资的基础之上。必须指出的是，相对于改革之前而言，这些国有企业经营业绩是在其除去以前承担的社会化职能条件下实现的。从国有企业股份制改革之后技术创新情况来看，股份制改革之后，股份制国有企业很少出现重大的原创性创新成果，如果将改革开放之前的“两弹一星”作为中国前三十年最有影响力的技术创造，那么改革开放三十年来，航天和高铁无疑是最有影响力的创造，遗憾的是这两大领域的技术创造都是在没有实行股份制改革的国有企业实现的。一些国有企业在改制以后，不但没有出现经营业绩好转，反而通过变相私有化的方式出现破产、倒闭，最终使大量国有资产流入私人口袋②。

中国民营企业与国有企业在改革开放以后的发展路径提示我们：所有制的属性并不是决定企业经营好坏的关键因素，因为虽然根据西方经济学理性人的假说，只有财产是私人的公司，才能实现经营效益的最大化，其实，在资本主义中后期时代，生产资料私有制通过股份制改革，社会化特征已经十分明显。虽然理性人的经济学假说构成西方经济学理论的基础，但这种理论假说并不是完全科学的真理。中国国有企业改革的关键在于如何提高国有企业经营效益的问题，而不是国有企业私有化的问题。改革开放以后，中国国有企业股份制改革的实践以及苏联国有企业私有化改革的教训，在很大程度上提示我们，私有化不是解决中国一切问题的灵丹妙药。笔者认为，当前中国国有企业改革的着力点，在于立足中国国有企业具体国情，通过必要的理论创新和管理创新，在国有资产管理体制以及国有企业经营法人治理结构上进行有效创新，以此确保国有资产的保值增值，提高国有企业经济效益。

---

① 主要包括政府通过中小型国有企业变卖所取的净收入，以及以部分中小企业厂址为基础进行房地产开发所取得的收入两个部分。

② 这里所说的国有资产流失，既包括从事实体经济的国有企业破产、改制所导致的国有资产流失，也包括金融行业改革所导致的不良资产无法收回所产生的国有资产流失等。

二、关于生产资料所有制形式的相关经济理论

（一）马克思主义经济学的生产资料所有制理论

1. 生产资料所有制的内涵。马克思主义经济学认为，生产资料所有制是指人们在生产过程中对于生产资产的关系体系，内部结构是由人们对于生产资料的所有、占有、支配和使用等经济关系所组成。生产资料所有制是指人们对于生产资料所有、占有、支配和使用的关系体系。人类社会发展的历史表明，生产资料归谁所有、占有，归谁支配和使用，是经济发展的产物，制约和影响人们在生产中的相互关系和产品的分配关系，是社会经济制度的基础。判断一种社会经济制度和经济形态的性质，归根到底，要看它的生产资料所有制结构和存在形式到底如何。生产资料所有制从内涵上来分，有广义生产资料所有制和狭义生产资料所有制两种形态。所谓狭义生产资料所有制，就是生产资料归谁所有，马克思认为，所有制就是人们在经济活动过程中对再生产的条件进行占用、使用和处理等一系列关系行为的总和。“人们把他的生产和生产条件看成是属于他的，看作是他自己的，看作是与他存在一起产生的前提”。马克思认为，所有制最初的意义是把从事劳动再生产的生产资料看作其所有。所有制的最初形式是在劳动基础上产生的，劳动者把劳动工具和条件看成是自己的东西。广义的生产资料所有制，是指一切社会关系的总和。马克思在其早期著作中，曾把私有制看成为“资本主义生产关系的总和”。这并不是指所有制可以包括全部生产关系，而由于各种所有制分别存在于再生产的各个领域，并且是生产关系最基本的、最有决定意义的部分，生产关系的其他方面是所有制的体现，所有制明确了，生产关系的其他方面也就确定了。

2. 生产资料所有制的职能。马克思主义经济学认为，在生产过程中，生产资料所有制的不同主体或主体的不同部分，在所有制关系中的作用和职能并不是一样的。有时某一个主体只发挥一种职能和作用，有时则集几种职能于一身。所有制主体所发挥的职能和作用不同，他们在所有制中相互结成的关系就不一样。这些职能、作用和关系有许多复杂的具体表现，他们长期以来被归纳为四个方面关系，即通常所说的生产资料所有、占有、支配和使用的关系。是指生产资料所有制主体将生产资料当成自己的专用物，排斥任何人不顾他的经济利益和意志进行侵夺的职能和作用，表示生产资料的归属关系。占有，就是所有制主体掌握、管理生产资料，并对它施加实际影响的职能和作用。马克思说：“实际的占有……发生在对这些条件能动的、现实的关系中，也就是实际上把这些条件变为自己的主体活动的条件”①。支配，是指所有制主

① 马克思，恩格斯：《马克思恩格斯全集》第46卷，人民出版社，第493页。

体在事实上或法律上决定怎样安排、处理和使用生产资料的职能。使用，就是根据确定的方向，消费、改变生产资料，具体发挥生产资料效用的具体职能。由于“使用”是所有制主体的一种职能，凡是决定生产资料具体使用方法和要求的主体就能成为使用者。在资本主义企业中，生产资料占有者、支配者和使用者，是资本家，而不是在物质上直接使用生产资料的工人。所有是一个归属问题。作为所有者，可以按照自己的意志处理自己所有的生产资料。在历史上，所有与占有、支配和使用并不是分离的，所有者，也就是占有者、支配者和使用者。随着社会经济的发展，占有、支配和使用取得了相对独立的含义。相对于所有者而言，占有是一种有条件的归属关系，即占有者不能任意处理其所占有的生产资料，但在一定条件和一定期限内，他实际上占有生产资料，并且具有排他性。支配是对生产资料的处置和管理。在现实生活中，所有者和占有者可以同时是支配者，也可以通过他人支配，如股份公司中实际执行职能的经理等。使用是指人对生产资料直接作用，是人们运用生产资料进行的生产活动，是取得经济效果的直接因素和基础。生产资料的所有、占有、支配和使用等经济关系相互联系、相互作用，构成生产资料所有制关系体系。所有是所有制关系的主要内容。

3. 生产资料所有制对生产关系的决定作用及其与社会生产力之间的关系。就生产资料所有制对生产关系的决定作用及其与社会生产力之间的关系而言，主要表现在以下几个方面：

（1）生产资料所有制对生产关系起决定作用，这种作用表现在以下几个方面：

第一，一定的生产资料所有制是一定生产关系产生和形成的社会前提和条件，它决定了劳动力和生产资料的结合方式，决定了直接生产过程中人们的不同地位和相互关系，从而也决定了人们在交换和分配过程中的关系。

第二，一定的生产资料所有制决定了一定生产关系的基本特征和本质，决定了社会各个阶级的划分和它们的不同物质利益。恩格斯说：社会主义“同现存制度的具有决定意义的差别当然在于，在实行全部生产资料公有制（先是单个国家实行）的基础上组织生产”①。

第三，生产资料所有制的根本改变必然导致生产关系的一系列变革。

（2）生产关系对生产资料所有制会产生一定的反作用，主要表现在以下几个方面：

第一，生产资料所有制是劳动产品——生产资料的分配的结果。

第二，交换的方式及其发展也影响着生产资料所有制，如商品交换的发展就瓦解了原始社会的和封建的生产资料所有制。

---

① 马克思，恩格斯：《马克思恩格斯全集》第 37 卷，人民出版社，第 443 页。

第三，生产、交换、分配和消费关系实现的状况也影响生产资料所有制的巩固和发展。

(3) 生产资料所有制与生产力是一种对立统一的关系。马克思主义经典著作把生产力和生产关系的对立统一关系概括为生产关系一定要适应生产力的发展的规律，这是人类社会发展的一条普遍规律。马克思主义经济学认为，生产关系与生产力的对立统一关系主要表现为以下几个方面：

第一，生产力的状况决定着生产关系的性质。马克思主义经济学认为，有什么样的生产力，最终就会形成什么样的生产关系，生产力的性质、发展水平以及发展要求决定着生产资料所有制关系、因而决定着人们在生产过程中的地位和作用，决定着人们对产品的分配关系。

第二，生产力的发展和变化规定着生产关系的发展和变化。马克思主义经济学认为，生产力是生产方式中最活跃最革命的因素，它处在不断运动、变化和发展的过程中。

第三，马克思主义经济学认为，当生产关系与生产力的发展要求相适合的时候，它就有力地推动生产力的发展；当生产关系与生产力的发展要求不相适合的时候，它就阻碍甚至破坏生产力的发展。由此决定了社会主义必须是建立在生产力高度发展的物质基础之上的。

（二）科斯的私人产权理论

科斯私人产权理论认为：只要财产权是明确的，并且交易成本为零或者很小，那么，无论在开始时将财产权赋予谁，市场均衡的最终结果都是有效率的，实现资源配置的帕累托最优。科斯认为，上述结论成立必须满足两个前提条件，其主要表现为：明确产权和交易成本。他认为，在经济实践中，钢铁厂生产钢，自己付出的代价是铁矿石、煤炭、劳动等，但这些只是“私人成本”；在生产过程中排放的污水、废气、废渣，则是社会付出的代价。如果仅计算私人成本，生产钢铁也许是合算的，但如果从社会的角度看，可能就不合算了。如果通过征税解决这个问题，政府出面干预，赋税使得成本高了，生产量自然会小些。但恰当地规定税率和有效地征税，也要花费许多成本。科斯认为，解决企业生产污染问题的最好办法主要在于，政府明确产权。科斯认为，如果把产权“判给”河边居民，钢铁厂不给居民们赔偿费就别想在此设厂开工；若付出了赔偿费，成本高了，产量就会减少。如果把产权界定到钢铁厂，如果居民认为付给钢铁厂一些“赎金”可以使其减少污染，由此换来健康上的好处大于那些赎金的价值，他们就会用“收买”的办法“利诱”厂方减少生产从而减少污染。当厂家多生产钢铁的赢利与少生产钢铁但接受赎买的收益相等时，它就会减少生产。从理论上说，无论是厂方赔偿，还是居民赎买，最后达成交易时的钢产量和污染排放量会是相同的。科斯认为，产权归属不同，在收入分配上对于双方的倾斜力度也是各不相同的，谁得到了产权，谁就可以从中获益，而另一方则必须支付费用来“收买”对方。总之，无论财富分配如何不同以及公平与否，只要划分得清楚，资源的利用和配置则是相同的，主要表现为企业都会生产那么多钢铁、排放那么多污染，而用不着政府从中“插一杠子”。

虽然科斯定理表明，市场的真谛不是价格，而是产权。只要有了产权，人们自然会“议出”合理的价格来。但明确产权只是通过市场交易实现资源最优配置的一个必要条件，却不是充分条件。另一个必要条件就是“不存在交易成本”。所谓交易成本，简单地说就是为达成一项交易、做成一笔买卖所需要付出的时间、精力和产品之外的金钱，如市场调查、情报搜集、质量检验、条件谈判、讨价还价、起草合同、聘请律师、请客吃饭，直到最后执行合同、完成一笔交易，都是费时费力的。就河水污染这个问题而论，居民有权索偿，但可能会漫天要价，把污染造成的“肠炎”说成“胃癌”；在钢铁厂有权索要“赎买金”的情况下，它可能把减少生产的损失一元说成十元。无论出现哪种情况，对方都要调查研究一番。如果只是一家工厂和一户居民，事情还好办。如果当事人的数目过大，麻烦就会更多，因为有了“合理分担”的问题。如果是多个厂家，谁排放了污水，排了多少，他们如何分摊赔偿金或如何分享“赎买金”，都要先扯皮一番；如果是多户居民，谁受害重谁受害轻，怎么分担费用或分享赔偿，也会打得不可开交。正是这些交易成本，可能使得前面所说的那种由私人交易达到的资源配置无法实现或者是大家一看有这么多麻烦，都纷纷望而却步。所以说，科斯定理的“逆反”形式是：如果存在交易成本，即使产权明确，私人间的交易也不能实现资源的最优配置。

科斯定理的两个前提条件各有所指，但并不是完全独立、没有联系。最根本的是明确产权对减少交易成本的决定性作用。产权不明确，后果就是扯皮永远扯不清楚，意味着交易成本无穷大，任何交易都做不成；而产权界定得清楚，即使存在交易成本，人们可以通过交易来解决各种问题，还可以有效地选择最有利的交易方式，使交易成本实现最小化。

（三）哈耶克的私有化理论

哈耶克新自由主义经济学理论主要包括以下几方面内容：

第一，从知识的特征角度论证进化的市场“自生秩序”与“扩展秩序”的合理性，以及社会主义与一切“建构理性主义”的错误。哈耶克认为，“个人主义者的论断的真正基础是，任何个人都不可能知道谁知道得最清楚；并且我们能够找到的唯一途径就是通过一个社会过程使得每个人在其中都能够尝试和发现他能够做的事情。这里和其他地方一样，基本的假设是人类的天赋和技能千差万别，因而不考虑所熟知其他社会成员的绝大多数人中的一个单个个人。”由于知识的分立，也由于个人（甚至国家和机构）无法掌握全部信息和知识，因而社会主义的计划是无法实现的，而“建构理性主义”同样是脱离实际的。哈耶克认为，唯一可行的经济秩序只能是市场的“自生秩序”和由此而来的“扩展秩序”，所以，“必须把分析自我生成秩序的过程，作为任何研究市场秩序的科学的主要任务。”

第二，强调法治、规则和制度对于“自生秩序”和保障个人自由的重要性。哈耶克的新自由主义经济学是强调规则、制度和法治的作用的。他认为，现代资本主义文明之所以能够产生，“主要原因就在于一些逐渐演化出来的人类行为规则，特别是有关私有财产、诚信、契约、交换、贸易、竞争、收获和私生活的规则。它们不是通过本能，而是经由传统、教育和模仿代代相传，其主要内容则是一些划定了个人决定之可调整范围的‘禁令’（‘不得如何’）。”哈耶克认为，“努力使人们通过追求自己的利益尽可能对其他人的需要作出贡献，不仅仅产生了‘私人财产’的一般原则，而且还有助于我们确定不同种类的产权内容。”他说：“斯密及其同代人所提倡的个人主义的主要价值在于，它是一种使坏人所能造成的破坏最小化的制度，而对这一点则很少有人谈及。这种社会制度的功能并不取决于我们发现了它是由一些好人在操纵着，也不取决于所有的人都将比他们现在变得更好；这样的制度利用人们的多样化和复杂性来发挥作用，这些人们时好时坏，有时聪明，但更常表现出来的特征是愚蠢。他们的目标是建立能给所有的人以自由的制度。”

哈耶克的“自生秩序”强调的是经济和社会制度形成的机制与过程，而他谈制度则是强调这一机制和过程得以进行的前提和结果。他认为，“这种助长了私人目标多样化的秩序，只有在我愿意称之为分立的财产基础上，才能够形成。……从古希腊直到现在，这种财产、自由和秩序得以存在的前提是一样的，即抽象规则这个意义上的法律。”他支持创建新的社会宏观制度，即“稳定的制度框架”。他反对的是政府直接指挥经济。在哈耶克看来，个人主义最重要的制度保障就是法治，而“法治的基本点是很清楚的：即留给执掌强制权力的执行机构的行动自由，应当减少到最低限度。虽然每一条法律，通过变动人们可能用以追求目的的手段而在一定程度上限制了个人自由，但在法治之下，却防止了政府采取特别的行动来破坏个人的努力。在已知的竞赛规则之内，个人可以自由地追求私人的目的和愿望，肯定不会有人有意识地利用政府权力来阻挠他的行动。”由此可知，在哈耶克看来，“……法治就意味着，政府的所有活动都要受到事先确定并公布的规则之约束。”对他来说，“自由就意味着法律至上”。

第三，强调国家在保障自由方面的有限而重要的作用。哈耶克主张的个人主义和自由最大化并不是无政府主义，也不等于政府无所作为。他认为，“国家到底是否应该‘采取行动’‘进行干预’，根本就是一个错误的问题。”“如果国家真的无所作为，则根本不可能合理地捍卫任何制度。”哈耶克知道，尽管个人主义理论对于建立一个合适的法律结构和完善的自发成长起来的制度做出了技术上的贡献，但并不排除国家仍然是社会上一个精心组织和有意识指导的一部分（虽然仅仅是一小部分）。他认为“真正的个人主义不否认强制力量的必要性，但是都希望限制它，即把它约束在某些范围内，在这些范围内必须有其他人来制止强权，以便将其总量减少至最低限度。”而确定这种限度的原则就是，“政府的权力应该仅限于使得每个人能够看到他们知道的并且在他们的决策中能够加以考虑的原则。”“至关重要的是，尽管政府可以为人们从事经济活动创造合适的社会秩序，但政府不应该指挥大多数经济决策活动。不管是为了保障人们的自由，还是为了实现高效率，政府的活动都要划定明确的范围，标出清晰的边界。”其实，哈耶克的新经济自由主义的理论框架其实就是宪政经济学：即以具有充分自由的个人活动为出发点（经济学上是自由追逐个人利益的个人，哲学上是个人主义）形成自生的经济秩序和社会秩序（各种制度），在这一过程中应该有国家法律来加以保障。

第四，强调道德的力量，强调传统和惯例在“自发秩序”和“扩展秩序”中的作用。哈耶克认为：“如果没有根深蒂固的道德信念，自由就不可能正常地发挥作用，而只有当人们彼此可以指望所有人一般都会自愿地遵守某些原则的时候，强制才有可能被降低到最低程度，这实在是至理名言。……正是道德领域中自愿性规则的这种灵活性，使得它可以渐进地演进、自发地生长，而这则使得后人可以在自己的实践中对其进行修正和改进。”不过，哈耶克强调的市场道德，既产生了“客观的”利他主义，也产生了对他人的损害。

第五，对社会主义（集体主义）和国家干预主义的坚决反对。哈耶克对于社会主义（不管是希特勒的国家社会主义，苏联的社会主义，还是其他社会主义）和国家干预主义一律持坚决反对和彻底批判的态度。他说：“我一直主张社会主义是对人类现在和未来幸福的威胁”。这不仅因为他认为“社会主义从一开始便直截了当地具有独裁主义性质”，而且“他认为社会主义的根源就在于一种错误的信念：在自然科学中能够做到的理性的精确，在制订社会计划时也可以做到。”哈耶克认为，知识的分立使得集中控制经济的制度根本就是不可行的。“社会主义的问题并不在于它在道德上是不可接受的，而在于它从知识上看是不可行的。”哈耶克当然也结合道德问题对社会主义进行了批判。他说：“通过遵守决定着竞争性市场秩序的、自发产生的道德传统（与大多数社会主义者所服膺的理性主义教条或规范不相符的传统），我们所生产并蓄积起来的知识与财富，要大于那些自称严格遵循‘理性’办事的人所鼓吹的中央指令式经济所能得到或利用的数量。社会主义不可能达到或贯彻它的目标和计划；它们甚至在逻辑上也是不能成立的。”

三、关于生产资料所有制形式与经济社会发展之间的关系

（一）生产资料所有制形式的发展规律

从生产资料所有制形式演变的历史轨迹分析，生产资料所有形式在其发展过程中，主要呈现出以下几方面发展特征：

1. 生产资料所有制形式主要由生产力发展水平来决定。从决定生产资料所有制形式的主要因素来看，生产资料所有制形式的演变历史显示，生产力发展水平对于生产资料所有制形式具有决定性的影响。其主要表现在以下几个方面：

一是在生产力发展水平较低的条件下，人类只有通过实行生产资料公有制的方式，依靠集体的分工和合作，才能维持人类生存和发展。如原始社会的生产资料公有制。

二是在生产力发展水平相对较高的条件下，人类社会生产除了满足自身生存之外，还会出现一定的剩余，在一定程度上为生产资料私有制创造了可能条件，在生产力发展水平相对有限的条件下，社会生产所产生的产品不能使每个人的物质需求都可以得到满足，在人类对于物质的不懈追求以及精神层次相对落后的影响下，生产资料私有制成为那些拥有政治权力和经济实力的个人追求更多物质消费的必要手段。生产力发展水平不能完全满足个人对于物质的满足程度，成为决定生产资料私有制形式存在的必要条件。奴隶社会的生产资料私有制、封建社会生产资料私有制、资本主义生产资料所有制等的出现，无不是与生产力发展水平相对低下密切相关。

三是生产力发展水平进入到一个新的阶段，在这个发展阶段，人类物质生产水平达到一个新的高度，物质生产能力可以充分满足个人对于物质的消费需求，在一定程度上削减了个人通过生产资料私有制方式追求物质财富满足的动力，决定生产力发展水平高低的因素由资源、资本等要素向技术、劳动和管理等要素的转变，在一定程度上决定了追求满足个人欲望的物质财富的私有制形式，并不能实现财富的进一步积累。从经济发展的实践来看，在知识经济时代，生产力决定因素的转变，使以物质财富作为表现形式的生产资料私有制，并不能成为个人积累财富的唯一手段，而生产力发展过程中各生产要素之间的相互依存，在很大程度上使生产资料所有制形式呈现进一步的社会化发展特征，如资本主义中后期所出现的生产资料股份制形式等。鉴于知识在社会生产力发展过程所处的重要地位，在一定程度上使教育和基础科学研究作为公共产品在生产资料私有制条件下开始出现，实际上是通过公共支出的方式，实现由生产资料私有制向公有制的过渡，主要体现在资本主义中后期所建立的完善社会保障体系等方面。精神产业的发展成为生产力发展水平的一个明显标志，相对于物质产品

而言，除一部分依附于物质产品的精神产品之外，纯粹的精神产品，具有明显的公共产品特征，纯粹精神产品的消费也带有明显的非排他性、外溢性以及效用的不可分割性等公共产品特征，人类对于精神产品进行消费的同时，也是人类自身素养不断提高的过程，人类自身素养的提高，使人类在通过物质消费满足自身生存的同时，还会通过捐赠和减少追逐物质利益冲动的方式，实现其精神素养的进一步提高。这些都在一定程度上为生产资料的私有制向公有制或准公有制的转变，创造了有利条件。

2. 生产资料所有制形式在很大程度受制于政治因素的影响。从生产资料所有制形式的演变历程来看，生产资料所有制形式除受生产力发展水平影响之外，还在很大程度受制于政治因素的影响，主要表现为一些生产力相对落后的国家或地区，会通过暴力革命或其他手段，依靠政治强制力，实现生产资料所有制形式由私有制向公有制的转变。如俄国的十月革命、中国的新民主主义革命、东欧的社会主义革命等，都是在生产力不发达的条件下，通过革命的手段，实现由生产资料私有制向公有制的转变。20 世纪 90 年代，苏联在生产力高度发达的条件下，通过政变的方式，实现生产资料公有制向私有制的转变，随之在苏联政治事变影响下，东欧国家也出现了由生产资料公有制向私有制的转变。从导致这些国家生产资料所有制形式转变的因素来看，政治因素无疑是导致上述国家所有制形式转变的一个关键因素。

3. 生产资料所有制形式随着生产力发展水平的不断提高，而呈现私有化色彩逐渐淡化的发展特征。从资本主义生产资料所有制形式演变的实践来看，在资本主义国家发展的中后期阶段，随着股份制的出现，一些家族经营色彩较浓的资本主义私有企业社会化特征逐渐明显，表现为企业所有制形式由单一的私人所有制转向多元投资人的社会所有制，表现为企业的经营由前期家族成员经营，转变为依靠职业经理人来从事经营。这些都在一定程度上预示，随着生产力发展水平的不断提高，生产资料所有制形式呈现从生产资料私有制向生产资料公有制逐渐演变的特征。

（二）对于当前财产所有权理论的一般评述

1. 关于科斯财产私有化理论的评述。科斯认为，在市场经济条件下，只有财产的产权明晰以及遵循最低交易费用的原则，才能实现市场经济条件下经济效率的最大化。根据斯科的理论观点，只要财产产权明确，就可以依据各市场主体所拥有的财产权利，通过彼此谈判的方式，实现各个财产所有者的根本利益。科斯还认为，各市场主体之间的交易只有遵从交易费用最小化的原则，才能实现经济效率的最大化。纵观科斯的产权理论和交易费用最小化理论，主要存在以下误区：

一是从社会价值创造角度考虑，如果在财产产权明确的条件下，各种财产所有者都可以对于受到损害的财产进行价值补偿，在信用货币经济条件下，这种价值补偿并不是凭空实现的，实际上是一种价值的再分配。以科斯在其产权理论中提到的污染问题为例，污染企业支付给受害人的赔偿部分，最终会通过提高其生产的商品成本的方式，转嫁给消费者，而财产所有权人可能就是消费者之一。从污染企业与受害人之间的博弈结果来看，一方面污染企业支付成本的增加，影响了企业产品的竞争力，企业通过提高产品价格的方式，转嫁其支付的污染成本，最终也会使包括接受污染支付赔偿的受害人在内的企业产品的消费者的利益受到损害。

二是从污染的实际治理效果来看，依靠明晰产权的方式所实现的污染治理，其完成的只是污染企业与被污染居民在利益上的一种再分配，其最终并不能达到削减污染的目的。一些收入水平较低的居民，为了获取更多的利益，可以通过鼓励污染的方式，来获取污染补偿收益，由此会进一步加快环境污染的速度。通过明晰产权、付费的方式，并不能消除污染，反而会加速污染。科斯在此所犯的错误主要在于将环境污染与以价值形态作为表现形式的金钱等同起来，认为只要污染企业付出金钱，受害人就可以用金钱去抵补污染。从实践来看，虽然企业由于支付污染费用而会减少污染，但由于企业所处行业的污染属性，减少污染并不代表不污染。在现代经济条件下，环境好坏是衡量人类生活水平质量的一个重要参考标准，还是维持人类可持续发展的一个重要保障条件。人类实现可持续生产的一个最基本前提条件，就在于不以破坏自然环境作为前提条件，而根据科斯的产权理论，企业在支付污染补偿之后，生产不但不违法，反而可以合法地经营了。在经济实践中，科斯理论的最终目的，可能在于通过产权的明确，使污染企业通过自身污染治理成本与其向居民支付的污染补偿成本之间的博弈，最大限度地减少污染，或者实现零污染。要实现这个目的，取决于污染企业与居民之间在污染费用方面的博弈程度，取决于企业将治污成本或支付污染赔偿成本通过产品价格进行转嫁的能力高低。在经济实践中，不管出现上述哪种结果，都没有在法律上明确禁止污染企业排放污染物效果好。环境污染在地域范围上分布较广，在时间上持续较长，如何区分企业污染的影响区域或持续时间，是确定污染企业支付污染赔偿对象和金额的又一个难题。科斯通过所谓的明确产权的理论来减少污染的做法，可谓多此一举。

三是科斯理论所提到的产权明确与交易费用最小化之间的关系，实际上是一种相互矛盾的关系。根据科斯理论的描述，一定时期社会效率只有在明晰的产权和交易费用最小化甚至为零的条件下，才能达到最大化。从经济实践来看，如果产权明确，不同产权主体之间的谈判将耗费大量的时间和精力，在一定程度上预示着产权明条件下产权主体之间的交易费用不可能做到最小化。科斯理论中所提到的提高经济效率的两个前提条件之间是相互矛盾的。以前期污染企业对于被污染居民的赔偿为例，污染企业在与被污染居民之间的谈判会耗费很长时间，其在一定程度上对于谈判双方都是一种损失，这种损失主要表现为时间、人、财、物资耗费损失等方面，一些没有污染企业的生产也有可能在拥有产权居民的要求下，花费大量的人力、物力和财力来证明其没有污染居民的环境，从而对于企业的经营效率也会产生不利的影响。如果将公共环境明确为居民所拥有的财产权利，那么对于一些没有污染的企业生产，由于需要占用公共的河流、道路等资源，拥有这些公共资源的居民也可以依据其所拥有的资源，通过与企业进行谈判的方式，来收取一定的费用。必将在很大程度上影响企业的经营效率，对于社会生产会产生较大的负面影响。一些污染企业为了规避环境污染，必然会通过向没有明确产权的荒芜地带进行生产转移的方式，减少环境污染支付成本的压力，在一定程度上必然会导致污染面积的不断扩大。科斯理论在实践中的运用，其在很大程度上不但不能起到提高效率的作用，反而会影响效率的提高。从法律角度分析，在现代市场经济条件下，河流、道路等公共资源并不属于居民私人所有，这些公共资源的公共性，导致在很大程度上不能对于这些资源的私人边界做出明确的划分，科斯的产权明晰理论在实践中很难得到明确的执行。对于污染产业的污染行为，不是通过明晰私人产权的方式来制止或减少这种污染行为，而是应该通过法律的规定，从产业政策上禁止企业的污染行为。

2. 对于马克思财产公有制理论的评述。马克思主义经济学认为，产权主要包括所有、占有、支配和使用的权力，不同生产力发展水平下的所有制形式各不相同，生产力发展水平对于有所有制形式会产生决定性影响，随着生产力发展水平的不断提高，人类社会所有制形式会由私人所有制向公有制转变。马克思主义经济学从生产力发展的角度对于所有制形式演变规律的论述，在很大程度上遵从了生产力发展的客观实践，科学地揭示了所有制形式发展变化的客观规律。虽然马克思主义经济学认为随着生产力发展水平的不断提高，生产资料所有制形式必然会出现由私人所有制向公有制的转变，但对于私有所有制向公有制的转变路径、转变时间，并没有做出明确的阐述。对于公有制的实现模式，也没有做具体的理论说明。从人类社会经济发展客观实践来看，生产力发展水平的高低在人类社会发展中始终起着主导作用，对于人类生产、分配、流通和消费产生了决定性影响，也对人类所有制形式产生了决定性影响。就生产力发展水平对于所有制的影响而言，马克思主义经济学指出，随着生产力发展水平的不断提高，人类社会生产资料所有制形式将会出现由生产资料私有制向公有制的转变。人类社会所有制形式在生产力发展作用下，之所以会发生上述变化，与生产力发展对于人类生产、消费的规模、品种结构所产生的影响密切相关。就公有制实现形式而言，虽然马克思主义经济学没有对之进行详细的论述。但从人类社会公有制发展的历史实践来看，以苏联、东欧以及中国为代表的社会主义国家，曾经对于公有制的实现形式产生了错误和片面的理解，他们认为，所谓生产资料公有制就是生产资料所有、占有、支配和使用的公有制，而忽视全民所有制企业作为一个从事生产性经营的市场主体所应该享有的权利和义务，将社会主义公有制的性质体现为全民所有制企业听命于国家的行政命令，根据国家指令性计划来进行生产和分配收益，由此导致全民所有制企业经营陷入困境。从全民所有制企业上述实现模式来看，其错误地将全民所有制企业所有权的全民所有等同于经营权的全民所有，而将政府作为全民所有制企业经营权全民所有的实际执行者。从全民所有制企业的真正内涵来看，全民所有制企业的全民所有，主要体现在全民所有制企业所有权以及收益分配权的全民所有方面，而不是经营权的全民所有。主要表现在以下几个方面：

一是全民所有制企业的资产属于全民所有，而不是属于经营者所有。在现代市场经济条件下，这种全民所有制企业所有权的全民所有，主要表现在全民所有制企业在经营过程中要做到资产保值增值，不能使国有企业资产出现流失。

二是全民所有制企业的全民所有还体现在全民所有制企业收益分配权的全民所有方面。对于从事生产性经营的全民所有制企业而言，其全民所有的属性还体现在国家对于全民所有制企业实现的收益拥有分配权。这种分配权并不是要求全民所有制企业将其实现的所有利润都进行上缴，而是根据全民所有制企业的发展需求以及社会资本的平均收益率水平，来确定一个最低的上缴底线。在利率市场化条件下，全民所有制企业上缴的利润比率一般不应该低于产业资本平均年收益率水平。相对承包制而言，在全民所有制企业按照市场经济经营法则进行正常核算的前提下，全民所有制企业实现的税后利润所得，所有权仍属于国家所有，而不是属于全民所有制企业所有。从股份制企业来看，对于国有控股和国有参股的股份制企业而言，全民所有主要体现在国家对于股份制企业中国有股的本金所有权和按照持股比例所享有的股份制企业收益所有权两个方面。对于经营权而言，在市场经济条件下，由于国有企业经营是为国有企业实现所有权的最大化增值而服务的，从权利、义务角度分析，国有企业经营权实际上是一种责任和义务，这种责任主要体现在实现国家资产保值增值的企业经营活动中。与这种责任和义务相对应的权力，主要表现为国有企业在经营过程中享有充分的经营自主权，国有企业员工根据其在生产经营过程中的贡献程度，获取相应的报酬；国有企业管理人员根据其对于国有企业资产保值增值的结果，获取相应的报酬。至于国有企业经营的范围及品种，则在市场“逐利”机制作用下，由国有企业自己来决定，其前提条件在于不违反现有的法律规定。根据对于国有企业公有制实现路径的分析，前期以苏联为代表的社会主义国家在公有制实现形式的实践中存在着诸多误区，导致国有企业经营效率的相对低下，也导致社会主义实践发生了重大的挫折。但其并不能否定马克思主义经济学关于生产力发展水平决定所有制形式的基本理论。

3. 关于哈耶克财产私有制理论的评述。哈耶克是一个完全的自由主义的经济学家，他认为只有实行财产私有制，才能提高经济效率。从哈耶克经济理论的提出依据来看，主要建立在人是“自私”的这个经济学理论的基本假设的前提条件之上。若从理论上分析哈耶克的财产私有制理论，忽视了生产力发展对于资本社会化所产生的影响，忽视了人类社会在生产力发展作用下，由物质消费相对满足而产生的精神生产和消费，对于人类思想境界的影响，只是把“人”看成为一般动物，认为“人”总是自私的，追求物质资料的满足，是人类从事社会生产的唯一目的。实际上，从生产力发展的实际情况来看，生产力发展为生产资料私有制向公有制的转变提供了可能条件，生产资料私有制向公有制的转变，也成为推动生产力不断向前发展的必要条件。从西方经济学关于“人”是自私的假设条件实际运用来看，在现实的经济实践中，人的自私性会受到社会经济条件的约束，从生产发展来看，资本主义私有制企业在自私性作用下所实现的财富积累是有限度的，这种限度主要体现在资本主义生产总量在很大程度上受制于消费能力的约束，这就要求自私的资本家在追求物质形态财富积累的同时，还必照顾雇佣工人群体的消费性需求，从而使社会生产与消费之间保持相对一致。在生产力高度发达的条件下，人类精神生产与消费的出现，在很大程度对于西方经济学所做的关于人是“自私”的理论假设形成了较大挑战，在精神生产与消费的高级形态中，人类在物质形态的需求得到基本满足之后，对于精神的追求将在很大程度上淡化了人类自身的“自私”色彩，而人类社会责任和社会奉献的增强，使人类将服务于社会作为自己实现精神修养目标的一个重要手段。哈耶克理论所依据的人是“自私”的经济学假设，在理论上是不成立的。从经济实践来看，人类社会进入资本主义中后期发展阶段以后，股份制出现在很大程度上淡化了生产资料私有制的色彩，促进了生产力发展水平的不断提高。而十月革命之后苏联所实行的生产资料公有制，也促进了苏联生产力发展水平的快速提高，从而将一个落后的俄罗斯帝国发展成为全球的超级大国。而20世纪90年代初苏联的政治事变所导致的私有化运动，不但没有促进苏联各联盟国的生产力发展，反而使这些国家生产力发展水平出现了严重的倒退。这些社会实践都在一定程度上表明，哈耶克所标榜的财产私有制，并不是促进生产力发展的灵丹妙药。由于该理论是建立在人是“自私”的这个错误理论假设前提的基础之上，其必然会导致该理论在实践中遭受失败的最终结局。

若从理论上对于生产资料所有制结构进行深入分析，生产资料最终所有权与生产资料的使用权并不是完全一致的。在现代市场经济条件下，生产资料的使用权一般属于独立的企业经营主体，这些独立的企业经营主体在市场经济条件下，其从事生产经营享有的权利和义务都是相同的；而就生产资料最终所有权而言，生产资料私有制和生产资料公有制在生产资料最终所有权方面则存在着较大的差异，前者主要表现为生产资料最终所有权归私人所有，后者主要表现为生产资料最终所有权归全体公民所有。从生产资料所有权最终归属来看，虽然西方资本主义国家实行的是生产资料私有制，但在政府财政和税收调控政策作用下，其生产资料最终所有权又在很大程度上呈现公有制的发展特征，如西方政府税收收入占GDP的比重相对较高，其在一定程度是政府通过税收方式，将私有流量收入变为公共全民收入的一个重要手段；西方政府所实行的较高税率遗产税制度，也是通过税收的手段将私有的累计存量国民收入，变为公共全民收入的一个重要手段。在生产资料私有制的条件下，政府通过税收调节方式所间接实现的生产资料公有制，在很大程度提高了居民的生活水平和质量，缓解了社会矛盾，确保了社会基本稳定。教育、科研、基础设施等公共支出的增加，在很大程度上为私有制经济的长足发展提供了良好的外部条件。生产资料私有制条件下的部分生产资料的间接公有化，在很大程度上推动了私有制经济的发展。就公有制经济而言，如果作为公有制经济表现形式的国有企业，不能以创新的思维确立独具特色的国有企业法人治理结构，一些国有企业在经营过程中可能会出现国有资产流失的现象，由此导致生产资料公有制向私有制的转变，而相对于资本主义生产资料私有制条件下通过税收等手段所实现的部分生产资料公有化而言，国有经济发展中通过非法活动所导致的部分生产资料的私有化，不但达不到西方生产资料私有制部分公有化的正面效果，反而在一定程度上对于经济运行会产生很大的负面影响，由于国有资产的非法流失，加大了社会贫富两极分化的格局，国有资产流失严重地影响了国有企业经营效率，由国有资产流失所形成的私人所有制资产，也没有很好地发挥对于生产的积极促进作用。

从生产资料所有制的本质属性来看，在一定的社会制度下，生产资料所有制形式主要取决于生产力发展水平；而生产资料所有制的实现形式主要体现在生产资料产权的保值、增值和收益分配权方面。就生产资料所有制的实现路径而言，最终都需要从事独立经营的、拥有合法经营权利和义务的市场主体，通过合法经营的方式去实现。哈耶克的生产资料私有制理论在实践中已经被证明是行不通的。

四、中国的国有企业改革

1. 改革开放之前“一大二公”式国有企业所有制的优点与缺点。改革开放以前，中国国有企业实行“一大二公”式的全民所有制模式，理论上而言，这种模式既有优点也有缺点。

就这种模式的优点而言，主要表现在以下几个方面：一是实行“一大二公”式的生产资料全民所有制，增强了全民所有制员工的主人翁意识，提高了他们从事生产劳动的积极性；二是实行“一大二公”式的生产资料全民所有制，全民所有制企业的生、老、病、死全部由企业负担，在一定程度上为企业员工提供了较好的社会保障，较好地实现职工利益与企业利益的有机结合；三是实行“一大二公”式的生产资料全民所有制，有利于全民所有制企业生产服从于国家经济建设发展大局的需要，主要表现为根据国家指令性计划，生产国家急需的产品，较好地体现了国家利益高于企业利益的原则，“一大二公”式的全民所有制企业有利于更好地实现社会主义生产目的，在这种所有制模式下，由于企业一方面没有经济核算的经营压力，由于全民所有制企业的属性决定了其与社会主义生产的目的基本上是一致的，这些都在一定程度上决定了全民所有制企业生产的产品，会更多地注重产品的使用价值，从而在很大程度上确保了企业产品生产的质量。

就这种模式的缺点而言，主要表现在以下几个方面：一是“一大二公”式的全民所有制企业，导致企业内部平均分配主义较为严重，在一定程度上不利于企业提高经济效率；二是全民所有制企业对于员工的生、老、病、死统包统揽，加重了全民所有制企业的负担，也造成了不同企业之间员工福利待遇的巨大差别；三是全民所有制企业根据指令性计划进行生产经营，使企业生产的产品不能很好地适应市场需求；四是全民所有制企业经营约束机制的匮乏，在一定程度上增加了财政的负担。在“一大二公”式的全民所有制企业经营模式下，由于企业经营缺乏严格的经营约束机制制约，导致全民所有制企业在经营过程中铺张浪费现象较为严重，全民所有制企业由于经营管理水平不高所导致的亏损由国家予以补贴，在很大程度上加重了国家财政的负担。

2. 中国国有企业改革的着力点。改革开放以后，中国国有企业改革主要体现在以下几方面特征：

（1）充分放权给国有企业，对于很多国有企业取消了前期指令性计划的生产方式，使国有企业拥有自己独立的采购、生产和销售权，将国有企业打造为自主经营、自负盈亏、自我约束的市场主体。

（2）将追求经济效益作为国有企业经营的主要目标，通过国有企业承包经营责任制以及其他经营效益考核指标的约束，实现国有企业生产由计划经济时代注重产品的使用价值总量向注重产品的价值总量的转变。在市场经济条件下，商品的使用价值与价值之间应该是一种相互作用的关系，要提高商品的价值，就必须提高商品的使用价值。在商品经济核算条件下，一些使用价值效用较高的商品，其价值也必然较高。从实践中来看，在不规范的市场经济条件下，市场主体可以通过降低商品使用价值或甚至是负面使用价值的方式，来获取较多的价值。对于国有企业关于以追求经济效益为导向的改革，还必须附加一个前提条件，那就是在保证商品质量也就是保证商品使用价值效用条件下，追求更多的价值。如果在现代市场经济条件下，国有企业在经营过程中满足了上述要求，在国有企业占主导地位的经济结构模式下，社会商品生产必然会呈现商品使用价值不断提高和价值增量不断扩大的发展格局，而不会出现为了获取更多的利润，而导致假冒伪劣产品不断泛滥的局面。

（3）在国有企业所有制结构上由单纯的全民所有制向混合所有制乃至私人所有制转变。从全民所有制企业改革路径来看，在中国改革开放初期，全民所有制企业主要通过放权和经营责任约束两个方面，来将国有企业打造成自主经营的市场主体。20

世纪 90 年代后期，国有企业在经营机制上进行改革以后，还在所有制结构上进行了相应改革，主要表现为对于部分全民所有制企业，通过股权改革的方式，将单一的国有股权变为由私人参股的混合所有制股权。20 世纪 90 年代后期，根据“抓大放小”的国有企业改革原则，对于一些大型的国有企业，分别通过引进外资或者在资本市场上市的方式，实现国有企业在所有制结构方面由单一的全民所有制向混合所有制的转变。对于一些小型的国有企业，则通过破产、拍卖的方式，将国有股权转变为私人所有。从国有企业上述股权改革的动机来看，主要体现在两个方面：一方面，通过股权的改革，募集资金，缓解国有企业资金困难，减轻财政对于国有企业亏损补贴的负担；另一方面，通过引进外来股权，提高国有企业经营效率和管理效率。

（4）在股份制国有企业法人治理结构上借鉴英美模式。自 1993 年中国开始建立现代企业制度以来，中国国有企业法人治理结构在很大程度上借鉴了国外企业的法人治理结构模式。经过多年改革，目前中国国有企业在法人治理结构上基本实现与国际接轨。根据现行公司法的规定，目前中国国有企业法人治理结构，由四个部分组成：一是股东会或者股东大会，股东会由公司全体股东组成，股东会主要体现企业所有者对企业的最终所有权；二是董事会，由公司股东大会选举产生，对企业发展目标和重大经营活动做出决策，维护出资人权益；三是监事会，是企业的监督机构，对公司的财务和董事、经营者的行为发挥监督作用；四是经理，由董事会聘任，是企业经营者和执行者。

（5）改变了国有企业办社会的职能，减轻了国有企业经营负担。在前期国有企业经营过程中，为了将国有企业打造成真正意义上的市场经济主体，实现企业之间的公平竞争，政府对于以前国有企业所担负的社会职能如教育、医疗、养老等职能进行了剥离，在很大程度上减轻了国有企业的经营负担，国有企业在解除这些企业办社会职能的同时，这些职能并没有由市场经济条件下承担社会保障等公共职能的财政来负担，而是由居民个人来承担，在居民工资性收入不包含上述支出的条件下，居民个人负担的增加，不利于劳动力的可持续发展，居民生活负担加重所导致的消费需求削弱，在对经济运行产生负面影响的同时，也使社会生产达不到满足居民日益提高的物质和精神生活需求的根本目的。

3. 中国国有企业改革的效果。从中国国有企业改革效果来看，主要表现在以下几个方面：

一是国有企业经营效益明显得到提升。国有企业经过转换机制式的改革以后，企业经营效益得到了明显的提升。从国有企业经营效益提升的原因来看，其既得益于国有企业改革所导致的企业内部经营管理水平提高等内生性因素，也得益于市场经济运行条件下经济货币化所导致的企业产品市场化定价程度提高等外部性因素。国家剥离了国有企业办社会的职能，以及国有企业前期所推行的下岗分流措施，都在很大程度上减轻了国有企业负担，为其提高经营效益创造了有利条件。中国前期人口培育所导致的劳动力供给规模扩大以及消费规模的扩张，也为国有企业经营效益提高创造了良好的外部条件。而信用货币经济条件下中国重化工业的发展，也在很大程度为那些自然资源垄断型国有企业的发展，提供了良好的外部条件。

二是国有企业高管与员工之间工资差距明显拉大。由于中国前期的国有企业改革，在经营机制和企业法人治理结构上完全参照了西方市场经济制度下企业的经营管理机制和法人治理结构，在很大程度上导致国有企业高管与员工之间工资差距日益扩大，这严重制约了国有企业员工从事生产经营的积极性，也导致贫富两极分化，它既不有利于实现社会主义生产的根本目的，也不有利于实现经济的可持续发展。从西方股份制企业来看，虽然其在工资待遇方面呈现出管理人员工资与职工工资的较大差距，但与国有企业管理人员由政府任命或企业内部任命等产生形式不同，西方股份制企业的高管人员都是职业经理人，进入股份制企业创造的财富要远远高于所获得的工资报酬。从国有企业管理人员的工资与贡献的匹配情况来看，虽然有一些管理人员对于企业发展的贡献远远大于其所获得的报酬，但就多数国有企业管理人员而言，在国有企业官本位气息仍然较浓的条件下，他们对于国有企业的贡献要远远小于其所获取的收入。在政企关系还没有充分理顺的条件下，国有企业实行的高工资，成为部分仕途无望的政府官员进入国有企业，获取较高收入的一个重要途径。

三是国有企业创新能力明显不足。从改革开放以后国有企业创新能力提高情况来看，改革开放以后，虽然国有企业通过转机换制的方式提高了经营效益，但从创新能力来看，一些转机换制的国有企业创新能力严重不足。从改革开放以后中国最重要的两大创新成果高铁以及航天的创新来看，主要集中于没有进行大幅度国企改革的领域。这种现象的出现，预示以私有制为导向的国有企业改革所产生的作用是相对有限的，也预示了全民所有制的国有企业也不是一无是处的。在规范的市场经济运行条件下，就竞争力而言，我们不能认为，全民所有制的国有企业市场竞争力就必然低于私有制或混合所有制企业的市场竞争力。

4. 中国国企改革存在的诸多问题。从中国国有企业现行法人治理结构实施效果来看，虽然中国国有企业在法人治理结构的形态上实现了国际接轨，但是，由于股权结构、管理文化、历史因素、法制环境、经济发展水平、人口因素等多方面差异，当前中国国有企业仿照国外经验建立起的企业法人治理结构，并不能完全体现中国国有企业的现实国情，还不是符合中国具体国情的科学的法人治理结构。从实践中来看，目前这种法人治理结构实施效果也不理想，主要表现在以下几个方面：

（1）中国现行国有企业法人治理结构不能很好地反映国有企业特殊的股权性质和结构要求。股权性质与结构是决定企业法人治理结构的关键因素，前者是因，后者是果。笔者认为，当前在研究中国国有企业法人治理结构的过程中，研究的逻辑顺序应该是参照西方企业法人治理结构经验，以创造性的思维方式建立起适应中国国有企业特殊股权性质和结构的企业法人治理结构，而不是采取“削足适履”的做法，以西方企业固有的法人治理结构为标杆，将之盲目地照搬照抄过来，通过国有股权的分散化和私有化，来达到与西方企业法人治理结构相适应的目的。从中国国有企业与西方企业股权性质和结构差异来看，目前中国国有企业经过多年改革，虽然在股权结构上基本实现了多元化，但国有企业第一大股东股权属性仍然为国有股，第一大股东持股比重依然较高，国有企业股权结构依然比较集中。从西方企业股权性质与股本结构来看，无论是英美模式，还是日本模式、德国模式，企业股权属性都带有明显的私有化性质，从企业股权结构来看，三种模式下企业股权结构差异较大，英美模式股权较分散，日本、德国模式股权较集中。由于目前中国国有企业股权性质和结构与国外企业存在明显差异，上述三种模式所推行的企业法人治理结构并不能完全适应中国国有企业的要求。主要表现在以下几个方面：第一，国有企业全民所有制性质，决定了参照西方法人治理结构而设置的国有企业董事长并不能真正地履行出资人的职责，与西方企业董事长即是第一大股东存在着明显差异，出资人缺位是目前中国国有企业法人治理结构所无法解决的难题；第二，目前中国国有企业股权结构相对集中，使体现国有企业最高权力机构的股东大会并不能回应全体股东的诉求，股东大会“一言堂”现象严重，达不到理想的效果。国有制与私有制都是所有制的具体表现形式，二者各有利弊，中国社会主义国家性质要求公有制必须在所有制结构中占主体地位、国有经济必须在国民经济运行中发挥主导作用，针对当前中国国有企业法人治理结构存在的诸多不足，当前的研究重点在于尊重国情、尊重中国国有企业现实股权性质和股权结构的前提下，将西方经验与中国具体国情有机地结合起来，以创造性的思维方式建立起一套符合中国国有企业特殊股权性质和股权结构要求的国有企业法人治理结构。

（2）目前中国国有企业法人治理结构不能很好地适应市场经济运行要求，给企业市场化经营带来了较大负面影响。从目前中国国有企业“三会一层”的法人治理结构来看，董事长是由行政命令产生的，部分国有企业还带有一定的行政级别。由于国有股权的国有性质，与西方企业不同，目前国有企业的董事长只是国有出资人即政府的委托代理人，其管理国有企业的利益主要体现在权利上，而不是体现在自身所拥有企业股权最大化增值上。对权利追求的最大化使目前国有企业董事长成为企业经营实际上的一把手，干预企业生产经营成为其体现权力的主要表现形式之一。目前国有企业董事长对于企业生产经营的过多干预，使经营层无法按照市场化的法则经营企业，在很大程度上影响了企业正常市场化经营，也有悖于“三会一层”的国有企业法人治理结构的设置初衷。中国国有企业特殊的股权性质和结构，使现行国有企业董事长权利与义务明显不对等，在目前国有企业法人治理结构模式下，权力由董事长享有，义务则由经营层承担。这种权利与义务不对等现象不符合市场化的经营法则，也在很大程度上预示了目前中国现行的国有企业法人治理结构存在较大弊端，需要进一步改进。

（3）外部独立董事流于形式，起不到有效的监督制约作用。借鉴英美模式，目前中国国有企业在法人治理结构上都设置了外部独立董事。这种外部独立董事可以通过独立第三方的身份对企业生产经营提出建议、并进行有效的监督管理。从中国国有企业外部独立董事实施效果来看，其实施效果并不理想，这主要表现在以下几个方面：第一，独立董事在企业生产经营中无法真正地发挥作用。当前中国国有企业董事会设置的独立董事有的在很大程度上成为一种摆设，企业不愿意将生产经营信息与独立董事进行充分沟通、交流，独立董事由于自身精力有限等原因，也不愿意过多地参与公司的经营管理；第二，独立董事成为许多专家学者取得职业外收入的一个重要来源，由于中国国有企业特殊的股权性质和股本结构，当前很多国有公司独立董事成为"人情"独立董事，很多专家学者身兼多家企业"独董"，他们追求的是从企业获得工资报酬，而不是积极地参与企业生产经营管理。从实践中来看，一些独立董事很少参加企业董事会，有些"独董"只是挂名而已。中国外部独立董事这种流于形式的设置特征，使独立董事不能很好地发挥其对于企业的监督管理作用，也有悖于中国国有企业在法人治理结构中设置独立董事的初衷。

（4）国有资产出资人与管理人相分离，导致国有资产严重流失。目前中国国有资产管理主要设置三个层级，第一层级为国有资产管理委员会，主要代表各级政府对国有资产运营进行有效监管，授权国有资产运营公司运营国有资产，确保国有股权保值增值，对国有资产管理实现管人、管事、管财的三统一；第二层级为国有资产运营公司，主要根据国资委的授权，进行资本运营，行使对国有企业出资人的职责；第三个层级为国有企业，主要负责国有资产的经营管理和国有股权的保值增值。从该制度实施效果来看，由于国有企业特殊的股权属性，国有股权的出资人是全体国民，目前国有资产三级管理层次仍然没有很好地解决国有资产出资人缺位问题。目前中国国有企业法人治理结构中虽然参照西方企业实践设置了董事长一职，但是，董事长并不是企业真正的出资人。从实践中来看，一些国有企业道德低下的董事长为了追求自身的财产权利，与经理层串通一气，通过低卖高买的方式瓜分国有资产，造成国有资产大量流失。主要在于目前国有企业法人治理结构没有将国有资产出资人与管理人利益有机地统一起来，并贯穿于国有企业运行之中。

（5）国有企业法人治理结构不合理，在很大程度上影响了市场的公平竞争。主要表现为行业经营垄断，影响了市场效率。近阶段比较明显的行业经营垄断主要表现在以下几个方面：一是银行部门经营垄断导致资金利率的非市场化以及资金不能在"逐利"机制作用下，通过市场的自由流动来实现生产要素的高效配置。二是部分经营较好的国有企业多数为资源垄断型行业，导致粗放型社会再生产的不断发展，也使国有企业不能在市场竞争机制作用下，通过有效的技术创新，推动生产力的发展。部分垄断型国有企业内部存在的高福利制度，也在很大程度上影响了社会的公平。

五、当前世界各国所有制发展形式的相关启示

从目前世界各国所有制形式演化轨迹来看，其给予我们以下几点启示：

（1）各国所有制形式的发展在很大程度脱离了社会性质的约束。从全球各国所有制形式发展情况来看，各国所有制形式在很大程度上呈现出与其社会性质不完全相同的发展特征，主要表现在以下两个方面：

一是资本主义社会越来越呈现财产公有制的社会主义发展特征，一方面表现为以股份制作为表现形式的公共所有制，成为资本主义所有制的主要表现形式。从资本主义国家企业所有制形式来看，如前所述，受社会生产规模不断扩大以及不同生产要素在社会生产中所起作用发生重大变化影响，以社会化特征作为表现形式的股份制企业，在很大程度上取代了以前以私有制为基础的资本主义私人企业。使资本主义发展条件下的生产资料所有制形式出现了与资本主义性质明显不相符合的发展特征，资本主义国家以税收体制和国际分工为依托的社会福利制度的发展，使资本主义国家呈现出明显的社会主义发展特征。目前资本主义国家通过财政收入的政策性安排以及国际贸易分工的优势，建立了相对完善的社会保障制度，从而使居民所享受的福利待遇在很大程度带有某些社会主义的国家性质特征。就这种福利待遇的支撑基础而言，主要是在西方资本主义国家以科技作为表现形式的生产力发展水平得到快速提高的基础上，通过所得税、遗产税、财产税等税收政策安排，间接地实现了部分生产资料私有制向公有制的转变，然后再通过以社会保障作为表现形式的财政支出方式，确保了社会发展的相对公平。西方资本主义国家利用在国际贸易中所拥有的技术优势以及其本国信用货币作为世界货币的相对优势，通过向发展中国家进口低价的日用消费品的方式，确保了社会保障支出的有效性，使发展中国家对于发达国家呈现一种明显的单边商品输出特征。西方发达国家在某一方面所呈现的社会主义性质特征，既是自身科技进步的结果，也是凭借在技术以及金融方面所处的优势，变相剥削发展中国家的结果。

二是以中国为代表的社会主义国家在所有制形式上由单纯的公有制开始向混合有所制形式转变，在很大程度上带有私有制发展的某些特征。20 世纪 90 年代以后，随着苏联的解体，留在社会主义阵营的国家已经为数不多，中国作为为数不多的社会主义国家，也进行了相应的改革。从生产资料所有制形式来看，中国通过对国有企业的股份制改革以及部分中小型国有企业的私有化改革，将单一的全民所有制股权演变为由私有产权参与的股份制企业，通过中小型国有企业的私有化以及其他私人企业的发

展，使生产资料私人所有制在社会主义国家经济发展中占有一定的比重。相关统计数据显示，目前在中国GDP总量中，由国有企业创造的GDP占比已经降到50%以下，非国有企业创造的GDP占比已达到50%以上。

全球各国所有制演变轨迹提示我们，在现代经济社会条件下，生产资料所有制形式已不是区分社会性质的明显标志。资本主义国家并不是单纯地实行生产资料私有制，社会主义国家也不是单纯地实行生产资料公有制。从生产资料所有制形式对于社会生产目的的影响来看，以生产资料私有制为主导的资本主义国家，却以较高的社会福利以及完善的社会保障体系的方式，使资本主义国家生产发展目的在很大程度呈现出社会主义的发展特征；而一些社会主义国家在市场化改革作用下，在打破以前相对公平的社会保障体系的同时，国民收入分配出现了明显的两极分化现象，教育、医疗、养老等社会保障性支出，加重了居民的支出负担，从而使这些国家的发展在某种程度上呈现出私有制的某些发展特征。世界不同性质的国家所有制形式的演变轨迹及其社会生产目的出现的变化，提示我们，虽然生产资料所有制形式是区分不同国家社会性质的主要标志，但只是不同性质国家实现不同社会生产目的的一种手段，从整个社会来看，社会生产的最终目的才是确定不同社会性质的最终标志。我们既不能将生产资料公有制归结为社会主义，也不能将生产资料私有制归结为资本主义，而应该看社会生产的最终目的，是否在于满足本国居民不断提高的物质和精神生活的需要，至于生产资料所有制形式，只是实现社会主义生产目的的一种手段。

（2）世界各国生产资料所有制演变路径提示我们，企业的法人治理结构必须与企业的股权性质与结构实现科学匹配。从全球各国（地区）生产资料所有制形式来看，企业经营效益的提高，以及政府通过财政收支对于国民收入分配进行科学、恰当调节，是体现不同社会性质的一个重要手段。就不同企业所有制性质对于企业经营的影响而言，公有制和私有制都是不同的所有制形式，二者不在于谁好谁坏，主要体现在以下两个方面：

一是不同的所有制性质决定不同的企业法人治理结构。相对于生产资料所有制的形式而言，中西方企业的所有制结构演变路径，在一定程度上提示我们，科学合理的企业法人治理结构比所有制性质更为重要。从西方企业法人治理结构演变来看，随着西方企业所有制结构由私有制向股份制的演变，西方股份制企业相应地建立了与这种所有制结构相匹配的企业法人治理结构，并取得了较好的效果。目前西方企业所实行的企业法人治理结构，适应了西方股份制企业的股权结构要求，有力地促进了西方企业的发展。但与西方股份制企业相匹配的企业法人治理结构，并不是所有企业可以通用的万能模式，从西方股份制企业股权属性来看，虽然股份制的推行使西方股份制企业股权呈现一定程度的社会化特征，但它并没有改变生产资料私人所有的根本属性，这主要通过西方股份制企业董事长即是股份制企业第一大股东表现出来。不同所有制性质的企业，股权结构以及企业法人治理结构也是各不相同的。虽然所有制的属性在很大程度上体现了一个国家的社会属性，但它并不是体现一个国家社会属性的唯一条件，在以公有制为主体的社会主义国家，如果公有制企业经营管理不善，发生了亏损，那么也不能达到社会主义的生产目的。反之，如果公有制企业经营管理较好，产生了较多盈利，我们就更有条件通过国有企业上缴利润的方式，来建立健全社会保障体系，最终实现社会主义的生产目的。现代市场经济条件下企业经营效益的高低，比所有制性质更为重要。为了提高企业的经营效益，就必须采取与企业股权性质相匹配的法人治理结构，而不是不顾企业的不同股权性质和结构，盲目地照抄照搬。

二是企业所有制的性质可以通过税收以及利润分配的方式来实现，而不需要通过固定的法人治理结构方式来实现。从中西方所有制实现形式来看，企业所有制的实现形式主要通过税收和利润分配的方式来实现的，而不是通过实行固定的企业法人治理结构模式来实现的。从西方股份制企业所有制结构来看，虽然股份制公司第一大股东担任公司的董事长，但并不干预企业经营，而是通过聘任职业经理人的方式来经营企业。在私有制的股权属性下，董事长与股份制企业之间在利益上是统一的，股份制企业股东所拥有的私人股权属性并不是体现在股份制企业管理岗位的安排方面，而是表现为股权的保值、增值以及税后利润分配的归属方面。在现代资本主义条件下，国家也通过所得税、遗产税等方式，间接地实现生产资料私有制的部分社会化，但并不改变股份制企业股权归属私人所有的事实。不同所有制结构会对应不同的企业法人治理结构，对于不同属性的所有制企业而言，如果有与之相适应的企业法人治理结构，一样是可以取得较好经营效益的。从前期社会主义国家国有企业的经营实践来看，正是由于他们不能正确地理解国有企业所有制的实现形式，将国有企业的国有性质，片面地理解为国有企业一切经营活动都听命于作为全民代表的政府，国有企业的所有财产都属于作为全民一分子的企业职工所有，因此，国有企业就有必要对于其职工的生、老、病、死负责，而没有认识到国有企业是一个独立从事生产经营的企业法人。在“一大二公”式的国有企业经营模式下，国有企业经营效益较低，其与公有制的属性没有多少关系，主要原因在于由于我们对于国有企业所有制实现形式的片面理解，而实行了与国有企业股权性质不相匹配的企业法人治理结构。社会主义国有企业改革的出发点在于塑造与国有股权性质相匹配的国有企业法人治理结构，而不是本末倒置地通过采取国有股权分散化甚至私有化的方式，来达到为实行西方股份制企业法人治理结构创造有利条件的目的。从目前中国国有企业股份制改革的实践来看，虽然中国部分国有企业也实行了股份制改造，但由于股份制企业股权属性与西方股份制企业之间存在着巨大的差异，中国股份制国有企业借鉴西方股份制企业实践所实行的企业法人治理结构，不但没有达到预期的效果，反而产生了较大的负面作用。中国国有企业未来改革的方向，在于通过对国有企业所有制形式的正确理解，确立与国有企业所有制属性相匹配的企业法人治理结构，以提高国有企业的经营效益，为实现社会主义生产目的创造有利条件。

六、关于社会性质与所有制形式之间关系的理论思考

从社会性质与所有制之间的关系来看，我们不能一味地对私有制与公有制形式的好坏任意进行评判，只要所有制形式适应当期生产力的发展要求，企业法人治理结构与企业所有制形式实现科学匹配，企业的经营效益就会提高，并在很大程度上推动社会生产的发展。

（一）私有制不是所有制的最佳实现形式

从目前人类社会生产力发展水平来看，虽然实行生产资料私有制的西方国家生产力发展水平较高，我们并不能认为私有制是所有制的最佳实现形式，其原因在于以下几个方面：

1. 科斯理论存在的诸多误区。科斯关于产权明晰的理论，无疑是实行私有制的理论基础，其实，这种理论自身存在着诸多误区，由于前文对此已经做了较详细的分析，这里不再论述。科斯理论存在的诸多误区在一定程度上预示，私有制并不能从理论上证明是最优的。

2. 不同所有制形式的决定因素主要取决于生产力发展水平的高低。从人类社会所有制形式的演变情况来看，所有制形式的决定因素主要取决于生产力发展水平的高低。从西方资本主义国家企业所有制形式来看，在社会化大生产不断发展的作用下，西方私有企业通过股份制的方式，实现了生产规模的快速扩张以及企业股权结构的相对社会化，西方国家通过财政收支政策的调整，间接地实现了生产资料私人所有制的部分社会化，从而确保了资本主义经济的顺利运行，有力地缓解了资本主义生产中存在的生产规模盲目扩张与消费能力相对缩小之间的基本矛盾。从公有制演变轨迹来看，苏联和中国实行的生产资料公有制，都曾经有力地促进了生产力的发展，适应了生产社会化不断发展的要求。令人遗憾的是，由于对公有制实现形式没有正确的认识和理解，没有建立与国有企业所有制性质相匹配的科学的企业法人治理结构，从而使国有企业经营效益相对较差。在生产力发展水平不断提高的条件下，为了满足社会化大生产的必然要求，通过直接或间接的方式，实行生产资料公有制，是未来生产资料所有制发展的必然趋势。

3. 市场经济条件下独立的市场经营主体与所有制之间不存在必然的关联关系。从现代市场经济条件下企业经营特征来看，企业首先是作为一个独立的经营主体而存在，只有在企业利润分配和破产清算时，才体现出明显的所有制属性，市场经济条件

下独立的市场经营主体与所有制之间不存在必然的关联关系，主要表现在以下几个方面：

（1）私有制条件下公司经营经理的市场化聘用制度。在现代市场经济条件下，以私有制为基础的股份公司都实行职业经理人聘用制度，通过市场化聘用的方式，聘用公司经理，由公司经理负责运营公司的资产。在企业的存续期间，公司资产更多地表现为一种经营权，而不是所有权。

（2）现代股份有限公司的有限责任制度。在资本主义经济条件下，虽然股份公司的最终所有权属于私人所有，但现代股份公司所实行的有限责任制度，使公司作为一个相对独立的法人，对于经营产生的亏损承担有限责任，而不会对股份公司出资人的私有财产进行无限追偿。它在一定程度上强化了股份制公司在现代市场经济条件下作为经营主体的角色，而淡化了其作为私人所拥有的私人产权的角色。

（3）从所有制的实现形式来看，其不需要在生产过程中通过对生产资料私人占有的方式，来实现生产资料的私人所有制。现代经济条件下企业经营财产主要表现为企业法人财产，而不是表现为某一个人所拥有的私人财产，保证了企业在市场经济条件下的独立经营，也使企业对于其所拥有的财产净额承担有限的责任。在一定程度上说明，所有制的实现形式，不是体现在企业财产所有人在经营过程中实际占有企业财产，而是主要通过企业“分红派息”的方式来实现私人所有者在被投资企业所拥有的股权。

（4）西方私有制企业本身有向公有制企业转变的客观要求。从西方企业股权结构的演变趋势分析，受生产力发展水平不断提高的影响，西方以私有制为基础的企业正在向以股权社会化为表现形式的股份制企业演变，在很大程度上进一步淡化了西方企业的私人色彩，使西方私有制企业存在着向公有制转变的客观要求，主要表现在以下几个方面：一是私有制企业自身存在的财力限制，不利于社会再生产实现持续扩张的需要；二是私有制自身存在的贪欲，不利于企业自身的发展。在现代市场经济条件下，决定企业竞争力高低的因素主要在于两个方面：一方面取决于企业所拥有的人才以及技术、设备投入；另一方面，取决于投资与消费之间的协调关系。而私有制存在的贪婪本性，在很大程度上难以满足上述两个因素的需要；三是生产力发展所导致的精神消费的发展，使私人企业的发展不能适应生产力发展的必然要求。随着生产力发展水平的不断提高，精神生产和消费在很大程度上得到了普及，而精神生产和消费的本质属性，要求市场主体在进行生产和消费时，要体现较高的道德情操，这显然是以“逐利”为主要目的的私有企业无法实现的。随着生产力发展水平的不断提高，私有制已成为束缚以精神生产和消费为代表的生产力发展的一个重要因素，只有通过私有制向公有制的转变，才能使代表生产力发展前沿水平的精神生产和消费得到长足发展。

（二）与生产力发展水平相适应的所有制结构有利于推动社会生产的发展

不同生产力发展水平下的生产资料所有制形式也各不相同，就一定时期社会所有制结构而言，由于生产力发展水平的差异，实行与不同生产力发展水平相适应的生产资料所有制结构，有利于推动社会生产的发展。对于适合实行社会化大生产的行业，可以通过实行公有制的方式，来更好地推动社会生产的发展；而对于生产规模较小的行业，可以实行私有制的方式，来促进这些行业的发展。通过生产资料所有制形式与生产力发展水平的相对匹配，推动社会生产不断向前发展。

（三）社会生产目的可以通过不同所有制形式来实现

1. 社会生产的主要目的与所有制之间不存在必然的联系。社会生产的主要目的与不同所有制形式之间不存在必然的联系，在实行以私有制为基础的生产资料所有制条件下，如果私有企业经营效益较好，国家可以通过财政收支政策来实现提高居民物质和精神生活水平的目的。在实行以公有制为基础的生产资料所有制条件下，如果国有企业经营效益不高，国家就不能通过国有企业上缴利润的方式，来实现提高居民物质和精神生活水平的目的。如果国有企业经营效益较高，而社会上存在大量的以权谋私、贪婪腐败现象，会造成社会财富分配的不公，也会导致政府无法通过财政再分配的方式，来实现不断提高居民物质和精神生活水平的生产目的。

2. 不同社会制度下社会生产目的主要实现路径。从不同社会制度下社会生产目的实现路径来看，其主要表现在以下几个方面：

（1）私人所有制条件下政府主要职能的实现机制。在现代市场经济条件下，政府主要承担了公共服务的职能，使政府的行政成本相对较低，也最大限度地减少了政府对于经济的干预，提高了经济运行效率。从西方市场经济的实践来看，虽然西方国家实行资本主义制度，财产最终所有者归私人所有，西方国家所建立起的一套科学、完整的税收制度，在一定程度上既保证了政府履行其职能的需要，也保证了政府调节宏观经济运行的需要。主要表现在以下几个方面：一是西方国家在分权制度作用下的各级政府都有保证其履行职能所需要的主体税种；二是西方国家以所得税等直接税为主体税种，使政府税收收入的增长建立在经济增长的基础之上，在一定程度上使经济总量扩张与经济效益的提高能够保持相对一致；三是西方国家通过个人所得税的开征，在很大程度调节个人之间由于生产资料占有不平等所导致的国民收入流量的差异；四是通过财产税以及遗产税的开征，有效调节国民收入存量在不同居民之间的分布不公，一方面有利于确保生产与消费之间的相对均衡，也有利于调节国民收入分配的不公；五是资本主义国家在通过税收等形式取得财政收入之后，还通过社会保障支出、教育支出、转移支付等多种财政支出方式，在很大程度上保证了居民不断提高的物质和精神生活的需要。

（2）公有制条件下政府实现社会生产目的的主要路径。相对于生产资料私有制的资本主义社会而言，在公有制条件下，政府除了通过税收以及财政支出政策调节国民收入分配差距之外，还可以通过其在社会生产资料中所占有的较大比重，来实现社会生产的最终目的。从前期中国公有制实践来看，由于对公有制理论存在着诸多认识误区，使中国前期公有制的发展不能很好地实现社会主义的生产目的。主要表现为：片面地认为以公有制为代表的国有企业，属于全民所有，作为全民代表的政府可以据此对于企业的经营进行干预，国有企业实现的利润全部上缴给国家，亏损则由国家进行补助，国有企业职工实行计划工资制，通过对国有企业职工实行雇用终身制以及社会保障企业化的方式，体现社会主义的生产目的。上述方式并不能实现社会主义生产的最终目的。因为政府对于国有企业的越位干预，既增加了政府的管理成本，又使国有企业不能成为真正意义上的经营者；而对于国有企业员工实行计划工资制，切断了员工工资收入与企业经济效益之间的关联关系，不利于提高员工的生产积极性。实行以国有企业为主体的社会保障制度，在加重企业负担的同时，不但使企业职工的社会保障水平随着企业经营状况而时高时低，而且也造成了不同企业以及居民之间在社会保障水平上存在的巨大差异，这些都无疑不利于社会主义生产目的的最终实现。在现代市场经济条件下，要利用公有制在生产资料所有制中所处的主导地位，实现社会主义生产目的，其可以通过以下路径：

一是在确保公有制主体地位的前提下，根据生产力发展水平的差异，实现社会主义条件下不同所有制主体的共同存在。股份制只是国有企业公有制的实现形式之一，而以私有制为切入点的股份制改革或者内部管理人控制等改革措施，并不是国有企业改革的主要目的。从经济实践来看，目前私有企业也不是由企业主自身经营的，而是实行了职业经理人聘用制度。从公有制为主的国有企业经营来看，可以通过国有企业法人治理结构创新性设计的方式，使国有企业在经营机制上达到与私有企业相一致的效果，鉴于公有制在所有制结构中所处的主导地位，国有企业还可以在产品质量方面更好地满足社会主义生产目的的需要。在不同所有制结构模式下，企业经营在“逐利”机制作用下所实现的产品质量也各不相同，虽然在自由竞争条件下，产品质量是企业取得竞争优势的主要保证，如果没有严厉的产品质量外部监管机制的约束以及消费者自身素质的不断提高，市场很难通过自由竞争机制的作用来提高产品质量。况且从时间上考虑，在市场自由竞争过程中通过产品质量取得竞争优势所需要的时间相对较长。企业家的良知就成为决定企业产品质量的关键。在公有制为主导的所有制结构模式下，实现社会主义生产目的，要求公有制企业高度重视产品质量，虽然在这种所有制结构模式下，依然会有一部分私有企业在“逐利”机制作用下，为了获取更多的利益而忽视产品质量，但是，在外部严格的产品质量监督以及公有制企业保证产品质量的带动下，企业产品质量相对于私有企业而言，会得到有效的保证。公有制企业重视产品质量与其实现以提高经济效益为中心的企业经营的直接目的之间并不矛盾，企业经济效益的提高是以保证产品质量作为前提条件的，而企业产品质量的提高，有利于提高企业产品的信誉度，从而有利于企业保持竞争优势。当前为了更好地实现中国社会主义生产的最终目的，要在国有企业法人治理结构上进行改革创新，使国有企业经营既体现公有制的产权属性，又能很好地适应市场经济的运行环境，根据生产力发展水平的差异，保留一部分私有企业，发展一部分混合所有制企业。通过不同所有制企业之间的共同竞争，提高经济运行效率，使社会生产最终服务于社会主义的生产目的。

二是通过股份制“分红派息”以及税收手段，积聚实现社会主义生产目的所需要的资金，同时通过合理的财政支出结构安排，使社会主义生产满足于居民不断提高的物质和精神生活的需要。相对于资本主义市场经济而言，以公有制为主体的所有制结构，可以使政府通过生产资料所有权的方式，积聚一部分财政收入。相对于西方国家通过遗产税和财产税的开征调节存量国民收入而言，公有制在所有制结构中所处的主导地位，在很大程度上确保了社会生产与消费的相对均衡，公有制条件下遗产税和财产税的开征，在很大程度上是对非公有制企业主所累积的存量国民收入的一种再调节，其在确保国民收入分配相对公平的同时，也有利于实现社会主义的生产目的。从财政支出结构来看，不同所有制结构下的政府职能主要表现为公共服务职能。因此，在公有制占主导地位的所有制结构中，为了更好地实现社会主义的生产目的，就要求在进一步降低非生产性的行政支出条件下，通过增加社会保障支出、教育支出以及必要公共产品支出的方式，使社会主义生产更好地满足居民日益提高的物质和精神生活需求。

三是公有制在所有制结构中所处的主导地位，为实现居民不断提高的物质和精神生活需求提供了有利条件。公有制与社会主义生产目的的相对一致性，使公有制企业经营者不会通过残酷压榨的方式，来获取更多的利益，从而使国有企业生产与社会主义生产目的自觉地保持一致；公有制资本实力相对雄厚，使国有企业员工不会因为小规模企业的经常倒闭而面临失业的危险，公有制企业生产目的与社会生产目的的相对一致性，使其主要通过技术进步和管理效率提高的方式，来提高企业经营效益，而不会通过随意开除员工的方式，来降低生产成本。此外，在公有制企业经营模式下，员工利益与企业利益的相对一致性，使公有制企业员工的工作积极性得到大幅提高，从而有利于进一步提高公有制企业的经营效率。

四是在不同所有制形式共同存在的条件下，对于私营企业而言，国家可以通过制定最低工资法以及员工权益保障法的方式，来使私人企业生产符合社会生产的根本目的。

本章小结

本章研究了生产资料所有制形式与经济发展之间的关系问题。首先分析了人类历史上生产资料所有制的演绎历程，随后对于生产资料所有制形式的相关经济理论进行了研究和分析，文章分别研究了马克思主义经济学关于生产资料所有制理论、科斯的私人产权理论、哈耶克的私有化理论等所有制理论，并对这些理论进行了评述。

本书认为，马克思主义经济学从生产力发展的角度对于所有制形式演变规律的论述，在很大程度上遵从了生产力发展的客观实践，科学地揭示了所有制形式发展变化的客观规律。虽然马克思主义经济学认为随着生产力发展水平的不断提高，生产资料所有制形式必然会出现由私人所有制向公有制的转变，对于私人所有制向公有制的转变路径、转变时间，并没有做出明确的阐述。对于公有制的实现模式，也没有做具体的理论说明。从人类社会经济发展客观实践来看，生产力发展水平的高低在人类社会发展中始终起着主导作用，对于人类生产、分配、流通和消费产生了决定性影响，也对人类所有制形式产生了决定性影响。就生产力发展水平对于所有制的影响而言，马克思主义经济学指出，随着生产力发展水平的不断提高，人类社会生产资料所有制形式将会出现由生产资料私有制向公有制的转变。人类社会所有制形式在生产力发展作用下，之所以会发生上述变化，在很大程度上与生产力发展对于人类生产、消费的规模、品种结构所产生的影响密切相关。就公有制实现形式而言，虽然马克思主义经济学没有对之进行详细的论述，从人类社会公有制发展的历史实践来看，以苏联、东欧及中国为代表的社会主义国家，曾经对于公有制的实现形式产生了错误和片面的理解，他们认为，所谓生产资料公有制就是生产资料所有、占有、支配和使用的公有制，而忽视全民所有制企业作为一个从事生产性经营的市场主体所应该享有的权利和义务，将社会主义公有制的性质体现为全民所有制企业听命于国家的行政命令，根据国家指令性计划来进行生产和分配收益，由此导致全民所有制企业经营陷入困境。从全民所有制企业过去所实现的模式来看，错误地将全民所有制企业所有权的全民所有等同于经营权的全民所有，而将政府作为全民所有制企业经营权全民所有的实际执行者。从全民所有制企业的真正内涵来看，全民所有制企业的全民所有，主要体现在全民所有制企业所有权以及收益分配权的全民所有方面，而不是经营权的全民所有。

本书认为，纵观科斯的产权理论和交易费用最小化理论，主要存在以下误区：一是从社会价值创造角度考虑，如果在财产产权明确的条件下，各种财产所有者都可以对于受到损害的财产进行价值补偿，在信用货币经济条件下，这种价值补偿并不是凭空实现的，实际上是一种价值的再分配；二是从污染的实际治理效果来看，依靠明晰产权的方式所实现的污染治理，完成的只是污染企业与被污染居民在利益上的一种再分配，最终并不能达到削减污染的目的；三是科斯理论所提到的产权明确与交易费用最小化之间的关系，实际上是一种相互矛盾的关系。

本书认为，从哈耶克经济理论的提出依据来看，主要建立在人是“自私”的这个经济学理论的基本假设的前提条件之上。若从理论上分析哈耶克的财产私有制理论，忽视了生产力发展对于资本社会化所产生的影响，忽视了人类社会在生产力发展作用下，由物质消费相对满足而产生的精神生产和消费，对于人类思想境界的影响，只是把“人”看成为一般动物，认为“人”总是自私的，追求物质资料的满足是人类从事社会生产的唯一目的。实际上，从生产力发展的实际情况来看，一方面生产力发展为生产资料私有制向公有制的转变提供了可能条件；另一方面，生产资料私有制向公有制的转变，也成为推动生产力不断向前发展的必要条件。

在此基础上，文章研究了关于生产资料所有制形式与经济社会发展之间的关系，认为从生产资料所有制形式演变的历史轨迹分析，生产资料所有制形式在其发展过程中，主要呈现出以下几方面发展特征：(1) 生产资料所有制形式主要由生产力发展水平来决定；(2) 生产资料所有制形式在很大程度受制于政治因素的影响；(3) 生产资料所有制形式随着生产力发展水平的不断提高，而呈现私有化色彩逐渐淡化的发展特征。从生产资料有所制的本质属性来看，在一定的社会制度下，生产资料所有制形式主要取决于生产力发展水平；而生产资料所有制的实现形式主要体现在生产资料产权的保值、增值和收益分配权方面。就生产资料所有制的实现路径而言，最终都需要从事独立经营的、拥有合法经营权利和义务的市场主体，通过合法经营的方式去实现。哈耶克的生产资料私有制理论在实践中已经被证明是行不通的。

在对生产资料所有制形式进行理论比较和分析之后，本书根据当前各国生产资料所有制形式的实践，总结了当前世界各国所有制发展形势的几点启示：

1. 各国企业所有制形式的发展在很大程度上脱离了社会性质的约束。

2. 世界各国生产资料所有制演变路径提示我们，企业的法人治理结构必须与企业的股权性质与结构实现科学匹配。

最后，本书对社会性质与所有制形式之间关系进行了深入的理论思考，认为从社会性质与所有制之间的关系来看，我们不能一味地对私有制与公有制形式的好坏任意进行评判，只要所有制形式适应当期生产力的发展要求，企业法人治理结构与企业所有制形式实现科学匹配，企业的经营效益就会提高，并在很大程度上推动社会生产的发展。主要包括以下几方面内容：(1) 私有制不是所有制的最佳实现形式；(2) 适应不同生产力发展水平的不同所有制结构有利于推动社会生产的发展；(3) 社会生产目的可以通过不同的所有制形式来实现。

参考文献

1. 亚当·斯密:《国民财富的性质与原理》，中国社会科学出版社2007年版。

2. 萨伊:《政治经济学概论》，商务出版社2009年版。

3. 马克思:《资本论》，人民出版社2004年版。

4. 李嘉图:《政治经济学及赋税原理》，华夏出版社2005年版。

5. 凯恩斯:《就业、利息和货币通论》，商务印书馆2007年版。

6. 萨缪尔森:《经济学》(第12版)，中国发展出版社1992年版。

7. 马歇尔：《经济学原理》(1、2、3、4、5卷)，中国社会科学出版社2007年版。

8. 阿瑟·刘易斯:《经济增长理论》，商务印书馆2005年版。

9. 哈耶克:《个人主义与经济秩序》，三联书店2003年版。

10. 田应奎:《宏观经济调控》，中共中央党校出版社2007年版。

11. 赵西抟:《欧美经济学史》，东方出版社2005年版。

12. 陈共:《财政学》，中国人民大学出版社2007年版。

13. 姚开建，梁小民:《西方经济学名著导读》，中国经济出版社2005年版。

14. 陶湘，陈雨露:《国际金融与管理》，中国人民大学出版社1996年版。

15. 亚当·斯密:《道德情操论》，中央编译出版社2008年版。

16. 国家统计局网站、中国人民银行网站、海关总署网站公开的各年度统计数据。

后　记

时光荏苒，自2013年12月《信用货币经济理论研究与运用》一书出版以来，八年时间已经过去，全球经济格局在这八年中发生了巨大的变化。信用货币经济理论在全球经济实践中得到了越来越多的验证，越来越多的人认识到这是一个信用货币经济时代。八年来，我一直以自己亲身的经济实践和理论研究，不断验证、完善自己构建的信用货币经济理论。

本书的完成，与我自身的生活以及工作经历密不可分。我出生于农村，在农村生活了18年，经历了计划经济和市场经济两个时代，对于中国农村和农民非常了解。大学毕业之后，我曾在安徽一省属国有企业工作过，先后从事过铣工以及车间会计、管理等工作，对于我国微观经济细胞的国有企业经营机制及工人们的生活、工作状态有一定的了解。研究生毕业之后，我在安徽省财政厅工作，并于1999年借调至财政部基建司工作，参与了用于宏观经济调控的特别国债投资项目的管理工作，对于宏观经济管理有了进一步的了解。2000年以后，我参与了安徽省信用担保中心的筹建工作，并在该中心资产管理部任职，主要从事资产重组、项目管理及证券二级市场投资工作。2002年4月起，我在国元证券蚌埠营业部任副总经理，并于2003年5月以后，在国元证券投资咨询服务中心从事了五年的证券研究工作。作为证券公司首席投资策略的研究者，我全方面负责宏观、行业和市场的研究，对于宏观经济的研究，使我对信用货币经济条件下宏观经济增长的目标和手段有了深入了解；对于36个行业的研究，使我对实体经济有了切身感受，对产业经济的运行规律和变化趋势有了深刻的认识；对于金融市场的研究，使我对其运行本质有了进一步的认识。正常情况下，一般券商的投资策略都是由五六个人分工完成的，而那五年中，我则对宏观、行业和市场进行了一手抓的研究。与正常工作强度相比，就相当于我五年干了三十年的工作量。毫无疑问，那五年超强度的工作对身体的损害较大，但其收获却是巨大的。离开证券公司13年以后再回首，我非常感谢当年的工作单位给我提供的宝贵锻炼机会。

理论来自于实践，我在本书中的观点，主要来自于父辈以及乡邻朴素的经济哲学；来自于本人在国有企业工作期间对国有企业管理机制及纯朴、勤劳、善良的工人们的了解；来自于在机关工作期间，对于我国宏观经济管理程序、效能的切身感受；

来自于在担保中心以及证券公司工作期间，参与中国金融活动的具体实践。

关于本书的写作，我首先要感谢多年来培养我的老师，感谢他们辛勤地传授给我知识。我要感谢我的父母，我的父亲在我博士毕业那年患癌症去世，生为人子，在父亲生前没有很好地尽孝，我深感惭愧和内疚，也以此书告慰他老人家的在天之灵。我的母亲来北京以后，任劳任怨地承担了所有的家务，使我有时间专心在国家图书馆从事本书的写作，对于她老人家的辛苦，我在此深表感谢。感谢多年来给予我无私帮助的各位领导、同学、同事及朋友。感谢中国财政经济出版社王长廷先生、李昊民先生对于本书的写作及出版提供的建议和帮助。也感谢我的家人，感谢他们对于我人到中年还脱产攻读博士学位以及从事博士后研究工作的理解和支持。同时，我也要感谢国家图书馆工作人员为本书的写作提供的热情周到服务。

理论来自于实践，理论指导于实践，并在实践中得到不断完善。时光飞逝，转眼共和国已经走过了七十多个春秋，我们这代出生于改革开放前的中年人，对于国家仍然有着难以割舍的真挚情感，但愿此书的出版，能够对中国社会主义市场经济建设起到一定的理论指导作用，为实现民族复兴、全球经济可持续发展及人类和平，尽笔者的一份微薄之力。

鲍银胜

2021 年 12 月于北京